VEĽKÝ VRECKOVÝ NEMECKO-SLOVENSKÝ SLOVENSKO-NEMECKÝ SLOVNÍK

Vydavateľstvo FRAGMENT v spolupráci
s vydavateľstvom KPS

Publikácia bola spracovaná na základe pôvodnej českej publikácie Velký kapesní německo-český – česko-německý slovník
Slovník usporiadali Olga Limburská, Eva Mrázková a kol.
Vydalo vydavateľstvo Fragment, Humpolecká 1903, Havlíčkův Brod, a vydavateľstvo KPS, Kafkova 17, Praha 6
Prvý raz vyšlo v roku 1992

ISBN 80-253-0108-7 (pre vydavateľstvo Fragment)
ISBN 80-90113-2-X (pre vydavateľstvo KPS)

Z českého originálu Německo-český – česko-německý slovník
preložili Ivan Smolík (textové časti), Roman Trošok a Ľudmila Trošoková (r Aal – das Ohr; pozdĺž – žuvačka), Martina Vankúšová (s Öhr – z. Z.; a – poschodový)
Redakčná a jazyková úprava Roman Trošok, Ľudmila Trošoková, Martina Vankúšová
Zodpovedná redaktorka Alexandra Hríbiková
Vydalo Vydavateľstvo Fragment, s. r. o., ako svoju 62. publikáciu
1. vydanie, 2006

Kontaktná adresa: Kominárska 2, 4, 831 04 Bratislava 3
e-mail: fragment@fragment.sk
http://www.fragment.sk

ISBN 80-89210-64-3

Predhovor k českému vydaniu

Slovník, ktorý sa vám dostáva do rúk, si kladie za cieľ maximálne pomôcť pri používaní jazyka. Preto sú do slovníka zaradené aj bežne používané frázy a základná gramatika.

Cieľom slovníka je podať čo najširšiu slovnú zásobu a jej využitie a zároveň vystihnúť najnovší vývoj v slovnej zásobe. Našou snahou je prerušiť tradíciu vydávať 20 – 30 rokov stále ten istý slovník. Po tomto vydaní bude onedlho nasledovať ďalšie, aktualizované vydanie diela.

Na vytvorení slovníka sa podieľal kolektív autorov: heslá koncipovali Olga Limburská a Eva Mrázková, kapitoly venované frázam, geografickým názvom a číslovkám, pripravila Irena Starostová, na gramatike sa podieľal širší kolektív autorov a nový nemecký pravopis spracoval Michael Půček. Korektúry robili predovšetkým Libor Bárta, Astrid Hagenová a Gisela Javůrková. Na korektúrach fráz sa podieľali Julia Bartosová a Elvira Hansligová. Na organizácii výroby sa podieľal František Klein.

Pri tvorbe slovníka autori použili tieto publikácie: *Duden Deutsches Universalwörterbuch, Drosdowski, Günther a kol., Bibliographisches Institut Mannheim, Wien, Zürich, Der Große Duden (Rechtschreibung), prof. Horst Klein a kol., Leipzig, Česko-německý slovník, Německo-český slovník, prof. Dr. Hugo Siebenschein a kol., SPN a ďalšie.* Pri tvorbe gramatiky boli predovšetkým použité *Der Duden in 10 Bänden, Die Grammatik, Bibliographisches Institut Mannheim, Wien, Zürich, Mluvnice současné němčiny, Jaromír Povejšil, Academia, Němčina pro jazykové školy 3, Věra Höppnerová a kol., SPN.* Pri tvorbe nového pravopisu autor vychádzal z publikácií *Die neue deutsche Rechtscheibung, Bertelsmannverlag, München, 1996, DUDEN Die deutsche Rechtschreibung, Mannheim, 1991, DUDEN Wie schreibt man jetzt?, Mannheim, 1996.*

Na záver ďakujeme všetkým, ktorí sa na príprave slovníka podieľali.

Predhovor k slovenskému vydaniu

V rukách držíte Veľký vreckový nemecko-slovenský – slovensko-nemecký slovník. Tradícia dvojjazyčných vreckových slovníkov nie je dlhá, na slovenskom trhu ich nikdy nebolo príliš veľa. A hoci v ostatných dvoch desaťročiach sa v kombinácii slovenčiny s tzv. veľkými jazykmi objavilo niekoľko vreckových slovníkov z domácich i zahraničných vydavateľstiev, dúfame, že vydanie slovníka tohto typu práve v slovensko-nemeckej mutácii sa stretne v slovenskej čitateľskej verejnosti s priaznivým ohlasom a slovník si nájde medzi existujúcimi lexikografickými publikáciami svoje miesto a spokojných používateľov.

Vydávaný dvojjazyčný slovensko-nemecký obojstranný slovník predstavuje počtom lexikálnych jednotiek stredný vreckový slovník. Vydavateľský zámer vychádzal z prekladu obojstrannej česko-nemeckej verzie slovníka, ktorého piate vydanie vyšlo v roku 2005. Pri spracovaní hesiel sme urobili niektoré úpravy, ktoré išli nad rámec prekladu. Niektoré menej frekventované výrazy sme vynechali a slovník doplnili o nové. Slovná zásoba reaguje bezprostredne a dynamicky na zmeny v rôznych oblastiach života. A týchto zmien, ktoré sa priamo týkajú fungovania jazyka v spoločnosti, je v súčasnosti naozaj veľmi veľa. Vstup Slovenska do Európskej únie nastolil jednak naliehavý problém ovládania a výučby cudzích jazykov a zároveň otvoril širokú paletu možností využitia cudzojazyčnej kompetencie. Nejde tu len o okrajové záujmy úzkej skupiny obyvateľstva, ale o každodennú samozrejmosť, ktorá sa už dnes týka veľkej časti obyvateľov, a v budúcnosti sa bude jej vplyv zväčšovať.

Výstavba hesiel slovníka zodpovedá bežnému lexikografickému štandardu dvojjazyčných slovníkov. Za dôležité pokladáme, že popri pôvodnej pravopisnej norme, ktorá platila doteraz, sa v slovníku zohľadňuje nový nemecký pravopis. Na jar v roku 2006 sa totiž kolégium ministrov kultúry a školstva krajinských vlád Nemecka po zdĺhavom procese s konečnou platnosťou uznieslo na definitívnej podobe pravopisnej normy. Tá po schválení ostatnými dvoma signatármi tzv. viedenského vyhlásenia nadobudla platnosť v celej nemeckej jazykovej oblasti. Pre používateľa tohto slovníka to znamená, že má v rukách dielo, ktoré ho zoznámi nielen s formou zápisu, ktorý zodpovedal tzv. starému pravopisu. Zároveň mu ponúka aj súčasne platnú podobu slov, ktorá v plnej miere zohľadňuje novú pravopisnú normu.

Veríme, že Veľký vreckový nemecko-slovenský – slovensko-nemecký slovník sa stane užitočnou pomôckou pri budovaní nových jazykových zručností a prispeje k prekonávaniu úskalí cudzojazyčnej komunikácie.

Marec 2006 autori prekladu

Zoznam použitých skratiek

A	akuzatív, 4. pád
al.	alebo
anat.	termín z anatómie
ap.	a podobne; a podobný
astronom.	astronomický
ban.	banícky; banský
bás.	básnický výraz
bot.	botanický
CITOSL	citoslovce
cirk.	cirkevný
čas.	časový
ČAST	častica
ČÍSL	číslovka
D	datív, 3. pád
div.	divadelný
e	*die*
ekon.	ekonomický
elektrotech.	elektrotechnický
etw	*etwas*
expr.	expresívny výraz
fin.	finančný
fot.	fotografický
fyz.	fyzikálny
G	genitív, 2. pád
geogr.	geografický
geol.	geologický
geom.	geometrický
gram.	gramatický
h.	*haben*
hanl.	hanlivý výraz
hist.	historický termín
hovor.	hovorový výraz
hud.	hudobný
chem.	chemický
i.	*ist, sein*
INF	infinitív
j-m	*jemandem*
j-n	*jemanden*
j-s	*jemandes*
JČ	jednotné číslo
kniž.	knižný výraz
kuch.	kuchársky
lek.	lekársky
lingv.	lingvistický termín
lit.	literárnovedný, literárny
mat.	matematický
miest.	miestny
MNČ	množné číslo
N	nominatív, 1. pád
napr.	napríklad
obch.	obchodný
obraz.	obrazný
odb.	odborný, odborne
PODST M	podstatné meno
polit.	politický
poľov.	poľovnícky termín
polygr.	polygrafický
PR M	prídavné meno
práv.	právnický, právny
PREDL	predložka
pren.	prenesené použitie slova
PRÍSL	príslovka
psych.	psychologický
r	*der*
rak.	rakúsky
s	*das*
skr.	skratka
SP	spojka
stav.	stavebný termín
šport.	športový
tech	technický
text.	textilný
voj.	vojenský
vulg.	vulgarizmus
ZÁM	zámeno
zast.	zastaraný
zool.	zoologický

Zoznam použitých skratiek

NEMECKO-
-SLOVENSKÁ
ČASŤ

ABC

A

r Aal ((*e*)*s*, *e*) úhor; **~glatt** pren. klzký/hladký ako úhor o človeku
s Aas[1] (*es*, *e*) zdochlina, mrcina; **e ~fliege** (≈, *n*) zool. mäsiarka
s Aas[2] (*es*, *Äser*) pren. hovor. potvora ako nadávka; **~ig** odporný, hnusný
ab 1 PREDL s D a A čas. od; ~ *erstem Mai* od 1. mája, ~ *nächstem/nächsten Sonntag* od budúcej nedele **2** PREDL s D a A miest. od, z; ~ *dieser Stelle* od tohto miesta, ~ *Nitra* z Nitry; **3** PRÍSL smerom dolu, preč; **der Knopf ist ~** gombík sa odtrhol; **~ und zu** občas; **~ hier** odtiaľto; **~ dort** odtiaľ, odtadiaľ
ab¦änder¦lich pozmeniteľný; **e –ung** (≈, *en*) zmena; **r –ungs¦antrag** ((*e*)*s*, ≈̈*e*) pozmeňovací návrh
ab¦ändern (po)zmeniť
ab¦arbeiten 1 odpracovať; *eine Strafe* ~ odpracovať trest **2** opotrebovať sa; *sich* ~ narobiť sa, nadrieť sa
e Ab¦art (≈, *en*) odroda, druh; **~ig** zvrhlý, zvrátený
r Abbau ((*e*)*s*, *0*) **1** ban. dolovanie, ťažba **2** chem. rozklad zlúčenín **3** demontáž stroja **4** zníženie počtu zamestnancov; **~en 1** ban. dobývať, ťažiť **2** rozkladať tuky **3** demontovať stroj **4** prepúšťať z práce **5** znížiť mzdy, ceny
ab¦beißen* (*i* <...ss...>, *abgebissen*) odhryznúť, ohlodať
ab¦beruf¦en* (*ie*, *u*) odvolať z funkcie; **e –ung** (≈, *en*) odvolanie
ab¦bestell¦en stornovať, zrušiť objednávku; **e –ung** (≈, *en*) stornovanie, zrušenie objednávky
ab¦biegen* (*o*, *h. o*) ohnúť smerom dole, zahnúť; **~*** (*o*, *i. o*) odbočiť
s Abbild ((*e*)*s*, *er*) **1** zobrazenie **2** verný obraz, verná podoba **3** odraz vo vedomí; **~en** zobraziť; **e ~ung** (≈, *en*) **1** zobrazenie **2** ilustrácia, obrázok
ab¦binden* (*a*, *u*) **1** odviazať, rozviazať **2** lek. podviazať
e Abbitt¦e (≈, *n*) odprosenie; **~ tun*** al. **leisten** odprosiť; **–en*** (*bat ab, abgebeten*) odprosiť
ab¦blasen* (*ie*, *a*) **1** sfúknuť prach **2** odtrúbiť lov **3** hovor. odvolať, skončiť štrajk **4** tech. vypustiť paru; **abgeblasen!** skončené!
ab¦blättern (*i.*) **1** opadať lístie **2** odlupovať sa, šúpať sa
ab¦blenden 1 fot. (za)cloniť **2** stlmiť svetlá
ab¦blühen (*i.*) odkvitnúť
ab¦brausen osprchovať; **sich ~** osprchovať sa
ab¦brechen* (*a*, *h. o*) **1** (z)(od)lomiť, odtrhnúť kvet **2** zbúrať dom; obraz. *alle Brücken hinter sich* ~ spáliť za sebou všetky mosty **3** obraz. prerušiť štúdium **4** nečakane skončiť prácu; **~*** (*a*, *i. o*) **1** odlomiť sa; *der Zweig ist* abgebro*chen** konár sa odlomil **2** nečakane prestať; **in der Rede ~** odmlčať sa
ab¦brennen* (*brannte ab*, *h. abgebrannt*) vypáliť dedinu, trávu, ohňostroj; **~*** (*brannte ab*, *i. abgebrannt*) **1** zhorieť o materiálnych veciach; *das Feuer ist* abgebrannt** oheň dohorel **2** opáliť sa na slnku **3** vyhorieť, prísť o všetko v požiari; obraz. **abgebrannt sein*** vyjsť na mizinu
ab¦bringen* (*brachte ab*, *abgebracht*) **1** odhovoriť (*j-n von etw* koho od čoho) **2** (od)(z)viesť; **vom Thema, vom rechten Weg ~** odviesť od témy, zviesť zo správnej cesty
ab¦bröckeln (*i.*) **1** opadávať, drobiť sa **2** obraz. klesať kurz
r Abbruch ((*e*)*s*, ≈̈*e*) **1** úlomok **2** zbúranie, demolácia **3** prerušenie **4** ujma, úbytok; **~ tun*** uškodiť (*j-m/etwas* komu/čomu)
ab¦brühen spariť, opariť
ab¦brummen odsedieť si trest
ab¦bürsten vykefovať
ab¦büßen 1 odpykať si (*etw* čo) **2** napraviť
s Abc [a:bę:'cę:] (≈, ≈) **1** abeceda

2 základy, základné poznatky
ab|dachen strhnúť strechu
ab|dämmen (pre)(za)hradiť
r Abdampf ((*e*)*s*, ≈*e*) odpadová, výfuková para; **~en** (*h.*) chem. odpariť; **~en** (*i.*) vypariť sa; obraz. hovor. *er dampfte ab* vyparil sa
ab|dämpfen stlmiť, zmierniť zvuk, farbu, zlý dojem
ab|dank|en 1 odstúpiť, vzdať sa funkcie, úradu, trónu **2** prepustiť; **e –ung** (≈, *en*) **1** odstúpenie, abdikácia **2** prepustenie
ab|decken 1 (pri)(za)kryť **2** odkryť; **3** odložiť; *den Tisch* ~ odložiť zo stola **4** zohľadniť; *der Entwurf deckt auch seine Argumente ab* návrh zohľadňuje aj jeho argumenty; **die Schulden, die Kosten ~** splatiť dlhy, náklady
ab|dicht|en utesniť; **e –ung** (≈, *en*) **1** tesnenie **2** stav. izolácia
ab|dienen odslúžiť (si) dlžobu, vojenčinu
ab|drängen odtlačiť, odstrčiť
ab|drehen 1 otočiť **2** vypnúť svetlo, zavrieť kohútik **3** zakrútiť; pren. *den Hals* ~ vykrútiť krk (*j-m* komu); **sich ~** otočiť sa, odvrátiť sa
r Abdruck[1] ((*e*)*s*, ≈*e*) odtlačok prsta; **~en** zhotoviť odtlačok
r Abdruck[2] ((*e*)*s*, *e*) polygr. výtlačok, odtlačok, kópia; **~en** vytlačiť, uverejniť v tlači
ab|drücken 1 odtlačiť, odtisnúť **2** stlačiť, spustiť kohútik zbrane **3** urobiť odtlačok v sadre
ab|ebben (*i.*) **1** opadnúť o prílive **2** pren. zmierniť sa
r Abend (*s*, *e*) večer; *am* ~ večer; *gegen* ~ k večeru; *es wird* ~ zvečerieva sa, chýli sa k večeru; *r Heilige* ~ Štedrý večer; **zu ~ essen*** večerať bás.; **s ~blatt** ((*e*)*s*, ≈*er*) večerník; **s ~brot** ((*e*)*s*, *e*) večera; **s ~land** ((*e*)*s*, *0*) Západ, krajiny západnej Európy; **~ländisch** západný; **~lich** večerný; **~s** večer; *von früh bis ~s* od rána do večera; *Montag ~s* vždy v pondelok večer; **r ~stern** ((*e*)*s*, *0*) večernica
s Abenteu|er (*s*, ≈) dobrodružstvo; **r –rer** (*s*, ≈) dobrodruh; **~lich** dobrodružný; **e ~lust** (≈, *0*) túžba po dobrodružstve
aber 1 SP ale, jednako, (a)však **2** ČAST ale *das war ~ interessant!* to bolo ale zaujímavé!; **Tausende und Abertausende** tisíce a tisíce ľudí; **r ~glaube** (*ns*, *0*) povera; **~gläubisch** poverčivý; **~malig** opätovný; **~mals** opäť, znova, zasa
ab|erkennen* (*erkannte ab, ab|erkannt*) odoprieť, odňať (*j-m etw* komu čo)
Abf. skr. **e Abfahrt 1** odchod
ab|fahren* (*u, i. a*) **1** odcestovať, odísť na dopravnom prostriedku **2** odchádzať vlak, loď **3** spustiť sa na lyžiach **4** obraz. hovor. zmiznúť; **fahre ab!** zmizni!; **~*** (*u, h. a*) **1** voziť, odvážať **2** zvážať obilie **3** odtrhnúť časť tela idúcim dopravným prostriedkom **4** opotrebovať pneumatiky **5** precestovať, pochodiť svet, okolie
e Abfahrt (≈, *en*) **1** odchod vlaku, lode **2** šport. zjazd na lyžiach; **r ~slauf** ((*e*)*s*, ≈*e*) šport. zjazd na lyžiach; **e ~(s)-zeit** (≈, *en*) čas odchodu
r Ab|fall ((*e*)*s*, ≈*e*) **1** odpad, odpadky **2** geogr. sklon, spád **3** úbytok hmotnosti **4** lek. pokles, klesanie **5** odpadnutie od cirkvi; **r ~eimer** (*s*, ≈) nádoba na odpadky; **~en*** (*fiel ab, i. a*) **1** o(d)padnúť, spadnúť lístie **2** geogr. klesať, zvažovať sa **3** klesať o vode **4** schudnúť, chradnúť **5** zhoršiť sa, poklesnúť vo výkone **6** odpadnúť (*von etw* od čoho), spreneveriť sa cirkvi, rodine; **–fällig** nepriaznivý, odmietavý
ab|fangen* (*i, a*) **1** zachytiť, zadržať správu **2** stav. podoprieť stenu **3** vyrovnať auto pri šmyku **4** počkať (si) (*j-n* na koho) **5** šport. zachytiť, dostihnúť neletón ap
ab|färben odfarbiť sa, strácať farbu; **auf j-n ~** zmeniť koho, mať vplyv na koho
ab|fassen 1 napísať, skoncipovať pro-

jekt, článok **2** pristihnúť zlodeja

ab|fertig|en 1 vypraviť vlak **2** obslúžiť **3** pren. odbiť; *sie fertigte ihn an der Tür ab* odbila ho pri dverách; **e –ung** (≈, *en*) **1** vypravenie vlaku **2** obslúženie, obsluha zákazníkov **3** pren. odmietnutie

ab|feuern vystreliť, vypáliť strelu

ab|find|en* (*a, u*) uspokojiť (*j-n mit* koho čím); **sich ~** vyrovnať sa, zmieriť sa, uspokojiť sa (*mit etw* s čím); **e –ung** (≈, *en*) **1** vyrovnanie, uspokojenie **2** odstupné

ab|flauen (*i.*) **1** utíchať vietor **2** poľaviť o záujme

ab|fliegen* (*o, i. o*) **1** odletieť **2** skúmavo obletieť kaňon, roklinu

ab|fließen* (*o* <...ss...>, *i. abgeflossen*) **1** odtiecť **2** obraz. (u)plynúť čas **3** odčerpávať sa, míňať sa o peniazoch

r Abflug (*(e)s, ≈e*) odlet

r Abfluß <...ss> (*Abflusses, Abflüsse*) **1** odtok **2** obraz. únik kapitálu

ab|fordern žiadať (*j-m etw* čo od koho)

ab|fressen* (*fraß ab, e*) obžrať

e Abfuhr (≈, *en*) **1** odvoz **2** odvedenie daní **3** odmietnutie; *sie teilte ihm eine Abfuhr ab* odmietla ho **4** obraz. porážka; **eine schwere ~ erleiden*** úplne prepadnúť, utrpieť ťažkú porážku; **sich eine ~ holen** byť odmietnutý

ab|führ|en 1 odviesť z miestnosti **2** odpútať pozornosť **3** odvádzať dane ap. (*etw an j-n* čo komu) **4** lek. preháňať; **s –mittel** (*s,* ≈) preháňadlo

ab|füllen stáčať do fliaš

ab|füttern 1 nakŕmiť dobytok **2** podšiť šaty podšívkou

e Abgabe (≈, *n*) **1** dodávka, odovzdanie **2** povinná dávka, poplatok **3** vystrelenie strely

abgaben|frei oslobodený od poplatkov; **–pflichtig** podliehajúci poplatkom

r Abgang (*(e)s, ≈e*) **1** odchod, odplávanie **2** odbyt tovaru **3** schodok, strata **4** pren. vylúčenie, odchod zo školy ap. **5** pren. skon, smrť

s Abgas (*es, e*) **1** odpadový plyn, spaliny **2** výfukový plyn z auta

ab|geben* (*i; a, e*) **1** odovzdať, doručiť **2** vysloviť prísľub **3** odstúpiť z úradu, funkcie **4** vydávať teplo **5** šport. stratiť set, hru; **sich ~** stýkať sa, zaoberať sa (*mit j-m/etw* (s) kým/čím)

abgedroschen obraz. otrepaný, banálny vtip

abgehackt kusý, úsečný

abgehärtet otužilý

ab|gehen* (*ging ab, i. abgegangen*) **1** odísť, odcestovať, odplávať **2** oddeliť sa; *der Knopf ist abgegangen* gombík sa odtrhol **3** zísť, odbočiť; *vom Wege ~* odbočiť z cesty **4** chýbať, nedostávať sa **5** upúšťať (*von etw* od čoho) **6** mať odbyt o tovare

abgelagert preležaný

abgelegen 1 vzdialený, ťažko prístupný **2** uležaný

abgelehnt odmietnutý

abgemacht dohodnutý, dohovorený; **~!** platí!

abgeneigt neprajný; **j-m ~ sein*** nepriať komu

r Abge|ordnete (*n, n*) poslanec

abgerechnet odpočítaný; **die Spesen ~** okrem výdavkov, bez výdavkov

abgesagt 1 odmietnutý pobyt ap. **2** hovor. zaprisahaný, nezmieriteľný nepriateľ

abgeschmackt 1 nechutný, nevkusný **2** nudný, fádny

abgespannt 1 ochabnutý, unavený, malátny **2** vypriahnutý kôň; **e ~heit** (≈, *0*) únava, malátnosť

abgestanden 1 odstáty, vypáchnutý **2** obraz. otrepaný

abgestorben odumretý; **mein Bein ist mir ~** stŕpla mi noha

ab|gewinnen* (*a, o*) **1** získať (*j-m etw* čo od koho) **2** vyhrať (*j-m etw* čo od koho), obohrať (*j-m etw* koho o čo); **ich kann dem keinen Geschmack ~** nemôžem tomu prísť na chuť; **j-m einen Vorsprung ~** získať pred kým náskok

ab|gewöhnen odnaučiť (*j-m etw* koho čo)

r **Abglanz** (*es, 0*) odlesk

ab|gleiten* (*glitt ab, i. abgeglitten*) **1** pokĺznuť sa, pošmyknúť sa **2** dostať šmyk s autom **3** odbočiť od témy; **vom rechten Weg ~** zísť zo správnej cesty

r **Ab|gott** (*(e)s, ≃er*) **1** modla **2** obraz. zbožňovaný človek, idol; **–göttisch** zbožňovaný; *–göttisch lieben* zbožňovať

ab|grasen **1** spásť trávnik **2** hovor. prehľadať okolie ap.

ab|grenzen **1** ohraničiť **2** obraz. presne vymedziť

r **Abgrund** (*(e)s, ≃e*) priepasť; **am ~ der Verzweiflung** na pokraji zúfalstva

ab|hacken odseknúť

ab|halt|en* (*ä; ie, a*) **1** zdržiavať (*j-n von etw* koho od čoho), brániť (*j-n von etw* komu v čom) **2** usporiadať schôdzku; **e –ung** (≈, *0*) **1** zdržiavanie koho od čoho **2** usporiadanie konferencie ap.

ab|hand|eln **1** (do)(vy)(z)jednať cenu (*j-m etw* čo) **2** spracovať tému dizertácie **3** hovoriť (*etw* o čom); **e –lung** (≈, *en*) stať, rozprava, vedecký článok

r **Abhang** (*(e)s, ≃e*) svah, úbočie

ab|hängen* (*i, a*) **1** závisieť (*von j-m/etw* od koho/čoho) **2** odopnúť, sňať z vešiaka **3** zložiť slúchadlo

abhängig závislý (*von j-m/etw* od koho/čoho); **e ~keit** (≈, *en*) závislosť

ab|härten otužiť, otužovať; **sich ~** otužovať sa

ab|hauen* (*hieb* al. *haute ab, h. abgehauen*) odťať, odseknúť; **~*** (*haute ab, h. abgehauen*) odpisovať od suseda; **~*** (*haute ab, i. abgehauen*) zmiznúť; vulg. *hau ab! zmizni!*

ab|heben* (*o, o*) **1** snímať, sňať **2** prekladať karty **3** vybrať (si) peniaze; **sich ~** odlišovať sa, vynikať (*von etw* od čoho)

ab|helfen* (*i; a, o*) odpomôcť (*j-m von etw* komu od čoho)

ab|hetzen uštvať; **sich ~** uštvať sa

ab|holen ísť (*j-n/etw* po koho/čo); *er holt mich ab* prišiel po mňa; **j-n ~ lassen*** poslať po koho

ab|hören **1** (vy)skúšať študenta **2** lek. vyšetriť (po)sluchom **3** tajne odpočúvať

s **Abitur** (*s, e*) maturita; r **~ient** (*en, en*) maturant

Abk. skr. **e Abkürzung** skratka

ab|kanzeln hovor. vyhrešiť, vynadať (*j-n* komu)

ab|kaufen odkúpiť (*j-m etw* čo od koho)

e **Abkehr** (≈, *0*) odklon; **~en** (po)zametať; **sich ~en** odvrátiť sa (*von j-m/etw* od koho/čoho)

ab|klingen* (*a, i. u*) doznieť, slabnúť, poľavovať; *der Schmerz klingt ab* bolesť poľavuje/ustupuje

ab|knöpfen **1** odopnúť; hovor. **2** vziať komu čo; **j-m etw ~** obrať koho o čo

ab|kochen **1** uvariť vodu **2** lek. vyvariť, sterilizovať

ab|kommen* (*kam ab, i. o*) **1** odbočiť, zísť z cesty **2** odbočiť od témy **3** vzdať sa zámeru, plánu, názoru **4** šport. odštartovať; **s ~** (*s,* ≈) dohoda, zmluva; *ein ~ schließen, treffen** uzavrieť zmluvu, dohodnúť sa

abkömmlich nahraditeľný; *er ist* nicht ~* nemožno ho uvoľniť

ab|kratzen (*h.*) oškrabať; **~** (*i.*) **1** pren. hovor. zomrieť, vulg. otrčiť päty **2** hovor. zdúchnuť

ab|kühlen (*h.*) ochladiť; **~** (*i.*) (o)(vy)chladnúť; **sich ~** ochladiť sa, občerstviť sa

ab|kündigen oznámiť, vyhlásiť v kostole

ab|kürz|en skrátiť; **e –ung** (≈, *en*) **1** skratka slova i cesty **2** skrátenie

ab|laden* (*ä, u, a*) **1** (z)vy|ložiť, skladať náklad, uhlie **2** zvaliť, presunúť (*etw auf j-n* čo na koho) vinu **3** obraz. zdôveriť sa, zveriť sa (*bei j-m* komu

s čím) s problémom; **bei j-m Sorgen ~** zveriť sa komu so starosťami
ab|lager|n 1 uskladniť tovar **2** usadzovať, naplaviť, naniesť; *sich ~* usadzovať sa, navrstvovať sa; **~ lassen*** dať uležať; **e –ung** (≈, *en*) **1** uskladnenie **2** usadenina, naplavenina, nános
ab|lassen* (*ä; ließ ab, a*) **1** vypustiť rybník **2** upustiť (*von etw* od čoho) **3** zľaviť (*etw* čo) **4** spustiť zástavu **5** prenechať, prepustiť (*j-m etw* komu čo)
r Ablauf (*(e)s, ≈e*) **1** odtok **2** (u)plynutie lehoty **3** priebeh, chod; **~en*** (*ie, i. au*) **1** odtiecť, vytiecť **2** plynúť čas; *die Frist ist abgelaufen** lehota vypršala **3** prebiehať rokovanie; hovor. **sich die Beine ~en*** ubehať si nohy (*nach etw* za čím)
s Ableben (*s, 0*) úmrtie, skon
ab|leg|en 1 vyzliecť (si) kabát **2** zložiť skúšku, prísahu **3** odložiť, založiť dokument; **r –er** (*s,* ≈) **1** odbočka, pobočka **2** bot. odnož, sadenica
ab|lehn|en (za)od|mietnuť; **e –ung** (≈, *en*) (za)od|mietnutie
ab|leit|en 1 odviesť, odvádzať tok rieky **2** vyvodiť, odvodiť vzorec, záver; **e –ung** (≈, *en*) **1** odvádzanie pary **2** vyvodzovanie poučky **3** lingv. odvodzovanie slov, odvodenina **4** mat. derivácia **5** tech. zvod
ab|lenk|en 1 odchýliť, odvrátiť **2** rozptýliť pozornosť **3** odviesť (*von etw* z/od čoho); **e –ung** (≈, *en*) **1** fyz. odchýlka **2** rozptýlenie
ab|lesen* (*ie; a, e*) **1** (pre)čítať z predlohy **2** vyčítať, odčítať nahliadnutím **3** oberať, zberať; *Raupen vom Kohl ~* zberať húsenice z kapusty
ab|liefer|n 1 dodať, dovážať tovar **2** odovzdať, odviesť prácu; **e –ung** (≈, *en*) **1** odovzdanie práce **2** dodávka tovaru
ab|liegen* (*a, h./i. e*) **1** byť vzdialený, ležať obďaleč **2** uležať sa pivo; **sich ~** preležať sa o chorom
ab|lös|en 1 oddeliť, odlúčiť **2** vystriedať (*j-n* koho) **3** splatiť dlh; **sich ~** olupovať sa; **e –e** (≈, *en*) šport. odstupné; **e –ung** (≈, *0*) **1** oddelenie, odlúčenie **2** vystriedanie, výmena **3** vyplatenie, úhrada; **frei durch –ung** poštovné paušalizované
e Ablösungsgebühr (≈, *en*) šport. suma zaplatená klubu pri prestupe hráča
ab|mach|en 1 odstrániť, sňať **2** dohodnúť (*etw mit j-m* čo s kým); *abgemacht!* dohodnuté! **3** vybaviť; **e –ung** (≈, *en*) dohovor, dohoda
ab|magern (*i.*) schudnúť, chradnúť
r Abmarsch (*es, ≈e*) voj. odchod
ab|meld|en 1 odhlásiť **2** odvolať; **sich ~** odhlásiť sa; **e –ung** (≈, *en*) odhlásenie
ab|mess|en* (*maß ab, e*) **1** (od)(vy)merať **2** zvážiť slová; **e –ung** (≈, *0*) **1** vymeranie **2** rozmer
ab|montieren odmontovať
ab|mühen sich namáhať sa, lopotiť sa
e Abnahme (≈, *n*) **1** odobratie **2** prevzatie, kolaudácia **3** úbytok, pokles **4** sňatie, odňatie **5** konanie prehliadky ap.
ab|nehm|en 1 odobrať **2** prevziať **3** ubúdať, zmenšovať sa **4** chudnúť **5** sňať, odňať **6** vykonať prehliadku **7** vyskúšať; **eine Prüfung, den Eid (von) j-m ~** niekoho vyskúšať, niekoho prísahou zaviazať; **r –er** (*s,* ≈) odberateľ
e Abneigung (≈, *en*) odpor, nechuť
abnọrm abnormálny, mimoriadny
ab|nutz|en, abnützen opotrebovať; **sich ~** opotrebovať sa; **e –ung** (≈, *0*) opotrebovanie
s Abonnemẹnt [abonə'mã:] (*s, s*) predplatné
r Abonnẹnt (*en, en*) predplatiteľ, abonent
abonnịeren predplatiť
e Ab|ordnung (≈, *en*) delegácia
r Abort[1] (*(e)s, e*) záchod
r Abọrt[2] (*s, e*) lek. potrat
ab|passen vyčkať, vystihnúť vhodný o-

kamih
ab|pfeifen* (*pfiff ab, abgepfiffen*) odpískať zápas
ab|plagen sich hovor. (u)trápiť sa
r **Abprall** (*(e)s, e*) prudký odraz; **~en** (*i.*) odraziť sa
ab|putzen **1** očistiť **2** omietnuť budovu **3** hovor. vyhrešiť
ab|raten (*ie, a*) odrádzať (*j-m von etw* koho od čoho)
ab|räumen odložiť, odpratať; *den Tisch* ~ odpratať zo stola
ab|rechn|en **1** odrátať, odpočítať **2** vypočítať, vyčísliť **3** vyúčtovať cestu **4** zraziť z platu **5** obraz. zúčtovať (*mit j-m* s kým); e **–ung** (≈, *en*) **1** odpočítanie **2** zrážka z platu **3** vyúčtovanie cesty **4** obraz. zúčtovanie; *der Tag der –ung* deň zúčtovania
e **Abrede** (≈, *n*) dohovor, dohoda; *etw in ~ stellen* popierať čo
e **Abreise** (≈, *en*) odchod; **~n** (*i.*) odcestovať
ab|reißen* (*i* <...ss...>, *h. abgerissen*) **1** odtrhnúť **2** zbúrať budovu; **~*** (*i* <...ss...>, *i. abgerissen*) **1** pretrhnúť sa **2** prerušiť rozhovor
ab|richten cvičiť, vycvičiť
ab|riegeln **1** uzavrieť ulicu **2** zamknúť
r **Abriß** <...ss> (*Abrisses, Abrisse*) **1** náčrt, nákres, prehľad **2** zbúranie domu
r **Abruf** (*(e)s, 0*) odvolanie, výzva na odchod; obch. **etw auf ~ kaufen** kúpiť niečo s dodávkou na vyzvanie; **~en*** (*ie, u*) **1** odvolať **2** stiahnuť údaje z pamäte počítača **3** vyvolávať podľa mena; **Geld von seinem Konto ~en** dať príkaz na úhradu z účtu
ab|runden zaokrúhliť, zarovnať
ab|rüst|en **1** voj. odzbrojiť **2** demontovať, rozoberať (*etw* čo); e **–ung** (≈, *en*) odzbrojenie
ab|rutschen (*i.*) **1** zošmyknúť sa **2** zošmyknúť sa, pokĺznuť sa
Abs. skr. pre r **Absatz** odsek al. r **Absender** odosielateľ
e **Absage** (≈, *n*) **1** odrieknutie, odvolanie **2** odmietnutie; *j-m eine ~ erteilen* odmietnuť koho; **~n** **1** odriecť, odvolať **2** zrieknuť sa
ab|sägen **1** odpíliť, odrezať **2** obraz. odstaviť, vyhodiť z miesta
r **Absatz** (*es, ⸚e*) **1** odsek **2** odbyt; *~ finden** ísť na odbyt **3** výstupok, výbežok **4** odpočívadlo na schodoch **5** podpätok **6** usadenina, nános; s **~gebiet** (*(e)s, e*) odbytisko; e **~krise** (≈, *n*) odbytová kríza
ab|schaben ostrúhať, oškrabať
ab|schaff|en odstrániť, likvidovať, rozpustiť úrad, zrušiť otroctvo ap.; e **–ung** (≈, *en*) odstránenie, zrušenie
ab|schalten vypnúť, prestať vnímať
ab|schätz|en oceniť, odhadnúť cenu; e **–ung** (≈, *en*) odhad, ocenenie
abschätzig pohŕdavý, opovržlivý
r **Abschaum** (*(e)s, 0*) **1** nečistá pena **2** obraz. vyvrheľ, spodina
r **Abscheu** (*(e)s, 0*), e **Abscheu** (≈, *0*) hnus, odpor; **~|erregend** vzbudzujúci odpor; **~lich** ohavný, hnusný, zvrhlý
ab|schicken* odoslať
ab|schieben* (*o, h. o*) **1** odsunúť, odstrčiť **2** zbaviť sa, odstrániť; **~*** (*o, i. o*) hovor. odísť, pratať sa; *schieb ab!* zmizni!
r **Abschied** (*(e)s, e*) **1** rozlúčka, rozchod **2** prepustenie; *den ~ erhalten** byť uvoľnený, prepustený; *~ nehmen von j-m* rozlúčiť sa s kým
ab|schießen* (*o* <...ss...>, *abgeschossen*) **1** streliť **2** vystreliť **3** postreliť; *viel Wild ~* zastreliť veľa divej zveri; obraz. **den Vogel ~** dať tromfa, zožať vavríny
ab|schirmen cloniť, zacláňať
r **Abschlag** (*(e)s, ⸚e*) **1** zrážka z ceny **2** splátka; **~en*** (*u, a*) **1** odlomiť, odraziť **2** odmietnuť (*j-m etw* komu čo), nevyhovieť **3** zahnať nepriateľa, odraziť útok **4** vyrúbať les **5** zľaviť; *einen Betrag vom Preis ~en** zľaviť z ceny
abschlägig odmietavý
e **Abschlag(s)zahlung** (≈, *en*)

splátka
ab|schleifen* (*schliff ab, abgeschliffen*) **1** (o)vy|brúsiť **2** naostriť nôž **3** obraz. vycibriť sa; *rauhe Sitten* ~ zjemniť drsné spôsoby
ab|schleppen 1 odtiahnuť **2** vziať do vleku; **sich ~** uťahať sa (*mit etw* s čím)
ab|schließen* (*o* <...ss...>, *abgeschlossen*) **1** zamknúť, (u)zavrieť; *sich ~ in sich* uzavrieť sa do seba **2** dokončiť prácu **3** dohodnúť obchod **4** uzavrieť zmluvu **5** skoncovať (*mit j-m/etw* s kým/čím)
r Abschluß <...ss> (*Abschlusses, Abschlüsse*) **1** záver, dokončenie **2** uzavretie zmluvy **3** uzávierka v obchode; **zum ~ bringen*** dokončiť; **e ~prüfung** (≈, *en*) záverečná skúška
ab|schmieren 1 namastiť **2** odpísať
ab|schminken odlíčiť; **sich ~** odlíčiť sa
Abschn. skr. **r Abschnitt** odsek
ab|schneiden* (*schnitt ab, abgeschnitten*) **1** odrezať, odstrihnúť **2** prestrihnúť **3** oholiť bradu; **4** obraz. odrezať; *j-m den Weg ~* odrezať komu cestu **5** zbaviť (*j-m etw* s G koho čoho)
r Abschnitt ((*e*)*s, e*) **1** odstrižok, odrezok **2** kapitola, paragraf **3** obdobie **4** odstavec **5** geom. odsek **6** úryvok skladby
ab|schnüren podviazať
ab|schöpfen 1 zberať vrchnú vrstvu **2** odčerpať financie ap.
ab|schrauben odskrutkovať
ab|schreck|en 1 odstrašiť, zastrašiť **2** prudko schladiť; **–end** odstrašujúci
ab|schreiben* (*ie, ie*) **1** odpísať, prepísať **2** odpísať dlh **3** opotrebovať písaním
e Abschrift (≈, *en*) odpis, kópia
e Abschürfung (≈, *en*) odrenina
abschüssig strmý, príkry; pren. **auf die ~e Bahn geraten*** dostať sa na šikmú plochu
ab|schütteln 1 striasť, vytriasť **2** zbaviť sa (*j-n* koho) prenasledovateľov
ab|schwächen zoslabiť, zmierniť
ab|schweif|en (*i.*) **1** odbočiť z cesty **2** odbočiť od témy; **e –ung** (≈, *en*) odbočenie, odchýlka
ab|schwellen* (*o, i. o*) **1** odpuchnúť **2** zmenšovať sa napr. o hluku
ab|schwören* (*o* al. *u, o*) **1** odprisahať **2** zriecť sa (*j-m* čoho) miestoprísažne **3** pren. zrieknuť sa, vzdať sa (*j-m* čoho) fajčenia ap.
absehbar dohľadný; *in ~er Zeit* v dohľadnom čase
ab|sehen* (*a, e*) **1** odpozorovať (*j-m etw* čo odkiaľ), napodobniť (*j-m etw* koho/čo) **2** predvídať, odhadnúť **3** nehľadieť (*von etw* na čo); **es auf j-n/etw abgesehen haben** zamerať sa na niekoho/niečo, hovor. sedieť na niekom
abseits 1 PRÍSL obďaleč, bokom **2** PREDL s G vedľa; **~ stehen*** šport. byť v ofsajde
ab|send|en* (*sandte* al. *sendete ab, abgesandt* al. *abgesendet*) poslať, odoslať; **r –er** (*s,* ≈) odosielateľ
e Absenz (≈, *en*) absencia, neprítomnosť
ab|setzen 1 zložiť tovar **2** zosadiť vládu, cisára **3** stiahnuť hru z repertoáru **4** preložiť termín **5** prestať v rozhovore **6** odstaviť, odlúčiť mláďa **7** usadzovať sa o piesku **8** zložiť klobúk; **Ware ~** predať tovar
e Absicht (≈, *en*) úmysel, zámer; *mit ~* úmyselne, naschvál; **~lich** PR M **1** úmyselný, zámerný PRÍSL **2** úmyselne, náročky, naschvál
ab|sinken* (*a, i. u*) klesať, klesnúť
ab|sitzen* (*saß ab, h. abgesessen*) odsedieť si trest; **~*** (*saß ab, i. abgesessen*) zosadnúť, zoskočiť z koňa
absolut absolútny, neobmedzený, úplný; **r ~ismus** (≈, *0*) absolutizmus
absolvieren [apzolˈviːrən] absolvovať
absonder|lich zvláštny, nezvyčajný; **–n 1** izolovať, oddeliť **2** vylučovať tekutinu; **sich –n** stániť sa (*von j-m/etw* koho/čoho), vyhýbať sa (*von j-m/etw*

komu/čomu); **e –ung** (≈, *en*) **1** oddelenie, izolácia **2** lek. vylučovanie, sekrécia **3** odlúčenosť od rodiny

ab|spalten* (*spaltete ab, abgespaltet* al. *abgespalten*) **1** odštiepiť, oddeliť **2** odtrhnúť; **sich ~** odštiepiť sa, oddeliť sa

ab|spann|en 1 vypriahnuť koňa **2** povoliť, uvoľniť lano **3** obraz. vypnúť, prestať pracovať **4** odpojiť vozne; **e –ung** (≈, *en*) vypätie, námaha

ab|speisen 1 nasýtiť, nakŕmiť **2** obraz. odbiť (*mit etw* čím)

abspenstig: *j-m j-n/etw ~ machen* odlákať, odvábiť komu koho/čo

ab|sperr|en uzamknúť, uzavrieť, zablokovať; **e –ung** (≈, *en*) uzavretie, zablokovanie zátarasa

ab|spielen 1 prehrávať kazetu **2** prihrať loptu **3** hrať z nôt; **sich ~** odohrať sa, prihodiť sa

ab|splittern odprskávať, trieštiť sa; **sich ~** odtrhnúť sa, odštiepiť sa

e Absprache (≈, *en*) dohovor, dohoda

ab|sprechen* (*a, o*) **1** dohodnúť sa **2** uprieť, poprieť (*j-m etw* komu čo)

ab|springen* (*a, i. u*) **1** zoskočiť **2** odtrhnúť sa, odpadnúť **3** odlupovať sa omietka **4** odraziť sa, odskočiť lopta **5** obraz. odbočiť, odchýliť sa od témy; **r –sprung** ((*e*)*s*, ≈*e*) **1** zoskok **2** odraz

ab|spülen 1 opláchnuť riad, **2** spláchnuť **3** omývať brehy

ab|stamm|en (*i.*) pochádzať (*von etw* z koho/čoho); **e –ung** (≈, *0*) pôvod, rod

r Abstand ((*e*)*s*, ≈*e*) **1** vzdialenosť; *~ halten/wahren** zachovať vzdialenosť **2** odstup; **von etw ~ nehmen*** **1** zrieknuť sa čoho **2** dištancovať sa od koho/čoho; **~ zahlen** platiť odstupné

ab|statten: *j-m einen Besuch ~* vykonať návštevu u koho; *Dank ~* poďakovať; *einen Bericht ~* podať správu

ab|stauben oprášiť

ab|stech|en* (*a, h. o*) **1** oddeľovať ostrým predmetom, odkrajovať **2** zaklať prasa; **~*** (*a, i. o*) **1** odlišovať sa (*von j-m/etw* od koho/čoho) **2** odplávať od brehu; **r –er** (*s*, ≈) odbočka

ab|steigen* (*ie, i. ie*) **1** zostúpiť z vrcholu **2** vystúpiť z auta; zoskočiť z koňa **3** ubytovať sa (*bei j-m* u koho); *in einem Hotel ~* ubytovať sa v hoteli **4** klesať, zvažovať sa **5** šport. vypadnúť napr. mužstvo z 1. ligy

ab|stell|en 1 odstaviť, vyradiť **2** zložiť bremeno **3** vypnúť, odstaviť prívod vody, plynu **4** zaparkovať **5** obraz. odstrániť nedostatky **6** prispôsobiť (*etw auf etw* čo čomu) **7** vypnúť motor; **s –gleis** (*es, e*) odstavná koľaj

ab|stempeln 1 okolkovať **2** opečiatkovať **3** obraz. označiť za užitočné, za škodlivé ap.

ab|sterben* (*a, i. o*) **1** odumrieť **2** obraz. zaniknúť obyčaj

r Abstieg ((*e*)*s, e*) **1** zostup **2** obraz. pokles, úpadok

ab|stimm|en 1 naladiť rádio **2** zladiť; *aufeinander ~* vzájomne zladiť **3** hlasovať (*über etw* o čom); **e –ung** (≈, *en*) **1** naladenie prijímača **2** zladenie, súlad **3** hlasovanie

e Abstinen|z (≈, *0*) abstinencia, zdržanlivosť; **r ~ler** (*s*, ≈), **r –t** (*en, en*) abstinent

ab|stoßen* (*ie, h. o*) **1** otĺcť, obiť hranu **2** opotrebovať riad **3** odraziť čln od brehu **4** odpudzovať **5** predať tovar **6** šport. odkopnúť loptu od brány; **~*** (*ie, i. o*) odraziť sa od brehu; **~d** odpudzujúci, odporný

abstrakt abstraktný

ab|streiten* (*stritt ab, abgestritten*) uprieť (*j-m etw* komu čo)

r Abstrich ((*e*)*s, e*) **1** škrt v rozpočte **2** lek. výter

ab|stuf|en odstupňovať, tieňovať farby; **sich ~** zvažovať sa; **e –ung** (≈, *en*) **1** odstupňovanie, škála **2** odtieň farby

ab|stumpfen (*h.*) otupiť, **~** (*i.*) otupieť (*gegen etw* voči čomu)

r Ab|sturz (*es*, ≈*e*) **1** pád lietadla **2** strmina, zráz; **–stürzen** (*i.*) **1** zrútiť sa,

spadnúť **2** zvažovať sa
ab|suchen prehľadať
r Absud ((*e*)*s*, *e*) **1** zast. odvar **2** výťažok, extrakt
absurd absurdný
r Abszeß <...**ss**> (*Abszesses*, *Abszesse*) lek. absces, vred
r Abt ((*e*)*s*, *≈e*) opát
Abt. skr. **e Abteilung** oddelenie
ab|tasten ohmatávať
e Abtei (≈, *en*) opátstvo
s Abteil ((*e*)*s*, *e*) oddelenie vo vlaku, kupé; **~en 1** oddeliť **2** zadeliť, rozdeliť do skupín; **e ~ung** (≈, *en*) **1** oddelenie, útvar, prevádzka **2** vojenský oddiel **3** dielňa, cech
ab|tönen tónovať, zladiť
ab|töten 1 umŕtviť nerv, zničiť baktérie **2** potlačiť vášne
ab|tragen* (*u*, *a*) **1** odniesť preč **2** zbúrať **3** obnosiť **4** splatiť dlh **5** vynášať rentu
ab|transportieren odviezť, dopraviť
ab|treib|en* (*ie*, *ie*) **1** (odo)za|hnať **2** lek. mať potrat, hovor. potratiť **3** vyháňať dobytok; **e –ung** (≈, *en*) **1** potrat, vyvolanie potratu
ab|trennen 1 oddeliť, odlúčiť **2** odpárať rukáv
ab|treten* (*a*, *h*. *e*) **1** pošliapať, udupať **2** prepustiť, odstúpiť (*j-m etw*/*an j-n etw* komu čo) **3** pristúpiť, prišliapnuť; **~*** (*a*, *i*. *e*) odísť, vzdialiť sa; *von der Bühne* ~ odísť z javiska; **r –tritt** ((*e*)*s*, *e*) **1** odstúpenie, odchod z funkcie **2** odstúpenie územia **3** hovor. záchod
ab|trockn|en (*h*.) osušiť, utrieť; *sich die Hände* ~ osušiť si ruky; **~** (*i*.) vyschnúť; **r –er** (*s*, ≈) osuška, utierka
ab|tun* (*tat ab*, *abgetan*) **1** vybaviť, odbaviť **2** hovor. sňať, zložiť, zobliecť šaty
ab|verlangen vyžiadať si, požadovať (*j-m etw* čo od koho)
ab|wägen* (*o*, *o*) **1** uvážiť, zvážiť dôvody, rozhodnutie **2** zvážiť slovo
ab|wandeln 1 obmieňať, zmeniť **2** lingv. ohýbať, skloňovať, časovať
ab|wandern (*i*.) **1** vysťahovať sa **2** unikať o kapitále
ab|warten vyčkať, dočkať **1** prečkať
abwärts PRÍSL dolu, nadol; **~|gehen*** <**~ gehen**> (*ging abwärts*, *i*. *abwärtsgegangen*) **1** zostupovať **2** klesať ceny, obraz. horšiť sa, hovor. ísť z kopca *mit mir geht* es abwärts* so mnou to ide z kopca; **~ gelegen** odľahlý
r Abwasch ((*e*)*s*, *0*) **1** špinavý riad **2** umývanie riadu; **~en*** (*u*, *a*) umyť riad
s Abwasser (*s*, *Abwässer*) odpadová voda
ab|wechs|eln (vy)striedať; *sich* ~ striedať sa, meniť sa; **~d** striedavý; **e –lung** (≈*en*) zmena, striedanie
r Abweg ((*e*)*s*, *e*) **1** vedľajšia cesta **2** scestie; *auf ~e geraten** dostať sa na scestie; **~ig** nesprávny
e Abwehr (≈, *0*) **1** obrana (*gegen etw* proti komu/čomu) **2** šport. obrana **3** voj. kontrarozviedka; **~en 1** odrážať útok **2** odmietnuť **3** odvrátiť nešťastie **4** odháňať muchy
ab|weich|en[1]* (*i*, *i*. *i*) **1** odbočiť, odchýliť sa z cesty **2** rozchádzať sa v názoroch; **~d** odlišný, rozdielny; **e –ung** (≈, *en*) odchýlka, odklon; **die –ung von der Regel** výnimka z pravidla
ab|weichen[2] zmäkčovať, zmäknúť navlhnutím, vlhkosťou
ab|weisen* (*ie*, *ie*) **1** odmietnuť **2** odraziť útok; **~d** odmietavý
ab|wend|en* (*wandte* al. *wendete ab*, *abgewendet* al. *abgewandt*) odvrátiť, obrátiť; **sich ~** odvrátiť sa (*von j-m*/*etw* od koho/čoho); **e –ung** (≈, *en*) **1** odklon od politickej línie **2** odvrátenie nebezpečenstva
ab|werfen* (*a*, *o*) **1** zhodiť jazdca, bombu **2** prinášať úžitok, zisk **3** zbaviť sa predsudkov **4** šport. zhodiť latku pri skoku do výšky
ab|wert|en znehodnotiť, devalvovať menu; **e –ung** (≈, *en*) znehodnotenie, devalvácia
abwesen|d neprítomný fyzicky i duchom; **e –heit** (≈, *0*) neprítomnosť

ab|wickeln 1 rozmotať **2** vybaviť záležitosť; **sich ~** prebiehať, odohrať sa udalosť
ab|wiegen* (*o, o*) odvážiť na váhe
ab|wisch|en utrieť prach, tabuľu; **s –tuch** (*es, ≃er*) utierka
r Abwurf (*(e)s, ≃e*) **1** zhadzovanie **2** výnos **3** šport. vyrážanie
ab|würgen zaškrtiť, udusiť
ab|zahl|en splácať dlh, splátky; **e –ung** (*≈, en*) splácanie, splátka; *auf –ung kaufen* kúpiť na splátky
ab|zapfen stáčať pivo, víno ap.; **j-m Blut ~** brať komu krv; hovor. **j-m Geld ~** ťahať z koho peniaze
ab|zäunen oplotiť, ohradiť
s Abzeich|en (*s, ≈*) odznak; **–nen** nakresliť, odkresliť; **sich –nen** vyznačovať sa
s Abziehbild (*(e)s, er*) odtlačok, nálepka
ab|ziehen* (*zog ab, h. abgezogen*) **1** stiahnuť, sňať **2** mat. odčítať **3** strhnúť zo mzdy (*von etw* z čoho) **4** kopírovať; **~*** (*zog ab, i. abgezogen*) **1** odtiahnuť o vojsku **2** odlietať sťahovavé vtáky
ab|zielen 1 mieriť, cieliť (*auf j-n/etw* na koho/čo) **2** smerovať
r Ab|zug (*(e)s, ≃e*) **1** odchod **2** spúšť, kohútik na zbrani **3** odpočítanie, zľava **4** zrážka zo mzdy, z dane **5** fot. kópia; **–züglich** po odpočítaní, po zrážke z dani
ab|zweig|en (*i.*) odbočiť; **~** (*h.*) oddeliť od celku, založiť pobočku; **e –ung** (*≈, en*) **1** pobočka **2** rozvetvenie **3** odbočka
ach! ach! och!; **~ ja!** veď hej!; **~ so!** aha! ach tak! tak teda!; **~ wo!** ale kdeže!
s Ach (*s, ≈* al. *s*): *mit ~ und Krach* horko-ťažko, len-len
e Achse (*≈, n*) **1** os **2** náprava; **per ~ schicken** poslať dopravným prostriedkom; **ständig auf ~ sein*** byť stále na cestách
e Achsel (*≈, n*) plece; **e ~höhle** (*≈, n*) podpazušie; **~zuckend etw abtun** nerozhodne reagovať na čo pokrčením pliec, odbaviť čo pokrčením pliec
acht osem; *zu ~* po ôsmej; *um ~* o ôsmej hodine; *gegen ~* okolo ôsmej hodiny; *es wird ~* bude osem hodín; *von heute in ~ Tagen* odo dneška o osem dní
e Acht[1] (*≈, en*) osmička; *mit der ~ fahren** cestovať osmičkou
e Acht[2] (*≈, 0*) **1** pozor, opatrnosť **2** starostlivosť; **außer ~ lassen** nevšímať si; **sich vor j-m in ~ nehmen*** dať si pozor na koho; **~bar** vážený
e Acht[3] (*≈, 0*) kliatba; zast. *j-n in ~ und Bann tun/erklären* dať koho do kliatby
achten 1 vážiť si (*etw* čoho) **2** dbať (*auf etw* na čo); *keine Gefahr ~* nedbať na nebezpečenstvo **3** považovať, pokladať (*j-n für etw* koho/čo za čo)
ächten 1 dať do kliatby **2** zavrhnúť
e Achter|bahn (*≈, en*) zvončeková dráha; **s –deck** (*(e)s, e* al. *s*) zadná paluba
acht|geben* <**Acht geben**> (*a, e*) dávať pozor (*auf j-n/etw* na koho/čo)
achtlos nevšímavý, nepozorný
achtmal osemkrát; **~ig** osemnásobný
achtsam pozorný, ostražitý
e Achtung (*≈, 0*) pozornosť; **~!** pozor! **1** úcta, vážnosť **2** rešpekt
achtzehn osemnásť
achtzig osemdesiat
ächzen stenať, vzdychať
r Acker[1] (*s, Äcker*) pole, roľa; **r ~bau** (*(e)s, 0*) poľnohospodárstvo; **~n** orať; obraz. ťažko pracovať
r Acker[2] (*s, ≈*) aker plošná miera
a. d. skr. **an der** nad; *Frankfurt a.d. Oder* Frankfurt nad Odrou
addieren spočítať, sčítať, zrátať
e Addition (*≈, en*) spočítanie, sčítanie, zrátanie
r Adel (*s, 0*) **1** šľachta **2** obraz. urodzenosť, ušľachtilosť napr. ducha; **~ig 1** šľachtický, urodzený **2** obraz. ušľachtilý, šľachetný
e Ader (*≈, n*) **1** lek. žila **2** bot. žilka na lis-

ABC

toch, v mramore **3** hovor. zlatá žila
r Adler (*s,* ≈) **1** orol **2** pren. orlica na erbe, na zástave
e Administration (≈, *en*) administrácia, správa
r Admiral (*s, e*) **1** admirál **2** zool. babôčka admirálska; **e ~ität** (≈, *en*) admiralita
adopt|ieren adoptovať; **e –ion** (≈, *en*) adopcia; **s –ivkind** (*(e)s, er*) adoptívne dieťa
Adr. skr. pre **e Adresse** adresa
r Adressat (*en, en*) adresát
e Adresse (≈, *en*) adresa
adressieren adresovať
r Advent (*(e)s, e*) advent
s Adverb (*s, i/en*) príslovka, adverbium
r Advokat (*en, en*) advokát
e Aerodynam|ik (≈, *0*) aerodynamika; **–isch** aerodynamický
e Affäre (≈, *n*) aféra
r Affe (*n, n*) opica; hovor. *einen ~n haben** mať opicu, opiť sa
affektiert afektovaný, strojený, vyumelkovaný
affen|artig podobný opici, opičí; **e –schande** (≈, *0*) hovor. veľká hanba; **s –tempo** (*s, s*) hovor. šialená rýchlosť
affig samoľúby, zvláštny
r After (*s,* ≈) lek. análny otvor, vulg. riť
AG skr. **e Aktiengesellschaft** a. s., akciová spoločnosť
r Agent (*en, en*) agent; **e ~ur** (≈, *en*) agentúra
s Aggregat (*(e)s, e*) agregát; **r ~zustand** (*(e)s, ¨e*) fyzikálne skupenstvo
e Aggress|ion (≈, *en*) agresia, útok; **–iv** agresívny, útočný; **e –ivität** [...v...] (≈, *0*) agresivita, útočnosť
r Aggressor (*s, oren*) agresor, útočník
e Agitation (≈, *en*) agitácia
e Agrar|politik poľnohospodárska, agrárna politika; **r –staat** (*(e)s, en*) agrárny štát
ah! ach! á!; ~ *so!* tak teda!, ach tak!
aha! ahá!
r Ahn (*s, en*), **r Ahne** (*en, en*) **1** predok **2** praotec; rak. dedo
ähneln podobať sa (*j-m* komu)
ahnen tušiť
ähnlich podobný; **e ~keit** (≈, *en*) podobnosť
e Ahnung (≈, *en*) tušenie, predtucha; *keine ~ von etw haben* nemať ani tušenia o čom; **~s|los** nič netušiaci
r Ahorn (*s, e*) javor
e Ähre (≈, *n*) klas
(s) Aids [eidz] (≈, *0*) aids
e Akademie (≈, *i/en*) akadémia
r Akademiker (*s,* ≈) akademik
akademisch akademický
akklimatisieren sich aklimatizovať sa
r Akkord (*(e)s, e*) **1** hud. akord, súzvuk **2** úkolová práca; *im ~ arbeiten* pracovať na úkol/úkolovo; **e ~|arbeit** (≈, *en*) úkolová práca; **r ~lohn** (*(e)s, ¨e*) úkolová mzda
r Akrobat (*en, en*) akrobat
r Akt[1] (*(e)s, e*) **1** dejstvo v divadle **2** obrat **3** obraz al. socha al. fotografia zobrazujúca nahé ľudské telo **4** čin
r Akt[2] (*(e)s, en*), **e Akte** (≈, *n*) spis, listina, dokument, akt; **e ~entasche** (≈, *n*) aktovka
e Akti|e ['akcjə] (≈, *n*) fin. akcia, účastina; **e ~ngesellschaft** (≈, *en*) akciová spoločnosť
e Aktion (≈, *en*) akcia; **r ~är** (*s, e*) akcionár
aktiv aktívny, činný; **~|ieren** aktivizovať; **e ~ität** (≈, *en*) aktivita, činnosť
e Aktualität (≈, *en*) **1** aktualita, časovosť **2** aktuálnosť **3** naliehavosť
aktuell aktuálny, naliehavý
e Akustik (≈, *0*) akustika
akut akútny
s AKW skr. **s Atomkraftwerk** (*s, e*) atómová elektráreň
r Akzent (*(e)s, e*) prízvuk
akzeptieren akceptovať, prijať
r Alarm (*(e)s, e*) poplach; *blinder ~* planý poplach; *~ schlagen** biť na poplach; **e ~bereitschaft** (≈, *en*) pop-

lachová pohotovosť; **~ieren** alarmovať

albern pochabý; **e ~heit** (≈, *en*) pochabosť

s Album (*s, Alben*) album

algebraisch algebrický

s Alibi (*s, s*) alibi; *das ~ beweisen** dokázať alibi

e Alimente MNČ alimenty

alkalisch alkalický, zásaditý

r Alkohol (*s, e*) alkohol, lieh; **~frei** nealkoholický; **r ~iker** (*s,* ≈) alkoholik; **~isch** alkoholický; **e ~vergiftung** (≈, *en*) otrava alkoholom

s All (*s, 0*) vesmír; **~abendlich** každovečerný; **~bekannt** všeobecne známy

all všetok, všetko, každý; **wir ~e** my všetci; **~e Kinder sind* da** všetky deti sú tu; **~e beide** obaja, obidvaja, obe; **sie kamen alle** prišli všetci; **~es Gute** všetko dobré, všetko najlepšie; **~es sagen** povedať všetko; **vor ~em** predovšetkým; **~es in ~em** celkovo; **~e vier Jahre** každé štyri roky; **~e fünf Meter** každých päť metrov, po piatich metroch; hovor. **die Milch ist ~e** mlieko sa minulo

e Allee (≈, *Alleen*) aleja

allein 1 sám, samotný **2** SP avšak; **e ~herrschaft** (≈, *en*) samovláda; **r ~herrscher** (*s,* ≈) samovládca; **~ig** samojediný, výhradný; **~stehend <~ stehend>** osamelý; *e ~stehende Mutter* slobodná matka

allemal vždy, zakaždým; **ein für ~** raz navždy

allenfalls nanajvýš, eventuálne, prípadne

allergisch alergický

aller- zo všetkých naj-, čo naj-; **r, e, s ~beste** najlepší zo všetkých; **~dings** samozrejme, pravdaže; **~hand** všelijaký, rôzny; **das ist doch ~hand!** to už je priveľa!, **s ~heiligen** (≈, *0*) sviatok Všetkých svätých; **~lei** rozmanitý, všelijaký; **r, e, s ~letzte 1** samý posledný **2** najčerstvejšie, najnovšie; *allerletzte Neuheiten* najčerstvejšie novinky; **~seits** na všetky strany

allgemein všeobecný, celkový; *im ~en* <*Allgemeinen*> všeobecne; **~gültig <~ gültig>** všeobecne platný; **e ~heit**[1] (≈, *0*) **1** všeobecnosť **2** spoločnosť, pospolitosť; **e ~heit**[2] (≈, *en*) fráza; *er ergeht sich in Allgemeinheiten* hovorí povrchne

r Alliierte (*n, n*) spojenec

all|jährlich každoročný; **–mählich** postupný, pomalý; **r –tag** (*(e)s, e*) všedný deň; **–täglich** každodenný; **–wissend** vševediaci; **–zuviel** príliš veľa, primnoho

s Almosen (*s,* ≈) almužna; *von ~ leben* žiť z almužny

s Alphabet (*(e)s, e*) abeceda; **~isch** abecedný

r Alptraum (*es, ≈e*) nočná mora, zlý sen

als 1 SP čas. keď; *gerade ~* práve keď **2** označenie vlastnosti, funkcie ako čo; *~ Antwort* ako odpoveď; *ich ~ sein guter Freund* ja ako jeho dobrý priateľ **3** SP porovnávacia ako, než; *ich kam* später ~ er* prišiel som neskôr ako on; *nichts ~ Ärger* nič len nepríjemnosť; **4** SP porovnávacia **~ ob, ~ wenn** ako keby; *er tut so, ~ er davon nichts wüßte* tvári sa, ako keby o tom nič nevedel

also teda; *~ gut!* tak dobre!; **na ~!** tak teda!

alt starý; *~ werden* (zo)starnúť o veciach; **alles beim ~en lassen** nechať všetko po starom; **r ~e** (*n, n*) starec

r Altar (*(e)s, ≈e*) oltár

alt|bekannt dávno známy; **s –eisen** (*s, 0*) staré železo

s Alter (*s,* ≈) vek; *im ~ von...* vo veku...; **~n** (*i.*) (zo)starnúť

e Alternative (≈, *n*) alternatíva

e Alters|grenze (≈, *n*) veková hranica; **s –heim** (*(e)s, e*) starobinec, domov dôchodcov, **e –versorgung** (≈, *en*) starostlivosť o starých, zaopatrenie v starobe

s Alter|tum (≈, *0*) **1** pravek **2** staro-

ABC

vek; **-tümlich** staroveký, starobylý, archaický

alt|hergebracht tradičný, starobylý; **-modisch** staromódny; **s -papier** (*s, e*) starý, odpadový papier; **e -stadt** (*≈, 0*) staré mesto; **-städter** staromestský

s Aluminium (*s, 0*) hliník; **s ~geschirr** (*(e)s, e*) hliníkový riad

am = *an dem*: ~ *Ende* na konci; ~ *25. Juli* 25. júla; ~ *besten* najlepšie

r Amateur [...'tö:ɐ] (*s, e*) amatér, ochotník

r Amboß <...ss> (*Ambosses, Ambosse*) **1** nákova **2** anat. nákovka

ambulant prevozný, ambulantný

e Ambulanz (*≈, en*) ambulancia; **r ~wagen** (*s, ≈*) sanitka, sanitné auto

e Ameise (*≈, n*) mravec

r Ameisen|haufen (*s, ≈*) mravenisko; **s -kriechen** (*s, 0*) mravčenie, stŕpnutie

e Ampel (*≈, n*) **1** semafor **2** visacia lampa **3** visacia váza

amputieren amputovať

e Amsel (*≈, n*) drozd

s Amt (*(e)s, ≈er*) úrad; *von ~s wegen* z úradnej moci; **~ieren** úradovať; **~lich** úradne

Amts- úradný; **e ~person** (*≈, en*) úradná osoba; **r ~richter** (*s, ≈*) úradný sudca; **e ~stunden** MNČ úradné hodiny; **e ~zeit** (*≈, en*) úradné hodiny

amüsant zábavný

amüsieren zabávať, baviť; *sich* ~ zabávať sa, baviť sa

an 1 PREDL s D na otázku kde? kedy? na, v; ~ *der Wand* na stene; *am 15. Mai* 15. mája; *am Sonntag* v nedeľu **2** PREDL s A na otázku kam? na, po, do, k; ~ *die Wand* na stenu; ~ *den Tisch* k stolu; *bis ~ die Knie* (až) po kolená; *bis ~ den Tod* až do smrti; *ich habe* eine Bitte ~ Sie* mám k vám prosbu; **~ der Stimme erkennen*** poznať podľa hlasu; **von jetzt ~** PRÍSL odteraz; **~ sich** samo osebe; **~ sein** hovor. byť zapnutý; *das Licht ist an* svetlo je zapnuté

analog analogický, obdobný; **e ~ie** (*≈, ien*) analógia, obdoba, paralela

r Analphabet (*en, en*) analfabet, negramotný človek

e Analyse (*≈, n*) analýza, rozbor

analysieren analyzovať, rozložiť

e Ananas (*≈, ≈* al. *Ananasse*) ananás

e Anarch|ie (*≈, ien*) anarchia, chaos; **r -ist** (*en, en*) anarchista

e Anatomie (*≈, ien*) anatómia

an|bahnen pripravovať, začínať, iniciovať; *e Verbindung* ~ nadviazať kontakt

r Anbau (*(e)s, ten*) **1** len JČ pestovanie rastlín **2** prístavba domu; **~en 1** pestovať **2** pristaviť

an|behalten* (*ie, a*) nechať na sebe kabát, topánky

anbei v prílohe

an|beißen* (*i* <...ss...>, *angebissen*) **1** nahryznúť **2** zahryznúť; obraz. *ein Mädchen zum* ~ dievča na zjedenie **3** brať o rybách

an|belangen týkať sa; *was mich anbelangt* čo sa mňa týka, pokiaľ ide o mňa

an|beten zbožňovať, vzývať boha (*j-n/etw* koho/čo)

Anbetracht: *in ~ etw* G vzhľadom na čo; *in ~ seiner Verdienste* vzhľadom na jeho zásluhy

an|biedern sich vtierať sa do priazne, vnucovať sa (*j-m* komu)

an|bieten* (*a, o*) ponúkať; *j-m seine Dienste* ~ ponúknuť komu svoje služby

an|binden* (*a, u*) **1** priviazať **2** nadviazať známosť (*mit j-m* s kým); hovor. **j-m etw ~** niekomu čo nahovoriť

r Anblick (*(e)s, e*) **1** pohľad **2** výhľad; *bei erstem ~* na prvý pohľad; **~en** pozerať sa (*j-n* na koho/čo); *j-n von der Seite ~en* pozrieť sa úkosom, zazerať na koho/čo

an|brechen* (*a, h. o*) **1** nalomiť **2** načať, otvoriť; *eine Flasche Wein ~* otvoriť fľašu vína; **~*** (*a, i. o*) **1** prasknúť

2 obraz. nastávať nový deň, nová epocha
an|brennen* (*brannte an, h. angebrannt*) zapáliť; **~*** (*brannte an, i. angebrannt*) **1** zapáliť, vznietiť sa **2** pripáliť sa, prihorieť v kuchyni
an|bringen* (*brachte an, angebracht*) **1** umiestniť, pripevniť, nasadiť **2** predať, zbaviť sa tovaru **3** predniesť, navodiť tému, problém; **es wäre* angebracht** bolo by vhodné, bolo by namieste
r Anbruch ((*e*)*s*, *≈e*) **1** nalomenina, prasklina **2** príchod, začiatok novej éry; *~ des Tages* príchod dňa, svitanie; *~ der Dunkelheit* stmievanie; *bei* al. *mit ~ des Tages* na úsvite **3** ložisko uhlia **4** nahnitie ovocia, skysnutie vína
an|brüllen hovor. nakričať (*j-n* na koho)
e An|dacht (≈, *en*) pobožnosť; **–dächtig** pobožný
an|dauern trvať, neustávať; **~d** trvalý, neustávajúci
s Andenken (*s*, ≈) **1** pamiatka, spomienka; *zum ~ an meine Eltern* na pamiatku mojich rodičov **2** spomienkový predmet, suvenír
r, e, s and(e)r|e 1 druhý z dvoch; *einer nach dem –en* jeden za druhým **2** iný, inakší; *kein –er* nikto iný; *alles ~* všetko možné **3** odlišný, protikladný **4** ostatní, druhí; *alle ~n* všetci ostatní; **–erseits** na druhej strane
ändern (z)meniť; *sich ~* (z)meniť sa
andernfalls inak
anders 1 inak, ináč; *~ aussehen** vyzerať ináč **2** iný; *wer ~?* kto iný?; **~denkend <~ denkend>** inak zmýšľajúci; **~wie** nie tak, inak; **~woher** odinakiaľ
anderthalb pol druha, jeden a pol
e Änderung (≈, *en*) zmena, premena
anderwärtig inakší
an|deut|en naznačiť, dať najavo; **e –ung** (≈, *en*) **1** náznak, naznačenie, predzvesť **2** narážka
r Andrang ((*e*)*s*, *0*) tlačenica, nával ľudí, krvi do hlavy ap.
an|drehen 1 natočiť, roztočiť motor **2** pritiahnuť skrutku **3** zapnúť rádio, zapáliť svetlo; hovor. **j-m etw ~** niekoho obaláchať, niekoho obalamutiť
an|droh|en vyhrážať sa (*j-m etw* komu čím); **e –ung** (≈, *en*) vyhrážanie, hrozba, vyhrážka
an|eignen sich D **1** privlastniť si (*etw* čo) **2** naučiť sa, osvojiť si vedomosti, zručnosti
an|einander vzájomne, jeden na druhom, na sebe; **~|fügen** spojiť
e Anekdote (≈, *n*) anekdota
an|ekeln sprotiviť sa, zhnusiť sa (*j-n* komu čo)
e Anemone (≈, *n*) veternica
an|erkannt uznávaný, osvedčený
an|erkenn|en (*erkannte an* al. *anerkannte, anerkannt*) **1** (pri)(u)znať **2** vážiť si, ceniť si; **~swert** chvályhodný; **e –ung** (≈, *en*) **1** uznanie, pochvala **2** priznanie
an|fachen rozdúchať oheň, svár, vznietiť, rozpútať vojnu
an|fahren* (*u, h. a*) **1** priviesť, doviesť **2** zraziť **3** naraziť (*etw* na čo), vraziť (*etw* do čoho) **4** pren. nakričať (*j-n* na koho); **~*** (*u, i. a*) **1** pohýbať sa, dať sa do pohybu **2** pricestovať, prísť
r Anfall ((*e*)*s*, *≈e*) **1** napadnutie, útok **2** lek. záchvat; **~en*** (*fiel an, h. a*) **1** napadnúť, prepadnúť lupič **2** zachvátiť horúčka, choroba; **~en*** (*fiel an, i. a*) pripadnúť zdedením
anfällig náchylný (*gegen etw* na čo)
r An|fang ((*e*)*s*, *≈e*) začiatok; *von ~ an* od začiatku; *zu ~* na začiatok; *~ Mai* začiatkom mája; **~en*** (*i, a*) **1** začať, začať sa **2** dať sa do niečoho; **mit ihm ist nichts anzufangen** (on) s ním si neporadíme; **r –fänger** (*s*, ≈) začiatočník; **–fänglich** začiatočný; **–fangs** spočiatku, zo začiatku
Anfangs- začiatočný; **r ~buchstabe** ((*n*)*s*, *n*) začiatočné písmeno
an|fassen 1 dotknúť sa (*etw* čoho), uchopiť (*etw* čo) **2** obraz. zmocniť sa o strachu

ABC

an|fechten* (*o, o*) napadnúť, spochybniť
an|fertigen (z)(vy)hotoviť
an|feuchten navlhčiť
an|feuern 1 zakúriť **2** obraz. povzbudzovať mužstvo, podnietiť vášeň
an|flehen 1 naliehavo prosiť (*j-n um etw* koho o čo) **2** vzývať bohov
an|fliegen* (*o, i. o*) priletieť; **~** (*o, h. o*) pristáť; **r –flug 1** prílet lietadla **1** nálet bombardéra **2** obraz. nádych, náznak; **der –flug eines Lächelns** náznak úsmevu
an|forder|n žiadať, požadovať; **e –ung** (*≈, en*) požiadavka, nárok
e Anfrage (*≈, en*) otázka, interpelácia v parlamente; **~n** pýtať sa (*bei j-m wegen etw* koho na čo)
anfreunden sich spriateliť sa
anfügen pripojiť, priložiť
an|fühlen ohmatať; **sich ~**: *r Stoff fühlt sich rauh an* látka je tvrdá na dotyk
an|führ|en 1 viesť, stáť na čele, veliť **2** uvádzať, citovať **3** obraz. oklamať, napáliť (*j-n* koho); **r –er** (*s, ≈*) **1** náčelník, veliteľ, vodca bandy **2** pôvodca, iniciátor; **e –ung** (*≈, en*) **1** vedenie, velenie **2** citovanie, uvádzanie použitej literatúry; **s –ungs|zeichen** (*s, ≈*) MNČ úvodzovky; *in –ungszeichen setzen* dať do úvodzoviek
e Angabe (*≈, n*) **1** údaj **2** návod, pokyn **3** podanie, serv v tenise al. volejbale
an|geb|en* (*a, e*) **1** uviesť, oznámiť dátum narodenia ap. **2** naznačiť, udať tón **3** udať koho na polícii **4** dať návod **5** hovor. chvastať sa **6** rozdávať pri kartách; **r –er** (*s, ≈*) **1** udavač **2** chvastúň
angeblich 1 PR M údajný, domnelý **2** PRÍSL. vraj
angeboren vrodený
s Angebot (*(e)s, e*) **1** ponuka **2** sortiment tovaru
ange|bracht vhodný; **–brochen 1** otlčený, obitý **2** nahnitý o ovocí
angegriffen vyčerpaný, ustatý
angeheitert rozgurážený, podnapitý
an|gehen* (*ging an, i. angegangen*) **1** začať sa, začínať sa **2** brániť sa, odolávať predsudkom ap. **3** kaziť sa o potravinách; **4** stúpať o ceste; *r Weg geht steil an* cesta strmo stúpa; **~*** (*ging an, h. angegangen*) **1** týkať sa, vzťahovať sa; *das geht ihn nichts an* to sa ho netýka **2** obrátiť sa (*j-n um* al. *mit etw* na koho s čím), žiadať, prosiť (*j-n um etw* koho o čo) **3** šport. napadnúť súpera **~d** nastávajúci, budúci
an|gehör|en patriť, prináležať; **r –ige** (*n, n*) (**ein –iger**) príslušník; **e –igkeit** (*≈, 0*) príslušnosť
r Angeklagte (*n, n*) (**ein ≈r**) obžalovaný
e Angel (*≈, n*) **1** udica **2** pánt na dverách
e Angelegenheit (*≈, en*) záležitosť, vec; *eine private ~* súkromná záležitosť
r Angel|haken (*s, ≈*) háčik na udici; **–n** chytať ryby na udicu; **e –rute** (*≈, n*) rybársky prút
angemessen vhodný, primeraný
angenehm príjemný, milý; **sehr ~!** teší ma! fráza pri predstavovaní
angenommen prijatý, akceptovaný; SP podmieňovacia **~, daß <...ss>...** za predpokladu, že al. predpokladajme, že...
angesehen vážený, uznávaný
angesichts PREDL vzhľadom na koho/čo
angespannt napätý
r Angestellte (*n, n*) (**ein ≈r**) zamestnanec
angetrunken podnapitý
angewiesen 1 poukázaný o peniazoch **2** odkázaný; *auf j-n/etw ~ sein** byť odkázaný na koho/čo
an|gewöhnen navykať, zvykať (*j-m etw* koho na čo); *sich ~* zvyknúť si (*etw* na čo); **e –gewohnheit** (*≈, en*) zvyk, návyk; *aus ~* zo zvyku
angezogen 1 oblečený **2** priťahovaný niečím/niekým
e Angina (*≈, Anginen*) angína
an|gleichen* (*i, i*) pripodobniť, pri-

spôsobiť
r Angler (*s*, ≈) rybár chytajúci na udicu
an|greif|en* (*griff an, angegriffen*) **1** útočiť (*j-n* na koho), napadnúť (*j-n* koho) **2** oslabiť organizmus **3** načínať úspory; **r –er** (*s*, ≈) útočník
r Angriff ((*e*)*s*, *e*) útok; **etw in ~ nehmen*** začať istú činnosť
e Angst (≈, *≈e*) strach, úzkosť, obava; ~ *haben* mať strach (*um j-n/etw* o koho/čo), báť sa (*für j-n/etw* o koho/čo); **r ~hase** (*n*, *n*) hovor. strachopud, bojko
ängstigen strašiť, ľakať, znepokojovať (*j-n* koho); *sich* ~ strachovať sa, báť sa (*um* al. *wegen etw* o čo)
ängstlich úzkostlivý, bojazlivý; **e ~keit** (≈, *0*) bojazlivosť
angstvoll nastrašený, ustráchaný
an|haben* (*hatte an, angehabt*) **1** mať na sebe o odeve **2** (po)škodiť, ublížiť (*j-m/etw* komu/čomu)
r Anhalt ((*e*)*s*, *e*) **1** opora **2** podklad, návod na riešenie; **~en*** (*ie*, *a*) **1** zadržovať **2** zastaviť (sa) **3** neprestávať, trvať **4** povzbudzovať, nabádať (*j-n zu etw* koho k čomu) **5** uchádzať sa (*um j-n/etw* o koho/čo); **sich ~en*** držať sa (*an etw* čoho); **~end** vytrvalý, zdĺhavý, nepretržitý; **r ~er** (*s*, ≈): *per ~er fahren* cestovať stopom
anhand <**an Hand**> PREDL s G podľa, na základe
r Anhang ((*e*)*s*, *≈e*) **1** príloha, dodatok **2** prívesok; r ~ ((*e*)*s*, *0*) **1** prívrženci, stúpenci **2** príbuzenstvo
an|hängen[1]* (*hing an, h. angehangen*) **1** visieť, lipnúť **2** kniž. patriť, byť prívržencom polit. strany ap.
an|häng|en[2]* (*h.*) **1** zavesiť **2** pripojiť poznámku; **man kann ihm nichts ~** nemožno naňho nič povedať; **r –er** (*s*, ≈) **1** prívrženec, nadšenec, obdivovateľ **2** prívesný voz **3** prívesok na krku; **–lich** oddaný, verný; **e –lichkeit** (≈, *0*) oddanosť, vernosť; **s –sel** (*s*, ≈) **1** prívesok **2** nesamostatný človek
an|häuf|en nahromadiť, nakopiť; **e –ung** (≈, *en*) nakopenie, nahromadenie
an|heben* (*o*, *o*) **1** (na)(po)zo|dvihnúť stoličku **2** začať hovoriť, spievať
r Anhieb ((*e*)*s*, *e*) prvý úder; *auf den ersten* ~ na prvý raz, na prvýkrát
e Anhöhe (≈, *n*) vyvýšenina, pahorok
an|hören vy|počuť **sich ~** vypočuť si; *das hört sich gut an* to sa dobre počúva
r Anis (*es*, *e*) bot. aníz
Ank. skr. **e Ankunft** príchod
an|kaufen nakúpiť
r Anker (*s*, ≈) kotva; *vor ~ gehen** zakotviť o lodi; **~n** (za)kotviť; **r ~platz** (*es*, *≈e*) kotvisko
e Anklage (≈, *n*) (ob)žaloba; **e ~bank** (≈, *≈e*) lavica obžalovaných; **~n** (ob)žalovať
r Anklang (*es*, *≈e*) **1** ohlas **2** náznak
an|kleben nalepiť
an|kleiden obliekať, odieť; *sich* ~ obliecť sa
an|knüpfen **1** (u) priviazať **2** pripojiť poznámku **3** nadviazať spojenie, na staré tradície ap.
an|kommen* (*kam an, i. o*) **1** prísť, priletieť (*in etw* do čoho, kam) **2** pochodiť (*mit etw bei j-m* u koho s čím) **3** záležať na čom, závisieť od čoho; *darauf kommt es an* od toho závisí; **r –kömmling** (*s*, *e*) **1** hovor. prišelec **2** pren. novorodenec
an|kündigen oznámiť vopred, ohlásiť
e Ankunft (≈, *0*) príchod, prílet
e Anlage (≈, *n*) **1** tech. zariadenie **2** investícia, uloženie kapitálu **3** osnova, základ **4** zakladanie **5** sad, park **6** vlohy, nadanie, schopnosť **7** sklon, dispozícia **8** príloha k žiadosti
r Anlaß <**...ss**> (*Anlasses, Anlässe*) **1** podnet **2** príležitosť; **aus ~** pri príležitosti, na podnet
r Anlauf ((*e*)*s*, *≈e*) **1** spustenie stroja **2** šport. rozbeh **3** nábeh na čo; **~en*** (*ie*, *i. au*) **1** rozbiehať, spustiť **2** šport. rozbehnúť **3** naraziť v behu (*gegen etw* do čoho) **4** pochodiť dobre al. zle **5** lek. opú-

chať; **~en*** (*ie, h. au*) vplávať loď do prístavu
an|legen **1** priložiť, položiť **2** založiť **3** pristaviť, oprieť rebrík **4** vplávať do prístavu, pristať **5** zriadiť, založiť mesto, park **6** uložiť peniaze **7** investovať kapitál; **sich mit j-m ~** mať s kým spor, pohádať sa s kým; **es auf etw/j-n ~** mať niečo v úmysle s kým/čím
an|lehnen oprieť (*an etw* A al. *gegen etw* A o čo); **sich ~** oprieť sa o stenu i skúsenosť
an|leit|en viesť, inštruovať, usmerňovať; **e –ung** (*≈, en*) vedenie, návod, poučenie, inštrukcia
an|lernen **1** naučiť sa, osvojiť si **2** zaučiť, vyškoliť
an|lieg|en* (*a, h./i. e*) **1** priliehať **2** susediť **3** záležať (*j-m* na kom/čom); **es liegt mir an** záleží mi na tom; **s ~** (*s, ≈*) naliehavá prosba; **~d** **1** priľahlý, susedný **2** pripojený k žiadosti; **r –er** (*s, ≈*) sused
an|lügen* (*o, o*) oklamať
an|machen **1** (pri)u|pevniť **2** zamiesiť cesto zamiešať šalát **3** zapnúť rozhlas, svetlo ap. **4** zakúriť v kozube **5** hovor. nadbiehať, vnucovať sa (*j-n* komu)
an|maß|en sich D **1** dovoľovať si, osobovať si (*etw* čo) **2** trúfať si, odvažovať sa; **–end** domýšľavý, trúfalý, arogantný; **e –ung** (*≈, en*) domýšľavosť, trúfalosť, arogancia
an|meld|en (pri)hlásiť; **e –ung** (*≈, en*) prihláška, prihlásenie
an|merk|en **1** poznamenať, zaznačiť, podotknúť; *sich* ~ D poznamenať si **2** (s)pozorovať (*j-m etw* čo na kom); **sich nichts ~ lassen** nedať na sebe nič znať; **e –ung** (*≈, en*) poznámka v knihe, vysvetlivka, odkaz na lit. prameň, pripomienka
e Anmut (*≈, 0*) pôvab, gracióznosť; **~en** pôsobiť (*j-n* na koho) istým dojmom; **~ig** ladný, pôvabný
an|näher|n priblížiť, pripodobniť; *sich* ~ priblížiť sa, zblížiť sa; **~d** **1** približný **2** približne; **e –ung** (*≈, en*) **1** priblíženie **2** zblíženie o ľuďoch
e Annahme (*≈, n*) **1** prijatie, prevzatie **2** schválenie, súhlas **3** domnienka, predpoklad
annehm|bar prijateľný, dostačujúci; **–en*** (*a, angenommen*) **1** predpokladať, domnievať sa **2** prijať, vziať **3** schváliť **4** osvojiť si; *sich* ~ ujať sa (*j-s/etw* koho/čoho) **e –lichkeit** (*≈, en*) pohodlie, komfort, príjemnosť
e Annọnce [a'nõ:sə] (*≈, n*) **1** inzerát **2** oznámenie
annullịeren anulovať, zrušiť
an|öden hovor. nudiť, otravovať
anonỵm anonymný
r Anorak (*s, s*) vetrovka s kapucňou
an|ordn|en **1** usporiadať, zoradiť **2** nariadiť; **e –ung** (*≈, en*) **1** usporiadanie, zoradenie **2** nariadenie
an|packen **1** chytiť, uchopiť **2** chopiť sa (*j-s* čoho) **3** pren. zmocňovať sa hrôza (*j-n etw* koho čo)
an|pass|en **1** prispôsobiť **2** primerať; *sich* ~ prispôsobiť sa; **e –ung** (*≈, en*) prispôsobenie; **–ungsfähig** prispôsobivý
r Anpfiff (*s, e*) **1** šport. zapískanie začiatku zápasu **2** hovor. pokarhanie
an|preisen* (*ie, ie*) (vy)chváliť
e Anpro|be (*≈, n*) skúška u krajčíra; **–bịeren** skúšať šaty u krajčíra i v obchode
an|rechnen **1** účtovať **2** započítať, zarátať, uznať semester, kredity; **sich etw zur Ehre ~** pokladať si čo za česť
s Anrecht (*(e)s, e*) právo, nárok (*auf etw* na čo)
e Anrede (*≈, n*) **1** oslovenie **2** príhovor; **~n** **1** osloviť **2** hovor. požiadať (*j-n um etw* koho o čo)
an|reg|en **1** povzbudiť (*j-n zu etw* koho k čomu) **2** podnietiť, dať podnet **3** oživiť vzbudiť chuť do jedla; **~d** povzbudzujúci liek i pochvala; **e –ung** (*≈, en*) podnet, impulz, popud
an|reichern obohatiť
e Anreise (*≈, n*) príchod; **~n** (*i.*) pricestovať
r Anreiz (*s, e*) **1** podnet, popud

2 dráždenie; **~en** vydráždiť, vyprovokovať (*zu etw* k čomu); ~ *geben* povzbudiť, stimulovať
e Anrichte (≈, *n*) hovor. príborník; **~n** **1** (pri)u|praviť **2** spôsobiť, narobiť škodu; *viel Unheil ~n* spôsobiť mnoho zla
anrüchig 1 vykričaný, so zlou povesťou **2** podozrivý metóda, spôsob
an|rücken 1 (*h.*) prisunúť **2** (*i.*) voj. priblížiť sa, pripochodovať
r Anruf (*(e)s, e*) **1** (za)volanie **2** telefonicky zavolanie; **~en*** (*ie, u*) **1** (za)volať (*j-n* na koho) **2** (za)telefonovať (*j-n* komu)
r Anrufbeantworter (*s,* ≈) automatický telefónny záznamník, odkazovač
ans = *an das*: ~ *Werk gehen** pustiť sa do práce
e Ansage (≈, *n*) ohlásenie, oznámenie programu; **~n 1** oznámiť, ohlásiť program v televízii, rádiu **2** našepkávať v škole
r Ansager (*s,* ≈) **1** hlásateľ v rádiu, televízii
e Ansammlung (≈, *n*) **1** (na)hromadenie **2** zhluk
ansässig usadený; *sich ~ machen* usadiť sa na vidieku
r Ansatz (*es,* ≈*e*) **1** násada, nadstavec **2** hud. nátrubok, náustok **3** usadenina, nános **4** náchylnosť, nábeh **5** začiatok, zárodok **6** východisko, **7** nasadenie tónu
an|saufen* sich (*soff an, angesoffen*) vulg. ožrať sa
an|schaff|en zaobstarať, zaopatriť, kúpiť; **e –ung** (≈, *en*) zaobstaranie, zaopatrenie, nákup, kúpa auta; *–ungen machen* robiť nákupy
an|schau|en pozerať sa, dívať sa (*j-n* na koho); **–lich** názorný; **e –ung** (≈, *en*) **1** názor, mienka **2** predstava **3** pozorovanie
r Anschein (*(e)s, 0*) zdanie; *allem ~ nach* podľa všetkého, ako sa zdá; **~end 1** zdanlivý, pravdepodobný **2** zrejme, očividne, podľa všetkého, pravdepodobne
r Anschlag (*(e)s,* ≈*e*) **1** úder, náraz **2** vyhláška **3** atentát, útok **4** úder na klávesnici **5** šport. dohmat; **~en*** (*u, h. a*) **1** pribiť, pritĺcť **2** udrieť (*etw* na čo) **3** udrieť si **4** odhadnúť, oceniť **5** naraziť sud **6** pôsobiť, prospievať liečenie; *angeschlagen sein* nebyť fit **~en*** (*u, i. a*) naraziť (*an etw* do čoho)
an|schließen* (*o* <...ss...>, *angeschlossen*) **1** zapojiť, napojiť **2** nadviazať; *sich ~* pripojiť sa (*j-m* ku komu); *darf ich mich dir ~?* môžem sa k tebe pripojiť?; **~d 1** PR M priložený **2** PRÍSL potom
r Anschluß <...ss> (*Anschlusses, Anschlüsse*) **1** pripojenie telefónu **2** hist. pripojenie Rakúska k Nemecku **3** spoj vlakový **4** styk spoločenský; **im ~ daran** hneď potom
anschmiegsam 1 priliehavý o šatách **2** prítulný o človeku
an|schmieren 1 namazať, natrieť **2** hovor., pren. napáliť, dostať koho
an|schnallen pripínať lyže; **sich ~** pripútať sa pásom
an|schneiden* (*schnitt an, angeschnitten*) narezať, nakrojiť; hovor. **eine Frage ~** nadhodiť otázku
an|schreiben* (*ie, ie*) **1** napísať na tabuľu **2** zapísať, pripísať na konto **3** obrátiť sa písomne (*j-n* na koho) **4** obraz. byť zapísaný dobre, zle (*bei j-m* u koho)
an|schreien* (*ie, ie*) kričať (*j-n* na koho)
e Anschrift (≈, *en*) adresa
an|schuldig|en obviniť ~ *j-n eines Verbrechens* obviniť koho zo zločinu; **e –ung** (≈, *en*) obvinenie
an|schwellen[1] naduť plachty
an|schwellen[2]* (*o, i. o*) **1** opuchnúť **2** stúpať o hladine rieky
an|schwemmen 1 priplaviť, naplaviť piesok
an|schwindeln oklamať, podviesť (*j-n* koho)
an|sehen* (*a, e*) **1** pozrieť sa, dívať sa (*j-n/etw* na koho/čo) **2** považovať

pokladať (*j-n/etw für j-n/etw*, koho/čo za koho/čo) **3** zbadať (*j-m etw* čo na kom) **4** prihliadať (*j-n/etw* na koho/čo); **sich ~** prezrieť si (*etw* čo); **s ~** (*s, 0*) **1** vzhľad, výzor **2** úcta, vážnosť **3** pohľad
ansehnlich 1 statný **2** značný **3** vážený, uznávaný
an|setzen 1 priložiť pohár k ústam **2** pristaviť rebrík **3** stanoviť, určiť **4** pustiť sa (*zu etw* do čoho) **5** ukladať sa; **sich ~** usádzať sa vodný kameň
e Ansicht (≈, *en*) **1** pohľad **2** názor, mienka; *meiner ~ nach* podľa môjho názoru; **zur ~** na ukážku
e Ansichts|karte (≈, *en*) pohľadnica; **e –sache** (≈, *0*) vec názoru
an|spann|en 1 napnúť **2** zapriahnuť kone; **e –ung** (≈, *0*) (na)vy|pätie
an|spiel|en 1 začať hru **2** šport. prihrať loptu **3** obraz. robiť narážky (*auf etw* na čo); **e –ung** (≈, *en*) narážka
r Ansporn (*(e)s, 0*) stimul, popud; **~en** nabádať, povzbudzovať
e Ansprache (≈, *n*) **1** príhovor, krátky prejav **2** oslovenie
an|sprechen* (*a, o*) **1** osloviť, prihovoriť sa (*j-n* komu) **2** požiadať (*j-n um etw* koho o čo) **3** dotknúť sa (*etw* čoho) **4** páčiť sa **5** označiť (*etw, als etw* čo za čo); **~d** príjemný, sympatický, milý
an|springen* 1 (*a, h. u*) skočiť (*j-n* na koho), približovať sa skokmi, napadnúť; *der Hund sprang den Fußgänger an* pes napadol chodca **2** (*a, i. u*) naskočiť motor
r Anspruch (*(e)s, ≈e*) **1** nárok **2** požiadavka; *etw in ~ nehmen** žiadať o čo, oberať koho o čo čas; **~slos** nenáročný, skromný; **~svoll** náročný, s veľkými požiadavkami
an|spuken (na)pľuť (*j-n/etw* na koho/čo)
an|spülen priplaviť, naplaviť
e Anstalt (≈, *en*) ústav liečebný; **~en machen** pripravovať, robiť prípravy
r Anstand (*(e)s, ≈e*) **1** slušné správanie **2** ťažkosti; **keinen ~ nehmen zu** + INF neváhať
anständig slušný
anstandslos PRÍSL bez všetkého, bez ťažkostí
an|starren uprene sa pozerať (*j-n* na koho/na čo), hovor. vyvaľovať na koho oči
anstatt 1 PREDL s G namiesto čoho **2** SP *~, daß* <*...ss*>*... /zu* + INF namiesto toho, aby...
an|steck|en 1 navliecť, nasadiť **2** nakaziť, infikovať **3** pripínať, prišpendliť **4** podpáliť dom, zapáliť (si) oheň, cigaretu; **sich ~** nakaziť sa; **–end** nákazlivý; **e –ung** (≈, *en*) nákaza
an|stehen* (*stand an, h./i. angestanden*) **1** stáť v rade **2** neuskutočniť niečo očakávané **3** patriť sa **4** stanoviť termín **5** pochybovať
anstelle <**an Stelle**> PREDL s G namiesto; *~ des Vaters* namiesto otca
an|stell|en 1 postaviť (*etw an etw* čo k čomu), oprieť (*etw an etw* čo o čo) **2** zamestnať **3** konať, robiť pokusy **4** vyparatiť **5** zapnúť, spustiť; **sich ~ 1** postaviť sa do radu **2** tváriť sa, robiť sa ako keby; **e –ung** (≈, *en*) **1** ustanovenie **2** zamestnanie trvalé **3** spustenie, uvedenie do chodu
r Anstieg (*(e)s, e*) **1** stúpanie na vrchol, výstup **2** vzostup, vzrast výroby
an|stift|en 1 spôsobiť niečo zlé **2** navádzať (*j-n zu etw* koho na čo); **r –er** (*s, ≈*) **1** pôvodca, zakladateľ **2** podnecovateľ
an|stimmen zanôtiť, zaspievať
r Anstoß (*es, ≈e*) **1** náraz **2** podnet, popud, impulz **3** pohoršenie; *~ nehmen* an etw* pohoršiť sa nad čím **4** šport. výkop; **~en*** (*ie, h. o*) **1** strkať, sácať **2** pripiť si, štrngnúť si **3** naraziť (*an etw* do koho/čoho); **~en*** (*ie, i. o*) naraziť (*an etw* do čoho)
anstößig urážlivý, neslušný
an|streich|en* (*i, i*) **1** natrieť, maľovať **2** podčiarknuť **3** škrtnúť zápalkou; **r –er** (*s, ≈*) natierač

an|streng|en 1 napnúť sily **2** podať žalobu (*gegen j-n* na koho) **3** unavovať; **sich ~** unaviť sa, namáhať sa **~d** namáhavý; **e –ung** (≈, *en*) námaha, úsilie

r Anstrich (*(e)s, e*) **1** náter **2** obraz. vzhľad, zdanie

r Ansturm (*(e)s, ≈e*) **1** útok, nápor **2** nával ľudí

an|tasten ohmatať, dotýkať sa

r Anteil (*s, e*) **1** diel, podiel **2** účasť; *~ haben an etw* podieľať sa na niečom; *~ nehmen* an etw* prejaviť súcit s kým al. niekomu súcit; **e ~nahme** (≈, *0*) spoluúčasť

e Antenne (≈, *n*) **1** anténa televízna **2** tykadlo chrobáka

s Anti|biotikum (*s, Antibiotika*) antibiotikum

antidemokratisch protidemokratický, odmietajúci demokraciu

e Antike (≈, *n*) antika, starovek

e Antilope (≈, *n*) antilopa

e Antipathie (≈, *i|en*) antipatia

s Antiquariat (*(e)s, e*) antikvariát

r Antiquitätenhändler (*s,* ≈) obchodník sa starožitnosťami

r Antrag (*(e)s, ≈e*) **1** návrh **2** žiadosť; *~ stellen* žiadať o niečo

an|treffen* (*traf an, o*) zastihnúť, nájsť

an|treiben* (*ie, h. ie*) **1** hnať **2** súriť, naháňať; **~*** (*ie, i. ie*) priplávať na breh

an|treten* (*a, i. e*) **1** vykročiť **2** nastúpiť; *~!* nástup!; **~*** (*a, h. e*) **1** vydať sa na cestu **2** nastúpiť do úradu, do zamestnania **3** naštartovať motor našliapnutím

r Antrieb (*(e)s, e*) podnet, popud; *aus eigenem ~* z vlastného popudu, sám od seba

an|trinken* (*a, u*) napiť sa, odpiť; **sich ~** opiť sa; *sich Mut ~* dodať si odvahu pitím, piť na guráž; *angetrunken sein** byť podnapitý

r Antritt (*(e)s, e*) **1** nastúpenie, nástup do funkcie, úradu **2** začiatok; *der ~ des Urlaubs* nástup na dovolenku, začiatok dovolenky

an|tun* (*tat an, angetan*) **1** obliecť sa **2** vykonať, vyviesť, vyparatiť **3** preukázať; **Gewalt ~** dopustiť sa násilia (*j-m* na kom); *es j-m angetan haben* učarovať komu; **sich etw ~** siahnuť si na život

e Antwort (≈, *en*) odpoveď; **~en** odpovedať

an|vertrauen zveriť sa (*j-m etw* komu s čím)

an|wachsen* (*u, i. a*) **1** prirásť (*an etw* k čomu) **2** ujať sa o rastline **3** rásť do výšky

r Anwalt (*(e)s, ≈e*) advokát, právny zástupca

r Anwärter (*s,* ≈) čakateľ

an|weis|en* (*ie, ie*) **1** dať návod (*j-n* komu), poučiť, inštruovať **2** poveriť (*j-n mit etw* koho čím) **3** prideliť miesto **4** poukázať peniaze; **e –ung** (≈, *en*) **1** návod, pokyn **2** príkaz, nariadenie **3** peňažná poukážka

anwend|bar použiteľný; **–en 1** použiť **2** uplatniť, aplikovať (*etwas auf j-n/etw* čo na koho/čo) **3** vynaložiť úsilie; **e –ung** (≈, *en*) použitie, upotrebenie

anwesen|d prítomný; **e –heit** (≈, *0*) fyzická prítomnosť, existencia

an|widern protiviť sa, hnusiť sa

e Anzahl (≈, *0*) počet, množstvo; **~en** dať zálohu, dať preddavok, zaplatiť prvú splátku (*j-m* komu); **e ~ung** (≈, *en*) preddavok, záloha, prvá splátka

s Anzeichen (*s,* ≈) príznak, znamenie

e Anzeige (≈, *n*) **1** oznam, oznámenie, správa **2** inzerát **3** udanie; **~n** **1** oznámiť, ohlásiť **2** inzerovať **3** udať na polícii **4** ukázať, indikovať; *~pflicht* oznamovacia povinnosť (*s,* ≈); **r ~r** (*s,* ≈) **1** oznamovateľ, vestník **2** index **3** tech. indikátor, ukazovateľ na prístroji **4** ručička na hodinách

an|zieh|en* (*zog an, angezogen*) **1** obliecť **2** pritiahnuť skrutku **3** nasiaknuť, vstrebať, absorbovať vodu **4** napnúť struny **5** priťahovať; **sich ~** obliecť sa; **~d** príťažlivý, pútavý; **e –ung**

(≈, *en*) **1** príťažlivosť **2** obraz. pôvab, čaro **e –ungskraft** (≈, *0*) **1** fyz. príťažlivosť **2** pren. čaro
r Anzug ((*e*)*s*, *≈e*) **1** oblek, odev **2** príchod, približovanie **3** prvý ťah v šachu; **im ~ sein** začínať
anzüglich 1 uštipačný, pichľavý, ironický **2** neslušný, dvojzmyselný; **e ~keit** (≈, *en*) uštipačnosť, narážka
an|zünd|en zapáliť, rozsvietiť; **r –er** (*s*, ≈) plynový, elektrický zapaľovač
an|zweifeln pochybovať (*etw* o čom)
e Apathie (≈, *0*) apatia, ľahostajnosť, nevšímavosť
apathisch apatický, ľahostajný
r Apfel (*s*, *≈*) jablko; **r ~most** (*es*, *e*) jablkový mušt; **e ~sine** (≈, *n*) pomaranč
r Apostel (*s*, ≈) apoštol
r Apostroph (*s*, *e*) apostrof
e Apotheke (≈, *n*) lekáreň; **r ~r** (*s*, ≈) lekárnik
r Apparat ((*e*)*s*, *e*) **1** aparát, prístroj **2** súhrn pracovníkov v administratíve, v politickej strane **3** lek. pohybový aparát; *am ~!* pri aparáte!; **e ~ur** (≈, *n*) aparatúra, sústava prístrojov
s Appartement [apartəˈmã:] (*s*, *s*) apartmán
r Appell (*s*, *e*) **1** výzva, apel **2** nástup mužstva; **~ieren** apelovať (*an j-n/etw* na koho/čo), dovolávať sa (*an etw* čoho)
r Appetit ((*e*)*s*, *e*) chuť; *guten ~* dobrú chuť; **~lich 1** chutný **2** vkusný; **e ~losigkeit** (≈, *0*) nechutenstvo
r Applaus (*es*, *e*) aplauz, potlesk
e Aprikose (≈, *n*) marhuľa
r April (≈ al. *s*, *e*) apríl; *im ~* v apríli; pren. **j-n in den ~ schicken** urobiť si z niekoho dobrý deň
s Aquarell (*s*, *e*) akvarel
s Aquarium (*s*, *Aquarien*) akvárium
r Äquator (*s*, *0*) rovník
e Arbeit (≈, *en*) práca; **~en** pracovať; **r ~er** (*s*, ≈) **1** pracovník **2** robotník; **r ~geber** (*s*, ≈) zamestnávateľ; **r ~nehmer** (*s*, ≈) zamestnanec; **~sam** pracovitý, usilovný
Arbeits- pracovný; **s ~amt** ((*e*)*s*, *≈er*) úrad práce; **r ~gang** ((*e*)*s*, *≈e*) postup práce; **e ~kraft** (≈, *≈e*) pracovná sila; **~los** nezamestnaný; **e ~losigkeit** (≈, *0*) nezamestnanosť; **r ~platz** (*es*, *≈e*) pracovisko; **~scheu** lenivý, štítiaci sa práce; **r ~tag** ((*e*)*s*, *e*) pracovný deň; **e ~teilung** (≈, *0*) deľba práce; **s ~verfahren** (*s*, ≈) pracovný postup; **~|unfähig** práceneschopný; **e ~zeit** (≈, *en*) pracovný čas
r Archäologe (*n*, *n*) archeológ
r Architekt (*en*, *en*) architekt; **e ~ur** (≈, *en*) architektúra
s Archiv (*s*, *e*) archív
arg PR M zlý
r Ärger (*s*, *0*) zlosť, rozhorčenie, hnev; **~lich** nahnevaný, nepríjemný, mrzutý; **~n** zlostiť, hnevať; *sich ~n* hnevať sa (*über j-n/etw* na koho/na čo); **s ~nis** (*ses*, *se*) pohoršenie; *~ erregen* (vz)budiť pohoršenie
arg|listig zákerný, ľstivý; **–los** nevinný, neškodný, dobromyseľný; **e –losigkeit** (≈, *0*) dobromyseľnosť
s Argument ((*e*)*s*, *e*) argument
r Arg|wohn ((*e*)*s*, *0*) podozrenie, nedôvera; **–wöhnisch** podozrievavý; *~ erwecken* vzbudiť podozrenie
e Ari|e (≈, *n*) ária
r Aristokrat (*en*, *en*) aristokrat; **e ~ie** (≈, *i|en*) **1** aristokracia, šľachta **2** vláda šľachty; **~isch 1** aristokratický **2** ušľachtilý
arm 1 chudobný, nemajetný **2** úbohý, poľutovaniahodný
r Arm ((*e*)*s*, *e*) paža, rameno človeka i stroja
e Armatur (≈, *en*) armatúra; **s ~enbrett** prístrojová doska
s Armband ((*e*)*s*, *≈er*) náramok; **e ~|uhr** (≈, *en*) náramkové hodinky
r Arme (*n*, *n*) (**ein ≈r**) chudák, úbožiak
e Armee (≈, *n*) armáda, vojsko
r Ärmel (*s*, ≈) rukáv; obraz. *etw aus dem ~ schütteln* sypať čo z rukáva

e Armut (*s, 0*) chudoba
r Armvoll <**Arm voll**> (≈, ≈) náručie
s Arọma (*s, s* al. *Aromen*) aróma, vôňa
aromạtisch aromatický
arrangiẹren [arã'ʒi:rən] **1** aranžovať **2** usporiadať, organizovať; **sich ~** dohodnúť sa (*mit j-m* s kým)
r Arrẹst (*(e)s, e*) väzenie
arrogạn|t arogantný; **e –z** (≈, *0*) arogancia, arogantnosť
r Arsch (*es, ≈e*) zadok, zadnica, vulg. riť
e Art (≈, *en*) **1** ráz, vlastnosť, charakter **2** spôsob; *auf diese ~* týmto spôsobom **3** biologický druh **4** správanie
e Artẹri|e (≈, *n*) artéria, tepna; **e ~nverkalkung** (≈, *0*), **e –iosklerose** (≈, *0*) artérioskleróza, kôrnatenie tepien
artig poslušný, slušný, zdvorilý
r Artịkel (*s,* ≈) **1** článok, stať **2** druh tovaru **3** článok, odsek zmluvy **4** gram. člen
e Artillerịe (≈, *ien*) delostrelectvo, artiléria
e Arznẹi (≈, *en*) liek; **s ~mittel** (*s,* ≈) liek
r Arzt (*es, ≈e*) lekár
ärztlich lekársky
s As <**Ass**> (*ses, se*) eso v kartách
r Asbẹst (*(e)s, e*) azbest
e Asche (≈, *n*) popol; *die Stadt in Schutt und ~ verwandeln* obrátiť mesto na prach a popol
e Aschen|bahn (≈, *en*) škvarová dráha; **r –becher** (*s,* ≈) popolník
r Aschermittwoch (*s, 0*) cirk. Popolcová streda, Popolec
asozial asociálny
r Aspẹkt (*(e)s, e*) aspekt, zreteľ; *unter diesem ~* z tohto hľadiska
r Asphạlt (*(e)s, e*) asfalt; **~ieren** asfaltovať
r Aspịk (*s, e*) rôsol, aspik
r Assistẹnt (*en, en*) asistent
e Assoziatiọn (≈, *en*) **1** asociácia, zväz, združenie **2** psych. spojenie predstáv
r Ast (*(e)s, ≈e*) **1** vetva, konár, haluz **2** hrča, uzol v dreve
e Aster (≈, *n*) bot. astra
ästhẹtisch estetický
s Asthma (*s, 0*) astma, záduch; **r ~tiker** (*s,* ≈) astmatik
r Astro|lọge (*n, n*) astrológ; **e –logịe** (≈, *0*) astrológia; **r –nạut** (*en, en*) astronaut; **r –nọm** (*en, en*) hvezdár, astronóm; **e –nomịe** (≈, *0*) astronómia
s Asỵl (*s, e*) azyl, útočisko
s Atelier [atẹ'ljẹ:] (*s, s*) ateliér
r Atem (*s, 0*) dych; *~ holen, schöpfen* nadýchnuť sa; **~beraubend** vyrážajúci dych; **~los** bez dychu; **e ~pause** (≈, *n*) prestávka; **r ~zug** (*(e)s, ≈e*) nadýchnutie
r Atheịsmus (≈, *0*) ateizmus
r Äther (*s,* ≈) **1** éter vesmírny priestor **2** chem. éter
r Athlẹt (*en, en*) atlét
r Atlas[1] (*ses, se* al. *Atlanten*) atlas kniha máp
r Atlas[2] (*ses, e*) atlas tkanina
atmen dýchať
e Atmosphạ̈r|e (≈, *n*) **1** atmosféra, ovzdušie **2** pren. okolie, prostredie; **–isch** atmosférický
e Atmung (≈, *en*) dýchanie
s Atọm (*s, e*) atóm; **~ạr** atómový; **e ~bombe** (≈, *en*) atómová bomba; **s ~kraftwerk** (*(e)s, e*) atómová elektráreň; **e ~waffe** (≈, *n*) atómová zbraň; **~waffenfrei** bez atómových zbraní
s Atten|tạt (*(e)s, e*) atentát; **r –tạ̈ter** (*s,* ≈) atentátnik
s Attẹst (*(e)s, e*) atest, písomné osvedčenie
attraktịv atraktívny, príťažlivý
e Attrạppe (≈, *n*) atrapa
s Attribụt (*(e)s, e*) **1** atribút, charakteristický znak **2** lingv. prívlastok, atribút
ätzen 1 chem. leptať **2** chem. moriť **3** lek. vypaľovať bradavicu
auch 1 ČAST tiež, aj, i, po zápore ani; *ich ~ nicht* ani ja nie **2** SP: *~ wenn* aj ke-

by; *nicht nur..., sondern ~...* nielen..., ale aj...; *sowohl..., als ~...* tak..., ako aj...; **was ~ immer geschehen* mag*** nech sa stane čokoľvek; **wann ~ immer** kedykoľvek

auf 1 PREDL s D na otázku kde? na; ~ *dem Tisch* na stole; ~ *der Post* na pošte; ~ *dem Lande* na vidieku **2** PREDL s A na otázku kam? (až) na; ~ *den Tisch* na stôl; ~ *die Post* na poštu; ~ *das Land* na vidiek; ~ *einmal* zrazu; *bis ~ den letzten Mann* až do posledného muža **3** PRÍSL hore; ~ *sein* byť hore; otvorený; *das Fenster ist ~* okno je otvorené; **von Jugend ~** od mladosti; **~ und ab** sem tam; **~ deutsch** po nemecky

auf|atmen 1 vydýchnuť si **2** obraz. oddýchnuť si

r Aufbau[1] (*(e)s, ten*) nadstavba

r Aufbau[2] (*(e)s, 0*) **1** (vý)stavba, (vy)budovanie **2** štruktúra, organizácia; **~en 1** (vy)budovať, (vy)po|staviť **2** usporiadať **3** zložiť, skladať zlúčeniny

auf|bauschen 1 nadúvať, nadúvať sa **2** obraz. zveličovať

auf|bekommen* (*bekam auf, o*) **1** otvoriť dvere s námahou **2** dostať úlohu

auf|bessern zlepšovať

auf|bewahr|en uložiť, uschovať, uskladniť; **e –ung** (*≈, en*) **1** uloženie, uschovanie **2** úschovňa

auf|bieten* (*o, o*) **1** ohlasovať zasnúbenie **2** vynaložiť, použiť; *alle Kräfte ~* vynaložiť **3** zvolať mužstvo, prápor

auf|blasen* (*ie, a*) nafúknuť; obraz. *sich ~* naparovať sa

auf|bleiben* (*ie, i. ie*) **1** zostať hore **2** zostať otvorený

auf|blicken pozrieť smerom hore

auf|blühen (*i.*) **1** rozkvitnúť **2** pren. prekvitať obchod

auf|brauchen spotrebovať; **alles Geld ~** minúť všetky peniaze

auf|brausen (*i.*) **1** vzkypieť tekutina **2** obraz. vybuchnúť, vzkypieť hnevom; **~d** pren. výbušný o človeku

auf|brechen* (*a, h. o*) **1** otvoriť násilne, prudko **2** vypáčiť zámku; **~*** (*a, i. o*) **1** vydať sa, vyraziť na cestu **2** prasknúť ľadová pokrývka

auf|bringen* (*brachte auf, aufgebracht*) **1** zohnať, obstarať **2** rozviazať, rozmotať **3** nahnevať **4** pripevniť anténu **5** nanášať farbu

r Aufbruch (*(e)s, ≈e*) **1** odchod, odcestovanie **2** vypuknutie revolúcie

auf|bürden 1 naložiť náklad, prácu ap. (*j-m etw* čo na koho) **2** preniesť zodpovednosť, vinu (*j-m etw* čo na koho)

auf|decken 1 prestrieť **2** odhaliť pamätník **3** odostlať posteľ; pren. *die Karten ~* odkryť karty

auf|drängen vnútiť; **sich ~** vnucovať sa; **–dringlich** dotieravý, neodbytný

auf|einander na seba, na sebe, navzájom; *sie sind böse ~* hnevajú sa na seba; **~|folgen** <**~ folgen**> nasledovať po sebe; **~|legen** <**~ legen**> položiť na seba

r Auf|enthalt (*(e)s, e*) **1** pobyt **2** zastávka; **e ~sbewilligung** (*≈, en*) povolenie na pobyt

auf|erlegen 1 uložiť, dať úlohu (*j-m etw* komu čo) **2** poveriť funkciou

e Auf|erstehung (*≈, 0*) cirk. zmŕtvychvstanie, vzkriesenie

auf|essen* (*aß auf, aufgegessen*) zjesť

auf|fahr|en* (*u, i. a*) **1** vychádzať o dopravnom prostriedku **2** naraziť (*auf etw* na čo) **3** rozčúliť sa; **~*** (*u, h. a*) podávať, servírovať jedlá; **e –t** (*≈, en*) **1** výjazd na diaľnicu, do kopca **2** príjazdová rampa **3** slávnostný príchod

auf|fallen (*ie, i. a*) **1** padnúť na čo **2** budiť pozornosť; **~d, –fällig** nápadný

auf|fangen* (*i, a*) **1** chytiť **2** zadržať **3** náhodne zachytiť pohľad, zbadať, vypočuť slová

auf|fass|en chápať, vnímať, rozumieť; **e –ung** (*≈, en*) **1** pochopenie, chápanie **2** vnímanie **3** názor, mienka stanovisko

e Auffassungs|gabe (*≈, 0*), **s –ver-**

mögen (*s, 0*), **e –kraft** (*≈, 0*) chápavosť

auf|forder|n vyzvať; **e –ung** (*≈, en*) vyzvanie, výzva; *die –ung zum Tanz* vyzvanie do tanca

auf|fressen* (*fraß auf, e*) zožrať

auf|frischen obnoviť, osviežiť vedomosti; **sich ~** osviežiť sa

auf|führ|en 1 kniž. vystavať, vybudovať **2** hrať na javisku **3** vymenovať, uvádzať dôkazy; **sich ~** správať sa; **e –ung** (*≈, en*) **1** stavba **2** predstavenie v divadle **3** správanie

auf|füllen 1 zaliať **2** doplniť, vyplniť **3** zasypať

e Aufgabe (*≈, n*) **1** úloha **2** podanie na pošte **3** zrieknutie sa, rezignácia

r Aufgang (*(e)s, ≈e*) **1** vchod **2** výstup hore, vzostup **3** astronom. východ slnka

auf|geben* (*a, e*) **1** podať na pošte **2** vzdávať sa (*etw* čoho) **3** uložiť úlohu **4** sypať, dávkovať

aufgeblasen o človeku nafúkaný, nadutý

s Aufgebot (*(e)s, e*) **1** ohlášky **2** vynaloženie síl **3** výzva

auf|gehen* (*ging auf, i. aufgegangen*) **1** vychádzať o slnku **2** zdvíhať sa opona **3** klíčiť, vzísť semeno **4** otvárať sa **5** rozplynúť sa; *in Flammen und Rauch ~* obrátiť sa na prach a popol

aufgelegt: *gut ~* dobre naladený, v dobrej nálade; *~ sein* zu* + INF mať chuť na čo

aufgeregt rozčúlený

aufgeschlossen vnímavý, prístupný, otvorený

aufgeweckt čulý, bystrý

aufgießen* (*o <...ss...>, aufgegossen*) naliať

auf|greifen* (*griff auf, aufgegriffen*) **1** (za)chytiť, polapiť **2** predostrieť problém

aufgrund: PREDL s G~ *dessen* na základe toho

r Aufguß <...ss> (*gusses, güsse*) **1** nálev **2** poleva

auf|haben* <auf haben> (*hatte auf, aufgehabt*) **1** mať na hlave; *nichts ~* nemať nič na hlave **2** mať otvorené o obchode

auf|halsen zavesiť na krk (*j-m etw* komu čo)

auf|halten* (*ie, a*) **1** zadržať, zastaviť **2** zdržať spôsobiť oneskorenie; *sich ~* zdržať sa

auf|häng|en zavesiť, obesiť; *sich ~* obesiť sa; **r –er** (*s, ≈*) pútko

auf|heben* (*o, o*) **1** zdvihnúť, dvíhať **2** uložiť, uschovať **3** zrušiť

auf|heitern rozveseliť; **sich ~** vyjasniť sa, rozjariť sa

auf|hellen zosvetliť, vyjasniť; **sich ~** vyjasniť sa

auf|hetzen poštvať, hovor. podpichovať

auf|holen dohnať meškanie

auf|horchen pozorne počúvať

auf|hören 1 prestať **2** končiť, zanikať

r Aufkauf (*(e)s, ≈e*) výkup

auf|klappen 1 odklopiť **2** roztvoriť knihu

e Aufklärung (*≈, en*) **1** vysvetlenie, poučenie **2** osveta **3** osvietenstvo kultúrna epocha **4** voj. prieskum

auf|kleb|en nalepiť; **r –er** (*s, ≈*) nálepka

auf|knöpfen rozopnúť

auf|kommen* (*kam auf, i. o*) **1** vstať **2** vyskytnúť sa **3** chystať sa búrka, zdvihnúť sa vietor; **für j-n/etw 1** hradiť finančne komu/čo **2** zodpovedať za čo; **für j-n ~** ručiť za koho

auf|laden* (*u, a*) **1** nakladať **2** nabíjať batériu; **e –lage** (*≈, n*) **1** vydanie, náklad knihy **2** záväzok

auf|lassen* (*ließ auf, a*) **1** (roz)(vy)pre|pustiť **2** nechať si čiapku na hlave **3** zrušiť (*etw* čo)

auf|lauern vysliediť (*j-m* koho)

r Auflauf (*(e)s, ≈e*) **1** zhromaždenie, zhluk ľudí **2** nákyp

auf|legen 1 (vy)(po)pri|ložiť (*etw auf etw* čo na čo) **2** vydať knihu; **Schminke ~** (na)líčiť sa

auf|lehn|en oprieť; **sich ~ 1** oprieť sa (*auf etw* o čo) **2** vzoprieť sa (*gegen j-n/etw* komu/čomu); **e –ung** (≈, *en*) vzbura
auf|lesen* (*a, e*) zbierať úrodu
auf|leuchten (*h./i.*) zažiariť, rozsvietiť sa
auf|lockern 1 uvoľniť **2** skypriť pôdu
auf|lös|en 1 rozlúštiť, vyriešiť **2** rozviazať, uvoľniť **3** zrušiť, likvidovať, rozpustiť spolok **4** chem. rozpúšťať sa; *sich in Tränen ~* utápať sa v slzách; **e –ung** (≈, *en*) **1** vyriešenie, rozlúštenie **2** rozviazanie, uvoľnenie **3** rozpustenie, zrušenie
auf|mach|en otvoriť; **sich ~** otvoriť sa; **e –ung** (≈, *en*) úprava novín
aufmerksam pozorný; *j-n ~ machen auf etw* upozorniť koho na čo; **e ~keit** (≈, *en*) pozornosť
auf|muntern povzbudiť, rozveseliť
e Auf|nahme (≈, *en*) **1** privítanie, prijatie **2** príjem potravy **3** zaregistrovanie, evidencia **4** fotografia, snímka, záber **5** nahrávka, záznam zvuku, obrazu, preja-vu **6** otvorenie, začatie **7** nadviazanie diplomatických vzťahov ap. **8** začiatok prác ap.; **~fähig 1** vnímavý **2** schopný prijatia; **e ~prüfung** (≈, *en*) prijímacia skúška; **–|nehmen*** (*a, aufgenommen*) **1** zdvihnúť **2** prijať **3** spísať **4** zaznamenať **5** nadviazať kontakt, začať; **es mit j-m –|nehmen*** vyrovnať sa komu
auf|nötigen kniž. nanútiť, vnucovať (*j-m etw* komu čo)
auf|opfern obetovať; **sich ~** obetovať sa; **~d** obetavý
auf|passen dávať pozor (*auf j-n/etw* na koho/čo); **aufgepaßt!** dávaj pozor! pozor!
r Aufprall (*(e)s, e*) prudký náraz; **~en** (*i.*) prudko naraziť
r Aufpreis (*es, e*) prirážka k cene
auf|pumpen napumpovať, nahustiť
auf|raffen zobrať, zhrabnúť; **sich ~** vzchopiť sa
auf|räumen 1 (od)u|pratať **2** obraz. urobiť poriadok
aufrecht 1 PR M vzpriamený, priamy **2** PRÍSL priamo; **~|erhalten*** (*ie, a*) udržiavať
auf|reg|en 1 rozčuľovať; *sich ~* rozčuľovať sa **2** zvíriť i obraz.; **–end** vzrušujúci, rozčuľujúci; **e –ung** (≈, *en*) rozčúlenie, vzrušenie
auf|reiben* (*ie, ie*) **1** rozotrieť **2** postrúhať **3** pren. zničiť zdravie; *die Arbeit hat ihn völlig aufgerieben* práca ho úplne zničila; **sich ~ 1** odrieť si nohu **2** podryť si zdravie **3** zodrať sa
auf|reißen* (*i* <...ss...>, *aufgerissen*) **1** prudko otvoriť; *die Augen ~* vytreštiť oči **2** rozkopať **3** roztrhnúť **4** narysovať
auf|reizen 1 (vy)dráždiť **2** podnecovať, štvať; **~d** poburujúci
auf|richten 1 vzpriamiť, postaviť, narovnať, vystrieť **2** vybudovať, vystavať; **sich ~** vzpriamiť sa
aufrichtig úprimný; **e ~keit** (≈, *0*) úprimnosť
r Aufriß <...ss> (*sses, sse*) nákres, nárys
r Aufruf (*(e)s, e*) vyhlásenie, proklamácia; **~en** (*ie, u*) **1** vyvolávať podľa mena **2** vydať proklamáciu
r Aufruhr (*(e)s, e*) vzbura, revolta
aufrührerisch buričský, rebelantský
auf|runden zaokrúhliť
auf|rüst|en 1 vyzbrojovať **2** postaviť lešenie; **e –ung** (≈, *en*) zvýšené zbrojenie
aufs = *auf das*: *~ beste* čo najlepšie; *~ neue* nanovo
auf|sagen 1 odriekať spamäti **2** dať výpoveď **3** vypovedať priateľstvo, skoncovať s kým
auf|sammeln (na)zbierať
aufsässig nevraživý, vzdorný
r Aufsatz (*es, ≈e*) **1** násada, nadstavec **2** článok, stať **3** sloh, kompozícia **4** voj. zameriavač
auf|saugen* (*saugte* al. *sog auf, aufgesaugt* al. *aufgesogen*) **1** nasať **2** pohltiť

auf|schauen 1 vzhliadnuť 2 obdivovať (*zu j-m* koho)
auf|scheuchen vyplašiť zajace, holuby
auf|schieben* (*o, o*) 1 odsunúť, odstrčiť 2 presunúť, odložiť, odročiť pojednávanie
r Aufschlag (*(e)s, ≈e*) 1 náraz, úder 2 prirážka k cene, príplatok 3 šport. prvé podanie, serv, úder 4 záložka, obruba, lem, manžeta; **~en*** (*u, h. a*) 1 rozbíjať, roztĺkať 2 otvoriť knihu 3 postaviť stan, tábor 4 vyložiť karty 5 zvýšiť cenu 6 naraziť sud **~en*** (*u, i. a*) 1 naraziť (*auf etw* A do čoho G) 2 vyklíčiť
auf|schließen* (*o* <...ss...>, *aufgeschlossen*) 1 odomknúť, otvoriť 2 rozdrobiť, rozdrviť 3 chem. rozptýliť 4 obraz. zdôveriť sa, vyliať si srdce, vysvetliť; **sich ~** pren. otvárať sa
r Aufschluß <...ss> (*Aufschlusses, Aufschlüsse*) vysvetlenie, výklad; **~reich** poučný
auf|schnappen (*h.*) 1 uchytiť, zdrapiť, chmatnúť 2 obraz. pochytiť, náhodne sa dozvedieť; **~** (*i.*) otvoriť sa
auf|schneid|en* (*schnitt auf, aufgeschnitten*) 1 rozkrojiť, pokrájať, rozrezať, rozstrihnúť 2 obraz. chvastať sa, vystatovať sa; **r –er** (*s, ≈*) chvastúň
r Aufschnitt (*(e)s, e*) kuch. nárez
auf|schrecken[1]* (*schrak auf, i. o*) vystrašiť sa, vyľakať sa
auf|schrecken[2] (*h.*) vyľakať, vyplašiť, vystrašiť (*j-n* koho)
r Aufschrei (*(e)s, e*) výkrik; **~en*** (*ie, ie*) vykríknuť
auf|schreiben* (*ie, ie*) napísať; **e –schrift** (*≈, en*) 1 nápis 2 nadpis 3 adresa
r Aufschub (*(e)s, ≈e*) odklad, odročenie, prieťah; *ohne* **~** neodkladne, súrne
r Aufschwung (*(e)s, ≈e*) 1 rozmach 2 šport. výšvih
s Aufsehen (*s, 0*) rozruch, senzácia; **~|erregend** <**Aufsehen erregend**> vzbudzujúci rozruch, senzačný
r Aufseher (*s, ≈*) dozorca
auf|setzen 1 nasadiť 2 postaviť vodu na sporák 3 zostaviť, skoncipovať, sformulovať list 4 pristaviť, nadstaviť
e Aufsicht (*≈, 0*) dozor, kontrola
auf|sitzen* (*saß auf, i. aufgesessen*) 1 nasadnúť, nastúpiť 2 uviaznuť na plytčine; obraz. **j-m ~** dať sa oklamať
auf|sparen našetriť, nasporiť
auf|sperren odomknúť, otvoriť
auf|spielen vyhrávať do tanca; **sich ~** chvastať sa, nafukovať sa, hrať sa na hrdinu
auf|spießen nabodnúť, napichnúť
auf|springen* (*a, i. u*) 1 (na)vy|skočiť 2 praskať, pukať 3 vyraziť, vystreknúť 4 roztvoriť sa prudko
auf|spüren vypátrať, vysliediť, vystopovať
auf|stacheln podpichovať, podnecovať
r Auf|stand (*(e)s, ≈e*) povstanie, vzbura; **–ständisch** povstalecký
auf|stecken 1 pripevniť, nasadiť, nastoknúť, nabodnúť 2 vztýčiť zástavu 3 hovor. nechať (*etw* čo), vzdať sa (*etw* čoho)
auf|stehen* (*stand auf, i. aufgestanden*) 1 vstať, postaviť sa, zdvihnúť sa 2 povstať, vzbúriť sa; **~*** (*stand auf, h. aufgestanden*) 1 byť otvorený o okne, dverách
auf|steigen* (*ie, i. ie*) 1 stúpať, vystúpiť 2 vzlietnuť, dvíhať sa 3 nasadnúť, nastúpiť 4 postúpiť, byť povýšený
auf|stell|en 1 postaviť, vystaviť, umiestniť, rozostaviť 2 zostaviť rovnicu 3 sformulovať uznesenie 4 nominovať ako kandidáta 5 inštalovať 6 spracovať bilanciu 7 šport. vytvoriť rekord **e –ung** (*≈, en*) 1 postavenie rozostavenie 2 šport. zostava, nominácia mužstva 3 šport. vytvorenie rekordu 4 stanovenie termínu 5 inštalovanie
r Aufstieg (*(e)s, e*) 1 výstup, stúpanie 2 vzostup, rozmach 3 postup, povýšenie
auf|stoßen* (*ie, h. o*) 1 otvoriť nárazom,

vyraziť **2** naraziť (*etw* do čoho) **3** grgať; **~*** (*ie, i. o*) **1** naraziť (*auf etw* na čo) **2** hnevať (*j-m etw* koho čo) **3** vyskytovať sa; **sich ~** zraniť sa, rozbiť si koleno
auf|stützen 1 oprieť (*etw auf A etw* čo o čo) **2** podoprieť (*j-n* koho); *sich ~* oprieť sa (*mit etw auf j-n/etw* čím o koho/čo)
auf|suchen navštíviť, vyhľadať
r Auftakt ((*e*)*s, e*) **1** predtaktie v hudbe **2** začatie, začiatok
auf|tanken (na)tankovať, (na)čerpať pohonné hmoty
auf|tauchen (*i.*) vynoriť sa, objaviť sa ponorka, problém i človek
auf|tauen (*i.*) roztopiť sa; **~** (*h.*) roztaviť, rozpustiť, rozmraziť i obraz.
auf|teil|en 1 rozdeliť **2** zadeliť do skupín; **e –ung** (≈, *en*) rozdelenie, rozvrhnutie
r Auftrag ((*e*)*s*, ≈*e*) **1** príkaz; *im ~* z príkazu **2** nariadenie **3** objednávka, zákazka; *in ~ geben** objednať; **~en*** (*u, a*) **1** natierať, nanášať farbu **2** prinášať na stôl, servírovať **3** poveriť (*j-m etw* koho čím); **r ~geber** (*s*, ≈) objednávateľ, zákazník
auf|treiben* (*ie, h. ie*) **1** naháňať **2** zohnať peniaze **3** nadúvať; **~*** (*ie, i. ie*) **1** naraziť **2** vyháňať rastlina
auf|treten* (*a, i. e*) **1** stúpiť **2** vystupovať, účinkovať v divadle **3** vyskytnúť sa, objaviť sa; **~*** (*a, h. e*) rozšliapnuť orech
r Auftrieb ((*e*)*s, e*) **1** fyz. vztlak **2** vyháňanie dobytka **3** obraz. rozmach, vzostup
r Auftritt ((*e*)*s, e*) **1** vystúpenie na koncerte **2** div. výstup, scéna, obraz **3** zjav, vystupovanie **4** hádka, scéna
auf|tun* (*tat auf, aufgetan*) **1** otvárať **2** nasadiť; *die Mütze ~* nasadiť si čiapku; *sich ~* otvárať sa
auf|wachen (*i.*) prebudiť sa
auf|wachsen* (*u, i. a*) vyrásť, dospieť
r Aufwand ((*e*)*s, 0*) **1** náklady **2** vynaloženie
auf|wärmen 1 zohriať, ohriať **2** *sich ~* (z)|ohriať sa **3** obraz. oprašovať staré historky
aufwärts PRÍSL **1** hore, nahor **2** proti prúdu; **~|entwickeln sich** vyvíjať sa k lepšiemu, dopredu
auf|wecken zobudiť
auf|weisen* (*ie, ie*) **1** mať **2** ukazovať, vykazovať **3** legitimovať sa
auf|wend|en vynaložiť úsilie; **e –ung** (≈, *en*) **1** vynaloženie sily **2** výdavky, náklady
auf|werfen* (*a, o*) **1** vyhodiť do výšky, hore **2** zvíriť prach **3** nadhodiť tému; **eine Frage ~** nadhodiť otázku; **sich ~** hrať sa, vyhlásiť sa (*als* al. *zu etw* za koho, čo)
auf|werten zhodnotiť
auf|wiegeln búriť sa, poburovať (*gegen j-n/etw* proti komu/čomu)
auf|wirbeln rozvíriť prach; **~** (*i.*) poletovať
auf|wischen utrieť prach, podlahu
auf|zähl|en vyratúvať, uvádzať, vymenovať; **e –ung** (≈, *en*) uvádzanie, výpočet
auf|zeichn|en 1 (na)kresliť **2** (za)znamenať, zaznačiť **3** nahrať, natočiť; **e –ung** (≈, *en*) **1** nákres **2** záznam **3** poznámka
auf|zeigen ukázať, odhaliť
auf|ziehen* (*o, h. o*) **1** (po)(vy)na|tiahnuť obočie, pančuchy, hodinky **2** usporiadať, pripravovať, zorganizovať **3** vychovávať **4** napnúť drôt, struny **5** vytiahnuť padací most, vztýčiť zástavu **6** obraz. doberať si, prekárať sa; **~*** (*o, i. o*) **1** prihnať sa o búrke **2** nastupovať na prehliadku
r Aufzug ((*e*)*s*, ≈*e*) **1** výťah **2** dejstvo **3** sprievod
auf|zwingen* (*a, u*) nanútiť, vnucovať; *sich ~* vnucovať sa, natískať sa (*j-m* komu)
r Aug|apfel (*s*, ≈) očná guľa
s Auge (*s, n*) oko, očko ľudské, na pančuche, na polievke; *unter vier ~n* medzi štyrmi očami

r Augen|blick (*(e)s, e*) okamih, chvíľa, moment; **–blicklich 1** okamžitý, momentálny **2** chvíľkový **3** terajší, súčasný; **e –braue** (*≈, n*) obočie; **e –weide** (*≈, 0*) pastva pre oči; **r –zeuge** (*n, n*) očitý svedok

r August (*(e)s* al. *≈, e*) august; *im* ~ v auguste; *Mitte* ~ v polovici augusta

e Auktion (*≈, en*) dražba, aukcia

e Aula (*≈, Aulen* al. *s*) aula, slávnostná sieň

aus 1 PREDL s D z, zo; ~ *dem Hause* z domu; ~ *Berlin* z Berlína; ~ *Liebe* z lásky; ~ *etw bestehen** pozostávať z čoho **2** PRÍSL niečo sa skončilo, je koniec niečoho; *die Stunde ist** ~ hodina sa skončila; *vom Fenster* ~ z okna; *von hier* ~ odtiaľ

aus|arbeiten vypracovať

aus|arten (*i.*) **1** zvrhnúť sa o umení, o deťoch **2** správať sa neslušne

aus|atmen 1 vydychovať **2** pren. *die Seele* ~ vypustiť dušu

aus|baden hovor. pykať (*etw* za čo)

r Ausbau[1] (*(e)s, ten*) **1** výstavba **2** výklenok

r Ausbau[2] (*(e)s, 0*) **1** odmontovanie, demontáž **2** prestavba, rekonštrukcia **3** obraz. budovanie vzťahov; **~en 1** odmontovať **2** vystavať, vybudovať **3** prestavať **4** obraz. vybudovať vzťah

aus|bessern 1 zlepšiť **2** opraviť

aus|beut|en 1 (vy)ťažiť **2** vykorisťovať; **e –ung** (*≈, en*) **1** ťažba **2** vykorisťovanie

aus|bild|en 1 vzdelávať **2** rozvíjať **3** cvičiť, školiť; **sich ~** vzdelávať sa, vyučiť sa; **r –er** (*s, ≈*) učiteľ, inštruktor; **e –ung** (*≈, en*) **1** vzdelanie, vzdelávanie, výchova, výcvik **2** formovanie, vytvorenie právneho vedomia

aus|bleiben* (*ie, i. ie*) **1** neprísť, nedostaviť sa **2** viaznuť, neuskutočňovať (sa), vynechávať

r Ausblick (*(e)s, e*) výhľad, pohľad do budúcnosti

aus|breit|en 1 rozložiť, rozprestrieť **2** rozširovať názory; **sich ~ 1** rozprestierať sa **2** rozširovať sa, šíriť sa; **e –ung** (*≈, en*) **1** rozšírenie **2** vzrast, zväčšenie **3** rozloha

aus|brennen* (*brannte aus, h. ausgebrannt*) vypáliť; **~*** (*brannte aus, i. ausgebrannt*) vyhorieť, dohorieť

r Ausbruch (*(e)s, ≈e*) **1** vypuknutie vojny; vznik **2** výbuch sopky **3** útek

aus|brüten 1 vysedieť mláďatá **2** obraz. vymyslieť

e Ausdauer (*≈, 0*) vytrvalosť; **~n** vytrvať, vydržať; **~nd** vytrvalý

aus|dehnen 1 roztiahnuť, rozšíriť **2** pretiahnuť schôdzu; **sich ~ 1** fyz. rozťahovať sa, zväčšiť sa **2** rozprestierať sa, rozkladať sa

aus|denken* (*dachte aus, ausgedacht*) vymyslieť

r Ausdruck (*(e)s, ≈e*) výraz, prejav; *zum* ~ *bringen** vyjadriť; **~en** vytlačiť knihu, zahasiť cigaretu

aus|drück|en 1 vytlačiť, zahasiť cigaretu **2** obraz. vyjadriť, formulovať; **sich ~** vyjadriť sa, vysloviť sa; **–lich** výslovný, dôrazný

ausdrucks|los (ne)bez|výrazný; **–voll** výrazný; **e –weise** (*≈, en*) spôsob vyjadrovania

aus|einander 1 od seba **2** roz-; **~|bringen*** <**~ bringen**> (*brachte aus|einander, h. aus|einandergebracht*) rozdeliť, odtrhnúť od seba; **~|fallen*** <**~ fallen**> (*fiel aus|einander, i. a*) rozpadnúť sa; **~|gehen*** <**~ gehen**> (*ging aus|einander, i. aus|einandergegangen*) rozísť sa ľudia, názory, rozpadnúť sa, rozpúšťať sa soli; **~|halten*** <**~ halten**> (*ie, h. a*) rozlišovať, rozoznávať; **~|nehmen*** <**~ nehmen**> (*a, h. aus|einandergenommen*) rozobrať, rozložiť; **~|setzen** (*h.*) vysvetľovať; **sich ~|setzen 1** vyrovnať sa (*mit etw* s čím) **2** pohádať sa (*mit j-m* s kým); **e ~setzung** (*≈, en*) **1** výklad, rozprava **2** konfrontácia názorov, postojov

aus|erlesen vybratý, vyvolený

e Ausfahrt (*≈, en*) **1** výjazd **2** vychádzka

ABC

r Ausfall ((e)s, ≈e) **1** vypadávanie, strata **2** schodok, deficit, manko **3** vynechanie **4** výpad, útok proti komu **5** porucha, prerušenie dodávky, výpadok el. prúdu **6** výsledok **7** zlyhanie, nedostatok duš. i tel. vlastností; **~en*** (*fiel aus, i. a*) **1** vypad(áv)ať **2** odpadnúť, nekonať sa vyučovanie **3** vynechávať motor **4** dopadnúť, skončiť sa; *gut ~en** dobre skončiť; **~end** útočný; **e ~straße** (≈, *en*) výpadovka

e Ausfertigung (≈, *en*) **1** vyhotovenie **2** úradná listina **3** exemplár

ausfindig: ~ *machen* vypátrať

e Ausflucht (≈, ≈e) výhovorka; *Ausflüchte machen* vyhovárať sa

r Aus|flug ((e)s, ≈e) výlet; **r –flügler** (*s*, ≈) výletník

r Ausfluß <...ss> (*Ausflusses, Ausflüsse*) **1** odtok **2** lek. výtok **3** obraz. výlev, citový prejav

aus|fragen vypytovať sa (*j-n nach* al. *über etw* koho na čo)

e Ausfuhr (≈, *en*) vývoz, export

aus|führ|en **1** vyviesť psa **2** vyvážať, exportovať **3** uskutočniť, zhotoviť, vykonať zámer **4** rozvádzať, rozpracovať **5** vybaviť, zariadiť; **–lich** obšírny, podrobný; **e –lichkeit** (≈, *en*) obšírnosť; **e –ung** (≈, *en*) **1** uskutočnenie, realizácia **2** vyhotovenie, rozpracovanie **3** obyčajne MNČ výklad

aus|füllen **1** vyplniť formulár **2** doplniť údaje **3** vymurovať

e Ausgabe (≈, *n*) **1** vydávanie **2** výdaj tovaru **3** vydávanie kníh **4** vyhlásenie, oznámenie **5** výstup dát **6** výdaj, výdavok

r Ausgang ((e)s, ≈e) **1** východ **2** koniec, záver, rozuzlenie knihy **3** východisko dizertácie **4** tech. výstup

r Ausgangs|punkt ((e)s, *e*) východisko; **e –stellung** (≈, *en*) základné postavenie

aus|geben* (*a, e*) **1** vydávať peniaze **2** rozdávať, rozdeľovať **3** vydávať knihu; **sich ~ 1** vydávať sa (*für j-n/etw* za koho/čo) **2** vyčerpať sa, vysiliť sa

ausgedehnt rozsiahly, rozľahlý, obsiahly

ausgedient vyslúžený

ausgefallen hovor. zvláštny, čudný

ausgeglichen vyrovnaný

aus|geh|en* (*ging aus, i. ausgegangen*) **1** vyjsť, odísť **2** prestávať, ubúdať, dochádzať peniaze, dych, trpezlivosť vyčerpať sa zo zásob **3** skončiť sa, dopadnúť **4** vychádzať (*von etw* z čoho), pochádzať; **s –verbot** ((e)s, *e*) zákaz vychádzania

ausgelassen **1** neviazaný **2** samopašný; **e ~heit** (≈, *en*) neviazanosť

ausge|leiert opotrebovaný, hovor. otrepaný; **–macht** istý, dohovorený; **–nommen** **1** PREDL s G okrem, s výnimkou **2** PR M prázdny vyprázdnený; **–prägt** výrazný, vyhranený; **–rechnet** práve; **–schlossen** vylúčený; *–schlossen!* vylúčené!; **–schnitten** vystrihnutý; **–sprochen** vyslovený, zrejmý, jasný; **–zeichnet** výborný, vynikajúci

ausgiebig výdatný

r Ausgleich ((e)s, *e*) vyrovnanie, kompenzácia; **~en*** (*i, i*) vyrovn(áv)ať

aus|grab|en* (*u, a*) vykopať; **e –ung** (≈, *en*) **1** vykopávanie **2** vykopávka

r Ausguß <...ss> (*Ausgusses, Ausgüsse*) **1** výlevka, odtok, odpad

aus|halten* (*ie, a*) **1** vydržať, zniesť **2** vytrvať, zotrvať **3** vydržiavať (*j-n* koho)

aus|händigen vydať dokument, doručiť, odovzdať

r Aus|hang ((e)s, ≈e) oznam, vyhláška, vývesný oznam, hovor. vývеska; **–hängen** (vy)za|vesiť; **eine Tür –hängen** zvesiť dvere; **per ~ etw bekanntgeben** oznámiť niečo vyhláškou, vývеskou

aus|harren **1** vytrvať **2** vyčkať

aus|heb|en* (*o, o*) **1** (od)vy|kopať zeminu **2** vysadiť dvere **3** odviesť branca **4** vyberať hniezdo; **e –ung** (≈, *en*) **1** vykopávanie zeme **2** odvod brancov **3** vyberanie vajec z hniezda, pošty zo schrán-

ky
aus|helfen* (*a, o*) vypomôcť; **e –hilfe** (≈, *n*) výpomoc; **e –hilfskraft** (≈, *≈e*) pomocná sila, výpomoc; **–hilfsweise** ako výpomoc
aus|holen 1 napriahnuť ruku **2** vyzvedať sa (*j-n über etw* koho G na koho/čo); **weit ~** začínať zoširoka
aus|horchen vypočúvať (*j-n über etw* al. *nach etw* koho)
aus|hungern vyhladovať
aus|kennen* sich (*kannte aus, ausgekannt*) vyznať sa (*in* al. *über etw* v čom)
r Ausklang (*es, ≈e*) **1** hud. záverečný akord **2** doznievanie, dozvuk; **~ des Lebens** koniec života
aus|kleiden 1 vyzliecť, zobliekať **2** vykladať zlatom; **sich ~** zobliekať sa, vyzliekať sa
aus|klopfen vyprášiť koberec
aus|kochen (*h.*) **1** vyvariť, vyvárať, lek. sterilizovať **2** vymyslieť si; **–gekocht** prefíkaný
aus|kommen* (*kam aus, i. o*) **1** vychádzať z domu **2** vystačiť, vydržať o peniazoch **3** dobre vychádzať, znášať sa (*mit j-m* s kým) **4** (za)obísť sa (*ohne j-n/etw* bez koho/čoho)
aus|kosten vychutnávať, vychutnať
aus|kriechen* (*o, i. o*) **1** vyliezť **2** vyliahnuť sa
aus|kundschaften vypátrať, vysliediť
e Auskunft (≈, *≈e*) informácia, správa
aus|lachen vysmiať sa (*j-n* komu); *laß dich nicht ~!* nedaj sa vysmiať!
aus|laden* (*u, a*) **1** (s)vy|kladať tovar **2** vyprázdniť zbraň **3** hovor. odriecť pozvanie (j-n komu čo)
e Auslage (≈, *n*) **1** výdaj **2** výklad, výkladná skriňa
s Aus|land (*(e)s, 0*) zahraničie, cudzina; *im ~* v zahraničí; *ins ~* do zahraničia; **r –länder** (*s, ≈*) cudzinec; **–ländisch** zahraničný
e Auslands|beziehungen MNČ zahraničné vzťahy, styky; **r –aufenthalt** (*(e)s, e*) pobyt v zahraničí; **r –korrespondent** (*en, en*) zahraničný korešpondent; **e –reise** (≈, *n*) zahraničná cesta; **e –vertretung** (≈, *en*) zahraničné zastupiteľstvo (≈, *n*)
auslass|en* (*ließ aus, a*) **1** vynechať **2** vypustiť **3** vylievať si zlosť (*an j-m/etw* na kom/čom); **sich über etw ~** vyjadrovať sa k čomu/o čom; **e –ung** (≈, *en*) **1** vynechanie textu **2** vypustenie pary **3** vyjadrenie, výrok
r Aus|lauf (*(e)s, ≈e*) **1** odtok **2** výtok vody **3** vyplávanie lode **4** výbeh pre dobytok; **~en*** (*ie, i. au*) **1** vytekať **2** rozpíjať sa **3** vyplávať z prístavu **4** končiť sa čím; **sich ~en* 1** (*na*) vy|behať sa **2** opotrebovať sa; **r –läufer** (*s, ≈*) **1** výbežok pohoria, pevniny do mora ap. **2** bot. výhonok, odnož
aus|leeren vyprázdniť
aus|leg|en 1 vystaviť tovar **2** vysvetľovať, objasňovať, interpretovať zákon **3** vykladať zlatom, obložiť, vystlať **4** vykladať sny; **e –ung** (≈, *en*) **1** výklad, interpretácia zákona **2** obloženie dlaždicami
e Ausleihe (≈, *n*) požičovňa; **~n*** (*ie, ie*) (vy)požičať; *sich ~n** (vy)požičať si
e Auslese (≈, *n*) **1** výber **2** elita, vybraní jednotlivci **3** výber textov do antológie; **~n*** (*a, e*) **1** vyberať, triediť **2** hovor. (do)pre|čítať knihu
aus|liefern 1 vydať zločinca **2** expedovať, dodávať
aus|löschen (*h.*) **1** zahasiť **2** vytrieť, vygumovať, vymazať, (vy)škrtnúť; **~*** (*o, i. o*) (z)(vy)do|horieť, vyhasnúť
aus|losen vylosovať
aus|lös|en 1 spôsobiť, vyvolať **2** vyvolať city, záujem **3** tech. uvolniť, spustiť; **r –er** (*s, ≈*) **1** tech. spúšťač **2** fot. spúšť
aus|machen 1 zhasnúť **2** dohodnúť, dohovoriť (*etw* čo), dohodnúť sa, dohovoriť sa (*etw* na čom) **3** znamenať **4** rovnať sa, činiť spolu pri účte; **das macht nichts aus** to nič neznamená
aus|mahlen* (*mahlte aus, ausge-*

mahlen) zomlieť
s Ausmaß (*es, s*) **1** výmera, rozmer **2** miera rozsah, meradlo
aus|merzen odstrániť, vylúčiť
aus|messen* (*maß aus, e*) vymerať
e Ausnahme (*≈, n*) **1** výnimka **2** anomália, odchýlka; **r ~fall** (*(e)s, ≈̈e*) výnimočný prípad; **r ~zustand** (*(e)s, ≈̈e*) výnimočný stav, stanné právo
ausnahms|los bez výnimky; **–weise** výnimočne, mimoriadne
aus|nehmen* (*a, ausgenommen*) **1** vybrať **2** urobiť výnimku **3** vylúčiť; **sich ~** vynímať sa; **~d 1** PR M neobyčajný, zvláštny **2** PRÍSL veľmi, obzvlášť
aus|nutzen, –nützen (vy)po|užiť; **e –nutzung** (*≈, en*) využitie
aus|packen 1 vybaliť, vyložiť kufor **2** rozprávať, vykladať historku
aus|pfeifen* (*pfiff aus, ausgepfiffen*) vypískať
aus|plündern vydrancovať, vyrabovať
aus|polstern vypchať, vyčalúniť nábytok
aus|pressen vylisovať, vytlačiť
aus|probieren vyskúšať
r Auspuff (*(e)s, e* al. *≈̈e*) výfuk; **s ~rohr** (*(e)s, e*) výfuková rúra
aus|radieren 1 vygumovať **2** vyhubiť národ
aus|rangieren [...raŋ'ʒi:rən] **1** vyradiť, vylúčiť **2** vyradiť železničný vozeň
aus|rauben vylúpiť, vyplieniť
aus|räumen 1 vyprázdniť, odstrániť **2** lek. vyčistiť
aus|rechnen vypočítať
e Ausrede (*≈, n*) výhovorka; **~n 1** dohovoriť, skončiť reč **2** vyhovoriť (*j-m etw* komu čo); **sich ~n 1** vyhovárať sa **2** vyrozprávať sa do sýtosti
aus|reichen 1 (vy)stačiť **2** vydržať; **~d** dostatočný
e Ausreise (*≈, n*) odchod, odjazd, vycestovanie do zahraničia; **~n** (*i.*) odcestovať do zahraničia
aus|reißen* (*i* <...*ss*...>, *h. ausgerissen*) vytrhnúť, vyvrátiť; **~*** (*i* <...*ss*...>, *i. ausgerissen*) **1** vytrhnúť sa **2** hovor. utiecť
aus|renken: *sich* 3P *den Knöchel ~* vyvrtnúť si, vytknúť si členok
aus|richten 1 vybaviť, dosiahnuť **2** usporiadať šampionát, **3** vyrovnať rad **4** odovzdať odkaz, pozdrav **5** vystrojiť; *eine Hochzeit ~* vystrojiť svadbu
aus|rotten vyhubiť, vyhladiť, vykoreniť
aus|rücken (vy)za|sunúť, vypnúť; **~** (*i.*) **1** vypochodovať **2** hovor. ujsť, utiecť
r Ausruf (*(e)s, e*) **1** výkrik, zvolanie **2** vyhlásenie; **~en*** (*i, u*) **1** vykríknuť, zvolať **2** vyhlásiť (*j-n zum etw* koho za čo) **3** vyvolávať cenu
r Ausrufe|satz (*es, ≈̈e*) zvolacia veta; **s –zeichen** (*s, ≈*) výkričník
aus|ruhen odpočívať; **sich ~** odpočinúť si
aus|rüst|en 1 vyzbrojiť **2** vybaviť, vystrojiť čím **3** apretovať; **e –ung** (*≈, en*) **1** výstroj, výzbroj **2** tech. úprava, apretúra
aus|rutschen (*i.*) pokĺznuť, pošmyknúť sa
e Aussage (*≈, n*) výpoveď o čom; **~n** vypovedať (*gegen j-n* proti komu, *über j-n* o kom)
aus|schalten 1 vypnúť **2** vylúčiť, vyradiť (*j-n/etw* koho/čo)
r Ausschank (*(e)s, ≈̈e*) výčap
aus|scharren vyhrabať
e Ausschau (*≈, 0*) vyhliadka; *nach j-m ~ halten** vyzerať koho/čo; **~en 1** vyzerať **2** vyzerať (*nach j-m/etw* koho/čo)
aus|scheid|en* (*ie, h. ie*) **1** vylúčiť, vyradiť **2** vylučovať; **~*** (*ie, i. ie*) vystúpiť, vypadnúť zo súťaže; **e –ung** (*≈, en*) **1** vylúčenie, vyradenie **2** lek. výlučok, sekrét
aus|schimpfen vyhrešiť (*j-n* koho), vynadať (*j-n* komu)
aus|schlafen* (*ie, a*) *sich ~* vyspať sa
r Ausschlag (*(e)s, ≈̈e*) **1** lek. vyrážka

2 výchylka, výkyv kyvadla; **den ~ geben*** rozhodnúť; **~en*** (*u, h. a*) **1** vybiť zuby, okno **2** potiahnuť, obtiahnuť, obložiť **3** odmietnuť (*etw* čo) **4** pren. dobiť, dotĺcť srdce, hodiny; **~en*** (*u, i. a*) **1** vychýliť sa o strelke kompasu **2** vyrážať, vyháňať strom **3** skončiť sa, dopadnúť; **~gebend** rozhodujúci

aus|schließ|en* (*o <...ss...>, ausgeschlossen*) **1** vylúčiť **2** vyradiť; **sich ~** odťahovať sa (*von etw* od čoho); **–lich 1** PR M výhradný, výlučný **2** PREDL s G okrem, bez; *–lich ~ der Kosten* okrem nákladov **3** ČAST výhradne, len

r Ausschluß <...ss> (*Ausschlusses, Ausschlüsse*) vylúčenie; *unter ~ der Öffentlichkeit* s vylúčením verejnosti

aus|schmücken vyzdobiť, okrášliť

aus|schneiden* (*schnitt aus, ausgeschnitten*) vykrojiť, vyrezať, vystrihnúť; **r –schnitt** (*(e)s, e*) **1** výstrižok, výrezok **2** výstrih **3** úsek **4** úryvok **5** geom. výsek **6** vypísať výberové konanie, súťaž

aus|schneuzen sich vysmrkať sa

aus|schreiben* (*ie, ie*) **1** vypísať voľby **2** napísať, vyplniť formulár **3** dopísať **4** vypísať výberové konanie, súťaž

e Ausschreitung (*≈, en*) výtržnosť, priestupok

r Ausschuß[1] <...ss> (*Ausschusses, Ausschüsse*) výbor

r Ausschuß[2] <...ss> (*Ausschusses, Ausschüsse*) nepodarok, brak; **e ~ware** (*≈, n*) nepodarkový tovar

aus|schütteln vytriasť, vytrepať

aus|schütten (*h.*) **1** vysypať, vyliať **2** rozdeľovať, vyplácať; *sich ~* vyžalovať sa

ausschweif|end výstredný, neviazaný; **e –ung** (*≈, en*) výstrednosť, neviazanosť

aus|sehen* (*a, e*) vyzerať; *es sieht* nach Regen aus* vyzerá to na dážď; *so siehst* du aus!* to si celý ty!; **s ~** (*s, 0*) vzhľad, zovňajšok

außen vonku; *nach ~ hin* von, navonok

r Außen|dienst (*es, e*) služba mimo domova, v zahraničí; **r –handel** (*s, 0*) zahraničný obchod; **s –ministerium** (*s, ministeri|en*) ministerstvo zahraničných vecí; **e –politik** (*≈, 0*) zahraničná politika; **e –seite** (*≈, n*) vonkajšia strana; **r –seiter** (*s, ≈*) outsider, samotár, čudák; **e –welt** (*≈, 0*) vonkajší svet, okolie

außer 1 PREDL s G al. D al. A mimo, bez, okrem, vynímajúc; *~ Dienst* mimo služby; *~ Betrieb* mimo prevádzky; *~ sich sein** byť bez seba; *~ Landes sein** byť v cudzine **2** SP *~ daß* ibaže, okrem toho, že; *~ wenn* iba ak, len keď nie; **~dem** okrem toho

r, e, s äußere vonkajší

außer|ehelich nemanželský; **–gewöhnlich** neobyčajný; **–halb 1** PRÍSL mimo, vonku **2** PREDL s G mimo; *–halb der Stadt* mimo mesta

äußerlich 1 vonkajší **2** lek. povrchový zranenie **3** obraz. zdanlivý, navonok týkajúci sa vonkajšieho dojmu

äußern vysloviť, povedať, vyjadriť stanovisko; **sich ~** vyjadriť sa o čom

außer|ordentlich mimoriadny; **–planmäßig** neplánovaný, mimoriadny

äußerst 1 PR M posledný, najvzdialenejší, najkrajnejší **2** PRÍSL mimoriadne, veľmi, nadmieru, obzvlášť; **s ~e** (*n, 0*) krajnosť, extrém

aus|setzen 1 vysadiť, vyložiť cestujúceho **2** spustiť loď na vodu **3** vystaviť (sa) nebezpečenstvu **4** stanoviť **5** prerušiť **6** vysadiť lieky **7** vyčítať (*j-m etw, etw an j-m* komu čo) **8** vynechávať, zlyhávať o motore

e Aussicht (*≈, en*) **1** vyhliadka, výhľad **2** nádej, MNČ vyhliadky

aussichts|los beznádejný; **r –punkt** (*(e)s, e*) vyhliadka, výhľad v teréne; **–reich** nádejný, sľubný; **r –turm** (*(e)s, ≈e*) rozhľadňa

aus|söhn|en zmieriť; **sich ~** zmieriť sa (*mit j-m* s kým); **e –ung** (*≈, en*) zmierenie

aus|sondern vylučovať, (vy)triediť, vyberať

aus|sortieren (vy)triediť

aus|spannen 1 rozprestrieť 2 vypriahnuť kone 3 obraz. oddýchnuť si, odpočinúť si

aus|sperr|en 1 vymknúť 2 nevpustiť štrajkujúcich do závodu; **e –ung** (≈, *en*) výluka

aus|spielen 1 zohrať zápas 2 vynášať kartu 3 dohrať do konca; **j-n/etw gegen j-n ~** poštvať al. použiť koho/čo proti komu; obraz. **ausgespielt haben** skončiť, dohrať

e Aus|sprache (≈, *en*) 1 výslovnosť 2 rozhovor, debata, diskusia; **–|sprechen*** (*a, o*) 1 vysloviť, artikulovať 2 vyrieknuť rozsudok, vysloviť sústrasť; *sich –sprechen** vyjadriť sa (*über etw* o čom) 3 dohovoriť do konca 4 vyrozprávať sa; **r –spruch** (*(e)s, ≈e*) výrok

aus|spülen vypláchnuť, vyplaviť

r Ausstand (*(e)s, ≈e*) 1 štrajk; *in den ~ treten** vstúpiť do štrajku 2 pohľadávka

aus|statt|en vystrojiť, vybaviť (*j-n mit etw* koho čím); **e –ung** (≈, *en*) 1 vybavenie, výstroj, výzbroj 2 výbava nevesty 3 výprava v divadle 4 tech. úprava

aus|stechen* (*a, o*) vypichnúť, vyryť, vyrezať

aus|stehen* (*stand aus, ausgestanden*) 1 znášať utrpenie 2 chýbať, nedochádzať list, platba; *j-n nicht ~ können** neznášať koho

aussteigen* (*ie, i. ie*) vystúpiť z vlaku

aus|stell|en 1 rozostaviť hliadky 2 vystaviť tovar, pas, šek; **e –ung** (≈, *en*) 1 výstava 2 vystavenie, vydanie 3 MNČ námietky; *an j-m –ungen machen* robiť komu výčitky

aus|sterben* (*a, i. o*) vymrieť, vyhynúť; *die Stadt sieht* wie ausgestorben* aus* mesto je ako vymreté

e Aussteuer (≈, *n*) výbava, veno

r Ausstieg (*(e)s, e*) 1 výstup, východ 2 vystupovanie

aus|stopfen vypchať

aus|stoßen* (*ie, h. o*) 1 vystrčiť, vypudiť, vytlačiť 2 vyraziť oko, 3 vylúčiť, vyobcovať, vyhnať, vyhodiť, hovor. vyraziť 4 vyrábať; **~*** (*ie, i. o*) zaútočiť

aus|strahl|en 1 sálať, vyžarovať 2 vysielať reláciu; **e –ung** (≈, *n*) vyžarovanie, sálanie

aus|strecken 1 vytiahnuť, vystrieť, natiahnuť, (na)roz|tiahnuť ruky 2 vyplaziť jazyk; **sich ~** natiahnuť sa, vystrieť sa

aus|streichen* (*i, i*) 1 nanášať, natierať 2 vyčiarknuť, vyhladiť, vymastiť, vytierať

aus|strömen (*h.*) vydávať, vyžarovať teplo; **~** (*i.*) vytekať, unikať

aus|suchen vyhľadať, vybrať

r Austausch (*es, 0*) výmena; **~bar** vymeniteľný; **~en** vymeniť (*gegen etw* za čo)

aus|teilen rozdeliť, rozdeľovať rady, testy

e Auster (≈, *n*) ustrica

aus|toben (vy)blázniť (sa), vybúriť sa

aus|tragen* (*u, a*) 1 (roz)vy|nášať poštu, klebety 2 doručiť 3 nosiť šaty, dieťa 4 usporiadať majstrovstvá 5 urovnať spor

aus|treiben* (*ie, h. ie*) 1 vyháňať dobytok, diabla 2 odnaučiť (*j-m etw* koho čo); **~*** (*ie, i. ie*) pučať stromy

aus|treten* (*a, i. e*) 1 vystúpiť, vybočiť, vykročiť 2 hovor. ísť na WC; **~*** (*a, h. e*) 1 vyšliapať cestu, vychodiť topánky 2 zašliapnuť, zahasiť; **sich ~** (roz)vy|chodiť topánky; **sich** s D **den Knöchel ~** vytknúť si členok

aus|trinken* (*a, u*) (do)vy|piť

r Austritt (*(e)s, e*) vystúpenie, odchod

aus|trocknen (*h.*) vysušiť; **~** (*i.*) vysychať

aus|üben 1 vykonávať, prevádzkovať 2 pôsobiť, uplatniť

r Ausverkauf (*(e)s, ≈e*) výpredaj; **~en** vypred(áv)ať; **~t** vypredaný

e Aus|wahl (≈, *en*) 1 výber tovaru;

nach ~ podľa výberu **2** výber z diela **3** kniž. elita, výkvet **4** šport. reprezentačné mužstvo, národný tím; **–wählen** (vy)zvoliť, vybrať

r Auswanderer (*s*, ≈) vysťahovalec; **–n** (*i.*) vysťahovať sa; **e –ung** (≈, *en*) vysťahovanie, vysťahovalectvo

auswärtig 1 cudzí, zahraničný **2** cezpoľný

auswärts 1 von, vonku, mimo domu; *von* ~ zvonku, z cudziny **2** na vidieku; ~ *essen** jesť mimo domu

aus|wechseln vymeniť

r Ausweg ((*e*)*s*, *e*) **1** východ **2** východisko; **~los** beznádejný, bezvýchodný

aus|weichen* (*i*, *i*. *i*) vyhnúť sa autu, zodpovednosti; **~d** vyhýbavý

aus|weihen vysvätiť

r Ausweis ((*e*)*s*, *e*) **1** preukaz **2** výkaz; **~en*** (*ie*, *ie*) **1** vypovedať, vykázať z krajiny (*j-n* koho) **2** vykazovať (*etw* čo); **sich ~en*** legitimovať sa; **e ~ung** (≈, *en*) vyhostenie

aus|weiten rozšíriť, roztiahnuť

auswendig 1 naspamäť, spamäti **2** vonkajší; ~ **lernen** (na)učiť sa naspamäť

aus|werten zhodnotiť, využiť; **e –ung** (≈, *en*) **1** vyhodnotenie **2** využitie

aus|wirken pôsobiť, vypracovať, vymiesiť cesto; **sich ~** prejaviť sa, pôsobiť, účinkovať; **e –ung** (≈, *en*) dôsledok, účinok

aus|wischen (*h.*) (vy)zotrieť; ~ (*i.*) uniknúť, vykĺznuť; **j-m eine ~** hovor. dať komu po papuli; **j-m etw ~** niekomu niečo urobiť

aus|wringen* (*a*, *u*) vyžmýkať

r Auswuchs ((*e*)*s*, *¨e*) **1** výrastok **2** výhonok **3** neprístojnosť

aus|wuchten vyvážiť; *die Räder* ~ vyvážiť kolesá

aus|zahlen vyplatiť; **sich ~** vyplatiť sa

aus|zählen 1 (vy)spočítať hlasy **2** šport. odpočítať v boxe

aus|zeichnen 1 označiť tovar **2** vyznamen(áv)ať; **sich ~** vyznamenať sa, vyniknúť; **e –ung** (≈, *en*) vyznamenanie; *mit –ung* s vyznamenaním v škole

aus|ziehen* (*zog aus*, *h. ausgezogen*) **1** vyzliecť **2** vytiahnuť klinec, farbu; vysunúť ďalekohľad **3** napnúť lano **4** vytiahnuť tušom; **~*** (*zog aus*, *i. ausgezogen*) **1** vysťahovať sa **2** vyrojiť sa o včelách; **r –zug** ((*e*)*s*, *¨e*) **1** odchod, vysťahovanie **2** výňatok, výpis z registra **3** výťažok, extrakt

s Auto (*s*, *s*) auto; ~ **fahren*** viesť auto, voziť sa na aute; **e ~bahn** (≈, *en*) diaľnica, autostráda; **r ~fahrer** (*s*, ≈) vodič, automobilista; **e ~fahrt** (≈, *en*) jazda autom

s Autogramm (*s*, *e*) autogram

r Automat (*en*, *en*) automat; **~isch** automatický; **~isieren 1** automatizovať **2** psych. zautomatizovať; **e ~isierung** (≈, *en*) automatizácia

autonom autonómny, samosprávny

r Autor (*s*, *Autoren*) autor

r Autoreifen ((*e*)*s*, *e*) pneumatika; **s –rennen** (*s*, ≈) automobilové preteky; **e –reparaturwerkstatt** (≈, *¨en*), autoservis, opravovňa áut, autodielňa

e Autorität (≈, *en*) autorita

r Autounfall ((*e*)*s*, *¨e*) automobilová nehoda; **e –vermietung** (≈, *en*) požičovňa áut

e Axt (≈, *¨e*) sekera

e Azalee (≈, *en*) azalka

r Azur (*s*, *0*) azúr, blankyt; **~blau** azúrový, blankytný

B

s Baby ['be:bi] (*s*, *s*) dojča, bábätko; **e ~ausstattung** (≈, *en*) dojčenská výbavička; **r ~sitter** (*s*, ≈) opatrovateľka, varovkyňa

r Bach ((*e*)*s*, *¨e*) potok

e Backe (≈, *n*), **r Backen** (*s*, ≈) líce

backen* (*backte* al. *buk*, *gebacken*)

piecť
r Backen|bart (*(e)s, ≈e*) bokombrady; **r –zahn** (*(e)s, ≈e*) stolička
r Bäcker (*s, ≈*) pekár; **e ~ei** (*≈, en*) **1** pekárstvo, pekáreň **2** pečivo
s Back|obst (*es, 0*) sušené ovocie; **r –ofen** (*s, ≈*) pec; **e –pflaume** (*≈, n*) sušená slivka; **s –pulver** (*s, ≈*) prášok do pečiva; **r –stein** (*(e)s, e*) pálená tehla
s Bad (*(e)s, ≈er*) **1** kúpeľňa **2** kúpeľ **3** kúpalisko
e Bade|anstalt (*≈, en*) kúpalisko, mestské kúpele; **r –anzug** (*(e)s, ≈e*) dámske plavky; **e –hose** (*≈, n*) pánske plavky; **e –kappe** (*≈, n*) kúpacia čiapka; **r –meister** (*s, ≈*) plavčík; **–n** kúpať (sa); **r –ort** (*(e)s, e*) kúpele, kúpeľné mesto; **s –tuch** (*(e)s, ≈er*) osuška; **e –wanne** (*≈, n*) vaňa na kúpanie; **s –zimmer** (*s, ≈*) kúpeľňa
s BAFÖG al. **Bafög** (*(s), 0*) skr. **s Bundes|ausbildungsförderungsgesetz** (*es, e*) **1** zákon na podporu vzdelávania **2** hovor. štipendium priznané podľa BAFÖG
e Bagatẹlle (*≈, n*) maličkosť, bagateľ; **etw um eine ~ kaufen** kúpiť niečo lacno
r Bagger (*s, ≈*) bager, rýpadlo; **~n** bagrovať
e Bahn (*≈, en*) **1** cesta **2** železnica **3** dráha, šport. trať; **~brechend** priekopnícky; **r ~damm** (*(e)s, ≈e*) železničný násyp; **~en** raziť; *den Weg ~en* raziť cestu; **e ~fahrt** (*≈, en*) cesta vlakom; **r ~hof** (*(e)s, ≈e*) železničná stanica; *auf dem ~hof* na stanici; **r ~hofsvorsteher** (*s, ≈*) prednosta stanice; **e ~lini|e** (*≈, n*) železničná trať; **r ~steig** (*(e)s, e*) nástupište; **e ~strecke** (*≈, n*) železničná trať; **r ~|übergang** (*(e)s, ≈e*) železničný priechod; **r ~wärter** (*s, ≈*) strážnik na železnici
e Bahre (*≈, n*) **1** nosidlá **2** máry
s Bajonẹtt (*(e)s, e*) bodák, bajonet
e Baktẹri|e (*≈, n*) baktéria
e Balạnc|e [ba'lã:s(ə)] (*≈, n*) rovnováha; **–ịeren** [balã'si:rən] udržiavať rovnováhu
bald PRÍSL **1** skoro, onedlho, zakrátko **2** takmer, temer; SP *bald..., bald...* raz..., raz...: *bald schneit es, bald scheint die Sonne* raz sneží, raz svieti slnko; **möglichst ~** čo najskôr; **~ig** skorý, rýchly
r Balken (*s, ≈*) **1** hrada, brvno **2** nosník **3** rameno váhy
r Balkon [bal'koŋ/bal'kõ:] (*s, s* al. *e*) balkón
r Ball[1] (*(e)s, ≈e*) guľa, lopta
r Ball[2] (*(e)s, ≈*) ples, kniž. bál
e Ballạde (*≈, n*) balada
r Ballạst (*(e)s, e*) príťaž, balast
r Ballen (*s, ≈*) **1** balík **2** anat. bruško prsta
ballen stlačiť, zaťať; *die Faust ~* zaťať päsť; **Schnee ~** urobiť snehovú guľu; **sich ~ 1** lepiť sa sneh, pôda **2** kopiť sa, hromadiť sa oblaky
s Ballẹtt (*(e)s, e*) balet
s Ballkleid (*(e)s, er*) plesové šaty
r Ballọn (*s, s* al. *e*) **1** balón, balónik **2** demižón
s Ballspiel (*(e)s, e*) loptová hra
r Bambus (*ses, se*) bambus; **s ~rohr** (*(e)s, e*) bambusová trstina
banạl banálny, všedný
e Banạne (*≈, n*) banán
r Band[1] (*(e)s, ≈e*) zväzok knihy
s Band[2] (*(e)s, ≈er*) **1** stuha, stužka **2** pás; *am laufenden ~* na bežiacom páse **3** pás magnetofónový **4** anat. väz; **außer Rand und ~ sein*** byť celý bez seba od radosti
r Band[3] (*(e)s, e*) **1** puto, okovy **2** duchovné puto
e Bandag|e [ban'da:žə] (*≈, n*) bandáž, pevný obväz; **–ịeren** bandážovať, obviazať
e Bande (*≈, n*) **1** banda, hovor. zberba **2** okraj, obruba biliardového stola, mantinel
bändigen (s)krotiť
r Bandịt (*en, en*) bandita

s Band|maß (*es, e*) meracie pásmo; **e –scheibe** (*≈, n*) medzistavcová platnička; **r –wurm** (*(e)s, ≈er*) pásomnica
bang(e) úzkostný, skľúčený, tiesnivý; **mir ist angst <Angst> und ~ <Bange> vor j-m/etw** bojím sa koho/čoho; **mir ist ~ nach j-m/etw** túžiť po kom/čom; **~ <Bange> machen j-m** naháňať hrôzu komu
bangen strachovať sa (*um j-n/etw* o koho/čo); **vor j-m/etw ~** báť sa koho/čoho
e Bank[1] (*≈, ≈e*) **1** lavica **2** pracovný stôl; **etw auf die lange ~ schieben** robiť niečo na dlhé lakte, preťahovať niečo
e Bank[2] (*≈, en*) **1** banka **2** bank v hre; **r ~be|amte** (*en, en*) (**ein ~be|amter**) bankový zamestnanec
s Bankẹtt (*(e)s, e*) banket, hostina
r Bankier [baŋ'kjẹ:] (*s, s*) bankár
r Bank|konto (*s, s* al. *Bankkonten*) bankový účet, konto; **e –note** (*≈, n*) bankovka
r Bankrọtt (*(e)s, e*) bankrot, úpadok; *~ machen* zbankrotovať; PR M ~ neschopný platiť, insolventný
r Bann (*(e)s, e*) **1** cirk. kliatba **2** čaro; **~en 1** zažehnať nebezpečenstvo **2** uvaliť kliatbu **3** vyobcovať z cirkvi **4** očariť; **s ~er** (*s, ≈*) zástava
bar 1 holý, odhalený **2** *~es Geld* peniaze v hotovosti **3** zbavený čoho, s G
e Bar (*≈, s*) bar
r Bär (*en, en*) medveď; astronom. *r Große ~* Veľký voz; *r Kleine ~* Malý voz
e Barạcke (*≈, n*) barak, chajda
barbạrisch barbarský, neľudský
barfuß, barfüßig bosý
s Bar|geld (*(e)s, er*) hotovosť; **–geldlos** bezhotovostný; **r –kauf** (*(e)s, ≈e*) kúpa za hotové
r Bar|hocker (*s, ≈*) barová stolička; **r –keeper** (*s, ≈*) barman
barmhẹrzig milosrdný, súcitný; **e ~keit** (*≈, 0*) milosrdenstvo, zľutovanie
r, s Barọck (*s, 0*) barok
s Baromẹter (*s, ≈*) barometer
r Barọn (*s, e*) barón; **e ~ẹsse** (*≈, n*) baronesa; **e ~in** (*≈, nen*) barónka
r Barren (*s, ≈*) **1** prút zlata **2** šport. bradlá
e Barriẹre (*≈, n*) bariéra, prekážka
e Barrikạde (*≈, n*) barikáda
r Barsch (*es, e* al. *e*) ostriež
barsch 1 hrubý, nepriateľský **2** trpký, horký
e Barschaft (*≈, en*) peňažná hotovosť
r Bart (*(e)s, ≈e*) **1** brada **2** fúzy zvierat a rastlín; **j-m um den ~ gehen*** lichotiť komu
bärtig bradatý
e Barzahlung (*≈, en*) platenie v hotovosti
r Basạlt (*(e)s, e*) geol. čadič
r Basạr (*s, e*) **1** bazár, orientálne trhovisko, starinárstvo
e Base[1] (*≈, n*) zast. **1** sesternica **2** švajčiarsky teta **3** susedka **4** klebetnica
e Base[2] (*≈, n*) **1** chemická zásada **2** základňa, báza
basiẹren 1 spočívať, zakladať sa (*auf j-m/etw* na kom/čom), opierať sa (*auf j-m/etw* o koho/čo) **2** klásť dôraz (*auf etw* na čo)
e Basis (*≈, Basen*) **1** základ, základňa, báza **2** mat. mocnenec **3** chem. zásada
e Baskenmütze (*≈, n*) baret
r Basketball (*(e)s, 0*) basketbal; **r ~spieler** (*s, ≈*) basketbalista
s Bassịn [ba'sẽ:] (*s, s*) bazén
r Bassịst (*en, en*) **1** basista spevák spievajúci bas **2** hud. kontrabasista
e Baßstimme <...ss...> (*≈, n*) bas hlboký mužský hlas
r Bast (*(e)s, e*) lyko
basteln majstrovať
s Bataillọn [batal'jọ:n] (*s, e*) **1** batalión, prápor **2** obraz. zástup, tlupa
r Batịst (*(e)s, e*) batist
e Batteriẹ (*≈, ien*) **1** batéria **2** delostrelecká jednotka, 3 hovor. baterka
r Bau (*(e)s, e* al. *Bauten* vo význame bu-

dovy) **1** stavba, budova **2** dúpä, brloh **3** stavenisko, stavba **4** konštrukcia, štruktúra; **r ~arbeiter** (*s*, ≈) stavebný robotník
r Bauch ((*e*)*s*, ≈̈*e*) **1** brucho **2** obraz. vnútro; **s ~fell** ((*e*)*s*, *e*) pobrušnica; **~ig** bruchatý; **r ~redner** (*s*, ≈) bruchovravec; **r ~tanz** (*es*, ≈̈*e*) brušný tanec; **s ~weh** (*s*, *0*) bolenie brucha
bauen 1 (vy)stavať, budovať **2** pestovať **3** ťažiť; **auf j-n/etw ~** spoliehať sa na koho/čo
r Bauer[1] (*n* al. *s*, *n*) **1** roľník, sedliak **2** pešiak v šachu, dolník v kartách
r, s Bauer[2] (*s*, ≈) klietka
e Bäuer|in (≈, *nen*) sedliačka; **–lich** sedliacky, roľnícky
r Bauern|fänger (*s*, ≈) hovor. podvodník; **s –haus** (*es*, ≈̈*er*) dedinský, gazdovský dom; **r –hof** ((*e*)*s*, ≈̈*e*) dedinský, gazdovský dvor
bau|fällig chatrný, biedny, na zrútenie o dome; **r –herr** (*n*, *en*) stavebník; **r –kasten** (s, ≈ al. ≈̈) stavebnica; **r –kostenzuschuß** <...ss...> (*schusses*, *schüsse*) príspevok na financovanie stavby; **–lich** stavebný, obývateľný
r Baum ((*e*)*s*, ≈̈*e*) strom
baumeln klátiť sa, hompáľať sa
bäumen sich 1 vzpínať sa **2** vzbúriť sa
e Baum|schule (≈, *en*) lesnícka škôlka; **r –stamm** ((*e*)*s*, ≈̈*e*) kmeň stromu; **r –stumpf** ((*e*)*s*, ≈̈*e*) peň; **e –wolle** (≈, *0*) bavlna
e Bau|parzelle (≈, *n*) stavebná parcela; **r –plan** ((*e*)*s*, ≈̈*e*) stavebný plán; **r –platz** (*es*, ≈̈*e*) stavenisko; **r –stoff** ((*e*)*s*, *e*) stavebná hmota; **r –|-unternehmer** (*s*, ≈) podnikateľ v stavebníctve; **e –weise** (≈, *n*) technológia stavania; **s –werk** ((*e*)*s*, *e*) impozantná stavba, budova; **s –wesen** (*s*, *0*) stavebníctvo
r Bazillenträger (*s*, ≈) bacilonosič
r Bazillus (≈, *Bazillen*) bacil
Bd, Bde. skr. **r Band, e Bände** zväzok, zväzky kníh
be|absichtigen zamýšľať, hodlať, mať v úmysle, plánovať
be|acht|en 1 (po)všimnúť si (*j-n/etw* koho/čo) **2** dbať (*etw* na/o čo); **–lich** značný, pozoruhodný, podstatný; **e –ung** (≈, *0*) povšimnutie, pozornosť
r Be|amte (*n*, *n*) (**ein ≈r**) úradník
be|ängstig|en znepokojovať, naháňať strach (*etw* komu); **–end** znepokojujúci, povážlivý
be|anspruchen 1 nárokovať si, robiť si nárok (*etw* na čo) **2** vyžadovať pozornosť, zaberať čas, namáhať niečo
be|anstand|en pozastaviť sa (*etw* nad čím), namietať; **e –ung** (≈, *en*) chyba, reklamácia, výčitka
be|antragen 1 navrhovať **2** požiadať (*etw* o čo)
be|antwort|en odpovedať, zodpovedať otázky; **e –ung** (≈, *en*) odpoveď na čo
be|arbeit|en 1 obrábať pole **2** (s)-(vy)pre|pracovať príspevok, návrh **3** tech. obrábať; **e –ung** (≈, *en*) **1** (s)pre|-pracovanie **2** tech. obrábanie
be|aufsichtig|en dozerať (*j-n/etw* na koho/čo); **e –ung** (≈, *en*) dozor, kontrola
be|auftragen poveriť (*j-n mit* al. *zu etw* koho čím)
bebauen 1 obrábať pole **2** zastavať pozemok
beben chvieť sa, triasť sa; **s ~** (*s*, ≈) zemetrasenie
r Becher (*s*, ≈) **1** pohár, čaša **2** obraz. kalich; *der ~ des Leidens* pohár horkosti **3** bot. čiaška
s Becken (*s*, ≈) **1** umývadlo **2** nádoba **3** vodná nádrž, bazén **4** anat. panva **5** geogr. kotlina, panva **6** činel
bedacht starostlivý, rozvážny; *auf etw ~ sein** dbať o niečo
bedächtig rozvážny, opatrný
bedanken sich poďakovať, poďakovať sa (*bei j-m für etw* komu za čo)
r Bedarf ((*e*)*s*, *0*) potreba (*an etw* čoho), dopyt; *nach ~* podľa potreby; *bei*

~ ak bude potrebné
r Bedarfs|artikel (*s,* ≈) predmet (dennej) potreby; **r –fall** (*(e)s,* ≈̈*e*); *im –fall(e)* v prípade potreby; **e –haltestelle** (≈, *n*) zastávka na znamenie
bedauer|lich poľutovaniahodný, neradostný; **–n** (po)ľutovať; *ich bedauere sehr, daß…* <…ss> je mi ľúto, že…; **s –n** (*s, 0*) poľutovanie; **–nswert** poľutovaniahodný, nepríjemný
bedeck|en (po)(pri)za|krývať; **sich ~** prikryť sa (*mit etw* čím); **sich mit Ruhm ~** presláviť sa; **–t 1** (po)pri|krytý **2** zamračený obloha; pren. zastretý hlas
bedenk|en* (*bedachte, bedacht*) **1** uvážiť, (roz)pre|myslieť si **2** obdariť (*j-n mit etw* koho čím), pamätať na koho/čo; **sich ~** rozmyslieť si, otáľať; **s ~** (*s,* ≈) **1** pochybnosť, rozpaky **2** (roz)u|važovanie; **–lich 1** pochybný, podozrivý **2** zamyslený
bedeut|en znamenať; **–end 1** významný **2** značný; **e –ung** (≈, *en*) **1** význam, zmysel **2** dôležitosť
bedeutungs|los bezvýznamný; **–voll** významný
bedien|en 1 obsluhovať (*j-n* koho) **2** obsluhovať, zaobchádzať (*etw* s čím); *sich etw* G ~ poslúžiť si čím, chopiť sa čoho príležitosti ap.; **Farbe ~** hrať tou istou farbou pri kartách; **e –ung** (≈, *en*) **1** obsluha zákazníka i stroja **2** služobníctvo, obsluhujúci personál
beding|t podmienený, podmienečný; **e –ung** (≈, *en*) podmienka; *unter der –ung, daß…* <…ss> pod podmienkou, že…; **–ungs|los** bezpodmienečný
bedrängen 1 trápiť, trýzniť **2** naliehať, dotierať
bedroh|en ohrozovať, hroziť (*j-n/etw* komu/čomu); **–lich** hrozivý; **e –ung** (≈, *en*) **1** hrozba, vyhrážka **2** nebezpečenstvo, ohrozenie
bedrücken 1 utláčať, trápiť **2** trýzniť
bedürf|en* (*bedarf* al. *bedurfte, bedurft*) potrebovať (G *j-s/etw* koho/čo); *es bedarf* treba, je potrebné; **s –nis** (*ses, se*) potreba; **e –nis|anstalt** (≈, *en*) záchod, WC; **–tig 1** potrebný **2** chudobný, biedny
beeilen urýchliť; **sich ~** poponáhľať sa
be|eindrucken urobiť dojem (*j-n* na koho), imponovať
be|einflussen ovplyvniť, zapôsobiť (*j-n* na koho)
be|einträchtigen (po)u|škodiť, ublížiť (*j-n* komu), obmedzovať
be|end(ig)en (s)do|končiť, absolvovať
be|engen 1 zúžiť **2** stiesniť, obmedziť
be|erben dediť (*j-n* po kom)
be|erdig|en pochovať; **e –ung** (≈, *en*) pohreb; **r –ungs|anstalt** (≈, *en*) pohrebný ústav
e Beere (≈, *n*) **1** bobuľa **2** jahoda
s Beet (*(e)s, e*) záhon, hriadka
befähig|en uspôsobiť (*j-n zu etw* koho na čo), urobiť spôsobilým (*j-n zu etw* koho na čo); **–t** schopný, spôsobilý; **e –ung** (≈, *en*) spôsobilosť, schopnosť
befahr|bar zjazdný, splavný; **–en*** (*u, a*) **1** jazdiť po ceste, plaviť sa po mori **2** navážať
befallen* (*ie, a*) postihnúť, zachvátiť
befangen 1 zaujatý, predpojatý **2** zabratý do práce **3** rozpačitý, ostýchavý, nesmelý; **e ~heit** (≈, *0*) **1** zaujatosť, predpojatosť **2** nesmelosť
befassen sich zaoberať sa (*mit j-m/etw* kým/čím)
r Befehl (*(e)s, e*) rozkaz, nariadenie, povel; **~en*** (*a, o*) **1** rozkázať, nariadiť **2** veliť; **wie Sie ~en*** ako rozkážete, ako si prajete
r Befehls|haber (*s,* ~) veliteľ; **–widrig** odporujúci rozkazu
befestig|en 1 (pri)u|pevniť **2** opevniť mesto **3** obraz. utvrdiť (*j-n in etw* s D koho v čom); **e –ung** (≈, *en*) **1** (pri)u|pevnenie **2** opevnenie mesta **3** utvrdenie
befeuchten navlhčiť
befinden* (*a, u*) **1** pokladať, považo-

vať **2** rozhodovať (*über etw* o čom); **sich ~** nachádzať sa; **wie ~ Sie sich?** ako sa máte?; **s ~** (*s, 0*) **1** zdravotný stav **2** úsudok

befolgen poslúchnuť, riadiť sa, dodržiavať

beförder|n **1** dopravovať **2** povýšiť **3** napomáhať, podporovať; **e –ung** (*≈, en*) **1** doprava **2** povýšenie

befragen pýtať sa, spytovať sa (*j-n über* al. *nach* al. *wegen etw* koho na čo)

befrei|en **1** (o)vy|slobodiť **2** zachrániť **3** zbaviť; **r –er** (*s, ≈*) osloboditeľ; **–t** oslobodený; **e –ung** (*≈, en*) **1** oslobodenie **2** zbavenie sa

befremden začudovať, udivovať, privádzať do údivu; *es befremdet mich, daß…* udivuje/prekvapuje ma, že…

s Befremden (*s, 0*) údiv, počudovanie

befreunden spriateliť sa; *er ist* mit mir befreundet* priatelí sa so mnou; **sich ~ 1** spriateliť sa (*mit j-m* s kým) **2** obraz. zmieriť sa (*mit etw* s čím)

befriedig|en **1** uspokojiť **2** ukojiť; **~d** uspokojivý; **e –ung** (*≈, en*) **1** uspokojovanie **2** spokojnosť **3** zadosťučinenie

befristet čas. vymedzený, termínovaný

befrucht|en **1** zúrodniť **2** oplodniť; **e –ung** (*≈, en*) oplodnenie; *die künstliche –ung* umelé oplodnenie

e Befug|nis (*≈, se*) oprávnenie, právomoc, kompetencia; **–t** oprávnený, kompetentný (*zu etw* na čo)

r Befund (*(e)s, e*) **1** nález, diagnóza, posudok **2** stav **3** obhliadka mŕtvoly

befürcht|en obávať sa; **e –ung** (*≈, en*) obava

befürwort|en prihovoriť sa (*j-n/etw* za koho/čo), odobriť, schváliť; **e –ung** (*≈, en*) odobrenie, prihovorenie; *auf j-s –ung (hin)* na čie prihovorenie

begab|t nadaný, talentovaný; **e –ung** (*≈, en*) nadanie, talent

begeben* sich (*a, e*) **1** pobrať sa, ísť **2** utiekať sa **3** zrieknuť sa čoho **4** pustiť sa do čoho; *sich an die Arbeit begeben** pustiť sa do práce **5** vystavovať sa; *sich in Gefahr begeben** vystavovať nebezpečenstvu

e Begebenheit (*≈, en*) udalosť, príhoda

begegn|en (*i.*) stretnúť (*j-m* koho); **~** (*h./i.*) **1** správať sa ako (*j-m* ku komu) **2** čeliť (*j-m/etw* komu/čomu); **e –ung** (*≈, en*) **1** stretnutie **2** šport. stretnutie, zápas

begehen* (*beging, begangen*) **1** chodiť po čom **2** dopustiť sa (*etw* čoho); *einen Mord ~* spáchať vraždu

begehren **1** žiadať (*etw von j-m* čo od koho) **2** bažiť, dychtiť, túžiť (*nach etw* po kom/čom); **~swert** vytúžený, žiaduci o žene

begeister|n oduševniť, nadchnúť (*j-n für etw* koho pre čo); *sich für etw ~* nadchnúť sa pre čo; **–t** nadšený; **e –ung** (*≈, en*) nadšenie

e Begier|de (*≈, n*) žiadostivosť, dychtivosť, túžba (*nach* al. *auf etw* po čom); **–ig** žiadostivý, dychtivý

begießen* (*o <…ss…>, begossen*) (za)po|liať, podliať pri varení; obraz. **wie ein begossener Pudel** ako zmoknutá sliepka **1** osláviť, zapiť

r Beginn (*(e)s, 0*) začiatok; *zu ~* na začiatku; **~en*** (*a, o*) začínať

beglaubig|en **1** overiť úradne **2** osvedčiť, potvrdiť **3** poveriť, akreditovať; **e –ung** (*≈, en*) **1** potvrdenie **2** overenie, osvedčenie **3** poverenie

begleichen **1** uhradiť, zaplatiť, vyrovnať účet **2** odstrániť nedorozumenia

begleit|en sprevádzať; **r –er** (*s, ≈*) sprevádzajúca osoba; **e –erscheinung** (*≈, en*) sprievodný jav; **r –schein** (*(e)s, e*) sprievodný list; **e –umstände** MNČ vedľajšie okolnosti; **e –ung** (*≈, en*) sprievod, sprievodca, sprevádzanie

beglück|en obšťastniť, potešiť; **–wünschen** blahoželať (*j-n zu etw* komu k čomu); **e –wünschung** (*≈, en) blahoželanie, gratulácia

begnạdig|en udeliť milosť (*j-n* komu), omilostiť; **e –ung** (≈, *en*) udelenie milosti

begnụgen sich uspokojiť sa (*mit etw* s čím)

be|grạben* (*u, a*) **1** pochovať **2** pren. vzdať sa čoho; **s –gräbnis** (*ses, se*) pohreb

begrẹif|en* (*begriff, begriffen*) **1** pochopiť **2** ohmatávať; **–lich** pochopiteľný

begrẹnz|en ohraničiť, obmedziť; **–t** obmedzený i obraz.; **e –theit** (≈, *0*) obmedzenosť i obraz.; **e –ung** (≈, *en*) ohraničenie, obmedzenie

r Begrịff (*(e)s, e*) **1** pojem **2** predstava, chápanie; *im ~ sein** al. *stehen** *etw zu tun** chystať sa al. hodlať niečo urobiť; *schwer von ~ sein** ťažko chápať; **~s|stutzig** nechápavý, hovor. tupý

begrụ̈nd|en zdôvodniť; **r –er** (*s,* ≈) zakladateľ; **–et** odôvodnený, oprávnený; **e –ung** (≈, *en*) zdôvodnenie

begrụ̈ß|en **1** pozdraviť **2** privítať; **e –ung** (≈, *en*) privítanie

begụ̈nstigen uprednostňovať, nadržiavať (*j-n* komu), podporovať

begụ̈tert zámožný

behạart chlpatý, vlasatý

behạ̈big **1** blahobytný **2** zavalitý **3** pohodlný

behạg|en páčiť sa (*j-m* komu); *es behagt mir, daß* <...ss>... páči sa mi, že...; **s ~** (*s, 0*) blaho, blaženosť, pohoda; **–lich** **1** pohodlný, bezstarostný **2** príjemný, milý

behạlten* (*ie, a*) **1** ponechať si, podržať si **2** uchovať; **recht ~** mať pravdu; **im Auge ~** mať na zreteli; **bei sich ~** nechať si pre seba

r Behạ̈lter (*s,* ≈) **1** nádrž(ka), **2** schránka, škatuľa, **3** kontajner

behạnd|eln **1** zaobchádzať (*j-n/etw* s kým/čím) **2** zobrazovať (*etw* čo), spracúvať (*etw* co) **3** ošetrovať, liečiť lek.; **e –lung** (≈, *en*) **1** zaobchádzanie s kým/čím **2** úvaha o čom, spracovanie čoho **3** ošetrovanie, liečba

behạrr|en (vy)zo|trvať (*auf etw* D na čom); trvať, nástojiť; **–lich** vytrvalý; **e –lichkeit** (≈, *0*) vytrvalosť, neúnavnosť

behạupt|en **1** tvrdiť, uisťovať **2** obhajovať; **sich ~** **1** udržať sa **2** obhájiť sa **3** presadiť sa; **e –ung** (≈, *en*) **1** tvrdenie **2** zachovanie, udržanie

behẹiz|en kúriť, vykurovať; **e –ung** (≈, *en*) kúrenie, vykurovanie

behẹlfen* sich (*a, o*) (vy)pomôcť si

behẹlligen obťažovať (*j-n mit etw* koho čím)

behẹrbergen ubytovať, poskytnúť prístrešie (*j-n* komu)

behẹrrsch|en **1** vládnuť (*j-n* koho, nad kým) **2** ovládať jazyk i hnev; *sich ~* ovládať sa; **–t** disciplinovaný, mierny; **e –ung** (≈, *en*) **1** vláda **2** ovládanie (sa)

behẹrz|igen vziať si k srdcu, zapamätať si (*etw* co); **–t** smelý, rozhodný

behịlflich nápomocný; *~ sein** byť nápomocný (*j-m* komu)

behịnder|n **1** prekážať (*j-n* komu) **2** brzdiť, šport. brániť; **r –te** (*en, en*) **(ein –ter)** telesne al. duševne postihnutý; **e –ung** (≈, *en*) **1** prekážka **2** postihnutie

e Behọ̈rd|e (≈, *n*) úrad; **–lich** úradný

behụ̈t|en chrániť, ochraňovať (*j-n vor etw* D koho pred čím); *Gott behüte!* božechráň!; **r –er** (*s,* ≈) ochranca, strážca

behụtsam opatrný, obozretný; **e ~keit** (≈, *0*) opatrnosť, obozretnosť

bei PREDL s D **1** miest. u, pri; *~ München* pri Mníchove; *~ uns* u nás; *etw ~ sich haben* mať niečo pri sebe; *~ Goethe* u Goetheho **2** čas. za, pri, v, vo; *~ Nacht* v noci; *~ Tag und Nacht* vo dne v noci; *~ Lesen* pri čítaní **3** príčinne za, v, pri; *~ solcher Hitze* v takej horúčave; *~m besten Willen* pri najlepšej vôli **4** so slovesami za, pri; *~ der Hand nehmen* vziať za ruku; *~ Mei-*

*nung bleiben** nemeniť názor; *nicht ~ sich sein** byť bez seba; **~ nahe** temer, skoro; **es waren* ~ 100 Mann** bolo to asi 100 mužov, ľudí

bei¦behalten* (*ie, a*) ponechať si, zachovať si

bei¦bringen* (*brachte bei, beigebracht*) **1** naučiť (*j-m etw* koho čo) **2** spôsobiť, zasadiť ranu

e Beicht|e (≈, *n*) spoveď; **~n** (vy)spovedať sa (*j-m etw* komu z čoho); **r –stuhl** (*(e)s,* ≈*e*) spovednica

beide oba, obe, obaja, obidvaja, obidve; *ihre ~n Brüder* jej obaja bratia; *einer, keiner, jeder von ~n* jeden, nijaký, každý z oboch; *wir ~* my obaja

beider|lei oboje; **–seitig** obojstranný; **–seits** PREDL s G i PRÍSL na oboch stranách

bei¦einander spolu, pokope, pohromade, pri sebe

r Beifahrer (*s,* ≈) **1** spolujazdec **2** závozník

r Bei|fall (*(e)s, 0*) **1** potlesk; *ein stürmischer ~* búrlivý potlesk **2** pochvala, súhlas; *~ finden** al. *haben* stretnúť sa so súhlasom, s pochvalou; **–fällig** pochvalný, súhlasný

beifügen 1 pripojiť, priložiť **2** dodať, podotknúť **3** spôsobiť (*j-m etw* komu čo)

beige ['be:ʃ/'bežə] béžový

bei¦geben* (*a, e*) **1** pridať, priložiť **2** prideliť **3** ustúpiť, zľaviť

r Beigeschmack (*(e)s, 0*) príchuť

e Beihilfe (≈, *n*) **1** príspevok, podpora **2** práv. napomáhanie zločinu

beikommen* (*kam, i. beigekommen*) **1** priblížiť sa, dostať sa (*j-m* ku komu) **2** hovor. odhaliť pravý zámer

s Beil (*(e)s, e*) sekera

e Beilage (≈, *en*) príloha k žiadosti, jedlu

beiläufig 1 PR M náhodný **2** PRÍSL mimochodom, náhodou

bei¦legen 1 priložiť **2** prikladať, prisúdiť hodnotu **3** urovnať konflikt

s Beileid (*s, 0*) sústrasť; *herzliches ~!* úprimná sústrasť!

bei¦liegen* (*a, h./i. e*) **1** byť priložený, pripojený **2** kniž. súložiť; **~d** v prílohe

beim = *bei dem* u, pri

bei¦messen* (*maß bei, beigemessen*) prisudzovať, prikladať, pripisovať

bei¦misch|en primiešať; **e –ung** (≈, *en*) **1** prímes **2** primiešanie

s Bein (*(e)s, e*) **1** noha, nôžka **2** kosť; **r ~bruch** (*(e)s,* ≈*e*) zlomenina nohy; **Hals- und ~bruch!** zlom väz!

beinah, beinahe skoro, bezmála, takmer

be¦inhalten obsahovať, zahŕňať (*etw* čo)

bei¦pflichten súhlasiť (*j-m* s kým)

be¦irr|en zmiasť, pomýliť; **–t** zmätený, dezorientovaný

beisammen pohromade, spolu, vedno; **das Mädchen ist gut ~** je to švárne dievča

r Beischlaf (*(e)s, 0*) súlož

s Beisein (*s, 0*) prítomnosť; *im ~ von j-m/etw* v prítomnosti koho/čoho

beiseite bokom, nabok; **Geld ~ legen** odkladať peniaze bokom; **Spaß ~!** žarty nabok!

bei¦setz|en 1 pridať **2** pochovať; **e –ung** (≈, *en*) pohreb

r Beisitzer (*s,* ≈) prísediaci

s Beispiel (*(e)s, e*) príklad; *zum ~* skr. *z. B.* napríklad; **~haft** príkladne, vzorne; **~los** vynikajúci, nevídaný; **~sweise** napríklad

beißen* (*i.* <...ss>, *gebissen*) **1** hrýzť, zahryznúť **2** štípať, svrbieť, páliť; obraz. *sich mit j-m ~* hádať sa, pobiť sa s kým; **~d 1** štipľavý, ostrý **2** obraz. zádrapčivý

r Beistand (*(e)s,* ≈*e*) **1** pomocník, poradca **2** poručník, tútor **3** sekundant **4** len JČ pomoc, podpora; *der Rechts~* právny zástupca

bei¦stehen* (*stand, h./i. beigestanden*) pomôcť, poskytnúť pomoc (*j-m* komu)

bei¦steuern prispieť (*zu etw* k čomu)

bei¦stimmen schvaľovať, súhlasiť

(*j-m* s kým/čím)

r Beitrag (*(e)s, ≃e*) **1** príspevok peňažný i diskusný **2** článok v zborníku; **~en*** (*u, a*) prispieť

bei|treten* (*a, i. e*) **1** súhlasiť, stotožniť sa **2** pridať sa, vstúpiť do spolku; **r –tritt** (*(e)s, e*) **1** pristúpenie **2** vstup do strany

s Beiwerk (*(e)s, e*) **1** ozdoba, doplnok; *modisches ~* módny doplnok **2** malichernosť

bei|wohnen 1 zúčastniť sa (*etw* D na čom) **2** byť obsiahnutý

e Beize (*≈, n*) **1** moridlo **2** kuch. marináda **3** žieravina

beizeiten včas, načas

bejahen prisvedčiť, pritakať (*etw* komu/čomu), súhlasiť (*etw* s kým/čím)

bejahrt obstarožný, starší o človeku

bekämpf|en 1 bojovať (*j-n/etw* proti komu/čomu, s kým/čím) **2** odstrániť prekážky; **e –ung** (*≈, en*) boj proti

bekannt známy, chýrny, obľúbený; *mit j-m ~ sein** poznať koho; *j-n mit j-m ~ machen* zoznámiť koho s kým; **r ~e** (*en, en*) (**ein ~er**) známy; **r ~en|kreis** (*es, e*) okruh známych; **e ~gabe** (*≈, n*) oznámenie; **~|geben*** <**~ geben**> (*a, h. e*) oznámiť; **~lich** ako je známe; **e ~machung** (*≈, en*) vyhláška, úradné oznámenie, vyhlásenie; **e ~schaft** (*≈, en*) známosť

bekehren cirk. obrátiť (*j-n zu etw* koho na čo, koho k čomu)

bekennen* (*bekannte, bekannt*) **1** priznať **2** vyznávať vieru; hovor. *Farbe ~* priznať farbu; **sich ~** priznať sa (*über j-n/etw* k čomu); vyznať sa (*über j-n/etw* z čoho)

s Bekenntnis (*ses, se*) priznanie, vyznanie viery

beklagen 1 oplakávať (*j-n* koho) **2** smútiť, žialiť (*etw* za kým/čím), ľutovať (*etw* koho/čo) **3** zažalovať, obviniť (*j-n* koho); **sich ~** sťažovať sa (*über j-n/etw* na koho/čo); **~s|wert** poľutovaniahodný, žalostný

bekleid|en 1 obliecť, ošatiť **2** obdariť koho čím **3** pokryť súknom, obložiť drevom **4** zastávať úrad; **e –ung** (*≈, en*) **1** odev, šaty **2** obklad, obloženie **3** výkon funkcie

beklemmen skľučovať, stiesňovať

beklommen skľúčený; **e ~heit** (*≈, en*) skľúčenosť, stiesnenosť, úzkosť, depresia

be|kommen* (*a, h. o*) dostať, nadobudnúť; **~*** (*a, h./i. o*) prospievať, byť na prospech; **wohl bekomm's!** nech ti padne na úžitok; **–kömmlich** prospešný, užitočný, zdravý pokrm, ľahký o strave

bekräftig|en potvrdiť, podporiť, posilniť; **e –ung** (*≈, en*) (u)po|tvrdenie; *zur –ung dessen…* na dôkaz toho…

bekreuzigen sich prežehnať sa

bekümmer|n spôsobiť starosť, trápiť (*j-n* koho); **sich ~** starať sa (*um etw* o koho/čo); **–t** *bekümmert (über etw)* ustarostený, smutný, zarmútený

bekunden 1 dávať najavo **2** verejne oznámiť **3** dosvedčiť, vypovedať

belächeln smiať sa, vysmievať sa (*j-n/etw* komu/čomu al. z koho/čoho)

beladen* (*u, a*) **1** nakladať, naložiť (*etw* čo na čo) **2** obraz. zaťažiť, ovešať (*j-n mit etw* koho čím); **~** PR M **1** naložený **2** ovešaný, zaťažený; *mit Schuld ~* vinný

r Belag (*(e)s, ≃e*) **1** povlak na jazyku, zuboch **2** obloženie chlebíčkov **3** obal potrubia **4** para, rosa na skle

belager|n obliehať mesto; **e –ung** (*≈, en*) obliehanie

r Belang (*(e)s, e*) **1** význam, dôležitosť **2** MNČ záujmy **3** administratívny hľadisko; **~en 1** (ob)žalovať na súde **2** týkať sa; *was mich belangt…* čo sa mňa týka…; **~los** bezvýznamný, nedôležitý; **e ~losigkeit** (*≈, en*) bezvýznamnosť

belassen* (*ie, a*) ponechať

belast|en 1 zaťažiť auto, pamäť ap. **2** priťažiť na súde **3** zaťažiť; *j-s Konto mit etw ~* zaťažiť čie konto, pripísať dlžobu na čí účet; **~d** priťažujúci; **–et**

zaťažený; *erblich –et* dedične zaťažený
belạstig|en obťažovať, vyrušovať; **e –ung** (≈, *en*) obťažovanie, dotieranie
e Belạstung (≈, *en*) **1** záťaž, zaťaženie technické, fyzické i psychické **2** bremeno, náklad, ťarcha **3** fin. zadĺženie **4** zaťaženie dedičné
e Belastungs|probe (≈, *n*) zaťažkávacia skúška tech. i obraz.; **r –zeuge** (*n*, *n*) priťažujúci, usvedčujúci svedok
belạufen* (*äu; ie, au*) obehať, vybehať (*etw* čo); **sich ~ 1** predstavovať (*auf etw* A koľko) **2** zahmliť sa, zvlhnúť o skle, zrkadle
belẹb|en oživiť, vzkriesiť; **–t** živý, čulý
r Belẹg (*(e)s, e*) doklad, dokument, dôkaz; **~en 1** obložiť dlaždicami **2** obsadiť, zabezpečiť, rezervovať; *einen Platz ~en* obsadiť miesto **3** postihnúť, uložiť trest **4** doložiť, dokázať stanovisko, vinu **5** obsadiť mesto, krajinu; **e ~schaft** (≈, *en*) osadenstvo, zamestnanci podniku, firmy; **~t 1** obložený mramorom; *ein ~tes Brötchen* obložený chlebíček **2** potiahnutý jazyk, zastretý hlas **3** obsadený
belẹhr|en poučiť (*j-n über etw* koho o čom); *sich ~ lassen** dať sa poučiť, vziať si ponaučenie; **e –ung** (≈, *en*) ponaučenie
belẹibt tučný, korpulentný, hovor. pri sebe
belẹidig|en uraziť; **–t** urazený; **e –ung** (≈, *en*) urážka
belẹsen sčítaný, múdry
belẹucht|en 1 osvetliť **2** pren. vysvetliť, objasniť; **e –ung** (≈, *en*) osvetlenie, objasnenie
belịcht|en 1 osvetľovať **2** fot. exponovať; **e –ung** (≈, *en*) **1** osvetlenie **2** fot. expozícia; **r –ungs|messer** (*s*, ≈) fot. expozimeter
s Belịeb|en (*s, 0*) **1** želanie; *je nach ~* podľa želania **2** záľuba (*an etw* D v čom); **–ig** ľubovoľný, akýkoľvek
belịebt obľúbený; *sich bei j-m ~ machen* získať si čiu obľubu; **e ~heit** (≈, *0*) obľúbenosť
belịefern dodávať (*j-n mit etw* komu čo), zásobovať (*j-n mit etw* koho čím)
bellen brechať, štekať
e Belletrịstik (≈, *0*) beletria, krásna literatúra
belọhn|en odmeniť (*j-n für etw* koho za čo), odplácať sa (*j-n für etw* komu za čo); **e –ung** (≈, *en*) odmena; *zur –ung* za odmenu
belụ̈gen oklamať
belụstig|en obveseliť; **e –ung** (≈, *en*) obveselenie, zábava
bemạlen pomaľovať
bemạ̈ngeln vyčítať (*etw an* al. *bei j-m* komu čo), kritizovať
bemạnnen obsadiť posádkou napr. kozmickú loď
bemẹrk|bar pozorovateľný, zjavný; **sich ~ machen** upozorňovať na seba; **–en 1** spozorovať, zbadať **2** podotknúť, poznamenať; **–enswert** pozoruhodný, hodný povšimnutia; **e –ung** (≈, *en*) poznámka ústna i písomná
bemịtleiden mať súcit, súcitiť (*j-n* s kým)
bemụ̈h|en namáhať, obťažovať; **sich ~** usilovať sa, snažiť sa (*um etw* o čo); **wollen Sie sich in mein Büro ~!** prosím, ráčte ku mne/do mojej pracovne!; **e –ung** (≈, *en*) **1** námaha **2** úsilie, snaha
benạchbart susedný, okolitý, vedľajší
benạchrichtig|en oznámiť, dať správu (*j-n* koho, komu), upovedomiť (*j-n* koho o čom); **e –ung** (≈, *en*) správa, oznámenie, upovedomenie (*von etw* o čom)
benạchteiligen poškodiť, ukrátiť, znevýhodniť (*j-n* koho)
benẹhmen* (*a, benommen*) odobrať, brať, vziať (*j-m etw* komu čo); **sich ~** správať sa; **s ~** (*s, 0*) správanie; kniž. **in ~ mit j-m** po dohode s kým
benẹiden závidieť (*j-n um etw* komu čo); **~s|wert** závideniahodný
benẹnn|en* (*benannte, benannt*) po-

menovať, nazvať; **e –ung** (≈, *en*) názov, pomenovanie
r Bengel (*s*, ≈) **1** kyjak **2** obraz. hovor. lapaj, huncút, loptoš **3** obraz. hovor. *ein süßer* ~ milý šibal
benommen omámený, opojený
benötigen potrebovať (*etw* čo)
benutz|en, benützen 1 (po)užívať **2** využiť; **r –er** (*s*, ≈) (po)užívateľ; **e –ung** (≈, *en*) použitie
s Benzin (*s*, *e*) benzín; **r ~kanister** (*s*, ≈) kanistra na benzín; **r ~tank** (*s*, *s* al. *e*) benzínová nádrž
be|obacht|en 1 pozorovať **2** bádať, sledovať **3** kniž. zachovávať (*etw* čo); **r –er** (*s*, ≈) pozorovateľ; **e –ung** (≈, *en*) **1** pozorovanie **2** vedecké bádanie
bepacken naložiť (*j-n mit etw* komu čo)
bequem pohodlný; **~en sich** podvoliť sa (*zu etw* k čomu); **e ~lichkeit** (≈, *en*) pohodlie, komfort, pohodlnosť
berat|en* (*ie*, *a*) **1** (po)radiť (*j-n* komu čo) **2** poradiť sa (*etw* s kým o čom); *sich* ~ (po)radiť sa (*mit j-m über etw* s kým o čom); **r –er** (*s*, ≈) poradca; **e –ung** (≈, *en*) porada, konzultácia; **e –ungs|stelle** (≈, *n*) poradňa
berauben okradnúť, obrať (*j-n um etw* koho o čo)
berechenbar vypočítateľný
berechn|en 1 (vy)pre|počítať **2** účtovať **3** vopred zvážiť; **–end** vypočítavý; **e –ung** (≈, *en*) **1** výpočet **2** vypočítavosť **3** rozvaha, úvaha
berechtig|en oprávniť, splnomocniť (*j-n zu etw* koho na čo); **–t** oprávnený; **e –ung** (≈, *en*) právo, oprávnenie (*zu etw* na čo)
bered|en 1 prerokovať, prediskutovať **2** ohovárať (*j-n* koho) **3** prehovárať (*j-n zu etw* koho na čo); **–t 1** výrečný, veľavravný **2** presvedčivý, výrazný
r, s Bereich (*(e)s*, *e*) **1** oblasť, obvod územne **2** odbor, sféra **3** kompetencia **4** (roz)do|sah
bereichern obohatiť
bereinigen dať do poriadku, usporiadať pomery, účet ap.
bereit 1 hotový, pripravený, prichystaný **2** ochotný, odhodlaný; **sich ~ erklären** byť odhodlaný, pripravený na čo
bereiten[1] **1** pripraviť, nachystať **2** zhotoviť **3** spôsobiť, vyvolať starosť, radosť, strach
bereiten[2]* (*beritt*, *beritten*) **1** jazdiť na koni po krajine **2** cvičiť kone
bereit|halten* (*ie*, *a*) pripraviť, prichystať; *Fahrkarten ~!* prichystajte si cestovné lístky!; **–|legen** pripraviť, nachystať (*j-m etw* komu čo); **–|machen** pripraviť; **–s** už; **e –schaft** (≈, *en*) **1** pohotovosť **2** pripravenosť, ochota; **r –schafts|dienst** (*es*, *e*) pohotovostná služba; **–|stehen*** (*stand bereit*, *h./i. bereitgestanden*) byť pripravený, byť prichystaný; **–willig** ochotný, úslužný; **e –willigkeit** (≈, *0*) ochota, úslužnosť
bereuen oľutovať, oželieť (*etw* čo)
r Berg (*(e)s*, *e*) **1** vrch, kopec; *~ab* z kopca **2** obraz. hromada, kopa; **r ~arbeiter** (*s*, ≈) baník; **e ~bahn** (≈, *en*) horská železnica; **r ~bau** (*(e)s*, *0*) baníctvo
bergen* (*a*, *o*) **1** skryť, schovať **2** zachrániť
r Berg|führer (*s*, ≈) horský vodca; **e –hütte** (≈, *n*) horská chata; **–ig** hornatý; **e –kette** (≈, *n*) horské pásmo, pohorie; **r –mann** (*(e)s*, *Bergleute*) baník; **e –schuhe** MNČ horolezecké topánky; **s –steigen** (*s*, *0*) horolezectvo; **r –steiger** (*s*, ≈) horolezec; **e –ung** (≈, *en*) zachraňovanie, záchrana; **s –werk** (*(e)s*, *e*) banský závod baňa
r Bericht (*(e)s*, *e*) správa, výkaz, referát; **~en** podávať správu, referovať (*j-m über* al. *von etw* komu o čom); **r ~erstatter** (*s*, ≈) spravodajca, reportér, korešpondent
berichtig|en opraviť, korigovať; **e –ung** (≈, *en*) oprava, zlepšenie
r Bernstein (*(e)s*, *e*) jantár

bersten* (*a, i. o*) puknúť, prasknúť
berüchtigt majúci zlé meno, vykričaný
berücksichtig|en 1 zohľadniť, vziať do úvahy **2** prihliadať (*etw* na čo), rešpektovať; **e –ung** (≈, *en*) ohľad, zreteľ; *unter –ung* s ohľadom na, zohľadňujúc
r Beruf (*(e)s, e*) povolanie, zamestnanie, profesia; *von ~* z povolania, **~en*** (*ie, u*) povolať; **sich ~en*** odvolávať sa (*auf j-n/etw* na koho/čo); **~en** PR M povolaný; **~lich** týkajúci sa zamestnania, odborný, profesijný
e Berufs|beratung (≈, *en*) poradenstvo pre voľbu povolania; **–mäßig** vyplývajúci z povolania, profesijný; **e –schule** (≈, *n*) učňovská škola; **r –sportler** (*s,* ≈) šport. profesionál; **–tätig** zamestnaný
e Berufung (≈, *en*) odvolanie, povolanie; *~ einlegen* odvolať sa, podať odvolanie
beruhen spočívať (*auf etw* D v čom)
beruhig|en upokojiť, utíšiť; **e –ung** (≈, *en*) upokojenie; **s –ungs|mittel** (*s,* ≈) utišujúci prostriedok
berühmt slávny, preslávený; **e ~heit** (≈, *en*) **1** vychýrenosť **2** slávna, význačná osobnosť
berühr|en dotýkať sa fyzicky i duševne (*j-n/etw* koho/čoho); **–t** dojatý; **e –ung** (≈, *en*) **1** dotyk, dotknutie **2** kontakt, styk; *in –ung kommen* mit j-m/etw* prísť do kontaktu s kým/čím
besag|en 1 naznačovať **2** znamenať, obsahovať; **–t** menovaný, zmienený
besänftig|en upokojiť, uchlácholiť, zmierniť, utíšiť; **e –ung** (≈, *en*) utíšenie, upokojenie
r Besatz (*(e)s, ≈e*) **1** obruba, lem **2** stav rýb v rybníku; **e ~ung** (≈, *en*) **1** posádka, mužstvo **2** okupácia, obsadenie; **e ~ungsmacht** (≈, *≈e*) okupačná mocnosť
beschädig|en 1 poškodiť **2** poraniť človeka; **–t** poškodený; **e –ung** (≈, *en*) poškodenie; *eine körperliche –ung* ublíženie na tele
beschaffen[1] uspôsobený; *wie ~* aký; *gut ~* dobrý; *so ~* taký; **e ~heit** (≈, *0*) **1** vlastnosť **2** konzistencia materiálu **3** stav budovy **4** povaha, charakter
beschaff|en[2] obstarať, zadovážiť, zohnať; **e –ung** (≈, *en*) obstaranie, nákup
beschäftig|en zamestnať; **sich ~** zapodievať sa, zaoberať sa; **e –ung** (≈, *en*) **1** zamestnanie **2** zaoberanie sa
beschäm|en zahanbiť; **~d** zahanbujúci; **–t** zahanbený
r Bescheid (*(e)s, e*) **1** výmer, rozhodnutie **2** odpoveď, správa, informácia **3** vedomosť; **über etw ~ wissen*** vedieť čo o kom/čom, vyznať sa v čom; **j-m ~ geben*** al. **sagen** informovať koho o kom/čom
bescheiden* (*ie, ie*) **1** prisúdiť **2** predvolať; **sich ~** uskromniť sa (*mit etw* s čím); **e ~heit** (≈, *0*) skromnosť; **~** PR M **1** skromný, nenáročný človek **2** jednoduchý o jedle
bescheinen* (*ie, ie*) ožiariť, osvetliť
bescheinig|en potvrdiť; **e –ung** (≈, *en*) potvrdenie, potvrdenka
bescher|en 1 darovať (*j-m etw* komu čo) **2** dopriať; **e –ung** (≈, *en*) nádielka, darčeky; obraz. *daß ist eine schöne –ung!* ironicky to je ale prekvapenie!
beschimpf|en 1 nadávať (*j-n* na koho/čo) **2** potupiť (*j-n* koho); **e –ung** (≈, *en*) nadávanie, nadávka
r Beschlag (*(e)s, ≈e*) **1** kovanie na dverách **2** povlak, plieseň **3** zabavenie majetku; *j-n/etw in ~ nehmen** zabaviť čo; **~en*** (*u, a*) podkuť o koňoch; **sich ~en** zarosiť sa o skle; **~en** PR M **1** podkovaný kôň **2** podkutý, zbehlý; **~nahmen** zhabať, skonfiškovať; **e ~nahme** (≈, *n*) zhabanie, konfiškácia
beschleunig|en (u)z|rýchliť; **e –ung** (≈, *en*) (u)z|rýchlenie
beschließen* (*o* <...ss>, *beschlossen*) **1** ukončiť **2** uzniesť sa, rozhodnúť
r Beschluß <...ss> (*sses, ≈sse*)

1 záver 2 uznesenie, rozhodnutie
beschmieren 1 namastiť, 2 namazať; **sich ~en** pošpiniť sa, zamazať sa
beschmutzen zašpiniť, zamazať, znečistiť
beschneiden* (*beschnitt, beschnitten*) obrezať, ostrihať; obraz. *j-m die Flügel ~* pristrihnúť komu krídla
beschönigen prikrášľovať
beschränk|en obmedziť; **–t** obmedzený počet i ľudia; **e –theit** (≈, *0*) obmedzenosť priestorová i duševná; **e –ung** (≈, *en*) obmedzenie, prekážka
beschreib|en* (*ie, ie*) 1 opísať zážitok 2 popísať papier 3 mat. opísať kružnicu; **e –ung** (≈, *en*) 1 opis predmetu 2 opísanie, vylíčenie zážitku ap.
beschrift|en napísať nápis, text; **e –ung** (≈, *en*) nápis, nadpis, popísanie, sprievodný text, titulky
beschuldig|en obviniť (*j-n etw* G koho z čoho); **e –ung** (≈, *en*) obvinenie
beschütz|en chrániť; *Gott beschütze!* božechráň!; **r –er** (*s,* ≈) ochranca
e Beschwerde (≈, *n*) 1 námaha, ťažkosť 2 sťažnosť
beschwer|en zaťažovať (*j-n* koho čím); **sich ~** ponosovať sa, sťažovať sa (*bei j-m über j-n/etw* komu na koho/čo); **–lich** namáhavý, vyčerpávajúci
beschwichtigen utíšiť, (u)chlácholiť
beschwindeln oklamať, podviesť (*j-n um etw* koho o čo)
beschwingt vzletný, zapálený, svižný o chôdzi
beschwören* (*o, o*) 1 zaprisahať, zaprisahať sa 2 zaklínať
beseitig|en odstrániť, odpratať; **e –ung** (≈, *en*) odstránenie, odpratanie
r Besen (*s,* ≈) 1 metla 2 obraz. hanl. nepekná žena; **r ~stiel** (*(e)s, e*) násada na metlu
besessen posadnutý
besetz|en 1 obsadiť miesto, úrad 2 rezervovať 3 (po)vy|sádzať 4 obrúbiť, olemovať šaty; **e –ung** (≈, *en*) 1 voj., div. obsadenie 2 olemovanie šiat
besichtig|en (pre)z|hliadnuť; *eine Stadt ~* pozrieť si mesto; **e –ung** (≈, *en*) (pre)ob|hliadka
e Besied(e)lung (≈, *en*) osídlenie, kolonizácia
besiegen premôcť, poraziť, zvíťaziť (*j-n* nad kým)
besinn|en* sich (*a, o*) 1 spomenúť si (*auf etw* na čo) 2 spamätať sa 3 rozmýšľať; **e –ung** (≈, *0*) 1 vedomie; *zur –ung kommen** nadobudnúť vedomie, prísť k sebe 2 rozvaha; *j-m e –ung rauben* pripraviť koho o rozvahu, o rozum; **–ungslos** PR M i PRÍSL bezvedomý, bezhlavý
r Besitz (*es, 0*) 1 vlastníctvo, majetok 2 práv. držba; **~en*** (*besaß, besessen*) vlastniť, mať; **r ~er** (*s,* ≈) majiteľ, vlastník; **e ~ergreifung** (≈, *0*) konfiškácia čoho
besoffen vulg. ožratý
besohlen podraziť, podbiť topánky
e Besoldung (≈, *en*) plat, žold
r, e, s besonder|e zvláštny; **e –heit** (≈, *en*) zvláštnosť; **–s** (ob)zvlášť
besonnen rozvážny; **e ~heit** (≈, *0*) rozvaha
besorg|en 1 zaobstarať, zadovážiť 2 opatrovať, starať sa 3 obávať sa; **e –nis** (≈, *se*) obava, znepokojenie
besorgt 1 znepokojený 2 starostlivý; **e ~heit** (≈, *0*) starostlivosť, úzkostlivosť (*um etw* o čo)
e Besorgung (≈, *en*) 1 nákup 2 vybavovanie, obstarávania
bespitzeln špehovať, sledovať
besprech|en* (*a, o*) 1 (pre)hovoriť (*etw* o čom) 2 posudzovať, recenzovať 3 zariekať chorobu 4 nahovoriť, nahrať CD nosič; **sich ~** radiť sa (*mit j-m über etw* s kým o čom); **e –ung** (≈, *en*) 1 rozhovor 2 porada, rokovanie 3 posudok, recenzia
bespritzen postriekať
besprengen pokropiť, postriekať
besser 1 PR M lepší 2 PRÍSL lepšie; *desto ~* tým lepšie; **~n** zlepšovať, na-

pravovať; **e ~ung** (≈, *en*) zlepšenie, náprava; *baldige ~ung!* skoré uzdravenie!; **r ~wisser** (*s*, ≈) mudrlant

r Bestand (*(e)s, 0*) **1** bytie, existencia **2** trvanie

r Bestand (*(e)s*, ≈*e*) **1** zásoba (*an etw* čoho) **2** počet, stav **3** porast lesný

beständig stály, trvalý

e Bestandsaufnahme (≈, *en*) inventúra, inventarizácia

r Bestandteil (*(e)s, e*) súčasť, diel, časť

bestärken utvrdiť, posilniť (*j-n in etw* koho v čom)

bestätig|en potvrdiť; **e –ung** (≈, *en*) potvrdenie, potvrdenka

bestatt|en pochovať; **e –ung** (≈, *en*) pohreb

r, e, s beste najlepší; *am ~n <Besten>* najlepšie; *etw zum ~n <Besten> geben** prispieť čím k zábave; *aufs ~ <Beste>* čo najlepšie

bestech|en* (*a, o*) **1** podplatiť **2** získať si, podmaniť si (*j-n* koho čím); **–lich 1** úplatný, podplatiteľný **2** vynikajúci; **e –ung** (≈, *en*) podplácanie, úplatok

s Besteck (*(e)s, e*) príbor

bestehen* (*bestand, bestanden*) **1** byť, jestvovať, existovať **2** trvať, pretrvávať **3** pozostávať, skladať sa (*aus etw* z čoho) **4** tkvieť (*in etw* D v čom) **5** trvať (*auf etw* D na čom) **6** zložiť skúšku

bestehlen* (*a, o*) okrádať

besteigen* (*ie, ie*) **1** vystúpiť na vrch, vysadnúť na koňa **2** nastúpiť na trón

s Bestell|buch (*(e)s*, ≈*er*) kniha objednávok; **–en 1** objednať **2** ustanoviť, vymenovať (*j-n zu etw* koho za čo) **3** odkázať (*j-m etw* komu čo) **4** doručovať **5** obrábať pôdu; **r –schein** (*(e)s, e*) objednávací lístok; **e –ung** (≈, *en*) **1** objednávka **2** ustanovenie **3** odkaz **4** donáška, doručenie **5** obrábanie pôdy

bestenfalls v najlepšom prípade

bestens čo najlepšie; *ich danke ~!* ďakujem pekne! vďaka!

e Besti|e (≈, *n*) beštia, šelma

bestimm|en 1 pohnúť, **2** rozhodnúť (*über j-n/etw* o kom/čom) **3** určiť, stanoviť; **~d** určujúci; **–t 1** určený, stanovený **2** istý, určitý **3** rozhodný **4** PRÍSL iste, určite; **e –theit** (≈, *en*) **1** určitosť, istota **2** rozhodnosť, presnosť; **e –ung** (≈, *en*) **1** určenie, určovanie **2** cieľ, účel **3** ustanovenie; **r –ungs|ort** (*(e)s, e*) miesto určenia

e Bestleistung (≈, *en*) najlepší výkon, rekord

bestmöglich 1 PR M čo najlepší **2** PRÍSL čo najlepšie

bestraf|en (po)trestať; **e –ung** (≈, *en*) potrestanie, trest

bestrahl|en ožiariť; **e –ung** (≈, *en*) ožarovanie

bestreben sich snažiť sa, usilovať sa

s Bestreb|en (*s, 0*) úsilie, snaha; **e –ung** (≈, *en*) úsilie, snaha

bestreichen* (*i, i*) **1** natrieť steny farbou, chlieb maslom **2** pomazať olejom **3** pohládzať, prejsť (*etw* po čom) i pren. očami ap. **4** voj. ostreľovať

bestreiten* (*i, i*) **1** poprieť **2** zaplatiť, uhradiť účet **3** šport. (zo)hrať zápas

bestreuen posypať

bestürmen 1 napadnúť, zaútočiť **2** obraz. naliehať (*j-n* na koho s čím)

bestürz|en vystrašiť, zmiasť, dostať do rozpakov; **–t** zmätený, zarazený (*über etw* A čím); **e –ung** (≈, *en*) rozpaky, zdesenie

r Besuch (*(e)s, e*) návšteva; *zu ~ gehen** ísť na návštevu; *zu* al. *auf ~ sein* byť na návšteve; **~en** navštevovať; **e Schule ~en** chodiť do školy; **r ~er** (*s*, ≈) návštevník

r Besuchs|tag (*(e)s, e*) návštevný deň; **e –zeit** (≈, *en*) návštevné hodiny; **s –zimmer** (*s*, ≈) izba pre návštevy

betagt kniž. starý o človeku

betätig|en 1 dať, uviesť do chodu, do pohybu **2** stlačiť, stisnúť; **sich ~ 1** byť činný **2** zúčastniť sa; **e –ung** (≈, *en*) **1** uvedenie do chodu **2** účasť, činnosť, uplatnenie

betäub|en 1 ohlušiť hlukom **2** otupiť, omráčiť, omámiť **3** narkotizovať; **s –ungs|mittel** (*s*, ≈) omamný prostriedok

e Bete (≈, *n*) repa, cvikla; *die rote ~* cvikla

beteilig|en zapájať (*j-n an etw* koho do čoho); **sich ~** zúčastniť sa (*an etw* D na čom); **e –ung** (≈, *en*) účasť

beten modliť sa

beteuer|n uistiť, ubezpečiť, presviedčať (*j-m etw* koho o čom); **e –ung** (≈, *en*) uisťovanie, ubezpečovanie, dokazovanie

r Beton [bę'toŋ/bę'to:n] (*s, s*) betón

beton|en zdôrazniť, prízvukovať; **e –ung** (≈, *en*) **1** prízvuk, akcent **2** dôraz

betören 1 omámiť, obalamutiť **2** zmiasť

betr. skr. **betreffend, betreffs** týkajúci sa, vzhľadom na

Betr. skr. **r Betreff** vec, týka sa šablóna v oficiálnej korešpondencii

r Betracht ((*e*)*s*, *0*) zreteľ, ohľad; *in ~ kommen** prichádzať do úvahy; *in ~ ziehen** brať do úvahy; *außer ~ bleiben** ostať nepovšimnutý; **~en 1** pozorovať **2** pokladať (*als etw* za čo) **3** uvažovať (*etw* o čom); **r ~er** (*s*, ≈) pozorovateľ

beträchtlich značný

e Betrachtung (≈, *en*) **1** pozorovanie **2** úvaha

r Betrag ((*e*)*s*, *≈e*) suma; **~en*** (*u, a*) predstavovať sumu; **sich ~en** správať sa; **s ~en** (*s*, *0*) správanie predmet na vysvedčení

betreffen* (*betraf, betroffen*) **1** postihnúť choroba, nehoda **2** pristihnúť, prichytiť (*j-n/etw* koho pri čom); *was mich betrifft* čo sa mňa týka; **~d** príslušný

betreffs PREDL s G čo sa toho týka, pokiaľ ide o

betreiben* (*ie, ie*) **1** zaoberať sa, prevádzkovať **2** súriť, pobádať

betreten* (*a, e*) vstúpiť (*etw* do čoho, na čo, kam)

r Betrieb ((*e*)*s*, *e*) **1** prevádzka, chod, činnosť **2** závod, podnik **3** ruch, pohyb; *außer ~ sein* byť mimo prevádzky

betriebs|fähig schopný prevádzky; **s –geheimnis** (*ses, se*) výrobné tajomstvo; **e –kosten** MNČ prevádzkové náklady; **r –rat** ((*e*)*s*, *≈e*) odborová rada v podniku; **e –sicherheit** (≈, *0*) bezpečnosť prevádzky; **e –störung** (≈, *en*) porucha v prevádzke; **r –unfall** ((*e*)*s*, *≈e*) pracovný úraz

betrinken* (*a, u*) opiť (*j-n* koho); **sich ~** opiť sa

betroffen zmätený, ohromený

betrüb|en zarmútiť; **–t** zarmútený

r Betrug ((*e*)*s*, *0*) podvod, klam

e Betrügerei (≈, *en*) podvádzanie, klamstvo sústavné, opakované

betrüg|en* (*o, o*) podviesť, oklamať; **r –er** (*s*, ≈) podvodník; **–erisch** podvodnícky

betrunken opitý

s Bett ((*e*)*s*, *en*) **1** posteľ **2** riečisko; **s ~ machen** ustlať; **zu** al. **ins ~ gehen*** ísť spať; **s ~bezug** ((*e*)*s*, *≈e*) obliečky; **e ~decke** (≈, *n*) prikrývka, hovor. deka

betteln žobrať

bettlägerig pripútaný na lôžko

s Bettlaken (*s*, ≈) plachta

r Bettler (*s*, ≈) žobrák; **zum ~ werden** vyjsť na mizinu

r Bett|vorleger (*s*, ≈) predložka pred posteľou; **e –wäsche** (≈, *0*), **s –zeug** ((*e*)*s*, *0*) posteľná bielizeň

beugen 1 (z)ohnúť **2** gram. skloňovať, časovať **3** prekrúcať právo; **sich ~ 1** zohnúť sa **2** poddať sa, pokoriť sa

e Beule (≈, *n*) hrča

be|unruhig|en znepokojovať; **e –ung** (≈, *en*) znepokojenie, nepokoj

be|urlauben dať dovolenku (*j-n* komu)

ABC

be|urteil|en posúdiť; **e –ung** (≈, *en*) posúdenie, posudok
e Beute (≈, *n*) korisť; **r ~l** (*s*, ≈) mešec, vrecko
e Bevölkerung (≈, *en*) **1** obyvateľstvo **2** ľudnatosť
bevollmächtig|en splnomocniť; **r –te** (*n*, *n*) (**ein –ter**) splnomocnenec
bevor SP skôr ako, prv než
bevormunden 1 byť poručníkom **2** rozkazovať (*j-n* komu)
bevor|stehen* (*stand bevor, bevorgestanden*) **1** očakávať, čakať **2** nastávať **3** blížiť sa; **–stehend** nastávajúci, blížiaci sa
bevor|zugen uprednostniť, dávať prednosť (*j-n/etw* koho/čo pred kým/čím), nadržiavať (*j-n/etw* komu/čomu); **e –zugung** (≈, *en*) uprednostňovanie
bewach|en strážiť, ochraňovať; **e –ung** (≈, *en*) stráženie, stráž
bewaffn|en (vy)zbrojiť; **e –ung** (≈, *en*) ozbrojenie, výzbroj
bewahren 1 ochrániť (*vor j-m/etw* pred kým/čím) **2** (u)za|chovávať **3** dodržať; *Abstand halten* zachovať odstup od koho/čoho
bewähren dokázať, preukázať, svedčiť o čom; **sich ~** osvedčiť sa
bewahrheiten sich ukázať sa pravdivým, potvrdiť sa
bewähr|t osvedčený, spoľahlivý; **e –ung** (≈, *en*) osvedčenie, dôkaz schopnosti; **e –ungsfrist** (≈, *en*) skúšobná lehota
bewältigen 1 premôcť ťažkosti, zvládnuť **2** stačiť (*etw* na čo)
bewandert skúsený, sčítaný (*in etw* v čom)
bewässer|n zavodniť, zavlažiť; **e –ung** (≈, *en*) **1** zavlažovanie **2** vlaha
bewegen* (*o*, *o*) pohnúť, prinútiť (*j-n zu etw* koho k čomu), dať sa prehovoriť
beweg|en* (*h.*) **1** pohybovať, hýbať (*etw* čím) **2** pobúriť **3** vzrušiť, dojať (*j-n zu etw* koho k čomu); **sich ~** pohybovať sa; **r –grund** (*(e)s*, *≈e*) pohnútka, motív; **–lich 1** pohyblivý **2** čulý, živý; **–liches Gut** hnuteľný majetok; **–t 1** pohnutý, nepokojný **2** rušný; **e –ung** (≈, *en*) **1** pohyb, činnosť; *in –ung setzen* dať do pohybu **2** polit. hnutie **3** dojatie
e Bewegungs|freiheit (≈, *0*) sloboda pohybu; **–los** nehybný, meravý
r Beweis (*(e)s*, *e*) dôkaz; *zum ~* na dôkaz; **~bar** (do)preu|kázateľný; **~en*** (*ie*, *ie*) **1** dokázať nevinu **2** preukázať vďačnosť; **s ~|stück** (*(e)s*, *e*) usvedčujúci predmet
bewerb|en* sich (*a*, *o*) uchádzať sa (*um etw* o čo); **r –er** (*s*, ≈) **1** uchádzač, **2** nápadník; **e –ung** (≈, *en*) uchádzanie sa o niečo, prihláška do konkurzu
bewerkstelligen vykonať, uskutočniť, dokázať, vybaviť
bewert|en (z)hodnotiť; **e –ung** (≈, *en*) hodnotenie, vyhodnotenie
bewillig|en (po)do|voliť; **e –ung** (≈, *en*) povolenie
bewillkommn|en privítať; **e –ung** (≈, *en*) privítanie
bewirken 1 spôsobiť, zapríčiniť **2** dosiahnuť; *das gerade Gegenteil ~* dosiahnuť pravý opak
bewirten (po)hostiť, (po)častovať (*j-n* koho)
bewirtschaften spravovať (*etw* čo), hospodáriť (*etw* s čím)
e Bewirtung (≈, *en*) pohostenie
bewohn|bar obývateľný; **–en** bývať, obývať; **r –er** (*s*, ≈) obyvateľ
bewölk|t zamračený, zatiahnutý; **e –ung** (≈, *0*) mračná, oblaky, oblačnosť
r Bewund(e)rer (*s*, ≈) obdivovateľ, ctiteľ
bewunder|n obdivovať; **~s|wert** obdivuhodný; **e –ung** (≈, *0*) obdiv
bewußt <...ss...> **1** vedomý **2** uvedomelý **3** známy; **~los** v bezvedomí; *~los sein* byť v bezvedomí; **e ~losigkeit** (≈, *0*) bezvedomie; **s ~sein** (*s*, *0*)

1 vedomie; *zum ~sein kommen** prísť k sebe, prísť k vedomiu **2** vedomie, uvedomenie si

bezahl|en (za)platiť; **e –ung** (≈, *en*) **1** zaplatenie **2** mzda

bezaubern očariť

bezeichn|en **1** (vy)o|značiť **2** pomenovať; **–end** príznačný, charakteristický; **e –ung** (≈, *en*) **1** pomenovanie **2** označenie

e Bezichtigung (≈, *en*) obvinenie

bezieh|en* (*bezog, bezogen*) **1** potiahnuť, obtiahnuť tenisovú raketu ap. **2** nasťahovať sa (*etw* do čoho) **3** odoberať, dostávať (*etw von j-m* čo od koho) **4** vzťahovať (*etw auf j-n/etw* čo na koho/čo); **sich ~ 1** zaťahovať sa o oblohe **2** vzťahovať sa (*auf etw* na čo) **3** odvolávať sa (*auf j-n/etw* na koho/čo); **e –ung** (≈, *en*) vzťah, styk; **–ungsweise** prípadne, respektíve, eventuálne

r Bezirk (*(e)s, e*) **1** okres, obvod územný **2** oblasť

r Bezug (*(e)s, ≈e*) **1** povlak, poťah **2** len JČ odber, kúpa **3** MNČ príjmy, plat **4** zreteľ; <**bezug**> PREDL *in ~ auf etw* so zreteľom na čo

bezüglich **1** PREDL s G čo sa týka, vo veci **2** PR M príslušný, vzťahujúci sa na čo

bezwecken zamýšľať, hodlať

bezweifeln pochybovať

r BH hovor. skr. **r Büstenhalter** (*s, ≈*) podprsenka

Bhf. skr. **r Bahnhof** železničná stanica

e Bibel (≈, *n*) biblia

r Biber (*s, ≈*) bobor

e Biblio|graphie <**Bibliografie**> (≈, *i|en*) bibliografia, súpis kníh; **e –thek** (≈, *en*) knižnica; **r –thekar** (*s, e*) knihovník

biblisch biblický

bieder statočný, čestný

bieg|en* **1** (*o, h. o*) (zo)o|hnúť, zakriviť **2** gram. ohýbať; **~*** (*o, i. o*) zahnúť (*um etw* za čo); *um die Ecke ~* zahnúť za roh; **sich ~** ohýbať sa, prehýbať sa; **–sam** ohybný, pružný, vrtký, obraz. poddajný, povoľný; **e –ung** (≈, *en*) **1** ohyb **2** zákruta

e Biene (≈, *n*) včela; **r ~n|honig** (*s, 0*) včelí med

s Bier (*(e)s, e*) pivo; *~ vom Faß* čapované pivo; **r ~brauer** (*s, ≈*) sladovník; **s ~faß** <**...ss**> (*fasses, fässer*) sud na pivo; **s ~glas** (*es, ≈er*) pohár na pivo; **r ~krug** (*(e)s, ≈e*) džbán na pivo

bieten* (*o, o*) **1** ponúkať **2** poskytnúť; **sich ~** ponúkať sa, naskytnúť sa príležitosť; **j-m die Stirn ~** čeliť komu; **sich** 3P **etw nicht ~ lassen*** niečo nestrpieť

e Bijouterie [bižutə'ri:] (≈, *i|en*) bižutéria

r Bikini (*s, s*) dvojdielne plavky, hovor. bikiny

e Bilanz (≈, *en*) bilancia, účtovná súvaha; **~ieren** bilancovať, robiť záverečné účtovanie

s Bild (*(e)s, er*) **1** obraz, reprodukcia, fot. snímka **2** obraz. predstava, dojem; hovor. *im ~e sein* byť v obraze, vedieť o čom; **r ~bericht** (*(e)s, e*) fotoreportáž

bilden **1** tvoriť, vytvárať umelecké dielo **2** obraz. byť, tvoriť hranicu ap. **3** vzdelávať; **~d 1** vzdelávací **2** výtvarný

s Bilder|buch (*(e)s, ≈er*) obrázková kniha; **r –rahmen** (*s, ≈*) rám na obraz

e Bild|fläche (≈, *n*) **1** plocha obrazu **2** premietacie plátno; hovor. **von der ~ verschwinden*** zmiznúť z verejného života; **r –hauer** (*s, ≈*) sochár; **–hübsch** pekný ako obrázok; **–lich** obrazný; **r –schirm** (*(e)s, e*) obrazovka; **–schön** prekrásny

e Bildung (≈, *en*) **1** (u)tvorenie **2** tvar, útvar **3** vzdelanie

s Billard ['biljart] (*s, e*) biliard; **r ~stock** (*(e)s, ≈e*) tágo

billig **1** lacný **2** spravodlivý, oprávnený; **~en** súhlasiť (*etw* s čím), schvaľovať; **e ~keit** (≈, *0*) **1** lacnota **2** spravodlivosť, slušnosť; **e ~ung** (≈, *0*) súhlas, schválenie

e Billion (≈, *en*) bilión

e Binde (≈, *n*) **1** páska **2** obväz, ovínadlo; **~n*** (*a, u*) **1** (z)viazať **2** (za)pri|viazať (*an etw* A k čomu) **3** uviť (*etw aus etw* čo z čoho) **4** obviazať (*etw j-m um etw* čo komu okolo čoho); **sich ~n** viazať sa; obraz. **j-m etw auf die Nase ~n** zavesiť čo komu na nos; **r ~strich** ((*e*)*s, e*) spojovník; **s ~wort** ((*e*)*s, ≈̈er*) spojka

r Bind|faden (*s, ≈̈*) motúz, povraz; **e –ung** (≈, *en*) **1** väzba, spojenie **2** lyžiarske viazanie

binnen PREDL s G al. D do, za; ~ *einem Jahre*, ~ *eines Jahres* do roka, v priebehu roka

binnen- vnútorný, vnútrozemský; **r ~Hafen** (*s, ≈̈*) vnútrozemský prístav; **r ~Handel** (*s, 0*) vnútorný obchod

e Binse (≈, *n*) bot. sitina; **e ~nwahrheit** (≈, *en*) otrepaná, všedná pravda; hovor. **in die ~n gehen*** vyjsť navnivoč, zmiznúť

e Bio|graphie <**Biografie**> (≈, *i|en*) životopis; **r –loge** (*n, n*) biológ; **e –logie** (≈, *0*) biológia; **–logisch** biologický

e Birke (≈, *n*) breza

r Birn|baum ((*e*)*s, ≈̈e*) hruška strom; **e –e** (≈, *n*) **1** hruška plod **2** hruška strom **3** hovor. lebka, palica

bis 1 PREDL (až) do; lokálne ~ *München* až do Mníchova; ~ *dahin* až tam; ~ *hierher* až sem; čas. ~ *Samstag* do soboty; ~ *dahin* až dovtedy; ~ *hierher* dotiaľ; ~ *jetzt* (až) dodnes; *20 ~ 30* 20 až 30; ~ *auf weiteres* (až) do ďalšieho prípadu; *alle ~ auf einen* všetci až na jedného **2** SP kým; *warte, ~ ich komme** počkaj, kým prídem

r Bischof (*s, ≈̈e*) biskup

bisher doteraz, dosiaľ, dodnes; **~ig** doterajší

r, s Biskuit [bis'kvi:t] ((*e*)*s, s* al. *e*) sušienka, biskvit; **e ~torte** (≈, *n*) piškótová torta

r Biß <**...ss**> (*sses, sse*) (za)hryznutie

bißchen <**...ss...**>, **bissel**, rak. **bisserl**: *ein* ~ trocha, trošičku

r Bissen (*s,* ≈) hlt

bissig 1 nebezpečný, zlý, hryzavý pes **2** obraz. zádrapčivý, štipľavý; **~er Hund!** (pozor), zlý pes!

bisweilen niekedy, občas

s Bit (≈ al. *s, s*) bit, jednotka informácie

e Bitte (≈, *n*) prosba, žiadosť; *eine ~ an j-n haben* mať prosbu na koho; **~ schön!** prosím!, nech sa páči!; **~n*** (*bat, gebeten*) **1** (po)prosiť (*um etw* o čo) **2** pozvať (*j-n zu sich* koho k sebe); **~nd** prosiaci, prosebný

bitter 1 PR M horký, trpký **2** PRÍSL horko, trpko **3** obraz. krutý mráz; **~böse** roztrpčený; **e ~keit** (≈, *en*) horkosť, trpkosť; **~lich** horkastý, žalostný

e Blähung (≈, *en*) plynatosť, vetry

blamabel zahanbujúci

e Bla|mage [bla'ma:žə] (≈, *n*) hanba, blamáž; **–mieren** blamovať sa

blank 1 lesklý, ligotavý **2** holý **3** čistý, číry, belostný; *ein ~er Unsinn* číry nezmysel; obraz. hovor. **ich bin ~** som bez peňazí

r Blankoscheck (*s, s*) nevyplnený šek, bianko poukážka

s Bläs|chen (*s,* ≈) **1** pľuzgierik **2** bublinka

e Blase (≈, *n*) **1** bublina **2** pľuzgier **3** mechúr **4** dutina, dierka **5** obraz. vulg. zberba; **r ~balg** ((*e*)*s, ≈̈e*) mechy; **~n*** (*ie, a*) **1** fúkať, duť **2** trúbiť, fúkať do nástroja, pískať

s Blas|instrument ((*e*)*s, e*) dychový nástroj; **e –kapelle** (≈, *n*) dychovka

blaß <**...ss**> bledý; **~blau** bledomodrý

e Blässe (≈, *0*) **1** bledosť, bezfarebnosť **2** lysina

s Blatt ((*e*)*s, ≈̈er*) **1** list, lupeň **2** list papiera **3** list **4** noviny **5** karta **6** čepeľ, list kosy, píly

blättern listovať, obracať listy v knihe; **sich ~** lúpať sa, šúpať sa, odlupovať sa

r Blätterteig ((*e*)*s, e*) lístkové cesto

blau modrý; **s ~e** (*s, 0*) modro, modré sfarbenie; **die Fahrt ins Blaue** cesta do neznáma; **~äugig** modrooký; **s ~licht** (*(e)s, er*) maják na vozidlách polície i záchrannej služby; **~machen** hovor. nechodiť do práce, do školy; **~ sein** hovor. byť opitý

s Blech (*(e)s, e*) **1** plech **2** plech na pečenie **3** hovor. prachy **4** hovor. táraniny **5** MNČ plechové hudobné nástroje; **e ~büchse** (*≈, n*), **e ~dose** (*≈, en*) plechovica

blechen hovor. zaplatiť, (vy)soliť

s Blei[1] (*(e)s, 0*) olovo

s Blei[2] (*(e)s, e*) olovnica

r Blei[3] (*(e)s, e*) zool. pleskáč vysoký

e Bleibe (*≈, n*) hovor. prístrešie; **~n*** (*ie, i. ie*) **1** čas. ostať, (z)ost(áv)ať, zotrvať, vydržať v istom stave **2** zvýšiť, zostať; **~|nlassen*** **<bleiben lassen>** (*ließ bleiben, bleibenlassen*) (po)za|nechať

bleich bledý, bezfarebný; **~en** (*h.*) bieliť, odfarbovať bielizeň; **~en*** (*i, i. i*) (vy)z|blednúť

blei|ern **1** olovený **2** obraz. ťažkopádny; **–frei** bezolovnatý

r Bleistift (*(e)s, e*) ceruza, ceruzka; **r ~spitzer** (*s, ≈*) strúhadlo na ceruzky

e Blende (*≈, n*) **1** tienidlo **2** fot. clona **3** slepé okno **4** výklenok **5** obruba, lem; **~n** **1** oslepiť, oslniť **2** obraz. zaslepiť, obalamutiť **3** zastrieť; **~nd** **1** oslňujúci, ostrý o svetle **2** obraz. oslnivý, skvelý, očarujúci

r Blick (*(e)s, e*) **1** pohľad; *auf den ersten ~* na prvý pohľad **2** výhľad, vyhliadka **3** výraz očí; **~en** hľadieť, pozerať, dívať sa; **sich ~en lassen** ukazovať sa; **r ~fang** (*(e)s, ≈e*) pastva pre oči; **s ~feld** (*(e)s, er*) zorné pole

blind **1** slepý **2** obraz. zaslepený; **ein ~er Passagier** [pasa'ži:ɐ] čierny pasažier

r Blind|darm (*(e)s, ≈e*) slepé črevo; **e ~|entzündung** (*≈, en*) zápal slepého čreva

e Blind|enschrift (*≈, en*) slepecké písmo; **e –heit** (*≈, 0*) slepota, obraz. zaslepenosť; pren. *mit –heit geschlagen* ranený slepotou

blindlings slepo, naslepo

e Blindschleiche (*≈, en*) zool. slepúch

blink|e(r)n **1** lesknúť sa, ligotať sa **2** blikať, signalizovať **3** žmurkať; **r –er** (*s, ≈*) **1** smerové svetlo **2** návnada na udici

blinzeln žmurkať

r Blitz (*es, e*) **1** blesk **2** záblesk; **r ~|ableiter** (*s, ≈*) hromozvod; **~en** **1** blýskať sa; *es blitzt* blýska sa **2** ligotať sa **3** mihnúť sa; **s ~licht** (*(e)s, er*) fot. blesk; **~schnell** veľmi rýchly

r Block[1] (*(e)s, ≈e*) veľký kus, blok, ingot

r Block[2] (*(e)s, s* al. *≈e*) **1** blok domu **2** blok na písanie

e Blockade (*≈, n*) blokáda

e Blockflöte (*≈, en*) zobcová flauta

e Blockschrift (*≈, en*) paličkové písmo

blöd hlúpy, sprostý, tupý; **r ~sinn** (*(e)s, e*) **1** hovor. táranina **2** hlúposť; **~sinnig** hlúpy

blond **1** plavovlasý, blond **2** svetlý

bloß **1** PR M nahý, holý, obnažený **2** ČAST iba, len

e Blöße (*≈, n*) **1** nahota **2** slabina, slabá stránka **3** čistina, polianka

bloß|legen odhaliť, odkryť; **–|stellen** odhaliť nedostatok, kompromitovať, zosmiešniť

blühen **1** kvitnúť **2** obraz. prekvitať, vzmáhať sa, dariť sa

e Blume (*≈, n*) **1** kvet, kvetina **2** buket o víne **3** pena na pive **4** pierko chvostík zajaca, líšky

r Blumenkohl (*(e)s, e*) karfiol

r Blumentopf (*(e)s, ≈e*) kvetináč, črep

e Bluse (*≈, n*) blúza

s Blut (*(e)s, 0*) **1** krv **2** temperament, povaha; **~|arm** málokrvný; **r ~druck** (*(e)s, 0*) krvný tlak

e Blüte (*≈, n*) **1** kvet **2** obraz. výkvet; **e**

ABC

~zeit (≈, *en*) **1** obdobie (roz)kvetu, **2** obraz. vrcholné obdobie
r Blut|egel (*s*, ≈) pijavica lekárska
bluten krvácať
r Blütenstaub (*(e)s*, *0*) peľ
r Blut|erguß <...ss> (*ergusses, ergüsse*) krvný výron, hematóm; **s –gefäß** (*es, e*) cieva; **e –gruppe** (≈, *n*) krvná skupina; **–ig** krvavý; **–jung** veľmi mladý; **e –probe** (≈, *n*) krvná skúška; **r –spender** (*s*, ≈) darca krvi; **e –ung** (≈, *en*) krvácanie; **e –vergiftung** (≈, *en*) otrava krvi
e Blutwurst (≈, *≈e*) kuch. krvavnica
e Bö (≈, *Bö|en*) (prudký) náraz vetra
r Bock (*(e)s*, *≈e*) **1** cap **2** šport., tech. koza **3** kotúľ, kotrmelec; **e ~wurst** (≈, *≈e*) safaládka; obraz. **ein ~ schießen** povedať/urobiť hlúposť
r Boden (*s*, ≈) **1** zem, pôda **2** dno **3** podlaha; **~los 1** bezdný, veľmi hlboký **2** obraz. neslýchaný; **e ~schätze** MNČ nerastné bohatstvo; **s ~turnen** (*s*, *0*) šport. prostné
r Bogen (*s*, ≈ al. ≈) **1** oblúk **2** luk **3** sláčik; **r ~gang** (*(e)s*, *≈e*) arkáda
r Bohemismus (≈, *Bohemismen*) bohemizmus
e Bohle (≈, *n*) hrubá doska, fo(r)šňa
e Bohne (≈, *n*) **1** fazuľa, bôb **2** hovor. prachy; **r ~n|kaffee** (*s*, *0*) zrnková káva
bohner|n leštiť, voskovať podlahu; **s –wachs** (*es*, *0*) vosk, pasta na parkety
bohr|en (vy)(pro)vŕtať; *in der Nase ~* vŕtať si v nose; **r –er** (*s*, ≈) **1** vrták **2** vŕtač; **e –maschine** (≈, *n*) vŕtačka; **r –turm** (*(e)s*, *≈e*) vrtná veža
bö|ig veterný, búrlivý; *ein ~er Wind* nárazový vietor
r Boiler (*s*, ≈) bojler, ohrievač vody
e Boje (≈, *n*) bója
r Bolschewik (*en*, *i* al. *en*) boľševik
r Bolzen (*s*, ≈) klin, svorník
bombardieren bombardovať; obraz. *j-n mit Fragen ~* bombardovať koho otázkami
e Bombe (≈, *n*) bomba
r Bomben|angriff (*(e)s*, *e*) bombový útok; **r –|erfolg** (*(e)s*, *e*) obraz. ohromný úspech
r Bon [boŋ/bõ:] (*s*, *s*) poukaz, bon z pokladnice, poukážka
r, s Bonbon [boŋ'boŋ/bõ'bõ:] (*s*, *s*) bonbón
s Boot (*(e)s*, *e*) čln, loďka
s Bord[1] (*(e)s*, *e*) polica, regál
r Bord[2] (*(e)s*, *e*) **1** paluba lode, lietadla **2** okraj, obruba chodníka, štítu
s Bordell (*s*, *e*) nevestinec, vulg. bordel
r Borg (*(e)s*, *0*) úver, pôžička; **~en** požičať (*j-m etw* komu čo)
borniert obmedzený, zadubený
e Börse (≈, *n*) **1** burza **2** zast. peňaženka
e Borste (≈, *n*) štetina
e Borte (≈, *n*) ozdobná stužka, lemovka, ozdobná obruba
bös(e) 1 zlý **2** nečestný **3** nevľúdny **4** boľavý **5** lek. zhubný **6** uhrančivý; **j-m ~ sein** hnevať sa na koho
s Böse (*n*, *n*) zlo
bös|artig 1 zlý **2** zhubný; **e ~keit** (≈, *en*) **1** zloba, zlá povaha **2** zhubnosť, škodlivosť
e Böschung (≈, *en*) svah, úbočie, násyp
bos|haft zlomyseľný; **e –heit** (≈, *en*) zlomyseľnosť, škodoradosť
böswillig zlomyseľný, zloprajný
e Botanik (≈, *0*) botanika
r Bot|e (*n*, *n*) posol; **e –schaft** (≈, *en*) **1** posolstvo, odkaz **2** veľvyslanectvo úrad i budova; **r –schafter** (*s*, ≈) veľvyslanec
e Bouillon [bul'joŋ/bu'jõ:] (≈, *s*) bujón
r Boulevard [bulə'va:ɐ] (*s*, *s*) bulvár; **e ~presse** (≈, *n*) bulvárna tlač, bulvár
e Bourgeoisie [buržoa'zi:] (≈, *i|en*) buržoázia
e Box (≈, *en*) box, oddelenie
s Box|en (≈, *0*) šport. box, boxovanie; **r –er** (*s*, ≈) boxer
boykottieren [boökọ'ti:rən] bojkoto-

vať
brach ležiaci úhorom, nevyužitý
s Brack (*(e)s, e*) kazový tovar, hovor. brak
r Brand (*(e)s, ≈̈e*) **1** požiar, oheň **2** lek. sneť, gangréna **3** hovor. smäd **4** žiar; **e ~blase** (≈, *n*) pľuzgier po popálenine; **e ~fackel** (≈, *n*) pochodeň; **e ~stiftung** (≈, *en*) podpaľačstvo; **e ~ung** (≈, *en*) príboj; **e ~wunde** (≈, *n*) popálenina
r Branntwein (*s, e*) pálenka
braten* (*ie, a*) **1** piecť (sa) **2** obraz. pražiť sa na slnku; **r ~** (*s,* ≈) pečené mäso, pečienka
e Bratsche (≈, *n*) hud. viola
s Bräu (*(e)s, e* al. *s*) pivo
r Brauch (*(e)s, ≈̈e*) zvyk, obyčaj
brauch|bar potrebný, upotrebiteľný, užitočný; **–en 1** potrebovať **2** + *zu* + INF musieť
e Brauerei (≈, *en*) **1** pivovar **2** pivovarníctvo
braun hnedý; **~ werden** opáliť sa na slnku; **~gebrannt** <**~ gebrannt**> opálený dohneda; **e ~kohle** (≈, *0*) hnedé uhlie
e Bräune (≈, *n*) hneď, hnedé zafarbenie
e Brause (≈, *n*) **1** sprcha **2** kropenička **3** limonáda; **~n 1** (*h.*) vrieť, šumieť, hučať **2** (*i.*) hnať sa, letieť; **sich ~n** sprchovať sa
e Braut (≈, ≈̈e) nevesta
r Bräutigam (*s, e*) ženích
s Brautpaar (*(e)s, e*) snúbenci, ženích a nevesta
brav 1 poslušný **2** poriadny
e BRD skr. **e Bundesrepublik Deutschland** Spolková republika Nemecko
s Brech|eisen (*s,* ≈) sochor; **–en*** (*a, h. o*) **1** (roz)z|lomiť, **2** obraz. nedodržať sľub prerušiť styky, prekonať odpor **3** vracať dáviť; **–en*** (*a, i. o*) **1** zlomiť sa **2** zvariť sa o mlieku, zlomiť sa o víne, puknúť srdce; **sich –en* 1** lámať sa **2** fyz. lomiť sa o svetle **3** mutovať o hlase
r Brei (*(e)s, e*) kaša
breit 1 široký **2** šíry **3** obšírny; **e ~e** (≈, *n*) šírka i zemepisná; **~en** rozprestrieť, roztiahnuť obrus ap.; **sich ~en*** rozprestierať sa; **r ~engrad** (*(e)s, e*) stupeň zemepisnej šírky; **~|treten*** (*a, e*) rozvláčne, obšírne rozprávať
e Brems|e (≈, *n*) brzda; **–en** (za)brzdiť; **s –licht** (*s, er*) brzdové svetlo; **s –pedal** (*s, e*) brzdový pedál; **r –weg** (*(e)s, e*) brzdná dráha
brenn|bar horľavý; **–en*** (*brannte, gebrannt*) **1** horieť **2** páliť, žiariť **3** páliť pálenku i tehly; **sich –en*** popáliť sa, opariť sa; **r –er** (*s,* ≈) horák
e Brennessel <**Brennn...**> (≈, *n*) žihľava, pŕhľava
r Brenn|spiritus (≈, ≈ al. *se*) denaturovaný lieh; **r –stoff** (*(e)s, e*) palivo, pohonná zmes, pohonná látka
brenzlig 1 pripálený **2** obraz. podozrivý, chúlostivý
s Brett (*(e)s, er*) doska, tabuľa; obraz. **bei j-m einen Stein im ~ haben** mať u niekoho očko, byť niekomu sympatický; obraz. hovor. **ein ~ vor dem Kopf haben** byť zadebnený
e Brett|er MNČ hovor. **1** dosky, javisko **2** lyže; **s –spiel** (*(e)s, e*) hra na šachovnici
e Brezel (≈, *n*) praclík
r Brief (*(e)s, e*) list; **r ~kasten** (*s,* ≈̈ al. ≈) poštová schránka; **r ~kopf** (*(e)s,* ≈̈e) záhlavie listu, hlavička; **e ~marke** (≈, *en*) poštová známka; **s ~papier** (*s, e*) listový papier; **r ~träger** (*s,* ≈) poštár; **r ~umschlag** (*(e)s,* ≈̈e) obálka na list; **r ~wechsel** (*s, 0*) písanie, korešpondencia
s Brikett (*(e)s, s* al. *e*) briketa
brillant [bril'jant] brilantný, skvelý; **r ~** (*en, en*) briliant
e Brille (≈, *n*) okuliare
e Brillen|einfassung (≈, *en*) rám na okuliare; **e –schlange** (≈, *n*) kobra, okuliarnik
r Brimsen (*s, 0*) rak. bryndza
bringen* (*brachte, gebracht*) **1** (za)-

(pri)do|niesť, (pri)do|viesť, dopraviť *j-n/etw wohin* koho/čo niekam **2** (pri)pred|viesť **3** uverejniť **4** odprevadiť **5** predniesť, predviesť, uvádzať o divadle **6** vynášať zisk; *j-n um etw* ~ pripraviť koho o čo; *etw zum Ausdruck* ~ vyjadriť; *j-n auf andere Gedanken* ~ priviesť koho na iné myšlienky

bröckelig 1 drobivý, sypký, lámavý **2** obraz. chatrný

r **Brocken** (*s,* ≈) **1** skyva chleba **2** úlomok, zlomok, kúsok

brodeln 1 vrieť, klokotať **2** pren. vrieť v obyvateľstve

r **Brokạt** (*(e)s, e*) brokát

e **Brombeere** (≈, *n*) ostružina

e **Bronchi|en** MNČ priedušky

e **Bronze** ['brõ:sə/'broŋsə] (≈, *n*) umelecký predmet z bronzu; **~n** bronzový

e **Brosche** (≈, *n*) ozdobná spona, hovor. brošňa

broschịert brožovaný

e **Broschụre** (≈, *n*) brožúra

s **Brot** (*(e)s, e*) chlieb

s **Brötchen** (*s,* ≈) **1** chlebíček **2** žemľa

r **Brot|laib** (*(e)s, e*) bochník chleba; e **–schnitte** (≈, *n*) krajec chleba

r, s **Bruch**[1] (*(e)s,* ≈*e*) slatina, močiar

r **Bruch**[2] (*(e)s,* ≈*e*) **1** zlomenie, lom **2** črep, črepina úlomok **3** záhyb **4** lek. zlomenina **5** lek. prietrž, pruh **6** trhlina, puklina **7** mat. zlomok **8** porušenie sľubu **9** roztržka

brüchig krehký

e **Bruch|landung** (≈, *en*) núdzové pristátie; r **–strich** (*(e)s, e*) mat. zlomková čiara; s **–stück** (*(e)s, e*) **1** úlomok, zlomok **2** obraz. zlomok, časť, úryvok diela; r **–teil** (*(e)s, e*) **1** úlomok, kúsok **2** časť; *r –teil einer Sekunde* zlomok sekundy; e **–zahl** (≈, *en*) zlomkové číslo, zlomok

e **Brücke** (≈, *n*) most, mostík

r **Bruder** (*s,* ≈) brat

brüderlich bratský

e **Brühe** (≈, *n*) **1** vývar, silná polievka **2** hanl. gebuzina

brüllen vrešťať, revať, škriekať

brummen 1 mrmlať, bručať, bzučať **2** pren. hundrať, šomrať

brünẹtt tmavovlasý, brunet

r **Brunnen** (*s,* ≈) **1** studňa **2** prameň, žriedlo

brüsk príkry, rázny, ostrý

e **Brust** (≈, ≈*e*) **1** hruď, prsia **2** prsia, prsníky, bás. ňadrá; s **~bild** (*(e)s, er*) busta, poprsie

brüsten sich vychvaľovať sa, vystatovať

s **Brust|fell** (*(e)s, e*) anat. pohrudnica; r **–korb** (*(e)s,* ≈*e*) hrudný kôš; s **–schwimmen** (*s, 0*) šport. prsia plavecký štýl; e **–tasche** (≈, *n*) **1** vnútorné vrecko na saku **2** náprsná taška; e **–warze** (≈, *n*) prsná bradavka

e **Brüstung** (≈, *en*) **1** parapet **2** stav., banícky paženie

e **Brut** (≈, *en*) **1** sedenie na vajciach o vtákoch **2** vtáčie mláďatá **3** hanl. zberba

brutạl brutálny; e **~itạ̈t** (≈, *en*) brutalita

brüten 1 sedieť na vajciach **2** pren. rozmýšľať (*über etw* D o čom)

brutto brutto, zhruba, bez zrážky; s **~gewicht** (*(e)s, e*) hrubá váha; e **~|einnahme** (≈, *n*) hrubý príjem

r **Bube** (*n, n*) **1** chlapec **2** dolník v kartách **3** uličník

s **Buch** (*(e)s,* ≈*er*) **1** kniha **2** zväzok diela **3** anat. kniha časť žalúdka prežúvavcov; r **~binder** (*s,* ≈) knihár; r **~drucker** (*s,* ≈) kníhtlačiar

e **Buche** (≈, *n*) buk

buchen rezervovať, zapísať do účtovnej knihy, zaknihovať

s **Bücher|brett** (*es, er*) polička na knihy; s **–regal** (*s, e*) polica na knihy; r **–schrank** (*s,* ≈*e*) knižnica nábytok

e **Buch|führung** (≈, *en*) účtovníctvo; r **–halter** (*s,* ≈) účtovník; r **–handel** (*s, 0*) distribúcia kníh; r **–händler** (*s,* ≈) kníhkupec; e **–handlung** (≈, *en*) kníhkupectvo predajňa

e **Büchse** (≈, *n*) **1** plechovka, plecho-

vica, škatuľa **2** pokladnička **3** guľovnica zbraň
s Büchsen|fleisch (*es, 0*) mäso v konzerve; **r –öffner** (*s, ≈*) otvárač na konzervy
buch|stabieren slabikovať, hláskovať; PRÍSL **–stäblich** doslovne, doslova
e Bucht (*≈, en*) záliv, zátoka
e Buchung (*≈, en*) **1** účtovný zápis **2** zaúčtovanie **3** rezervácia
r Buch|verlag (*(e)s, e*) knižné vydavateľstvo; **s –zeichen** (*s, ≈*) **1** záložka do knihy **2** ex libris
r Buckel (*s, ≈*) **1** hrb **2** hovor. chrbát
bücken sich zohnúť sa; **sich vor j-m bücken** klaňať sa komu
r Bückling[1] (*s, e*) poklona
r Bückling[2] (*s, e*) údený sleď, údenáč
e Bude (*≈, n*) **1** domček **2** stánok na výstave **3** hovor. študentská izba
r Büffel (*s, ≈*) byvol
s Büfett [bü'fet] (*(e)s, e*), **s Büfett** (*s, s*) [bü'fe] bufet; **kaltes ~** studené občerstvenie
r Bug (*(e)s, e* al. *≈e*) **1** predok lode i lietadla **2** pliecko, lopatka **3** zast. ohyb, záhyb
r Bügel (*s, ≈*) **1** vešiak, ramienko na vešanie, držadlo **2** strmeň; **s ~brett** (*s, er*) doska na žehlenie; **s ~eisen** (*s, ≈*) žehlička; **e ~falte** (*≈, n*) záhyb na nohaviciach, puk; **~n** žehliť
e Bühne (*≈, n*) **1** javisko **2** dejisko
e Bühnen|aussprache (*≈, 0*) javisková, divadelná výslovnosť; **r –dichter** (*s, ≈*) dramatik
e Bulldogge (*≈, n*) buldog
r Bulldozer (*s, ≈*) buldozér
r Bulle[1] (*n, n*) býk
e Bulle[2] (*≈, n*) bula, listina
e Bummel[1] (*≈, n*) hovor. brmbolec na čiapke
r Bummel[2] (*s, ≈*) **1** prechádzka **2** flám; **e ~ei** (*≈, en*) **1** lajdáctvo **2** flákanie; **~n 1** potulovať sa **2** zaháľať, leňošiť
r Bund[1] (*(e)s, ≈e*) **1** zväz, zväzok **2** (kon)federácia **3** spolok
s Bund[2] (*(e)s, e*) **1** zväzok kľúčov **2** otep slamy
s Bündel (*s, ≈*) **1** zväzok bankoviek **2** otep, viazanica **3** uzlíček
Bundes- spolkový; **e ~bahn** (*≈, en*) spolková železnica v Nemecku; **e ~hauptstadt** (*≈, ≈e*) spolkové hlavné mesto; **r ~kanzler** (*s, ≈*) spolkový kancelár; **s ~land** (*(e)s, ≈er*) spolková krajina; **e ~liga** (*≈, 0*) spolková liga; **r ~präsident** (*en, en*) spolkový prezident; **r ~rat** (*(e)s, ≈e*) spolková rada; **e ~republik** (*≈, en*) spolková republika; **r ~staat** (*(e)s, en*) spolkový štát; **r ~tag** (*(e)s, e*) Spolkový snem parlament v Spolkovej republike Nemecko
bünd|ig 1 presvedčivý, jasný, výstižný **2** stručný **3** platný, záväzný; **s –nis** (*ses, se*) spojenectvo, pakt, spolok
r Bunker (*s, ≈*) bunker
bunt pestrý, rôznofarebný; **r ~stift** (*(e)s, e*) farebná ceruza
e Burg (*≈, en*) hrad
r Bürge (*n, n*) ručiteľ; **~n** ručiť; (*j-m für j-n/etw* komu za koho/čo)
r Bürger (*s, ≈*) **1** občan **2** mešťan **3** hanl. meštiak; **r ~krieg** (*(e)s, e*) občianska vojna; **~lich 1** občiansky, civilný **2** meštiansky; **~liches Gesetzbuch** občiansky zákonník; **r ~meister** (*s, ≈*) starosta, primátor; **s ~recht** (*(e)s, e*) občianske právo; **r ~steig** (*s, e*) chodník; **s ~tum** (*s, 0*) meštianstvo
e Bürgschaft (*≈, en*) záruka, garancia; *~ leisten* zaručiť sa
s Büro (*s, s*) kancelária, úrad; **r ~angestellte** (*n, n*) úradník; **r ~bedarf** (*(e)s, 0*) kancelárske potreby; **e ~klammer** (*≈, n*) kancelárska spinka
r Büro|krat (*en, en*) byrokrat; **e –kratie** byrokracia; **–kratisch** byrokratický; *etw –kratisch behandeln* vybavovať niečo byrokraticky
r Bursch(e) (*en, en*) **1** mladík, mládenec **2** študent člen študentského spolku
e Bürste (*≈, n*) kefa, kefka **~n** (vy)ke-

fovať
r Bus (*ses, se*) autobus
r Busch (*es, ¨e*) **1** krovie, húština, húšťava **2** len JČ buš suché oblasti v Afrike a Austrálii; **bei j-m auf den ~ klopfen** vyzvedať, hovor. ťahať z koho rozumy
s Büschel (*s,* ≈) **1** chumáč **2** kytička
buschig 1 chumáčový, hustý **2** krovinatý
r Busen (*s,* ≈) **1** prsia, poprsie, bás. ňadrá **2** záliv, zátoka
e Buße (≈, *n*) **1** cirk. pokánie; ~ *tun** kajať sa **2** pokuta
büßen pykať, kajať sa
s Busserl (*s, n*) rak. hovor. bozk
e Büste (≈, *n*) **1** prsia, poprsie **2** busta
r Büstenhalter (*s,* ≈) podprsenka
e Butter (≈, *0*) maslo; **e ~blume** (≈, *n*) bot. púpava, bot. iskerník; **s ~brot** (*(e)s, e*) chlieb s maslom; **e ~milch** (≈, *0*) cmar; **r ~pilz** (*es, e*) masliak; **~weich** mäkký
b. w. skr. **bitte wenden!** obráťte, prosím!
s Byte [bait] (*(s), s*) bajt, byte
bzw. skr. **beziehungsweise** prípadne, eventuálne

C

ca. skr. **circa, zirka** približne, asi
s Café [ka'fe:] (*s, s*) kaviareň
camp|en ['kempn] kempovať; **r –er** (*s,* ≈) táborník, kempista; **s –ing** (*s, s*) kemping; **r –ingplatz** (*es, ¨e*) kemping, miesto určené na kempovanie
cbm skr. **r, s Kubikmeter** kubický meter
ccm skr. **r, s Kubikzentimeter** kubický centimeter
e CD-platte (≈, *n*) CD nosič, cédečko
e CDU skr. **e Christlich-Demokratische Union** Kresťanskodemokratická únia názov politickej strany v Nemecku

s Chamäleon [k...] (*s, s*) chameleón
r Champagner [šam'panjɐ] (*s,* ≈) šampanské víno
r Champignon ['šampinjoŋ] (*s, s*) šampiňón
e Chance ['šã:sə] (≈, *n*) šanca, nádej na úspech, vyhliadka
s Chaos ['k...] (≈, *0*) **1** chaos, zmätok
chaotisch [k...] chaotický, zmätený
r Charakter [k...] (*s, e*) **1** charakter, povaha **2** ráz, povaha vecí; **~fest** charakterný; **~isieren 1** opisovať **2** charakterizovať, byť typickým znakom; **~istisch** charakteristický, príznačný; **~los** bezcharakterný; **e ~losigkeit** (≈, *0*) **1** bezcharakternosť **2** bezvýraznosť; **r ~zug** (*(e)s, ¨e*) povahová črta
charmant [šar'mant] očarujúci, roztomilý, pôvabný
r Charme (*s, 0*) pôvab, šarm
e Charta ['k...] (≈, *s*) charta
chartern ['čartɐn] najať loď, lietadlo
s Chassis [ša'si:] (≈, ≈) **1** podvozok auta **2** kostra
r Chauffeur [šo'fø:ɐ] (*s, e*) šofér
r Chauvinist [šovi'nist] (*n, n*) šovinista
r Chef [šef] (*s, s*) šéf, predstavený; **r ~arzt** (*es, ¨e*) vedúci lekár
e Chemie (≈, *0*) chémia; **e ~faser** (≈, *n*) chemické vlákno
e Chem|ikali|e (≈, *n*) chemikália; **r –iker** (*s,* ≈) chemik; **–isch** chemický
e Chiffre ['šifrə/šifɐ] (≈, *n*) šifra, značka
r Chip [čip] (*s, s*) čip, elektronická súčiastka
e Chips [čips] MNČ zemiakové lupienky
r Chirurg (*en, en*) chirurg; **e ~ie** (≈, *0*) chirurgia; **~isch** chirurgický
s Chlor [klo:ɐ] (*s, 0*) chlór
r Chlorwasserstoff [klo:ɐ...] (*(e)s, 0*) chlorovodík
e Cholera ['k...] (≈, *0*) cholera
r Chole|riker [k...] (*s,* ≈) cholerik; **–risch** cholerický, prchký
s Cholesterin (*s, 0*) cholesterol

r Chor[1] [ko:ɐ] (*(e)s, ≈e*) spevácky zbor, chór; **r ~al** [ko'ra:l] (*s, ≈e*) chorál
r Chor[2] [ko:ɐ] (*s, e* al. *≈e*) chór v kostole
r Choreograph <... graf> [k...] (*en, en*) choreograf; **e ~ie** <... grafie> [k...] (*≈, 0*) choreografia
r Christ ['k...] (*en, en*) kresťan; **r ~baum** (*(e)s, ≈e*) vianočný stromček
s Christ|entum ['k...] (*s, 0*) kresťanstvo; **s –kind** (*(e)s, 0*) Ježiško; **–lich** kresťanský
(r) Christus ['k...] (*Christi, 0*) Kristus; *vor Christo* al. *Christi Geburt* pred Kristom
e Chron|ik ['k...] (*≈, en*) kronika; **–isch** chronický, zdĺhavý; **–ologisch** chronologický
e Chrysantheme [k...] (*≈, n*) chryzantéma
circa ['cirka] asi, približne
s Clearing ['kli:riŋ] (*s, s*) clearing
e Clique ['klikə] (*≈, n*) klika, banda
r Clown [klaon] (*s, s*) klaun
cm skr. **r, s Zentimeter** centimeter
r Cocktail ['koktẹ:l] (*s, s*) koktail
e Cola ['ko:la] (*≈, s*) kola nápoj
r Computer [kom'pju:tɐ] (*s, ≈*) počítač
r Conférencier [kõfẹrã'sjẹ:] (*s, s*) konferencier
s Copyright ['kopiraet] (*s, s*) vydavateľské, autorské právo
e Couch [kaoč] (*≈, es*) gauč
s Coupé [ku'pẹ:] (*s, s*) **1** oddelenie v železničnom vozni **2** druh karosérie auta
r Coupon [ku'põ:] (*s, s*) kupón, ústrižok
r Cousin [ku'zẽ:/ku'zeŋ] (*s, s*) bratranec; **e ~e** [ku'zi:nə] (*≈, n*) sesternica
e Creme [krẹ:m] (*≈, s*) krém; **~farben** smotanovo žltý, krémový
e CSU skr. **Christlich-Soziale Union** Kresťansko-sociálna únia názov politickej strany v Nemecku
r Cursor ['kə:zə] (s, s) kurzor
r Curry ['ka:ri] (s, 0) karí korenie

D

da 1 PRÍSL miest. tu, čas. naraz, zrazu, vtom, práve vtedy; *dieses Buch ~* táto kniha tu; *~ bin ich!* tu som!; *~ sagte er...* vtom povedal... **2** SP príčinná pretože, kniž. čas. keď, zatiaľ čo; *~ er krank ist* pretože je chorý; *zu der Zeit, da...* v čase, keď...
dabehalten* (*dabehielt, dabehalten*) podržať, ponechať si
dabei PRÍSL pri tom, v blízkosti; *~ sein zu lesen** dát, dávať sa do čítania
s Dach (*(e)s, ≈er*) **1** strecha **2** ulita slimáka **3** pren. príbytok, dom, obydlie **4** hlava, hovor. palica; **eins aufs ~ kriegen** dostať po nose; **j-m aufs ~ steigen*** vstupovať komu do svedomia; **r ~boden** (*s, ≈* al. *≈*) povala; **r ~decker** (*s, ≈*) pokrývač; **s ~fenster** (*s, ≈*) strešné okno; **e ~pappe** (*≈, n*) krytinová lepenka; **e ~rinne** (*≈, n*) odkvapový žľab; **r ~ziegel** (*s, ≈*) škridla
r Dachs (*(e)s, e*) jazvec
r Dackel (*s, ≈*) jazvečík
dadurch PRÍSL miest. cez niečo prejsť, spôsob tým, preto; SP *~, daß* <...ss>... tým, že...
dafür PRÍSL **1** pre to, za to, preto; *er kann* nicht ~* nemôže za to **2** pre to, na prospech, na to; *ich bin ~* som za **3** (ale) zato; *er ist häßlich, ~ aber klug* je škaredý, ale zato múdry
dagegen 1 PRÍSL proti, oproti, naproti tomu **2** naproti tomu, v porovnaní s čím; **~|halten*** (*ä; ie, a*) **1** namietať **2** nazdávať sa
daheim doma; **s ~** (*s, 0*) domov
daher PRÍSL **1** odtiaľ, stade, stadiaľ **2** SP príčinná preto, z toho dôvodu
dahin PRÍSL **1** tam; *~ und dorthin* sem a tam, tadiaľ **2** dotiaľ, do toho času; *bis ~* dovtedy **3** preč; **~|gehen*** (*ging dahin, i. dahingegangen*) **1** (u)plynúť **2** skonať, zomrieť; **sein Standpunkt**

geht* dahin, daß... jeho stanovisko je, že...
dahinten PRÍSL vzadu, tam vzadu
dahinter PRÍSL vzadu, za tým; *da steckt etw* ~ niečo za tým väzí; **~|kommen*** <**~ kommen**> (*kam dahinter, i. dahintergekommen*) prísť na niečo, odhaliť niečo
e Dahli|e (≈, *n*) dália
dalli, dalli hovor. rýchlo! pridaj!
damal|ig vtedajší; **–s** vtedy
r Damast (*es, e*) damask látka
e Dame (≈, *n*) **1** dáma, pani **2** dáma spoločenská hra
e Damen|binde (≈, *n*) dámska vložka; **–haft** ako dáma; **e –wahl** (≈, *en*) dámska volenka
damit 1 PRÍSL (s) tým; *her ~!* sem s tým!; *was meint er ~?* čo tým myslí? **2** SP účelová aby; *Eva trägt einen Pullover, ~ sie sich nicht erkältet...*, aby neprechladla
dämlich veľmi hlúpy
r Damm ((*e*)*s*, ≈*e*) **1** hrádza, násyp **2** vozovka; **r ~bruch** ((*e*)*s*, ≈*e*) prietrž hrádze
dämmen (za)hatať, zahradiť, zastaviť
dämmer|ig šerý, pochmúrny; **–n 1** šeriť sa **2** svitať; **es dämmert mir** už je mi to jasné; **e –ung** (≈, *en*) **1** svitanie **2** súmrak
dämonisch démonický, diabolský, posadnutý
r Dampf ((*e*)*s*, ≈*e*) para; **~en 1** pariť sa (*etw* z čoho) **2** rýchlo ísť autom, plávať loďou
dämpfen 1 tlmiť bolesť, hlas **2** dusiť mäso, zeleninu
r Dampf|er (*s*, ≈) parník; **r –kochtopf** ((*e*)*s*, ≈*e*) tlakový hrniec; **s –schiff** (*s*, *e*) parník; **e –walze** (≈, *n*) parný valec
danach PRÍSL **1** potom, krátko potom, za tým **2** podľa toho, na to, taký; *~ siehst* du aus!* ty na to ale vyzeráš! **3** potom, zakrátko, neskôr; *~ will sie studieren* potom, neskôr chce študovať
daneben PRÍSL **1** vedľa toho **2** okrem toho, pomimo, ešte aj; **~|gehen*** (*ging daneben, i. danebengegangen*) minúť cieľ, ísť vedľa; **~|hauen*** (*hieb* al. *haute daneben, danebengehauen*) **1** udrieť vedľa **2** zmýliť sa **3** hovor. seknúť sa
danieder dolu na zem
dank PREDL s D al. G vďaka (čomu); **~bar** vďačný; **e ~barkeit** (≈, *0*) vďačnosť; **~en** ďakovať (*j-m für etw* komu za čo); **~enswert** zasluhujúci poďakovanie
r Dank ((*e*)*s*, *0*) vďaka; *besten ~!* srdečná vďaka!; **j-m ~ wissen*** byť komu vďačný (*für* za)
dann potom; **nur ~** len vtedy; **~ und ~** vtedy a vtedy; **~ und wann** niekedy, občas
daran pri tom, na tom; *jetzt bin ich ~* teraz je rad na mne; *es ist etw ~* niečo na tom je; *was liegt* ~* čo na tom záleží; *nahe ~* blízko pri tom; **nahe ~ sein** chystať sa; **gut ~ sein** mať sa dobre
darauf 1 na tom, na to; *es kommt* ~ an* záleží na tom **2** čas. potom, nato; *am Tag ~* deň nato; **~folgend** <**~ folgend**> ďalší, nasledujúci, budúci
daraus z toho; *~ wird nichts* z toho nebude nič
e Darbietung (≈, *en*) vystúpenie, výkon v divadle, produkcia
darein dovnútra, doň
darin v tom
dar|leg|en vykladať, vysvetľovať stanovisko, obsah skladby ap.; **e –ung** (≈, *en*) výklad
s Darlehen (*s*, ≈) pôžička
r Darm ((*e*)*s*, ≈*e*) črevo; **r ~katarrh** (*s*, *e*) lek. črevný katar; **e ~saite** (≈, *n*) struna z čreva
dar|stell|en 1 zobraziť, znázorniť, stvárniť **2** opísať **3** znamenať, byť **4** predstavovať, hrať rolu; **–end** výtvarný; **r –er** (*s*, ≈) predstaviteľ, interpret; **e –ung 1** zobrazenie, znázornenie **2** predvedenie na javisku
darüber 1 nad tým **2** o tom; *~ spre-*

*chen** hovoriť o tom **3** nad to; ~ *geht** *nichts* nie je nad to
darum PRÍSL **1** okolo **2** o to, za to; *es geht** ~ ide o to **3** SP preto
darunter PRÍSL **1** pod tým, pod to; *was verstehen* Sie ~?* čo si pod tým predstavujete? **2** medzi to, medzi tým **3** pod, menej ako; *Kinder von 5 Jahren und* ~ deti päťročné a mladšie
das 1 určitý člen; ~ *Jahr* rok **2** ZÁM ukazovacie to, vzťažné ktoré
s Dasein (*s, 0*) **1** prítomnosť fyzická **2** bytie **3** život, existencia
dasein <**da sein**> (*war da, i. dagewesen*) **1** byť prítomný **2** byť tu, existovať
daß <**...ss**> SP **1** že; *ich glaube,* ~ *er kommt** myslím, že príde **2** aby; *ich bitte*,* ~ *du kommst** prosím, aby si prišiel **3** kiež; ~ *er doch schwiege*!* kiež by mlčal!; **so...,** ~**...** tak..., že...; ..., **so** ~**...,** takže...; **außer** ~ ibaže; **ohne** ~ bez toho, aby
dasselbe to isté
da|stehen* (*stand da, i. dagestanden*) stáť tu ako; **wie ein begossener Pudel** ~ stáť ako zmoknutá sliepka
e Datei (≈, *en*) súbor údajov
e Daten|bank (≈, *en*) databanka; **e –verarbeitung** (≈, *en*) spracovanie dát
datieren 1 datovať **2** pochádzať
e Dattel (≈, *n*) datľa
s Datum (*s, Daten*) dátum
e Dauer (≈, *n*) **1** trvanie **2** čas; *auf die* ~ natrvalo, nadlho; ~**haft** trvalý, stály; **e** ~**haftigkeit** (≈, *0*) **1** trvanlivosť, pevnosť **2** stálosť; **e** ~**karte** (≈, *n*) permanentný lístok, hovor. permanentka; **r** ~**lauf** (*(e)s,* ≈*e*) nepretržitý chod stroja; ~**n** trvať; ~**nd** stály, trvalý; **e** ~**welle** (≈, *en*) trvalá ondulácia; **e** ~**wurst** (≈, ≈*e*) trvanlivá saláma
r Daumen (*s,* ≈) palec na ruke
e Daune (≈, *n*) páperie
davon 1 od toho **2** z toho; *was habe ich* ~ čo z toho mám **3** o tom; ~ *sprechen** hovoriť o tom; ~|**gehen*** (*ging davon, i. davongegangen*) odísť; ~|**laufen*** (*ie, i. a*) utiecť
davor pred tým, pred to; *hüte dich* ~*!* chráň sa toho!
dazu k tomu, na to; *was sagst du* ~ čo na to povieš; *wie komme* ich denn* ~*?* ako k tomu prídem?; ~**gehörig** patriaci k tomu
dazwischen medzi tým, medzi to; *der Unterschied* ~ rozdiel medzi tým; ~|**fahren*** (*u, i. a*) rázne zakročiť; ~|**reden** skákať do reči; ~|**treten*** (*a, i. e*) zakročiť
DB skr. **e Deutsche Bundesbahn** Nemecké spolkové železnice
s Debakel (*s,* ≈) debakel
e Debatte (≈, *n*) debata, rozprava
r Debütant (*en, en*) začiatočník, debutant
s Deck (*(e)s, e* al. *s*) paluba
e Deckadresse (≈, *n*) krycia, fingovaná adresa
e Decke (≈, *n*) **1** prikrývka **2** strop, hovor. plafón; **sich nach der** ~ **strecken** vystačiť s málom, nebyť náročný
r Deckel (*s,* ≈) **1** veko **2** vrchnák, pokrývka **3** obal, väzba knihy; vulg. **eins auf den** ~ **kriegen** dostať po hlave
decken 1 (po)kryť **2** kryť, uhradiť, uspokojovať; *den Bedarf* ~ kryť spotrebu; **sich** ~ **1** zhodovať sa **2** (za)kryť sa
e Deck|farbe (≈, *n*) krycia farba; **r –name** (*ns, n*) krycie meno
r Deck|offizier (*s, e*) palubný (pod)dôstojník; **r –passagier** [pasa'ži:ɐ] (*s, e*) cestujúci prvej triedy
e Deckung (≈, *en*) **1** kryt **2** úhrada, krytie
defekt defektný, chybný; ~ *werden* pokaziť sa
r Defekt (*(e)s, e*) defekt, nedostatok telesný i duševný
defensiv defenzívny, obranný
defin|ieren definovať; **e –ition** (≈, *en*) definícia; **–itiv** definitívny
s Defizit (*s, e*) deficit, schodok
e Deflation (≈, *en*) deflácia

DEF

deftig drsný o človeku, silný, výdatný o jedle
r Degen (*s*, ≈) kord
degenerieren degenerovať, zvrhnúť sa
dehn|bar rozťažný, pružný; **e –barkeit** (≈, *0*) rozťažnosť; **–en** (na)roz|-tiahnuť; **sich –en 1** natiahnuť sa, pretiahnuť sa **2** rozprestierať sa **3** vliecť sa o čase
r Deich (*(e)s*, *e*) hrádza
e Deichsel (≈, *n*) oje
dein 1 tvoj **2** vo vzťahu k podmetu svoj
s Dein(ig)|e tvoj majetok; **e –en** <**deinen**> MNČ tvoji príbuzní, tvoji ľudia
deinet|halben, **–wegen**, **–willen** kvôli tebe, pre teba
dekaden|t dekadentný, úpadkový; **e –z** (≈, *0*) dekadencia, úpadok
r Dekan (*s*, *e*) dekan
e Dekli|nation (≈, *en*) **1** skloňovanie **2** úchylka fyzikálna; **–nieren** skloňovať
s Dekolleté <aj **Dekolletee**> [dekol'te:] (*s*, *s*) dekoltáž
r Dekor|ateur [...'tö:ɐ] (*s*, *e*) dekoratér; **e –ation** (≈, *en*) **1** ozdoba, výzdoba, dekorácia **2** kulisy **3** rad, odznak; **–ativ** dekoratívny, ozdobný; **–ieren 1** dekorovať, vyznamenať, odovzdať vyznamenanie **2** vyzdobiť
s Dekret (*s*, *e*) dekrét
e Deleg|ation (≈, *en*) delegácia; **–ieren** delegovať
delikat delikátny
e Delikatesse (≈, *n*) delikatesa, lahôdka
s Delikt (*(e)s*, *e*) delikt, previnenie, trestný čin
r Delinquent (*en*, *en*) delikvent, páchateľ
e Delle (≈, *n*) prehĺbenina
r Delphin <aj **Delfin**> (*s*, *e*) delfín
r Demagog|e (*n*, *n*) demagóg; **–isch** demagogický
dementieren dementovať
dem|entsprechend 1 podľa toho, primerane **2** príslušný, primeraný, tomu zodpovedajúci; **–gegen|über** naproti tomu, zato; **–gemäß**, **–nach** podľa toho; **–nächst** čoskoro, zakrátko, onedlho
r Demokrat (*en*, *en*) demokrat; **e ~ie** (≈, *ien*) demokracia; **~isch** demokratický; **~isieren** demokratizovať
demolieren demolovať, búrať
r Demon|strant (*en*, *en*) demonštrant; **e –stration** (≈, *en*) **1** demonštrácia **2** názorný výklad; **–strativ** demonštratívny; **–strieren** demonštrovať
e Demont|age [demon'ta:žə] demontáž; **–ieren** demontovať
e Demoralisation (≈, *0*) demoralizácia
e Demut (≈, *0*) pokora, poníženosť
demütig pokorný, ponížený; **~en** pokoriť, ponížiť, zahanbovať; **e ~ung** (≈, *en*) pokorenie, poníženie
demzufolge preto, v dôsledku toho
denk|bar mysliteľný; **–en*** (*dachte*, *gedacht*) **1** myslieť **2** rozmýšľať, uvažovať, premýšľať (*über etw* A o čom) **3** zamýšľať sa **4** mať názor na čo; **s –en** (*s*, *0*) myslenie; **–faul** lenivý myslieť; **e –freiheit** (≈, *0*) sloboda myslenia, sloboda názoru; **s –mal** (*s*, *e* al. *≈er*) pamätník, pomník; **–würdig** pamätihodný; **r –zettel** (*s*, ≈) lístok s poznámkou; **j-m einen –zettel geben*** dať komu príučku
denn 1 SP príčinná lebo **2** SP porovnávacia než; *mehr ~ je* viac než inokedy/kedykoľvek **3** SP podmieňovacia iba ak; *es sei ~* iba ak; **4** ČAST teda, kdeže; **wo ist er ~?** kdeže je?
dennoch napriek tomu, predsa
r Denunziant (*en*, *en*) udavač
deponieren deponovať, dať do úschovy, uskladňovať
s Depot [de'po:] (*s*, *s*) **1** depo, remíza, vozovňa **2** sklad, skladište **3** uložená vec
e Depress|ion (≈, *en*) depresia; **–iv** depresívny
deprimiere|n deprimovať, skľučovať;

~d deprimujúci; **–t** deprimovaný
der 1 určitý člen; ~ *Mann* muž **2** ZÁM ukazovacie ten; vzťažné ktorý
der|art tak, takým spôsobom, do tej miery; **~ig** taký
derb 1 drsný, drapľavý zrnitý, tuhý **2** pren. hrubý, surový o človeku; **e ~heit** (≈, *en*) hrubosť, drsnosť, surovosť
der|gleichen taký, tohto druhu, podobný; *und* ~ a podobne; **–jenige** ten, onen; **–maßen** tak, do tej miery; **–selbe** ten istý; **–zeitig** terajší
desertịeren dezertovať, zbehnúť
des|glẹichen práve tak, rovnako, tak isto; **–halb** preto
e Desinfektịon (≈, *en*) dezinfekcia
s Desinfektịonsmittel (*s*, ≈) dezinfekčný prostriedok
r Despọt (*en*, *en*) despota, tyran; **~isch** despotický, krutý
dessen|ụnge|achtet **<dessen ungeachtet>** napriek tomu, nehľadiac na to
s Dessẹrt [de'sɛːɐ/de'sert] (*s*, *s*) dezert, zákusok
destillịer|en destilovať; **–t** destilovaný
desto SP porovnávacia *je…*, *desto* čím…, tým…; *je schneller*, ~ *besser* čím rýchlejšie, tým lepšie
deswẹgen preto
s Detail [de'tae] (*s*, *s*) detail, jednotlivosť
r Detektịv (*s*, *e*) detektív
deuten vykladať, interpretovať, vysvetľovať; ~ *auf etw* A poukazovať na čo
deutlich jasný, zreteľný; **e ~keit** (≈, *0*) jasnosť, zreteľnosť
deutsch <aj **Deutsch**> nemecký; *auf* ~ *<Deutsch>* po nemecky
s Deutsch ((*s*), *0*), **s Deutsche** (*n*, *0*) nemčina
e Deutung (≈, *en*) výklad, interpretácia, analýza
e Devalvatịon [devalva'cjoːn] (≈, *en*) devalvácia
e Devịse […v…] (≈, *n*) **1** devíza, heslo, zásada **2** fin. len MNČ devízy
r Dezẹmber ((*s*), ≈) december
dezẹnt decentný
r Dezimạl|bruch ((*e*)*s*, ≈*e*) desatinný zlomok; **s –system** (*s*, *0*) desiatková sústava
dgl. skr. **dergleichen** taký, podobný
d. h. skr. **das heißt** t. j., to znamená, to jest
s Dia (*s*, *s*) skr. **s Diapositiv** diapozitív
r Diabẹtes (≈, *0*) cukrovka, diabetes
e Diagnọse (≈, *n*) diagnóza
diagonạl priečny, diagonálny; **e ~e** (≈, *n*) diagonála, uhlopriečka
r Dialẹkt ((*e*)*s*, *e*) dialekt, nárečie; **~al** nárečový, dialektový; **~ik** dialektika; **~isch** dialektický, týkajúci sa dialektiky
r Dialọg ((*e*)*s*, *e*) dialóg, rozhovor
e Dialỵse (≈, *n*) dialýza
r Diamạnt (*en*, *en*) diamant
s Diapositịv (*s*, *e*) diapozitív
e Diät (≈, *0*) diéta
dicht 1 PR M hustý, tesný **2** PRÍSL tesne, blízko, hneď; **~bevölkert** **<~ bevölkert>** husto zaľudnený; **e ~e** (≈, *n*) hustota; **~en**[1] utesniť
dicht|en[2] básniť; **r –er** (*s*, ≈) básnik; **–erisch** básnický
dicht|halten* (*ie*, *e*) mlčať, hovor. držať jazyk za zubami
e Dichtkunst (≈, *0*) básnické umenie
r Dichtring (*s*, *e*) tesniaci krúžok
e Dichtung[1] (≈, *en*) tesnenie
e Dichtung[2] (≈, *en*) **1** básnické dielo **2** báseň
dick 1 tlstý, tučný **2** hrubý, silný **3** napuchnutý; **~e Milch** zrazené mlieko; **~e Luft** napätá atmosféra; **~es Fell haben** mať hrošiu kožu; **e ~e** (≈, *n*) tučnota, hustota; **~flüssig** hustý, kašovitý; **s ~icht** (*s*, *e*) húšťava, húština; **r ~kopf** (*s*, ≈*e*) obraz. tvrdohlavec
die 1 N + A určitého člena v JČ a MNČ: ~ *Frau* žena, ženu, ~ *Frauen* ženy **2** N + A ukazovacieho zámena: tú, tie **3** ZÁM vzťažné N JČ ktorá; A JČ ktorú; N MNČ všetky rody ktorí (≈, *n*), ktoré (≈, *n*); A MNČ ktorých

DEF

(≈, *n*), ktoré (≈, *n*)
r Dieb (*(e)s, e*) zlodej; **~isch** zlodejský
e Diebes|bande (≈, *n*) zlodejská banda
r Dieb|stahl (*(e)s, ≈e*) krádež
e Diele (≈, *n*) **1** podlahová doska **2** podlaha **3** predsieň, chodba **4** zábavný lokál
dienen (po)slúžiť (*j-m mit etw* komu čím; *zu etw* na čo)
r Diener (*s,* ≈) služobník, sluha; **einen ~ machen** pokloniť sa; **viele ~ machen** poklonkovať; **e ~schaft** (≈, *en*) služobníctvo
r Dienst (*(e)s, e*) služba; *außer ~* mimo služby; *~ am Kunden* služba zákazníkovi
r Dienstag (*s, e*) utorok
s Dienst|geheimnis (*ses, se*) služobné tajomstvo; **s –gespräch** (*(e)s, e*) služobný hovor; **–habend** konajúci službu, službukonajúci, v službe; **e –leistung** (≈, *en*) **1** služba dobrovoľná, povinná ap. **2** služby; *kommunale ~* komunálne služby; **–lich** služobný; **s –mädchen** (*s,* ≈) slúžka, služobná; **e –reise** (≈, *n*) služobná cesta; **e –stelle** (≈, *n*) úrad, úradné miesto; **e –vorschrift** (≈, *en*) služobný predpis; **r –weg** (*s, e*) služobný postup; **e –zeit** (≈, *en*) obdobie služby
dies toto; **~ und das** všeličo, to aj to
diesbezüglich týkajúci sa toho, príslušný
r Dieselmotor (*s, en*) dieselový motor
dieser, diese, dieses tento, táto, toto
diesig 1 zahmlený, nejasný **2** sychravý, daždivý
dies|jährig tohtoročný; **–mal** tentoraz; **–seits** na tejto strane; **s –seits** (≈, *0*) pozemský život
r Dietrich (*s, e*) pakľúč
s Differential <aj **Differenzial**> [difəren'cja:l] mat. diferenciál; **s ~getriebe** (*s,* ≈) vyrovnávacie súkolesie, diferenciál; **e ~gleichung** (≈, *0*) diferenciálna rovnica
differenzieren 1 diferencovať, rozlišovať **2** odstupňovať **3** počítať diferenciály **4** diferencovať sa od čoho, zastávať otvorene iný názor
s Dikt|at (*(e)s, e*) **1** diktát, diktovanie **2** nariadenie; **r –ator** (*s, Diktatoren*) diktátor; **–atorisch** diktátorský; **e –atur** (≈, *en*) diktatúra; **–ieren 1** diktovať **2** prikazovať
s Dilemma (*s, s* al. *ta*) dilema, neľahká voľba, ťažké rozhodnutie
r Dilettant (*en, en*) diletant, neodborník; **~isch** diletantský, amatérsky
r Dill (*(e)s, e*), **e Dille** (≈, *n*) kôpor
e Dimension (≈, *en*) dimenzia, rozmer
s Diminutiv (*s, e*) zdrobnenina
e DIN (≈, *0*) skr. **Deutsche Industrienorm** nemecká priemyselná norma
s Ding (*(e)s, e*) **1** vec, predmet **2** záležitosť, otázka, fakt **3** dieťa, mladé dievča; **das ~ an sich** vec sama osebe; **aller guten ~e sind drei** do tretice všetko dobré príslovie; **~lich** vecný
r Dings (≈, ≈), **r Dingsda** (≈, *0*, neskloné) **1** hovor. neoznačená osoba pán ten a ten, pán XY **2** miesto, vec, osoba na ktoré si v rozhovore nevieme spomenúť
s Dingwort (*s, ≈er*) gram. podstatné meno
e Dioptrie (≈, *i|en*) dioptria; *eine Brille von drei ~n* okuliare s tromi dioptriami
e Diözese (≈, *n*) diecéza
e Diphtherie (≈, *0*) záškrt, diftéria
Dipl. Ing. skr. **der Diplomingenieur** [...inženjọö:ɐ] diplomovaný inžinier
s Diplom (*(e)s, e*) diplom; **~iert** diplomovaný
r Diplomat (*en, en*) diplomat; **e ~ie** (≈, *0*) diplomacia; **~isch** diplomatický
direkt 1 PR M priamy, bezprostredný **2** PRÍSL priamo
e Direktion (≈, *en*) **1** zast. smer **2** riaditeľstvo, vedenie, správa
r Direktor (*s, Direktoren*) riaditeľ

e **Direktübertragung** (≈, *en*), e **Direktsendung** (≈, *en*) priamy prenos

r **Dirigent** (*en, en*) dirigent; **–ieren** dirigovať

e **Dirne** (≈, *n*) **1** zast. dievča z vidieka **2** vulg. pobehlica

e **Diskette** (≈, *n*) disketa, pružný disk

r **Diskont** (*(s), e*) zrážka, diskont; r **~satz** (*es, ≈e*) diskontná sadzba

e **Diskothek** (≈, *en*) diskotéka sála

diskret diskrétny; e **~ion** (≈, *0*) diskrétnosť

e **Diskrimination** (≈, *en*), e **Diskriminierung** (≈, *en*) diskriminácia

e **Diskussion** (≈, *en*) diskusia; *zur ~ stehen** byť predmetom diskusie

diskutabel sporný, diskutabilný

r **Dispatcher** [dis'pečɐ] (*s,* ≈) dispečer

e **Disqualifikation** (≈, *en*), e **Disqualifizierung** (≈, *en*) diskvalifikácia

e **Dissertation** (≈, *en*) dizertácia

r **Dissident** (*en, en*) disident

e **Distanz** (≈, *en*) **1** vzdialenosť, odstup **2** šport. dištanc, vylúčenie

e **Distel** (≈, *n*) bodliak

e **Disziplin** (≈, *en*) **1** disciplína, poslušnosť **2** odbor, predmet

divers [di'vers] diverzný, rôznorodý, rôzny, heterogénny

e **Dividende** [...v...] (≈, *n*) dividenda, podiel na zisku

dividieren [...v...] deliť

e **Division** [...v...] (≈, *en*) **1** mat. delenie **2** divízia voj. i šport.

r **Divisor** [...v...] (*s, Divisoren*) mat. deliteľ, menovateľ

d. J. skr. **1 dieses Jahres** tohto roku **2 der Jüngere** mladší, junior

e **D-Mark** (≈, *0*), **DM** skr. e **Deutsche Mark** nemecká marka nemecká mena do r. 2002

d. M. skr. **dieses Monats** tohto mesiaca

doch 1 ČAST predsa; *also ~!* tak predsa! **2** ČAST ale áno, ale hej, čoby nie po zápornej otázke; *bist du nicht zufrieden? ~, ~!* Nie si spokojný? Ale hej/ Čoby nie! **3** SP ale, však, predsa, jednako; **wenn ~!** kiež; *wenn er ~ endlich käme!* kiež by už prišiel!

r **Docht** (*(e)s, e*) knôt

e **Dogge** (≈, *n*) doga

s **Dogma** (*s, dogmen*) dogma

dogmatisch dogmatický

e **Dohle** (≈, *n*) zool. kavka obyčajná

r **Dokto|r** (*s, Doktoren*) doktor medicíny, práv ap.; r **–rand** (*en, en*) doktorand; e **~arbeit** (≈, *en*) doktorská práca

s **Dokument** (*(e)s, e*) dokument, doklad, listina

r **Dokumentar|film** (*(e)s, e*) dokumentárny film; **–isch** dokumentárny

r **Dolch** (*(e)s, e*) dýka; r **~stoß** (*es, ≈e*) bodnutie, rana dýkou

dolmetsch|en tlmočiť; r **–er** (*s,* ≈) tlmočník

r **Dom** (*(e)s, e*) dóm

dominieren dominovať, prevládať, vynikať

r **Dompfaff** (*en, en*) zool. hýľ

r **Donner** (*s,* ≈) hrom; **~n 1** hrmieť **2** obraz. hromžiť; *es donnert* hrmí

r **Donnerstag** (*s, e*) štvrtok

s **Donnerwetter** (*s,* ≈) **1** búrka, hromobitie **2** hromženie, škriepka, zvada; **~!** hrom do toho!, tristo hrmených!

s **Doppel** (*s,* ≈) **1** duplikát, opis, kópia **2** šport. štvorhra; s **~bett** (*(e)s, en*) dvoj posteľ; s **~fenster** (*s,* ≈) dvojité okno; r **~gänger** (*s,* ≈) dvojník; s **~haus** (*es, ≈er*) dvoj dom; r **~punkt** (*es, e*) dvojbodka; **~sinnig** dvojzmyselný; **~t** dvojitý, dvojnásobný; *~t so schön* dvakrát taký krásny; r **~zentner** (*s,* ≈) metrický cent; s **~zimmer** (*s,* ≈) dvojlôžková izba

s **Dorf** (*(e)s, ≈er*) dedina; r **~bewohner** (*s,* ≈) dedinčan

r **Dorn** (*(e)s, en*) tŕň; **~ig** tŕnistý; s **~rös|chen** (*s, 0*) Šípková Ruženka

dörren (u)sušiť, (u)pražiť

r **Dorsch** (*(e)s, e*) treska

dort PRÍSL tam na otázku KDE?; **~her** odtiaľ; **~hin** tam; **~ig** PR M tamojší

DEF

e Dose (≈, *n*) **1** škatuľa **2** plechovka, konzerva **3** zásuvka tech. **4** tabatierka
r Dosen|öffner (*s*, ≈) otvárač na konzervy
e Dosierung (≈, *en*) dávkovanie
e Dosis (≈, *Dosen*) dávka
e Dotation (≈, *en*) dotácia
r, s Dotter (*s*, ≈) žĺtok; **e ~blume** (≈, *en*) záružlie
r Dozent (*en, en*) docent
Dr. skr. **r Doktor** Dr., doktor; *Dr.-Ing.* doktor technických vied; *Dr. jur.* doktor práv; *Dr. med.* doktor medicíny; *Dr. phil.* doktor filozofie; *Dr. rer. nat.* doktor prírodných vied; *Dr. theol.* doktor teológie
r Drache (*n, n*) drak, šarkan; **r ~n** (*s*, ≈) **1** papierový drak **2** obraz. dračica o žene
r Dragoner (*s*, ≈) dragún
r Draht ((*e*)*s*, ≈*e*) drôt; **s ~gitter** (*s*, ≈) drôtená mreža; **s ~seil** (*s, e*) drôtené lano; **e ~seilbahn** (≈, *en*) lanová dráha, lanovka; **e ~zange** (≈, *n*) kliešte na drôt
s Drama (*s, men*) **1** div. činohra, dráma **2** tragická udalosť, nešťastie
r Drama|tiker (*s*, ≈) dramatik, autor činohry al. drámy; **–tisch** dramatický
dran = *daran* na tom, na to
r Drang ((*e*)*s*, ≈*e*) **1** tlačenica, nával **2** potreba; *im ~e der Not* v tiesni **3** túžba (*nach etw* po čom)
drängeln tlačiť sa, predierať sa
drängen 1 pritlačiť, pritisnúť **2** naliehať, dotierať (*auf j-n/etw* na koho/čo); **sich ~** tlačiť sa, predierať sa
drastisch drastický
drauf = *darauf* **1** miest. na tom, na to **2** čas. potom, nato; **r ~gänger** (*s*, ≈) **1** ambiciózny odvážlivec **2** hazardér, násilník
draußen vonku, mimo domu; *von ~* zvonku
r Dreck ((*e*)*s, 0*) **1** odpad, špina, blato **2** vulg. hovno; hovor. **das geht* dich einen ~ an** do toho ťa nič nie je; **er steckt seine Nase in jeden ~** pchá svoj nos do všetkého; **~ig** špinavý; **es geht* ihm ~ig** má sa zle
e Dreh|bank (≈, ≈*e*) sústruh; **–bar** otáčavý
s Dreh|buch ((*e*)*s*, ≈*er*) scenár; **–en 1** krútiť, točiť, otáčať (*etw* A čím) **2** nakrúcať film **3** šúľať cigaretu; **sich –en** krútiť sa, točiť sa (*um* okolo); **r –er** (*s*, ≈) sústružník; **e –maschine** (≈, *n*) sústruh; **e –|orgel** (≈, *n*) verklík; **e –tür** (≈, *en*) otáčavé dvere; **e –ung** (≈, *en*) **1** otáčanie **2** obrat; **e –zahl** (≈, *en*) počet otáčok
e Drei (≈, *en*) trojka
drei tri; **s ~|eck** (*s, e*) trojuholník; **~|eckig** trojuholníkový; **~einhalb** tri a pol; **~erlei** trojaký; **~fach** trojnásobný; **~hundert** tristo; **s ~königsfest** (*es, 0*) sviatok Troch kráľov; **~mal** trikrát, tri razy; **~malig** trikrát sa opakujúci, trojnásobný
drein|reden hovoriť, pliesť sa (*j-m in etw* komu do čoho)
r Dreisatz (*es*, ≈*e*) trojčlenka
dreißig tridsať
dreist odvážny, trúfalý, bezočivý; **e ~igkeit** (≈, *en*) opovážlivosť, bezočivosť
drei|viertel <**drei viertel**> trištvrte; **r –vierteltakt** ((*e*)*s, e*) trojštvrťový takt; **–zehn** trinásť
e Dresche (≈, *n*) **1** mlatba obilia **2** hovor. výprask; **~n*** (*a* al. *o, o*) **1** mlátiť obilie **2** hovor. (z)biť; **leeres Stroh ~n*** hovor. mlátiť prázdnu slamu
dressieren 1 cvičiť, drezírovať **2** upravovať pokrmy
r Drill|bohrer (*s*, ≈) špirálový vrták; **–en 1** drilovať, cvičiť **2** siať do riadkov
r Drilling (*s, e*) **1** trojča **2** hnacie koleso v mlyne
drin = *darin* v tom
dringen* (*a, i. u*) preniknúť; **~*** (*a, h. u*) **1** naliehať, domáhať sa (*auf etw* na koho/čo, čoho) **2** domŕzať (*in j-n mit etw* koho, čím)
dringend, **dringlich** súrny, neod-

kladný; ~ **bitten*** naliehavo prosiť
e **Dringlichkeit** (≈, *0*) naliehavosť, neodkladnosť
drinnen vnútri
drittens po tretie
droben hore
e **Droge** (≈, *n*) droga
e **Dro|gerie** (≈, *i|en*) drogéria; r **–gist** (*en, en*) drogista
drohen hroziť, vyhrážať sa; **~d** hrozivý, hroziaci
dröhnen dunieť, hučať
e **Drohung** (≈, *en*) hrozba, vyhrážka
drollig žartovný, veselý
e **Drossel** (≈, *n*) drozd
drüben 1 na druhej strane 2 na onom svete
drüber = *darüber*
r **Druck**[1] (*(e)s, ≈e*) 1 zovretie, stisk 2 tlak, nátlak tech. i psychický
r **Druck**[2] (*(e)s, e*) tlač; *ein unklarer ~* nejasná tlač; r **~buchstabe** (*ns, n*) tlačené písmeno, litera
drück|en 1 vytlačiť 2 stisnúť ruku; **sich ~** 1 hovor. ulievať sa (*vor etw* z čoho) 2 tlačiť sa, tisnúť sa; **–end** ťaživý, tiesnivý, skľučujúci
r **Drücker** (*s,* ≈) 1 kľučka 2 spúšť pištole
r **Druck|er** (*s,* ≈) 1 tlačiar 2 tlačiareň počítačová; e **–erei** (≈, *en*) tlačiareň; e **–erschwärze** (≈, *0*) tlačiarenská čerň; r **–fehler** (*s,* ≈) tlačová chyba; r **–knopf** (*(e)s, ≈e*) tlačidlo; e **–sache** (≈, *n*) tlačivo
drum = *darum; drum und dran* všetko; *mit drum und dran* so všetkým
drunten dolu
e **Drüse** (≈, *n*) žľaza
r, e, s **Dschungel** (*s,* ≈) džungľa
du ty
ducken 1 schýliť, skloniť zohnúť 2 skrotiť (*j-n* koho); **sich ~** krčiť sa, skryť sa
r **Duckmäuser** (*s,* ≈) 1 bojko, strachopud 2 pätolizač, svätuškár
r **Dudelsack** (*(e)s, ≈e*) gajdy
s **Duell** (*s, e*) duel, súboj
s **Duett** (*(e)s, e*) dueto
r **Duft** (*(e)s, ≈e*) 1 vôňa 2 nádych, závan; **~en** 1 voňať 2 páchnuť po čom; *unangenehm ~en* nepríjemne zapáchať; **~ig** 1 voňavý 2 ľahký, jemný, vzdušný
duld|en trpieť, strpieť, znášať; **–sam** znášanlivý, tolerantný, zhovievavý
dumm hlúpy, sprostý, tupý; **der ~e** (*n, n*) hlupák; e **~heit** (≈, *en*) hlúposť, nerozváznosť; r **~kopf** (*(e)s, ≈e*) hlupák, hovor. somár
dumpf 1 zatuchnutý 2 dusný o atmosfére 3 tlmený tón 4 tupý o bolesti
s **Dumping** ['dampiŋ] (*s, 0*) damping, predaj pod cenu
e **Düne** (≈, *n*) duna
düng|en hnojiť; r **–er** (*s,* ≈) hnojivo
dunkel 1 tmavý, temný 2 pochmúrny 3 nejasný, tajomný 4 hlboký o hlase; **~ werden** stmievať sa; **s ~** (*s, 0*) temnota, tma; e **~heit** (≈, *en*) 1 temnota, tma 2 nejasnosť; e **~kammer** (≈, *n*) fot. tmavá komora; **~n** stmievať sa
dünn 1 tenký, slabý, chudý, neduživý 2 riedky; **~flüssig** tekutý, riedky
r **Dunst** (*es, ≈e*) 1 para, výpar 2 vôňa, pach 3 opar 4 zdanie; hovor. **keinen (blassen) ~ von etw haben** nemať poňatia o čom
dünsten (u)dusiť mäso, zeleninu
dunstig 1 sparný, dusný 2 hmlistý 3 začmudený, zadymený
s **Duplikat** (*(e)s, e*) duplikát
s **Dur** (≈, *0*) dur hudobná tónina
durch PREDL s A 1 miest. cez; *~ den Wald gehen** ísť cez les, lesom 2 čas. cez, počas, za, po; *~ die ganze Nacht* po celú noc 3 cez, pomocou, prostredníctvom, kvôli, *~ die Post* poštou; *etw ~ Herrn X erhalten** dostať niečo prostredníctvom pána X 4 PRÍSL hovor. celkom, úplne; **~ und ~** skrz-naskrz; **er ist ~ und ~ naß** premokol skrz-naskrz; **die Schuhe sind ~** topánky sú prederavené
durch||arbeiten 1 pracovať bez prestávky 2 (pre)(vy)pracovať podrobne sprá-

vu, preštudovať detailne; **sich ~** predierať sa; **–¦blättern** (pre)listovať

durchaus úplne, vôbec, načisto, celkom; ~ *nicht* vôbec nie

r Durchblick (*(e)s, e*) priehľad, priezor

durch¦blicken[1]* **1** dívať sa, pozerať sa; *durch das Fernglas* ~ dívať sa cez ďalekohľad **2** presvitať **3** prejavovať, dať najavo; ~ *lassen* dať najavo

durchblịcken[2]* prehliadnuť, prekuknúť (*j-n/etw* koho/čo)

durch¦brechen[1]* (*brach durch, i. durchgebrochen*) prelomiť sa, preboriť sa

durchbrẹchen[2]* (*durchbrach, durchbrochen*) **1** prelomiť (*etw* čo) **2** prekročiť, porušiť; *das Verbot* ~ porušiť zákaz

durch¦brennen[1]* (*brannte durch, h. durchgebrannt*) prepáliť; *den Faden* ~ prepáliť vlákno

durch¦brennen[2]* (*brannte durch, i. durchgebrannt*) **1** prepáliť (sa), rozžeraviť (sa); *die Sicherung ist durchgebrannt* poistka sa prepálila **2** obraz. utiecť

r Durchbruch (*s, ≃e*) **1** prielom **2** pren. zvrat, náhly obrat; **zum ~ kommen* 1** prejaviť sa **2** preraziť

durch¦denken[1]* (*dachte durch, durchgedacht*) dôkladne premyslieť

durchdẹnken[2]* (*durchdachte, durchdacht*) uvážiť, rozvážiť si

durch¦drängen sich pretlačiť sa, pretisnúť sa

durch¦drehen pretočiť; *Fleisch durch den Wolf* ~ zomlieť mäso na mlynčeku; pren. stratiť nervy, neadekvátne reagovať; *er ist durchgedreht* hovor. šiblo mu

durch¦dringen[1]* (*drang durch, i. durchgedrungen*) preniknúť kadiaľ, kam; *bis zur Grenze* ~ preniknúť až na hranice

durchdrịngen[2]* (*durchdrang, durchdrungen*) preniknúť, dostať sa (*etw* čím)

durch¦einạnder 1 cez seba, jeden cez druhého **2** bez ladu a skladu, neusporiadane

durch¦einạnder¦bringen* <**durcheinander bringen**> (*brachte durch¦einander, durch¦einandergebracht*) **1** rozhádzať, urobiť neporiadok **2** popliesť, pomiešať **3** znervózniť, vyviesť z rovnováhy

durch¦fahren[1]* (*fuhr durch, i. durchgefahren*) prejsť, precestovať kadiaľ

durchfahren[2]* (*durchfuhr, h. durchfahren*) prechádzať, precestovať; *er hat das ganze Europa durchfahren* precestoval celú Európu

e Durchfahrt (*≈, en*) **1** prejazd cez bránu, **2** železničné priecestie **3** prechádzanie krajinou

durch¦fallen[1]* (*fiel durch, i. durchgefallen*) neuspieť, prepadnúť na skúške

durchfạll¦en[2]* (*durchfiel, durchfallen*) prepadnúť kadiaľ **r –** (*s, ≃e*) **1** neúspech **2** hnačka

durch¦finden* **sich** (*fand durch, durchgefunden*) poznať cestu, vyznať sa hovor. trafiť

durch¦fliegen[1]* (*flog durch, i. durchgeflogen*) **1** preletieť kadiaľ **2** hovor. vyletieť zo skúšky

durchflịegen[2]* (*durchflog, durchflogen*) preletieť čo

durchfọrschen prebádať, preskúmať

durchführ¦bar uskutočniteľný, realizovateľný; **–en 1** previesť, viesť kadiaľ **2** uskutočniť, vykonať; **e –ung** (*≈, en*) uskutočnenie, realizácia, vykonanie rozkazu

r Durchgang (*s, ≃e*) **1** prechod, prechádzanie **2** priechod, pasáž **3** prevoz, preprava; *kein ~!* prechod zakázaný!; **der ~ von Waren** tranzit tovaru

durchgehen[1]* (*ging durch, i. durchgegangen*) **1** prejsť kadiaľ, cez čo **2** obstáť **3** utiecť **4** splašiť sa o koňoch; **j-m etw durchgehen lassen*** nechať prejsť komu čo, prepáčiť komu čo

durch|gehen[2]* (*ging durch, h. durchgegangen*) prejsť, preveriť, preskúmať (*etw* čo); **~d** priebežný

durch|greifen* (*griff durch, h. durchgegriffen*) **1** siahnuť cez čo; prestrčiť ruku **2** obraz. zakročiť

durch|halten* (*ie, h. a*) vydržať, nevzdať sa

durch|kommen* (*kam durch, i. durchgekommen*) **1** prejsť okolo **2** preniknúť, prebiť sa **3** prejsť, obstáť pri skúške **4** vystačiť s peniazmi **5** zachrániť sa

durchkreuzen **1** križovať o lodiach **2** (pre)(za)|čiarknuť krížikom **3** obraz. zmariť, skrížiť plány

durch|lassen* (*ließ durch, durchgelassen*) **1** prepustiť vodu, svetlo **2** nechať prejsť na skúške; **–lässig** priepustný

durch|laufen[1]* (*lief durch, i. durchgelaufen*) prebehnúť, pretekať kadiaľ

durchlaufen[2]* (*durchlief, durchlaufen*) prebehnúť, behom prejsť čo, vychodiť školu

r Durchlauf|erhitzer (*s,* ≈) prietokový ohrievač vody

durch|leben prežiť, zažiť, stráviť

durch|leuchten **1** presvietiť, ožiariť čo **2** posvietiť (si), objasniť

durch|machen prežiť, zakúsiť, prekonať

r Durch|marsch (*es,* ≈*e*) (pre)(po)|chod cez mesto; **r –messer** (*s,* ≈) mat. priemer

durchnäßt <...ss...> premoknutý, premočený

durch|nehmen* (*a, durchgenommen*) prebrať učivo

durchqueren prejsť krížom-krážom, dostať sa z jedného konca na druhý

durch|rechnen prepočítať, prerátať

e Durch|reiche (≈, *n*) okienko na podávanie jedla, **e –reise** (≈, *n*) cesta, prejazd kadiaľ

durchreisen[1] precestovať krížom-krážom, prejsť istým územím

durch|reis|en[2] (*i.*) prejsť bez zastavenia; **s –visum** (*s, –visa*) tranzitné vízum

durch|ringen* sich (*a, u*) prebojovať sa

durch|rosten (*i.*) celkom zhrdzavieť

e Durchsage (≈, *n*) hlásenie, oznámenie

durch|schauen[1] pozerať cez čo; *durchs Schlüsselloch* ~ pozerať cez kľúčovú dierku

durchschauen[2] prehliadnuť úmysel, zámer

r Durchschlag (*(e)s,* ≈*e*) **1** prieklep, kópia **2** cedidlo, sitko **3** prerazenie, prebitie, priestrel **4** prepálená poistka

durch|schlagen[1]* (*schlug durch, durchgeschlagen*) **1** preraziť **2** precediť, pretlačiť čím; **sich ~** presadiť sa, preraziť

durchschlagen[2]* (*durchschlug, durchschlagen*) **1** preraziť niečo **2** urobiť prieklep; **~d** presvedčivý, pôsobivý, úspešný

r Durchschnitt (*s, e*) priemer; *im ~* priemerne; **~lich** priemerný, priemerne

e Durchschnitts|geschwindigkeit (≈, *en*) priemerná rýchlosť; **r –mensch** (*en, en*) priemerný človek; **r –wert** (*(e)s, e*) priemerná hodnota

e Durchschrift (≈, *en*) prepis, kópia; *eine Durchschrift anfertigen* zhotoviť kópiu

durch|sehen* (*a, e*) **1** prezrieť účty **2** dívať sa, pozerať sa cez čo na čo; *durch das Opernglas ~* pozerať sa divadelným ďalekohľadom **3** prezrieť, prelistovať

durch|setzen[1] presadiť zámer, úmysel; presadiť sa

durchsetzen[2] presiaknuť, preniknúť

e Durchsicht (≈, *en*) **1** výhľad cez krovie **2** prehliadka, prezretie záznamov, dokumentov, exponátov; **~ig** priehľadný, priesvitný i obraz.; **e ~igkeit** (≈, *0*) priehľadnosť

durch|sprechen (*a, o*) dôkladne prerokovať, prediskutovať

durch|stechen[1]* (*stach durch, durchgestochen*) prepichnúť

durchstẹchen[2]* (*durchstach, durchstochen*) **1** prekopať hrádzu **2** prebodnúť človeka

durch|streichen* (*i, i*) preškrtnúť

durchsụchen[1] prehľadať (*etwas nach j-m/etwas* niečo)

durch|suchen[2] prehľadať (*j-n nach j-m/etwas* niekoho); **e –sụchung** (≈, *en*) prehliadka domu

durchtrịeben prehnaný, prefíkaný, rafinovaný

durchwachsen* (*u, i. a*) **1** prerastať, zarastať **2** PR M prerastený, zarastený

durchwẹg úplne, bez výnimky

durch|ziehen[1]* (*zog durch, h. durchgezogen*) prevliecť, pretiahnuť čo kadiaľ; *das Motiv zieht sich durch den Roman durch* tento motív sa tiahne románom; **~*** (*zog durch, h./i. durchgezogen*) pochodovať, postupovať o vojsku

durchzịehen[2]* (*durchzog, durchzogen*) **1** prechádzať **2** tiahnuť sa kadiaľ púšťou, mestom; *Banden ~ die verwüstete Stadt* bandy tiahnu spustošeným mestom

dürfen* (*durfte, gedurft*) **1** smieť; *das hätte er nicht tun* ~* nemal to urobiť **2** s INF, vyjadruje pravdepodobnosť; **das dürfte wohl wahr sein** to je asi pravda; **Sie ~ sich wohl irren** myslím, že sa mýlite

dürftig chatrný, chudobný, biedny

dürr 1 suchý, vyschnutý **2** vyziabnutý, chudý; **e ~e** (≈, *0*) **1** sucho **2** suchota

r Durst (*(e)s, 0*) **1** smäd **2** obraz. smäd, túžba; **~en** smädiť; **~ig** smädný

s Dusch|bad (*(e)s, ≒er*) **1** sprcha **2** telový šampón; **e –e** (≈, *n*) sprcha; **–en** osprchovať (sa)

e Düse (≈, *n*) tech. dýza

s Düsen|flugzeug (*(e)s, e*) prúdové lietadlo; **r –jäger** (*s,* ≈) prúdová stíhačka

r Dussel (*s,* ≈) hovor. hlupák

düster 1 tmavý, temný **2** pren. zamračený, bezútešný, pochmúrny

s Dutzend (*s, e*) tucet; **~(e)mal** dvanásťkrát; **~weise** na tucty

duzen tykať

e Dynạmik (≈, *0*) dynamika

dynạmisch 1 dynamický, pohyblivý **2** obraz. živý

s Dynamịt (*(e)s, 0*) dynamit

r Dynạmo (*s, s*) dynamo

dz. skr. **Doppelzentner** metrický cent

r D-Zug (*(e)s, ≒e*) skr. **r Durchgangszug** rýchlik

E

e Ebbe (≈, *n*) odliv; ~ *und Flut* odliv a príliv

eben 1 PR M rovný **2** PRÍSL práve; *das ist es* ~ to je práve to; **~ nicht!** no tak nie!

eben|dẹswegen, **–dẹshalb** práve preto; **–dạ** práve tam, tu, na tom mieste pri citácii

ebenbürtig 1 hist. rovnakého pôvodu **2** rovný, rovnocenný

e Ebene (≈, *n*) **1** rovina, planina, plošina **2** fyz. rovina; obraz. **auf eine schiefe Ebene geraten*** dostať sa na šikmú plochu

eben|falls taktiež; **–so** rovnako, podobne; **–sogut** <**–so gut**> práve tak dobre; **–soweit** <**–so weit**> práve tak ďaleko; **–sowenig** <**–so wenig**> práve tak málo

r Eber (*s,* ≈) kanec

e Eber|esche (≈, *n*) bot. jarabina

ebnen urovnávať, zarovnávať i obraz.

s Echo (*s, s*) **1** ozvena, echo **2** ohlas

echt 1 pravý, rýdzi; *~es Gold* rýdze zlato **2** typický *das ist ~ weiblich!* to je typicky ženské! **3** PRÍSL skutočne, naozaj; ~; **e ~heit** (≈, *0*) pravosť, rýdzosť, nefalšovanosť

e Eck|e (≈, *n*) **1** roh, kút **2** geogr. výbežok **3** mat. vrchol telies, obrazcov; *um die ~* za rohom; **an allen ~n und Enden** všade; obraz. **j-n um die ~ bringen*** koho odstrániť fyzicky; obraz. **etw um**

die ~ bringen* ukradnúť čo; **–ig** hranatý, neohrabaný; **r –zahn** (*(e)s, ≈e*) **1** očný zub **2** kel

edel 1 šľachetný, ušľachtilý **2** urodzený, šľachtický **3** drahý kov; **s ~metall** (*(e)s, e*) drahý kov; **~mütig** kniž. šľachetný, ušľachtilý; **r ~stein** (*(e)s, e*) drahokam

e Editiọn (*≈, en*) **1** edícia, vydanie publikácie **2** séria, rad diel s jednotnou úpravou

r Efeu (*s, 0*) brečtan

r Effẹkt (*(e)s, e*) **1** efekt, účinok **2** fyz. jav, výkonnosť

e Effẹkten MNČ cenné papiere, práv. hnuteľnosti

effektịv efektívny, skutočný

EG skr. **Europäische Gemeinschaft** Európske spoločenstvo

egạl ľahostajný, rovnaký; **mir ist schon alles ~** už je mi všetko jedno

r Ego|ịsmus (*≈, 0*) egoizmus; **r –ịst** (*en, en*) egoista, sebec; **–ịstisch** egoistický

ehe 1 SP čas. skôr ako, skôr než

e Ehe (*≈, n*) manželstvo; **r ~bruch** (*(e)s, ≈e*) nevera; **e ~frau** (*≈, en*) manželka; **e ~leute** MNČ manželia; **~lich** manželský

ehe|malig niekdajší, bývalý; **–mals** kedysi, pred mnohými rokmi

r Ehe|mann (*(e)s, ≈er*) manžel; **s –paar** (*es, e*) manželský pár

eher 1 PRÍSL skôr **2** radšej *je ~, desto besser* čím skôr, tým lepšie

ehr|bar čestný, počestný; **e –e** (*≈, n*) **1** česť, úcta, dôstojnosť; *auf –e!* na moju česť!; **2** pocta; *sich etw zur –e anrechnen* pokladať si čo za česť; *j-m zu –en* na počesť komu; *die –e erweisen** poctiť, preukázať poctu; **–en** (u)ctiť, mať v úcte

r Ehren|gast (*es, ≈e*) čestný hosť; **–haft** počestný; **r –preis** (*es, e*) čestná cena; **e –sache** (*≈, n*) vec cti; **–voll** čestný; **s –wort** (*(e)s, e*) čestné slovo

e Ehr|furcht (*≈, 0*) úcta; **s –gefühl** (*(e)s, 0*) zmysel, cit pre česť; **r –geiz** (*es, 0*) ctižiadostivosť; **–geizig** ctižiadostivý; **–lich 1** PR M čestný, poctivý **2** PRÍSL úprimne; **e –lichkeit** (*≈, 0*) poctivosť, bezúhonnosť, statočnosť; **–los** nečestný, nepoctivý; **e –ung** (*≈, en*) pocta, uctievanie; **–würdig** ctihodný, dôstojný

ei! ej!

s Ei (*(e)s, er*) vajce; *weich|gekochtes ~* vajce uvarené namäkko

e Eibe (*≈, n*) tis

s Eich|amt (*(e)s, ≈er*) ciachový úrad

e Eiche (*≈, n*) dub

e Eichel (*≈, n*) žaluď duba i v kartách a lek.; **r ~häher** (*s, ≈*) sojka obyčajná

eichen[1] dubový

eichen[2] (o)ciachovať, kalibrovať

s Eichhörnchen (*s, ≈*) veverička

r Eid (*(e)s, e*) prísaha; *einen falschen ~ schwören** krivo prisahať

e Eidechse (*≈, n*) jašterica

eidesstattlich práv. miestoprísažný; *eine ~e Erklärung* miestoprísažné vyhlásenie

e Eidgenossenschaft (*≈, en*) konfederácia; *Schweizerische ~* Švajčiarska konfederácia, Švajčiarsko

s Ei|dotter (*s, ≈*) žĺtok

r Eier|becher (*s, ≈*) kalištek na vajce; **r –kuchen** (*s, ≈*) palacinka, omeleta; **r –likör** (*s, e*) vajcový likér; **e –schale** (*≈, en*) škrupina; **r –stock** (*(e)s, ≈e*) lek. vaječník

r Eifer (*s, 0*) horlivosť, zanietenie, nadšenie, úsilie; *in ~ geraten** nadchnúť sa

Eifersucht (*≈, 0*) žiarlivosť; **~süchtig** žiarlivý

eifrig horlivý, usilovný, snaživý, zanietený

s Eigelb (*(e)s, e*) žĺtok

eigen 1 vlastný, svoj; *auf ~e Gefahr* na vlastné nebezpečenstvo **2** vlastný komu, príznačný, charakteristický **3** zvláštny, osobitný, svojský; *ein ~(es) Ding* čudná, zvláštna vec; **sich etw zu ~ machen** osvojiť si čo; **e ~|-**

art (≈, *en*) zvláštnosť, svojráznosť, osobitosť; **~artig** svojrázny, osobitý; **~händig** vlastnoručný; **s ~heim** ((*e*)*s*, *e*) rodinný dom; **~mächtig** svojvoľný; **r ~name** (*ns*, *n*) vlastné meno
eigens naschvál, úmyselne
e Eigen|schaft (≈, *en*) vlastnosť; **r –sinn** ((*e*)*s*, *0*) svojhlavosť, vzdorovitosť; **–sinnig** svojhlavý, tvrdohlavý, vzdorovitý; **–tlich 1** PRÍM vlastný, skutočný, pôvodný **2** PRÍSL vlastne, naozaj; **s –tum** (*s*, *≈er*) vlastníctvo, majetok; **r –tümer** (*s*, ≈) vlastník, majiteľ; **–tümlich** zvláštny, čudný; **e –tümlichkeit** (≈, *en*) zvláštnosť
eign|en sich hodiť sa (*zu etw* na čo), zodpovedať čomu; **e –ung** (≈, *en*) spôsobilosť, schopnosť
r Eil|bote (*n*, *n*) doručovateľ expresných zásielok, kuriér; **r –brief** ((*e*)*s*, *e*) expresný list
e Eil|e (≈, *0*) chvat, náhlivosť, zhon; **–en** (*h./i.*) ponáhľať sa; *eile mit Weile!* pomaly ďalej zájdeš!; **s –gut** (*es*, *≈er*) spešnina; **–ig** súrny, naliehavý, rýchly; *es –ig haben* mať naponáhlo; **r –zug** ((*e*)*s*, *≈e*) zrýchlený vlak
r Eimer (*s*, ≈) vedro
ein[1] PRÍSL: ~ zapnutý; **nicht ~ noch aus wissen*** nevedieť, kam z konopa
ein, eine, ein[2] **1** neurčitý člen **2** neurčité ZÁM nejaký, nejaká, nejaké **3** ČÍSL jeden, jedna, jedno; **ein für allemal** raz navždy; **einer Meinung sein** byť rovnakého názoru; **die einen, die anderen** jedni, druhí iní; **eines Tages** jedného dňa; **einer von uns** jeden z nás; **in einem fort** bez prestania, jedným ťahom
einander navzájom, sa, vospolok, jeden druhého; ~ *helfen** pomáhať si navzájom
ein|arbeiten zapracovať čo kam; *sich* ~ zapracovať sa (*in etw* do čoho)
ein|atmen vdychovať, lek. inhalovať
e Einbahnstraße (≈, *en*) jednosmerná ulica
r Ein|band ((*e*)*s*, *≈e*) väzba knihy; **–bändig** jednozväzkový
ein|bau|en vstavať, vmontovať; **e –möbel** MNČ vstavaný/zabudovaný nábytok
ein|begriffen včítane, vrátane, *im Preis* ~ zahrnuté v cene
ein|beruf|en* (*berief ein, einberufen*) **1** zvolať **2** povolať; **r –ungsbefehl** (*s*, *e*) povolávací rozkaz
s Einbettzimmer (*s*, ≈) jednoposteľová izba
ein|beziehen* (*bezog ein, einbezogen*) pojať, zahrnúť, pripojiť
ein|biegen* (*bog ein, h. eingebogen*) ohnúť, zahnúť čo; **~*** (*bog ein, i. eingebogen*) zahnúť, (od)(za)bočiť; *um die Ecke* ~ zahnúť za roh; **sich ~** (o)(pre)hnúť sa
ein|bild|en sich 1 (do)na|mýšľať si (*etw* čo) **2** zakladať si (*auf etw* na čom); *sich viel* ~ myslieť si veľa o sebe, byť namyslený; **e –ung** (≈, *en*) **1** namyslenosť, domýšľavosť **2** klam, prelud; **e –ungs|kraft** (≈, *0*) obrazotvornosť, fantázia
r Einblick ((*e*)*s*, *e*) pohľad, obraz. nahliadnutie; ~ *geben** dať nahliadnuť, zasvätiť
ein|brech|en* (*a*, *h. o*) prerazit, vypáčiť, vylomiť; **~*** (*a*, *i. o*) **1** vniknúť, vlámať sa, vtrhnúť **2** prelomiť sa, preboriť sa ľad; **r –er** (*s*, ≈) vlamač, zlodej
ein|bringen* (*brachte ein, eingebracht*) **1** doviezť, zvážať úrodu **2** podať žalobu, návrh **3** vynášať zisk **4** prinášať úžitok **5** napraviť, dohnať stratu; *j-m Ehre* ~ robiť komu česť
ein|brocken namrviť, nadrobiť
r Einbruch ((*e*)*s*, *≈e*) **1** vlámanie **2** preborenie ľadu **3** násilné vniknutie, vpád vojska **4** príchod, začiatok; ~ *der Nacht* príchod noci
ein|bürger|n 1 prijať za občana, dať občianstvo; *sich* ~ získať občianstvo **2** obraz. zdomácnieť; **e –ung** (≈, *en*) **1** prijatie za občana **2** obraz. (u)(z)domácnenie
e Ein|buße (≈, *n*) škoda, strata; –|-

büßen stratiť, utrpieť škodu, (*etw* čo al. na čom)
ein|decken zakryť, prikryť, pokryť; **sich ~** zásobiť sa; **mit Arbeit eingedeckt sein** byť zavalený prácou
eindeutig jednoznačný
ein|dring|en* (*a, i. u*) **1** vniknúť (*in etw* do čoho, kam) **2** dorážať, doliehať (*auf j-n* na koho); **–lich** naliehavý, dôrazný, rozhodný; **r –ling** (*s, e*) votrelec
r Ein|druck (*(e)s, ≈e*) **1** dojem **2** odtlačok, stopa; **–|drücken 1** vtisnúť, vtlačiť i obraz. **2** stlačiť, skrčiť; **–drucks|voll** pôsobivý, účinný, dojemný
ein|eiig jednovaječný; *~e Zwillinge* jednovaječné dvojčatá
ein|einhalb jeden a pol, pol druha
ein|engen 1 zúžiť, zvierať, zredukovať **2** obraz. obmedzovať
einer, eine, ein (e/s) 1 čís jeden, jedna, jedno **2** niekto, človek; *es wundert einen, daß…* človeka udiví/prekvapí, že…
einerlei 1 rovnaký, rovnorodý **2** ľahostajný; **das ist mir ~** je mi to jedno
einerseits jednak, na jednej strane; *~…, andererseits…* jednak…, jednak…
einfach 1 PR M jednoduchý, prostý, ľahký, jasný **2** PRÍSL priam, proste, jednoducho; **e ~heit** (*≈, 0*) jednoduchosť, prostota; *der ~heit halber* pre/kvôli jednoduchosti
ein|fahr|en* (*u, i. a*) prísť, vchádzať o vlaku; **~*** (*u, h. a*) **1** zvážať úrodu **2** zabehávať auto; **sich ~** cvičiť sa v jazde; **e –t** (*≈, en*) **1** vjazd; *–t verboten*!* vjazd zakázaný! **2** vchod, brána do budovy
r Einfall (*(e)s, ≈e*) **1** zrútenie, zosunutie **2** vpád, invázia **3** nápad, myšlienka **4** fyz. dopad svetla; **~en*** (*fiel ein, i. eingefallen*) **1** zvaliť sa, zrútiť sa **2** vpadnúť, vtrhnúť **3** nastať; *die Nacht fällt* ein* nastáva noc **4** napadnúť, prísť na um (*j-m etw* koho/čo al. komu/čo); *was fällt* Ihnen ein!* čo vám to napadá!, čo je to za nápad! **5** dopadať svetlo **6** upadať, chradnúť o človeku
einfältig prostoduchý, naivný, hlúpy
s Einfamilienhaus (*es, ≈er*) rodinný dom
einfarbig jednofarebný
ein|fass|en obrúbiť, olemovať; **j-n ~** chytiť (sa) koho pod pazuchu; **e –ung** (*≈, en*) lemovanie, obruba, rámček
ein|fetten 1 (na)(vy)mastiť, natrieť, (na)(vy) mazať tukom, olejom **2** zamastiť sa
ein|finden* sich (*a, u*) **1** dostaviť sa, prísť (*bei j-m* ku komu) **2** vžiť sa do prostredia
ein|fließen* (*o* <...ss>, *i. eingeflossen*) vtekať, vlievať sa, natekať
ein|flößen vzbudiť čo v kom, dodať komu čo; *j-m Mut ~* dodať komu odvahu; *j-m Mißtrauen ~* (vz)budiť v kom nedôveru
r Einfluß <...ss> (*flusses, flüsse*) **1** vtok, prítok **2** obraz. vplyv, účinok, pôsobenie; **~reich** vplyvný
einförmig jednotvárny, monotónny; **e ~keit** (*≈, 0*) jednotvárnosť
ein|frieren* (*fror ein, i. eingefroren*) **1** zamrznúť, zmrznúť **2** zmraziť i obraz.; *eingefrorene Forderungen* zmrazené požiadavky; **~*** (*fror ein, h. eingefroren*) zmraziť čo
ein|fügen dodať, vložiť; *eine Bemerkung ~* pridať, doplniť, vložiť poznámku; **sich ~** vpraviť sa, vžiť sa (*in etw* do čoho)
e Einfuhr (*≈, 0*) dovoz, import; **r ~|artikel** (*s, ≈*) dovážaný tovar; **e ~beschränkung** (*≈, en*) obmedzenie dovozu
ein|führ|en 1 dovážať **2** uvádzať do spoločnosti **3** zavádzať nové metódy; **e –ung** (*≈, en*) **1** zavedenie plynu **2** uvedenie do spoločnosti do funkcie **3** úvod v knihe **4** dovoz, import
r Einfuhrzoll (*(e)s, ≈e*) dovozné clo

e Eingabe (≈, *n*) **1** podanie, zadanie **2** vstup
r Eingang ((*e*)*s*, *≈e*) **1** vchod, prístup **2** došlá pošta **3** začiatok; **~s** spočiatku, na úvod
ein|geben* (*a, e*) **1** podávať; *j-m eine Medizin* ~ podávať liek komu **2** podávať žiadosť; *ein Gesuch bei der Behörde* ~ podať žiadosť na úrad **3** obraz. vnuknúť **4** tech. vkladať, uchovávať
eingebildet namyslený, nafúkaný, pyšný
r Eingeborene (*n, n*) domorodec
e Eingebung (≈, *en*) vnuknutie, intuícia
eingedenk kniž. vedomý; *sei dessen ~!* maj to na pamäti!
ein|gehen* (*ging ein, i. eingegangen*) **1** dôjsť, prísť **2** vstúpiť, vchádzať **3** zbehnúť sa, zraziť sa košeľa **4** zaniknúť, zahynúť, pominúť sa **5** ísť do hlavy, chápať **6** pristúpiť (*auf* al. *in etw* na čo); **~*** (*ging ein, h. eingegangen*) **1** dohodnúť, uzavrieť, vstúpiť; *den Waffenstillstand* ~ dohodnúť prímerie; *in eine Koalition* ~ vstúpiť do koalície **2** staviť sa; **~d** podrobný, dôkladný
s Eingemachte (*n, 0*) hovor. zavarené ovocie, zaváranina
eingenommen 1 predpojatý, zaujatý **2** domýšľavý; *sie ist von sich nicht wenig* ~ je veľmi domýšľavá, veľa si o sebe myslí
eingeschrieben 1 doporučený o zásielke **2** imatrikulovaný v akademickom roku **3** registrovaný; *eine ~e Gesellschaft* registrovaná spoločnosť
s Eingeständnis (*ses, se*) priznanie
ein|gestehen* (*gestand ein, eingestanden*) priznať sa; *er wollte* es sich selbst nicht* ~ nechcel si to sám priznať
eingetragen zapísaný, zanesený v registroch, v spisoch
s Eingeweide (*s*, ≈) vnútornosti, útroby
r Eingeweihte (*n, n*) zasvätenec
eingewöhnen (na)z|vyknúť (*j-n/sich an etw* koho/si na čo)
eingewurzelt zakorenený
eingleisig jednokoľajový
ein|glieder|n začleniť, zaradiť, zapojiť; **e –ung** (≈, *en*) začlenenie, zapojenie
ein|greifen* (*griff ein, eingegriffen*) **1** zasiahnuť, dosiahnuť, dočiahnuť **2** obraz. zakročiť, zamiešať sa, intervenovať; **r –griff** ((*e*)*s, e*) **1** lek. operácia, zákrok **2** zásah
r Einhalt ((*e*)*s, 0*) **1** dodržanie **2** zastavenie; ~ **gebieten*/tun*** zabrániť, postaviť sa do cesty (*etw* D čomu), obmedziť (*etw* D koho/čo v čom); **~en*** (*ie, a*) **1** dodržať, zachovať, presne splniť **2** zadržať, zastaviť **3** prestať; *halte ein!* zadrž!, prestaň!
ein|händigen dodať, doručiť
ein|hauen* (*hieb* al. *haute ein, h. au*) **1** rozbiť, roztĺcť **2** vytesávať, vysekávať do kameňa **3** biť koho, udrieť na koho; *auf den Feind* ~ udrieť na nepriateľa
einheimisch 1 domorodý, domáci **2** usadlý
e Einheit (≈, *en*) **1** jednota, celistvosť **2** mat., fyz., voj. jednotka; **~lich** jednotný, zjednotený; **r ~s|preis** (*es, e*) jednotná cena
einhellig jednohlasný, jednomyseľný
ein|holen 1 dohnať, dobehnúť (*j-n/etw* koho/čo) **2** vyžiadať si súhlas **3** hovor. nakupovať
s Einhorn ((*e*)*s*, *≈er*) jednorožec
ein|hüllen zahaliť, zastrieť, obostrieť i obraz.
einig jednotný, svorný; ~ **sein** zhodovať sa, byť zajedno
einige 1 MNČ niekoľkí, viacerí **2** niečo, dosť veľa; *es dauerte ~ Zeit* trvalo to istý čas; *vor ~ Zeit* nedávno **3** pred základnou číslovkou niečo nad, trochu viac, vyše; ~ *hundert Studenten* vyše sto študentov
einigen zjednotiť; **sich** ~ dohodnúť sa
einig|ermaßen akosi, nejako, do ur-

čitej miery; **–es** niečo
e Einig|keit (≈, *0*) jednota, svornosť, súhlas; **e –ung** (≈, *en*) zjednotenie, zhoda
r Einkauf (*(e)s,* ≈*e*) **1** nakupovanie **2** nákup; **~en** nakupovať
r Einkaufs|korb (*(e)s,* ≈*e*) nákupný košík; **s –wagen** (*es, e*) nákupný vozík; **r –preis** (*es, e*) nákupná cena; **s –zentrum** (*s, zentren*) nákupné centrum
ein|klammern dávať do zátvoriek
r Einklang (*s,* ≈*e*) **1** súlad, zhoda **2** hud. súzvuk, harmónia
ein|klemmen prištipnúť, prichytiť, privrieť
ein|kochen zavárať ovocie ap.
s Einkommen (*s,* ≈) príjem; **e ~steuer** (≈, *n*) daň z príjmu
e Einkreisung (≈, *en*) obkolesenie, obkľúčenie
ein|lad|en* (*u, a*) **1** nakladať tovar **2** pozvať hosťa; **e –ung** (≈, *en*) pozvanie, pozvánka
e Einlage (≈, *en*) **1** vložka do topánok **2** príloha k listu **3** vklad finančný **4** závarka do polievky
ein|lagern uskladniť, uložiť tovar
ein|lassen* (*ließ ein, a*) **1** vpustiť dnu **2** napustiť tekutinou; **sich ~ 1** pustiť sa, dať sa do čoho; **2** začať si s kým, hovor. spustiť sa s kým
r Einlauf (*(e)s,* ≈*e*) **1** administratívny došlá pošta **2** príchod lode do prístavu **3** zábeh motora **4** lek. výplach čriev; **~en*** (*ie, i. au*) **1** prichádzať pošta **2** vojsť do stanice, vplávať do prístavu **3** zbehnúť sa, zraziť sa o látke; **sich ~en*** zabehnúť sa o stroji i spolupráci
ein|leben sich vžiť sa do čoho, zvyknúť si, prispôsobiť sa
ein|legen 1 vložiť, vsunúť **2** nakladať ovocie ap. **3** vložiť peniaze **4** obložiť stenu čím **5** nesúhlasiť, protestovať; *Berufung gegen etw/ein Veto* ~ odvolať sa, vetovať
ein|leit|en 1 otvoriť (*etw* čo) **2** uviesť (*j-n in etw* koho do čoho); **~d** úvodný; **e –ung** (≈, *en*) **1** uvádzanie do čoho **2** úvod, predhovor ku knihe **3** otvorenie
ein|leuchten pochopiť, byť jasný; *das leuchtet mir ein* to je mi jasné; **~d** zrejmý
ein|liefern dodať, dopraviť, odovzdať; **j-n ins Krankenhaus ~** zaviezť koho do nemocnice
ein|lösen 1 vyplatiť šek **2** vykúpiť rukojemníka **3** dodržať, splniť sľub; *sein Wort/Versprechen* ~ splniť slovo, sľub
ein|machen 1 zamiesiť cesto **2** zavárať ovocie
einmal <aj **ein Mal**> **1** raz, jedenkrát; *auf* ~ zrazu, naraz **2** niekedy, kedysi; *es war ~ ein König* bol raz jeden kráľ; **nicht ~** dokonca, ani; **sagen Sie ~!** len povedzte!; **~ig** jednorazový, jedinečný
r Einmarsch (*es,* ≈*e*) vpochodovanie, vtrhnutie, vpád vojska
ein|mischen sich miešať sa, pliesť sa do čoho
einmütig jednotný, jednomyseľný
e Einnahme (≈, *n*) **1** príjem **2** dobytie pevnosti; **e ~quelle** (≈, *n*) zdroj príjmov
ein|nehmen* (*a, eingenommen*) **1** prijímať peniaze **2** vyberať, inkasovať **3** používať liek **4** dobývať pevnosť **5** získať si koho pre seba **6** zabrať, obsadiť miesto; **~d** príjemný
e Ein|öde (≈, *n*) pustatina, samota
ein|ordnen zaradiť, zoradiť, usporiadať
ein|packen 1 zabaliť **2** obraz. dať sa vypchať
ein|pflanzen 1 zasadiť (*etw in etw* A čo do čoho) **2** lek. transplantovať (*j-m etw* A komu čo) **3** pren. vštepiť (*j-m etw* komu čo)
ein|prägen 1 vyraziť, vyryť nápis do kameňa **2** vštepiť (*j-m etw* komu čo) **3** poznačiť, charakterizovať (*j-n* koho); **sich ~** vštepiť si, vryť si (*etw* čo kam) do pamäti
ein|quartieren ubytovať; **sich ~** ubytovať sa (*bei j-m* u koho)
ein|rahmen zarámovať; **das kannst***

du dir ~ lassen*! môžeš si to dať za klobúk!

ein|räumen 1 zariadiť byt 2 umiestniť nábytok, zaplniť, napratať knihy do poličky, uložiť šaty do skrine 3 pripúšťať 4 odstúpiť, uvoľniť komu čo 5 poskytnúť úver ap.

ein|reden 1 dohovárať (*auf j-n* komu čo) 2 nahovárať (*j-m etw* komu čo)

ein|reiben* (*ie, ie*) vtierať krém

ein|reichen doručiť, podať žiadosť

ein|reihen zaradiť, začleniť

e Einreise (≈, *n*) príjazd, pricestovanie; **e ~bewilligung** (≈, *en*), **e ~genehmigung** (≈, *en*) vstupné vízum; **~n** (*i.*) pricestovať

ein|reißen* (*i* <...ss>, *eingerissen*) 1 natrhnúť 2 strhnúť, zbúrať

ein|richt|en 1 zariadiť byt 2 lek. napraviť 3 zriadiť, založiť ústav 4 zariadiť, vybaviť; **sich ~** 1 zariadiť sa 2 hospodáriť, gazdovať 3 pren. usalašiť sa u koho ako doma; **e –ung** (≈, *en*) 1 zariadenie, nábytok 2 zariadenie ustanovizeň

ein|rollen skrútiť, zvinúť

ein|rosten (*i.*) zhrdzavieť

ein|rücken[1] uviesť do chodu stroj

ein|rücken[2] (*i.*) 1 narukovať k vojsku 2 vpochodovať

e Eins (≈, *en*) jednotka

eins 1 ČÍSL jeden; *es ist ~* je jedna hodina 2 PRÍSL jedno; *das ist mir ~*; to je mi jedno

ein|sagen napovedať, našepkávať (*j-m etw* komu čo)

einsam osamelý, opustený; **e ~keit** (≈, *0*) samota, osamelosť, opustenosť

ein|sammeln 1 zbierať 2 vyberať poplatky

r Einsatz (*es, ≈e*) 1 vsadenie, vložka do hrnca 2 záloha 3 nasadenie hlasu 4 obraz. nasadenie, riziko 5 použitie, upotrebenie; **~bereit** pohotový, pripravený, ochotný

ein|säumen obrúbiť, (o)lemovať

ein|schalten 1 zasunúť 2 zapnúť 3 vložiť, začleniť 4 obraz. začleniť, zapojiť do práce

ein|schätzen odhadnúť, oceniť, ohodnotiť

ein|schenken naliať do pohára; obraz. *j-m reinen Wein ~* naliať komu čistého vína

ein|schicken zasielať

ein|schiffen nalodiť; **sich ~** naloditť sa

einschl. skr. **einschließlich** včítane, vrátane

ein|schlafen* (*ie, i. a*) 1 zaspať 2 zmeravieť, stuhnúť o nohe 3 skonať

ein|schläfern uspať; **~d** uspávajúci, jednotvárny

r Einschlag (*(e)s, ≈e*) 1 úder, rana 2 prvok, zložka 3 záhyb na šatách 4 lesnícky porub; **~en*** (*u, a*) 1 zatĺcť, vbiť 2 rozbíjať 3 obraz. pustiť sa, dať sa; *einen Weg ~en* dať sa cestou 4 biť (*auf j-n* koho) 5 zabaliť

einschlägig týkajúci sa čoho, vzťahujúci sa na čo

ein|schließ|en* (*o* <...ss>, *eingeschlossen*) 1 zatvoriť, zamknúť 2 obklopiť 3 obkľúčiť mesto 4 zvierať; *den rechten Winkel ~* zvierať pravý uhol 5 zahrnúť, pojať čo do čoho; **–lich** včítane, vrátane

ein|schmeicheln sich zalíškať sa, votrieť sa do priazne (*bei j-m* komu)

ein|schnappen (*i.*) zapadnúť o zámke; obraz. **eingeschnappt sein** byť urazený

einschneidend prenikavý

r Einschnitt (*(e)s, e*) 1 zárez nožom, zostrih 2 zárez, vrub 3 obraz. medzník, zlom

ein|schränk|en obmedziť (*etw* čo); **sich ~** uskromniť sa; **e –ung** (≈, *en*) 1 obmedzenie, ohraničenie 2 výhrada

r Einschreib|(e)brief (*(e)s, e*) doporučený list; **–en*** (*ie, ie*) 1 zapísať; *sich –en lassen** dať sa zapísať 2 obraz. zapísať sa do dejín 3 poslať doporučene

ein|schreiten* (*schritt ein, i. eingeschritten*) zakročiť (*gegen j-n/etw* proti komu/čomu)

ein|schüchter|n zastrašiť (*j-n* koho);

e –ung (≈, *en*) zastrašovanie
ein¦sehen* (*a, e*) **1** nahliadnuť (*etw*, do čoho) **2** uznať (*etw* čo) **3** pozrieť sa (*in etw* do čoho); **s ~** (*s, 0*) pochopenie, uznanie
einseitig jednostranný; **e ~keit** (≈, *en*) jednostrannosť
ein¦send¦en* (*sandte ein* al. *sendete ein, eingesandt* al. *eingesendet*) (za)po¦sielať; **r –er** (*s*, ≈) odosielateľ; **e –ung** (≈, *en*) **1** zaslanie, poslanie **2** zásielka
ein¦setzen 1 zasadiť, vložiť **2** uviesť, vymenovať; *j-n zum* al. *als Erben ~* vyhlásiť koho za dediča **3** dosadiť do úradu **4** začať **5** poslať do boja **6** nasadiť život **7** nasadiť ryby do rybníka **8** vysádzať stromčeky; **sich ~** zasadiť sa (*für j-n/etw* za koho/čo)
e Einsicht (≈, *en*) **1** nahliadnutie do čoho **2** poznatok, poznanie **3** rozum, úsudok, pochopenie; **zur ~ kommen** prísť k rozumu, pochopiť; **~ig** rozumný; **e ~nahme** (≈, *n*) nahliadnutie; *zur ~nahme* na nahliadnutie; **~s¦voll** rozvážny, rozumný
ein¦sickern (*i.*) (pre)v¦sakovať
r Einsiedler (*s*, ≈) pustovník
einsilbig 1 jednoslabičný **2** málovravný
ein¦sinken* (*a, i. u*) (pre)za¦boriť sa, zapadnúť
ein¦spar¦en (u) šetriť, usporiť peniaze; **e –ung** (≈, *en*) úspora
ein¦sperren 1 zavrieť **2** uväzniť koho **3** zamknúť
ein¦spielen rozohrať nástroj; **sie sind gut aufeinander eingespielt** sú dobre zohratí
ein¦sprengen 1 nakropiť bielizeň **2** vylomiť, vypáčiť
ein¦springen* (*a, i. u*) zastúpiť, za skočiť (*für j-n* za koho)
s Einspritzventil [...venti:l] (*s, e*) vstrekovací ventil
r Einspruch (*(e)s*, *≈e*) námietka, protest
einspurig jednokoľajný, jednostopový
einst 1 kedysi, dávno, voľakedy **2** niekedy, raz
r Einstand (*(e)s, 0*) **1** ručenie **2** hovor. prískočné **3** šport. zhoda v tenise
ein¦stecken 1 zastrčiť, zasunúť **2** obraz. uväzniť **3** pren. znášať, prehltnúť urážku ap.
ein¦stehen* (*stand ein, h./i. eingestanden*) ručiť (*für j-n/etw* za koho/čo)
ein¦steigen* (*ie, i. ie*) **1** nastúpiť **2** pren. vstúpiť do istej oblasti činnosti, do branže
einstell¦bar posuvný, nastaviteľný; **–en 1** umiestniť čo kam **2** nastaviť prístroj **3** najať, zamestnať **4** zastaviť, prerušiť **5** šport. vyrovnať rekord; **sich –en 1** dostaviť sa, prísť **2** prispôsobiť sa (*auf j-n/etw* komu/čomu); hovor. **darauf bin ich eingestellt** s tým som počítal; **demokratisch eingestellt sein** demokraticky zmýšľať; **e –ung** (≈, *en*) **1** umiestnenie nábytku **2** nastavenie, naladenie **3** postoj, stanovisko **4** zamestnanie
r Einstieg (*(e)s, e*) vchod, vstup, nástup v dopravnom prostriedku, vstupné dvere
eins¦tig bývalý, niekdajší
einstimmig jednohlasný, obraz. jednomyseľný
einst¦malig bývalý, niekdajší, dávny; **–mals** kedysi, dávno
einstöckig jednoposchodový
ein¦stoßen* (*ie, o*) **1** vyraziť dvere ap. **2** rozbúrať múr **3** vraziť do zeme
r Ein¦sturz (*es*, *≈e*) zosunutie, zborenie, zrútenie; **e ~gefahr** (≈, *en*) nebezpečenstvo zrútenia; **–¦stürzen** (*i.*) zboriť sa, zrútiť sa
einst¦weilen PRÍSL predbežne, dočasne; **–weilig** predbežný, dočasný
eintägig jednodenný
ein¦tauchen (*h.*) **1** ponoriť **2** namáčať; **~** (*i.*) ponoriť sa
ein¦tauschen vymeniť (*etw gegen etw* čo za čo)
eintausend jeden tisíc

DEF

ein|teilen rozdeliť, rozčleniť, roztriediť
einteilig jednodielny
eintönig jednotvárny, monotónny, nudný; **e ~keit** (≈, *0*) jednotvárnosť, nuda
r Eintopf (*(e)s, 0*) hustá polievka zo zeleniny, strukovín a mäsa varená v jednom hrnci
e Ein|tracht (≈, *0*) zhoda, súlad, svornosť; **–trächtig** svorný
r Ein|trag (*(e)s, ≈e*) zápis, záznam; **~en*** (*u, a*) **1** vnášať, znášať **2** zapísať, zaregistrovať **3** vynášať zisk; **–träglich** výnosný, výhodný
ein|treffen* (*traf ein, i. o*) **1** prísť kam, dostaviť sa **2** splniť sa
ein|treten* (*a, i. e*) **1** vstúpiť, vkročiť **2** zastúpiť (*für j-n* koho) **3** nastať; **~*** (*a, h. e*) **1** podupať **2** vychodiť topánky; **r –tritt** (*(e)s, e*) **1** vstup **2** nástup, príchod jari
s Eintritts|geld (*es, er*), **r –preis** (*es, e*) vstupné; **e –karte** (≈, *n*) vstupenka
ein|üb|en nacvičiť čo; **e –ung** (≈, *0*) nácvik
s Einvernehmen (*s, 0*) zhoda; *sich mit j-m ins ~ setzen* dohodnúť sa s kým
einver|standen uzrozumený, dohodnutý; **~ sein** byť uzrozumený, súhlasiť; **s –ständnis** (*ses, se*) súhlas, zhoda
r Einwand (*(e)s, ≈e*) námietka, nesúhlas
r Einwander|er (*s,* ≈) prisťahovalec, prišelec; **–n** (*i.*) prisťahovať sa kam; **e –ung** (≈, *en*) prisťahovanie do cudzieho štátu
einwandfrei **1** bezchybný **2** jednoznačný
e Einwegflasche (≈, *en*) nevratná fľaša
ein|weichen namočiť bielizeň
ein|weih|en **1** zasvätiť (*j-n in etw* koho do čoho) **2** vysvätiť chrám; **ein neues Kleid ~** mať prvý raz na sebe nové šaty; **e –ung** (≈, *en*) **1** vysvätenie **2** zasvätenie
ein|weisen* (*ie, ie*) **1** uviesť do úradu **2** zasvätiť
ein|wenden* (*wandte ein* al. *wendete ein, eingewandt* al. *eingewendet*) namietať
ein|werfen* (*a, o*) **1** (v)hodiť **2** rozbiť okno **3** obraz. namietať **4** prehodiť poznámku
ein|wickeln **1** zabaliť **2** zavinúť dieťa; **sich ~** **1** zahaliť sa **2** zapliesť sa do čoho
ein|willig|en privoliť, pristať (*in etw* na čo); **e –ung** (≈, *en*) dovolenie, súhlas
ein|wirk|en pôsobiť, vplývať (*auf j-n/etw* na koho/čo); **e –ung** (≈, *en*) vplyv, účinok
r Einwohner (*s,* ≈) obyvateľ; **e ~schaft** (≈, *0*) obyvateľstvo
r Einwurf (*(e)s, ≈e*) **1** štrbina, otvor **2** vhodenie **3** pren. námietka, poznámka
ein|wurzeln (*h./i.*) zakoreniť sa i obraz.
e Einzahl (≈, *0*) gram. jednotné číslo, singulár
ein|zahl|en zaplatiť; **e –ung** (≈, *en*) platba
ein|zäunen ohradiť, oplotiť
s Einzel (*s,* ≈) šport. dvojhra
r Einzel|fall (*s, ≈e*) ojedinelý prípad; **r –handel** (*s, 0*) maloobchod; **r –handelspreis** (*es, e*) maloobchodná cena; **e –haft** (≈, *0*) samoväzba; **s –kind** (*(e)s, er*) jedináčik
einzeln ojedinelý, osamotený; *im ~en* <*...Einzelnen*> jednotlivo
s Einzel|spiel (*(e)s, e*) **1** hud. sólová hra **2** šport. dvojhra; **s –teil** (*(e)s, e*) súčiastka; **s –wesen** (*s,* ≈) jednotlivec; **s –zimmer** (*s,* ≈) jednoposteľová izba
ein|ziehen* (*zog ein, h. eingezogen*) **1** vdýchnuť, nasať **2** stiahnuť peniaze z obehu, vlajku **3** skrčiť nohy **4** zhabať, skonfiškovať **5** povolať vojsko; **Erkundigungen über j-n ~** vypytovať sa na koho; **~*** (*zog ein, i. eingezogen*) **1** vtiahnuť do mesta **2** nasťahovať sa do bytu
einzig jediný, sám; **~artig** jedinečný

e Einzimmerwohnung (≈, *en*) jednoizbový byt

r Einzug ((*e*)*s*, ≈*e*) **1** vstup, príchod **2** nasťahovanie

s Eis (*es*, *0*) **1** ľad **2** zmrzlina; **e ~bahn** (≈, *en*) klzisko; **r ~bär** (*en*, *en*) ľadový medveď; **r ~becher** (*s*, ≈) zmrzlinový pohár; **s ~bein** (*s*, *e*) obarové kolienko; **r ~berg** ((*e*)*s*, *e*) ľadovec; **r ~brecher** (*s*, ≈) ľadoborec; **e ~diele** (≈, *en*) zmrzlináreň

s Eisen[1] (*s*, *0*) chem., lek. železo

s Eisen[2] (*s*, ≈) **1** žehlička **2** len MNČ putá, okovy **3** meč

e Eisen|bahn (≈, *en*) železnica; **r –bahner** (*s*, ≈) železničiar; **r –bahnfahrplan** ((*e*)*s*, ≈*e*) železničný cestovný poriadok

s Eisen|erz (*es*, *e*) železná ruda; **–haltig** železnatý; **e –hütte** (≈, *n*) železiareň

eisern železný, zo železa i obraz.

eis|frei bez ľadu; **s –hockey** [...hoki] (*s*, *0*) ľadový hokej; **–ig** ľadový, mrazivý; **–kalt** studený ako ľad; **r –kunstlaufen** (*s*, *0*) krasokorčuľovanie; **–laufen*** <**Eis laufen**> (*ie*, *i*. *au*) korčuľovať sa; **r –schrank** ((*e*)*s*, ≈*e*) chladnička; **r –vogel** (*s*, ≈) zool. rybárik obyčajný; **r –zapfen** (*s*, ≈) cencúľ; **e –zeit** (≈, *0*) ľadová doba

eitel **1** márnomyseľný, samoľúby **2** kniž. prázdny, planý; **e ~keit** (≈, *en*) **1** samoľúbosť márnivosť **2** márnosť, bezúčelnosť

r Eiter (*s*, *0*) hnis; **~ig** hnisavý, zapálený; **~n** hnisať

s Ei|weiß (*es*, *e*) **1** bielok **2** bielkovina; **e –zelle** (≈, *en*) lek. vaječná bunka

r Ekel (*s*, *0*) ošklivosť, hnus, odpor; **du ~!** ty hnusák!; **~erregend** <**~ erregend**> vzbudzujúci hnus; **~haft, ek(e)lig** hnusný, protivný, odporný; **~n** hnusiť sa, protiviť sa; *es ekelt mir* al. *mich vor etw, ich ekle mich vor etw* hnusí sa mi čo

e Ekstąse (≈, *n*) extáza

s Ekzęm (*s*, *e*) lišaj, ekzém

r Elạn (*s*, *0*) elán, nadšenie

elạstisch elastický, pružný

e Elastizitä̱t (≈, *0*) pružnosť, elastickosť

r Elch ((*e*)*s*, *s*) los

r Elefạnt (*en*, *en*) slon

ele|gạnt elegantný, vkusný; **e –gạnz** (≈, *0*) elegancia

r Elęk|triker (*s*, ≈) elektrikár; **–trisch** elektrický; *–trische Beleuchtung* elektrické osvetlenie; **–trisịeren** elektrizovať; **e –trizitä̱t** (≈, *0*) elektrina; **s –trizitä̱tswerk** ((*e*)*s*, *e*) elektráreň

e Elektrọde (≈, *n*) elektróda

r Elęktroherd ((*e*)*s*, *e*) elektrický sporák

elektrọnisch elektronický

s Elemẹnt ((*e*)*s*, *e*) **1** fyz. galvanický článok **2** chem. prvok **3** prírodný živel **4** MNČ začiatky, základy; **~ạr 1** elementárny, základný **2** živelný

s Elend ((*e*)*s*, *0*) bieda, núdza; **~** biedny, úbohý, chudobný; **s ~sviertel** (*s*, ≈) štvrť chudobných

elf jedenásť

e Elf[1] (≈, *en*) jedenástka číslica i mužstvo; *eben kommt* die ~* práve prichádza jedenástka

r Elf[2] (*en*, *en*) škriatok, elf

e Elfe (≈, *n*) víla, rusalka

s Elfenbein (*s*, *0*) slonovina

e Elịte (≈, *0*) elita, výber

s Elixịer (*s*, *e*) elixír

e Ell|e (≈, *n*) laket miera; **r –(en)bogen** (*s*, ≈) anat. lakeť

e Ellịpse (≈, *n*) elipsa

e Elster (≈, *n*) straka

elterlich rodičovský

e Eltern MNČ rodičia; **s ~haus** (*es*, ≈*er*) rodičovský dom; **~los** osirotený, bez rodičov

e E-Mail (≈, *s*) elektronická pošta, e-mail

s Emạil [ę'mąę] (*s*, *s*), **e Emạille** [ę'maljə] (≈, *n*) smalt, email

e Emanzipatiọn (≈, *en*) emancipácia

s Embargo (*s*, *s*) embargo

r Embryo (*s*, *s* al. *nen*) embryo, zárodok

r Emi|grant (*en, en*) emigrant; **e –gration** (*≈, en*) emigrácia; **–grieren** (*i.*) emigrovať

r Emmentaler (*s, ≈*) ementál

e Emotion (*≈, en*) emócia

emotional emocionálny

r Empfang (*(e)s, ≈e*) **1** prijatie, príjem **2** privítanie **3** recepcia **4** rádiový príjem; **~en*** (*empfing, empfangen*) **1** prijať **2** privítať **3** prijímať signál **4** otehotnieť, počať

r Empfäng|er (*s, ≈*) **1** príjemca **2** rádiový prijímač; **–lich 1** vnímavý, prístupný **2** chúlostivý, náchylný

e Empfängnis (*≈, se*) **1** počatie **2** vnímanie; **e ~verhütung** (*≈, 0*) antikoncepcia

e Empfangs|bestätigung (*≈, en*) potvrdenka; **r –schein** (*(e)s, e*) potvrdenka o prijatí, dodací list; **s –zimmer** (*s, ≈*) prijímacia izba

empfehl|en* (*empfahl, empfohlen*) odporúčať, poradiť; **sich ~** porúčať sa; **~s|wert** hodný odporúčania; **e –ung** (*≈, en*) **1** odporúčanie **2** pozdrav

empfind|en* (*a, u*) (po)cítiť, pociťovať; **–lich 1** citlivý, vnímavý **2** pren. nedotklivý, chúlostivý; **–sam** citlivý, citový; **e –samkeit** (*≈, en*) citovosť, citlivosť; **e –ung** (*≈, en*) **1** pociťovanie, pocit **2** vnem, zážitok

empor hore, do výšky

empören poburovať, budiť pohoršenie; **sich ~ 1** vzbúriť sa, povstať **2** rozčúliť sa, rozhorčovať sa; **empört sein über** A pohoršovať sa nad čím; **~d** pohoršujúci, poburujúci, nehanebný

r Empor|kömmling (*s, e*) povýšenec, zbohatlík; **–ragen 1** týčiť sa do výšky **2** obraz. vynikať

e Empörung (*≈, en*) **1** rozhorčenie, nevôľa **2** vzbura

emsig horlivý, príčinlivý, snaživý, usilovný

s End|e (*s, n*) **1** koniec čas., miest. **2** kúsok, zvyšok; ~ *April* koncom apríla; *letzten ~s* koniec koncov; *am ~ sein* byť na konci; *ein ~ nehmen** skončiť (sa); *zu ~ bringen** al. *führen* dokončiť; *~ gut, alles gut* koniec dobrý, všetko dobré; **~n 1** končiť (sa), prestať **2** skoncovať; **–gültig** konečný, definitívny; **–lich 1** PR M konečný **2** PRÍSL konečne, nakoniec; **–los** nekonečný, bez konca; **r –spurt** (*s, s* al. *e*) šport. finiš; **e –station** (*≈, en*) konečná stanica; **e –ung** (*≈, en*) **1** zakončenie **2** lingv. koncovka

e Energie (*≈, i|en*) **1** fyz. energia **2** priebojnosť, ráznosť; **e ~einsparung** (*≈, en*) úspora energie; **~los** bez energie, neenergický, chabý; **e ~quelle** (*≈, n*) zdroj energie; **r ~verbrauch** (*s, 0*) spotreba energie; **e ~wirtschaft** (*≈, 0*) energetické hospodárstvo

energisch energický, rozhodný

eng 1 úzky cesta **2** malý, tesný o oblečení **3** blízky **4** úzky, vymedzený; *im ~eren Sinne* v užšom slova zmysle

s Enga|gement [ãgažə'mã:] (*s, s*) angažmán; **–gieren** [ãga'ži:rən] angažovať

e Enge (*≈, n*) **1** tesnosť kabáta **2** úžina, obraz. tieseň; *j-n in die ~ treiben** vohnať koho do úzkych

r Engel (*s, ≈*) anjel; **~haft** anjelský; **e ~macherin** (*≈, en*) hovor. anjeličkárka

engherzig malicherný, úzkoprsý

r Engpaß <...ss> (*passes, pässe*) **1** priesmyk **2** obraz. úzky profil, nedostatkový tovar

r Enkel (*s, ≈*) **1** vnuk **2** potomok

enorm nesmierny, ohromný, enormný

ent|artet skazený, zvrhlý, zvrátený, nemorálny

s Ensemble [ã'sã:bl] (*s, s*) súbor, umelecký súbor

entbehr|en chýbať; **–lich** nahraditeľný; **e –ung** (*≈, en*) nedostatok, bieda, núdza

entbind|en* (*a, u*) zbaviť (*j-n von etw* koho čoho); *entbunden werden* **1** byť

zbavený niečoho **2** porodiť; *sie wurde von einem gesundem Sohn entbunden* porodila zdravého syna; **e –ung** (*≈, en*) **1** zbavenie **2** pôrod; **e –ungsanstalt** (*≈, en*) pôrodnica
entdeck|en odkryť, odhaliť, objaviť; **r –er** (*s, ≈*) objaviteľ; **e –ung** (*≈, en*) **1** objav **2** odhalenie
e Ente (*≈, n*) kačica
ent|eign|en vyvlastniť; **e –ung** (*≈, en*) vyvlastnenie
ent|eisen odmraziť, odstrániť námrazu, zbaviť ľadu
ent|erben vydediť
entfallen* (*ie, i. a*) **1** vypadnúť z ruky i z pamäti **2** pripadnúť (*auf j-n* na koho) **3** odpadnúť, nekonať sa
entfalt|en rozvíjať i obraz.; **sich ~** rozvíjať sa; **e –ung** (*≈, en*) rozvoj
entfern|en **1** vzdialiť **2** odstrániť; **–t** vzdialený, ďaleký; *–te Ähnlichkeit* istá, vzdialená podobnosť; **ich bin weit davon –t zu** + INF som ďaleko od toho, aby som...; **e –ung** (*≈, en*) **1** vzdialenosť, diaľka **2** odstránenie; **r –ungsmesser** (*s, ≈*) diaľkomer
entfesseln **1** zbaviť pút **2** rozpútať boj
entflamm|en (*h.*) **1** zapáliť **2** obraz. rozpútať, rozohniť; **~** (*i.*) vzplanúť, vypuknúť; **e –ung** (*≈, en*) **1** podnecovanie **2** pren. vzplanutie láskou
entfliehen* (*o, i. o*) utiecť, uniknúť
entfremd|en odcudziť, ukradnúť; **sich ~** odcudziť sa komu; **e –ung** (*≈, 0*) odcudzenie majetku i duševné
entführ|en odniesť, uniesť; **r –er** únosca; **e –ung** (*≈, en*) únos
entgegen **1** PREDL s D proti, napriek **2** PRÍSL v ústrety, oproti
entgegen|bringen* (*brachte entgegen, entgegengebracht*) **1** priniesť **2** prejaviť; **j-m Vertrauen –bringen** prejaviť komu dôveru; **–|gehen*** (*ging entgegen, i. entgegengegangen*) ísť oproti; **–gesetzt** protichodný, opačný; **–|halten*** (*ie a*) **1** namietať **2** konfrontovať (*j-m etw als* koho s čím); **–|kommen*** (*kam entgegen, i. entgegengekommen*) **1** prísť v ústrety/naproti **2** obraz. vyjsť v ústrety; **–kommend** ochotný, pozorný, úslužný; **–|nehmen*** (*a, entgegengenommen*) prijať; **–sehen*** (*a, e*) očakávať; **–|setzen** postaviť sa proti; **–|wirken** pôsobiť proti, vzdorovať
entgegnen odpovedať, odvetiť
entgehen* (*entging, i. entgangen*) **1** uniknúť, ujsť **2** pren. uniknúť o príležitosti **3** pren. ujsť pozornosti; *es ist mir entgangen** uniklo mi to
entgeistert bez ducha, ohromený, ohúrený, bez života; *er stand* ~ da* stál tam ohromený
s Entgelt (*(e)s, e*) odmena, odplata; **e ~ung** (*≈, en*) odplata, pokuta
entgleisen (*i.*) **1** vykoľajiť (sa) **2** obraz. urobiť chybný krok
enthaar|en zbavovať vlasov/chlpov, odchlpiť; **e –ung** (*≈, en*) depilácia, zbavenie vlasov/chlpov; **s –ungsmittel** (*s, ≈*) depilačný prostriedok
enthalt|en* (*ie, a*) obsahovať; **sich ~** zdržať sa (*einer Sache* G čoho); **–sam** zdržanlivý, striedmy; **e –samkeit** (*≈, 0*) zdržanlivosť, striedmosť
enthaupten sťať hlavu komu
entheben* (*o, o*) zbaviť (*j-n einer Sache* G koho čoho); *j-n seines Amtes ~* zbaviť koho úradu
enthüllen **1** odhaliť pomník i tajomstvo **2** vypátrať páchateľa
r Enthusiasmus (*≈, 0*) entuziazmus, nadšenie, oduševnenie
entkommen* (*entkam, i. o*) uniknúť, vyviaznuť
entkräften **1** (vy)odčerpať, oslabiť **2** vyvrátiť dôkaz
entladen* (*u, a*) **1** vyložiť tovar **2** vybrať náboj, vyprázdniť zásobník **3** vybiť batériu; **sich ~** rozpútať sa o búrke; **sein Zorn entlud* sich über uns** vylial si zlosť na nás
entlang PREDL s A pozdĺž, popri al. PRÍSL vedľa; **den Bach/das Ufer ~** pozdĺž potoka/brehu
entlarven odhaliť; *das wahre Gesicht*

des Feindes ~ odhaliť pravú tvár nepriateľa
entlass|en* (*entließ, a*) prepustiť zo zamestnania, na slobodu; **e –ung** (*≈, en*) prepustenie
entlast|en 1 odbremeniť, uľaviť (*j-n/ etw* komu/čomu) **2** odpísať sumu **3** zbaviť obžaloby; **e –ung** (*≈, en*) **1** zbavenie nákladu **2** odpis, prevod **3** zbavenie obžaloby
entleeren vyprázdniť fľašu, pohár, poštovú schránku
entlegen odľahlý, vzdialený
entlocken vylákať, vymámiť (*j-m etw* čo od/z koho) peniaze, tajomstvo
entmachten zbaviť moci koho
entmilitarisiert demilitarizovaný
entmündigen zbaviť svojprávnosti
entmutigen zbaviť odvahy
e Entnahme (*≈, n*) odber
entnehmen* (*a, entnommen*) **1** vybrať peniaze **2** vyrozumieť z textu, z citátu **3** prebrať
entpuppen sich 1 zool. vykukliť sa **2** obraz. ukázať sa v pravom svetle, vyfarbiť sa
entrahmen odstrediť, zbierať smotanu; *entrahmte Milch* odstredené mlieko
entreißen* (*i* <...ss>, *entrissen*) vytrhnúť, vydrapiť komu čo; *j-n dem Elend* ~ vytrhnúť koho z biedy
entrichten (vy)za|platiť, odvádzať dane
entrüst|en rozhorčiť, pobúriť; **sich ~** rozhorčiť sa (*über etw* nad čím); **–et** rozhorčený, pobúrený; **e –ung** (*≈, 0*) rozhorčenie, pobúrenie
entsagen odriekať sa, zriecť sa, vzdať sa čoho
entschädig|en nahradiť škodu, odškodniť (*j-n für etw* koho za čo); **e –ung** (*≈, en*) náhrada škody, odškodnenie
r Entscheid (*(e)s, e*) rozhodnutie, výnos; *r Volks~* referendum; **~en*** (*ie, ie*) rozhodnúť (*über etw* o čom); **sich ~** rozhodnúť sa; **~end** rozhodujúci; **e ~ung** (*≈, en*) rozhodnutie
entschieden rozhodný, odhodlaný; **e ~heit** (*≈, 0*) rozhodnosť, odhodlanosť
entschließen* sich (*o* <...ss>, *entschlossen*) odhodlať sa (*zu etw* na čo), rozhodnúť sa
entschlossen odhodlaný, rozhodný, energický; **e ~heit** (*≈, 0*) odhodlanosť
r Entschluß <...ss> (*schlusses, schlüsse*) rozhodnutie, úmysel
entschuldig|en ospravedlniť; **sich ~** ospravedlniť sa; **e –ung** (*≈, en*) ospravedlnenie; *bitte um –ung!* prepáčte!
entsetz|en 1 zbaviť; *j-n des Amtes ~* zbaviť koho úradu **2** oslobodiť pevnosť; **sich ~** zdesiť sa, naľakať sa; **s ~** (*s, 0*) zdesenie; **–lich** hrozný, príšerný, strašný
entsinnen* sich (*a, o*) rozpamätať sa, spomenúť si; *sich einer Sache entsinnen* spomenúť si na istú vec
entspann|en uvoľniť, zmierniť; **e –ung** (*≈, en*) uvoľnenie, zmiernenie; **e –ungspolitik** (*≈, 0*) politika zmierenia napätia
entsprechen* (*a, o*) **1** zodpovedať čomu, zhodovať sa s čím **2** vyhovovať, hodiť sa; **~d** primeraný, vhodný, zodpovedajúci
entspringen* (*a, i. u*) **1** uniknúť z väzenia **2** pramениť o rieke
entstammen (*i.*) pochádzať; *einer alten Familie ~* pochádzať zo starej rodiny
entsteh|en* (*entstand, i. entstanden*) vzniknúť, vzísť, povstať; **e –ung** (*≈, en*) vznik
entstellen 1 znetvoriť, zohaviť, zohyzdiť **2** prekrútiť význam slov
entstören odrušiť televízny prijímač
ent|täusch|en sklamať; **e –ung** (*≈, en*) sklamanie
entvölker|n vyľudniť; **e –ung** (*≈, en*) vyľudnenie
e Entwaffnung (*≈, en*) odzbrojenie
entwässern 1 odvodňovať **2** vysušovať **3** chem. dehydratovať

entweder SP buď; ~..., *oder* buď..., alebo
entwenden* (*entwandte* al. *entwendete, entwandt* al. *entwendet*) ukradnúť, odcudziť
entwerfen* (*a, o*) projektovať, načrtnúť obsah prednášky, plán stavby, navrhnúť
entwert|en znehodnotiť; **e –ung** (≈, *0*) znehodnotenie
entwickel|n 1 vyvinúť **2** rozvinúť **3** fot. vyvolať; **–t** vyvinutý, vyspelý
r Entwickl|er (*s,* ≈) fot. vývojka; **e –ung** (≈, *en*) **1** vývoj **2** rozvoj **3** fot. vyvolanie
e Entwick(e)lungs|grad (*es, e*) stupeň rozvoja; **e –jahre** MNČ roky dospievania; **s –land** (*(e)s, ≈er*) rozvojová krajina; **–roman** lit. vývinový román
entwöhn|en 1 odnaučiť, odvyknúť koho od čoho **2** odstaviť dojča; **sich ~** odučiť sa; **e –ung** (≈, *en*) **1** odstavenie dojčaťa **2** odnaučenie, odvyknutie
entwürdigen ponížiť, zneuctiť
r Entwurf (*(e)s, ≈e*) **1** náčrt, koncept **2** návrh, osnova **3** plán, projekt
entzieh|en* (*entzog, entzogen*) **1** odobrať, zobrať odňať **2** zbaviť; **sich ~** vyhýbať sa, vymykať sa, unikať; **das entzieht sich meiner Kenntnis** o tom nič neviem; **e –ung** (≈, *en*) odobratie, odňatie, odvykanie
entziffern rozlúštiť, dešifrovať
entzücken uchvátiť, nadchnúť
s Entzück|en (*s, 0*) nadšenie, zanietenie; **~d** utešený, rozkošný; **e –ung** (≈, *en*) nadšenie, zanietenie
entzünd|en 1 zapáliť **2** obraz. oduševniť, nadchnúť; **sich ~ 1** vzplanúť, vybuchnúť spor, konflikt **2** lek. zapáliť sa; *e –ung* (≈, *en*) lek. zápal
entzwei na dvoje, vo dvoje
entzwei|brechen* (*brach entzwei, h. entzweigebrochen*) rozlomiť; **~*** (*brach entzwei, i. entzweigebrochen*) rozlomiť sa; **–en** rozdvojiť, rozísť sa; *sich mit j-m –en* rozísť sa s kým
r Enzian (*s, e*) encián, horec
s Enzym (*s, e*) enzým
e Epidemie (≈, *ien*) epidémia
epidemisch epidemický
e Epik (≈, *0*) epika
e Epilepsie (≈, *0*) epilepsia
r Epilog (*(e)s, e*) doslov, epilóg
e Episode (≈, *n*) epizóda
e Epoche (≈, *n*) obdobie, epocha; **~machend** epochálny
s Epos (≈, *Epen*) epos, hrdinská báseň
er on
er|achten pokladať, uznávať (*j-n/etw für* koho/čo za) za dobré ap.
s Er|achten (*s, 0*): *meines ~s* al. *meinem ~ nach* podľa mňa, podľa môjho názoru
er|arbeiten dopracovať sa (*etw* k čomu)
erbarmen sich zľutovať sa, zmilovať sa (*j-s* G al. *über j-n* nad kým/čím); **erbarme dich unser!** zľutuj/zmiluj sa nad nami
s Erbarmen (*s, 0*) zľutovanie, zmilovanie
erbärmlich žalostný, úbohý, slabý, chabý; **e ~keit** (≈, *en*) úbohosť
erbarmungslos nemilosrdný, krutý
erbau|en 1 vystavať, postaviť **2** obraz. oduševniť sa čím; **r –er** (*s,* ≈) staviteľ; **–lich** povznášajúci; **e –ung** (≈, *en*) **1** vybudovanie **2** obraz. povznesenie
r Erbe[1] (*n, n*) dedič; *j-n als* al. *zum ~n einsetzen* ustanoviť koho za dediča; **~n** zdediť
s Erbe[2] (*s, 0*) dedičstvo
erbeuten ukoristiť
r Erb|fehler (*s,* ≈) lek. dedičná chyba; **e –folge** (≈, *n*) dedičná postupnosť; **e –in** (≈, *nen*) dedička
erbitter|n roztrpčiť, rozhorčiť; **–t** roztrpčený, rozhorčený
erblassen (*i.*) zblednúť
erbleichen* (*erblich, i. erblichen*) zblednúť
erblich dedičný; ~ *belastet* dedične zaťažený
erblicken zbadať, spozorovať

erbọsen (roz)na|hnevať
erbrẹchen* (*a, h. o*) vyraziť, vypáčiť; **sich ~*** vracať
e Erbschaft (≈, *en*) dedičstvo
e Erbse (≈, *n*) hrach
e Erb|steuer (≈, *n*) daň z dedičstva; **s –teil** (*s, e*) dedičský podiel
e Erd|achse (≈, *0*) zemská os; **s –beben** (*s,* ≈) zemetrasenie
e Erdbeere (≈, *n*) jahoda
r Erd|boden (*s, 0*) zem, pôda; *dem ~ gleich machen* zrovnať so zemou; **e –e** (≈, *n*) **1** Zem **2** zemeguľa **3** zemský povrch **4** pôda, zem; **–en** tech. uzemniť; **–ung** (≈, *en*) tech. uzemnenie
erdẹnklich mysliteľný, predstaviteľný
erdịchten vymyslieť si výhovorku
s Erd|gas (*es, e*) zemný plyn; **s –geschoß** <...**ss**> (*geschosses, geschosse*) prízemie; **e –kunde** (≈, *0*) zemepis; **e –nuß** <...**ss**> (≈, *nüsse*) podzemnica olejná, hovor. búrsky oriešok, arašid; **e –|oberfläche** (≈, *0*) zemský povrch; **s –|öl** (*s, 0*) nafta, petrolej; **e –|öl|leitung** (≈, *en*) ropovod
erdrọsseln zaškrtiť
erdrụcken 1 rozmliaždiť, rozpučiť **2** obraz. ubíjať duševne
r Erdrutsch (*es, e*) zosuv pôdy
r Erdteil (*(e)s, e*) svetadiel, kontinent
erdụlden znášať, vytrpieť
er|ẹifern sich rozhorčiť sa, rozčúliť sa
er|ẹignen sich prihodiť sa, stať sa
s Er|ẹignis (*ses, se*) udalosť, príhoda; **~reich** bohatý na udalosti
erfạhr|en* (*u, a*) **1** dozvedieť sa, dopočuť sa **2** skúsiť, zažiť **3** podliehať zmenám; **e –ung** (≈, *en*) skúsenosť; **–ungsgemäß** podľa skúsenosti, zo skúsenosti
erfạssen 1 uchopiť, chytiť **2** obraz. zachytiť, vystihnúť správny okamih **3** pochopiť
erfịnden* (*a, u*) **1** vynájsť, objaviť **2** vymyslieť si, vybájiť
r Erfịnd|er (*s,* ≈) vynálezca; **~isch** vynaliezavý; **Not macht ~isch** bieda všetkému naučí; **e –ung** (≈, *en*) **1** vynález, objav **2** výmysel
r Erfọlg (*(e)s, e*) úspech, výsledok; **~en** (*i.*) nastať; *auf seine Frage erfolgte keine Antwort* na otázku nedostal odpoveď; **~los** neúspešný, bezvýsledný; **e ~losigkeit** (≈, *0*) neúspech, neúspešnosť; **~reich** úspešný; **~versprechend** sľubný
erfọrder|lich potrebný, nutný; **–n** vyžadovať, potrebovať
erfọrsch|en vyskúmať, prebádať; **e –ung** (≈, *en*) výskum, prebádanie
erfrẹu|en potešiť, obveseliť; **sich ~ 1** tešiť sa z hudby (*an* D z čoho) **2** tešiť sa (*etw* G čomu), požívať (etw G čo); **–lich** radostný, potešiteľný stav; **–licherweise** našťastie
erfrịeren* (*o, i. o*) **1** (z)(za)od|mrznúť **2** pren. zmeravieť o úsmeve
erfrịsch|en občerstviť, osviežiť; **e –ung** (≈, *en*) občerstvenie, osvieženie; **r –ungs|raum** (*(e)s,* ≈*e*) bufet
erfrọren (z)o|mrznutý
erfüll|en 1 naplniť (*j-n/etw* čo) **2** splniť prianie; **sich ~** splniť sa; **e –ung** (≈, *en*) (s)plnenie, uskutočnenie; *in –ung gehen** splniť sa
ergạ̈nz|en doplniť; **e –ung** (≈, *en*) doplnenie, dodatok
ergẹben[1]* (*a, e*) dávať, poskytovať výsledok; **sich ~ 1** vyplývať **2** oddávať sa, venovať sa čomu **3** vzdať sa nepriateľovi; **e ~heit** (≈, *0*) **1** oddanosť **2** odovzdanosť
ergẹben[2] oddaný, verný komu, čomu
s Ergebnis (*ses, se*) výsledok; **~los** bezvýsledný, márny
ergẹhen* (*erging, i. ergangen*) **1** vyjsť, byť vydaný o zákone; *einen Erlaß ~ lassen** vydať výnos, nariadenie **2** adresovať oficiálne; **sich ~** rozplývať sa (*in etw* v čom); **~*** (*erging, h. ergangen*); **etw über sich ~ lassen*** pren. strpieť niečo, prehltnúť niečo
ergịebig výdatný, hojný
s Ergọ̈tz|en (*s, 0*) potešenie, rozkoš;

–lich rozkošný, zábavný
ergrạuen (*i.*) (zo)šedivieť
ergrẹifen* (*ergriff, h. ergriffen*) **1** chytiť, uchopiť (*j-n/etw* koho/čo) **2** chopiť sa (*etw* čoho) iniciatívy, využiť výhodnú príležitosť **3** ujať sa slova
ergrịffen dojatý
r Ergụß <...ss> (*gusses, güsse*) **1** prúd, výlev, výron krvi, vody i citu **2** geol. vyvrenina
erhạben **1** slávnostný **2** obraz. vznešený **3** povznesený (*über etw* nad čo)
erhạlt|en* (*ie, a*) **1** dostať **2** zachovať, udržať **3** živiť, vydržiavať rodinu; **sich ~** udržať sa, zachovať sa o povere; **e –ung** (≈, *0*) **1** udržanie, zachovanie **2** údržba
erhạ̈ltlich získateľný kúpou; *das Buch ist nicht mehr ~* knihu už nedostať
erhạ̈rten **1** vytvrdiť **2** potvrdiť platnosť, tézu, argument
erhẹb|en* (*o, o*) **1** zdvihnúť **2** povýšiť **3** vynášať, vychvaľovať; *j-n bis in den Himmel ~* vynášať/vychvaľovať koho až do nebies **4** spustiť, začínať; *ein Geschrei ~* spustiť krik **5** vyberať dane, poplatky **6** mat. umocniť **7** vznášať, uplatňovať pochybnosti, nároky; **sich ~** **1** zdvihnúť sa, vstať **2** (vz)búriť sa **3** blížiť sa o búrke; **sich über j-n/etw ~** povyšovať sa nad koho/čo; **–lich** **1** značný **2** dôležitý; **e –ung** (≈, *en*) **1** vyvýšenina, pahorok **2** povýšenie **3** pátranie, vyšetrovanie **4** povstanie, vzbura **5** podanie žaloby **6** vyberanie daní **7** mat. umocňovanie
erhẹiter|n (roz)obveseliť; **e –ung** (≈, *en*) (roz)obveselenie
erhịtz|en **1** (rozo)vyhriať, rozhorúčiť **2** obraz. rozčúliť sa; **sich ~** **1** rozhorúčiť sa **2** rozčúliť sa; **r –er** (*s,* ≈) ohrievač
erhọffen očakávať
erhọ̈h|en **1** zvýšiť, zväčšiť **2** mat. umocniť **3** povýšiť do hodnosti; **e –ung** (≈, *en*) **1** zvýšenie **2** povýšenie do hodnosti **3** vyvýšenina

erhọl|en sich zotaviť sa, oddýchnuť si; **e –ung** (≈, *0*) zotavenie, rekreácia
erholungs|bedürftig potrebujúci zotavenie; **s –heim** (*(e)s, e*) zotavovňa
erhọ̈ren vypočuť, vyhovieť, vyslyšať
e Erika (≈, *Eriken*) bot. vres
er|inner|n **1** pripomenúť (*j-n an etw* komu čo) **2** pripomínať niekomu niekoho; **sich ~** spomenúť si (*an etw/j-n* na koho/čo); **e –ung** (≈, *en*) **1** spomienka **2** pamiatka; *zur –ung* na pamiatku
erkạlten (*i.*) vychladnúť i obraz.
erkạ̈lt|en sich prechladnúť; **–et** prechladnutý; **e –ung** (≈, *en*) prechladnutie
erkẹnn|bar poznateľný, viditeľný; **–en*** (*erkannte, h. erkannt*) **1** spoznať **2** rozoznať **3** priznať; *zu –en geben** dať najavo
erkẹnnt|lich povďačný (*gegen j-n* komu); **e –lichkeit** (≈, *en*) vďačnosť, uznanie; **e –nis**[1] (≈, *se*) poznanie, poznatok; **zur ~ kommen*** dospieť/prísť k poznaniu; **s –nis**[2] (*ses, se*) nález právnicky
e Erkẹnnung (≈, *en*) poznanie; **s ~s|-zeichen** (*s,* ≈) poznávacia značka
r Erker (*s,* ≈) priezor, vikier; **s ~fenster** (*s,* ≈) priezorové okno
erklạ̈r|bar vysvetliteľný; **–en** **1** vysvetliť, objasniť **2** vyhlásiť vojnu; *j-m Liebe –en* vyznať komu lásku **3** vyhlásiť (*etw für* čo za); **sich –en** vyjadriť sa, vysloviť sa; **–lich** vysvetliteľný; **e –ung** (≈, *en*) **1** výklad, vysvetlenie **2** vyhlásenie oficiálne
erkrạnk|en (*i.*) ochorieť; **e –ung** (≈, *en*) choroba, ochorenie
erkụnd|en vysliediť, vypátrať; **–igen sich** pýtať sa, informovať sa (*bei j-m über etw/j-n* al. *nach etw/j-n* koho na koho/čo); **e –igung** (≈, *en*) informácia, otázka; **e –ung** (≈, *en*) (vy)pátranie, (vy)šetrenie
erlạhmen (*i.*) ochabnúť, oslabnúť
erlạng|en **1** dosiahnuť rukou **2** obraz. nadobudnúť; **e –ung** (≈, *en*) dosiah-

nutie
r Erlaß <...ss> (*lasses, lässe*) **1** výnos, nariadenie **2** zľava **3** odpustenie trestu
erlassen* (*erließ, a*) **1** vydať nariadenie, výnos **2** odpustiť (*j-m etw* komu čo) trest, dlh
erlaub|en dovoliť, dať súhlas; **e –nis** (≈, *0*) (do)po|volenie
erläuter|n vysvetliť, objasniť; **e –ung** (≈, *en*) vysvetlenie
e Erle (≈, *n*) jelša
erleb|en 1 zažiť, prežiť (*etw* čo) **2** dožiť sa, skúsiť (*etw* čo); **s –nis** (*ses, se*) zážitok
erledig|en 1 vybaviť, zariadiť **2** vykonať; **e –ung** (≈, *en*) vybavenie
erleichter|n 1 uľahčiť, pomôcť **2** zmierniť **3** obraz. pripraviť koho o čo; **e –ung** (≈, *en*) uľahčenie, úľava
erleiden* (*erlitt, erlitten*) utrpieť
erlernen naučiť sa
erlesen vyberaný, vynikajúci
erleucht|en 1 osvetliť **2** obraz. osvietiť; **e –ung** (≈, *en*) **1** osvetlenie **2** obraz. osvietenosť
r Erlös (*es, e*) zisk, výťažok
erlöschen* (*o, i. o*) **1** (vy)z|hasnúť **2** vymrieť, zaniknúť **3** obraz. stratiť platnosť
erlös|en 1 vyslobodiť **2** vykúpiť, spasiť; **r –er** (*s,* ≈) **1** vysloboditeľ **2** spasiteľ; **e –ung** (≈, *en*) spása, vykúpenie
ermächtig|en splnomocniť (*j-n* koho); **e –ung** (≈, *en*) splnomocnenie
ermahn|en napomenúť (*j-n* koho); **e –ung** (≈, *en*) napomenutie
ermäßig|en znížiť, zmierniť, zmenšiť; **e –ung** (≈, *en*) zníženie, zmiernenie, zľava
ermessen* (*ermaß, h. e*) **1** vymerať **2** posúdiť, zvážiť; **s ~** (*s, 0*) zváženie
ermittl|eln vyšetriť, vypátrať, zistiť dôvod; **e –lung** (≈, *en*) vyšetrovanie, pátranie
ermöglichen umožniť (*j-m etw* komu čo)
ermord|en zavraždiť; **e –ung** (≈, *en*) zavraždenie, vražda
ermüd|en 1 unaviť (*j-n* koho) **2** (*i.*) unaviť sa; **~d** únavný; **e –ung** (≈, *0*) vyčerpanie, únava
ermuntern 1 oživiť, podnietiť (*j-n* koho) **2** obveseliť; **j-n aus dem Schlaf ~** zobudiť koho
ermutigen povzbudiť, vzpružiť
ernähr|en živiť, chovať, kŕmiť vyživovať; *sich ~ von etw* živiť sa čím; **r –er** (*s,* ≈) živiteľ; **e –ung** (≈, *0*) výživa
ernenn|en* (*ernannte, h. ernannt*) vymenovať, ustanoviť (*j-n zu* koho čím); **e –ung** (≈, *en*) vymenovanie
erneuer|n obnoviť, renovovať; **e –ung** (≈, *en*) obnova, oprava, renovácia
erniedrigen ponížiť, pokoriť; **sich ~** ponížiť sa, pokoriť sa
r Ernst (*es, 0*) vážnosť, prísnosť; *in vollem ~* vážne
ernst PR M vážny, seriózny; **r ~fall** (*(e)s, ≈e*) vážna udalosť, vážny prípad; **~haft** vážny rozhovor; **e ~haftigkeit** (≈, *0*) vážnosť, opravdivosť; **~lich 1** vážny úraz **2** úprimný
e Ernte (≈, *n*) úroda; **~n** žať, kosiť, zbierať úrodu i úspechy
ernüchter|n vytriezvieť; **e –ung** (≈, *en*) vytriezvenie
r Er|ober|er (*s,* ≈) dobyvateľ; **–n 1** dobývať, zmocniť sa **2** nadobudnúť; **e –ung** (≈, *en*) dobytie, podmanenie
r Er|oberungs|krieg (*es, e*) dobyvačná vojna; **–lustig** dobyvačný, výbojný
er|öffn|en 1 otvoriť obchod, festival **2** oznámiť oficiálne (*j-m etw* komu čo); **e –ung** (≈, *en*) **1** otvorenie **2** oznámenie výsledkov súťaže **3** otvorenie hry v šachu
er|örter|n prerokovať, diskutovať o probléme ap.; **e –ung** (≈, *en*) **1** prerokovanie, zváženie **2** debata
e Erotik (≈, *0*) erotika
erpress|en vydierať; **r –er** (*s,* ≈) vydierač; **e –ung** (≈, *en*) vydieranie
erraten* (*ie, a*) uhádnuť

erreg|en 1 vzrušiť **2** vzbudiť, vyvolať pohoršenie; **r –er** (*s*, ≈) **1** pôvodca **2** lek. zárodok, bacil; **e –ung** (≈, *en*) **1** rozčúlenie **2** lek. vzrušenie

erreich|bar dosiahnuteľný, dostupný; **–en 1** dočiahnuť, dosiahnuť cieľ **2** stihnúť vlak **3** dožiť sa **4** presadiť

erricht|en 1 postaviť pomník **2** zriadiť, založiť **3** mat. spustiť kolmicu; **e –ung** (≈, *en*) postavenie pomníka, založenie nadácie

erringen* (*a, u*) **1** vybojovať **2** dosiahnuť

erröten (*i.*) (za)červenať sa; *vor Scham* ~ začervenať sa od hanby

e Errungenschaft (≈, *en*) vymoženosť, výdobytok

r Ersatz (*es, 0*) náhrada; **r ~mann** (*(e)s, ≈er*) náhradník; **r, s ~teil** (*(e)s, e*) náhradný diel

ersäufen (u)topiť zviera; *sein Schmerz im Alkohol* ~ utápať bolesť v alkohole

erschaff|en* (*erschuf, a*) stvoriť svet; **e –ung** (≈, *0*) stvorenie sveta

erschein|en* (*ie, i. ie*) **1** zjaviť sa, objaviť sa, ukázať sa **2** vyjsť o knihe **3** zdať sa, javiť sa; **e –ung** (≈, *en*) **1** jav, úkaz **2** zjavenie, prelud **3** výzor, zovňajšok

erschieß|en* (*o <...ss>, erschossen*) (od)za|strelit'; **e –ung** (≈, *en*) zastrelenie

erschlagen* (*u, a*) zabiť

erschließen* (*o <...ss>, erschlossen*) **1** otvoriť, odomknúť kľúčom **2** obraz. otvoriť, **3** odkryť prírodné bohatstvá **4** sprístupniť **5** odvodiť, vyvodiť

erschöpf|en vyčerpať, vysiliť, unaviť; **–end** vyčerpávajúci; **–t** vyčerpaný; **e –ung** (≈, *en*) únava, vyčerpanie

erschrecken nastrašiť, naľakať (*j-n* koho); **~*** (*erschrak, i. o*) naľakať sa, zľaknúť sa (*vor j-m/etw* koho/čoho); **~d** hrozný, strašný

erschrocken vyľakaný

erschütter|n 1 spôsobiť otras, vyviesť z miery **2** obraz. otriasť, rozochvieť, vzrušiť **3** podrývať autoritu; **e –ung** (≈, *en*) otras, zdesenie

erschweren sťažiť, zhoršiť, strpčovať

erschwing|en* (*a, u*) zaobstarať, zaopatriť čo; **–lich** dostupný, prístupný cenovo

ersehen* (*a, e*) **1** spoznať, uvidieť (*etw aus etw* čo z čoho) **2** zvoliť si

ersetzen nahradiť

ersichtlich viditeľný, zjavný

erspar|en 1 ušetriť, usporiť **2** pren. ušetriť (*j-m etw* koho od čoho) od sklamania; **s –nis** (≈, *se*) **1** úspora **2** MNČ úspory peňažné; **e –ung** (≈, *en*) úspora

erst 1 najskôr, najprv **2** naozaj **3** až **4** iba, len; ~ *jetzt* až teraz; *jetzt* ~ *recht nicht* teraz už naozaj/vôbec nie

erstarr|en (*i.*) stuhnúť, stvrdnúť, zmeravieť; **zu Marmor ~** premeniť (sa) na mramor; **e –ung** (≈, *en*) stuhnutie, strnulosť

erstatten vrátiť (*j-m etw* komu čo); **j-m Dank ~** poďakovať; **Anzeige ~** podať udanie

e Erst|aufführung (≈, *en*) premiéra

erstaunen (*i.*) čudovať sa (*über etw* čomu)

s Erstaun|en (*s, 0*) údiv, úžas; **–lich 1** obdivuhodný, pozoruhodný **2** neslýchaný, nezvyčajný **3** veľký, obrovský

e Erst|ausgabe (≈, *n*) prvé vydanie knihy; **r –druck** (*(e)s, e*) prvé vydanie

r erste <tiež **Erste**> prvý

erstechen* (*a, o*) prebodnúť, prekláť

erstehen* (*erstand, i. erstanden*) **1** kúpiť, získať na dražbe **2** vystáť si niečo v rade **3** vzniknúť **4** vstať z mŕtvych, prebudiť sa k životu

erstens po prvé

ersticken (*h.*) **1** zadusiť, udusiť **2** pren. udusiť povstanie; **~** (*i.*) (u)dusiť sa

erst|klassig prvotriedny, vynikajúci; **–malig** prvý, **–mals** po prvýkrát

erstrebenswert hodný námahy

erstrecken odročiť súd; **sich ~** rozprestierať sa; **sich auf etw ~** týkať sa niečoho

ersuchen požiadať (*j-n um etw* koho

o čo); **s ~** (*s, 0*) žiadosť
ertappen pristihnúť, prichytiť (*j-n bei* pri čom); *j-n auf frischer Tat ~* prichytiť niekoho pri čine
erteilen 1 udeliť pokarhanie, pochvalu **2** vydať rozkaz
r Ertrag (*(e)s, ≈e*) **1** zisk, výťažok **2** úroda, výnos; **~en*** (*u, a*) znášať, strpieť hlad, zlo
erträglich znesiteľný
ertrinken* (*a, u*) (u)topiť sa; **s ~** (*s, 0*) utopenie
erwachen (*i.*) (pre)(zo)budiť sa, prebrať sa i obraz.; *er erwachte davon* zobudil sa na to
erwachsen* (*u, i. a*) **1** rásť, dospievať **2** vzniknúť, vzísť; **r ~e** (*n, n*) dospelý človek
erwäg|en* (*o, o*) zvážiť, posúdiť; **e –ung** (*≈, en*) úvaha; *etw in –ung ziehen** zvážiť niečo, niečo vziať do úvahy
erwählen zvoliť
erwähn|en zmieniť sa, spomenúť (*etw* o čom, čo); **–ens|wert** hodný zmienky; **e –ung** (*≈, en*) zmienka, spomenutie; *das verdient keine –ung* to nestojí za reč
erwärmen (*h.*) zohriať, ohriať vodu, jedlo; **sich ~ 1** otepľovať **2** oduševniť sa, nadchnúť sa (*für j-n/etw* za/pre koho/čo)
erwart|en očakávať; **e –ung** (*≈, en*) očakávanie; **–ungsvoll** plný očakávania
erwecken 1 (pre)(zo)budiť **2** obraz. vzbudiť; *den Anschein ~* vzbudiť zdanie, dojem
erweich|en 1 zmäkčiť **2** pren. obmäkčiť koho, čo; **e –ung** (*≈, en*) (z)mäknutie
r Erweis (*es, e*) dôkaz; **~en*** (*ie, ie*) (do)preu|kázať; **sich ~ en** ukázať sa, javiť sa (*als etw* ako)
erweiter|n rozšíriť, zväčšiť; **e –ung** (*≈, en*) rozšírenie
r Erwerb (*(e)s, e*) **1** zárobok, zisk **2** získanie, nadobudnutie **3** živnosť **4** kúpa; **~en*** (*a, o*) získať, nadobudnúť (*etw* čo)
erwerbs|los bez zárobku, nezamestnaný; **e –quelle** (*≈, n*) zdroj zárobku; **–tätig** zárobkovo činný; **e –tätigkeit** (*≈, en*) práceschopnosť; **–unfähig** práceneschopný
erwidern 1 odpovedať, odvetiť **2** opätovať, oplatiť pozdrav
erwischen 1 dobehnúť, chytiť vlak **2** pristihnúť, dolapiť; *j-n auf frischer Tat ~* prichytiť niekoho pri čine
erwünscht žiadaný, vítaný, vytúžený
erwürgen uškrtiť, zahrdúsiť
s Erz (*es, e*) ruda; **e ~ader** (*≈, n*) rudná žila
erzähl|en rozprávať; **r –er** (*s, ≈*) rozprávač; **e –ung** (*≈, en*) **1** rozprávanie **2** lit. poviedka
r Erz|bischof (*s, ≈e*) arcibiskup; **r –engel** (*s, ≈*) archanjel
erzeug|en 1 vyrábať **2** obraz. spôsobiť **3** obraz. splodiť; **s –nis** (*ses, se*) **1** výrobok, produkt **2** plod, plodina **3** výmysel, výtvor; **e –ung** (*≈, en*) výroba, produkcia
erziehen (*erzog, h. erzogen*) vychovávať
r Erzieh|er (*s, ≈*) vychovávateľ; **~isch** výchovný; **e –ung** (*≈, 0*) výchova
r Erziehungs|beihilfe (*≈, 0*) výchovné; **r –roman** (*s, e*) vývinový román
erzielen dosiahnuť, nadobudnúť, získať (*etw* čo)
erzogen vychovaný
erzwingen* (*a, u*) vynútiť, vymôcť (*etw* čo od koho)
es „ono" sa ako tzv. neosobný podmet neprekladá; **~ zieht** ťahá to; *es genügt* to stačí
e Esche (*≈, n*) jaseň
r Esel (*s, ≈*) **1** osol, somár **2** pren. hlupák
e Espe (*≈, n*) osika
eßbar <...ss...> jedlý
essen* (*aß, gegessen*) jesť; *sich satt ~* najesť sa dosýta; **zu Mittag ~** obe-

dovať; **s ~** (*s,* ≈) **1** jedenie, pokrm **2** jedlo obed al. večera
r Essig (*s, e*) ocot; **es ist ~ damit** z toho nič nebude; **e ~gurke** (≈, *n*) kyslá uhorka
e Eß|kastanie <...ss...> (≈, *i|en*) jedlý gaštan; **r –löffel** (*s,* ≈) polievková lyžica; **r –tisch** (*es, e*) jedálenský stôl; **s –zimmer** (*s,* ≈) jedáleň
etablieren zariadiť, založiť; **sich ~** etablovať sa
e Etage [e'ta:žə] (≈, *n*) poschodie
s Etagen|bett (*(e)s, en*) poschodová posteľ; **e –wohnung** (≈, *en*) etážový byt
e Etappe (≈, *n*) etapa, úsek; **~n|weise** po etapách, etapovite
r Etat [e'ta:] (*s, s*) **1** rozpočet **2** výkaz
e Ethik (≈, *0*) etika
s Etikett (*s, e*) etiketa, nálepka; **~ieren**, nalepiť etiketu, nálepku, etiketovať
e Etikette[1] (≈, *en*) etiketa, nálepka
e Etikette[2] (≈, *0*) etiketa, pravidlá spoločenského správania
etliche mnohí, viacerí, niekoľkí; *~ Stunden* niekoľko hodín
s Etui [et'vi:/e'tüi:] (*s, s*) puzdro
etw skr. **etwas 1** niečo **2** trochu, málo, neveľa
etwa 1 asi, približne **2** azda, vari, možno; **~ig** približný, možný, prípadný
etwas 1 niečo, **2** čosi, voľačo, dačo **3** trochu, máličko; *~ Milch* trochu mlieka
e Eule (≈, *n*) sova; obraz. **~n nach Athen tragen*** príslovie nosiť drevo do lesa
euer, **eurige** váš, vaša, vaše, vaši
s Euter (*s,* ≈) vemeno
ev. skr. **evangelisch** evanjelický
evakuier|en [ev...] evakuovať; **e –ung** (≈, *en*) evakuácia
evangelisch [ev...] evanjelický
s Evangelium (*s, li|en*) evanjelium
eventuell 1 možný, eventuálny **2** prípadne, eventuálne
EWG skr. **Europäische Wirtschaftsgemeinschaft** Európske hospodárske spoločenstvo
ewig večný; **e ~keit** (≈, *en*) večnosť; *in alle ~keiten* na veky vekov
Ex- bývalý
exakt exaktný, presný
s Examen (*s, Examina*) skúška
exekutiv exekutívny, výkonný výbor
s Exemplar (*s, e*) exemplár; **~isch** exemplárny
exerzieren (vy)cvičiť
s Exil (*s, e*) exil, zast. vyhnanstvo
e Existenz (≈, *en*) existencia, bytie, jestvovanie; **r ~kampf** (*(e)s, ≈e*) existenčný boj, boj o existenciu; **s ~minimum** (*s, minima*) existenčné minimum
existieren existovať, byť, jestvovať
exklusiv exkluzívny, výhradný
exklusive vynímajúc, exkluzíve
exotisch exotický, cudzokrajný
expansiv expanzívny, rozpínavý
e Expedition (≈, *en*) **1** expedícia, výprava **2** výdaj, rozosielanie, distribúcia
s Experiment (*(e)s, e*) pokus, experiment; **~al, ~ell** experimentálny, pokusný; **~ieren** experimentovať
r Expert(e) (*(e)n, (e)n*) znalec, expert
explo|dieren explodovať, vybuchnúť; **e –sion** (≈, *en*) explózia, výbuch; **–siv** výbušný, explozívny
r Export (*(e)s, e*) export, vývoz; **r ~eur** [...'tö:ɐ] (*s, e*) vývozca; **r ~handel** (*s, 0*) vývozný obchod; **~ieren** exportovať, vyvážať; **e ~ware** (≈, *n*) exportný tovar
s Expreß|gut <...ss...> (*(e)s, ≈er*) expresná, rýchla zásielka; **r –zug** (*(e)s, ≈e*) expresný vlak
extern externý
extra 1 zvlášť, oddelene, osobitne **2** navyše, okrem, extra
e Extra|ausgabe (≈, *en*) **1** mimoriadne výdavky **2** zvláštne vydanie časopisu
e Extra|wurst (≈, *≈e*) jemná saláma;

obraz. **j-m eine –wurst braten*** urobiť niekomu výnimku
r Extrakt (*(e)s, e*) extrakt, výťažok
extrem krajný, extrémny; **s ~** (*s, e*) extrém, krajnosť; *aus einem ~ ins andere fallen** ísť z extrému do extrému
e Extremitäten MNČ končatiny
exzentrisch excentrický
r Exzeß <...ss> (*exzesses, exzesse*) **1** exces, nestriedmosť **2** priestupok

F

Fa. skr. **e Firma** firma
e Fabel (*≈, n*) **1** bájka **2** lit. fabula, námet, dej **3** výmysel; **~haft 1** podivuhodný, rozprávkový **2** vynikajúci, znamenitý, skvelý
e Fabrik (*≈, en*) továreň, fabrika; **r ~ant** (*en, en*) továrnik; **r ~arbeiter** (*s, ≈*) fabrický, továrenský robotník; **s ~at** (*(e)s, e*) továrenský výrobok; **e ~ation** (*≈, en*) výroba
s Fach (*(e)s, ≃er*) **1** priehradka, priečinok, zásuvka **2** obraz. študijný odbor; *welches ~ studieren Sie?* ktorý odbor študujete? **3** školský predmet
Fach- odborný; **r ~arzt** (*es, ≃e*) odborný lekár; **r ~ausdruck** (*(e)s, ≃e*) odborný výraz
r Fächer (*s, ≈*) vejár
fachgemäß odborne, odborný; **e Fachhochschule** (*≈, en*) vysoká odborná škola; **–kundig** odborný; **–lich** odborný; **r –mann** (*s, fachleute*) odborník; **–männisch** znalecký, odborný; **s –wörterbuch** (*(e)s, ≃er*) odborný slovník
e Fackel (*≈, n*) pochodeň
fad(e) 1 mdlý, bez chuti o nápoji **2** nudný, jednotvárny, fádny
r Faden (*s, ≃*) **1** niť, vlákno; obraz. *an einem ~ hängen** visieť na vlásku **2** siaha stará miera
fähig schopný, spôsobilý, šikovný; **e ~keit** (*≈, en*) schopnosť, spôsobilosť
fahl bledý, bezfarebný, nevýrazný; *~e Blässe* bledosť, bezfarebnosť
fahnden pátrať (*nach j-m/etw* po kom/čom); **e –ung** (*≈, en*) pátranie
e Fahne (*≈, n*) **1** zástava, vlajka **2** poľov. chvost; **e ~nflucht** (*≈, en*) dezercia
e Fahrbahn (*≈, en*) jazdná dráha, vozovka
e Fähre (*≈, n*) **1** prievoz **2** trajekt, kompa
fahren* (*u, i. a*) ísť, jazdiť, cestovať; *rechts ~!* jazdite vpravo!; *mit dem Auto ~* ísť, jazdiť autom; obraz. **aus der Haut ~** vyskočiť z kože; **~*** (*u, h. a*) voziť, doviezť; *j-n zum Bahnhof ~* priviezť niekoho na stanicu
r Fahrer (*s, ≈*) vodič, šofér; **r –gast** (*(e)s, ≃e*) cestujúci, pasažier; **s –geld** (*(e)s, er*) cestovné; **s –gestell** (*(e)s, e*) podvozok; **e –karte** (*≈, n*) cestovný lístok; **r –kartenschalter** (*s, ≈*) priečinok, okienko osobnej pokladnice
fahrlässig nedbalý; *~e Tötung* zabitie z nedbalosti
r Fahrplan (*(e)s, ≃e*) cestovný poriadok; **–planmäßig** podľa cestovného poriadku; **r –preis** (*es, e*) cestovné; **e –preisermäßigung** (*≈, en*) zľava cestovného; **s –rad** (*(e)s, ≃er*) bicykel; **r –schein** (*(e)s, e*) cestovný lístok; **e –schule** (*≈, n*) autoškola; **r –stuhl** (*(e)s, ≃e*) výťah
e Fahrt (*≈, en*) jazda, cesta autom, loďou; **eine ~ ins Blaue** výlet, cesta do neznáma
e Fährte (*≈, n*) poľov. stopa
e Fahrtrichtung (*≈, en*) smer jazdy; *in der ~ sitzen** sedieť v smere jazdy
s Fahrzeug (*(e)s, e*) vozidlo, plavidlo
s Faksimile (*s, s*) faksimile
r Faktor (*s, Faktoren*) **1** faktor **2** mat. činiteľ
s Faktum (*s, Fakta* al. *Fakten*) fakt
e Fakultät (*≈, en*) fakulta
fakultativ fakultatívny, nepovinný

r Falk(e) (*(e)n, (e)n*) sokol
r Fall (*(e)s, ≈e*) **1** pád, padnutie **2** pokles, klesanie **3** sklon, svah **4** prípad **5** lingv. pád; *auf keinen ~!* v nijakom prípade!; SP *im ~e, daß…* v prípade, že…
e Falle (*≈, n*) pasca, klepec, osídlo
fallen* (*fiel, i. a*) **1** (s)padnúť **2** klesnúť, klesať **3** zahynúť; *zum Opfer ~* padnúť za obeť; **~ lassen*** upustiť, nechať padnúť; obraz. **an j-n ~** pripadnúť komu; **aus dem Rahmen ~** odlišovať sa; **j-m ins Wort ~** skákať komu do reči
fällen 1 rúbať, stínať stromy **2** chem. zrážať **3** vynášať rozsudok ap. **4** spustiť kolmicu
fällig splatný; **e ~keit** (*≈, en*) splatnosť
falls SP podmienková ak, keby; *~ er nicht kommt**, … ak nepríde, …
r Fallschirm (*s, e*) padák; **r ~springer** (*s, ≈*) parašutista
falsch 1 nepravý, falošný, falšovaný **2** nesprávny, chybný, omylný **3** falošný, neúprimný o človeku
fälsch|en (s)falšovať; **r –er** (*s, ≈*) falšovateľ
fälsch|lich nesprávny, mylný; **–licherweise** nesprávne, mylne, omylom; **e –ung** (*≈, en*) **1** falšovanie **2** falzifikát
s Falsifikat (*(e)s, e*) falzifikát
e Falte (*≈, n*) **1** záhyb, sklad **2** vráska; **~n** skladať papier; **die Stirn ~n** vraštiť čelo; **die Hände ~n** spínať ruky
r Falter (*s, ≈*) motýľ
familiär familiárny, dôverný
e Famili|e (*≈, n*) **1** rodina **2** bot. čeľaď
r Famili|en|kreis (*es, e*) rodinný kruh; **e –gruft** (*≈, ≈e*) rodinná hrobka; **r –name** (*ns, n*) priezvisko; **r –stand** (*(e)s, ≈e*) rodinný stav
r Fanatiker (*s, ≈*) fanatik
r Fang (*(e)s, ≈e*) **1** lov, úlovok v lese, v mori **2** papuľa psa **3** MNČ pazúry u vtákov; **~en*** (*h.*) **1** chytať **2** pren. nachytať, dobehnúť koho; *er läßt* sich nicht so leicht ~en** toho tak ľahko nenachytáme; *Feuer ~en** vznietiť sa, chytiť sa i obraz.
Farb- farebný; **e –aufnahme** (*≈, en*) farebná fotografia, farebný záber
e Farb|e (*≈, n*) farba; **–echt** stálofarebný, nepúšťajúci farbu
färben (za)na|farbiť
farben|blind farboslepý; **–freudig** farebný
s Farb|fernsehen (*s, 0*) farebná televízia; **r –film** (*(e)s, e*) farebný film; **–ig** farebný; **–los** bezfarebný, pren. bezvýrazný; **r –stift** (*(e)s, e*) farebná ceruzka; **r –stoff** (*(e)s, e*) farbivo; **r –ton** (*(e)s, ≈e*) farebný odtieň
e Färbung (*≈, en*) zafarbenie
e Farm (*≈, en*) farma; **r ~er** (*s, ≈*) farmár
r Farn (*(e)s, e*) papradie; **s ~kraut** (*(e)s, ≈er*) papradie
r Fasan (*(e)s, e(n)*) bažant
r Fasching (*s, e* al. *s*) fašiangy
r Faschismus (*≈, 0*) fašizmus
e Faselei (*≈, en*) táranie
e Faser (*≈, n*) vlákno, niť; **~n** strapkať sa; *dieser Stoff fasert* táto látka sa strapká; **r ~stoff** (*es, e*) vláknina
s Faß <…ss> (*fasses, fässer*) sud; *Bier vom ~* čapované pivo
e Fassade (*≈, n*) fasáda, priečelie
faßbar <…ss…> pochopiteľný, zrozumiteľný
fass|en 1 lapiť, uchopiť, chytiť **2** pojať, obsahovať **3** zasadiť drahokam, zarámovať obraz **4** vyjadriť, sformulovať **5** pochopiť, (po)rozumieť; **einen Beschluß ~** uzniesť sa; **sich ~** spamätať sa, vzchopiť sa; **e –ung** (*≈, en*) **1** rám okuliarov **2** verzia textu, prejavu **3** duševný pokoj, rovnováha; *j-n aus der –ung bringen** vyviesť koho z rovnováhy **4** tech. objímka; **–ungslos** ohromený, bez seba; *–ungslos sein* byť bez seba
fast skoro, takmer, temer
fast|en postiť sa; **e –nacht** (*≈, ≈e*) posledný fašiang; **e –enzeit** (*≈, 0*)

pôst

fatal fatálny, osudový

faul 1 zhnitý, skazený **2** lenivý **3** zlý, hlúpy; *ein ~er Witz* hlúpy žart; *~e Ausreden* hlúpe výhovorky; **~en** hniť, kaziť sa, rozkladať sa

faulenz|en leňošiť, zaháľať; **r –er** (*s,* ≈) leňoch, povaľač

e Faul|heit (≈, *en*) lenivosť, záhaľka; **–ig** nahnitý

e Fäulnis (≈, *0*) **1** hniloba, rozklad **2** pren. prehnitosť; *in ~ geraten** hniť

e Faust (≈, *≈e*) päsť; obraz. *etw auf eigene ~ tun** urobiť niečo na vlastnú päsť; **~dick 1** PRÍSL veľmi, nehorázne **2** hrubý ako päsť; **r ~handschuh** (*(e)s, e*) palčiak

s Fäustchen (*s,* ≈) pästička; obraz. **sich ins ~ lachen** smiať sa popod fúzy

r Fauxpas [fo'pa] (≈, ≈) netaktnosť spoločenská

r Favorit (*en, en*) favorit, obľúbenec

e FDP skr. **e Freie Demokratische Partei** Slobodná demokratická strana

r Februar (*(s), e*) február

fechten* (*o, o*) **1** šermovať **2** bojovať

e Feder (≈, *n*) **1** pero, perie vtáka **2** tech. pružina, perá **3** pero na písanie; **r ~ball** (*s, 0*) bedminton; **s ~bett** (*(e)s, en*) perina; **r ~busch** (*(e)s, ≈e*) chochol; **~leicht** ľahký ako pierko; **~n** pružiť, perovať; **sich ~** strácať perie o vtákoch **e ~ung** (≈, *en*) perovanie

e Fee (≈, *n*) víla

s Fege|feuer (*s, 0*) očistec; **–n 1** (za)vy|metať, čistiť, leštiť **2** zmietnuť; *der Sturm ist über das land gefegt* búrka sa prehnala krajom

fehl PR M nevhodný; *~ am Patz* al. *am Ort sein* byť nemiestny, nevhodný; *Strenge ist hier ~ am Platz* prísnosť tu nie je namieste; **~en 1** chýbať **2** nemať **3** netrafiť, schybiť; obraz. **das Ziel ~en** minúť cieľ; **weit gefehlt!** ani zďaleka!, vôbec nie!

r Fehl|er (*s,* ≈) chyba, omyl; **~frei** bezchybný; **~haft** chybný, kazový; **e –geburt** (≈, *en*) potrat; **–|gehen*** (*ging fehl, i. fehlgegangen*) **1** zísť z cesty, zablúdiť **2** mýliť sa, **3** netrafiť cieľ; **r –griff** (*(e)s, e*) **1** prechmat **2** obraz. omyl; **r –schlag** (*(e)s, ≈e*) neúspech

fehl|schießen* (*u, h. a*) nezasiahnuť; **~*** (*u, i. a*) nepodariť sa, zlyhať

e Feier (≈, *n*) oslava, slávnosť; **r ~|abend** (*s, e*) **1** ukončenie práce, hovor. fajront **2** odpočinok, voľno po práci; **~lich** slávnostný; **e ~lichkeit** (≈, *en*) slávnosť; **~n 1** sláviť, oslavovať **2** nepracovať, odpočívať od práce; **r ~tag** (*(e)s, e*) deň pracovného pokoja, sviatok

feig(e) zbabelý

e Feige (≈, *n*) figa

e Feig|heit (≈, *en*) zbabelosť; **r –ling** (*s, e*) zbabelec

e Feile (≈, *n*) pilník; obraz. *die letzte ~ an etw legen* dať poslednú bodku za niečím

feilschen jednať sa, handrkovať sa o cene tovaru

fein jemný, hebký, nežný, ušľachtilý, kvalitný, uhladený, hovor. fajnový; **~er Regen** drobný dážď

r Feind (*es, e*) nepriateľ, protivník; **~lich** nepriateľský, odmietavý; **e ~schaft** (≈, *en*) nepriateľstvo, nenávisť, nevraživosť; **~selig** nepriateľský, nevraživý, nenávistný; **e ~seligkeit** (≈, *en*) nepriateľstvo, nevraživosť

fein|fühlend, **feinfühlig** jemnocitný, citlivý, taktný; **s –gefühl** (*s, 0*) jemnocit, cit, taktnosť; **e –heit** (≈, *en*) jemnosť, vznešenosť; **e –kost** (≈, *0*) lahôdka, delikatesa; **r –schmecker** (*s,* ≈) labužník

s Feld (*(e)s, er*) **1** pole, roľa **2** fyz. pole magnetické ap. **3** šport. hracia plocha **4** voj. bojisko; **r ~herr** (*n, en*) vojvodca; **s ~|obst** (*(e)s, 0*) plané ovocie; **r ~stecher** (*s,* ≈) poľný ďalekohľad; **r ~weg** (*(e)s, e*) poľná cesta

e Felge (≈, *n*) **1** obruč, hovor. ráf kolesa **2** šport. toč na hrazde

s Fell (*(e)s, e*) koža, kožuch; obraz. *ein dickes ~ haben* mať hrošiu kožu
r Fels (*en, en*), **r Felsen** (*s, ≈*) skala, bralo, útes
fels|enfest pevný ako skala, skalopevný; **–ig** skalnatý
feminin ženský, ženského rodu
r Fenchel (*s, 0*) fenikel
s Fenster (*s, ≈*) okno; *das ~ geht* auf die Straße hinaus* okno vedie do ulice; **s ~brett** (*(e)s, er*) parapet; **r ~putzer** (*s, ≈*) umývač okien; **e ~scheibe** (*≈, n*) okenná tabuľa; **r ~sturz** (*es, ≈e*) pád z okna; *der Prager ~sturz* pražská defenestrácia
e Feri|en MNČ prázdniny; **e ~reise** (*≈, n*) prázdninová cesta; **r ~tag** (*(e)s, e*) prázdninový, voľný deň
s Ferkel (*s, ≈*) prasiatko
fern 1 čas. dávny, minulý **2** miest. ďaleký, vzdialený; *der Ferne Osten* Ďaleký východ; **s ~|amt** (*(e)s, ≈er*) medzimestská telefónna ústredňa; **e ~bedienung** (*≈, en*) diaľkové riadenie, diaľkové ovládanie
e Fern|e (*≈, n*) diaľka; **~r 1** ďalší **2** ďalej, naďalej, okrem toho; **r –flug** (*(e)s, ≈e*) diaľkový let; **s –gespräch** (*(e)s, e*) medzimestský telefonický hovor; **s –glas** (*es, ≈er*) ďalekohľad; **–|halten*** (*ie, a*) nepripustiť (*j-n/etw zu etw* koho/čo ku komu/čomu); **e –lenkung** (*≈, en*) diaľkové riadenie; **s –rohr** (*(e)s, e*) ďalekohľad
fernseh- televízny; **r –|empfänger** (*s, ≈*) televízny prijímač; **–en*** (*sah fern, h. ferngesehen*) pozerať sa na televíziu; **s –en** (*s, 0*) televízia; **r –er** (*s, ≈*) televízor
r Fern|sprecher (*s, ≈*) telefón, telefónny automat; **e –sprechzelle** (*≈, n*) telefónna búdka; **s –studium** (*s, –studien*) diaľkové, externé štúdium; **r –verkehr** (*s, 0*) diaľková doprava
e Ferse (*≈, n*) päta
fertig hotový, pripravený, ukončený; obraz., hovor. *mit dir bin ich ~* s tebou som skončil; **s ~bauteil** (*(e)s, e*) stavebný dielec, prefabrikát, panel
e Fertigkeit (*≈, en*) zručnosť, obratnosť
fertig|machen <fertig machen>, **–|stellen** <**– stellen**> dohotoviť, dokončiť
e Fessel (*≈, n*) puto, okovy; **~n** spútať; obraz. pripútať, upútať (*j-n an etw* koho k čomu); **~nd** pútavý, zaujímavý
fest[1] PRÍ M **1** pevný, tuhý **2** trvalý, stály; *~er Wohnsitz* trvalé bydlisko; **~ sein in etw** byť zbehlý, zručný v čom; **~ werden** stuhnúť, stvrdnúť
fest[2] PRÍSL **1** pevne **2** veľmi
s Fest (*(e)s, e*) sviatok, slávnosť
fest|binden* <**fest binden**> (*a, h. u*) **1** pevne priviazať **2** zviazať, spútať
s Fest|essen (*s, ≈*) slávnostná hostina, banket
fest|halten* <**fest halten**> (*ä; ie, h. a*) **1** pevne držať; *an der Hand ~* držať za ruku **2** držať sa zásady, zostať verný (*an etw* čomu); **–igen 1** pripevniť **2** obraz. utvrdiť; **e –igkeit** (*≈, 0*) **1** fyz. pevnosť, tuhosť **2** obraz. neústupnosť
s Festival (*s, s*) festival
s Fest|land (*(e)s, 0*) pevnina; **–|legen 1** určiť, stanoviť termín, program ap. **2** vziať koho za slovo; **sich ~** zaviazať sa sľubom
festlich sviatočný, slávnostný
fest|machen pripevniť; **e –nahme** (*≈, n*) zatknutie; **–nehmen*** (*a, festgenommen*) zatknúť
e Festrede (*≈, n*) slávnostná reč
festsetzen 1 určiť, stanoviť **2** uväzniť; **sich ~** usadiť sa o špine, prachu; *sich irgendwo festsetzen* niekde sa usadiť o ľuďoch
s Festspiel (*(e)s, e*) slávnostné predstavenie, hra; *die ~e* MNČ festival
feststell|en 1 určiť, stanoviť **2** zistiť, konštatovať; **e –ung** (*≈, en*) **1** stanovenie **2** zistenie, konštatovanie
r Festtag (*(e)s, e*) slávnostný deň, sviatok
fett 1 tučný, mastný o potravinách **2** tuč-

ný, tlstý o ľuďoch 3 tučný písmo
s Fett (*(e)s, e*) masť, tuk; **~ ansetzen** priberať, tučnieť; **~arm** obsahujúci málo tuku; **~en** omastiť, vymastiť; **~ig** mastný, zamastený; **~leibig** veľmi tučný, tlstý
r Fetzen (*s, ≈*) handra
feucht vlhký; **e ~igkeit** (*≈, 0*) vlhkosť
feudal feudálny; **r ~herr** (*n, en*) feudál; **r ~ismus** (*≈, 0*) feudalizmus
s Feuer (*s, ≈*) **1** oheň; *~ (an)machen, ~ anlegen* založiť oheň; *j-m ~ geben** pripáliť komu; *~ fangen** vznietiť sa, chytiť sa **2** požiar; *~!* horí! **3** lesk, žiara **4** nadšenie **5** paľba vojenská; **s ~alarm** (*s, e*) požiarny poplach; **~fest** ohňovzdorný; **e ~gefahr** (*≈, en*) nebezpečenstvo požiaru; **~gefährlich** ľahko zápalný, horľavý; **e ~leiter** (*≈, n*) hasičský rebrík; **r ~löscher** (*s, ≈*) hasiaci prístroj; **r ~melder** (*s, ≈*) požiarny automat; **~n 1** kúriť **2** strieľať **3** hovor. vyhodiť koho odkiaľ; **r ~schutz** (*es, 0*) protipožiarna ochrana; **e ~stätte** (*≈, n*) **1** spálenisko **2** ohnisko **3** kozub; **e ~wehr** (*≈, en*) hasičský a záchranný zbor; **s ~werk** (*(e)s, e*) ohňostroj; **s ~zeug** (*(e)s, e*) zapaľovač
s Feuilleton [föjəˈtõ:] (*s, s*) fejtón
feurig 1 ohnivý, žeravý **2** žiariaci, ohnivočervený **3** obraz. náruživý, nadšený
ff. skr. **für folgende** nasledujúce strany
e Fibel (*≈, n*) šlabikár
e Fichte (*≈, n*) smrek
s Fieber (*s, ≈*) **1** horúčka **2** obraz. horúčka, dychtivosť za čím; **~haft 1** horúčkový **2** pren. horúčkovitý; **r ~messer** (*s, ≈*), **s ~thermometer** (*s, ≈*) teplomer
r Fiedelbogen (*s, ≈* al. *≈̈*) hovor. sláčik
e Figur (*≈, en*) **1** postava **2** podoba, figúra, socha, figurína **3** mat. obrazec **4** bábka **5** figúrka v šachu **6** figúra tanečná ap.
e Fiktion (*≈, en*) fikcia
s Filet [fiˈle:] (*s, s*) filé
e Filiale (*≈, n*) filiálka
e Filigranarbeit (*≈, en*) filigránska práca
r Film (*(e)s, e*) film do fotoaparátu i v kine; **e ~aufnahme** (*≈, n*) **1** nakrúcanie filmu **2** filmová snímka, filmový záber; **e ~schaffen** (*s, 0*) filmová tvorba; **~en 1** filmovať, nakrúcať film **2** hrať vo filme
r Filter (*s, ≈*) filter; **~n** filtrovať; **s ~papier** (*s, e*) filtračný papier; **e ~zigarette** (*≈, n*) cigareta s filtrom
r Filz (*es, e*) **1** plsť **2** hovor. lakomec, neokrôchanec; **~en 1** natĺkať plsť **2** schlpiť sa **3** ohmatávať zvieratá pri kupovaní; **e ~laus** (*≈, ≈̈*) zool. voš lonová
s Finale (*s, s*) finále, záver
Finanz- finančný; **s ~amt** (*(e)s, ≈̈er*) finančný úrad; **r ~beamte** (*n, n*) finančný úradník; **e ~en** MNČ financie
finanziell finančný, peňažný; **–ieren** financovať; **r –minister** (*s, ≈*) minister financií
finden* (*a, h. u*) **1** nájsť **2** pokladať; (*j-n/etw für j-n/etw* koho/čo za koho/čo) *ich finde* es in Ordnung* podľa mňa je to v poriadku; *nichts dabei ~* nevidieť na tom nič zvláštne **3** dospieť, získať ocenenie, odpustenie; **sich ~** nájsť sa (*in etw* v čom); **r –er** (*s, ≈*) **1** nálezca **2** fot. hľadáčik; **–ig** vynaliezavý, vynachádzavý, dôvtipný
r Finger (*s, ≈*) prst; *der kleine ~* malíček; obraz. *keinen ~ rühren* nepohnúť ani prstom; **r ~abdruck** (*(e)s, ≈̈e*) odtlačok prstov; **r ~hut** (*(e)s, ≈̈e*) náprstok; **r ~nagel** (*s, ≈̈*) necht na prste; **e ~spitze** (*≈, n*) špička prsta; **e ~übung** (*≈, en*) hud. prstové cvičenie
fingieren fingovať, predstierať; **–t** fingovaný, predstieraný
r Fink (*en, en*) zool. pinka
e Finne (*≈, n*) **1** lek. uhor na pokožke **2** zool. larva pásomnice
finster 1 temný, tmavý **2** pren. chmúrny, zamračený **3** zlovestný; **e ~nis** (*≈, 0*) tma, temnota
e Finte (*≈, n*) finta, lesť, úskok

e Firma (≈, *Firmen*) firma
r Firmen|inhaber (*s*, ≈) majiteľ firmy; **s –schild** (*(e)s, er*) firemná tabuľa
r Firnis (*ses, se*) **1** fermež **2** obraz. klam, zdanie
r Fisch (*es, e*) ryba; **~en** chytať ryby, rybárčiť; **r ~er** (*s*, ≈) rybár; **e ~erei** (≈, *en*) lov rýb, rybárstvo, rybárčenie
Fisch- rybí; **r ~fang** (*s, 0*) rybolov; **s ~geruch** (*s, 0*) rybací pach, pach po rybacine; **e ~gräte** (≈, *n*) rybia kosť; **e ~schuppe** (≈, *n*) rybia šupina
e Fistel (≈, *n*) lek. fistula
e Fitneß <...ss> (≈, *0*) fitnes
fix 1 pevný, stály, fixný **2** obratný; **~ und fertig sein 1** byť hotový, byť pripravený aj byť úplne vyčerpaný; **~ieren** fixovať, ustáliť, upevniť
flach 1 plochý, rovný **2** ploský, sploštený, plytký
e Fläche (≈, *n*) **1** rozloha, plocha i mat. **2** rovina, hladina; **r ~n|inhalt** (*(e)s, e*) mat. plošný obsah
s Flachland (*s, 0*) rovina, planina
e Flader (≈, *n*) žilka, letokruh v dreve
flackern blčať, kmitať
e Flagge (≈, *n*) vlajka; *die ~ hissen* vztýčiť vlajku
r Flamingo (*s, s*) zool. plameniak červený
e Flamme (≈, *n*) plameň i obraz.; **~n** horieť, blčať
r Flanell (*s, e*) flanel
e Flanke (≈, *n*) **1** bok, strana **2** lek. slabina **3** šport. prihrávka pred bránu, center
e Flasche (≈, *n*) fľaša
flaschen|artig fľaškovitý, **s bier** (*(e)s, e*) fľaškové pivo; **r –|öffner** (*s*, ≈) otvárač fliaš
r Flaschenzug (*(e)s,* ≈*e*) kladkostroj
flatterhaft vrtkavý, nestály
flattern (*h.*) poletovať, trepotať o motýľoch
flau 1 slabý **2** chabý, mdlý **3** nudný, fádny; *mir ist ~* necítim sa dobre
r Flaum (*(e)s, 0*) **1** páperie **2** jemná srsť
r Flausch (*es, e*) flauš
e Flausen MNČ hlúposti, pletky; *mach keine ~!* nevyhováraj sa!, bez okolkov!
e Flechse (≈, *n*) lek. šľacha
e Flechte (≈, *n*) **1** vrkoč **2** bot. lišajník **3** lek. lišaj; **~n*** (*o, o*) (u)pliesť, (u)viť
e Flechtwaren MNČ košikársky pletený tovar
r Fleck (*(e)s, e*) **1** miesto; *nicht vom ~ kommen** nepohnúť sa z miesta **2** škvrna **3** záplata; **blaue ~e** modriny
e Flecke MNČ držky
fleckenlos bez škvrny, čistý, nepoškvrnený, bezúhonný
e Fledermaus (≈, ≈*e*) netopier
flehen naliehavo prosiť koho o čo; **~tlich** úpenlivý, naliehavý
s Fleisch (*(e)s, 0*) **1** mäso **2** dužina ovocia; **e ~brühe** (≈, *n*) hovädzí vývar; **r ~er** (*s*, ≈) mäsiar; **e ~erei** (≈, *en*) mäsiarstvo; **~fressend** <**~fressend**> mäsožravý; **~ig** mäsitý, dužinatý; **r ~wolf** (*(e)s,* ≈*e*) strojček/mlynček na mäso
r Fleiß (*es, 0*) usilovnosť; **~ig** usilovný
fletschen: *die Zähne ~* (vy)ceriť zuby
e Flexion (≈, *en*) lingv. ohýbanie, skloňovanie, časovanie
flicken plátať, látať, obšívať; **r ~** (*s*, ≈) záplata
r Flieder (*s*, ≈) orgován
e Fliege (≈, *n*) **1** mucha **2** motýlik druh kravaty; obraz. *zwei ~n mit einer Klappe (schlagen)* (zabiť) dve muchy jednou ranou; **~n*** (*o, i. o*) letieť, lietať
r Fliegen|fänger (*s*, ≈) **1** mucholapka papierový pás na lapanie múch **2** zool. muchárik; **e –klappe** (≈, *n*), **e –klatsche** (≈, *n*) mucholapka nástroj na zabíjanie múch; **r –pilz** (*es, e*), **r –schwamm** (*(e)s,* ≈*e*) muchotrávka červená
r Flieger (*s*, ≈) **1** letec, pilot **2** hovor. lietadlo
fliehen* (*o, i. o*) **1** utiecť, ujsť **2** vyhýbať sa komu/čomu
e Fliese (≈, *n*) obkladačka, dlaždica
s Fließ|band (*(e)s,* ≈*er*) bežiaci pás;

DEF

am ~ na bežiacom páse; **–en*** (*o* <...ss>, *i. geflossen*) **1** tiecť, pretekať **2** plynúť; **–end 1** tečúci **2** tekutý **3** obraz. plynulý
r Flimmer (*s*, ≈) **1** fliter **2** ligot, lesk, trblietanie; **~n** trblietať, ligotať
flink 1 šikovný, obratný **2** chytrý, rýchly
e Flinte (≈, *n*) puška, hovor. flinta
r Flitter (*s*, ≈) fliter; **s ~glanz** (*es*, *≈e*) obraz. pozlátka; **e ~wochen** MNČ medové týždne
flitzen (*i.*) **1** rýchlo letieť **2** hovor. uháňať, frčať o autách
e Flock|e (≈, *n*) **1** vločka **2** chumáč; **–ig** vločkovitý
r Floh (*(e)s*, *≈e*) blcha; **r ~markt** (*(e)s*, *≈e*) blší trh
e Flora (≈, *Floren*) flóra
florieren kvitnúť, rozkvitať i obraz.
e Floskel (≈, *n*) floskula, fráza
s Floß (*es*, *≈e*) plť
e Flosse (≈, *n*) plutva
e Flöte (≈, *n*) flauta
flott 1 plávajúci, schopný plavby **2** rýchly, obratný **3** vkusný **4** šviháck y
e Flotte (≈, *n*) flotila, loďstvo
r Fluch (*(e)s*, *≈e*) kliatba, prekliatie; **~en 1** kliať, zlorečiť **2** nadávať
e Flucht (≈, *en*) **1** útek, únik **2** smer, rad, líce domov; **~artig** veľmi rýchly, ako na úteku
flücht|en (*i.*) utiecť; **–ig 1** na úteku, utekajúci **2** letmý, pominuteľný okamih ap. **3** povrchný **4** prchavý o chemickej látke; **e –igkeit** (≈, *en*) **1** zbežnosť **2** prchavosť
r Flüchtling (*s*, *e*) utečenec, zbeh
r Flug (*(e)s*, *≈e*) let; *im ~e* v lete, narýchlo; **s ~blatt** (*(e)s*, *≈er*) leták
r Flügel (*s*, ≈) **1** krídlo vtáka, budovy ap. **2** pren., bás. peruť **3** hud. krídlo
r Fluggast (*(e)s*, *≈e*) cestujúci lietadlom
e Flug|geschwindigkeit (≈, *en*) rýchlosť letu; **e –gesellschaft** (≈, *en*) letecká spoločnosť; **r –hafen** (*s*, *≈*) letisko; **e –karte** (≈, *n*) letenka; **r –plan** (*(e)s*, *≈e*) letový poriadok; **r –platz** (*es*, *≈e*) letisko; **r –verkehr** (*s*, *0*) letecká doprava
s Flugzeug (*(e)s*, *e*) lietadlo; **e ~entführung** (≈, *en*) únos lietadla; **e ~halle** (≈, *n*) hangár; **r ~träger** (*s*, ≈) lietadlová loď
e Flunder (≈, *n*) zool. tľapka riečna
s Fluor (*s*, *0*) fluór
r Flur[1] (*(e)s*, *e*) predsieň, chodba
e Flur[2] (≈, *en*) niva, pláň, pole; **e ~bereinigung** (≈, *en*) rozoranie medzí, sceľovanie pozemkov
r Fluß <...ss> (*Flusses, Flüsse*) **1** rieka **2** tok, prúd **3** lek. výtok; **~ab(wärts)** <...ss...> po prúde; **~auf(wärts)** <...ss...> proti prúdu rieky
flüssig tekutý, kvapalný; **e ~keit** (≈, *en*) tekutina, kvapalina; **Geld ~ machen** uvoľniť peniaze
flüstern šepkať
e Flut (≈, *en*) **1** príliv **2** vlna, potopa **3** množstvo ľudí, ponúk ap.; **~en 1** zatopiť vodou **2** pren. zaplaviť; **s ~licht** (*(e)s*, *0*) umelé osvetlenie, svetlomety
e Föderation (≈, *en*) federácia
s Fohlen (*s*, ≈) žriebä
e Föhre (≈, *n*) borovica, sosna
e Folge (≈, *n*) **1** následok; *zur ~ haben* mať za následok **2** poradie **3** sled, postup **4** číslo časopisu; **j-m ~ leisten 1** nasledovať, poslúchnuť koho **2** prijať napr. pozvanie
folgen (*i.*) **1** nasledovať, sledovať (*j-m* koho) **2** nasledovať **3** vyplývať; **~** (*h.*) poslúchnuť; **~d** nasledujúci
folgendermaßen takto
e Folgerung (≈, *en*) následok, dôsledok, záver
folglich teda
folgsam poslušný
e Foli|e (≈, *n*) fólia
e Folter (≈, *n*) **1** mučenie, trýznenie **2** mučidlo, škripec; **~n** mučiť, trýzniť
r Fön <**Föhn**> (*(e)s*, *e*) elektrický vysušovač vlasov, fén
e Fontäne (≈, *n*) fontána
s Förderband (*(e)s*, *≈er*) dopravný

pás
förderlich užitočný, prospešný, priaznivý
fordern 1 žiadať (*von j-m etw* čo od koho) **2** vyžadovať, potrebovať trpezlivosť ap. **3** predvolať; *vor Gericht ~* predvolať na súd **4** vyzývať
förder|n 1 podporovať **2** urýchliť **3** dobývať, ťažiť; **e –ung** (*≈, en*) **1** podpora **2** ťažba, dobývanie
e Forderung (*≈, en*) **1** pohľadávka **2** požiadavka **3** vyzvanie
e Forẹlle (*≈, n*) pstruh
e Form (*≈, en*) forma; *in ~ sein* byť vo forme; **e ~alitạ̈t** formalita
s Formạt (*(e)s, e*) formát; **e ~ịon** (*≈, en*) **1** formácia, útvar **2** formovanie, utváranie
formbar formovateľný, tvárny
e Formel (*≈, n*) **1** formula, znenie prísahy **2** chem., fyz. vzorec, poučka, zákon, pravidlo
formẹll formálny
form|en tvoriť, formovať; **–ịeren** zostaviť mužstvo, zoradiť
förmlich 1 PR M formálny, pravý, skutočný **2** PRÍSL zjavne, priamo; **e ~keit** (*≈, en*) formalita, formálnosť
formlos beztvarý, obraz. neomalený
s Formu|lạr (*s, e*) formulár; **–lịeren** formulovať, vyjadriť, štylizovať
forsch rázny, energický, rozhodný
forsch|en 1 bádať, skúmať **2** pátrať (*nach etw* po čom); **r –er** (*s, ≈*) bádateľ, výskumník; **e –ung** (*≈, en*) výskum, bádanie; **e –ungsreise** (*≈, n*) výskumná cesta
r Forst (*es, e*) les, hora
r Förster (*s, ≈*) lesník, horár
e Forstwirtschaft (*≈, 0*) lesné hospodárstvo
fort 1 preč **2** vpred, ďalej; *und so ~* a tak ďalej; **in einem ~** neustále; **~|bewegen sich** pohybovať sa ďalej; **~|bilden** ďalej sa vzdelávať; **e ~dauer** (*≈, 0*) trvanie; **~|fahren*** (*u, i. a*) **1** odcestovať **2** pokračovať v hre; **~|führen 1** odniesť, odviesť **2** pokračovať v práci; **~|gehen*** (*ging fort, i. fortgegangen*) odísť, ísť ďalej; *so kann* es nicht ~gehen** tak to nemôže ísť ďalej; **~geschritten** pokročilý; **~|pflanzen sich 1** bot. rozmnožovať sa **2** fyz. šíriť sa vlny; **~|schreiten*** (*schritt fort, i. fortgeschritten*) **1** kráčať ďalej **2** obraz. robiť pokroky, zlepšovať sa
r Fortschritt (*(e)s, e*) pokrok; **~lich** pokrokový
fort|setzen pokračovať (*etw* v čom); **e –setzung** (*≈, en*) pokračovanie; *–setzung folgt* pokračovanie nasleduje, pokračovanie nabudúce; **–während** stály, ustavičný, neprestajný, nepretržitý
s Foto (*s, s*) fotografia; **r ~|apparat** (*(e)s, e*) fotoaparát; **r ~grạph** <**~grạf**> (*en, en*) fotograf; **e ~graphịe** <**~grafịe**> (*≈, ịen*) fotografia; **~graphịeren** <**~grafịeren**> fotografovať
e Fracht (*≈, en*) **1** náklad **2** dovozné **3** tech. zaťaženie; **r ~er** (*s, ≈*) nákladná loď; **s ~gut** (*(e)s, ≈̈er*) prepravovaný tovar
r Frack (*(e)s, ≈̈e*) frak
e Frage (*≈, en*) otázka, problém; *das steht* außer ~* to je isté al. o tom niet pochýb; *an j-n eine ~ richten* obrátiť sa s otázkou na koho; **eine ~ stellen** pýtať sa; **das kommt* nicht in ~** to neprichádza do úvahy; **r ~bogen** (*s, ≈ al. ≈̈*) dotazník; **~n** pýtať sa (*j-n über al. um al. nach etw* koho na čo); **s ~zeichen** (*s, ≈*) otáznik
s Fragmẹnt (*(e)s, e*) fragment
fragwürdig pochybný, problematický
e Fraktịon (*≈, en*) frakcia
e Fraktụr (*≈, en*) **1** fraktúra, gotické písmo; švabach **2** lek. zlomenina, fraktúra
frankịeren frankovať, vyplatiť poštovnú zásielku; *(nicht)(un)frankiert* (ne)vyplatené
franko obch. vyplatené; *~ Berlin* vyplatené do Berlína
e Franse (*≈, n*) strapec na koberci ap.
r Franzbranntwein (*s, e*) hovor. fran-

DEF

covka

frappant frapantný, nápadný, výrazný aj prekvapujúci

e Fräse (≈, *n*) fréza

e Fratze (≈, *n*) úškľabok; *~n schneiden** škľabiť sa, strúhať grimasy

e Frau (≈, *en*) žena, pani; *alte ~* starena; *~ Doktor* pani doktorka

r Frauen|arzt (*es,* ≈̈*e*) ženský lekár, gynekológ; **e –bewegung** (≈, *en*) ženské hnutie

s Fräulein (*s,* ≈) slečna

fraulich ženský, materský

frech bezočivý, drzý; **r ~dachs** (*es, e*) bezočivec, nespratník; **e ~heit** (≈, *en*) drzosť

e Fregatte (≈, *n*) fregata

frei slobodný, nezávislý, voľný; *~ von* zbavený čoho al. oslobodený od čoho; *~es Feld* voľné pole; *~ haben* mať voľno; **s ~bad** (*(e)s,* ≈̈*er*) kúpalisko; **e –zeit** (≈, *0*) voľný čas; **~|bekommen*** **<~ bekommen>** (*bekam frei, o*) dostať voľno; **j-n ~|bekommen* <~ bekommen>** dostať niekoho na slobodu; **~gebig** štedrý; **~händig** voľnou rukou, z voľnej ruky

e Frei|heit (≈, *en*) sloboda, voľnosť, nezávislosť; **–heitlich** slobodomyseľný; **e –heitsstrafe** (≈, *n*) trest odňatia slobody; **e –karte** (≈, *n*) voľná vstupenka, voľný cestovný lístok; **–|lassen*** (*ä; ließ frei, h. a*) prepustiť na slobodu; **–|legen** odkryť, uvoľniť

freilich pravdaže, zaiste; *ja ~* ale pravdaže

e Freilichtbühne (≈, *n*) divadlo v prírode

frei|machen uvoľniť; **–|sprechen*** (*i; a, h. o*) oslobodiť, zbaviť viny; *von einer Anklage –sprechen** oslobodiť od obžaloby; **–|stellen 1** uvoľniť (*j-n* koho) **2** nechať na čiu vôľu al. rozhodnutie; **r –stoß** (*es,* ≈̈*e*) šport. voľný kop

r Freitag (*s, 0*) piatok

freiwillig dobrovoľný

fremd cudzí, neznámy; **~artig** cudzorodý; **r ~e** (*n, n*) cudzinec

r Fremden|führer (*s,* ≈) sprievodca cudzincov al. zahraničných turistov; **r –verkehr** (*s, 0*) cudzinecký ruch; **s –zimmer** (*s,* ≈) hosťovská izba

r Fremd|körper (*s,* ≈) lek. cudzie teleso, cudzí prvok; **–ländisch** cudzokrajný, cudzozemský; **r –ling** (*s, e*) cudzinec, neznámy človek; **e –sprache** (≈, *n*) cudzí jazyk; **s –wort** (*(e)s,* ≈̈*er*) cudzie slovo

e Frequenz (≈, *en*) frekvencia

fressen* (*i; fraß, h. e*) **1** žrať **2** rozkladať, rozožierať, spotrebovať; *Rost frißt Eisen* hrdza rozožiera železo; *eine ~de Säure* žieravá kyselina

e Freud|e (≈, *n*) radosť; **–ig** radostný

freuen (po)tešiť, spôsobiť radosť; **sich ~** tešiť sa (*auf etw* na čo; *über etw* z čoho), radovať sa; *es freut mich!* teší ma!

r Freund (*(e)s, e*) **1** priateľ **2** milenec; **~lich** prívetivý, láskavý; **e ~lichkeit** (≈, *en*) prívetivosť, vľúdnosť, láskavosť; **e ~schaft** (≈, *en*) priateľstvo; *mit j-m ~schaft schließen** spriateliť sa s kým; **~schaftlich** priateľský

r Frevel (*s,* ≈) **1** cirk. rúhanie sa **2** kniž. zločin **3** pytliactvo

r Frieden (*s, 0*) **1** mier **2** pokoj, ticho; *~ schließen** al. *stiften* uzavrieť mier; *ruhe in ~* odpočívaj v pokoji

Friedens- mierový; **r ~schluß <...ss>** (*schlusses, schlüsse*) uzavretie mieru; **r ~vertrag** (*(e)s,* ≈̈*e*) mierová dohoda; **e ~zeit** (≈, *en*) mierové časy

fried|fertig mierumilovný, znášanlivý; **r –hof** (*(e)s,* ≈̈*e*) cintorín; **–lich** mierny, pokojný, mierumilovný

frieren* (*o, h. o*) mrznúť; *es friert* mich* mrznem, je mi zima

r Fries (*es, e*) vlys, obruba

frigid frigidný, chladný

frisch čerstvý, svieži; *~ gebacken* čerstvo upečený; *~ gestrichen* čerstvo natreté; **auf ~er Tat ertappen** pristihnúť pri čine; **e ~e** (≈, *0*) **1** čerstvosť, sviežosť **2** chládok

r Friseur (*s, e*), **r Frisör** (*s, e*) holič, kaderník
e Friseuse (*≈, n*), **e Frisöse** (*≈, n*) kaderníčka
frisieren urobiť účes, upraviť vlasy; **r –salon** [...za'lõ] (*s, s*) kaderníctvo; **r –tisch** (*es, e*) toaletný stolík
e Frist (*≈, en*) lehota, termín; **~gemäß** v (stanovenej) lehote, načas; **~los** neodkladný, okamžitý
e Frisur (*≈, en*) účes
frivol frivolný, ľahkovážny, necudný
Frl. skr. **s Fräulein** slečna
froh radostný, veselý; **ich bin ~, daß...** som rád, že...
fröhlich veselý, radostný; *~e Weihnachten* veselé Vianoce; **e ~keit** (*≈, en*) veselosť, radosť
r Frohsinn (*s, 0*) veselá myseľ
fromm nábožný, pobožný
e Frömmigkeit (*≈, en*) pobožnosť, zbožnosť
r Fronleichnam (*s, 0*) cirk. Božie telo
e Front (*≈, en*) **1** priečelie **2** front, predná bojová línia; **~al** čelný, predný, frontálny
r Frosch (*es, ≈e*) žaba; *der ~ quakt* žaba kváka; **r ~mann** (*(e)s, ≈er*) vojenský potápač, žabí muž; **r ~schenkel** (*s, ≈*) žabie stehienko
r Frost (*≈/s, ≈e*) **1** mráz **2** zima, chlad; **e ~beule** (*≈, n*) omrzlina
frösteln: *mich fröstelt* oziaba ma; *es fröstelt* mrzne
frostig mrazivý i obraz.
r, s Frottee (*(s), s*) froté
s Frottier(hand)tuch (*(e)s, ≈er*) froté uterák
e Frucht (*≈, ≈e*) **1** ovocie, plod **2** úžitok, výsledok; **~bar** plodný, úrodný; **e ~barkeit** (*≈, 0*) plodnosť, úrodnosť; **~en** mať účinok; *wozu soll* das ~en?* čomu to má prospieť?; **s ~fleisch** (*es, 0*) dužina; **~los 1** neplodný, neúrodný **2** márny neúspešný; **r ~saft** (*(e)s, ≈e*) ovocná šťava
früh 1 PRM skorý, včasný, raný **2** PRÍSL skoro, zavčasu, zavčas; *~ morgens* zavčas rána; **r ~aufsteher** (*s, ≈*) obraz. ranostaj; **von ~ bis spät** od rána do večera; **e ~geburt** (*≈, en*) predčasný pôrod; **s ~jahr** (*s, e*), **r ~ling** (*(e)s, e*) jar; *im ~ling* na jar; **r ~reif** (*(e)s, 0*) ranná inovať; **s ~stück** (*s, e*) raňajky; **~stücken** raňajkovať; **~zeitig** včasný, skorý
frustrieren frustrovať
r Fuchs (*es, ≈e*) líška; **r ~hund** (*(e)s, e*) jazvečík; **~en 1** hnevať, zlostiť **2** hovor. štvať; **sich ~en** zlostiť sa, hnevať sa; **~teufelswild** rozzúrený
fuchteln oháňať sa, rozhadzovať; *mit den Händen ~* rozhadzovať rukami
e Fuge[1] (*≈, n*) hud. fúga
e Fuge[2] (*≈, n*) štrbina, trhlina, škára
fügen 1 spojiť (*etw mit etw* al. *an etw* čo s čím) **2** podrobiť; **sich ~** podrobiť sa, prispôsobiť sa; (*in etw* A do čoho); *sich in die Umstände ~* prispôsobiť sa okolnostiam
fügsam poddajný
fühlbar citeľný; **–en 1** (po)cítiť; *mit j-m –en* cítiť s kým **2** (o)hmatať; **r –er** (*s, ≈*) tykadlo
führen 1 (za)(do)viesť kam **2** viesť rokovania, podnik ap. **3** mať na sklade **4** obraz. zachádzať s čím; **j-n in Versuchung ~** priviesť niekoho do pokušenia
r Führer (*s, ≈*) **1** vodca **2** sprievodca; **r ~schein** (*(e)s, e*) vodičský preukaz; **e –ung** (*≈, en*) **1** vedenie štátu **2** velenie armády **3** správanie **4** sprevádzanie cudzincov po meste
e Fülle (*≈, 0*) **1** množstvo, hojnosť **2** plnka; **~n 1** naplniť **2** plniť plnkou
s Füllen (*s, ≈*) žriebä
r Füller (*s, ≈*) plniace pero
e Füllung (*≈, en*) **1** naplnenie **2** plnka **3** výplň dverí, do matraca **4** plomba
r Fund (*(e)s, e*) nález
s Fundament (*(e)s, e*) fundament, základ; **~al** fundamentálny, základný
s Fundbüro (*s, s*) oddelenie strát a nálezov, straty a nálezy; **r –ort** (*(e)s, e*) nálezisko

DEF

fünf päť; **r ~kampf** (*(e)s, ≑e*) päťboj; **s ~tel** (*s, ≈*) pätina; **~zehn** pätnásť; **~zig** päťdesiat

r Funk (*s, 0*) rádio komunikácia; **r ~amateur** (*s, e*) rádioamatér

r Funke(n) (*ns, n*) iskra; **~n** blyšťať sa, lesknúť sa

r Funk|er (*s, ≈*) rádiotelegrafista; **s –gerät** (*(e)s, e*) rádiový prístroj; **e –station** (*≈, en*) rozhlasová stanica

e Funktion (*≈, en*) funkcia i mat.; **~ell** funkčný; **~ieren** fungovať

für PREDL s A pre, za, na; *daß ist ~ ihn* to je preňho; *an und ~ sich* samo osebe; *~ j-n gehen** ísť namiesto koho kam; *~ und wider* za a proti; *~ 3 Euro* za 3 eurá; *~ sein Alter* na svoj (jeho) vek; *~ heute Abend* na dnes večer; **was ~ ein** aký, čo za jeden; **Jahr ~ Jahr** rok čo rok; **~ und ~** navždy

e Fürbitte (*≈, en*) prosba, orodovanie za koho

e Furche (*≈, n*) brázda

e Furcht (*≈, 0*) strach; *j-n in ~ setzen* naháňať komu strach; **~bar** strašný, hrozný

fürchten sich báť sa (*vor etw* D čoho)

furcht|los nebojácny, neohrozený, smelý; **–sam** bojazlivý, zbabelý

s Furnier (*s, e*) dyha

fürs = *für das*: *~ Kind* pre dieťa

e Fürsorge (*≈, 0*) starostlivosť (*für* o)

e Fürsprache (*≈, n*) príhovor, prihovorenie sa u koho za koho

r Fürst (*en, en*) knieža; **s ~entum** (*s, ≑er*) kniežatstvo; **~lich** kniežací

s Fürwort (*(e)s, ≑er*) zámeno

r Furz (*es, ≑e*) vulg. prd; **~en** vulg. prdnúť

e Fusion (*≈, en*) fúzia

r Fuß (*es, ≑e*) **1** noha, chodidlo **2** noha stoličky **3** úpätie vrchu, hory **4** podstavec; **zu ~** peši; **r ~ball** (*(e)s, ≑e*) **1** futbalová lopta **2** len JČ futbal; **s ~ballspiel** (*(e)s, e*) futbalový zápas; **r ~ballspieler** (*s, ≈*) futbalista; **r ~boden** (*s, ≑*) podlaha; **e ~bremse** (*≈, n*) nožná brzda; **r ~gänger** (*s, ≈*) chodec; **e ~note** (*≈, n*) poznámka pod čiarou; **r ~rücken** (*s, ≈*) anat. priehlavok; **e ~sohle** (*≈, n*) chodidlo; **e ~spur** (*≈, en*) stopa, šľapaj; **r ~tritt** (*(e)s, e*) **1** krok **2** kopnutie, kopanec; **r ~weg** (*(e)s, e*) **1** chodník **2** chodenie pešo

s Futter (*s, ≈*) **1** krmivo **2** podšívka, vložka, hovor. futro **3** stav. paženie

s Futteral (*s, e*) puzdro

füttern 1 kŕmiť zviera **2** podšiť šaty

s Futurum (*s, Futura*) lingv. futúrum, budúci čas

G

g skr. **s Gramm** gram

e Gabe (*≈, n*) **1** dar, darček; *eine milde ~* milodar **2** nádielka **3** nadanie **4** dávka

e Gabel (*≈, n*) **1** vidlička **2** vidly **3** vidlica na telefóne; **~förmig** vidlicovitý, rozdvojený; **s ~frühstück** (*s, e*) desiata; **e ~ung** (*≈, en*) rozdelenie, rozdvojenie

gackern 1 kotkodákať **2** obraz. tárať

gaff|en zízať, čumieť; **r –er** (*s, ≈*) zvedavec

e Gage ['ga:žə] (*≈, n*) gáža, plat

gähnen zívať

galant 1 galantný, zdvorilý **2** úslužný; **e ~erie** (*≈, i|en*) **1** galantnosť **2** lichôtka, lichotenie **3** obchod s galantérnym tovarom

e Galerie (*≈, i|en*) **1** galéria, obrazáreň **2** zbierka umeleckých predmetov **3** stĺpová chodba **4** balkón v divadle

r Galgen (*s, ≈*) šibenica; *an den ~ kommen** skončiť na šibenici; **e ~frist** (*≈, en*) šibeničný termín; **r ~humor** (*s, 0*) šibeničný humor

e Galle (*≈, 0*) **1** žlč **2** obraz. hnev, zlosť; *eigene ~ ausschütten* vylievať si zlosť na kom

gallen|bitter horký ako žlč; **e –blase**

(≈, *n*) žlčník; **r –stein** (*(e)s, e*) žlčový kameň
s Gallert (*(e)s, e*), **e Gallẹrte** (*≈, n*) huspenina, rôsol
gallert|artig rôsolovitý; **e –masse** (*≈, n*) rôsolovitá hmota, rôsol
r Galọpp (*s, e* al. *s*) cval; *im ~* cval; **~ịeren** cválať
e Galọsche (*≈, n*) galoša
e Gamạsche (*≈, n*) gamaša
gammeln povaľovať sa, zaháľať
r Gang (*(e)s, ≈e*) **1** chôdza; *den ~ beschleunigen* zrýchliť chôdzu, pridať do kroku **2** cesta **3** priebeh udalosti **4** chodba **5** chod **6** rýchlostný stupeň v aute **7** tech. chod, pohyb; *in ~ sein* byť v chode, pohybe; *in ~ bringen** al. *setzen* uviesť do prevádzky; obraz. *in ~ kommen** dostať sa do pohybu, rozhýbať sa; **es ist etw im ~e** niečo sa chystá
gang: *das ist ~ und gäbe* to je bežné, to je na dennom poriadku
e Gang|art (*≈, en*) chôdza; **–bar** **1** schodný o ceste **2** bežný
s Gängelband (*(e)s, ≈er*) detské remence; *j-n am ~ führen* viesť koho na povrázku
gängig **1** idúci na odbyt **2** bežný, známy, rozšírený **3** schodný
r Gangster ['geŋstɐ] (*s, ≈*) gangster
r Ganove (*n, n*) lotor, darebák, ničomník, hovor. gauner
e Gans (*≈, ≈e*) hus; obraz. *dumme ~!* hlúpa hus!
s Gänse|blümchen (*s, ≈*) sedmokráska; **r –braten** (*s, ≈*) pečená hus; **e –haut** (*≈, ≈e*) husia koža; *eine –haut überlief* mich* naskočili mi zimomriavky; **r –marsch** (*(e)s, ≈e*) husí pochod; *im –marsch gehen** ísť husím pochodom, v zástupe
r Gänserich (*s, e*) gunár
ganz **1** PR M celý, úplný, všetok; *die ~e Welt* celý svet **2** PRÍSL celkom, načisto, úplne; *~ allein* celkom sám; *~ und gar* vôbec; **im (großen und) ~en** <**Ganzen**> vcelku, zhruba; **~ und gar nicht** vôbec nie
s Ganze (*n, 0*) celok **1** celok **2** mat. jedna celá; **aufs ~ gehen*** ísť do dôsledkov
e Ganz|heit (*≈, en*) **1** celistvosť, celosť **2** celok, súhrn; **–jährig** celoročný
gänzlich **1** PR M celý, úplný **2** PRÍSL celkom, úplne
ganztägig celodenný
gar **1** hotový, dovarený, dopečený **2** vypracovaný o koži **3** čistý, rýdzi o kove **4** veľmi; *~ zu sehr* príliš **5** dokonca; **~ nicht** vôbec nie; **~ keiner** nikto; **~ nichts** úplne nič
e Garạge [ga'ra:žə] (*≈, n*) garáž
e Garantịe (*≈, ien*) záruka, ručenie, garancia; **e ~frist** (*≈, en*) záručná lehota; **~ren** ručiť, zaručiť sa (*etw* za čo); **r ~schein** (*(e)s, e*) záručný list
e Garbe (*≈, n*) snop, otep
e Garde (*≈, n*) **1** voj. garda, stráž **2** družina stúpencov, priateľov, rovesníkov
e Garderọbe (*≈, n*) **1** šatňa **2** šatník **3** šatstvo
e Garderọben|frau (*≈, en*) šatniarka; **e –marke** (*≈, n*) lístok od šatne; **r –schrank** (*(e)s, ≈e*) šatník nábytok
r Garderobiẹr [gardərọ'bjẹ:] (*s, s*) garderobier
e Gardịne (*≈, n*) záclona
e Gardinenstange (*≈, n*) garniža
gären* (*o, o*) **1** kvasiť, kysnúť **2** obraz. kvasiť, vrieť; *es gärt im Volke* v národe to vrie
s Garn (*(e)s, e*) **1** priadza **2** poľovnícky sieť; obraz. **ins ~ gehen*** naletieť komu na čo
garnịeren **1** (o)lemovať, (o)zdobiť, obrúbiť **2** obložiť jedlo; *garniertes Rindfleisch* hovädzie s oblohou
e Garnitụr (*≈, en*) **1** garnitúra, súprava **2** lemovanie, ozdoba **3** kovanie
r, s Garnknäuel (*s, ≈*) klbko priadze
garstig **1** mrzký, škaredý **2** nevychovaný, zlý o dieťati
r Garten (*s, ≈*) záhrada
Garten- záhradný; **e ~anlage** (*≈, n*)

GHI

záhrada, sad; **e ~arbeit** (≈, *en*) práca v záhrade; **r ~bau** (*s, 0*) záhradníctvo; **s ~fest** (*es, e*) záhradná slávnosť; **s ~gerät** (*(e)s, e*) záhradnícke náradie **s ~häuschen** (*s,* ≈), **e ~laube** (≈, *n*) záhradný domček, besiedka, altán; **e ~hecke** (≈, *n*) živý plot; **e ~stadt** (≈, *≈e*) záhradné mesto; **r ~zaun** (*(e)s, ≈e*) záhradný plot

r Gärtner (*s,* ≈) záhradník; **e ~ei** (≈, *en*) záhradníctvo

e Gärung (≈, *en*) **1** kvasenie, kysnutie **2** obraz. kvasenie, vrenie, pobúrenie; *in ~ kommen** začať kvasiť, obraz. vrieť

s Gas (*es, e*) plyn; *~ geben** pridať plyn v aute; **r ~brenner** (*s,* ≈) plynový horák; **r ~herd** (*(e)s, e*) plynový sporák; **r ~kocher** (*s,* ≈) plynový varič; **e ~leitung** (≈, *en*) plynové potrubie; **e ~maske** (≈, *n*) plynová maska; **s ~pedal** (*s, e*) plynový pedál

e Gasse (≈, *n*) ulica; **eine hohle ~** úvoz

r Gast (*es, ≈e*) hosť, návštevník; *zu ~ sein* byť hosťom; **r ~arbeiter** (*s,* ≈) zahraničný robotník

s Gästebuch (*(e)s, ≈er*) kniha hostí

gastfreundlich pohostinný; **r –geber** (*s,* ≈) hostiteľ; **s –haus** (*es, ≈er*), **r –hof** (*(e)s, ≈e*) zast. hostinec, pohostinstvo, reštaurácia; **–ieren 1** hostiť (*j-n* koho) **2** pohostinsky vystupovať, hosťovať o divadle, o orchestri; **–lich** pohostinný

r Gastronom (*en, en*) gastronóm; **e –nomie** (≈, *0*) gastronómia; **–nomisch** súvisiaci s gastronómiou

s Gastspiel (*s, e*) pohostinské vystúpenie, hosťovanie; **e –stätte** (≈, *n*) reštaurácia; **r –wirt** (*(e)s, e*) hostinský, krčmár; **e –wirtschaft** (≈, *en*) **1** pohostinská živnosť **2** reštaurácia, hostinec; **s –zimmer** (*s,* ≈) hosťovská izba

e Gasuhr (≈, *en*) plynomer; **e –vergiftung** (≈, *en*) otrava plynom; **s –werk** (*(e)s, e*) plynáreň

r Gatte (*n, n*) manžel

s Gatter (*s,* ≈) **1** mreža **2** rámová píla, rámovka **3** zábradlie **4** poľov. zvernica

e Gattin (≈, *nen*) manželka

e Gattung (≈, *en*) **1** druh **2** bot., zool. rod

r Gau (*(e)s, e*) **1** hist. župa **2** kraj, oblasť

s Gaukelbild (*(e)s, er*) prízrak, klam, prelud; **e –ei** (≈, *en*) **1** kúzelníctvo, čarodejníctvo **2** kúzla, čary **3** klam, mámenie

r Gaukler (*s,* ≈) **1** kúzelník, čarodejník, kaukliar **2** podvodník

r Gaul (*(e)s, ≈e*) starý kôň

r Gaumen (*s,* ≈) podnebie v ústach; *der harte ~* tvrdé podnebie; *der weiche ~* mäkké podnebie; **r ~segel** (*s,* ≈) mäkké podnebie

r Gauner (*s,* ≈) podvodník, lump, gauner; **e ~ei** (≈, *en*) podvodníctvo, gaunerstvo

e Gaze ['ga:zə] (≈, *n*) gáza

e Gazelle (≈, *n*) gazela

geadert, geädert žilkovaný o horninách

geb. skr. **geboren*** (na)rodený al. **gebunden*** viazaný o knihách

s Gebäck (*(e)s, e*) pečivo

gebacken pečený

s Gebälk (*(e)s, 0*) **1** hrady, trámy **2** sústava trámov

e Gebärde (≈, *n*) **1** posunok, pohyb, gesto **2** obraz. prejav, gesto; **~n sich** počínať si, správať sa, tváriť sa; **e ~nsprache** (≈, *0*) posunková reč

gebären* (*a, h. o*) **1** (po)rodiť **2** obraz. plodiť, vytvoriť; **e –mutter** (≈, ≈) lek. maternica

s Gebäude (*s,* ≈) budova; **r ~komplex** (*es, e*) blok, komplex budov

s Gebein (*(e)s, e*) telesné pozostatky

s Gebell (*(e)s, 0*) brechot

geben* (*i; a, h. e*) **1** dať, dávať **2** odovzdať, darovať **3** uvádzať, vystupovať; *ein Konzert ~* usporiadať koncert, vystúpiť na koncerte; **sich ~ 1** povoliť, ochabnúť **2** vydávať sa za koho; **es gibt 1** JČ je, existuje **2** MNČ sú, existujú; **was gibt's Neues?** čo je nové?; **es gibt viel zu sehen*** možno tam veľa vidieť; **Gas ~** pridať plyn; obraz. **das gab ihm den Rest** to ho dorazilo; **r –er** (*s,* ≈) darca

s Gebẹt (*(e)s, e*) modlitba; *ein ~ verrichten* (po)modliť sa

s Gebịet (*(e)s, e*) **1** oblasť, kraj **2** obraz. oblasť, pole pôsobnosti, odbor

gebịet|en* (*gebot, h. geboten*) **1** rozkázať, nariadiť **2** vyžadovať **3** byť pánom, vládnuť (*über j-n/etw* nad kým/čím); **r –er** (*s,* ≈) veliteľ, pán, vládca; **–erisch** panovačný

s Gebịlde (*s,* ≈) **1** geol. útvar **2** výtvor **3** mat. obrazec

gebịldet vzdelaný

s Gebịmmel (*s, 0*) cvengot, vyzváňanie

s Gebịrge (*s,* ≈) pohorie, horstvo, hory; *ins ~ fahren** ísť do hôr; *im ~* v horách

e Gebirgs|art (≈, *en*) hornina; **r –bewohner** (*s,* ≈) horal, vrchár; **s –joch** (*s, e*) horské sedlo; **r –kamm** (*(e)s, ≈̈e*) horský hrebeň; **e –kette** (≈, *n*) horské pásmo; **r –paß** <...ss> (*passes, pässe*) horský priesmyk; **r –zug** (*(e)s, ≈̈e*) horské pásmo

s Gebịß <...ss> (*Gebisses, Gebisse*) chrup, zuby; *ein künstliches ~* umelý chrup

gebọrgen skrytý, v bezpečí; **e ~heit** (≈, *0*) bezpečnosť, istota

s Gebọt (*(e)s, e*) **1** zast. rozkaz, príkaz, nariadenie; *die Zehn ~e (Gottes)* Desatoro (Božích prikázaní) **2** obch. ponuka

Gebr. skr. **e Gebrüder** MNČ bratia

r Gebrạuch (*(e)s, ≈̈e*) **1** používanie, upotrebenie **2** zvyk, obyčaj; *von etw ~ machen* používať čo; **~en** používať (*etw* čo)

gebräuchlich používaný, zvyčajný, bežný

e Gebrauchs|anleitung (≈, *en*), **e –|anweisung** (≈, *en*) návod na použitie; **r –|artikel** (*s,* ≈), **r –gegenstand** (*s, ≈̈e*) predmet dennej potreby; **–fertig** hotový, pripravený na použitie; **s –wasser** (*s, 0*) úžitková voda; **r –wert** (*(e)s, e*) úžitková hodnota

gebrạucht 1 použitý, používaný **2** obnosený o šatách; **r ~wagen** (*s,* ≈) použité auto

gebrẹchen* (*a, h. o*) chýbať, nedostávať sa (*an etw* čoho)

gebrẹchlich 1 krehký **2** slabý, vetchý **3** chorľavý, chorý; **e ~keit** (≈, *en*) **1** krehkosť **2** chorľavosť

gebrochen 1 (z)(od)|lomený **2** lámaný; *~es Deutsch* lámaná nemčina **3** obraz. zdrvený, skľúčený; mat. **~e Zahlen** zlomky

e Gebrüder MNČ bratia

s Gebrüll (*(e)s, 0*) rev, vresk

e Gebühr (≈, *en*) **1** poplatok **2** členské **3** povinnosť, záväzok; **über ~** neprimerane; **~en** patriť (*j-m* komu); **sich ~en** patriť sa; **~end** príslušný, primeraný; *sich ~end betragen** správať sa slušne, primerane

e Gebühren|befreiung (≈, *0*) oslobodenie od poplatkov; **–frei** oslobodený od poplatkov; **–pflichtig** podliehajúci plateniu poplatkov

gebụnden viazaný; *die ~e Rede* viazaná reč, verše

e Gebụrt (≈, *en*) **1** narodenie; *seit der ~, von ~ an* od narodenia **2** pôrod **3** rod, pôvod **4** obraz. vznik, zrod

gebürtig rodený, rodom z; *ein ~er Wiener* rodený Viedenčan

e Geburts|anzeige (≈, *n*) oznámenie o narodení; **r –fehler** (*s,* ≈) vrodená chyba; **s –jahr** (*(e)s, e*) rok narodenia; **s –mal** (*(e)s, e*) materské znamienko; **r –schein** (*(e)s, e*) rodný list; **r –tag** (*(e)s, e*) deň narodenia, narodeniny; **e –|urkunde** (≈, *n*) rodný list; **e –wehen** MNČ pôrodné bolesti

s Gebüsch (*(e)s, e*) krovie, húština

s Gedạchtnis (*ses, se*) **1** pamäť; *im ~ behalten** zapamätať si **2** pamiatka; *zum ~* na pamiatku; **ins ~ zurückru-**

fen* vybaviť si čo v pamäti; **e ~feier** (≈, *n*), **s ~fest** ((*e*)*s*, *e*) slávnosť na čiu pamiatku; **e ~stütze** (≈, *n*) mnemotechnická pomôcka

r Gedạnke (*ns, n*) myšlienka; *auf den ~n bringen** priviesť na myšlienku; *auf den ~n kommen** prísť na myšlienku; *in ~n sein* byť zahĺbený v myšlienkach; **sich über etw ~n machen** znepokojovať sa, trápiť sa pre čo

r Gedạnken|austausch (*es, 0*) výmena názorov; **–los** bezmyšlienkovitý; **e –losigkeit** (≈, *0*) bezmyšlienkovitosť; **r –strich** ((*e*)*s*, *e*) pomlčka; **e –|übertragung** (≈, *en*) prenášanie myšlienok, telepatia; **–voll 1** duchaplný **2** obsažný

s Gedẹck ((*e*)*s*, *e*) **1** príbor **2** obed, menu

gedẹih|en* (*ie, i. ie*) **1** prospievať, dariť sa; *an Seele und Leib ~* prospievať duchu a telu **2** dospieť k výsledku; **es gedieh ihm alles unter den Händen** všetko sa mu darilo, na čo siahol; **–lich** prospešný, účinný

gedenk- pamätný, spomienkový

gedẹnk|en* (*gedachte, h. gedacht*) **1** hodlať, zamýšľať **2** pamätať, spomínať (*j-s* na koho/čo); **e –feier** (≈, *n*) spomienková slávnosť; **e –münze** (≈, *n*) pamätná minca; **e –tafel** (≈, *n*) pamätná doska; **r –tag** ((*e*)*s*, *e*) pamätný deň

s Gedịcht ((*e*)*s*, *e*) báseň

gedịegen 1 spoľahlivý, dôkladný o práci, budove **2** čistý, rýdzi o kove

s Gedrạ̈ng|e (*s, 0*) **1** tlačenica, nával ľudí **2** obraz. tieseň; *mit der Zeit ins ~ kommen** dostať sa do časovej tiesne; **–t 1** stiesnený, zovretý **2** tech. kompaktný

s Gedrọ̈hn ((*e*)*s*, *0*) dunenie

gedrụ̈ckt stiesnený; *eine ~e Stimmung* stiesnená nálada

gedrụngen 1 zavalitý, silný **2** stručný, nahustený

e Gedụld (≈, *0*) trpezlivosť; **~en sich** mať strpenie, byť trpezlivý; **~ig** trpezlivý; **~sam** trpezlivý

gedụnsen opuchnutý

ge|ẹhrt vážený, ctený; *sehr ~e Frau* vážená pani

ge|ẹignet spôsobilý, vhodný, hodiaci sa (*zu etw* k čomu)

e Gefạhr (≈, *en*) nebezpečenstvo; *~ laufen**, *sich in ~ begeben** vystaviť sa nebezpečenstvu; *auf die ~ hin...* napriek nebezpečenstvu...; *auf eigene ~* na vlastné nebezpečenstvo

gefạ̈hrd|en ohroziť, vydávať do nebezpečenstva; *gefährdet sein* byť ohrozený, byť v nebezpečenstve; **e –ung** (≈, *en*) ohrozenie, nebezpečenstvo

e Gefahren|quelle (≈, *n*) zdroj nebezpečenstva; **e –zone** (≈, *n*) nebezpečné pásmo; **e –zulage** (≈, *n*) rizikový príplatok

gefährlich nebezpečný; obraz. **es wird nicht so ~ sein!** to nebude také hrozné!

s Gefạ̈hrt ((*e*)*s*, *e*) **1** povoz **2** stopa poľovnícky; **r ~e** (*n, n*) druh/družka

s Gefälle (*s*, ≈) sklon, spád rieky aj reči

gefạllen* (*ä; ie, h. a*) páčiť sa; *j-m ~* zapáčiť sa komu; **sich in etw ~** mať záľubu v čom; **sich etw ~ lassen*** strpieť čo, súhlasiť s čím; *das lasse* ich mir nicht ~* to nestrpím

s Gefạllen[1] (*s, 0*) záľuba; *~ an etw finden** mať záľubu v čom

r Gefạllen[2] (*s, 0*) láskavosť, ochota; *j-m einen ~ tun** urobiť niekomu láskavosť

r Gefạllene (*n, n*) padlý vojak

gefạ̈llig 1 ochotný, láskavý **2** milý, vľúdny; **was ist Ihnen ~?** čo si želáte?; **~st** láskavo; *wollen* Sie ~st Platz nehmen*!* ráčte si láskavo sadnúť!

gefạngen zajatý; **r ~e** (*n, n*) **1** zajatec **2** väzeň; **~|halten* <~ halten>** (*ä; ie, h. a*) držať v zajatí, vözniť; **e ~nahme** (≈, *n*) zajatie, uväznenie, zatknutie; **~|nehmen* <~ nehmen>** (*a, gefangengenommen*) **1** zajať, uväzniť, zatknúť **2** obraz. zaujať, upútať; **e ~schaft** (≈, *0*) zajatie, uväznenie, väzba

s Gefängnis (*ses, se*) väzenie, väznica, zast. žalár; **e ~strafe** (≈, *n*) trest uväznením; **r ~wärter** (*s*, ≈) dozorca vo väznici; **e ~zelle** (≈, *n*) väzenská cela

s Gefäß (*es, e*) **1** nádoba **2** lek. cieva

gefaßt <...ss...> **1** pokojný, vyrovnaný **2** pripravený, odhodlaný; *er ist aufs Äußerste* ~ je pripravený na najhoršie

s Gefẹcht (*(e)s, e*) **1** boj, bitka; *ein kleines* ~ bitka, šarvátka, zvada **2** šermiarsky zápas; obraz. **in der Hitze des ~es** v zápale boja

gefẹit chránený, obrnený (*gegen etw* proti čomu)

s Gefie|der (*s*, ≈) **1** perie **2** obraz. vtáctvo, operenci; **–dert** operený

s Gefịlde (*s*, ≈) zem, kraj, niva, pláň

s Geflẹcht (*(e)s, e*) **1** spleť **2** pletivo

geflẹckt 1 škvrnitý, strakatý **2** zaplátaný

s Geflügel (*s, 0*) hydina; **e ~suppe** (≈, *n*) hydinová/drobková polievka; **~t** okrídlený i obraz.; *geflügelte Worte* okrídlené slová, citáty

s Geflüster (*s, 0*) šepot, šeptanie, šuškanie

s Gefọlg|e (*s*, ≈) sprievod, družina; obraz. **im ~ haben** mať za následok; **e –schaft** (≈, *en*) **1** poslušnosť, oddanosť **2** hist. družina, sprievod **3** prívrženci

gefrạgt žiadaný; *die ~e Ware* žiadaný tovar

gefräßig žravý, pažravý, hltavý; **e ~keit** (≈, *0*) žravosť, pažravosť, nenásytnosť

r Gefrẹite (*n, n*) slobodník

gefrịeren* (*o, i. o*) z(a)mrznúť

r Gefrier|fach (*s*, *≈er*) mraziaci box v chladničke; **r –punkt** (*(e)s, 0*) bod mrazu; **e –truhe** (≈, *n*) mraznička, mraziaci pult

s Gefrọrene (≈, *0*) zmrzlina

gefügig poddajný, povoľný i obraz.; **e ~keit** (≈, *0*) poddajnosť, povoľnosť

s Gefühl (*(e)s, e*) **1** cit, pocit **2** hmat, dotyk **3** tušenie **4** porozumenie, zmysel, náklonnosť **5** súcit; **~los** bezcitný, chladný; **~voll** citlivý, citový

gefühls|mäßig podľa citu; **e –regung** (≈, *en*) citové pohnutie; **s –vermögen** (*s, 0*) schopnosť precítiť

gegẹbenenfalls v danom prípade, eventuálne, prípadne

gegen PREDL s A **1** proti; *was hast du ~ mich?* čo máš proti mne?; *ein Mittel ~ Husten* prostriedok proti kašľu **2** voči; *freundlich sein ~ j-n* byť voči komu priateľský **3** smer v časovom a priestorovom význame: k, ku, na; *~ Dresden* k Drážďanom; *~ Westen* na západ; *~ Abend* na večer **4** asi, na; *~ 5 Menschen* asi piati, asi päť ľudí **5** za, na; *~ Nachnahme* na dobierku; **r ~angriff** (*s, e*) protiútok

e Gegend (≈, *en*) **1** kraj, krajina **2** okolie; *in unserer ~* u nás, v našom kraji

gegen|einạnder navzájom, proti sebe

e Gegenfahrbahn (≈, *en*) opačný smer, protismer na ceste

e Gegenfrage (≈, *n*) protiotázka, otázka namiesto odpovede

s Gegengewicht (*(e)s, e*) protiváha

s Gegengift (*(e)s, e*) protijed

e Gegenleistung (≈, *en*) protislužba, odplata

e Gegen|richtung (≈, *en*) opačný smer, protismer; **r –satz** (*(e)s*, *≈e*) protiklad, opak; *im –satz zu etw* v protiklade k čomu; **–sätzlich** opačný, protikladný

gegenseitig vzájomný, obojstranný; *sich ~ helfen** vzájomne si pomôcť; **e ~keit** (≈, *0*) vzájomnosť

r Gegenspieler (*s*, ≈) súper, protihráč, protivník

r Gegen|stand (*(e)s*, *≈e*) predmet aj v škole, objekt, vec; **–ständlich** vecný, predmetný

GHI

s Gegen|stück (*(e)s, e*) protiklad, opak, doplnok; **s –teil** (*(e)s, 0*) opak; *im –teil* naopak; **–teilig** opačný

gegenüber PREDL s D **1** (na)proti; *dem Hause* ~ naproti domu **2** voči; *ihm* ~ voči nemu **3** vzhľadom na koho/čo, v porovnaní s kým/čím

s Gegenüber (*s,* ≈) náprotivok, protisediaci, protistojaci

gegenüber|liegen* (*a, h./i. e*) ležať naproti čomu; **–|stehen*** (*stand gegenüber, h./i. gegenübergestanden*) stáť (na)proti komu/čomu; **–|stellen** postaviť proti sebe; **e –stellung** (≈, *en*) **1** konfrontácia, postavenie proti sebe **2** porovnanie **3** protiklad

r Gegenvorschlag (*(e)s, ≈e*) protinávrh

e Gegen|wart (≈, *0*) **1** prítomnosť, súčasnosť **2** prítomnosť koho **3** lingv. prítomný čas; **–wärtig 1** prítomný **2** terajší, súčasný; **das ist mir nicht mehr –wärtig** to si už nepamätám

r Gegenwert (*(e)s, e*) protihodnota

gegenzeichnen podpísať spolu s kým

gegliedert členený, článkovaný

r Gegner (*s,* ≈) protivník, odporca, súper, sok; **~isch** nepriateľský; **e ~schaft** (≈, *en*) **1** nepriatelia, súperi **2** nepriateľstvo, súperenie

s Gehaben (*s, 0*) správanie, vystupovanie

s Gehackte (*n, 0*) fašírované mäso

s Gehalt[1] (*(e)s, ≈er*) plat, mzda

r Gehalt[2] (*(e)s, e*) **1** obsah **2** mat. obsah **3** vnútorná hodnota, cena

e Gehalts|gruppe (≈, *n*) platová skupina; **e –kürzung** (≈, *en*) krátenie mzdy

gehaltvoll 1 obsažný, hodnotný **2** výživný o potrave **3** cenný, drahý

geharnischt 1 obrnený **2** obraz. rázny, rozhodný, energický

gehässig nevraživý, nenávistný; **e ~keit** (≈, *en*) nevraživosť, nenávisť

s Gehäuse (*s,* ≈) **1** puzdro, schránka **2** karoséria **3** škrupina, ulita **4** bot. jadrovník

geheftet 1 PR M upretý **2** zošitý, pripnutý **3** PRÍSL uprene

s Gehege (*s,* ≈) ohrada, zvernica, revír; obraz. **j-m ins ~ kommen*** pliesť sa komu do záležitostí, hovor. liezť komu do kapusty

geheim 1 PR M tajný, skrytý **2** PRÍSL tajne, utajene; *im ~en* potajomky, skryte; **r ~dienst** (*es, e*) tajná služba; **~|halten*** <**~ halten**> (*ä; ie, h. a*) tajiť, utajovať

s Geheimnis (*ses, se*) tajomstvo, tajnosť; **~voll** tajomný, tajuplný, záhadný

e Geheim|nummer (≈, *n*) tajné číslo; **e –polizei** (≈, *0*) tajná polícia; **r –rat** (*s, ≈e*) tajný radca

gehen* (*ging, i. gegangen*) **1** ísť, chodiť, kráčať **2** navštevovať pravidelne **3** odísť, odchádzať; **ich höre eine Tür ~** počujem otvárať dvere; **die Fenster ~ nach Norden** okná vedú na sever; **an die Arbeit ~** pustiť sa do práce; **j-m aus dem Weg ~** vyhýbať sa komu; **über etw ~** byť nad čo, presahovať čo; **vor sich ~** prebiehať, diať sa; **sich es gut ~ lassen*** dopriať si, dožičiť si; **wie geht es Dir/Ihnen?** ako sa máš/máte?; **es geht* um...** ide o...; **das geht* nicht!** to nejde!

s Geh|en (*s, 0*) chôdza aj šport.; **r –er** (*s,* ≈) šport. chodec

r Gehenkte (*n, n*) obesenec

geheuer: len v zápore **nicht geheuer 1** nevľúdny, príšerný, **2** nepríjemný **3** neistý, podozrivý

s Geheul (*s, 0*) **1** zavýjanie, rev, revanie **2** plač intenzívny

r Gehilfe (*n, n*) pomocník

s Gehirn (*(e)s, e*) **1** mozog **2** obraz. rozum, hlava; **e ~|erschütterung** (≈, *en*) otras mozgu; **e ~|erweichung** (≈, *en*) mäknutie mozgu; **e ~haut|entzündung** (≈, *en*) zápal mozgových blán

gehoben 1 povznesený o nálade

2 vzletný o reči
s Gehọr (*(e)s, 0*) **1** sluch; *ein feines ~* jemný sluch **2** vypočutie, vyslyšanie; *j-m ~ schenken* vypočuť, vyslyšať koho
gehọrchen byť poslušný, poslúchať (*j-m* koho)
gehọ̈ren patriť, prislúchať, náležať; **sich ~** patriť sa, slušať sa
gehọ̈rig **1** patriaci, náležiaci, prislúchajúci **2** primeraný, vhodný, patričný **3** riadny, poriadny; hovor. *j-m ~ die Meinung sagen* riadne povedať komu svoju mienku
gehọrsam poslušný; *ich melde ~!* poslušne hlásim!
r Gehọrsam (*s, 0*) poslušnosť; *~ leisten* byť poslušný
r Gehsteig (*(e)s, e*), **r Gehweg** (*(e)s, e*) **1** chodník **2** cesta pre chodcov
r Geier (*s, ≈*) sup
r Geifer (*s, 0*) **1** slina **2** zlosť, zúrivosť, jed
e Geige (*≈, n*) **1** husle **2** škripec mučidlo
r Geigen|bogen (*s, ≈* al. *≈̈*) sláčik; **r –schlüssel** (*s, ≈*) husľový kľúč; **r –spieler** (*s, ≈*) huslista
r Geigenzähler (*s, ≈*) fyz. Geigerov počítač
geil **1** bujný **2** smilný, chlipný **3** skvelý, vynikajúci mládežnícky slang
e Geisel (*≈, n*) rukojemník
e Geiß (*≈, en*) koza; **r ~bock** (*(e)s, ≈̈e*) cap
e Geißel (*≈, n*) **1** bič, korbáč **2** obraz. metla, pohroma; **~n** **1** (z)bičovať **2** obraz. ostro kritizovať, pranierovať
r Geist[1] (*(e)s, er*) duch **1** osobnosť **2** strašidlo
r Geist[2] (*(e)s, 0*) duch **1** duša, vnútro **2** myseľ, myšlienky **3** duchaplnosť, dôvtip
r Geist[3] (*es, e*) esencia, lieh
e Geister|beschwörụng (*≈, en*) **1** vyvolávanie duchov **2** zaklínanie duchov; **–haft** strašidelný, nadprirodzený; *eine –hafte Erscheinung* nadprirodzený zjav, zjavenie duchov; **e –stunde** (*≈, n*) hodina duchov
geistes|abwesend duchom neprítomný, roztržitý; **r –blitz** (*es, e*) duchaplný nápad; **e –gegenwart** (*≈, 0*) duchaprítomnosť; **–krank** choromyseľný; **e –krankheit** (*≈, en*) choromyseľnosť; **e –verwirrung** (*≈, 0*) pomätenie mysle
geistig **1** duševný; *~e Anlagen* duševné vlohy **2** duchovný **3** alkoholický, liehový; *~e Getränke* liehové nápoje, liehoviny
geistlich duchovný, cirkevný; **r ~e** (*n, n*) kňaz, pastor; **e ~keit** (*≈, en*) duchovenstvo
geist|los **1** bezduchý **2** prázdny, fádny; **–reich, –voll** duchaplný, vtipný
r Geiz (*es, 0*) **1** lakomstvo, skupánstvo **2** obraz. chamtivosť, nenásytnosť; **~en** **1** byť skúpy (*mit etw* na čo) **2** bažiť (*nach etw* po čom); **r ~hals** (*es, ≈̈e*) lakomec, skupáň; **~ig** lakomý, skúpy; **r ~kragen** (*s, ≈*) lakomec, skupáň
s Ge|kịcher (*s, 0*) chichot **s –klạpper** (*s, 0*) klapot; **s –klịmper** (*s, 0*) brnkanie; **s –knạtter** (*s, 0*) praskot, rachot; **s –knịster** (*s, 0*) praskot ohňa, šušťanie papiera
gekọcht varený
gekrạust kučeravý; *~es Haar* kučeravé vlasy prirodzene
gekrẹuzt skrížený; **~e Beine** skrížené nohy
s Gekrịtzel (*s, 0*) **1** nečitateľné písmo **2** čarbanica
gekrụ̈mmt zhrbený, (po)s|krivený
gekụ̈hlt chladený
gekụ̈nstelt vyumelkovaný, strojený
s Gelä̤chter (*s, ≈*) smiech; *zum ~ werden* byť na posmech
ge|lạden **1** pozvaný **2** nabitý elektrinou, zbraň; **–lä̤hmt** ochrnutý, ochromený
s Gelä̤nde (*s, ≈*) **1** areál **2** územie, kraj, terén; **r ~lauf** (*(e)s, ≈̈e*) šport. cezpoľný beh
s Gelä̤nder (*s, ≈*) zábradlie

gelangen (*i.*) **1** dostať sa, prísť (*an etw* A kam) **2** dôjsť, dospieť k názoru (*zu etw* k čomu); *in den Besitz von etw* ~ získať čo

gelassen mierny, pokojný, trpezlivý; **e ~heit** (≈, *0*) miernosť, pokojnosť

e Gelatine [želati':nə] (≈, *n*) želatína

geläufig 1 bežný, zvyčajný **2** zbehlý, plynulý, súvislý; **das ist mir nicht ~** to mi nie je známe; **e ~keit** (≈, *0*) zbehlosť, zručnosť

gelaunt naladený; *gut* ~ dobre naladený, v dobrej nálade; *wie ist er ~?* akú má náladu?

gelb žltý; **~lich** žltkavý, žltkastý; **e ~sucht** (≈, *0*) lek. žltačka

s Geld (*(e)s, er*) peniaze, obeživo; *bares* ~ hotové peniaze; *das geht* ins* ~ to ide do peňazí; *zu ~ machen* speňažiť; *bei ~e sein* mať peniaze, byť pri peniazoch; **e ~einlage** (≈, *n*) vloženie peňazí, peňažný vklad; **r ~automat** (*en, en*) peňažný automat; **r ~beutel** (*s,* ≈), **e ~börse** (≈, *n*) peňaženka; **e ~entwertung** (≈, *en*) znehodnotenie peňazí; **~gierig** chamtivý, mamonársky; **r ~händler** (*s,* ≈) hovor. vekslák; **s ~institut** (*(e)s, e*) peňažný ústav; **r ~schein** (*(e)s, e*) bankovka; **e ~strafe** (≈, *n*) peňažná pokuta; **s ~stück** (*(e)s, e*) peniaz, minca; **r ~umlauf** (*s, 0*) obeh peňazí; **e ~verlegenheit** (≈, *en*) nedostatok peňazí, peňažná tieseň; **r ~wechsel** (*s, 0*) výmena peňazí; **r ~wechsler** (*s,* ≈) zmenárnik; **s ~wesen** (*s, 0*) peňažníctvo

r, s Gelee [žę'lę:] (*s, s*) **1** želé **2** huspenina, rôsol

gelegen 1 položený, ležiaci **2** vhodný, vítaný; ~ *kommen** prísť vhodne; **es ist mir (sehr) daran ~, daß...** záleží mi veľmi na tom, aby...; **e ~heit** (≈, *en*) príležitosť; *bei ~heit* príležitostne; *die ~heit ergreifen** chopiť sa príležitosti

e Gelegenheitsarbeit (≈, *en*) príležitostná práca; **r –kauf** (*(e)s,* ≈*e*) príležitostná kúpa, výhodná kúpa

gelegentlich 1 PR M príležitostný **2** PRÍSL príležitostne

gelehrig učenlivý; **–t 1** učený **2** vedecký; **r –te** (*n, n*) učenec

s Geleise (*s,* ≈) koľaj; *aus dem ~ kommen** vykoľajiť

s Geleit (*(e)s, e*) **1** sprievod **2** úvod v knihe **3** ochranná listina hist., glejt; **~en** sprevádzať

s Gelenk (*(e)s, e*) **1** lek. kĺb **2** tech. článok, kĺb; **e ~entzündung** (≈, *en*) lek. zápal kĺba; **e ~welle** (≈, *n*) tech. kĺbový hriadeľ

gelenkig 1 kĺbovitý, kĺbový **2** obratný, ohybný, vrtký; **e ~keit** (≈, *0*) rezkosť, vrtkosť

gelernt vyučený; *ein ~er Koch* vyučený kuchár

r Geliebte (*n, n*) milenec

gelind(e) jemný, mierny, slabý; hovor. ~ *gesagt* mierne povedané

gelingen* (*a, i. u*) (po)(vy)dariť sa

gell prenikavý výkrik, zvuk; **~en** prenikavo znieť kričať

geloben (pri)sľúbiť; **das gelobte Land** Zasľúbená krajina

s Gelöbnis (*ses, se*) slávnostný sľub

gelocht predierkovaný

gelten* (*i; a, h. o*) **1** platiť, mať platnosť **2** mať vplyv, byť uznávaný **3** byť pokladaný (*für etw* za koho/čo); **etw ~ lassen*** pripustiť čo; **es gilt*!** platí! **was gilt* die Wette?** o čo sa stavíme?; **–end** platný; **etw –end machen** uplatňovať čo; **sich –end machen** uplatniť sa, prejaviť sa; **e –ung** (≈, *0*) platnosť; *zur –ung bringen** presadiť platnosť; *zur –ung kommen** uplatniť sa

s Geltungsbedürfnis (*ses, se*) úsilie, snaha uplatniť sa; **r, s –bereich** (*(e)s, e*) rozsah platnosti

s Gelübde (*s,* ≈) sľub, prísľub slávnostný

gelungen vydarený

s Gelüst (*es, e*), **s Gelüste** (*s,* ≈) chuť, chúťky (*nach etw* na čo)

gemạ̈chlich 1 pozvoľný, pokojný **2** bezstarostný, pohodlný život
r **Gemạhl** (*(e)s, e*) manžel; **e ~in** (≈, *nen*) manželka
s **Gemạ̈lde** (*s,* ≈) obraz, maľba; **e ~galerie** (≈, *i/en*) obrazáreň
gemạ̈ß 1 PR M primeraný, vhodný **2** PREDL s D podľa; *seinem Wunsche ~* podľa jeho priania; **~igt** mierny, umiernený
gemẹin 1 verejný, všeobecný **2** spoločný **3** prostý; *ein ~er Soldat* obyčajný, prostý vojak **4** hrubý, vulgárny, podlý; *ein ~er Kerl* chrapúň
e **Gemẹinde** (≈, *n*) obec; r **~vorstand** (*(e)s, ≈e*) **1** starosta **2** len JČ predstavenstvo obce
gemẹin|gefährlich všeobecne nebezpečný; **e –heit** (≈, *en*) hrubosť, surovosť; **r –nutz** (*es, 0*) všeobecné blaho, všeobecný úžitok; **–sam 1** PR M spoločný **2** PRÍSL spoločne, spolu; obraz. **–same Sache mit j-m machen** spolčiť sa s kým; **e –samkeit** (≈, *0*) pospolitosť; **e –schaft** (≈, *en*) spoločenstvo; **in –schaft mit j-m** spoločne s kým; **–schaftlich** spoločný; **s –wohl** (*(e)s, 0*) všeobecné blaho
s **Gemẹnge** (*s,* ≈) **1** chem. zmes, zmiešanina **2** tlačenica **3** šarvátka
gemẹssen 1 primeraný **2** zdržanlivý, odmeraný, strohý; **e ~heit** (≈, *0*) odmeranosť
s **Gemẹtzel** (*s,* ≈) krviprelievanie
s **Gemịsch** (*es, e*) zmes; **~t** zmiešaný
e **Gemse** <**Gämse**> (≈, *n*) kamzík
s **Ge|mụnkel** (*s, 0*) šepot, šuškanie; **s –mụrmel** (*s, 0*) mrmlanie hundranie
s **Gemụ̈se** (*s,* ≈) zelenina; **r ~(an)bau** (*s, 0*) pestovanie zeleniny; **r ~garten** (*s,* ≈̈) zeleninová záhrada; **r ~händler** (*s,* ≈) predavač zeleniny; **r ~laden** (*s, läden*) obchod so zeleninou
gemụstert vzorkovaný o látke
s **Gemụ̈t** (*(e)s, er*) myseľ, duševný stav, duša; **kein ~ haben** byť bez srdca, bez citu; **j-m etw zu ~e führen** pripomenúť komu čo; **~lich** útulný; *sich es ~lich machen* urobiť si pohodlie; **e ~lichkeit** (≈, *0*) **1** útulnosť, pohodlie **2** dobrosrdečnosť
gemüts|krank choromyseľný; **r –mensch** (*en, en*) citovo založený človek, dobrák; **e –ruhe** (≈, *0*) duševný pokoj; **r –zustand** (*es, ≈e*) duševný stav
gemụ̈tvoll milý, dobrosrdečný
gen PREDL s A, bás. zast. (smerom) k, na; *~ Himmel* k nebu
s **Gen** (*s, e*) gén
genạu 1 PR M presný, dochvíľny **2** výstižný, verný, dôkladný **3** PRÍSL presne, práve; **etw ~ nehmen*** brať čo veľmi vážne; **e ~igkeit** (≈, *en*) presnosť, dôkladnosť
genẹhm vítaný, vhodný
genẹhmig|en schváliť, povoliť; **e –ung** (≈, *en*) schválenie, povolenie, súhlas
genẹigt 1 naklonený, šikmý, nahnutý; *eine ~e Ebene* šikmá plocha **2** obraz. naklonený, prajný, žičlivý; **e ~heit** (≈, *0*) **1** sklon plochy **2** náklonnosť, priazeň
r **Generạl** (*s, e* al. *≈e*) generál; **r ~konsul** (*s, n*) generálny konzul; **e ~probe** (≈, *n*) generálna skúška; **r ~streik** (*(e)s, e* al. *s*) generálny štrajk
e **Generatiọn** (≈, *en*) **1** generácia, pokolenie **2** bot., zool. rod, čeľaď
r **Generạtor** (*s, Generatọren*) generátor, dynamo
generẹll všeobecný, celkový
e **Genẹse** (≈, *n*) pôvod, genéza, dejiny vzniku
genẹs|en* (*a, i. e*) uzdraviť sa, vyliečiť sa; **e –ung** (≈, *en*) uzdravenie
genẹtisch genetický
geniạl geniálny; **e ~itạ̈t** (≈, *0*) genialita
s **Genịck** (*(e)s, e*) šija, väzy; **e ~starre** (≈, *n*) lek. strnutie šije
r **Genịe**[1] [žẹ'ni:] (*s, s*) génius
s **Genie**[2] (*s, 0*) geniálnosť, genialita

genịeren [žę'ni:rən] prekážať (*j-n* komu), rušiť; **sich ~** ostýchať sa, hanbiť sa
genịeß|bar požívateľný, stráviteľný, jedlý, pitný; **–en*** (*o* <...**ss**>, *genossen*) **1** požívať **2** užívať čo, vychutnávať, mať pôžitok z čoho; *die Ferien –en** užívať prázdniny **3** tešiť sa čomu; *Achtung –en** tešiť sa vážnosti
r Genịeßer (*s,* ≈) **1** pôžitkár **2** labužník; **~isch** pôžitkársky
e Genitạlien MNČ genitálie
r Genọsse (*n, n*) spoločník, súdruh; **e ~nschaft** (≈, *en*) **1** bratstvo **2** družstvo, jednota spotrebiteľov
genötigt nútený
r Gentleman ['džentlmən] (*s, Gentlemen*) džentlmen
genụg dosť; **nicht ~, daß...** nielen, že...; **~!** tak dosť!
e Genüg|e (≈, *0*) dostatok, hojnosť; **~ tun*** al. **leisten** vyhovieť; **~n** (po)stačiť; **j-s Wunsche ~n** vyhovieť komu; **~nd** dostačujúci, dostatočný; **–sam** nenáročný, skromný; **e –samkeit** (≈, *0*) skromnosť, striedmosť
e Genụgtuung (≈, *en*) zadosťučinenie, satisfakcia
s Genus (≈, *Genera*) lingv. rod
r Genuß <...**ss**> (*Genusses, Genüsse*) **1** požívanie potravy **2** pôžitok; **s ~mittel** (*s,* ≈) poživatina
ge|öffnet otvorený; *das Geschäft bleibt* den ganzen Tag ~* obchod zostáva otvorený celý deň
r Geograph <...**graf**> (*en, en*) geograf; **e ~ie** <...**grafie**> (≈, *0*) zemepis, geografia; **~isch** <...**grafisch**> zemepisný, geografický
r Geolog|e (*n, n*) geológ; **e –ie** (≈, *0*) geológia
e Geometrie (≈, *0*) geometria; *darstellende ~* deskriptívna geometria
s Gepäck (*(e)s, 0*) batožina; **e ~|abfertigung** (≈, *en*) výpravňa batožiny; **e ~|annahme** (≈, *0*) príjem batožiny; **e ~|aufbewahrung** (≈, *en*) úschovňa batožiny; **e ~|aufgabe** (≈, *en*) podávanie batožiny; **e ~|ausgabe** (≈, *en*) výdaj batožiny; **s ~netz** (*es, e*) sieť na batožinu; **r ~träger** (*s,* ≈) nosič batožiny; **r ~wagen** (*s,* ≈) batožinový vozeň
gepflạstert vydláždený
e Gepflọgenheit (≈, *en*) zvyk, obyčaj
s Ge|plạpper (*s, 0*) táranie; **s –pọlter** (*s, 0*) rachot, lomoz
s Gepräge (*s, 0*) **1** razenie mincí **2** ráz, črta, charakter, znak
s Gepränge (*s, 0*) nádhera, pompa, honosnosť
e Gerạde (*n, n*) **1** mat. priamka **2** šport. cieľová rovinka
gerạde[1] PR M **1** priamy, rovný **2** úprimný **3** párny
gerạde[2] PRÍSL **1** priamo, rovno **2** práve; **~ạus**, **~herạus** priamo, rovno; **~zu** takmer, priam
s Gerät (*(e)s, e*) **1** náradie, náčinie **2** prístroj
gerạten[1]* (*ie, i. a*) **1** dostať sa kam, ocitnúť sa kde **2** podariť sa; **in Angst ~** dostať strach; **nach j-m ~** podať sa na koho, byť po kom
gerạten[2] vhodný
geräuchert údený
s Gerạtewohl (*s, 0*): *aufs ~* naverímboha, naslepo
gerạum: *~e Zeit* dlho; *seit ~er Zeit* už dávno
geräumig priestranný, rozsiahly; **e ~keit** (≈, *0*) priestrannosť, rozsiahlosť
s Gerạusch (*es, e*) **1** šum, hukot, hluk **2** lek. šelest; **~los** nehlučný, bez hluku; **~voll** hlučný, hrmotný
gerben vyrábať, spracovať kožu; obraz. hovor. **j-m das Fell ~** zbiť niekoho
gerẹcht **1** spravodlivý **2** oprávnený; *~ werden* D zvládnuť čo; **~fertigt** opodstatnený, oprávnený; **e ~igkeit** (≈, *en*) **1** spravodlivosť **2** právo, oprávnenosť **3** justícia
s Gerẹde (*s, 0*) táranie, reči, ohováranie; *ins ~ kommen** dostať sa do rečí

gereizt podráždený; **e ~heit** (≈, *en*) podráždenosť
s Gericht[1] (*(e)s, e*) jedlo, pokrm
s Gericht[2] (*(e)s, e*) **1** súd ako inštitúcia **2** pojednávanie na súde **3** súd ako zbor sudcov; *mit j-m ins ~ gehen** tvrdo sa s kým vyrovnať; *zu ~ sitzen* über j-n* súdiť koho; **das Jüngste ~** posledný súd; **~lich** súdny; *~lich verfolgen* súdne stíhať koho
e Gerichts|barkeit (≈, *0*) súdna právomoc, jurisdikcia; **r –hof** (*(e)s, ¨e*) súdny dvor; **r –saal** (*(e)s, säle*) súdna sieň; **r –sachverständige** (*n, n*) súdny znalec; **s –verfahren** (*s,* ≈) súdne konanie; **r –vollzieher** (*s,* ≈) súdny vykonávateľ, exekútor; **s –wesen** (*s, 0*) súdnictvo
gerieben 1 vydrhnutý o podlahe **2** obraz. prefíkaný, prešibaný
gering malý, nepatrný, nedôležitý; **nicht im ~sten** <Geringsten> ani v najmenšom; **~fügig** nepatrný, bezvýznamný; **~schätzig** podceňujúci, pohŕdavý; **e ~schätzung** (≈, *en*) pohŕdanie, podceňovanie
gerinn|en* (*a, i. o*) **1** zraziť sa o krvi **2** (s)tuhnúť; *das Blut gerann in den Adern* krv tuhla v žilách; **s –sel** (*s,* ≈) zrazenina
s Gerippe (*s,* ≈) **1** lek. kostra **2** tech. konštrukcia
gerissen 1 natrhnutý **2** obraz. prefíkaný, prešibaný, vybitý; **e ~heit** (≈, *0*) prefíkanosť
r German|ismus (≈, *en*) germanizmus; **r –ist** (*en, en*) germanista
gern(e) rád; *recht ~* veľmi rád; hovor. *er kann* mich ~ haben!* nech mi dá pokoj! al. môže ma mať rád!; **~ geschehen** rado sa stalo
s Geröll (*(e)s, e*), **s Gerölle** (*s,* ≈) **1** riečny štrk **2** okruhliaky
e Gerste (≈, *0*) jačmeň
r Geruch (*(e)s, ¨e*) **1** pach, zápach, vôňa **2** len JČ čuch; *ein übler ~* odporný zápach; *ein ~ von Kaffee* vôňa kávy; **~los** bez zápachu, bez vône
s Gerücht (*(e)s, e*) chýr, fáma, povesť; *es geht* das ~* kolujú chýry, hovorí sa
s Gerümpel (*s, 0*) rárohy, haraburdy
s Gerüst (*(e)s, e*) **1** lešenie **2** krov **3** tech. kostra, konštrukcia **4** obraz. kostra, osnova
gesamt všetok, celý, úplný **~deutsch** celo nemecký; **r ~eindruck** (*(e)s, 0*) celkový dojem; **e ~heit** (≈, *0*) **1** celok, úhrn **2** všetci; **~staatlich** celoštátny
r Gesandt|e (*n, n*) vyslanec; **e –schaft** (≈, *en*) vyslanectvo
r Gesang (*(e)s, ¨e*) **1** spev **2** pieseň; **s ~buch** (*(e)s, ¨er*) spevník
s Gesäß (*es, e*) zadok
s Geschäft (*(e)s, e*) **1** obchod predajňa **2** obchod transakcia **3** vec, záležitosť; *das ist mein ~* to je moja vec; **~ig** čulý, veľmi zaneprázdnený; **~lich** obchodný, služobný
s Geschäfts|abschluss (*sses, ¨e*) uzavretie obchodu; **s –essen** (*s,* ≈) pracovný obed; **r –führer** (*s,* ≈) riaditeľ, manažér, vedúci, konateľ; **s –geheimnis** (*ses, se*) obchodné tajomstvo; **s –jahr** (*(e)s, e*) fiškálny rok; **r –mann** (*(e)s, ¨er/leute*) obchodník; **–mäßig** obchodný; **r –partner** (*s,* ≈) obchodný partner; **e –reise** (≈, *n*) obchodná cesta; **e –stelle** (≈, *n*) filiálka, pobočka; **–tüchtig** podnikavý; **r –vertreter** (*s,* ≈) obchodný zástupca; **e –vertretung** (≈, *en*) obchodné zastúpenie; **s –viertel** (*s,* ≈) obchodná štvrť; **r –zweig** (*(e)s, e*) obchodné odvetvie
geschätzt ctený, vážený
gescheckt pestrý, strakatý
geschehen* (*a, i. e*) prihodiť sa, stať sa; *was ist ~?* čo sa stalo?; *gern ~* rado sa stalo; **es ist um ihn ~** už je stratený, je s ním koniec; **etw ~ lassen*** dopustiť čo
gescheit múdry, rozumný; **du bist wohl nicht recht ~?** čo nemáš rozum!?
s Geschenk (*(e)s, e*) dar, darček

e Geschịcht|e (≈, *n*) **1** udalosť, príhoda **2** príbeh **3** vec, záležitosť; *eine peinliche* ~ trápna vec **4** lož; *erzähle mir keine ~n!* neklam! al. nevymýšľaj si! **5** len JČ dejiny národa **6** len JČ dejepis; **–lich 1** dejinný, historický **2** dejepisný
e Geschịchts|fälschung (≈, *en*) falšovanie dejín; **r –forscher** (*s,* ≈) historik; **e –|urkunde** (≈, *n*) historická listina
s Geschịck[1] (*(e)s, e*) osud
s Geschịck[2] (*(e)s, 0*), **~lichkeit** (≈, *en*) zručnosť, obratnosť; **~t** obratný, zručný
geschịeden rozvedený; *eine ~e Frau* rozvedená žena
s Geschịrr (*(e)s, e*) **1** zast. nádoba **2** riad **3** postroj, záprah pri koňoch; **e ~spülmaschine** (≈, *n*) umývačka riadu; **s ~tuch** (*(e)s, ¨er*) utierka na riad
s Geschlẹcht (*(e)s, er*) **1** pohlavie **2** rod šľachtický **3** pokolenie **4** rod gramatický; **~lich** pohlavný
e Geschlẹchts|krankheit (≈, *en*) pohlavná choroba; **–tafel** (≈, *n*) rodokmeň; **e –teile** MNČ pohlavné orgány; **r –verkehr** (*s, 0*) pohlavný styk
geschlịffen 1 brúsený; *~es Glas* brúsené sklo **2** obraz. uhladený, vycibrený
geschlọssen 1 (u)zavretý, (u)zamknutý **2** obraz. uzavretý, jednotný, zomknutý; *eine ~e Gesellschaft* uzavretá spoločnosť; *in ~er Abstimmung* v jednotnom hlasovaní
r Geschmạck (*(e)s, ¨e*) **1** chuť **2** (prí)chuť **3** vkus; *nach meinem* ~ podľa môjho vkusu, na môj vkus; **~ an etw finden*** nájsť/mať záľubu v čom; **~los 1** bez chuti **2** nevkusný; **e ~sache** (≈, *n*) vec vkusu; **~voll** vkusný
geschmẹidig 1 ohybný, pružný **2** svižný **3** vláčny, hebký **4** poddajný, elastický **5** obraz. poddajný, povoľný
s Geschọ̈pf (*(e)s, e*) **1** tvor, stvorenie; *ein gutes* ~ dobrák **2** výtvor, výplod obraznosti
s Geschọß <...ss> (*Geschosses, Geschosse*) **1** náboj, strela **2** poschodie
geschrạubt 1 zaskrutkovaný **2** obraz. neprirodzený, strojený štýl **3** afektovaný o človeku
s Geschrẹi (*(e)s, 0*) **1** krik, vresk **2** nárek
s Geschụ̈tz (*es, e*) delo, kanón; **s ~feuer** (*s, 0*) delostrelecká paľba
geschụ̈tzt chránený
s Geschwạder (*s,* ≈) eskadra
s Geschwạ̈tz (*es, e*) **1** táranie, táraniny **2** klebety, reči; **~ig** táravý, urozprávaný
geschwẹige: ~ *(denn)* SP tým skôr/menej, že..., nehovoriac o tom, že...
geschwịnd rýchly; *das geht* nicht so* ~ to nejde tak rýchlo; **e ~igkeit** (≈, *en*) rýchlosť
e Geschwịndigkeits|begrenzung (≈, *en*) obmedzenie rýchlosti; **e –|überschreitung** (≈, *en*) prekročenie rýchlosti
e Geschwịster MNČ súrodenci
geschwọllen 1 opuchnutý **2** obraz. nafúkaný, nadutý, bombastický
geschwọren zaprisahaný; *ein ~er Feind* zaprisahaný nepriateľ; **r ~e** (*n, n*) porotca na súde
e Geschwụlst (≈, *¨e*) lek. opuchlina, nádor, tumor
s Geschwụ̈r (*(e)s, e*) lek. vred
gesẹgnet požehnaný
r Gesẹll|e (*n, n*) **1** druh, kamarát **2** zast. tovariš; **ein lustiger ~** veselý chlapík; **–en sich** (pri)družiť sa, pripojiť sa (*zu j-m* ku komu); **–ig** spoločenský, družný; **e –igkeit** (≈, *0*) **1** družnosť **2** spoločnosť skupina zabávajúcich sa ľudí
e Gesẹllschaft (≈, *en*) spoločnosť; *eine feine* ~ vyberaná spoločnosť; *in ~ gehen** chodiť do spoločnosti; **~ mit beschränkter Haftung** skr. **GmbH** spoločnosť s ručením obmedzeným; **~lich** spoločenský
e Gesẹllschafts|ordnung (≈, *en*) spoločenský poriadok; **r –tanz** (*es,*

≈e) spoločenský tanec; **e –wissenschaften** MNČ spoločenské vedy
s Gesetz (*es, e*) zákon; **s ~buch** (*(e)s, ≈er*) zákonník; **r ~entwurf** (*(e)s, ≈e*), **e ~(es)vorlage** (*≈, en*) návrh zákona; **~gebend** zákonodarný; **e ~gebung** (*≈, 0*) zákonodarstvo; **~lich** zákonný; **~los** bezprávny; **~mäßig** zákonný, v duchu zákona
gesetzt usadený, vážny, pokojný; SP **~ den Fall, daß...** predpokladajme, že...
gesetzwidrig nezákonný, protizákonný
ges. gesch. skr. **gesetzlich geschützt** zákonom chránené
s Gesicht (*(e)s, er*) **1** tvár, obličaj **2** len JČ zrakový zmysel, zrak **3** vidina, zjavenie; **j-n/etw zu ~ bekommen*** uvidieť, zbadať koho/čo; **ein langes ~ machen** tváriť sa sklamane; **~er schneiden*** strúhať/robiť grimasy
r Gesichts|ausdruck (*(e)s, ≈e*) výraz tváre; **e –farbe** (*≈, n*) farba tváre/pleti; **r –punkt** (*(e)s, e*) hľadisko, stanovisko, obraz. zorný uhol; *unter diesem –punkt* z tohto hľadiska; **r –winkel** (*s, ≈*) zorný uhol
s Gesims (*es, e*) rímsa
s Gesindel (*s, 0*) hanl. zberba, háveď, čvarga
gesinn|t zmýšľajúci; *demokratisch ~* demokraticky zmýšľajúci; **j-m** al. **gegen j-n wohl ~ sein** byť komu naklonený, uprednostňovať koho; **e –ung** (*≈, en*) zmýšľanie
e Gesinnungs|art (*≈, en*) spôsob zmýšľania; **e –losigkeit** (*≈, 0*) bezcharakternosť; **r –wechsel** (*s, 0*) zmena názoru
gesittet vychovaný, spôsobný, kultivovaný
gesonnen: *~ sein* zamýšľať, mať v úmysle
s Gespann (*(e)s, e*) **1** záprah konský **2** dvojica; **~t** natiahnutý, napätý i obraz.
s Gespenst (*es, er*) strašidlo, mátoha, prízrak; **~erhaft, ~ig, ~isch** strašidelný
s Gespinst (*es, e*) **1** pradivo **2** priadza **3** pavučina
s Gespött (*(e)s, 0*) posmech, výsmech; *zum ~ werden* byť na posmech
s Gespräch (*(e)s, e*) rozhovor; **~ig** zhovorčivý
gespreizt 1 roztiahnutý, rozkročený **2** obraz. vyumelkovaný štýl
gesprenkelt bodkovaný
gesprungen obraz. prasknutý
s Gestade (*s, ≈*) bás. morský breh, pobrežie
e Gestalt (*≈, en*) **1** tvar, vzhľad, podoba; *eine andere ~ annehmen** nadobudnúť inú podobu **2** postava i divadelná; *von hoher ~* vysokej postavy **3** historická postava, osobnosť; **~en** utvoriť, vytvárať, stvárniť; **sich ~en** vyvíjať sa; **r ~er** (*s, ≈*) tvorca; **e ~ung** (*≈, en*) **1** vytvorenie, stvárnenie **2** vzhľad, forma, podoba, úprava
s Gestammel (*s, 0*) zajakanie
geständ|ig: *~sein* priznať sa; **s –nis** (*ses, se*) priznanie; *ein –nis machen* al. *ablegen* priznať sa
r Gestank (*(e)s, 0*) zápach, smrad
gestatten dovoliť (*j-m etw* komu čo); **~ Sie?** dovolíte?
e Geste (*≈, n*) posunok, gesto
gestehen* (*gestand, h. gestanden*) **1** priznať sa **2** uznať, pripustiť čo
s Gestein (*(e)s, e*) hornina, skala, kamenie
s Gestell (*(e)s, e*) **1** stojan, regál **2** podstavec **3** rám okuliarov **4** podvozok auta
r Gestellungs|befehl (*s, e*), **e –order** (*≈, n*) povolávací rozkaz; **r pflichtige** (*n, n*) branec
gestern včera; *bis ~* do včera; hovor. **ich bin nicht von ~** nie som včerajší
gestiefelt obutý v čižmách; *der ~e Kater* kocúr v čižmách
gestikulieren gestikulovať
s Gestirn (*(e)s, e*) **1** hviezda **2** súhvezdie

s Gestöber (*s,* ≈) chumelica, fujavica, metelica
ge|stochen: *scharf* ~ veľmi ostrý; **–stohlen** kradnutý; **–stört** (na)rušený; *geistig –stört* duševne narušený
s Gestotter (*s, 0*) zajakanie
s Gesträuch (*(e)s, e*) krovie, húšťava
ge|streift pruhovaný, páskovaný; **–strichelt** podčiarknutý, prerušovane čiarkovaný; **–strichen** (vy)škrtnutý
gestrig včerajší; *der ~e Tag* včerajší deň
s Gestrüpp (*(e)s, e*) húšťava, krovie, chrastie
s Gesuch (*(e)s, e*) žiadosť; *ein ~ einbringen** al. *einreichen* podať žiadosť; *ein ~ entsprechen** vyhovieť žiadosti; *ein ~ abschlagen** al. *abweisen** odmietnuť žiadosť; **~t 1** žiadaný, vyhľadávaný **2** strojený, neprirodzený
gesund 1 zdravý **2** zdraviu prospešný; *~ werden* uzdraviť sa; **e ~heit** (≈, *0*) zdravie; *auf j-s ~heit trinken** pripiť si na čie zdravie; **~heitlich** zdravotný
gesundheits|schädlich zdraviu škodlivý; **s –wesen** (*s, 0*) zdravotníctvo; **r –zustand** (*(e)s, ≈e*) zdravotný stav
getarnt skrytý, kamuflovaný
getauft (po)krstený
getragen obnosený o šatách
s Getöse (*s, 0*) hluk, rachot hromu, dunenie, hučanie vody
s Getränk (*(e)s, e*) nápoj
getrauen sich odvážiť sa, trúfať si
s Getreide (*s,* ≈) obilie; **e ~|art** (≈, *en*) druh obilia, obilnina; **r ~bau** (*s, 0*) pestovanie obilia; **r ~halm** (*(e)s, e*) obilné steblo; **r ~speicher** (*s,* ≈) obilná sýpka
getrennt oddelený, odlúčený; *~ leben* žiť oddelene
getreu, **~lich** verný
s Getriebe (*s,* ≈) **1** hnací mechanizmus, pohon **2** prevodovka **3** obraz. ruch, zhon
getrost bezpečný, spoľahlivý
s Getu|e (*s, 0*) výstredné správanie
s Getümmel (*s, 0*) trma-vrma, chaos
ge|übt 1 zbehlý, zručný **2** skúsený; *darin bin ich nicht ~* s tým nemám skúsenosti
r Gevatter (*s* al. *n, n*) kmotor; **e ~schaft** (≈, *en*) **1** kmotrovstvo **2** priatelia, známi
s Gewächs (*es, e*) rastlina
gewachsen (u)rastený; **j-m/etw ~ sein** stačiť na koho/čo
s Gewächshaus (*es, ≈er*) skleník
gewagt odvážny, smelý
gewahr: *~ werden* spozorovať, zbadať
e Gewähr (≈, *0*) istota, záruka; *~ leisten für j-n/etw* zaručiť sa za koho/čo; *ohne ~* bez záruky; **~en** poskytnúť záruku; **j-n ~en lassen*** ponechať voľnosť komu; **~leisten 1** zaručiť, zabezpečiť **2** zaručiť sa za čo
r Gewahrsam[1] (*(e)s, e*) úschova, opatera, uschovanie, ochrana
s Gewahrsam[2] (*(e)s, e*) väzenie
r Gewährsmann (*(e)s, ≈er* al. *Gewährsleute*) **1** ručiteľ **2** spoľahlivá osoba
e Gewalt (≈, *en*) **1** moc; *höhere ~* vyššia moc; *~ haben über j-n/etw* mať moc nad kým/čím **2** násilie **3** sila; *mit aller ~* celou silou; **sich in der ~ haben** ovládnuť sa; **r ~herrscher** (*s,* ≈) samovládca, diktátor; **~ig 1** mocný, silný **2** ohromný, nesmierny **3** PRÍSL. veľmi, nesmierne; **~sam** násilný; **~tätig** násilnícky, surový
s Gewand (*(e)s, ≈er*) **1** rúcho, šaty **2** obraz. zovňajšok, podoba
gewandt obratný, šikovný, zručný; **e ~heit** (≈, *0*) zručnosť, obratnosť, šikovnosť
gewärtig: zast. *einer Sache ~ sein* očakávať čo, byť pripravený
s Gewässer (*s,* ≈) **1** vodstvo **2** veľké prírodné a umelé vodné nádrže, veľtoky
s Gewebe (*s,* ≈) **1** tkanina **2** lek. tkanivo **3** pavučina **4** obraz. pradivo, sieť
s Gewehr (*(e)s, e*) puška, zbraň; *die*

~e strecken zložiť zbrane, vzdať sa; **r ~lauf** (*(e)s, ≈e*) hlaveň pušky
s Geweih (*(e)s, e*) parohy, parožie
geweiht[1] vysvätený o kňazovi, posvätený
geweiht[2] parohatý
s Gewerbe (*s, ≈*) **1** živnosť; *ein ~ (be)treiben** prevádzkovať živnosť **2** remeslo; **Handel und ~** obchod a živnostníci; **e ~schule** (*≈, en*) stredná priemyselná škola; **r ~treibende** (*n, n*) živnostník
gewerblich, **gewerbsmäßig** živnostenský
e Gewerkschaft (*≈, en*) odborová organizácia, odbory; **r ~(l)er** (*s, ≈*) odborár
e Gewerkschafts|bewegung (*≈, en*) odborové hnutie; **r –bund** (*(e)s, ≈e*) odborový zväz
s Gewicht (*(e)s, e*) **1** hmotnosť, váha **2** závažie **3** obraz. závažnosť, dôležitosť; *auf etw ~ legen* klásť dôraz na čo; **s ~heben** (*s, 0*) šport. vzpieranie; **~ig** závažný, dôležitý
ge|wieft hovor. prešibaný, prefíkaný; **–wiegt** zbehlý, šikovný, skúsený
gewillt: *~ sein* byť ochotný, chcieť
s Gewimmel (*s, 0*) hemženie, hmýrenie, dav
s Gewinde (*s, ≈*) **1** vinutie **2** závit **3** veniec; **s ~schneiden** (*s, 0*) rezanie závitov
r Gewinn (*(e)s, e*) **1** zisk; *etw mit ~ verkaufen* predať čo so ziskom **2** úžitok, prospech **3** výhra, šport. zisk medaily; **r ~anteil** (*(e)s, e*), **e ~beteiligung** (*≈, 0*) podiel na zisku, na výhre; **~bringend** prinášajúci zisk; **~en*** (*a, o*) **1** získať koho/čo; *an etw ~en** získavať čo **2** dobývať, ťažiť uhlie **3** vyhrať v lotérii i v športe; **r ~er** (*s, ≈*) výherca; **e ~spanne** (*≈, n*) rozpätie zisku; **e ~ung** (*≈, 0*) **1** získavanie **2** dobývanie, ťažba
s Gewirr (*(e)s, e*) spleť, spletenina, motanica, zmätok
gewiß <...ss> **1** presvedčený; istý, bezpečný; *ich bin mir der Sache ~* som si tým istý **2** zaručený **3** istý; *ein gewisser Herr Luhan* istý pán Luhan **4** PRÍSL iste, istotne, zaiste
s Gewissen (*s, ≈*) svedomie; *schlechtes ~ haben* mať zlé svedomie; **~haft** svedomitý; **e ~haftigkeit** (*≈, 0*) svedomitosť; **~los** nesvedomitý
e Gewissens|bisse MNČ výčitky svedomia; **e –frage** (*≈, n*) otázka svedomia; **e –freiheit** (*≈, 0*) sloboda myslenia; **r –konflikt** (*(e)s, e*) konflikt svedomia
gewissermaßen akosi, nejako, do istej miery
e Gewißheit <...ss...> (*≈, 0*) istota, presvedčenie; *über etw absolute ~ haben* mať úplnú istotu v čom; **sich ~ verschaffen** presvedčiť sa
s Gewitter (*s, ≈*) búrka; **~ig 1** búrkový **2** búrlivý, nepokojný **e ~schwüle** (*≈, 0*) dusno pred búrkou; **e ~wolke** (*≈, n*) búrkový mrak
gewitzigt poučený, múdry
gewogen naklonený, priaznivý (*j-m* komu)
gewöhnen privykať, navykať (*j-n an etw* koho na čo); **sich ~** zvykať si, privykať si (*an etw* na čo)
e Gewohnheit (*≈, en*) zvyk, obyčaj, zvyklosť; *zur ~ werden* stať sa zvykom
gewohnheits|mäßig zo zvyku; **r –trinker** (*en, en*) notorický pijan; **s –recht** (*(e)s, 0*) zvykové právo
gewöhnlich 1 obyčajný, zvyčajný, bežný **2** prostý; *wie ~* ako obyčajne
gewohnt bežný, zvyčajný; **an etw ~ sein** byť zvyknutý na čo
s Gewölb|e (*s, ≈*) **1** klenba, klenutie **2** klenutá miestnosť pivničná ap.; obraz. **das ~ des Himmels** nebeská klenba; **–t** klenutý
s Gewühl (*(e)s, 0*) tlačenica, ruch
gewunden vinutý, točený; obraz. **~e Phrasen** strojené frázy
gewürfelt kockovaný
s Gewürz (*es, e*) korenie; **e ~nelke**

GHI

(≈, *n*) bot. klinček; **~t** korenený
gez. skr. **gezeichnet** vlastnoručne podpísaný
gezackt, **gezahnt** ozubený, zubatý, zúbkovaný
gezeichnet 1 nakreslený **2** označený **3** (vlastnoručne) podpísaný
e Gezeiten MNČ príliv a odliv
s Gezeter (*s, 0*) nárek, bedákanie
geziemen sich slušať sa, patriť sa
geziert 1 (o)zdobený **2** obraz. vyumelkovaný, strojený
gezogen ťahavý; *ein ~er Ton* ťahavý tón
s Gezwitscher (*s, 0*) štebotanie, švitorenie
gezwungen 1 nútený **2** strojený, neprirodzený; **~ermaßen** z donútenia
e Gicht (≈, *0*) dna; *die ~ plagt ihn* trápi ho dna
r Giebel (*s,* ≈) stav štít na dome; **s ~dach** (*(e)s,* ≈*er*) sedlová strecha, strecha so štítom; **s ~fenster** (*s,* ≈) okno v štíte
e Gier (≈, *0*) chtivosť, žiadostivosť; **~ig** žiadostivý, dychtivý
gieß|en* (*o* <...**ss**>, *gegossen*) **1** liať, naliať **2** polievať **3** tech. liať, odlievať; **es gießt in Strömen** prší, len sa leje; **e –kanne** (≈, *n*) krhla
s Gift (*(e)s, e*) **1** jed **2** obraz. hnev, zlosť; **~ig 1** jedovatý **2** obraz. jedovatý, zlostný, zlomyseľný; **e ~schlange** (≈, *n*) jedovatý had
e Gilde (≈, *n*) cech
r Gimpel (*s,* ≈) **1** zool. hýľ **2** obraz. hlupák, truľo
r Gipfel (*s,* ≈) vrch, vrchol(ec) i obraz.; **~n** vyvrcholiť, dosiahnuť vrchol/vyvrcholenie; **s ~treffen** (*s,* ≈) stretnutie na najvyššej úrovni
r Gips (*es, e*) sadra; **r ~abdruck** (*(e)s,* ≈*e*) sadrový odtlačok; **~en** (za)sadrovať; **r ~verband** (*(e)s,* ≈*e*) sadrový obväz
e Giraffe (≈, *n*) žirafa
e Girlande (≈, *n*) girlanda
s Giro ['ži:ro] (*s, s* al. *Giri*) obch. žíro, rubopis; **s ~konto** (*s, s* al. *konten*) (sporo)žírový účet
girren 1 hrkútať, cukrovať o vtákoch **2** obraz. cukrovať sa
r Gischt (*es, e*) pena na vode, spenené vlny
e Gitarre (≈, *n*) gitara
s Gitter (*s,* ≈) **1** mreža, mriežka **2** rošt **3** fyz. mriežka; **s ~fenster** (*s,* ≈) zamrežované okno; **s ~werk** (*(e)s, e*) mreže, mrežovanie
e Gladiole (≈, *n*) mečík, gladiola
e Glagoliza (≈, *0*) hlaholika
r Glanz (*es, 0*) **1** lesk, jagot, ligotanie **2** obraz. lesk, nádhera, pompéznosť
glänzen 1 lesknúť sa, ligotať sa, blýskať sa **2** vynikať, skvieť sa **3** (vy)leštiť; **~d 1** lesklý, žiarivý, ligotavý **2** obraz. skvelý, skvostný, vynikajúci
e Glanz|leistung (≈, *en*) skvelý výkon; **–los** bez lesku, matný; **s –mittel** (*s,* ≈) leštidlo; **e –zeit** (≈, *en*) vrcholné obdobie, obdobie rozkvetu
s Glas (*es,* ≈*er*) **1** sklo **2** pohár **3** ďalekohľad divadelný **4** MNČ okuliare **5** sklíčko na hodinkách; **r ~bläser** (*s,* ≈) fúkač skla, sklár
s Gläs|chen (*s,* ≈) pohárik; *noch ein ~ trinken** dať si ešte pohárik
r Glaser (*s,* ≈) sklenár; **e ~ei** (≈, *en*) sklenárstvo
gläsern 1 sklenený, zo skla **2** obraz. skle(ne)ný, bezvýrazný **3** priehľadný, priezračný
s Glas|haus (*es,* ≈*er*) skleník; **e –hütte** (≈, *n*) skláreň; **–ig** sklovitý, sklený; **r –schleifer** (*s,* ≈) brusič skla; **r –splitter** (*s,* ≈) sklená črepina, úlomok skla
e Glasur (≈, *en*) glazúra, poleva
e Glas|waren MNČ sklo, skle(ne)ný tovar; **e –wolle** (≈, *0*) sklená vata
glatt 1 PR M hladký, klzký **2** PRÍSL hladko **3** obraz. číry, priehľadný, jasný, zrejmý **4** úplne, nadobro, celkom **5** obraz. úlisný, pokrytecký; **s ~eis** (*es, 0*) poľadovica
e Glätte (≈, *n*) **1** hladkosť, klzkosť

2 obraz. uhladenosť; **~n** (vy)hladiť, leštiť, pren. cibriť

e **Glatze** (≈, *n*) plešina, lysina; *eine ~ bekommen** plešatieť

r **Glaube** (*ns, n*) **1** viera, vyznanie **2** len JČ viera, hodnovernosť, dôvera; *in gutem ~n* v dobrej viere; **~n 1** (u)veriť **2** tušiť, myslieť, **3** domnievať sa, nazdávať sa **4** veriť (*an etw* v čo); hovor. **daran ~n müssen*** neujsť svojmu osudu

s **Glaubens|bekenntnis** (*ses, se*) **1** vyznanie viery **2** pren. politické presvedčenie; e **–lehre** (≈, *n*) vierouka, bohoslovie; r **–satz** (*es,* ≈*e*) článok viery

glaubhaft hodnoverný

gläubig 1 dôverčivý **2** cirk. veriaci; r **~e** (*n, n*) veriaci človek; r **~er** (*s,* ≈) veriteľ

glaubwürdig hodnoverný; e **~keit** (≈, *0*) hodnovernosť

gleich 1 PR M rovnaký, ten istý; *am ~en Tage* v ten istý deň; *zu ~er Zeit* v tom istom čase, súčasne **2** PRÍSL rovno, rovnako **3** (i)hneď; mat. **es ist ~** rovná sa; **das ist mir ~** je mi to jedno; **~|altrig** rovnako starý; **~|artig** rovnorodý; **~bedeutend** rovnoznačný

gleichberechtig|t rovnoprávny; e **–ung** (≈, *0*) rovnoprávnosť

gleichbleibend stály, rovnaký

gleich|en* (*i, h. i*) **1** zostať rovnaký, nezmeniť sa **2** rovnať sa **3** podobať sa; **–falls** rovnako, taktiež, práve tak; e **–förmigkeit** (≈, *0*) **1** rovnakosť **2** jednotvárnosť; **–gesinnt** rovnako zmýšľajúci; s **–gewicht** (*(e)s, 0*) rovnováha; **–gültig** ľahostajný; e **–gültigkeit** (≈, *0*) ľahostajnosť; e **–heit** (≈, *0*) rovnosť; **–|kommen*** (*kam gleich, i. o*) vyrovnať sa komu/čomu; **–mäßig 1** rovnomerný **2** PRÍSL rovnomerne; r **–mut** (*(e)s, 0*) duševná vyrovnanosť, rovnováha

s **Gleich|nis** (*ses, se*) podobenstvo **~sam** takmer, skoro; r **~strom** (*(e)s, 0*) jednosmerný prúd; e **–ung** (≈, *en*) mat. rovnica

gleichviel jedno, nezáleží na tom

gleichzeitig 1 PR M súčasný **2** PRÍSL súčasne

s **Gleis** (*es, e*) koľaj; e **~|anlage** (≈, *n*) koľajisko; e **~weite** (≈, *n*) rozchod koľají

gleit|en* (*glitt, i. geglitten*) **1** kĺzať sa **2** tech. šmýkať sa; r **–er** (*s,* ≈) klzák; r **–flug** (*(e)s,* ≈*e*) kĺzavý let

r **Gletscher** (*s,* ≈) ľadovec; e **~spalte** (≈, *n*) trhlina v ľadovci

s **Glied** (*(e)s, er*) **1** úd **2** pohlavný úd **3** článok reťaze **4** mat. člen **5** člen, príslušník

glieder|n (roz)členiť, článkovať; e **–ung** (≈, *en*) členenie

e **Gliedmaßen** MNČ údy, končatiny

glimmen* (*o, h. o*) tlieť

r **Glimmer** (*s,* ≈) sľuda

glimpflich zhovievavý, mierny; **~ davonkommen*** dobre sa z niečoho dostať

glitschig 1 šmykľavý, klzký, kĺzavý **2** zle vypečený, mazľavý chlieb

glitzern ligotať sa, jagať sa

r **Globus** (≈ al. *ses, Globen* al. *se*) glóbus

e **Glocke** (≈, *n*) **1** zvon **2** bot. zvonček **3** lampa tvaru gule **4** príklop, veko **5** zvon na maslo, syr; **etw an die große ~ hängen** ísť s čím na bubon, vytárať čo

s **Glocken|geläute** (*s, 0*) zvonenie, hlahol zvonov; s **–spiel** (*(e)s, e*) zvonkohra; r **–turm** (*(e)s,* ≈*e*) zvonica

e **Glorio̩le** (≈, *n*) gloriola, svätožiara

glorreich veľmi slávny, preslávený

e **Glosse** (≈, *n*) glosa

glotzen hovor. vyvaľovať, vytriešťať oči (*auf etw* na čo)

s **Glück** (*(e)s, 0*) šťastie; *zum ~* našťastie; *viel ~!* veľa šťastia!; **~ auf!** zdar boh!; **~bringend** <**Glück bringend**> prinášajúci šťastie

glücken (*h./i.*) vydariť sa, pošťastiť sa

e **Gluckhenne** (≈, *n*) kvočka

GHI

glücklich šťastný; **~erweise** našťastie, šťastne
glückselig blažený, blahoslavený; **e ~keit** (≈, *0*) blaženosť, blahoslavenosť
glucksen **1** žblnkať, klokotať **2** čkať sa
r Glücks|fall (*(e)s, ≈e*) šťastná náhoda; **s –kind** (*(e)s, er*), **r –pilz** (*es, e*) dieťa šťasteny; **e –sache** (≈, *n*) vec šťastia; **s –spiel** (*(e)s, e*) hazardná hra
r Glückwunsch (*(e)s, ≈e*) blahoprianie, blahoželanie
e Glüh|birne (≈, *en*) žiarovka; **–en** **1** rozžeraviť, páliť keramiku **2** žeravieť **3** žiariť, páliť; *die Sonne glüht* slnko páli **4** obraz. zahorieť; **r –wein** (*(e)s, e*) varené víno; **s –würmchen** (*s,* ≈) svätojánska muška
e Glut (≈, *en*) **1** žiar, žiara **2** horúčosť, páľava **3** obraz. zápal, nadšenie
e GmbH skr. **Gesellschaft mit beschränkter Haftung** spoločnosť s ručením obmedzeným
e Gnade (≈, *n*) **1** milosť, priazeň; *ohne ~* bez milosti; *auf ~ und Ungnade* na milosť a nemilosť **2** milosrdenstvo, milosť; *j-n um ~ bitten** prosiť koho o milosť; *König von Gottes ~n* kráľ z božej milosti
e Gnaden|frist (≈, *en*) posledná lehota; **r –stoß** (*es, ≈e*) úder, rana z milosti
gnädig **1** milostivý, láskavý **2** zhovievavý; **~e Frau** milostivá pani
s Gold (*(e)s, 0*) **1** zlato **2** zlaté peniaze **3** pren. bohatstvo, majetok; **~en** **1** zlatý, zo zlata **2** nádherný, skvelý **3** vzácny, cenný **4** zlatej farby, zlatožltý; **r ~fisch** (*es, e*) **1** zlatá rybka **2** zool. karas; **e ~grube** (≈, *n*) zlatá baňa i obraz.; **r ~regen** (*s, 0*) zlatý dážď
r Golf (*(e)s, e*) **1** záliv, zátoka **2** len JČ šport. golf; **r ~platz** (*es, ≈e*) golfové ihrisko
e Gondel (≈, *n*) **1** gondola v Benátkach **2** kôš balóna, gondola
gönn|en (do)žičiť, dopriať (*j-m etw* komu čo); *sich etw ~* dopriať si čo; **r –er** (*s,* ≈) priaznivec, podporovateľ, mecenáš; **–erhaft** blahosklonný
e Gosse (≈, *n*) **1** výlevka **2** stoka **3** obraz. spodina, bahno o spoločnosti
e Gotik (≈, *0*) gotika
r Gott (*es, ≈er*) **1** pohanský boh **2** len JČ kresťanský Boh; **mein ~, um ~es Willen!** preboha!; **grüß ~!** pozdrav pánboh!; **~ sei Dank!** vďaka bohu!
r Gottes|dienst (*es, e*) bohoslužba; **e –lästerung** (≈, *en*) rúhanie
e Gottheit (≈, *0*) **1** božstvo **2** Boh
e Gött|in (≈, *nen*) bohyňa; **–lich** božský, boží
gott|los bezbožný; **–voll** hovor. božský, nádherný
r Götze (*n, n*) bôžik, modla
e Gouvernante [guver'nantə] (≈, *n*) guvernantka, vychovávateľka
s Grab (*(e)s, ≈er*) hrob i obraz.; *zu ~e tragen** pochovávať; **~en*** (*ä; u, h. a*) ryť, kopať; **r ~en** (*s,* ≈) **1** priekopa **2** voj. zákop; **r ~stein** (*(e)s, e*) náhrobný kameň
r Grad (*(e)s, e*) **1** stupeň **2** hodnosť vojenská, akademická ap. **3** príbuzenský stupeň **4** stupeň, miera; *in hohem ~e* vo veľkej miere; **e ~einteilung** (≈, *en*) rozdelenie na stupne
r Graf (*en, en*) gróf; **e ~schaft** (≈, *en*) grófstvo
r Gram (*(e)s, 0*) súženie, žiaľ, zármutok
grämen sužovať, trápiť; **sich ~** sužovať sa, trápiť sa (*über etw* kvôli čomu); *sich zu Tode ~* utrápiť sa (*über etw* A pre čo)
s Gramm (*s, e*) gram
e Grammatik (≈, *en*) gramatika; **–tisch** gramatický
s Grammophon <...fon> (*s, e*) gramofón; **e ~nadel** (≈, *n*) gramofónová ihla
r Granat[2] (*(e)s, e*) minerál granát
e Granate (≈, *n*) voj. granát

r Granit ((e)s, e) žula
e Grapefruit ['gre:pfru:t] (≈, s) grapefruit
r Graf (en, en) gróf
r Graph <Graf> (e s, en) graf, diagram
e Graph|ik <Grafik> (≈, en) **1** grafika umenie **2** grafika umelecké dielo **3** grafika znázornenie pomocou grafu; **r –iker** (s, ≈) grafik; **–isch** grafický
r Graphit ((e)s, e) grafit
s Gras (es, ≐er) tráva; **~en** pásť sa; **r ~halm** ((e)s, e) steblo trávy
grassieren vyčíňať, zúriť mor, cholera ap.
gräßlich <...ss...> **1** hrozný **2** hnusný, strašný; *ein ~es Wetter* strašné počasie
r Grat ((e)s, e) **1** ostrá hrana **2** horský hrebeň
e Gräte (≈, n) rybia kosť
gratis bezplatne, zadarmo, zdarma; **e ~probe** (≈, n) skúšobné balenie
e Gratu|lation (≈, en) blahoželanie, gratulácia; **–lieren** blahoželať, gratulovať (*j-m zu etw* komu k čomu)
grau **1** sivý, šedivý; *~e Haare* šediny; lek. *der ~e Star* sivý zákal; *~ werden* (zo)šedivieť **2** pochmúrny, jednotvárny **3** neurčitý, neznáma, neistý, hmlistý; *eine ~e Vorstellung von etw haben* mať matnú predstavu o čom; *~e Zukunft* ďaleká budúcnosť; *in ~er Vorzeit* v dávnej minulosti
Gräuel pozri *Greuel*
grauen **1** šedivieť **2** svitať; **sich ~** hroziť sa, desiť sa (*vor j-m/etw* koho/čoho) *mir graut davor* hrozím/desím sa toho
s Grauen (s, 0) hrôza, des, zdesenie; **~haft** hrozný, strašný, budiaci hrôzu
graulich **1** prešedivený, sivastý **2** príšerný, strašidelný
graupeln: *es graupelt* padajú krúpy
grausam ukrutný; **e ~keit** (≈, en) krutosť, ukrutnosť
s Grausen (s, 0) hrôza, des
gravieren gravírovať; **~d** gravírovaný

e Grazi|e (≈, 0) **1** Grácia bohyňa **2** pôvab, krása, ladnosť
graziös pôvabný, graciózny, ladný
r Greif ((e)s, e al. en) **1** grif, rozprávkový vták **2** dravý vták, dravec
greifbar **1** dostupný, poruke; *in ~er Nähe* na dosah ruky **2** hmatateľný, zrejmý, jasný
greifen* (i, h. i) **1** chytiť, uchopiť; *sich an den Kopf ~* chytať sa za hlavu; *um sich ~* (roz)šíriť sa, rozmáhať sa o chorobe **2** siahnuť (*nach etw* po čom); *man kann es mit Händen ~* to je jasné; *das ist aus der Luft gegriffen* to je vymyslené; *zur Feder ~* chopiť sa pera, začať písať; **j-m unter die Arme ~** podporovať koho, pomáhať komu
r Greis (es, e) starec
s Greisen|alter (s, 0) staroba, starecký vek; **–haft** starecký, senilný
grell **1** ostrý, prenikavý hlas, tón **2** krikľavý, nápadný **3** žiarivý, prudký, oslňujúci
e Grenz|e (≈, n) **1** hranica; *~n ziehen* vytyčovať hranice **2** obraz. hranica, medza; **–en** susediť, hraničiť i obraz. (*an etw* s čím); **–en|los** bez hraníc, neobmedzený, nekonečný; **r –fall** ((e)s, ≐e) krajný prípad; **r –|übergang** ((e)s, ≐e) hraničný priechod; **e –verletzung** (≈, en) narušenie hraníc; **r –zwischenfall** ((e)s, ≐e) incident na hraniciach, pohraničný konflikt
r Greuel <Gräuel> (s, ≈) **1** hrôza **2** hanebnosť, ohavnosť **3** príšera; *dieser Mensch ist mir ein ~* tento človek sa mi hnusí; **e ~tat** (≈, en) ohavný čin
greulich <gräulich> hrozný, strašný, odporný
griesgrämig mrzutý, namrzený
r Grieß (es, e) **1** krupica **2** jemný štrk
r Griff ((e)s, e) **1** hmat, hmatnutie **2** zručnosť **3** prstoklad **4** násada, rukoväť, držadlo, ucho džbánu ap.; **~bereit**: *~bereit haben* mať niečo poruke
r Grill (s, s) gril
e Grille (≈, n) **1** zool. cvrček **2** hovor. vrtoch, rozmar

GHI

e Grimạsse (≈, *n*) úškľabok, grimasa

r Grimm (*(e)s, 0*) hnev, zlosť; **~ig** **1** divoký, nahnevaný, zúrivý **2** hovor. strašný; *es ist ~ig kalt* je strašná zima

grinsen škľabiť sa, škeriť sa; *breit ~* škeriť sa na plné ústa

e Grippe (≈, *n*) chrípka

grob **1** drsný, hrubý; *~e Hände* drsné ruky **2** riedky; *ein ~es Sieb* riedke sito **3** ťažký; *~e Arbeit* ťažká práca **4** veľký; *ein ~er Irrtum* veľký omyl **5** nezdvorilý, hrubý; **e ~heit** (≈, *en*) hrubosť, surovosť, hrubé správanie

r Grobian (*(e)s, e*) grobian

r Grog (*s, s*) grog

r Groll (*(e)s, 0*) zlosť, nenávisť, hnev; **~en** **1** rachotiť, dunieť **2** hnevať sa (*j-m* na koho)

s Gros[1] [grọ:] (≈, ≈) väčšina, najväčšia časť

r Groschen (*s*, ≈) groš; hovor. peniaze

groß **1** veľký, rozsiahly; *im ~en kaufen* kupovať vo veľkom; *die ~e Zehe* palec na nohe **2** veľký, dospelý; *~ werden* vyrásť; *~ <Groß> und klein <Klein>* veľkí i malí, všetci **3** vysoký; *ein großer Mann* vysoký muž **4** hlavný, podstatný; *im ~en <Großen> und ganzen <Ganzen>* celkovo, zhruba; **j-n ~ anschauen** pozerať sa na koho prekvapene; **~|artig** veľkolepý, vynikajúci

e Größe (≈, *n*) **1** veľkosť **2** kapacita o človeku **3** mat. veličina

r Groß|einkauf (*s*, ≈*e*) nákup vo veľkom

e Groß|eltern MNČ starí rodičia

r Größenwahn (*(e)s, 0*) velikášstvo, megalománia

r Groß|handel (*s, 0*) veľkoobchod; **r –händler** (*s*, ≈) veľkoobchodník

e Großmacht (≈, ≈*e*) veľmoc

s Großmaul (*(e)s*, ≈*er*) hovor. chvastúň

großmütig veľkomyseľný, veľkodušný

e Großmutter (≈, ≈) stará mama

r Großpapa (*s, s*) hovor. starý otec, ded(k)o

s Großreinemachen (*s, 0*) veľké upratovanie

großsprecherisch vystatovačný, chvastúnsky

e Großstadt (≈, ≈*e*) veľkomesto

größtenteils väčšinou, zväčša

r Großtuer (*s*, ≈) chvastúň

r Großvater (*s*, ≈) starý otec

groß|ziehen* (*o, h. o*) vychovávať

großzügig veľkorysý

grotẹsk groteskný

e Grotte (≈, *n*) jaskyňa

s Grübchen (*s*, ≈) jamka aj na tvári

e Grube (≈, *n*) **1** jama **2** jama na vozovke **3** baňa **4** hrob; **wer andern eine ~ gräbt, fällt selbst hinein** kto druhému jamu kope, sám do nej spadne

grübeln hĺbať, premýšľať (*über etw* o čom)

e Gruft (≈, ≈*e*) hrobka, krypta, rodinný hrob

grün **1** zelený; *~er Tee* zelený čaj; *j-n ~ und blau schlagen* zbiť koho domodra **2** nezrelý i obraz.; *ein ~er Junge* zelenáč **3** bledý; **e ~|anlage** (≈, *n*) **1** zeleň, park **2** trávnik

r Grund (*(e)s*, ≈*e*) **1** pôda, pozemok **2** dno **3** základy budovy **4** dôvod; *aus diesen Gründen* z týchto dôvodov **5** jadro, základ problému; *auf ~* na základe; *im ~e* v podstate; *mit ~* právom; **bis auf den ~** až do základov, dôkladne; **r ~besitz** (*es, e*) **1** pozemkové vlastníctvo **2** pozemok, statok; **s ~buch** (*(e)s*, ≈*er*) pozemková kniha

gründ|en **1** zakladať mesto, polit. stranu, firmu **2** spočívať, prameniť, vyplývať, vychádzať; (*auf etw* A z čoho/v čom) *seine Theorie –et auf den Thesen von I. Kant* jeho teória vychádza/pramení/vyplýva z téz I. Kanta; **r –er** (*s*, ≈) zakladateľ

s Grundgesetz (*es, e*) **1** základný zákon **2** ústava

e Grund|lage (≈, *n*) **1** základ, báza, východisko **2** obraz. podklad, osnova; **–legend** základný

gründlich dôkladný, poriadny; **e ~keit** (≈, *0*) dôkladnosť
grundlos 1 bezodný **2** obraz. bezdôvodný
e Grundmauer (≈, *n*) podmurovka
e Grundregel (≈, *n*) základné pravidlo
r Grundriß <...ss> (*risses, risse*) **1** pôdorys, základ **2** obraz. náčrt **3** rukoväť
r Grund|satz (*es, ≈e*) zásada, princíp, axióma; **–sätzlich** zásadný
e Grundschule (≈, *n*) základná škola
r Grundstein (*(e)s, e*) **1** základný kameň **2** obraz. základ
s Grundstück (*(e)s, e*) pozemok
e Gründung (≈, *en*) založenie
r Grundzug (*(e)s, ≈e*) **1** základná, hlavná črta **2** základy, stručný prehľad
r Grünschnabel (*s, ≈*) hovor. holobriadok
r Grünspan (*(e)s, 0*) medenka, patina
r Grünstreifen (*s, ≈*) úzky pás zelene medzi dvoma jazdnými pruhmi na diaľnici
grunzen 1 (za)chrochtať, krochkať **2** obraz. mrmlať, hundrať
e Gruppe (≈, *n*) **1** skupina **2** voj. oddiel, družstvo
s Gruppen|bild (*(e)s, er*) skupinová fotografia; **–weise** po skupinách
gruppier|en zoskupiť, zostaviť; **e –ung** (≈, *en*) zoskupenie
gruselig hrozný, hrôzostrašný; *ein ~es Erlebnis* hrozný zážitok
gruseln: *mir/mich gruselt* hrozím sa
r Gruß (*es, ≈e*) pozdrav; *mit herzlichen Grüßen* so srdečným pozdravom
grüßen 1 (po)zdraviť; *~ lassen* pozdravovať, odovzdať pozdrav **2** kývať na pozdrav
e Grütze (≈, *n*) **1** ovsená al. jačmenná kaša **2** krúpy **3** obraz. rozum, vtip; **e rote ~** sladký ovocný dezert

guck|en hovor. **1** hľadieť, pozerať, hovor. kukať **2** vykúkať, trčať vreckovka z nohavíc; **r –kasten** (*s, ≈* al. *≈*) hovor. televízor; **s –loch** (*es, ≈er*) priezor na dverách
e Guillotine [giljo'ti:nə] (≈, *n*) gilotína
r Gug(e)lhupf (*(e)s, e*) rak. bábovka
r, s Gulasch (*(e)s, e*) guláš
gültig platný; **e ~keit** (≈, *0*) platnosť; **e ~keitsdauer** (≈, *0*) obdobie platnosti
r Gummi (*s, ≈* al. *s*) **1** kaučuk, guma **2** guma na gumovanie; **s ~band** (*(e)s, ≈er*) gumová páska, gumička; **r ~baum** (*(e)s, ≈e*) gumovník; **r ~knüppel** (*s, ≈*) gumový obušok; **r ~schlauch** (*s, ≈e*) gumová hadica
e Gunst (≈, *0*) **1** náklonnosť, priazeň **2** prospech **3** uprednostňovanie, nadržiavanie
günstig 1 vhodný, výhodný **2** priaznivý, naklonený
e Gurgel (≈, *n*) hrdlo, hrtan; **~n** kloktať i obraz.
e Gurke (≈, *n*) **1** uhorka **2** hovor. veľký nos; **die Zeit der sauren ~n** uhorková sezóna
r Gurt (*(e)s, e*) **1** popruh, pás **2** voj. pásový zásobník
r Gürtel (*s, ≈*) **1** pás, opasok **2** geogr. pásmo
s Gürteltier (*(e)s, e*) zool. pásovec
gürten (sich) 1 opásať (sa) **2** zapnúť si pás v aute
r Guß <...ss> (*gusse, güsse*) **1** liatie, odlievanie kovov **2** lejak, silný dážď **3** kuch. poleva; **s ~eisen** (*s, 0*) liate železo, liatina; **s ~stück** (*(e)s, e*) odliatok
gut 1 PR M dobrý, správny, vyhovujúci; *ein ~er Schüler* dobrý žiak; *~en Appetit!* dobrú chuť!; *~en Mutes sein* byť v dobrej nálade **2** PRÍSL dobre, ľahko; *also ~!* tak dobre!; *schon gut!* veď už dobre!; *mit j-m ~ sein* byť s kým zadobre; *kurz und ~* skrátka a dobre; **so ~ wie fertig** takmer hotový; **zu ~er Letzt** nakoniec

GHI

s Gut (*(e)s, ¨er*) **1** majetok, vlastníctvo; *liegende/unbewegliche Güter* nehnuteľný majetok; *fahrende/bewegliche Güter* hnuteľný majetok **2** obch. tovar
s Gutacht|en (*s, ≈*) odborný posudok, dobrozdanie; **r –er** (*s, ≈*) znalec
gutartig 1 dobromyseľný **2** lek. nezhubný
s Gutdünken (*s, 0*) mienka; *nach eigenem ~ handeln* konať podľa vlastnej mienky
e Güte (*≈, 0*) **1** akosť, kvalita **2** dobrota, dobromyseľnosť; *in aller ~* po dobrom
e Güter|abfertigung (*≈, en*) **1** odbavenie tovaru **2** výpravňa tovaru; **r –bahnhof** (*(e)s, ¨e*) nákladná stanica; **r –wagen** (*s, ≈*) nákladný vagón; **r –zug** (*(e)s, ¨e*) nákladný vlak
gutgemeint <**gut gemeint**> dobre myslený
gutgläubig dôverčivý
gut|haben mať niečo k dobru
gut|heißen* (*ie, h. ei*) schváliť, odobriť
gütig dobrotivý, prívetivý, láskavý, vľúdny
gutmütig dobromyseľný; **e ~igkeit** (*≈, 0*) dobromyseľnosť
r Gutschein (*(e)s, e*) poukážka, bon
gut|schreiben* (*ie, h. ie*) pripísať k dobru; **e –schrift** (*≈, en*) dobropis
gut|tun* <– **tun**> (*tat gut, h. gutgetan*) **1** urobiť dobre, pomôcť, prospieť **2** byť dobrý, hovor. sekať dobrotu
gutwillig dobrovoľný, ochotný
s Gymnạsium (*s, Gymnasi|en*) gymnázium
e Gymnạstik (*≈, 0*) gymnastika
r Gynäkolọge (*n, n*) ženský lekár, gynekológ
s Gyroskọp (*s, e*) zotrvačník

H

s Haar (*(e)s, e*) **1** vlas, vlasy, chlpy človeka **2** chlp(y), srsť zvieraťa **3** vlas látky ap.; **an den ~en herbeigezogen*** pritiahnuté za vlasy; **sich die ~e raufen** trhať si vlasy
s Haar|band (*(e)s, ¨er*) stužka, čelenka do vlasov; **e –bürste** (*≈, n*) kefa na vlasy
haaren plešatieť, plznuť
haargenau navlas presný, rovnaký
haarig vlasatý, chlpatý
haarscharf 1 navlas presný **2** obraz. ostrý ako britva
e Haar|schleife (*≈, n*) ozdobná stužka do vlasov; **r –schnitt** (*(e)s, e*) účes, strih vlasov; **e –spange** (*≈, n*) ozdobná spona do vlasov; **r –trockner** (*s, ≈*) sušič vlasov, hovor. fén; **s –waschmittel** (*s, ≈*) šampón
e Habe (*≈, 0*) kniž. majetok, imanie
haben* (*hatte, h. gehabt*) **1** mať, vlastniť; *er hat in Wiesbaden drei Häuser* vo Wiesbadene vlastní tri domy **2** pomocné sloveso v zložených minulých časoch neprekladá sa; *wir ~ geschwiegen* mlčali sme **3** s infinitívom vo význame musieť; *wir ~ noch einen Patienten zu untersuchen* musíme vyšetriť ešte jedného pacienta **4** v ustálených spojeniach; **Hunger ~** byť hladný; **du hast gut reden** tebe sa to povie; **was hast du denn?** čo je ti?
s Haben (*s, 0*): *(das) Soll und (das) ~* má dať a dal v účtovných knihách
e Habgier (*≈, 0*) túžba po majetku, chamtivosť; **~ig** hrabivý, chamtivý
r Habicht (*(e)s, e*) jastrab
e Habseligkeiten MNČ majetok bez veľkej hodnoty, krámy, bezcenné veci
e Hachse (*≈, n*), **e Hechse** (*≈, n*) **1** pätový kĺb zvierat **2** hanl. noha, hnát
e Hacke (*≈, n*) motyka
hacken 1 (na)sekať **2** (o)kopať zeleninu

3 ďobať, kľuvať zobákom
s Hackfleisch (*es, 0*) fašírované mäso, mleté mäso na fašírku
r Hader[1] (*s, n*) handra
r Hader[2] (*s, 0*) spor, hádka, svár
r Hafen (*s, ≈̈*) prístav; **r ~damm** (*(e)s, ≈̈e*) prístavná hrádza, stena, prístavné mólo; **e ~stadt** (*≈, städte*) prístavné mesto, prístav
r Hafer (*s, ≈*) ovos; **e ~flocken** MNČ ovsené vločky; **r ~schleim** (*s, e*) polievka z ovsených vločiek
e Haft (*≈, 0*) väzba, uväznenie
haftbar práv. záväzný, zodpovedný za čo
r Haftbefehl (*s, e*) zatykač
haften 1 držať sa na čom, lepiť sa **2** ručiť (*für j-n/etw* za koho/čo)
r Häftling (*s, e*) väzeň, zajatec
e Haftpflicht (*≈, 0*) práv. povinné ručenie
e Haftschalen MNČ kontaktné šošovky
e Haftung (*≈, en*) záruka, ručenie; *mit beschränkter ~* s ručením obmedzeným
e Hagebuche (*≈, n*) hrab
e Hagebutte (*≈, n*) šípka plod
r Hagedorn (*(e)s, e*) hloh
r Hagel (*s, 0*) krúpy, krupobitie; **~n**: *es hagelt* padajú krúpy, padá ľadovec
hager chudý, vyziabnutý
r Hahn (*(e)s, ≈̈e*) **1** kohút **2** kohútik vodovodný **3** spúšť, kohútik na zbrani
s Hähnchen (*s, ≈*) kurča
r Hai (*(e)s, e*), **r ~fisch** (*es, e*) žralok
r Hain (*(e)s, e*) háj
s Häkchen (*s, ≈*) háčik i obraz., malá skoba
e Häkel|arbeit (*≈, en*) háčkovanie; **–n** háčkovať; **e –nadel** (*≈, n*) háčik na háčkovanie
r Haken (*s, ≈*) **1** hák, háčik, skoba **2** háčik, prekážka; **s ~kreuz** (*es, e*) hákový kríž; **e ~nase** (*≈, n*) orlí nos, hovor. skoba
halb 1 ČÍSL pol, polovica; *eine ~e Stunde* pol hodiny; *es ist ~ eins* je pol jednej, *auf ~em Wege* na polceste **2** PR M polovičný, polovičatý; *den ~e Preis bezahlen* Z **3** PRÍSL napolo, napoly, čiastočne; *~ so groß* o polovicu menší; *~ und ~* na polovicu
s Halbdunkel (*s, 0*) prítmie, pološero
halber PREDL s G pre, kvôli; *der Krankheit ~* pre chorobu
halbieren (roz)poliť, rozdeliť na polovicu
e Halb|insel (*≈, n*) polostrov
s Halb|jahr (*(e)s, e*) polrok; **–jährlich** polročný
r Halb|kreis (*es, e*) polkruh; **e –kugel** (*≈, n*) pologuľa
r Halbleiter (*s, ≈*) fyz. polovodič
r Halbmesser (*s, ≈*) mat. polomer, rádius
r Halbmond (*(e)s, e*) polmesiac
halb|offen <**halb offen**> polootvorený, pootvorený
r Halbschuh (*(e)s, e*) poltopánka
halbwegs 1 na polceste **2** aspoň trochu, spolovice, čiastočne
e Halbwertzeit (*≈, en*) fyz. polčas rozpadu
e Halbzeit (*≈, en*) šport. polčas
e Hälfte (*≈, n*) polovica; *zur Hälfte* napoly, spola
r, s Halfter (*s, ≈*) ohlávka časť konského postroja
e Halle (*≈, n*) **1** predsieň, hala **2** sieň, sála
hallen znieť, zvučať, ozývať sa
s Hallenbad (*(e)s, ≈̈er*) krytá plaváreň
hallo 1 haló pri telefonovaní ap. **2** pozdrav pri stretnutí ahoj, nazdar
s Hallo (*s, s*) haló, rozruch, poplach
e Halluzination (*≈, en*) halucinácia
r Halm (*(e)s, e*) steblo; **e ~früchte** MNČ obilniny
r Hals (*es, ≈̈e*) **1** krk; *einen langen ~ machen* naťahovať krk **2** hrdlo aj na fľaši; **~ über Kopf** ozlomkrky, veľmi rýchlo; **s ~band** (*(e)s, ≈̈er*) **1** náhrdelník **2** obojok; **e ~kette** (*≈, n*) náhrdelník, retiazka na krk; **e ~schlag**-

ader (≈, *n*) krčná tepna; **e ~schmerzen** MNČ bolesti v hrdle; **s ~tuch** (*(e)s,* ≈̈*er*) šatka na krk; **r ~wirbel** (*s,* ≈) krčný stavec

halt 1 imperatív od halten: stoj!, dosť! **2** ČAST teda, nuž, skrátka; *er will ~ nicht* (on) teda nechce

r Halt (*(e)s, e*) **1** stálosť, pevnosť **2** opora, podpora **3** kniž. zastavenie, zastávka

haltbar 1 trvanlivý, stály **2** pevný; **e ~keit** (≈, *0*) **1** trvanlivosť, životnosť **2** pevnosť

halten* (*ä; ie, h. a*) **1** držať, nepúšťať (*bei etw, an etw* D za čo) **2** vydržať, byť pevný; *der Nagel hält* klinec drží **3** dodržať, zachovať; *das Wort ~* dodržať slovo **4** považovať, pokladať (*j-n/etw für etw* koho/čo za čo) **5** stáť, zastaviť; **j-m den Daumen ~** držať komu palce **auf etw ~** dbať o čo; **eine Rede ~** rečniť, vystúpiť s prejavom; **sich ~** držať sa, udržiavať sa; *er hielt sich gut* držal sa dobre; *sich rechts ~* držať sa vpravo; **auf sich ~** dbať na/o svoj zovňajšok

e Haltestelle (≈, *n*) zastávka

s Halteverbot (*(e)s, 0*) zákaz zastavenia v doprave

haltlos 1 o človeku kolísavý, nepevný **2** neopodstatnený domnienka, podozrenie

halt|machen <**Halt machen**> zastaviť sa

e Haltung (≈, *en*) **1** postoj, stanovisko **2** držanie tela **3** správanie, vystupovanie

hämisch zlomyseľný, škodoradostný

r Hammel (*s,* ≈ al. ≈̈) baran; **s ~fleisch** (*es, 0*) baranie mäso, baranina

r Hammer (*s,* ≈̈) kladivo i šport.

hämmern 1 kuť, kovať, tepať **2** búšiť, biť, tĺcť; **sich etw ins Gedächtnis ~** vtĺcť si niečo do pamäti

e Hämorrhoiden <**Hämorriden**> MNČ hemoroidy, zlatá žila

r Hamster (*s,* ≈) škrečok i obraz.; **r ~er** (*s,* ≈) chamtivec, mamonár; **~n** robiť si zásoby, hromadiť potravu

e Hand (≈, ≈̈*e*) ruka; *flache ~* dlaň; *geballte ~* päsť; *hohle ~* hrsť; **an die ~ gehen** byť nápomocný; **an ~ von Beispielen** na základe al. pomocou príkladov; **bei der ~ haben** mať poruke; **unter der ~ verkaufen** predávať pod rukou

e Hand|arbeit (≈, *en*) ručná práca i výrobok

e Handbremse (≈, *en*) ručná brzda

s Handbuch (*(e)s,* ≈̈*er*) príručka

r Handel[1] (*s,* ≈̈) spor, hádka

r Handel[2] (*s, 0*) obchod; *der ~ im kleinen* obchod v malom

handeln 1 obchodovať **2** jednať (sa) o cene **3** konať, počínať si **4** (*von etw*) zaoberať sa (čím), skúmať (čo); *das Buch handelt von…* kniha sa zaoberá…; **sich ~** týkať sa, vzťahovať sa, ísť o čo; *worum handelt es sich?* o čo ide?

e Handels|bilanz (≈, *en*) obchodná bilancia; **e –gesellschaft** (≈, *en*) obchodná spoločnosť; **e –kammer** (≈, *n*) obchodná komora; **e –marke** (≈, *en*) obchodná značka; **s –netz** (*es, e*) obchodná sieť; **r –partner** (*s,* ≈) obchodný partner; **r –reisende** (*n, n*) obchodný cestujúci; **e –schule** (≈, *n*) obchodná škola, obchodná akadémia; **–üblich** bežný v obchode; **r –vertrag** (≈, ≈̈*e*) obchodná zmluva; **r –vertreter** (*s,* ≈) obchodný zástupca

r Handfeger (*s,* ≈) metlička

handfest 1 silný, pevný **2** hmatateľný, konkrétny

handge|arbeitet ručne vyrobený

s Handgelenk (*(e)s, e*) zápästie

s Handgemenge (*s,* ≈) bitka

s Handgepäck (*(e)s, 0*) príručná batožina

e Handgranate (≈, *n*) ručný granát

handgreiflich 1 násilný **2** rukolapný, zrejmý

r Handgriff (*(e)s, e*) **1** držadlo, rúčka, rukoväť **2** hmatnutie, hmat

hand|haben ovládať, zaobchádzať,

GHI

používať, manipulovať
r **Händler** (*s*, ≈) obchodník, majiteľ obchodu
handlich príručný, ľahko ovládateľný, vhodný
e **Handlung** (≈, *en*) **1** čin, skutok **2** lit. dej knihy ap. **3** obchod
e **Handlungs|freiheit** (≈, *0*) sloboda konania; e **–weise** (≈, *n*) spôsob konania
e **Hand|pflege** (≈, *0*) starostlivosť o ruky; r **–rücken** (*s*, ≈) chrbát ruky
e **Handschelle** (≈, *n*) puto; *j-m die ~n anlegen* nasadiť komu putá
e **Handschrift** (≈, *en*) **1** písmo, rukopis **2** rukopis, manuskript
r **Handschuh** (*s*, *e*) rukavica
e **Handtasche** (≈, *n*) kabelka
r **Handteller** (*s*, ≈) dlaň
s **Handtuch** (*(e)s*, *≈er*) uterák
s **Handwerk** (*(e)s*, *e*) remeslo; r **~er** (*s*, ≈) remeselník; **~lich** remeselný, remeselnícky
s **Handwörterbuch** (*(e)s*, *≈er*) príručný slovník
e **Handwurzel** (≈, *n*) zápästie
r **Hanf** (*(e)s*, *0*) konope
r **Hang** (*(e)s*, *≈e*) **1** svah, stráň, úbočie **2** obraz. len JČ sklon, náklonnosť
hängen[1]* (i, *h./i. a*) **1** visieť; *der Mond hängt tief* mesiac visí nízko **2** visieť (*an j-m/etw* na kom/čom), byť oddaný; *an j-s Mund/Lippen ~* visieť komu na ústach/perách
hängen[2] vešať, zavesiť; *das Kleid auf den Bügel hängen* zavesiť šaty na vešiak **etw an die große Glocke ~** rozhlásiť, vyzvoniť čo, **sich ~ 1** vešať sa, lepiť sa (*an j-n* na koho) **2** obesiť sa
hängen|bleiben* <**~ bleiben**> (*ie, i. ie*) **1** uviaznuť **2** prepadnúť v škole
hängen|lassen* <**~ lassen**> (*ä, ie, h. a*) **1** dať visieť **2** zvesiť; *den Kopf ~lassen* zvesiť hlavu
hänseln doberať si koho, dobiedzať do koho, posmievať sa komu
hantieren zaobchádzať (*mit etw* s čím)
r **Happen** (*s*, ≈) **1** hlt **2** expr. chuťovka
e **Hardware** ['ha:dweə] (≈, *s*) hardvér
e **Harfe** (≈, *n*) harfa
e **Harke** (≈, *n*) hrable; **~n** hrabať, zhŕňať hrabľami
r **Harm** (*(e)s*, *0*) kniž. žiaľ, zármutok, súženie; **~los 1** bezstarostný **2** neškodný, dobrácky; e **~losigkeit** (≈, *0*) **1** bezstarostnosť **2** bezvýznamnosť **3** dobráckosť
e **Harmonie** (≈, *ien*) harmónia, zhoda
e **Harmonika** (≈, *s*) harmonika
harmonisch harmonický
s **Harmonium** (*s*, *Harmonien*) harmónium
r **Harn** (*(e)s*, *0*) moč; e **~blase** (≈, *n*) močový mechúr; r **~stoff** (*(e)s*, *e*) močovina; **~treibend** močopudný
e **Harpune** (≈, *n*) harpúna
harren kniž. čakať, očakávať, vyčkávať túžobne
hart 1 PR M tvrdý, pevný i obraz. **2** PRÍSL tesne, celkom blízko; obraz. **~ auf ~ gehen** ísť do tuhého
e **Härte** (≈, *n*) **1** tvrdosť, pevnosť **2** obraz. tvrdosť, krutosť
hartgekocht <**hart gekocht**> uvarený natvrdo
hartherzig nemilosrdný, bezcitný
hartnäckig tvrdohlavý, neústupný; e **~keit** (≈, *0*) tvrdohlavosť, neústupnosť
s **Harz** (*es*, *e*) živica
s **Hasard** (*s*, *0*) hazard; s **~spiel** (*(e)s*, *e*) hazardná hra
s **Haschee** (*s*, *s*) jedlo zo sekaného mäsa, hašé
r **Hase** (*n*, *n*) zajac; **wissen, wie der ~ läuft** vedieť, ako na to al. čo z toho bude
e **Hasel** (≈, *n*) bot. lieska; e **~nuß** <**...ss**> (≈, *nüsse*) lieskový orech
r **Hasenfuß** (*es*, *≈e*) obraz. bojko, bojazlivec
e **Hasenscharte** (≈, *n*) **1** lek. rázštep podnebia, hovor. zajačí pysk **2** bot. boľ-

ševník

e Haspel (≈, *n*) **1** navijak **2** pradeno **3** pren., hovor. nemehlo, motovidlo; **~n 1** navíjať, motať **2** pren. tárať

r Haß <...ss> (*hasses, 0*) nenávisť

hassen nenávidieť, neznášať; *j-n auf den Tod* al. *bis in den Tod* ~ nenávidieť koho na smrť

häßlich <...ss...> škaredý, ošklivý; **e ~keit** (≈, *en*) škaredosť, ošklivosť

e Hast (≈, *0*) chvat, zhon; **~en** (*i.*) ponáhľať sa, náhliť sa; **~ig 1** PR M náhlivý **2** PRÍSL narýchlo, náhlivo

e Haube (≈, *n*) **1** čepiec **2** chochol vtákov **3** prilba **4** príklop, kryt, kapota auta

r Hauch (*(e)s, e*) **1** dych, dýchnutie **2** obraz. nádych; *ein ~ von Grün* nádych dozelena; **~en** dýchať, dýchnuť

hauchdünn veľmi jemný, tenký

e Haue (≈, *n*) **1** motyka, kopáč **2** hovor. výprask

hauen[1]* (*hieb* al. *haute, h. gehauen*) **1** tĺcť, sekať, rúbať, ťať; *in Stücke ~* rozbiť na kusy **2** biť, búchať (*auf/in etw* na čo)

hauen[2] (*h./i.*) **1** zbiť, stĺcť koho **2** udierať na čo **3** sekať **4** stínať **5** tesať, vytesať

r Haufen (*s,* ≈) **1** hromada, hŕba **2** veľké množstvo, húf; **ein ~ Unglück** kôpka nešťastia

häufen nakúpiť, nahromadiť

haufenweise hromadne, húfne, v kopách

häufig 1 PR M častý, hojný **2** PRÍSL často

s Haupt (*(e)s, ≈er*) **1** hlava **2** obraz. hlava rodiny, vodca, náčelník

r Haupt|bahnhof (*(e)s, ≈e*) hlavná stanica; **r –darsteller** (*s,* ≈) hlavný predstaviteľ; **r –|eingang** (*s,* ≈) hlavný vchod

s Häuptel (*s,* ≈) rak. hlávka šalátu ap.; **r ~salat** (*(e)s, e*) hlávkový šalát

r Häuptling (*s, e*) náčelník

r Hauptmann (*s, ≈er*) **1** voj. kapitán **2** náčelník, vodca

e Hauptperson (≈, *en*) hlavná, rozhodujúca osoba

e Haupt|sache (≈, *n*) hlavná vec; **–sächlich** hlavný, podstatný

r Hauptsatz (*es, ≈e*) lingv. hlavná veta

e Hauptsendezeit (≈, *en*) hlavný vysielací čas

e Hauptstadt (≈, *≈e*) hlavné mesto

e Hauptstraße (≈, *n*) hlavná trieda, hlavná ulica

s Hauptwort (*(e)s, ≈er*) **1** gram. podstatné meno **2** rozhodujúce slovo

r Hauptzug (*(e)s, ≈e*) hlavný znak, základná, dominantná črta

s Haus (*es, ≈er*) **1** dom; *elterliches ~* rodičovský dom; *nach ~e* domov; *zu ~e* doma **2** rodina, domácnosť **3** dynastia, rod; *~ Habsburg* rod Habsburgovcov

e Haus|arbeit (≈, *en*) **1** domáca práca **2** domáca úloha

r Haus|arzt (*es, ≈e*) rodinný lekár

e Haus|aufgabe (≈, *en*) domáca úloha

r Haus|besitzer (*s,* ≈) majiteľ domu

r Häuserblock (*(e)s, ≈e*) blok domov

e Hausfrau (≈, *en*) žena v domácnosti

hausgemacht vyrobený doma

r Haushalt (*(e)s, e*) **1** domácnosť **2** štátny rozpočet

e Haushälterin (≈, *en*) gazdiná, hospodárka

s Haushaltgerät (*s, e*) domáci spotrebič

r Hausherr (*n, en*) **1** majiteľ domu **2** hlava rodiny

haushoch vysoký ako dom, veľmi veľký

hausier|en obchodovať po domoch; **r –er** (*s,* ≈) podomový obchodník

häuslich 1 PR M domáci, domácky, hospodárny **2** PRÍSL po domácky

r Hausmeister (*s, 0*) domovník

e Haus|nummer (≈, *n*) číslo domu; **e –|ordnung** (≈, *en*) domový poriadok; **r –schlüssel** (*s,* ≈) kľúč od domu

s Haustier (*(e)s, e*) domáce zviera

e Haustür (≈, *en*) domové dvere

r Hauswirt (*(e)s, e*) hospodár, gazda

e Haut (≈, ≈*e*) **1** koža, pleť, pokožka; *die ~ pflegen* starať sa o pleť, pestovať pleť **2** anat. blana **3** povlak, šupa, kožka; **e ~|abschürfung** (≈, *en*) odrenina kože; **r ~|ausschlag** (*s*, ≈*e*) vyrážka; **e ~creme** (≈, *s* al. *n*) pleťový krém; **e ~farbe** (≈, *n*) farba pleti; **e ~krankheit** (≈, *en*) kožná choroba

havarieren [...v...] havarovať

e Haxe (≈, *n*) noha, vulg. hnát

Hbf skr. **r Hauptbahnhof** hlavná stanica

e Heb|amme (≈, *n*) pôrodná asistentka, hovor. pôrodná baba

r Hebel (*s*, ≈) páka; **alle ~ in Bewegung setzen** rozhýbať všetky sily/prostriedky

heben* (*o, h. o*) **1** zdvihnúť **2** zvyšovať **3** obraz. povznášať

r Hecht (*(e)s, e*) šťuka

s Heck (*(e)s, e*) **1** ohradený kus pozemku, lúky ap. **2** zadná časť lode, lietadla, auta

e Hecke[1] (≈, *n*) živý plot, húština

e Hecke[2] (≈, *n*) hniezdenie a liahnutie vtákov; **~n** hniezdiť, páriť sa o vtákoch

e Heckenrose (≈, *n*) šípková ruža

s Heer (*(e)s, e*) **1** vojsko, armáda **2** dav, veľké množstvo, masa, záplava, mračno

r Heereszug (*(e)s*, ≈*e*) vojenské al. vojnové ťaženie

e Hefe (≈, *n*) **1** droždie, kvasnice **2** usadenina

s Heft (*(e)s, e*) **1** zošit **2** držadlo, rukoväť; **~en 1** pripnúť **2** zošiť, zostehovať; **r ~er** (*s*, ≈) zošívačka

heftig prudký; **e ~keit** (≈, *en*) prudkosť, prchkosť

e Heft|klammer (≈, *n*) kancelárska sponka, svorka; **e –maschine** (≈, *n*) zošívačka stroj

s Heft|pflaster (*s*, ≈) náplasť na rany; **e –zwecke** (≈, *n*) pripináčik

r Heger (*s*, ≈) hájnik

s/r Hehl (*(e)s, 0*) tajnosť; *ohne ~ sprechen* hovoriť otvorene; *kein(en) ~ aus etw machen* nerobiť z čoho tajnosť

r Heide[1] (*n, n*) pohan

e Heide[2] (≈, *n*) **1** pastvina, planina **2** vresovisko; **s ~kraut** (*(e)s, 0*) bot. vres

e Heidelbeere (≈, *n*) čučoriedka

s Heidentum (*(e)s, 0*) pohanstvo

heikel 1 háklivý, delikátny chúlostivý; *eine heikle Situation* háklivá situácia **2** prieberčivý

heil 1 zdravý, nezranený **2** vyliečený, zahojený **3** celý, neporušený; *die Vase ist ~ geblieben* váza zostala celá, nerozbila sa

s Heil (*(e)s, 0*) **1** blaho, šťastie, prospech, dobro; *Schi ~!* lyžiam zdar! pozdrav lyžiarov **2** cirk. spása

e Heil|anstalt (≈, *en*) liečebný ústav

r Heiland (*(e)s, e*) kresťanský Spasiteľ, Vykupiteľ, Mesiáš

heil|bar (vy)liečiteľný; **–en** (*h.*) liečiť; **–en** (*i.*) liečiť sa, hojiť sa, zahojiť sa; **–end** liečivý

heilfroh: *~ sein* byť veľmi rád, tešiť sa že sa dačo zlé nestalo

heilig svätý, posvätný; **der ~e Abend** Štedrý večer; **r ~e** (*n, n*) svätý, svätec; **~en** posvätiť, zasvätiť

r Heiligenschein (*(e)s, e*) svätožiara, gloriola

e Heiligkeit (≈, *0*) svätosť, posvätnosť; *Seine ~* Jeho Svätosť

heilig|sprechen* <**heilig sprechen**> (*i; a, h. o*) vyhlásiť za svätého

s Heiligtum (*(e)s*, ≈*er*) **1** svätyňa **2** posvätná vec, svätosť

e Heilkunde (≈, *0*) medicína, lekárska veda

heillos úžasný, žalostný; *ein ~es Durcheinander* úžasný zmätok

s Heil|mittel (*s*, ≈) liek, liečebný prostriedok; **e –quelle** (≈, *n*) liečivý prameň; **–sam** liečivý; **e –ung** (≈, *en*) uzdravenie, vyliečenie

e Heils|armee (≈, *0*) Armáda spásy

s Heim (*(e)s, e*) **1** domov, domácnosť **2** ústav, útulok **3** klub, klubovňa

e Heimat (≈, ≈ al. *en*) domov, vlasť; **s ~land** (*(e)s, ≈er*) rodná zem, otčina; **~lich** rodný; **~los** bez domova; **r ~ort** (*(e)s, e*) rodné miesto; **r ~vertriebene** (*n, n*) vyhnaný z vlasti

r Heimcomputer [...kompju:tə] (*s, ≈*) domáci počítač

e Heim|fahrt (≈, *en*) cesta domov, návrat domov; **–gehen*** (*i, i. a*) ísť domov; **–isch** rodný, domáci, tunajší; **e –kehr** (≈, *en*) návrat domov; *auf der –kehr* cestou domov

heimlich 1 PR M tajný, skrytý **2** PRÍSL tajne, v tajnosti, potajme; **e ~keit** (≈, *en*) tajomstvo, tajnosť

heim|suchen postihnúť, zasiahnuť o negatívnej udalosti; **–tückisch** potmehúdsky, zákerný

r Heim|weg (*(e)s, 0*) cesta domov; **s –weh** (*(e)s, 0*) túžba po domove; *–weh haben* cnieť sa za domovom

heim|zahlen odplatiť; *mit gleicher Münze ~* odplatiť rovnakou mincou/rovnakou mierou, nezostať dlžný

e Heirat (≈, *en*) svadba, sobáš; **~en** vydať sa, oženiť sa (*j-n* za koho)

r Heirats|antrag (*(e)s, ≈e*) ponuka manželstva; **e –anzeige** (≈, *n*) svadobné oznámenie; **–lustig** vydajachtivá, ženbychtivý

heiser zachrípnutý, chrapľavý; **e ~keit** (≈, *0*) chrapľavosť, zachrípnutie

heiß 1 horúci, vriaci, parný, žhavý **2** obraz. vášnivý, prudký; **~blütig** horkokrvný, vznetlivý, prchký

heißen* (*ie, h. ei*) **1** volať sa, menovať sa **2** nazývať, menovať; *j-n seinen Freund ~~* nazvať koho svojím priateľom **3** znamenať, značiť; *was soll das ~?* čo to znamená?; *das heißt...* to je..., to znamená...; *es heißt, daß...* hovorí sa, že...

heiß|laufen (sich)* <**heiß laufen**> (*io, i. au*) tech. zahriať sa, zavariť sa

heiter 1 jasný, slnečný; *ein ~er Tag* slnečný deň **2** veselý, zábavný, rozjarený; *~ werden* rozveseliť sa; **e ~keit** (≈, *0*) veselosť

heiz|bar vykurovateľný; **–en 1** kúriť **2** vykurovať; **r –er** (*s, ≈*) kurič osoba; **r –körper** (*s, ≈*) vyhrievacie teleso, radiátor; **s –öl** (*s, e*) vykurovací olej; **e –ung** (≈, *en*) **1** kúrenie **2** vykurovacie zariadenie; **e –ungsanlage** (≈, *n*) vykurovacie zariadenie

hektisch hektický

r Held (*en, en*) hrdina

s Helden|lied (*(e)s, er*) hrdinská pieseň; **r –mut** (*(e)s, 0*) hrdinstvo; **e –tat** (≈, *en*) hrdinský čin; **s –tum** (*s, 0*) hrdinstvo

helf|en* (*i; a, h. o*) **1** pomôcť, pomáhať; *wir ~ einander* vzájomne si pomáhame; *sich* D *zu ~ wissen* vedieť si pomôcť, vedieť si rady **2** neosobné väzby; *es hilft nichts, ich muss...* nedá sa pomôcť al. nedá sa nič robiť, musím...; **r –er** (*s, ≈*) pomocník

hell 1 svetlý, jasný **2** jasný, zvučný **3** obraz. jasný, bystrý; **~blau** bledomodrý; **~blond** plavovlasý; **e ~e** (*n, 0*) jas, jasnosť, svetlo

r Hellseher (*s, ≈*) jasnovidec, prorok

r Helm[1] (*(e)s, e*) prilba, helma

r, s Helm[2] (*(e)s, e*) porisko, topor

s Hemd (*es, en*) košeľa; **j-n bis aufs ~ ausziehen*** obrať koho o všetko, stiahnuť poslednú košeľu z koho

hemm|en brzdiť, zadržať, zaraziť i obraz.; **e –ung** (≈, *en*) **1** spomaľovanie, brzdenie **2** psychická, spoločenská ap. zábrana **3** prekážka; **–ungs|los** bez zábran

r Hengst (*es, e*) žrebec

r Henkel (*s, ≈*) **1** ucho, držadlo **2** pútko na kabáte ap.

henk|en zast. obesiť; **r –er** (*s, ≈*) **1** kat **2** pren. tyran, katan; **e –ers|frist** (≈, *en*) obraz. šibeničná lehota

e Henne (≈, *n*) sliepka

her 1 miest. sem; *komm ~!* poď sem!; *~ damit!* sem s tým!; *vom Walde ~* od lesa; *wo kommst du her?* odkiaľ prichádzaš?; *hin und ~* sem a tam **2** čas.: *ich kenne ihn von früher ~* poznám ho už dávnejšie; *es ist schon lange ~*

je to už dávno

herạb 1 dolu smerom k hovoriacemu **2** hovor. zvrchu, zvysoka, povýšene

herạb|lassen* (*ä; ie h. a*) spustiť roletu ap.; **sich ~*** znížiť sa, pokoriť sa; **~d** blahosklonný, vľúdny

herạb|setzen zmenšiť, znížiť cenu i obraz.

herạb|würdigen zľahčovať zásluhy iného, znevažovať koho

herạn sem, bližšie; *nur ~!* len poď(te) bližšie!; **~|kommen*** (*a, i. o*) prísť bližšie, priblížiť sa

herạn|machen sich 1 priblížiť sa s istým úmyslom (*an j-n* ku komu) **2** pustiť sa (*an etw* do čoho)

herạn|wachsen* (*ä; u, i. a*) dospievať, dorastať

herạn|ziehen* (*o, h./i. o*) **1** pritiahnuť, získať; *j-n zur Arbeit ~* pritiahnuť koho k práci **2** vychovať **3** brať, vziať do úvahy **4** (*o, i. o*) priblížiť sa

herạuf (sem) hore, nahor

herạuf|beschwören* (*u, h. o*) **1** privolať, vybaviť si spomienky **2** vyvolať, vzbudiť napätie **3** vyvolávať duchov

herạus (sem) von; **~|bekommen*** (*a, h. o*) **1** dostať von, vytiahnuť **2** obraz. vytiahnuť čo z koho **3** vyriešiť, rozlúštiť hádanku

heraus|bringen* (*a, h. a*) **1** vyniesť, dostať von i obraz. **2** vydať knihu

heraus|finden* (*a, h. u*) **1** dostať sa von **2** zistiť **3** (vy)nájsť sa, trafiť; **sich ~** vyznať sa

heraus|fordern 1 vyzvať na súboj **2** vyvolať, vyprovokovať; *das Schicksal ~* pokúšať osud; **e –forderung** (*≈, en*) **1** vyzvanie na súboj **2** vyzývavosť

heraus|geben* (*i; a, h. e*) **1** vydať, navrátiť **2** vydať peniaze **3** vydať knihu ap.; **r –geber** (*s, ≈*) vydavateľ

herạus|holen 1 vybrať, vytiahnuť, vyzvedieť sa **2** dosiahnuť

herạus|kommen* (*a, i. o*) **1** vyjsť i obraz. **2** vyviaznuť, dostať sa von

herạus|reißen* (*i <…ss>, h. herausgerissen*) vytrhnúť i obraz.

herạus|rücken (*i.*) **1** vystrčiť **2** platiť, hovor. vysoliť **3** hovor. vyrukovať s pravdou ap.

herạus|stellen postaviť von, vylúčiť; **sich ~** ukázať sa, vyjsť najavo, vysvitnúť

heraus|ziehen* **1** (*o, h. o*) vytiahnuť, ťahať von **2** (*o, i. o*) vydať sa na pochod

herb 1 trpký **2** obraz. drsný, krutý, prísny **3** zatrpknutý

herbẹi sem

herbẹi|führen privodiť, spôsobiť, zapríčiniť

herbẹi|holen ísť po koho, priniesť čo

herbẹi|schaffen zohnať, priniesť

e Herberge (*≈, n*) **1** nocľaháreň, ubytovňa **2** prístrešie

her|bringen* (*a, h. a*) priniesť, priviezť

r Herbst (*(e)s, e*) jeseň; **~lich** jesenný

r Herd (*(e)s, e*) **1** sporák **2** ohnisko, kozub **3** ohnisko, zdroj nákazy ap.

e Herde (*≈, n*) **1** stádo, črieda **2** pren., hanl. kŕdeľ, húf, hŕba

herẹin dovnútra, dnu; *~!* ďalej!, vstúpte!

herẹin|brechen* (*a, i. o*) **1** vniknúť dnu **2** kniž. začať, nastať noc **3** prepadnúť (*über j-n* koho)

herẹin|bringen* (*a, h. a*) **1** vniesť, priniesť, priviesť dnu **2** nahradiť, dohnať

herẹin|fallen* (*ä; ie, i. a*) **1** vpadnúť **2** hovor. naletieť (*auf j-n/etw* komu na čo); *auf einen Betrüger ~* naletieť podvodníkovi

herẹin|legen 1 položiť, vložiť dnu **2** oklamať, dobehnúť koho, prejsť cez rozum komu

e Herfahrt (*≈, en*) cesta sem

her|fallen (*ä; ie, i. a*) prepadnúť, napadnúť i obraz. (*über j-n/etw* koho/čo)

r Hergang (*(e)s, ≈e*) postup, priebeh

her|geben* (*i; a, h. e*) dať, vydať; **sich ~** dať sa (*zu etw* na čo)

her|gehen* (*i, i. a*) **1** prísť **2** zbehnúť

GHI

sa, stať sa
her|halten* (*ä; ie, h. a*) **1** podržať, nastaviť ruku ap. **2** obraz. odniesť si, odskákať si; *ich muß immer ~* ja si to vždy odnesiem
r Hering (*s, e*) sleď
her|kommen* (*a, i. o*) **1** prichádzať **2** pochádzať, mať pôvod
herkömmlich zvyčajný, bežný, tradičný; *das ist bei uns ~* to je u nás zvykom/bežné
e Herkunft (*≈, ≚e*) **1** pôvod, vznik; *von unsicherer ~* neistého pôvodu
her|laufen* (*äu; ie, i. au*) pribehnúť
hermetisch hermetický
hernieder kniž. dolu
r Herr (*n, en*) **1** pán; *meine ~en!* vážení páni! **2** cirk. Pán **3** vládca; *~ über j-n/etw sein* vládnuť nad kým/čím, byť pánom koho/čoho
herrlich nádherný, skvelý, veľkolepý; **e ~keit** (*≈, en*) nádhera, veľkolepost, krása
e Herrschaft (*≈, en*) **1** vláda **2** panstvo, vrchnosť
herrsch|en vládnuť, panovať; **r –er** (*s, ≈*) vládca, panovník, vladár; **–süchtig** panovačný
her|rühren pochádzať (*von etw* z čoho), vyplývať
her|stellen 1 postaviť sem **2** vyrábať, vytvárať **3** upraviť, dať do poriadku; **r –steller** (*s, ≈*) výrobca; **e –stellung** (*≈, en*) **1** vyrábanie, výroba **2** obnova, úprava
herüber sem, na túto stranu z druhej strany
herum 1 miest. okolo **2** čas. okolo, asi; *um sieben herum* okolo siedmej
herum|führen vodiť sem a tam; *j-n an der Nase ~* vodiť koho za nos
herum|gehen* (*i, i. a*) obísť (*um etw* čo); *dieser Gedanke geht mir im Kopf herum* táto myšlienka mi vŕta v hlave
herum|irren (*h./i.*) blúdiť
herum|treiben* (*ie, h. ie*) naháňať dookola, okolo; **sich ~** ponevierať sa, povaľovať sa
herunter dole, zhora dole
heruntergekommen spustnutý
herunter|schlucken prehltnúť, zhltnúť
hervor von smerom sem
hervor|bringen* (*a, h. a*) **1** vyniesť, vybrať **2** vytvoriť, splodiť **3** spôsobiť, vyvolať
hervor|gehen* (*i, i. a*) **1** vyjsť ako víťaz **2** vzniknúť, pochádzať (*aus etw* z čoho) **3** vyplývať
hervor|heben* (*o, h. o*) zdôrazniť, vyzdvihovať
hervor|ragen 1 vyčnievať, týčiť sa **2** obraz. vynikať; **~d 1** vyčnievajúci **2** obraz. vynikajúci, znamenitý, výborný
hervor|rufen* (*ie, h. u*) **1** vyvolať potleskom **2** obraz. vyvolať, spôsobiť, dať podnet **3** obraz. vzbudiť podozrenie
s Herz (*ens, en*) **1** srdce; *ans ~ legen* klásť na srdce; *sich zu ~en nehmen* vziať si k srdcu **2** pren. stred čoho **3** srdce v kartách; obraz. **das ~ ist ihm in die Hose gefallen** spadlo mu srdce do nohavíc, dostal strach; **es ist ihm ein Stein vom ~en gefallen** spadol mu kameň zo srdca
e Herzbeklemmung (*≈, 0*) zvieranie srdca
e Herzenslust (*≈, 0*): *nach ~* do vôle, do sýtosti
r Herzfehler (*s, ≈*) srdcová chyba
herzhaft 1 odvážny, smelý **2** srdečný smiech ap.
herzig milý, utešený
s Herz|klopfen (*s, 0*) búšenie srdca; **e –krankheit** (*≈, en*) srdcová choroba
herzlich 1 PR M srdečný, vrelý **2** PRÍSL srdečne, vrelo; *~ gern* zo srdca rád; **e ~keit** (*≈, en*) srdečnosť
herzlos bezcitný, bez srdca
r Herzog (*(e)s, ≚e*) vojvoda; **~lich** vojvodský; **s ~tum** (*s, ≚er*) vojvodstvo
r Herzschlag (*(e)s, ≚e*) **1** tlkot srdca **2** lek. srdcová porážka, srdcový infarkt
herz|zerreißend srdcervúci
e Hetze (*≈, n*) **1** štvanie, poburovanie

2 chvat, zhon; **~n 1** štvať, prenasledovať **2** podpichovať **3** hnať sa, ponáhľať sa; **r ~r** (*s,* ≈) štváč, demagóg, rozvratník; **e ~rei 1** zhon, náhlenie **2** štvanie, podpichovanie
s Heu (*(e)s, 0*) seno; **Geld wie ~ haben** mať peňazí ako pliev
e Heuchelei (≈, *en*) pokrytectvo; **–eln** predstierať, pretvarovať sa
r Heuchler (*s,* ≈) pokrytec; **~isch** pokrytecký
heulen 1 vyť, zavýjať **2** hučať siréna **3** vrešťať, revať
heurig rak. tohtoročný; **r ~e** (*n, n*) mladé víno
r Heuschnupfen (*s, 0*) senná nádcha; **e –schrecke** (≈, *n*) lúčny koník, kobylka
heute dnes; ~ *früh* dnes ráno; *von ~ ab* odo dneška
s Heute (≈, *0*) dnešok, súčasnosť
heutig 1 dnešný *der ~e Tag* dnešný deň **2** terajší, súčasný
heutzutage dnes, teraz, v dnešných dňoch
e Hexe (≈, *n*) čarodejnica **~n** čarovať
r Hexenschuß <...ss> (*schusses, 0*) hovor. úsad, seknutie v krížoch
e Hexerei (≈, *en*) čarodejníctvo, čary, kúzlo
hie rak.: ~ *und da* **1** miest. kde-tu, miestami **2** čas. tu a tam, občas
r Hieb (*(e)s, e*) **1** úder, seknutie **2** jazva **3** pren. narážka; *~e bekommen* hovor. dostať bitku; **e ~wunde** (≈, *en*) sečná rana
hier tu; *von ~* odtiaľto; **~ und da 1** čas. tu i tam, občas **2** miest. tu a tam
hierauf 1 na to **2** nato, potom
hieraus z toho, odtiaľ
hierbei pritom, zároveň
hierdurch 1 tadeto **2** týmto
hierein sem
hierfür na to, na tento cieľ
hierher sem
hierin v tom, v tej veci
hiernach podľa toho, v dôsledku toho, preto
hierunter 1 pod to, sem dole **2** pod tým
hiervon 1 z toho, odtiaľ; ~ *ausgehen* vychádzať z toho **2** o tom
hiesig tunajší
e Hilfe (≈, *n*) pomoc; ~ *leisten* poskytnúť pomoc; **Erste ~** prvá pomoc
hilflos bez pomoci, bezmocný; **e ~igkeit** (≈, *0*) bezmocnosť
hilfreich nápomocný
r Hilfsarbeiter (*s,* ≈) **1** pomocný robotník **2** pomocník; **–bedürftig** potrebujúci pomoc; **–bereit** ochotný pomôcť; **e –kraft** (≈, *̈e*) pomocná sila; **e –schule** (≈, *n*) pomocná škola; **e –wissenschaft** (≈, *en*) pomocná veda
e Himbeere (≈, *n*) malina
r Himmel (*s,* ≈) **1** nebo, obloha; *unter freiem ~* pod šírym nebom **2** cirk. nebesá; **wie der Blitz aus heiterem ~** ako blesk z jasného neba; **um ~s willen** preboha
himmelblau blankytný
e Himmelfahrt (≈, *en*) cirk. nanebovzatie
himmelschreiend do neba volajúci
himmlisch 1 nebeský **2** obraz. božský, prekrásny
hin 1 miest. na otázku KAM? tam, ta; *geh ~!* choď tam!; ~ *und zurück* tam a späť; ~ *und her* sem a tam **2** čas.: ~ *und wieder* tu a tam, občas; *bis spät in die Nacht ~* (až) neskoro do noci **3** preč, fuč; *alles ist ~* všetko je fuč, je po všetkom
hinab dolu; **~gehen*** (*i, i. a*) zísť dole; **~steigen*** (*ie, i. ie*) zostúpiť
hinan hore, smerom hore; *den Berg ~* hore kopcom
hinauf hore, smerom hore; *den Bach ~* hore potokom proti prúdu
hinaufarbeiten sich vypracovať sa
hinaus von; **~gehen*** (*i, i. a*) vychádzať; **~laufen*** (*äu; ie, i. au*) **1** vybehnúť von **2** smerovať (*auf etw* k čomu); **~lehnen** vykláňať sa; **~schieben** (*o, h. o*) **1** vystrčiť von

2 odložiť, odročiť; ~¦wollen* (*i; o, h. o*) **1** chcieť ísť von **2** mieriť, sledovať (*auf etw* k čomu); ~¦**zögern** hovor. oddialiť, odročiť

hin¦bringen* (*a, h. a*) **1** doniesť, priniesť, doviezť **2** stráviť čas

hinder¦lich prekážajúci, rušivý; **–n** prekážať, brániť (*j-n an etw* komu v čom)

s Hindernis (*ses, se*) prekážka i obraz.; **r ~lauf** (*es, 0*) šport. beh cez prekážky

hin¦deuten 1 poukázať na čo **2** naznačiť

hindurch miest., čas. cez; *hier* ~ tadiaľ; *die ganze Nacht* ~ celú noc

hinein 1 miest. dovnútra, dnu **2** čas. až do

hinein¦fallen* (*ä; ie, i. a*) **1** padnúť (*in etw* do čoho) **2** naletieť; **wer andern eine Grube gräbt, fällt selbst ~** kto druhému jamu kope, sám do nej spadne

hinein¦geraten* (*ä; ie, i. a*) ocitnúť sa (*in etw* v čom)

hinein¦leben sich vžiť sa

hinein¦mischen zamiešať sa do čoho

e Hinfahrt (*≈, en*) cesta tam autom, vlakom

hin¦fallen* (*ä; ie, i. a*) padnúť, hovor. natiahnuť sa

hinfällig 1 slabý, chatrný o človeku i argumente **2** bezpredmetný, nepotrebný, neplatný o termíne

e Hin¦gabe (*≈, 0*) **1** obetavosť, oddanosť **2** zanietenie, oduševnenie **3** oddanie sa sexuálne; **–¦geben*** (*i; a, h. e*) **1** podať (*j-m etw* komu čo) **2** obetovať (*etw für etw* čo za čo); **sich –¦geben*** **1** obetovať sa (*für j-n/etw* pre koho/čo) **2** oddať sa, venovať sa (*für j-n/etw* komu/čomu) **3** oddať sa mužovi

hinken krívať i obraz.

hin¦nehmen* (*a, h. o*) **1** prijať **2** strpieť (*etw* čo)

hinreichend dostatočný

hin¦reißen* (*i* <...ss>, *hingerissen*) unášať, uchvátiť, nadchnúť

hin¦richten 1 obracať, zamerať pozornosť ap. **2** zničiť **3** popraviť; **e –richtung** (*≈, en*) poprava

hinsichtlich vzhľadom na, s ohľadom na

hinten vzadu; *nach* ~ dozadu

hinter 1 PREDL s D na otázku KDE? za; ~ *j-m sitzen* sedieť za kým **2** PREDL s A na otázku KAM? za; *sich* ~ *j-n setzen* sadnúť si za koho; **3** PR M zadný; *die ~e Bank* zadná lavica

e Hinterbliebenen MNČ pozostalí príbuzní mŕtveho

e Hinterbühne (*≈, n*) zákulisie v divadle

hintereinander za sebou, jeden za druhým

r Hintergedanke (*ns, n*) postranná, nečestná myšlienka

hinter¦gehen* (*i, h. a*) oklamať, podviesť, obísť

r Hintergrund (*(e)s, ≈e*) pozadie

r Hinter¦halt (*(e)s, e*) **1** úkryt **2** pasca **3** zdržanlivosť; **–hältig** úkladný, ľstivý

hinterher 1 miest. vzadu, za kým, čím **2** čas. potom, neskoršie, dodatočne

r Hinterhof (*(e)s, ≈e*) zadný dvor

r Hinterkopf (*(e)s, ≈e*) záhlavie

hinter¦lassen* (*ä; ie, h. a*) zanechať, odkázať

hinterlegen (*e, h. e*) uložiť, dať do úschovy

hinterlistig ľstivý, úskočný, zákerný

r Hintern (*s, ≈*) hovor. zadok

s Hinterrad (*(e)s, ≈er*) zadné koleso

e Hintertür (*≈, en*) zadné dvere

hinüber tam, na druhú stranu; *über die Brücke* ~ cez most; ~¦**gehen*** (*i, i. a*) **1** prejsť, prechádzať **2** obraz. odísť, zomrieť

hinunter dole, nadol; *den Berg* ~ dole kopcom

hinunter¦bringen* (*a, h. a*) **1** zniesť, dostať dole **2** prehltnúť, dostať do seba; **–¦schlucken** prehltnúť

r Hinweg (*(e)s, e*) cesta tam

hinweg preč; *über etw* ~ ponad čo,

cez čo
hinweg|helfen* (*i; a, h. o*) pomôcť (*j-m über etw* komu z čoho)
hinweg|sehen* (*ie; a, h. e*) prehliadnuť, zanedbať
hinweg|setzen preskočiť (*über etw* čo); **sich ~** nevšímať si, obísť (*über etw* čo), povzniesť sa (*über etw* nad čo)
r Hin|weis (*es, e*) **1** upozornenie **2** údaj, poznámka, odkaz; *unter ~ auf...* s odkazom na...; **–weisen*** (*ie, h. ie*) **1** poukázať (*auf etw* na čo) **2** odkazovať v knihe **3** upozorňovať
hin|werfen* (*i; a, h. o*) **1** hodiť čo kam **2** prehodiť slovo s kým
hin|ziehen[1]* (*o, i. o*) **1** ísť, uberať sa, tiahnuť kam **2** odsťahovať sa
hin|ziehen[2]* (*o, h. o*) ťahať kam; **sich ~** ťahať sa, rozprestierať sa
hinzu k tomu; **~fügen** pridávať, pripojiť (*etw zu etw* čo k čomu)
s Hirn (*(e)s, e*) mozog
s Hirngespinst (*(e)s, e*) výmysel, prelud, klam
hirnverbrannt hovor. nezmyselný, šialený
r Hirsch (*es, e*) jeleň
e Hirse (*≈, 0*) proso
r Hirt (*en, en*), **r Hirte** (*n, n*) pastier i duchovný
hissen vztýčiť; *die Flagge ~* vztýčiť vlajku
r Histor|iker (*s, ≈*) dejepisec, historik; **–isch** historický
e Hitze (*≈, 0*) **1** horúco, horúčava, žiar **2** zápal, zanietenie pre vec; **~beständig** ohňovzdorný; **e ~welle** (*≈, n*) vlna horúčav, horúčavy
hitzig obraz. prudký, vášnivý, náruživý, *ein ~es Gefecht* prudký, tuhý boj
r Hitz|kopf (*(e)s, ≈e*) prchký človek; **–köpfig** popudlivý, prudký
r Hitzschlag (*(e)s, ≈e*) lek. úpal
s Hobby (*s, s*) záľuba, koníček, hobby
r Hobel (*s, ≈*) hoblík; **~n** hobľovať; **e ~späne** MNČ hobliny, stružliny
hoch[1] (*höher, höchste*) PR M **1** vysoký; *drei Meter ~* tri metre vysoký; *die Hohe Tatra* Vysoké Tatry **2** pokročilý; *hohes Alter* vysoký vek **3** významný, dôležitý; *ein hoher Gast* významný hosť; **hohe See** šíre more; **das ist für mich zu ~** na to je môj rozum krátky
hoch[2] (*höher, am höchsten*) PRÍSL **1** vysoko **2** veľmi; **Hände ~!** ruky hore!; mat. **vier ~ drei** štyri na tretiu; **~ und heilig** svätosväte
e Hoch|achtung (*≈, 0*) úcta, veľká vážnosť; **–achtungsvoll** úctivý, s úctou
hochbegabt veľmi nadaný
s Hochdeutsch (*(s), 0*) spisovná nemčina
r Hochdruck (*(e)s, 0*) lek. vysoký tlak
e Hoch|ebene (*≈, n*) náhorná plošina
hoch|erfreut veľmi potešený
hoch|halten* (*ä; ie, h. a*) **1** držať hore **2** udržiavať oheň ap. **3** obraz. veľmi si vážiť, vysoko si ceniť
s Hochhaus (*es, ≈er*) výškový dom
hoch|heben* (*o, h. o*) zdvihnúť do výšky
s Hochland (*(e)s, ≈er*) vysočina
hoch|leben: *j-n ~ lassen* volať komu na slávu; *er lebe hoch!* nech žije!
r Hoch|mut (*s, 0*) pýcha, namyslenosť, povýšenosť; *~ kommt vor dem Fall* pýcha predchádza pád; **–mütig** pyšný, namyslený, povýšený
r Hoch|ofen (*s, ≈*) vysoká pec
hochprozentig vysoko percentný
e Hochsaison [...ze'zõ:] (*≈, s*) plná sezóna
hoch|schätzen <**hoch schätzen**> vysoko/veľmi si vážiť (*j-n* koho)
e Hoch|schule (*≈, en*) vysoká škola; **r –schüler** (*s, ≈*) vysokoškolák
r Hochsommer (*s, ≈*) stred leta, vrchol leta
e Hochspannung (*≈, en*) vysoké napätie elektrické
r Hochsprung (*s, 0*) skok do výšky
höchst 1 PR M najvyšší; *die ~e Zeit*

najvyšší čas **2** PRÍSL nanajvýš, najvyššou mierou
r **Hochstapler** (*s*, ≈) karierista, hovor. hochštapler
höchstens nanajvýš
e **Höchstgeschwindigkeit** (≈, *en*) najvyššia rýchlosť
höchstpersönlich sám, osobne
r **Höchstpreis** (*es*, *e*) najvyššia cena
höchstwahrscheinlich s najväčšou pravdepodobnosťou
r **Hochverrat** ((*e*)*s*, *0*) práv. velezrada
s **Hochwasser** (*s*, *0*) povodeň
hochwertig hodnotný, kvalitní
s **Hochwild** ((*e*)*s*, *0*) vysoká zver
e **Hochzahl** (≈, *en*) mat. exponent, mocniteľ
e **Hochzeit** (≈, *en*) svadba
e **Hochzeits|anzeige** (≈, *en*) svadobné oznámenie; e **–reise** (≈, *n*) svadobná cesta
e **Hocke** (≈, *n*) šport. skok skrčmo; **~n** (*i.*) **1** čupieť **2** hovor. kvočať
r **Hocker** (*s*, ≈) stolička bez operadla
r **Höcker** (*s*, ≈) hrboľ, hrb
s **Hockey** ['hoki] (*s*, *0*) hokej
e **Hode** (≈, *n*), r **Hoden** (*s*, ≈) anat. semenník
r **Hof** ((*e*)*s*, *≈e*) **1** dvor, nádvorie **2** hospodárstvo **3** hostinec; *Sächsischer ~* Saský dvor reštaurácia **4** dvorenie; *einem Mädchen den ~ machen* dvoriť sa dievčaťu **5** dvor, družina; *der königliche ~* kráľovský dvor
hoffen dúfať (*auf etw* v čo); *es läßt sich ~* možno očakávať; **~tlich** vari, dúfajme
e **Hoffnung** (≈, *en*) nádej
hoffnungslos beznádejný; e **~igkeit** (≈, *0*) beznádej
hoffnungsvoll nádejný, plný nádeje
höfisch dvorný, dvorský
höflich zdvorilý; e **~keit** (≈, *0*) zdvorilosť
e **Höhe** (≈, *n*) **1** výška **2** výšina **3** veľkosť, miera, stupeň
e **Hoheit** (≈, *en*) **1** výsosť titul; *Ihre königliche ~* jej kráľovská výsosť **2** len JČ kniž. vznešenosť
r **Höhepunkt** ((*e*)*s*, *e*) **1** vrchol napr. výkonnosti **2** vyvrcholenie
r **Höhenmesser** (*s*, ≈) výškomer
e **Höhensonne** (≈, *n*) horské slnko prístroj
r **Höhenunterschied** ((*e*)*s*, *e*) výškový rozdiel
hohl **1** dutý **2** vyhĺbený **3** dutý, tupý o hlase **4** pren. hanl. prázdny, tupý; obraz. *ein ~er Kopf* prázdna, dutá hlava
e **Höhle** (≈, *n*) **1** jaskyňa **2** dutina, diera **3** brloh **4** anat. jamka
e **Hohl|heit** (≈, *en*) dutosť i obraz.; s **–maß** (*es*, *e*) dutá miera
r **Hohn** ((*e*)*s*, *0*) výsmech, posmech
höhnisch posmešný, potupný, uštipačný
holen **1** ísť po koho/čo, zavolať koho **2** priniesť čo **3** získať, nadobudnúť; *j-n ~ lassen* poslať po koho; **Atem ~** chytiť dych, nadýchnuť sa; **sich ~**: *sich eine Krankheit ~* ochorieť; *sich den Tod ~* zapríčiniť si smrť
e **Hölle** (≈, *n*) **1** peklo **2** veľké utrpenie, hrôza
höllisch **1** pekelný **2** obraz. hrozný, strašný **3** expr. ohromný, náramný
holprig **1** hrboľatý, kostrbatý, drsný **2** nesúvislý, nevybrúsený o prejave
r **Holụnder** (*s*, ≈) bot. baza
s **Holz** (*es*, *≈er*) drevo; r **~block** (*s*, *≈e*) drevený klát
hölzern drevený, z dreva
r **Holzfäller** (*s*, ≈) drevorubač
holzig drevnatý
e **Holzkohle** (≈, *n*) drevné uhlie
r **Holzweg** ((*e*)*s*, *e*) **1** zast. lesná cesta **2** obraz. scestie; *auf dem ~ sein* byť na scestí, mýliť sa
r **Holzwurm** ((*e*)*s*, *≈er*) červotoč
homosexuẹll homosexuálny
r **Honig** (*s*, *0*) med; e **~wabe** (≈, *n*) plást medu
s **Hono|rạr** (*s*, *e*) honorár; **–rịeren** honorovať, odmeňovať
r **Hopfen** (*s*, ≈) chmeľ; s **~feld** ((*e*)*s*, *er*) chmeľnica

hopsen (*i.*) poskakovať, hopkať
r **Hör|apparat** (*(e)s, e*) sluchový aparát; **–bar** počuteľný
horchen počúvať, načúvať pozorne (*j-m* al. *auf j-n/etw* koho/čo)
e **Horde** (*≈, n*) banda, horda
hören **1** počuť, počúvať; *schwer ~* nedoslýchať; *auf j-n ~* počúvať koho **2** chodiť na prednášky na univerzite **3** dozvedieť sa; **von sich ~ lassen** dať o sebe vedieť; s **~sagen** (*s, 0*) počutie; *vom ~sagen* z počutia
r **Hörer** (*s, ≈*) **1** poslucháč **2** slúchadlo
r **Horizont** (*(e)s, e*) horizont; **~al** horizontálny, vodorovný
s **Hormon** (*s, e*) hormón
s **Horn**[1] (*(e)s, e*) rohovina
s **Horn**[2] (*(e)s, ≈er*) **1** roh, paroh; obraz. *j-m die Hörner aufsetzen* nasadiť komu parohy **2** hrča na hlave **3** roh hudobný nástroj; e **~haut** (*≈, ≈e*) **1** tvrdá koža, mozoľ **2** lek. rohovka
hörnern rohový, vyrobený z rohoviny
hornig rohovitý, mozoľnatý
e **Hornisse** (*≈, n*) sršeň
s **Horoskop** (*s, e*) horoskop
r **Hörsaal** (*(e)s, Hörsäle*) poslucháreň, prednášková miestnosť
r **Horst** (*(e)s, e*) **1** krovie, húština **2** hniezdo dravého vtáka
r **Hort** (*(e)s, e*) **1** bás. poklad; *der ~ der Nibelungen* poklad Nibelungov **2** školská družina **3** kniž. úkryt, záštita, útočisko; **~en** nahromadiť, uložiť, ukladať
s **Hös|chen** (*s, ≈*) dámske, detské nohavičky
e **Hose** (*≈, n*) nohavice; obraz. **j-m die ~n strammziehen** vyprášiť komu nohavice
s **Hosen|bein** (*(e)s, e*) nohavica; r **–träger** (*s, ≈*) plecnica, hovor. trak
e **Hosti|e** (*≈, n*) hostia
s **Hotel** (*s, s*) hotel
r **Hub** (*(e)s, e*) zdvih, zdvíhanie; *auf einen ~* jedným zdvihom
hüben: *~ und drüben* tu i tam, na tejto i na druhej strane
hübsch pekný, pôvabný
r **Hubschrauber** (*s, ≈*) vrtuľník
r **Huf** (*(e)s, e*) kopyto; s **~eisen** (*s, ≈*) podkova; r **~nagel** (*s, ≈*) klinec do podkovy
e **Hüfte** (*≈, n*) anat. bok
r **Hügel** (*s, ≈*) pahorok, vŕšok; **~ig** pahorkovitý, kopcovitý
s **Huhn** (*(e)s, ≈er*) kura, sliepka
s **Hühnerauge** (*s, n*) lek. kurie oko
e **Hühnerbrühe** (*≈, n*) slepačí vývar
huldig|en vzdávať hold, prisahať vernosť, holdovať; *einer Ansicht ~* prikláňať sa k názoru; e **–ung** (*≈, en*) **1** sľub vernosti **2** hold, prejav úcty
e **Hülle** (*≈, n*) **1** obal, schránka, pokrývka; *die sterbliche ~* telesná schránka **2** bot. okvetie; **in ~ und Fülle** v hojnosti; **~n** zahaliť, zabaliť, zakryť
e **Hülse** (*≈, n*) **1** obal, puzdro **2** struk **3** tech. objímka; e **~nfrucht** (*≈, ≈e*) strukovina
e **Humanität** (*≈, 0*) humanita, ľudskosť
e **Hummel** (*≈, n*) čmeliak
r **Hummer** (*s, ≈*) morský rak
r **Humor** (*s, 0* al. *e*) humor; **~los** bez humoru; **~voll** humorný, žartovný
humpeln (*h./i.*) krívať
r **Hund** (*(e)s, e*) pes; **da liegt der ~ begraben** tu je pes zakopaný, v tom je problém; **ganz auf dem ~e sein** byť na mizine al. na dne
e **Hunde|hütte** (*≈, n*) psia búda; r **kuchen** (*s, ≈*) psí suchár; **–müde** veľmi unavený, obraz. zmorený ako pes
hundert sto; e **~jahrfeier** (*≈, n*) oslava stého výročia; **~prozentig** stopercentný
e **Hündin** (*≈, nen*) fenka, sučka
r **Hunger** (*s, 0*) hlad i obraz.; **~n** **1** hladovať, byť hladný, trpieť hladom **2** túžiť, dychtiť (*nach etw* po čom); r **~streik** (*(e)s, e* al. *s*) hladovka
hungrig **1** hladný, lačný **2** obraz. dychtivý, túžiaci

GHI

e Hupe (≈, *n*) húkačka, klaksón; **~n** (za)trúbiť
hupfen, **hüpfen** (*i.*) skákať, poskakovať, hopkať
e Hürde (≈, *n*) **1** košiar **2** ohrada **3** šport. prekážka; **r ~nlauf** ((*e*)*s*, *≈e*) šport. prekážkový beh
e Hure (≈, *n*) prostitútka, vulg. kurva; **~n** vulg. kurviť sa
hurtig vrtký, obratný, šikovný
huschen (*i.*) prebehnúť, mihnúť sa
r Hussit (*en, en*) husita
husten kašľať; **r ~** (*s, 0*) kašeľ; **r ~anfall** (*s, ≈e*) záchvat kašľa; **r, s ~bonbon** [...boŋboŋ/bõbõ] (*s, s*) cukrík proti kašľu
r Hut[1] ((*e*)*s*, *≈e*) klobúk
e Hut[2] (≈, *0*) kniž. ochrana, záštita; *vor j-m auf der ~ sein* mať sa pred kým na pozore
hüten 1 strážiť, opatrovať **2** (na)pásť dobytok; **das Bett ~** byť pripútaný na lôžko; **sich ~** chrániť sa, mať sa na pozore (*vor j-m* pred kým)
e Hütte (≈, *n*) **1** búda, chatrč **2** horská chata **3** huta
hutz(e)lig 1 vysušený o ovocí **2** scvrknutý, zvraštený o tvári
e Hyäne (≈, *n*) hyena
r Hydrant (*en, en*) hydrant
hydraulisch hydraulický
hydrographisch <... **grafisch**> hydrografický, vodopisný
e Hygi|ene (≈, *0*) hygiena
e Hymne (≈, *n*) hymna, chválospev
e Hyperbel (≈, *n*) **1** hyperbola, zveličenie **2** mat. hyperbola
e Hypno|se (≈, *n*) hypnóza; **–tisch** hypnotický; **r –tiseur** (*s, e*) hypnotizér; **–tisieren** hypnotizovať
e Hypothek (≈, *en*) hypotéka, úver
e Hypothese (≈, *n*) hypotéza, domnienka
e Hysterie (≈, *i|en*) hystéria

I

i. A. skr. **im Auftrag** z poverenia
ich ja; *ich für mein Teil* čo sa mňa týka
s Ich ((*s*), (*s*)) ja; *er ist mein zweites ~* je mojím druhým ja
e Ichform <**Ich-Form**> (≈, *0*): *eine Erzählung in der ~* rozprávanie v prvej osobe
ideal ideálny; **s ~** (*s, e*) ideál; **r ~ist** (*en, en*) idealista; **~istisch** idealistický
e Ide|e (≈, *n*) idea, nápad; *keine ~!* ani nápad!; *gute ~!* skvelý nápad!
identifizieren identifikovať
ident|isch identický, totožný; **e –ität** (≈, *0*) identita
r Ideo|loge (*n, n*) ideológ; **e –logie** (≈, *n*) ideológia; **–logisch** ideologický
r Idiot (*en, en*) slabomyseľný človek, idiot; **~isch** idiotský
s Idol (*s, e*) idol
idyllisch idylický
r Igel (*s, ≈*) **1** jež **2** jež náradie **3** voj. betónová zátarasa, jež
ignorieren ignorovať, úmyselne prehliadať
ihm D zámena on jemu, mu
ihn A zámena on jeho, ho
ihr 1 D zámena ona jej **2** 2. osoba MNČ vy pri tykaní; *habt ~ mich nicht gesehen?* nevideli ste ma? **3** privlastňovacie zámeno jej, váš, ich
ihrerseits z jej strany, z vašej strany pri tykaní; **Ihrerseits** z vašej strany pri vykaní
ihresgleichen jej al. im podobný; **Ihresgleichen** vám podobný pri vykaní
ihret|halben, **–wegen**, **–willen** kvôli nej, nim, vám; pre ňu, nich, vás
ihrige jej, ich; **Ihrige** váš pri vykaní
illegal nezákonný, ilegálny
e Illusion (≈, *en*) ilúzia, vidina, klam
illustrier|en ilustrovať; **–t** ilustrovaný, obrázkový

GHI

e Illustrịerte (*n, n*) ilustrovaný časopis

r Iltis (*ses, se*) tchor

im = *in dem* v, vo

imaginạr imaginárny, zdanlivý

r Imbiß <...ss> (*imbisses, imbisse*) malé občerstvenie; **e ~stube** (≈, *n*) rýchle občerstvenie, bistro

imitịeren imitovať, napodobňovať

r Imker (*s,* ≈) včelár; **e ~ẹi** (≈, *en*) včelárstvo

immatrikulịeren imatrikulovať, zapísať sa na univerzitu

immer 1 vždy; *für* ~ navždy **2** stále; ~ *noch* al. *noch* ~ ešte vždy, ešte stále; ~ *mehr* stále viac; ~ *wieder* stále a stále, opätovne; **wer (auch) ~** ktokoľvek; **~hin** predsa; **~zu** stále, jednostaj, ustavične

e Immobịli|en MNČ nehnuteľnosti

immụn imúnny; **e ~itạ̈t** (≈, *0*) imunita

r Imperativ (*s, e*) **1** gram. imperatív, rozkazovací spôsob **2** príkaz, rozkaz, požiadavka

s Imperfẹkt (*s, e*) lingv. imperfektum

r Imperialịst (*en, en*) imperialista; **~isch** imperialistický

impf|en očkovať; **r –stoff** (*(e)s, e*) očkovacia látka; **e –ung** (≈, *en*) očkovanie; **r –zwang** (*(e)s, 0*) povinné očkovanie

imponịeren imponovať

r Impọrt (*(e)s, e*) dovoz, import; **r ~ẹur** [...'tø:ɐ] (*s, e*) dovozca; **~ịeren** dovážať, importovať

impotẹnt impotentný, nemohúci, neschopný

imprägnịeren impregnovať (*etw mit etw* čo čím)

improvisịeren improvizovať

r Impụls (*es, e*) impulz, podnet; **~ịv** impulzívny

imstạnde: ~ *sein* <*im Stande sein*> byť v stave, byť schopný niečo vykonať

in 1 PREDL s D čas. v, za, počas; ~ *der Nacht* v noci; ~ *einer Stunde* o hodinu; ~ *einer Woche* o týždeň **2** PREDL s D na otázku kde? v; ~ *der Stadt* v meste **3** PREDL s A na otázku kam? do; ~ *die Stadt* do mesta

r Inbegriff (*(e)s, e*) **1** súhrn **2** ideál, vzor; **~en** vrátane, včítane

e Inbetrịeb|nahme (≈, *0*), **e –sẹtzung** (≈, *0*) uvedenie do činnosti, do chodu

e In|brunst (≈, *0*) vrúcnosť, zanietenie; **–brünstig** zanietený, vrúcny

indẹm SP **1** čas. zatiaľ čo **2** modálna tým, že...; *du kannst ihm Freude machen,* ~ *du...* môžeš mu urobiť radosť tým, že...

indẹs, **indẹssen 1** PRÍSL medzitým, zatiaľ **2** SP ale, však

r Index (es al. ≈, *e* al. *Indizes*) **1** index **2** ukazovateľ, zoznam, register **3** listina zakázaných kníh

indirekt nepriamy

indiskret indiskrétny

indisponịert indisponovaný

r Individu|alịst (*en, en*) individualista; **~isch** individualistický; **e –alitạ̈t** (≈, *en*) individualita; **–ẹll** individuálny

s Indivịduum (*s, en*) **1** jednotlivec **2** hovor. indivíduum, vagabund

s Indịz (*es, i|en*) indícia, náznak

indolẹnt ľahostajný

industrialisịeren industrializovať

e Industrịe (≈, *i|en*) priemysel; **s ~gebiet** (*(e)s, e*) priemyselná oblasť

industri|ẹll priemyselný

r Industrịezweig (*(e)s, e*) priemyselné odvetvie

ineinạnder 1 na otázku kam? do seba, dohromady **2** na otázku kde? v sebe, spolu

infạm hanebný

r Infạrkt (*(e)s, e*) lek. infarkt

e Infektiọn (≈, *en*) infekcia, nákaza

e Infektionskrankheit (≈, *en*) infekčná, nákazlivá choroba

r Infinitiv (*s, e*) gram. infinitív, neurčitok

infizịeren infikovať, nakaziť

e Inflatiọn (≈, *en*) inflácia

e Influẹnza (≈, *0*) lek. chrípka

infọlge PREDL s G v dôsledku čoho,

kvôli, pre; ~ *des Unfalls* v dôsledku nehody; **~dẹssen**, v dôsledku toho, preto
e Informạtik (≈, *0*) informatika
e Informatiọn (≈, *en*) informácia
informịeren informovať; **sich ~** informovať sa
e Infusiọn (≈, *en*) infúzia
r Ingeniẹur [inžę'njọ̈ö:ɐ] (*s*, *e*) inžinier; **e ~schule** (≈, *n*) priemyselná škola
r Ingrimm (*(e)s*, *0*) zlosť; **~ig** zlostný
r Ingwer (*s*, *0*) ďumbier, zázvor
Inh. skr. **r Inhaber** majiteľ
r Inhaber (*s*, ≈) majiteľ, vlastník
inhaftịer|en zatknúť; **e –ung** (≈, *en*) zatknutie
inhalịeren inhalovať
r Inhalt (*(e)s*, *e*) obsah; **~lich** obsahovo, podľa obsahu
e Inhalts|angabe (≈, *n*) údaj obsahu; **–los** bezobsažný, prázdny i obraz.; **s –verzeichnis** (*ses*, *se*) obsah, register knihy
e Initiạle (≈, *n*) iniciálka, začiatočné veľké písmeno
e Initiatịve [inicja'ti:və] (≈, *0*) iniciatíva
e Injektiọn (≈, *en*) injekcia
inkl. skr. **inklusive** vrátane, včítane
inkognito inkognito, pod iným menom
e Inkompatibilitạ̈t (≈, *en*) nezlučiteľnosť napr. funkcií
inkonsequent nedôsledný
s Inkrạfttreten (*s*, *0*) nadobudnutie platnosti zákona
s Inland (*(e)s*, *0*) **1** krajina, v ktorej žijeme **2** vnútrozemie
r Inlän|der (*s*, ≈) **1** domáci **2** domorodec; **–disch** **1** vnútrozemský **2** domáci
s Inlett (*(e)s*, *e*) sypkovina
inliegend priložený, vložený
inmịtten **1** PRÍSL uprostred **2** PREDL s G uprostred; ~ *des Gartens* uprostred záhrady
inne|haben* (*hatte inne*, *h. innegehabt*) mať, zastávať pozíciu ap.; *einen wichtigen Posten* ~ zastávať dôležité postavenie
innen vnútri; *nach* ~ dovnútra; *von* ~ zvnútra
r Innenarchitekt (*en*, *en*) bytový architekt
s Innen|ministerium (*s*, *i̱en*) ministerstvo vnútra; **e –politik** (≈, *0*) vnútorná politika
e Innenstadt (≈, *≈̈e*) vnútorné mesto, centrum
inner vnútorný i obraz.; **s ~e** (*inner(e)n*, *0*) vnútro; *das Ministerium des ~n* ministerstvo vnútra
e Innerẹien MNČ vnútornosti zvierat
inner|halb **1** PREDL s G al. D miest. v, vo, vnútri **2** čas. za, cez, počas **3** PRÍSL vnútri; **–lich** **1** PR M vnútorný, duševný **2** PRÍSL vnútri, zvnútra
innig vrúcny, vrelý; **e ~keit** (≈, *0*) vrúcnosť, vrelosť
in|offiziẹll neoficiálny
ins = *in das* do
r Insasse (*n*, *n*) **1** obyvateľ domu **2** cestujúci
insbesondere zvlášť, najmä
e Inschrift (≈, *en*) nápis
s Insẹkt (*(e)s*, *en*) hmyz; **s ~enbekämpfungsmittel** (*s*, ≈) prostriedok proti hmyzu
e Insel (≈, *n*) ostrov
s Inse|rạt (*(e)s*, *e*) inzerát; **r –rẹnt** (*en*, *en*) inzerujúci, inzerent; **–rịeren** inzerovať
insgehẹim potajomky, tajne, potajme
insgesạmt vedno, spolu
insọfern **1** PRÍSL potiaľ, do tej miery **2** SP pokiaľ, kým *er wird helfen*, ~ *er kann* bude pomáhať, pokiaľ bude môcť
insọweit **1** PRÍSL potiaľ, do tej miery **2** SP pokiaľ, v prípade, že, za predpokladu, že
e Inspektiọn (≈, *en*) **1** inšpekcia **2** dozorný orgán
e Inspiratiọn (≈, *en*) inšpirácia
r Installatẹur [...'tọ̈ö:ɐ] (*s*, *e*) inštala-

tér

instand <**in Stand**>: ~ *halten* udržiavať (v dobrom stave); ~ *setzen* dať do poriadku

e Instand|haltung (≈, *0*) údržba, udržiavanie (v dobrom stave); **e –setzung** (≈, *en*) úprava, oprava, obnovenie

e Instanz (≈, *en*) inštancia

r Instinkt (*(e)s, e*) inštinkt; **~iv** inštinktívny, pudový, neuvedomený

s Institut (*(e)s, e*) inštitút, ústav

s Instrument (*(e)s, e*) **1** hud. nástroj, inštrument **2** prístroj

inszenier|en inscenovať; **e –ung** (≈, *en*) inscenácia

intakt neporušený

s Integral (*s, e*) mat. integrál

r Intellekt (*(e)s, e*) intelekt; **~uell** intelektuálny

intelligen|t inteligentný; **e –z** (≈, *0*) inteligencia

r Intendant (*en, en*) intendant, riaditeľ divadla, rozhlasu ap.

intensiv intenzívny, účinný, pôsobivý, silný, výnosný hospodárstvo

interessant zaujímavý

s Interesse (*s, n*) **1** záujem, pozornosť **2** MNČ záujmy, záľuba **3** osoh, prospech; **e ~nsphäre** (≈, *n*) oblasť záujmu, záujmová oblasť

r Interes|sent (*en, en*) záujemca; **–sieren** zaujímať; **sich ~** zaujímať sa (*für j-n/etw* o koho/čo); **–siert** zainteresovaný

s Internat (*(e)s, e*) internát

international medzinárodný

interpretieren interpretovať

s Intervall [inte'val] (*s, e*) interval

intervenieren [intev...] intervenovať, zasiahnuť

s Inter|view ['intevju:] (*s, s*) interview; **–viewen** [inte'vju:ən] poskytovať, robiť interview

intim intímny, dôverný, súkromný; **e ~ität** (≈, *en*) intimita

intolerant netolerantný, neznášanlivý

intransitiv lingv. in tranzitívny, neprechodný o slovesách

e Intri|ge (≈, *n*) intriga; **–gieren** intrigovať

r Invalide [...v...] (*n, n*) invalid

e Invasion [...v...] (≈, *en*) invázia

s Inventar [...v...] (*s, e*) inventár

e Inventur [...v...] (≈, *en*) inventúra; ~ *machen* robiť inventúru

e Investition [...v...] (≈, *en*) investícia

inwiefern, **inwieweit** SP reštriktívna pokiaľ, do akej miery

inzwischen zatiaľ, medzitým

IOK skr. **Internationales Olympisches Komitee** Medzinárodný olympijský výbor

i. R. skr. **im Ruhestand(e)** vo výslužbe

irden hlinený

irdisch **1** pozemský **2** svetský, hmotný

irgend **1** dakto, ktosi **2** dajako, akosi; **~ein, ~jemand** dakto, dajaký, ktosi, akýsi; **~(et)was** dačo, niečo, čosi, čokoľvek; **~welcher** dajaký, niektorý, akýsi; **~wie** dajako, nejako, akosi; **~wo** niekde, dakde, kdesi; **~wann** dakedy, niekedy, kedysi

e Ironie (≈, *i/en*) irónia

ironisch ironický

irre pomätený, zmätený; **r ~** (*en, en*) choromyseľný

irre|führen zviesť, zmiasť; **–machen** zmiasť, spliesť

irren[1] (*i.*) blúdiť

irren[2] **1** zmiasť, pomýliť (*j-n* koho) **2** mýliť sa, byť na omyle; **sich ~** mýliť sa v kom/v čom, pomýliť sa, byť na omyle

e Irren|anstalt (≈, *en*) ústav pre duševne chorých, hovor. blázinec

irrig mylný, klamný, chybný

r Irr|garten (*s, ⸗*) bludisko, labyrint; **–gläubig** bludársky; **s –licht** (*(e)s, er*) bludička

r Irresinn (*(e)s, 0*) pomätenosť, šialenstvo; **~ig** pomätený, šialený

r Irr|tum (*s, ⸗er*) omyl; **–tümlich** chybný, nesprávny, mylný

GHI

r Islam (*s, 0*) islam
r Islamit (*en, en*) mohamedán
e Isolation (*≈, en*) **1** izolácia, oddelenie **2** tesnenie
r Isolator (*s, oren*) izolátor
s Isolier|band (*(e)s, ≈er*) izolačná páska; **–en 1** izolovať, oddeliť **2** utesniť; **e –ung** (*≈, en*) izolácia
r Ist|bestand (*(e)s, 0*), **r –zustand** (*(e)s, ≈e*) skutočný stav
i. V. skr. **in Vertretung** v zastúpení

J

ja 1 áno, hej; *ich glaube ~* myslím, že áno **2** predsa; *er ist ~ mein Freund* je predsa mojím priateľom **3** nuž, veru; *~ das ist wahr* nuž to je pravda **4** v každom/žiadnom prípade; *gehen Sie ~ nicht hin!* nechoďte tam v nijakom prípade! **5** dokonca; *~ sogar* ba dokonca
e Jacht (*≈, en*) jachta
e Jacke (*≈, n*) kabátik
s Jackett [ža'ket] (*s, e*) žaket
e Jagd (*≈, en*) poľovačka, lov i obraz.; **e ~beute** (*≈, n*) úlovok, korisť z lovu
s Jagdflugzeug (*(e)s, e*) stíhacie lietadlo, hovor. stíhačka
s Jagdgewehr (*(e)s, e*) lovecká puška
jagen[1] (*h.*) **1** poľovať, loviť **2** vyhnať, zahnať
jagen[2] (*i.*) hnať sa, uháňať; *nach dem Geld ~* hnať sa za peniazmi; **sich ~** preháňať sa, uháňať
r Jäger (*s, ≈*) **1** poľovník, lovec **2** stíhač pilot
jäh 1 náhly **2** prudký **3** nečakaný
s Jahr (*(e)s, e*) rok; *das ganze ~ hindurch* (po) celý rok; *im ~e…* v roku…; *von ~ zu ~* z roka na rok; *~ für ~* každoročne, rok čo rok; *seit ~ und Tag* už (dlhé) roky; *bei ~en sein* byť v rokoch; **~elang 1** dlhoročný **2** po celé roky
r Jahres|abschluß <...ss> (*schlusses, schlüsse*) ročná uzávierka; **r –bericht** (*(e)s, e*) výročná správa
r Jahrestag (*(e)s, e*) rok výročia, výročie
r Jahreswechsel (*s, ≈*) prelom roka
e Jahreszahl (*≈, en*) letopočet
e Jahreszeit (*≈, en*) ročné obdobie; *die vier ~en* štyri ročné obdobia
r Jahrgang (*s, ≈e*) ročník v škole, časopisu, vína ap.
s Jahrhundert (*s, e*) storočie
jährig 1 (jedno)ročný **2** trvajúci rok; v zloženinách *drei~* trojročný
jährlich ročne; *zweimal ~* dvakrát za rok
r Jahrmarkt (*(e)s, ≈e*) jarmok, výročný trh
s Jahrzehnt (*(e)s, e*) desaťročie
r Jähzorn (*s, 0*) zlosť, zúrivosť; **~ig** zlostný, zúrivý
e Jalousie [žalu'zi:] (*≈, n*) žalúzie
r Jammer (*s, 0*) **1** nárek, smútok **2** bedákanie **3** škoda; *es ist ein ~, daß…* večná škoda, že…
jämmerlich 1 biedny, úbohý **2** žalostný
jammer|n 1 bedákať, nariekať **2** plakať za kým; **s –tal** (*(e)s, 0*) obraz. slzavé údolie
r Januar (*s, e*) január
r Jargon [žar'gõ:] (*s, s*) žargón
jäten plieť burinu
e Jauche (*≈, n*) **1** močovka, hnojovka **2** obraz. brečka; **~n 1** (po)hnojiť hnojovkou
jauchzen (za)výskať, (za)jasať
jaulen zavýjať, skučať
e Jause (*≈, n*) rak. olovrant; **~n** olovrantovať
jawohl áno, hej
s Jawort (*(e)s, 0*) súhlas na sobáš; *j-m das ~ geben* dať komu svoje áno
r Jazz [džes] (*≈, 0*) džez
je 1 PRÍSL niekedy, kedysi **2** SP čím; *~ mehr, desto besser* čím viac, tým lepšie **3** pred číslovkami po; *~ zehn* po desať

JKL

e Jeans [dži:nz] MNČ džínsy
jedenfalls v každom prípade, iste
jeder, **jede, jedes** každý, každá, každé
jedermann každý človek
jederzeit kedykoľvek, vždy
jedesmal <**jedes Mal**> vždy, zakaždým
jedoch avšak, ale
jeglicher, **jegliche, jegliches** každý, každá, každé
jeher: *von/seit* ~ odjakživa
jemals niekedy, kedysi
jemand dakto, niekto, voľakto, ktosi
jener, **jene, jenes** onen, oná, ono
jenseits PREDL s G na druhej, onej strane; ~ *des Rheins* na druhej strane Rýnu; **das Jenseits** cirk. druhý svet
r Jesuit (*en, en*) jezuita
Jesus (*Jesu, 0*) Ježiš, Ježiš Kristus; **s ~kind** (*s, 0*) Ježiško
jetzig terajší, súčasný
jetzt teraz
je|weilig terajší, práve platný, vyskytujúci sa práve v istej situácii; **–weils** **1** práve teraz **2** vždy
Jh. skr. **s Jahrhundert** storočie
s Joch (*(e)s, e*) jarmo
r Jockey [džoke] (*s, s*) džokej
jodeln jódlovať
s Jogging ['džogiŋ] (*s, 0*) športové behanie, džoging
r, s Joghurt <**Jogurt**> (*s, s*) jogurt
e Johannisbeere (*≈, n*) ríbezľa
johlen hovor. vykrikovať, hulákať
e Jolle (*≈, n*) jola, široký čln
jonglieren [žõ'gli:rən/žoŋgli:rən] žonglovať
r Journal|ismus [žurna'lismus] (*≈, 0*) novinárstvo, žurnalistika; **r –ist** (*en, en*) žurnalista, novinár; **–istisch** žurnalistický, novinársky
r Jubel (*s, 0*) jasot, jasanie; **~n** jasať, radovať sa
s Jubiläum (*s, jubiläen*) jubileum
juck|en svrbieť; *die Haut juckt mich* svrbí ma koža; **r –reiz** (*es, 0*) svrbenie
r Jude (*n, n*) Žid, žid
s Juden|tum (*(e)s, 0*) židovstvo; **e –verfolgung** (*≈, en*) prenasledovanie židov
e Jüd|in (*≈, nen*) Židovka, židovka; **–isch** židovský
e Jugend (*≈, 0*) **1** mladosť **2** mládež; **e ~herberge** (*≈, n*) mládežnícka ubytovňa; **e ~kriminalität** (*≈, 0*) kriminalita mládeže; **~lich** mladý, mladícky; **r ~liche** (*n, n*) mladistvý
r Juli (*(s), s*) júl
jun. skr. **junior** mladší
jung mladý
r Junge[1] (*n, n*) chlapec
s Junge[2] (*n, n*) mláďa; ~ *bekommen* mať mladé
r Jünger (*s, ≈*) žiak, učeník, stúpenec
e Jungfrau (*≈, en*) panna
r Junggeselle (*n, n*) mládenec, *ein alter* ~ starý mládenec
jüngst **1** PR M najmladší, najnovší, posledný; *das ~e Gericht* posledný súd **2** PRÍSL nedávno
r Juni (*(s), s*) jún
r Junior (*s, Junioren*) mladší
r Junker (*s, ≈*) junker šľachtický statkár v Poľsku
e Ju|ra MNČ právo, právne vedy; **–ridisch** právnický; **r –rist** (*en, en*) právnik; **–ristisch** právnický, právny
e Jury [žü'ri:] (*≈, s*) porota, jury
just **1** práve **2** naschvál
e Justiz (*≈, 0*) justícia, súdnictvo; **r ~mord** (*(e)s, e*) justičná vražda
s Juwel (*s, en*) brúsený drahokam, klenot; **r ~ier** (*s, e*) klenotník; **s ~iergeschäft** (*(e)s, e*) klenotníctvo, klenotnícky obchod
r Jux (*es, e*) hovor. žart

K

s Kabarett [kaba'ret/kaba'rę:] (*s, e* al. *s*) kabaret; **r ~ist** (*en, en*) kabaretný umelec

s Kabel (*s*, ≈) kábel; **r ~|anschluß** **<...ss>** (*schlusses, schlüsse*) káblový prípoj; **s ~fernsehen** (*s*, *0*) káblová televízia
r Kabeljau (*s*, *e* al. *s*) treska
e Kabịne (≈, *n*) kabína
s Kabinẹtt (*s*, *e*) kabinet
s Kabriolẹtt (*(e)s*, *e*) kabriolet
e Kachel (≈, *n*) kachľa, kachlička; **~n** kachličkovať; **r ~|ofen** (*s*, *≈e*) kachľová pec
kacken hovor. kakať
r Kadạver (*s*, ≈) zdochlina, mrcina
r Käfer (*s*, ≈) chrobák
r Kaffẹe (*s*, *s*) káva; **e ~bohne** (≈, *n*) kávové zrnko; **s ~haus** (*es*, *≈er*) kaviareň; **e ~kanne** (≈, *n*) kanvica na kávu; **e ~maschine** (≈, *n*) kávovar; **r ~satz** (*es*, *0*) kávová usadenina
r Käfig (*s*, *e*) klietka
kahl **1** holý, pustý **2** plešivý; **e ~heit** (≈, *0*) holohlavosť, plešivosť; **~köpfig** plešivý, holohlavý
r Kahn (*(e)s*, *≈e*) čln, loďka
r Kai (*s*, *s* al. *e*) **1** prístavná hrádza, mólo **2** nábrežie
r Kaiser (*s*, ≈) cisár; **e ~in** (≈, *nen*) cisárovná; **~lich** cisársky; **s ~reich** (*(e)s*, *e*) cisárstvo
r Kaiserschnitt (*(e)s*, *e*) lek. cisársky rez
r Kakạo (*s*, *s*) kakao
e Kaktẹe (≈, *n*), **r Kaktus** (≈ al. *ses*, *Kakteen*) kaktus
s Kalb (*(e)s*, *≈er*) teľa, teliatko; **~en** oteliť sa; **s ~fleisch** (*es*, *0*) teľacie mäso, teľacina; **s ~leder** (*s*, ≈) teľacia koža
r Kalẹnder (*s*, ≈) kalendár
r Kalk (*(e)s*, *e*) vápno; *(un)gelöschter* ~ (ne)hasené vápno; **r ~stein** (*(e)s*, *e*) vápenec
kalkulịeren kalkulovať
e Kalorịe (≈, *ịen*) kalória
kalt studený, chladný i obraz.; *der Kalte Krieg* studená vojna; *mir ist* ~ je mi zima; ~ *werden* vychladnúť, ochladiť sa; **~|bleiben*** **<~ bleiben>** (*ie*, *i. ie*) zostať chladný, nedať sa obmäkčiť
kaltblütig chladnokrvný i obraz.
e Kälte (≈, *0*) zima, chlad i obraz.; **r ~grad** (*(e)s*, *e*) stupeň pod nulou; **e ~welle** (≈, *n*) vlna chladu, zimy
kalt|herzig bezcitný, chladný; **–schnäuzig** bezcitný, ľahostajný
kalt|stellen hovor. odstaviť, zbaviť funkcie koho
s Kamẹl (*(e)s*, *e*) ťava
e Kamera (≈, *s*) kamera
r Kamerạd (*en*, *en*) kamarát, druh; **e ~schaft** (≈, *en*) kamarátstvo, kamaráti; **~schaftlich** kamarátsky
e Kamịlle (≈, *n*) rumanček; **r ~ntee** (*s*, *0*) rumančekový čaj
r Kamịn (*s*, *e*) **1** krb **2** komín; **r ~feger** (*s*, ≈) kominár
r Kamm (*(e)s*, *≈e*) hrebeň na vlasy, horský, strechy ap.
kämmen česať
e Kammer (≈, *n*) komora; **r ~diener** (*s*, ≈) komorník; **e ~musik** (≈, *0*) komorná hudba
e Kampạgne [kam'panjə] (≈, *n*) kampaň
r Kampf (*(e)s*, *≈e*) boj, zápas; **~bereit** pripravený na boj
kämp|fen bojovať, zápasiť; **r –fer** (*s*, ≈) bojovník, zápasník
e Kampf|handlungen MNČ bojové akcie; **–los** bez boja
r Kampfrichter (*s*, ≈) šport. rozhodca
r Kanạl (*s*, *≈e*) **1** kanál **2** prieplav
e Kanalisatiọn (≈, *en*) kanalizácia
r Kanạri|envogel (*s*, *≈*) zool. kanárik
r Kandi|dạt (*en*, *en*) kandidát; **e –datụr** (≈, *en*) kandidatúra; **–dịeren** kandidovať
r Kandis (≈, *0*) kandis, kandisový cukor
s Känguruh **<Känguru>** (*s*, *s*) klokan
s Kanịnchen (*s*, ≈) králik
r Kanịster (*s*, ≈) kanistra
e Kanne (≈, *n*) kanva, kanvica
r Kannibạle (*n*, *n*) **1** kanibal, ľudožrút **2** obraz. surovec

r Kanon (*s, s*) kánon viachlasný zbor i norma, súbor nariadení

e Kanone (*≈, n*) **1** kanón **2** obraz. kanón, eso

kanonisieren vyhlásiť za svätého, kanonizovať

e Kantate (*≈, n*) hud. kantáta

e Kante (*≈, n*) **1** hrana **2** okraj, obruba, lem

r Kanten (*s, ≈*) krajec chleba

e Kantine (*≈, n*) kantína, bufet, výčap

s Kanu (*s, s*) kanoe

e Kanzel (*≈, n*) kazateľnica

e Kanz|lei (*≈, en*) kancelária; **r –ler** (*s, ≈*) kancelár

s Kap (*s, s*) mys, výbežok

e Kapazität (*≈, en*) **1** kapacita, obsah **2** vynikajúci odborník, znalec

e Kapelle (*≈, n*) **1** kaplnka **2** hudobná kapela

kapieren hovor. chápať, rozumieť

s Kapital (*s, e* al. *i|en*) kapitál, majetok; **e ~anlage** (*≈, 0*) uloženie kapitálu

r Kapitalis|mus (*≈, 0*) kapitalizmus; **r –t** (*en, en*) kapitalista; **–tisch** kapitalistický

r Kapitän (*s, e*) kapitán

s Kapitel (*s, ≈*) **1** kapitola knihy **2** cirk. kapitula

e Kapitu|lation (*≈, en*) kapitulácia; **–lieren** kapitulovať

r Kaplan (*s, ≈e*) cirk. kaplán

e Kappe (*≈, n*) **1** čiapka **2** viečko na fľaši

kappen 1 skrátiť, odrezať, odseknúť **2** kastrovať, kapúnovať kohúta

e Kapsel (*≈, n*) **1** puzdro, obal **2** rozbuška **3** bot. tobolka

kaputt rozbitý, pokazený, zničený

e Kapuze (*≈, n*) kapucňa

e Karambolage [...a:žə] (*≈, n*) karambol i obraz.

e Karamelle (*≈, n*) karamelka, karamelový cukrík

s Karat (*(e)s, e*) karát

e Karbonade (*≈, n*) rak. karbonátka, fašírka

r Kardinal (*s, ≈e*) cirk. kardinál

r Kardinal|fehler (*s, ≈*) kardinálna, základná chyba; **e –frage** (*≈, n*) hlavná otázka; **e –zahl** (*≈, en*) mat. základná číslovka

r Karfreitag (*s, 0*) Veľký piatok

karg skúpy; *wort~ sein* byť skúpy na slovo; **~en** žgrlošiť, byť skúpy

kärglich skromný, chudobný

kariert kockovaný, štvorčekový

e Kari|es (*≈, 0*) lek. zubný kaz

e Kari|katur (*≈, en*) karikatúra; **r –katurist** (*en, en*) karikaturista; **–kieren** karikovať, robiť karikatúry

s Karmesin (*s, 0*), **s Karmin** (*s, 0*) karmín; **~rot, karminrot** karmínový, karmínovočervený

s Karo (*s, s*) **1** kocka na látke ap. **2** káro v kartách

e Karotte (*≈, n*) karotka

r Karpfen (*s, ≈*) kapor; **r ~teich** (*(e)s, e*) rybník s kaprami

e Karre (*≈, n*), **r Karren** (*s, ≈*) vozík, hovor. kára

s Karre (*s, s*) **1** štvorec **2** kuch. rak. karé

e Karri|ere (*≈, n*) kariéra; *~ machen* urobiť kariéru

r Karst (*es, 0*) kras

e Karte (*≈, n*) **1** lístok jedálny, cestovný, vstupenka ap. **2** karta hracia; *~n legen* vykladať karty **3** pohľadnica **4** mapa; obraz. **alles auf eine ~ setzen** staviť všetko na jednu kartu

e Kartei (*≈, en*) kartotéka; **e ~karte** (*≈, n*) kartotečný lístok

s Kartell (*s, e*) kartel

s Kartenspiel (*(e)s, e*) hra v karty

e Kartoffel (*≈, n*) zemiak; **r ~brei** (*(e)s, 0*) zemiaková kaša; **r ~käfer** (*s, ≈*) pásavka zemiaková; **r ~puffer** haruľa; **r ~salat** (*s, e*) zemiakový šalát; **e ~suppe** (*≈, n*) zemiaková polievka

r Karton (*s, s*) kartón, lepenka; **~iert** kartónovaný, zabalený do kartónu

s Karussell (*s, s* al. *e*) kolotoč

e Karwoche (*≈, 0*) veľkonočný týždeň

r Käse (*s, ≈*) **1** syr **2** hovor. nezmysel;

rede doch nicht solchen ~! netáraj!
r Käsekuchen (*s*, ≈) tvarohový koláč
e Kaserne (≈, *n*) kasáreň, kasárne; **r ~nhof** (*(e)s*, ≈̈*e*) kasárenský dvor
käsig 1 syrovitý **2** obraz. bledý
s Kasino (*s*, *s*) kasíno
r Kasper (*s*, ≈), rak. **r ~l** (*s*, *n*) gašparko, šašo
e Kassa (≈, *kassen*) rak. pokladnica
e Kasse (≈, *n*) **1** pokladnica, hovor. pokladňa **2** hovor. sporiteľňa **3** hovor. zdravotná poisťovňa; **bei ~ sein** byť pri peniazoch
r Kassen|arzt (*es*, ≈̈*e*) zmluvný lekár danej zdravotnej poisťovne
r Kassen|bestand (*es*, *0*) pokladničná hotovosť; **r –sturz** (*es*, ≈̈*e*) hovor. kontrola hotovosti v pokladnici; **r –zettel** (*s*, ≈) pokladničný blok
e Kasserolle (≈, *n*) kastról
e Kassette (≈, *n*) kazeta
r Kassettenrecorder [...rę'korde] (*s*, ≈) kazetový magnetofón
kassieren vyberať, prijímať peniaze, hovor. kasírovať
r Kassierer (*s*, ≈) pokladník; **e ~in** (*nen*) pokladníčka
e Kastani|e (≈, *n*) gaštan
kasteien sich odriekať sa, trýzniť sa telesne
s Kastell (*s*, *e*) kaštieľ, opevnené sídlo
r Kastellan (*s*, *e*) kastelán
r Kasten (*s*, ≈̈) **1** truhlica, debna **2** rak. skriňa **3** hovor. poštová schránka **4** hovor. basa, väzenie; **r ~wagen** (*s*, ≈) dodávkové vozidlo
kastrieren kastrovať
r Katalog (*(e)s*, *e*) katalóg, zoznam
r Katalysator (*s*, *katalysatoren*) katalyzátor
r Katarrh <Katarr> (*s*, *e*) katar
r, s Kataster (*s*, ≈) kataster
kata|strophal katastrofálny; **e –strophe** (≈, *n*) katastrofa
e Kate|gorie (≈, *ien*) kategória; **–gorisch** kategorický
r Kater (*s*, ≈) **1** kocúr; *der gestiefelte ~* kocúr v čižmách **2** hovor. opica stav po opitosti
kath. skr. **katholisch** katolícky
e Kathedrale (≈, *n*) katedrála
e Kathode (≈, *n*) katóda
r Ka|tholik (*en*, *en*) katolík; **–tholisch** katolícky
s Kätzchen (*s*, ≈), **s Kätzlein** (*s*, ≈) **1** mačička **2** bahniatko
e Katze (≈, *n*) mačka; **das ist für die ~** to je nanič; **die ~ im Sack kaufen** kúpiť mačku vo vreci
s Katzen|auge (*s*, *n*) **1** mačacie oko **2** mačacie oko polodrahokam **3** hovor. odrazové sklo na bicykli
r Katzenjammer (*s*, *0*) bolenie hlavy po opitosti
r Katzensprung: *es ist nur ein ~ dorthin* je to tam len na skok
s Kauderwelsch (*(s)*, *0*) nezrozumiteľná reč, hatlanina
kauen žuť, žuvať
r Kauf (*(e)s*, ≈̈*e*) kúpa, kupovanie; **etw in ~ nehmen** vyrovnať sa s čím, brať do úvahy čo; **~en** kúpiť
r Käufer (*s*, ≈) kupujúci
s Kaufhaus (*es*, ≈̈*er*) obchodný dom
e Kaufkraft (≈, *0*) kúpna sila
käuflich 1 predajný, na predaj **2** podplatný; **~ erwerben** kúpiť, získať kúpou
kauflustig kúpychtivý
e Kauf|leute MNČ obchodníci; **r –mann** (*s*, *Kaufleute*) obchodník, vlastník obchodu; **–männisch** obchodný
r Kaugummi (≈, ≈) žuvačka
e Kaulquappe (≈, *n*) zool. žubrienka
kaum ledva, sotva; ~ *daß* len čo, sotva
kausal príčinný, kauzálny
e Kaution (≈, *en*) kaucia, záloha, záruka
r Kauz (*es*, ≈̈*e*) **1** čudák o človeku **2** zool. kuvik obyčajný
r Kavalier (*s*, *e*) gavalier
r Kaviar (*s*, *e*) kaviár
keck 1 drzý, bezočivý **2** smelý, trúfalý

JKL

3; e **~heit** (≈, *en*) **1** drzosť **2** trúfalosť
r **Kegel** (*s*, ≈) mat. kužeľ; **~n** hrať kolky; e **~bahn** (≈, *en*) kolková dráha; **mit Kind und ~** s celou rodinou, so všetkým činom
e **Kehle** (≈, *n*) hrdlo; *aus voller ~* z plného hrdla
r **Kehlkopf** (*(e)s*, *≈e*) anat. hrtan
e **Kehre** (≈, *n*) **1** zákruta, zatáčka **2** šport. premet, kotúľ
kehren[1] **1** (*h.*) obrátiť **2** (*i.*) obrátiť sa, otočiť sa; **sich (nicht) ~** (*an etw* o čo) (ne)všímať si, (ne)starať sa
kehren[2] zametať
r, s **Kehricht** (*(e)s*, *0*) smeti, drobné odpadky; e **~schaufel** (≈, *n*) lopatka na smeti
e **Kehrseite** (≈, *n*) rub, opak
kehrt|machen otočiť sa, obrátiť sa čelom vzad
keifen hovor. nadávať
r **Keil** (*(e)s*, *e*) klin; r **~riemen** (*s*, ≈) klinový remeň
e **Keilerei** (≈, *en*) hovor. bitka
r **Keim** (*(e)s*, *e*) **1** klíček, klík, zárodok **2** obraz. začiatok; **~en** (vy)kličiť, vzniknúť; **~frei** bez zárodkov, sterilný; e **~zelle** (≈, *n*) zárodočná bunka
kein nijaký, žiadny; *~er von ihnen* nikto z nich; *ich habe ~ Geld* nemám peniaze; *~ anderer, als…* nikto iný ako…; *in ~em Fall* v nijakom prípade
keinesfalls, **keineswegs** v nijakom prípade
keinmal ani raz, nikdy; **einmal ist ~** jedenkrát sa neráta/nepočíta
r, s **Keks** (*es*, *e*) keks, sušienka
r **Kelch** (*(e)s*, *e*) kalich
e **Kelle** (≈, *n*) **1** naberačka **2** murárska lyžica
r **Keller** (*s*, ≈) **1** pivnica **2** vináreň **3** kryt, úkryt
r **Kellner** (*s*, ≈) čašník
keltern lisovať hrozno ap.
kennen* (*kannte, h. gekannt*) **1** poznať **2** vedieť; *auswendig ~* vedieť naspamäť; **sich ~** poznať sa; **~|lernen** <**~ lernen**> spoznať, spoznávať, zoznámiť sa
r **Kenner** (*s*, ≈) znalec
kenntlich poznateľný, zreteľný; *etw ~ machen* objasniť čo, upozorniť na čo
e **Kenntnis** (≈, *se*) znalosť, vedomosť, poznatok; *etw zur ~ nehmen* vziať čo na vedomie; *j-n von etw in ~ setzen* upovedomiť koho o čom
e **Kenn|zahl** (≈, *en*) **1** ukazovateľ **2** mat. charakteristika logaritmu; s **–zeichen** (*s*, ≈) charakteristický znak, značka, znamenie; **–zeichnen** charakterizovať, vystihnúť; e **–ziffer** (≈, *n*) **1** ukazovateľ **2** mat. charakteristika logaritmu
e **Keramik** (≈, *en*) keramika
e **Kerb|e** (≈, *n*) zárez, zásek, vrub i obraz.; **–en** vrúbkovať, robiť vrúbky, zárezy; s **–holz**: *auf dem –holz haben* mať vrúbok, mať na rováši
r **Kerker** (*s*, ≈) väzenie, žalár
r **Kerl** (*s*, *e* al. *s*) chlap, chlapík
r **Kern** (*(e)s*, *e*) **1** jadro, kôstka **2** jadro bunky, atómu **3** obraz. podstata problému; e **~|energie** (≈, *0*) jadrová energia; e **~forschung** (≈, *en*) jadrový výskum
kerngesund celkom zdravý
kernig **1** zdravý, silný **2** výstižný, výrazný
s **Kern|kraftwerk** (*(e)s*, *e*) jadrová elektráreň; e **–physik** (≈, *0*) jadrová fyzika; e **–reaktion** (≈, *en*) jadrová reakcia; e **–spaltung** (≈, *0*) štiepenie atómového jadra; e **–waffe** (≈, *n*) jadrová zbraň
e **Kerze** (≈, *n*) svieca, sviečka
kerzengerade vystretý ako svieca
r **Kerzenständer** (*s*, ≈) svietnik
keß <**…ss**> hovor. drzý, vyzývavý
r **Kessel** (*s*, ≈) **1** kotol, kotlík **2** kotlina, dolina
r **Ketchup** <**Ketschup**> ['kečap] (*s*, *s*) kečup
e **Kette** (≈, *n*) **1** reťaz **2** putá, okovy **3** retiazka, náhrdelník **4** rad, zástup **5** pásmo horské **6** kŕdeľ, črieda; **~n** **1** spútať reťazou **2** nasadiť putá; *j-n an sich ~n* pripútať koho k sebe

r Kettenraucher (*s*, ≈) náruživý fajčiar
e Kettenreaktion (≈, *en*) reťazová reakcia
r Ketzer (*s*, ≈) kacír
keuchen dychčať, fučať, byť bez dychu
r Keuchhusten (*s*, *0*) lek. čierny kašeľ
e Keule (≈, *n*) **1** kyj, kyjak, palica **2** stehno **3** šport. kužeľ
keusch cudný, mravný; **e ~heit** (≈, *0*) cudnosť
kfm. skr. **kaufmännisch** obchodný
Kfz skr. **s Kraftfahrzeug** automobil
KG skr. **e Kommanditgesselschaft** komanditná spoločnosť
kg skr. **s Kilogramm** kilogram
kichern chichotať sa, chichúňať sa
kidnapp|en ['kitnepn] uniesť dieťa, človeka; **–ing** ['kitnepiŋ] (*s*, *s*) únos dieťaťa, človeka
e Kiefer[1] (≈, *n*) bot. borovica
r Kiefer[2] (*s*, ≈) čeľusť; **e ~höhle** (≈, *n*) čeľustná dutina
r Kiel ((*e*)*s*, *e*) **1** kýl lode **2** brko, pero vtáčie
e Kieme (≈, *n*) žiabre
r Kien ((*e*)*s*, *0*) borovicové drevo
r Kies (*es*, *e*) **1** štrk **2** len JČ hovor. prachy, peniaze
r Kiesel (*s*, ≈) **1** malý oblý kameň, obliak **2** chem. kremík
s Kilogramm (*s*, *e*) kilogram
r, s Kilometer (*s*, ≈) kilometer; **r ~zähler** (*s*, ≈) počítač kilometrov, kilometrovník
s Kind ((*e*)*s*, *er*) **1** dieťa; *ein minderjähriges, unartiges ~* maloleté, neposlušné dieťa **2** potomok; *das leibliche, angenommene ~* vlastné, adoptované dieťa; *ein ~ bekommen* porodiť dieťa; **von ~ auf** odmalička; obraz. **das ~ mit dem Bade ausschütten** vyliať s vaničkou aj dieťa, v unáhlení narobiť viac škody ako osohu
e Kinderei (≈, *en*) detinstvo, detský žart
r Kindergarten (*s*, ≈̈) materská škola
e Kinder|krankheit (≈, *en*) detská choroba; **e –lähmung** (≈, *0*) lek. detská obrna
kinderleicht veľmi ľahký
kinderlos bezdetný
s Kindermädchen (*s*, ≈) opatrovateľka detí
kinderreich mnohodetný, majúci veľa detí
s Kinderspiel ((*e*)*s*, *e*) **1** detská hra **2** obraz. hračka, maličkosť
r Kinderwagen (*s*, ≈) kočík
e Kind|heit (≈, *0*) detstvo; *von ~ an* od detstva; **–isch** detinský, naivný; **–lich** detinský, detský
e Kinkerlitzchen MNČ hovor. maličkosti, pletky
s Kinn ((*e*)*s*, *e*) brada; **e ~backe** (≈, *n*) čeľusť, sánka
s Kino (*s*, *s*) kino; **r ~besucher** (*s*, ≈) návštevník kina; **s ~programm** ((*e*)*s*, *e*) program kina
r Kiosk ((*e*)*s*, *e*) kiosk, stánok
r Kipf(e)l, rak. **Kipferl** ((*e*)*s*, *e*) rožok, rožtek
e Kippe (≈, *n*) **1** hrana, miesto zvratu; obraz. *auf der ~e stehen* byť v ohrození al. byť na vážkach **2** šport. **3** smetisko, skládka **4** hovor. ohorok cigarety; **~en** prevrátiť, vyklopiť
e Kirche (≈, *n*) **1** kostol, chrám **2** cirkev **3** omša
e Kirchenmaus (≈, *0*): *arm wie eine ~* chudobný ako kostolná myš
e Kirchweihe (≈, *n*) sviatok vysviacky kostola
r Kirchgang ((*e*)*s*, ≈̈*e*) návšteva kostola, chodenie do kostola
r Kirchhof ((*e*)*s*, ≈̈*e*) cintorín pri kostole
kirchlich cirkevný
e Kirchturm ((*e*)*s*, ≈̈*e*) kostolná veža
e Kirmes (≈, *sen*) pozri *Kirchweihe*
e Kirsche (≈, *n*) čerešňa; *Augen wie die ~n* oči ako trnky; **mit ihm ist nicht gut ~n essen** nehodno si s ním začínať

s **Kissen** (*s*, ≈) vankúš, podhlavník, poduška; r **~bezug** (*(e)s*, *≚e*) obliečka na vankúš
e **Kiste** (≈, *n*) **1** debna, debnička **2** stará rachotina o aute ap.
r **Kitsch** (*(e)s*, *0*) gýč; **~ig** gýčovitý
r **Kitt** (*(e)s*, *e*) tmel, git
s **Kittchen** (*s*, ≈) hovor. väzenie, basa; *im ~ sitzen* sedieť v base
r **Kittel** (*s*, ≈) plášť
kitten (s)tmeliť i obraz., gitovať
s **Kitz** (*es*, *e*), e **Kitze** (≈, *n*) **1** kozľa **2** srnča **3** kamzíča
r **Kitz|el** (*s*, *0*) šteklenie, svrbenie; **–(e)lig 1** šteklivý **2** chúlostivý, pikantný; **–eln** (po)štekliť
r **Kitzler** (*s*, ≈) anat. klitoris
s **KKW** skr. s **Kernkraftwerk** jadrová elektráreň
e **Kladde** (≈, *n*) **1** zast. príručná obchodná kniha **2** poznámkový zošit **3** náčrt, koncept
klaffen (*h./i.*) rozostupovať sa, roztvárať sa; *eine ~de Wunde* otvorená rana
kläffen prenikavo brechať, štekať
e **Klage** (≈, *n*) **1** nárek, bedákanie **2** žaloba **3** sťažnosť; **~n 1** nariekať, plakať, **2** sťažovať sa (*über etw* A na čo) **3** (za)žalovať, podať žalobu (*gegen j-n auf etw* A na koho/koho na čo)
r **Kläger** (*s*, ≈) žalobca
kläglich 1 žalostný plač **2** úbohý, biedny stav
r **Klamauk** (*s*, *0*) hovor. hurhaj
klamm 1 vlhký **2** stuhnutý, skrehnutý
e **Klammer** (≈, *n*) **1** spona, zvierka **2** kolík na bielizeň **3** zátvorka; *in ~n setzen* dať do zátvoriek **4** skoba; **~n** zopnúť sponkou; **sich ~n** (*an etw* A čoho) držať sa pevne, zachytiť sa
r **Klang** (*(e)s*, *≚e*) zvuk, hlas, tón; *schriller ~* prenikavý tón; *mit Sang und ~* so spevom; *ohne Sang und ~* v tichosti; **~voll** zvučný
e **Klappe** (≈, *n*) **1** klapka, príklop, vrchnák, záklopka **2** klapka, linka telefónna **3** hovor. posteľ **4** vulg. papuľa, huba; *halt die ~!* drž hubu!; **~n 1** klopať **2** sklopiť sedadlo ap. **3** vyhrnúť si golier **4** hovor. klapať, dariť sa, fungovať; *da klappt etwas nicht* niečo tu nie je v poriadku
e **Klapper** (≈, *n*) hrkálka, rapkáč
klapperdürr vyziabnutý, vychudnutý
klapprig 1 šuchotavý **2** obraz. vetchý
klappern klopať, klepať, hrkotať; *mit den Zähnen ~* drkotať zubami
e **Klapperschlange** (≈, *n*) zool. štrkáč klepotavý
r **Klapperstorch** (*(e)s*, *≚e*) hovor. bocian
s **Klappmesser** (*s*, ≈) vreckový nôž
r **Klapp|stuhl** (*s*, *≚e*) skladacia stolička; r **–tisch** (*es*, *e*) sklápací stôl
r **Klaps** (*es*, *e*) plesknutie; hovor. *einen ~ haben* byť šibnutý al. padnutý na hlavu
klar 1 čistý **2** jasný, priesvitný **3** jasný, zrejmý, zrozumiteľný; *etw ins ~e* *<Klare> bringen* objasniť, vysvetliť čo; *sich über etw ~ sein* byť si vedomý čoho **4** pripravený na štart o lietadle, lodi **5** PRÍSL prirodzene, samozrejme; *(na) ~!* jasné!
klarblickend <**~ blickend**> prezieravý
e **Klär|anlage** (≈, *n*) čistiareň vody
klären 1 čistiť, odkalovať **2** objasňovať; **sich ~** vyjasniť sa
e **Klarheit** (≈, *0*) **1** jasnosť, priehľadnosť **2** obraz. jasnosť, zrozumiteľnosť
e **Klarinette** (≈, *n*) klarinet
klar|legen objasniť, vysvetliť; **–|machen 1** objasniť, vysvetliť **2** pripraviť loď na odplávanie **3** hovor. zaplatiť
klar|sehen <**klar sehen**> (*ie; a, h. e*) jasne vidieť, pochopiť
e **Klarsichtfoli|e** (≈, *n*) priehľadná fólia
klar|stellen objasniť, vysvetliť, priviesť na pravú mieru
e **Klärung** (≈, *en*) **1** čistenie kvapaliny, odkalovanie **2** obraz. vysvetlenie
e **Klasse** (≈, *n*) trieda žiakov, vo vlaku
s **Klassen|lehrer** (*s*, ≈) triedny učiteľ;

s **–treffen** (*s,* ≈) stretnutie bývalých spolužiakov; **s –zimmer** (*s,* ≈) trieda, učebňa

klassifizieren klasifikovať

e Klassik (≈, *0*) klasika; **r ~er** (*s,* ≈) klasik

r Klatsch (*(e)s, e*) **1** plesknutie **2** klebety; **e ~base** (≈, *n*) klebetnica; **~en** **1** plieskať **2** tlieskať, aplaudovať; *in die Hände ~en* tlieskať; **3** klebetiť

r Klatschmohn (*(e)s, 0*) bot. vlčí mak

klatschnaß <...ss> mokrý ako myš

e Klaue (≈, *n*) **1** paznecht, pazúr **2** nepekné písmo, škrabopis

klauen hovor. kradnúť

e Klausel (≈, *n*) klauzula, doložka

r Klausner (*s,* ≈) samotár, pustovník

e Klausur (≈, *en*) klauzúra, uzavretosť, odlúčenie; *Gespräche in (strenger) ~ führen* viesť rozhovory za zatvorenými dverami

e Klaviatur [...v...] (≈, *en*) klaviatúra, klávesnica

s Klavier [...v...] (*s, e*) klavír, piano; *~ spielen* hrať na klavíri; **e ~auszug** (*(e)s,* ≈*e*) hud. klavírový výťah; **r ~stimmer** (*s,* ≈) ladič klavírov a pián

kleben **1** lepiť; hovor. *j-m eine ~* vylepiť jednu komu **2** lipnúť, držať sa; **–rig** lepkavý; **r –stoff** (*(e)s, e*) lepidlo

r Klecks (*es, e*) fľak, machuľa, škvrna; **~en** robiť škvrny, machule

r Klee (*s, 0*) ďatelina; **s ~blatt** (*(e)s,* ≈*er*) lístok ďateliny; *ein vierblättriges ~blatt* štvorlístok; obraz. *ein unzertrennliches ~blatt* nerozlučný trojlístok o troch dobrých priateľoch

s Kleid (*(e)s, er*) šaty; **~en** obliekať, šatiť

r Kleiderbügel (*s,* ≈) vešiak na šaty; **e –bürste** (≈, *n*) kefa na šaty; **r –schrank** (*(e)s,* ≈*e*) skriňa na šaty, šatník

kleidsam slušivý

e Kleidung (≈, *en*) odev, oblečenie, šatstvo; **s ~sstück** (*(e)s, e*) časť odevu

e Kleie (≈, *n*) otruby

klein malý **1** drobný opak veľký; *~es Holz* nadrobno naštiepané drevo, triesky **2** mladý, nedospelý **3** nevýznamný, zanedbateľný

r Kleinbürger (*s,* ≈) malomeštiak

s Kleingeld (*(e)s, 0*) drobné peniaze

r Kleinhandel (*s, 0*) maloobchod

e Kleinigkeit (≈, *en*) **1** maličkosť, drobnosť **2** maličkosť, ľahká vec

s Kleinkind (*(e)s, er*) malé dieťa

kleinlaut nezhovorčivý, nesmelý

kleinlich malicherný, puntičkársky

s Kleinod (*s, ien*) klenot, skvost

kleinschneiden* **<klein schneiden>** (*i, h. i*) (roz)rezať, (roz)krájať na malé kúsky

kleinstädtisch malomestský

r Kleister (*s,* ≈) škrobové lepidlo; **~n** hovor. (na)lepiť

e Klemme (≈, *n*) **1** spona, svorka **2** obraz. ťažká situácia; *in der ~ sitzen* byť v úzkych; *j-n aus der Klemme ziehen* pomôcť komu z úzkych; **~n** **1** zovrieť **2** privrieť **3** vzpriečiť sa **4** zasekávať (sa); *s Fenster klemmt* okno sa zasekáva

r Klempner (*s,* ≈) klampiar

e Kleptomanie (≈, *0*) kleptománia

r Klerus (≈, *0*) duchovenstvo, klérus

e Klette (≈, *n*) bodliak; **sich wie eine ~ an j-n hängen** zavesiť sa na koho ako kliešť

r Kletterer (*s,* ≈) horolezec, alpinista; **–n** (*i.*) (vy)šplhať sa, liezť

e Kletterpflanze (≈, *n*) popínavá rastlina

r Klient (*en, en*) klient, zákazník

s Klima (*s, s* al. *te*) **1** klíma, podnebie **2** obraz. nálada, atmosféra

e Klimaanlage (≈, *n*) klimatizácia

e Klimperei (≈, *en*) hovor. brnkanie; **–n** štrngať, brnkať

e Klinge (≈, *n*) **1** čepeľ **2** bodná zbraň

e Klingel (≈, *n*) zvonček; **~n** (za)zvoniť

klingen* (*a, h. u*) **1** znieť, zvučať **2** obraz. znieť; *das klingt gut* to znie dobre, to je zaujímavé

e **Klinik** (≈, *en*) klinika
e **Klinke** (≈, *n*) kľučka
e **Klippe** (≈, *n*) **1** útes, bralo **2** obraz. úskalie, ťažkosti
klipp: ~ *und klar* úplne jasne
klirren rinčať, drnčať, vŕzgať
s **Klischee** (*s, s*) **1** typografický štočok **2** klišé
s **Klo** (*s, s*) hovor. záchod
e **Kloake** (≈, *n*) kloaka, stoka, kanál
klobig 1 masívny, mohutný **2** obraz. neohrabaný
klopf|en 1 biť, tĺcť **2** klepať koberec i mäso **3** klopať, ťukať; *es klopft* niekto klope; r **–er** (*s*, ≈) **1** prachár na koberce **2** dverové klopadlo
r **Klops** (*es, e*) fašírka
s **Klosett** (*(e)s, e* al. *s*) záchod; s **~papier** (*(e)s, 0*) toaletný papier
r **Kloß** (*es, ≈e*) knedľa zemiaková
s **Kloster** (*s*, ≈) kláštor
klösterlich kláštorný
r **Klotz** (*es, ≈e*) **1** poleno, klát **2** obraz. surovec, grobian
r **Klub** <aj **Club**> (*s, s*) klub, spolok, združenie
r **Klubsessel** (*s*, ≈) klubovka
e **Kluft** (≈, *≈e*) **1** priepasť, roklina, trhlina **2** obraz. priepasť, rozpor v názoroch
klug rozumný, múdry, nadaný; e **~heit** (≈, *0*) **1** múdrosť, nadanie **2** dôvtip, rozvaha
klumpen zrážať sa, robiť chumáče, hrudkovať
r **Klumpen** (*s*, ≈) **1** hruda, hrudka; *ein ~ Butter* hrudka masla **2** chumáč, chuchvalec
r **Klüngel** (*s*, ≈) hovor. klika, banda
km skr. r, s **Kilometer** kilometer
knabbern 1 chrumkať
r **Knabe** (*n, n*) chlapec; **~nhaft** chlapčenský
s **Knäckebrot** (*(e)s, e*) druh celozrnného chleba
knack|en 1 lúskať orechy **2** prsknúť, puknúť **3** vypáčiť zámok **4** obraz. rozlúštiť problém; r **–er** (*s*, ≈) **1** hundroš **2** špekáčik
r **Knacks** (*es, e*) **1** prasknutie, chrupnutie **2** hovor. prasklina, trhlina; *seine Gesundheit hat einen ~ abbekommen* podlomilo sa mu zdravie
r **Knall** (*(e)s, e*) tresk(nutie), buchnutie, rachot; **auf ~ und Fall** zrazu, nečakane; **~en** búchať, trieskať; hovor. *j-m eine ~* dať komu facku
knallrot krikľavo červený
knapp 1 tesný; *~e Schuhe* tesné topánky; *wir sind ~ vor dir gekommen* prišli sme tesne pred tebou; *mit ~er Not* veľmi tesne, len tak-tak **2** skromný, sotva postačujúci; *~es Taschengeld* nízke vreckové **3** stručný **4** necelý, nie celkom; *eine ~e Stunde* necelá hodina; e **~heit** (≈, *0*) **1** skromnosť prostriedkov **2** nedostatok **3** stručnosť, úsečnosť
knarren vŕzgať
knattern praskať, rachotiť, dunieť
r, s **Knäuel** (*s*, ≈) klbko; obraz. *ein ~ von Kindern* hŕba detí
r **Knauf** (*(e)s, ≈e*) guľaté držadlo na dverách al. vychádzkovej palici
r **Knauser** (*s*, ≈) hovor. hanl. skupáň
knautschen krčiť sa o látke
r **Knebel** (*s*, ≈) **1** kus handry na upchanie úst **2** klát; **~n** zapchať ústa handrou (*j-n* komu)
r **Knecht** (*(e)s, e*) **1** zast. paholok **2** kniž. sluha; e **~schaft** (≈, *0*) otroctvo, poroba; **~en** utláčať, zotročiť
kneifen* (*kniff, h. gekniffen*) **1** štípať koho **2** stlačiť; *die Augen ~* prižmúriť oči
e **Kneipe** (≈, *n*) krčma
kneten 1 miesiť **2** obraz. formovať, ovplyvňovať
r **Knick** (*(e)s, e*) **1** trhlina, puklina, zlom **2** záhyb, zabočenie ulice ap.; **~en 1** (*i.*) zlomiť sa **2** (*h.*) podlomiť, zlomiť, prasknúť aj obraz.; *das hat seine Gesundheit/sein Herz geknickt* to podlomilo jeho zdravie/to zlomilo jeho srdce
r **Knicks** (*es, e*) poklona, úklon; **~en** ukloniť sa, pokloniť sa; hovor. urobiť

pukerlík
s Knie (*s*, ≈) koleno i tech.; **e ~beuge** (≈, *n*) pokrčenie kolien, drep; **~fällig** kolenačky, na kolenách; **s ~gelenk** ((*e*)*s*, *e*) kolenný kĺb
kni|en kľačať; **sich ~** kľaknúť si, padnúť na kolená
e Kniescheibe (≈, *n*) jabĺčko v kolene
r Kniestrumpf ((*e*)*s*, ≈*e*) podkolienka
r Kniff ((*e*)*s*, *e*) **1** štípanec, uštipnutie **2** záhyb na šatách, hovor. sklad **3** hovor. trik, pasca; **~lig 1** náročný, komplikovaný **2** chúlostivý, háklivý
knipsen 1 štikať cestovný lístok **2** hovor. fotografovať **3** cvaknúť **4** lúskať prstami
r Knirps (*es*, *e*) hovor. krpáň, štopeľ
knirschen škrípať, vŕzgať; *mit den Zähnen* ~ škrípať zubami
knistern 1 praskať **2** šušťať, šelestiť
knitter|frei nekrčivý; **–ig** krčivý; **–n** (s)krčiť; **sich –n** (po)krčiť sa
r Knoblauch ((*e*)*s*, *0*) cesnak
r Knöchel (*s*, ≈) **1** členok **2** kĺb prsta
r Knochen (*s*, ≈) kosť; **r ~bruch** ((*e*)*s*, ≈*e*) zlomenina kosti; **s ~gerüst** ((*e*)*s*, *e*) kostra, skelet
knöchern 1 kostený, z kosti **2** kostnatý
knochig kostnatý
r Knödel (*s*, ≈) knedľa
e Knolle (≈, *n*), **r Knollen** (*s*, ≈) **1** hľuza **2** hruda
r Knopf ((*e*)*s*, ≈*e*) gombík; **s ~loch** ((*e*)*s*, ≈*er*) gombíková dierka
knöpfen zapínať, odopínať na gombík
r Knorpel (*s*, ≈) anat. chrupka, chrupavka; **~ig** chrupavkovitý
e Knospe (≈, *n*) puk, púčik
knoten viazať uzol, zauzliť
r Knoten (*s*, ≈) **1** uzol, slučka i obraz. **2** uzol jednotka rýchlosti lodí **3** dopravný uzol, križovatka **4** anat. uzlina, šľacha; **r ~punkt** ((*e*)*s*, *e*) dopravný uzol, križovatka
r Knüller (*s*, ≈) hovor. hit, trhák
knüpfen 1 (za)viazať šatku ap. **2** viazať, tkať koberec **3** obraz. viazať, spájať (*etw an etw* niečo s čím); *Hoffnungen an etw* ~ spájať nádeje s čím; *Kontakte* ~ nadviazať kontakty
r Knüppel (*s*, ≈) **1** kyjak **2** obušok **3** riadiaca páka v lietadle
knurren 1 (za)vrčať **2** škŕkať v žalúdku
knusp(e)rig chrumkavý
k. o. skr. **Knockout** k. o. v boxe aj obraz.
e Koalitịon (≈, *en*) koalícia
r Kobold ((*e*)*s*, *e*) škriatok
e Kobra (≈, *s*) zool. kobra
r Koch ((*e*)*s*, ≈*e*) kuchár; **s ~buch** ((*e*)*s*, ≈*er*) kuchárska kniha; **~en 1** vrieť, variť sa **2** variť niečo; **r ~er** (*s*, ≈) varič
e Köchin (≈, *nen*) kuchárka
r Kochlöffel (*s*, ≈) varecha, vareška
e Koch|nische (≈, *n*) kuchynský kút; **e –platte** (≈, *n*) platňa sporáka; **s –salz** (*es*, *0*) kuchynská soľ; **r –topf** ((*e*)*s*, ≈*e*) hrniec na varenie
r Köder (*s*, ≈) návnada, vnadidlo
e Koexistẹnz (≈, *en*) spolužitie, koexistencia
s Koffe|in (*s*, *0*) kofeín; **~frei** bezkofeínový
r Koffer (*s*, ≈) kufor; **r ~raum** ((*e*)*s*, ≈*e*) batožinový priestor v aute, hovor. kufor
r Kognak ['konjak] (*s*, *e* al. *s*) koňak
r Kohl ((*e*)*s*, *e*) **1** kapusta **2** obraz. hovor. nezmysel, hlúposť
e Kohle (≈, *n*) **1** uhlie **2** hovor. len MNČ fuky, prachy, peniaze
e Kohlensäure (≈, *0*) chem. kyselina uhličitá
s Kohlengebiet (*s*, *e*) uhoľný revír
r Kohlenstoff ((*e*)*s*, *0*) uhlík chemický prvok
s Kohlepapier (*s*, *e*) kopírovací papier
e Kohlezeichnung (≈, *en*) kresba uhľom
r Kohlrạbi ((*s*), (*s*)) kaleráb
e Kohlrübe (≈, *n*) kvaka
kokẹtt koketný, zvodný
e Kokos (≈, ≈) kokos; **e ~nuß**

<...ss> (≈, *nüsse*) kokosový orech
r Koks (*es, e*) **1** koks **2** len JČ hovor. kokaín
r Kolben (*s,* ≈) **1** piest **2** voj. pažba **3** bot. šúľok **4** sklársky banka
e Kolchose (≈, *n*), **r Kolchos** (≈, *kolchose*) kolchoz
e Kolik (≈, *en*) lek. kolika
r Kollaps (*es, e*) kolaps
s Kolleg (*s, s* al. *ien*) **1** vzdelávacie zariadenie na doplnenie al. získanie maturity al. inej skúšky **2** zast. univerzitná prednáška
r Kolleg|e (*n, n*) kolega; **s –ium** (*s, ien*) učiteľské kolégium, učiteľský zbor
s Kollektiv (*s, e* al. *s*) kolektív
r Koller (*s,* ≈) hovor. záchvat zúrivosti; *einen ~ kriegen* rozzúriť sa
e Kollision (≈, *en*) kolízia, zrážka
s Kolon (*s, s*) dvojbodka
e Kolonie (≈, *ien*) kolónia
e Kolonne (≈, *n*) **1** kolónka, stĺpec v novinách **2** oddiel v armáde **3** kolóna, rad, šík
r Koloß <...ss> (*kolosses, kolosse*) kolos
kolossal kolosálny, ohromný, úžasný
e Kolumn|e (≈, *n*) stĺpec v novinách; **r –ist** (*en, en*) kolumnista
e Kombi|nation (≈, *en*) **1** kombinácia, úvaha **2** zoskupenie, spojenie **3** šport. kombinácia; **–nieren** kombinovať
r Kombiwagen (*s,* ≈) hovor. kombi automobil
e Kombizange (≈, *n*) kombinované kliešte, hovor. kombinačky
r Komet (*en, en*) kométa
r Komfort (*s, 0*) komfort, pohodlie
e Komik (≈, *0*) komika; **r ~er** (*s,* ≈) komik
komisch **1** komický, smiešny **2** zvláštny, čudný
s Komitee (*s, s*) výbor, komitét
s Komma (*s, s* al. *ta*) čiarka interpunkčná i desatinná
r Komman|dant (*en, en*) veliteľ; **r –deur** [...'döː:ɐ] (*s, e*) veliteľ; **–dieren** **1** veliť, komandovať **2** rozkazovať, nariaďovať **3** poslať kam
s Kommando (*s, s*) **1** velenie **2** veliteľstvo **3** komando, vojenská jednotka
kommen* (*a, i. o*) **1** prísť; *nach Hause ~* prísť domov; *zu Fuß ~* prísť peši; *zu sich ~* prísť k sebe; *um etw ~* prísť o čo, stratiť čo **2** dôjsť, dostaviť sa **3** prihodiť sa; *mag ~, was da will* nech sa stane čokoľvek; **in die Jahre ~** starnúť
s Kommen (*s, 0*) príchod
kommend budúci, nastávajúci
r Kommen|tar (*s, e*) komentár, výklad; **–tieren** komentovať, vysvetľovať
kommerzi|ell komerčný
r Kommilitone (*n, n*) kolega na univerzite, spolužiak
r Kommissar (*s, e*) komisár
e Komission (≈, *en*) komisia
e Kommode (≈, *n*) komoda, bielizník
kommunal komunálny, miestny, obecný
e Kommune (≈, *n*) komúna, združenie, spoločenstvo
e Kommunion (≈, *en*) sväté prijímanie
s Kommuniqué <aj **Kommunikee**> [komüni'keː/komu...] (*s, s*) komuniké, oficiálne vyhlásenie
r Kommun|ismus (≈, *0*) komunizmus; **r –ist** (*en, en*) komunista; **–istisch** komunistický
kommunizieren **1** komunikovať **2** súvisieť; *~de Gefäße* spojené nádoby
e Komödi|e (≈, *n*) **1** komédia, veselohra **2** pretvárka
r Kompagnon [kompan'jõ:] (*s, s*) spoločník, spolumajiteľ
kompakt kompaktný, celistvý
e Kompanie (≈, *ien*) **1** voj. rota **2** zast. obchodná spoločnosť
r Kompaß <...ss> (*Kompasses, Kompasse*) kompas; **e ~nadel** (≈, *n*) magnetická strelka
kompatibel kompatibilný, zlučiteľný

kompeten|t kompetentný, oprávnený; **e –z** (≈, *en*) kompetencia, právomoc
komplett úplný, celý, kompletný
r Komplex (*es, e*) **1** komplex, súbor **2** psych. komplex
e Komplikation (≈, *en*) komplikácia
s Kompliment (*(e)s, e*) kompliment, poklona
r Komplize (*n, n*) spoluvinník, spolupáchateľ, hovor. kompán
komplizieren komplikovať
r Komponist (*en, en*) hudobný skladateľ, komponista
e Komposition (≈, *en*) **1** komponovanie, kompozícia **2** hudobné dielo **3** usporiadanie prvkov
r Kompost (*es, e*) kompost
s Kompott (*(e)s, e*) kompót, zaváranina
r, s Kompromiß <...ss> (*Kompromisses, Kompromisse*) kompromis; **~bereit 1** prístupný kompromisom **2** kompromisnícky; **e ~lösung** (≈, *en*) kompromisné riešenie
e Kondens|ation (≈, *en*) kondenzácia; **r –ator** (*s, oren*) kondenzátor; **–ieren** kondenzovať
e Kondensmilch (≈, *0*) kondenzované mlieko
r Konditional (*s, e*) gram. kondicionál
r Konditor (*s, Konditoren*) cukrár; **e ~ei** (≈, *en*) cukráreň
r, s Kondom (*s, e* al. *s*) kondóm
e Konferenz (≈, *en*) konferencia
e Konfession (≈, *en*) konfesia, vyznanie; **~ell** konfesionálny, náboženský; **~s|los** bez vyznania
r Konfir|mand (*en, en*) konfirmand; **e –mation** (≈, *en*) konfirmácia, birmovka
konfiszieren (s)konfiškovať, zhabať
e Konfitüre (≈, *n*) džem
r Konflikt (*(e)s, e*) konflikt
konfrontieren konfrontovať
e Konföderation (≈, *en*) konfederácia
konform konformný
konfus zmätený, konfúzny
r Kongreß <...ss> (*Kongresses, Kongresse*) kongres
e Kongruenz (≈, *0*) lingv. kongruencia, zhoda
r König (*(e)s, e*) kráľ; **~lich** kráľovský; **s ~reich** (*(e)s, e*), **s ~tum** (*(e)s, ≈er*) kráľovstvo
e Konjugation (≈, *en*) gram. časovanie, konjugácia
e Konjunktion (≈, *en*) gram. spojka
r Konjunktiv (*s, e*) gram. konjunktív
e Konjunktur (≈, *en*) konjunktúra
konkav konkávny, dutý
konkret konkrétny, určitý
r Konkurrent (*en, en*) konkurent
e Konkurrenz (≈, *en*) konkurencia; **~fähig** konkurencieschopný; **r ~kampf** (*(e)s, ≈e*) konkurenčný boj; **~los** bezkonkurenčný
konkurrieren konkurovať
r Konkurs (*es, e*) konkurz, bankrot firmy
können* (*konnte, h. gekonnt*) **1** vedieť, ovládať, dokázať; *er kann das Gedicht auswendig* vie tu báseň naspamäť **2** môcť; *er kann nicht aufstehen* nemôže vstať; *daß kann nicht so bleiben* takto to nemôže zostať; *ich konnte nicht kommen* nemohol som prísť
s Können (*s, 0*) umenie, šikovnosť, zručnosť; *er zeigte sein ganzes* ~ ukázal celé svoje umenie
r Könner (*s,* ≈) hovor. znalec, majster
konsequen|t konzekventný; **e –z** (≈, *en*) dôsledok, konzekvencia
konservativ 1 konzervatívny, pridŕžajúci sa tradícií **2** staromódny
e Konserve (≈, *n*) konzerva
e Konserven|büchse (≈, *en*), **e –dose** (≈, *en*) konzervová plechovica; **r –öffner** (*s,* ≈) otvárač na konzervy
konservier|en konzervovať; **e –ung** (≈, *0*) konzervovanie, zaváranie; **s –ungsmittel** (*s,* ≈) konzervačný prostriedok
s Konsilium (*s, ien*) konzílium

JKL

konsistẹnt konzistentný; **e –z** (≈, *0*) konzistencia
r Konsonạnt (*en, en*) lingv. konsonant, spoluhláska
s Konsọrtium (*s, ien*) konzorcium, združenie, spoločenstvo
e Konspiratiọn (≈, *en*) politické sprisahanie, konšpirácia
konstạnt stály, konštantný
e Konstitutiọn (≈, *en*) **1** ústava **2** telesná stavba **3** zloženie, štruktúra
konstruiẹren konštruovať
r Konstruktẹur [...'tøː:ɐ] (*s, e*) konštruktér; **e –iọn** (≈, *en*) konštrukcia; **–iv** konštruktívny
r Konsul (*s, n*) konzul; **s ~ạt** (*(e)s, e*) konzulát; **~ạrisch** konzulárny
konsultiẹren konzultovať
r Konsụm (*s, s*) **1** rak. spotrebné družstvo **2** len JČ konzum, spotreba; **r ~ẹnt** (*en, en*) spotrebiteľ, konzument; **~iẹren** spotrebovať, konzumovať
r Kontạkt (*(e)s, e*) **1** kontakt, spojenie, styk **2** tech. kontakt; **~arm** nespoločenský, samotársky, uzavretý
e Konterbande (≈, *0*) kontraband
r Kontinẹnt (*(e)s, e*) **1** kontinent, svetadiel **2** pevnina
s Kontingẹnt (*(e)s, e*) kontingent, istý podiel
kontinuiẹrlich nepretržitý, kontinuálny
s Konto (*s, s* al. *ten* al. *ti*) účet, konto; **r ~auszug** (*s, ≈e*) výpis z účtu; **r ~inhaber** (*s,* ≈) majiteľ účtu
s Kontọr (*s, e*) obchodná kancelária v zahraničí
kontra proti, kontra; *er ist ~* je proti
r Kontrahẹnt (*en, en*) **1** zmluvný partner **2** protivník v športe, boji
r Kontrapunkt (*(e)s, e*) hud. kontrapunkt
e Kontrarevolution (≈, *en*) kontrarevolúcia
e Kontrọlle (≈, *n*) kontrola; **r ~ẹur** [...'løː:ɐ] (*s, e*) kontrolór; **~iẹren** kontrolovať
e Kontụr (≈, *en*) obrys, kontúra
e Konventiọn (≈, *en*) konvencia; **~ẹll** konvenčný
e Konversatiọn (≈, *en*) konverzácia; **e ~sübung** (≈, *en*) konverzačné cvičenie
konvẹx vypuklý, konvexný
r Konvoi (*s, s*) konvoj
e Konzentratiọn (≈, *en*) koncentrácia; **–iẹren 1** koncentrovať, sústreďovať, zhromažďovať **2** chem. (na)sýtiť; **sich –iẹren** koncentrovať sa, sústrediť sa (*auf etw* na čo)
s Konzẹpt (*(e)s, e*) koncept, koncepcia, plán; obraz. *j-n aus dem ~ bringen* vyviesť koho z konceptu, zmiasť
r Konzẹrn (*s, e*) koncern
s Konzẹrt (*(e)s, e*) koncert; **r ~saal** (*(e)s, säle*) koncertná sieň
e Konzessiọn (≈, *en*) koncesia, oprávnenie na istú činnosť
s Konzịl (*s, e* al. *ien*) koncil, cirkevný snem
kooperatịv kooperatívny
r Kopf (*(e)s, ≈e*) **1** hlava; *sich in den ~ setzen* vziať si do hlavy **2** hlávka kapusty **3** človek, jednotlivec **4** záhlavie knihy ap. **5** vedenie, čelo; **auf den ~ stellen** postaviť na hlavu; obraz. **mit dem ~ durch die Wand rennen** ísť hlavou proti múru
e Kopfbedeckung (≈, *en*) pokrývka hlavy; **r –hörer** (*s,* ≈) slúchadlo
s Kopfkissen (*s,* ≈) vankúš, poduška
kopflos bezhlavý i obraz.
s Kopfrechnen (*s, 0*) rátanie spamäti
r Kopfsalat (*(e)s, e*) hlávkový šalát
e Kopfschmerzen MNČ bolenie hlavy
r Kopfsprung (*(e)s, ≈e*) šport. skok po hlave, hovor. hlavička
s Kopftuch (*(e)s, ≈er*) šatka na hlavu
kopfüber 1 dolu hlavou **2** narýchlo, ozlomkrky
s Kopfweh (*(e)s, 0*) bolesti hlavy; **s ~zerbrechen** (*s, 0*) obraz. lámanie si hlavy s čím

e Kopie (≈, *ien*) kópia; **~ren** kopírovať, rozmnožovať
e Koppel[1] (≈, *n*) **1** spona **2** svorka psov **3** konský záprah
s Koppel[2] (*s*, ≈) opasok; **~n** spojiť, zviazať; **e ~ung** (≈, *en*) **1** spájanie **2** fyz. väzba
e Koralle (≈, *n*) koral; **s ~nriff** (*(e)s*, *e*) koralový útes
r Korb (*(e)s*, *¨e*) kôš, košík
r Korbball (*s*, *0*) basketbal
e Korbflasche (≈, *n*) demižón
r Korb|flechter (*s*, ≈), **r –macher** (*s*, ≈) košikár povolanie
r Kord <**Cord**> (*(e)s*, *e*) kord látka
e Kordel (≈, *n*) šnúra, povraz
r Kork (*(e)s*, *e*) korok; **r ~en** (*s*, ≈) korková zátka; **r ~enzieher** (*s*, ≈) vývrtka
s Korn[1] (*(e)s*, *¨er*) **1** zrno, zrnko **2** obilie **3** muška pri zbrani; *j-n/etw aufs ~ nehmen* vziať si koho/čo na mušku i obraz.
r Korn[2] (*s*, ≈) ražovica, hovor. ražná
e Kornblume (≈, *n*) nevädza poľná
e Kornrade (≈, *n*) kúkoľ poľný
r Körper (*s*, ≈) **1** telo **2** trup **3** fyz., mat. teleso **4** zbor, teleso umelecké; **r ~bau** (*(e)s*, *0*) stavba tela, vzrast; **~behindert** telesne postihnutý; **e ~|erziehung** (≈, *0*) telesná výchova; **~lich** telesný; **e ~pflege** (≈, *0*) telesná hygiena
e Körperschaft (≈, *en*) združenie, korporácia; **e ~ssteuer** (≈, *n*) daň z príjmu korporácie/združenia
r Körper|teil (*(e)s*, *e*) časť tela; **r –zustand** (*s*, *0*) telesný stav
r Korporal (*s*, *e*) desiatnik
korpulen|t silný, korpulentný; **e –z** (≈, *0*) korpulencia
korrekt správny, presný, korektný; **r ~or** (*s*, *korrektoren*) korektor; **e ~ur** (≈, *en*) korektúra
r Korrespond|ent (*en*, *en*) korešpondent, dopisovateľ, spravodajca; **e –enz** (≈, *en*) korešpondencia; **–ieren** korešpondovať
r Korridor (*s*, *e*) koridor
korrigieren opraviť, korigovať
e Korruption (≈, *en*) korupcia
s Korsett (*(e)s*, *e* al. *s*) korzet
r Kose|name (*ns*, *n*) zdrobnenina mena; **s –wort** (*(e)s*, *¨er*) maznavé, nežné slovo
e Kosme|tik (≈, *0*) kozmetika; **–tisch** kozmetický
kosmisch kozmický
r Kosmonaut (*en*, *en*) kozmonaut
r Kosmo|polit (*en*, *en*) kozmopolita; **–politisch** kozmopolitický, svetoobčiansky
r Kosmos (≈, *0*) vesmír
e Kost (≈, *0*) strava, jedlo; *in ~ sein* stravovať sa (*bei j-m* u koho)
kostbar vzácny; **e ~keit** (≈, *en*) **1** vzácnosť **2** vzácna vec, klenot
e Kosten MNČ náklady, výdavky; *auf ~* na náklady; **r ~|anschlag** (*(e)s*, *¨e*) rozpočet, kalkulácia nákladov; **~los** bezplatne
kosten[1] stáť o cene; *das kostet viel Geld* to stojí veľa peňazí
kosten[2] okúsiť, ochutnať; *laß mich ~!* daj mi ochutnať!
köstlich 1 chutný, lahodný **2** drahý, drahocenný, skvostný, znamenitý; *sich ~ amüsieren* vynikajúco sa baviť
e Kostprobe (≈, *n*) ochutnávka
kostspielig nákladný, drahý
s Kostüm (*s*, *e*) kostým
r Kot (*(e)s*, *0*) **1** blato, bahno **2** výkaly, trus, lajno zvierat
s Kotelett (*(e)s*, *n* al. *s*) kotleta
r Köter (*s*, ≈) psisko
r Kot|flügel (*s*, ≈) blatník; **–ig** zablatený
kotzen vracať, vulg. grcať
e Krabbe (≈, *n*) krab
krabbeln 1 (*i.*) škriabať sa, liezť o dieťati **2** (*h.*) šteklit
r Krach (*(e)s*, *e* al. *s*) **1** krik, hurhaj **2** hádka **3** krach firmy, hospodárstva; **mit Ach und ~** len tak-tak, horko-ťažko
krachen (*h.*) buchnúť, tresknúť, rachotiť

krächzen 1 (za)krákať, škriekať **2** obraz. chrapľavo hovoriť
kraft PREDL s G z moci, podľa; ~ *des Gesetzes* podľa zákona
e Kraft (≈, ¨e) **1** sila fyzická, duševná **2** mohutnosť, výdatnosť **3** platnosť, účinok; *in ~ treten* vstúpiť do platnosti **4** pracovník, pracovná sila **5** fyz. sila **6** zdroj energie; **r ~|aufwand** (*(e)s, 0*) vynaloženie sily, vypätie síl, úsilie
r Kraftfahr|er (*s,* ≈) vodič motorového vozidla; **s –zeug** (*(e)s, e*) motorové vozidlo
kräftig 1 silný **2** výdatný, výživný **3** účinný **4** intenzívny, značný; **~en** posilniť koho čím
kraftlos slabý, bezmocný
e Kraftprobe (≈, *n*) skúška sily
kraftvoll silný, plný sily
r Kraftwagen (*s,* ≈) motorové vozidlo
s Kraftwerk (*(e)s, e*) elektráreň
r Kragen (*s,* ≈) **1** golier **2** obraz. krk, hrdlo; *es geht ihm an den ~* ide mu o krk; **e ~weite** (≈, *n*) veľkosť goliera
e Krähe (≈, *n*) vrana; **~n 1** krákať **2** hovor. škriekať
r Krähwinkel (*s, 0*) Kocúrkovo
e Kralle (≈, *n*) pazúr; **~n** driapať, škriabať
r Kram (*(e)s, 0*) **1** haraburdy, hovor. staré krámy **2** obraz. vec, záležitosť; **~en** hrabať sa, prehrabovať sa; **r ~laden** (*s,* ≈ al. ¨) zast. malý obchodík
r Krampf (*(e)s, ¨e*) kŕč; **e ~ader** (≈, *n*) kŕčová žila; **~haft** kŕčovitý
r Kran (*(e)s, e* al. *¨e*) **1** žeriav **2** uzáver vodovodný al. plynový
r Kranich (*(e)s, e*) žeriav vták
krank chorý; *~e Menschen* chorí ľudia; **r ~e** (*n, n*) chorý, pacient; **~en** byť chorý, ochorieť, trpieť (*an etw* na čo al. čím)
kränken ublížiť (*j-n* komu), uraziť (*j-n* koho); **sich ~** sužovať sa, trápiť sa
r Kranken|bericht (*(e)s, e*) lekárska správa; **s –geld** (*(e)s, er*) nemocenské dávky; **s –haus** (*es, ¨er*) nemocnica; **e –kasse** (≈, *n*) zdravotná poisťovňa; **r –pfleger** (*s,* ≈) ošetrovateľ; **e –schwester** (≈, *n*) zdravotná sestra; **r –schein** (*(e)s, e*) preukaz zdravotnej poisťovne; **e –versicherung** (≈, *0*) nemocenské poistenie; **r –wagen** (*s,* ≈) sanitka
krank|haft chorobný; **e –heit** (≈, *n*) choroba; **r –heitserreger** (*s,* ≈) pôvodca choroby
kränklich chorľavý, neduživý
e Kränkung (≈, *en*) ponižovanie, urážanie
r Kranz (*es, ¨e*) veniec
kraß <...ss> **1** nápadný, krikľavý **2** drsný, hrubý; *sich ~ ausdrücken* hrubo sa vyjadrovať
r Krater (*s,* ≈) kráter
e Kratzbürste (≈, *n*) hovor. vzdorovitý, popudlivý človek, netýkavka
kratz|en 1 škriabať, driapať **2** obraz. škriabať, nepekne písať; **r –er** (*s,* ≈) **1** škrabka **2** škrabanec
kraulen[1] škrabkať, pohládzať
kraulen[2] plávať kraul
kraus 1 kučeravý, vlnitý **2** zmätený; **~en 1** kučeraviť **2** naberať, riasiť; *die Stirn ~en* zvraštiť čelo; **sich ~en** vlniť sa, čeriť sa o vode
s Kraut[1] (*(e)s, e*) kapusta
s Kraut[2] (*(e)s, ¨er*) **1** bylina, zelina **2** vňať; **~ und Rüben** piate cez deviate
r Krawall (*s, e*) **1** hluk, lomoz **2** výtržnosť
e Krawatte (≈, *n*) kravata, viazanka
r Krebs (*es, e*) **1** rak riečny **2** lek. rakovina; **e ~geschwulst** (≈, *¨e*), **s ~geschwür** (*s, e*) rakovinový nádor
e Krebsschere (≈, *n*) račie klepeto
r Kredit (*(e)s, e*) **1** úver, kredit **2** dôvera; **e ~karte** (≈, *n*) kreditná karta
e Kreide (≈, *n*) krieda; **~bleich, ~blaß** <...ss> biely ako krieda
r Kreis (*es, e*) **1** mat. kruh, kružnica **2** okruh, obvod **3** kruh v spoločnosti **4** kraj, okres **5** obraz. kruh, koleso; *~e im Wasser* kruhy na vode
kreischen 1 vrieskať **2** škrípať, vŕz-

gať
r **Kreisel** (*s, ≈*) **1** krúživý pohyb **2** zotrvačník
kreisen (*i.*) krúžiť, točiť sa, krútiť sa
r **Kreislauf** (*(e)s, 0*) kolobeh, obeh
e **Kreislinie** (*≈, n*) kružnica
r **Kreißsaal** (*(e)s, Kreißsäle*) pôrodná sála
s **Krematorium** (*s, Krematorien*) krematórium
r **Krempel** (*s, 0*) hanl. krámy, haraburdie
r **Kren** (*(e)s, 0*) chren
krepieren (*i.*) **1** vulg. skapať, zdochnúť **2** vybuchnúť, explodovať
r **Krepp** (*s, s* al. *e*) krep látka
e **Kresse** (*≈, n*) žerucha
s **Kreuz** (*es, e*) **1** kríž **2** krížik v notách **3** obraz. trápenie, súženie **4** anat. kríže; **~en 1** (s)krížiť i bot. **2** križovať more; **sich ~en** krížiť sa v záujmoch
r **Kreuzer** (*s, ≈*) krížnik
r **Kreuzgang** (*(e)s, ≈e*) **1** cirk. procesia s krížom, krížová cesta **2** krížová chodba
kreuzigen ukrižovať; **sich ~** prežehnať sa; e **–ung** (*≈, en*) ukrižovanie
e **Kreuzotter** (*≈, n*) zmija obyčajná, vretenica
e **Kreuzung** (*≈, en*) **1** kríženie plemien, druhov **2** križovatka
s **Kreuzverhör** (*s, e*) krížový výsluch
r **Kreuzweg** (*(e)s, e*) **1** križovatka ciest, rázcestie **2** cirk. krížová cesta
s **Kreuzworträtsel** (*s, ≈*) krížovka
r **Kreuzzug** (*(e)s, ≈e*) križiacka výprava
kriechen* **1** (*o, i. o*) liezť, plaziť sa **2** (*o, h. o*) podlizovať sa, pochlebovať; r **–er** (*s, ≈*) pätolizač, šplhúň, pochlebovač; s **–tier** (*es, e*) plaz
r **Krieg** (*(e)s, e*) vojna; *den ~ erklären* vyhlásiť vojnu; *~ führen* viesť vojnu
kriegen 1 hovor. dostať, zohnať napr. vstupenky **2** dosiahnuť čoho **3** dostať, chytiť
e **Kriegsdienstverweigerung** (*≈, 0*) odmietnutie vojenskej služby
e **Kriegserklärung** (*≈, en*) vypovedanie vojny; r **–fuß** (*es, 0*) vojnový stav; *mit j-m auf –fuß stehen* byť s kým na vojnovej nohe; r **–gefangene** (*n, n*) vojnový zajatec; s **–gericht** (*(e)s, e*) vojnový súd; r **–verbrecher** (*s, ≈*) vojnový zločinec; r **–versehrte** (*n, n*) vojnový invalid; r **–zustand** (*(e)s, 0*) vojnový stav
r **Krimi** (*s, s*) hovor. kriminálny film, kriminálny román
e **Kriminalität** (*≈, 0*) kriminalita; e **–polizei** (*≈, 0*) kriminálna polícia
kriminell trestný, kriminálny; r **~e** (*n, n*) hovor. kriminálnik
r **Krimskrams** (*≈, 0*) haraburdie, krámy
r **Kringel** (*s, ≈*) **1** krúžok **2** praclík
e **Kripo** skr. **die Kriminalpolizei** kriminálna polícia
e **Krippe** (*≈, n*) **1** koryto, žľab **2** detské jasle **3** jasličky vianočné
e **Krise** (*≈, n*) kríza; **~ln** blížiť sa ku kríze
r **Kristall**[1] (*s, e*) chem. kryštál
s **Kristall**[2] (*s, 0*) krištáľ; s **~glas** (*es, 0*) krištáľové sklo
s **Kriterium** (*s, ien*) kritérium, meradlo
e **Kritik** (*≈, en*) kritika; r **~er** (*s, ≈*) kritik; **~los** nekritický
kritisch 1 kritický, povážlivý, nebezpečný **2** rozhodný, osudný **3** hodnotiaci, kritický; **–sieren** kritizovať
kritzeln nečitateľne písať, škrabať
s **Krokodil** (*s, e*) krokodíl
r **Krokus** (*≈, ≈* al. *se*) šafran
e **Krone** (*≈, n*) **1** koruna kráľovská, stromu, mena **2** lek. korunka zubná
krönen 1 korunovať; *zum König ~* korunovať za kráľa **2** vyznamenať, poctiť **3** korunovať, dovŕšiť
r **Kronleuchter** (*s, ≈*) luster
r **Kronprinz** (*en, en*) korunný princ
e **Krönung** (*≈, en*) **1** korunovácia **2** vyvrcholenie
r **Kropf** (*(e)s, ≈e*) **1** lek. struma **2** bot. nádor, hrboľ

e **Kröte** (≈, *n*) ropucha
e **Krücke** (≈, *n*) barla, barlička; *an ~n gehen* chodiť o barlách
r **Krug** (*(e)s*, *≈e*) džbán(ok); **der ~ geht so lange zum Brunnen, bis er bricht** tak dlho sa chodí s džbánom po vodu, kým sa nerozbije
e **Krume** (≈, *en*) **1** ornica **2** väčšinou MNČ omrvinka, odrobinka
r, s **Krümel** (*s*, ≈) odrobinka, omrvinka; **~n** drobiť, mrviť; **sich ~en** drobiť sa, mrviť sa
krumm **1** krivý **2** zahnutý, zakrivený; **~beinig** krivonohý
krumm¦nehmen* <**~ nehmen**> (*a, h. o*) brať čo v zlom, zazlievať (*j-m etw* komu čo)
e **Krümmung** (≈, *en*) **1** zakrivenie, krivosť **2** ohyb, záhyb, zákruta
r **Krupp** (*s, 0*) lek. záškrt
r **Krüppel** (*s*, ≈) mrzák
e **Kruste** (≈, *n*) **1** kôra, povlak **2** kôrka, kôra chleba, ľadu **3** lek. chrasta
s **Kruzifix** (*es, e*) krucifix, kríž
r **Kübel** (*s*, ≈) vedro
r **Kubus** (≈, ≈ al. *Kuben*) **1** mat. kocka **2** mat. tretia mocnina
e **Küche** (≈, *n*) **1** kuchyňa miestnosť **2** príprava jedál; *französische ~* francúzska kuchyňa **3** jedlo, strava; *kalte ~* studená kuchyňa, studená strava, studené jedlá
r **Kuchen** (*s*, ≈) koláč, múčnik
s **Küchenherd** (*(e)s, e*) kuchynský sporák
e **Küchenschabe** (≈, *n*) šváb
r **Kuckuck** (*s, e*) kukučka; obraz. *das weiß der ~* pánbohvie!
e **Kuckucksruf** (*(e)s, e*) kukanie, volanie kukučky
e **Kuckuck¦uhr** (≈, *en*) kukučkové hodiny
e **Kugel** (≈, *n*) **1** guľa, guľôčka **2** guľka, projektil; **~förmig** guľovitý; **~ig** guľový, guľatý
kugeln gúľať sa, kotúľať sa; *sich vor Lachen ~* váľať sa od smiechu
s **Kugel¦lager** (*s*, ≈) guľkové ložisko; **–rund** guľatý
r **Kugelschreiber** (*s*, ≈) guľôčkové pero
kugelsicher nepriestrelný
s **Kugelstoßen** (*s, 0*) šport. vrh guľou
e **Kuh** (≈, *≈e*) krava
kühl chladný, studený i obraz.; e **~anlage** (≈, *n*) chladiace zariadenie
e **Kühl¦e** (≈, *0*) **1** chlad **2** chladnosť, chladnokrvnosť; **–en** chladiť, ochladzovať i obraz.; r **–er** (*s*, ≈) **1** chladič **2** chladiaci box; r **–raum** (*(e)s*, *≈e*) chladiareň; r **–schrank** (*(e)s*, *≈e*) chladnička; e **–truhe** (≈, *n*) chladiarenský pult; e **–ung** (≈, *0*) chladenie, ochladenie
kühn smelý, odvážny; e **~heit** (≈, *en*) smelosť, odvaha
s **Küken** (*s*, ≈) kura, kurča
kulant zdvorilý, úslužný, kulantný
r **Kuli** (*s, s*) hovor. guľôčkové pero
e **Kulisse** (≈, *n*) kulisa
kullern (*i.*) kotúľať sa, gúľať sa
r **Kult** (*(e)s, e*) kult
kultivieren kultivovať i obraz.
e **Kultur** (≈, *en*) kultúra; s **~denkmal** (*s*, *≈er*) kultúrnohistorická pamiatka; **~ell** kultúrny
r **Kümmel** (*s*, ≈) rasca
r **Kummer** (*s, 0*) bieda, núdza
kümmerlich biedny, úbohý, skromný
kümmern starať sa; *sich um j-n/etw ~* starať sa o koho/čo; **was kümmert dich das!** čo ťa do toho!
r **Kumpel** (*s*, ≈) **1** baník **2** hovor. kolega v práci, kumpán
kündbar vypovedateľný; *ein ~es Darlehen* vypovedateľná pôžička
e **Kunde**[1] (≈, *n*) bás. správa, zvesť
r **Kunde**[2] (*n, n*) zákazník
r **Kundendienst** (*es, 0*) služba zákazníkom
kund¦geben* (*i; a, h. e*) oznámiť, prejaviť; **sich ~** vyjsť najavo, prejaviť sa; e **–gebung** (≈, *en*) manifestácia, politické zhromaždenie
kündig¦en **1** dať výpoveď (*j-n* komu) **2** vypovedať zmluvu; e **–ung** (≈, *en*)

JKL

výpoveď
e Kundschaft (≈, *en*) zákazníci, okruh zákazníkov
künftig PR M budúci, nasledujúci; **~hin** PRÍSL v budúcnosti, odteraz
e Kunst (≈, ≈̈e) **1** umenie; *die bildende ~* výtvarné umenie **2** schopnosť, zručnosť; **die Schwarze ~** mágia
r Kunstdünger (*s*, ≈) umelé hnojivo
e Kunstfaser (≈, *n*) umelé vlákno
e Kunstfertigkeit (≈, *en*) obratnosť, zručnosť
e Kunstgeschichte (≈, *0*) dejiny umenia
s Kunstgewerbe (*s*, ≈) umelecké remeslo
r Kunstgriff (*(e)s*, *s*) **1** zručný hmat **2** úskok, trik
r Kunsthändler (*s*, ≈) obchodník s umeleckými predmetmi
r Künstler (*s*, ≈) umelec; **~isch** umelecký; **r ~name** (*ns*, *n*) umelecké meno
künstlich umelý, nepravý; *~e Zähne* umelý chrup
e Kunstsammlung (≈, *en*) umelecká zbierka
kunterbunt pestrý
s Kupfer (*s*, *0*) meď; **s ~geschirr** (*(e)s*, *e*) medený riad; **~n** PR M medený
r Kupon [ku'põ:] (*s*, *s*) kupón, ústrižok, poukážka
e Kuppe (≈, *n*) **1** vrchol, vrcholec hory **2** hlavička špendlíka ap.
e Kuppelei (≈, *0*) hanl. kupliarstvo
kuppeln 1 spojiť, pripojiť **2** stlačiť spojku **3** zopnúť, zviazať
e Kupplung (≈, *en*) **1** tech. spájanie **2** tech. spojka
e Kur (≈, *en*) liečenie, kúra; *zur ~ fahren* ísť na liečenie
e Kür (≈, *en*) šport. voľná zostava, voľná jazda
e Kurbel (≈, *n*) kľuka; **e ~welle** (≈, *n*) kľukový hriadeľ
r Kürbis (*ses*, *se*) tekvica
r Kurgast (*es*, ≈̈e) kúpeľný hosť
kurieren liečiť
kurios nezvyčajný, kuriózny; **e ~ität** (≈, *en*) zvláštnosť, kuriozita
r Kur|ort (*(e)s*, *e*) kúpeľné miesto, kúpele
r Kurs (*es*, *e*) **1** kurz, vyučovanie, prednášky **2** smer pohybu **3** fin. hodnota, trhová cena
s Kursbuch (*(e)s*, ≈̈*er*) cestovný poriadok
kursieren kolovať, obiehať, byť v obehu
kursiv ležaté, kurzívne písmo; **e Kursiv(e)** (≈, *0*), **e ~schrift** (≈, *0*) kurzíva, ležaté písmo
r Kurswagen (*s*, ≈) priamy vozeň vlaku
e Kurve (≈, *n*) **1** mat., tech. krivka **2** zákruta; **~n|reich** s mnohými zákrutami
kurz 1 PR M krátky; *~e Haare* krátke vlasy **2** PRÍSL skrátka; *~ und gut* skrátka a dobre; **über ~ oder lang** skôr alebo neskôr; **zu ~ kommen** nezohľadňovať čo, znevýhodňovať koho; **den kürzeren ziehen** ťahať za kratší koniec
e Kurz|arbeit (≈, *en*) skrátený pracovný čas
kurz|ärm(e)lig s krátkymi rukávmi
Kürze (≈, *0*) krátkosť, stručnosť; **~n** (s)krátiť
kurzerhand skrátka, bez okolkov, jednoducho
kurz|fristig krátkodobý; **–gefaßt** stručný; **–halten*** (*ie*, *a*) držať nakrátko; **–lebig** krátkodobý, s krátkou životnosťou o veciach, krátko žijúci o ľuďoch a zvieratách
kürzlich nedávno
r Kurzschluß <...ss> (*schlusses*, *sschlüse*) **1** tech. krátke spojenie, hovor. skrat **2** obraz. nepredvídaný, prekvapujúci čin s negatívnym dosahom
e Kurzschrift (≈, *0*) stenografia
kurzsichtig 1 lek. krátkozraký **2** obraz. nerozvážny, nepredvídavý
e Kürzung (≈, *en*) **1** (s)krátenie príspevku ap., zníženie platu **2** zostručnenie

e Kurzwelle (≈, *n*) tech. krátka vlna
s Kurzwort (*(e)s, ≈er*) skratka
kuscheln sich 1 (s)chúliť sa, (s)krčiť sa **2** (pri)túliť sa k niekomu
e Kusine (≈, *n*) sesternica
r Kuß <...ss> (*Kusses, Küsse*) bozk
küssen bozkať
e Küste (≈, *n*) morské pobrežie, morský breh
r Küster (*s*, ≈) kostolník
e Kutsche (≈, *n*) kočiar; **r ~r** (*s*, ≈) kočiš, pohonič
e Kutte (≈, *n*) reverenda, kutňa, habit mníchov
e Kuttelflecke MNČ držky; e *Kuttelflecksuppe* držková polievka
s Kuvert [ku'vẹ:ɐ] (*s, s*) **1** obálka na listy **2** príbor pre jednu osobu
e Kybernetik (≈, *0*) kybernetika
r Kyklop (*en, en*) Kyklop, obor
kyrillisch cyrilický, napísaný v cyrilike; *die ~e Schrift* cyrilika
KZ skr. **s Konzentrationslager** koncentračný tábor

L

laben občerstviť, osviežiť; **sich ~ 1** pochutnať si (*an etw* D na čom) **2** (po)kochať sa (*an etw* D čím); *sich an dem schönen Anblick ~* pokochať sa pekným pohľadom
labil kolísavý, labilný, nestály
s Labor (*s, s*) laboratórium; **r ~ant** (*en, en*) laborant; **s ~atorium** (*s, atorien*) laboratórium; **~ieren** laborovať, pracovať (*an etw* D na čom)
r Lach|anfall (*(e)s, ≈e*) záchvat smiechu; **e –möwe** (≈, *n*) zool. čajka smejivá
e Lache[1] (≈, *n*) **1** mláka, kaluž **2** škvrna napr. na vode
e Lache[2] (≈, *n*) hovor. rehot, smiech
lächeln usmiať sa; *lächele mich an!* usmej sa na mňa!
s Lächeln (*s, 0*) úsmev
s Lach|en (*s, 0*) smiech; *das ist zum ~* to je na smiech; *zum ~ bringen** rozosmiať; **r –er** (*s*, ≈) smejko
lachen (za)smiať sa; *leise vor sich hin ~* (za)chichotať sa; **du hast gut ~** tebe sa to smeje, dobre sa ti smeje
lächerlich 1 smiešny, na smiech **2** hovor. bezvýznamný; *eine ~e Kleinigkeit* smiešna maličkosť, bezvýznamná vec; *j-n ~ machen* zosmiešniť koho; **e ~keit** (≈, *en*) **1** smiešnosť **2** maličkosť
s Lachgas (*es, e*) rajský plyn
lachhaft smiešny, na smiech
r Lachs (*es, e*) losos; **~farben, ~rosa** lososovo ružový
r Lack (*(e)s, e*) lak; **~ieren** (na)lakovať, natierať lakom; **r ~ierer** (*s*, ≈) natierač, lakovač
s Lackmuspapier (≈, *0*) chem. lakmusový papier
laden* (*ä; u, h. a*) **1** naložiť, nakladať; *ein Auto ~* naložiť na auto; *eine nette Pflicht auf sich ~* vziať na seba milú povinnosť **2** nabiť pušku, batériu ap. **3** pozvať; *zu Tisch ~* pozvať k stolu
r Laden (*s, ≈*) **1** obchod **2** okenica; **r ~schluß** <...ss> (*schlusses, 0*) zatváracia hodina; **r ~tisch** (*es, e*) pult
lädieren porušiť, poškodiť
e Ladung (≈, *en*) **1** nakladanie tovaru **2** náklad **3** fyz. náboj elektrický **4** náboj do pušky **5** predvolanie na súd
r Laffe (*n, n*) hovor. fičúr, švihák
e Lage (≈, *n*) **1** poloha, pozícia **2** situácia, stav; *in der ~ sein* byť v stave **3** vrstva
s Lager (*s*, ≈) **1** lôžko, posteľ **2** tábor vojenský, stanový ap. **3** geol. vrstva, ložisko **4** polit. tábor **5** sklad; *etw auf ~ haben* mať čo na sklade; **r ~bestand** (*(e)s, ≈e*) stav zásob
lagern 1 táboriť, nocovať **2** ležať na sklade **3** skladovať; **sich ~ 1** odpočívať, ľahnúť si **2** usadzovať sa o kale
e Lagune (≈, *n*) lagúna
lahm ochrnutý, chromý i obraz.; *ein ~er Vergleich* nedostatočné, nevhodné

prirovnanie; **~en** krívať; **lahm|legen** <**lahm legen**> ochromiť, zastaviť

lähm|en ochromiť; *gelähmt sein* byť ochrnutý; **e –ung** (*≈, n*) **1** ochrnutie, obrna **2** ochromenie

r Laib (*s, e*) bochník, peceň chleba

r Laie (*n, n*) laik, neodborník

laienhaft laický, neodborný

s Laken (*s, ≈*) plachta

lallen bľabotať

e Lamelle (*≈, n*) lamela

s Lamm (*(e)s, ≈er*) **1** jahňa, kozľa **2** pren. baránok, neviniatko; **s ~fell** (*(e)s, e*) jahňacia kožka

e Lampe (*≈, n*) lampa, svietidlo

s Lampenfieber (*s, 0*) tréma

r Lampion [lam'pjõ:/lam'pjoŋ] (*s, s*) lampión

s Land (*(e)s, ≈er*) **1** krajina, štát; *das benachbarte ~* susedná krajina **2** súš, pevnina **3** zem, pôda **4** vidiek; *aufs ~* na vidiek; *auf dem ~e* na vidieku; **r ~bewohner** (*s, ≈*) vidiečan

e Lande|bahn (*≈, en*) pristávacia plocha; **e –erlaubnis** (*≈, se*) povolenie na pristátie

landen 1 (*i.*) pristať o lietadle **2** (*h.*) vyloviť, vylodiť

e Ländereien MNČ pozemky, veľkostatky

e Landes|farben MNČ štátne farby, farby krajiny; **e –sprache** (*≈, n*) štátny, národný jazyk; **–üblich** v krajine charakteristický; **r –verrat** (*s, 0*) vlastizrada; **e –währung** (*≈, en*) mena krajiny

s Landgut (*(e)s, ≈er*) poľnohospodársky statok

e Landkarte (*≈, n*) mapa

landläufig bežný, zvyčajný, všeobecne známy

ländlich vidiecky

e Land|schaft (*≈, en*) **1** krajina **2** krajinka; **–schaftlich** vzťahujúci sa na oblasť, oblastný, krajový

e Landstraße (*≈, n*) hradská cesta

r Landstreicher (*s, ≈*) tulák, vandrák

r Landstrich (*(e)s, e*) pruh zeme, oblasť, kraj

r Landtag (*(e)s, e*) v Nemecku, Rakúsku krajinský parlament, krajinský snem

e Landung (*≈, en*) **1** pristátie lietadla **2** zakotvenie lode **3** vysadenie vojsk

e Landungs|brücke (*≈, n*) prístavný mostík; **r –platz** (*es, ≈e*) pristávacia plocha

r Land|wirt (*(e)s, e*) roľník, poľnohospodár; **e –wirtschaft** (*≈, en*) **1** len JČ poľnohospodárstvo **2** poľnohospodárska usadlosť, gazdovstvo

lang 1 PR M dlhý; *~e Zeit* dlhý čas; *~e Reise* dlhá cesta **2** PRÍSL dlho; **drei Tage ~** (po) tri dni; **~ und breit** zoširoka; **sein Leben ~** po celý život; **seit ~em** oddávna; **~atmig** obraz. rozvláčny, zdĺhavý; **~e** dlho; *so ~e, als* tak dlho kým, dokiaľ, pokiaľ

e Länge (*≈, n*) **1** dĺžka rozmer **2** rozsah **3** trvanie **4** zemepisná dĺžka

langen hovor. **1** siahať; *bis ans Dorf ~* siahať až po dedinu **2** (vy)stačiť, byť dosť **3** podávať komu čo

r Längen|grad (*(e)s, e*) stupeň zemepisnej dĺžky; **s –maß** (*es, e*) dĺžková miera

e Lang(e)weile (*≈, 0*) nuda, dlhá chvíľa

lang|fristig dlhodobý; **–lebig** dlhožijúci, dlhodobý

länglich 1 podlhovastý **2** pretiahnutý

e Lang|mut (*≈, 0*) kniž. trpezlivosť, zhovievavosť; **–mütig** trpezlivý, zhovievavý

längs 1 PREDL s G al. D pozdĺž, vedľa, podľa; *~ des Flusses* al. *~ dem Flusse* pozdĺž rieky **2** PRÍSL pozdĺžne

lang|sam 1 PR M pomalý, zdĺhavý **2** PRÍSL pomaly, zdĺhavo; **e –samkeit** (*≈, 0*) pomalosť, zdĺhavosť

r Langschläfer (*s, ≈*) spáč, spachtoš

e Langspielplatte (*≈, n*) dlhohrajúca gramofónová platňa

längst 1 dávno **2** zďaleka

lang|weilen nudiť; **sich ~** nudiť sa; **–weilig** nudný

langwierig zdĺhavý

e Lanze (≈, *n*) kopija

e Lappal|ie (≈, *n*) malichernosť, pletka

r Lapp|en (*s*, ≈) **1** handra **2** anat. lalok pľúc **3** hovor. bankovka; **–ig 1** mľandravý, neforemný **2** roztrhaný, zodratý

läppisch malicherný, pochabý

r Lapsus (≈, ≈) chyba, omyl, lapsus

e Lärche (≈, *n*) smrekovec

r Lärm (*(e)s*, *0*) hluk, hrmot, lomoz, krik, rev; *viel ~ um nichts* mnoho kriku pre nič; **~en** robiť hluk, lomoziť

s Lärmsignal (*s*, *e*) poplašné znamenie, znamenie na poplach

e Larve (≈, *n*) **1** larva **2** maska

lasch nerozhodný, mdlý, chabý

e Lasche (≈, *n*) **1** jazyk v topánke **2** tech. spona, spojka, styčnica

r Laser ['lę:zə] (*s*, ≈) laser

lassen* (*ä; ließ, h. gelassen*) **1** nechať, pustiť; *laß das (sein)* nechaj to tak; *warten ~* nechať čakať; *brennen* ~* (po)nechať horieť; *fallen* ~* pustiť **2** upustiť, zanechať; *er kann das rauchen nicht ~* nevie prestať s fajčením **3** dať; *machen ~* dať urobiť; *wissen* ~* dať vedieť, informovať; *etw holen ~* poslať po čo; *j-n kommen ~* poslať po koho; **laßt uns gehen!** poďme!; **las es dir gut schmecken!** dobrú chuť!, nech ti chutí

lässig 1 nedbanlivý **2** nenútený; **e ~keit** (≈, *0*) nedbanlivosť

e Last (≈, *en*) **1** bremeno, ťarcha i obraz. **2** náklad, zaťaženie **3** záväzok, povinnosť, dlh; **zu ~en** na účet, na ťarchu; **r ~(kraft)wagen** skr. **Lkw** (*s*, ≈) nákladné auto, **~en** ťažiť, zaťažovať

s Laster[1] (*s*, ≈) neresť; **r ~stein** (*(e)s*, *e*) pranier

r Laster[2] (*s*, ≈) nákladné auto, hovor. nákladiak

läster|n hanobiť, urážať; **e –ung** (≈, *en*) rúhanie

lästig dotieravý, neodbytný

e Lastschrift (≈, *0*) ťarchopis

e Lasur (≈, *en*) lazúrová farba, lazúrový lak; **e ~farbe** (≈, *n*) lazúrová farba

lasziv lascívny, chlipný, dvojzmyselný

s Latein (*s*, *0*) latinčina; **r ~er** (*s*, ≈) učiteľ latinčiny

latent latentný, skrytý, utajený

e Laterne (≈, *n*) lampa, pouličné osvetlenie; **r ~npfahl** (*(e)s*, *≈e*) zast. kandeláber

r Latsch (*e s*, *e*) papuča

latschen hovor. šuchtať sa, šmatlať sa

e Latte (≈, *n*) **1** lata **2** šport. latka pri skoku do výšky **3** šport. brvno na futbalovej bránke

r Latz (*es*, *≈e*) **1** náprsník horná časť zásterky **2** podbradník **3** príklopka, rázporok

s Lätzchen (*s*, ≈) podbradníček

lau 1 vlažný i obraz. **2** mierny **3** obraz. nevšímavý, ľahostajný o ľuďoch

s Laub (*(e)s*, *0*) lístie; **r ~baum** (*(e)s*, *≈e*) listnatý strom

r Laubfrosch (*es*, *≈e*) rosnička zelená

e Laubsäge (≈, *n*) lupienková pílka

r Lauch (*(e)s*, *e*) cesnak

e Lauer (≈, *0*) postriežka; *auf der ~ sein/liegen** byť na postriežke; **~n 1** netrpezlivo čakať **2** striehnuť, číhať

r Lauf (*(e)s*, *≈e*) **1** len JČ beh **2** šport. rozbeh **3** tech. beh, chod **4** tok vodný **5** hlaveň **6** hud. pasáž **7** vývin, priebeh; *freien ~ lassen** dať voľný priebeh; *im ~e* v priebehu; **e ~bahn** (≈, *en*) **1** bežecká dráha **2** kariéra, postup v zamestnaní

laufen* (*äu; lief, i. gelaufen*) **1** bežať, utekať, ponáhľať sa **2** bežať, fungovať o stroji **3** utekať, plynúť čas **4** tiecť; *die Nase läuft ihm* tečie mu z nosa **5** prebiehať, vyvíjať sa; **Ski ~** lyžovať sa; **~d 1** stály, bežný **2** bežiaci, pohybujúci sa; *auf dem ~den Bande herstellen* vyrábať na bežiacom páse; **auf dem ~den <Laufenden> sein*** al. **halten*** byť o všetkom informovaný al. informovať koho o všetkom

r Läufer (*s*, ≈) **1** šport. bežec; záložník vo futbale **2** strelec v šachu **3** behúň kobe-

rec al. dečka
r Laufpaß <...ss> (*passes, pässe*) hovor. prepustenie, výpoveď; *j-m ~ geben* vyhodiť koho al. rozísť sa s kým
r Laufsteg (*(e)s, e*) mostík, lávka
s Laufwerk (*s, e*) operačný systém v počítači
r Laufzettel (*s, ≈*) obežník
e Lauge (*≈, n*) lúh, chem. zásada
e Laune (*≈, n*) **1** nálada **2** rozmar; *guter, schlechter ~ sein* byť v dobrej, zlej nálade; **~n|haft** vrtošivý, náladový, nevyspytateľný
launisch vrtošivý, náladový
e Laus (*≈, ≈e*) **1** voš **2** voška; **r ~bub(e)** (*(e)n, (e)n*) uličník, všivák, lapaj
lauschen 1 (po)na|čúvať **2** vyzvedať, sliediť
lauschig útulný
laut[1] **1** PR M hlasný, hlučný **2** PRÍSL hlasno, hlučne, nahlas
laut[2] PREDL s G al. D podľa; *~ des Gesetzes* al. *~ Gesetz* podľa zákona
r Laut (*(e)s, e*) **1** zvuk, hlas **2** lingv. hláska
e Laute (*≈, n*) lutna
lauten znieť
läuten zvoniť, vyzváňať; *es läutet* zvoní
lauter 1 čistý, číry, rýdzi **2** samý, samá, samé; *~ Einser* samé jednotky **3** 2. stupeň od *laut* hlasnejší, hlučnejší
läuter|n čistiť, číriť, prečisťovať; *den Geschmack ~* cibriť si vkus; *den Wein ~* číriť víno; **e –ung** (*≈, en*) čistenie, cibrenie
lautlos nezvučný, nehlučný, bez hlasu
r Laut|sprecher (*s, ≈*) amplión, reproduktor; **e –stärke** (*≈, 0*) hlasitosť
lauwarm vlažný i pren.
e Lava [...va] (*≈, en*) geol. láva
r Lavendel [...v...] (*s, ≈*) bot. levanduľa
e Lawine (*≈, n*) **1** snehová lavína **2** obraz. lavína, záplava, príval; **e ~ngefahr** (*≈, en*) lavínové nebezpečenstvo
lax voľný, ľahostajný
s Lazarett (*(e)s, e*) lazaret, poľná nemocnica
leben 1 žiť; *es lebe!* nech žije! **2** bývať; *er lebt in Hamburg* býva v Hamburgu
s Leben (*s, ≈*) **1** život; *sich das ~ nehmen** vziať si život; *ums ~ kommen** prísť o život; *am ~ bleiben** zostať nažive **2** živobytie; **für sein ~ gern tun** urobiť čo veľmi rád; **etw ins ~ rufen*** niečo uskutočniť, uviesť čo do života
lebendig 1 živý **2** svieži, plný života, bujný; **e ~keit** (*≈, 0*) živosť
s Lebens|alter (*s, ≈*) vek; **e –|art** (*≈, en*) spôsob života, životný štýl; **–fähig** životaschopný
e Lebens|gefahr (*≈, en*) nebezpečenstvo života; **–gefährlich** životu nebezpečný
r Lebens|gefährte (*n, n*) životný druh; **e –haltungskosten** MNČ životné náklady
s Lebens|jahr (*(e)s, e*) rok života; *im zwanzigsten ~* v tridsiatom roku života; **r –lauf** (*s, ≈e*) životopis
lebenslustig veselý, optimistický
e Lebensmittel MNČ potraviny
lebensmüde unavený životom
r Lebensretter (*s, ≈*) záchranca života
r Lebens|standard (*s, 0*) životná úroveň; **r –|unterhalt** (*(e)s, 0*) obživa, živobytie
e Lebensversicherung (*≈, en*) životné poistenie
e Lebensweise (*≈, 0*) spôsob života
s Lebenszeichen (*s, ≈*) známka života
e Leber (*≈, n*) pečeň; **e ~flecken** MNČ pečeňové škvrny
r Lebertran (*s, 0*) rybací tuk
e Leberwurst (*≈, ≈e*) pečeňová saláma
s Lebewesen (*s, ≈*) živý tvor, živočích

JKL

s Lebewohl (*(e)s, e* al. *s*) zbohom; *j-m ~ sagen* dať komu zbohom
lebhaft živý, čulý, svieži; *eine ~e Farbe* živá, svieža farba
r Lebkuchen (*s, ≈*) medovník
leblos bez života, neživý
lechzen kniž. túžiť, bažiť, dychtiť (po čom)
leck prasknutý, deravý, tečúci
lecken[1] presakovať, mokvať, tiecť
lecken[2] lízať
lecker chutný, lahodný; **r ~bissen** (*s, ≈*) pochúťka, maškrta
led. skr. **ledig** slobodný, neženatý, nevydatá
s Leder (*s, ≈*) koža, useň
r Leder|gürtel (*s, ≈*) kožený remeň; **–n** PR M kožený; **e –ware** (*≈, n*) kožený tovar
ledig 1 prostý, prázdny, zbavený čoho; *aller Sorgen ~ sein* byť zbavený všetkých starostí **2** slobodný, neženatý, nevydatá **3** neobsadený, voľný
lediglich len, iba
leer prázdny; *~ machen* vyprázdniť; *~e Versprechungen* prázdne sľuby
e Leer|e (*≈, 0*) prázdnota; **–en** vyprázdniť; **r –lauf** (*(e)s, 0*) chod naprázdno; **–stehend** <**leer stehend**> prázdny, neobývaný; **e –ung** (*≈, en*) vyberanie, vyprázdňovanie poštovej schránky ap.
legal zákonný, legálny; **~isieren** legalizovať; **e ~ität** (*≈, 0*) legálnosť
legen 1 klásť, položiť, dať **2** znášať vajcia; **sich ~** ľahnúť si, uložiť sa; **die Hand ans Werk ~** priložiť ruku k dielu; **etw beiseite ~** odložiť čo bokom
e Legende (*≈, n*) legenda
leger [lę'žę:ɐ] nenútený, ležérny
legieren 1 miešať kovy, legovať **2** zahusťovať omáčku, polievku; **e –ung** (*≈, n*) zliatina
e Legislative (*≈, n*) legislatíva, zákonodarstvo
legitim legitímny, oprávnený; **e ~ation** (*≈, en*) legitimácia; **~ieren** legitimovať

s Lehen (*s, ≈*) léno
r Lehm (*(e)s, e*) hlina i íl; **~ig** hlinitý, ílovitý
e Lehn|e (*≈, n*) **1** operadlo **2** rak. svah, stráň; **–en** oprieť; **sich –en** oprieť sa (*an etw* o čo); **–stuhl** (*(e)s, ≈̈e*) kreslo, hovor. fotel
s Lehr|amt (*(e)s, ≈̈er*) školský úrad; **r –brief** (*(e)s, e*) výučný list; **s –buch** (*(e)s, ≈̈er*) učebnica
e Lehre (*≈, n*) **1** (po)na|učenie **2** učenie, náuka **3** učenie, výcvik **4** šablóna, kaliber; **~n** (na)učiť (*j-n etw* koho čo); **r ~r** (*s, ≈*) učiteľ
r Lehr|gang (*(e)s, ≈̈e*) kurz, školenie; **s –jahr** (*(e)s, e*) školský rok; **r –ling** (*s, e*) učeň; **–reich** poučný; **e –stelle** (*≈, n*) učňovské miesto; **r –stuhl** (*(e)s, ≈̈e*) katedra; **e –zeit** (*≈, 0*) učebné obdobie
r Leib (*(e)s, er*) **1** telo **2** brucho; *mit ~ und Seele* telom a dušou; *sich j-n vom ~e halten* držať si koho od tela; **j-m zu ~e gehen*** zabŕdať do koho
r Leib|eigene (*n, n*) nevoľník; **e –eigenschaft** (*≈, 0*) nevoľníctvo
leib|lich 1 telesný **2** pozemský **3** vlastný, rodný; **e –wache** (*≈, n*) telesná stráž
e Leiche (*≈, n*) mŕtvola
r Leichen|beschauer (*es, ≈̈e*) obhliadač mŕtvol; **e –bahre** (*≈, n*) máry; **s –haus** (*(e)s, ≈̈er*) márnica; **r –wagen** (*s, ≈*) pohrebný voz
r Leichnam (*(e)s, e*) mŕtvola, mŕtve telo
leicht 1 ľahký **2** slabý, mierny **3** nenútený, uvoľnený **4** PRÍSL zľahka; **e ~athletik** (*≈, 0*) ľahká atletika
leicht|fallen* <**~ fallen**> (*ä; ie, i. a*) dosiahnuť čo bez námahy, bez ťažkostí
leichtfertig povrchný, ľahkomyseľný
leichtgläubig dôverčivý; **e ~keit** (*≈, 0*) dôverčivosť
leichthin 1 ľahkovážne, neuvážene **2** mimochodom
e Leichtigkeit (*≈, 0*) **1** ľahkosť **2** bez-

starostnosť **3** maličkosť; *mit ~* s ľahkosťou, ľahko
r Leichtsinn (*(e)s, 0*) ľahkomyseľnosť, nerozvážnosť; **~ig** ľahkomyseľný
leid: *es tut* mir ~* je mi ľúto
s Leid (*(e)s, 0*) **1** zármutok, žiaľ, utrpenie **2** krivda, bezprávie; *j-m ein ~ antun** ublížiť, ukrivdiť komu; **sich ein ~ antun*** spáchať samovraždu
leiden* (*litt, h. gelitten*) **1** (u)trpieť; *Schaden ~* utrpieť škodu **2** trpieť na čo, čím; *an einer Krankheit ~* trpieť na chorobu **3** strpieť, znášať; *etw nicht ~ können** nemôcť čo strpieť
s Leiden (*s, ≈*) **1** utrpenie, žiaľ, bolesť **2** choroba zdĺhavá
e Leidenschaft (*≈, en*) vášeň, náruživosť; **~lich** vášnivý, náruživý
leider žiaľ, bohužiaľ; *leider nicht* bohužiaľ nie
leidig nemilý, nepríjemný
r Leidtragende (*n, n*) smútiaci, trúchliaci
s Leidwesen (*s, 0*): *zu meinem ~* žiaľ
e Leier (*≈, n*) lýra; **r ~kasten** (*s, ≈* al. *≈̈*) verklík
leihen* (*lieh, h. geliehen*) (vy)požičať; **sich ~** požičať si
e Leih|gebühr (*≈, en*) poplatok za požičanie; **s –haus** (*es, ≈̈er*) požičovňa, záložňa; **r –wagen** (*s, ≈*) auto z požičovne
r Leim (*(e)s, e*) glej; **~en 1** glejovať **2** oklamať, prekabátiť; **j-m auf den ~ gehen** sadnúť komu na lep, dať sa oklamať
r Lein (*(e)s, e*) ľan
e Leine (*≈, n*) povraz, šnúra, špagát; vulg. **zieh* ~!** zmizni!
leinen ľanový, plátenný
s Leinen (*s, ≈*) ľanové plátno
r Leinsamen (*s, ≈*) ľanové semeno
s Leintuch (*(e)s, ≈̈er*) posteľná plachta, prestieradlo
e Leinwand (*≈, ≈̈e*) plátno premietacie, maliarske ap.
leise tichý, slabý, slabo počuteľný
e Leiste (*≈, n*) **1** lišta, okraj **2** anat. slabina
leisten 1 vykonať **2** poskytnúť; *Hilfe ~* pomôcť; **sich etw ~** dovoliť si, dopriať si čo
r Leisten (*s, ≈*) obuvnícke kopyto; obraz. **alles über einen ~ schlagen*** (u)robiť všetko na jedno kopyto
e Leistengegend (*≈, en*) anat. slabiny
e Leistung (*≈, en*) **1** výkon; *eine hervorragende ~* vynikajúci výkon **2** výkonnosť **3** služba, povinnosť; *eine ~ in Geld* dávka v peniazoch
leistungs|fähig výkonný, schopný práce; **e –fähigkeit** (*≈, en*) **1** výkonnosť **2** kapacita; **e –zulage** (*≈, n*), **r –zuschlag** (*(e)s, ≈̈e*) výkonnostný príplatok
r Leit|artikel (*s, ≈*) úvodník
leiten 1 viesť, riadiť **2** odvádzať, poslať **3** fyz. viesť, byť vodivý
r Leiter[1] (*s, ≈*) **1** vedúci, prednosta **2** fyz. vodič
e Leiter[2] (*≈, n*) **1** rebrík **2** stupnica v hudbe
r Leit|faden (*s, ≈̈*) návod, príručka; **s –motiv** (*s, e*) hlavný motív
e Leitplanke (*≈, n*) zvodidlo
e Leitung (*≈, en*) **1** vedenie, správa **2** elektrické vedenie, potrubie; obraz. hovor. **eine lange ~ haben** mať dlhé vedenie
leitungs|fähig vodivý; **s –netz** (*es, e*) rozvodná sieť
s Leitungswasser (*s, 0*) voda z vodovodu
e Lektịon (*≈, en*) lekcia; *eine derbe ~ erteilen* dať komu tvrdú lekciu
e Lektüre (*≈, n*) **1** čítanie **2** kniha
e Lende (*≈, n*) bedrá, driek, pás
r Lendenbraten (*s, ≈*) sviečková
lenk|bar 1 riaditeľný **2** povoľný, poddajný; **–en** viesť, riadiť; *das Gespräch –en* usmerňovať rozhovor (*auf etw* na čo)
r Lenk|er vodič, šofér; **s –rad** (*(e)s,*

≈er) volant; **e –stange** (*≈, n*) korman bicykla, motocykla; **e –ung** (*≈, en*) vedenie, riadenie
r Leopard (*en, en*) leopard
e Lepra (*≈, 0*) lepra, malomocenstvo
e Lerche (*≈, n*) škovránok
lernbegierig dychtivý po poznatkoch
lernen (na)učiť sa; *das lernt sich leicht* to sa ľahko učí
lesbar čitateľný
e Les|bierin (*≈, en*) lesbička; **–bisch** lesbický
e Lese (*≈, n*) **1** zber úrody **2** zbierka, výber z diela
s Lesebuch (*(e)s, ≈er*) čítanka
lesen* (*ie; a, h. e*) **1** čítať **2** prednášať na univerzite **3** zbierať, oberať **4** preberať hrach
r Les|er (*s, ≈*) čitateľ, čítajúci; **~lich** čitateľný; **e –ung** (*≈, en*) **1** čítanie návrhu zákona v parlamente **2** autorské stretnutie spojené s čítaním z diela
letzt 1 PR M posledný, ostatný; *die ~e Seite* posledná strana; *die ~e Minute* posledná minúta **2** minulý, nedávny; *das ~e Jahr* minulý rok
Letzt: *zu guter Letzt* napokon, naostatok; **~ens** nakoniec, naostatok
e Leuchte (*≈, n*) **1** svietidlo, lampa **2** pren. svetlo, pochodeň, fakľa; **~n** svietiť, žiariť; **r ~r** (*s, ≈*) svietnik
e Leucht|farbe (*≈, n*) svietiaca farba; **e –reklame** (*≈, n*) svetelná reklama; **e –stoffröhre** (*≈, n*) žiarivka; **r –turm** (*(e)s, ≈e*) maják
leugnen poprieť, zaprieť
e Leukämie (*≈, ien*) leukémia
r Leumund (*(e)s, 0*) povesť, názor, verejná mienka o človeku; *schlechten ~ haben* mať zlú povesť
s Leumundszeugnis (*ses, se*) posudok, povesť obžalovaného
e Leute MNČ ľudia; *meine ~* moji ľudia, moja rodina; *unsere ~* naši ľudia, príslušníci nášho národa
r Leutnant (*s, e* al. *s*) poručík
lexikal, lexikalisch lexikálny, slovníkový
s Lexikon (*s, Lexika* al. *Lexiken*) slovník, lexikón
e Libelle (*≈, n*) **1** zool. vodná vážka, šidlo **2** vodováha
liberal liberálny; **r ~ismus** (*≈, 0*) liberalizmus
s Libretto (*s, s* al. *Libretti*) libreto
s Licht (*(e)s, er*) **1** svetlo **2** svetlo, svetelný zdroj; *~ machen* rozsvietiť; **ans ~ bringen*** poukázať na čo; **mir geht* ein ~ auf** už mi svitá, začínam chápať
s Lichtbild (*(e)s, er*) fotografia
r Licht|blick (*(e)s, e*) záblesk svetla i nádeje; **–empfindlich** citlivý na svetlo
lichten 1 prerieďovať, presvetľovať les **2** zmenšiť náklad lode; **den Anker ~** zdvihnúť kotvu, vyplávať; **sich ~ 1** vyjasniť sa **2** prerieďiť sa
e Lichthupe (*≈, n*) svetelné a zvukové výstražné zariadenie
s Lichtjahr (*(e)s, e*) svetelný rok
e Licht|maschine (*≈, n*) dynamo; **r –schalter** (*s, ≈*) zapínač svetla
e Lichtung (*≈, en*) **1** presvetlenie **2** čistinka
s Lid (*(e)s, er*) očné viečko; **r ~schatten** (*s, ≈*) očné tiene
lieb milý, drahý, priateľský; *das ist ~ von dir* to je od teba milé; **den ~en langen Tag** celý boží deň
lieb|äugeln koketovať
e Liebe (*≈, n*) **1** láska **2** milá, milovaná osoba, láska **3** láskavosť, ochota; **e ~lei** (*≈, en*) milkovanie; **~n** ľúbiť, milovať, mať rád
liebenswert hodný lásky
liebenswürdig láskavý, ochotný, priateľský, prívetivý; **~erweise** láskavo; **e ~keit** (*≈, en*) prívetivosť, láskavosť
r Liebes|brief (*(e)s, e*) ľúbostný list; **r –kummer** (*s, 0*) utrpenie z lásky; **s –paar** (*(e)s, e*) milenci, milenecký pár
liebevoll láskyplný
lieb|gewinnen* <– **gewinnen**> (*gewann lieb, liebgewonnen*) obľúbiť si; **–|haben** <– **haben**> mať rád, ľúbiť,

milovať; **r –haber** (*s,* ≈) **1** milovník **2** milenec; **e –haberei** (≈, *en*) záľuba

liebkosen láskať sa, maznať sa

lieblich milý, pôvabný, ľúbezný

r Liebling (*s, e*) obľúbenec, miláčik; **e ~sspeise** (≈, *n*) obľúbené jedlo

lieblos bez lásky

e Liebschaft (≈, *en*) ľúbostný vzťah, známosť

s Lied (*(e)s, er*) pieseň, pesnička; obraz. **davon kann* ich ein Lied singen*** to je dlhá história; **s ~erbuch** (*(e)s, ≈er*) spevník

liederlich 1 neporiadny, nedbalý **2** zhýralý, ľahkomyseľný

r Lieferant (*en, en*) dodávateľ

liefern 1 dodať **2** poskytovať **3** produkovať, vyrábať; obraz. **er ist geliefert** jeho osud je spečatený

r Liefer|schein (*(e)s, e*) dodací list; **r –termin** (*s, e*) dodacia lehota; **e –ung** (≈, *en*) **1** dodávka **2** časť, zväzok diela; **r –wagen** (*s,* ≈) dodávkové auto

e Liege (≈, *n*) ležadlo

liegen* (*lag, h./i. gelegen*) **1** ležať **2** byť, nachádzať sa **3** záležať; *es liegt mir daran* záleží mi na tom; **woran liegt* es?** v čom to väzí?; **~|lassen*** <**~ lassen**> (*ließ liegen, a*) nestarať sa o čo, zabudnúť na čo

r Liege|sessel (*s,* ≈), **r –stuhl** (*(e)s, ≈e*) ležadlo; **r –wagen** (*s,* ≈) ležadlový vagón

r Lift (*(e)s, e* al. *s*) výťah

r Likör (*s, e*) likér

lila 1 svetlofialový **2** obraz. priemerný, stredný; *es geht* uns so ~* nemáme sa najlepšie/máme sa len tak-tak

e Lili|e (≈, *n*) ľalia

e Limonade (≈, *n*) limonáda

e Linde (≈, *n*) lipa

linder|n mierniť, chlácholiť, tíšiť; **e –ung** (≈, *en*) zmiernenie, utíšenie, úľava

s Lineal (*s, e*) pravítko

linear lineárny, priamočiary

e Lini|e (≈, *n*) **1** čiara, priamka **2** trať, spoj, linka električky **3** pokolenie, generácia **4** línia, rad; *schlanke ~* štíhla línia; **in erster ~** predovšetkým, najmä, v prvom rade

s Linienblatt (*(e)s, ≈er*) linajková podložka

r Linienflug (*(e)s, ≈e*) linkový let

r Linienrichter (*s,* ≈) šport. postranný rozhodca

linientreu: *~ sein* polit. byť verný línii strany

linieren linajkovať

link 1 ľavý **2** vnútorný, rubový; *die ~e Seite* rub; **zwei ~e Hände haben** mať dve ľavé ruky; **mit dem ~en Fuß aufstehen** vstať ľavou nohou

e Linke (*n, n*) **1** ľavica, ľavá ruka **2** ľavá strana **3** polit. ľavica

linkerhand, **linkerseits** z ľavej strany, naľavo, vľavo

linkisch nešikovný, neohrabaný

links 1 naľavo, vľavo **2** ľavicový politicky **3** obrátený, z opačnej strany, z rubu; **r ~|außen** (*s,* ≈) šport. ľavé krídlo; **r ~händer** (*s,* ≈) ľavák; **e ~kurve** (≈, *n*) zákruta vľavo; **~|um!** vľavo v bok!

s Linoleum (*s, 0*) linoleum

e Linse (≈, *n*) **1** šošovica **2** anat., fyz. šošovka

e Lippe (≈, *n*) pera; **r ~nstift** (*(e)s, e*) rúž

e Liquidation (≈, *en*), **e Liquidierung** (≈, *en*) likvidácia

lispeln 1 šepkať **2** šušlať **3** šuchotať

e List (≈, *en*) **1** lesť **2** úskok **3** zákernosť

e Liste (≈, *n*) zoznam, listina

listig ľstivý, zákerný, úskočný

e Litanei (≈, *en*) litánie

r, s Liter (*s,* ≈) liter; *ein ~ Milch* liter mlieka

literarisch literárny

e Literatur (≈, *en*) literatúra; **e ~geschichte** (≈, *0*) dejiny literatúry

e Litfaßsäule (≈, *n*) reklamný stĺp, stĺp na lepenie plagátov a reklám

e Lithographie <aj. **...grafie**> (≈, *i/en*) **1** litografická kresba **2** len JČ litografia

e Liturgie (≈, *ien*) liturgia
liturgisch liturgický
live [laef] priamo, naživo o televíznom vysielaní
e Livree [livre:] (≈, *n*) livrej
e Lizenz (≈, *en*) licencia, živnosť
r Lkw skr. **der Lastkraftwagen** nákladné auto
s Lob ((*e*)*s*, *0*) chvála, pochvala; **r ~gesang** ((*e*)*s*, *≈e*) pochvalný chválospev, hymnus; **e ~hudelei** (≈, *0*) vychvaľovanie, poklonkovanie; **~preisen*** (*pries lob, lobgepriesen*) chváliť, vychvaľovať
loben chváliť, vychvaľovať; **~swert** chvályhodný
löblich chvályhodný
s Loch ((*e*)*s*, *≈er*) **1** diera **2** jama, otvor **3** chatrč, brloh **4** basa väzenie; hovor. **auf dem letzten ~ pfeifen*** byť v koncoch; **~en** dierovať; **r ~er** (*s*, ≈) dierovací stroj, dierkovač
löch(e)rig deravý, predierkovaný
e Lochkarte (≈, *n*) dierny štítok
e Locke (≈, *n*) kučera, MNČ kadere
locken[1] ondulovať, kučeraviť; **r ~wickler** (*s*, ≈) natáčka
locken[2] lákať, vábiť, zvádzať
locker 1 voľný, uvoľnený, slabo upevnený **2** sypký **3** neviazaný, ľahkomyseľný; **~lassen*** (*ließ locker, a*) povoliť; **~n 1** uvoľniť, povoliť **2** kypriť; **sich ~** uvoľniť sa, zhoršiť sa vzťah
lockig kučeravý
r Lodenmantel (*s*, *≈*) lodénový plášť, hovor. hubertus
lodern horieť, blčať *seine Augen ~* jeho oči blčia
r Löffel (*s*, ≈) **1** lyžica **2** ucho zajačie **die ~ spitzen** nastražiť uši; **~n 1** naberať lyžicou **2** jesť, maškrtiť; **~weise** po lyžiciach, po lyžičkách
r Logarithmus (≈, *en*) logaritmus
e Loge ['lo:žə] (≈, *n*) **1** lóža v divadle **2** slobodomurárska lóža
e Logik (≈, *0*) **1** logika **2** logickosť
logisch logický
r Lohn ((*e*)*s*, *≈e*) **1** plat, zárobok, mzda **2** odmena, odplata; **s ~büro** (*s*, *s*) mzdová učtáreň; **r ~empfänger** (*s*, ≈) príjemca mzdy
lohnen zaplatiť, odmeniť sa; **sich ~** vyplatiť sa; **~d 1** výhodný, výnosný **2** vďačný
e Lohnsteuer (≈, *n*) daň zo mzdy; **e –tüte** (≈, *n*) výplatná obálka
s Lokal ((*e*)*s*, *e*) lokál, hostinec, reštaurácia
lokal lokálny, miestny; **~isieren 1** lokalizovať požiar **2** umiestniť
e Lokalität (≈, *en*) lokalita
e Lokomotive (≈, *n*) lokomotíva
r Lorbeer (*s*, *en*) vavrín; obraz. *auf ~en ruhen* odpočívať na vavrínoch; **s ~blatt** ((*e*)*s*, *≈e*) bobkový list
r Lorch ((*e*)*s*, *e*) ropucha
s Los (*es*, *e*) **1** lós, žreb; *das große ~* hlavná cena v lotérii **2** osud, životný údel
los PR M s A **1** zbavený, voľný, uvoľnený, odtrhnutý; *wir sind ihn ~* zbavili sme sa ho; *die Schraube ist ~* skrutka sa uvoľnila **2** hovor.: *etw ist los* niečo sa deje; *mit ihm ist heute nichts ~* dnes s ním nieto reči **3** hovor. vyzvanie na činnosť: *los!* začnite!, do toho!
löschen 1 (u)hasiť oheň, smäd **2** vymazať údaje v PC, odstrániť **3** zhasnúť svetlo
s Löschfahrzeug ((*e*)*s*, *e*) hasičské/ požiarnické auto; **s –gerät** ((*e*)*s*, *e*) hasiaci prístroj; **s –papier** (*s*, *e*) pijavý papier
lose 1 uvoľnený, slabo upevnený **2** obraz. voľný, neviazaný; hovor. **~s Maul** obraz., hanl. tlčhuba
s Lösegeld ((*e*)*s*, *≈e*) výkupné
losen žrebovať, losovať
lösen 1 uvoľniť, povoliť, rozviazať **2** rozpustiť i chem. **3** (z)rušiť, odstrániť **4** (vy)riešiť, (vy)lúštiť **5** kúpiť si cestovný lístok
losfahren* (*u*, *i. a*) vycestovať, odísť; **–gehen*** (*ging los, i. losgegangen*) **1** odísť, dať sa do pohybu **2** začať, spustiť; obraz. *auf j-n –gehen* pustiť sa

do koho, zaútočiť na niekoho
los|kaufen sich vykúpiť (sa); **–|kommen*** (*kam los, i. o*) uvoľniť sa, oslobodiť sa, vzdialiť sa; zbaviť sa čoho; **–|lassen*** (*ließ los, a*) pustiť; *lass mich ~!* pusť ma!
löslich 1 rozpustný **2** riešiteľný
los|lösen odlúčiť, oddeliť; **–|machen** uvoľniť; **–|schrauben** odskrutkovať
los|sprechen* (*i; a, h. o*) práv. oslobodiť, zbaviť viny
e Losung (≈, *en*) **1** heslo **2** trus, výkaly zveri
e Lösung (≈, *en*) **1** riešenie **2** uvoľnenie, rozviazanie **3** zrušenie dohody **4** rozlúštenie krížovky, hádanky, vyriešenie úlohy **5** roztok; **s ~s|mittel** (*s,* ≈) rozpúšťadlo
los|werden (*wurde los, i. o*) zbaviť sa; *j-n ~* zbaviť sa koho
s Lot (*(e)s, e*) **1** olovnica **2** kolmica **3** spájka; **etw ins ~ bringen*** dať čo do poriadku
löten spájkovať
e Lotosblume (≈, *n*) lotos, lotosový kvet
lotrecht kolmý
r Lotse (*n, n*) lodivod
r Löwe (*n, n*) lev
r Löwen|anteil (*(e)s, e*) leví podiel
r Löwenzahn (*(e)s, ≈e*) bot. púpava
loyal [lọa'ja:l] lojálny, oddaný; **e ~itạ̈t** [lọajali'te:t] (≈, *0*) lojalita, oddanosť
lt. skr. **laut**
r Luchs zool. (*es, e*) rys
e Lücke (≈, *n*) **1** diera, otvor štrbina **2** obraz. medzera; *eine ~ im Gesetz* medzera v zákone
r Lücken|büßer (*s,* ≈) náhradník; **–haft** neúplný, nekompletný; **–los** kompletný, bez chyby
s Luder (*s,* ≈) lotor, podliak, ničomník, hovor. potvora, ľahké dievča
e Luft (≈, *≈e*) **1** vzduch; *frische ~* svieži vzduch; *in die ~ fliegen** vyletieť do vzduchu **2** povetrie, ovzdušie **3** voľný priestor; hovor. *~ schnappen* lapať vzduch; **aus der ~ greifen*** vymýšľať si; obraz. **die ~ ist rein** vzduch je čistý, nebezpečenstvo pominulo; hovor. obraz. **hier ist dicke ~** je tu dusno/nebezpečne; **er ist für mich ~** je pre mňa vzduch
r Luft|angriff (*(e)s, e*) nálet
r Luft|ballon (*s, s* al. *e*) balón; **e –blase** (≈, *n*) vzduchová bublina; **–dicht** vzduchotesný; **r –druck** (*s, 0*) tlak vzduchu
lüften 1 vetrať **2** sňať si masku **3** odhaliť tajomstvo
luft|gekühlt chladený vzduchom; **–ig 1** vzdušný **2** vzdušný, ľahký **3** pren. nestály, ľahkovážny
s Luftkissenfahrzeug (*(e)s, e*) klzník
luft|leer vzduchoprázdny; **e –lini|e** (≈, *n*) vzdušná čiara, priama vzdialenosť; **s –loch** (*(e)s, ≈er*) **1** prieduch **2** letecký vzdušná diera
e Luftmatratze (≈, *n*) nafukovací matrac
e Luftpost (≈, *0*) letecká pošta
e Luftröhre (≈, *n*) anat. priedušnica, vzdušnica
s Luftschiff (*(e)s, e*) vzducholoď
e Lüftung (≈, *en*) vetranie, ventilácia
r Luft|verkehr (*s, 0*) letecká doprava; **e –waffe** (≈, *0*) vojenské letectvo
r Luftzug (*(e)s, 0*) prievan
e Lüge (≈, *n*) lož, klam; obraz. **~n haben kurze Beine** lož má krátke nohy; **~n*** (*o, h. o*) **1** klamať, luhať **2** predstierať
r Lügner (*s,* ≈) luhár, klamár
e Luke (≈, *n*) **1** svetlík **2** príklop
lukratịv lukratívny, výnosný
r Lümmel (*s,* ≈) mamľas, neogabanec
r Lump (*en, en*) povaľač, darebák, lump
r Lumpen (*s,* ≈) **1** handra **2** haraburdie
lumpig 1 otrhaný, **2** mizerný, žobrácky, úbohý
e Lunge (≈, *n*) pľúca; obraz. *die grünen ~n der Stadt* zelené pľúca mesta

r Lungenbraten rak. (*s,* ≈) sviečková
e Lungen|entzündung (≈, *en*) zápal pľúc; **–krank** chorý na pľúca
lungern leňošiť, povaľovať sa
e Lupe (≈, *n*) lupa; obraz. **etw unter die ~ nehmen*** posvietiť si na čo
e Lupine (≈, *n*) bot. vlčí bôb
e Lust (≈, *≈e*) **1** chuť **2** slasť, rozkoš, potešenie; *auf etw ~ haben* mať na niečo chuť
r Luster (*s,* ≈), **r Lüster** (*s,* ≈) luster
lüstern 1 žiadostivý **2** zmyselný; **e ~heit** (≈, *en*) zmyselnosť
lustig veselý
r Lüstling (*s, e*) zmyselník, pôžitkár
lustlos bez nálady, apatický
r Lustmord (*es, e*) sexuálna vražda
s Lustschloß <...ss> (*schlosses, schlöser*) letohrádok
s Lustspiel (*(e)s, e*) veselohra
lutsch|en cmúľať, cumľať; *an einem Bonbon ~* cmúľať bonbón; **r –er** (*s,* ≈) lízanka
luxuriös luxusný
r Luxus (*s, 0*) luxus, prepych; **e ~steuer** (≈, *n*) milionárska daň
e Luzerne (≈, *n*) lucerna
e Lymphe (≈, *n*) lymfa
lynchen ['lünchn] lynčovať
e Lyrik (≈, *0*) lyrika; **r ~er** (*s,* ≈) lyrik
lyrisch lyrický
s Lyze|um (*s, Lyzeen*) lýceum, stredná škola s maturitou

M

m skr. **r, s Meter** m, meter
e Mach|art (≈, *en*) spôsob spracovania
e Mache (≈, *0*) klam, podvod, hovor. podfuk; hovor. **j-n in die ~ nehmen*** zobrať si koho do parády, zbiť koho
machen 1 (u)robiť, spraviť, uskutočniť **2** (u)robiť (*aus etw etw* z čoho čo); *Bett ~* ustlať posteľ; *Feuer ~* naklásť oheň, zakúriť; *Licht ~* zažať svetlo; **das macht sich gut** to vyzerá dobre; **sich an etw ~** dať sa do čoho; **das macht nichts** to neprekáža; **mach's gut!** veľa šťastia!
e Machenschaften MNČ intrigy, úklady
r Macher (*s,* ≈) obratný človek, hovor. macher
e Macht (≈, *≈e*) **1** moc, sila; *zur ~ gelangen** dostať sa k moci **2** ozbrojená moc, vojsko **3** polit. mocnosť; **e ~|ergreifung** (≈, *0*) uchopenie moci; **r ~haber** (*s,* ≈) držiteľ moci, neobmedzený vládca
mächtig 1 silný, mocný, vplyvný **2** veľký, objemný, obrovský **3** ovládajúci niečo s G; *einer Sprache ~ sein* ovládať jazyk
macht|los bezmocný; **e –|übernahme** (≈, *0*) prevzatie moci; **–voll** mocný; **s –wort** (*(e)s, e*) rozhodné slovo
s Machwerk (*(e)s, e*) zlátanina
s Mädchen (*s,* ≈) **1** dievča, deva **2** priateľka **3** zast. slúžka; *~ für alles* dievča pre všetko; **~haft** dievčenský; *sie hat ein ~haftes Benehmen* správa sa ako dievča; **r ~name** (*ns, n*) dievčenské meno, priezvisko zaslobodna
e Made (≈, *n*) červík, larva
s Mädel (*s* al. *n, s*) dievča
madig červivý
Mag. skr. **der Magister** magister (Mgr.) akademický titul
s Magazin (*s, e*) **1** sklad, skladisko **2** voj. zásobník **3** magazín, zábavný časopis
r Magen (*s,* ≈) žalúdok; **e ~beschwerden** MNČ žalúdočné ťažkosti; **s ~geschwür** (*s, e*) žalúdočný vred; **~krank, ~leidend** chorý na žalúdok
mager 1 chudý **2** nemastný o mäse **3** obraz. skromný, chudobný; **e ~keit** (≈, *0*) chudosť; **e ~milch** (≈, *0*) odstredené mlieko
e Magie (≈, *0*) mágia, kúzelníctvo, čarodejníctvo
r Magi|er (*s,* ≈) mág, kúzelník, čarodejník

magisch magický, kúzelný, čarovný
r **Magister** (*s,* ≈) **1** zast. učiteľ **2** akademický titul pre absolventa univerzity **3** magister farmácie
r **Magnet** (*(e)s* al. *en, e* al. *en*) fyz. magnet; obraz. *das ist für mich kein* ~ to ma neláka; **s ~band** (*(e)s,* *≈er*) magnetická páska; **~isch** magnetický; **~isieren** magnetizovať; **e ~nadel** (≈, *n*) magnetická ihla, strelka
s Mahagoni (*s, 0*) mahagón
r **Mäh|drescher** (*s,* ≈) kombajn; **–en** **1** kosiť, sekať, žať **2** mečať; **r –er** (*s,* ≈) **1** zast. žnec, kosec **2** žací stroj, kosačka
s Mahl (*(e)s, e* al. *≈er*) **1** jedlo, hostina **2** čas jedenia
mahlen* (*mahlte, h. gemahlen*) mlieť
e Mahlzeit (≈, *en*) **1** jedlo **2** čas spoločného jedenia; *~!* dobrú chuť!
r **Mahnbrief** (*(e)s, e*) upomienka
e Mähne (≈, *n*) hriva, štica
mahn|en **1** vyzývať, upozorňovať (*j-n zu etw* koho na čo); *einen Schuldner brieflich* ~ písomne upozorňovať dlžníka **2** pripomínať (*j-n an etw* komu čo) **3** (u)na|pomínať; **e –ung** (≈, *en*) **1** upomienka **2** pripomienka **3** výzva, napomenutie
e Mähre (≈, *n*) mrcina, herka, stará vychudnutá kobyla
r **Mai** (*(e)s* al. *0* al. bás. *en, e*) máj
s Maiglöckchen (*s,* ≈) konvalinka
r **Maikäfer** (*s,* ≈) chrúst
r **Mais** (*es, e*) kukurica; **r ~kolben** (*s,* ≈) kukuričný šúľok
e Majestät (≈, *en*) **1** majestát, vznešenosť **2** veličenstvo; *Ihre ~ die Königin* jej veličenstvo, kráľovná; **~isch** majestátny, veľkolepý, vznešený
r **Major** (*s, e*) major
r **Majoran** (*s, e*) majorán
e Majorität (≈, *en*) majorita, väčšina
r **Makel** (*s,* ≈) **1** (po)škvrna **2** chyba, nedostatok; *j-m einen ~ anhängen* podsúvať komu čo, zhanobiť koho; **~los** bezúhonný; **e ~losigkeit** bezúhonnosť
mäkeln **1** malicherne kritizovať, vyjadrovať nespokojnosť **2** zadrapovať, zapárať
e Makkaroni MNČ makaróny
makaber morbídny; *die Szene wirkt ~* scéna pôsobí morbídne
r **Makler** (*s,* ≈) maklér, sprostredkovateľ
e Makrele (≈, *n*) makrela
e Makrone (≈, *n*) mandľový zákusok
mal krát; *ein~* jedenkrát
s Mal[1] (*(e)s, e*) krát, raz; *das zweite ~* druhý raz; *zum letzten ~* al. *das letzte ~* naposledy, posledný krát; *einige ~e* niekoľkokrát
s Mal[2] (*(e)s, e* al. *≈er*) **1** znamienko, škvrna **2** šport. značka štartu i cieľa **3** pamätník, pomník, pamätník
s Mal|brett (*(e)s, er*) maliarska paleta; **s –buch** (*(e)s, ≈er*) detská omaľovanka; **–en** (na)(vy)maľovať; **r –er** (*s,* ≈) maliar; **e –erei** (≈, *en*) **1** maliarstvo **2** maľba, obraz; **–erisch** **1** maliarsky **2** malebný; **r –kasten** (*s,* ≈ al. *≈*) škatuľa na farby
s Malheur [ma'lø:ɐ] (*s, e* al. *s*) nehoda, nepríjemnosť
mal|nehmen* (*nahm mal, malgenommen*) násobiť
s Malz (*es, 0*) slad; **s ~bier** (*s, 0*) sladové pivo; **r ~kaffee** (*s, 0*) sladová káva; **r ~zucker** (*s, 0*) sladový cukor, maltóza
e Mama (≈, *s*) hovor. mama, mamka
s Mammut (*s, e* al. *s*) mamut; **e ~zahl** (≈, *en*) mamutie číslo, obrovské množstvo; **r ~zahn** (*(e)s, ≈e*) mamutí kel
man: neosobný podmet ~ *sagt* hovorí sa; *wie macht ~ das?* ako sa to robí?; ~ *hilft* sich, wie ~ kann** človek si pomáha, ako môže/vie; ~ *hat da viele Möglichkeiten* máme tu veľa možností; *wenn ~ glaubt, daß…* keď sa myslí, že…
s Management ['menidžmənt] (*s, s*) manažment, správa, riadenie
manch mnohý, niektorý, nejeden; *~e*

MNO

sind der Meinung mnohí sa domnievajú; **~erlẹi** všelijaký, rozličný; *~erlei unbekannte Pflanzen* všelijaké neznáme rastliny; **~mal** niekedy, občas
r Mandạnt (*en, en*) mandant, príkazca
e Mandarịne (*≈, n*) mandarínka
s Mandạt (*(e)s, e*) **1** mandát, poverenie, oprávnenie **2** funkcia poslanca, senátora
e Mandel[1] (*≈, n*) **1** mandľa **2** anat. mandľa
e Manẹge [ma'nẹ:žə] (*≈, n*) manéž
r Mangel[1] (*s, ≈̈*) **1** nedostatok (*an etw* s D čoho); *an etw ~ leiden** mať nedostatok čoho; *aus ~ an etw* z nedostatku čoho **2** nedostatok, chyba; *dem ~ abhelfen** odstrániť nedostatok; **~haft** nedostatočný, chybný
e Mangel[2] (*≈, n*) mangeľ na bielizeň
mangeln[1] chýbať; *es mangelt an Geld* chýbajú peniaze
mangeln[2] mangľovať bielizeň
mangel|s PREDL s G pre nedostatok, z nedostatku; **e –ware** (*≈, n*) nedostatkový tovar
r Mangold (*(e)s, e*) mangold
e Manịe (*≈, i/en*) **1** lek. mánia, šialenstvo duševná choroba **2** mánia, vášnivá záľuba
e Manịer (*≈, en*) **1** maniere, spôsob vystupovania a správania **2** umelecký štýl, výtvarná škola; **~lich** úctivý, slušný
s Manifẹst (*es, e*) manifest, verejné vyhlásenie; **~ịeren 1** manifestovať, prejaviť **2** manifestovať, zúčastniť sa na manifestácii
manipulịeren manipulovať, zaobchádzať s čím
manisch 1 lek. maniacky **2** vášnivý
s Manko (*s, s*) manko, schodok
r Mann (*(e)s, ≈̈er*) **1** muž; *ein ~ der Tat* muž činu; *hundert ~ Besatzung* sto mužov posádky **2** manžel, muž; **mit ~ und Maus** so všetkým; **an den ~ bringen*** vydať dcéru; **ein ~, ein Wort** slovo robí muža
s Männchen (*s, ≈*) **1** mužík, mužíček **2** samec, samček
s Mannequịn [manə'kẽ:/'manəkẽ] (*s, s*) manekýn(k)a
e Männerstimme (*≈, n*) mužský hlas
mannhaft mužný, odvážny, smelý
mannigfach, **mannigfaltig** rozličný, rozmanitý, pestrý, rôznorodý
männlich mužský; mužný, statočný; **eine ~e Linie** pokolenie po meči; **e ~keit** (*≈, 0*) mužnosť, statočnosť
s Mannsbild (*(e)s, er*) hovor. mužský, chlapisko
e Mannschaft (*≈, en*) **1** šport., voj. mužstvo **2** posádka
mannshoch vysoký ako muž, vo výške muža
s Manọv|er (*s, ≈*) **1** voj. manévre, cvičenie **2** obraz. úskok, trik; **–rịeren 1** obraz. taktizovať, manévrovať
e Mansạrde (*≈, n*) manzarda
manschen hovor. **1** riediť, pančovať; *den Wein ~* pančovať víno **2** špiniť sa, babrať sa
e Manschẹtte (*≈, n*) **1** manžeta na rukáve **2** krepový obal na kvetiny; **r ~nknopf** (*(e)s, ≈̈e*) manžetový gombík
r Mantel (*s, ≈̈*) **1** kabát, plášť **2** mat. plášť kužeľa ap.; *der ~ einer Taschenuhr* plášť vreckových hodiniek; **den ~ nach dem Winde hängen** kam vietor, tam plášť; **r ~kragen** (*s, ≈*) golier kabáta/plášťa
r Mantelsack (*(e)s, ≈̈e*) batoh, plecniak
s Manuạl (*s, e*) **1** príručka, manuál **2** klávesnica na organe
manuẹll manuálny, ručný
e Manufaktụr (*≈, en*) **1** ručná výroba **2** manufaktúra, remeselnícka dielňa
s Manuskrịpt (*(e)s, e*) rukopis, manuskript
e Mappe (*≈, n*) **1** obaľ na spisy **2** aktovka
s Märchen (*s, ≈*) **1** rozprávka **2** nepravda, výmysel; **~haft** rozprávkový; **r ~held** (*en, en*) rozprávkový hrdina; **s ~land** (*(e)s, ≈̈er*) rozprávková ríša,

krajina rozprávok
r **Marder** (*s*, ≈) kuna
e **Margarine** (≈, *0*) margarín, umelý pokrmový tuk
e **Margerite** (≈, *n*) margaréta
r **Mari|enkäfer** (*s*, ≈) zool. lienka
e **Marille** (≈, *n*) marhuľa
e **Marine** (≈, *n*) námorníctvo, námorné loďstvo; **~blau** tmavomodrý
marinieren kuch. marinovať, nakladať
e **Marionette** (≈, *n*) bábka, marioneta
e **Mark**[1] (≈, ≈ al. *scheine*) marka; *Deutsche* ~ skr. *DM* nemecká marka
e **Mark**[2] (≈, *en*) zast. **1** hranica, medza **2** hraničné územie **3** marka; ~ *Brandenburg* zast. brandenburská marka historické označenie spolkovej krajiny Brandenbursko
s **Mark**[3] (*(e)s*, *0*) predĺžená miecha, kostná dreň; obraz. **durch ~ und Bein gehen*** prenikať až do špiku kostí, skrz-naskrz
markant význačný, nápadný
e **Marke** (≈, *n*) **1** poštová známka **2** obchodná značka **3** žetón **4** lístok od šatne
mark|erschütternd prenikavý, prenikajúci až do špiku kostí
mark|ieren 1 označiť, vyznačiť **2** obraz. predstierať, hrať; **e –ierung** (≈, *en*) označenie, značkovanie
markig jadrný, pevný; *eine ~e Ansprache* jadrná reč; *ein ~er Handdruck* srdečný stisk ruky
e **Markise** (≈, *n*) markíza
r **Markknochen** (*s*, ≈) špiková kosť
r **Markstein** (*(e)s*, *e*) **1** hraničný kameň **2** medzník i obraz.
r **Markt** (*(e)s*, *≈e*) **1** trh trhovisko, hovor. rínok, námestie **2** trh, obchod; *der ausländische* ~ zahraničný trh **3** odbytisko
e **Markt|forschung** (≈, *0*) prieskum trhu; **e –frau** (≈, *en*) trhovníčka; **e –halle** (≈, *n*) tržnica; **r –preis** (*es*, *e*) trhová cena; **r –platz** (*(e)s*, *≈e*) trhovisko, námestie; **–schreierisch** jarmočný; **e –wirtschaft** (≈, *en*) trhové hospodárstvo
e **Marmelade** (≈, *n*) marmeláda
r **Marmor** (*s*, *e*) mramor; **~ieren** vykladať mramorom; **~n** mramorový; **s ~stück** (*(e)s*, *e*) kus mramoru
marod(e) hovor. chorý, vyčerpaný
e **Marone** (≈, *n*) jedlý gaštan
e **Marotte** (≈, *n*) rozmar, vrtoch, čudáctvo
r **Marquis** [mar'ki:] (*(s)*, *s*) markíz; **e Marquisin** (≈, *nen*) markíza
r **Marsch** (*es*, *≈e*) **1** pochod; *sich in ~ setzen* dať sa do pochodu **2** hud. pochod, pochodová skladba; **r ~befehl** (*(e)s*, *e*) rozkaz na pochod; **~bereit** pripravený na pochod; **~ieren** (*i.*) pochodovať, hovor. mašírovať
e **Marter** (≈, *n*) muky, mučeníctvo, trápenie; **e ~krone** (≈, *n*) mučenícka koruna; **~n** mučiť, trýzniť; **e ~säule** (≈, *n*) **1** mučiarenský kôl **2** božie muky
r **Märtyrer** (*s*, ≈) mučeník, trpiteľ; **r ~tod** (*(e)s*, *0*) mučenícka smrť
r **März** (≈ al. *es*, *e*) marec
r, s **Marzipan** (*s*, *e*) marcipán
e **Masche** (≈, *n*) oko, očko pri pletení, slučka
e **Maschi|ne** (≈, *n*) stroj, aparát; **–nell** strojový
r **Maschinen|bau** (*(e)s*, *0*) strojárstvo; **e –fabrik** (≈, *en*) strojársky závod
s **Maschinengewehr** (*s*, *e*) guľomet
e **Maschinen|halle** (≈, *n*) strojovňa; **e –industrie** (≈, *i|en*) strojársky priemysel
e **Maschinenpistole** (≈, *n*) samopal
r **Maschinenschlosser** (*s*, ≈) strojný zámočník
e **Maschinenschrift** (≈, *en*) strojové písmo
e **Maschinerie** (≈, *i|en*) **1** strojové zariadenie, strojový mechanizmus **2** obraz. mašinéria, zložitá komplexná sústava
s **Maschineschreiben** (*s*, *0*) písanie na písacom stroji

MNO

r **Maschinist** (*en, en*) **1** strojník **2** strojvodca
e **Maser** (≈, *n*) **1** vzor, vzorka **2** škvrna, jazva **3** žilka v dreve; **~ig** žilkovaný
e **Masern** MNČ osýpky
e **Maske** (≈, *n*) **1** maska **2** maškarný kostým, hovor. maškara **3** obraz. pretvárka; r **~nball** (*(e)s, ≈e*) maškarný ples
e **Maskerade** (≈, *n*) **1** maškaráda **2** maškarný sprievod, maškarný ples
maskieren 1 maskovať, obliekať koho do masky **2** pren. maskovať, zakrývať čo; **sich ~** maskovať sa, obliekať sa do masky
s **Maß** (*es, e*) **1** miera i obraz., meradlo; *nach ~* na mieru; *über alle ~en* na najvyššiu mieru **2** rozmer, veľkosť
e **Massage** [ma'sa:žə] (≈, *n*) masáž
r **Maß|anzug** (*s, ≈e*) oblek ušitý na mieru; e **–arbeit** (≈, *en*) práca na mieru
e **Masse** (≈, *n*) **1** masa, hmota **2** množstvo, hromada **3** dav, masa, zástup **4** právna podstata
massen- masový, hromadný; s **~grab** (*(e)s, ≈er*) hromadný hrob; **~haft** hromadný, masový, početný; e **~medien** MNČ hromadné oznamovacie prostriedky; e **~vernichtungswaffe** (≈, *n*) zbraň hromadného ničenia; **~weise** hromadne, masovo
r **Masseur** [ma'söö:ɐ] (*s, e*) masér
e **Maß|gabe** (≈, *n*) pravidlo, udaná miera; **–gebend, –geblich** rozhodujúci, určujúci
maß|halten* <**Maß halten**> (*ä; ie, h. a*) zachovávať mieru
massieren masírovať
massig objemný
mäßig mierny, striedmy; **~en** (z)mierniť; **sich ~en** krotiť sa; e **~keit** (≈, *0*) umiernenosť, striedmosť; e **~ung** (≈, *en*) (z)miernenie
massiv 1 masívny, mohutný **2** obraz. hrubý; *einige ~e Grobheiten* niekoľko hrubých nadávok
s **Massiv** (*s, e*) masív horský

maß|los bezhraničný, nekonečný, nesmierny; e **–nahme** (≈, *n*) opatrenie, prostriedok; *nötige –nahmen treffen** prijať potrebné opatrenia
maß|regeln potrestať koho
r **Maß|stab** (*(e)s, ≈e*) miera, meradlo, mierka na mape; **–voll** mierny, umiernený
r **Mast**[1] (*es, e* al. *en*) **1** stožiar, sťažeň **2** stĺp, žrď; *den ~ ersteigen** vyliezť na stožiar
e **Mast**[2] (≈, *en*) výkrm, kŕmenie
r **Mastdarm** (*(e)s, ≈e*) anat. časť hrubého čreva končiaca konečníkom
mästen (vy)kŕmiť; **sich ~** kŕmiť sa, tučnieť z čoho
r, s **Match** [meč] (*es, e* al. *es*) šport. zápas, stretnutie
s **Material** (*s, ien*) **1** materiál, látka, hmota, surovina **2** obraz. materiál, podklad **3** fond, zásoba
r **Material|aufwand** (*(e)s, 0*) spotreba materiálu; r **–fehler** (*s,* ≈) chyba materiálu; e **–knappheit** (≈, *en*) nedostatok materiálu; r **–schaden** (*s,* ≈) vecná škoda; r **–zufluß** <**...ss**> (*zuflusses, 0*), r **–zuschub** (*s, 0*) prísun materiálu
r **Materia|lismus** (≈, *0*) materializmus; r **–list** (*en, en*) materialista; **–listisch** materialistický
e **Materi|e** (≈, *n*) **1** len JČ filozofická matéria, hmota, objektívna realita **2** obsah, téma
materiell 1 materiálny, hmotný **2** peňažný
e **Mathe** (≈, *0*) hovor. matematika
e **Mathe|matik** (≈, *0*) matematika; r **–matiker** (*s,* ≈) matematik; **–matisch** matematický
e **Matinee** (≈, *n*) matiné, predpoludňajšie predstavenie
e **Matratze** (≈, *n*) žinenka, matrac
r **Matrixdrucker** (*s,* ≈) ihličková tlačiareň
e **Matrikel** (≈, *n*) **1** matrika kniha **2**; s **~amt** (*(e)s, ≈er*) matrika úrad; r **~auszug** (*(e)s, ≈e*) výpis z matriky

e Matrize (≈, *n*) tech. matrica, matica
e Matrone (≈, *n*) staršia dôstojná žena, matróna
r Matrose (*n, n*) námorník
r Matsch (*es, 0*) hovor. blato, brečka i obraz.; **~ig** kašovitý, mäkký, zablatený, klzký; **~en** hovor. rozliať čo kávu na stôl, plačkať sa, máčať sa
matt 1 malátny, slabý, unavený, vyčerpaný **2** matný, bez lesku **3** jednotvárny, fádny; **j-n ~ setzen** al. **machen** dať komu mat v šachu
e Matte[1] (≈, *n*) **1** rohožka **2** podložka, žinenka
e Matte[2] (≈, *n*) horská lúka, horská pastvina
mattieren matovať, zbavovať lesku
e Mattigkeit (≈, *0*) únava, malátnosť, vyčerpanie
e Matura (≈, *0*) maturita
r Maturant (*en, en*) maturant; **e –rität** (≈, *en*) maturita vo Švajčiarsku
mau zlý, slabý; hovor. *mir ist ~* mám sa zle, nedarí sa mi
e Mauer (≈, *n*) múr, stena; **r ~anwurf** (*(e)s, ≈e*) omietka; **s ~blümchen** (*s, ≈*) **1** bot. čakanka **2** žartovne dievča na vydávanie; **~n** stavať múr, murovať
e Mauerschwalbe (≈, *n*) dážďovník obyčajný
s Mauerwerk (*(e)s, 0*) múry, steny; **e –zacke** (≈, *n*), **r –zahn** (*(e)s, ≈e*) cimburie
s Maul (*(e)s, Mäuler*) papuľa, huba, tlama; *~ halten** vulg. držať hubu
r Maulaffe (*n, n*) hovor. obsmŕdač
r Maulbeerbaum (*(e)s, ≈e*) moruša; **r –beerspinner** (*s, ≈*) priadka morušová
maulen hovor. papuľovať, frflať, hundrať, odvrávať
r Maulesel (*s, ≈*) mulica; **–faul** málovravný; **r –held** (*en, en*) hovor. tlčhuba; **r –korb** (*(e)s, ≈e*) náhubok, ochranný košík; **e –schelle** (≈, *n*) zaucho, facka; **r –wurf** (*s, ≈e*) krt; **e –wurfsgrille** (≈, *n*) medvedík obyčajný; **r –wurfshaufen** (*s, ≈*), **r –wurfshügel** (*s, ≈*) krtinec
r Maurer (*s, ≈*) murár; **e ~kelle** (≈, *n*) murárska lyžica
e Maus (≈, *≈e*) myš
s Mäuschen (*s, ≈*) myška, myšička; **~still** tichý ako myška
r Mäusebussard (*(e)s, e*) myšiak hôrny
e Mausefalle (≈, *n*) pasca na myši; **s –loch** (*(e)s, ≈er*) myšacia diera; **–n 1** chytať, loviť myši **2** hovor. ukradnúť
mausern sich 1 strácať perie, pĺznuť **2** hovor. zlepšovať sa, robiť pokánie
mausetot hovor. nadobro mŕtvy
e Maut (≈, *en*) mýto, mýtne na autostrádach
m. a. W. skr. **mit anderen Worten** inými slovami
maximal maximálny, najväčší, najvyšší
e Maxime (≈, *n*) mravná zásada, maxima
s Maximum (*s, Maxima*) maximum, najväčší rozsah, počet, rozmer
e Mayonnaise <**Majonäse**> [majo'ne:zə] (≈, *n*) majonéza
m. E. skr. **meines Erachtens** podľa môjho názoru
e Mechanik (≈, *en*) **1** mechanika, náuka o telesách **2** strojové zariadenie, mechanika; **r –niker** (*s, ≈*) strojník, mechanik; **–nisch** mechanický
r Mechanismus (≈, *Mechanismen*) **1** strojové zariadenie, mechanizmus **2** obraz. organizácia, sústava
r Meckerer (*s, ≈*) hovor. frfloš, hundroš; **–n 1** mečať o koze **2** hovor. frflať, hundrať
e Medaille [mə'daljə] (≈, *n*) medaila, vyznamenanie
s Medaillon [mədaľjõ:] (*s, s*) medailón
s Medikament (*(e)s, e*) liek, medikament
meditieren meditovať, hĺbať, premýšľať, uvažovať
s Medium (*s, Medien*) **1** médium, prostriedok napr. masovokomunikačný **2** o-

kultný sprostredkovateľ

e Medizin[1] (≈, *en*) liek

e Medizin[2] (≈, *0*) lekárstvo, medicína; **~isch** lekársky

s Meer (*(e)s, e*) **1** more **2** obraz. množstvo, záplava; **r ~busen** (*s,* ≈) morský záliv, zátoka; **e ~enge** (≈, *n*) morská úžina, prieliv

r Meeres|grund (*(e)s,* ≈*e*) morské dno; **r –spiegel** (*s,* ≈) hladina mora; *über/unter dem –spiegel* nad/pod hladinou mora

r Meerrettich (*s, e*) chren

s Meer|schweinchen (*s,* ≈) morča; **s –jungfrau** (*(e)s, er*) morská víla

s Meeting ['mi:tiŋ] (*s, s*) **1** verejné zhromaždenie, míting **2** športové podujatie

e Megalomanie (≈, *0*) velikášstvo, megalománia

s Megaphon <...**fon**> (*s, e*) megafón, zosilňovač zvuku

s Mehl (*(e)s, e*) **1** múka; *glattes ~* hladká múka; *grobes ~* hrubá múka **2** múčka, prášok; **~haltig** múčn(at)ý; **~ig** múčnatý

e Mehlschwitze (≈, *0*) zápražka

r Mehlwurm (*(e)s,* ≈*er*) zool. múčiar obyčajný larva

s Mehlsieb (*es, e*) sito na múku

mehr viacej, viac; *nicht ~* už nie, viackrát nie; *~ und ~* viac a viac; *immer ~* stále viac

s Mehr (≈, *0*) **1** väčšina **2** prírastok; *ein ~ von fünf Kronen* prírastok piatich korún; **~deutig** viacvýznamový, mnohoznačný; **~en** (roz)množiť zásoby; **sich ~en** rozmnožovať sa, pribúdať sťažnosti ap.; **~ere** niekoľkoraký, niekoľko; **~fach 1** PR M viacnásobný, niekoľkonásobný **2** PRÍSL niekoľkokrát

s Mehrgewicht (*(e)s, e*) nadmerná hmotnosť

e Mehr|heit (≈, *en*) väčšina; **–mals** viackrát, niekoľkokrát; **~stimmig 1** viachlasný spev **2** väčšinou hlasov

e Mehrwertsteuer (≈, *n*) daň z pridanej hodnoty

e Mehrzahl (≈, *0*) **1** väčšina **2** lingv. množné číslo

meiden* (*ie, h. ie*) vystríhať sa, vyhýbať sa komu

e Meile (≈, *n*) míľa

r Meilen|stein (*(e)s, e*) míľnik, medzník i obraz.; **–weit** na míle vzdialený, ďaleký i obraz.

mein 1 môj **2** vo vzťahu k podmetu svoj

r Mein|eid (*(e)s, e*) krivá prísaha; *einen ~ leisten* krivo prisahať

meinen domnievať sa, myslieť si; *wie ~ Sie das?* ako to myslíte?; *das will* ich ~!* to si myslím!; *es mit j-m gut ~* myslieť to s niekým dobre

meinerseits z mojej strany, čo sa mňa týka

meinesgleichen ako ja, mne podobný, rovnaký ako ja

meinet|halben, –wegen, –willen 1 pre mňa, kvôli mne **2** pre mňa za mňa, nech, hoc aj

e Meinung (≈, *en*) mienka, názor, úsudok; *die öffentliche ~* verejná mienka; *meiner ~ nach* podľa môjho názoru; *mit j-m einer ~ sein* mať rovnaký názor, byť rovnakého názoru

r Meinungs|austausch (*(e)s, 0*) výmena názorov; **e –umfrage** (≈, *n*) prieskum (verejnej) mienky; **e –verschiedenheit** (≈, *en*) odlišnosť názorov

e Meise (≈, *n*) sýkorka

r Meißel (*s,* ≈) dláto, sekáč; **~n** tesať, otesávať kameň

meist najviac, najväčší, väčšina; *die ~en Leute* najviac ľudí, väčšina ľudí; **am ~en** najviac; **~ens, ~enteils** spravidla, väčšinou

r Meister (*s,* ≈) **1** majster remeselník **2** znalec, odborník **3** vedúci dielne ap. **4** majster umelec, športovec; **~haft** majstrovský, dokonalý; **e ~schaft** (≈, *en*) **1** hodnosť majstra **2** dokonalosť **3** šport. majstrovstvo; **s ~stück** (*(e)s, e*) majstrovské dielo i obraz.; **s ~werk** (*(e)s, e*) majstrovské dielo

e Melan|cholie [mеlaŋko'li:] (≈, *ien*)

zádumčivosť, melanchólia; **–chọlisch** [mẹlaŋ'kọ:liš] melancholický

e Meldefrist (≈, *en*) lehota na prihlásenie; **–n 1** oznámiť, hlásiť **2** hlásiť, podať hlásenie **3** prihlásiť; **sich –n** (pri)hlásiť sa; **e –pflicht** (≈, *en*) prihlasovacia povinnosť; **e –stelle** (≈, *n*) ohlasovací úrad, hovor. ohlasovňa

e Meldung (≈, *en*) **1** hlásenie, správa **2** prihláška

melịeren 1 miešať, zmiešať **2** melírovať

melken* (*melkte* al. *molk, h. gemelkt* al. *gemolken*) **1** (po)dojiť **2** dávať mlieko **3** obraz. využívať (*j-n* koho)

e Melodịe (≈, *ien*) melódia

e Melọne (≈, *n*) melón

e Membrạne (≈, *n*) **1** membrána **2** anat. blana **3** bot. bunková blana

e Memme (≈, *n*) hovor. zbabelec, bojko, bojazlivec

e Memoịren [me'mọa:rə(n)] MNČ memoáre, pamäti, spomienky

e Menge (≈, *n*) množstvo; *eine ~ Geld* množstvo peňazí, hovor. fúra peňazí; **~n** miešať, miesiť; **sich ~n** miešať sa, pliesť sa do čoho

e Mengenangabe (≈, *n*) označenie množstva

e Mengenlehre (≈, *0*) náuka o množinách

r Mengenunterschied (*(e)s, e*) rozdiel v množstve

e Mensa (≈, *Mensen*) menza, študentská jedáleň

r Mensch (*en, en*) človek; *die ~en* ľudia; *kein ~ war dort* nikto tam nebol

menschenfeindlich neľudský, nehumánny, mizantropický

r Menschenfreund (*(e)s, e*) ľudomil, filantrop; **r –kenner** (*s,* ≈) znalec ľudí; **–möglich** v ľudských silách, možné; *er hat das –mögliche getan** urobil, čo bolo v ľudských silách

s Menschenrecht (*(e)s, e*) ľudské právo; **–unwürdig** nedôstojný človeka; **r –verstand** (*(e)s, 0*) ľudský rozum; *gesunder –verstand* zdravý (ľudský) rozum

e Menschheit (≈, *0*) **1** ľudstvo, ľudský rod **2** dav, zástup, masa (ľudí); **–lich 1** ľudský; *der –liche Körper* ľudské telo **2** ľudský, humánny; *seid –lich!* buďte ľudskí! správajte sa ako ľudia!; **e –lichkeit** (≈, *0*) **1** ľudskosť, humánnosť **2** ľudská slabosť

e Menstruatiọn (≈, *en*) menštruácia

e Mentalitạ̈t (≈, *en*) mentalita, spôsob myslenia

s Menụ̈ (*s, s*) menu, jedálny lístok

r Meridiạn (*s, e*) poludník

s Merk (*(e)s, e*) znamenie; **~bar 1** badateľný, viditeľný **2** ľahko zapamätateľný; **s ~buch** (*(e)s, ≈er*) zápisník; **~en 1** pozorovať, všímať si **2** poznamenať, poznačiť si; **sich ~en** (za)pamätať si (*etw* čo); **~en lassen*** dať najavo; **~lich** zreteľný, viditeľný; **s ~mal** (*(e)s, e*) **1** znamenie **2** charakteristický príznak

merkwürdig podivuhodný, zvláštny, čudný; **~erweise** napodiv; **e ~keit** (≈, *en*) podivuhodnosť, zvláštnosť

meßbar <...ss...> merateľný

e Messe[1] (≈, *n*) omša, bohoslužba; *die ~ lesen** slúžiť omšu

e Messe[2] (≈, *n*) veľtrh

messen* (*maß, h. e*) **1** merať, odmerať **2** merať, mať rozmery; **sich ~** merať sa, porovnávať sa (*mit j-m* s kým)

r Messer[1] (*s,* ≈) **1** merací prístroj, meradlo **2** merač

s Messer[2] (*s,* ≈) nôž; **r ~griff** (*(e)s, e*), **s ~heft** (*(e)s, e*) rukoväť noža; **e ~schneide** (≈, *n*) ostrie noža; **e ~spitze** (≈, *n*) špička noža

s Meßgerät <...ss...> (*(e)s, e*) merací prístroj

s Messing (*s, 0*) mosadz

s Meßgewand <...ss...> (*(e)s, ≈er*) omšové rúcho

r Messịas (≈, *0*) mesiáš, spasiteľ, obraz. záchranca

e Messung (≈, *en*) meranie

r Met (*(e)s, 0*) medovina

s Metạll (*s, e*) kov; **~en** kovový; **e ~**-

industrie (≈, i|en) kovospracúvací priemysel; **e ~späne** MNČ kovové piliny; **~ver|arbeitend** <**~ ver|arbeitend**> kovospracúvací; *die ~ver|arbeitende Industrie* kovospracúvací priemysel; **~isch** kovový

e Metamorphose (≈, *n*) metamorfóza, premena

s Meteor (*s, e*) astronom. meteor, lietavica

r, s Meter (*s,* ≈) meter; *ein halbes ~* pol metra; **s ~maß** (*es, e*) **1** metrická miera **2** dĺžkové meradlo, meter; **r ~zentner** (*s,* ≈) metrický cent

e Method|e (≈, *n*) metóda, postup, spôsob; **–isch** metodický, sústavný, premyslený

e Metro (≈, *s*) metro, podzemná dráha

e Metropole (≈, *n*) metropola, dôležité mesto

e Mettwurst (≈, *¨e*) čajovka suchá saláma

r Metzger (*s,* ≈) mäsiar; **e ~ei** (≈, *en*) **1** mäsiarstvo **2** bitúnok

meuchel|n zákerne vraždiť; **r –mord** (*(e)s, e*) úkladná vražda

meuchlerisch, **meuchlings** zákerne, úkladne

e Meute (≈, *n*) **1** svorka i obraz. **2** banda, háveď, zberba; **e ~rei** (≈, *n*) vzbura na lodi

MEZ skr. **(die) mitteleuropäische Zeit** stredoeurópsky čas

miauen mňaukať

mickrig 1 lakomý **2** hovor. slabý, biedny

s Mieder (*s,* ≈) šnurovačka; *e ~waren* MNČ spodná ženská bielizeň formujúca postavu

e Miene (≈, *n*) vzhľad, výraz tváre; *eine finstere ~ machen* mračiť sa; **gute ~ zum bösen Spiel machen** tváriť sa akoby nič, nedať na sebe poznať hnev

mies hovor., hanl. zlý, protivný, mrzký; **r ~macher** (*s,* ≈) hovor. hundroš, dudroš

e Miet|e (≈, *n*) nájom, nájomné; *bei j-m zur ~ wohnen* bývať u koho v podnájme; **–en** najať, najímať; **r –er** (*s,* ≈) nájomník; **s –shaus** (*es, ¨er*) nájomný dom, hovor. činžiak; **r –vertrag** (*(e)s, ¨e*) nájomná zmluva

e Migräne (≈, *n*) migréna

s Mikrophon <... **fon**> (*s, e*) mikrofón

s Mikroskop (*s, e*) mikroskop; **~isch** mikroskopický, celkom nepatrný

e Mikrowelle (≈, *n*), **r ~nherd** (*(e)s, e*) mikrovlnná rúra, mikrovlnka

e Milch (≈, *0*) **1** mlieko; *geronnene ~* zrazené mlieko **2** mliečie rastlín; **e ~bar** (≈, *s*) mliečny bar; **s ~glas** (*es, ¨er*) **1** pohár na mlieko **2** mliečne sklo; **~ig** mliečny; **r ~kaffee** (*s,* ≈) biela káva; **r ~rahm** (*(e)s, 0*) smotana

e Milchstraße (≈, *0*) Mliečna cesta

r Milchzahn (*(e)s, ¨e*) mliečny zub

mild(e) 1 mierny, lahodný; *ein mildes Klima* mierne podnebie **2** láskavý, dobročinný, krotký

e Milde (≈, *n*) miernosť, dobrotivosť, zhovievavosť

milder|n (z)mierniť, (u)tíšiť, zoslabiť; *~de Umstände* poľahčujúce okolnosti; **–ung** (≈, *0*) zmiernenie, úľava; **–ungs|grund** (*(e)s, ¨e*) poľahčujúca okolnosť

s Milieu [mi'ljöː] (*s, s*) prostredie, okolie, milieu

s Militär (*s, 0*) **1** armáda, branná moc **2** hovor. vojenská služba; *beim ~ sein* byť na vojne; **s ~bündnis** (*ses, se*) vojenský pakt; **r ~dienst** (*s, 0*) vojenská služba; **s ~gericht** (*(e)s, e*) vojenský súd; **~isch** vojenský

e Militarisierung (≈, *0*) militarizácia

r Militär|stützpunkt (*(e)s, e*) vojenská základňa; **e –verwaltung** (≈, *en*) vojenská správa; **s –wesen** (*s, 0*) vojenstvo

e Milli|arde (≈, *n*) miliarda; **r, s –meter** (*s,* ≈) milimeter; **e –on** (≈, *en*) milión

e Milz (≈, *en*) anat. slezina

r Mim|e (*n, n*) mím, herec; **–en 1** hrať rolu v divadle **2** obraz. hovor. pretvarovať

sa, hrať divadlo; **e –ik** (≈, *en*) mimika; **–isch** mimický
e Mimọse (≈, *n*) **1** bot. mimóza **2** obraz. precitlivený človek
minder 1 PR M menší, nižší **2** PRÍSL menej; **e ~heit** (≈, *en*) menšina
minderjährig neplnoletý; **e ~keit** (≈, *0*) neplnoletosť
minder|n zmenšiť, znížiť; **sich ~** zmenšiť sa; **e –ung** (≈, *en*) zmenšenie, zníženie, úbytok, zmiernenie
minderwertig menejcenný, podradný; **r ~keitskomplex** (*es, e*) komplex menejcennosti
mindest 1 PR M najmenší, minimálny **2** PRÍSL najmenej; **r ~betrag** ((*e*)*s, ⸗e*) najnižšia suma; **r ~lohn** ((*e*)*s, ⸗e*) minimálna mzda; **s ~maß** (*es, e*) najmenšia miera
e Mine (≈, *n*) **1** baňa na rudu **2** voj. mína **3** tuha do ceruzky, náplň do guľôčkového pera
s Minerạl (*s, e* al. *i|en*) nerast, minerál; **~isch** nerastný, minerálny; **e ~ogịe** (≈, *0*) mineralógia; **s ~wasser** (*s, ⸗*) minerálna voda, hovor. minerálka
e Miniatụr (≈, *en*) miniatúra; **e ~ausgabe** (≈, *n*) miniatúrne vydanie
minimạl minimálny, najmenší, nepatrný
s Minimum (*s, Minima*) minimum, najmenšie množstvo, miera, hodnota
r Minịster (*s,* ≈) minister; **~iẹll** ministerský
s Ministẹr|ium (*s, Ministeri|en*) ministerstvo; **r –präsident** (*en, en*) ministerský predseda, predseda vlády
e Minoritạ̈t (≈, *en*) minorita, menšina
minus 1 mat. mínus **2** pod nulou; *~ zehn Grad* desať stupňov pod nulou
s Minus (≈, ≈) **1** schodok, nedostatok, úbytok **2** mínusové znamienko
e Minụte (≈, *n*) minúta
minuten|weise po minútach; **r –zeiger** (*s,* ≈) minútová ručička
Mio. skr. **Million(en)** milión(y)
minuziọ̈s 1 presný, podrobný **2** maličherný, filigránsky, šiplavý, prplavý o práci
e Minze (≈, *n*) mäta
e Misch|ehe (≈, *n*) zmiešané manželstvo
misch|en (z)miešať, pomiešať; **sich ~** miešať sa (*in etw* do čoho); **r –ling** (*s, e*) miešanec; **r –masch** (*s, 0*) chaos, miešanina; **e –ung** (≈, *en*) **1** miešanie **2** zmes
e Misẹre (≈, *n*) bieda, mizéria
miß|ạchten <...ss...> nedbať, nevážiť si, pohŕdať
s Miß|behagen <...ss...> (*s, 0*) neľúbosť, nespokojnosť, nevôľa
e Miß|bildung <...ss...> (≈, *en*) znetvorenie, deformácia
e Miß|bịligung <...ss...> (≈, *0*) nesúhlas, neľúbosť
r Miß|brauch <...ss...> ((*e*)*s, ⸗e*) zneužitie; **~en** zneužiť
r Miß|erfolg <...ss...> ((*e*)*s, e*) neúspech, nezdar
miß|fallen* <...ss...> (*mißfiel, mißfallen*) nepáčiť sa
s Miß|fallen <...ss...> (*s, 0*) nespokojnosť, nevôľa
e Miß|geburt <...ss...> (≈, *en*) potrat
s Miß|geschick <...ss...> ((*e*)*s, e*) nešťastie, smola, pohroma; **–glụ̈cken** (*i.*) nepodariť sa
miß|gọ̈nnen <...ss...> nedopriať, závidieť; **e –gunst** (≈, *0*) nepriazeň; **–günstig** nepriaznivý
miß|handeln <...ss...> zle zaobchádzať s kým, ubližovať komu; **e –handlung** (≈, *en*) zlé zaobchádzanie, týranie
e Missiọn (≈, *en*) **1** poslanie, misia **2** diplomatická misia **3** vojenská misia; **r ~ạ̈r** (*s, e*) misionár
r Mißklang <...ss...> ((*e*)*s, ⸗e*) **1** neľubozvuk, disonancia **2** obraz. nesúlad, rozladenie
r Miß|kredit <...ss...> ((*e*)*s, 0*) zlá povesť; *in ~ bringen** pripraviť o dobrú povesť, zdiskreditovať koho
miß|lịngen* <...ss...> (*a, i. u*) nepodariť sa

MNO

r Miß|mut <...ss...> (*(e)s, 0*) nespokojnosť, namrzenosť; **~ig** mrzutý, nevrlý
miß|raten* <...ss...> (*ie, i. a*) nedariť sa, nepodariť sa
r Miß|stand <...ss...> (*(e)s, ≈e*) väčšinou MNČ nedostatky, chyby, zlý stav firmy, hospodárstva ap.
e Miß|stimmung <...ss...> (*≈, 0*) rozladenosť
miß|trauen <...ss...> nedôverovať; **s –trauen** (*s, 0*) nedôvera, podozrenie; **s –trauensvotum** [...vo:tum] (*s, –voten*) **1** hlasovanie o dôvere **2** vyjadrenie nedôvery; **–trauisch** nedôverčivý
s Miß|verhältnis <...ss...> (*ses, se*) nepomer, nezrovnalosť
s Miß|verständnis <...ss...> (*ses, se*) nedorozumenie, spor; **–verstehen*** (*mißverstand, h. mißverstanden*) ne(po)rozumieť, nepochopiť, zle pochopiť
r Mist (*es, e*) **1** hnoj, trus **2** smeť, smetie **3** hnojisko **4** hovor. brak, haraburdie, nezmysel; hovor. *rede keinen ~!* netáraj! netrep nezmysly!
e Mistel (*≈, n*) imelo
r Mist|haufen (*s, ≈*) hnojisko, hromada hnoja; **r –käfer** (*s, ≈*) zool. lajniak obyčajný; **s –vieh** (*(e)s, 0*) **1** vulg. dobytok **2** potvora, ničomník
mit 1 PREDL s D s, so; *~ mir* so mnou; *~ ihr sprechen* s ňou hovoriť; *~ der Bahn fahren** cestovať železnicou; *~ 10 Jahren* v desiatich rokoch **2** PRÍSL spolu, zároveň, pri tom; *ich bin ~ dabei* som pri tom
e Mit|arbeit (*≈, en*) spolupráca, súčinnosť; **~en** spolupracovať; **r ~er** (*s, ≈*) spolupracovník
e Mitbestimmung (*≈, 0*) spolurozhodovanie
mit|bringen* (*a, h. a*) priniesť so sebou
r Mitbürger (*s, ≈*) spoluobčan
miteinander spolu, spoločne, dohromady
mit|fahren* (*u, i. a*) cestovať spolu s kým
mit|fühlen súcitiť s kým
mit|geben* (*i; a, h. e*) dať so sebou komu čo; **e –gift** (*≈, en*) veno
s Mitgefühl (*(e)s, 0*) súcit, účasť
s Mitglied (*(e)s, er*) člen; **r ~sbeitrag** (*(e)s, ≈e*) členský príspevok; **e ~schaft** (*≈, en*) členstvo
mit|halten* (*ä; ie, h. a*) **1** držať spolu s kým, ísť spolu s kým **2** vydržať, stačiť; **e –hilfe** (*≈, 0*) pomoc, príspevok; **r –kämpfer** (*s, ≈*) spolubojovník
mit|kommen* (*a, i. o*) prísť zároveň s kým; *komm mit!* poď s nami!
s Mitleid (*(e)s, 0*) súcit, sústrasť
e Mitleidenschaft (*≈, 0*): *in ~ gezogen werden* utrpieť/podieľať sa na škode
mitleidig súcitný, útrpný
mitleids|los neľútostný, nemilosrdný; **–voll** súcitný, útrpný; **–würdig** hodný súcitu
mit|machen 1 zúčastniť sa **2** (pre)žiť
r Mitmensch (*en, en*) blížny
mit|nehmen* (*i; a, h. o*) **1** brať, vziať so sebou **2** hovor. ublížiť, poškodiť, poznačiť; *sehr, schwer ~* veľmi ublížiť, poškodiť
mitsamt PREDL s D s, spolu, vrátane
e Mitschuld (*≈, 0*) spoluvina
r Mitschüler (*s, ≈*) spolužiak
mit|spielen 1 hrať spolu s kým **2** mať tiež vplyv na čo, spolupôsobiť
r Mittag (*(e)s, e*) **1** poludnie **2** obed; *zu Mittag essen** obedovať; **s ~essen** (*s, 0*) obed
mittags na poludnie, na obed; **e ~pause** (*≈, n*) poludňajšia prestávka
r Mit|täter (*s, ≈*) spolupáchateľ, spoluvinník
e Mitte (*≈, n*) stred, prostriedok
mit|teil|en oznamovať (*j-m etw* komu čo); **e –ung** (*≈, en*) oznámenie
mittel priemerný, (pro)stredný
s Mittel (*s, ≈*) **1** prostriedok, pomôcka; *die finanziellen ~* finančné pro-

MNO

striedky; *mit allen ~n* všetkými prostriedkami **2** mat. priemer
s Mittel|alter (*s, 0*) stredovek; **–|alterlich** stredoveký
mittelbar nepriamy
s Mittelding (*(e)s, e*) niečo medzi, obraz. kompromis
mittelländisch stredozemný, mediteránny
mittellos nemajetný, bez prostriedkov
mittelmäßig priemerný
r Mittelpunkt (*(e)s, e*) stred, stredisko; *der geistige ~* duchovné centrum
mittels PREDL s G pomocou čoho, prostredníctvom čoho; *~ der Bank* prostredníctvom banky
r Mittelstand (*(e)s, ≈e*) stredný stav ekonomicky i spoločenský
e Mittelstreckenrakete (*≈, n*) raketa stredného doletu
r Mittelstürmer (*s, ≈*) šport. stredný útočník
r Mittelweg (*(e)s, e*) stredná cesta; obraz. *der goldene ~* zlatá stredná cesta
e Mittelwellen MNČ stredné vlny rádiové
mitten uprostred; *~ auf der Straße* uprostred ulice; *~ in der Nacht* uprostred noci; **~drin** hovor. uprostred v čom
e Mitternacht (*≈, ≈e*) **1** polnoc **2** kniž. sever
mittler 1 (pro)stredný **2** priemerný; *ein Mann in ~en Jahren* muž v stredných rokoch
mittlerweile medzitým, medzičasom
r Mittwoch (*s, e*) streda
mitunter niekedy, občas, tu a tam
mit|ver|antwortlich spoluzodpovedný; **–|wirken** spolupôsobiť, spoluúčinkovať; **e –wirkung** (*≈, 0*) spolupôsobenie, spolupráca
s Möbel (*s, ≈*) obyčajne MNČ nábytok; **r ~wagen** (*s, ≈*) sťahovacie auto
mobil 1 pohyblivý **2** pripravený na vojnu, mobilizovaný; *~ machen* mobilizovať
s Mobiliar (*s, e*) hnuteľný majetok, hnuteľnosť, movitosť
e Mobilisierung (*≈, en*), **e Mobilmachung** (*≈, en*) mobilizácia
möblier|en zariadiť; *ein –tes Zimmer* izba zariadená nábytkom
e Modalität (*≈, en*) podmienka, okolnosť, modalita
e Mode (*≈, n*) móda; **r ~artikel** (*s, ≈*) módny výrobok
s Modell (*s, e*) model, vzor, predloha; *~ stehen** stáť ako model
modellieren modelovať
e Moden|schau (*≈, en*) módna prehliadka; **e –zeitschrift** (*≈, en*) módny časopis
r Moder (*s, 0*) hniloba, potuchlina; **~ig** zhnitý, plesnivý, potuchnutý, práchnivý
modern[1] (*i.*) hniť, plesnivieť
modern[2] PR M moderný
s Modewort (*(e)s, ≈er*) módne slovo
modisch módny, podľa módy
s Mofa (*s, s*) moped
mogeln hovor. podvádzať pri hre; **r Mogler** (*s, ≈*) podvodník, klamár
mögen* (*mag; mochte, h. gemocht*) **1** mať rád, páčiť sa; *er mag keine Suppe* nemá rád polievku **2** chcieť, želať si; *ich möchte*... chcel by som... **3** vyjadruje želanie: *er mag kommen* nech príde **4** vyjadruje možnosť: *Sie ~ recht haben* asi máte pravdu **5** vyjadruje domnienku: *wer mag das wohl sein?* kto to len môže byť?
möglich možný; *ist das ~?* je to možné?; *so bald, wie ~* čo možno najskôr; **~ machen** umožniť; **~erweise** možno, pravdepodobne; **e ~keit** (*≈, en*) možnosť
r Mohn (*(e)s, e*) mak
r Mohr (*en, en*) murín, černoch
e Möhre (*≈, n*), **e Mohrrübe** (*≈, n*) mrkva
mokieren sich posmievať sa (*über j-n* komu)
r Mokka (*s, s*) silná čierna káva, mokka

r Molch (*(e)s, e*) mlok
e Mole (*≈, n*), **r Molo** (*s, Moli*) mólo, prístavná hrádza
s Molekül (*s, e*) molekula
e Molkerei (*≈, en*) mliekareň
s Moll (*≈, 0*) hud. mol, molová tónina
e Molle (*≈, n*) **1** pohár piva, hovor. krígeľ piva **2** MNČ koryto
mollig 1 mäkký, teplý, hebký **2** príjemný **3** plnoštíhly, moletný
r Moment[1] (*(e)s, e*) okamih, chvíľa, moment; *~ bitte!* moment, prosím!
s Moment[2] (*(e)s, e*) **1** rozhodujúci okamžik, rozhodujúca okolnosť **2** hľadisko, zreteľ **3** fyz. moment napr. zotrvačnosti
momentan 1 okamžitý, náhly, momentálny; *die ~e politische Situation* momentálna politická situácia **2** dočasný, prechodný, chvíľkový
r Monarch (*en, en*) panovník, monarcha; **~ie** (*≈, ien*) monarchia
r Monat (*(e)s, e*) mesiac; **~elang** niekoľko mesiacov; **~lich** mesačne
e Monats|karte (*≈, n*) mesačný lístok; **e –schrift** (*≈, en*) mesačník; **e –übersicht** (*≈, en*) mesačný prehľad
r Mönch (*(e)s, e*) mních
r Mond (*(e)s, e*) Mesiac; *der ~ ist voll* Mesiac je v splne; **e ~finsternis** (*≈, se*) zatmenie Mesiaca; **~hell** osvetlený mesiacom; **e ~landung** (*≈, en*) pristátie na Mesiaci; **r ~schein** (*(e)s, 0*) mesačný svit
e Moneten MNČ peniaze, hovor. prachy
r Monolog (*s, e*) monológ
s Monopol (*s, e*) **1** monopol, výhradné právo **2** monopol, zväz podnikov; **e ~herrschaft** (*≈, 0*) vláda monopolov; **r ~kapitalismus** (*s, 0*) monopolný kapitalizmus
monoton jednotvárny, monotónny
monströs obrovský, obludný, monštruózny
r Monsun (*s, e*) monzún, tropický vietor
r Montag (*s, e*) pondelok
e Montage [mon'ta:žə] (*≈, n*) montáž, montovanie
montags každý pondelok, zvyčajne v pondelok
r Mont|eur [mon'tø̈:ɐ] (*s, e*) montér; **–ieren** montovať, zostavovať
s Monument (*(e)s, e*) pomník, monument; **~al** veľkolepý, monumentálny
s Moor (*(e)s, e*) trasovisko, slatina; **s ~bad** (*(e)s, ≈̈er*) rašelinový kúpeľ; **r ~torf** (*(e)s, 0*) rašelina
s Moos (*es, e*) **1** mach **2** hovor. prachy, peniaze; **~ig** pokrytý machom, machový
s Moped (*s, s*) moped
r Mops (*es, ≈̈e*) mopslík
e Moral (*≈, 0*) **1** mravnosť, morálka **2** mravné ponaučenie; **~isch** morálny; **r ~ist** (*en, en*) moralista, mravokárca
e Moräne (*≈, n*) moréna, ľadový nános
r Morast (*es, ≈̈e*) **1** blato, bahno i pren. **2** močiar, bažina; **~ig** bahnitý, močaristý
r Mord (*(e)s, e*) vražda; **r ~|anschlag** (*(e)s, ≈̈e*) atentát; **~en** vraždiť, zabíjať
r Mörder (*s, ≈*) vrah; **e ~in** (*≈, nen*) vrahyňa; **~isch 1** vražedný **2** hovor. strašný
s Mords|glück (*(e)s, 0*) veľké šťastie; **r –skandal** (*s, e*) veľký škandál
mordverdächtig podozrivý z vraždy
morgen[1] zajtra; *~ früh* zajtra ráno
r Morgen[2] **1** ráno **2** obraz. úsvit **3** bás. Východ svetová strana; **e ~|ausgabe** (*≈, n*) ranné vydanie novín; **e ~dämmerung** (*≈, en*) ranné šero, svitanie
morgendlich ranný
s Morgen|land (*(e)s, 0*) zast. Východ, Orient; **–ländisch** východný, orientálny
e Morgenröte (*≈, 0*) ranné zore
morgig zajtrajší; *der ~e Tag* zajtrajší deň
s Morphium (*s, 0*) morfium
e Morphologie (*≈, i|en*) gram. náuka o tvaroch, morfológia

morsch zotletý, nahnitý, spráchnivený i obraz.; *ein ~er Zahn* veľmi deravý zub
s Morsealphabet (*s, 0*) Morseova abeceda, hovor. morzeovka
r Mörtel (*s, ≈*) malta; **r ~verputz** (*es, e*) omietka
s Mosaik (*s, e*), **e Mosaik** (*≈, en*) mozaika, obraz. pestrosť
e Moschee (*≈, n*) mešita
r Moschus (*≈, 0*) pižmo, mošus
r Moskito (*s, s*) moskyt
r Most (*es, e*) mušt, burčiak
s Motel (*s, s*) motel
s Motiv (*s, e*) **1** pohnútka, podnet, motív **2** námet, základná myšlienka, motív **3** motív, vzor napr. krajky; **~ieren** motivovať
r Motor (*s, Motoren*) motor; **s ~boot** (*(e)s, e*) motorový čln; **~isieren** motorizovať; **s ~rad** (*(e)s, ≈er*) motocykel, motorka; **r ~schaden** (*s, ≈*) porucha motora
e Motte (*≈, n*) **1** moľa, moľ **2** obraz. vrtoch
motten|fräßig, mottenzerfressen rozožratý od molí; **s –pulver** (*s, ≈*) prášok proti moľom
s Motto (*s, s*) motto, heslo
e Möwe (*≈, n*) čajka
Mrd. skr. **die Milliarde** miliarda
e Mucke (*≈, n*) rozmar, vrtoch
e Mücke (*≈, n*) **1** komár **2** muška na puške; **r ~nstich** (*(e)s, e*) pichnutie komárom
r Mucker (*s, ≈*) hanl. svätuškár, pokrytec
müd|e unavený; **e –igkeit** (*≈, 0*) únava, vyčerpanosť
r Muff (*(e)s, e*) **1** plieseň **2** zápach **3** rukávnik
e Muffe (*≈, n*) tech. hrdlo, objímka
r Muffel[1] (*s, ≈*) **1** zool. papuľa, pysk **2** obraz., hovor. frfloš, mrzutý človek
r Muffel[2] (*s, ≈*), **s ~tier** (*(e)s, e*) muflón
muffig zapáchajúci plesňou, zatuchlinou
e Mühe (*≈, n*) úsilie, námaha, snaha; *es ist nicht der ~ wert* to nestojí za námahu; **mit ~ und Not** ťažko; **sich ~ geben*** usilovať sa; **~voll** namáhavý; **e ~waltung** (*≈, 0*) kniž. pričinenie, úsilie; *freundliche ~waltung* preukázané úsilie
e Mühl|e (*≈, n*) mlyn, mlynček; **das ist Wasser auf seine ~** to je mu vhod; **s –rad** (*(e)s, ≈er*) mlynské koleso; **r –stein** (*(e)s, e*) mlynský kameň
e Müh|sal (*≈, e*) utrpenie, ťažkosti, starosti; **–sam, –selig** namáhavý, vyčerpávajúci
e Mulde (*≈, n*) **1** geol. kotlina, panva, priehlbeň **2** válov
r Mull (*(e)s, e*) gáza, obväz; **e ~binde** (*≈, n*) gázový obväz
r Müll (*(e)s, 0*) smeti; **e ~|abfuhr** (*≈, 0*) odvoz smetí; **r ~|abladeplatz** (*es, ≈e*) smetisko; **r ~|eimer** (*s, ≈*) smetník, nádoba na smeti
r Müller (*s, ≈*) mlynár
r Müll|haufen (*s, ≈*) smetisko; **e –tonne** (*≈, n*) popolnica; **r –wagen** (*s, ≈*) voz na odvoz odpadkov
mulmig **1** spráchnivený, zhnitý **2** hovor. o ľuďoch podozrivý **3** prieberčivý
multiplizieren (vy)násobiť
e Mumi|e (*≈, n*) múmia
r Mumm (*s, 0*) hovor. odvaha, rozhodnosť
r Mumpitz (*es, 0*) hovor. nezmysel, hlúposť
r Mumps (*≈, 0*) lek. mumps
r Mund (*(e)s, ≈er*) **1** ústa **2** otvor, ústie; *der ~ eines Vulkans* kráter sopky; hovor. **den ~ vollnehmen*** vystatovať sa; **kein Blatt vor den ~ nehmen*** hovoriť bez obalu; **e ~art** (*≈, en*) nárečie, dialekt
r, s Mündel (*s, ≈*) poručenec, zverenec
münden ústiť, vtekať, vlievať sa
mund|faul nezhovorčivý; **e –fertigkeit** (*≈, 0*) výrečnosť; **e –höhle** (*≈, n*) ústna dutina
mündig dospelý, plnoletý; **e ~keit** (*≈,*

MNO

0) dospelosť, zrelosť, svojprávnosť
mündlich ústny
s **Mundstück** (*(e)s, e*) **1** zubadlo pre kone **2** náustok, nátrubok
e **Mündung** (*≈, en*) **1** ústie, vyústenie **2** ústie pušky, dela
r **Mundvoll** (*≈, ≈*) hlt
s **Mundwasser** (*s, ≈̈*) ústna voda
s **Mund|werk** (*(e)s, 0*) **1** hovor. huba, ústa; *ein geöltes ~ haben* mať poriadne podrezaný jazyk **2** výrečnosť; r **–winkel** (*s, ≈*) kútik úst
e **Munition** (*≈, en*) strelivo, munícia
munkeln **1** šepkať, šuškať **2** tajne niečo robiť
r, s **Münster** (*s, ≈*) katedrála, dóm
munter **1** čulý, svieži, aktívny **2** prebudený; *~ werden* prebúdzať sa; e **~keit** (*≈, 0*) čulosť, živosť, sviežosť
e **Münz|e** (*≈, n*) **1** peniaz, minca **2** pamätná minca **3** mincovňa; **~n** **1** raziť mince **2** obraz. vzťahovať sa na čo; *das ist auf dich gemünzt* to sa ti hodí, to je na teba ako šité; r **–fernsprecher** (*s, ≈*) telefónny automat na mince; s **–recht** (*(e)s, e*) právo raziť mince
mürbe **1** sypký, krehký, zvetraný **2** obraz., hovor. skrotený, podrobený; *j-n ~ machen* (s)krotiť koho; r **~teig** (*(e)s, e*) krehké cesto
r **Murks** (*es, 0*) hovor. fušerstvo, fušovanie; **~en** fušovať, babrať sa
e **Murmel** (*≈, n*) guľôčka na hranie; **~n** **1** žblnkotať, zurčať **2** mrmlať si, šeptať **3** hrať sa o guľky; s **~tier** (*(e)s, e*) zool. svišť horský
murren **1** vrčať, bručať **2** frflať, reptať
mürrisch mrzutý, nevľúdny, nevrlý
s **Mus** (*es, e*) **1** lekvár, pretlak **2** kaša, pyré
e **Muschel** (*≈, n*) **1** mušľa, lastúra **2** slúchadlo **3** výlevka; **~förmig** lastúrovitý; s **~tier** (*(e)s, e*) zool. lastúrnik
e **Muse** (*≈, n*) **1** Múza **2** umelecké, tvorivé nadanie
s **Museum** (*s, Muse|en*) múzeum
e **Musik** (*≈, 0*) **1** hudba, hovor. muzika **2** skupina hudobníkov, hudba
musikalisch muzikálny, hudobný
r **Musik|er** (*s, ≈*) hudobník, hovor. muzikant; s **–instrument** (*(e)s, e*) hudobný nástroj
musizieren hrať na hudobný nástroj, hovor. muzicírovať
r **Muskat** (*(e)s, e*) muškát; e **~nuß** (*≈, ≈̈e*) muškátový orech; r **~wein** (*s, 0*) muškátové víno
r **Muskel** (*s, n*) sval; *e ~n spannen* napnúť svaly; r **~kater** (*s, 0*) svalová horúčka, hovor. svalovica
e **Musku|latur** (*≈, en*) svalstvo, muskulatúra; **–lös** svalnatý
s **Muß** <...ss> (*≈, 0*) nutnosť, povinnosť
e **Muße** (*≈, 0*) voľný čas, voľná chvíľa
r **Musselin** (*s, e*) mušelín
müssen* (*mußte* <...ss...>, *h. gemußt* <...ss...>) **1** musieť; *was habe ich hören ~* čo som si musel vypočuť **2** vyjadruje pravdepodobnosť: asi; *es muß geregnet haben* asi pršalo **3** vyjadruje istotu; *das muß wahr sein* to je určite pravda; *er muß einen Grund haben* má iste nejaký dôvod
müßig **1** nečinný, neaktívny, pohodlný **2** zbytočný; r **~gang** (*(e)s, 0*) záhaľka, lenivosť
s **Muster** (*s, ≈*) **1** vzor; *zum ~ dienen* byť vzorom **2** predloha, vzor **3** vzor na pletenie ap. **4** obchodná vzorka; **~gültig** vzorný, príkladný; **~n** **1** vzorkovať **2** pozorne kontrolovať **3** odvádzať brancov; e **~ung** (*≈, en*) **1** prehliadka **2** odvod brancov **3** vzorkovanie vzor
r **Mut** (*(e)s, 0*) **1** odvaha, statočnosť **2** veselá myseľ; *nur ~!* len odvahu; *j-m ~ zusprechen** dodávať odvahu komu; **~ig** smelý, odvážny, statočný; **~los** bojazlivý
mutmaßlich údajný, pravdepodobný
e **Mutter**[1] (*≈, ≈̈*) matka, mama; *die ~ Gottes* Matka Božia
e **Mutter**[2] (*≈, n*) matica na skrutke; *die ~ anziehen** utiahnuť maticu
e **Mütterberatungsstelle** (*≈, n*) po-

radňa pre budúce mamičky
s Mütterchen (*s,* ≈) mamička; *ein altes* ~ babička, starenka
s Mutterkorn (*(e)s,* ≈*er*) bot. námeľ
r Mutterleib (*(e)s, 0*) materské lono
mütterlich materský, materinský; **~erseits** z matkinej strany; **e ~keit** (≈, *0*) materstvo, materinské city
e Mutter|liebe (≈, *0*) materinská láska; **s –mal** (*(e)s, e*) materské znamienko; **e –sprache** (≈, *n*) materinská reč, materinčina; **r –tag** (*(e)s, 0*) Deň matiek
e Mutti (≈, *s*) maminka, mamka
mutwillig svojvoľný
e Mütze (≈, *n*) **1** čapica, čiapka **2** čepiec žalúdok prežúvavcov; **r ~nschirm** (*(e)s, e*) štítok čapice
MwSt skr. **die Mehrwertsteuer** daň z nadhodnoty
e Myrrhe <**Myrre**> (≈, *n*) myrha
mysteriọs tajomný, mysteriózny
e Mystifikatiọn (≈, *en*) lož, mystifikácia
e Myst|ik (≈, *0*) mystika; **r ~er** (*s,* ≈) mystik; **–isch** mystický, tajomný
e Mythe (≈, *n*), **r Mythus** (≈, *Mythen*) mýtus
e Mythologịe (≈, *0*) bájoslovie, mytológia

MNO

N

na! no!, nože!; ~ *ja!* no áno!; ~ *also!* tak teda!
r Nabel (*s,* ≈) **1** pupok **2** bot. blizna **3** obraz. stred, stredisko; **r ~bruch** (*(e)s,* ≈*e*) pupková prietrž; **e ~schnur** (≈, ≈*e*) pupočná šnúra
nach[1] PREDL s D **1** miest. do, na, po; ~ *Prag* do Prahy; ~ *dem Süden fahren** cestovať na juh **2** čas. po, za; ~ *kurzer Zeit* po krátkom čase **3** podľa; *meiner Meinung* ~ podľa mňa, podľa môjho názoru; ~ *Vorschrift* podľa predpisu
nach[2] PRÍSL ~ *und* ~ postupne; ~ *wie vor* tak ako predtým
nach|äffen napodobňovať (*j-n in etw* koho/čo), opičiť sa (*j-n in etw* po kom/za kým v čom)
nach|ahm|en napodobňovať, falšovať; **e –ung** (≈, *en*) **1** napodobnenie, falšovanie **2** napodobnenina, kópia
r Nachbar (*s* al. *n, n*) sused; **s ~haus** (*es,* ≈*er*) susedný, susedov dom; **~lich 1** susedný **2** susedský; **e ~schaft** (≈, *en*) **1** susedstvo **2** susedia; **r ~staat** (*(e)s, en*) susedný štát
nach|bestell|en dodatočne objednať; **e –ung** (≈, *en*) dodatočná objednávka
nach|bild|en napodobňovať, kopírovať; **e –ung** (≈, *en*) **1** napodobňovanie, kopírovanie **2** napodobnenina, kópia
nach|blicken pozerať za kým al. za čím
nach Christi Geburt, **nach Christus** po Kristovi, nášho letopočtu
nach|datieren 1 napísať dodatočne dátum **2** napísať neskorší dátum, postdatovať
nachdẹm 1 keď **2** podľa toho, potom
nach|denk|en* (*dachte nach, h. nachgedacht*) premýšľať, uvažovať (*über etw* o čom); **–lich** zamyslený
r Nachdruck[1] (*(e)s, 0*) dôraz; ~ *auf etw legen* klásť dôraz na čo
r Nachdruck[2] (*(e)s, e*) **1** dotlač; ~ *verboten**! kopírovanie zakázané! **2** polygr. dotlač
nachdrücklich dôrazný, energický
nach|eifern napodobňovať, vyrovnať sa (*j-m in etw* s D komu v čom)
nach|einạnder po sebe, za sebou, jeden po druhom
nach|empfinden* (*empfand nach, h. nachempfunden*) znovu precítiť; *j-m* ~ cítiť s kým
r Nachen (*s,* ≈) čln
e Nach|erzählung (≈, *en*) reprodukcia, prerozprávanie
r Nachfahr (*s* al. *en, en*) potomok
e Nachfolg|e (≈, *0*) **1** nástupníctvo

2 prevzatie funkcie po kom **3** poradie, postupnosť; **–en** (*i.*) nasledovať (*j-m* koho); **r –er** (*s,* ≈) následník, nástupca

nach|forsch|en pátrať, skúmať; **e –ung** (≈, *en*) pátranie, prešetrovanie

e Nachfrage (≈, *n*) **1** ekon. dopyt (*nach etw* po čom); *nach dieser Ware herrscht starke* ~ po tomto tovare je veľký dopyt **2** otázka, opýtanie sa; *ich danke für die* ~ ďakujem za opýtanie; **~n** pýtať sa (*nach j-m/etw* na koho/čo); *nach einer Ware ~n* pýtať sa na istý tovar al. zháňať istý tovar

nach|füllen znovu naplniť, doplniť

nach|geben* (*i; a, h. e*) **1** dodať, pridať; *sich noch etwas Suppe* ~ pridať si ešte polievku **2** povoliť, ustúpiť; *j-m an etw nicht* ~ nepoddať sa komu v čom, vyrovnať sa komu v čom

e Nachgebühr (≈, *en*) dodatočný poplatok, doplatok

nach|gehen* (*ging nach, i. nachgegangen*) **1** sledovať, ísť za (*j-m/etw* kým/čím); *dem Schallen* ~ ísť podľa zvuku **2** venovať sa; *der Arbeit* ~ venovať sa práci **3** meškať; *die Uhr geht nach* hodiny meškajú

r Nachgeschmack (*(e)s, 0*) chuť, príchuť, pachuť; *bitterer* ~ horká príchuť i obraz.

nachgiebig 1 poddajný, pružný **2** obraz. povoľný, ústupný; **e ~keit** (≈, *0*) **1** poddajnosť, pružnosť **2** obraz. povoľnosť, ústupčivosť

r Nachhall (*(e)s, 0*) **1** ozvena **2** obraz. ohlas; *einen ~ finden** mať ohlas

nachhaltig trvalý, stály, dôsledný

r Nachhang (*(e)s, ≈e*) dodatok; *im* ~ v dodatku

nach|helfen* (*i, a, h. o*) pomôcť, napomáhať

nachhẹr potom, neskôr; *bald* ~ skoro potom

e Nachhilfe (≈, *n*) pomoc, prispenie; **e ~stunde** (≈, *n*) súkromná hodina, kondícia

nach|holen dohnať, dobehnúť; *die versäumte Arbeit* ~ dohnať zmeškanú prácu

r Nachklang (*(e)s, ≈e*) **1** dozvuk, ozvena **2** obraz. spomienka, pamiatka

r Nachkomme (*n, n*) potomok

nach|kommen* (*kam nach, i. o*) **1** prísť po kom, prísť neskoršie **2** dohnať **3** stačiť; *ihm kommt niemand nach* naňho nikto nestačí **4** poslúchnuť, splniť, vyhovieť; *einem Wunsch* ~ splniť prianie **5** prísť dodatočne; **e ~schaft** (≈, *en*) potomstvo, potomkovia

e Nachkriegszeit (≈, *en*) povojnové obdobie

r Nach|laß <...ss> (*lasses, lasse* al. *lässe*) **1** ochabnutie **2** odkaz, dedičstvo, **3** pozostalosť; *Werke aus seinem* ~ diela z jeho pozostalosti **4** zľava, oslobodenie od daní; **–|lassen*** (*ä; ließ nach, h. a*) **1** povoliť, uvoľniť lano, skrutku **2** slabnúť, ustať, zmierniť **3** zľaviť z ceny **4** upustiť (*in etw* od čoho); **–lässig** nedbalý; *sie kleidet sich –lässig* oblieka sa nedbalo; **e –lässigkeit** (≈, *en*) nedbalosť

e Nachlese (≈, *n*) **1** paberkovanie, paberky; ~ *halten** paberkovať **2** lit. dodatočný výber básní ap.

nach|machen 1 napodobňovať **2** falšovať **3** robiť dodatočne, doháňať zameškané; *j-s Unterschrift* ~ falšovať niečí podpis

r Nachmittag (*(e)s, e*) popoludnie; čas. *am* ~ poobede, popoludní

e Nachnahme (≈, *n*) dobierka; *per* ~ na dobierku

nach|prüf|en preskúšať, preskúmať; **e –ung** (≈, *en*) **1** preskúšanie, preskúmanie **2** dodatočná skúška

nach|rechnen prepočítať, prerátať, skontrolovať

e Nachrede (≈, *n*) **1** doslov, epilóg **2** ohováranie; *eine üble* ~ sprosté ohováranie

e Nachricht (≈, *en*) správa, oznámenie; *j-m über etw ~ geben* dať komu správu o čom, vyrozumieť koho

MNO

o čom
e Nachrichten|agentur (≈, *en*) spravodajská agentúra; **r –dienst** (*es, e*) **1** spravodajstvo **2** voj. spravodajská, výzvedná služba; **e –sendung** (≈, *en*) spravodajská relácia, vysielanie správ; **e –technik** (≈, *0*) oznamovacia technika
r Nach|ruf (*(e)s, e*) nekrológ; **r –ruhm** (*(e)s, 0*) posmrtná sláva
nach|sagen 1 hovoriť, opakovať (*j-m etw* čo po kom) **2** hovoriť za chrbtom, šíriť (*j-m etw* čo o kom); *man sagt ihm Hochmut nach* hovorí sa, že je pyšný
nach|schicken poslať za kým, poslať dodatočne (*j-m etw* komu čo)
nach|schlagen 1 (*ä; u, h. a*): *in einem Buch ~* pozrieť sa do knihy, vyhľadať niečo v knihe **2** (*ä; u, i. a*) podobať sa, byť po kom; *er ist der Mutter nachgeschlagen* je po matke
s Nachschlage|buch (*(e)s, ≈er*), **s –werk** (*(e)s, e*) príručka, encyklopédia
nach|schleichen* (*i, i. i*) zakrádať sa (*j-m* za kým)
r Nachschlüssel (*s,* ≈) pakľúč
e Nachschrift (≈, *en*) **1** písanie podľa predlohy, diktátu **2** poznámky **3** post scriptum
r Nachschub (*(e)s, ≈e*) **1** zásobovanie, prísun, dopĺňanie zásob, dodatočná al. ďalšia dodávka **2** voj. prísun, dodávka, dovezená munícia **3** pridanie jedla, hovor. dupľa
nach|sehen* (*ie; a, h. e*) **1** pozerať sa (*j-m* za kým) **2** prezrieť si; *die Korrektur ~* prezrieť korektúru **3** odpúšťať, prepáčiť; *ich sehe es dir nach* odpúšťam ti to
nach|setzen (*h.*) prisadiť, pridať, klásť čo za čo; **~** (*i.*) prenasledovať (*j-m* koho)
e Nachsicht (≈, *0*) **1** strpenie, pozhovenie, benevolencia; *mit j-m ~ haben* al. *üben* mať strpenie s kým **2** prepáčenie, odpustenie; **ohne ~** neúprosne; **~ig** zhovievavý, mierny
nach|sitzen* (*saß nach, h. nachgesessen*) zostať po škole
r Nachsommer (*s,* ≈) neskoré leto, babie leto
e Nachspeise (≈, *n*) zákusok, dezert
s Nachspiel (*(e)s, e*) dohra šport. i obraz.; *das wird noch ein ~ haben* to bude mať ešte dohru
nächst 1 PREDL s D blízko, nablízko **2** PR M najbližší, budúci; *der ~e Weg* najbližšia, najkratšia cesta; *am nächsten* najbližšie; **~best** najbližší; **r ~beste** (*n, n*) ktokoľvek, ktorýkoľvek; **~folgend** najbližšie nasledujúci, nasledujúci v poradí; **~liegend** najbližšie položený, najbližší
r Nächste (*n, n*) **1** blížny **2** ďalší v poradí
nach|stehen* (*stand nach, h./i. nachgestanden*) **1** stáť za kým/čím **2** nevyrovnať sa (*j-m* komu); **~d** ďalej, nižšie uvedený
nach|stellen 1 postaviť, dať za čo **2** nastaviť, dať do poriadku, regulovať **3** podsúvať (*j-m etw* komu čo) **4** uchádzať sa o dievča, chodiť za dievčaťom
e Nächstenliebe (≈, *0*) láska k blížnemu
nach|suchen 1 hľadať, pátrať **2** (po)žiadať (*um etw* o čo); *um Asyl ~* požiadať o azyl
e Nacht (≈, *≈e*) noc; *in der ~* v noci; *bei Tag und ~* vo dne v noci; *~ für ~* noc čo noc
r Nachteil (*(e)s, e*) nevýhoda, i šport. hendikep; *zum ~ von j-m* na úkor koho; **~ig** nepriaznivý, nevýhodný
s Nacht|essen (*s,* ≈) večera
r Nachtfalter (*s,* ≈) nočný motýľ
s Nachtgeschirr (*(e)s, e*) nočník
s Nachthemd (*(e)s, en*) nočná košeľa
e Nachtigall (≈, *en*) slávik
nächtigen prespať, prenocovať
r Nachtisch (*(e)s, 0*) zákusok, dezert
nächtlich nočný; *zu ~er Zeit* v noci

s Nachtlokal (*(e)s, e*) nočný podnik
r Nach|trag (*(e)s, ⸚e*) dodatok, doplnok; **–|tragen*** (*ä; u, h. a*) **1** niesť za (*j-m* kým) **2** dodatočne vykonať, doplniť **3** zazlievať, dať pocítiť; *j-m etw –tragen* zazlievať komu čo; **–träglich** dodatočný, neskorší; **–trägerisch** **1** pomstychtivý **2** škodoradostný
nach|trauern trúchliť (*j-m* za kým)
e Nacht|ruhe (*≈, 0*) nočný pokoj; **–s** v noci; **r –schatten** (*s, ≈*) **1** nočný tieň **2** bot. ľuľok; **e –schicht** (*≈, en*) nočná zmena
r Nachtspeicher|ofen (*s, ⸚*) elektrické akumulačné kachle
r Nachttisch (*es, e*) nočný stolík
r Nachtwandler (*s, ≈*) námesačník
nach|wachsen* (*ä; u, i. o*) dorastať, odrastať
e Nachwehen MNČ **1** popôrodné bolesti **2** obraz. nepríjemné následky
r Nachweis (*es, e*) **1** dôkaz; *ein unwiderlegbarer ~* nezvratný dôkaz; *den ~ erbringen/führen* podať dôkaz, dokazovať **2** doklad; **~bar** (do)preu|kázateľný; **~en*** (*ie, h. ie*) (do)preu|kázať, doložiť; *j-m etw ~en* dokázať komu čo; **~lich** (do)preu|kázateľný
nach|wirken 1 ďalej pôsobiť **2** dodatočne al. neskoršie pôsobiť; **e –wirkung** (*≈, en*) dôsledok, následok, neskoršie pôsobenie
s Nachwort (*(e)s, e*) doslov
r Nachwuchs (*es, ⸚e*) **1** dorast, potomstvo **2** dorastanie **3** bot. výhonok **4** obraz. i šport. dorast ako veková kategória
nach|zahlen doplatiť, priplatiť, **e –zahlung** (*≈, en*) doplatok, príplatok
nach|ziehen[1]* (*z og nach, h. nachgezogen*) **1** dotiahnuť čiaru, skrutku **2** ťahať za sebou
nachziehen[2]* (*zog nach, i. nachgezogen*) sťahovať sa (*j-m* za kým)
r Nachzügler (*s, ≈*) oneskorenec
r Nacken (*s, ≈*) šija, tylo; **r ~schlag** (*(e)s, ⸚e*) **1** rana do tyla **2** obraz. rana osudu
nackt 1 holý, nahý, neoblečený **2** lysý, bez porastu **3** obraz. prázdny, nezdobený; *die ~e Wahrheit* holá pravda; **e ~heit** (*≈, 0*) nahota, obnaženosť
e Nadel (*≈, n*) **1** ihla na šitie, magnetická ap., ihlička, ihlica pletacia, špendlík **2** osteň, bodliak, špička; *~n* MNČ ihličie; **wie auf den ~n sitzen** sedieť ako na ihlách; **s ~kissen** (*s, ≈*) vankúšik na ihly; **s ~|öhr** (*(e)s, e*) ucho ihly; **r ~stich** (*(e)s, e*) **1** pichnutie ihlou, špendlíkom **2** steh **3** strelka na kompase, ručička **4** obraz. uštipačnosť; **r ~wald** (*(e)s, ⸚er*) ihličnatý les
r Nagekäfer (*s, ≈*) červotoč
r Nagel (*s, ⸚*) **1** klinec **2** necht; obraz. *an den ~ hängen* zavesiť na klinec; **e ~feile** (*≈, n*) pilník, pilníček na nechty; **r ~lack** (*(e)s, e*) lak na nechty; **r ~lack|entferner** (*s, ≈*) odlakovač; **~n** **1** pribíjať klincami **2** zaklincovať
nagelneu hovor. celkom nový; novučičký
e Nagelschere (*≈, n*) nožnice na nechty
nage|n (o)hlodať i obraz.; **s –tier** (*(e)s, e*) hlodavec
nah, nahe 1 PR M blízky **2** PRÍSL blízko; *von ~ und fern* zblízka i zďaleka; obraz. *~(e) daran sein* byť blízko toho; **der Nahe Osten** Blízky východ; **j-m zu ~(e) treten*** uraziť koho, dotknúť sa koho; **e ~|aufnahme** (*≈, n*) fot. záber, snímka zblízka
e Nähe (*≈, 0*) blízkosť; *in der ~* blízko; *aus der ~* zblízka
nahebei 1 blízko, nablízku **2** skoro, takmer
nahe|gehen* <**nahe gehen**> (*ging nahe, i. nahegegangen*) dojímať, pripúšťať
nahe|legen <**nahe legen**> odporúčať, naznačiť
nahe|liegen* <**nahe liegen**> (*a, h. e*) byť ľahko dosiahnuteľný, zrozumiteľný; **~d** ľahko pochopiteľný, zrozumiteľný
nahen (*i.*) **sich ~** (pri)blížiť (sa)
nähen 1 (u)šiť **2** lek. (za)zo|šiť

näher 1 PR M bližší **2** PRÍSL bližšie; **s ~e** (*n, 0*) bližšie podrobnosti al. informácie

e Näher|ẹi (*≈, en*) šitie; **e –in** (*≈, nen*) krajčírka

näher|kommen* <**näher kommen**> (*a, i. o*) zblížiť sa; **sich ~ 1** priblížiť sa **2** zblížiť sa

nahe|stehen* <**nahe stehen**> (*stand nahe, h. nahegestanden*) byť blízky, dôverný; **~d** <**nahe stehend**> dôverný

nahezu takmer, skoro

s Näh|garn (*(e)s, e*) priadza na šitie; **e –maschine** (*≈, n*) šijací stroj; **e –nadel** (*≈, n*) ihla na šitie

nähren živiť, kŕmiť; obraz. *eine Hoffnung ~* živiť nádej

nahr|haft výživný; **e –ung** (*≈, 0*) výživa, strava

s Nahrungs|mittel (*s, ≈*) potravina; **e ~|industrie** (*≈, 0*) potravinársky priemysel; **r –stoff** (*(e)s, e*) živina

r Nährwert (*(e)s, e*) výživná hodnota, výživnosť

e Naht (*≈, ≈e*) šev, švík, steh i lek.; **~los** bezošvý, bezšvíkový

r Nahverkehr (*s, 0*) miestna doprava

naịv naivný, dôverčivý; **e ~ität** […v…] (*≈, 0*) naivita, dôverčivosť

r Name (*ns, n*) **1** meno; *dem ~n nach* podľa mena; *im ~n* v mene **2** priezvisko **3** názov **4** povesť; *seinen ~n haben* mať meno, mať dobrú povesť

namen|s v mene; **r ~tag** (*(e)s, e*) meniny; **–tlich 1** menovitý **2** predovšetkým, najmä

namhaft 1 slávny, známy, uznávaný, vynikajúci **2** podstatný, veľký, značný

nämlich 1 SPOJ totiž **2** zast. ten istý; der **~e** *Satz* tá istá veta

nanu! vyjadruje údiv je to možné! preboha!

r Napf (*(e)s, ≈e*) **1** hlinená misa, hrniec **2** bot. šešuľa

r Napfkuchen (*s, ≈*) bábovka

e Narb|e (*≈, n*) **1** jazva **2** bot. blizna; **–ig** zjazvený

e Narkọse (*≈, n*) narkóza

r Narr (*en, en*) **1** blázon, šialenec **2** šašo **3** hlupák; hovor. *einen ~en an j-m gefressen haben* byť zbláznený do koho; *zum ~en halten* mať koho za blázna; **~en** blázniť, mať za blázna (*j-n* koho); **s ~enhaus** (*es, ≈er*) hovor. blázinec; **e ~heit** (*≈, en*) šašovstvo, samopašnosť

e Närr|in (*≈, nen*) bláznivá žena; **–isch 1** bláznivý, samopašný **2** nesmierny, obrovský

e Narzịsse (*≈, n*) narcis

nasch|en maškrtiť; **–haft** maškrtný

e Nase (*≈, n*) nos; *der ~ nach* rovno za nosom; *j-m etw unter die ~ reiben* strčiť komu čo pod nos; obraz. *die ~ hoch tragen* byť namyslený, byť horenos; *durch die ~ reden* huhňať; **die ~ voll von etw haben** mať čoho plné zuby

s Nasen|bluten (*s, 0*) krvácanie z nosa; **s –loch** (*(e)s, ≈er*) nosná dierka; **e –wurzel** (*≈, n*) koreň nosa

naseweis bezočivý, neskromný, všetečný

s Nashorn (*(e)s, ≈er* al. *e*) nosorožec

naß <**...ss**> **1** mokrý **2** premočený, premoknutý **3** vlhký; *durch und durch ~* do nitky premoknutý; *~ machen* namáčať; *~ werden* zmoknúť

s Naß <**...ss**> (*Nasses, 0*) **1** nápoj, hovor. mok **2** tekutina

e Nässe (*≈, 0*) mokro, mokrosť, vlhkosť; **~n 1** kniž. namáčať, zvlhčovať **2** močiť, pomočiť sa; *das Bett ~n* pomočiť sa do postele o deťoch **3** lek. mokvať

naßkalt <**...ss...**> sychravý

e Natiọn (*≈, en*) národ; *Vereinte ~en* Spojené národy

nationạl národný, nacionálny, národnostný; **e ~hymne** (*≈, n*) štátna hymna; **e ~isịerung** (*≈, en*) znárodnenie, zoštátnenie; **r ~ismus** (*≈, ismen*) nacionalizmus; **~ịstisch** nacionalistický; **e ~ität** (*≈, en*) národnosť; **e ~ökonomie** (*≈, 0*) národné hospodárstvo;

r ~rat (*(e)s, 0*) národná rada; **r ~sozialismus** (*≈, 0*) národný socializmus, nacizmus; **e ~versammlung** (*≈, 0*) Národné zhromaždenie

e NATO (*≈, 0*) NATO, Severoatlantický pakt; **s ~land** (*es, ¨er*) členská krajina NATO

s Natrium (*s, 0*) sodík

s Natron (*s, 0*) bikarbonát sodný, jedlá sóda; **e ~lauge** (*≈, n*) luh sodný

e Natter (*≈, n*) užovka; **eine ~ am Busen hegen/nähren** chovať si hada na prsiach

e Natụr (*≈, en*) **1** len JČ príroda **2** prirodzenosť, povaha, hovor. nátura; *das liegt in seiner ~* má to v povahe; *zur zweiten ~ werden* stať sa druhou prirodzenou vlastnosťou; **e ~ạl|ịen** MNČ naturálie, naturálne (poľnohospodárske) plodiny; **r ~alịsmus** (*≈, 0*) naturalizmus; **e ~erscheinung** (*≈, en*) prírodný úkaz, prírodný jav; **e ~farbe** (*≈, n*) prírodná, prirodzená farba; **~gemäß** prirodzený; **s ~gesetz** (*es, e*) prírodný zákon; **e ~katastrophe** (*≈, n*) prírodná katastrofa

natürlich 1 prírodný, prirodzený **2** nenútený, prostý **3** PRÍSL prirodzene, samozrejme, pravdaže; **e ~keit** (*≈, 0*) prirodzenosť

s Natur|produkt (*s, e*) prírodný produkt; **s –reich** (*(e)s, 0*) ríša prírody; **s –schutzgebiet** (*(e)s, e*) prírodná chránená oblasť, prírodná rezervácia; **e –wissenschaften** MNČ prírodné vedy; **r –wissenschaftler** (*s, ≈*) prírodovedec; **r –zustand** (*(e)s, 0*) len JČ prirodzený, pôvodný stav

r Nazi (*s, s*) nacista

n. Chr. al. **n. Chr. G.** skr. **Nach Christus, nach Christo** al. **nach Christi Geburt** po Kristovi, nášho letopočtu

r Nebel (*s, ≈*) **1** hmla; *dichter ~* hustá hmla **2** obraz. mrákoty **3** hmlovina; **~ig** hmlovitý, hmlistý, zahmlený; **r ~scheinwerfer** (*s, ≈*) hmlovka reflektor

neben 1 PREDL s D na otázku kde? vedľa, pri; *~ dem Vater sitzen* sedieť vedľa otca/pri otcovi **2** PREDL s A na otázku kam? vedľa, k, ku; *sich ~ den Vater setzen* sadnúť si k otcovi; **~|an** vedľa

r Neben|anschluß <...ss> (*schlusses, schlüsse*) pobočná prípojka telefónu

nebenbei 1 okrem toho, okrem iného **2** mimochodom

e Nebenbeschäftigung (*≈, en*) vedľajšie zamestnanie

r Nebenbuhler (*s, ≈*) sok, súper, konkurent

neben|einander vedľa seba; **~legen** <**~ legen**> položiť vedľa seba, porovnávať

r Neben|eingang (*(e)s, ¨e*) vedľajší vchod

s Nebenfach (*(e)s, ¨er*) vedľajší študijný odbor

r Nebenfluß <...ss> (*flusses, flüsse*) prítok

s Nebengeräusch (*es, e*) rušivý zvuk, hluk

nebẹnher, nebenhịn len tak, mimochodom

e Nebenkosten MNČ vedľajšie náklady, vedľajšie výdavky

s Nebenprodukt (*(e)s, e*) **1** vedľajší produkt, výrobok **2** odpad

e Nebenrolle (*≈, n*) vedľajšia rola

e Nebensache (*≈, n*) vedľajšia vec; *das ist ~* to je vedľajšie, to nie je dôležité; **~sächlich** nepodstatný, podružný, bezvýznamný

e Nebenstraße (*≈, n*) **1** vedľajšia, bočná ulica **2** odbočka

neblig hmlovitý, hmlistý, nejasný

nebst PREDL s D **1** okrem **2** vedno, spolu s, i s kým, čím; *~ Zubehör* i s príslušenstvom

neck|en doberať si, prekárať sa; **e –erẹi** (*≈, en*) prekáranie, zapáranie; **–isch** prekáravý, podpichujúci

r Neffe (*n, n*) synovec

negatịv záporný, negatívny

s Negatịv (*s, e*) fot. negatív

r Neger (*s, ≈*) hanl. černoch, neger

negịeren popierať, odmietať, negovať

nehmen* (*i; a, h. o*) brať, vziať; *die Arznei täglich ~* brať, užívať denne liek; *man nehme 2 Eier…* vezmeme 2 vajcia…; *sich an j-m Beispiel ~* vziať si príklad z koho; **an sich ~ 1** vziať k sebe do úschovy **2** osvojiť si, privlastniť si; **zu sich ~** najesť sa, napiť sa; **sich die Zeit ~** nájsť si čas

r Neid (*(e)s, 0*) závisť, nežičlivosť; *der bleiche ~* bledá závisť; *grün und gelb vor ~ werden* blednúť závisťou; **~en** závidieť; **r ~er** (*s, ≈*) závistlivec, nežičlivec; **~isch** závistlivý

e Neige (*≈, n*) **1** sklon, svah, spád **2** koniec; *an der ~ des Jahres* na sklonku roka **3** zvyšok; *ein Glas bis zur ~ trinken* vypiť pohár až do dna

neig|en 1 skloniť, nahnúť **2** schyľovať sa; *zu etw ~* byť náchylný, mať sklon k čomu; **sich ~** skláňať sa (*über etw* nad čím); **e –ung** (*≈, en*) **1** sklonenie, sklon, spád, svah **2** náchylnosť, sklon, dispozícia **3** náklonnosť, sympatia **4** fyz. inklinácia

nein nie

e Nelke (*≈, n*) **1** klinček kvet **2** klinček korenie

nennen* (*nannte, h. genannt*) menovať, nazvať, volať koho, čo; *j-n einen Feigling ~* vynadať komu do zbabelcov; **sich ~** volať sa

nennenswert pozoruhodný, stojí za zmienku

r Nenner (*s, ≈*) mat. menovateľ; *auf einen gemeinsamen ~ bringen* nájsť spoločného menovateľa

r Nennwert (*(e)s, e*) nominálna hodnota

s Neon (*s, 0*) neón; **s ~licht** (*(e)s, e*) neónové svetlo, neón reklamný pútač; **e ~röhre** (*≈, n*) neónová žiarivka

r Nerv (*s, en*) **1** nerv; *der herumschweifende ~* blúdivý nerv **2** nervy, nervový systém; obraz. *j-m auf die ~en gehen* ísť komu na nervy; *die ~en verlieren* prestať sa ovládať

s Nerven|bündel (*s, ≈*) **1** lek. zväzok nervov **2** obraz. klbko nervov o človeku; **e –heil|anstalt** (*≈, en*) liečebný ústav pre nervové choroby; **–krank** nervovo chorý; **–schwach** chorý na nervy; **s –system** (*s, e*) nervová sústava; **r –zusammenbruch** (*(e)s, ≈e*) nervové zrútenie

nervig 1 silný, energický, napätý **2** otravný, vyčerpávajúci o človeku

nervlich nervový; *ein ~ bedingter Fieberfrost* nervová zimnica

nervös [nerˈvø̱ːs] nervózny, nepokojný, podráždený

r Nerz (*es, e*) norka

e Nessel (*≈, n*) **1** bot. žihľava **2** lek. žihľavka; obraz., hovor. **sich in die ~n setzen** dostať sa do ťažkostí, do šlamastiky

s Nest (*(e)s, er*) **1** hniezdo **2** brloh, tajný úkryt; *ein elendes ~* zapadákov **3** obraz. hovor. neupravené vlasy **4** hovor. posteľ; **s ~häkchen** (*s, ≈*) **1** maznáčik **2** najmladšie dieťa

nett 1 milý, láskavý, sympatický, priateľský človek **2** pekný, úhľadný o veci

netto čistá váha, netto

s Netz (*es, e*) **1** sieť i odb., obraz.; *ein ~ auswerfen** rozhodiť siete; *ein ~ von Straßen* sieť ulíc; **j-m ins ~ gehen** sadnúť komu na lep, dať sa dobehnúť

r Netz|anschluß <…ss> (*schlusses, schlüsse*) elektrické pripojenie k sieti, sieťový prípoj

e Netzhaut (*≈, ≈e*) lek. sietnica

e Netzkarte (*≈, n*) voľný cestovný lístok

r Netzmagen (*s, ≈*) zool. čepiec žalúdok prežúvavcov

neu 1 nový, neznámy **2** mladý, čerstvý; *~er Salat* mladý šalát **3** novodobý, súčasný **4** neskúsený; **~|artig** nový; **e ~|auflage** (*≈, n*) nové vydanie; **r ~bau** (*(e)s, ≈Neubauten*) novostavba

neuer|dings 1 nedávno, prednedávnom, v poslednom čase **2** juhonemecky znova; **–lich** nový, opätovný, opakujúci sa; **e –ung** (*≈, en*) novota, novinka

MNO

e **Neugier** (≈, *0*) zvedavosť; **~ig** zvedavý
e **Neu|heit** (≈, *en*), e **–igkeit** (≈, *en*) novota, novinka
s **Neujahr** (*s, 0*) nový rok; *prosit ~!* Šťastný nový rok!
neulich 1 PR M nedávny **2** PRÍSL prednedávnom, v poslednom čase
r **Neumond** (*(e)s, e*) nov, nový mesiac
neun deväť; **~fach** deväťnásobný, **~fältig** devätoraký; **~mal** deväťkrát; **~zehn** devätnásť; **~zig** deväťdesiat
e **Neuregelung** (≈, *en*) nová úprava
e **Neuro|se** (≈, *n*) lek. neuróza; r **–tiker** (*s,* ≈) neurotik; **–tisch** neurotický
s **Neusilber** (*s, 0*) alpaka, niklová mosadz
neutral 1 nestranný, nezúčastnený, neutrálny **2** chem. neutrálny **3** nevýrazný, neurčitý; **~isieren** neutralizovať; e **~ität** (≈, *0*) neutralita, neutrálnosť
r **Neuwert** (*(e)s, e*) nová hodnota
e **Neuzeit** (≈, *0*) novovek; **~lich** novodobý, moderný
nicht nie, ne-, nič; *~ mehr* už nie; *nicht ~ und ~ weniger als…* o nič viac a o nič menej ako…; *das ist ~ möglich* to nie je možné; **~ einmal** ne- ani; *sie kann ~ einmal lesen* nevie ani len čítať; **~ wahr?** však?
r **Nicht|angriffspakt** (*(e)s, e*) pakt o neútočení
e **Nichtbefolgung** (≈, *0*) neuposlúchnutie
e **Nichte** (≈, *n*) neter
e **Nicht|einhaltung** (≈, *0*) nedodržanie
e **Nicht|einmischung** (≈, *0*) nezasahovanie
nichtig práv. neplatný; *etw ~ machen* zmariť, znemožniť čo; *etw für ~ erklären* vyhlásiť čo za neplatné; e **~keit** (≈, *en*) práv. neplatnosť
nicht|leitend <**– leitend**> fyz. nevodivý kov
r **Nichtraucher** (*s,* ≈) nefajčiar
nicht|rostend <**– rostend**> nehrdzavejúci
nichts nič; *er sieht ~* nič nevidí; *aus ~ wird ~* z ničoho nič nie je; *das macht ~* to nič, to neprekáža; *für/um ~ und wieder ~* pre nič za nič; *mir ~, dir ~* akoby nič; *nichts für ungut* nemajte mi to za zlé
s **Nichts** (≈, *0*) nič, ničotnosť
nichtsdestoweniger SP aj napriek tomu, predsa
r **Nichtsnutz** (*es, e*) darebák, ničomník; **~nutzig 1** darebný, bezcharakterný **2** neužitočný, nepotrebný
nichtsdagend <**~ sagend**> nič nehovoriaci
s **Nichtstun** (*s, 0*) povaľačstvo
s **Nichtvorhandensein** (*s, 0*) neexistencia, nedostatok
nichtzutreffend nehodiaci sa; *~es ist zu streichen!* nehodiace sa prečiarknite
s **Nickel** (*s, 0*) nikel
nicken 1 kývnuť hlavou **2** hovor. driemať, pospať si; *einen Nickerchen halten* krátko si pospať cez deň
nie nikdy; *~ wieder* už nikdy viac; *~ und nimmer!* už nikdy viac!
nieder 1 PRÍSL dolu **2** PR M nízky, malý, spodný, dolný
nieder|brennen* 1 (*a, h. a*) spáliť, vypáliť **2** (*a, i. a*) zhorieť, vyhorieť
r **Nieder|druck** (*(e)s, ≈e*) tech. nízky tlak; **–drücken 1** tlačiť dole **2** obraz. utláčať, deprimovať
r **Nieder|gang** (*(e)s, ≈e*) **1** klesanie **2** zrútenie, spustenie lavíny ap. **3** obraz. úpadok, pokles, rozpad, zánik ríše ap.; **–gehen*** (*i, i, a*) **1** ísť dolu, zostúpiť **2** spustiť sa o daždi; *der Vorhang geht nieder* opona padá
niedergeschlagen skleslý, skľúčený; e **~heit** (≈, *0*) skleslosť, skľúčenosť
e **Niederlage** (≈, *n*) porážka, prehra
nieder|lassen* (*ie, h. a*) spustiť; **sich ~* 1** sadnúť si **2** spustiť sa, zletieť, zoskočiť **3** usídliť sa; e **~lassung** (≈,

en) 1 osada 2 pobočka, filiálka
nieder|legen 1 položiť **2** zložiť funkciu, vzdať sa; *die Waffen ~* voj. zložiť zbrane, vzdať sa **3** zastaviť prácu pri štrajku **4** zapísať čo; **sich ~** ľahnúť si
r **Niederschlag** (*(e)s, ≈e*) **1** zrážky MNČ; *örtlich ~e* miestami zrážky **2** chem. usadenina, zrazenina **3** šport. nízky úder v boxe **4** obraz. účinok; *einen ~ finden* prejaviť sa; **~en*** (*ä; u, h. a*) **1** zraziť, zabiť **2** sklopiť oči **3** potlačiť vzburu **4** znížiť teplotu ap.
e **Niederschrift** (≈, *en*) **1** spísanie **2** zápis, protokol
niederträchtig podlý, hanebný
e **Niederung** (≈, *en*) nížina, dolina
niedlich nežný, pôvabný; e **~keit** (≈, *en*) pôvabnosť, nežnosť
r **Niednagel** (*s, ≈*) záder na prste
niedrig 1 PR M nízky, malý, nepatrný **2** obraz. nízky, nemorálny **3** PRÍSL nízko; e **~keit** (≈, *en*) **1** nízka poloha **2** nízkosť, nemorálnosť
niemals nikdy
niemand nikto; s **~sland** (*(e)s, 0*) zem nikoho
e **Niere** (≈, *n*) oblička
r **Nierenbraten** (*s, ≈*) obličky pečené, obyčajne teľacie
e **Nieren|entzündung** (≈, *en*) lek. zápal obličiek; r **–stein** (*(e)s, e*) lek. obličkový kameň
nieseln mrholiť, popŕchať; *es nieselt* mrholí
niesen kýchať
e **Niete**[1] (≈, *n*), r **Niet** (*(e)s, e*) nit
e **Niete**[2] (≈, *n*) žreb, ktorý nevyhráva
s **Nikotin** (*s, 0*) nikotín; **~frei** bez nikotínu; e **~vergiftung** (≈, *en*) otrava nikotínom
s **Nilpferd** (*(e)s, e*) hroch obojživelný
nimmer hovor. nikdy; r **~satt** (*(e)s, e*) hovor. nenažranec; s **~wiedersehen**: *auf ~* zbohom navždy
nippen 1 odchlipnúť, odpiť, ochutnať **2** sŕkať
nirgends, **nirgendwo** nikde
e **Nische** (≈, *n*) výklenok
nist|en hniezdiť; r **–kasten** (*s, ≈* al. *≈*) vtáčia búdka
s **Nitrat** (*(e)s, e*) chem. dusičnan, nitrát
nitros nitrózny; *~e Gase* nitrózne plyny
s **Nitrumsalz** (*es, 0*) liadok
s **Niveau** [ni'vo:] (*s, s*) úroveň i obraz.
e **Nixe** (≈, *n*) morská panna
n. J. skr. **nächsten Jahres** budúci rok
n. M. skr. **nächsten Monats** budúci mesiac
No. skr. **das Numero** číslo
nobel vznešený, ušľachtilý, hovor. nóbl
noch 1 PRÍSL ešte; *~ nicht* ešte nie; *~ immer* al. *immer ~* ešte stále; *~ heute* ešte dnes; *~ zweimal größer* ešte dvakrát taký veľký **2** SP ani; *weder…, ~…* ani…, ani…; **~malig** opätovný; **~mals** ešte raz
e **Nocke** (≈, *n*) knedlička v polievke, väčšinou MNČ; s **~rl** (s, *≈/n*) rak. MNČ halušky
r **Nomade** (*n, n*) nomád, kočovník
e **Nomenklatur** (≈, *en*) názvoslovie, nomenklatúra
nominal 1 nominálny, menovitý **2** menný; r **~betrag** (*(e)s, ≈e*) nominálna čiastka; r **~wert** (*(e)s, e*) nominálna hodnota
r **Nominativ** (*s, e*) gram. nominatív
nominell nominálny
e **Nonne** (≈, *n*) **1** mníška **2** zool. mníška obyčajná
s **Nonnen|kloster** (*s, ≈*) ženský kláštor; e **–vorsteherin** (≈, *nen*) predstavená kláštora, abatiša
r **Nonsens** (*≈* al. *es, 0*) nezmysel, nonsens
r **Nord** (*(e)s, 0*), r **Norden** (*s, 0*) **1** sever **2** bás. severák
r **Nord|atlantikpakt** (*es, 0*) Severoatlantický pakt
nordisch nordický, severský
nördlich severný; *~ von…* severne od…
r **Nordpol** (*s, 0*) severný pól
r **Nordstern** (*(e)s, 0*) Polárka
nordwärts na sever

e Nörg|elẹi (≈, *en*) nespokojnosť, šomranie, hundranie; **–eln** šomrať, hundrať; **r –ler** (*s*, ≈) hovor. hundroš, frfloš
e Norm (≈, *n*) **1** pravidlo, norma **2** norma, povinný výkon; **r ~be|arbeiter** (*s*, ≈) normovač; **e ~stunde** (≈, *n*) normohodina
normạl 1 pravidelný, zvyčajný, normálny **2** predpísaný, stanovený **3** mat. normálny, kolmý; **~isịeren** normalizovať, stanoviť normy; **e ~isịerung** (≈, *en*) normalizácia, stanovenie noriem
e Nọrne (≈, *n*) mytologicky sudička
e Not (≈, *≈e*) **1** len JČ bieda, chudoba; obraz. *~ macht erfinderisch* bieda všetkému naučí **2** ťažkosť, tieseň, nebezpečenstvo; *zur ~ geht es auch so* prinajhoršom to pôjde aj takto; **aus der ~ eine Tugend machen** urobiť z núdze cnosť; **mit Mühe und ~** ledva, horko-ťažko; **mit knapper ~** len-len
r Notar (*s*, *e*) notár; **~iẹll** notársky; *~iell beglaubigt* notársky overený
r Not|ausgang (*(e)s*, *≈e*) núdzový východ; **r –behelf** (*s*, *e*) núdzové riešenie; **e –bremse** (≈, *n*) záchranná brzda
e Not|durft (≈, *0*) telesná potreba; **–dürftig** núdzový, prechodný
e Note (≈, *n*) **1** nota; *in ~n setzen* zapísať do nôt, zhudobniť **2** diplomatická, politická nóta, písomná nóta **3** známka na vysvedčení **4** poznámka **5** črta, príznak, ráz **6** bankovka; hovor. **nach ~n** poriadne, ako sa patrí
r Noten|austausch (*es*, *0*) výmena diplomatických, politických nót
e Notenbank (≈, *en*) ceduľová banka
e Noten|handlung (≈, *en*) obchod s hudobninami; **r –schlüssel** (*s*, ≈) notový kľúč; **r –ständer** (*s*, ≈) stojan na noty
r Not|fall (*s*, *≈e*) tieseň; *im ~* v prípade potreby; **–falls** v prípade (naliehavej) potreby, ak bude treba
notgedrungen donútený okolnosťami
notịer|en zapísať, (po)za|znamenať; **e –ung** (≈, *en*) **1** záznam, zaznamenanie **2** notový záznam
nötig potrebný, nutný, nevyhnutný; *etw ~ haben* potrebovať čo; *es ist ~...* je potrebné, treba...; **~en** naliehavo prosiť, naliehať, nútiť; *sich nicht ~en lassen* nedať sa prosiť; *sich genötigt sehen* byť nútený; **e ~ung** (≈, *en*) naliehanie, nútenie, práv. nátlak
e Notịz (≈, *n*) zápis, záznam, poznámka; **von etw ~ nehmen*** vziať čo na vedomie; **s ~buch** (*(e)s*, *≈er*) zápisník, notes
e Not|lage (≈, *n*) tieseň, núdza; **–|landen** (*i.*) núdzovo pristáť; **–leidend** **<Not leidend>** trpiaci biedou, biedny; **e –lösung** (≈, *en*) núdzové riešenie
e Notlüge (≈, *en*) lož zo zdvorilosti, milosrdná lož
notọrisch všeobecne známy, notorický
r Notruf (*(e)s*, *e*) **1** tiesňové volanie **2** telefónne číslo tiesňového volania
r Notstand (*(e)s*, *0*) **1** núdzový stav **2** výnimočný stav
r Notverband (*es*, *≈e*) lek. núdzový obväz, rýchlo obväz
e Notwehr (≈, *0*) sebaobrana
notwendig nutný, potrebný, nevyhnutný; **e ~keit** (≈, *en*) nutnosť, nevyhnutnosť, potreba
e Novẹlle (≈, *n*) **1** lit. novela **2** práv novela zákona
r Novẹmber (*(s)*, ≈) november
Nr. skr. **die Nummer** číslo
r, s Nu (≈, *0*) okamih; *im ~* v okamihu
e Nuance ['nüã:sə] (≈, *n*) nuansa, odtieň
nüchtern 1 lačný; *ein ~er Magen* lačný žalúdok **2** triezvy **3** obraz. triezvy, vecný; **e ~heit** (≈, *0*) **1** lačnosť **2** triezvosť **3** obraz. triezvosť, reálnosť
e Nudeln MNČ rezance, šúľance; **s ~brett** (*(e)s*, *er*) doska na cesto; **s ~holz** (*es*, *≈er*) váľok na cesto
nukleạr nukleárny, jadrový; **e ~waf-**

fen MNČ jadrové zbrane
e Null (≈, *en*) **1** mat. nula; *gleich ~ werden/sein* rovnať sa nule **2** nula stupňov; *das Thermometer steht auf ~* teplomer ukazuje nulu **3** obraz. nula, bezvýznamný človek
null PR M nulový, nultý; *die Wirkung ist ~* účinok je nulový; *~ und nichtig* neplatný; **r ~grad** (*(e)s, 0*) bod mrazu; **r ~punkt** (*(e)s, 0*) nulový bod, začiatok
numerier|en <...mm...> číslovať, označiť číslicami; **e –ung** (≈, *en*) (o)číslovanie
numerisch numerický, číselný
e Nummer (≈, *n*) číslo; *die laufende ~* bežné číslo; **eine tolle/schöne ~ sein** byť pekné číslo; **auf ~ sicher gehen** ísť na isto
e Nummern|scheibe (≈, *n*) číselník telefónu; **s –schild** (*(e)s, er*) tabuľka s číslom, číslo
nun 1 PRÍSL teraz, už; *von ~ an* odteraz; *glaubst du mir ~?* veríš mi už?; *die Lage hat sich ~ wieder gebessert* situácia sa už zlepšila **2** ČASŤ no, nože; *~ sprich doch!* no/nože, povedz už dačo!
nunmehr teraz, odteraz; **~ig** terajší
r Nuntius (≈, *Nunti|en*) cirk. nuncius, pápežský vyslanec
nur len; *nicht ~..., sondern auch...* nielen..., ale aj...; *~ noch* len ešte, už len
e Nuß <...ss> (≈, *nüsse*) **1** orech **2** hovor. hlava, makovica; *eine auf die ~ kriegen* dostať zaucho; **r ~baum** (*(e)s, ≈e*) orech strom; **r ~knacker** (*s, ≈*) luskáčik; **e ~kohle** (≈, *n*) odb. orech druh uhlia; **e ~schale** (≈, *n*) orechová škrupina
e Nüstern MNČ nozdry
e Nut (≈, *en*) odb. drážka, žliabok
e Nutte (≈, *n*) hovor. pobehlica, vulg. kurva
nutz, **nütze** užitočný, prospešný, osožný; *zu nichts ~ sein* byť nanič
e Nutz|anwendung (≈, *0*) použitie; **–bar** užitočný, osožný; *–bar machen* zužitkovať; **e –barkeit** (≈, *0*) užitočnosť; **e –barmachung** (≈, *0*) zužitkovanie; **–bringend** užitočný, výnosný
r Nutz|effekt (*(e)s, e*) výkonnosť, efektívnosť
nutzen, **nützen 1** byť užitočný, byť na prospech, prospievať; *es nützt nichts* to nepomôže, to nie je nič platné; *was nützt das alles?* načo je to? **2** (vy)užiť, zužitkovať; *die Gelegenheit ~* využiť príležitosť
r Nutzen (*s, 0*) zisk, výnos, výťažok; *von ~ sein* byť užitočný
nützlich užitočný; **e ~keit** (≈, *0*) užitočnosť
nutzlos neužitočný, neprospešný; **e ~igkeit** (≈, *0*) neužitočnosť, zbytočnosť
r Nutznießer (*s, ≈*) **1** používateľ **2** pôžitkár
e Nutzung (≈, *0*) používanie
n. u. Z. skr. **nach unserer Zeitrechnung** (podľa) nášho letopočtu
s Nylon ['naelon] (*s, 0*) nylon
e Nymphe (≈, *n*) nymfa
e Nymphomanie (≈, *0*) nymfománia

O

o!, oh! ach!; *o weh!* o, beda!
e Oase (≈, *n*) oáza
ob SP **1** či; *frag ihn, ~ er kommt* opýtaj sa, či príde **2** *als ob* akoby; *er tut, als ~ er nicht hörte* tvári sa, akoby nepočul **3** *ob auch* aj keď, hoci, hoci aj
e Ob|acht (≈, *0*) pozor; *etw in ~ nehmen* dávať pozor na čo, dbať o čo
s Obdach (*(e)s, 0*) prístrešie skôr prechodné; **~los** bez prístrešia; **r ~lose** (*n, n*) bezdomovec
e Obduktion (≈, *en*) lek. pitva, obdukcia
e O-Beine MNČ nohy do o
oben hore, navrchu; *nach ~* hore; *von ~* zhora; *von ~ nach unten* zhora dole; *~ ohne* hore bez; **~an** celkom ho-

MNO

re, obraz. na prvom mieste; ~auf, ~drauf celkom hore, nad všetkým, navrchu; obraz. hovor. ~auf sein byť dobre naladený
obendrein hovor. okrem toho, navyše
oben|erwähnt <– erwähnt>, **–genannt** <– genannt> vyššie, hore uvedený
obenhin len tak, povrchne, zbežne
ober PR M horný, nadriadený, hlavný
r **Ober** (*s*, ≈) **1** hlavný (čašník) **2** horník v kartách
r **Ober|arm** (*(e)s, e*) rameno
r **Ober|arzt** (*es, ≈e*) primár
e **Ober|aufsicht** (≈, *0*) hlavný dozor
r **Oberbefehlshaber** (*s*, ≈) voj. hlavný veliteľ
e **Oberbehörde** (≈, *n*) nadriadený úrad
s **Oberdeck** (*(e)s, e* al. *s*) hlavná paluba
r **Obere** (*n, n*) nadriadený, predstavený
e **Oberdecke** (≈, *n*) strop
e **Ober|fläche** (≈, *n*) povrch; **–flächlich** povrchový, povrchný i obraz.
r **Oberförster** (*s*, ≈) revírnik
s **Obergericht** (*(e)s, e*) najvyšší súd
oberhalb PREDL s D nad
oberhalb PRÍSL navrchu
s **Oberhaupt** (*(e)s, ≈er*) hlava rodiny, cirkvi, náčelník
s **Oberhaus** (*es, 0*) horná snemovňa, horná komora parlamentu
s **Oberhemd** (*(e)s, en*) košeľa
e **Oberherrschaft** (≈, *en*) nadvláda
r **Oberkellner** (*s*, ≈) hlavný čašník
r **Oberkiefer** (*s*, ≈) horná čeľusť
r **Oberkörper** (*s*, ≈) horná časť tela
s **Oberland** vysočina, vrchovina
e **Oberleitung** (≈, *en*) nadzemné vedenie elektrické
s **Oberlicht** (*(e)s, er* al. *e*) **1** horné svetlo **2** svetlík
e **Oberlippe** (≈, *n*) horná pera
r **Oberschenkel** (*s*, ≈) stehno
e **Oberschicht** (≈, *en*) **1** geologická vrchná vrstva **2** obraz. horná vrstva spoločnosti
r **Oberst** (*en* al. *s, en*) plukovník
s **Oberstübchen**: hovor. *er ist im ~ nicht ganz richtig* nemá to v hlave celkom v poriadku
r **Oberteil** (*(e)s, e*) horná časť
s **Oberwasser** (*s*, ≈) **1** horný tok rieky **2** voda z vyššie položených miest
obgleich hoci, i keď
e **Obhut** (≈, *0*) starostlivosť, ochrana; *j-n in seine ~ nehmen* vziať koho pod svoju ochranu
obig vyššie, predtým; *der ~ genannte* vyššie uvedený
s **Objekt** (*(e)s, e*) objekt **1** predmet záujmu, úvahy ap. **2** hmotný predmet, vec **3** stavba, budova **4** gram. predmet
s **Objektiv** (*s, e*) fot. objektív
objektiv objektívny, nezaujatý; e **~ität** (≈, *0*) objektívnosť, nestrannosť
e **Oblate** (≈, *n*) **1** oblátka **2** cirk. hostia
obliegen* (*a, h. e*) **1** mať za úlohu, mať povinnosť, patriť; *es obliegt mir, täglich die Post zu sortieren* je mojou povinnosťou triediť denne poštu **2** zast. venovať sa čomu, oddať sa čomu; e **~heit** (≈, *en*) kniž. povinnosť, záväzok, úloha
obligat povinný, záväzný, obligátny, obligatórny; **~orisch** povinný, obligatórny
r **Obmann** (*(e)s, ≈er* al. *Obleute*) vedúci, predseda, prednosta
e **Oboe** (≈, *n*) hoboj
e **Obrigkeit** (≈, *en*) vrchnosť
obschon hoci, i keď
s **Observatorium** (*s, i|en*) observatórium, hvezdáreň
obskur obskúrny, temný, podozrivý
s **Obst** (*(e)s, 0*) ovocie; *faules ~* zhnité ovocie; *eingemachtes ~* zavárané ovocie; *~ pflücken* zberať ovocie; r **~auflauf** (*(e)s, ≈e*) bublanina; r **~baum** (*(e)s, ≈e*) ovocný strom; r **~garten** (*s*, ≈) ovocná záhrada, sad; r **~händler** (*s*, ≈) obchodník s ovocím; r **~kuchen** (*s*, ≈) ovocný koláč
e **Obstruktion** (≈, *en*) obštrukcia

r Obstzüchter (*s,* ≈) ovocinár

r Obstzucker (*s, 0*) ovocný cukor, fruktóza

obszön obscénny, necudný, oplzlý; **e ~ität** (≈, *en*) oplzlosť, obscénnosť

r Obus (*ses, se*) skr. **der Oberleitungs|omnibus** trolejbus

obwohl, **obzwar** hoci, i keď

r Ochse (*n, n*) vôl; **~n 1** bifľovať sa, drieť sa

e Ochsenschwanzsuppe (≈, *n*) polievka z hovädzieho chvosta

e Ochsenzunge (≈, *n*) **1** volský jazyk **2** bot. smola

r Ocker (*s,* ≈) oker; **~gelb** okrovo žltý

e Ode (≈, *n*) óda, oslavná báseň

öde 1 pustý, prázdny, osamelý, neobývaný, opustený zem, usadlosť **2** obraz. jalový, nudný; *ein ~s Buch* nudná kniha

e Öde (≈, *n*) **1** pustatina, pustá krajina **2** samota; *in einer ~ wohnen* bývať na samote **3** nuda, nudnosť

s Ödem (*s, e*) lek. opuchlina, edém

oder alebo, či; *entweder, ~* buď, alebo; *das stimmt, ~?* je to tak, alebo/či nie?

OEZ skr. **ost|europäische Zeit** východoeurópsky čas

r Ofen (*s,* ≈̈) **1** kachle, pec, sporák; *den ~ ausgehen lassen* nechať vyhasnúť kachle **2** odb. vysoká pec, martinská pec; **s ~rohr** (*s, e*), **e ~röhre** (≈, *n*) **1** rúra na pečenie **2** dymová rúra z kachieľ, zo sporáka

offen 1 otvorený; *ein ~er Brief* otvorený list **2** otvorený, voľný, neobmedzený, nekrytý; *ein ~er Kopf* hlava otvorená o človeku **3** úprimný, otvorený; *ein ~er Mensch* otvorený/úprimný človek

offenbar zrejmý, očividný; **~en** dať najavo, prejaviť, priznať, odhaliť; **sich ~en** zdôveriť sa; **e ~ung** (≈, *en*) **1** priznanie, odhalenie **2** poznanie **3** cirk. zjavenie

offen|bleiben* <**offen bleiben**> (*ie, i. ie*) zostať otvorený dvere, nevyriešený problém; **–|halten*** <**offen halten**> (*ä; ie, h. a*) nechať/mať otvorené; **e –heit** (≈, *0*) otvorenosť, priamosť, úprimnosť

offenherzig otvorený, čestný, úprimný

offenkundig zrejmý, jasný, očividný

offen|lassen* <**offen lassen**> (*ä; ließ offen, h. a*) **1** nechať otvorené **2** obraz. neuzavrieť, nevybaviť

offensichtlich 1 PR M zrejmý, očividný **2** PRÍSL pravdepodobne, zrejme

offensiv ofenzívny, útočný, výbojný; **e ~e** [ofen'zi:və] (≈, *n*) útok, ofenzíva

offen|stehen* <**offen stehen**> (*stand offen, h./i. offengestanden*) **1** byť otvorený **2** byť nevyrovnaný o účte **3** zostať nevyriešený problém; *die Wahlergebnisse stehen offen* výsledky volieb sú otvorené, voľby nie sú rozhodnuté

öffentlich verejný; **e ~keit** (≈, *0*) verejnosť; *in die ~keit bringen* zverejniť

s Offert (*(e)s, e*), **e Offerte** (≈, *n*) obchodná písomná ponuka na tovar a služby

offiziell oficiálny, úradný

r Offizier (*s, e*) dôstojník

öffn|en otvoriť; **r –er** (*s,* ≈) otvárač; **e –ung** (≈, *en*) **1** otvor **2** otváranie

r Offsetdruck (*(e)s, e*) ofsetová tlač

oft často

öfter častejšie; **~s** niekoľkokrát, niekoľko ráz, z času na čas

oft|malig častý; **–mals** často

OHG skr. **Offene Handelsgesellschaft** verejná obchodná spoločnosť

s Ohm (*(s),* ≈) fyz. ohm

ohne 1 PREDL s A bez; *~ dich* bez teba; *~ mein Wissen* bez môjho vedomia **2** SP *ohne daß* al. *ohne zu* + INF bez toho, aby; *er ging vorbei, ~ ein Wort zu sagen* prešiel okolo bez toho, aby niečo povedal; **~dies, ~hin** beztak, aj tak, tak či tak; **~|einander** jeden bez druhého

ohnegleichen jedinečný, fantastický neporovnateľný, neprekonateľný

e Ohn|macht (≈, *en*) **1** bezvedomie; *in ~ fallen* padnúť do bezvedomia **2** len JČ bezmocnosť, nemohúcnosť; **–mächtig 1** bezvedomý, omdletý; *–mächtig werden* padnúť do bezvedomia, omdlieť **2** bezmocný
s Ohr (*(e)s, en*) **1** ucho **2** sluch; *ganz ~ sein* byť samé ucho; *ein gutes ~ haben* mať dobrý sluch; *mit halbem ~ hören* počúvať na pol ucha; **bis über die ~en verliebt sein** byť zaľúbený až po uši; **es faustdick hinter den ~en haben** mať za ušami, byť prefíkaný
s Öhr (*(e)s, e*) ucho ihly
r Ohren|arzt (*es, ≈e*) hovor. ušný lekár; **–betäubend** ohlušujúci; **r –schmerz** (*es, en*) bolesť uší
e Ohr|feige (≈, *n*) zaucho, hovor. facka; **–feigen** (*j-n*) dať zaucho (komu); **s –läppchen** (*s,* ≈) ušný lalôčik; **e –muschel** (≈, *n*) ušnica; **r –ring** (*(e)s, e*) náušnica; **e –speicheldrüse** (≈, *n*) lek. príušnica; **r –wurm** (*(e)s, ≈er*) zool. ucholak
e Okku|pation (≈, *en*) okupácia; **–pieren** okupovať, násilne obsadiť
r Ökonom (*en, en*) ekonóm; **e ~ie** (≈, *0*) ekonómia; **e ~ik** (≈, *0*) ekonomika; **~isch** ekonomický
s Ökosystem (*s, e*) ekologický systém, ekosystém
e Oktave (≈, *n*) hud. oktáva
r Oktober (*s,* ≈) október
okulieren očkovať strom, ker
ökumenisch cirk. ekumenický
r Okzident (*(e)s, 0*) bás. okcident, západ
s Öl (*(e)s, e*) olej; obraz. *~ ins Feuer gießen** prilievať olej do ohňa; **r ~baum** (*(e)s, ≈e*) oliva strom; **~en** olejovať, mastiť; **es geht* wie ge|ölt** ide to ako po masle; **e ~farbe** (≈, *n*) olejová farba; **s ~feld** (*(e)s, er*) naftové pole; **e ~heizung** (≈, *en*) naftové kúrenie, vykurovanie naftou; **~ig** olejný, olejnatý
oliv olivový, olivovozelený; **e ~e** [...və] (≈, *n*) oliva plod i strom
e Öl|pflanze olejnina; **e –sardine** (≈, *n*) sardinka v oleji; **r –stand|anzeiger** (*s,* ≈) ukazovateľ stavu oleja; **e –ung** (≈, *en*) olejovanie, mazanie stroja; **die letzte –ung** posledné pomazanie; **r –wechsel** (*s,* ≈) výmena oleja
e Olympia|de (≈, *n*) olympiáda; **r –sieger** (*s,* ≈) olympijský víťaz; **r –teilnehmer** (*s,* ≈) účastník olympijských hier
olympisch olympijský
e Oma (≈, *s*) hovor. babka, babička
s Omelett (*(e)s, s* al. *e*), **e Omelette** (≈, *n*) omeleta
s Omen (*s, Omina*) znamenie, predzvesť, omen
r Omnibus (*ses, se*) omnibus
r Onkel (*s,* ≈) strýko, ujo
r Opa (*s, s*) hovor. dedko, deduško
r Opal (*s, e*) opál
e Oper (≈, *n*) opera
r Opera|teur [...ˈtøːɐ] (*s, e*) operatér, chirurg; **e –tion** (≈, *en*) **1** chirurgický zákrok, operácia **2** voj. operácia, pohyby vojska
e Operette (≈, *n*) opereta
operieren 1 operovať, robiť chirurgický zákrok **2** (*mit etw*) operovať (čím), používať (čo) **3** voj. operovať, vyvíjať bojovú činnosť
s Opern|glas (*es, ≈er*) divadelný ďalekohľad; **s –haus** (*es, ≈er*) opera budova opery; **r –sänger** (*s,* ≈) operný spevák
s Opfer (*s,* ≈) obeť; **r ~|altar** (*s, ≈e*) obetný oltár; **~n** obetovať; **e ~ung** (≈, *en*) obetovanie; **r ~wille** (*ns, 0*) obetavosť; **~willig** obetavý
s Opium (*s, 0*) ópium
opponieren oponovať
opportun vhodný
opportun|istisch oportunistický, prospechársky; **r –ismus** (≈, *0*) oportunizmus; **r –ist** (*en, en*) oportunista, prospechár
e Opposition (≈, *en*) opozícia **1** odpor **2** polit. opozičné strany; **~ell** opo-

MNO

zičný
e Optik (≈, *0*) optika; **r ~er** (*s*, ≈) optik
optimal optimálny, najlepší
r Optimis|mus (≈, *0*) optimizmus; **r –t** (*en, en*) optimista, **–tisch** optimistický
optisch optický
s Opus (≈, *Opera*) opus, dielo, skladba
s Orakel (*s*, ≈) **1** veštba, proroctvo **2** veštiareň, orákulum; *das Delphische* ~ delfská veštiareň
oral orálny, ústny
orange [ọ'rã:žə/ọ'raŋžə] oranžový, pomarančový
e Orange [o'rãnžə/o'raŋžə] (≈, *n*) pomaranč; **e ~ade** [ọrã'ža:də/ọraŋ'ža:də] (≈, *n*) pomarančová šťava, oranžáda; **e ~rie** [ọrãžə'ri:/ọraŋžə'ri:] (≈, *i|en*) oranžéria, skleník na pestovanie citrusov
s Oratorium (*s, en*) oratórium
s Orchester [or'kestə] (*s*, ≈) orchester
e Orchidee (≈, *e|en*) orchidea
r Orden (*s*, ≈) **1** rad, vysoké štátne vyznamenanie **2** cirk. rád, rehoľa
r Ordens|bruder (*s*, ≈̈) cirk. rehoľník, rehoľný spolubrat; **e –schwester** (≈, *n*) cirk. mníška; **e –verleihung** (≈, *en*) udelenie radu
ordentlich **1** usporiadaný, upratаný **2** poriadny, poriadkumilovný **3** riadny, pravidelný *ein ~es Mitglied* riadny člen; **e ~keit** (≈, *0*) poriadnosť, slušnosť
e Ordinalzahl (≈, *en*) gram. radová číslovka
ordinär **1** ordinárny, hrubý, surový **2** bežný, obyčajný, všedný
e Ordi|nation (≈, *en*) lek. ordinácia, ambulancia; **–nieren** lek. ordinovať
ordn|en usporiadať, zaradiť, dať do poriadku; **r –er** (*s*, ≈) **1** obal na listiny, hovor. fascikel **2** usporiadateľ
e Ordnung (≈, *en*) **1** poriadok; *auf ~ halten* potrpieť si na poriadok, *die ~ verletzen* porušovať poriadok, *in ~!* v poriadku! **2** spoločenský poriadok; **3** práv. predpis, nariadenie, zákon **4** bot., zool. trieda
ordnungs|gemäß podľa predpisu, poriadne, dôkladne; **–halber** pre poriadok, aby bol poriadok; **e –strafe** (≈, *n*) práv. poriadková pokuta, disciplinárny trest; **–widrig** práv. protizákonný, porušujúci predpis; **e –zahl** (≈, *en*) **1** radová číslovka **2** chem. atómové číslo prvku
s Organ (*s, e*) **1** lek. orgán, ústroj **2** štátny orgán, inštitúcia
e Organi|sation (≈, *en*) **1** organizácia, organizovanie **2** organizácia, spolok *die ~ der Vereinten Nationen* Organizácia Spojených národov; **r –sator** (*s, Organisatoren*) organizátor, usporiadateľ; **–sieren** **1** (z)organizovať **2** hovor. zohnať, zadovážiť
r Organismus (≈, *en*) organizmus
r Organist (*en, en*) cirk. organista
r Orgasmus (≈, *en*) orgazmus
e Orgel (≈, *n*) organ; **e ~messe** (≈, *n*) organová omša
e Orgi|e (≈, *n*) orgie, neviazanosť, hýrenie
r Ori|ent (*(e)s, 0*) orient, východ; **r ~ale** (*n, n*) obyvateľ Orientu, orientálec; **~alisch** orientálny, východný
ori|entier|en (*j-n/etw über etw*) orientovať, usmerniť (koho/čo na čo); **sich ~** orientovať sa; **e –ung** (≈, *en*) **1** orientácia, určovanie smeru **2** orientácia, oboznámenie, informácia; **r –ungs|sinn** (*(e)s, 0*) orientačný zmysel
original originálny, pôvodný, pravý
s Original (*s, e*) **1** originál, pôvodné dielo **2** obraz. originálny, jedinečný človek; **e ~packung** (≈, *n*) originálne balenie; **e ~ität** (≈, *en*) originalita; **s ~werk** (*(e)s, e*) pôvodné dielo, originál
originell **1** originálny, pôvodný, jedinečný **2** zvláštny, svojrázny
r Orkan (*(e)s, e*) orkán, víchrica
s Ornament (*(e)s, e*) ornament,

MNO

ozdoba; **~ạl** ornamentálny, ozdobný

r Ort[1] (*(e)s, e* al. *≈er*) **1** miesto; *an ~ und Stelle* priamo na mieste **2** obec, dedina, menšie mesto

r Ort[2] (*(e)s, ≈er*) mat. miesto, bod; *der geometrische ~* geometrický bod

orten lokalizovať, určiť polohu lietadla, lode

orthodọx 1 cirk. ortodoxný, pravoverný **2** obraz. neústupný, nekompromisný; **e ~ịe** (*≈, 0*) pravovernosť, ortodoxnosť

e Ortho|graphịe aj <**...grafịe**> (*≈, 0*) pravopis, ortografia; **–grạphisch** aj <**...grạfisch**> pravopisný, ortografický

e Orthopäd|ie (*≈, 0*) ortopédia; **–isch** ortopedický

örtlich miestny, lokálny; *~e Gewitter* miestne búrky, prehánky

e Ortschaft (*≈, en*) obec, dedina

orts|fremd cudzí, nie tunajší, nie miestny, nie z tejto obce; **s –gespräch** (*s, e*) miestny hovor; **e –lage** (*≈, n*) poloha miesta; **r –name** (*ns, n*) meno obce; **–üblich** v danom mieste zvyčajný, bežný; **e –zeit** (*≈, 0*) miestny čas

e Ortung (*≈, en*) stanovenie miesta, polohy

e Öse (*≈, n*) kovový krúžok, uško, dierka

e Ossifikatịon (*≈, en*) lek. osifikácia, skostnatenie

r Ost (*(e)s, 0*), **r Osten** (*s, 0*) geogr. východ; *der Nahe Ọsten* Blízky východ; *der Fernẹ Ọsten* Ďaleký východ; *der Mittlere Osten* Stredný východ

s Oster|ei (*(e)s, er*) veľkonočné vajíčko, kraslica; **s –fest** (*es, 0*) veľkonočné sviatky; **r –hase** (*n, n*) veľkonočný zajačik; **r –montag** (*s, 0*) Veľkonočný pondelok

österlich veľkonočný

s Ostern (*≈, 0*) obyčajne bez člena Veľká noc, veľkonočné sviatky

östlich východný; *~ von etw* D na východ, východne od čoho

e Oszillatịon (*≈, en*) fyz. oscilácia, kmitanie

r Otter[1] (*s, ≈*) vydra

e Otter[2] (*≈, n*) vretenica, zmija; **s ~(n)gift** (*(e)s, e*) jed vretenice; **r ~(n)stich** (*(e)s, e*) uštipnutie vretenicou

e Ouvertüre [uvẹr'tü:rə] (*≈, n*) **1** hud. ouvertúra, operná predohra **2** obraz. otvorenie

ovạl oválny

e Ovatịon (*≈, en*) ovácie

r Overall ['ọ:vəra:l/ouvəro:l] (*s, s*) overal, kombinéza

s Oxịd (*(e)s, e*) oxid, kysličník; **~ịeren** oxidovať, okysličovať (sa)

r Ozean (*s, e*) oceán, obraz. *ein ~ von Tränen* more slz; **r ~dampfer** (*s, ≈*) zaoceánsky parník

r, s Ozọn (*s, 0*) ozón; **s ~loch** (*(e)s, ≈ er*) ozónová diera

P

paar pár, niekoľko, zopár; *in ein ~ Tagen* o niekoľko dní

s Paar (*(e)s, e*) **1** pár, dva kusy *ein ~ Schuhe* jeden pár topánok **2** pár, manželia; **~en** dávať do párov, párovať; **sich ~en** páriť sa o zvieratách; **s ~laufen** (*s, 0*) šport. jazda športových dvojíc v krasokorčuľovaní; **~mal** niekoľkokrát; **~weise** po pároch, po dvoch

e Pacht (*≈, en*) **1** nájom prenajatie **2** nájomné poplatok; **~en** (*pachtete, h, gepachtet*) vziať do najmu, najať si

r Pächter (*s, ≈*) nájomca

s Pacht|gut (*(e)s, ≈er*) prenajatý majetok, pozemok; **r –vertrag** (*(e)s, ≈e*) nájomná zmluva

r Pack[1] (*(e)s, e* al. *≈e*) balík, zväzok, uzlík; hovor. *mit Sack und ~ ziehen* vziať si svojich päť slivák a ísť

s Pack[2] (*(e)s, 0*) hovor. hanl. zberba, banda

s Päckchen (*s, ≈*) balíček

packen 1 (za)baliť; *den Koffer ~* baliť

kufor **2** chytiť, zdrapiť(*j-n/etw* koho/čo); *j-n beim Kragen* ~ zdrapiť koho za golier **3** hovor. zvládnuť (*etw* čo) **4** upútať, vzbudiť pozornosť; **~d** uchvacujúci, napínavý

r **Packesel** (*s*, ≈) osol, mulica

s **Packpapier** (*s*, *e*) baliaci papier; e **–ung** (≈, *en*) **1** balík, balíček *eine –ung Zigaretten* balíček cigariet **2** obal, balenie; **3** lek. zábal

r **Pädagoge** (*n*, *n*) pedagóg; e **–ik** (≈, *0*) pedagogika; **–isch** pedagogický

s **Paddel** (*s*, ≈) šport. pádlo; s **~boot** (*(e)s*, *e*) kajak; **~n** pádlovať

r **Pädiater** (*s*, ≈) pediater, detský lekár; e **–trie** (≈, *0*) pediatria; **–trisch** pediatrický

paff[1]! paf!, bum!, bác!

paff[2] hovor. zarazený, prekvapený

r **Page** ['pa:žə] (*n*, *n*) **1** páža **2** hotelový sluha

s **Paket** (*(e)s*, *e*) **1** balík, balíček **2** balenie; e **~annahme** (≈, *n*) príjem balíkov; e **~ausgabe** (≈, *n*) výdaj balíkov; r **~schalter** (*s*, ≈) balíkový priečinok; r **~zettel** (*s*, ≈) vineta, nálepka na balík; e **~zustellung** (≈, *0*) doručovanie balíkov

r **Pakt** (*(e)s*, *e*) pakt, dohoda; *einen ~ schließen** uzavrieť dohodu; **~ieren** **1** paktovať **2** dohodnúť sa; **~frei**: *paktfreie Staaten* nezúčastnené štáty

s **Palais** [pa'le:] (≈, ≈) palác

r **Palast** (*es*, *≈e*) palác; e **~revolution** (≈, *en*) palácová revolúcia

e **Palme** (≈, *n*) **1** palma **2** palmová vetva, ratolesť; obraz. *die ~ des Sieges* palma víťazstva; hovor. *auf der ~ sein* zúriť, byť rozčúlený

e **Palmkätzchen** MNČ bahniatka, maňušky; r **–sonntag** (*(e)s*, *0*) Kvetná nedeľa

e **Pampa** (≈, *s*) pampa

e **Pampelmuse** (≈, *n*) grapefruit strom i plod

s **Pamphlet** (*(e)s*, *e*) pamflet

pampig hovor. bezočivý, drzý

panieren kuch. obaľovať napr. rezne v strúhanke; **–t** obaľovaný

e **Panik** (≈, *0*) panika; **–isch** panický

e **Panne** (≈, *n*) tech. porucha; *das Auto hat eine ~* auto má poruchu

s **Panorama** (*s*, *Panoramen*) panoráma, výhľad po krajine

r **Panoramafilm** (*(e)s*, *e*) širokouhlý, panoramatický film

panschen **1** pančovať, riediť vodou **2** hovor. máčať sa, pľačkať sa vo vode

r **Pansen** (*s*, ≈) zool. bachor žalúdok prežúvavcov

r **Panther** <Panter> (*s*, ≈) leopard

r **Pantoffel** (*s*, ≈ al. *n*) papuča **er steht unter dem ~** je pod papučou; e **~blume** (≈, *n*) bot. papučka; r **~held** (*en*, *en*) hovor. muž pod papučou

e **Pantomime** (≈, *n*) pantomíma; **–isch** pantomimický

r **Panzer** (*s*, ≈) **1** voj. tank, obrnené vozidlo **2** pancier, brnenie **3** zool. pancier; e **~faust** (≈, *≈e*) voj. pancierová päsť; r **~kreuzer** (*s*, ≈) voj. ťažký obrnený krížnik; **~n** obrniť, opancierovať; **sich ~n** obraz. obrniť sa

r **Papa** (*s*, *s*) ocko, ocinko

r **Papagei** (*(e)s* al. *en*, *e* al. *en*) papagáj

s **Papier** (*s*, *e*) papier; *ein Fetzen ~* zdrap papiera; *zu ~ bringen** napísať na papier; *die ~e* doklady, dokumenty; e **~fabrik** (≈, *en*) papiereň; s **~geld** (*(e)s*, *0*) papierové peniaze, bankovky; s **~korb** (*(e)s*, *≈e*) kôš na papier; s **~taschentuch** (*(e)s*, *≈ er*) papierová vreckovka; e **~tüte** (≈, *n*) papierové vrecko

e **Pappe** (≈, *n*) **1** lepenka **2** vulg. ústa, huba

e **Pappel** (≈, *n*) bot. topoľ

pappeln topoľový, z topoľového dreva

päppeln hovor. kŕmiť dieťa

r **Pappenstiel**: hovor. *für ein ~* za babku, za facku, lacno

pappig lepkavý, mazľavý

r **Paprika** (*s*, *s*) paprika; e **~schote**

(≈, *n*) paprikový struk
r **Papst** (*(e)s, ≈e*) pápež
päpstlich pápežský; *der ~e Stuhl* Svätá stolica
e **Para|bel** (≈, *n*) **1** podobenstvo **2** mat. parabola; **–bolisch** parabolický
e **Parade** (≈, *n*) voj. slávnostná prehliadka; **in voller ~** v plnej paráde r **~marsch** (*es, ≈e*) voj. slávnostný pochod; **s ~stück** (*(e)s, e*) ukážkový kus; **s ~beispiel** (*(e)s, ≈e*) ukážkový príklad
s Paradies (*es, e*) raj; **~isch** rajský
paradox paradoxný
s Paradox (*es, e*) paradox
r Paragraph <...graf> (*en, en*) **1** práv. odsek, článok, paragraf **2** značka paragrafu
parallel paralelný, súbežný; **e ~e** (≈, *n*) paralela
s Parallelogramm (*s, e*) mat. rovnobežník
e Paralyse (≈, *n*) lek. paralýza
r Parameter (*s,* ≈) parameter
e Paranuß <...ss> (≈, *nüsse*) para orech
r Parasit (*en, en*) parazit, príživník, cudzopasník; **~är, ~isch** príživnícky, cudzopasný, parazitný
parat pripravený, pohotový
s Pärchen (*s,* ≈) párik milencov
r Pardon [par'dõ:] (*s, 0*) odpustenie, prepáčenie
e Parenthese (≈, *n*) gram. parentéza, vsuvka, vložka
s Parfüm (*s, e* al. *s*) parfum, voňavka; **e ~erie** (≈, *n*) parfuméria; **~ieren** voňavkovať
parieren šport. aj obraz. odraziť úder
r Park (*(e)s, s* al. *e*) park; **e ~|anlage** (≈, *n*) park, sad, mestská zeleň; *im ~ spazierengehen* prechádzať sa po parku
parken parkovať; *Parken verboten!* parkovať zakázané!
s Parkett (*(e)s, e*) **1** parketová podlaha, parkety **2** prízemie v divadle
s Park|haus (*es, ≈er*) výškové parkovisko v budove; **r –platz** (*es, ≈e*) parkovisko; **e –|uhr** (≈, *en*) parkovacie hodiny; **s –verbot** (*(e)s, 0*) zákaz parkovania
s Parlament (*(e)s, e*) parlament; **r ~ari|er** (*s,* ≈) člen parlamentu, poslanec; **~arisch** parlamentárny
r Parlaments|beschluß <...ss> (*schlusses, schlüsse*) uznesenie parlamentu; **s –mitglied** (*(e)s, er*) člen parlamentu, poslanec; **e –sitzung** (≈, *en*) zasadanie, schôdza parlamentu; **e –wahl** (≈, *en*) voľby do parlamentu
e Parodie (≈, *i|en*) paródia; **~ren** parodovať, napodobňovať, zosmiešňovať
e Parole (≈, *n*) heslo, parola; *einer ~ folgen* riadiť sa heslom
e Partei (≈, *en*) **1** polit. strana; *Demokratische ~* Demokratická strana **2** práv. strana, stránka; *die vertragschließenden ~en* zmluvné strany; *~ ergreifen* für j-n* postaviť sa na čiu stranu, držať stranu komu **3** nájomník; **s ~buch** (*(e)s, ≈er*) stranícka legitimácia; **~feindlich** nepriateľský k strane; **r ~genosse** (*n, n*) člen tej istej strany; **~isch** zaujatý, neobjektívny; **~lich** polit. stranícky; **~los** nestranícky, bezpartajný; **s ~mitglied** (*(e)s, er*) člen strany; **e ~nahme** (≈, *0*) zastávanie sa, nadŕžanie, podporovanie (*für j-n* koho); **r ~sekretär** (*s, e*) tajomník strany; **e ~strafe** (≈, *n*) stranícky trest; **r ~tag** (*(e)s, e*) zjazd strany; **e ~zugehörigkeit** (≈, *0*) príslušnosť k strane, členstvo v strane
s Parterre [par'ter] (*s, s*) prízemie v dome, v divadle
e Partie (≈, *i|en*) **1** časť, diel, úsek **2** skupina, partia; *mit von der ~ sein* zúčastniť sa, ísť tiež **3** hud. part, úloha, rola **4** šport. partia, hra; *eine ~ Schach* partia šachu; **5** hovor. partia, vhodný partner, výhodná ženba, výhodný vydaj; *eine gute ~ machen* dobre, výhodne sa oženiť, vydať
partiell čiastočný, parciálny

r Partisan (*s* al. *en, en*) partizán
e Partisanen|abteilung (*≈, en*) partizánsky oddiel; **r –krieg** (*(e)s, e*) partizánska vojna
e Partitur (*≈, en*) hud. partitúra, notový záznam
s Partizip (*s, i/en*) gram. príčastie
r Partner (*s, ≈*) partner, spoločník, spoluhráč; **e ~schaft** (*≈, en*) partnerstvo
e Party ['pa:ɐti] (*≈, s*) večierok, hovor. párty
e Parzelle (*≈, n*) parcela, pozemok
s Pasquill (*s, e*) paškvil, hanopis
r Paß[1] <...ss> (*Passes, Pässe*) pas, cestovný doklad
r Paß[2] <...ss> (*Passes, Pässe*) priesmyk
passabel znesiteľný, prijateľný
e Passage [pa'sa:žə] (*≈, n*) **1** pasáž, krytý priechod **2** špalier **3** úryvok textu ap.
r Passagier [pasa'ži:ɐ] (*s, e*) cestujúci, pasažier; hovor. *ein blinder ~* čierny pasažier; **s ~flugzeug** (*(e)s, e*) osobné dopravné lietadlo
r Passant (*en, en*) chodec, okoloidúci
s Paß|amt <...ss...> (*(e)s, ≈er*) pasový úrad
passen 1 pristať, hodiť sa o oblečení **2** hodiť sa, byť vhod; *zueinander ~* hodiť sa k sebe **3** nehrať sa, nezúčastniť sa na hre, vzdať sa; *ich passe!* vzdávam sa!; **~d 1** priliehavý, dobre padnúci o šatách **2** vhodný, výstižný; *ein ~des Wort* výstižné slovo
passier|bar o ceste schodný, zjazdný; o rieke splavný; **–en**[1] (*h.*) **1** prejsť, prechádzať; *die Grenze –en* prejsť cez hranice **2** kuch. pretlačiť, pretrieť, prepasírovať cez sitko ap.; **–en**[2] (*i.*) prihodiť sa, stať sa; *was ist passiert?* čo sa stalo?; **r –schein** (*(e)s, e*) priepustka
e Passion (*≈, en*) **1** záľuba, náklonnosť, vášeň, náruživosť **2** cirk. pašie; **~iert** vášnivý, náruživý; *ein ~er Autofahrer* náruživý motorista
s Passions|spiel (*(e)s, e*) cirk. pašie; **r –weg** (*(e)s, e*) krížová cesta; **e –woche** (*≈, 0*) cirk. Veľký týždeň
passiv 1 pasívny, nečinný, ľahostajný **2** polit. pasívny, nie aktívny; *~es Wahlrecht* pasívne volebné právo **3** gram. trpný
s Passiv (*s, 0*) gram. trpný rod, pasívum; *ein Verb ins ~ setzen* dať sloveso do trpného rodu
e Passiva MNČ pasíva, dlžoby
e Passivität (*≈, 0*) pasivita, nečinnosť
e Paßkontrolle <...ss...> (*≈, n*) pasová kontrola
e Pasta (*≈, Pasten*), **e Paste** (*≈, n*) pasta
s Pastell (*(e)s, e*) **1** pastel obraz i technika **2** pastel, mäkká farebná krieda; **e ~farbe** (*≈, n*) pastelová farba; **r ~stift** (*(e)s, e*) pastelová ceruzka, pastelka
e Pastete (*≈, n*) paštéta
pasteurisieren [pastœri'zi:rən] pasterizovať mlieko
r Pastor (*s, Pastoren*) cirk. pastor
r Pate (*n, n*) **1** krstný otec, kmotor; *einem Kinde ~ sein* al. *stehen** byť dieťaťu krstným otcom **2** patrón
s Paten|kind (*(e)s, er*) krstňa, krstniatko; **e –schaft** (*≈, en*) **1** kmotrovstvo **2** patronát
s Patent (*(e)s, e*) patent; *eine Erfindung zum ~ anmelden* dať si patentovať vynález; **s ~|amt** (*(e)s, ≈er*) patentový úrad; **~ieren** patentovať; **e ~|urkunde** (*≈, n*) listina o patente
r Pater (*s, ≈* al. *Patres*) cirk. páter
s Paternoster[1] (*s, ≈*) cirk. Otčenáš modlitba
r Paternoster[2] (*s, ≈*) tech. paternoster, výťah
pathetisch vzletný, patetický
r Patholog|e (*n, n*) patológ; **–isch** patologický, chorobný
s Pathos (*≈, 0*) pátos
r Pati|ent (*en, en*) pacient
e Patin (*≈, nen*) krstná matka, kmotra
e Patina (*≈, 0*) **1** patina, medenka **2** obraz. patina, charakteristický ráz

PQRS

r Patriọt (*en, en*) vlastenec, patriot; **~isch** vlastenecký, patriotický; **r ~ịsmus** (*≈, 0*) láska k vlasti, patriotizmus
r Patrọn (*s, e*) patrón, ochranca
e Patrọne (*≈, n*) **1** patrón, náboj **2** tech. puzdro
r Patronen|gürtel (*s, ≈*) nábojový pás; **e –hülse** (*≈, n*) nábojnica
e Patrọuill|e [pa'trulјə] (*≈, n*) patrola, hliadka; **–ịeren** [patrul'ji:rən] hliadkovať, patrolovať
patsch plesk, čľup, čľap
e Patsch|e (*≈, n*) hovor. **1** detská ručička, rúčka **2** blato, kaluž; obraz. *in der ~ stecken* byť v kaši; **–en**[1] (*h.*) **1** ťapnúť **2** plieskať; **–en**[2] (*i.*) spadnúť o dieťati; **–naß** <...ss> mokrý, premočený do nitky
e Patte (*≈, n*) **1** pätka, záklopka na vreckách **2** výložka kabáta
patzig hovor. bezočivý, hrubý, drzý
e Pauk|e (*≈, n*) bubon *die ~ schlagen* bubnovať; **mit ~n und Trompeten** s fanfárami, slávnostne; **–en 1** bubnovať, hrať na bicích nástrojoch; *das Klavier –en* mlátiť na klavíri **2** hovor. drieť sa, bifľovať sa; **r –er** (*s, ≈*) bubeník
e Paus|backe (*≈, n*) bucľaté líca, tvár; **–backig, –bäckig** bucľatý
e Pauschạl|e (*≈, ịen*) paušál, pevne stanovená suma; **e –gebühr** (*≈, en*) paušálny poplatok; **r –preis** (*es, e*) paušálna cena
e Pause[1] (*≈, n*) prestávka, odpočinok, pauza; *die ~ ist vorbei* prestávka sa skončila
e Pause[2] (*≈, n*) tech. pauza, kópia na pauzovacom papieri; **~n** tech. pauzovať, kopírovať
pausen|los bez prestávky, nepretržitý, neprestajný; **s –zeichen** (*s, ≈*) hud. pauza, pomlčka
s Pauspapier (*s, e*) tech. pauzovací papier
r Pavian (*s, e*) pavián
r Pazifịst (*en, en*) pacifista; **~isch** pacifistický

s Pech (*(e)s, e*) **1** smola, decht; **2** hovor. neúspech, nezdar, nešťastie, smola; *~ haben* mať smolu, *so ein ~!* taká smola!; **e ~blende** (*≈, 0*) smolinec; **~schwarz** čierny ako smola; **r ~vogel** (*s, ≈̈*) hovor. smoliar, nešťastník
s Pedạl (*s, e*) pedál
r Pedạnt (*en, en*) pedant, puntičkár; **e ~erịe** (*≈, ịen*) pedantnosť, puntičkárstvo; **~isch** pedantný, dôkladný, puntičkársky
e Pediküre (*≈, n*) **1** pedikúra, starostlivosť o nohy; *zur ~ gehen* ísť na pedikúru **2** pedikérka
r Pegel (*s, ≈*) vodomer, vodočet; **r ~stand** (*es, 0*) stav vodomeru, výška vody
peilen zisťovať, určovať smer, polohu, vzdialenosť ap.; *eine Station ~* zisťovať polohu stanice; **etw über den Daumen peilen** merať čo od buka do buka
e Pein (*≈, 0*) kniž. trápenie, muky, trýzeň; **~igen** kniž. trápiť, mučiť, trýzniť; **~lich 1** trápny, nepríjemný **2** úzkostlivý, presný; **e ~lichkeit** (*≈, 0*) **1** trápnosť, nepríjemnosť **2** úzkostlivá starostlivosť, úzkostlivosť
e Peitsche (*≈, n*) bič; **~n 1** (z)bičovať, šľahať bičom **2** obraz. (*gegen etw* al. *an etw*) šľahať, udierať (do čoho); *der Regen peitscht ans Fenster* dážď šľahá do okna
r Peitschen|hieb (*(e)s, e*) šľahnutie bičom, **r –knall** (*(e)s, e*) práskanie bičom; **r –stiel** (*(e)s, e*) bičisko, rúčka biča
e Pelargọni|e (*≈, n*) bot. muškát
e Pelerịne (*≈, n*) pelerína, pláštenka
r Pelikan (*s, e*) pelikán
e Pell|e (*≈, n*) šupka, kožka; **–en** šúpať; **e –kartoffeln** MNČ varené zemiaky v šupke
r Pelz (*(e)s, e*) **1** koža, kožka kožušinových zvierat **2** kožuch kabát **3** kožušina; **r ~händler** (*s, ≈*) obchodník s kožušinami; **r ~mantel** (*s, ≈̈*) kožuch, kožu-

PQRS

šinový kabát; **s ~tier** ((e)s, e) kožušinové zviera

s Pendel (s, ≈) kyvadlo; **~n 1** kývať sa, kolísať sa **2** chodiť, jazdiť sem a tam, hovor. pendlovať; **e ~|uhr** (≈, en) kyvadlové hodiny, hovor. pendlovky; **r ~verkehr** (s, 0) kyvadlová doprava

r Pendler (s, ≈) cezpoľný al. dochádzajúci zamestnanec al. študent

penetrạnt prenikavý

r Penis (≈, se) penis

s Penizillịn (s, e) penicilín

e Pension [pãˈzjọ:n/paŋˈzjọ:n] (≈, en) **1** penzia, dôchodok stav; *in ~ gehen* ísť do dôchodku **2** penzia, dôchodok peniaze **3** penzia, strava v hoteli; *ein Zimmer mit voller ~* izba s plnou penziou **4** penzión; **r ~är** (s, e) dôchodca, penzista; **s ~ạt** ((e)s, e) penzionát; **~ịeren** penzionovať, poslať do dôchodku, do výslužby; **~ịert** penzionovaný

s Pensum (s, *Pensen* al. *Pensa*) penzum

per PREDL s A: *~ Post* poštou; *~ Adresse* na adresu; *~ Anhalter fahren** cestovať stopom, stopovať; *~ Stück verkaufen* predávať na kusy

perfẹkt 1 dokonalý, perfektný **2** definitívny, hotový

s Perfẹkt ((e)s, e) gram. minulý čas, perfektum

perforịeren perforovať, predierkovať, dierkovať

s Pergamẹnt ((e)s, e) pergamen; **s ~papier** (s, e) pergamenový papier

e Periọd|e (≈, n) **1** perióda, časový úsek, obdobie **2** menštruácia; **–isch** periodický, pravidelne sa opakujúci

periphẹr periférny, okrajový, obraz. nepodstatný

s Periskọp (s, e) periskop

e Perle (≈, n) **1** perla, perlička **2** obraz. perla, poklad; *eine ~ unter den Krankenschwestern* vynikajúca zdravotná sestra taká, akých je málo

perlen 1 (i.) perliť sa, ligotať sa, trblietať sa **2** (h.) šumieť

e Perlmuschel (≈, n) zool. perlorodka

s Perlmutt (s, 0) perleť; **~ern** perleťový, z perlete

permanẹn|t trvalý, permanentný, nepretržitý; **e –z** (≈, 0) permanencia, nepretržitá činnosť

r, s Perpendịkel (s, ≈) kyvadlo

perplẹx zmätený, prekvapený

e Persekutiọn (≈, en) perzekúcia, prenasledovanie

r Perser (s, ≈) **1** Peržan **2** perzský koberec

r Persiạner (s, ≈) perzián kožušina

persisch perzský; *ein ~er Teppich* perzský koberec

e Persọn (≈, en) **1** osoba, človek; **2** lit., div. ap. postava **3** gram. osoba; *die erste ~* prvá osoba

s Personạl (s, 0) personál, zamestnanci; **r ~|ausweis** (es, e) občiansky preukaz; **r ~-Computer** [perzọˈna:l-komˈpju:tɐ] (s, ≈) osobný počítač; **r ~mangel** (s, 0) nedostatok zamestnancov; **s ~pronomen** (s, ≈ al. *pronomina*) gram. osobné zámeno

r Persọnen|aufzug ((e)s, ≈̈e) osobný výťah; **e –beschreibung** (≈, en) opis osoby; **r –kraftwagen** (s, ≈) osobný automobil; **r –kult** ((e)s, e) kult osobnosti; **r –name** (ns, n) osobné meno; **r –zug** ((e)s, ≈̈e) osobný vlak

personifiziẹr|en personifikovať, zosobňovať; **e –ung** (≈, en) personifikácia, zosobnenie

persọ̈nlich osobný; **e ~keit** (≈, en) **1** osobnosť, vynikajúci človek **2** len JČ osobnosť, charakter; *der Zauber seiner ~* čaro jeho osobnosti

e Perspektịve [...v...] (≈, n) **1** perspektíva, výhľad do budúcnosti **2** pohľad, výhľad do diaľky

e Perücke (≈, n) parochňa

pervẹrs [...v...] perverzný, zvrhlý, úchylný; **e ~itạ̈t** (≈, en) perverzia, zvrhlosť, úchylnosť

r Pessimi|smus (≈, 0) pesimizmus; **r –st** (en, en) pesimista; **–stisch** pesimistický

e Pest (≈, *0*) mor, morová nákaza; obraz. **j-n wie die ~ fürchten** báť sa koho ako moru; **e ~säule** (≈, *n*) morový stĺp
e Petersili|e (≈, *n*) petržlen
s Petrole|um (*s, 0*) petrolej; **e ~lampe** (≈, *n*) petrolejová lampa
petzen hovor. žalovať; *er hat es dem Lehrer gepetzt* požaloval to učiteľovi
r Pfad (*(e)s, e*) cestička, chodník; obraz. *ein dorniger ~* tŕnistá cesta; **r ~finder** (*s,* ≈) skaut
r Pfahl (*(e)s, ≈e*) kôl, kolík; **r ~bau** (*(e)s, bauten*) kolová stavba; **r ~zaun** (*(e)s, ≈e*) kolový plot
s Pfand (*(e)s, ≈er*) záloh, záruka; *etw zum* al. *als ~ geben* dať čo do zálohu; **r ~brief** (*(e)s, e*) záložný list
pfänd|en (*pfändete, h. gepfändet*) zhabať, skonfiškovať; **r –er** (*s,* ≈) práv. exekútor
e Pfand|flasche (≈, *n*) zálohovaná fľaša; **s –haus** (*(e)s, ≈er*) záložňa; **r –schein** (*(e)s, e*) záložňový lístok, potvrdenka
e Pfändung (≈, *en*) exekúcia
e Pfann|e (≈, *n*) panva, panvica; **r –kuchen** (*s,* ≈) dolka, šiška, omeleta
s Pfarr|amt (*(e)s, ≈er*) farský úrad; **e –e** (≈, *n*) fara; **r –er** (*s,* ≈) farár; **e –gemeinde** (≈, *n*) farská obec; **s –haus** (*es, ≈er*) fara budova
r Pfau (*(e)s, en*) páv
s Pfauen|auge (*s, n*) zool. bábočka pávie oko; **e –feder** (≈, *n*) pávie pero
Pfd. skr. **s Pfund** libra
r Pfeffer (*s,* ≈) čierne korenie; *eine Priese ~* štipka korenia; obraz. **er mag* hingehen*, wo der ~ wächst*** nech sa prace kade ľahšie; obraz. **da liegt* der Hase im ~!** tu je pes zakopaný!; **s ~korn** (*(e)s, ≈er*) zrnko korenia; **r ~kuchen** (*s,* ≈) medovník; **e ~minze** (≈, *0*) bot. mäta pieporná; **e ~mühle** (≈, *n*) mlynček na korenie; **~n** (o)koreniť; **r ~streuer** (*s,* ≈) korenička; obraz. **gepfefferte Witze** ostré, štipľavé vtipy; obraz. **gepfefferte Preise** mastné ceny
e Pfeife (≈, *n*) **1** píšťala **2** fajka; **~n*** (*pfiff, h. gepfiffen*) **1** pískať, hvízdať **2** svišťať obraz., hovor. **auf j-n/etw ~n*** kašľať na koho/čo; **auf dem letzten Loch ~n*** mlieť z posledného
r Pfeil (*(e)s, e*) **1** šíp **2** šípka, smerovník; **r ~bogen** (*s,* ≈ al. ≈) luk
r Pfeiler (*s,* ≈) pilier, stĺp aj obraz.
pfeil|förmig šípový, v tvare šípu; **–schnell** obraz. rýchly ako strela
r Pfennig (*(e)s, e*) fenig drobné v Nemecku pred zavedením eura; hovor. **ohne ~ sein** nemať ani groša
s Pferd (*(e)s, e*) **1** kôň; *ein ~ reiten* jazdiť na koni; *das ~ scheut* kôň sa plaší; obraz. **sich aufs hohe ~ setzen** naparovať sa **2** jazdec v šachu
e Pferde|decke (≈, *n*) prikrývka pre kone; **s –fleisch** (*es, 0*) konské mäso; **s –geschirr** (*(e)s, e*) konský postroj; **s –gespann** (*(e)s, e*) konský záprah; **r –huf** (*(e)s, e*) konské kopyto; **e –mähne** (≈, *n*) konská hriva; **r –markt** (*(e)s, ≈e*) konský trh; **s –rennen** (*s,* ≈) konské dostihy; **r –schwanz** (*es, ≈e*) **1** konský chvost **2** obraz. hovor. chvost účes; **r –stall** (*(e)s, ≈e*) koniareň; **e –zucht** (≈, *en*) chov koní
r Pfiff (*(e)s, e*) **1** pískanie, hvízdanie **2** hovor. trik, fígeľ; **3** hovor. zvláštny pôvab; *es hat einen ~* má to niečo do seba
r Pfifferling (*s, e*) bot. kuriatko hríb; **das ist keinen ~ wert** to nestojí ani za fajku dymu
pfiffig prefíkaný, prešibaný; **e ~keit** (≈, *0*) prefíkanosť, chytráctvo
s Pfingsten (≈, *0*) cirk. Turíce
e Pfingst|rose (≈, *n*) bot. pivonka
r Pfirsich (*(e)s, e*) broskyňa plod; **r ~baum** (*(e)s, ≈e*) broskyňa strom
e Pflanze (≈, *n*) rastlina, bylina; **–n** sadiť, zasadiť, vysadiť
s Pflanzen|fett (*(e)s, e*) rastlinný tuk; **r –fresser** (*s,* ≈) bylinožravec; **r –keim** (*(e)s, e*) klíček rastliny; **e**

PQRS

–kunde (≈, *0*) náuka o rastlinách, botanika; **s –öl** (*(e)s, e*) rastlinný olej; **e –zucht** (≈, *0*) pestovanie rastlín

r Pflanz|er (*s,* ≈) **1** záhradník **2** osadník; **–lich** rastlinný; **e –ung** (≈, *en*) sadenie

s Pflaster (*s,* ≈) **1** náplasť na ranu, aj obraz. **2** dlažba; **r ~boden** (*s,* ≈ al. ≈̈) dlažba, dlaždicová podlaha; **r ~er** (*s,* ≈) dláždič; **~n** dláždiť; **r ~stein** (*(e)s, e*) dlaždica

e Pflaume (≈, *n*) slivka; *getrocknete ~n* sušené slivky

r Pflaumen|kuchen (*s,* ≈) slivkový koláč; **s –mus** (*es, e*) slivkový lekvár

e Pflege (≈, *n*) opatrovanie, ošetrovanie, starostlivosť; **e ~|eltern** MNČ nevlastní rodičia, pestúni; **s ~kind** (*(e)s, er*) chovanec, nevlastné dieťa; **e ~mutter** (≈, ≈̈) nevlastná matka, pestúnka

pfleg|en 1 (*j-n/etw*) starať sa (o koho/čo) **2** venovať sa (čomu), pestovať (čo), zaoberať sa (čím) **3** mať vo zvyku (čo) s INF: *zu gehen* ~* chodievať; *zu sagen ~* hovorievať; **r –er** (*s,* ≈) ošetrovateľ

e Pflicht (≈, *en*) povinnosť *seine ~ tun, erfüllen* splniť si povinnosť; **p~bewußt** <...ss...> vedomý si povinnosti; **s ~gefühl** (*(e)s, e*) zmysel pre povinnosť; **~gemäß** povinný, z povinnosti; **~ig** povinný; **e ~verletzung** (≈, *en*) porušenie povinnosti

pflück|en trhať, oberať, zbierať ovocie, kvety; **r –er** (*s,* ≈) oberač ovocia

r Pflug (*(e)s,* ≈̈*e*) pluh; **s ~eisen** (*s,* ≈) radlica pluhu

pflügen orať; obraz. **das Wasser** al. **die Luft ~** mlátiť prázdnu slamu

e Pforte (≈, *n*) brána, bránka, vrátnica

r Pförtner (*s,* ≈) vrátnik i anat.

r Pfosten (*s,* ≈) **1** stĺp, kôl **2** podpera

e Pfote (≈, *n*) **1** lab(k)a, paprčka **2** hovor., hanl. ruka

r Pfropfen (*s,* ≈) zátka

r Pfuhl (*(e)s, e*) bažina, močiar

pfui fuj

s Pfund (*(e)s, e*) **1** funt pol kilogramu **2** anglická menová jednotka funt

pfusch|en hovor. fušovať, zle pracovať; **r –er** (*s,* ≈) hovor. fušer

e Pfütze (≈, *n*) kaluž, mláka

s Phänomen (*s, e*) fenomén, jav, úkaz často neobyčajný; **~al** fenomenálny, neobyčajný

e Phantasie <Fantasie> (≈, *ien*) **1** fantázia, predstavivosť; *lebhafte ~* živá al. bujná fantázia **2** blúznenie, výtvor predstavivosti; **~ren** <fantasieren> blúzniť, hovor. fantazírovať; **~voll** <fantasievoll> plný fantázie

phantastisch <fantastisch> **1** fantastický, vymyslený, neskutočný **2** vynikajúci, neobyčajný

s Phantom (*s, e*) fantóm, vidina, prízrak

r Pharao (*(s), Pharaonen*) faraón

r Pharisä|er (*s,* ≈) **1** farizej **2** obraz. pokrytec, farizej; **–isch** pokrytecký, farizejský

r Pharma|zeut (*en, en*) farmaceut; **e –zie** (≈, *0*) farmácia

e Phase (≈, *n*) **1** fáza, stupeň vývoja, obdobie; *die ~n des Mondes* fázy Mesiaca **2** fyz. fáza

s Phenol (*s, 0*) fenol

e Philatelie (≈, *0*) filatelia

e Philharmonie (≈, *ien*) filharmónia

r Philolog|e (*n, n*) filológ; **e –ie** (≈, *ien*) filológia; **–isch** filologický

r Philosoph (*en, en*) filozof; **e ~ie** (≈, *ien*) filozofia; **~isch** filozofický

phlegmatisch flegmatický, ľahostajný

e Phobie (≈, *ien*) fóbia, chorobný strach

s Phon <Fon> (*s, s*) fyz. fón

e Phonet|ik (≈, *0*) fonetika; **–isch** fonetický

e Phono|logie <Fonologie> (≈, *0*) fonológia; **–logisch** <fonologisch> fonologický

r Phosphor (*s, 0*) fosfor

s Photo <Foto> (*s, s*) fotografia, hovor.

fotka; **r ~|amateur** [...toö:ɐ] (*s, e*) fotoamatér

r Photograph **<Fotograf>** (*en, en*) fotograf; **e ~ie** **<Fotografie>** (*≈, i|en*) fotografie; **~ieren** **<fotografieren>** (vy)fotografovať; **~isch** **<fotografisch>** fotografický

e Photo|kopie **<Foto...>** (*≈, i|en*) fotokópia; **s –modell** (*s, ≈*) fotomodelka; **e –montage** [...ta:žə] (*≈, n*) fotomontáž

e Phrase (*≈, n*) **1** fráza ustálené slovné spojenie **2** fráza, prázdne slová; **e ~ologie** (*≈, i|en*) frazeológia

e Physik (*≈, 0*) fyzika; **~alisch** fyzikálny; **r ~er** (*s, ≈*) fyzik

physisch fyzický, hmotný

s Pianino (*s, s*) pianíno

s Piano (*s, s*) piano, klavír

pichen smoliť, vysmolovať sudy

r Pickel (*s, ≈*) **1** horolezecký čakan **2** lek. vyrážka, akné; **~ig** s vyrážkami, plný vyrážok

picken ďobať, zobať

s Picknick (*s, e* al. *s*) piknik

r Piep (*(e)s, e*) (za)pískanie, písknutie, pišťanie; *keinen ~ mehr sagen* ani nemuknúť **r ~matz** (*es, e* al. *≈e*) vtáča, vtáčatko; obraz. hovor. **einen ~matz haben** byť šibnutý; **~en** pišťať

piesacken hovor. trápiť

e Pi|etät (*≈, 0*) pieta, spomienka; **~los** neúctivý, bez piety; **~voll** úctivý, pietny

s Pigment (*(e)s, e*) pigment, farbivo

s Pik[1] (*s, s*) piková karta

r Pik[2] (*s, e* al. *s*) vrchol hory, štít

pikant pikantný **1** kuch. okorenený, ostrý **2** zaujímavý, dráždivý **3** dvojzmyselný

e Pike (*≈, n*) pika, bodná zbraň; hovor. **von der ~ auf beginnen*** začínať od piky

pikiert dotknutý, urazený

r Pikkolo (*s, s*) pikolík, čašnícky učeň

e Pikkoloflöte (*≈, n*) hud. pikola

r Pilger (*s, ≈*) cirk. pútnik; **e ~fahrt** (*≈, en*) púť, pútnická cesta; **~n** (*h./i.*) putovať, zúčastniť sa na púti

e Pille (*≈, n*) **1** pilulka aj obraz.; *eine bittere ~* horká pilulka **2** hovor. antikoncepčná pilulka

r Pilot (*en, en*) pilot

s Pils(e)ner (*s, 0*) hovor. plzeň, plzenské (pivo)

r Pilz (*es, e*) huba, hríb; **r ~hut** (*(e)s, ≈e*) klobúčik huby; **r ~sammler** (*s, ≈*) hubár; **r ~stamm** (*(e)s, ≈e*) noha huby; **e ~vergiftung** (*≈, en*) otrava hubami

pimpelig hovor. háklivý, chúlostivý, ubolený

s Pingpong (*s, s*) stolný tenis, hovor. pingpong

r Pinguin (*s, e*) zool. tučniak

e Pini|e (*≈, n*) bot. pínia

pinkeln hovor. močiť, čúrať

r Pinsel (*s, ≈*) štetec; **r ~strich** (*(e)s, e*) ťah štetcom

e Pinzette (*≈, n*) pinzeta

r Pionier (*s, e*) **1** priekopník, pionier **2** voj. ženista

e Pipeline ['piaplain] (*≈, s*) diaľkové potrubie, ropovod

r Pips (*es, 0*) pípeť slepačia choroba

r Pirat (*en, en*) pirát

r Piraten|häuptling (*s, e*) náčelník pirátov; **r –sender** (*s, ≈*) pirátsky vysielač

pissen vulg. močiť, šťať

s Pissoir [pi'sɔa:ɐ] (*s, e* al. *s*) pisoár

e Pistazi|e (*≈, n*) pistácia

e Piste (*≈, n*) **1** štartovacia al. pristávacia dráha lietadla **2** šport. trať, pretekárska dráha, zjazdovka

e Pistole (*≈, n*) pištoľ(a)

pittoresk pitoreskný, malebný

e Pizza (*≈, s* al. *Pizzen*) pizza

r Pkw (*≈* al. *s, ≈* al. *s*) skr. **r Personenkraftwagen** osobný automobil

placieren **<platzieren>** hovor. umiestniť

plä|dieren (*für j-n/etw*) obhajovať, hájiť (koho/čo), zasadiť sa (za koho/čo); **s –doyer** [pledoa'je:] (*s, s*) plaidoyer

e Plage (*≈, n*) **1** trápenie, súženie

2 hovor. drina, námaha; **r ~geist** (*es, er*) hovor. o človeku otrava; *du bist ein richtiger ~!* ty si ale otrava!; **~n** trápiť, otravovať
s Plagiạt (*(e)s, e*) plagiát
s Plakạt (*(e)s, e*) plagát
plan rovný, plochý
r Plan (*(e)s, ≈e*) **1** ekon. plán; *ein kurzfristiger ~* krátkodobý plán **2** plán, zámer, úmysel; *j-s Pläne durchkreuzen* skrížiť komu plány **3** mapa, orientačný plán; *der ~ von Wien* mapa Viedne **4** plán, projekt; **auf den ~ treten** kniž. vystúpiť do popredia
e Plane (*≈, n*) plachta na voz al. na nákladné auto
plan|en plánovať, mať v úmysle; **r –entwurf** (*(e)s, ≈e*) návrh plánu; **r –er** (*s, ≈*) plánovač
r Planẹt (*en, en*) planéta
plangemäß PRÍSL podľa plánu
planịeren planírovať, rovnať, zrovnávať zem, terén ap.
e Planke (*≈, n*) hrubá, dlhá doska, palubová doska
e Plänkelẹi (*≈, en*) slovné nedorozumenie, šarvátka
plan|los bez plánu, neplánovitý, bezcieľny; **–mäßig** plánovitý, plánovaný, podľa plánu; **r –rückstand** (*(e)s, ≈e*) ekon. manko, oneskorenie v plnení plánu
s Plansch|becken (*s, ≈*) detský bazén; **–en** špliechať sa, čľapotať sa vo vode
e Planstelle (*≈, n*) ekon. plánované pracovné miesto
e Plantạge [plan'ta:žə] (*≈, n*) plantáž
e Plan|ung (*≈, en*) plánovanie; **e –wirtschaft** (*≈, 0*) ekon. plánované hospodárstvo
s Plapper|maul (*es, ≈er*) hovor. táradlo, klebetnica; **–n** hovor. tárať, trepať, bľabotať
plärren hovor. revať, jačať, hulákať
r Plast (*(e)s, e*) plast, plastická látka
e Plastik (*≈, en*) plastika **1** sochárstvo, modelárstvo **2** socha, sochárske dielo **3** lek. plastická operácia
plastisch plastický **1** trojrozmerný, priestorový **2** sochársky **3** tvarovateľný
e Platạne (*≈, n*) bot. platan
s Platịn (*s, 0*) platina
platọnisch platonický
platschen 1 (*h.*) čľapotať **2** čľapkať; (*h./i.*) plieskať (sa), hádzať (sa) o čo, špliechať; *die Wellen ~ ans Ufer* vlny špliechajú na breh
plätschern žblnkať, zurčať
platt 1 plochý, rovný **2** obraz. jasný, zjavný, vyslovený; hovor. **~ sein** stratiť reč, byť ohromený
s Plattdeutsch (*(s), 0*) dolná nemčina severonemecké nárečie
e Platte (*≈, n*) **1** doska **2** podnos; *kalte ~* studená misa jedlo **3** platňa sporáka
r Plattenspieler (*s, ≈*) gramofón
r Plattfisch (*es, e*) zool. piest zelenkavý ryba
e Plattform (*≈, en*) **1** plošina **2** platforma
r Plattfuß (*es, ≈e*) plochá noha
r Platz (*es, ≈e*) **1** námestie **2** miesto na sedenie, sedadlo; *ein freier ~* voľné miesto **3** miesto, priestor; *j-m ~ machen* uvoľniť komu miesto; **nehmen* Sie ~!** sadnite si! **e ~angst** (*≈, 0*) lek. topofóbia, chorobný strach z voľného priestoru; **e ~anweiserin** (*≈, nen*) uvádzačka v kine, divadle
s Plätzchen (*s, ≈*) **1** miestočko **2** kuch. koláčik, keksík
platzen (*i*) **1** puknúť, prasknúť **2** hovor. nekonať sa, stroskotať; **vor Wut ~** puknúť od zlosti
platzịeren pozri *placieren*
e Platz|karte (*≈, n*) miestenka vo vlaku; **r –mangel** (*s, 0*) nedostatok miesta; **r –regen** (*s, ≈*) lejak, prudký dážď
plauder|n 1 rozprávať sa, baviť sa príjemne, nenútene **2** vyrozprávať, porozprávať, poprezrádzať; obraz. **aus der Schule –n** všetko prezradiť
s Plauderstündchen (*s, ≈*) čierna hodinka

PQRS

r Plausch (*es, e*) hovor. priateľský rozhovor; *sie kam auf einen ~* prišla na kus reči

plausibel jasný, zreteľný, prijateľný

pleite insolventný, neschopný platiť; hovor. *ich bin völlig ~* nemám ani fuka

e Pleite (*≈, n*) hovor. neschopnosť platiť, úpadok, bankrot; *~ machen* zbankrotovať

s Plenum (*s, Plena*) plénum, plenárna schôdza

s Plexiglas (*es, 0*) plexisklo

e Plomb|e (*≈, n*) plomba **1** lek. umelá výplň zuba **2** úradná kovová pečať; **–ieren** **1** lek. (za)plombovať zub **2** zaplombovať, zapečatiť

e Plötze (*≈, n*) zool. plotica obyčajná

plötzlich **1** PR M náhly, nečakaný **2** PRÍSL odrazu, náhle, zrazu, nečakane

plump nemotorný, neobratný, ťažkopádny; **~sen** (*i*) hovor. žblnknúť, spadnúť do vody

r Plunder (*s, 0*) hovor. haraburdie, haraburdy

r Plünder|er (*s, ≈*) drancovateľ; **–n** drancovať, rabovať, plieniť; **e –ung** (*≈, en*) drancovanie, rabovanie, plienenie

r Plural (*s, e*) gram. množné číslo, plurál

s Plus (*≈, ≈*) **1** plus, nadbytok **2** prednosť, výhoda **3** mat. plus

r Plüsch (*es, e*) plyš

r Pluspol (*s, e*) tech. kladný pól

PLZ skr. **e Postleitzahl** poštové smerovacie číslo

e Pneumat|ik (*≈, en*) pneumatika; **–isch** pneumatický

r Po (*s, s*) hovor. zadok

r Pöbel (*s, 0*) hanl. chamraď, zberba; **~haft** hrubý, sprostý

pochen klopať, búchať; obraz. **auf etw ~** dovolávať sa čoho

e Pocken MNČ lek. kiahne; *schwarze ~n* čierne kiahne

e Pocken|impfung (*≈, en*) očkovanie proti kiahňam; **e –narbe** (*≈, n*) jazva po kiahňach; **–narbig** zjazvený po kiahňach

s Podium (*s, Podi|en*) pódium

e Po|esie (*≈, i|en*) **1** poézia **2** obraz. krása, pôvab

r Po|et (*en, en*) kniž. poeta, básnik; **~isch** poetický, básnický

e Pointe ['poẽ:tə] (*≈, n*) pointa, hlavná myšlienka

r Pokal (*s, e*) pohár, čaša; **s ~spiel** (*(e)s, e*) šport. pohárový zápas

s Pökel|fleisch (*es, 0*) kuch. (na)(za)solené mäso; **–n** kuch. nakladať do soli, zasoliť mäso

r Pol (*s, e*) **1** geogr. pól; *der nördliche ~* severný pól **2** fyz. pól; *der magnetische ~* magnetický pól

polar **1** geogr. polárny **2** obraz. protikladný, protichodný; **r ~kreis** (*es, 0*) polárny kruh; **s ~licht** (e *s, 0*) polárna žiara; **r ~stern** (*(e)s, 0*) Polárka hviezda

e Polem|ik (*≈, en*) polemika; **–isch** polemický, sporný; **–isieren** polemizovať, viesť polemiku

e Police [po'li:sə] (*≈, n*) poistka, poistná zmluva

polieren leštiť; *polierte Möbel* leštený nábytok

e Poliklinik (*≈, en*) poliklinika

e Politik (*≈, 0*) politika

r Poli|tiker (*s, ≈*) politik; **–tisch** politický

e Politur (*≈, en*) politúra, lesklý náter

e Polizei (*≈, en*) polícia; **r ~be|amte** (*n, n*) policajný úradník; **~lich** policajný; *unter ~licher Aufsicht* pod policajným dohľadom; **s ~revier** (*s, e*) policajný revír; **r ~staat** (*(e)s, en*) policajný štát; **e ~streife** (*≈, n*) policajná obchôdzka; **e ~stunde** (*≈, n*) úradne stanovená záverečná hodina v reštauráciách ap.; **e ~wache** (*≈, n*) policajná stráž; **e ~wachstube** (*≈, n*) strážnica; **~widrig** odporujúci policajným predpisom

r Polizist (*en, en*) policajt

r Pollen (*s, ≈*) bot. peľ

r, s Polster (*s, ≈* al. *≈̈*) **1** vankúš, poduška **2** vypchávka **3** čalúnenie; **r ~er** (*s,* ≈) čalúnnik; **s ~möbel** (*s,* ≈) čalúnený nábytok; **~n** čalúniť; **e ~ung** (≈, *en*) čalúnenie

r Polter|abend (*s, e*) večer pred svatbou spojený s oslavou, rozlúčka so slobodou

poltern 1 (*h.*) búchať, šramotiť **2** (*i.*) hlučne sa pohybovať

e Poly|gamie (≈, *ien*) polygamia, mnohoženstvo; **s –gon** (*s, e*) mat. polygón, mnohouholník; **e –graphie** <**...grafie**> (≈, *0*) polygrafia; **r –histor** (*s, historen*) polyhistor

r Polyp (*en, en*) zool., lek. polyp

s Poly|technikum (*s, technika* al. *techniken*) polytechnika, vysoká škola technická; **–technisch** polytechnický

e Pommes frites [pom'frit] MNČ zemiakové hranolčeky

r Pomp (*(e)s, 0*) pompa, veľkolepá nádhera; **~ös** pompézny, veľkolepý

pontifikal pontifikálny; **s ~|amt** (*(e)s, ≈er*) pontifikálny, biskupský úrad

s Pontifikat (*es, s*) cirk. pontifikát, obdobie panovania, úrad a hodnosť pápeža

r Ponton [põ'tõ:] (*s, s*) pontón; **e ~brücke** (≈, *n*) pontónový most

r, s Pony[1] (*s, s*) pony, poník

r Pony[2] (*s, s*) hovor. ofina účes

r Popanz (*es, e*) strašidlo, strašiak

r Popo (*s, s*) hovor. detský zadoček, ritka

popu|lär 1 populárny, obľúbený **2** prístupný, zrozumiteľný širokým masám; **–larisieren** (s)popularizovať; **e –larität** (≈, *0*) popularita, všeobecná obľúbenosť; **–wissenschaftlich** populárno-vedecký

e Por|e (≈, *n*) pór, štrbina, malý otvor; **–ig** pórovitý, porézny

e Pornographie <**...grafie**> (≈, *ien*) pornografia

porös pórovitý, porézny, priepustný

r Porree (*s, s*) pór zelenina

s Portal (*s, e*) portál, priečelie

s Porte|feuille [port(ə)'fø:j] (*s, s*) **1** taška na spisy, aktovka **2** obraz. ministerský úrad; **s –monnaie** [portmo'nę:] (*s, s*) peňaženka

r Portier [por'tję:] (*s, s*) vrátnik

e Portion (≈, *en*) porcia, dávka; *halbe* ~ polovičná porcia

s Porto (*s, s* al. *Porti*) porto, poštovné; **~frei** nepodliehajúci poštovnému; **~pflichtig** podliehajúci poštovnému

s Porträt (*s, s* al. *e*) portrét; *ein lebensgroßes* ~ portrét v životnej veľkosti; **~ieren** portrétovať; **r ~maler** (*s,* ≈) portrétista

s Porzellan (*s, e*) porcelán; **e ~|erde** (≈, *0*) kaolín; **e ~malerei** (≈, *en*) maľba na porcelán

e Posaune (≈, *n*) hud. pozauna

e Position (≈, *en*) pozícia, postavenie, poloha

r Positions|krieg (*(e)s, e*) zákopová, pozičná vojna; **e –lampe** (≈, *n*), **s –licht** (*(e)s, er*) polohové svetlo na lodiach, lietadlách, parkovacie svetlá auta; **e –meldung** (≈, *en*) hlásenie polohy lode, lietadla ap.

positiv pozitívny, kladný

r Positiv[1] (*s, e*) gram. pozitív, prvý stupeň prídavných mien a prísloviek

s Positiv[2] (*s, e*) fot. pozitív

e Posse (≈, *n*) div. fraška

possen|haft žartovný, na smiech; **r –reißer** (*s,* ≈) vtipkár, šašo

possessiv gram. privlastňovací; **s ~pronomen** (*s, pronomina*) gram. privlastňovacie zámeno

possierlich žartovný, veselý, hravý

e Post (≈, *en*) **1** pošta budova *zur ~ gehen* ísť na poštu **2** pošta, poštová zásielka; *per ~, mit der ~* poštou; **s ~|amt** (*(e)s, ≈er*) poštový úrad, pošta; **e ~|anweisung** (≈, *en*) poštová poukážka; **r ~bote** (*n, n*), **r ~zusteller** (*s,* ≈) poštový doručovateľ, poštár

r Posten (*s,* ≈) **1** postavenie, miesto, úrad **2** voj. strážne stanovište, stráž, hliadka **3** obch. zložka, položka; *offene ~* nevyrovnané položky; **r ~jäger** (*s,* ≈) hanl. karierista

r, s Poster (*s,* ≈) plagát

PQRS

s Post|fach (*(e)s, ≈er*) poštový priečinok; **e –karte** (*≈, n*) korešpondenčný lístok; **–lagernd** uložený na pošte, poste restante; **e –leitzahl** (*≈, en*) poštové smerovacie číslo; **r –schalter** (*s, ≈*) poštová priehradka, okienko; **e –sendung** (*≈, en*) poštová zásielka; **e –sparkasse** (*≈, n*) poštová sporiteľňa; **r –stempel** (*s, ≈*) poštová pečiatka; **–wendend** obratom, obratom pošty; **s –wertzeichen** (*s, ≈*) poštová cenina
potent schopný, výkonný, potentný
s Poten|tial <**...zial**> (*s, e*) potenciál; **–tiell** <**...ziell**> potenciálny, možný, schopný
e Potenz (*≈, en*) **1** potencia, tvorivá sila, predpoklady **2** mat. mocnina; *die zweite ~ von zwei ist vier* dva na druhú sú štyri **3** lek. plodnosť
e Pracht (*≈, 0*) nádhera, krása, prepych
prächtig nádherný, skvostný, prepychový
r Pracht|kerl (*s, s* al. *e*) hovor. chlapík; **–voll** nádherný, skvostný, prepychový
s Prädikat (*(e)s, e*) **1** gram. prísudok **2** titul
s Präfix (*es, e*) gram. prefix, predpona
prägen **1** raziť mince **2** formovať, ovplyvňovať; **sich etw ins Gedächtnis ~** vštepiť si čo do pamäti, zapamätať si
prägnant výstižný, pregnantný
e Prägung (*≈, en*) razenie mincí, aj obraz.
prahl|en vystatovať sa, chvastať sa, chváliť sa (*mit etw* D čím); **r –er** (*s, ≈*) chvastúň, chválenkár
r Prahm (*(e)s, e* al. *≈e*) pramica
praktik|abel **1** uskutočniteľný **2** vhodný, účelný **3** skutočný o kulisách v divadle; **r –ant** (*en, en*) praktikant; **s –um** (*s, Praktiken* al. *Praktika*) praktikum **1** prax študenta, učňa **2** praktické cvičenie
prak|tisch **1** praktický, súvisiaci s praxou; *ein ~er Arzt* praktický lekár **2** šikovný, obratný **3** účelný, užitočný; **–tizieren** **1** uviesť do praxe, používať v praxi **2** praxovať, vykonávať prax
r Prälat (*en, en*) cirk. prelát
e Praline (*≈, n*) pralinka
prall **1** napnutý, pružný **2** silný, intenzívny, prudký o slnku
r Prall (*(e)s, e*) náraz; **~en** **1** (*i.*) (*an, auf, gegen etw*) naraziť, vraziť (do čoho, na čo); *gegen den Baum ~en* naraziť do stromu **2** (*h.*) páliť o slnku
e Prämi|e (*≈, n*) prémia
s Prämi|en|sparen (*s, 0*) prémiové sporenie
prangen **1** kniž. skvieť sa, žiariť **2** hanl. chvastať sa, ukazovať sa
r Pranger (*s, ≈*) kniž. pranier; *etw an den ~ stellen* pranierovať čo
e Pranke (*≈, n*) laba, tlapa
s Präpa|rat (*(e)s, e*) preparát, prípravok; **–rieren** preparovať
e Präposition (*≈, en*) gram. predložka
e Prärie (*≈, i|en*) préria
s Präsens (*≈, Präsentia*) gram. prézent, prítomný čas
präsent prítomný
präsentieren predviesť, ukázať, prezentovať; voj. *präsentiert das Gewehr!* na poctu zbraň!
e Präsenz (*≈, 0*) prezencia, prítomnosť; **e ~liste** (*≈, n*) prezenčná listina; **e ~stärke** (*≈, n*) voj. počet, prezenčný stav
r Präsi|dent (*en, en*) prezident **1** hlava štátu **2** predseda významnej inštitúcie; **–dieren** predsedať, byť predsedom
s Präsidium (*s, en*) prezídium
prasseln **1** syčať, prskať pri horení **2** buhnovať, udierať
pras|sen hýriť, žiť nad svoje pomery; **r –ser** (*s, ≈*) márnivec
s Präteritum (*s, Präterita*) gram. préteritum, minulý čas
präventiv preventívny
e Praxis (*≈, Praxen*) prax **1** praktická činnosť; *die Verbindung von Theorie und ~* spojenie teórie a praxe **2** od-

borná činnosť lekára, právnika ap. *die ärztliche ~ aus|üben* vykonávať lekársku prax **3** skúsenosť, zbehlosť; **~nah(e)** praktický, vyhovujúci praxi; *eine praxisnahe Anleitung* praktický návod; **~orientiert** praktický, zameraný na prax
r Präzedenzfall (*(e)s, ≈e*) precedens, precedentný prípad
präzis presný, dokonalý, precízny; **e ~ion** (*≈, en*) precíznosť, presnosť
predig|en 1 cirk. kázať, mať kázeň **2** hanl. moralizovať; **r –er** (*s, ≈*) kazateľ; **e –t** (*≈, en*) kázeň
r Preis (*es, e*) **1** cena tovaru; *zum ~e von 5 Kronen* za 5 korún; **2** cena, odmena; *um jeden ~* za každú cenu; *um keinen ~* za nijakú cenu
e Preiselbeere (*≈, n*) brusnica
preis|en* (*ie, h. ie*) kniž. chváliť, vychvaľovať; **e –|erhöhung** (*≈, en*) zvýšenie cien; **e –|ermäßigung** (*≈, en*) zníženie cien; **–geben*** (*a, h. e*) vydať, zradiť; **–gekrönt** ocenený, vyznamenaný cenou; **s –gericht** (*(e)s, e*) jury, porota rozhodujúca o udelení ceny; **–günstig** cenovo výhodný; **e –lage** (*≈, n*) cenová relácia; **r –träger** (*s, ≈*) nositeľ ceny; **–wert** cenovo výhodný
prekär nepríjemný, chúlostivý, prekérny
r Prell|bock (*(e)s, ≈e*) železničné koľajové narážalo, nárazník; **–en 1** (*auf/gegen etw*) naraziť (do čoho), dopadnúť (na čo) **2** hovor. oklamať; **sich –en** udrieť sa; **r –er** (*s, ≈*) klamár; **e –erei** (*≈, en*) podvod, klamstvo; **e –ung** (*≈, en*) lek. pomliaždenina, podliatina
e Premi|ere (*≈, n*) premiéra
r Premierminister [prə'mjeː...] (*s, ≈*) ministerský predseda, predseda vlády
e Presse (*≈, n*) **1** lis **2** len JČ tlač, noviny; **e ~|agentur** (*≈, en*) tlačová agentúra; **r ~bericht** (*es, e*) tlačová správa; **e ~erklärung** (*≈, en*) tlačové vyhlásenie; **e ~freiheit** (*≈, 0*) sloboda tlače; **s ~gesetz** (*es, e*) tlačový zákon; **e ~konferenz** (*≈, en*) tlačová konferencia; **e ~zensur** (*≈, 0*) cenzúra tlače
pressen 1 lisovať **2** stlačiť, stisnúť **3** natlačiť, napchať
e Preß|kohle <...ss...> (*≈, n*) brikety; **e –luft** (*≈, 0*) stlačený vzduch; **r –wasser|antrieb** (*(e)s, e*) hydraulický pohon; **e –wurst** (*≈, ≈e*) tlačenka
s Prestige [pres'tiːʒə] (*s, 0*) prestíž, vážnosť, význam
r Preuße (*n, n*) Prus
prickeln perliť sa, šumieť; **~d** šumivý, obraz. dráždivý
r Priester (*s, ≈*) kňaz; **e ~weihe** (*≈, n*) vysviacka (za) kňaza
prima hovor. príma, výborný, znamenitý
primär primárny, prvotný
r Primas (*≈, se*) **1** cirk. prímas **2** hovor. primáš, prvý huslista
r, s Primat (*(e)s, e*) primát, prvenstvo
e Primel (*≈, n*) bot. prvosienka
primitiv primitívny
r Prinz (*en, en*) princ; **e ~essin** (*≈, nen*) princezná
s Prinzip (*s, e* al. *i|en*) princíp, zásada; *im ~* v podstate; **~|iell** principiálny, zásadový, základný
prinzipi|en|los bezzásadový; **r –reiter** (*s, ≈*) hovor., hanl. zásadový človek, puntičkár
e Priorität (*≈, en*) priorita, priorita
e Prise (*≈, n*) štipka; *eine ~ Salz* štipka soli
s Pris|ma (*s, Prismen*) fyz., mat. prizma, hranol; **–matisch** prizmatický, hranolovitý
s Prismen(fern)glas (*es, 0*) prizmatický ďalekohľad
privat [...va...] súkromný, osobný, privátny; **r ~besitz** (*es, e*) súkromný majetok; **s ~eigentum** (*(e)s, ≈er*) súkromné/osobné vlastníctvo; **s ~gespräch** (*(e)s, e*) súkromný (telefonický) rozhovor; **~isieren** privatizovať; **r**

PQRS

~unterricht (*(e)s, 0*) súkromné vyučovanie/hodiny; **e ~wohnung** (*≈, en*) súkromný byt
s Privileg [...v...] (*(e)s, ien*), **s Privilegium** (*s, Privilegien*) privilégium, výsada, výhradné právo
pro PREDL s A za; *5 Kronen ~ Stück* 5 korún za kus
e Probe (*≈, n*) **1** skúška, pokus; *j-n auf die ~ stellen* podrobiť skúške koho **2** vzorka; *eine ~ Blut entnehmen* odobrať vzorku krvi **3** div. skúška, nacvičovanie; **s ~exemplar** (*s, e*) skúšobný exemplár, výtlačok; **e ~fahrt** (*≈, en*) skúšobná jazda; **~n** skúšať, nacvičovať; **~weise** skúšobne, na skúšku; **e ~zeit** (*≈, en*) skúšobná lehota
probieren 1 skúsiť, (vy)skúšať **2** ochutnať
s Problem (*s, e*) problém; **~atisch** problematický; **~los** bezproblémový
s Produkt (*(e)s, e*) **1** produkt, výrobok **2** mat. výsledok, súčin
e Produktion (*≈, en*) produkcia **1** výroba, tvorba **2** výrobky
r Produktionsablauf (*(e)s, ≈e*) chod/priebeh výroby; **r –ausfall** (*(e)s, 0*) zastavenie, prerušenie výroby; **e –kosten** MNČ výrobné náklady; **r –zweig** (*(e)s, e*) výrobné odvetvie
produktiv produktívny, tvorivý; **e ~ität** [...v...] (*≈, 0*) produktivita, výkonnosť
r Produzent (*en, en*) producent, výrobca; **–zieren** (vy)produkovať, vyrábať
Prof. skr. **r Professor** profesor
r Professor (*s, Professoren*) profesor; *~ für Mathematik* profesor matematiky; **e –sur** (*≈, en*) profesúra
r Profi (*s, s*) hovor. profesionál, expert
s Profil (*s, e*) profil **1** tvár pri pohľade zboku **2** prierez, priečny rez **3** charakteristika osoby, javu ap.; **~ieren** profilovať
r Profit (*(e)s, e*) profit, zisk, prospech; **~ieren** profitovať, získavať (*von etw* z čoho)
e Prognose (*≈, n*) prognóza, predpoveď; **r –tiker** (*s, ≈*) prognostik; **–tisch** prognostický
s Programm (*s, e*) **1** program v rôznych významoch; *was steht heute auf dem ~?* čo je dnes na programe? **2** program, plán činnosti **3** program počítača ap. *die Waschmaschine hat sechs ~e* práčka má šesť programov; **~gemäß** podľa programu; **~ieren** programovať; **r ~ierer** (*s, ≈*) programátor; **e ~steuerung** (*≈, en*) programové riadenie automatických prístrojov; **e ~vorschau** (*≈, 0*) prehľad programov
progressiv progresívny, stúpajúci, postupne sa vyvíjajúci
e Prohibition (*≈, en*) prohibícia
s Projekt (*(e)s, e*) projekt, plán; *ein ~ entwerfen* navrhnúť projekt; **~ieren** projektovať, plánovať
e Projektionsapparat (*s, e*) projektor, premietací prístroj; **e –fläche** (*≈, n*) premietacia plocha
proklamieren proklamovať, vyhlásiť
s Proletariat (*(e)s, 0*) proletariát; **r –tarier** (*s, ≈*) proletár; **–tarisch** proletársky
r Prolog (*(e)s, e*) prológ, predslov
e Promenade (*≈, n*) promenáda, korzo
s Promille (*(s), ≈*) promile
prominent prominentný, významný; **e –z** (*≈, en*) prominencia, prominenti
e Promotion (*≈, en*) promócia; **–vieren** [...v...] promovať
prompt promptný, pohotový
s Pronomen (*s, ≈* al. *Pronomina*) gram. zámeno
e Propaganda (*≈, 0*) propaganda
propagieren propagovať
r Propeller (*s, ≈*) vrtuľa lietadla, lodná skrutka; **e ~turbine** (*≈, n*) vrtuľová turbína
r Prophet (*en, en*) prorok; *der ~ gilt nichts in seinem Vaterlande* nik nie je doma prorokom
prophezeien prorokovať; **e –ung** (*≈, en*) proroctvo

PQRS

e Proportiọn 1 proporcia **2** mat. úmera; **~ạl** proporcionálny, vyvážený
e Pro|sa (≈, *0*) próza; **r –sạiker** (*s,* ≈) prozaik; **–sạisch 1** lit. prozaický, napísaný prózou **2** obraz. prozaický, všedný
pros(i)t! na zdravie!; ~ *Neujahr!* Šťastný nový rok!
s Prosit (*s, 0*) prípitok; *ein ~ ausbringen* predniesť prípitok
r Prospẹkt (*(e)s, e*) prospekt
e Prostitu|ịerte (*n, n*) prostitútka; **e –tiọn** (≈, *0*) prostitúcia
r Protẹktor (*s, Protektọren*) protektor, vplyvný ochranca; **s ~ạt** (*(e)s, e*) protektorát
r Protẹst (*(e)s, e*) protest, námietka; **r ~ạnt** (*en, en*) protestant; **~ịeren** protestovať, odporovať; **e ~kundgebung** (≈, *en*) protestná demonštrácia; **e ~note** (≈, *n*) protestná nóta v diplomacii; **e ~versammlung** (≈, *en*) protestné zhromaždenie
s Protokọll (*s, e*) protokol **1** zápisnica; *das ~ führen* písať zápisnicu, zapisovať; *zu ~ nehmen** zaznamenať do protokolu **2** dohovor, dohoda; **r ~führer** (*s,* ≈) zapisovateľ
r Protz (*es* al. *en, e* al. *en*) hanl. nafúkanec, povýšenec; **~en** vystatovať sa; **~ig** namyslený, povýšenecký
e Provenięnz (≈, *en*) proveniencia, pôvod
r Proviạnt (*(e)s, e*) proviant, zásoby potravín
e Provịnz (≈, *en*) provincia **1** územie **2** len JČ vidiek; **~iẹll** provinciálny, vidiecky; **r ~ler** (*s,* ≈) malomeštiak, vidiečan
e Provisiọn (≈, *en*) provízia
provisọ|risch provizórny, dočasný; *eine ~e Maßnahme* provizórne/dočasné opatrenie; **s –rium** (*s, Provisori|en*) provizórium, dočasný/prechodný stav
e Provo|katiọn (≈, *en*) provokácia; **–zịeren** provokovať
e Prozedụr (≈, *en*) procedúra, postup
s Prozẹnt (*(e)s, e*) percento; **r ~satz** (*es, ≈e*) percentuálna sadzba
-prozentig -percentný; *drei~* trojpercentný
prozentuạl percentuálny
r Prozẹß <...ss> (*Prozesses, Prozesse*) proces **1** postup, priebeh **2** súdne konanie, súdny proces; obraz. hovor. *mit j-m einen kurzen ~ machen* urobiť s kým krátky proces
e Prozessiọn (≈, *en*) **1** cirk. procesia **2** obraz. sprievod
e Prozẹß|kosten <...ss...> MNČ súdne trovy; **e –ordnung** (≈, *en*) súdny poriadok; **s –verfahren** (*s,* ≈) súdne konanie
prüde prepiato cudný, falošne hanblivý, prudérny; **e ~rịe** (≈, *i|en*) prudéria
prüf|en skúšať (*j-n/etw* koho/čo); **r –er** (*s,* ≈) skúšajúci; **r –ling** (*s, e*) skúšaná osoba; **e –ung** (≈, *en*) skúška
r Prüfungs|termin (*s, e*) termín skúšky; **s –zeugnis** (*ses, se*) vysvedčenie o skúške
r Prügel (*s,* ≈) **1** trstenica, palica **2** len MNČ výprask, bitka; **e ~ẹi** (≈, *en*) bitka; **r ~knabe** (*n, n*) obraz. hromozvod, obetný baránok; **~n** biť, mlátiť
r Prunk (*(e)s, 0*) nádhera, prepych; **~en** žiariť, blyšťať sa; **~voll** nádherný, prepychový
PS skr. **1 e Pfärdestärke** konská sila **2 post scriptum** post scriptum
r Psalm (*s, en*) žalm
pseudo- pseudo, predstieraný, zdanlivý, nepravý
r Psychiạ|ter (*s,* ≈) psychiater; **–trisch** psychiatrický
e Psycho|analyse (≈, *0*) psychoanalýza; **r –lọge** (*n, n*) psychológ; **e –logịe** (≈, *0*) psychológia; **–lọgisch** psychologický; **r –pạth** (*en, en*) psychopat
e Psychọse (≈, *n*) psychóza
e Pubertạ̈t (≈, *0*) puberta
s Publi|kum (*s, 0*) publikum; *das*

breite ~ široká verejnosť; **–zieren** publikovať, (u)z|verejniť, vydať; **e –zistik** (≈, *0*) publicistika
r Pudding (*s, e* al. *s*) puding
r Pudel (*s,* ≈) pudel, pudlík
pudelnaß <...ss> hovor. premoknutý do nitky, mokrý ako myš
r Puder (*s,* ≈) púder, zásyp; **e ~dose** (≈, *n*) pudrenka; **~n** pudrovať; **r ~zucker** (*s, 0*) práškový cukor
r Puff (*(e)s, e* al. *≈e*) **1** hovor. úder pásťou, buchnát **2** hovor., hanl. verejný dom, bordel; **~en 1** búchať, udierať, štuchnúť **2** fučať, vyfukovať, hovor. pufkať o aute, vlaku; **r ~er** (*s,* ≈) **1** nárazník vlaku **2** zemiaková baba/placka
e Pulle (≈, *n*) hovor. fľaša
r Pulli (*s, s*) hovor. pulóver
r Pullover (*s,* ≈) pulóver
r Puls (*es, e*) pulz, tep; **e ~|ader** (≈, *n*) tepna; **~ieren** pulzovať; **r ~schlag** (*(e)s, ≈e*) pulz; *j-m den ~ fühlen* nahmatať niekomu pulz
s Pult (*(e)s, e*) pult
s Pulver (*s,* ≈) **1** prášok **2** pušný prach **3** lek. prášok, liek; *ein ~ gegen Kopfschmerzen* prášok proti boleniu hlavy; **~ig** práškový, prachový, prachovitý; **r ~schnee** (*s, 0*) prachový sneh, hovor. prašan
r Puma (*s, s*) zool. puma
pummelig bucľatý
r Pump (*(e)s, e*) hovor. dlh, pôžička, expr. borg
e Pumpe (≈, *n*) pumpa, čerpadlo; **~n 1** pumpovať, čerpať **2** hovor. požičať (si) peniaze
r Pumpernikel (*s,* ≈) čierny ražný chlieb
e Pumphose (≈, *n*) hovor. pumpky
e Pumps [pömps] MNČ **lodičky** dámske poltopánky
r Punkt (*(e)s, e*) **1** bodka; *~ setzen* dať bodku **2** mat. bod **3** bod, miesto v priestore **4** problém, otázka **5** bod programu **6** šport. bod; *nach ~en gewinnen* vyhrať na body; **~ieren 1** (vy)bodkovať **2** lek. robiť punkciu
pünktlich presný; **e ~keit** (≈, *0*) presnosť
r Punsch (*es, e*) punč
r Pup (*(e)s, e*) hovor. prd
e Pupille (≈, *n*) lek. zrenica, pupila
e Puppe (≈, *n*) **1** bábika **2** bábka **3** figurína vo výklade **4** zool. kukla; **bis in die ~n** donekonečna, do aleluja
r Puppen|spieler (*s,* ≈) bábkar; **s –theater** (*s,* ≈) bábkové divadlo
pur čistý, rýdzi
s Püree (*s, s*) kuch. pyré, kaša
r Puritan|er (*s,* ≈) puritán; **–isch** puritánsky
r Purpur (*s, 0*) purpur; **~farben, ~farbig, ~rot** purpurový, purpurovočervený
r Purzel|baum (*(e)s, ≈e*) kotúľ, kotrmelec; *einen ~ schlagen** urobiť kotrmelec; **–n** (*i*) hovor. spadnúť, prekopŕcnuť sa
e Puste (≈, *0*) hovor. dych; *die ~ geht ihm aus* dochádza mu dych
e Pustel (≈, *n*) lek. vriedok, vyrážka
pusten hovor. ťažko dýchať, fučať, fúkať do polievky; obraz. hovor. **j-m etw ~** kašľať komu na čo
e Pute (≈, *n*) morka; **r ~r** (*s,* ≈) moriak
r Putsch (*es, e*) polit. puč; **~en** chystať puč
r Putz (*es, 0*) **1** omietka **2** zast. oblečenie, paráda; **~en 1** (vy)čistiť, leštiť **2** hovor. parádiť sa, obliecť sa do nových šiat; **e ~frau** (≈, *en*) hovor. upratovačka; **~ig** rozkošný, roztomilý; **r ~lappen** (*s,* ≈) handra na čistenie, utieranie; **r ~mittel** (*s,* ≈) čistiaci prostriedok
s Puzzle ['pazl] (*s, s*) puzzle, obrázková skladačka
r, s Pyjama [pü'(d)ža:ma] (*s, s*) pyžama
e Pyramide (≈, *n*) **1** pyramída **2** mat. ihlan
e Pyrotechnik (≈, *0*) pyrotechnika

PQRS

Q

q skr. **s Quadrat** kvadrát
qm skr. **r, s Quadratmeter** štvorcový meter
r Quacksalber (*s*, ≈) hanl. mastičkár, šarlatán
r Quader (*s*, ≈) mat. kváder
s Quadrat (*(e)s*, *e*) mat. kvadrát **1** štvorec **2** druhá mocnina čísla; **~isch 1** kvadratický, štvorcový **2** umocnený na druhú; **r, s ~meter** (*s*, ≈) štvorcový meter; **e ~wurzel** (≈, *n*) mat. druhá odmocnina; *die ~ ziehen* odmocňovať
quaken kvákať
quäken vrešťať, kričať
e Qual (≈, *en*) trápenie, muky; **~ der Wahl** veľa možností, veľa starostí
quäl|en mučiť, trápiť; **sich ~** namáhať sa, trápiť sa, robiť si starosti; **~d** mučivý; **e –erei** (≈, *en*) mučenie, trápenie; **r –geist** (*es*, *er*) hovor. otrava o človeku
e Qualifi|kation (≈, *en*) kvalifikácia **1** odborná spôsobilosť **2** posúdenie, zhodnotenie; **–zieren** kvalifikovať (sa) **1** zvyšovať svoju kvalifikáciu **2** hodnotiť; **sich –zieren** šport. kvalifikovať sa, postúpiť; **e –zierung** (≈, *en*) kvalifikácia
e Qualität (≈, *en*) kvalita, akosť
e Qualitäts|ware (≈, *n*) kvalitný tovar; **s –zeichen** (s, ≈) značka kvality
e Qualle (≈, *n*) zool. medúza
r Qualm (*(e)s*, *0*) hustý dym, čmud; **~en** dymiť, čadiť; **~ig** nadymený, začmudený, nafajčený
qualvoll mučivý, trýznivý, strastiplný
e Quantentheorie (≈, *0*) fyz. kvantová teória
e Quant|ität (≈, *en*) kvantita, množstvo; **–itativ** kvantitatívny; **s –um** (*s*, *Quanten* al. *Quanta*) kvantum, množstvo
e Quarantäne [karan'te:nə] (≈, *n*) lek. karanténa
r Quark (*(e)s*, *0*) tvaroh; obraz. **einen ~ davon verstehen*** rozumieť sa do čoho ako hus do piva; **r ~kuchen** (*s*, ≈) tvarohový koláč
s Quartal (*s*, *e*) kvartál, štvrťrok; **r ~abschluß** (*sses*, *≈sse*) ekon. štvrťročná uzávierka
e Quarte (≈, *n*) hud. kvarta
s Quartier (*s*, *e*) **1** prechodné ubytovanie **2** rak. časť/štvrť mesta; *das Museumsquartier* štvrť vo Viedni s viacerými múzeami
r Quarz (*es*, *e*) kremeň
quasi hovor. kvázi, skoro, približne
quasseln hovor. rečniť, klebetiť, tárať
r Quatsch (*es*, *0*) **1** hovor. nezmysel, hlúposti, táraniny; *red nicht solchen ~!* netáraj hlúposti! **2** brečka, blato, čvachtanica; **~en 1** hovor. tárať, hovoriť hlúposti **2** čvŕkať; *das Wasser quatscht in den Schuhen* voda čvŕka v topánkach
e Quecke (≈, *n*) bot. pýr
s Quecksilber (*s*, *0*) chem. ortuť, živé striebro; obraz. *wie ~ sein* byť ako živé striebro; **~haltig** obsahujúci ortuť; **e ~säule** (≈, *n*) ortuťový stĺpec
e Quelle (≈, *n*) **1** prameň, žriedlo i obraz. **2** zdroj, príčina
quellen* (*quol*, *i. gequollen*) **1** prameniť, vyvierať **2** napuchnúť, napučať; *die Bohnen ~ lassen* dať napučať fazuľu; **s ~verzeichnis** (s *es*, *se*) zoznam použitej literatúry
s Quellwasser (*s*, *0*) pramenitá voda
r Quendel (*s*, ≈) bot. materina dúška
quer 1 PRÍSL priečne, krížom; *~ durch* s A naprieč čím; *kreuz und ~* krížom-krážom **2** PR M obrátený, zvrátený; *~e Vorstellungen* zvrátené predstavy; **r ~balken** (*s*, ≈) priečny trám, traverza; **e ~flöte** (≈, *n*) priečna flauta
querfeldein krížom cez polia, cestou necestou; **r ~lauf** (*(e)s*, *≈e*), **s ~rennen** (*s*, ≈) cezpoľný beh
r Querschnitt (*(e)s*, *e*) **1** prierez, priečny rez **2** prehľad, výber; **e ~läh-**

mung (≈, *n*) lek. priečne ochrnutie
e **Quertreiberei** (≈, *en*) intrigy
e **Quetsch|e** (≈, *n*) hovor. lis, preš; **–en** rozmliaždiť, pomliaždiť, vytlačiť šťavu; **e –wunde** (≈, *n*) lek. pomliaždenina
r, s Queue [kǿ:] (*s, s*) biliardová palica, tágo
quieken kvíkať, kvičať, pišťať
quietchsen 1 kvičať, výskať, pišťať **2** škrípať o dverách ap.
e **Quinte** (≈, *n*) hud. kvinta
e **Quintessenz** (≈, *en*) podstata, jadro
s **Quintett** (*(e)s, e*) hud. kvinteto
r **Quirl** (*(e)s, e*) **1** kuch. habarka **2** bot. praslen **3** hovor. neposedník; **~en 1** kuch. miešať habarkou, habarkovať **2** vrtieť sa
quitt: hovor. *wir sind ~* sme si kvit, sme vyrovnaní
quittieren 1 kvitovať, potvrdiť **2** vziať, brať na vedomie
e **Quittung** (≈, *en*) potvrdenka, potvrdenie
s **Quiz** (≈, *0*) kvíz
e **Quote** (≈, *n*) kvóta, podiel
r **Quoti|ent** (*en, en*) mat. kvocient, podiel

R

r **Rabatt** (*(e)s, e*) obch. rabat
r **Rabbiner** (*s,* ≈) rabín
r **Rabe** (*n, n*) havran; *ein weißer ~* biela vrana
e **Raben|mutter** (≈, ≈̈) krkavčia matka; **–schwarz** čierny ako havran
rabiat rabiátny, surový, hrubý
e **Rache** (≈, *0*) pomsta; *nach/um ~ schreien* volať po pomste; **~durstig** kniž. pomstivý, pomstychtivý
r **Rachen** (*s,* ≈) **1** anat. hrtan **2** papuľa zvieraťa
rächen pomstiť (*j-n/etw* koho/čo); **sich ~** pomstiť sa
r **Rächer** (*s,* ≈) kniž. pomstiteľ
e **Rach|sucht** (≈, *0*) pomstychtivosť; **–süchtig** pomstychtivý
e **Rachitis** (≈, *0*) lek. krivica, rachitída
s **Rad** (*(e)s,* ≈̈*er*) **1** koleso **2** bicykel; *mit dem ~ fahren* bicyklovať sa; obraz. *fünftes ~ am Wagen sein* byť piatym kolesom na voze; **e ~|achse** (≈, *n*) os kolesa
r, s Radar (*s, s*) radar; **e ~kontrolle** (≈, *n*) radarová kontrola rýchlosti
r **Radau** (*s, 0*) hovor. hluk; *~ machen* robiť hluk, byť hlučný
radebrechen o reči lámať, hovoriť lámane; *er radebrecht Deutsch* hovorí lámanou nemčinou
radeln (*i.*) hovor. bicyklovať sa
r **Rädelsführer** (*s,* ≈) vodca zločineckej bandy
r **Raden** (*s,* ≈) bot. kúkoľ
rädern (*h.*) zast. lámať v kolese; hovor. *wie gerädert sein* byť ako polámaný
rad|fahren* <**Rad fahren**> (*ä; u, i. a*) bicyklovať sa, jazdiť na bicykli; **r –fahrer** (*s,* ≈) cyklista; **r –fahrweg** (*(e)s, e*) cesta pre cyklistov
radial 1 radiálny, lúčový **2** mat. polomerový
radier|en 1 (vy)gumovať, vytrieť **2** ryť, gravírovať; **r –gummi** (*s, s*) guma na gumovanie; **e –ung** (≈, *en*) rytecká práca, gravúra
s **Radies|chen** (*s,* ≈) reďkovka
radikal radikálny, dôsledný, nekompromisný
s **Radio** (*s, s*) hovor. rádio, rozhlas vysielanie i prijímač; **~aktiv** rádioaktívny; **e ~aktivität** (≈, *0*) rádioaktivita; **r ~apparat** (*s, e*) rozhlasový prijímač
r **Radius** (≈, *Radi|en*) rádius, polomer
e **Rad|kappe** (≈, *n*) puklica; **r –ler** (*s,* ≈) hovor. cyklista; **s –rennen** (*s,* ≈) cyklistické preteky; **r –sport** (*es, 0*) cyklistika; **r –stand** (*(e)s,* ≈̈*e*) rázvor kolies; **s –wandern** (*s, 0*) cykloturistika; **r –weg** (*(e)s, e*) cyklistický chodník
raff|en 1 schmatnúť, zhrabnúť **2** vykasať rukávy **3** naberať, riasiť; **sich ~**

vzchopiť sa; **–ig** chamtivý, hrabivý
e Raffinade (≈, *n*) rafinovaný cukor, rafináda
e Raffin|esse (≈, *n*) úlisnosť, prešibanosť; **–iert** rafinovaný **1** premyslený, hovor. prešpekulovaný **2** prefíkaný, vypočítavý
e Rage ['ra:žə] (≈, *0*) hnev, zúrivosť
ragen čnieť, týčiť sa
r Rahm (*(e)s, 0*) rak. kyslá smotana
rahmen 1 rámovať, zarámovať, lemovať, obrúbiť **2** zberať, zlievať smotanu
r Rahmen (*s,* ≈) **1** rám obrazu **2** zárubňa dvier **3** rámec, hranica; *im ~ des Möglichen* v rámci možností; **r ~plan** (*(e)s, ≈e*) rámcový plán
r Rain (*(e)s, e*) medza na poli
e Rakete (≈, *n*) raketa; *eine interkontinentale ~* medzikontinentálna raketa
r Raketen|antrieb (*(e)s, e*) raketový pohon; **r –kopf** (*es, ≈e*) raketová hlavica
e Ramm|bock (*(e)s, ≈e*) baranidlo; **–en** zatĺkať, zarážať
e Rampe (≈, *n*) rampa **1** šikmá plošina pre vjazd ap. **2** div. predná časť javiska
s Rampenlicht (*(e)s, er*) osvetlenie javiska; **im ~ der Öffentlichkeit stehen** byť verejne známy
ramponieren hovor. pošramotiť, poškodiť
r Ramsch (*es, e*) brak, nehodnotné veci; **e ~ware** (≈, *n*) brakový tovar
'ran = *heran* hovor. sem bližšie
r Rand (*(e)s, ≈er*) okraj, kraj, obruba, lem; *am ~e der Stadt* na okraji mesta; *am ~e bemerkt* len tak naokraj, mimochodom; **außer ~ und Band sein** byť celý bez seba od zlosti; **e ~bemerkung** (≈, *en*) okrajová poznámka; **r ~streifen** (*s,* ≈) krajnica vozovky
randalieren hovor. robiť krik, hulákať
r Rang (*(e)s, ≈e*) **1** hodnosť, titul **2** šport. miesto, umiestnenie **3** balkón v divadle; **j-m den ~ ablaufen*** predstihnúť, prekonať koho
r Rangier|bahnhof [raŋ'ži:ɐ...] (*(e)s, ≈e*) zoraďovacie nádražie; **–en** [raŋ'ži:rən] **1** posunovať, zoraďovať **2** byť na určitom mieste v poradí; **vor j-m –en, nach j-m –en** mať vyššiu hodnosť ako kto; **s –geleis** [raŋ'ži:ɐ...] (*s,* ≈) zoraďovacia koľaj
e Rangliste (≈, *n*) **1** voj. zoznam podľa hodností **2** šport. rebríček
rank kniž. pružný, štíhly
e Ranke (≈, *n*) úponok rastliny
e Ränke MNČ úklady, nástrahy, intrigy; *~ schmieden* snovať úklady
r Ranzen (*s,* ≈) **1** školská taška, batoh **2** hovor. brucho
ranzig potuchnutý, pokazený o potravinách
rapid(e) rapídny, prudký, veľmi rýchly
r Rappe (*n, n*) vraník, čierny kôň
r Rappel (*s,* ≈) hovor. rapeľ, záchvat zúrivosti; *den ~ kriegen* al. *haben* vyvádzať
r Rapport (*(e)s, e*) služobné hlásenie, raport
r Raps (*es, e*) bot. repka
rar zriedkavý, vzácny; **e ~ität** (≈, *en*) rarita, zriedkavosť, vzácnosť
rasant razantný, prudký, rýchly
rasch rýchly
rascheln šuchotať, šelestiť
rasen 1 (*h.*) zúriť, vyčíňať **2** (*i*) uháňať, trieliť; **~d** zúrivý, šialený
r Rasen (*s,* ≈) trávnik; **r ~mäher** (*s,* ≈) kosačka na trávu; **r ~sprenger** (*s,* ≈) zariadenie na polievanie trávnika
r Rasier|apparat (*s, e*) holiaci strojček; **–en** (**sich**) holiť (sa); **e –klinge** (≈, *n*) žiletka; **s –messer** (*s,* ≈) britva; **r –pinsel** (*s,* ≈) štetka na holenie; **e –seife** (≈, *n*) mydlo na holenie; **s –wasser** (*s,* ≈) voda po holení; **s –zeug** (*(e)s, e*) holiace potreby
e Raspel (≈, *n*) **1** rašpľa **2** kuch. strúhadlo; **~n 1** rašpľovať drevo **2** kuch. strúhať ovocie, zeleninu
e Rasse (≈, *n*) **1** ľudská rasa **2** zool. plemeno, odroda; **r ~hund** (*(e)s, e*) čistokrvný pes

PQRS

r Rassen|haß <...ss> (*hasses, 0*) rasová nenávisť; **e –verwandtschaft** (≈, *0*) rasová príbuznosť

rassig čistokrvný, ušľachtilý, plemenný

r Rassịsmus (≈, *0*) rasizmus

e Rast (≈, *en*) oddych, odpočinok; **~en** oddychovať, oddýchnuť si; **s ~haus** (*es, ≈er*) motorest; **r ~hof** (*(e)s, ≈e*) motorest; **~los** neúnavný; **e ~stätte** (≈, *n*) motorest, zastávka na diaľnici; **r ~tag** (*(e)s, e*) deň odpočinku, voľný deň

e Rasụr (≈, *en*) holenie

r Rat (*(e)s, ≈e*) **1** rada, orgán **2** len JČ rada, pomoc; *j-n um ~ bitten* prosiť koho o pomoc, radu; *keinen ~ mehr wissen** nevedieť si rady; **kommt Zeit, kommt ~** časom sa nájde (nejaké) riešenie

e Rate (≈, *n*) splátka; *etw in ~n bezahlen* platiť čo v splátkach; *etw auf ~n kaufen* kúpiť čo na splátky

raten* (*ie, h. a*) **1** (po)radiť, dať radu **2** hádať, uhádnuť; **wem nicht zu ~ ist, dem ist auch nicht zu helfen** komu niet rady, tomu niet pomoci

e Ratenzahlung (≈, *en*) splácanie v splátkach

r Ratgeber (*s,* ≈) **1** poradca, radca **2** príručka

s Rathaus (*es, ≈er*) radnica

e Ratifi|katiọn (≈, *en*) práv. ratifikácia; **–ziẹren** ratifikovať

e Ratiọn (≈, *en*) dávka, prídel potravín

rationạl racionálny; **~isiẹren** racionalizovať; **e ~isiẹrung** (≈, *0*) racionalizácia

rationẹll racionálny, hospodárny, efektívny; *eine ~e Arbeitsweise* racionálny spôsob práce

rat|los bezradný, **e –igkeit** (≈, *0*) bezradnosť; **–sam** vhodný, rozumný; **r –schlag** (*(e)s, ≈e*) rada

s Rätsel (*s,* ≈) **1** hádanka; *~ lösen* lúštiť, riešiť hádanky **2** záhada, tajomstvo; **~haft** záhadný, tajomný, nevyspytateľný

r Rats|keller (*s,* ≈) radničná pivnica reštaurácia al. vináreň; **r –saal** (*s, säle*) radničná sieň; **e –sitzung** (≈, *en*) zasadanie rady; **e –versammlung** (≈, *en*) zasadanie, zhromaždenie rady

e Ratte (≈, *n*) potkan

e Ratten|falle (≈, *n*) pasca na potkany; **r –fänger** (*s,* ≈) potkaniar pes

rattern rachotiť

rau pozri *rauh*

r Raub (*(e)s, 0*) **1** krádež, lúpež **2** korisť, lup; **r ~bau** (*(s), 0*) devastačné hospodárenie v poľnohospodárstve ap.; **an seiner Gesundheit ~bau betreiben*** ničiť si zdravie; **~en** (u)kradnúť

r Räuber (*s,* ≈) **1** zast. zbojník, lupič **2** dravec zviera

r Raub|fisch (*(e)s, e*) dravá ryba; **–gierig** dravý, krvilačný; **r –mord** (*(e)s, e*) lúpežná vražda; **s –tier** (*(e)s, e*) dravec, šelma; **r –|überfall** (*(e)s, ≈e*) lúpežné prepadnutie; **r –vogel** (*s, ≈*) dravý vták, dravec

r Rauch (*(e)s, 0*) dym; **in ~ aufgehen*** zhorieť, ľahnúť popolom; **~en** **1** dymiť **2** fajčiť; *~en verboten*!* fajčiť zakázané!; **r ~er** (*s,* ≈) fajčiar; **e ~er|abteilung** (≈, *en*) oddelenie, kupé pre fajčiarov

räucher|n údiť; **e –ware** (≈, *n*) údeniny

s Rauch|fleisch (*(e)s, 0*) údené mäso; **–ig** **1** zadymený **2** prefajčený, drsný hlas; **r –tabak** (*s, 0*) fajčiarsky tabak; **s –verbot** (*(e)s, 0*) zákaz fajčiť; **e –waren** MNČ **1** farebné kožušiny **2** hovor. fajčivo, tabak

'rauf = *herauf* hovor. hore, nahor smerom ku mne

r Rauf|bold (*(e)s, e*) bitkár; **–en** **1** trhať, vytrhávať **2** biť sa, klbčiť sa; **e –erẹi** (≈, *en*) bitka; **–lustig** bitkársky

rauh <rau> **1** drsný opak hladký **2** studený, drsný, nevľúdny o počasí **3** drsný, hrubý hlas; obraz. *die ~e Wirklichkeit* tvrdá realita; **s ~bein** <**Rau...**> (*(e)s, e*) hovor. neotesanec, surovec; **r ~reif** <**Rau...**> (*(e)s, 0*) srieň, inovať

PQRS

r Raum[1] (*(e)s, ≈e*) **1** priestor, miesto, priestranstvo **2** miestnosť

r Raum[2] (*(e)s, 0*) **1** územie **2** vesmír, kozmický priestor

räumen **1** vyprázdniť priestor **2** odpratať, odniesť *der Schnee* ~ odpratávať sneh; obraz. *j-m das Feld* ~ ustúpiť komu

e Raum|fahrt (≈, *en*) cesta do vesmíru, kozmický let; **r –flug** (*es, ≈e*) let do vesmíru, kozmický let; **r –|inhalt** (*(e)s, e*) mat. objem

räumlich priestorový; *etw zeitlich und ~ bestimmen* určiť čo časovo a priestorovo; **e ~keiten** MNČ miestnosti, priestory

r Raum|mangel (*s, 0*) nedostatok miesta; **s –schiff** (*(e)s, e*) kozmická loď; **e –station** (≈, *nen*) kozmická stanica

e Raumpflegerin (≈, *nen*) upratovačka

e Räumung (≈, *en*) **1** upratovanie, odpratanie, vypratanie **2** opustenie priestoru

e Räumungs|frist (≈, *en*) lehota na vysťahovanie z bytu ap., lehota na opustenie priestoru; **r –verkauf** (*(e)s, ≈e*) výpredaj pred zrušením predajne

e Raupe (≈, *n*) **1** zool. húsenica **2** tech. pás tanku ap.

r Raupen|antrieb (*(e)s, e*) pásový pohon; **r –fraß** (*es, 0*) škoda spôsobená húsenicami; **r –schlepper** (*s,* ≈) pásový traktor; **e –vertilgung** (≈, *0*) ničenie húseníc

'raus = *heraus, hinaus* hovor. von, smerom von; *~!* von!

r Rausch[1] (*es, ≈e*) **1** podnapitosť, opitosť; *einen ~ haben* byť opitý **2** obraz. opojenie, vytrženie, nadšenie

r Rausch[2] (*es, ≈e*) šum, šumenie; **~en 1** šumieť, šušťať **2** hučať, hrmieť; **~end** šumiaci, hlučný; *ein ~ender Beifall* hlučný potlesk

s Rausch|gift (*es, e*) omamný jed, droga; **r –gifthandel** (*s, 0*) obchod s drogami; **–giftsüchtig** závislý od drog, postihnutý narkomániou

s Rauschsilber (*s, 0*) **1** tepané striebro **2** staniol

räuspern sich odkašľať si

e Raute (≈, *n*) **1** mat. kosoštvorec **2** bot. ruta

e Razzia (≈, *s* al. *Razzi|en*) razia

s Re|agenzglas (*es, ≈er*) skúmavka; **–agieren** reagovať **1** odpovedať, zareagovať **2** chem. vstúpiť do chemickej reakcie

e Reakt|ion (≈, *en*) **1** reakcia, odpoveď, **2** chem. reakcia **3** obraz. ohlas **4** reakcia, politický odpor; **–ionär** reakcionársky, reakčný, spiatočnícky

r Reaktor (*s, Reaktoren*) atómový reaktor

real reálny, skutočný; **e ~i|en** MNČ reálie; **~isieren 1** uskutočniť, realizovať **2** uvedomiť si **3** ekon. predať, speňažiť; **r ~ismus** (≈, *0*) realizmus; **~istisch** realistický; **e ~schule** (≈, *n*) stredná škola, hovor. reálka

e Rebe (≈, *n*) vinič

r Rebell (*en, en*) rebelant, burič; **e ~ion** (≈, *en*) rebélia, povstanie; **~isch** rebelantský, buričský

s Rebhuhn (*(e)s, ≈er*) zool. jarabica poľná

r, s Rebus (≈, *se*) rébus

rechen hrabať seno, lístie

r Rechen (*s,* ≈) hrable

r Rechenfehler (*s,* ≈) chyba pri počítaní, vo výpočte

e Rechenschaft (≈, *0*) zodpovednosť, účtovanie; *j-n zur ~ ziehen** volať na zodpovednosť koho; *j-m für etw ~ ablegen* skladať účty komu, zodpovedať sa komu

rechn|en 1 počítať, rátať **2** (*mit j-m* al. *auf etw*) spoliehať sa (na koho/čo), rátať (s kým/čím) **3** rátať, zahrnovať, pokladať za; *j-n zur Familie ~* rátať/počítať koho do rodiny; **r –er** (*s,* ≈) elektronický počítač; **e –ung** (≈, *en*) **1** účet; *auf ~* na účet **2** účtovaná suma **3** výpočet; **j-m einen Strich durch die Rechnung machen** urobiť

komu škrt cez rozpočet
r Rechnungs|abschluß <...ss> (*schlusses, schlüsse*) účtovná uzávierka; **s –jahr** (*(e)s, e*) zúčtovací rok; **r –prüfer** (*s, ≈*) účtovný revízor; **s –wesen** (*s, 0*) účtovníctvo
recht 1 pravý; *die ~e Seite* pravá strana; **2** pravý, lícový; *die ~e Seite des Stoffes* lícová strana látky **3** mat. pravý; *ein ~er Winkel* pravý uhol **4** PR M správny, dobrý, vhodný **5** PRÍSL dobre, správne, vhod; *es ist mir ~* dobre, súhlasím **6** PRÍSL veľmi, dosť; *es ist heute ~ warm* dnes je veľmi teplo; **erst ~** ešte len teraz, o to viac; **es geschieht ihm ~** dobre mu tak
s Recht (*(e)s, e*) **1** právo, oprávnenie, nárok; *mit/zu ~* právom, *im ~ sein* byť v práve **2** práv. právo súhrn noriem; *gegen/wider das ~ handeln* konať protiprávne *von ~s wegen* podľa práva, právom; **~ haben** mať pravdu; **~ bekommen*** dostať za pravdu
e Rechte (*n, n*) **1** pravá ruka **2** polit. pravica politická strana
s Recht|eck (*s, e*) pravouholník; **~ig** pravouhlý
rechten kniž. mať/viesť s niekým spor
rechtfertig|en zdôvodniť, vysvetliť; **e –ung** (*≈, en*) zdôvodnenie, vysvetlenie
rechtgläubig pravoverný, ortodoxný
rechthaberisch neústupný
recht|lich právny, zákonný; **–los** bezprávny; **e –losigkeit** (*≈, 0*) bezprávie, nezákonnosť; **–mäßig** zákonný, podľa zákona
rechts 1 napravo, vpravo, po pravej strane; **2** doprava; *nach ~ gehen* ísť doprava
r Rechts|anwalt (*(e)s, ≈e*) právny zástupca, advokát
r Rechtsaußen (*≈, ≈*) šport. pravé krídlo
rechtschaffen čestný, statočný, poriadny
e Rechtschreibung (*≈, 0*) pravopis
e Rechts|fakultät (*≈, en*) právnická fakulta; **r –fall** (*(e)s, ≈e*) právny prípad; **–kräftig** práv. právoplatný, zákonný; **r –streit** (*(e)s, e*) právny spor; **–verbindlich** právne záväzný; **–widrig** protiprávny, protizákonný; **e –wissenschaft** (*≈, en*) právna veda, právo
r Rechts|händer (*s, ≈*) pravák; **e –kurve** (*≈, n*) zákruta doprava, pravotočivá zákruta
recht|wink(e)lig pravouhlý
rechtzeitig včas, načas
s Reck (*(e)s, e*) šport. hrazda
recken (sich) naťahovať(sa), vystierať (sa)
r Redak|teur [...'tø:ɐ] (*s, e*) redaktor; **e –tion** (*≈, en*) redakcia; **–tionell** redakčný
e Rede (*≈, n*) **1** reč, prejav; *eine ~ halten** mať prejav **2** reč, hovorenie; *wovon ist die ~?* o čom je reč?; *es ist nicht der ~ wert* to nestojí za reč; **j-n zur ~ stellen*** volať koho na zodpovednosť; **davon ist keine ~** ani nápad, v nijakom prípade; **e ~freiheit** (*≈, 0*) sloboda slova; **~gewandt** výrečný; **~n** hovoriť, rozprávať (*von j-m/etw, über j-n/etw* o kom/o čom); **mit j-m Deutsch ~** hovoriť s kým jasnou rečou, na rovinu
e Redens|art (*≈, en*) slovný zvrat, ustálené slovné spojenie
e Redewendung (*≈, en*) slovný zvrat
redlich 1 PR M statočný, čestný **2** PRÍSL silno, poriadne; **e ~keit** (*≈, 0*) statočnosť, čestnosť, otvorenosť, priamosť
r Redner (*s, ≈*) rečník; **e ~gabe** (*≈, 0*) rečnícke nadanie
redselig urozprávaný, uvravený; **e ~keit** (*≈, 0*) hovor. uvravenosť
e Redu|ktion (*≈, en*) redukcia, obmedzenie, zníženie, **–zieren** redukovať, obmedzovať, znižovať
e Reede (*≈, n*) rejda, miesto na kotvenie lodí; **r ~r** (*s, ≈*) lodiar, majiteľ lodí; **e ~rei** (*≈, en*) lodiarska spoločnosť

PQRS

reell **1** skutočný, reálny **2** statočný, čestný, poriadny
s Refer|at (*(e)s, e*) referát **1** prednáška, správa **2** oddelenie, odbor; **r –ent** (*en, en*) referent; **e –enz** (*≈, en*) odporúčanie, posudok; **–ieren** referovať, mať prednášku, podávať správu
r Reflek|tant (*en, en*) uchádzač, záujemca; **–tieren** **1** fyz. odrážať, odzrkadľovať **2** (*über etw*) uvažovať (o čom) **3** (*auf etw*) reflektovať (na čo), mať záujem (o čo)
r Reflex (*es, e*) reflex, reakcia na podráždenie; *ein (un)bedingter* ~ (ne)podmienený reflex
e Reflexion (*≈, en*) **1** odraz, reflexia **2** úvahy
reflexiv zvratný; *s ~pronomen* zvratné zámeno
e Reform (*≈, en*) reforma; **e ~ation** (*≈, 0*) reformácia; **~ieren** reformovať; **r ~ierte** (*n, n*) reformovaný, príslušník reformovanej evanjelickej cirkvi
r Refrain [rəˈfrẽ:] (*s, s*) refrén
s Regal (*s, e*) polica, regál
rege čulý, živý
e Regel (*≈, n*) **1** predpis, pravidlo **2** zvyk, obyčaj, pravidlo; *in der ~* spravidla, obyčajne **3** menštruácia; **~mäßig** pravidelný; **e ~mäßigkeit** (*≈, 0*) pravidelnosť; **~n** usporiadať, upraviť, dať do poriadku; **~recht** podľa pravidiel, poriadny; **e ~ung** (*≈, en*) **1** regulácia, riadnie **2** predpis, pravidlo; **~widrig** proti pravidlám, nesprávny
r Regen (*s, ≈*) dážď
r Regenbogen (*s, ≈* al. *≈̈*) dúha; **e ~haut** (*≈, 0*) lek. dúhovka **e ~presse** (*≈, 0*) bulvárna tlač
e Regene|ration (*≈, en*) regenerácia, obnova; **–rieren** regenerovať
r Regen|mantel (*s, ≈̈*) plášť do dažďa, hovor. pršiplášť; **r –schauer** (*s, ≈*) dažďová prehánka; **r –schirm** (*(e)s, e*) dáždnik; **r –wald** (*(e)s, ≈̈er*) dažďový prales; **r –wurm** (*(e)s, ≈̈er*) dážďovka

e Regie [reˈži:] (*≈, ien*) réžia; ~ *führen* režírovať; **r ~assistent** (*en, en*) asistent réžie
regier|en **1** vládnuť **2** gram. *einen Kasus* ~ viazať sa s pádom; **e –ung** (*≈, en*) vláda; *unter der –ung* za vlády
r Regierungs|antrag (*(e)s, ≈̈e*) vládny návrh; **–feindlich** protivládny; **e –geschäfte** MNČ vládne záležitosti; **r –rat** (*(e)s, ≈̈e*) vládna rada; **e –erklärung** (*≈, en*) vyhlásenie vlády; **r –wechsel** (*s, ≈*) zmena vlády; **e –zeit** (*≈, 0*) obdobie vlády
s Regime [reˈži:m] (*(s), e*) režim, vládny systém
s Regiment (*(e)s, e*) **1** voj. pluk **2** správa, vláda, vedenie
e Region (*≈, en*) kraj, oblasť, pásmo; obraz. **in höheren ~en schweben** vznášať sa myšlienkami v oblakoch
r Regisseur [reživˈsö:ʀ] (*s, e*) režisér
s Register (*s, ≈*) **1** register, abecedný zoznam, index **2** hud. register; **alle ~ spielen*** použiť všetky prostriedky
e Registratur (*≈, en*) **1** registratúra, spisovňa **2** miestnosť/skrinka na spisy
registrier|en registrovať **1** zapisovať do zoznamu **2** zachytávať, zaznamenať; **e –kasse** (*≈, n*) registračná pokladnica
s Reglement [regləˈmã:] (*s, s*) služobný predpis; **~ieren** reglementovať
r Regler (*s, ≈*) tech. regulátor
reglos nehybný
reg|nen pršať; **–nerisch** daždivý
r Regreß <...ss> (*Regresses, Regresse*) postih, regres; **~pflichtig** podliehajúci regresu
regu|lär regulárny, normálny, riadny, pravidelný; **r –lator** (*s, Regulatoren*) regulátor; **–lieren** regulovať, riadiť
e Regung (*≈, en*) **1** pohnútka, impulz **2** pohyb; **~slos** nehybný, bez pohnutia
s Reh (*(e)s, e*) srnec, srn(k)a; **r ~bock** (*(e)s, ≈̈e*) srnec; **s ~kalb** (*(e)s, ≈̈er*), **s ~kitz** (*es, e*) srnča, sŕňa; **e**

PQRS

~keule (≈, *n*) srnčie stehno; **r ~ling** (*s, e*) bot. kuriatko jedlé; **s ~wild** (*(e)s, 0*) srnčia zver

e Reib|e (≈, *n*) kuch. strúhadlo; **s –|eisen** (*s,* ≈) strúhadlo; **–en*** (*ie, ie*) **1** trieť, roztierať, šúchať **2** kuch. (na)strúhať **3** drhnúť dlážku; **sich –en*** (pre)trieť si; *sich die Augen –en** pretrieť si oči; *sich die Hände –en** šúchať si ruky; **e –erei** (≈, *en*) hovor. spor, hádky; **e –ung** (≈, *en*) fyz. trenie

e Reibungs|fläche (≈, *n*) trecia plocha; **–los** hladký, bez ťažkostí; *ein reibungsloser Verlauf* hladký priebeh

reich bohatý, hojný, výdatný

s Reich (*(e)s, e*) ríša

reich|en 1 podať (*j-m etw* komu čo) **2** (vy)stačiť, byť dosť **3** siahať, dosiahnuť; hovor. **mir reicht es!** už mám toho dosť!; **–haltig, –lich** hojný, bohatý, výdatný

r Reichs|kanzler (*s,* ≈) ríšsky kancelár; **r –tag** (*(e)s, e*) ríšsky snem v Nemecku do r. 1945

r Reichtum (*s, ≈er*) bohatstvo, majetok

e Reichweite (≈, *n*) **1** dosah **2** voj. dolet, dostrel

reif 1 zrelý o ovocí **2** dospelý **3** premyslený, vyvážený plán ap.

r Reif[1] (*(e)s, 0*) inovať, osuheľ, srieň

r Reif[2] (*(e)s, e*) **1** obruč, obruba **2** bás. obrúčka, prsteň **3** diadém, čelenka

e Reife (≈, *0*) **1** zrelosť **2** dospelosť

reifen[1] (*i*) zrieť, dozrievať, dospievať

reifen[2]: *es reift* padá inovať

r Reifen (*s,* ≈) obruč, pneumatika; **e ~panne** (≈, *n*) defekt pneumatiky

e Reife|prüfung (≈, *en*) maturita, skúška dospelosti; **s –zeugnis** (*ses, se*) maturitné vysvedčenie

reiflich dôkladný, premyslený; *nach ~er Überlegung* po dôkladnej úvahe

e Reihe (≈, *n*) **1** rad **2** sled, séria **3** množstvo, veľký počet; *eine ~ von Beispielen* celý rad príkladov **4** poradie, poriadok; *an der ~ sein* byť na rade; *der ~ nach* po poriadku; **aus der ~ tanzen** vyčnievať, správať sa vždy inák ako ostatní

reihen zoraďovať, usporiadať; **e ~folge** (≈, *0*) poradie, postup; **s ~haus** (*es, ≈er*) radový dom; **~weise** v radoch, v zástupe

r Reiher (*s,* ≈) zool. volavka

r Reim (*(e)s, e*) rým; **sich keinen ~ aus etw machen können** nevedieť si niečo vysvetliť; **~en** rýmovať (sa)

'rein = *herein*, hovor. sem, dovnútra; **~!** vstúpte!

rein 1 čistý, číry, rýdzi; **2** čistý opak špinavý **3** číry, úplný; *ein ~er Zufall* úplná náhoda; **etw ins ~e <Reine> schreiben*** písať čo načisto; **etw ins ~e <Reine> bringen*** dať čo do poriadku; **r ~gewinn** (*(e)s, e*) čistý zisk; **e ~heit** (≈, *0*) čistota, rýdzosť

reinig|en (vy)čistiť; **e –ung** (≈, *en*) **1** čistenie; *chemische –ung* chemické čistenie **2** čistiareň

rein|lich čistý, čistotný; **–rassig** čistokrvný; **e –schrift** (≈, *en*) čistopis

r Reis[1] (*es, 0*) ryža

s Reis[2] (*es, er*) **1** vetva, haluz, konár **2** vrúbeľ, štep

e Reise (≈, *n*) cesta, cestovanie; *gute ~!* šťastnú cestu!; *auf der ~* na ceste, cestou; **s ~büro** (*s, s*) cestovná kancelária; **~fertig** pripravený na cestu; **s ~fieber** (*s, 0*) cestovná horúčka; **r ~führer** (*s,* ≈) sprievodca na cestách osoba i kniha; **s ~gepäck** (*(e)s, 0*) cestovná batožina; **e ~gesellschaft** (≈, *en*) výletná skupina ľudí; **e ~kosten** MNČ, výdavky na cestu, cestovné výdavky; **~lustig** túžiaci po cestovaní; **~n** (*i.*) cestovať

r Reisende (*n, n*) cestujúci, pasažier

r Reise|paß <...ss> (*passes, pässe*) cestovný pas; **r –scheck** (*s, s*) cestovný šek; **r –verkehr** (*s, 0*) cestovný turistický ruch; **s –ziel** (*(e)s, e*) cieľ cesty

s Reisig (*s, 0*) haluzina, raždie

reiß|en* (*riß <...ss>, h. gerissen*) **1** odtrhnúť, roztrhnúť, vytrhnúť; *etw in*

Stücke ~ roztrhať čo na kusy **2** (*an etw*) trhať sa, mykať (čím) **3** strhnúť koho kam **4** (*riß* <...*ss*>, *i. gerissen*) roztrhnúť sa, prerušiť sa; **sich um etw ~** biť sa, trhať sa o čo; **r –nagel** (*s,* ≈̈) pripináčik; **r –verschluß** <...**ss**> (*es, schlüsse*) zips; **e –zwecke** (≈, *n*) pripináčik

reit|en* (*ritt, h./i. geritten*) jazdiť na koni; **r –er** (*s,* ≈) **1** jazdec na koni **2** tech. bežec, posuvné zariadenie; **e –hose** (≈, *n*) jazdecké nohavice; **s –pferd** ((*e*)*s, e*) jazdecký kôň; **e –stiefel** MNČ jazdecké čižmy

r Reiz (*es, e*) **1** (po)dráždenie, popud **2** krása, pôvab, čaro; **~bar** dráždivý, popudlivý; **e ~barkeit** (≈, *0*) popudlivosť; **~en 1** dráždiť **2** lákať, vábiť; **~end** pôvabný, roztomilý; **s ~mittel** (*s,* ≈) dráždidlo, dráždivá látka; **~voll** pôvabný, roztomilý

rekeln sich natiahnuť sa, pohodlne si ľahnúť, povyťahovať sa

e Reklamation (≈, *en*) reklamácia

e Reklame (≈, *n*) reklama; ~ *machen für etw* robiť reklamu čomu

rekon|struieren rekonštruovať; **e –struktion** (≈, *en*) rekonštrukcia

r Rekord ((*e*)*s, e*) rekord; **e ~leistung** (≈, *en*) rekordný výkon; **r ~mann** ((*e*)*s,* ≈̈*er*) rekordér

r Rekrut (*en, en*) zast. branec, regrút; **~ieren** regrutovať, odvádzať na vojnu; **sich ~ieren** pozostávať, skladať sa

r Rektor (*s, Rektoren*) rektor; **s ~at** ((*e*)*s, e*) rektorát

s Relais [rə'le:] (≈, ≈) tech. relé

relativ 1 relatívny, pomerný **2** gram. vzťažný; **e ~ität** [...v...] (≈, *en*) relativita; *die Relativitätstheorie* teória relativity

relevant [...v...] relevantný, podstatný, závažný

s Reli|ef (*s, s* al. *e*) reliéf

e Religion (≈, *en*) náboženstvo

s Religions|bekenntnis (*ses, se*) náboženské vyznanie, vierovyznanie; **e –freiheit** (≈, *0*) sloboda vierovyznania; **e –losigkeit** (≈, *0*) bezkonfesijnosť; **r –unterricht** ((*e*)*s, 0*) vyučovanie náboženstva

religiös 1 náboženský, religiózny **2** nábožný, zbožný

e Reliqui|e (≈, *n*) cirk. relikvia

e Reminiszenz (≈, *en*) reminiscencia, spomienka

remis [rə'mi:] šport. nerozhodne

e Remoulade [rėmu'la:də] (≈, *n*) kuch. remuláda

rempeln strkať; hovor. drgať, sácať, štuchať (*j-n* do koho)

s Ren (*s, e* al. *er*) zool. sob

e Renaissance [rəne'sã:s] (≈, *n*) renesancia

s Rendezvous [rãdė'vu:] (≈, ≈) schôdzka, hovor. rande

e Rennbahn (≈, *en*) pretekárska dráha

rennen* 1 (*rannte, i. gerannt*) bežať, utekať **2** (*rannte, h. gerannt*) vraziť

s Renn|en (*s,* ≈) **1** beh **2** preteky, zápolenie, dostihy; **e –erei** (≈, *0*) hovor. zhon; **r –fahrer** (*s,* ≈) pretekár automobilový, cyklistický ap.; **s –pferd** ((*e*)*s, e*) dostihový kôň; **r –wagen** (*s,* ≈) pretekárske auto

s Rennomee (*s, s*) renomé, dobrá povesť

renovier|en [...v...] renovovať, obnovovať; **e –ung** (≈, *en*) renovácia

rentabel rentabilný, výnosný

e Rente (≈, *n*) dôchodok

r Renten|empfänger (*s,* ≈) poberateľ dôchodku, dôchodca; **e –versicherung** (≈, *en*) dôchodkové, starobné poistenie

r Rentier [ren'tjė:] (*s, s*) rentier kto žije z renty

s Ren|tier ((*e*)*s, e*) zool. sob

rentieren vynášať úroky; **sich ~** vyplatiť sa, rentovať sa

r Rentner (*s,* ≈) dôchodca

reorganisieren reorganizovať

e Repa|ratur (≈, *en*) oprava; **e ~kosten** MNČ náklady na opravu; **e ~werk-**

stätte (≈, *n*) opravárenská dielňa, opravovňa; **–rieren** opravovať, opraviť
s Repertoire [repertoa:ɐ] (*s, s*) repertoár
e Reportage [reporta:žə] (≈, *n*) reportáž
r Reporter (*s*, ≈) reportér, spravodajca
r Repräsen|tant (*en, en*) reprezentant, zástupca, predstaviteľ; **e –tation** (≈, *en*) **1** reprezentácia, zastupovanie **2** dôstojné vystupovanie; **–tativ** reprezentatívny; **–tieren** reprezentovať, zastupovať
e Repressali|e (≈, *n*) represálie, násilné opatrenia
e Repro|duktion (≈, *en*) reprodukcia **1** rozmnožovanie fotograficky, tlačou ap. **2** ekon. opakovanie výrobného procesu; **–duzieren** reprodukovať
s Reptil (*s, e* al. *ien*) zool. plaz
e Republik (≈, *en*) republika; **r ~aner** (*s*, ≈) republikán
s Requisit (*(e)s, en*) rekvizita, javiskový predmet
e Reserve [...və] (≈, *n*) rezerva, zásoba, záloha; **r ~fonds** [re'zervəfõ:] (≈, ≈) ekon. rezervný fond
reser|vieren [...v...] rezervovať; **r –vist** (*en, en*) voj. záložník, hovor. rezervista; **s –voir** [rezer'voa:ɐ] (*s, e*) rezervoár, nádrž
e Residenz (≈, *en*) rezidencia, sídlo
e Resi|gnation (≈, *en*) rezignácia **1** zrieknutie sa úradu, funkcie **2** odovzdanosť osudu; **–gnieren** rezignovať
resolut rezolútny, rázny, rozhodný
e Resonanz (≈, *en*) rezonancia, obraz. ohlas; **r ~boden** (*s*, ≈ al. ≈̈) rezonančná doska
r Respekt (*(e)s, 0*) rešpekt, úcta; **~ieren** rešpektovať; **~los** neúctivý; **~voll** úctivý
s Ressort [re'so:ɐ] (*s, s*) rezort, oblasť pôsobnosti
r Rest (*(e)s, e*) zvyšok, zostatok; **j-m den ~ geben*** doraziť koho
s Restaurant [restorã:/restoraŋ] (*s*) reštaurácia
restaurieren reštaurovať, obnoviť
r Rest|betrag (*(e)s, ≈̈e*) zvyšok, zostatok, zvyšná suma; **–lich** zvyšný, zostávajúci; **–los** bez zvyšku, úplne
s Resultat (*(e)s, e*) rezultát, výsledok
s Resümee (*s, s*) zhrnutie, resumé
e Retorte (≈, *n*) chem. krivuľa
e Retourkarte [re'tu:ɐ...] (≈, *n*) spiatočný lístok na vlak ap.
ret|ten zachrániť, zachraňovať; **sich ~** zachrániť sa; **r –ter** (*s*, ≈) záchranca
r Rettich (*(e)s, e*) reďkev
e Rettung (≈, *en*) záchrana; *hier gibt es keine ~ mehr* tu už niet pomoci
s Rettungs|boot (*(e)s, e*) záchranný čln; **r –dienst** (*es, e*) záchranná služba, hovor. záchranka; **r –ring** (*(e)s,* [illegible] korkový záchranný pás; **–los** ne[illegible]chrániteľný; **r –wagen** (*s*, ≈) [illegible]chranné vozidlo, hovor. záchranka [illegible] nitka
e Reu|e (≈, *0*) ľútosť, žiaľ; **–en** [illegible]tovať, m[illegible]ieť; *es reut mich* ľutu[illegible] mi to ľút[illegible] **~voll, –ig** ľutujúci, [illegible]tosti, ka[illegible]cny
e Reva[illegible]che [revã:š(ə)/re[illegible] (≈, [illegible] odplata, odveta, [illegible] **–chi[illegible]en** [revã'ši:rən/revan[illegible] odpl[illegible], revanšovať
revi[illegible]ren [...v...] revidovať [illegible] hlia[illegible], prezerať, kontrolovať [illegible] vo[illegible], meniť
s R[illegible]ier [re'vi:ɐ] (*s, e*) revír uh[illegible] [illegible]licajný ap.; **r ~förster** (*s*, ≈[illegible] re[illegible]
e [illegible]vision [...v...] (≈, [illegible] **2** zmena, [illegible]reskúmanie, preverer[illegible] [illegible]ava, korektúra; **r [illegible]smus** (≈, *0*) [illegible]vizionizmus; [illegible] **~ist** (*en, en*) revizio[illegible]sta
[illegible] Revolte [...v...] (≈, *n*) revolta, vzhu[illegible]a
[illegible] Revolution [...v...] (≈, *en*) revolúcia; **~är** revolučný; **r ~är** (*s, e*) revolucionár
r Revolver [re'volvɐ] (*s*, ≈) revolver; **s ~blatt** (*(e)s, ≈̈er*) hovor. bulvárny plátok časopis

e Rezensiọn (≈, *en*) recenzia, posudok

s Rezẹpt (*(e)s, e*) lek., kuch. recept; **~frei** bez receptu, bez lekárskeho predpisu; **~pflichtig** len na lekársky predpis

e Rezeption (≈, *en*) recepcia **1** prevzatie, prijatie **2** vstupná al. prijímacia miestnosť v hoteli **3** slávnostné prijatie hostí

reziprọk recipročný, vzájomný

e Rezi|tatiọn (≈, *en*) recitácia, prednes; **–tịeren** recitovať

r Rhabạrber (*s*, ≈) rebarbora

e Rhetọrik (≈, *0*) rétorika

rheumạ|tisch reumatický; **r –tiker** (*s*, ≈) reumatik; **r –tịsmus** (≈, *en*) reumatizmus

s Rhinọzeros (≈ al. *ses, se*) nosorožec

r, s Rhododẹndron (*s, Rhododendren*) rododendron

rhyth|misch rytmický; **r –mus** (≈, *en*) rytmus

Ribis(e)l (≈, *n*) rak. ríbezľa

Richt|antenne (≈, *n*) smerová anténa

Richtblei (*(e)s, e*) olovnica

richten 1 namieriť, usmerniť, upraviť (*an j-n*) obrátiť sa (na koho); *eine Frage an j-n richten* obrátiť sa na koho s otázkou **3** dať do poriadku **4** pripraviť, prichystať; **sich ~** (*nach etw*) riadiť sa (čím)

Richter (*s*, ≈) sudca; **~lich** sudcovský, súdny; **r ~stuhl** (*(e)s,* ≈) kniž. súdna stolica

richtig 1 PRÍD správny, vhodný, pravý **2** PRÍSL správne, naozaj, skutočne; **nicht ganz ~ im Kopf sein** nebyť všetkých doma; **e ~keit** (≈, *0*) správnosť; **~|stellen** opraviť, spresniť, uviesť na pravú mieru

e Richtung (≈, *en*) smer; *in welcher ~?* ktorým smerom?; **~gebend** udávajúci smer, smerodajný

r Richtungs|anzeiger (*s*, ≈) smerovka auta ap.; **r –wechsel** (*s*, ≈) zmena smeru

riech|en* (*o, h. o*) **1** šíriť vôňu al. zápach, voňať al. zapáchať (*nach etw* čím) **2** cítiť, čuchať **3** ovoňať (*an/zu etw* čo); **den kann* ich nicht ~** toho nemôžem cítiť, toho neznesiem; **r –er** (*s*, ≈) hovor., hanl. ňufák

e Riefe (≈, *n*) ryha

e Riege (≈, *n*) šport. družstvo

r Riegel (*s*, ≈) **1** závora, haspra, zástrčka; obraz. *hinter Schloß und ~* za mrežami, vo väzení **2** obraz. prekážka **3** kus, kúsok, tabuľka; *ein ~ Seife* kus mydla

r Riemen[1] (*s*, ≈) remeň, pás; **e ~scheibe** (≈, *n*) tech. remenica

r Riemen[2] (*s*, ≈) veslo

r Riese (*n, n*) obor

s Riesel|feld (*es, er*) zavlažované pole; **–n 1** žblnkotať, zurčať **2** sypať sa, prepadávať sa o piesku ap. **3** tiecť, kvapkať; **es rieselt** mrholí

r Riesen|erfolg (*(e)s, e*) hovor. obrovský úspech; **–groß** obrovský; **s –rad** (*(e)s, ¨er*) ruské koleso kolotoč; **r –slalom** (*s, 0*) šport. obrovský slalom **e –schlange** (≈, *n*) zool. veľhad americký, boa

riesig obrovský, veľký, ohromný

s Riff (*(e)s, e*) skaly, útes na pobreží

rigorọs rigorózny, prísny

e Rille (≈, *n*) drážka, žliabok, ryha

s Rind (*(e)s, er*) hovädzí dobytok

e Rinde (≈, *n*) **1** kôra stromu, kôrka chleba **2** anat. kôra, vrstva **3** šupka

r Rinder|braten (*s*, ≈) hovädzia pečienka; **r –talg** (*(e)s, 0*) hovädzí loj

s Rind|fleisch (*es, 0*) hovädzie mäso; **s –vieh** (*(e)s, 0*) **1** hovädzí dobytok **2** vulg. hovädo o človeku

r Ring (*(e)s, e*) **1** prsteň **2** kruh, krúžok **3** šport. ring

ringel|n (o)krúžkovať, robiť krúžky; **sich ~** krútiť sa, vinúť sa; **e –natter** (≈, *n*) užovka vodná

ring|en* (*a, h. u*) **1** zápasiť, biť sa **2** (*nach/um etw*) bojovať (o čo); **die Hände ~** zalamovať rukami; **nach**

Atem ~ lapať po dychu; r –kampf ((e)s, ⸚e) šport. zápasenie
r Ringfinger (s, ≈) prstenník
rings okolo; ~herum, ~umher dookola
e Rinn|e (≈, n) 1 žľab 2 odkvap; –en* (a, i. o) 1 tiecť, rinúť sa 2 sypať sa, prepadávať sa
e Rippe (≈, n) rebro; *eine ~ Schokolade* pásik čokolády
s Rippen|fell ((e)s, e) anat. pohrudnica; e –fell|entzündung (≈, en) lek. zápal pohrudnice; s –gewölbe (s, ≈) rebrová klenba; r –stoß (es, ⸚e) štuchnutie do rebier, štuchanec
s Risiko (s, s al. *Risiken*) riziko
ris|kant riskantný; –kieren riskovať
r Riß <...ss> (*Risses, Risse*) 1 roztrhnutie, pretrhnutie 2 puklina, trhlina 3 rys, nákres
rissig popukaný, popraskaný
r Rist (es, e) 1 priehlavok 2 chrbát ruky
r Ritt ((e)s, e) jazda na koni
r Ritter (s, ≈) rytier; *zum ~ schlagen** pasovať na rytiera; ~lich rytiersky
rittlings obkročmo, ako jazdec
r Ritze (es, e) 1 jazva, škrabanec 2 trhlina, prasklina, puklina; ~n poškrabať, zaškrabnúť (do čoho), (*etw auf/in etw*) vryť, vyryť (čo do čoho)
r Riva|le [...v...] (n, n) sok, rival; –lisieren súperiť; e –lität (≈, en) súperenie, rivalita
s Rizinus|öl ((e)s, 0) ricínový olej
e Robbe (≈, n) tuleň
e Robe (≈, n) róba, talár
r Roboter (s, ≈) robot
robust robustný, silný, odolný
röcheln chrčať, dychčať
r Rock ((e)s, ⸚e) 1 sukňa 2 kabát, sako
r Rodel (s, ≈) sane, sánky; e ~bahn (≈, en) sánkarská dráha; ~n sánkovať (sa)
roden 1 klčovať 2 vyorávať zemiaky
r Rogen (s, ≈) ikra; r ~fisch (es, e) ikernáč
r Roggen (s, 0) raž; e ~ähre (≈, n) ražný klas
roh 1 surový, neuvarený, čerstvý 2 neopracovaný 3 surový, hrubý; r ~bau ((e)s, *Rohbauten*) hrubá stavba; s ~eisen (s, 0) surové železo; s ~material (s, ien) surovina; s ~öl ((e)s, 0) ropa
s Rohr ((e)s, e) 1 rúra, potrubie 2 trstina 3 hlaveň
e Röhre (≈, n) 1 rúra, trubica 2 kuch. rúra na pečenie 3 elektrónka
e Rohr|leitung (≈, en) potrubie; e –post (≈, 0) potrubná pošta; r –zucker (s, 0) trstinový cukor
r Rohstoff ((e)s, e) surovina; e ~quelle (≈, n) surovinový zdroj
r Rolladen <...lll...> (s, ≈ al. ⸚) žalúzia
e Rollbahn (≈, en) štartovacia/pristávacia plocha
e Roll|e (≈, n) 1 koliesko 2 mangeľ 3 cievka, klbko, kotúč papiera 4 úloha, rola v divadle ap. 5 význam, úloha; *das spielt keine ~* na tom nezáleží; –en 1 (*i.*) gúľať sa, kotúľať sa, pohybovať sa na kolesách 2 (*h.*) zvinúť, stáčať, kotúľať, vaľkať cesto
s Rollen (s, 0) 1 gúľanie, váľanie 2 burácanie, rachot 3 pohyb, jazda; *das ~ des Flugzeuges* pristávanie, rolovanie lietadla
e Rollenbesetzung (≈, en) obsadenie úloh, rolí
r Roll|er (s, ≈) 1 kolobežka 2 skúter; r –mops (es, ⸚e) zavináč; e –schuhe MNČ kolieskové korčule; r –stuhl ((e)s, ⸚e) invalidný vozík; e –treppe (≈, n) pohyblivé schody
r Roman (s, e) román; ~haft románový, ako román
e Roman|tik (≈, 0) 1 romantizmus umelecký smer 2 krása, romantika; r ~er (s, ≈) 1 stúpenec romantiky 2 rojko, fantasta; –tisch romantický
e Romanze (≈, n) romanca, ľúbostná príhoda
röntgen|isieren röntgenovať; e –|-

PQRS

aufnahme (≈, *n*), **s –bild** (*es, er*) röntgenová snímka; **e –strahlen** MNČ röntgenové lúče
rosa ružový; **~rot** ružový
e Rose (≈, *n*) **1** ruža **2** ružica veterná, stavebná **3** lek. ruža
r Rosen|garten (*s,* ≈̈) ružová záhrada; **r –kohl** (*(e)s, 0*) ružičkový kel; **r –kranz** (*es,* ≈̈*e*) cirk. ruženec; **r –stock** (*(e)s,* ≈̈*e*), **r –strauch** (*(e)s,* ≈̈*er*) ružový ker; **r –strauß** (*es,* ≈̈*e*) kytica ruží
e Rosette (≈, *n*) rozeta, ružica
rosig ružový; hovor. *~er Laune sein* byť v ružovej nálade
e Rosine (≈, *n*) hrozienko; **große ~n im Kopf haben** mať veľké plány
r Rosmarin (*s, e*) rozmarín
s Roß <...ss> (*Rosses, Rosse* al. *Rösser*) ušľachtilý kôň, jazdecký kôň; **s ~haar** (*(e)s, e*) konský vlas; **e ~haarmatratze** (≈, *n*) matrac z konských vlasov, žinenka; **e ~kastanie** (≈, *n*) bot. pagaštan konský; **r ~wächter** (*s,* ≈) koniar
r Rost[1] (*es, 0*) **1** hrdza **2** bot. sneť
r Rost[2] (*es, e*) rošt; **r ~braten** (*s,* ≈) roštenka
rosten hrdzavieť; **alte Liebe rostet nicht** stará láska nehrdzavie; **wer rastet, der rostet** kto stojí, zaostáva
rösten kuch. opekať na rošte, pražiť
rost|frei nehrdzavejúci; **–ig** hrdzavý; **s –schutzmittel** (*s,* ≈) prostriedok proti hrdzaveniu
rot červený; *~ werden* červenať sa; **~bäckig** červenolíci; **~bärtig** červenobradý, s červenou bradou; **e ~buche** (≈, *n*) buk lesný
e Röt|e (≈, *0*) **1** červená farba, červeň **2** ranné/večerné zore; **r –el** (*s,* ≈) červená hlinka; **e –eln** MNČ lek. rubeola, ružienka; **~n** farbiť na červeno; **sich ~n** červenať sa
rot|haarig ryšavý; **e –haut** (≈, ≈̈*e*) hovor. červenokožec
rotieren rotovať, krúžiť, točiť sa
s Rot|käppchen (*s, 0*) Červená čiapočka; **s –kehlchen** (*s,* ≈) zool. červienka; **e –tanne** (≈, *n*) jedľa
e Rotte (≈, *n*) **1** voj. roj **2** banda, horda
r Rotten|führer (*s,* ≈) veliteľ roty; **–weise** po rotách
r Rot|wein (*(e)s, e*) červené víno; **s –welsch** (≈ al. *(e)s, 0*) lingv. argot
s Rotwild (*(e)s, 0*) jelenia zver
r Rotz (*es, e*) vulg. sopeľ; **~ig** hovor. sopľavý, bezočivý; **e ~nase** (≈, *n*) **1** sopľavý nos **2** hovor. sopliak, sopľoš
s Rouge [ru:š] (≈, *0*) rúž
e Roulade [ru'la:də] (≈, *n*) kuch. roláda, závin
s Rouleau [ru'lo:] (*s, s*) roleta
e Route ['ru:tə] (≈, *n*) cesta, turistická trasa
e Routine [ru'ti:nə] (≈, *0*) rutina, zručnosť, zbehlosť
r Rowdy ['raodi] (*s, s*) chuligán
e Rübe (≈, *n*) repa; *rote ~* cvikla
r Rüben|acker (*s,* ≈̈) repné pole; **r –zucker** (*s, 0*) repný cukor
'rüber = *herüber* sem, smerom ku mne
r Rubin (*s, e*) rubín
e Rubrik (≈, *en*) rubrika
ruch|bar kniž. známy, zrejmý, uverejnený; **–los** podlý, nehanebný, odporný, nízky; **e –losigkeit** (≈, *en*) nehanebnosť, podlosť
r Ruck (*(e)s, e*) trhnutie, šklbnutie; *mit einem ~* jedným šmahom/vrzom
e Rück|antwort (≈, *en*) spiatočná odpoveď; **–bezüglich** gram. zvratný, reflexívny; **r –blick** (*(e)s, e*) pohľad späť, spomienka
rucken posúvať (sa), odraziť (sa)
rücken 1 (*i.*) prisunúť sa, podísť; **2** (*h.*) presunúť, dať na iné miesto
r Rücken (*s,* ≈) **1** chrbát; *j-m den ~ drehen* obrátiť sa ku komu chrbtom; obraz. *es läuft* mir kalt über den ~* behá mi mráz po chrbte **2** horský hrebeň; **s ~mark** (*(e)s, 0*) miecha; **s ~schwimmen** (*s, 0*) znak plavecký štýl; **r ~wind** (*(e)s, 0*) vietor do chrbta
e Rück|erstattung (≈, *en*) vrátenie,

náhrada; **e –fahrkarte** (≈, *n*) spiatočný cestovný lístok; **e –fahrt** (≈, *en*) spiatočná cesta; **r –fall** (*(e)s, ≈e*) lek. recidíva; **e –gabe** (≈, *n*) vrátenie; **r –gang** (*(e)s, ≈e*) pokles, zníženie; **–gängig 1** spätný **2** klesajúci; *etw rückgängig machen* zrušiť, odvolať čo; **e –kehr** (≈, *0*) návrat; **s –licht** (*(e)s, er*) zadné svetlo automobilu; **–lings** odzadu, naznak; **e –nahme** (≈, *n*) odvolanie, práv. stiahnutie žaloby; **s –porto** (*s, s* al. *Rückporti*) spiatočné poštovné; **e –reise** (≈, *n*) spiatočná cesta

r Rucksack (*(e)s, ≈e*) plecniak

e Rück|schau (≈, *0*) pohľad späť, retrospektíva; **r –schluß** <...ss> (*schlusses, schlüsse*) logický súd, záver; **r –schritt** (*(e)s, e*) spiatočníctvo, reakcionárstvo; **–schrittlich** spiatočnícky, reakcionársky; **e –seite** (≈, *n*) opačná strana, rub

e Rücksicht (≈, *en*) ohľad, zreteľ; *auf j-n/etw ~ nehmen** brať ohľad na koho/čo

rücksichts|los bezohľadný; **e –losigkeit** (≈, *0*) bezohľadnosť; **–voll** ohľaduplný

r Rück|sitz (*es, e*) zadné sedadlo; **r –spiegel** (*s,* ≈) spätné zrkadlo; **s –spiel** (*(e)s, e*) šport. odveta, odvetný zápas; **e –sprache** (≈, *n*) rozhovor na ozrejmenie prípadných nejasností; **r –stand** (*(e)s, ≈e*) **1** zvyšok, zostatok **2** nedoplatok **3** zaostávanie; **–ständig 1** zaostávajúci **2** zvyšný **3** zaostalý človek; **r –stoß** (*es, ≈e*) fyz. spätný odraz; **r –strahler** (*s,* ≈) zadné svetlo auta, odrazové sklo; **r –tritt** (*(s)e, s*) odstúpenie z úradu; **e –vergütung** (≈, *en*) náhrada; **–wärtig** zadný; **–wärts** nazad, naspäť; **–wirkend** spätne, so spätnou platnosťou; **e –wirkung** (≈, *en*) spätný účinok; **e –zahlung** (≈, *en*) splácanie, splátka; **r –zug** (*(e)s, ≈e*) voj. ústup

rüde hrubý, drsný, surový

r Rüde (*n, n*) samec psov, vlkov

s Rudel (*s,* ≈) svorka zvierat; **~weise** stádovito

s Ruder (*s,* ≈) kormidlo, veslo; obraz. *am ~ sein* byť pri kormidle; **s ~boot** (*(e)s, e*) veslový čln; **r ~er** (*s,* ≈) veslár; **~n** (*h./i.*) veslovať; **s ~schiff** (*(e)s, e*) veslica

r Ruf (*(e)s, e*) **1** (za)volanie, výkrik **2** výzva, apel **3** len JČ povesť; *einen guten ~ haben* mať dobrú povesť; **~en*** (*ie, h. u*) **1** volať, kričať **2** (za)volať koho; *wie gerufen kommen** prísť ako na zavolanie

r Rüffel (*s,* ≈) pokarhanie, výčitka; **~n** hovor. pokarhať

r Ruf|name (*ns, n*) krstné meno; **s –zeichen** (*s,* ≈) oznamovací tón v telefóne

e Rüge (≈, *n*) pokarhanie, napomenutie; **~n** (po)karhať, vyhrešiť

e Ruhe (≈, *0*) **1** pokoj, nehybnosť **2** ticho; *~!* ticho! **3** oddych, odpočinok; *sich keine ~ gönnen* nedopriať si odpočinku; **~n 1** oddychovať, odpočívať **2** nebyť v prevádzke; **e ~lage** (≈, *n*) pokojová poloha, poloha v pokoji; **e ~pause** (≈, *n*) prestávka, oddych; **r ~stand** (*(e)s, 0*) dôchodok, penzia; **e ~stätte** (≈, *n*) miesto odpočinku; kniž. *die letzte Ruhestätte* miesto posledného odpočinku; **r ~tag** (*(e)s, e*) deň pracovného pokoja, voľný deň

ruhig pokojný, nehybný, tichý

r Ruhm (*(e)s, 0*) sláva

rühmen chváliť, vychvaľovať; **sich ~** vychvaľovať sa, byť hrdý

ruhm|los neznámy; **–reich** slávny, preslávený; **–süchtig** túžiaci po sláve; **–voll** slávny

e Ruhr (≈, *0*) lek. úplavica

e Rühr|eier MNČ praženica

rühr|en 1 miešať **2** (*an etw*) chytiť (čo), dotknúť sa (čoho) **3** hýbať pohybovať **4** dojať, zapôsobiť; *zu Tränen ~* dojať k slzám; **~d** dojímavý; **–ig** pracovitý, aktívny; **–selig** precitlivený; **e –ung** (≈, *en*) dojatie, pohnutie

PQRS

r Ruin (*s, 0*) záhuba, skaza, zničenie
e Ruine (*≈, n*) ruina, zrúcanina, trosky
rülpsen vulg grgať
'rum = *herum* hovor. okolo
r Rum (*s, s* al. *e*) rum
r Rummel (*s, 0*) **1** krik, hurhaj **2** haraburdy; **r ~platz** (*es, ≈e*) hovor. **1** ihrisko **2** zábavný park
r Rumor (*s, 0*) hluk, hurhaj
r Rumpf (*(e)s, ≈e*) **1** lek. telo, trup **2** trup lode, lietadla
rümpfen: *die Nase ~* krčiť, ohŕňať nos
rund PR M **1** guľatý, okrúhly **2** plný, celý; *eine ~e Zahl* zaokrúhlené číslo; PRÍSL **3** dookola, okolo **4** asi; **r ~blick** (*(e)s, e*) výhľad dookola
e Runde (*≈, n*) **1** okruh ľudí, malá skupina **2** šport. kolo **3** obchôdzka **4** hovor. runda pre každého po poháriku
e Rundfahrt (*≈, en*) okružná jazda, cesta
r Rundfunk (*s, 0*) rozhlas; **r ~hörer** (*s, 0*) rozhlasový poslucháč; **s ~sender** (*s, ≈*) rozhlasový vysielač
rund|heraus priamo, bez okolkov; **–herum** dookola; **–lich** okrúhly, zaoblený, plný, tučný; **e –reise** (*≈, n*) okružná cesta; **s –schreiben** (*s, ≈*) obežník; **–um** dookola; **–weg** priamo, bez okolkov
runter = *herunter* hovor. dole, nadol smerom ku mne
e Runzel (*≈, n*) vráska; **~ig** vráskavý; **~n** mračiť sa; *die Stirn ~n* vraštiť čelo
r Rüpel (*s, ≈*) hovor. grobian, surovec, hulvát
rupfen trhať, vytrhávať, šklbať
ruppig surový, hrubý, grobiansky
r Ruß (*es, 0*) sadza; **~schwarz** čierny ako sadza
r Rüssel (*s, ≈*) **1** chobot slona **2** rypák
ruß|en čadiť, čmudiť; **–ig** začadený, čierny od sadzí
rüst|en 1 zbrojiť **2** pripravovať, chystať; **sich ~** (pri)chystať sa; **s –haus** (*es, ≈er*) zbrojnica; **s –zeug** (*(e)s, 0*) výzbroj aj obraz.
rüstig silný, zdravý, statný
e Rüstung (*≈, en*) **1** zbrojenie **2** výzbroj **3** brnenie rytierske
e Rüstungs|ausgaben MNČ výdavky na zbrojenie; **e –kontrolle** (*≈, n*) kontrola zbrojenia; **r –konzern** (*(e)s, e*) zbrojársky koncern; **s –programm** (*(e)s, e*) program zbrojenia
e Rute (*≈, n*) **1** prút **2** rybársky prút **3** bič
r Rutengänger (*s, ≈*) prútikár
r Rutsch (*es, e*) šmyk; **guten ~ ins neue Jahr!** všetko dobré v novom roku! **einen ~ nach Berlin machen** skočiť si do Berlína; **e ~bahn** (*≈, en*) šmýkačka, kĺzačka; **~en** (*i*) kĺzať sa, šmýkať sa; **~ig** klzký, šmykľavý
rütteln triasť, natriasať, trepať; **daran ist nichts zu ~** na tom sa nedá nič zmeniť, tým sa nedá pohnúť

S

S. skr. **r Süden** juh
s. skr. **sieh(e)** pozri
r Saal (*(e)s, Säle*) sála
e Saat (*≈, en*) **1** osivo, semeno **2** sejba, siatie; **s ~gut** (*es, 0*) osivo, obilie; **e ~zucht** (*≈, 0*) semenárstvo, pestovanie semien
sabbern hovor. **1** slintať **2** tárať
r Säbel (*s, ≈*) šabľa; **e ~beine** MNČ krivé nohy, nohy do O; **~n** hovor. neobratne rezať, krájať
e Sabo|tage [zabo'ta:žə] (*≈, n*) sabotáž; **r –teur** [...'tö:ɐ] (*s, e*) sabotér; **–tieren** sabotovať
r Sach|be|arbeiter (*s, ≈*) referent; **–dienlich** užitočný, účelný
e Sach|e (*≈, n*) **1** vec; *zur ~* k veci **2** záležitosť, otázka, prípad; **das ist beschlossene ~** to je hotová vec; **s –gebiet** (*(e)s, e*) **1** odbor činnosti, pôsobnosti **2** tematická oblasť; **–gemäß** vecný, primeraný; **–kundig** od-

PQRS

borný, znalecký; **–lich** vecný, konkrétny

sächlich gram. stredný; *das ~e Geschlecht* stredný rod

r **Sachschaden** (*s,* ≈̈) vecná škoda

sacht (e) **1** PR M jemný, mierny, opatrný **2** PRÍSL ľahko, ticho, opatrne

r **Sach|verhalt** (*(e)s, e*) stav veci, situácia; r **–verständige** (*n, n*) znalec, expert

r **Sack** (*(e)s,* ≈̈*e*) vrece, mech; **mit ~ und Pack fortziehen** vziať svojich päť slivák a ísť; **~en** dávať do vriec, vreckovať; e **~gasse** (≈, *n*) slepá ulička; obraz. *in eine ~gasse geraten** dostať sa do slepej uličky; e **~pfeife** (≈, *n*) gajdy; **~weise** po vreciach

säen siať, zasiať

r **Safe** [zẹ:f] (*s, s*) sejf, trezor

r **Safran** (*s, e*) bot. šafran

r **Saft** (*(e)s,* ≈̈*e*) šťava, džús; **ohne ~ und Kraft** slabý, nevládny; **~ig** **1** šťavnatý **2** hovor. hrubý vtip; r **~ring** (*(e)s, e*) bot. letokruh

e **Sage** (≈, *n*) povesť, sága

e **Säge** (≈, *n*) píla; r **~bock** (*(e)s,* ≈̈*e*) koza na pílenie dreva; s **~mehl** (*(e)s, 0*) piliny

sagen povedať, hovoriť; *man sagt* hovorí sa; *wie gesagt* ako bolo povedané

sagen|haft legendárny, bájny, vybájený; **–reich** oplývajúci povesťami

e **Sahne** (≈, *0*) smotana; r **~nkäse** (*s,* ≈) smotanový syr

e **Saison** [ze'zõ:] (≈, *s*) sezóna; r **~arbeiter** [ze'zõ:...] (*s,* ≈) sezónny pracovník

e **Saite** (≈, *n*) struna; **andere ~n aufziehen*** natiahnuť inakšiu strunu byť prísnejší

r, s **Sakko** (*s, s*) sako

s **Sakrament** (*(e)s, e*) cirk. sviatosť

e **Sakristei** (≈, *en*) cirk. sakristia

e **Säkulari|sation** (≈, *en*) sekularizácia; **–sieren** sekularizovať

r **Salamander** (*s,* ≈) zool. salamandier

e **Salami** (≈, ≈ al. *s*) saláma

r **Salat** (*(e)s, e*) šalát; e **~gurke** (≈, *n*) šalátová uhorka; e **~schüssel** (≈, *n*) misa na šalát

e **Salbe** (≈, *n*) masť

r **Salbei** (*s, 0*), e **Salbei** (≈, *0*) šalvia

salb|en natierať masťou; e **–ung** (≈, *en*) cirk. pomazanie

salbungsreich, **salbungsvoll** **1** dojímavý **2** prehnane vznešený, patetický

sal|dieren saldovať účet, potvrdiť zaplatenie účtu; r **–do** (*s, s* al. *Salden* al. *Saldi*) saldo, zostatok na účte

e **Saline** (≈, *n*) salina, solivar

r **Salm** (*(e)s, e*) losos

r **Salmiak** (*s, 0*) chem. salmiak, chlorid amónny; r **~geist** (*es, 0*) čpavok

r **Salon** [za'lõ:/za'loŋ] (*s, e* al. *s*) **1** salón, prijímacia miestnosť **2** salón módny, kadernícky ap.; **~fähig** vyhovujúci spoločenským zvyklostiam; r **~löwe** (*n, n*) hovor. salónny lev; r **~wagen** (*s,* ≈) salónny, luxusný vozeň

salopp nenútený, ležérny

r **Salpeter** (*s, 0*) chem. liadok; e **~säure** (≈, *0*) kyselina dusičná

salutieren (za)salutovať

e **Salve** (≈, *n*) salva

s **Salz** (*es, e*) soľ; s **~bergwerk** (*(e)s, e*) soľná baňa; **~en** soliť, osoliť; r **~gehalt** (*(e)s, e*) obsah soli; r **~hering** (*(e)s, e*) zasolený haring; **~ig** slaný; r **~steuer** (s, ≈) soľnička

r **Samariter** (*s,* ≈) samaritán; r **~dienst** (*es, e*) samaritánska služba

r **Samen** (*s,* ≈) **1** semeno **2** anat. spermia **3** rybia násada; r **~behälter** (*s,* ≈) bot. semencové puzdro; e **~drüse** (≈, *n*) anat. semenník; e **~pflanzen** MNČ semenné rastliny

sämisch semišový; s **s~leder** (*s,* ≈) semišová useň, semiš

r **Sammel|band** (*(e)s,* ≈̈*e*) zborník; s **–gefäß** (*es, e*) zberná nádoba; **–n** zbierať, zhromažďovať; **sich –n** zhromažďovať sa; r **–platz** (*es,* ≈̈*e*), r **–punkt** (*(e)s, e*), e **–stelle** (≈, *n*) **1** zberňa **2** zhromaždisko; s **–surium**

PQRS

(*s, Sammelsuri|en*) hovor. neusporiadaná zmes, mišmaš; **s –werk** (*es, e*) súborné dielo, zborník
r Samm|ler (*s, ≈*) zberateľ; **e –lung** (*≈, en*) **1** zber, zbieranie **2** zbierka
r Samstag (*(e)s, e*) sobota
samt PREDL s D s (čím), aj s (čím); *die Geldbörse ~ Geld* peňaženka s peniazmi; **~ und sonders** naspospol, bez výnimky
r Samt (*(e)s, e*) zamat; **~en** zamatový; **~ig** zamatovo jemný
sämtlich všetok, všetci spolu
samtweich mäkký, hebký ako zamat
s Sanatorium (*s, i|en*) sanatórium, liečebný ústav
r Sand (*(e)s, e*) piesok; **im ~e verlaufen*** zmiznúť bez stopy; pren. **etw auf ~ bauen** stavať čo na piesku
e Sandale (*≈, n*) sandál
e Sand|bank (*≈, ≈e*) piesčina, plytčina; **–ig** piesočnatý; **r –kasten** (*s, ≈* al. *≈*) pieskovisko; **r –kuchen** (*s, ≈*) krehký koláč, krehké pečivo; **s –männchen** (*s, ≈*) rozprávkový mužíček, večerníček; **s –papier** (*s, e*) šmirgľový papier; **r –stein** (*(e)s, e*) pieskovec; **e –|uhr** (*≈, en*) presýpacie hodiny; **e –wüste** (*≈, n*) piesočná púšť
sanft 1 jemný, nežný, mäkký **2** pokojný **3** mierny, pozvoľný
e Sänfte (*≈, n*) nosidlá
sanftmütig dobromyseľný, mierny, vľúdny
r Sang (*(e)s, ≈e*): hovor. *mit ~ und Klang* spevom a hudbou
r Sänger (*s, ≈*) spevák; **r ~knabe** (*n, n*): *die Wiener Sängerknaben* Viedenský chlapčenský spevácky zbor
e Sangweise (*≈, n*) nápev
sanier|en sanovať **1** ozdravovať **2** napravať, zlepšovať **3** zachrániť finančne; **e –ung** (*≈, en*) sanovanie **1** ozdravenie **2** zlepšenie **3** finančná záchrana
sanitär sanitný, zdravotnícky
r Sanitäter (*s, ≈*) ošetrovateľ, hovor. sanitár
s Sanitäts|auto (*s, s*) sanitné auto, hovor. sanitka; **r –wagen** (*s, ≈*) sanitné auto, hovor. sanitka; **s –wesen** (*s, 0*) zdravotníctvo; **r –zug** (*(e)s, ≈e*) sanitný, ambulantný vlak
Sankt svätý
e Sank|tion (*≈, en*) sankcia **1** schválenie, potvrdenie **2** trest, pokuta; **–tionieren** sankcionovať **1** schváliť, potvrdiť **2** uvaliť trest, sankcie
r Saphir (*s, e*) zafír
e Sardelle (*≈, n*) sardela
e Sardine (*≈, n*) sardinka
r Sarg (*(e)s, ≈e*) truhla, rakva; **r ~deckel** (*s, ≈*) veko truhly
r Sarkas|mus (*≈, en*) sarkazmus; **–tisch** sarkastický
r Sarkophag (*s, e*) sarkofág
r Satan (*s, e*) satan, diabol
r Satellit (*en, en*) satelit **1** družica, obežnica **2** obraz. sprievodca
r Satellitenstaat (*(e)s, en*) satelitný štát
r Satin [za'tẽ:] (*s, s*) satén
e Satir|e (*≈, n*) satira; **r –iker** (*s, ≈*) satirik; **–isch** satirický
e Satisfaktion (*≈, en*) zadosťučinenie, satisfakcia
satt 1 sýty, nasýtený; *sich ~ essen* najesť sa do sýtosti; obraz. *etw ~ haben* mať čoho dosť, mať čoho plné zuby **2** sýty, výrazný; *ein ~es Grün* sýta zeleň
r Sattel (*s, ≈*) **1** sedlo; obraz. *j-m aus dem ~ heben** vyhodiť koho zo sedla; obraz. *fest im ~ sitzen** sedieť pevne v sedle **2** hud. kobylka na sláčikových hudobných nástrojoch; **~fest**: *in etw ~fest sein* byť v čom zbehlý, vyznať sa v čom, hovor. byť v čom podkutý; **~n** sedlať, osedlať; **sich ~n** pripravovať sa (*für etw* na čo); **r ~schlepper** (*s, ≈*) ťahač prívesu; **s ~zeug** (*(e)s, 0*) konský postroj
sättig|en 1 sýtiť, nasýtiť **2** uspokojiť **3** chem. sýtiť, nasýtiť; **e –ung** (*≈, en*) **1** nasýtenie, uspokojenie **2** chem. sýtenie

PQRS

r Sattler (*s*, ≈) sedlár; **e ~ẹi** (≈, *en*) sedlárstvo

sattsam PRÍSL dostatočne, náležite; ~ *bekannt* dostatočne známy

r Satz (*es*, ≈̈*e*) **1** gram. veta **2** hud. veta **3** mat. poučka, téza **4** súbor, séria **5** sadzba, tarifa **6** usadenina, kal; *der Kaffeesatz* kávová usadenina **7** šport. set v tenise ap. **8** tech., polygr. sadzba; **r ~bau** (*es*, *0*) gram. vetná stavba; **s ~glied** ((e) *s*, *er*) gram. vetný člen

e Satzfische MNČ rybie násady

r Satzteil ((*e*)*s*, *e*) **1** gram. časť vety **2** polygr. časť sadzby

e Satzung (≈, *en*) predpis, stanovy

satzungs|gemäß podľa predpisov, podľa stanov; **–widrig** proti stanovám, priečiaci sa stanovám

s Satz|zeichen (*s*, ≈) gram. interpunkčné znamienko

e Sau (≈, ≈̈*e* al. *en*) **1** ošípaná, sviňa **2** vulg. sviňa, podliak o človeku **3** divá sviňa, diviak; **e ~|arbeit** (≈, *en*) hovor. špinavá, namáhavá práca, vulg. svinská robota

sauber **1** čistý, umytý **2** presný, starostlivý; *eine ~e Arbeit* presná práca; **~|halten*** **<sauber halten>** (*ie*, *h. a*) udržovať v čistote; **e ~keit** (≈, *0*) **1** čistota **2** čistotnosť

säuberlich **1** čistý, čistotný **2** poriadny, starostlivý

sauber|machen **<sauber machen>** vyčistiť, upratať

säuber|n (o)(vy)čistiť; **e ~ung** (≈, *en*) **1** čistenie, upratovanie **2** obraz. politická čistka

e Sauce ['zọ:sə] (≈, *n*) kuch. omáčka

saudumm vulg. veľmi hlúpy, hlúpy ako ďaleko vidí

sauer **1** kyslý; *~e Gurken* kyslé uhorky **2** zrazený, skysnutý, kyslý; ~ *werden* skysnúť **3** namrzený, nevľúdny, podráždený **4** chem. kyslý; **r ~|ampfer** (*s*, *0*) bot. šťaveľ, štiav kyslý; **r ~braten** (*s*, ≈) sviečková na kyslo; **r ~brunnen** (*s*, ≈) kyselka, kyselkový prameň; **r ~kalk** ((*e*)*s*, *0*) hasené vápno

e Sauerẹi (≈, *en*) vulg. svinstvo

e Sauerkirsche (≈, *n*) višňa plod i strom

s Sauerkraut ((*e*)*s*, *0*) kyslá kapusta

r Sauerklee (*s*, *0*) bot. kyslička

säuer|lich kyslastý, kyselkavý; **–n** **1** okysliť **2** zakvasiť

e Sauer|milch (≈, *0*) kyslé mlieko; **r –stoff** ((*e*)*s*, *0*) kyslík; **r –teig** ((*e*)*s*, *e*) kvas, kvások

saufen* (*soff*, *h. gesoffen*) hanl. piť, chľastať

r Säufer (*s*, ≈) pijan, opilec; **r ~wahnsinn** (*s*, *0*) opilecká nepríčetnosť, lek. delírium tremens

saugen* (*sog* al. *saugte*, *h. gesogen* al. *gesaugt*) **1** sať, piť cez slamku **2** sať, vysať vysávačom

säugen dojčiť dieťa

r Sauger (*s*, ≈) **1** cumlík **2** tech. vysávač, odsávač **3** obraz. vydierač, pijavica

s Säugetier ((*e*)*s*, *e*) cicavec

saugfähig savý, pijavý, nasiaknutý

e Saugflasche (≈, *n*) dojčenská fľaša, fľaša s cumľom

r Säugling (*s*, *e*) dojča

e Säuglings|ausstattung (≈, *en*) dojčenská výbavička; **e –fürsorge** (≈, *0*) starostlivosť o dojčatá; **e –sterblichkeit** (≈, *0*) dojčenská úmrtnosť

e Säule (≈, *n*) **1** stĺp, pilier **2** fyz. stĺpec ortuti ap. **3** obraz. pilier, opora

r Säulen|bau ((*e*)*s*, *ten*) stĺpová stavba; **e –halle** (≈, *n*) stĺpová sieň

r Saum ((*e*)*s*, ≈̈*e*) **1** lem, obruba tkaniny **2** okraj

säumen **1** lemovať, obrubovať **2** váhať, otáľať, meškať

r Saumpfad ((*e*)*s*, *e*) horský chodníček

saumselig nedbanlivý, pomalý

e Sauna (≈, *s*) sauna

e Säure (≈, *n*) **1** chem. kyselina **2** kyslosť, kyslá chuť; **~fest** tech. kyselinovzdorný

r Saus: *in ~ und Braus leben* hýriť, žiť

na veľkej nohe
säuseln šušťať, šelestiť
sausen **1** (*h.*) šumieť, hučať; **2** (*i*) rýchlo sa pohybovať, uháňať, trieliť
r Sau|stall (*s, ≈e*) **1** ošipáreň, chliev **2** obraz. vulg. svinčík; **s –wetter** (*s, 0*) hovor. počasie pod psa; **e –wirtschaft** (*≈, en*) vulg. mizerné hospodárstvo
s Saxophon <...**fon**> (*s, e*) saxofón
e S-Bahn (*≈, en*) skr. **die Schnellbahn** mestská rýchlodráha, rýchlovlak
e Schabe (*≈, n*) **1** zool. šváb **2** lek. svrab **3** tech. strúhadlo, škrabák; **s ~fleisch** (*es, 0*) škrabané mäso; **~n** škrabať, strúhať; obraz. **j-m ein Rübchen ~n** strúhať komu mrkvičku, posmievať sa komu
r Schabernack (*(e)s, e*) šibalstvo, figliarstvo; *j-m einen ~ spielen* vyviesť komu šibalský kúsok
schäbig **1** biedny, ošúchaný, ošarpaný **2** podlý **3** hovor. skúpy
e Schablone (*≈, n*) šablóna
s Schach (*(e)s, 0*) šach; **s ~brett** (*(e)s, er*) šachovnica; **e ~figur** (*≈, en*) šachová figúrka; **s ~spiel** (*(e)s, e*) šachová hra, hra v šachy
r Schacht (*(e)s, ≈e*) jama, šachta
e Schachtel (*≈, n*) škatuľa
schade PRÍSL škoda; *(es ist) ~, daß* <*dass*>... škoda, že...
r Schädel (*s, ≈*) **1** lebka **2** hovor. hlava, palica; *einen dicken ~ haben* mať tvrdú palicu; **r ~bruch** (*(e)s, ≈e*) zlomenina lebky
schaden škodiť, ubližovať; *es schadet nichts* to nič, nič to zato; *was schadet es?* čo na tom?
r Schaden (*s, ≈*) **1** škoda, strata, ujma; *zum ~ j-s* na ujmu koho **2** úraz, poškodenie zdravia; **r ~ersatz** (*es, ≈e*) odškodné, náhrada škody; **e ~freude** (*≈, 0*) škodoradosť; **~froh** škodoradostný
schadhaft poškodený, chybný
schäd|igen (*j-m*) poškodiť (koho), ubližovať (komu); **e –igung** (*≈, en*) poškodenie, ujma; **–lich** škodlivý; **r –ling** (*s, e*) **1** škodca zver, rastlina **2** záškodník **3** škodná zver
e Schädlingsbekämpfung (*≈, en*) ničenie škodcov
schadlos bez škody, neporušený, neškodný; *j-m ~ halten** nahradiť komu škodu
s Schaf (*(e)s, e*) ovca; **r ~bock** (*(e)s, ≈e*) baran
s Schäfchen (*s, ≈*) ovečka; *die ~* MNČ baránky, barance malé obláčiky
r Schäfer (*s, ≈*) ovčiak, pastier oviec; **r ~hund** (*(e)s, e*) ovčiak pes; **s ~stündchen** (*s, ≈*) hodinka zaľúbených
schaffen[1]* (*schuf, h. geschaffen*) tvoriť, vytvoriť; *ein Kunstwerk ~* vytvoriť umelecké dielo
schaffen[2] **1** zvládnuť, zdolať; **2** dopraviť, doniesť **3** zničiť, doriadiť; *er macht mir viel zu ~* ničí ma, dáva mi poriadne zabrať **4** dosiahnuť, uskutočniť
s Schaffen (*s, 0*) tvorivá činnosť, tvorba
r Schaffer (*s, ≈*) šafár
r Schaffner (*s, ≈*) sprievodca
r Schaf|hirt (*en, en*) ovčiar, valach; **r –käse** (*s, ≈*) ovčí syr
e Schaffung (*≈, en*) tvorenie, tvorba
s Schafott (*(e)s, e*) popravisko
e Schaf|schur (*≈, en*) strihž, strihanie oviec; **r –stall** (*(e)s, ≈e*) ovčinec, ovčiareň
r Schaft (*(e)s, ≈e*) **1** žrď, tyč zástavy ap. **2** sára čižmy; **r ~stiefel** (*s, ≈*) čižma s vysokou sárou
e Schaf|wolle (*≈, 0*) ovčia vlna; **e –zucht** (*≈, 0*) chov oviec
r Schakal (*s, e*) šakal
r Schäker (*s, ≈*) vtipkár, šibal
schal **1** odstáty, vypáchnutý o nápojoch **2** obraz. suchopárny, bezduchý, prázdny
r Schal (*s, e* al. *s*) šál
e Schale (*≈, n*) **1** šálka **2** miska **3** šupka ovocia **4** škrupina vajca

PQRS

schälen 1 (o)lúpať **2** podmietať
e **Schalen|bauweise** (≈, *0*) škrupinová stavba/konštrukcia; **s –|obst** (*es, 0*) škrupinové ovocie; **s –wild** (*(e)s, 0*) kopytnatá zver
r **Schalk** (*(e)s, e* al. *≈̈*) šibal, figliar, nezbedník; *ein durchtriebener ~* vybíjaný šibal; **~haft** šibalský, figliarsky, prefíkaný
r **Schall** (*(e)s, e* al. *≈̈e*) zvuk; r **~dämpfer** (*s, ≈*) tlmič zvuku; **~dicht** zvukotesný; **~en*** (*scholl* al. *schallte, geschallt*) znieť, zvučať; **~end 1** znejúci, hlaholiaci **2** hlasný, hlučný, zvučný; e **~mauer** (*≈, n*) zvuková stena/bariéra; e **~platte** (*≈, n*) gramofónová platňa; e **~welle** (*≈, n*) fyz. zvuková vlna
e **Schalt|anlage** (*≈, n*) tech. rozvodné zariadenie, rozvodňa; **s –brett** (*(e)s, er*) tech. prístrojová doska, ovládací panel; **–en 1** tech. zapnúť, zapojiť **2** zaradiť rýchlosť v aute **3** obraz., hovor. pochopiť, chápať **4** vládnuť nad čím; *frei über etw schalten und walten* **über etw schalten und walten** mať voľnú ruku; **r –er** (*s, ≈*) **1** tech. spínač, vypínač **2** priečinok, priehradka; **s –jahr** (*(e)s, e*) priestupný rok; **e –|uhr** (*≈, en*) spínacie hodiny; **e –ung** (*≈, en*) **1** tech. spojenie, zapojenie **2** zaraďovanie
e **Scham** (*≈, 0*) hanblivosť, ostýchavosť; **s ~bein** (*(e)s, e*) lek. lonová spona
schämen sich hanbiť sa, ostýchať sa; *sich zu Tode schämen* ísť sa prepadnúť od hanby
scham|haft hanblivý, ostýchavý; **–los** neslušný, nehanebný, podlý
r **Schamotteziegel** (*s, ≈*) šamotová tehla
scham|rot červený od hanby; **e –teile** MNČ pohlavné orgány
e **Schande** (*≈, 0*) hanba; *j-m ~ machen* robiť hanbu komu; *~ über dich!* hanbi sa!
schänd|en 1 zhanobiť, zneuctiť; *j-s guten Namen ~* zhanobiť čie dobré meno **2** zohaviť, znetvoriť **3** zneuctiť, pripraviť o česť ženu; **Armut schändet nicht** chudoba cti netratí; **r –er** (*s, ≈*) hanobiteľ, przniteľ
r **Schandfleck** (*(e)s, e*) poškvrna, pohana
schändlich hanebný, ohavný, podlý, nečestný
s **Schand|mal** (*(e)s, e* al. *≈̈er*) znamenie hanby; **e –tat** (*≈, en*) hanebnosť, hanebný čin
e **Schändung** (*≈, en*) zhanobenie, zneuctenie
r **Schank** (*(e)s, ≈̈e*) výčap, krčma; e **~konzession** (*≈, n*) výčapné povolenie/koncesia; r **~tisch** (*es, e*) výčapný pult; r **~wirt** (*(e)s, e*) výčapník, hostinský, krčmár
e **Schanze** (*≈, n*) **1** voj. hradba, násyp **2** šport. lyžiarsky mostík
e **Schar** (*≈, en*) **1** zástup, dav ľudí **2** stádo, kŕdeľ **3** radlica pluhu; **sich ~en** zhromažďovať sa, zoskupovať sa; **~enweise 1** hromadne, húfne **2** v kŕdľoch
scharf 1 ostrý i obraz. **2** jasný, výrazný **3** obraz. ostrý, silný, prenikavý; r **~blick** (*(e)s, e*) **1** bystrozrak **2** prezieravosť, bystrosť
e **Schärfe** (*≈, n*) **1** ostrie, ostrosť **2** obraz. prudkosť, prísnosť; **~n 1** ostriť, brúsiť **2** zbystriť zrak, sluch
scharf|kantig s ostrými hranami, hranatý; **–|machen** huckať, štvať (*j-n gegen j-n* koho proti komu); **r –richter** (*s, ≈*) kat; **r –schütze** (*n, n*) voj. ostrostrelec; **r –sinn** (*(e)s, 0*) bystrosť, dôvtip; **–sinnig** dôvtipný, bystrý
r **Scharlach** (*s, e*) **1** kniž. šarlát, purpur **2** lek. šarlach
r **Scharm** (*(e)s, 0*) pôvab, šarm; **~ant** šarmantný
s **Scharnier** (*s, e*) **1** kĺbový záves na dverách, oknách **2** veraje, zárubňa
e **Schärpe** (*≈, n*) šerpa, široká stuha
scharren 1 hrabať **2** škrabať
r **Schaschlik** (*s, s*) šašlík

PQRS

e Schart|e (≈, *n*) **1** puklina, štrbina **2** strieľňa **3** zub, kaz na ostrí noža ap.; **–ig** vyštrbený, štrbinový; *eine –ige Klinge* vyštrbená čepeľ

r Schatten (*s*, ≈) **1** tieň, tôňa; *j-n in den ~ stellen* zatieniť koho **2** odtieň; **~ unter Augen** kruhy pod očami; **s ~bild** (*(e)s, er*) tieňový obraz, silueta; **~haft** hmlistý, nejasný; **r ~riß** <**...ss**> (*risses, risse*) silueta; **e ~seite** (≈, *n*) **1** strana v tieni **2** obraz. tienistá stránka; **s ~spiel** (*(e)s, e*) tieňohra

schat|tieren tieňovať; **–tig 1** zatienený, tmavý **2** tienistý, tônistý

e Schatulle (≈, *n*) škatuľa, skrinka

r Schatz (*es*, ⩰*e*) **1** poklad **2** drahocennosť, vzácnosť **3** hovor. miláčik *mein ~!* (môj) miláčik!; **e ~kammer** (≈, *n*) klenotnica; **r ~meister** (*s*, ≈) pokladník, správca pokladu

schätz|bar cenný, vážený; **–en 1** odhadnúť, oceniť **2** vážiť si, ceniť si (*j-n/etw* koho/čo) **3** považovať, pokladať (*j-n/etw* za koho/čo); *sich glücklich ~* považovať sa za šťastného; **r –er** (*s*, ≈) odhadca, oceňovateľ; **e –ung** (≈, *en*) odhad, ocenenie; *nach meiner –ung* podľa môjho odhadu

schätzungs|weise odhadom, podľa odhadu, približne; **r –wert** (*(e)s, e*) odhadná cena, hodnota

e Schau (≈, *en*) **1** prehliadka vojenská, módna ap. **2** výstava; *zur ~ stellen* vystaviť na obdiv; **s ~bild** (*es, er*) diagram, schéma

r Schauder (*s*, ≈) **1** hrôza **2** chvenie, zimnica, triaška; **~haft** hrozný, strašný; **~n** chvieť sa, triasť sa hrôzou; *mir schaudert vor ihm* mám z neho strach

schauen hľadieť, dívať sa, pozerať

r Schauer[1] (*s*, ≈) **1** prehánka, spŕška dážď **2** chvenie, triaška, zimnica **3** hrôza, des; **e ~geschichte** (≈, *n*) hrozný, strašný, strašidelný príbeh; **~lich** vzbudzujúci hrôzu

r, s Schauer[2] (*s*, ≈) prístrešok, šopa, kôlňa

e Schaufel (≈, *n*) **1** lopata **2** lopatka na turbíne ap.; **r ~bagger** (*s*, ≈) lopatové rýpadlo; **~n** hádzať/naberať lopatou; **s ~rad** (*(e)s*, ⩰*er*) lopatkové koleso mlyna ap.

s Schaufenster (*s*, ≈) výklad obchodu, výkladná skriňa

e Schaukel (≈, *n*) hojdačka; **~n** kolísať, hojdať sa; **s ~pferd** (*(e)s, e*) hojdací koník; **r ~stuhl** (*(e)s*, ⩰*e*) hojdacie kreslo

e Schaulust (≈, *0*) zvedavosť

r Schaum (*(e)s*, ⩰*e*) pena; **s ~bad** (*(e)s*, ⩰*er*) pena do kúpeľa, penový kúpeľ

schäumen peniť (sa); **vor Wut ~** zúriť, soptiť hnevom; **~d** penivý, peniaci sa

schaum|ig spenený, peniaci sa, penivý; **r –löscher** (*s*, ≈) penový hasiaci prístroj; **r –schläger** (*s*, ≈) **1** kuch. šľahač **2** obraz. táraj, chvastúň; **r –wein** (*(e)s, e*) šumivé víno

schaurig hrozný, hrôzostrašný

r Schauplatz (*es*, ⩰*e*) dejisko

s Schauspiel (*(e)s, e*) **1** divadelná hra, dráma **2** obraz. divadlo; **r ~er** (*s*, ≈) herec; **~ern 1** účinkovať v divadle **2** predstierať; **s ~haus** (*es*, ⩰*er*) činoherné divadlo

r Scheck (*s*, *s* al. *e*) šek, poštový výplatný lístok; **s ~buch** (*(e)s*, ⩰*er*) šeková knižka; **r ~|inhaber** (*s*, ≈) majiteľ šeku

e Scheck|e (≈, *n*) strakaté zviera kôň, krava ap., strakoš; **–ig** strakatý, škvrnitý

scheel 1 škuľavý **2** závistlivý, nevraživý; *j-n mit ~en Blicken ansehen** pozrieť sa na koho krivým okom

e Scheibe (≈, *n*) **1** kotúč **2** plátok syra ap., krajec chleba ap. **3** terč **4** okenná tabuľa **5** šport. disk

e Scheiben|bremse (≈, *n*) kotúčová brzda; **r –wischer** (*s*, ≈) stierač pri autách

e Scheide (≈, *n*) **1** hranica, rozhranie **2** pošva, puzdro na zbraň **3** lek. pošva, vagína; **e ~münze** (≈, *n*) drobný peniaz

scheiden*[1] (*ie, h. ie*) **1** deliť, oddeliť **2** práv. rozviesť, rozvádzať; *sich ~ lassen** dať sa rozviesť

scheiden*[2] (*ie, i. ie*) rozlúčiť sa, odísť, rozísť sa

e Scheide|wand (*≈, ≈e*) priečka, priehradka; **s –wasser** (*s, 0*) chem. lúčavka; **r –weg** (*(e)s, e*) rázcestie

e Scheidung (*≈, en*) práv. rozvod

s Scheidungs|gesuch (*es, e*) žiadosť o rozvod; **r –grund** (*(e)s, ≈e*) dôvod rozvodu; **r –prozeß** <...ss> (*prozesses, prozesse*) rozvodový proces

r Schein (*(e)s, e*) **1** len JČ lesk, svit, žiara **2** len JČ klam, zdanie, pretvárka; *zum ~* naoko **3** potvrdenka, poukážka **4** úradná listina **5** bankovka; **~bar 1** PRM zdanlivý **2** PRÍSL naoko, navonok; **~en*** (*ie, h. ie*) **1** svietiť, žiariť **2** zdať sa, vidieť sa, mariť sa; *er scheint* traurig zu sein* zdá sa, že je smutný; *es scheint* (mir), daß...* zdá sa (mi), že...; **~heilig** pokrytecký; **~tot** zdanlivo mŕtvy; **r ~werfer** (*s, ≈*) svetlomet, reflektor

scheißen (*i* <...ss>, *geschissen*) vulg. srať

s Scheit (*(e)s, e*) poleno

r Scheitel (*s, ≈*) **1** temeno **2** hlava **3** vrchol **4** pútec; **~n** rozčesať vlasy na pútec; **r ~punkt** (*(e)s, e*) **1** vrchol, vrcholový bod **2** nadhlavník, zenit; **~recht** zvislý, vertikálny

scheitern (*h./i.*) stroskotať

e Schelle (*≈, n*) **1** zvonček **2** bot. poniklec **3** tech. spona **4** hovor. zaucho; **~n** (za)zvoniť

r Schellfisch (*es, e*) treska škvrnitá

r Schelm (*(e)s, e*) šibal, figliar, prefíkanec; **~isch** šibalský, tmliarsky

e Schelt|e (*≈, n*) hrešenie, karhanie, výčitka; **–en*** (*a, h. o*) **1** hrešiť, karhať **2** (*auf j-n*) nadávať (na koho); **s –wort** (*(e)s, e* al. *≈er*) nadávka

s Schema (*s, s* al. *ta*) **1** schéma, náčrt **2** vzor, predloha; *nach dem ~* podľa vzoru

schematisch schematický, zjednodušený

r Schemel (*s, ≈*) **1** podnožka **2** stolička

e Schenke (*≈, n*) krčma, výčap, hostinec

r Schenkel (*s, ≈*) **1** stehno **2** mat., tech. rameno uhla; **r ~bruch** (*(e)s, ≈e*) zlomenina stehnovej kosti

schenk|en darovať, venovať; *j-m Aufmerksamkeit ~* venovať komu pozornosť; *das schenke ich ihm nicht!* to mu nedarujem! **e –ung** (*≈, en*) dar, darovanie

e Schenkungs|urkunde (*≈, n*) darovacia listina

e Scherbe (*≈, n*) **1** črep, črepina, úlomok **2** hlinený hrniec, kvetináč; **~n bringen Glück** črepy prinášajú šťastie; **in ~n gehen*** rozbiť sa na márne kúsky

e Schere (*≈, n*) **1** nožnice **2** klepeto rakov ap.

scheren*[1] (*o, h. o*) (o)strihať

scheren*[2] (**sich**) **1** starať (sa), dbať (*um etw* o čo) **2** pratať sa; hovor. *scher dich zum Teufel!* choď do čerta!

s Scheren|fernrohr (*(e)s, e*) vidlicový ďalekohľad; **r –schnitt** (*es, e*) **1** strihnutie, strih **2** silueta, vystrihnutý obrázok

e Scherereien MNČ nepríjemnosti, opletačky

s Scherflein (*s, ≈*) hrivna; *sein ~ zu etw beitragen** prispieť k čomu svojou hrivnou

r Scherge (*n, n*) **1** zapredanec, predajný zradca **2** zast. dráb

r Scherwenzel (*s, ≈*) **1** dolník v kartách **2** pochlebovač

r Scherz (*es, e*) vtip, žart; **~en** žartovať; **~haft** žartovný

scheu 1 ostýchavý, bojazlivý, nesmelý **2** splašený o zvieratách

e Scheu (*≈, 0*) **1** plachosť, nesmelosť, ostýchavosť **2** strach, tieseň; **e ~che** (*≈, n*) strašiak, strašidlo; **~chen** plašiť, zaháňať; **~en** báť sa, plašiť sa kôň; *keine Mühe ~en* nebáť sa námahy

e Scheuer|bürste (≈, *n*) kefa na drhnutie; **e –frau** (≈, *en*) upratovačka; **r –lappen** (*s,* ≈) handra

e Scheuklappe (≈, *n*) klapka na oči; obraz. *~n tragen** mať klapky na očiach

e Scheune (≈, *n*) stodola

s Scheusal (≈ al. *(e)s, e*) ohava, obluda, surovec

scheußlich ohavný, obludný, hanebný; **e ~keit** (≈, *en*) ohavnosť, hanebnosť

r Schi (*s, Schi|er*) <**Ski**> lyže; **~ laufen*** lyžovať (sa)

e Schicht (≈, *en*) **1** vrstva v rôznych významoch **2** pracovná smena, hovor. šichta; **e ~|arbeit** (≈, *en*) práca na smeny; **~en 1** vrstviť, rovnať do vrstiev **2** triediť; **e ~ung** (≈, *en*) vrstvenie; **~weise 1** po vrstvách **2** na smeny

schick vkusný, elegantný

r Schick (*(e)s, 0*) **1** vkus, elegancia **2** obratnosť, šikovnosť

schick|en poslať; **sich ~ 1** patriť sa; *das schickt sich nicht* to sa nepatrí **2** hodiť sa, dobre pristať; **–lich** slušný, vhodný, primeraný; **e –lichkeit** (≈, *0*) vhodnosť, slušnosť, primeranosť

s Schicksal (≈ al. *s, e*) osud, údel; *sein ~ ist besiegelt* jeho osud je spečatený

e Schicksals|frage (≈, *en*) osudná, osudová otázka; **e –fügung** (≈, *en*) riadenie osudu; **r –schlag** (*(e)s,* ≈*e*) rana osudu, pohroma

s Schiebefenster (*s,* ≈) posuvné okno

schieb|en* (*o, h. o*) **1** posúvať, tlačiť pred sebou; **2** obraz. hovor. obchodovať načierno; **auf j-n etw ~** zvaliť čo na koho; **r –er** (*s,* ≈) **1** posúvač, závora, zástrčka **2** čierny obchodník, hovor. šmelinár **3** mat. logaritmické pravítko; **e –ung** (≈, *en*) **1** posúvanie **2** čierne obchodovanie, hovor. šmelina

s Schieds|gericht (*(e)s, e*) rozhodcovský zmierovací súd; **r –richter** (*s,* ≈) **1** sudca **2** šport. rozhodca; **r –spruch** (*(e)s,* ≈*e*) rozsudok zmierovacieho súdu

schief 1 šikmý, naklonený, krivý **2** nesprávny, skreslený; *ein ~es Bild von etw haben* mať o čom skreslený obraz

r Schiefer (*s,* ≈) **1** bridlica **2** hovor. trieska; *sich einen ~ einziehen* zadrieť si triesku; **s ~dach** (*(e)s,* ≈*er*) bridlicová strecha

schief|gehen* <**schief gehen**> (*ging schief, i. schiefgegangen*) hovor. nedariť sa, kaziť sa; *alles geht* schief* všetko sa kazí, nič s nedarí; **–wink(e)lig** mat. kosouhlý

schielen 1 škúliť; *auf dem linken Auge ~* škúliť na ľavé oko **2** obraz. poškuľovať (*nach etw* po čom); **~d** škuľavý

s Schienbein (*(e)s, e*) lek. holenná kosť, holeň, píšťala

e Schiene (≈, *n*) **1** koľajnica **2** lek. dlaha **3** elektrotech. prípojnica, koľajnica **4** mat. rysovacie pravítko, príložník; **~n** lek. dať do dlahy

e Schienen|breite (≈, *0*) rozchod koľajníc; **s –netz** (*es, e*) železničná sieť; **r –strang** (*es,* ≈*e*) koľajnicový pás

schier 1 PR M čistý, číry **2** PRÍSL skoro, takmer, bezmála

e Schießbude (≈, *n*) jarmočná strelnica

schieß|en*[1] (*o* <...ss>, *h. geschossen*) streliť, strieľať (*auf j-n/etw* na koho/čo; *nach j-m/etw* po kom/čom)

schieß|en*[2] (*o* <...ss>, *i. geschossen*) **1** uháňať, rútiť sa, letieť **2** rýchlo rásť, hovor. vyhúknuť; **e –erei** (≈, *en*) streľba, prestrelka; **s –pulver** (*s, 0*) pušný prach; **e –scharte** (≈, *n*) strieľňa

s Schiff (*(e)s, e*) **1** loď **2** chrámová loď **3** tkáčsky člnok

e Schiffahrt <**...fff...**> (≈, *en*) plavba loďou, lodná doprava

schiff|bar splavný; **r –bau** (*(e)s, 0*) stavba lodí; **r –bruch** (*(e)s,* ≈*e*) stros-

PQRS

kotanie lode; ~ *erleiden** stroskotať; **–brüchig** stroskotaný; **r –er** (*s*, ≈) lodník

e Schiffs|fracht (≈, *en*) lodný náklad; **r –junge** (*n*, *n*) plavčík; **e –schraube** (≈, *n*) lodná vrtuľa, skrutka; **e –taufe** (≈, *n*) krst lode; **e –werft** (≈, *en*) lodenica

e Schikane (≈, *n*) **1** prenasledovanie, hovor. šikanovanie **2** rafinovanosť, vymoženosť; *mit allen ~ der Technik ausgerüstet* vybavený všetkými vymoženosťami techniky; **–nieren** preháňať, trápiť, šikanovať

s Schi|laufen <Skilaufen> (*s*, *0*) lyžovanie; **r –läufer** <Ski...> (*s*, ≈) lyžiar

r Schild[1] (*(e)s*, *e*) **1** štít, pavéza **2** erb, erbový znak **3** hovor. šilt čiapky **4** štít, kryt korytnačky ap.; **etw im ~e führen** mať čo za lubom, v pláne

s Schild[2] (*(e)s*, *er*) **1** vývesný štít, tabuľa **2** štít domu; **r ~bürger** (*s*, ≈) Kocúrkovan, obyvateľ Kocúrkova; **e ~drüse** (≈, *n*) štítna žľaza

schilder|n opisovať podrobne, líčiť; **e –ung** (≈, *en*) opisovanie, opis

e Schild|kröte (≈, *n*) korytnačka; **e –krötensuppe** (≈, *n*) korytnačia polievka; **s –patt** (*es*, *0*) korytnačina

s Schilf (*(e)s*, *e*), **s ~rohr** (*es*, *0*) trstina, šašina

schillern ligotať sa, trblietať sa, jagať sa; **~d** trblietajúci, ligotavý, menlivý

r Schilling (*s*, *e*) šiling bývalá rakúska mena

r Schimmel[1] (*s*, ≈) **1** sivko kôň **2** obraz. hovor. úradný šimeľ

r Schimmel[2] (*s*, *0*) pleseň, plesnina; **~ig** plesnivý; **~n** plesnivieť

schimmern lesknúť sa, trblietať sa, svetielkovať, blikať

r Schimpanse (*n*, *n*) šimpanz

r Schimpf (*(e)s*, *e*) **1** pohana, potupa, hanba; *mit ~ und Schande* s hanbou **2** nadávka; **~en** nadávať (*über/auf j-n, etw* na koho, čo), hrešiť (*mit j-m* koho); *die Mutter schimpft mit dem Kind* matka hreší dieťa; **~lich** hanlivý, potupný; **r ~name** (*ns*, *n*) nadávka, urážlivá prezývka; **s ~wort** (*es*, *e* al. *≈er*) nadávka, mrzké slovo

e Schindel (≈, *n*) šindeľ

schind|en (*u*, *h. u*) **1** odrať, stiahnuť kožu zo zvieraťa **2** týrať, trýzniť, trápiť **3** hovor. vytĺcť čo z čoho, zarobiť na čom; **sich ~** drieť, namáhať sa; *sich zu Tode ~* udrieť sa k smrti; **r –er** (*s*, ≈) **1** šarha **2** dráč, zdierač; **s –luder** (*s*, ≈) zdochlina, hovor. mrcina; obraz. *mit j-m Schindluder treiben** hanebne zaobchádzať s kým

r Schinken (*s*, ≈) šunka; **s ~brötchen** (*s*, ≈) obložený chlebík so šunkou

e Schippe (≈, *n*) **1** lopata **2** otrčená spodná pera; **~n** pracovať lopatou

r Schirm (*(e)s*, *e*) **1** dáždnik, slnečník **2** tienidlo lampy **3** ochrana, záštita, útočište **4** zváračský štít **5** zástena, paraván **6** hovor. obrazovka; **~en** ochraňovať, chrániť; **r ~herr** (*n*, *en*) ochranca, zástanca, patrón; **e ~ herrschaft** (≈, *0*) záštita, ochrana, patronát; **r ~ständer** (*s*, ≈) stojan na dáždnik

schirren zapriahať koňa

r Schistock <Ski...> (*(e)s*, *≈e*) lyžiarska palica

e Schlacht (≈, *en*) bitka, boj; *eine ~ gewinnen**, *verlieren** vyhrať, prehrať bitku; **~en 1** zabíjať, zakáľať hydinu, ošípané ap. **2** obraz. zabíjať, vraždiť; **r ~enbummler** (*s*, ≈) hovor. športový fanúšik

r Schlacht|er (*s*, ≈), **r Schlächter** (*s*, ≈) mäsiar; **s –feld** (*(e)s*, *er*) bojisko; **s –haus** (*es*, *≈er*), **r –hof** (*(e)s*, *≈e*) bitúnok

s Schlachtschiff (*es*, *e*) bojová loď

e Schlacke (≈, *n*) **1** škvara **2** obraz. odpadky, nečistota

r Schlaf (*(e)s*, *0*) spánok, spanie; *in tiefen ~ sinken** upadnúť do hlbokého spánku; *der ~ übermannte mich* premohol ma spánok; **r ~anzug** (*(e)s*, *≈e*) pyžamo

e Schläfe (≈, *n*) slucha, spánok

schlafen* (*ie, h. a*) spať; **sich gesund ~** vyspať sa do ružova; **die Sache schläft*** zabudlo sa na to
s Schlafengehen (*s, 0*) príprava na spánok, ukladanie sa na spánok; *vor dem ~* pred spaním
r Schläfer (*s, ≈*) **1** spiaci človek **2** spáč
schlaff 1 uvoľnený, nenapätý **2** sklesnutý, ochabnutý, malátny o človeku; *~ werden* zmalátnieť, ochabnúť
r Schlaf|gänger (*s, ≈*) nocľažník; **e –krankheit** (*≈, 0*) lek. spavá nemoc; **–los** bezsenný; *schlaflose Nächte* prebdené noci; **e –losigkeit** (*≈, 0*) nespavosť; **s –mittel** (*s, ≈*) uspávací prostriedok; **e –mütze** (*≈, n*) **1** zast. nočná čapica **2** hovor. ospalec, spáč
schläfrig ospalý
r Schlaf|sack (*(e)s, ≈e*) spací vak; **–süchtig** lek. chorobne spavý; **r –trunk** (*(e)s, ≈e*) uspávací nápoj; **–trunken** rozospatý; **r –wagen** (*s, ≈*) lôžkový vozeň; **r –wandel** (*s, 0*) námesačnosť; **r –wandler** (*s, ≈*) námesačník; **s –zimmer** (*s, ≈*) spálňa
r Schlag (*(e)s, ≈e*) **1** rana, úder; *mit einem ~* jednou ranou, naraz **2** bitie, tlkot, tep **3** lek. porážka, mŕtvica **4** lán, parcela; obraz. **~ auf ~** razom, rýchlo; **e ~|ader** (*≈, n*) tepna; **r ~|anfall** (*(e)s, ≈e*) lek. mŕtvica, porážka; **~|artig** prudký, náhly; **r ~baum** (*(e)s, ≈e*) závora, rampa; **~en*** (*u, h. a*) **1** biť, udrieť **2** poraziť, premôcť (*j-n/etw* koho/čo) **3** pribiť, pritĺcť **4** stínať, rúbať drevo **5** udierať, úderom rozozvučať **6** trilkovať, spievať o vtákoch **7** zapustiť korene **8** kuch. šľahať; **sich durchs Leben schlagen*** prebíjať sa životom; **mit dem Kopf gegen die Wand schlagen*** ísť hlavou proti múru; **~end** pádny, presvedčivý; *ein ~ender Beweis* presvedčivý dôkaz
r Schlager (*s, ≈*) hovor. šláger **1** populárna pieseň **2** módna novinka
r Schläg|er (*s, ≈*) **1** bitkár, násilník **2** tenisová raketa, hokejka, pálka; **e –erei** (*≈, en*) bitka
schlag|fertig 1 dôvtipný, duchaplný **2** bystrý, pohotový odpoveď ap.; **e ~keit** (*≈, 0*) **1** dôvtipnosť **2** pohotovosť
s Schlaginstrument (*(e)s, e*) bicí hudobný nástroj
s Schlag|obers (*≈, 0*) rak., **e –sahne** (*≈, 0*) šľahačka
e Schlag|seite (*≈, n*) trvalý náklon u lode; obraz. hovor. *–seite haben* byť podnapitý; **s –wort** (*(e)s, e* al. *≈er*) heslo, výstižný výraz; *in ~en sprechen* hovoriť heslovite; **e –zeile** (*≈, n*) palcový titulok v novinách; **s –zeug** (*(e)s, e*) hud. súbor bicích nástrojov
r, s Schlamassel (*s, ≈*) hovor. šlamastika, nehoda
r Schlamm (*(e)s, e*) blato, bahno, kal
schlämmen odkalkovať, zbaviť bahna, prepierať
schlammig bahnitý, blatistý, kalný
e Schlamp|e (*≈, n*) **1** lajdáčka **2** vulg. cundra, pobehlica; **e –erei** (*≈, en*) hovor. šlendriánstvo, lajdáctvo; **–ig** lajdácky, nedbalý
e Schlange (*≈, n*) **1** had; obraz. *eine ~ am Busen nähren* chovať si hada na prsiach **2** rad, zástup; *~ stehen** stáť v rade
schlängeln krútiť, vinúť; **sich ~ 1** plaziť sa **2** vinúť sa, točiť sa
r Schlangen|beschwörer (*s, ≈*) zaklínač hadov; **r –biß** <...ss> (*bisses, bisse*) uštipnutie hadom; **e –brut** (*≈, en*) **1** hadie plemeno, háďatá **2** obraz. falošný človek; **s –gift** (*es, 0*) hadí jed; **e –lini|e** (*≈, n*) vlnovka
schlank štíhly; **e ~heit** (*≈, 0*) štíhlosť; **e ~heitskur** (*≈, en*) odtučňovacia kúra; **~weg** hovor. priamo, rovno, otvorene, nezaobalene
schlapp 1 voľný, uvoľnený, nenapätý **2** ochabnutý, sklesnutý
e Schlappe (*≈, n*) **1** neúspech, porážka **2** hmotná škoda, strata
r Schlapphut (*(e)s, ≈e*) mäkký klobúk so širokou strechou
s Schlaraffenland (*(e)s, 0*) rozpráv-

ková krajina blahobytu a ničnerobenia

schlau prefíkaný, prešibaný, ľstivý; **r ~berger** (*s,* ≈) prefíkanec, chytrák

r Schlauch (*(e)s,* ≈̈*e*) **1** hadica, trubica **2** duša pneumatiky; **s ~boot** (*(e)s, e*) nafukovací čln; **~en** stáčať víno ap.; **~los** bezdušový, bez duše; *schlauchloser Reifen* pneumatika bez duše; **r ~reifen** (*s,* ≈) pneumatika s dušou

schlauerweise prefíkane, dôvtipne

e Schlaufe (≈, *n*) slučka

e Schlau|heit (≈, *0*) prefíkanosť, prešibanosť; **r –kopf** (*es,* ≈̈*e*), **r –meier** (*s,* ≈) chytrák, prefíkanec

schlecht 1 PR M zlý, nedobrý **2** PRÍSL zle; *mir ist ~* je mi zle; *~ gelaunt* zle naladený, mrzutý; **recht und ~** ako tak; **~ werden** pokaziť sa; **e ~igkeit** (≈, *en*) zlo; **~machen** <**~ machen**> ohovárať koho

schlechthin 1 úplne, naskrz, celkom **2** práve, priam

schlechtweg proste, celkom, priamo

schleck|en 1 lízať **2** maškrtiť; **s –ermaul** (*(e)s,* ≈̈*er*) hovor. maškrtník, labužník

r Schlehdorn (*es, e*), **e Schlehe** (≈, *n*) trnka

schleich|en* (*i, h./i. i*) **1** (*i*) liezť, plaziť sa **2** (*h.*) vliecť sa; *die Zeit schleicht* čas sa vlečie; **~d** plazivý, pomalý, zdĺhavý; **r –er** (*s,* ≈) **1** podlizovač, líškavec, pätolizač **2** pokrytec, falošník; **e –Ware** (≈, *n*) kontraband, pašovaný tovar; **r –weg** (*(e)s, e*) **1** tajný chodník, skrytá cesta **2** obraz. úskok

r Schleier (*s,* ≈) závoj i obraz.; **~haft** tajomný, záhadný, nejasný

e Schleife[1] (≈, *n*) hovor. **1** kĺzačka, šmykľavka **2** sane

e Schleife[2] (≈, *n*) **1** slučka **2** stuha, stužka, motýlik **3** dvojitá zákruta

schleifen[1] **1** vliecť, vláčiť, ťahať **2** zrovnať so zemou **3** kĺzať, kĺzať sa

schleif|en[2]* (*schliff, h. geschliffen*) **1** brúsiť, ostriť **2** obrúsiť, vyleštiť kovy, sklo ap. **3** (vy)cvičiť; **r –er** (*s,* ≈) brusič, leštič; **r –lack** (*(e)s, 0*) brúsny lak; **r –stein** (*(e)s, e*) brús, brúsik

r Schleim (*(e)s, e*) **1** sliz, hlien **2** táraniny; **e ~haut** (≈, ≈̈*e*) sliznica; **~ig 1** hlienovitý, sliznatý **2** podlízavý, líškavý; **~lösend** uvoľňujúci hlien

schlemm|en hýriť, roztopašne žiť; **r –er** (*s,* ≈) pôžitkár, roztopašník; **e –erei** (≈, *en*) hýrivosť, pôžitkárstvo

schlend|ern (*h./i.*) túlať sa, ponevierať sa; **r –rian** (*(e)s, 0*) šlendrián, lajdák

schlenkern kývať, klátiť, knísať; *mit den Beinen ~* knísať nohami

e Schlepp|e (≈, *n*) vlečka na šatách; **–en** vláčiť, ťahať; **sich –en** vliecť sa; **–end 1** ťažkopádny **2** pomalý, zdĺhavý; **r –er** (*s,* ≈) **1** ťahač, traktor **2** remorkér; **s –tau** (*(e)s, e*) vlečné lano

e Schleuder (≈, *n*) **1** prak **2** odstredivka; **~n 1** vrhnúť, hodiť **2** dostať šmyk **3** odstreďovať mlieko, bielizeň ap.; **r ~preis** (*es, e*) neprimerane nízka cena; *zu Schleuderpreisen verkaufen* predávať pod cenou; **r ~sitz** (*es, e*) katapultovacie sedadlo; **e ~ware** (≈, *n*) menejcenný tovar, tovar predávaný pod cenou

schleunigst čo najrýchlejšie

e Schleuse (≈, *n*) **1** výpustné stavidlo, splav **2** plavebná komora

e Schliche len MNČ úklady, intrigy, tajné chodníčky; *hinter j-s ~e kommen** odhaliť koho úklady

schlicht 1 prostý, jednoduchý, skromný **2** hladký, rovný; **~en 1** uhladiť, urovnať **2** obrusovať **3** obraz. urovnať, zmieriť; **e ~feile** (≈, *n*) hladiaci/jemný pilník; **e ~ung** (≈, *en*) **1** urovnanie sporu **2** tech. hladenie, (posledná) úprava načisto; **e ~heit** (≈, *0*) prostota, jednoduchosť, skromnosť

schlick(e)rig, schlickig bahnitý, kalný

e Schließe (≈, *n*) **1** spona, pracka **2** závora

schließ|en* (*o* <...ss>, *h. geschlossen*) **1** zavrieť, uzavrieť, zamknúť **2**

PQRS

skončiť, zakončiť **3** uzavrieť zmluvu, pakt ap. **4** usudzovať (*aus etw auf etw* z čoho čo); **j-n in seine Arme ~*** objať koho; **s –fach** (*(e)s, ≈er*) batožinový priečinok; **–lich 1** konečne **2** koniec koncov, napokon

r Schliff (*(e)s, e*) **1** brúsenie, leštenie **2** výbrus, zábrus **3** obraz. uhladené správanie

schlimm 1 zlý; *es geht* ihm ~* má sa zle, nedarí sa mu **2** zlomyseľný; *im schlimmsten Falle* al. *schlimmstenfalls* prinajhoršom, v najhoršom prípade

e Schling|e (*≈, n*) **1** slučka, oko **2** páska, obväz **3** oko, osídlo, pasca; *sich aus der ~ ziehen** vyslobodiť sa z pasce; **r –el**[1] (*s, ≈*) bezočivec, uličník; **s –el**[2] (*s, ≈*) sponka, háčik; **–en*** (*a, h. u*) **1** vinúť, krútiť **2** zhltnúť, prehltnúť; **sich –en*** vinúť sa, ovíjať sa; **e –pflanze** (*≈, n*) popínavá rastlina, liana

r Schlips (*es, e*) kravata

r Schlitten (*s, ≈*) sane; *~ fahren** sánkovať sa; **e ~bahn** (*≈, en*) sánkovacia dráha; **e ~fahrt** (*≈, en*) jazda na saniach

schlittern kĺzať sa, šmýkať sa

r Schlittschuh (*(e)s, e*) korčuľa; **~laufen*** <**~ laufen**> (*ie, h./i. au*) korčuľovať sa; **r ~läufer** (*s, ≈*) korčuliar

r Schlitz (*es, e*) **1** trhlina, štrbina, škára **2** výrez, zárez, žliabok **3** rázporok, rozstrih sukne ap.; **~|äugig** šikmooký; **~en 1** rozpárať **2** prerezať, prestrihnúť; **e ~wunde** (*≈, n*) lek. tržná rana

s Schloß <**...ss**> (*Schlosses, Schlösser*) **1** zámka dverí ap. **2** zámok, hrad; *ein verwunschenes ~* zakliaty zámok; **r ~beschlag** (*s, ≈e*) kovanie zámky vo dverách

r Schlosser (*s, ≈*) zámočník; **e ~ẹi** (*≈, en*) zámočníctvo, zámočnícka dielňa

r Schloß|garten <**...ss...**> (*s, ≈*) zámocká záhrada; **r –verwalter** (*s, ≈*), **r –vogt** (*es, ≈e*) správca zámku, kastelán

r Schlot (*(e)s, e* al. *≈e*) **1** komín továrenský **2** hovor., obraz. ľahkomyseľník, ľahtikár

schlott|(e)rig 1 trasľavý, kolísavý, tackavý **2** obraz. nedbanlivý, neporiadny; **–ern 1** triasť sa, chvieť sa **2** byť voľný o šatách

e Schlucht (*≈, en*) roklina, priepasť

schluchzen vzlykať, nariekať, usedavo plakať

r Schluck (*(e)s, e* al. *≈e*) glg, dúšok; **r ~|auf** (*s, 0*) čkanie; **~en 1** prehltnúť, zhltnúť **2** pohltiť; **r ~er** (*s, ≈*): *ein armer ~er* chudák, úbožiak; **~weise** po dúškoch, po troškách

schludern nedbanlivo pracovať, hovor. flákať sa

r Schlummer (*s, 0*) krátky spánok, driemota; **~n** driemať, zdriemnuť si

r Schlund (*(e)s, ≈e*) **1** hltan **2** obraz. hlbina, kráter sopky ap.

schlüpf|en (*i*) **1** vkĺznuť **2** vykĺznuť, prekĺznuť **3** vykľuť sa o vtákoch; **r –er** (*s, ≈*) dámske nohavičky; **–rig 1** klzký, hladký **2** oplzlý, dvojzmyselný; **e –rigkeit** (*≈, en*) **1** klzkosť, hladkosť **2** oplzlosť, dvojzmyselnosť

s Schlupfloch (*(e)s, ≈er*) diera, brloh, skrýša

schlürfen srkať, chlípať

r Schluß <**...ss**> (*Schlusses, Schlüsse*) **1** koniec, zakončenie; *~ machen* urobiť koniec, skončiť, skoncovať **2** záver, záverečná časť **3** uzáver, úsudok; *Schlüsse ziehen** vyvodiť závery; **r ~|akt** (*(e)s, e*) posledné dejstvo v divadle; **s ~|ergebnis** (*ses, se*) konečný výsledok

Schlüssel (*s, ≈*) **1** kľúč do zámky **2** hud. notový kľúč **3** obraz. kľúč, návod, schéma; **s ~bein** (*(e)s, e*) lek. kľúčna kosť; **e ~blume** (*≈, n*) bot. prvosienka; **s ~loch** (*(e)s, ≈er*) kľúčová dierka; **e ~position** (*≈, en*) kľúčová pozícia; **s ~wort** (*(e)s, ≈er*) heslo, kľúč

e Schlußfolgerung <**...ss...**> (*≈, n*) záver, dôsledok, následok

schlüssig 1 rozhodnutý, odhodlaný

PQRS

2 logicky správny, presvedčivý
s Schluß|licht <...ss...> (*(e)s, er*) koncové svetlo; **e –rechnung** (≈, *en*) 1 záverečný účet, vyúčtovanie 2 mat. trojčlenka 3 pren. posledný žiak v triede, posledný pretekár; **r –strich**: *einen Schlußstrich unter etw ziehen** ukončiť, uzatvoriť čo; **r –verkauf** (*(e)s, ≈e*) výpredaj; **s –wort** (*(e)s, e*) doslov
e Schmach (≈, *0*) potupa, pohana, hanba; **~ten** kniž. 1 trpieť, chradnúť 2 túžiť, dychtiť, prahnúť (*nach etw* po čom)
schmächtig útly, šťúply, slabý o človeku
schmachvoll kniž. potupný, hanebný, urážlivý
schmackhaft 1 chutný, lahodný o jedle 2 príjemný; *j-m etw ~ machen* spríjemniť komu čo
schmäh|en kniž. urážať, haniť, ponižovať; **–lich** hanebný, potupný; **e –ung** (≈, *en*) urážanie, hanenie
schmal 1 úzky, tesný 2 útly, štíhly 3 chudý, chatrný, biedny
schmälern 1 zúžiť, stenčiť, skrátiť, zmenšiť, znížiť 2 obraz. obmedziť, zľahčiť; *j-s Verdienste ~* zľahčovať čie zásluhy
e Schmalspurbahn (≈, *en*) úzkorozchodná/úzkokoľajná trať, železnica
s Schmalz (*es, 0*) topené sadlo, masť, omastok; **~ig** 1 tučný, mastný 2 dojímavý, sentimentálny
schmarọtz|en cudzopasiť, priživovať sa aj obraz.; *bei j-m ~* priživovať sa na kom; **r –er** (*s,* ≈) 1 cudzopasník, parazit 2 obraz. príživník
r Schmarren (*s,* ≈) 1 trhanec jedlo 2 hovor. brak
r Schmatz (*es, e* al. *≈e*) mľaskavý, zvučný bozk; **~en** 1 mľaskavo jesť, mľaskať 2 mľaskavo bozkávať
schmauchen hovor. čmudiť, dymiť, bafkať
schmausen pochutnávať si, hodovať
schmecken 1 chutiť, mať chuť; *es schmeckt ihm* chutí mu; *sich etw ~ lassen** pochutnávať si na čom 2 ochutnať, skúsiť; **j-n/etw nicht ~ können*** neznášať koho/čo
e Schmeichel|ẹi (≈, *en*) 1 lichotenie, pochlebovanie 2 lichôtka; **–haft** 1 lichotivý; **–n** (po)lichotiť, zaliečať sa, lískať sa; *sich geschmeichelt fühlen* cítiť sa polichotený
r Schmeichler (*s,* ≈) lichotník, podlizovač; **~isch** lichotivý, lískavý, podlízavý
schmeiß|en* (*i* <...ss>, h. *geschmissen*) hovor. hodiť, šmariť; **e –fliege** (≈, *n*) zool. bzučivka zlatá
r Schmelz (*es, e*) 1 zast. email, smalt 2 lek. zubná sklovina 3 glazúra, poleva; **~bar** taviteľný; **~en***[1] (*o, h. o*) taviť, roztopiť; **~en***[2] (*o, i. o*) 1 taviť sa, rozpustiť sa 2 obraz. zmäknúť, rozplývať sa; **r ~käse** (*s,* ≈) tavený syr; **r ~punkt** (*(e)s, e*) bod topenia, bod tavenia
r Schmerz (*es, en*) 1 bolesť 2 bôľ, žiaľ, utrpenie; **~en** bolieť; *mir schmerzt der Kopf* bolí ma hlava; **s ~ensgeld** (*es, er*) bolestné; **~haft, ~lich** bolestivý; **~los** bezbolestný; **~lindernd** zmierňujúci bolesť; **~stillend** utišujúci bolesť; **~voll** bolestný, strastiplný
r Schmetterling (*s, e*) motýľ
r Schmied (*(e)s, e*) kováč; **~bar** kujný, kovateľný
e Schmiede (≈, *n*) kováčska dielňa; **r ~balg** (*(e)s, ≈e*) kováčsky mech; **s ~|eisen** (*s,* ≈) kujné železo; **~n** 1 kovať, kuť 2 obraz. kuť, snovať, vymyslieť
schmieg|en pritúliť, privinúť; **sich ~** 1 pritúliť sa, privinúť sa (*an j-n* ku komu) 2 priliehať o oblečení; **–sam** 1 ohybný, poddajný, priliehavý 2 obraz. prispôsobivý
e Schmier|e (≈, *n*) 1 mazadlo, kolomaž 2 vlhká špina 3 hovor. bitka; **~ stehen*** hovor. stáť na stráži, dávať pozor pri zločine; **–en** 1 natrieť, nama-

zať, namastiť **2** hovor., obraz. podplácať **3** čmárať, čarbať; **es geht* wie geschmiert** ide to ako po masle; **r –fink** (*en, en*) hovor. ufúľanec; **s –geld** (*(e)s, er*) úplatok; **–ig 1** mazľavý **2** mastný, zamastený **3** špinavý, zafúľaný **4** obraz., hovor. podlízavý; **e –seife** (*≈, n*) mazľavé mydlo

e Schminke (*≈, n*) líčidlo; **~n 1** líčiť, maľovať kozmeticky **2** obraz. prikrášľovať, zastierať

r Schmirgel (*s, ≈*) šmirgeľ; **~n** šmirgľovať; **s ~papier** (*(e)s, e*) šmirgľový papier

r Schmiß <...ss> (*Schmisses, Schmisse*) **1** sek, seknutie **2** sečná rana, jazva po seknutí **3** obraz. švih, hovor. šmrnc

schmissig svižný, rezký

r Schmöker (*s, ≈*) hovor. braková, menejcenná kniha

schmoll|en durdiť sa, hnevať sa (*mit j-m* s kým); **r –mund** (*(e)s, ≈er*) našpúlené, oduté ústa

s Schmor|fleisch (*es, 0*) kuch. dusené mäso; **–en 1** kuch. dusiť mäso **2** hovor. potiť sa, pražiť sa

r Schmu (*s, 0*) hovor. podfuk

r Schmuck (*(e)s, e*) **1** šperk, klenot **2** ozdoba, okrasa

schmücken zdobiť, krášliť

schmuck|los neozdobený, jednoduchý, bez ozdoby; **e –sachen** MNČ skvosty, šperky, klenoty

schmudd(e)lig hovor. zašpinený, zafúľaný

r Schmuggel (*s, ≈*), **e ~ei** (*≈, en*) pašeráctvo; **~n** pašovať; **e ~ware** (*≈, n*) pašovaný tovar

r Schmuggler (*s, ≈*) pašerák

schmunzeln usmievať sa nenápadne, uškierať sa

schmusen hovor. maznať sa, láskať sa (*mit j-m* s kým)

r Schmutz (*es, 0*) špina, nečistota, smeti; **r ~fink** (*en, en*) hovor. špinavec, ufúľanec; **r ~fleck** (*(e)s, e*) škvrna, fľak; **~ig** špinavý, nečistý aj obraz.; **s ~wasser** (*s, 0*) špinavá voda, odpadová voda

r Schnabel (*s, ≈*) **1** zobák **2** obraz., haní. ústa, zobák, papuľa; *halt den ~!* drž zobák! **3** hud. náustok, nátrubok; **s ~tier** (*(e)s, e*) zool. vtákopysk

r Schnack (*(e)s, e* al. *≈e*) hovor. táranie, trkotanie, prázdne reči

e Schnalle (*≈, n*) spona, pracka; **~n** zapnúť prackou/sponou; obraz. *den Gürtel enger ~* pritiahnuť si opasok, uskromniť sa

schnalzen mľaskať jazykom, lusknúť prstami

schnapp|en 1 chňapnúť, lapať (*nach j-m/etw* po kom/čom) **2** zapadnúť, zaklapnúť **3** dolapiť, chytiť **4** vymrštiť sa, vyskočiť; **nach Luft ~** lapať po vzduchu; **s –schloß** <...ss> (*schlosses, schlösser*) zámka so západkou; **r –schuß** <...ss> (*schusses, schüsse*) fot. momentka

r Schnaps (*es, ≈e*) pálenka; **e ~idee** (*≈, n*) hovor. bláznivý nápad; **e ~nase** (*≈, n*) hovor. pijanský nos červený

schnarchen chrápať

e Schnarre (*≈, n*) rapkáč, hrkálka; **~n** prenikavo vŕzgať, škrípať

schnattern 1 gágať, kvákať **2** obraz. tárať, rapotať

schnauben* (*o, h. geschnaubt*) fúkať, dychčať, fučať, siakať; **die Nase ~** vysiakať nos; **vor Wut ~** sršať od zúrivosti

schnaufen dychčať

r Schnauzbart (*(e)s, ≈e*) **1** fúzy **2** hovor., obraz. fúzač, fúzatý muž

e Schnauze (*≈, n*) **1** rypák, pysk, ňucháč u zvierat **2** vulg. huba; *die ~ halten** držať hubu

e Schnecke (*≈, n*) **1** zool. slimák **2** lek. slimák v uchu **3** tech. závitovka

schnecken|förmig závitovkový, špirálový; **r –gang** (*(e)s, ≈e*) slimačia chôdza/tempo; **s –haus** (*es, ≈er*) ulita

r Schnee (*s, 0*) sneh; **r ~ball** (*(e)s, ≈e*) **1** snehová guľa **2** bot. kalina; **e**

PQRS

~flocke (≈, *n*) snehová vločka; **s ~gestöber** (*s*, ≈) snehová víchrica, fujavica; **s ~glöckchen** (*s*, ≈) bot. snežienka; **e ~kette** (≈, *n*) snehová reťaz pre autá; **r ~pflug** (*es*, ≈̈*e*) snehový pluh; **e ~schmelze** (≈, *0*) odmäk, topenie snehu; **s ~treiben** (*s*, *0*) snehová fujavica, metelica; **e ~verwehung** (≈, *en*) snehový závej; **~weiß** biely ako sneh; **s ~wittchen** (*s*, *0*) Snehulienka

r Schneid (*(e)s*, *0*) hovor. rozhodnosť, odhodlanosť, ráznosť

e Schneid|e (≈, *n*) ostrie, rezná hrana; **–en*** (*schnitt*, *h. geschnitten*) **1** rezať, krájať **2** strihať **3** vyrezať; **sich –en*** mat. pretínať sa, križovať sa; **–end** ostrý, prenikavý; **r –er** (*s*, ≈) krajčír; **–ern** vykonávať krajčírske remeslo, šiť; **r ~zahn** (*(e)s*, ≈̈*e*) rezák zub

schnei|en snežiť

e Schneise (≈, *n*) lesný priesek, pasoka

schnell rýchly, náhly

r Schnelläufer <...lll...> (*s*, ≈) šport. rýchlobežec, rýchlokorčuliar

e Schnell|e (≈, *n*) **1** riava **2** len JČ rýchlosť; **~n 1** (*h.*) hodiť, vrhnúť **2** (*i*) vyskočiť, vyhodiť sa; *in die Höhe ~n* prudko stúpať; **–füßig** rýchlonohý; **r –hefter** (*s*, ≈) rýchloviazač; **e –igkeit** (≈, *en*) rýchlosť; **r –imbiß** (*sses*, *sse*) občerstvenie, bufet; **r –kochtopf** (*(e)s*, ≈̈*e*) tlakový hrniec; **r –zug** (*(e)s*, ≈̈*e*) rýchlik vlak

e Schnepfe (≈, *n*) zool. sluka

schneuzen sich <**schnäuzen sich**> siakať, čistiť si nos

s Schnipp|chen (*s*, ≈) **1** lusknutie prstami **2** obraz. úskok, trik; *j-m ein ~ schlagen** vyviesť komu pekný kúsok; **–isch** pichľavý, posmešný

r Schnitt (*(e)s*, *e*) **1** rez, sek, rezanie, krájanie **2** strih, strihanie **3** zárez, zostrih **4** strih, zostrih filmu **5** črta, tvar, podoba **6** strih, fazóna; **e ~blumen** MNČ rezané kvety; **e ~e** (≈, *n*) krajec chleba; **e ~fläche** (≈, *n*) rezná plocha; **r ~lauch** (*s*, *0*) pažítka; **s ~muster** (*s*, ≈) strih, strihový vzor na šitie šiat; **r ~punkt** (*(e)s*, *e*) mat. priesečník; **e ~wunde** (≈, *en*) rezná rana

e Schnitz|arbeit (≈, *en*) rezbárska práca

s Schnitzel (*s*, ≈) kuch. rezeň; *Wiener Schnitzel* viedenský rezeň

schnitz|en vyrezávať, rezať; **r –er** (*s*, ≈) rezbár; **e –erei** (≈, *en*) rezbárstvo, rezbárske umenie; **s –werk** (*(e)s*, *e*) drevorezba, rezbárske dielo

schnoddrig hovor. bezočivý, neslušný, drzý

schnöde hanebný, podlý, naničhodný

r Schnorchel (*s*, ≈) potápačská dýchacia trubica

r Schnörkel (*s*, ≈) **1** ozdobná špirálovitá čiara **2** kvetnatý výraz

schnorren hovor. žobrať, drankať

schnüff|eln čuchať, ňuchať, vetriť aj obraz.; **r –ler** (*s*, ≈) hovor. zvedavec, všetečník, sliedič

r Schnuller (*s*, ≈) hovor. cumeľ, cumlík

e Schnulze (≈, *n*) hovor. slaďák, limonádový šláger

schnupfen 1 šnupať tabak **2** smrkať

r Schnupf|en (*s*, *0*) nádcha; **r –tabak** (*s*, *0*) šnupavý tabak

schnuppe: *mir ist alles ~* mne je všetko fuk/jedno

schnuppern čuchať, ňuchať, vetriť aj obraz.

e Schnur (≈, ≈̈*e*) šnúra, povraz, motúz; **über die ~ hauen*** prehnať, prekročiť medzu

s Schnür|band (*(e)s*, ≈̈*er*) šnúrka do topánok; **s –chen** (*s*, ≈) šnúrka, povrázok; hovor. *es geht* alles wie am Schnürchen* všetko ide ako po masle; **–en** (za)viazať, (za)šnurovať; obraz. **sein Bündel –en** zbaliť svojich sedem slivák

schnurgerade 1 PR M rovný ako šnúra **2** PRÍSL hneď, okamžite

r Schnurrbart (*(e)s*, ≈̈*e*) fúzy

PQRS

schnurren priasť o mačke
e Schnür|schuhe MNČ šnurovacie topánky; **r –senkel** (*s*, ≈) šnúrka do topánok
schnurstracks priamo, hneď, zaraz, neodkladne
r Schober (*s*, ≈) **1** stodola **2** kopa sena
s Schock[1] ((*e*)*s*, *e*) **1** zast. kopa (60 kusov) **2** hromada, veľké množstvo
r Schock[2] ((*e*)*s*, *e* al. *s*) nervový otras, šok; **~ieren** šokovať
r Schöffe (*n*, *n*) sudca z ľudu
r Schofför (*s*, *e*) šofér, vodič
e Schokolade (≈, *n*) čokoláda; *eine Tafel* ~ tabuľka čokolády
e Scholle (≈, *n*) **1** hruda **2** ľadová kryha **3** hruda, hornina **4** zool. tľapka obyčajná
s Schöllkraut ((*e*)*s*, *≈er*) bot. lastovičník
schon 1 už, teraz; *er ist* ~ *da* už je tu **2** isto, určite; hovor. *es wird* ~ *wieder* to sa urovná, zase bude dobre **3** síce, aj tak *das ist* ~ *wahr, aber…* to je síce pravda, ale… **4** akiste; **wenn ~, denn ~** keď už, tak už
schön 1 pekný, krásny **2** príjemný, lahodný **3** ušľachtilý **4** hovor. veľký, značný; *ein ~es Geld verdienen* dobre zarábať; **na ~!** no dobre!; **e ~e** (≈, *n*) **1** krásavica, kráska **2** len JČ krása
schonen šetriť (*j-n/etw* koho/čo); **~d** šetrný, ohľaduplný
schön|geistig duchaplný; **e –heit** (≈, *en*) **1** krása **2** kráska, krásavica
r Schönheits|fehler (*s*, ≈) nedostatok al. chyba krásy; **r –wettbewerb** ((*e*)*s*, *e*) súťaž krásy
e Schonkost (≈, *0*) diéta, diétne jedlo
schön|machen okrášliť, skrášliť; **r –redner** (*s*, ≈) krasorečník, lichotník; **e –schrift** (≈, *0*) **1** ozdobné písmo **2** krasopis; **r –tuer** (*s*, ≈) hovor. lichotník
e Schonung (≈, *en*) **1** šetrenie (sa), šetrnosť, starostlivosť **2** chránená mladina les
schonungs|los nešetrný, bezohľadný, krutý; **e –zeit** (≈, *en*) čas hájenia zveri
r Schopf ((*e*)*s*, *≈e*) **1** vlasy všetky, štica; *j-n beim ~ fassen* chytiť za pačesy; obraz. *die Gelegenheit beim ~ packen* chytiť sa príležitosti **2** šopa, kôlňa
schöpf|en 1 čerpať, naberať tekutinu **2** obraz. načerpať, získať, nadobudnúť; *gegen j-n Verdacht* ~ mať podozrenie, podozrievať koho; **r –er** (*s*, ≈) **1** tvorca, stvoriteľ **2** naberačka, vedierko na čerpanie; **–erisch** tvorivý, tvoriaci; **e –kelle** (≈, *n*), **r –löffel** (*s*, ≈) kuch. naberačka; **e –ung** (≈, *en*) **1** tvorenie, stvorenie **2** dielo, plod, výtvor, tvorba
r Schöps (*es*, *e*) **1** rak. škopec **2** obraz. veľký hlupák, chumaj
r Schorf ((*e*)*s*, *e*) chrasta na rane
r Schornstein ((*e*)*s*, *e*) komín; **r ~feger** (*s*, ≈) kominár
r Schoß[1] <…ss> (*Schosses, Schösse*) klíček, výhonok
r Schoß[2] <…ss> (*Schosses, Schösse*) **1** lono; *die Hände in den ~ legen* zložiť ruky do lona **2** lono, kruh, prostredie; *im ~ der Familie* v kruhu rodiny **3** pola, roh kabáta; **r ~hund** ((*e*)*s*, *e*) malý psík, psíček; **s ~kind** ((*e*)*s*, *er*) maznáčik, rozmaznané dieťa
r Schößling <…ss…> (*s*, *e*) bot. výhonok, odnož, poplaz
e Schote (≈, *n*) struk; *die Erbsen aus den ~n herauslösen* lúskať hrach
r Schotter (*s*, ≈) štrk; **~n** štrkovať
schraffier|en čiarkovať, šrafovať; **e –ung** (≈, *en*) šrafovanie, čiarkovaná plocha
schräg šikmý, kosý, naklonený; ~ *gegenüber* šikmo naproti; **e ~e** (≈, *n*) **1** šikmosť, naklonenosť, šikmina **2** priečka; **e ~schrift** (≈, *0*) ležaté písmo, kurzíva
e Schramme (≈, *n*) škrabnutie, jazva; **~n** škrabnúť, poškriabať

PQRS

r Schrank (*(e)s, ≈e*) skriňa
e Schranke (*≈, n*) **1** závora, rampa **2** obraz. hranica, medza; *j-n in die ~n weisen** usmerniť koho do primeraných hraníc; *sich in ~n halten** držať sa v medziach, ovládať sa
schranken|los neobmedzený, neohraničený; **r –wärter** (*s, ≈*) strážca priecestia, hovor. rampár
r Schrankkoffer (*s, ≈*) skriňový, lodný kufor
r Schraubdeckel (*s, ≈*) závitové viečko na zaváraniny
e Schraube (*≈, n*) **1** skrutka aj lodná **2** šport. obrátka, otočka; **bei ihm ist eine ~ los** má o koliesko viac; **~n 1** (pri)skrutkovať **2** obraz. postupne zvyšovať cenu
schrauben|förmig skrutkovitý; **s –gewinde** (*s, ≈*) závit skrutky; **r –zieher** (*s, ≈*) skrutkovač
r Schraubstock (*(e)s, ≈e*) zverák
r Schrebergarten (*s, ≈*) záhradka v záhradkárskej kolónii
r Schreck (*(e)s, e*), **r ~en** (*s, ≈*) strach, des, hrôza; *j-n in ~en versetzen* naháňať komu strach; **~en**¹ (*h.*) strašiť, ľakať (*j-n* koho); **~en**²* (*schrak, i. o*) ľakať sa, desiť sa
e Schreckens|herrschaft (*≈, en*) hrôzovláda; **e –nachricht** (*≈, en*) desivá správa, príšerná zvesť
s Schreck|gespenst (*es, er*) príšera, strašidlo; **–haft 1** bojazlivý, preľaknutý **2** hrôzostrašný; **–lich 1** PR M strašný, príšerný, neznesiteľný **2** PRÍSL veľmi, strašne; *das Buch ist ~ spannend* kniha je úžasne napínavá
r Schrei (*(e)s, e*) výkrik, vresk, škrek zvieraťa; *einen ~ ausstoßen** vykríknuť; obraz. *der letzte ~ der Mode* posledný výkrik módy
r Schreib|bedarf (*s, 0*) písacie potreby; **–en*** (*ie, h. ie*) písať, napísať, zapísať; **s –en** (*s, ≈*) **1** písanie **2** list; **r –er** (*s, ≈*) **1** pisateľ **2** zapisovateľ; **e –erseele** (*≈, n*) hovor. pisárik, úradníček; **–faul** lenivý písať; **r –fehler** (*s, ≈*) chyba pri písaní; **e –kraft** (*≈, ≈e*) osoba zamestnaná na kancelárske práce najmä na písanie; **e –maschine** (*≈, n*) písací stroj; **r –tisch** (*es, e*) písací stôl; **e –unterlage** (*≈, en*) podložka na písanie; **e –weise** (*≈, 0*) spôsob písania, písomného vyjadrovania; **s –zeug** (*(e)s, e*) písacie potreby
schreien* (*schrie, h. geschrien*) **1** kričať, revať, vrieskať **2** vrešťať, ručať, jačať o zvieratách; **sich heiser ~** vykričať sa do zachrípnutia; **~d 1** kričiaci **2** krikľavý
r Schrein (*(e)s, e*) schránka; **r ~er** (*s, ≈*) stolár
schreiten* (*schritt, i. geschritten*) kráčať, vykračovať; obraz. *zur Tat ~* pristúpiť k činu
e Schrift (*≈, en*) **1** písmo **2** rukopis **3** dielo, spis; **die Heilige ~** Sväté písmo; **s ~deutsch** (*≈, 0*) spisovná nemčina; **r ~führer** (*s, ≈*) zapisovateľ; **~lich** písomný; **r ~setzer** (*s, ≈*) sadzač, typograf; **e ~sprache** (*≈, n*) spisovný jazyk; **r ~steller** (*s, ≈*) spisovateľ; **s ~stück** (*(e)s, e*) písomnosť, listina, spis; **s ~tum** (*(e)s, 0*) písomníctvo, literatúra; **s ~zeichen** (*s, ≈*) **1** písmeno **2** grafické znamienko; **r ~zug** (*(e)s, ≈e*) ťah písma, charakteristická črta písma
schrill prenikavý, ostrý; **~en** prenikavo, ostro znieť
r Schritt (*(e)s, e*) **1** krok; *~ für ~* krok za krokom; *~ fahren** ísť krokom/pomaly autom; *~ halten** držať krok aj obraz. **2** krok, zákrok, počínanie; *die nötigen ~e unternehmen* podniknúť potrebné kroky **3** rozkrok u nohavíc; **r ~macher** (*s, ≈*) **1** priekopník **2** šport. motorizovaný vodič pred cyklistom **3** lek. kardiostimulátor; **~weise** postupne, krok za krokom
schroff 1 príkry, strmý **2** obraz. príkry, hrubý, surový, strohý **3** náhly, nečakaný
schröpfen 1 lek. púšťať žilou komu **2** obraz. finančne využiť koho

PQRS

r, s Schrot (*(e)s, e*) **1** šrot, drv obilia **2** broky **3** staré kovy, kovový odpad **4** klát; **~en** drviť, šrotovať; **e ~flinte** (*≈, n*) brokovnica
r Schrott (*(e)s, e*) staré železo, starý kov, šrot; **e ~sammelstelle** (*≈, n*) zberňa železa
schrubbe|n čistiť, drhnúť ryžovou kefou; **r –r** (*s, ≈*) kefa s rúčkou
e Schrull|e (*≈, n*) rozmar, vrtoch; **–enhaft, –ig** rozmarný, vrtošivý, náladový
schrump|fen (*i*) **1** ubúdať, zmenšovať sa, zanikať **2** vráskavieť, scvrkávať sa; **–lig** scvrknutý, zvraštený
r Schub (*(e)s, ≈e*) **1** posun, postrčenie **2** hod, vrh; **s ~fach** (*(e)s, ≈er*) zásuvka; **r ~karren** (*s, ≈*) fúrik; **e ~lade** (*≈, n*) zásuvka; **~weise 1** postrkom **2** po skupinách, pozvoľna
schüchtern plachý, zdržanlivý, nesmelý; **e ~heit** (*≈, 0*) ostýchavosť, plachosť
r Schuft (*(e)s, e*) lotor, darebák, podliak; **~ig** darebácky, podliacky
schuften hovor. drieť, lopotiť sa
r Schuh (*(e)s, e*) topánka, obuv; *die ~e anziehen*/ausziehen** obuť/vyzuť topánky; obraz. **j-m etw in die ~e schieben*** zvaliť čo na koho; **s ~band** (*es, ≈er*) šnúrka do topánok; **e ~creme** [...krę:m] (*≈, s* al. *n*) krém na topánky; **r ~löffel** (*s, ≈*) obuvák; **r ~macher** (*s, ≈*) obuvník; **e ~reparaturwerkstatt** (*≈, ≈en*) opravovňa obuvi; **e ~sohle** (*≈, n*) podrážka, podošva; **s ~werk** (*(e)s, 0*) obuv, topánky
s Schul|alter (*s, 0*) školský vek; **r –besuch** (*(e)s, e*) školská dochádzka; **s –buch** (*es, ≈er*) učebnica
schuld vinný
e Schuld (*≈, en*) **1** dlh, dlžoba; *in ~en geraten** zadlžiť sa **2** obraz. dlh, povinnosť, záväzok **3** len JČ vina, previnenie, hriech; *daran habe ich keine ~* na tom nemám vinu; *j-m die ~ zuschieben** dávať komu vinu; **s ~bekenntnis** (*ses, se*) práv. priznanie viny; **r ~betrag** (*(e)s, ≈e*) dlžobná suma, dlh; **~en 1** byť dlžný, dlžiť (*j-m etw* komu čo) **2** byť zaviazaný; **~enfrei** bez dlhov, nezadlžený; **s ~gefühl** (*(e)s, e*) pocit viny; **~ig 1** dlžný **2** vinný **3** obraz. povinný, zaviazaný; **was bin ich ~ig?** čo som dlžný?; **~los** nevinný, bez viny; **r ~ner** (*s, ≈*) dlžník; **r ~schein** (*(e)s, e*) dlžobný úpis, dlhopis
e Schule (*≈, n*) škola; *die ~ besuchen* navštevovať školu, chodiť do školy; *die ~ schwänzen* chodiť poza školu, ulievať sa zo školy; **~n** školiť, cvičiť, vzdelávať
r Schüler (*s, ≈*) školák, žiak; **~haft** žiacky, školácky
e Schul|ferie|n MNČ školské prázdniny; **–frei** bez vyučovania, voľný; **s –jahr** (*(e)s, e*) **1** školský rok **2** ročník; **r –junge** (*n, n*) žiak, školák; **e –pflicht** (*≈, 0*) povinná školská dochádzka; **–pflichtig** školopovinný; **e –stunde** (*≈, n*) vyučovacia hodina
e Schulter (*≈, n*) **1** plece **2** kuch. pliecko; **~ an ~** plece pri pleci, bok po boku; **etw auf die leichte ~ nehmen*** brať čo na ľahkú váhu; **s ~blatt** (*(e)s, ≈er*) lek. lopatka; **~n 1** dať, vziať na plece **2** šport. položiť na lopatky
e Schul|ung (*≈, en*) školenie, vzdelávanie; **r –wart** (*(e)s, e*) školník; **s –wesen** (*s, 0*) školstvo; **s –zeugnis** (*ses, se*) školské vysvedčenie
schummeln hovor. podvádzať, klamať, švindľovať
r Schund (*(e)s, 0*) hovor. haraburda, brak; **e ~literatur** (*≈, 0*) braková literatúra; **r ~roman** (*s, e*) brakový román
e Schuppe (*≈, n*) **1** lupina vo vlasoch **2** šupina ryby ap.; **es fiel* mir wie ~n von den Augen** akoby mi zrazu padli šupiny/klapky z očí, otvorili sa mi oči; **~n** zbavovať šupín, lúpať, šúpať; **sich ~n** šúpať sa, lúpať sa
r Schuppen (*s, ≈*) **1** kôlňa, šopa

PQRS

2 skladisko
schuppen|artig, **–förmig** šupinovitý
schuppig šupinatý
e Schur (≈, *en*) **1** strihanie, strižoviec **2** rez stromov
s Schür|eisen (*s*, ≈) kutáč; **–en 1** prehrabať, rozhrabať oheň **2** obraz. roznecovať, rozpaľovať
schürfen 1 kutať, robiť banícky prieskum **2** obraz. odkrývať, vyhľadávať; **sich ~** doškriabať sa, podriapať sa
r Schurk|e (*n*, *n*) podliak, darebák; **–isch** darebácky, ničomný
e Schurwolle (≈, *0*) strihová vlna
r Schurz (*es*, *e*), **e Schürze** (≈, *n*) zástera
schürzen 1 vyhrnúť, vykasať, dvihnúť **2** zauzliť, uviazať na uzol; **r ~jäger** (*s*, ≈) hovor. sukničkár
r Schuß <...ss> (*Schusses*, *Schüsse*) **1** výstrel, strela, rana **2** dostrel, dosah **3** prudký pohyb **4** rýchly rast, vyhúknutie **5** odpálenie, odstrel, nálož; **r ~bereich** (*(e)s*, *e*) dostrel; **~bereit** pripravený vystreliť
e Schüssel (≈, *n*) misa
e Schuß|waffe <...ss...> (≈, *n*) strelná zbraň; **e –weite** (≈, *n*) dostrel; *außer Schußweite sein* byť mimo dostrelu; **e –wunde** (≈, *n*) strelná rana
r Schuster (*s*, ≈) obuvník; **auf ~s Rappen** pešo, po svojich; **r ~pfriem** (*(e)s*, *e*) obuvnícke šidlo
r Schutt (*(e)s*, *0*) **1** rozvaliny, trosky; *die Stadt liegt* in ~ und Asche* mesto leží v troskách a popole **2** odpad, smeti; **r ~|abladeplatz** (*es*, *≈e*) skládka odpadu a smetí
r Schüttel|frost (*es*, *≈e*) lek. zimnica, triaška; **–n** triasť, trepať, kývať (*j-n/etw* kým/čím); **sich –n** triasť sa; *sich vor Lachen schütteln* natriasať sa od smiechu
schütten 1 (na)sypať **2** (vy)liať, hovor. *es schüttet* leje ako z krhly
r Schutthaufen (*s*, ≈) hromada trosiek, odpadu; *etw in einen ~ verwandeln* (z)búrať, zmeniť na hromadu trosiek
r Schutz (*es*, *0*) ochrana, záštita, pomoc; *j-n in ~ nehmen** vziať koho pod svoju ochranu; **r ~befohlene** (*n*, *n*) chránenec, zverenec; **e ~brille** (≈, *n*) ochranné okuliare
e Schütze[1] (≈, *n*) pohyblivé stavidlo
r Schütze[2] (*n*, *n*) strelec
schützen[1] zastaviť, zadržať vodu
schützen[2] chrániť, ochraňovať (*j-n/etw vor j-m/etw* koho/čo pred kým/čím)
s Schützen|fest (*es*, *e*) strelecká slávnosť; **s –haus** (*es*, *≈er*) šport. strelnica
r Schutz|engel (*s*, ≈) anjel strážny, ochranca; **e –erdung** (≈, *en*) tech. ochranné uzemnenie; **e –farbe** (≈, *n*) ochranná farba; **e –färbung** (≈, *0*) ochranné sfarbenie zvierat; **s –gebiet** (*(e)s*, *e*) chránené územie, prírodná rezervácia; **e –|impfung** (≈, *en*) lek. preventívne očkovanie
r Schützling (*s*, *e*) chránenec, chránenka
schutz|los bezbranný, nechránený; **e –marke** (≈, *n*) ochranná značka tovaru; **s –mittel** (*s*, ≈) ochranný prostriedok; **r –reflex** (*es*, *e*) obranný reflex; **e –vorrichtung** (≈, *en*) ochranné zariadenie; **r –zoll** (*(e)s*, *≈e*) ochranné clo
schwach slabý, zoslabnutý, chatrný; *~ werden* zoslabnúť
e Schwäche (≈, *n*) **1** slabosť, telesná ochabnutosť **2** slabá stránka, slabina; *eine ~ für etw haben* mať slabosť pre čo; **~n** zoslabiť, oslabiť
e Schwach|heit (≈, *en*) slabosť charakteru, vôle ap.; **r –kopf** (*es*, *≈e*) hovor. hlupák, obmedzenec
schwäch|lich slabý, chatrný, neduživý; **r –ling** (*s*, *e*) slaboch, slabý človek
schwach|sichtig slabozraký; **r –sinn** (*(e)s*, *0*) slabomyseľnosť; **–sinnig** slabomyseľný
e Schwächung (≈, *en*) oslabenie, zoslabenie

zoslabnutie
schwadronieren hovor., hanl. tárať, chvastať sa
schwafeln hovor., hanl. tárať, trepať sprostosti
r Schwager (*s,* ≈̈) švagor
e Schwägerin (≈, *en*) švagriná
e Schwalbe (≈, *n*) lastovička
r Schwalben|falke (*n, n*) krahulec; **r –schwanz** (*es,* ≈̈*e*) **1** lastovičí chvost **2** hovor. dlhý šos kabátu
r Schwall ((*e*)*s, e*) prúd, príval, záplava; *ein ~ von Worten* príval slov
r Schwamm ((*e*)*s,* ≈̈*e*) **1** špongia, huba **2** zool. huba morská **3** rak., bot. huba; *ein eßbarer ~* jedlá huba **4** huba, pleseň; hovor. **~ drüber!** zmažme to!/zabudnime na to!; **~ig** hubovitý, pórovitý
r Schwan ((*e*)*s,* ≈̈*e*) labuť
schwanen hovor. tušiť, zdať sa; *es schwant mir* zdá sa mi
schwanger tehotná; *~ werden* otehotnieť
schwängern 1 oplodniť, priviesť do iného stavu najmä mimo manželstva **2** kniž. nasýtiť, naplniť
e Schwangerschaft (≈, *en*) tehotenstvo
r Schwangerschafts|abbruch ((*e*)*s,* ≈̈*e*) interrupcia; **e –unterbrechung** (≈, *en*) prerušenie tehotenstva, interrupcia; **r –urlaub** ((*e*)*s, e*) materská dovolenka
schwank 1 tenký, ohybný, pružný **2** neistý, nestály, vrtkavý
r Schwank ((*e*)*s,* ≈̈*e*) **1** výčin, zlomyseľný kúsok **2** div. fraška; **~en 1** (*h.*) kolísať, byť menlivý ceny, váhať **2** (*i*) tackať sa; **~end 1** knísavý, kolísavý, tackavý **2** váhavý; **e ~ung** (≈, *en*) kolísanie, zmena
r Schwanz ((*e*)*s,* ≈̈*e*) **1** chvost; obraz. *den ~ einziehen** stiahnuť chvost, skrotnúť, dať sa zastrašiť **2** vulg. penis
schwänzeln 1 krútiť chvostom **2** obraz. líškať sa, zaliečať sa (*um j-n* komu)
schwänzen ulievať sa, flákať sa; *die Schule ~* chodiť poza školu
e Schwanzflosse (≈, *n*) chvostová plutva
r Schwor ((*e*)*s, e*) vred
r Schwarm ((*e*)*s,* ≈̈*e*) **1** roj, kŕdeľ **2** dav, zástup **3** obraz., hovor. záľuba, vzplanutie
schwärm|en 1 (vy)rojiť sa **2** rojčiť, snívať, blúzniť (*für j-n* o kom); **r –er** (*s,* ≈) **1** rojko, nadšenec **2** zool. nočný motýľ, lišaj; **e –erei** (≈, *en*) blúznenie, rojčenie, nadšenie, vzplanutie; **–erisch** zasnený, rojčivý, nadšený
e Schwarte (≈, *n*) **1** mozoľ **2** koža zo slaniny **3** tvrdá, drsná koža zvieraťa
schwarz 1 čierny; *~er Kaffee* čierna káva **2** obraz. tmavý, temný, chmúrny, pesimistický; *ein ~er Tag* čierny/nešťastný deň **3** čierny, neoprávnený, zakázaný *der ~e Markt* čierny trh; obraz. **~ machen** očierniť
s Schwarz (*es, 0*) čerň, čierna farba; *in ~ gekleidet* oblečený v čiernom; *ins ~e treffen** trafiť do čierneho; **e ~|arbeit** (≈, *en*) práca načierno, hovor. fuška; **~|äugig** čiernooký; **e ~beere** (≈, *n*) bot. čučoriedka
e Schwärze (≈, *n*) **1** čerň, čierne sfarbenie **2** čierne farbivo; **~n** (za)černiť
schwarz|fahren* (*u, i. a*) cestovať načierno; **r –fahrer** (*s,* ≈) čierny pasažier; **r –handel** (*s, 0*) čierny obchod; **r –markt** ((*e*)*s,* ≈̈*e*) čierny trh; **r –seher** (*s,* ≈) pesimista; **r –sender** (*s,* ≈) čierny vysielač; **–weiß** čiernobiely; **s –wild** ((*e*)*s, 0*) diviačia zver
schwätz|en veľa rozprávať, tárať, trkotať; **r –er** (*s,* ≈) táraj, klebetník
schwatzhaft utáraný, trkotavý
e Schwebe (≈, *0*): *in der ~ sein* byť nerozhodný, váhať; **e ~bahn** (≈, *en*) visutá lanová dráha; **r ~balken** (*s,* ≈) šport. kladina; **~n 1** (*i*) vznášať sa, pomaly letieť **2** (*h.*) kolísať, váhať, byť nerozhodný
r Schwefel (*s, 0*) síra; **~gelb** sírovo

PQRS

žltý; **~ig** sírnatý, sírny; e **~säure** (≈, *n*) chem. kyselina sírová; r **~wasserstoff** ((*e*)*s*, *0*) chem. sírovodík

r **Schweif** ((*e*)*s*, *e*) chvost; **~en** (*i*) túlať sa, blúdiť, vandrovať

schweigen* (*ie*, *h. ie*) mlčať (*von etw* al. *über etw* o čom); **ganz zu ~ von** ani nehovoriac o

s **Schweig|en** (*s*, *0*) mlčanie, ticho; *zum ~ bringen** umlčať; *~ bewahren* zachovávať mlčanie; **–sam** mlčanlivý, málovravný; e **–samkeit** (≈, *0*) mlčanlivosť, zamĺknutosť

s **Schwein** ((*e*)*s*, *e*) **1** sviňa, ošípaná **2** vulg. prasa, sviňa, sviniar **3** hovor. šťastie; *~ haben* mať šťastie

r **Schweine|braten** (*s*, ≈) kuch. bravčová pečienka, pečené bravčové mäso; s **–fleisch** (*es*, *0*) bravčové mäso, bravčovina; r **–hund** ((*e*)*s*, *0*) vulg. sviniar, prasa, špinavec; e **–rei** (≈, *en*) vulg. svinstvo; r **–stall** ((*e*)*s*, *≈e*) ošipáreň, chliev aj obraz.; e **–zucht** (≈, *0*) chov ošípaných

schweinisch vulg. svinský, prasačí

s **Schweins|leder** (*s*, ≈) bravčová useň; r **–rüssel** (*s*, ≈) prasačí rypák

r **Schweiß** (*es*, *e*) **1** pot; *in ~ geraten** (za)potiť sa **2** farba, krv o postrelenej zveri; obraz. *im ~e seines Gesichts* v pote tváre; s **~blatt** ((*e*)*s*, *≈er*) potná vložka do šiat; e **~drüse** (≈, *n*) potná žľaza; **~en**[1] zvárať; **~en**[2] farbiť, krvácať o zveri; r **~er** (*s*, ≈) zvárač; **~gebadet** spotený, prepotený; r **~tropfen** (*s*, ≈) kropaj/kvapka potu; e **~ung** (≈, *en*) zváranie, spájanie, zvar

schwelgen hýriť, pôžitkársky žiť

e **Schwelle** (≈, *n*) **1** prah aj obraz. **2** železničný podval

schwell|en* **1** (*o*, *i. o*) puchnúť, napučiavať, vzdúvať sa **2** (*h.*) naduť, vzdúvať, napínať; e **–ung** (≈, *en*) **1** vzdúvanie **2** lek. opuchanie, opuch **3** klenba, klenutie

e **Schwemme** (≈, *n*) **1** brod **2** hovor. krčma, výčap; **~n 1** brodiť, kúpať kone **2** plaviť, splavovať drevo

r **Schwengel** (*s*, ≈) **1** srdce zvona **2** vahadlo, páka pumpy

schwenk|bar otočný; **–en 1** mávať, kývať **2** plákať, vypláchnuť **3** zmeniť smer, odbočiť; e **–ung** (≈, *en*) zmena smeru, otočenie, obrat

schwer 1 ťažký, masívny **2** ťažký, namáhavý **3** ťažko stráviteľný; r **~arbeiter** (*s*, ≈) ťažko pracujúci robotník; **~beladen** <**~ beladen**> **1** s ťažkým nákladom, obťažkaný **2** obraz. skľúčený, stiesnený; r **~beschädigte** (*n*, *n*) ťažko postihnutý, invalid; **~bewaffnet** <**~ bewaffnet**> ťažko ozbrojený

e **Schwere** (≈, *n*) **1** tiaž, zemská príťažlivosť **2** ťarcha aj obraz.; **~los** beztiažový; e **~losigkeit** (≈, *0*) fyz. beztiažový stav

schwer|erziehbar <**–erziehbar**> ťažko vychovávateľný; **–fallen*** <**–fallen**> (*fiel schwer*, *i. a*) ťažko padnúť; *es fiel* mir schwer* ťažko mi padlo, bolo mi zaťažko; **–fällig** ťažkopádny, ťarbavý, nemotorný; s **–gewicht** ((*e*)*s*, *e*) **1** šport. ťažká hmotnosť hmotnostná kategória **2** obraz. závažnosť, dôležitosť; **–hörig** nedoslýchavý, nahluchlý; e **–industrie** (≈, *0*) ťažký priemysel; e **–kraft** (≈, *0*) fyz. tiaž, zemská príťažlivosť, gravitácia; **–krank** ťažko, vážne chorý; **–lich** sotva, ťažko; e **–mut** (≈, *0*) ťažkomyseľnosť, zádumčivosť; **–mütig** ťažkomyseľný, zádumčivý; **–nehmen*** <**–nehmen**> (*a*, *h. schwergenommen*) brať ťažko čo, prikladať veľkú váhu čomu; r **–punkt** ((*e*)*s*, *e*) **1** fyz. ťažisko **2** dôraz, dôležitosť, význam; e **–punktindustrie** (≈, *0*) kľúčový priemysel

s **Schwert** ((*e*)*s*, *er*) meč; r **~fisch** (*es*, *e*) zool. mečovec; e **~lilie** (≈, *n*) bot. kosatec

r **Schwer|verbrecher** (*s*, ≈) ťažký zločinec; **–verdaulich** ťažko stráviteľný; **–verletzt** <**schwer verletzt**> ťažko zranený; **–wiegend** závažný, dôležitý

e Schwester (≈, *n*) sestra; **~lich** sesterský

e Schwieger|eltern MNČ svokrovci; **e –mutter** (≈, ≈̈) svokra; **r –sohn** ((*e*)*s*, ≈̈*e*) zať; **e –tochter** (≈, ≈̈) nevesta; **r –vater** (*s*, ≈̈) svokor

e Schwiel|e (≈, *n*) mozoľ; **–ig** mozoľnatý

schwierig 1 ťažký, obťažný, namáhavý **2** zamotaný, zapletený; **e ~keit** (≈, *en*) ťažkosť, nepríjemnosť, prekážka

s Schwimm|bad ((*e*)*s*, ≈̈*er*) plaváreň; **s –becken** (*s*, ≈) plavecký bazén; **–en*** (*a*, *h.*/*i.* *o*) plávať; obraz. *im Geld –en** plávať, topiť sa v peniazoch; **–end** plávajúci; **r –er** (*s*, ≈) **1** plavec **2** tech. plavák; **r –gürtel** (*s*, ≈) pás na plávanie, záchranný pás; **e –halle** (≈, *n*) krytá plaváreň; **e –haut** (≈, ≈̈*e*) plávacia blana vodných vtákov; **r –lehrer** (*s*, ≈) učiteľ plávania; **r –vogel** (*s*, ≈̈) zool. vodný vták; **e –weste** (≈, *n*) záchranná vesta

r Schwindel (*s*, *0*) **1** lek. závrat **2** podvod, klamstvo; **~|erregend** <**Schwindel erregend**> závratný; **~ig** náchylný na závraty; *mir ist ~ig* mám závrat, točí sa mi hlava; **~n 1** mať závrat; *mir schwindelt* mám závrat **2** podvádzať, klamať; **~nd** závratný, spôsobujúci závrat

schwinden* (*a*, *i. u*) miznúť, ubúdať, strácať sa

r Schwindler (*s*, ≈) podvodník, klamár, hovor. švindliar; **~isch** podvodnícky, klamársky

e Schwindsucht (≈, *0*) lek., zast. suchotiny, tuberkulóza

e Schwing|e (≈, *n*) **1** krídlo, peruť **2** tech. vahadlo, kyvná páka; **–en*** (*a*, *h. u*) **1** kývať, mávať, krúžiť čím **2** čistiť, osievať obilie **3** fyz. kmitať, oscilovať; **sich –en*** vymrštiť sa, vyšvihnúť sa; **e –ung** (≈, *en*) **1** kývanie, mávanie **2** chvenie, kmitanie **3** obraz. záchvev

e Schwingungs|weite (≈, *0*) amplitúda, rozsah kmitov; **e –zahl** (≈, *en*) fyz. kmitočet

r Schwips (*es*, *e*) hovor. podnapitosť; *einen ~ haben* byť podnapitý

schwirren 1 (*h.*) bzučať, čvirikať, švitoriť **2** (*i*) letieť, fičať, svišťať; **es schwirrt mir vor den Augen** v očiach sa mi marí

schwitz|en potiť sa, potiť, vylučovať; **e –kur** (≈, *en*) lek. potná kúra

schwören* (*o*, *h. o*) prisahať, odprisahať

schwul hovor. homosexuálny, teplý; **r ~e** (*n*, *n*) hovor. homosexuál

schwül 1 sparný, dusný **2** skľúčený, tiesnivý; **e ~e** (≈, *0*) dusno, sparno, horúčava

r Schwulst (*es*, ≈̈*e*) vyumelkovanosť, prepiatosť

schwülstig vyumelkovaný, prepiaty, bombastický

r Schwung ((*e*)*s*, ≈̈*e*) **1** švih, kývanie **2** chod, činnosť **3** prudký pohyb, rozmach; *in ~ bringen** rozhýbať, rozkývať; **~haft 1** čulý, živý **2** vzletný, strhujúci; **e ~kraft** (≈, *0*) **1** fyz. zotrvačnosť, odstredivosť **2** obraz. vzlet, elán; **s ~rad** ((*e*)*s*, ≈̈*er*) tech. zotrvačník; **~voll** vzletný, strhujúci

r Schwur ((*e*)*s*, ≈̈*e*) prísaha; **s ~gericht** ((*e*)*s*, *e*) práv. porotný súd, porota; **r ~zeuge** (*n*, *n*) prísažný svedok

sechs šesť

e Sechs (≈, *en*) šestka; hovor. *mit der ~ fahren* ísť šestkou električkou; **s ~|eck** ((*e*)*s*, *e*) šesťuholník; **~erlẹi** šestoro; **~hụndert** šesťsto; **~mal** šesťkrát; **~tägig** šesťdňový

sechzig šesťdesiat; **r ~er** (*s*, ≈) šesťdesiatnik, 60-ročný človek

s Sedimẹnt ((*e*)*s*, *e*) sediment, usadenina

r See[1] (*s*, *n*) jazero

e See[2] (≈, *n*) more; *an der ~* pri mori; *die offene ~* šíre more; **zur ~ gehen*** ísť k námorníctvu; **s ~bad** ((*e*)*s*, ≈̈*er*) morské kúpele; **r ~bär** (*en*, *en*) **1** zool. levovec medvedí **2** obraz. hovor. morský vlk; **e ~fahrt** (≈, *en*) moreplavba; **r ~gang** (*(e)s, 0*) morské vlnobitie; **r ~hund** (*(e)s, e*) zool. tuleň; **r ~igel** (*s,* ≈) zool. ježovka morská; **s ~kabel** (*s,* ≈) tech. podmorský kábel; **~krank** trpiaci morskou chorobou; **e ~krankheit** (≈, *en*) morská choroba; **e ~küste** (≈, *n*) morské pobrežie

e Seele (≈, *n*) **1** duša, duch; *aus tiefster ~* z hlbky duše, z celej duše **2** tech. jadro, duša; **es war dort keine ~** nebolo tam živej duše, nebola tam ani noha; **er ist eine ~ von Mensch** je to dobrý/šľachetný človek

seelen|los bezduchý; **e –messe** (≈, *n*) cirk. zádušná omša, rekviem; **–voll** oduševnený

seelisch duševný

r See|löwe (*n, n*) zool. lev morský; **e –macht** (≈, *≈e*) námorná veľmoc; **r –mann** (*(e)s, Seeleute*) námorník; **e –meile** (≈, *n*) morská míľa; **e –not** (≈, *0*) nebezpečenstvo na mori; **s –pferdchen** (*s,* ≈) zool. morský koníček; **r –räuber** (*s,* ≈) pirát; **e –rose** (≈, *n*) bot. lekno; **r –stern** (*es, e*) zool. hviezdica morská; **r –tang** (*(e)s, e*) zool. chaluha; **s–tüchtig** schopný plavby po mori; **r –weg** (*es, e*) námorná cesta

s Segel (*s,* ≈) plachta; *~ streichen** stiahnuť, zvinúť plachty; **s ~boot** (*(e)s, e*) plachetnica; **r ~flug** (*(e)s, ≈e*) plachtenie vo vzduchu; **s ~flugzeug** (*(e)s, e*) vetroň, bezmotorové lietadlo; **~n** (*i*) **1** plávať pod plachtami **2** plachtiť, vznášať sa; **s ~schiff** (*(e)s, e*) plachetnica; **r ~sport** (*(e)s, 0*) plachtársky šport, jachting; **s ~tuch** (*(e)s, e*) plachtovina

r Segen (*s,* ≈) **1** požehnanie, dobro, blaho; *j-m den ~ erteilen* požehnať koho **2** hovor. súhlas, *seinen ~ zu etw geben* dať svoj súhlas na čo

segensreich blahodarný, požehnaný

r Segler (*s,* ≈) **1** plachtár, plavec na plachetnici **2** plachetnica, jachta

segnen 1 žehnať, požehnať **2** zast. velebiť

sehen* (*a, h. e*) (u)vidieť, pozerať, dívať sa; *auf j-n ~* dozerať na koho; **das sieht* dir ähnlich** to sa ti podobá; **gern gesehen* sein** byť vítaný; **sieh(e)!** pozri sa!, hľaď!; **sich genötigt ~** byť nútený

s Sehen (*s, 0*) videnie; *ich kenne* ihn vom ~* poznám ho z videnia

sehens|wert, **–würdig** pozoruhodný; **e –würdigkeit** (≈, *en*) **1** pozoruhodnosť **2** pamätihodnosť v meste ap.

r Seh|er (*s,* ≈) **1** prorok, veštec, jasnovidec **2** oko zvieraťa; **r –fehler** (*s,* ≈) zraková chyba; **s –feld** (*es, er*) zorné pole, obzor; **e –kraft** (≈, *0*) zrak, schopnosť videnia

e Sehne (≈, *n*) **1** šľacha **2** tetiva luku

sehnen sich túžiť (*nach j-m/etw* po kom/čom)

sehnig šľachovitý

sehn|lich túžobný; **e –sucht** (≈, *≈e*) túžba; **–süchtig** túžobný, roztúžený

sehr veľmi; **zu ~** príliš

s Seh|rohr (*(e)s, e*) ďalekohľad, periskop; **e –schärfe** (≈, *0*) ostrosť zraku; **e –schwäche** (≈, *0*) slabosť zraku; **r –winkel** (*s,* ≈) zorný uhol

seicht 1 plytký opak hlboký **2** obraz. plytký, povrchný; **e ~heit** (≈, *en*) **1** plytkosť **2** obraz. povrchnosť

e Seide (≈, *n*) hodváb

s Seidel (*s,* ≈) pivový pohár

seiden- hodvábny; **s ~band** (*es, ≈er*) hodvábna stuha; **s ~papier** (*s, e*) hodvábny papier; **r ~spinner** (*s, 0*) zool. priadka morušová; **~weich** mäkký, hebký ako hodváb

seidig hodvábny

e Seife (≈, *n*) mydlo

e Seifen|lauge (≈, *n*) mydlový lúh; **r –schaum** (*(e)s, 0*) mydlová pena; **r –sieder** (*s,* ≈) mydlár

seihen precediť, filtrovať (*etw* čo)

s Seil (*(e)s, e*) lano, povraz; **e ~bahn** (≈, *en*) lanová dráha, lanovka; **r ~tänzer** (*s,* ≈) povrazolezec; **r ~zug** (*(e)s, ≈e*) lanový kladkostroj

s Sein (*s, 0*) bytie, jestvovanie, existencia
sein[1] (*war, i. gewesen*) **1** byť, jestvovať, existovať; *ich bin hier* tu som **2** byť v určitom stave; *mir ist kalt* je mi zima **3** môcť, dať sa; *sei* so gut* buď taký dobrý/láskavý; *das wäre gut* to by bolo dobre; *kann* ~* možno, hádam; *es sei* denn...* iba ak by...; *wie dem auch sei** nech už je akokoľvek; *wie wäre es mit...?* čo by si/ste povedal(i) na...?
sein[2] ZÁM jeho; *~ Vater* jeho otec
seiner|seits z jeho strany, čo sa jeho týka; **–zeit** kedysi, svojho času
seinesgleichen jemu rovný, seberovný
seinet|halben, **–wegen**, **–willen** **1** kvôli nemu, preňho **2** pre seba, kvôli sebe; *er tat es ~* urobil to kvôli sebe
r Seismograph <...graf> (*en, en*) fyz. seizmograf
seit **1** PREDL s D od, odo; *~ dem Jahre* od roku; *~ wann?* od kedy?; *~ einigen Tagen* už niekoľko dní **2** SP ...od toho času, odvtedy čo...; *~ ich hier bin* odvtedy, čo som tu
seitdem **1** PRÍSL odvtedy, od toho času **2** SP odvtedy čo
e Seite (*≈, n*) **1** strana, kraj, bok **2** strana, stránka knihy **3** bok tela **4** mat. stena, strana **5** stránka, črta, vlastnosť
e Seiten|ansicht (*≈, en*) bočný pohľad, profil; **e –gasse** (*≈, n*) bočná ulička; **r –hieb** (*(e)s, e*) **1** zásah z boku **2** obraz. výsmešná, štipľavá poznámka; **e –lini|e** (*≈, n*) **1** bočná línia, čiara **2** šport. pomedzná čiara **3** pobočná železničná trať **4** pobočná vetva rodu
seitens PREDL s G zo strany, od; práv. *~ des Klägers wurde folgendes vorgebracht** žalobca uviedol nasledovné
s Seiten|sprung (*(e)s, ≈e*) **1** skok na bok, odskok **2** obraz. poklesok **3** nevera; **e –tür** (*≈, en*) bočné dvere; **–weise** po stránkach, po stranách
seither odvtedy, od toho času
seit|lich **1** PR M bočný, postranný **2** PREDL s G vedľa, popri; **–wärts** stranou, bokom
r Sekre|tär (*s, e*) **1** tajomník, sekretár **2** vedúci kancelárie; **s –tariat** (*(e)s, e*) sekretariát; **e –tärin** (*≈, nen*) sekretárka
r Sekt (*(e)s, e*) sekt, šumivé víno
e Sekte (*≈, n*) sekta
e Sektion (*≈, en*) **1** sekcia, oddelenie, odbor **2** lek. pitva
r Sektor (*s, Sektoren*) sektor **1** úsek, územie **2** mat. výsek gule, kruhu
sekundär sekundárny, druhotný
e Sekunde (*≈, Sekunden*) sekunda
sekunden|lang trvajúci niekoľko sekúnd; **r –zeiger** (*s, ≈*) sekundová ručička
sekundieren **1** podporovať (*j-n* komu) **2** byť svedkom v súboji
selber sám; *ich ~* ja sám
selbst **1** ZÁM sám, sama, samo; *von ~* sám od seba **2** PRÍSL dokonca, ba aj; *~ seine Freunde waren dagegen* dokonca aj jeho priatelia boli proti
e Selbst|achtung (*≈, 0*) sebaúcta
selbständig <...stst...> **1** samostatný; *sich ~ machen* osamostatniť sa **2** nezávislý, sebestačný; **e ~keit** (*≈, 0*) **1** samostatnosť **2** nezávislosť
e Selbst|aufopferung (*≈, en*) sebaobetovanie; **r –auslöser** (*s, ≈*) fot. samospúšť; **e –bedienung** (*≈, en*) samoobsluha; **e –beherrschung** (*≈, 0*) sebaovládanie; **s –bestimmungsrecht** (*(e)s, 0*) právo na sebaurčenie; **–bewußt** <...ss...> sebavedomý; **s –bewußtsein** <...ss...> (*s, 0*) sebavedomie; **s –bildnis** (*ses, se*) autoportrét; **–entzündlich** samovznietivý, samozápalný; **e –erhaltungstrieb** (*(e)s, 0*) pud sebazáchovy; **e –erkenntnis** (*≈, 0*) sebapoznanie; **–gefällig** samoľúby, namyslený; **–gemacht** vyrobený doma, vlastnej výroby; **s –gespräch** (*(e)s, e*) monológ
e Selbst|herrschaft (*≈, en*) samovláda, autokracia, **r –herrscher** (*s, ≈*)

samovládca; **e –hilfe** (≈, *0*) svojpomoc; **–klebend** samolepiaci; **e –kosten** MNČ vlastné, režijné náklady; **r –kostenpreis** (*es, e*) ekon. výrobná cena; **e –kritik** (≈, *0*) sebakritika; **r –laut** (*(e)s, e*) lingv. samohláska; **–los** nezištný, obetavý; **r –mord** (*(e)s, e*) samovražda; **r –mörder** (*s,* ≈) samovrah; **–redend** hovor. samozrejmý; **–süchtig** sebecký, egoistický; **–tätig** **1** samočinný, automatický **2** samostatne tvoriaci; **e –verleugnung** (≈, *0*) sebazaprenie; **–verständlich** samozrejmý, prirodzený; **s –vertrauen** (*s, 0*) sebadôvera; **e –verwaltung** (≈, *0*) samospráva; **e –zufriedenheit** (≈, *0*) sebauspokojenie, spokojnosť so sebou samým; **r –zweck** (*(e)s, 0*) samoúčel

selch|en rak. údiť; **s –fleisch** (*es, 0*) rak. údené mäso

selektiv selektívny, výberový

selig **1** blažený, veľmi šťastný **2** zosnulý, nebohý **3** cirk. blahoslavený; **e ~sprechung** (≈, *en*) cirk. blahorečenie, vyhlásenie za blahoslaveného

r Sellerie (*s, s*), **e Sellerie** (≈, *i/en*) bot. zeler

selten **1** PR M vzácny, zriedkavý **2** PRÍSL zriedka, zriedkavo, málokedy; **e ~heit** (≈, *en*) **1** vzácnosť, zriedkavosť **2** zriedkavý prípad, rarita

seltsam podivný, zvláštny, neobyčajný; **~erweise** neobyčajne, podivuhodne; **e ~keit** (≈, *en*) podivnosť, zvláštnosť, pozoruhodnosť

r, s Semaphor (*s, e*) **1** semafor **2** železničné návestidlo

s Semester (*s,* ≈) semester, polrok

s Semikolon (*s, s* al. *Semikola*) bodkočiarka

s Seminar (*s, e*) **1** seminár, praktické cvičenie na univerzite **2** vedecký seminár **3** bohoslovecký ústav, bohoslovecký seminár

r Semit (*en, en*) Semita

e Semmel (≈, *n*) žemľa; obraz. **wie warme ~n weggehen*** ísť na dračku; **e ~brösel** MNČ strúhanka; **r ~knödel** (*s,* ≈) žemľová knedľa; **r ~schmarren** (*s,* ≈) žemľovka

sen. skr. **Senior** senior

r Senat (*(e)s, e*) senát

r Sende|bereich (*(e)s, e*) dosah vysielača; **–n*** **1** (*sandte* al. *sendete, h. gesandt* al. *gesendet*) poslať, zaslať **2** vysielať rádio, televízia; **r –r** (*s,* ≈) **1** vysielač, vysielacia stanica **2** odosielateľ; **e –reihe** (≈, *n*) vysielanie na pokračovanie, seriál

e Sendung (≈, *en*) **1** odosielanie, posielanie **2** vysielanie televízne, rozhlasové **3** zásielka **4** poslanie, misia

r Senf (*(e)s, e*) horčica; obraz. hovor. **seinen ~ dazugeben*** do všetkého sa zamiešať; **s ~korn** (*(e)s, ≈er*) horčicové zrno

sengen opáliť, ohorieť, oškvrknúť

senil senilný, starecký, prestarnutý; **e ~ität** (≈, *0*) senilita

r Senior (*s, Senioren*) senior, starší

s Senkblei (*(e)s, e*) olovnica

e Senke (≈, *n*) dolina, kotlina

senk|en **1** spustiť, znížiť; *den Kopf ~* zvesiť hlavu; *die Augen ~* sklopiť oči **2** ponoriť, pohrúžiť; **sich –en** zvažovať sa, skláňať sa, klesať; **e –grube** (≈, *n*) žumpa; **–recht** zvislý, kolmý; **e –rechte** (*n, n*) kolmica; **e –ung** (≈, *en*) **1** pokles, zníženie **2** dolina, preliačina **3** zmiernenie

e Sennhütte (≈, *n*) rak. salaš, koliba

e Sensation (≈, *en*) senzácia **1** rozruch **2** prekvapujúca udalosť; *~ hervorrufen** vyvolať senzáciu; **~ell** vzrušujúci, senzačný

e Sense (≈, *n*) kosa

sensib|el senzibilný, citlivý; **e –ilität** (≈, *0*) senzibilita, citlivosť

sentimental sentimentálny **1** precitlivený **2** dojímavý; **e ~ität** (≈, *en*) sentimentalita **1** precitlivelosť **2** dojemnosť

separat separátny, oddelený, samostatný; **r ~ist** (*en, en*) separatista; **~istisch** separatistický

PQRS

r September (≈ al. *s*, ≈) september
e Septime (≈, *n*) hud. septima, interval siedmich tónov
septisch lek. septický, nesterilný
e Serie (≈, *n*) **1** séria, rad **2** seriál
e Serienherstellung (≈, *en*) sériová výroba; **–mäßig** sériový; **–weise** sériovo, v sériách
seriös seriózny, vážny, poriadny
s Serum (*s*, *en*) lek. sérum
s Service[1] [zerˈvi:s] (≈ al. *s*, ≈) servis, obedová/kávová súprava riadu
r Service[2] [ˈzə:vis] (≈, *s*) servis, služba zákazníkom
servieren 1 servírovať, nosiť na stôl **2** šport. podávať
e Serviette (≈, *n*) servítka, obrúsok
servil servilný, ponížený
r Sessel (*s*, ≈) kreslo, rak. stolička; **r ~lift** (*(e)s*, *s* al. *e*) sedačková lanovka
seßhaft <...ss...> usadlý
e Session (≈, *en*) zasadanie
setzen 1 posadiť, postaviť, položiť **2** sadiť, zasadiť **3** uskutočniť, dať podnet; *in Betrieb ~* uviesť do prevádzky; *außer Kraft ~* zrušiť, odvolať zákon **4** sádzať v tlačiarni **5** určiť, vymedziť; *eine Frist ~* určiť lehotu **6** dať do stávky, staviť v hre; **j-m einen Floh ins Ohr ~** nasadiť komu červíka do hlavy; **sich ~ 1** sadnúť si, posadiť sa; *setzen Sie sich!* sadnite si! **2** usadiť sa o kale
r Setzer (*s*, ≈) sadzač, typograf; **e –erei** (≈, *en*) sadziareň
r Setzling (*s*, *e*) **1** bot. sadenica, priesada **2** zool. násada
e Seuche (≈, *n*) nákaza, epidémia
e Seuchenbekämpfung (≈, *en*) boj proti nákaze; **r –herd** (*es*, *e*) ohnisko nákazy
seufzen stonať, vzlykať; **r –er** (*s*, ≈) vzdych, ston
r Sex-Appeal <Sexappeal> [ˈzeksəpi:l] (*s*, *0*) sexappeal
sexual sexuálny; **e –alität** (≈, *0*) sexualita; **–ell** sexuálny
sezieren lek. pitvať; **r –saal** (*(e)s*, *–säle*) pitevná sála, pitevňa
s Shampoo [ˈšampu] (*s*, *s*) šampón
sich ZÁM zvratné **1** sa, si; *~ freuen* tešiť sa **2** sebe, si, seba; *nur an ~ denken* myslieť len na seba; *außer ~ sein* byť bez seba; *das hat nichts auf ~* to nič neznamená; *die Sache an ~ ~* vec sama osebe
e Sichel (≈, *n*) kosák; **~n** kosiť kosákom
sicher istý **1** určitý, nepochybný; *~e Beweise* nepochybné/jasné dôkazy **2** bezpečný, zabezpečený **3** spoľahlivý; *ein ~er Autofahrer* spoľahlivý šofér **4** pevný, stabilný; *ein ~es Einkommen haben* mať istý/pevný príjem; **~gehen*** (*ging sicher, i. sichergegangen*) uistiť sa, ubezpečiť sa, ísť naisto; **e ~heit** (≈, *0*) istota **1** bezpečnosť, ochrana; *in Sicherheit bringen** priviesť do bezpečia **2** určitosť, nepochybnosť; *etw mit Sicherheit sagen* povedať čo s istotou **3** spoľahlivosť, zaručenosť
r Sicherheitsabstand (*(e)s*, *≈e*) bezpečnostná vzdialenosť medzi autami; **r –dienst** (*es*, *e*) bezpečnostná služba; **r –gurt** (*(e)s*, *e*) bezpečnostný pás; **–halber** pre istotu; **e –maßnahmen** MNČ bezpečnostné opatrenia; **e –nadel** (≈, *n*) zatvárací špendlík, hovor. sicherka; **r –schloß** <...ss> (*schlosses*, *schlösser*) bezpečnostná patentná zámka
sicherlich isto, dozaista; **–n** zaistiť, zabezpečiť; **–stellen* 1** zabezpečiť (*j-n* koho) **2** zaistiť, zhabať; **e –ung** (≈, *en*) **1** zaistenie, zabezpečenie **2** tech. poistka
e Sicht (≈, *0*) výhľad, dohľad, viditeľnosť; *in ~ sein* byť na dohľad, na obzore; **~bar** viditeľný, zrejmý, očividný; **e ~barkeit** (≈, *0*) viditeľnosť, zreteľnosť; **~en 1** zazrieť, spozorovať **2** (roz)triediť, čistiť; **~lich** zrejmý, zjavný, viditeľný; **e ~verhältnisse** MNČ viditeľnosť; **r ~vermerk** (*(e)s*, *e*) vízum; **e ~weite** (≈, *0*) dohľad, do-

hľadnosť; *in ~weite sein** byť na dohľad
sickern presakovať, mokvať
Sie Vy, Vás; *sind Sie krank?* ste chorý/chorá?
sie 1 ona, ju; *er und sie* on a ona **2** oni, ony, ich; *sie kommen* prichádzajú; *sie kommt* prichádza
s Sieb (*(e)s, e*) sito, riečica, osievadlo; **~en**[1] preosiať
sieben[2] sedem; *es waren uns ~* bolo nás sedem; **e ~meilenstiefel** MNČ sedemmíľové čižmy; **e ~sachen** MNČ hovor. sedem sliviek, nevyhnutné veci; *seine ~sachen packen* zbaliť si svojich sedem sliviek; **r ~schläfer** (*s, ≈*) zool. plch; **~tägig** sedemdenný
s Siebtel (*s, ≈*), **s Siebentel** (*s, ≈*) sedmina
sieb|zehn sedemnásť; **–zig** sedemdesiat; **r ~ziger** (*s, ≈*) sedemdesiatnik
siech zast. chorľavý, neduživý; **~en** chorľavieť, chradnúť
e Siede (*≈, 0*) zabarené krmivo pre dobytok; **r ~grad** (*es, e*) bod varu aj obraz.; **~heiß** variaci, vriaci; **~n*** (*sott* al. *siedete, h. gesotten* al. *gesiedet*) **1** variť sa, vrieť **2** variť; **r ~punkt** (*es, e*) fyz. bod varu
sied|eln osídliť, sa usadiť sa; **r –ler** (*s, ≈*) osadník, kolonista; **e –lung** (*≈, en*) **1** osídľovanie **2** osada, kolónia
r Sieg (*(e)s, e*) víťazstvo; *den ~ erringen** al. *erkämpfen* vydobyť víťazstvo
s Siegel (*s, ≈*) pečať aj obraz.; **r ~lack** (*(e)s, e*) pečatný vosk; **~n** pečatiť; **r ~ring** (*(e)s, e*) pečatný prsteň
sieg|en (z)víťaziť; **r –er** (*s, ≈*) víťaz
sieges|bewußt <...ss...> víťazoslávny, vedomý víťazstva; **e –feier** (*≈, n*) oslava víťazstva; **e –palme** (*≈, n*) palma víťazstva; **–trunken** opojený víťazstvom; **r –zug** (*(e)s, ≈e*) triumfálny, víťazný pochod
siegreich víťazný, víťaziaci
sieh(e)! pozri!; *~ oben!* pozri hore!
siezen hovor. vykať; *wir ~ uns* vykáme si

s Signal (*s, e*) **1** signál, znamenie **2** železničná návesť; **e ~anlage** (*≈, n*) návestné zariadenie; **e ~flagge** (*≈, n*) signálna vlajka; **~isieren** signalizovať; **s ~system** (*s, e*) lek. signálna sústava
e Signatur (*≈, en*) signatúra **1** označenie, značka **2** podpis na obraze
e Silbe (*≈, n*) slabika; *ich verstehe keine ~ davon* vôbec tomu nerozumiem, nerozumiem ani ň
s Silber (*s, 0*) **1** striebro **2** hovor. strieborný riad, príbor; **r ~bergwerk** (*(e)s, e*) strieborná baňa; **r ~fuchs** (*es, ≈e*) strieborná líška zviera aj kožušina; **s ~geschirr** (*s, e*) strieborný riad; **~haltig** obsahujúci striebro, striebronosný; **e ~hochzeit** (*≈, en*) strieborná svadba; **e ~münze** (*≈, n*) strieborný peniaz; **~n** strieborný; **s ~papier** (*s, e*) alumíniový baliaci papier; **~weiß** striebrobiely
silbrig striebristý
e Silhouette [zi'luetə] (*≈, n*) silueta, obrys, tieňový obraz
s Silizium (*s, 0*) chem. kremík
r, s Silo (*s, s*) silo, silážna nádrž
r, s Silvester [zil'vestə] (*s, 0*) Silvester; **r ~abend** (*s, e*) silvestrovský večer
simpel 1 prostý, jednoduchý **2** obmedzený
r, s Sims (*es, e*) rímsa
r Simu|lant (*en, en*) simulant; **–lieren** simulovať, pretvarovať sa
simultan simultánny, súčasný; **r ~dolmetscher** (*s, ≈*) simultánny tlmočník; **s ~spiel** (*(e)s, e*) simultánna hra, hovor. simultánka v šachu
e Sinfonie (*≈, i/en*) hud. symfónia
sing|en* (*a, h. u*) (za)spievať; **~d** spevavý, spievajúci; **r –sang** (*es, 0*) monotónny spev; **s –spiel** (*(e)s, e*) hud. opereta
singulär singulárny, jednotlivý, ojedinelý
r Singular (*s, e*) gram. singulár, jednotné číslo

r Singvogel (*s,* ≈̈) spevavý vták
sinken* (*a, i. u*) **1** klesať, padať **2** potápať sa o lodi; **~d** klesajúci
r Sinn (*(e)s, e*) **1** zmysel; *einen sechsten ~ haben* mať šiesty zmysel **2** myslenie, mienka; *in den ~ kommen** prísť na um; *das ist nicht nach meinem ~e* to je proti mojej mysli, to sa mi nepáči **3** pochopenie, cit, zmysel; *~ haben für etw* mať zmysel pre čo **4** význam, zmysel; *im ~e des Gesetzes* v zmysle zákona; **s ~bild** (*(e)s, er*) symbol, symbolický obraz; **~bildlich** symbolický, obrazný
sinnen* (*a, h. o*) premýšľať, rozmýšľať (*über etw* o čom); *~ auf etw* pomýšľať na čo; *gesonnen* sein, gesinnt* sein etw zu tun* byť naklonený dačo urobiť
e Sinnen|lust (≈, *0*) zmyselnosť, zmyselná rozkoš; **e –welt** (≈, *0*) zmyslový svet, svet vnímaný zmyslami
s Sinnes|organ (*s, e*) zmyslový orgán; **e –|störung** (≈, *en*) porucha zmyslu, zmyslov; **e –|täuschung** (≈, *en*) zmyslový klam, prelud
sinn|gemäß podľa zmyslu, logický; **–ig** hĺbavý, rozvážny; **–lich** zmyslový, zmyselný; **e –lichkeit** (≈, *0*) zmyslovosť, zmyselnosť; **–los** nezmyselný, nerozvážny, nerozumný; **e –losigkeit** (≈, *0*) nezmyselnosť, nerozvážnosť; **–voll** zmysluplný, užitočný; **–widrig** nezmyselný, absurdný
e Sintflut <**Sündflut**> (≈, *0*) cirk. potopa sveta; *nach uns die ~!* po nás potopa!
r Siphon (*s, s*) sifón **1** zápachový uzáver **2** sifónová fľaša
e Sipp|e (≈, *n*) krvné príbuzenstvo, rodina; **e –schaft** (≈, *en*) **1** príbuzenstvo, čeľaď **2** hovor. zberba, banda, čeliadka
e Sirene (≈, *n*) **1** mytologicky Siréna **2** siréna, parná píšťala
r Sirup (*s, e*) sirup
e Sitte (≈, *n*) **1** mrav **2** zvyk, obyčaj; *andere Länder, andere Sitten* iný kraj, iný mrav
e Sitten|lehre (≈, *0*) mravouka, etika; **–los** nemravný, nevychovaný; **e –polizei** (≈, *0*) mravnostná polícia; **–rein** bezúhonný, počestný; **r –richter** (*s,* ≈) moralista, mravokárca; **r –verfall** (*(e)s, 0*) mravný úpadok; **–widrig** priečiaci sa mravom
sittlich **1** mravný, charakterný **2** obyčajový, zvykový; **e ~keit** (≈, *0*) mravnosť, morálka, slušné správanie; **s ~keitsverbrechen** (*s,* ≈) zločin proti mravnosti
e Situation (≈, *en*) situácia **1** okolnosti, pomery, stav **2** poloha, postavenie
r Sitz (*es, e*) **1** sedadlo, miesto na sedenie **2** sídlo, bydlisko **3** sed, sadnutie; *alles auf einen ~ essen** zjesť všetko na posedenie; **s ~bad** (*(e)s,* ≈̈*er*) sedací kúpeľ; **~en*** (*saß, h./i. gesessen*) **1** sedieť **2** pristať, hodiť sa; *das Kleid sitzt wie angegossen* šaty sedia ako uliate; **~en|bleiben*** <**~en bleiben**> (*ie, i. ie*) hovor. zostať sedieť **1** nevydať sa **2** prepadnúť v škole; **~end** sediaci, sedavý; *sitzende Beschäftigung* sedavé zamestnanie; **s ~fleisch** (*es, 0*): *das Sitzfleisch haben* **1** mať výdrž pri nejakej činnosti **2** vysedávať na návšteve; **e ~gelegenheit** (≈, *en*), **r ~platz** (*es,* ≈̈*e*) miesto na sedenie; **r ~streik** (*(e)s, s*) štrajk sedením
e Sitzung (≈, *en*) zasadanie, schôdza
r Sitzungs|bericht (*(e)s, e*) správa o zasadaní; **r –saal** (*(e)s, säle*) zasadacia sála, sieň
e Skala (≈, *Skalen* al. *s*) hud., tech. stupnica, škála
r Skalp (*s, e*) skalp; **s ~ell** (*s, e*) lek. skalpel; **~ieren** skalpovať
r Skandal (*s, e*) škandál, rozruch, pohoršenie; **~ös** škandálny, pohoršlivý
s Skelett (*(e)s, e*) **1** lek. kostra; hovor.

PQRS

er ist zum ~ abgemagert schudol na kosť **2** obraz. kostra, osnova
e Skepsis (≈, *0*) skepsa, pochybovanie
r Ski [ši:] (*s, er* al. ≈) lyže; *~ laufen** al. *fahren** lyžovať sa; **r ~fahrer** (*s*, ≈), **r ~läufer** (*s*, ≈) lyžiar; **r ~sprung** (*(e)s*, *≈e*) skok na lyžiach; **r ~stock** (*(e)s*, *≈e*) lyžiarska palica
e Skizze (≈, *n*) skica, náčrt; **–ieren** načrtnúť, naznačiť
r Sklave (*n, n*) otrok; *zum ~n machen* zotročiť
r Sklavenhalter (*s*, ≈) otrokár; **e –halterordnung** (≈, *0*) otrokársky poriadok; **r –händler** (*s*, ≈) obchodník s otrokmi
e Sklaverei (≈, *0*) otroctvo; **e –in** (≈, *nen*) otrokyňa
sklavisch otrocký
r Skorbut (*(e)s, 0*) lek. skorbut
r Skorpion (*s, e*) škorpión
r Skrupel (*s*, ≈) pochybnosť, rozpaky, zábrany; **~los** bez rozpakov, bez zábran
skrupulös škrupulózny, ustráchaný, prehnane pedantný
e Skulptur (≈, *en*) **1** socha, sochárske dielo **2** len JČ sochárstvo
r Slalom (*s, s*) šport. slalom
r, s Slang [sleŋ] (*s, s*) lingv. slang
e Slawistik (≈, *0*) slavistika
r Slibowitz (*es, e*) slivovica
smaragdgrün smaragdovozelený
r Smoking (*s, s* al. *e*) smoking
e SMS skr. Short Message Service (≈, ≈) SMS, hovor. esemeska; *~ verschicken, senden* posielať esemesky, esemeskovať
r Snob (*s, s*) snob; **r ~ismus** (≈, *en*) snobizmus
s. o. skr. **sieh(e) oben** pozri vyššie
so 1 PRÍSL. tak; *und ~ weiter* a tak ďalej **2** ZÁM taký; *seien Sie ~ gut!* buďte taký dobrý! **3** SP. *~ daß* <...ss> takže, tak..., že...; *es war kalt, ~ dass wir zu Hause blieben* bolo zima, takže sme zostali doma; **~ gut, wie möglich** čo najlepšie; **~bald** len čo
e Socke (≈, *n*) ponožka; obraz. hovor. **sich auf die ~n machen** odchádzať, chystať sa na odchod
r Sockel (*s*, ≈) **1** podstavec, podmurovka **2** pätica žiarovky
sodann ďalej, okrem toho, potom
s Sodawasser (*s*, *≈*) sódová voda, hovor. sódovka
s Sodbrennen (*s, 0*) záha, pálenie záhy
soeben práve, práve teraz
s Sofa (*s, s*) pohovka
sofern SP pokiaľ, kým
r Soff (*(e)s, 0*) vulg. chľast, pijanica
sofort ihneď, zaraz; **~ig** okamžitý, bezodkladný
e Software ['zoftve:ɐ] (≈, *s*) softvér, programové vybavenie počítača
sog. skr. **sogenannt** **<so genannt>** takzvaný
sogar a aj, dokonca, ešte aj; **–gleich** (i)hneď, okamžite
e Sohle (≈, *n*) **1** podošva, podrážka **2** úpätie, päta vrchu **3** dno údolia, rieky, kanála
r Sohn (*(e)s, ≈e*) syn
e Soiree [zoa're:] (≈, *een*) soirée, spoločenský večer
e Soja (≈, *jen*) **Sojabohne** (≈, *n*) bot. sója
solang(e) SP dokiaľ, kým
solch taký; *~ einer* taký; *~ eine* taká; *~ eines* také; **~erart, ~erlei** taký
r Sold (*(e)s, e*) voj. žold
r Soldat (*en, en*) vojak; **~isch** vojenský
r Soldatenrock (*(e)s, ≈e*) vojenský kabát; **s –spiel** (*(e)s, e*) hra na vojakov
r Söldner (*s*, ≈) žoldnier; **e ~truppen** MNČ žoldnierske vojsko
solid solídny
solidarisch solidárny, súdržný; *sich mit j-m ~ erklären* vysloviť sa solidárne s kým; **e –ität** (≈, *0*) solidarita, súdržnosť
r Solist (*en, en*) hud. sólista

PQRS

s Soll (≈ al. *s*, ≈ al. *s*) ekon. **1** povinnosť, plánovaná úloha **2** kolónka „má dať"!; ~ *und Haben* Má dať a Dal
sollen 1 mať povinnosť; *er hat es bezahlen* ~ mal to zapiatiť, *ich soll* lernen* mám sa učiť; *soll ich dir helfen?* mám ti pomôcť? **2** vyjadrenie pravdepodobnosti, nepriameho rozkazu a podmienky; *er soll* krank sein* údajne je chorý; *was soll* das?* čo to má znamenať?; *was soll* ich hier?* čo tu mám robiť?, čo tu hľadám?; *er soll* kommen** nech príde; *wenn es regnen sollte*...* keby pršalo...
s Solo (*s*, *s* al. *Soli*) hud. sólo; **r ~tänzer** (*s*, ≈) sólový tanečník
solvẹnt ekon. solventný, schopný platiť
somịt tým, teda, preto; ~ *wäre es erledigt* tým by to bolo vybavené
r Sommer (*s*, ≈) leto; *im* ~ v lete; **e ~frische** (≈, *n*) **1** letný pobyt **2** letovisko; **~lich** letný; **r ~sitz** (*es*, *e*) letné sídlo; **r ~schlußverkauf** <**...ss...**> ((*e*)*s*, *≈e*) letný výpredaj; **e ~sprosse** (≈, *n*) peha; **e ~zeit** (≈, *0*) letný čas
somnambụl námesačný
e Sonạte (≈, *n*) hud. sonáta
e Sonde (≈, *n*) sonda
s Sonder|angebot ((*e*)*s*, *e*) mimoriadna, výhodná ponuka; **e –|ausgabe** (≈, *n*) zvláštne, mimoriadne vydanie knihy, novín ap.; **–bar** zvláštny, neobyčajný; **r –be|auftragte** (*n*, *n*) osobitný emisár, mimoriadny vyslanec, poverenec; **e –fahrt** (≈, *en*) mimoriadna, zvláštna jazda; **r –frieden** (*s*, ≈) separátny mier; **–gleichen** neobyčajný, nemajúci roveň; **e –kosten** MNČ mimoriadne výdavky; **–lich** zvláštny, neobyčajný, podivný, čudný; **r –ling** (*s*, *e*) podivín, čudák
sondern[1] oddeliť, odlúčiť, triediť
sondern[2] SP ale, lež, ba dokonca; *nicht nur*, ~ *auch* nielen, ale aj
r Sonder|preis (*es*, *e*) mimoriadna cena; **e –schicht** (≈, *en*) mimoriadna smena; **r –zug** ((*e*)*s*, *≈e*) mimoriadny vlak; **e –zulage** (≈, *n*) osobitný, mimoriadny prídavok/príplatok
sondiẹren sondovať **1** lek. zavádzať sondu **2** obraz. skúmať, pátrať
s Sonẹtt ((*e*)*s*, *e*) bás. sonet, znelka
r Sonn|abend ((*e*)*s*, *e*) sobota; *am* ~ v sobotu
e Sonne (≈, *n*) slnko; **sich ~n** slniť sa, opaľovať sa
r Sonnen|aufgang ((*e*)*s*, *≈e*) východ slnka; **s –bad** ((*e*)*s*, *≈er*) slnečný kúpeľ; **e –blume** (≈, *n*) slnečnica; **r –brand** ((*e*)*s*, *0*) **1** slnečná horúčava **2** lek. slnečný úpal; **e –brille** (≈, *n*) slnečné okuliare; **e –creme** [...krę:m] (≈, *s*) krém na opaľovanie; **e –|energie** (≈, *0*) slnečná energia; **e –finsternis** (≈, *se*) zatmenie slnka; **–gebräunt** opálený, zhnednutý od slnka; **–klar** nad slnko jasný, samozrejmý; **r –schein** ((*e*)*s*, *e*) **1** slnečný svit **2** hovor. slniečko; *du bist mein ~!* ty si moje slniečko!; **r –schirm** ((*e*)*s*, *e*) slnečník; **r –stich** ((*e*)*s*, *e*) lek. slnečný úpal; **s –system** (*s*, *e*) slnečná sústava; **e –|uhr** (≈, *en*) slnečné hodiny; **r –|untergang** (*s*, *≈e*) západ slnka; **e –wende** (≈, *n*) slnovrat
sonnig slnečný
r Sonntag ((*e*)*s*, *e*) nedeľa; **am** ~ v nedeľu; **~s** pravidelne v nedeľu, každú nedeľu
r Sonntags|anzug ((*e*)*s*, *≈e*) nedeľný, sviatočný oblek; **e –beilage** (≈, *n*) nedeľná príloha novín; **r –fahrer** (*s*, ≈) sviatočný šofér; **e –schule** (≈, *n*) nedeľná škola
sonst 1 inak, ináč **2** okrem toho **3** obyčajne, inokedy **4** iný, iné; *wer ~?* kto iný?; *was ~?* čo iné?; ~ *niemand* nikto iný, ináč nikto; ~ *nichts* nič iné; **~ig** iný, ostatný
so|ọft kedykoľvek, hocikedy
e Sorge (≈, *n*) **1** starosť; *sich ~n machen* robiť si starosti **2** starostlivosť (*für j-n/etw* o koho/čo)
sorgen starať sa, dbať (*für j-n/etw* o koho/čo); **sich ~** strachovať sa, robiť si starosti (*um j-n/etw* o koho/čo);

PQRS

~frei bezstarostný; **s ~kind** (*es, er*) problémové dieťa; **~voll** starostiplný, starostlivý
e Sorg|falt (*≈, 0*) starostlivosť, svedomitosť; **–fältig** starostlivý, svedomitý; **e –fältigkeit** (*≈, 0*) starostlivosť, svedomitosť; **–lich** starostlivý, láskavý; **–los** bezstarostný, ľahostajný; **–sam** starostlivý, svedomitý
e Sorte (*≈, n*) **1** druh, typ **2** kvalita, akostná trieda
sortịer|en triediť, vyberať; **e –ung** (*≈, en*) triedenie
s Sortimẹnt (*(e)s, e*) sortiment, výber
sosẹhr SP akokoľvek, ako veľmi; *~ ich ihn auch schätze, doch…* akokoľvek si ho cením, predsa…
r SOS-Ruf (*es, e*) volanie o pomoc, volanie SOS
e Soße <**Sauce**> (*≈, n*) kuch. omáčka, šťava
e Soubrẹtte [zu'bretə] (*≈, n*) div. subreta
r Souffl|ẹur [zu'flø̞:ɐ] (*s, e*) div. šepkár; **e –ẹuse** [zu'flø̞:zə] (*≈, n*) div. šepkárka; **–ịeren** [zu'fli:rən] div. našepkávať
so|undso tak a tak; *~ viel* toľko a toľko; *Herr So|undso* pán ten a ten
s Soupẹr [zu'pe̞:] (*s, s*) večera slávnostná
s Souterrạin [zute'rẽ:] (*s, s*) suterén
souverä|n [zuvə're:n] zvrchovaný, suverénny; **e –nitạ̈t** [zuvərenі'te:t] (*≈, en*) zvrchovanosť, suverenita
sovịel[1] <**so viel**> toľko; *doppelt ~* dvakrát toľko
sovịel[2] pokiaľ; *~ ich weis* pokiaľ viem
soweit **1** PRÍSL tak ďaleko, dosiaľ; *es geht* ihm ~ gut* zatiaľ sa má dobre **2** SP pokiaľ; *~ wie möglich* pokiaľ možno
sowenig **1** tak málo **2** SP aj keď tak málo, hoci tak málo; *~ du gelernt hast…* hoci si sa učil tak málo…
so|wie **1** len čo **2** ako aj; **–wiesọ** tak či tak, aj tak; **–wohl**: *sowohl… als auch…* nielen…, ale aj…
soziạl sociálny, spoločenský; **s ~|amt** (*(e)s, ≈er*) sociálny úrad; **r ~demokrat** (*en, en*) sociálny demokrat; **~demokratisch** sociálnodemokratický; **~isịeren** socializovať; **r ~ịsmus** (*≈, 0*) socializmus; **r ~ịst** (*en, en*) socialista; **~ịstisch** socialistický; **e ~politik** (*≈, 0*) sociálna politika; **e ~versicherung** (*≈, en*) sociálne poistenie; **e ~wissenschaft** sociológia
r Soziolọ|ge (*n, n*) sociológ; **e –gịe** (*≈, 0*) sociológia; **–gisch** sociologický
r Sozius (*≈, se*) zast. spoločník
sozusạgen takpovediac, takrečeno
r Spachtel (*s, ≈*), **e Spachtel** (*≈, n*) stierka, špachtľa
späh|en vyzvedať, pátrať, sliediť, špehovať; **r –er** (*s, ≈*) sliedič, vyzvedač, špeh; **r –trupp** (*s, s*) voj. prieskumná hliadka, rozviedka
s Spalịer (*s, e*) špalier
r Spalt (*(e)s, e*) trhlina, štrbina, škára; **~bar** štiepateľný; **e ~e** (*≈, n*) **1** trhlina, puklina **2** stĺpec v novinách; **~en*** (*spaltete, gespalten* al. *gespaltet*) **1** štiepať, kálať drevo **2** fyz. štiepať; **r ~pilz** (*es, e*) baktéria; **e ~ung** (*≈, en*) **1** štiepanie, kálanie **2** fyz. štiepanie, delenie **3** obraz. rozkol
r Span (*(e)s, ≈e*) trieska, štiepka, hoblina; obraz., hovor. **mach keine Späne!** nerob fóry!
s Spanferkel (*s, ≈*) cicajúce prasiatko
e Spange (*≈, n*) sponka, pracka
r Spannbeton […be̞'toŋ/bẹtõ:] (*s, s*) predpätý betón
e Spann|e (*≈, n*) **1** rozdiel, rozpätie **2** časový úsek, interval **3** piaď; **–en** **1** natiahnuť, napnúť **2** zapriahnuť zviera **3** sťahovať, byť tesný o oblečení; **sich –en** napnúť sa, vypínať sa, klenúť sa; **–end** napínavý, pútavý, vzrušujúci; **e –kraft** (*≈, 0*) **1** pružnosť **2** rozpínavosť plynu; **e –ung** (*≈, en*) **1** napínanie, naťahovanie **2** elektrotech. napätie **3** rozpätie
e Spannungs|änderung (*≈, en*)

zmena napätia; **e –|einheit** (≈, *en*) jednotka napätia; **r –messer** (*s,* ≈) elektrotech. voltmeter; **r –teiler** (*s,* ≈) elektrotech. potenciometer

e Spannweite (≈, *n*) rozpätie

s Spar|buch (*es, ≈̈er*) vkladná knižka; **e –büchse** (≈, *n*) pokladnička; **e –|einlage** (≈, *n*) úspora, vklad; **–en** šetriť, sporiť; **r –er** (*s,* ≈) sporiteľ

r Spargel (*s,* ≈) špargľa

e Spar|kasse (≈, *n*) sporiteľňa; **s –konto** (*s, –konten* al. *–konti*) vkladový účet

spärlich 1 skromný, sporý **2** riedky o vlasoch ap.

e Spar|maßnahme (≈, *n*) úsporné opatrenie; **s –programm** (*s, e*) plán sporenia, úsporný plán; **–sam** sporivý, šetrný, hospodárny; **e –samkeit** (≈, *0*) šetrnosť, sporivosť, hospodárnosť

spartanisch sparťanský, striedmy, prísny

e Sparte (≈, *n*) **1** odbor, oblasť, odvetvie **2** novinový stĺpec

r Spaß[1] (*es, 0*) zábava; *das macht mir ~* to ma baví; *viel ~!* príjemnú zábavu!

r Spaß[2] (*es, ≈̈e*) žart, vtip; *zum/aus ~* žartom; *~ beiseite* žarty nabok; **~en** žartovať, vtipkovať; *damit ist nicht zu ~en* s tým nie sú žarty; **~haft, ~ig** žartovný, vtipný, veselý; **r ~macher** (*s,* ≈) vtipkár, žartovník; **r ~verderber** (*s,* ≈) ten, kto kazí zábavu; **r ~vogel** (*s,* ≈̈) hovor. figliar, šibal

spät 1 PR M neskorý **2** PRÍSL neskoro; *~er* neskôr; *zu ~ kommen** prísť príliš neskoro; **wie ~ ist es?** koľko je hodín?

r Spaten (*s,* ≈) rýľ

später|hin neskôr, neskoršie; **–estens** najneskôr, najneskoršie; **r –frost** (*es, ≈̈e*) neskorý, jarný mráz; **r –sommer** (*s,* ≈) neskoré leto, sklonok leta

r Spatz (*en, en*) **1** zool. vrabec **2** familiárny malé dieťa, miláčik

spazier|en (*i*) prechádzať sa; **~|fahren*** <**~ fahren**> (*u, i. a*) previezť sa, povoziť sa na dopravnom prostriedku; **e –fahrt** (≈, *en*) (pre)vy|chádzková jazda; **r –gang** (*(e)s, ≈̈e*) prechádzka; **~|gehen*** <**~ gehen**> (*ging spazieren, i. spazierengegangen*) ísť na prechádzku, ísť sa poprechádzať; **r –stock** (*es, ≈̈e*) vychádzková palička

e SPD skr. **Sozialdemokratische Partei Deutschlands** Sociálnodemokratická strana Nemecka

r Specht (*(e)s, e*) zool. ďateľ

r Speck (*(e)s, e*) slanina; **~ig 1** mastný **2** zamastený, zašpinený; **e ~knödel** MNČ knedle so slaninou; **r ~stein** (*(e)s, e*) mastenec nerast

r Spedi|teur [...'tø:ɐ] (*s, e*) zasielateľ, dopravovateľ, prepravca, hovor. špeditér; **e –tion** (≈, *en*) zasielanie, dopravovanie, hovor. špedícia

r Speer (*(e)s, e*) oštep, kopija; **r ~wurf** (*es, 0*) šport. hod oštepom

e Speiche (≈, *n*) **1** lek. vretenná kosť **2** tech. rameno, lúč kolesa

r Speichel (*s, 0*) slina; **e ~drüse** (≈, *n*) slinná žľaza; **~n 1** vylučovať sliny **2** sliniť, slintať

r Speicher (*s,* ≈) **1** sýpka, obilnica **2** zásobník **3** tech. akumulátor **4** pamäť počítača; **r ~|ofen** (*s,* ≈̈) akumulačná pec; **~n 1** uskladňovať v sýpke **2** zhromažďovať zásoby **3** tech. akumulovať **4** ukladať do pamäti počítača

speien* (*ie, h. ie*) **1** pľuť, pľuvať **2** chrliť, soptiť **3** dáviť, vracať

r Speil (*s,* ≈) drievko, palička

r Speis (*es, 0*) malta

e Speise (≈, *n*) pokrm, jedlo; **s ~|eis** (*es, 0*) zmrzlina; **e ~kammer** (≈, *n*) komora, hovor. špajza; **e ~karte** (≈, *n*) jedálny lístok; **~n 1** jesť; *zu Mittag ~* obedovať **2** stravovať **3** tech. napájať, dodávať; **e ~röhre** (≈, *n*) pažerák; **r ~saal** (*(e)s, Säle*) jedáleň; **r ~wagen** (*s,* ≈) jedálny vozeň vlaku

e Speisung (≈, *en*) **1** stravovanie, kŕmenie **2** tech. napájanie, prívod

r Spektakel (*s,* ≈) hovor. lomoz, hluk, hurhaj, rozruch
r Spekulant (*en, en*) špekulant; **e –lation** (≈, *en*) špekulácia; **–lieren** špekulovať, rátať s čím; *auf j-s Unwissenheit spekulieren* rátať s nevedomosťou koho
e Spelunke (≈, *n*) hovor. **1** brloh, neudržiavaný byt **2** vykričaná krčma
e Spelze (≈, *n*) bot. pleva; **–ig** plevovitý
e Spende (≈, *n*) dar, príspevok; **s~n** darovať, venovať, dať; **j-m Trost ~n** utešovať koho; **r ~r** (*s,* ≈) darca
spendieren hovor. darovať, prispievať
r Spengler (*s,* ≈) klampiar
r Sperber (*s,* ≈) zool. jastrab krahulec
r Sperling (*s, e*) zool. vrabec
s Sperma (*s, en*) sperma, semeno
sperrangelweit dokorán
r Sperrbolzen (*s,* ≈) zarážka, kolík
e Sperre (≈, *n*) **1** uzavretie, uzáver **2** embargo **3** tech. závora **4** priehrada, hrádza **5** zastavenie platu ap.; **–en 1** zavrieť, zamknúť **2** zastaviť, vypnúť **3** ekon. zamedziť, zakázať **4** tech. blokovať; **sich –en** vzpierať sa; **s –gebiet** (*(e)s, e*) uzavreté územie, oblasť; **s –holz** (*es, 0*) preglejkové výrobky; **–ig 1** neskladný tovar **2** obraz. spurný; **e –stunde** (≈, *n*) zatváracia, záverečná hodina; **r –zoll** (*s,* ≈*e*) ochranné clo
e Spesen MNČ výdavky, trovy; **~frei** bez výdavkov, bezplatný
spezial špeciálny, zvláštny; **~isieren** špecializovať; *sich ~isieren* špecializovať sa; **r ~ist** (*en, en*) špecialista, odborník; **e ~ität** (≈, *en*) špecialita, zvláštnosť
speziell špeciálny, zvláštny
e Spezies (≈, ≈) určitý, zvláštny druh, spôsob
spezifisch špecifický
e Sphäre (≈, *n*) sféra **1** okruh, oblasť pôsobnosti **2** kruh, spoločenská vrstva; **–isch** sférický, guľovitý
r Spickaal (*(e)s, e*) údený úhor; **–en 1** kuch. prešpikovať mäso, slaninu **2** obraz. napchať, naplniť **3** podplácať **4** hovor. odpisovať v škole
r Spiegel (*s,* ≈) **1** zrkadlo **2** vodná hladina **3** lek. hladina cukru v krvi ap.; **s ~bild** (*(e)s, er*) **1** zrkadlový obraz **2** verný obraz; **~blank** ligotavý, lesklý ako zrkadlo; **s ~ei** (*(e)s, er*) volské oko; **~glatt** zrkadlovo hladký; **~n 1** zrkadliť, odrážať aj obraz.; *sich ~n* zrkadliť sa **2** lesknúť sa; **e ~reflexkamera** (≈, *s*) fot. zrkadlovka; **e ~schrift** (≈, *en*) zrkadlové písmo; **e ~ung** (≈, *en*) **1** odrážanie, odraz v zrkadle **2** zrkadlenie
s Spiel (*(e)s, e*) **1** hra, hranie **2** tech. vôľa, medzera **3** len JČ hra, umelecké stvárnenie; **leichtes ~ haben** mať ľahkú prácu; **etw aufs ~ setzen** riskovať; **e ~art** (≈, *en*) **1** spôsob hry **2** bot., zool. odroda; **r ~automat** (*en, en*) hrací automat; **r ~ball** (*(e)s,* ≈*e*) **1** lopta **2** obraz. hračka; **~en 1** hrať (sa) (*mit j-m* s kým) **2** hrať, zahrávať si **3** predstierať; **~end 1** hrajúci (sa) **2** hravý, ľahký; **r ~er** (*s,* ≈) hráč; **e ~erei** (≈, *en*) **1** hra, hranie **2** hračka, maličkosť; **s ~feld** (*(e)s, er*) športové ihrisko; **r ~film** (*(e)s, e*) hraný film; **e ~hölle** (≈, *n*) kartársky pelech; **e ~karte** (≈, *n*) hracia karta; **r ~plan** (*(e)s,* ≈*e*) **1** plán hry **2** repertoár v divadle; **r ~platz** (*es,* ≈*e*) ihrisko; **r ~raum** (*(e)s,* ≈*e*) **1** voľný priestor pri rokovaniach **2** tech. vôľa, tolerancia **3** obraz. voľnosť pohybu, činnosti ap.; **e ~sache** (≈, *n*) hračka; **e ~sucht** (≈, *0*) hráčska vášeň; **e ~uhr** (≈, *en*) hracie hodiny; **r ~verderber** (*s,* ≈) rušiteľ hry, zábavy; **e ~waren** MNČ hračky; **s ~zeug** (*(e)s, 0*) hračka, hračky
r Spieß (*es, e*) **1** oštep, kopija **2** ražeň; **wie am ~ schreien*** kričať ako by ho na nože brali; **r ~bürger** (*s,* ≈) malomeštiak, obmedzenec; **~bürgerlich** malomeštiacky, obmedzený; **~en** prepichnúť, napichnúť, nabodnúť; **r ~er** (*s,* ≈) hovor. malomeštiak, obme-

PQRS

dzenec; **s ~rutenlaufen** (*s, 0*) beh medzi korbáčujúcimi vojakmi, obraz. terč verejného posmechu

e Spikes MNČ ['špae:kəs] tretry športová obuv

r Spinat (*(e)s, e*) špenát

e Spindel (*≈, n*) **1** vreteno **2** os, hriadeľ; **~dürr** hovor. chudý ako trieska; **~förmig** vretenovitý; **e ~treppe** (*≈, n*) točité schody

e Spinn|e (*≈, n*) pavúk; **~feind**: *j-m ~feind sein* nenávidieť koho na smrť; **–en*** (*a, h. o*) **1** priasť, spriadať **2** obraz. snovať, vymýšľať **3** blúzniť, tárať; *er spinnt** tára, vymýšľa si; **r –er** (*s, ≈*) **1** pradiar **2** zool. priadka **3** hovor. táraj, blúznivec; **e –erei** (*≈, en*) **1** pradiareň **2** táranie, vymýšľanie; **s –gewebe** (*s, ≈*) pavučina; **s –rad** (*(e)s, ≈̈er*) kolovrat; **r –rocken** (*s, ≈*) praslica

r Spion (*s, e*) špión; **e ~age** [špjo'na:žə] (*≈, n*) špionáž

spiral špirálovitý

r Spiral|bohrer (*s, ≈*) tech. skrutkový vrták; **e –e** (*≈, n*) **1** špirála **2** závitnica; **e –feder** (*≈, n*) tech. špirálová pružina; **–förmig** špirálovitý; **e –windung** (*≈, en*) tech. špirálové vinutie, špirálový závit

e Spirituosen MNČ liehoviny, alkoholické nápoje

r Spiritus[1] (*≈, ≈*) dych, duch, život

r Spiritus[2] (*≈, ≈* al. *se*) lieh, pálenka; **r ~kocher** (*s, ≈*) liehový varič

s Spital (*s, e* al. *≈̈er*) **1** nemocnica **2** zast. chudobinec, starobinec

spitz 1 ostrý, špicatý **2** obraz. ostrý, pichľavý, jedovatý

r Spitz (*es, e*) **1** špic druh psa **2** špička, podnapitosť; **r ~bart** (*(e)s, ≈̈e*) kozia briadka; **r ~bogen** (*s, ≈* al. *≈̈*) lomený oblúk; **r ~bube** (*n, n*) šibal, prefíkanec

e Spitze (*≈, n*) **1** hrot, špička aj obraz.; *an der ~* na čele **2** končiar, vrchol **3** čipka **4** náustok, špička na cigarety; **auf die ~ treiben*** hnať do krajnosti

r Spitzel (*s, ≈*) sliedič, vyzvedač

spitzen 1 (za)ostriť, zahrotiť **2** číhať, vykúkať; **sich ~** hovor. tešiť sa (*auf etw* na čo)

s Spitzen|kleid (*es, er*) čipkové šaty; **e –leistung** (*≈, en*) špičkový, vrcholový výkon; **r –sportler** (*s, ≈*) špičkový športovec; **e –qualität** (*≈, en*) špičková kvalita; **r –wert** (*(e)s, e*) tech. vrcholová hodnota; **e –zeit** (*≈, en*) obdobie najvyššieho zaťaženia, hovor. špička napr. v elektrárni

r Spitzer (*s, ≈*) strúhadlo na ceruzky

spitz|findig vynaliezavý, dôvtipný; **e –maus** (*≈, ≈̈e*) piskor; **r –name** (*ns, n*) prezývka; **–wink(e)lig** mat. ostrouhlý

r Spleen [šplí:n] (*s, e* al. *s*) splín

e Spleiße (*≈, n*) trieska, štiepka; **~n*** (*i <...ss>, gesplissen*) **1** štiepať, sekať drevo **2** splietať, spájať laná

r Splint (*(e)s, e*) závlačka, klin

r Splitter (*s, ≈*) **1** trieska, úlomok **2** črep, črepina; **~frei** netrieštivý; **~ig 1** krehký, trieštivý **2** roztrieštený; **~n 1** (*h.*) (roz)trieštiť, rozbiť **2** (*i*) (roz)trieštiť sa, rozbiť sa; **~nackt** úplne nahý; **~sicher** netrieštivý

e SPÖ skr. **Sozialistische Partei Österreichs** Socialistická strana Rakúska

spontan spontánny

sporadisch sporadický, ojedinelý

e Spore (*≈, n*) bot. výtrus, spóra

r Sporn (*(e)s, Sporen*) ostroha kohúta, na topánkach; **~streichs** hovor. cvalom, bleskurýchlo

r Sport (*(e)s, e*) šport; *~ treiben** športovať; **e ~anlage** (*≈, n*) športové zariadenie; **e ~art** (*≈, en*) druh športu, disciplína; **e ~artikel** MNČ športové potreby; **e ~ausrüstung** (*≈, en*) športový výstroj; **~begeistert** nadšený pre šport; **r ~bericht** (*es, e*) športová správa; **r ~fan** ['športfen] (*s, s*) športový fanúšik; **e ~halle** (*≈, n*) športová hala; **r ~klub** (*s, s*) športový klub; **r ~ler** (*s, ≈*) športovec; **~lich** športový;

~mäßig športovo; **r ~platz** (*es,* ≈*e*) športové ihrisko; **r ~verein** (*(e)s, e*) športový spolok, klub; **r ~wagen** (*s,* ≈) **1** športové auto **2** športový kočík pre väčšie deti

r Spott (*(e)s, 0*) posmech, výsmech; **~billig** veľmi lacný; **r ~name** (*ns, n*) prezývka

spotten posmievať sa, vysmievať sa (*über j-n/etw* komu/čomu)

r Spött|er (*s,* ≈) posmeškár; **e –erei** (≈, *en*) posmeškárstvo, zosmiešňovanie; **–isch** posmešný, výsmešný

Sprach- jazykový; **r ~bau** (*(e)s, 0*) stavba jazyka; **~begabt** nadaný na jazyky

e Sprache (≈, *n*) **1** jazyk; *die deutsche ~* nemecký jazyk **2** reč, hovorenie; *eine deutliche ~ sprechen* hovoriť jasnou rečou

e Sprach|eigenheit (≈, *en*), **e –eigentümlichkeit** (≈, *en*) jazyková zvláštnosť; **r –fehler** (*s,* ≈) jazyková chyba; **r –forscher** (*s,* ≈) jazykovedec, lingvista; **r –führer** (*s,* ≈) jazykový sprievodca, konverzačná príručka; **s –gefühl** (*s, 0*) jazykový cit; **–gewandt** jazykovo pohotový, výrečný; **e –kenntnis** (≈, *se*) znalosť jazyka; **–kundig** poznajúci jazyk, cudzie jazyky; **e –lehre** (≈, *n*) gramatika; **–lich** jazykový; *ein –licher Fehler* jazyková chyba; **–los 1** nemý **2** neschopný slova; **r –raum** (*(e)s,* ≈*e*) jazyková oblasť; **s –rohr** (*(e)s, e*) hlásna trúba, megafón; obraz. *j-s Sprachrohr sein* byť hlásnou trúbou koho; **r –schatz** (*es, 0*) jazykový fond, slovná zásoba; **e –schule** (≈, *n*) jazyková škola; **r –unterricht** (*(e)s, 0*) vyučovanie jazyka; **–widrig** jazykovo nesprávny; **e –wissenschaft** (≈, *0*) jazykoveda; **–wissenschaftlich** jazykovedný

r, s Spray [šprę:] (≈ al. *s, s*) spray

e Sprech|anlage (≈, *n*) domový telefón pri vchode do budovy; **r –chor** [...ko:ɐ] (*s,* ≈*e*) recitačný zbor

sprech|en* (*a, h. o*) **1** hovoriť, rozprávať; *Deutsch ~** hovoriť po nemecky; *von j-m/etw* al. *über j-n/etw ~** hovoriť o kom/čom; *du hast gut ~** tebe sa dobre hovorí **2** rozprávať sa, porozprávať sa; *ich habe mit dir zu ~* musím s tebou hovoriť; **das spricht* dafür** to tomu nasvedčuje; **~d** hovoriaci, výrečný; **r –er** (*s,* ≈) **1** hovoriaca osoba, prednášateľ **2** hlásateľ **3** rečník **4** hovorca; **e –muschel** (≈, *n*) mušľa telefónu; **e –stunde** (≈, *n*) ordinačná al. prijímacia hodina; **e –weise** (≈, *0*) spôsob vyjadrovania, hovorenia; **s –zimmer** (*s,* ≈) prijímacia, ordinačná miestnosť

e Spreize (≈, *n*) **1** podpera, rozpera **2** šport. roznožka; **~n 1** podoprieť, rozoprieť **2** rozpínať, rozťahovať; *die Beine ~n* rozkročiť sa; **sich ~n 1** vystatovať sa, vypínať sa **2** obraz. vzpierať sa, zdráhať sa

e Sprengbombe (≈, *n*) trhavá bomba

spreng|en 1 odstreľovať, roztrieštiť trhavinou **2** pokropiť, postriekať **3** vyraziť, vypáčiť **4** pretrhnúť, rozbiť; *die Fesseln ~* roztrhnúť putá; **r –er** (*s,* ≈) rozprašovač vody, polievač; **e –kapsel** (≈, *n*) voj. rozbuška; **e –ladung** (≈, *en*) voj. trhacia, výbušná nálož; **r –stoff** (*(e)s, e*) trhavina; **e –ung** (≈, *en*) **1** trhanie, odstreľovanie **2** obraz. rozbitie, rozmetanie **3** kropenie, polievanie; **r –wagen** (*s,* ≈) polievacie auto

r Sprenkel (*s,* ≈) škvrna, bodka; **~n** bodkovať

e Spreu (≈, *0*) pleva aj obraz.; *die ~ vom Weizen trennen* oddeliť zrno od pliev

s Sprich|wort (*(e)s,* ≈*er*) porekadlo, príslovie; **–wörtlich** príslovečný

r Sprießel (*s,* ≈) vzpera, rozpera, priečka rebríka

sprießen* (*o* <...ss>, *i. gesprossen*) pučať, klíčiť, vyháňať

r Spring|brunnen (*s,* ≈) fontána, vodotrysk; **–en*** (*a, i. u*) **1** skákať, skočiť

2 puknúť, prasknúť 3 vystreknúť, vyraziť; **in die Augen springen*** biť do očí; **r –er** (*s*, ≈) skokan; **e –feder** (≈, *n*) pružina; **s –kraut** ((*e*)*s*, ≈̈*er*) bot. netýkavka

r Sprinter (*s*, ≈) šport. šprintér

r Sprit ((*e*)*s*, *e*) **1** lieh, alkohol **2** octová trsť **3** hovor. benzín, pohonná látka

e Spritz|e (≈, *n*) striekačka hasičská, injekčná; **–en 1** striekať, vystrekovať **2** kropiť, pokropiť **3** lek. dať injekciu; **s –enhaus** (*es*, ≈̈*er*) zast. požiarna zbrojnica; **r –er** (*s*, ≈) **1** škvrna, hovor. striekanec **2** maliar-striekač; **–ig** rezký; **e –pistole** (≈, *n*) striekacia pištoľ; **e –tour** [...tu:ɐ] (≈, *en*) hovor. krátky výlet

spröde 1 krehký, lámavý, drobivý **2** nepoddajný, drsný, suchý **3** obraz. chladný, uzavretý

r Sproß <...ss> (*Sprosses, Sprosse* al. *Sprossen*) **1** výhonok, prút, ratolesť **2** potomok

e Sprosse (≈, *n*) **1** priečka rebríka **2** peha

r Sprossenkohl ((*e*)*s*, *e*) rak. kel ružičkový

e Sprossen|leiter (≈, *n*) rebrík; **e –wand** (≈, ≈̈*e*) šport. ribstol, švédska rebrina

r Sprößling <...ss...> (*s*, *e*) **1** výhonok, ratolesť, prút **2** potomok

e Sprotte (≈, *n*) zool. šprota obyčajná

r Spruch ((*e*)*s*, ≈̈*e*) **1** porekadlo, vtipné úslovie **2** práv. výrok, rozsudok; **s ~band** ((*e*)*s*, ≈̈*er*) transparent s heslom

r Sprudel (*s*, ≈) **1** vodný vír, krútňava **2** prameň, žriedlo **3** minerálna voda; **~n 1** (*i*) pramениť, vyvierať **2** (*h.*) chrliť, vrieť, kypieť, šumieť

e Sprüh|dose (≈, *n*) nádoba s rozprašovačom; **–en 1** (*h.*) sršať, iskriť, ligotať sa **2** (*i*) sršať, striekať; **r –regen** (*s*, *0*) mrholenie

r Sprung ((*e*)*s*, ≈̈*e*) **1** skok; hovor. *auf einen ~* na skok, na chvíľu **2** trhlina, prasklina, puklina; **s ~brett** ((*e*)*s*, *er*) odrazový mostík; **e ~feder** (≈, *n*) pružina; **~haft 1** skákavý **2** trhavý, nesúvislý; **e ~schanze** (≈, *n*) šport. lyžiarsky mostík; **s ~seil** ((*e*)*s*, *e*) švihadlo; **s ~tuch** ((*e*)*s*, ≈̈*er*) záchranná plachta pri požiari; **~weise** skákavo, skokom

e Spuck|e (≈, *0*) hovor. slina, pľuvanec; **–en 1** pľuť **2** zvracať, dáviť

r Spuk ((*e*)*s*, *e*) **1** strašidlo, mátoha **2** hovor. lomoz, hluk; **~en** strašiť, mátožiť; *hier spukt es* tu straší; **~haft** strašidelný

s Spül|becken (*s*, ≈) **1** drez **2** splachovacia nádrž

e Spule (≈, *n*) cievka; **~n** navíjať na cievku

spül|en vyplachovať, oplachovať, omývať; *ans Land ~* naplavovať na breh; **s –klosett** ((*e*)*s*, *e*) splachovací záchod; **e –maschine** (≈, *n*) umývačka riadu; **s –wasser** (*s*, ≈̈) splachovacia voda; **e –ung** (≈, *en*) **1** lek. výplach **2** vyplachovanie

r Spulwurm ((*e*)*s*, ≈̈*er*) zool. škrkavka

r Spund ((*e*)*s*, ≈̈*e*) zátka

e Spur (≈, *n*) **1** stopa, šľapaj; *auf der ~ sein* byť na stope **2** štipka, trocha **3** jazdný prúd na diaľnici ap. **4** rozchod koľajníc ap.

spür|bar citeľný, zreteľný; **–en 1** cítiť, pociťovať **2** stopovať, vetriť; **r –hund** ((*e*)*s*, *e*) **1** stopovací pes **2** hovor. špiceľ, špehúň

spurlos bez stopy; *~ verschwinden** zmiznúť bez stopy

e Spür|nase (≈, *n*) **1** dobrý ňuch u psa **2** obraz. bystrý postreh u ľudí; **r –sinn** ((*e*)*s*, *0*) jemný čuch, vetrenie u psa

r Spurt ((*e*)*s*, *e* al. *n*) šport. špurt, finiš; **~en** šport. špurtovať, finišovať

e Spurweite (≈, *0*) rozchod koľajníc, koľají ap.

sputen sich ponáhľať sa

St. skr. **1 s Stück** kus **2 e Stunde** hodina al. **Sankt** svätý

r Staat ((*e*)*s*, *en*) **1** štát **2** zool. väčšie spoločenstvo zvierat **3** nádhera, lesk, prepych

r Staaten|bund (*(e)s, ≈e*) spolok, zväzok štátov; **–los** bez štátnej príslušnosti
staatlich štátny
e Staats|angehörigkeit (*≈, 0*) štátna príslušnosť; **r –|anwalt** (*s, ≈e*) práv. štátny zástupca, prokurátor; **r –bürger** (*s, ≈*) štátny občan; **r –dienst** (*es, e*) štátna služba; **–feindlich** protištátny; **s –gebiet** (*es, e*) štátne územie; **e –gewalt** (*≈, 0*) štátna moc; **r –haushaltsplan** (*(e)s, ≈e*) štátny rozpočet; **e –hoheit** (*≈, 0*) štátna zvrchovanosť, suverenita; **e –kosten** MNČ štátne trovy; **r –mann** (*(e)s, ≈er*) štátnik; **s –|oberhaupt** (*es, ≈er*) hlava štátu; **e –prüfung** (*≈, en*) štátna skúška; **r –sekretär** (*s, e*) štátny tajomník; **r –sicherheitsdienst** (*es, e*) štátna bezpečnostná služba; **r –streich** (*(e)s, e*) štátny prevrat; **e –verwaltung** (*≈, 0*) štátna správa; **e –wirtschaft** (*≈, 0*) štátne hospodárstvo; **s –wappen** (*s, ≈*) štátny znak
r Stab (*(e)s, ≈e*) **1** palica, tyč **2** hud. taktovka **3** voj. štáb; obraz. *den ~ über j-n brechen** lámať nad kým palicu
s Stäbchen (*s, ≈*) palička, tyčinka
s Stab|eisen (*s, ≈*) tyčové, prútové železo; **–förmig** tyčovitý, palicovitý; **r –hochsprung** (*(e)s, ≈e*) šport. skok o žrdi
stabil stabilný, stály, trvalý; **~isieren** stabilizovať, ustáliť; **e ~isierung** (*≈, en*) stabilizácia, ustálenie; **e ~ität** (*≈, 0*) stabilita, stálosť, ustálenosť
r Stachel (*s, n*) **1** žihadlo **2** osteň, tŕň **3** obraz. osteň, ostrie; **e ~beere** (*≈, n*) egreš; **r ~draht** (*(e)s, ≈e*) ostnatý drôt; **~ig** ostnatý, pichľavý; **~n 1** pichať, bodať **2** obraz. podpichovať, dráždiť (*j-n* koho); **s ~schwein** (*(e)s, e*) dikobraz
s Stadion (*s, Stadi|en*) štadión
s Stadium (*s, Stadi|en*) štádium, stupeň vývoja
e Stadt (*≈, ≈e*) mesto; **s ~amt** (*(e)s, ≈er*) mestský úrad; **e ~bahn** (*≈, en*) mestská železnica; **~bekannt** známy po celom meste; **r ~bewohner** (*s, ≈*) obyvateľ mesta; **r ~bezirk** (*s, e*) mestský obvod
s Städtchen (*s, ≈*) mestečko
r Städte|bau (*es, 0*) plánovaná výstavba miest; **r –bund** (*es, ≈er*) spolok miest
s Stadt|gespräch (*(e)s, e*) **1** reči kolujúce po meste **2** miestny hovor telefonický; **s –haus** (*es, ≈er*) mestský dom
städtisch mestský, súvisiaci s mestom
r Stadt|kern (*(e)s, e*) jadro, centrum mesta; **e –mauer** (*≈, n*) mestská hradba; **e –mitte** (*≈, n*) stred mesta; **r –plan** (*(e)s, ≈e*) plán mesta; **r –rand** (*(e)s, ≈er*) okraj mesta, periféria; **e –rundfahrt** (*≈, en*) okružná cesta mestom; **r –teil** (*(e)s, e*) mestská štvrť; **e –vertretung** (*≈, en*) mestské zastupiteľstvo; **e –verwaltung** (*≈, 0*) mestská správa; **s –zentrum** (*s, en*) centrum mesta
e Staffette (*≈, n*) štafeta
e Staffel (*≈, n*) **1** stupeň rebríku ap. **2** voj. oddiel, sled, letka **3** šport. štafeta; **e ~ei** (*≈, en*) **1** maliarsky stojan **2** dvojitý rebrík; **r ~lauf** (*(e)s, ≈e*) štafetový beh; **~n** odstupňovať, stupňovite rozostaviť; **e ~ung** (*≈, en*) odstupňovanie
e Stagnation (*≈, en*) stagnácia, viaznutie
r Stahl (*(e)s, e* al. *≈e*) oceľ; **r ~beton** (*s, 0*) železobetón; **~blau** oceľovomodrý
stähl|en 1 tech. oceliť, zakaliť **2** obraz. zoceliť, otužiť; **–ern** oceľový, z ocele
e Stahl|feder (*≈, n*) oceľová pružina; **r –gießer** (*s, ≈*) lejár, zlievač ocele; **e –hütte** (*≈, n*) oceliareň; **e –|industrie** (*≈, 0*) oceliarsky priemysel; **e –kammer** (*≈, n*) trezor; **s –werk** (*(e)s, e*) oceliareň
s Staket (*(e)s, e*) latkový plot
r Stall (*(e)s, ≈e*) chliev, maštaľ, **r**

~mist (*es, e*) maštaľný hnoj; **e ~ung** (*≈, en*) chliev, maštaľ
r Stamm (*(e)s, ≈e*) **1** kmeň, peň **2** rod, pokolenie; **e ~akti|en** MNČ ekon. kmeňové akcie; **r ~baum** (*(e)s, ≈e*) rodokmeň; **s ~buch** (*(e)s, ≈er*) rodinná kronika
stammeln jachtať, zajakať sa
stammen (*i*) pochádzať odkiaľ; *er stammt aus Berlin* pochádza z Berlína
r Stamm|gast (*es, ≈e*) stály hosť; **r –halter** (*s, ≈*) udržiavateľ rodu, najstarší syn
stämmig 1 kmeňový, rodový **2** zavalitý, územčistý
s Stammkapital (*s, i|en*) ekon. kmeňový kapitál
s Stamm|lokal (*s, e*) pravidelne navštevovaný lokál, bar; **r –sitz** (*es, e*) **1** rodné sídlo **2** abonované, predplatené sedadlo; **r –tisch** (*es, e*) stôl vyhradený pre stálych hostí; **e –tischpolitik** (*≈, 0*) politika pri pive; **r –vater** (*s, ≈*) praotec; **–verwandt** súrodý, rovnakého pôvodu; **r –vokal** (*s, e*) gram. kmeňová samohláska
stampfen 1 (*h.*) dupať **2** (*h.*) tĺcť, ubíjať **3** (*i.*) namáhavo kráčať
r Stand[1] (*(e)s, 0*) **1** stav rodinný **2** postoj, pozícia **3** miesto, stanovište **4** stav, úroveň; *wie ist der ~ des Spieles?* aký je stav zápasu?
r Stand[2] (*(e)s, ≈e*) stav, spoločenská trieda; hist. *die böhmischen ~* české stavy
r Standard (*s, s*) štandard; **~isieren** štandardizovať
e Standarte (*≈, n*) štandarda
r Standbild (*(e)s, er*) socha
s Ständchen (*s, ≈*) hud. serenáda
r Ständer (*s, ≈*) **1** stojan, podstavec, pult **2** tech. stator
s Standes|amt (*(e)s, ≈er*) matričný úrad; **r –be|amte** (*n, n*) matrikár
e Standes|ehre (*≈, 0*) stavovská česť; **–gemäß** primeraný stavu
stand|fest stabilný, pevne stojaci; **s –geld** (*es, er*) trhový poplatok; **s –gericht** (*(e)s, e*) práv. vojenský stanný súd; **–haft** stály, vytrvalý; **e –haftigkeit** (*≈, 0*) húževnatosť, statočnosť, vytrvalosť; **–|halten*** (*ie, h. a*) čeliť, odolávať
ständig stály
s Stand|licht (*(e)s, er*) parkovacie svetlo auta; **r –|ort** (*(e)s, e*) stanovište, miesto; **e –pauke** (*≈, n*) hovor. stále dohováranie, napomínanie; **r –punkt** (*(e)s, e*) stanovisko, hľadisko; **s –recht** (*(e)s, e*) práv. stanné právo; **–rechtlich** podľa stanného práva
e Stange (*≈, n*) **1** tyč, žrď **2** bidlo **3** kartón cigariet; **j-m die ~ halten*** zastávať sa koho; **bei der ~ bleiben*** trvať pevne na svojom; **Bekleidung von der ~** konfekčné oblečenie
r Stänker (*s, ≈*) **1** smradoch **2** hovor. intrigán, špinavec; **~n 1** zasmradiť, šíriť zápach **2** rýpať, intrigovať
s Stanniol (*s, e*) staniol
e Stanze (*≈, n*) **1** razidlo **2** lit. stanca
r Stapel (*s, ≈*) **1** štós novín **2** hromada **3** sklz, podpera pre lode; *ein Schiff vom ~ laufen* lassen** spustiť loď z lodenice na vodu; **~n** zložiť, skladať, ukladať na hromadu; **r ~lauf** (*(e)s, ≈e*) spúšťanie lode na vodu; **r ~platz** (*es, ≈e*) skladisko
r Star[1] (*(e)s al. en, e*) zool. škorec
r Star[2] (*(e)s, e*) lek. očný zákal
r Star[3] (*s, s*) hviezda
stark 1 silný, pevný, mocný **2** tučný, objemný; hovor. **das ist ~** to je priveľa; **~bewölkt <~ bewölkt>** veľmi zamračené
e Stärke (*≈, n*) **1** sila, počet, veľkosť **2** hrúbka **3** sila, výkon **4** intenzita, účinnosť **5** škrob; **s ~mehl** (*(e)s, e*) škrobová múčka; **~n 1** posilniť **2** škrobiť
r Starkstrom (*(e)s, ≈e*) tech. silnoprúd
e Stärkung (*≈, en*) **1** posilnenie, posila **2** škrobenie
starr 1 nehybný, stuhnutý, nehybný **2** nepoddajný, neústupný, vzdorovitý;

~en 1 uprene hľadieť, zízať **2** oplývať, prekypovať; *von etw starren* prekypovať čím; **r ~kopf** (*(e)s, ≈e*) tvrdohlavec; **~köpfig** tvrdohlavý, vzdorovitý; **r ~krampf** (*(e)s, ≈e*) lek. strnutie šije, tetanus; **r ~sinn** (*(e)s, 0*) neústupnosť, vzdorovitosť; **~sinnig** neústupný, vzdorovitý, tvrdohlavý

r Start (*(e)s, e* al. *s*) štart; **e ~bahn** (*≈, en*) štartovacia dráha; **~en** (*i*) štartovať; **r ~er** (*s, ≈*) **1** štartér osoba **2** tech. štartér, spúšťač

e Station (*≈, en*) **1** stanica, zastávka **2** oddelenie v nemocnici; **~är** stacionárny **1** pevný, nepohyblivý **2** nemocničný; *~äre Behandlung* nemocničné liečenie; **~ieren** umiestniť

r Stationsvorsteher (*s, ≈*) prednosta stanice

statisch statický, nehybný

r Statist (*en, en*) štatista

e Statistik (*≈, en*) štatistika; **–isch** štatistický

s Stativ (*s, e*) fot. statív, stojan

statt 1 PREDL s G namiesto, miesto; *~ dessen* namiesto toho; *~ meiner* namiesto mňa **2** SP miesto, namiesto aby; *~ es mir zu sagen…* miesto toho, aby mi to povedal…

e Stätte (*≈, n*) miesto, stanovište

statt|finden* (*a, h. u*) konať sa, uskutočniť sa

statt|geben* (*a, h. e*) vyhovieť; *einer Bitte ~* vyhovieť prosbe; **–haft** prípustný, dovolený

r Statthalter (*s, ≈*) hist. miestodržiteľ

stattlich 1 statný, mohutný **2** značný, objemný **3** skvelý, nádherný

e Statue (*≈, n*) socha

e Statur (*≈, en*) postava, vzrast

r Status (*≈, ≈*) stav, status

statuten|gemäß podľa stanov; **–widrig** odporujúci stanovám

r Stau (*(e)s, e* al. *s*) dopravná zápcha; **e ~anlage** (*≈, n*) vzdúvadlo

r Staub (*(e)s, 0*) **1** prach **2** bot. peľ; hovor. obraz. **sich aus dem ~ machen** odprášiť, vypariť sa

s Stau|becken (*s, ≈*) vodná nádrž, vodojem

staub|bedeckt zaprášený; **–en** prášiť sa; *es staubt hier sehr* veľmi sa tu práši; **–fein** veľmi jemný, jemný ako prášok; **–ig** zaprášený; **r –sauger** (*s, ≈*) vysávač; **s –tuch** (*(e)s, ≈er*) prachovka; **e –wolke** (*≈, n*) mračno prachu; **r –zucker** (*s, 0*) práškový cukor

r Staudamm (*(e)s, ≈e*) hrádza, priehradová hrádza

e Staude (*≈, n*) **1** bot. trvalka **2** rak. ker, krovie

stauen zahradiť, zahatať, zastaviť; **sich ~** nahromadiť sa, nakopiť sa u zavretím

staunen (*über j-n/etw*) žasnúť (nad kým/čím), čudovať sa (komu/čomu)

s Staunen (*s, 0*) údiv, úžas; **~s|wert** obdivuhodný, úžasný

r Stausee (*s, n*) priehrada, hrádzové jazero

e Stauung (*≈, en*) **1** zatarasenie, zápcha **2** vzdutie vody

Std. skr. **e Stunde** hodina

s Steak [stẹ:k] (*s, s*) steak, grilované al. opečené mäso

stechen* (*i; a, h. o*) **1** bodnúť, pichnúť, pichať **2** uštipnúť o hmyze **3** vypichovať, ryť, gravírovať; **ins Auge ~** biť do očí; **in See ~** vyplávať na more

s Stech|en (*s, ≈*) bodanie, pichanie; **~d** bodajúci, bodavý; **e –|uhr** (*≈, en*) kontrolné hodiny

r Steckbrief (*(e)s, e*) práv. zatykač

e Steckdose (*≈, n*) tech. zásuvka

stecken[1] (*h.*) **1** strčiť, strkať, zastrčiť, vopchať **2** pripichnúť, hovor. prišpendliť

stecken[2] (*a* al. *steckte, h. gesteckt*) tkvieť, väzieť, hovor. trčať niekde; *wo steckt er denn?* kde trčí?

s Steckenpferd (*(e)s, e*) koníček, záľuba

r Stecker (*s, ≈*) tech. elektrická zástrčka

r Steckling (*s, e*) bot. sadenica

e Stecknadel (*≈, n*) špendlík

e Steckrübe (*≈, n*) bot. kvaka

PQRS

r Steg (*(e)s, e*) **1** cestička, chodník **2** lávka, mostík **3** hud. kobylka na husliach ap.

r Stegreif (*(e)s, e*): *aus dem ~ reden* hovoriť bez prípravy, improvizovať

s Stehbier (*(e)s, e*) pivo vypité postojačky

stehen* (*stand, h./i. gestanden*) **1** stáť; obraz. *auf eigenen Füßen ~* stáť na vlastných nohách, byť samostatný **2** stáť, nachádzať sa, byť; *es steht in der Zeitung* stojí/je to v novinách; *zur Verfügung ~* byť k dispozícii; *mit ihm steht es schlecht* je to s ním zlé **3** svedčať, pristať; *es steht dir gut* pristane ti to **4** mať rád, obdivovať; *er steht auf blonde Frauen* má rád blondínky; hovor. **wie geht´s, wie steht´s?** ako sa máš?; **~|bleiben*** <**~*** **bleiben**> (*ie, i. ie*) zastaviť sa, zostať

r Steh|kragen (*s, ≈*) stojatý golier; **e –lampe** (*≈, n*) stojacia lampa

stehl|en* (*ie, a, h. o*) kradnúť, ukradnúť; *er kann mir gestohlen bleiben!* môže mi byť ukradnutý!; **sich ~** vykradnúť sa; *sich aus dem Haus ~* vykradnúť sa z domu; **e –sucht** (*≈, 0*) kleptománia, chorobná kradnutie

r Stehplatz (*es, ≈e*) miesto na státie

steif 1 meravý, nehybný **2** tvrdý, naškrobený **3** strohý; **~en** stužiť, stvrdiť, naškrobiť; **sich ~en** (*auf etw*) **1** trvať (na čom) **2** opierať sa (o čo); **e ~heit** (*≈, en*) **1** nepoddajnosť, tuhosť, meravosť **2** obraz. strojenosť, škrobenosť

r Steig (*(e)s, e*) strmý chodník, horská cestička; **r ~bügel** (*s, ≈*) strmeň; **s ~|eisen** (*s, ≈*) MNČ stúpadlá; **~en*** (*ie, i. ie*) **1** stúpať, vystupovať **2** nastúpiť, nasadnúť; *in ein Auto ~en* nasadnúť do auta **3** vystúpiť, vysadnúť; *aus dem Zug ~en* vystúpiť z vlaku; **zu Kopf ~** stúpať do hlavy; **die Haare ~ ihm zu Berge** vlasy mu dupkom vstávali; **~en lassen** púšťať šarkana; **~end** stúpajúci, vzostupný

steiger|n 1 zvýšiť, zvyšovať, stupňovať **2** gram. stupňovať; **sich ~** stupňovať sa; **e –ung** (*≈, en*) stúpanie, stupňovanie

s Steig|rohr (*(e)s, e*) stúpacia vodovodná rúra, hovor. stúpačka; **e –ung** (*≈, en*) **1** stúpanie, výstup **2** tech. výška závitu

steil strmý, príkry; **e ~schrift** (*≈, en*) stojaté písmo

r Stein (*(e)s, e*) **1** kameň, skala; *~ der Weisen* kameň mudrcov **2** drahokam, drahý kameň **3** kôstka ovocia **4** lek. kameň obličkový ap.; **mir ist ein ~ vom Herzen gefallen** spadol mi kameň zo srdca; **bei j-m einen ~ im Brett haben** mať čiu priazeň; **r ~|adler** (*s, ≈*) orol skalný

r Steinbock (*(e)s, ≈e*) kozorožec

r Stein|bruch (*(e)s, ≈e*) kameňolom; **r –druck** (*(e)s, e*) kameňotlač, litografia; **e –eiche** (*≈, n*) bot. dub zimný; **–ern** kamenný; **e –frucht** (*≈, ≈e*) kôstkové ovocie; **s –gut** (*(e)s, e*) kamenina; **–hart** tvrdý ako kameň; **–ig** kamenistý; **–igen** (u)kameňovať

r Steinkauz (*es, ≈e*) zool. kuvik obyčajný

e Steinkohle (*≈, n*) čierne uhlie

r Steinpilz (*es, e*) bot. hríb obyčajný

r Steinsetzer (*s, ≈*) dláždič

e Steinzeit (*≈, 0*) kamenná doba

r Steiß (*es, e*) **1** vulg. zadok, riť **2** chvost vtákov; **s ~bein** (*(e)s, e*) anat. kostrč

stellbar nastaviteľný

s Stelldichein (*s, ≈*) schôdzka, hovor. rande

e Stell|e (*≈, n*) **1** miesto v rôznych významoch; *an deiner ~* na tvojom mieste, v tvojej situácii **2** úrad, služba **3** miesto, umiestnenie; **auf der ~** ihneď, na mieste; **an Ort und ~** na mieste určenia; **–en 1** postaviť, položiť, dať **2** nastaviť hodiny; **kalt –en** dať vychladnúť; **zur Verfügung –en** dať k dispozícii; **sich –en 1** postaviť sa, stavať sa (*an etw* k čomu) **2** tváriť sa, robiť sa; *sich krank –en* robiť sa chorým **3** prihlásiť sa dobrovoľne; *der Täter* *stellte sich der Polizei* páchateľ sa prihlásil na políciu

s **Stellen|angebot** (*(e)s, e*) ponuka miesta pracovného; s **–gesuch** (*(e)s, e*) žiadosť o miesto, o prijatie do zamestnania; e **–vermittlung** (*≈, 0*) sprostredkovanie miesta, zamestnania; **–weise** miestami, tu i tam

-stellig miestny; *eine sechsstellige Zahl* šesťmiestne číslo

e **Stell|ung** (*≈, en*) **1** postoj, držanie tela **2** poloha **3** voj. pozícia **4** postoj, stanovisko; *zu etw ~ nehmen** zaujať stanovisko k čomu **5** spoločenské postavenie; e **~nahme** (*≈, 0*) zaujatie stanoviska; **–vertretend** zastupujúci; r **–vertreter** (*s, ≈*) zástupca, námestník; e **–vertretung** (*s, 0*) zastúpenie, zastupovanie

e **Stelze** (*≈, n*) **1** chodúľ **2** zool. trasochvost

s **Stemm|eisen** (*s, ≈*) dláto; **–en** **1** šport. vzpierať **2** vydlabať, dlabať; **sich –en** vzoprieť sa (*gegen etw* čomu, proti čomu); r **–er** (*s, ≈*) šport. vzpierač

r **Stempel** (*s, ≈*) **1** pečiatka **2** obraz. pečať, príznak čoho; s **~geld** (*(e)s, er*) zast. podpora v nezamestnanosti; s **~kissen** (*s, ≈*) pečiatková poduška; **~n** **1** (o)pečiatkovať **2** (o)kolkovať listinu; hovor. **~ gehen*** poberať podporu v nezamestnanosti; e **~ung** (*≈, en*) **1** pečiatkovanie **2** kolkovanie

r **Stengel** <**Stängel**> (*s, ≈*) stonka, stopka

s **Steno|gramm** (*s, e*) stenogram, rýchlopisný záznam; r **–graph** <...graf> (*en, en*) stenograf; e **–graphie** <...grafie> (*≈, 0*) stenografia, rýchlopis; **–graphieren** <...grafieren> stenografovať, písať rýchlopisom

e **Steppdecke** (*≈, n*) prešívaná prikrývka, paplón

e **Steppe** (*≈, n*) step

steppen[1] štepovať, prešívať

steppen[2] stepovať tancovať step

r **Steppenbewohner** (*s, ≈*) obyvateľ stepi

e **Stepp|nadel** (*≈, n*) štepovacia ihla; r **–stich** (*es, e*) štepovaný/viazaný steh

s **Sterbe|bett** (*(e)s, en*) obraz. smrteľná posteľ, smrteľné lôžko; **–n*** (*a, i, o*) zomrieť

sterbenskrank smrteľne chorý

s **Sterbens|wort**: *kein ~ sagen/verraten* nepovedať/neprezradiť ani slovko

e **Sterbe|urkunde** (*≈, n*) úmrtný list

sterblich smrteľný; e **~keit** (*≈, 0*) **1** smrteľnosť **2** úmrtnosť

e **Stereo|anlage** (*≈, n*) stereofonická zostava, hovor. veža; s **–skop** (*s, e*) stereoskop

stereotyp stereotypný

steril sterilný **1** neplodný **2** zbavený choroboplodných zárodkov; e **~isation** (*≈, en*) sterilizácia; **~isieren** sterilizovať; e **~ität** (*≈, 0*) sterilita **1** neplodnosť **2** lek. čistota, neprítomnosť choroboplodných zárodkov

r **Stern** (*(e)s, e*) **1** hviezda **2** voj. hviezdička na označenie hodnosti; s **~bild** (*(e)s, er*) súhvezdie; r **~deuter** (*s, ≈*) veštec z hviezd, astrológ

e **Sternen|bahn** (*≈, en*) hviezdna dráha; **–klar** hviezdnatý o nebi, jasný ako hviezda

sternförmig hviezdicovitý

sternhagelvoll hovor. opitý ako čík

r **Stern|himmel** (*s, 0*) hviezdnaté nebo; e **–kunde** (*s, 0*) hvezdárstvo, astronómia; **–los** bezhviezdny, bez hviezd; e **–schnuppe** (*≈, n*) lietavica, padajúca hviezda; e **–warte** (*≈, n*) hvezdáreň

stet stály, pevný, trvanlivý; **~ig** stály, trvalý, ustavičný; **~s** stále, ustavične, nepretržite

s **Steuer**[1] (*s, ≈*) kormidlo, volant; *am/hinter ~ sitzen** sedieť za volantom

e **Steuer**[2] (*≈, n*) daň; s **~amt** (*(e)s, ≈er*) daňový úrad; r **~berater** (*s, ≈*) daňový poradca; e **~|erklärung** (*≈,* en) daňové priznanie; **~frei** oslobodený od dane

s Steuer|gerät ((e)s, e) tech. riadiaci prístroj; **r –knüppel** (s, ≈) ručná riadiaca páka v lietadle; **r –mann** ((e)s, ≈er al. Steuerleute) kormidelník

steuern[1] (h./i.) **1** mieriť, smerovať **2** riadiť, viesť, kormidlovať

steuern[2] platiť dane

steuer|pflichtig povinný platiť daň, zdaniteľný

s Steuer|rad ((e)s, ≈er) **1** volant **2** kormidlové koleso; **e –ung** (≈, en) **1** riadenie, usmerňovanie **2** kormidlovanie, vedenie

r Steuer|zahler (s, ≈) daňovník, daňový poplatník

r Stewar|d [stju:ɐt] (s, s) stevard; **e –deß** <...ss> ['stju:ɐdes] (≈, Stewardessen) stevardka

r Stich ((e)s, e) **1** pichnutie, uštipnutie, bodnutie **2** steh **3** rytina **4** nádych, zafarbenie; *diese Farbe hat einen ~ ins Blaue* táto farba má nádych do modra; **j-n im ~ lassen*** nechať koho v kaši, hovor. nechať koho v štichu; hovor. obraz. **einen ~ haben** mať o koliesko viac; **~eln 1** šiť, vyšívať malými stehmi **2** obraz. podpichovať

stichfest nezraniteľný, nenapadnuteľný

stich|halt|en* (ie, h. a) rak. obstáť, nezakolísať, osvedčiť sa; **–ig** presvedčivý, pádny, nezvratný

e Stich|probe (≈, n) náhodná overovacia skúška, kontrola; **r –tag** ((e)s, e) **1** rozhodujúci deň **2** lehota, termín; **e –wahl** (≈, en) užšia voľba; **s –wort** ((e)s, e al. ≈er) heslo v slovníku ap.; **e –wunde** (≈, n) bodná rana

stick|en vyšiť, vyšívať; **e –erei** (≈, en) **1** výšivka **2** vyšívanie; **s –garn** ((e)s, e) priadza na vyšívanie

stickig dusný, dusivý, zatuchnutý

r Stickstoff ((e)s, 0) chem. dusík; **~haltig** dusíkatý, obsahujúci dusík

stieben* (o, i. o) **1** prášiť sa, sršať i obraz. **2** rozpŕchnuť sa, rozutekať sa

r Stiefbruder (s, ≈) nevlastný brat

r Stiefel (s, ≈) čižma; **r ~knecht** ((e)s, e) vyzuvák; **~n** (h./i.) kráčať, vykračovať si

e Stief|eltern MNČ nevlastní rodičia; **s –kind** (es, er) nevlastné dieťa; **e –mutter** (≈, ≈) nevlastná matka, macocha

s Stief|mütterchen (s, ≈) bot. sirôtka

stief|mütterlich macošský; *j-n ~ behandeln* správať sa ku komu macošsky; **e –schwester** (≈, n) nevlastná sestra; **r –sohn** ((e)s, ≈) nevlastný syn; **e –tochter** (≈, ≈) nevlastná dcéra; **r –vater** (s, ≈) nevlastný otec

e Stiege (≈, n) **1** schod **2** schody, schodisko

r Stieglitz (es, e) zool. stehlík obyčajný

r Stiel ((e)s, e) **1** bot. stonka, stopka **2** stopka pohára **3** rúčka nástrojov; **e ~augen** MNČ hovor.: *~augen machen* vyočiť si oči

r Stier ((e)s, e) býk

stier uprený, meravý; **~en** uprene sa dívať, meravo hľadieť

r Stierkampf ((e)s, ≈e) býčie zápasy

r Stift[1] ((e)s, e) **1** kolík, kolíček **2** hovor. ceruzka

s Stift[2] ((e)s, e al. er) **1** dobročinný ústav **2** kláštor; **~en 1** darovať, venovať na dobročinný účel **2** založiť nadáciu ap. **3** spôsobiť, sprostredkovať; *den Frieden ~en* sprostredkovať mier; **r ~er** (s, ≈) zakladateľ, pôvodca, darca; **e ~ung 1** darovanie, venovanie **2** založenie, zriadenie **3** nadácia

r Stil ((e)s, e) štýl, sloh literárny, stavebný ap.; **~isiert** štylizovaný

e Stili|stik (≈, en) štylistika; **–stisch** štylistický

still 1 tichý, pokojný opak rušný **2** tichý, mlčanlivý; *sei ~!* buď ticho!; *~ werden* stíchnuť; **e ~e** (≈, 0) ticho, tichosť, pokoj; *in aller ~e* potichu, nebadane

s Stilleben <Stilll...> (s, ≈) zátišie

stillen 1 uspokojiť, ukojiť hlad ap. **2** dojčiť dieťa

PQRS

stilleg|en <stilll...> zastaviť, odstaviť; **e –ung** (≈, *0*) (po)zastavenie prevádzky ap.
still|stehen* **1** (*a, h./i. a*) stáť, zastaviť sa, byť mimo prevádzky **2** voj. stáť v pozore; *stillgestanden!* pozor!; **–|-schweigen*** (*ie, h. ie*) mlčať, byť ticho; **s –schweigen** (*s, 0*) mlčanie; **r –stand** (*(e)s, 0*) **1** zastavenie, nečinnosť; *zum –stand kommen** zastaviť sa **2** pokoj **3** viaznutie, stagnácia; **–vergnügt** vnútorne uspokojený, potichu sa tešiaci
e Stimmbänder MNČ anat. hlasivky
stimm|berechtigt oprávnený hlasovať, voliť; **e –e** (≈, *n*) hlas v rôznych významoch; **–en 1** zhodovať sa, súhlasiť; *das stimmt nicht* to nesúhlasí **2** hlasovať (*für j-n/etw* za koho/čo; *gegen j-n/etw* proti komu/čomu) **3** (na)ladiť hudobný nástroj; **4** naladiť o človeku; *alle waren gut gestimmt* všetci boli v dobrej nálade, všetci mali dobrú náladu
e Stimmen|gleichheit (≈, *0*) rovnosť hlasov; **e –mehrheit** (≈, *0*) väčšina hlasov
e Stimm|enthaltung (≈, *en*) zdržanie sa hlasovania
e Stimmgabel (≈, *n*) hud. vidlicová ladička
s Stimmrecht (*(e)s, 0*) hlasovacie právo
e Stimmritze (≈, *n*) anat. hlasivková štrbina
e Stimmung (≈, *en*) **1** nálada **2** hud. ladenie
s Stimmungs|bild (*(e)s, er*) náladový/pôsobivý obraz; **–voll** náladový, pôsobivý
r Stimmwechsel (*s, 0*) mutácia hlasu
r Stimmzettel (*s,* ≈) hlasovací lístok
stink|en* (*a, h. u*) zapáchať, páchnuť, smrdieť; **–ig** zapáchajúci, smradľavý; **s –tier** (*(e)s e*) **1** zool. skunk **2** hovor. smrad, špinavec
r Stipendiạt (*en, en*) štipendista
s Stipẹndium (*s, Stipendi|en*) štipendium
e Stirn (≈, *en*) **1** čelo; *die ~ runzeln* vraštiť čelo, *j-m die ~ bieten** čeliť komu **2** priečelie; **die ~ haben etw zu tun** mať tú drzosť niečo urobiť; **e ~höhle** (≈, *n*) anat. čelová dutina
stöbern 1 chumeliť sa **2** zvíriť, rozvíriť prach **3** obraz. kutrať sa, prehrabávať **4** hovor. robiť veľké upratovanie
r Stocher (*s,* ≈) **1** bodec, špička **2** kutáč **3** špáradlo; **~n** rýpať, špárať, prehrabávať; *im Feuer ~n* prehrabávať oheň
r Stock[1] (*(e)s,* ≈*e*) **1** palica **2** peň, klát **3** trs, ker **4** úľ
r, s Stock[2] (*(e)s,* ≈ al. *Stockwerke*) poschodie
r Stock[3] (*s, s*) sklad, zásoba tovaru
stock|blind načisto/úplne slepý; **–dumm** veľmi hlúpy, sprostý ako peň; **–dunkel** celkom tmavý; *es ist stockdunkel* je tma ako vo vreci
r Stöckel (*s,* ≈) **1** pník, klátik **2** vysoký podpätok; **r ~schuh** (*(e)s, e*) topánka s vysokým podpätkom
stock|en 1 viaznuť **2** zastaviť sa, zaraziť sa v reči; **–end**: *mit einer –enden Stimme sprechen** hovoriť zajakavo
r Stockfleck (*(e)s, e*) škvrna od vlhkosti/plesne; **~ig** splesnivený, stuchnutý
stocksteif celkom stuhnutý, meravý
stocktaub úplne hluchý, hluchý ako peň
s Stockwerk (*(e)s, e*) poschodie; **s ~bett** (*(e)s, en*) poschodová posteľ
r Stoff (*(e)s, e*) látka **1** tkanina **2** materiál, hmota **3** námet, téma; **~lich** **1** hmotný **2** tkanivový; **r ~wechsel** (*s,* ≈) anat. látková výmena
stöhnen stenať, vzdychať
r Stoiker (*s,* ≈) stoik
r Stollen (*s,* ≈) **1** ban. štôlňa **2** rak. vianočka
stolpern (*i.*) potknúť sa, zakopnúť (*über etw* na čom, o čo)
stolz hrdý, pyšný
r Stolz (*es, 0*) hrdosť, pýcha; **~ịeren**

PQRS

(*i.*) vypínať sa, vystatovať sa, hrdo si vykračovať
stopf|en 1 napchať, zapchať, pchaním naplniť **2** látať, štopkať **3** lek. spôsobiť zápchu; **j-m den Mund ~** zapchať komu ústa; **r –er** (*s,* ≈) **1** napchávalo fajky **2** látač, zašívač **3** zátka; **s –garn** ((*e*)*s, e*) priadza na látanie
stopp! stop!, dosť!
e Stoppel (≈, *n*) strnisko; **r ~bart** (*es,* ≈*e*) strnisko o brade; **s ~feld** ((*e*)*s, er*) strnisko o poli
stopp|en 1 zastaviť, zastaviť sa **2** merať stopkami, hovor. stopnúť; **s –licht** ((*e*)*s, er*) brzdové svetlo auta; **e –|uhr** (≈, *en*) stopky hodinky
r Stöpsel (*s,* ≈) **1** zátka **2** kolík **3** hovor. špunt, drobec o dieťati; **~n** (za)zátkovať
r Stör[1] ((*e*)*s, e*) zool. jeseter obyčajný
e Stör[2] (≈, *0*) hovor., rak. fuška
r Storch ((*e*)*s,* ≈*e*) bocian; **r ~schnabel** (*s,* ≈) **1** bocianí zobák **2** tech. pantograf
stören rušiť, vyrušovať; **~d** rušivý; **r ~fried** ((*e*)*s, e*) rušiteľ pokoja, haštերivý človek
r Störer (*s,* ≈) rušiteľ, narúšateľ
störrisch vzdorovitý, nepoddajný, hlavatý
r Stör|schutz (*es, 0*) odstraňovač porúch v rádiu; **r –sender** (*s,* ≈) rušivá vysielačka, hovor. rušička; **e –ung** (≈, *en*) **1** rušenie, vyrušovanie **2** porucha
störungs|frei, –los nerušený, pokojný, bez porúch
r Stoß ((*e*)*s,* ≈*e*) **1** rana, úder, náraz **2** hŕba, hromada, kopa **3** bodnutie, rana bodnou zbraňou; **r ~dämpfer** (*s,* ≈) tlmič nárazov
stoß|en* 1 (*ie, h. o*) naraziť, vraziť, udrieť, sotiť, strčiť; *mit den Hörnern ~en** klať koho rohami **2** (*ie, i. o*) naraziť, natrafiť, stretnúť sa (*an/auf etw* na čo, s čím); *auf Schwierigkeiten ~* naraziť na ťažkosti; **vom Ufer ~en*** odraziť od brehu; **sich ~*** (*ie, h. o*) udrieť sa (*an etw* na čom); **r –seufzer** (*s,* ≈) hlboký povzdych; **e –stange** (≈, *n*) nárazník auta; **e –waffe** (≈, *n*) bodná zbraň; **r –wind** ((*e*)*s, e*) nárazový vietor; **r –zahn** (*es,* ≈*e*) tesák, kel
r Stotter|er (*s,* ≈) zajakavý/koktavý človek; **–n** zajakať sa, koktať; hovor. **auf Stottern kaufen** kupovať na splátky
Str. skr. **e Straße** ulica
e Straf|anstalt (≈, *en*) väznica; **e –|arbeit** (≈, *en*) úloha za trest v škole; **r –|aufschub** (*s, 0*) odklad trestu; **–bar** trestný; *sich –bar machen* previniť sa, porušiť zákon; **e –barkeit** (≈, *0*) trestnosť; **e –e** (≈, *n*) **1** trest **2** pokuta; **–en** trestať; **r –|erlaß** <...ss> (*erlasses, erlasse* al. *erlässe*) odpustenie trestu
straff 1 napnutý, natiahnutý **2** prísny, energický **3** stručný; **~en** napnúť, napínať
straf|fällig trestný; **e ~keit** (≈, *0*) trestnosť
straf|frei beztrestný; **r –gefangene** (*n, n*) trestanec; **s –geld** ((*e*)*s, er*) pokuta; **s –gesetz** (*es, e*) trestný zákon; **s –gesetzbuch** ((*e*)*s,* ≈*er*) trestný zákonník
sträf|lich trestuhodný, neodpustiteľný; **r –ling** (*s, e*) trestanec
straf|los bez trestu, beztrestný; **e ~igkeit** (≈, *0*) beztrestnosť; **s –maß** (*es, e*) výška trestu; **e –milderung** (≈, *en*) zmiernenie trestu
strafmündig trestateľný, trestnoprávne zodpovedný
s Strafporto (*s, s* al. *porti*) trestné porto, doplatok poštovného
r Straf|prozeß <...ss> (*prozesses, prozesse*) trestný proces, trestné konanie; **e ~ordnung** (≈, *en*) trestný poriadok; **r –raum** ((*e*)*s,* ≈*e*) šport. pokutové územie; **s –recht** ((*e*)*s, e*) trestné právo; **r –stoß** (*es,* ≈*e*) šport. trestný al. pokutový kop, hovor. jedenástka; **s –verfahren** (*s, 0*) trestné konanie; **e –vollziehung** (≈, *en*), **r –vollzug**

PQRS

((e)s, ≈e) výkon trestu
r Strahl ((e)s, en) **1** lúč **2** prúd vody **3** mat. rádius; **r ~|antrieb** ((e)s, e) prúdový pohon; **~en 1** žiariť, svietiť **2** fyz. vyžarovať, sálať **3** ligotať sa, blyšťať sa
strahlen|artig, –förmig lúčovitý; **s –bündel** (s, ≈) zväzok lúčov; **–d** žiarivý; **r –kranz** (es, ≈e) svätožiara, aureola; **e –therapie** (≈, 0) lek. ožarovanie
e Strahlung (≈, en) fyz. žiarenie, vyžarovanie, sálanie
e Strahlungs|stärke (≈, 0) intenzita žiarenia; **e –wärme** (≈, 0) sálavé teplo
e Strähne (≈, n) **1** pradeno **2** prameň vlasov
stramm 1 vypätý, vzpriamený **2** mocný, statný; **~|stehen*** (*stand stramm, h./i. strammgestanden*) stáť v pozore
strampel|n 1 hompáľať rukami al. nohami **2** dupkať, kopkať o dieťati; **s –höschen** (s, ≈) dupačky
r Strand ((e)s, ≈e) morské pobrežie, pláž; **s ~bad** ((e)s, ≈er) plážové kúpalisko; **~en** (i.) naraziť na breh, stroskotať o lodi; **s ~gut** ((e)s, ≈er) zvyšky po stroskotanej lodi vyhodené na breh; **r ~korb** ((e)s, ≈e) plážový kôš
r Strang ((e)s, ≈e) **1** povraz, lano **2** anat. povrazec, zväzok; **am selben/ gleichen ~ ziehen*** ťahať za jeden povraz; **wenn alle Stränge reißen*** v najhoršom prípade; **~ul|ịeren** zadusiť, zaškrtiť, obesiť
e Strapaz|e (≈, n) námaha, veľké úsilie; **–ịeren** namáhať, preťažovať, opotrebovať; **sich –ịeren** namáhať sa; **–ịerfähig** pevný, trvanlivý
e Straße (≈, n) **1** cesta **2** ulica **3** morská úžina
e Straßen|bahn (≈, en) električka; **e –beleuchtung** (≈, 0) pouličné osvetlenie; **r –feger** (s, ≈), **r –kehrer** (s, ≈) zametač ulíc; **e –laterne** (≈, n) pouličná lampa; **s –pflaster** (s, ≈) uličná dlažba; **r –verkehr** (s, 0) cestná premávka; **s –verzeichnis** (ses, se) zoznam ulíc
r Strateg|e (n, n) stratég; **e –ịe** (≈, 0) stratégia; **–isch** strategický
sträuben sich 1 ježiť sa o vlasoch **2** obraz. vzpierať sa, brániť sa
r Strauch ((e)s, ≈er) ker
r Strauß[1] (es, ≈e) kytica
r Strauß[2] (es, e) pštros
e Strebe (≈, n) opierka, výstuž, podpera
streb|en 1 snažiť sa, usilovať sa (*nach etw* o čo) **2** smerovať, spieť kam, k čomu; **s ~** (s, 0) úsilie, snaha; **r –er** (s, ≈) snaživec, horlivec; **–sam** cieľavedomý, horlivý, snaživý
e Strecke (≈, n) **1** úsek, vzdialenosť **2** mat. úsečka **3** šport. dráha, trať; **j-n zur ~ bringen*** premôcť, zatknúť koho; **~n** natiahnuť, vystrieť; **sich ~n** natiahnuť sa, vystrieť sa
r Streich ((e)s, e) hlúpy žart, nerozvážny čin; *einen ~ spielen* vyviesť pekný kúsok
streicheln (po)hladiť, (po)hladkať
streichen[1]* (i, i. i) **1** potulovať sa, potĺkať sa **2** letieť, plávať, brázdiť
streichen[2]* (i, h. i) **1** (po)hladiť **2** natrieť, namazať **3** preškrtnúť; **s ~holz** (es, ≈er) zápalka
s Streich|instrument ((e)s, e) hud. sláčikový nástroj
e Streife (≈, n) **1** policajná razia **2** voj. hliadka; **~n 1** (h.) zľahka zasiahnuť, dotknúť sa **2** (i.) túlať sa, blúdiť
r Streifen (s, ≈) **1** pruh, prúžok, pás **2** hovor. film
r Streifen|dienst (es, 0) hliadkovacia služba; **r –wagen** (s, ≈) policajné hliadkové auto
streif|ig pruhovaný, pásikavý; **s –licht** ((e)s, er) pruh svetla, záblesk; **r –schuß** <...ss> (*schusse, schüsse*) škrabnutie od strely
r Streik ((e)s, e al. s) štrajk; **r ~brecher** (s, ≈) štrajkokaz; **~en** štrajkovať; **r ~|ende** (n, n) štrajkujúci

PQRS

r Streit (*(e)s, e* al. *Streitigkeiten*) **1** spor, hádka **2** boj, zápas; **e ~axt** (*≈, ≈̈e*) vojnová sekera; **~bar 1** hádavý, škriepny **2** bojový, výbojný; **~en*** (*stritt, h. gestritten*) **1** hádať sa **2** bojovať **3** búrlivo diskutovať; **e ~frage** (*≈, n*) sporná otázka; **~ig** sporný; **~ig machen** upierať; **e ~igkeit** (*≈, en*) spor, škriepka; **e ~kräfte** MNČ ozbrojené sily, vojsko; **~lustig** hašterivý; **e ~sucht** (*≈, 0*) hašterivosť, hádavosť

streng 1 prísny, neúprosný **2** prísny, dôsledný **3** tuhý o zime; **e ~e** (*≈, 0*) prísnosť, strohosť; **~genommen** <**~ genommen**> presne povedané, vlastne; **~gläubig** pravoverný; **~stens** čo najprísnejšie

r Streß <**...ss**> (*sses, 0*) stres; *unter ~ stehen* byť v strese; **~en** <**...ss**> hovor. vystresovať, vyvolávať stres; **sich ~en** <**...ss**> hovor. stresovať sa

e Streu (*≈, en*) stelivo, podstielka; **~en 1** sypať, trúsiť **2** podstielať dobytku

r, s Streusel (*s, ≈*) posýpka, mrvenička, mrvance; **r ~kuchen** (*s, ≈*) koláč posypaný mrvancami

e Streu|ung (*≈, en*) **1** sypanie, stlanie **2** rozptyl; **r –zucker** (*s, 0*) práškový cukor

r Strich (*(e)s, e*) **1** čiara, línia **2** smer vlasu/srsti **3** pás, pásmo, kus zeme **4** zool. ťah, let **5** ryska; **einen ~ unter etw machen** urobiť bodku za čím, skončiť čo; **das geht* mir gegen den ~** to je mi proti mysli; **nach ~ und Faden** dôkladne; vulg. **auf den ~ gehen*** ísť na ulicu, ísť na štrich; **~eln** čiarkovať; **r ~punkt** (*(e)s, e*) bodkočiarka; **r ~regen** (*s, ≈*) prehánka; **~weise** v pruhoch, v pásmach, miestami

r Strick (*(e)s, e*) **1** povraz, pletenec **2** hovor. nezbedník, samopašník; **~en** (u)pliesť; **s ~garn** (*(e)s, e*) priadza na pletenie; **e ~leiter** (*≈, n*) povrazový rebrík; **e ~nadel** (*≈, n*) ihlica na pletenie; **e ~waren** MNČ pletený tovar; **s ~zeug** (*(e)s, 0*) potreby na pletenie

e Strieme (*≈, n*), **r Striemen** (*s, ≈*) modrina, krvná podliatina

r Striezel[1] (*s, ≈*) pletenka, vianočka

r Striezel[2] (*s, ≈*) uličník, naničhodník

strikt striktný, prísny

e Strippe (*≈, n*) **1** šnúrka **2** hovor. telefónna šnúra, telefón; *an der ~ hängen* trčať pri telefóne, neustále telefonovať

r, s Striptease ['stripti:s] (*≈, ≈*) striptíz

strittig sporný

s Stroh (*(e)s, 0*) slama; **leeres ~ dreschen** mlátiť prázdnu slamu; **e ~blume** (*≈, n*) slamienka; **s ~dach** (*(e)s, ≈̈er*) slamená strecha; **r ~halm** (*(e)s, e*) steblo slamy; **r ~hut** (*(e)s, ≈̈e*) slamený klobúk; **r ~kopf** (*(e)s, ≈̈e*) hovor. hlupák; **r ~mann** (*(e)s, ≈̈er*) **1** slamený strašiak **2** obraz. nastrčený človek; **r ~sack** (*(e)s, ≈̈e*) slamník; **e ~witwe** (*≈, n*) slamená vdova

r Strolch (*(e)s, e*) tulák, povaľač, vagabund; **~en** (*h./i.*) túlať sa, potulovať sa

r Strom (*(e)s, ≈̈e*) **1** prúd, tok **2** veľtok, rieka **3** zástup, dav ľudí **4** len JČ elektrický prúd; **~ab(wärts)** po prúde; **~auf(wärts)** proti prúdu; **s ~bett** (*(e)s, e*) riečisko, koryto rieky

strömen 1 prúdiť, tiecť **2** hrnúť sa, valiť sa; **~d 1** tečúci, prúdiaci **2** prudký; *~der Regen* prudký lejak

r Strom|kreis (*es, e*) elektrický obvod; **r –leiter** (*s, ≈*) vodič elektrického prúdu; **e –leitung** (*≈, en*) elektrické vedenie; **s–lini|enförmig** prúdnicový, prúdnicového tvaru; **–los** bez prúdu; **e –schnelle** (*≈, n*) perej, riečny spád; **e –sperre** (*≈, n*) prerušenie dodávky prúdu

e Strömung (*≈, en*) **1** prúdenie, prúd vody **2** smer, hnutie literárne ap.

r Strom|verbrauch (*(e)s, 0*) spotreba elektrického prúdu; **e –versorgung** (*≈, en*) zásobovanie elektrickým prúdom; **r –zähler** (*s, ≈*) elektromer

e Strophe (≈, *n*) lit. strofa, sloha

strotzen oplývať, prekypovať (*von etw* čím)

r Strudel (*s*, ≈) **1** vír, krútňava **2** závin, hovor. štrúdľa

e Struktur (≈, *en*) stavba, štruktúra; **~ell** štrukturálny

r Strumpf (*(e)s*, *≈e*) pančucha; *eine Laufmasche im ~ haben** mať pustené očko na pančuche; **s ~band** (*(e)s*, *≈er*), **r ~halter** (*s*, ≈) podväzok; **e ~hose** (≈, *n*) pančuchové nohavičky, hovor. pančucháče; **e ~waren** MNČ pančuchový tovar

r Strunk (*(e)s*, *≈e*) **1** kmeň, peň **2** stopka, hlúb

struppig neupravený, neuhladený, strapatý, ježatý o vlasoch, srsti

e Stube (≈, *n*) izba, obytný priestor domu na vidieku; *immer in der ~ hocken* sedieť stále za pecou

Stuben|fliege (≈, *n*) zool. mucha domáca; **r –hocker** (*s*, ≈) hovor. pecúch, domased

stubenrein čistotný pes

r Stuck (*(e)s*, *0*) štuka, štuková omietka

s Stück (*(e)s*, *e*) **1** kus, diel, časť **2** div., hud. umelecké dielo; **in ~e gehen*** rozbiť sa; **in allen ~en** v každom ohľade; **aus freien ~en** dobrovoľne, z vlastnej vôle; **s ~gut** (*(e)s*, *≈er*) kusový tovar; **r ~lohn** (*(e)s*, *≈e*) ekon. kusová mzda; **~weise** po kusoch, kusovo; **s ~werk** (*(e)s*, *e*): *etw ist/bleibt ein Stückwerk* niečo je/zostáva neúplné dielo; **e ~zahl** (≈, *en*) počet kusov

r Student (*en*, *en*) študent

r Studenten|austausch (*es*, *0*) výmena študentov; **e –ermäßigung** (≈, *en*) študentská zľava; **s –heim** (*(e)s*, *e*) študentský domov, internát; **e –schaft** (≈, *en*) študentstvo, študenti; **e –stiftung** (≈, *en*) študentská nadácia

studentisch študentský

e Studi|e (≈, *n*) **1** štúdia, príprava k dielu **2** vedecká štúdia

r Studi|en|aufenthalt (*(e)s*, *e*) študijný pobyt; **e –dauer** (≈, *0*) čas/trvanie štúdia; **s –fach** (*(e)s*, *≈er*) študijný odbor; **s –jahr** (*(e)s*, *e*) študijný rok; **e –reise** (≈, *n*) študijná cesta; **e –zeit** (≈, *en*) obdobie štúdia

studieren študovať

s Studio (*s*, *s*) štúdio, ateliér

s Studium (*s*, *i|en*) **1** skúmanie, bádanie **2** štúdium, učenie

e Stufe (≈, *n*) **1** stupeň, schod **2** stupeň, úroveň; *auf der gleichen ~ stehen* mať rovnakú hodnosť **3** gram. stupeň

e Stufen|folge (≈, *0*) postupnosť; **–förmig** stupňovitý; **e –leiter** (≈, *n*) rebrík; **s–weise** postupne, stupňovito

r Stuhl (*(e)s*, *≈e*) **1** stolička **2** lek. len JČ stolica; **r ~gang** (*(e)s*, *≈e*) lek. stolica, vyprázdnenie stolice; **e ~lehne** (≈, *n*) operadlo

r Stukka|teur <**Stuckateur**> [...'tøːɐ] (*s*, *e*) štukatér; **e –teur** <**Stuckatur**> (≈, *en*) štukatúra

e Stulpe (≈, *n*) manžeta

stülpen 1 vyhrnúť, ohrnúť **2** priklopiť, prikryť

e Stulpenstiefel MNČ čižmy s manžetami

stumm nemý; *~ wie ein Stock, wie ein Fisch* nemý ako peň, ryba; *~ werden* onemieť

r Stummel (*s*, ≈) ohorok cigarety

r Stumm|film (*(e)s*, *e*) nemý film; **e –heit** (≈, *0*) nemota

r Stümper (*s*, ≈) nekvalitný pracovník, hovor. fušer, babrák; **e ~ei** (≈, *en*) nekvalitná práca, hovor. fušerstvo, babráctvo; **~haft** nekvalitný, hovor. fušerský, babrácky; **~n** nekvalitne pracovať, hovor. fušovať, babrať

stumpf 1 tupý opak ostrý **2** matný, nelesklý **3** otupený, ľahostajný

r Stumpf (*(e)s*, *≈e*) **1** pahýľ, peň **2** lek. kýpeť **3** ohorok cigarety; **mit ~ und Stiel ausrotten** vyhubiť, vykynožiť aj s koreňmi, úplne; **r ~kegel** (*s*, ≈) mat.

zrezaný kužeľ; **r ~sinn** (*es, 0*) **1** zadebnenosť, hlúposť **2** slabomyseľnosť; **~sinnig 1** hlúpy, zadebnený **2** slabomyseľný; **~wink(e)lig** mat. tupouhlý
e Stunde (≈, *n*) **1** hodina 60 minút; *alle drei ~n* každé tri hodiny **2** čas, chvíľa; *eine historische ~ erleben* zažiť historický okamih; *in zwölfter ~* v hodine dvanástej, v poslednej chvíli **3** hodina vyučovacia, pracovná ap.
stunden odročiť, oddialiť deň platenia; *j-m die Miete ~* oddialiť komu deň zaplatenia nájomného
e Stunden|geschwindigkeit (≈, *0*) rýchlosť za hodinu; **–lang** trvajúci niekoľko hodín; **r –lohn** (*(e)s, ≈e*) hodinová mzda; **r –plan** (*(e)s, ≈e*) **1** rozvrh hodín v škole **2** ekon. hodinový plán; **–weise** na hodinu jednu al. niekoľko, podľa hodín odpracovaných ap.; *j-n –weise bezahlen* platiť komu podľa odpracovaných hodín; **r –zeiger** (*s,* ≈) hodinová ručička
-stündig hodinový; *zwei~* dvojhodinový
stündlich PRÍSL každú hodinu; *~ Nachrichten bringen* vysielať správy každú hodinu
e Stundung (≈, *en*) odročenie platby
r Stunk (*s, 0*) hovor. zvada, škriepka; **~ machen** vyvolať škriepku
stupid(e) stupídny, hlúpy, obmedzený
e Stupsnase (≈, *n*) hovor. ohrnutý nos, nos dohora
stur 1 neústupčivý, tvrdohlavý **2** jednotvárny, nudný
r Sturm (*(e)s, ≈e*) **1** búrka, víchrica **2** voj., šport. útok; **die Ruhe** al. **die Stille vor dem ~** ticho pred búrkou; **~ läuten** zvoniť na poplach; **~ und Drang** Búrka a vzdor nemecký lit. smer v 18. st.; **r ~|angriff** (*(e)s, e*) útok
stürm|en 1 (*h.*) burácať, útočiť, dobýjať útokom **2** (*i.*) rútiť sa, uháňať; **r –er** (*s,* ≈) šport. útočník
e Sturmglocke (≈, *n*) poplašný zvon
stürmisch 1 víchrový, búrkový o počasí **2** obraz. prudký, búrlivý, vášnivý; *ein ~er Beifall* búrlivý potlesk
e Sturm|warnung (≈, *en*) varovanie pred búrkou; **r –wind** (*es, e*) víchor, víchrica
r Sturz (*(e)s, ≈e*) **1** pád, zrútenie **2** prudký pokles **3** násilný pád, zvrhnutie vlády ap.
stürzen 1 (*i.*) zrútiť sa o lietadle, rútiť sa; *er stürzte zur Tür* rútil sa ku dverám **2** (*h.*) zvrhnúť, zhodiť, prevrhnúť, prevrátiť; **sich ~** vrhnúť sa (*auf etw* na čo)
r Sturz|flug (*(e)s, ≈e*) let strmhlav; **r –helm** (*(e)s, e*) ochranná prilba; **r –regen** (*s,* ≈) prívalový dážď, lejak
e Stute (≈, *n*) kobyla
e Stütze (≈, *n*) podpera, opora i obraz.
stutzen 1 pristrihnúť, skrátiť vlasy **2** zaraziť sa, žasnúť (*über etw* nad čím)
r Stutzen (*s,* ≈) **1** krátka guľovnica **2** tech. hrdlo rúrky, nátrubok
stützen podopierať, podoprieť, podporiť; **sich ~** oprieť sa, opierať sa (*auf etw* o čo)
r Stutzer (*s,* ≈) švihák, fičúr; **~haft** švihácky, fičúrsky
stutzig zarazený, prekvapený; *~ werden* zaraziť sa, začudovať sa
r Stützpunkt (*(e)s, e*) oporný bod
s. u. skr. **sieh(e) unten** pozri nižšie
sub|altern subalterný, podriadený
s Subjekt (*(e)s, e*) **1** subjekt **2** gram. podmet; **~iv** subjektívny; **e ~ivität** (≈, *0*) subjektivita
e Sub|ordination (≈, *0*) subordinácia, podriadenosť
subskrib|ieren subskribovať **1** upísať, upisovať **2** predplácať; **e –tion** (≈, *en*) subskripcia
s Substantiv (*s, e*) gram. substantívum, podstatné meno
e Substanz (≈, *en*) substancia
substituieren substituovať, nahradiť, zameniť
subtil subtílny

PQRS

r Subtrah|end (*en, en*) mat. menšiteľ; **–ieren** mat. odrátať, odpočítať
e Subvention (≈, *en*) subvencia, peňažná podpora; **~ieren** subvencovať
e Such|aktion (≈, *en*) pátracia akcia; **r –dienst** (*es, e*) pátracia služba; **e –e** (≈, *n*) hľadanie, pátranie; *auf der –e sein* hľadať; **–en** hľadať, pátrať (*nach j-m/etw* koho/čoho, po kom/čom); **r –er** (*s,* ≈) fot. hľadáčik
e Sucht (≈, ≈̈*e*) **1** náruživosť, túžba **2** chorobný návyk, závislosť
süchtig 1 náruživý, žiadostivý **2** závislý na drogách ap.
e Sudel|ei (≈, *en*) hovor. babranie, fušerstvo; **–n 1** fušovať, babrať **2** zašpiniť, zamazať
r Süd|en (≈, *0*) juh svetová strana; *nach ~* na juh; **e –früchte** MNČ južné ovocie; **–lich** južný; *–lich von etw* na juh od čoho; **r –osten** (≈, *0*) juhovýchod; **r –pol** (*s, 0*) južný pól; **–wärts** smerom na juh, južne; **r –westen** (≈, *0*) juhozápad
r Suff (*(e)s, 0*) vulg. chľast
süffig vhodný na pitie, chutný, lahodný
s Suffix (*es, e*) gram. sufix, prípona
sugge|rieren vsugerovať, nahovoriť, vnuknúť; **e –stion** (≈, *en*) sugescia; **–stiv** sugestívny, pôsobivý
e Sühne (≈, *n*) **1** trest, pokánie **2** zmier, zmierenie; **Schuld und ~** Zločin a trest román Dostojevského; **~n 1** odpykať, odčiniť (*etw* čo) **2** zmieriť; **s ~verfahren** (*s,* ≈) práv. zmierovacie konanie
sukzessiv sukcesívny, postupný
r Sultan (*s, e*) sultán
e Sultanine (≈, *n*) sultánka hrozienko
e Sülze (≈, *n*) huspenina, rôsol
e Summ|me (≈, *Summen*) súčet, úhrn, suma; **–marisch** súhrnný, sumárny
e Summe (≈, *n*) **1** suma peňažná **2** mat súčet
summ|en 1 bzučať, hučať; *es summt mir in den Ohren* hučí mi v ušiach **2** nôtiť si, pospevovať (si); **r –er** (*s,* ≈) bzučiak
summieren spočítať, zrátať; **sich ~** množiť sa, nahromadiť sa, narastať
r Sumpf (*(e)s,* ≈̈*e*) bažina, močiar; **s ~fieber** (*s, 0*) bahenná horúčka, malária; **r ~|otter** (≈, *n*) zool. norka; **~ig** bahnistý, močaristý
e Sünde (≈, *n*) hriech
r Sünden|bock (*(e)s,* ≈̈*e*) obraz., hovor. obetný baránok; **s –geld** (*es, er*) obraz., hovor. hriešne peniaze, mnoho peňazí
r Sünd|er (*s,* ≈) hriešnik; **–haft, –ig** hriešny
Sündflut pozri *Sintflut*
super|fein veľmi jemný; **–klug** hovor., ironicky premúdry, veľmi múdry
r Superlativ (*s, e*) **1** gram. tretí stupeň, superlatív **2** veľká chvála, superlatív; *von j-m/etw nur in ~en sprechen** hovoriť o kom/čom len v superlatívoch
e Supermacht (≈, ≈̈*e*) veľmoc
r Supermarkt (*(e)s,* ≈̈*e*) supermarket, veľká samoobsluha
e Suppe (≈, *n*) polievka; *eine dünne Suppe*; hovor. **die ~ auslöffeln, die man sich eingebrockt hat** zjesť, čo si kto navaril, odpykať si čo
r Suppen|löffel (*s,* ≈) polievková lyžica; **r –würfel** (*s,* ≈) polievková kocka
surren bzučať
suspendieren 1 odročiť, odložiť platbu **2** suspendovať, zbaviť úradu
süß 1 sladký **2** hovor. sladký, milý, pôvabný o dieťati ap.; **~en** (o)sladiť; **s ~holz** (*es, 0*) bot. sladké drievko; **e ~igkeit** (≈, *en*) **1** sladkosť **2** len MNČ sladkosti, maškrty; **~lich** sladkastý, nasladnutý i obraz.; **r ~rahm** (*(e)s, 0*) sladká smotana; **e ~speise** (≈, *n*) múčnik; **r ~stoff** (*(e)s, e*) umelé sladidlo; **e ~waren** MNČ sladkosti, cukrovinky; **s ~wassertier** (*(e)s, e*) sladkovodný živočích; **r ~wein** (*es, e*) sladké víno
r Sweater ['sveːtɐ] (*s,* ≈) sveter
s Symbol (*s, e*) symbol; **~isch** sym-

bolický
e Symmetrie (≈, i/en) symetria, súmernosť
symmetrisch symetrický, súmerný
e Sympathie (≈, n) sympatia; **e ~kundgebung** (≈, en) prejav sympatie
sympath|isch sympatický; **–isieren** sympatizovať
s Symptom (s, e) symptóm, príznak
e Synagoge (≈, n) synagóga
synchronisieren [...kro...] synchronizovať, zosúladiť
e Synode (≈, n) cirk. synoda
s Synonym (s, e al. a) synonymum, rovnoznačné slovo
synonymisch synonymný
e Syntax (≈, 0) gram. syntax, vetná skladba
e Synthese (≈, n) syntéza, zlúčenie
synthetisch syntetický **1** súhrnný, súborný **2** chem. vyrobený synteticky, umelý
e Syphilis (≈, 0) lek. syfilis
s System (s, e) systém, sústava, sieť, režim; **~atisch** systematický, sústavný; **~atisieren** systematizovať
e Szene (≈, n) scéna **1** div. výstup **2** javisko **3** obraz., hovor. spor, hádka
e Szenerie (≈, i/en) **1** div. scenéria, dekorácia javiska **2** scenéria, panoráma, pohľad na krajinu
szenisch scénický, javiskový

T

t skr. **e Tonne** tona
r Tabak (s, e al. *Tabaksorten*) tabak; **r ~(an)bau** ((e)s, 0) pestovanie tabaku; **e ~fabrik** (≈, en) tabaková továreň
r Tabaks|beutel (s, ≈) mešec na tabak; **e –pfeife** (≈, n) fajka
r Tabak|schmuggel (s, ≈) pašovanie tabaku; **e –waren** MNČ tabakové výrobky
tabellarisch tabelárny
e Tabelle (≈, n) tabuľka
r Tabellen|führer (s, ≈) šport. vedúci tabuľky, rebríčka; **e –spitze** (≈, n) šport. špička, čelo tabuľky
s Tablett ((e)s, e) podnos, tácňa
e Tablette (≈, n) tabletka
tabu tabu, posvätný, nedotknuteľný
s Tabu (s, s) tabu, zákaz
r Tachometer (s, ≈) tachometer
r Tadel (s, ≈) **1** výčitka, pokarhanie **2** nedostatok, hana; **~los** bezchybný, bezúhonný; **~n** vyčítať komu čo, karhať koho
tadelnswert zasluhujúci pokarhanie
e Tafel (≈, n) **1** tabuľa **2** školská tabuľa **3** tabuľa, stôl, stolovanie, hostina; *zur ~ bitten* pozvať k stolu **4** tabuľka čokolády **5** mat. tabuľka; *logarithmische ~n* logaritmické tabuľky; **s ~geschirr** ((e)s, e) servis na stolovanie obedový, čajový ap.; **~n** hodovať, stolovať; **s ~wasser** (s, ≈̈) stolová voda
täfeln obkladať, obíjať doskami
r Taft ((e)s, e) taft látka
r Tag ((e)s, e) **1** kalendárny deň; *am heutigen ~* dnes; *~ für ~* deň čo deň; *jeden zweiten ~* obdeň, každý druhý deň; *alle drei ~e* každé tri dni **2** deň opak noci, denné svetlo; *den ganzen ~* po celý deň; *~ und Nacht* vo dne v noci; *es wird ~* rozodnieva sa **3** ban. zemský povrch; **an den ~ kommen*** vyjsť najavo, na svetlo božie
tagaus: ~, *tagein* deň čo deň
r Tagebau ((e)s, e) ban. povrchové dobývanie horniny
s Tage|blatt ((e)s, ≈̈er) denník noviny; **s –buch** ((e)s, ≈̈er) denník; **r –dieb** ((e)s, e) povaľač, zaháľač; **s –geld** ((e)s, er) **1** denná mzda **2** diéty na služobnej ceste; **–lang** po celé dni, trvajúci celé dni; **r –lohn** ((e)s, ≈̈e) denná mzda; **r –löhner** (s, ≈) nádenník, námezdný robotník; **–n 1** kniž. svitať, rozodnievať sa **2** zasadať, rokovať
r Tages|anbruch ((e)s, 0) svitanie, úsvit, brieždenie; **r –bedarf** (s, 0) denná spotreba; **r –befehl** ((e)s, e)

voj. denný rozkaz; **r –dienst** (*es, e*) denná služba; **s –er|eignis** (*ses, se*) udalosť dňa; **s –licht** (*(e)s, 0*) denné svetlo; **e –|ordnung** (*≈, en*) program, rokovací poriadok; **e –presse** (*≈, 0*) denná tlač; **e –schicht** (*≈, en*) denná smena; **r –|umsatz** (*es, ≈e*) denný obrat; **e –zeit** (*≈, 0*) časť dňa; **e –zeitung** (*≈, en*) denník noviny

-**tägig** v zložených slovách denný; *dreitägig* trojdenný

täglich 1 PR M denný, každodenný; *der ~e Bedarf* denná potreba **2** PRÍSL denne; *sie sahen** *sich* ~ vídali sa denne; **unser ~(es) Brot** chlieb náš každodenný

tags: ~ *darauf* na nasledujúci deň; ~ *zuvor* predchádzajúci deň

tags|über za dňa, vo dne, cez deň

tagtäglich 1 PR M každodenný **2** PRÍSL deň čo deň

e Tagundnachtgleiche <aj **Tag-und-Nacht-Gleiche**> (*≈, 0*) rovnodennosť

e Tagung (*≈, en*) zasadanie, rokovanie

r Taifụn (*s, e*) tajfún

e Taille ['taljə] (*≈, n*) pás, driek

r Takt (*(e)s, e*) **1** hud. i tech. takt; *den ~ angeben** udávať takt **2** ohľaduplnosť, takt; **s ~gefühl** (*s, 0*) taktnosť, jemnocit

e Takt|ik (*≈, en*) taktika; **r –iker** (*s, ≈*) taktik; **–isch** taktický

takt|los netaktný; **e –losigkeit** (*≈, 0*) netaktnosť

r Taktstock (*(e)s, ≈e*) hud. taktovka

taktvoll taktný, ohľaduplný

s Tal (*(e)s, ≈er*) údolie, dolina; **~ạb(wärts)** dolu dolinou/údolím; **~|ạuf(wärts)** hore dolinou/údolím

s Talẹnt (*(e)s, e*) talent, nadanie; **~ịert** nadaný, talentovaný; **~los** netalentovaný, nenadaný; **~voll** nadaný, talentovaný

r Taler (*s, ≈*) toliar historický peniaz

e Talfahrt (*≈, en*) zjazd do doliny, jazda dolinou

r Talg (*(e)s, e*) loj; **e ~drüse** (*≈, n*) mazová žľaza; **~ig** lojový, lojovitý; **e ~kerze** (*≈, n*) **s ~licht** (*(e)s, er*) lojová sviečka

r Talisman (*s, e*) talizman, amulet

r Talk (*(e)s, 0*), **r ~stein** (*(e)s, e*) mastenec minerál

r Tal|kessel (*s, ≈*) kotlina

s Talmi (*s, 0*), **s ~gold** (*(e)s, 0*) talmi, nepravé zlato, hovor. mačacie zlato

e Tal|sohle (*≈, n*) dno údolia; **e –sperre** (*≈, n*) údolná priehrada; **r –weg** (*(e)s, e*) cesta údolím

s Tamburịn (*s, s* al. *e*) hud. tamburína

r Tampọn [tam'pọ:n] (*s, s*) tampón; **~ịeren** lek. tampónovať, upchávať tampónom

r Tandelmarkt (*(e)s, ≈e*) rak. starinársky, blší trh

tändeln 1 žartovať, vyvádzať **2** obchodovať so starinou

s Tandem (*s, s*) tandem

r Tang (*(e)s, e*) bot. morské riasy, chaluhy

e Tan|gẹnte (*≈, n*) mat. dotyčnica; **–gịeren** mat. dotýkať sa, hovor., obraz. týkať sa; *das tangiert mich nicht* ta sa ma netýka, to ma nezaujíma

r Tank (*s, s* al. *e*) tank, nádrž, cisterna; **~en** tankovať, čerpať pohonné hmoty; **r ~er** (*s, ≈*), **s ~schiff** (*es, e*) cisternová loď, tanker; **e ~stelle** (*≈, n*) benzínová čerpacia stanica; **r ~wagen** (*s, ≈*) cisternový vozeň

e Tanne (*≈, n*) jedľa

tannen jedľový, z jedľového dreva; **r ~baum** (*(e)s, ≈e*) **1** jedľa **2** vianočný stromček; **r ~zapfen** (*s, ≈*) jedľová šuška

e Tante (*≈, n*) teta

e Tanti|ẹme [tã'tjẹ:mə] (*≈, n*) obch. tantiéma, podiel zo zisku

r Tanz (*(e)s, ≈e*) tanec; **r ~bär** (*en, en*) tancujúci medveď

s Tanz|bein: ~ *schwingen** kropčiť, tancovať; **r –boden** (*s, ≈* al. *≈*) tanečná plocha, parket

tänzeln (*h./i.*) tancovať, poskakovať,

skackať
tanzen (*h./i.*) tancovať
r **Tänzer** (*s,* ≈) tanečník; **~isch** tanečnícky
e **Tanz|fläche** (≈, *n*) tanečný parket; e **–schule** (≈, *n*) tanečná škola; e **–stunde** (≈, *n*) hodina tanca vyučovanie
e **Tapete** (≈, *n*) tapeta
tapezier|en tapetovať, čalúniť; r **–er** (*s,* ≈) tapetár, čalúnnik
tapfer udatný, odvážny, smelý; e **~keit** (≈, *0*) udatnosť, statočnosť
tappen (*h./i.*) tápať, neisto kráčať; *im Dunklen* ~ tápať v neistote
tapsig hovor. nemotorný, neobratný
e **Tara** (≈, *Taren*) váha obalu
e **Tarantel** (≈, *n*) tarantula; **aufspringen* wie von der ~ gestochen*** vyskočiť ako uštipnutý
r **Tarif** (*s, e*) tarifa, sadzba poplatkov; **~gemäß** tarifný, podľa tarify; e **~gruppe** (≈, *n*) tarifná trieda; **~lich** tarifný; r **~lohn** (*(e)s,* ≈*e*) tarifná mzda; **~mäßig** tarifný, podľa tarify; r **~vertrag** (*(e)s,* ≈*e*) tarifná zmluva
tarn|en (sich) voj. maskovať (sa); e **–farbe** (≈, *n*) maskovacia farba; e **–ung** (≈, *en*) maskovanie
s **Täschchen** (*s,* ≈) kabelka, taštička, vrecúško
e **Tasche** (≈, *n*) **1** taška, kabelka **2** vrecko, vačok; **tief in die ~ greifen*** siahnuť hlboko do vrecka, veľa minúť, byť štedrý; **j-m auf der ~ liegen*** žiť na čí účet; **etw aus eigener ~ bezahlen** zaplatiť čo z vlastného vrecka
s **Taschenbuch** (*(e)s,* ≈*er*) brožované vydanie knihy, paperback
r **Taschen|dieb** (*(e)s, e*) vreckový zlodej; s **–geld** (*(e)s, er*) vreckové peniaze; e **–lampe** (≈, *n*) vreckové svietidlo, hovor. baterka; s **–messer** (*s,* ≈) vreckový nôž; s **–tuch** (*(e)s,* ≈*er*) vreckovka; e **–uhr** (≈, *en*) vreckové hodinky; s **–wörterbuch** (*(e)s,* ≈*er*) vreckový slovník
e **Tasse** (≈, *n*) šálka; **nicht alle ~n im Schrank haben** nemať všetkých pohromade/doma
e **Tastatur** (≈, *en*) klávesnica
tast|bar hmatateľný; e **–e** (≈, *n*) **1** klapka, kláves **2** tlačidlo; **–en** **1** hmatať, ohmatávať **2** šmátrať; s **–sinn** (*s, 0*)
e **Tat** (≈, *n*) skutok, čin; *ein Mann der* ~ muž činu; **in der ~** naozaj, skutočne; **j-n auf frischer ~ ertappen** pristihnúť koho pri čine; r **~bestand** (*(e)s,* ≈*e*) skutková podstata
taten|los nečinný; e **–losigkeit** (≈, *0*) nečinnosť
r **Täter** (*s,* ≈) páchateľ, vinník; e **~schaft** (≈, *0*) spáchanie činu
tätig činný; *in einer Firma ~ sein* pracovať vo firme; **~en** obch. uskutočniť, dohovoriť; e **~keit** (≈, *en*) **1** činnosť človeka **2** funkcia, činnosť, chod stroja
e **Tat|kraft** (≈, *0*) účinnosť, výkonnosť; **–kräftig** účinný, rázny, výkonný
tätlich násilný, násilnícky; ~ *werden* dopustiť sa násilia (*gegen j-n* na kom); e **~keit** (≈, *en*) násilie, násilnosť
r **Tat|ort** (*(e)s, e*) miesto činu
tätowieren tetovať
e **Tat|sache** (≈, *en*) skutočnosť, fakt; **–sächlich** **1** PR M skutočný, pravdivý **2** PRÍSL skutočne, naozaj
tätscheln potľapkať (*j-n* koho)
r **Tatterich** (*s, 0*) hovor. trasľavosť
e **Tatze** (≈, *n*) tlapa, laba
s **Tau**[1] (*(e)s, e*) lano
r **Tau**[2] (*(e)s, 0*) rosa; *der ~ fällt* padá rosa
taub **1** hluchý **2** obraz. necitný, otupený
e **Taube** (≈, *n*) holub, holubica
tauben|grau modrosivý, sivý ako holub; e **–post** (≈, *0*) holubia pošta; s **–haus** (*es,* ≈*er*), r **–schlag** (*(e)s,* ≈*e*) holubník; **hier geht* es zu wie in einem –schlag** je to tu ako v holubníku
r **Tauber** (*s,* ≈), r **Täuberich** (*s, e*) holub samček
e **Taub|heit** (≈, *0*) hluchota; **–stumm** hluchonemý

tauchen 1 (*h.*) ponoriť, namočiť **2** (*i.*) ponárať sa, potápať sa
r Taucher (*s,* ≈) **1** potápač **2** zool. potápka; **r ~anzug** (*(e)s,* ≈*e*) potápačský skafander
r Tauch|sieder (*s,* ≈) ponorný varič; **e –tiefe** (≈, *0*) ponor lode
tauen 1 (*h.*) topiť, roztápať **2** (*i.*) topiť sa, rozpúšťať sa
s Tauf|becken (*s,* ≈) cirk. krstiteľnica; **e –e** (≈, *n*) krst; **–en** krstiť
r Täuf|er (*s,* ≈) cirk. krstiteľ; **r –ling** (*s, e*) krstné dieťa, krstenec
r Tauf|name (*ns, n*) krstné meno; **r –pate** (*n, n*) krstný otec, kmotor; **e –patin** (≈, *nen*) krstná matka, kmotra; **r –schein** (*(e)s, e*) krstný list
tauge|n hodiť sa, byť súci (*zu etw* na čo; *für j-n* pre koho); **r –nichts** (≈ al. *es, e*) naničhodník, darebák
tauglich schopný, súci, spôsobilý; **e ~keit** (≈, *0*) schopnosť, spôsobilosť
r Taumel (*s, 0*) **1** závrat **2** obraz. opojenie, vzrušenie; **~ig** závratný, trpiaci závratmi; **~n 1** (*h.*) tackať sa bez udania cieľa **2** (*i.*) tackať sa s udaním cieľa
r Taupunkt (*(e)s, e*) rosný bod
r Tausch (*es, e*) výmena, zámena; **~en** (vy)meniť (*etw gegen etw* čo za čo)
täusch|en klamať, mýliť; **sich ~** mýliť sa, sklamať sa; **~d** klamný; **e –ung** (≈, *en*) **1** klam, zdanie; *eine optische Täuschung* optický klam **2** klamanie, podvod
r Tausch|wert (*(e)s, e*) výmenná hodnota; **e –wirtschaft** (≈, *0*) výmenné hospodárstvo
tausend 1 tisíc **2** veľmi veľa; *der Teller zerbrach* in ~ Stücke* tanier sa rozbil na márne kúsky; **s Tausend** (*s, e*) tisícka; **~e und Abertausende** tisíce ľudí; **r ~er** (*s,* ≈) tisícovka bankovka; **r ~füßler** (*s,* ≈) stonožka; **s ~güldenkraut** (*(e)s, 0*) bot. zemežlč; **~jährig** tisícročný; **~mal** tisíckrát; **r ~sasa** (*s,* ≈ al. *s*) hovor. čertovský chlapík, prešibanec; **s ~schön** (*s, e*) bot. sedmokráska; **s ~stel** (*s, 0*) tisícina
r Tautropfen (*s,* ≈) kvapka rosy
s Tauwetter (*s, 0*) odmäk
s Tauziehen (*s, 0*) **1** preťahovanie lanom **2** obraz. súperenie; *ein ~ zwischen zwei Parteien* súperenie medzi stranami politickými
e Tax|e (≈, *n*) **1** poplatok, taxa **2** odhad, ocenenie; **–frei** bezplatný, bez taxy
s Taxi (≈ al. *s,* ≈ al. *s*) taxík
taxieren oceňovať, hodnotiť
r Taxifahrer (*s,* ≈) taxikár
r Taxpreis (*es, e*) odhadná cena
Tb, Tbc skr. **e Tuberkulose** tuberkulóza
s Team [ti:m] (*s, s*) tím
e Tech|nik (≈, *en*) **1** technika **2** zručnosť, spôsob činnosti; **r –niker** (*s,* ≈) technik; **s –nikum** (*s, Techniken*) stredná technická škola; **–nisch** technický
r Techno|loge (*n, n*) technológ; **e –logie** (≈, *0*) technológia, postup práce; **–logisch** technologický
s Techtelmechtel (*s,* ≈) flirt, milostné pletky
r Teddy (*s, s*), **Teddybär** (*en, en*) medvedík hračka
r Tee (*s, s*) **1** čaj sušené lístky **2** len JČ čaj nápoj; *den ~ ziehen* lassen** dať vylúhovať čaj; **s ~gebäck** (*s, 0*) čajové pečivo; **e ~kanne** (≈, *n*) čajová kanvica; **r ~löffel** (*s,* ≈) čajová lyžička
r Teer (*(e)s, e*) decht; **~en** dechtovať, napúšťať dechtom; **e ~pappe** (≈, *n*) dechtová lepenka; **e ~seife** (≈, *n*) dechtové mydlo
s Tee|sieb (*(e)s, e*) sitko na čaj; **e –stube** (≈, *n*) čajovňa
r Teich (*(e)s, e*) rybník
r Teig (*(e)s, e*) cesto; *den ~ kneten* miesiť cesto; **~ig** cestovitý, mäkký ako cesto; **e ~waren** MNČ cestoviny
r, s Teil (*(e)s, e*) **1** časť, diel, kus; *zum ~* sčasti, čiastočne **2** podiel, čiastka **3** práv. stránka; *der klagende ~* žalujúca stránka; **ich für mein ~...** čo

sa mňa týka...; **~bar** deliteľný; **r ~betrag** ((*e*)*s*, *≈e*) čiastková suma; **s ~chen** (*s*, ≈) fyz. elementárna častica
teil|en 1 (roz)deliť celok **2** mat. deliť; *eine Zahl durch sieben ~* deliť číslo siedmimi **3** (*etw mit j-m*) deliť sa (s kým o čo); *ein Zimmer mit j-m ~* deliť sa s kým o izbu; **sich ~** (roz)deliť sa; *sich in Gruppen ~* rozdeliť sa do skupín; **–|haben** mať účasť, podieľať sa; **r –haber** (*s*, ≈) účastník; **–haft(ig)** účastný; **e –nahme** (≈, *n*) **1** účasť (*an etw* D na čom) **2** záujem, porozumenie **3** sústrasť, súcit; **–nahmslos** ľahostajný, nevšímavý; **–|nehmen*** (*a*, *h. teilgenommen*) zúčastniť sa (*an etw* na čom); **r –nehmer** (*s*, ≈) účastník
teils čiastočne, sčasti
e Teil|ung (≈, *en*) **1** delenie, rozdelenie **2** bot. delenie buniek; **–weise** čiastočne, po čiastkach; **e –zahlung** (≈, *en*) splátka
r Teint [tẽ:] (*s*, *s*) pleť
s Telefon (*s*, *e*) telefón; **r ~|anruf** ((*e*)*s*, *e*) telefonát, telefonické zavolanie; **s ~buch** ((*e*)*s*, *≈er*) telefónny zoznam; **s ~gespräch** (*s*, *e*) telefonický rozhovor; **r ~hörer** (*s*, ≈) slúchadlo; **~ieren** telefonovať; **~isch** telefonický; **r ~ist** (*en*, *en*) telefonista; **e ~nummer** (≈, *n*) telefónne číslo; **e ~verbindung** (≈, *en*) telefonické spojenie; **e ~zelle** (≈, *n*) telefónna búdka; **e ~zentrale** (≈, *n*) telefónna ústredňa
r Telegraf (*en*, *en*) telegraf
e Telegrafie (≈, *0*) telegrafia; **–ieren** telegrafovať; **–isch** telegrafický
s Telegramm (*s*, *e*) telegram; **s ~formular** (*s*, *e*) telegramová blanketa
e Telekommunikation (≈, *en*) telekomunikácia
e Telepathie (≈, *0*) telepatia
s Teleskop (*s*, *e*) teleskop
s Telex (*es*, *e*) telex, ďalekopis
r Teller (*s*, ≈) tanier; *ein flacher, tiefer ~* plytký, hlboký tanier
r Tempel (*s*, ≈) chrám, svätyňa; **r ~ritter** (*s*, ≈) templár historicky
s Temperament ((*e*)*s*, *e*) temperament; **~los** netemperamentný, nežívý; **~voll** temperamentný, živý
e Temperatur (≈, *en*) fyz., lek. teplota; *eine erhöhte ~* zvýšená teplota; **r ~sturz** (*es*, *≈e*) náhly pokles teploty
temperieren temperovať, vyhrievať, udržovať určitú teplotu
s Tempo (*s*, *s* al. *Tempi*) tempo, rýchlosť; *~ anschlagen** nasadiť tempo
temporal temporálny, časový
s Tempus (≈, *Tempora*) gram. slovesný čas
e Tendenz (≈, *en*) tendencia, sklon; **~iös** tendenčný
r Tender (*s*, ≈) tender, vozeň z uhlím
tendieren mať tendenciu, sklon k čomu
s Tennis (≈, *0*) tenis; **r ~platz** (*es*, *≈e*) tenisový dvorec, kurt; **r ~schläger** (*s*, ≈) tenisová raketa; **r ~spieler** (*s*, ≈) tenista
r, s Tentakel (*s*, ≈) bot., zool. chápadlo
r Teppich (*s*, *e*) koberec; **e ~kehrmaschine** (≈, *n*) mechanická metla; **r ~klopfer** (*s*, ≈) prachár, nástroj na prášenie kobercov; **e ~(klopf)stange** (≈, *n*) stojan na prášenie kobercov
r Termin (*s*, *e*) termín; **e ~|einhaltung** (≈, *0*) dodržanie termínu; **~gemäß, ~gerecht** v určenom termíne, podľa termínu
e Terminologie (≈, *0*) terminológia, názvoslovie
e Termin|verlängerung (≈, *n*) predĺženie, presunutie termínu; **e –versäumung** (≈, *en*) omeškanie, premeškanie termínu
e Termite (≈, *n*) zool. termit
r, s Terpentin (*s*, *0*) chem. terpentín
s Terrain [te'rẽ:] (*s*, *s*) terén
e Terrasse (≈, *n*) terasa
r Terrier (*s*, ≈) zool. teriér
e Terrine (≈, *n*) misa na polievku
terri|torial teritoriálny, územný; **s –torium** (*s*, *ien*) teritórium, územie
r Terror (*s*, *0*) teror; **~isieren** terorizovať; **r ~ismus** (≈, *0*) terorizmus; **r**

TUV

~ist (*en, en*) terorista
e Terz (*≈, en*) hud. tercia
s Terzett (*(e)s, e*) hud. tercet(o), trio
r Test (*(e)s, e* al. *s*) test
s Testament (*(e)s, e*) testament, posledná vôľa, závet; **das Alte ~, das Neue ~** Starý zákon, Nový zákon
r Testamentsvollstrecker (*s, ≈*) práv. vykonávateľ testamentu
s Testat (*s, e*) **1** osvedčenie **2** zápočet na vysokej škole
testen testovať
r Tetanus (*≈, 0*) tetanus; **e ~impfung** (*≈, en*) očkovanie proti tetanu
s Tetraeder (*s, ≈*) mat. tetraéder, štvorsten
teuer 1 drahý, cenný; *wie ~ ist es?* koľko to stojí? **2** drahý, milý; **e ~ung** (*≈, 0*) zdraženie, zdražovanie; **e ~ungszulage** (*≈, n*) drahotný, vyrovnávací príspevok
r Teufel (*s, ≈*) čert, diabol; *zum ~!* dočerta!; **pfui ~!** fuj!; **e ~ei** (*≈, en*) čertovstvo
s Teufels|glück (*s, 0*) čertovské šťastie; **r –kerl** (*s, e*) čertovský chlapík; **r –lärm** (*s, 0*) pekelný vresk, hluk
teuflisch diabolský, čertovský
r Text (*(e)s, e*) text; **s ~buch** (*(e)s, ≈er*) libreto; **r ~er** (*s, ≈*) textár piesní
textil textilný; **r ~arbeiter** (*s, ≈*) textilný robotník; **e ~ien** MNČ textílie; **e ~industrie** (*≈, 0*) textilný priemysel; **die ~waren** MNČ textilný tovar
s The|ater (*s, ≈*) divadlo; **e ~aufführung** (*≈, en*) divadelné predstavenie; **r ~besucher** (*s, ≈*) návštevník divadla; **s ~glas** (*es, ≈er*) divadelný ďalekohľad; **e ~karte** (*≈, n*) vstupenka do divadla; **s ~stück** (*(e)s, e*) divadelná hra
theatralisch 1 divadelný **2** teatrálny, strojený
e Theke (*≈, n*) výčapný pult
s Thema (*s, Themen* al. *Themata*) téma, námet
r Theo|loge (*n, n*) teológ, bohoslovec; **e –logie** (*≈, 0*) teológia, bohoslovie; **–logisch** teologický, bohoslovecký
r Theo|retiker (*s, ≈*) teoretik; **–retisch** teoretický; **e –rie** (*≈, ien*) teória
r Thera|peut (*en, en*) terapeut; **–peutisch** terapeutický, liečebný; **e –pie** (*≈, ien*) terapia, liečba
thermal termálny; **s ~bad** (*(e)s, ≈er*) termálne kúpele; **e ~quelle** (*≈, n*) termálny prameň
e Thermo|dynamik (*≈, 0*) termodynamika; **s –meter** (*s, ≈*) teplomer; **–nuklear** fyz. termonukleárny
e Thermosflasche (*≈, n*) termoska
e These (*≈, n*) téza, tvrdenie
r Thron (*(e)s, e*) trón; **e ~besteigung** (*≈, en*) nastúpenie na trón; **~en** tróniť; **r ~erbe** (*n, n*) dedič trónu; **e ~folge** (*≈, n*) následníctvo trónu; **r ~folger** (*s, ≈*) následník trónu; **r ~wechsel** (*s, ≈*) zmena na tróne
r Thunfisch <aj **Tunfisch**> (*es, e*) tuniak
r Thymian (*s, e*) **1** materina dúška **2** tymian
r Tick (*(e)s, s*) **1** mykanie, trhanie **2** lek. tik, nervový zášklb **3** vrtoch, pojašenosť
ticken tikať
s Ticket (*s, s*) vstupenka, cestovný lístok, letenka
tief 1 hlboký **2** temný, sýty o farbe, zvuku ap.; *ein ~es Rot* sýta červeň **3** obraz. veľký, silný, intenzívny; *ein ~er Schlaf* hlboký spánok
s Tief (*s, s*) tlaková níž, oblasť nízkeho tlaku vzduchu
tiefblau tmavomodrý
r Tief|druck (*(e)s, 0*) nízky tlak vzduchu; **e –e** (*≈, n*) hĺbka; **e –ebene** (*≈, n*) nížina; **–empfunden** <– **empfunden**> precítený
e Tiefen|messung (*≈, en*) meranie hĺbky; **e –schärfe** (*≈, 0*) fot. hĺbka ostrosti
r Tief|gang (*(e)s, 0*) ponor plavidla; **e –garage** [...ga'ra:žə] (*≈, n*) podzemná garáž

tief|gekühlt mrazený o potravinách; **s –kühlfach** ((*e*)*s*, *≈er*) mraznička časť chladničky; **e –kühltruhe** (≈, *n*) mraznička
s Tief|land ((*e*)*s*, *≈er*) nížina; **r –punkt** ((*e*)*s*, *e*) najnižší bod, stav; **r –schlag** ((*e*)*s*, *≈e*) šport. úder pod pás
tief|schürfend <– **schürfend**> obraz. dôkladný, idúci do hĺbky; **r –sinn** ((*e*)*s*, *0*) hlbokomyseľnosť, hĺbavosť; **–sinnig** hĺbavý, zádumčivý
r Tiefstand ((*e*)*s*, *0*) nízky stav, nízka úroveň
r Tiegel téglik
s Tier ((*e*)*s*, *e*) zviera, živočích; obraz. hovor. *ein großes ~* veľké zviera; **r ~|arzt** (*es*, *≈e*) zverolekár; **r ~bändiger** (*s*, *≈*) krotiteľ zveri; **r ~garten** (*s*, *≈*) zoologická záhrada; **~isch 1** zvierací, živočíšny **2** zverský, surový; **r ~kreis** (*es*, *0*) zverokruh; **e ~kunde** (≈, *0*) zoológia; **e ~quälerẹi** (≈, *en*) týranie zvierat; **r ~schutzver|ein** ((*e*)*s*, *e*) spolok na ochranu zvierat; **e ~zucht** (≈, *0*) chov zvierat; **r ~züchter** (*s*, *≈*) chovateľ zvierat
r Tiger (*s*, *≈*) tiger
tilg|en 1 zničiť, zahladiť **2** prečiarknuť, vyškrtnúť, amortizovať; **e –ung** (≈, *en*) **1** zničenie, vyhubenie **2** splatenie, umorenie dlhu
r, s Tingeltangel (*s*, *≈*) ľudový kabaret, zábava, zast. šantám
e Tinte (≈, *n*) atrament; **in der ~ sitzen*** byť v kaši
s Tinten|faß <...ss> (*fasses*, *fässer*) kalamár; **r –fisch** (*es*, *e*) zool. sépia obyčajná
r Tintenstift (*es*, *e*) atramentové pero
r Tip <Tipp> (*s*, *s*) tip
tipp|en 1 písať na stroji **2** tipovať, hádať **3** ťukať, klepkať; **r –fehler** (*s*, *≈*) preklep
tipptopp hovor. bezchybný, dokonalý
r Tisch ((*e*)*s*, *e*) stôl; *den ~ decken* prestrieť stôl; **bei ~** pri jedle; **vor ~** pred jedlom; **nach ~** po jedle; **reinen ~ machen** urobiť poriadok (*mit etw* v čom); **e ~decke** (≈, *n*) obrus; **e ~lampe** (≈, *n*) stolná lampa
r Tischler (*s*, *≈*) stolár; **e ~ẹi** (≈, *en*) stolárstvo, stolárska dielňa; **~n** stolárčiť, vykonávať stolárske práce
e Tisch|rede (≈, *n*) príhovor, prejav pri stole; **s –tennis** (≈, *0*) stolný tenis; **s –tuch** ((*e*)*s*, *≈er*) obrus; **r –wein** ((*e*)*s*, *e*) stolové víno
r Titel (*s*, *≈*) titul **1** nadpis, názov **2** akademický titul **3** šport. majstrovský titul; **s ~bild** ((*e*)*s*, *er*) titulný obrázok; **r ~halter** (*s*, *≈*) šport. držiteľ titulu; **e ~rolle** (≈, *n*) titulná úloha; **r ~verteidiger** (*s*, *≈*) šport. obhajca titulu
r Toast [to:st] (*es*, *e* al. *s*) **1** hrianka **2** prípitok; **r ~er** (*s*, *≈*) opekač hrianok
tob|en 1 zúriť, besnieť **2** burácať o mori **3** vyvádzať, šantiť o deťoch; **e –sucht** (≈, *0*) zúrivosť; **–süchtig** zúrivý, zbesnený
e Tochter (≈, *≈*) dcéra; **e ~gesellschaft** (≈, *en*) dcérska/filiálna spoločnosť
r Tod ((*e*)*s*, *e*) smrť, úmrtie; *ein plötzlicher ~* náhla smrť; *in den ~ gehen** ísť na smrť; **~bringend** smrtonosný, smrtiaci; **~|ernst** smrteľne vážny
e Todes|angst (≈, *≈e*) smrteľná úzkosť, smrteľný strach; **e –|anzeige** (≈, *n*) úmrtné oznámenie, parte; **r –fall** (*s*, *≈e*) úmrtie; **e –stille** (≈, *0*) hrobové ticho; **e –strafe** (≈, *n*) trest smrti; **e –|ursache** (≈, *n*) príčina smrti; **s –|urteil** (*s*, *e*) práv. rozsudok smrti; **e –ver|achtung** (≈, *0*) pohŕdanie smrťou
r Tod|feind ((*e*)*s*, *e*) úhlavný nepriateľ; **–geweiht** blízky smrti, na prahu smrti; **–krank** smrteľne chorý
tödlich smrteľný, smrtiaci
tod|müde na smrť unavený; **–sicher** úplne/stopercentne istý; **–still** tichý ako hrob; **e –sünde** (≈, *n*) smrteľný hriech
e Toilẹtte [tọa'letə] (≈, *n*) **1** večerné šaty, róba **2** záchod, WC

TUV

e Toiletten|artikel [toa'letn...] MNČ toaletné potreby; **s –papier** [toa'letən...] (*s, e*) toaletný papier; **r –tisch** [toa'letən...] (*es, e*) toaletný stolík
toleran|t tolerantný, znášanlivý; **e –z** (*≈, 0*) tolerancia **1** znášanlivosť **2** tech. povolená odchýlka
toll 1 divý, bláznivý **2** hovor. výborný, báječný **3** besný, postihnutý besnotou; **~en** blázniť sa, vystrájať; **e ~kirsche** (*≈, n*) bot. ľuľkovec; **~kühn** šialene odvážny, bláznivo smelý; **e ~wut** (*≈, 0*) besnota; **~wütig** besný pes
r Tölpel (*s, ≈*) hovor. hlupák, nešika; **~haft** neobratný, hlúpy
e Tomate (*≈, n*) rajčiak, paradajka
r Ton[1] (*(e)s, e*) hlina, íl
r Ton[2] (*(e)s, ≈e*) **1** tón, zvuk **2** prízvuk, dôraz **3** odtieň farby; **r ~|abnehmer** (*s, ≈*) prenoska, snímač zvuku; **~|angebend** udávajúci tón; **e ~|art** (*≈, en*) tónina, stupnica; **e ~|aufnahme** (*≈, n*) zvukový záznam; **s ~band** (*(e)s, ≈er*) zvukový pás, magnetofónová páska; **s ~bandgerät** (*(e)s, e*) magnetofón; **r ~dichter** (*s, ≈*) hudobný skladateľ, komponista
tönen 1 znieť, ozývať sa **2** tónovať, farbiť vlasy ap.; **~d** zvučiaci, znejúci
e Ton|erde (*≈, n*) **1** chem. kysličník hlinitý; *essigsaure ~* octan hlinitý **2** ílovitá hlina
r Ton|fall (*s, ≈e*) melódia reči, intonácia; **r –film** (*(e)s, e*) zvukový film
s Tongefäß (*es, e*) hlinená nádoba
tonig ílovitý, obsahujúci íl
e Ton|leiter (*≈, n*) hud. stupnica, škála; **–los** nezvučný, nehlasný
e Tonnage [to'na:žə] (*≈, n*) tonáž, nosnosť lode
e Tonne (*≈, n*) **1** tona **2** sud, kaďa
e Tönung (*≈, en*) tónovanie, odtieň
e Tonwaren MNČ hlinené výrobky
r Topf (*(e)s, ≈e*) **1** hrniec **2** kvetináč, črepník **3** nočník; obraz. **alles in einen ~ werfen*** hádzať všetko do jedného vreca
r Topfen (*s, 0*) rak. tvaroh
r Töpfer (*s, ≈*) hrnčiar; **e ~ei** hrnčiarstvo, hrnčiarska dielňa; **e ~scheibe** (*≈, n*) hrnčiarsky kruh
e Topfpflanze (*≈, n*) rastlina v kvetináči
topographisch <...grafisch> topografický
r Tor[1] (*en, en*) kniž. blázon, hlupák
s Tor[2] (*(e)s, e*) **1** brána, vráta **2** šport. brána, gól
r Torf (*(e)s, 0*) rašelina; **s ~moor** (*(e)s, e*) rašelinisko; **s ~moos** (*es, e*) bot. rašelinník
e Torheit (*≈, en*) bláznovstvo, pochabosť
r Torhüter (*s, ≈*) šport. brankár
töricht kniž. pochabý, bláznivý
torkeln (*h./i.*) tackať sa, potácať sa
r Torlauf (*(e)s, ≈e*) šport. slalom
r Tornister (*s, ≈*) voj. tanistra, torba
r Torpedo (*s, s*) torpédo; **s ~boot** (*(e)s, e*) torpédový čln; **r ~bootzerstörer** (*s, ≈*) torpédoborec
e Torsion (*≈, en*) tech., lek. krútenie, ohnutie
r Torschluß <...ss> (*schlusses, schlüsse*): *kurz vor ~* v hodine dvanástej, na poslednú chvíľu
r Torso (*s, s*) torzo
e Torte (*≈, n*) torta
e Tortur (*≈, en*) tortúra, mučenie, trápenie
r Tor|wächter (*s, ≈*) vrátnik; **r –wart** (*(e)s, e*) šport. brankár
tosen hučať, burácať, dunieť; *ein ~der Beifall* búrlivý potlesk
tot 1 mŕtvy **2** pustý, ľudoprázdny **3** neužitočný, nečinný; *~es Gleis* slepá koľaj
total totálny, úplný; **r ~|eindruck** (*(e)s, ≈e*) celkový dojem; **e ~finsternis** (*≈, se*) úplné zatmenie
e Totalität (*≈, en*) totalita **1** celistvosť, úplnosť **2** politická totalita
r, e Tote (*n, n*) mŕtvy človek, hovor. nebožtík
töten 1 usmrtiť, zabiť **2** lek. umŕtviť nerv
e Toten|bahre (*≈, n*) máry; **s –bett**

TUV

((e)s, en) smrteľná posteľ; **–blaß** <...ss>, **–bleich** smrteľne bledý; **e –feier** (≈, *n*) pohrebná slávnosť, tryzna; **s –geläute** (*s, 0*) vyzváňanie mŕtvemu; **r –kopf** (*es,* ≈̈*e*) **1** lebka, umrlčia hlava **2** bot. lišaj smrtihlav; **r –schein** (*(e)s, e*) úmrtný list; **e –stille** (≈, *0*) hrobové ticho; **r –vogel** (*s,* ≈̈) zool. kuvik obyčajný

tot|fahren* (*ä; u, h. a*) prejsť vozidlom a usmrtiť (*j-n* koho); **r –geburt** (≈, *en*) **1** pôrod mŕtveho dieťaťa **2** mŕtvo narodené dieťa; **–|lachen sich** hovor. pukať od smiechu, smiať sa do popuku

r, s Toto (*s, s*) Toto, stávková kancelária

tot|sagen vyhlásiť za mŕtveho; **r –schlag** (*(e)s,* ≈̈*e*) práv. usmrtenie, zabitie; **–|schlagen*** (*ä; u, h. a*) usmrtiť, zabiť; obraz. *die Zeit totschlagen* zabíjať čas; **r –schläger** (*s,* ≈) vrah, zabijak; **–|schweigen*** (*ie, h. ie*) premlčať, utajiť; **–|stellen sich** tváriť sa ako mŕtvy; **–|treten*** (*i; a, h. e*) ušliapať na smrť

e Tötung (≈, *en*) zabitie, usmrtenie

s Tou|pet [tu'pe:] (*s, s*) tupé; **–pieren** tupírovať

e Tour [tu:ɐ] (≈, *en*) **1** výlet, túra **2** tech. obrátka, otáčka; **in einer ~** jedným ťahom, nepretržite; **auf ~en kommen*** hovor. byť v švungu

e Touren|zahl ['tu:rən...] (≈, *0*) počet obrátok; **r –zähler** (*s,* ≈) tech. obrátkomer

r Tour|ismus [tu'rismus] (≈, *0*) turizmus; **r –ist** [tu'rist] (*en, en*) turista; **–istisch** turistický

e Tournee [tur'ne:] (≈, *s* al. *n*) turné

r Trab (*(e)s, 0*) klus

r Trabant (*en, en*) satelit, družica, obežnica

traben (*h./i.*) klusať, ísť klusom, hovor. bežať, uháňať

e Tracht (≈, *en*) **1** kroj, ľudový odev **2** zast. náklad, bremeno; **eine ~ Prügel** poriadny výprask

trachten snažiť sa, usilovať sa (*nach etw* o čo), dychtiť (*nach etw* po čom); *nach Ruhm ~* dychtiť po sláve

trächtig teľná, kotná, oplodnená o zvieratách

e Tradition (≈, *en*) tradícia, zvyklosť; **~ell** tradičný; **~sgemäß** podľa tradície, tradične

r Trafo (*s, s*) transformátor

e Trag|bahre (≈, *n*) nosidlá pre chorého; **–bar 1** prenosný **2** obraz. znesiteľný; *dieser Zustand ist nicht mehr ~* tento stav je už neznesiteľný

träge 1 malátny **2** pomalý, pozvoľný **3** lenivý

tragen* (*ä; u, h. a*) **1** niesť, nosiť **2** nosiť, mať; *lange Haare ~* mať dlhé vlasy **3** plodiť, prinášať, dávať úžitok; *der Baum trägt keine Früchte mehr* tento strom už nerodí **4** znášať, trpieť; **die Nase** al. **den Kopf hoch ~** byť namyslený; **Eulen nach Athen ~** nosiť drevo do lesa

r Träger (*s,* ≈) **1** nosič osoba **2** tech. nosník **3** nositeľ vyznamenania ap.; **e ~rakete** (≈, *n*) nosná raketa

e Trag|fähigkeit (≈, *0*) nosnosť; **e –fläche** (≈, *n*) nosná plocha; **s –flügelboot** (*(e)s, e*) vznášadlo, čln na nosných krídlach

e Trägheit (≈, *0*) **1** ťažkopádnosť, pomalosť **2** tech. zotrvačnosť

e Tragi|k (≈, *0*) tragika; **e –komödi|e** (≈, *n*) tragikomédia; **–sch** tragický

r Trag|korb (*(e)s,* ≈̈*e*) noša; **e –kraft** (≈, *0*) nosnosť

e Tragödi|e (≈, *n*) tragédia **1** div. trúchlohra **2** nešťastie, pohroma

s Trag|tier (*(e)s, e*) nosné zviera; **e –weite** (≈, *0*) **1** dostrel, dosah **2** obraz. dosah, význam

r Train|er ['tre:nɐ] (*s,* ≈) tréner; **–ieren** [tre'ni:rən] trénovať; **s –ing** ['tre:niŋ] (*s, s*) tréning

r Trainings|anzug ['tre:niŋs...] (*s,* ≈̈*e*) tréningový úbor, tepláková súprava; **s –lager** ['tre:niŋs...] (*s,* ≈) tréningový tábor, sústredenie športovcov

r, s Trajekt (*s, e*) trajekt

TUV

r Trakt ((*e*)*s, e*) trakt **1** časť budovy **2** blok budov
r, s Traktat ((*e*)*s, e*) traktát, vedecká úvaha
r Traktor (*s, Traktoren*) traktor; **r ~ist** (*en, en*) traktorista
trällern spievať tralala
r Tram ((*e*)*s, ≈e*) brvno, trám
r Tramp [tremp] (*s, s*) tulák, vandrovník
r, s Trampel (*s, ≈*) hovor. nemotorník, ťarbák
trampeln 1 (*h.*) dupať na mieste **2** (*i.*) cupkať kam
s Trampeltier (*s, e*) **1** ťava dojhrbá **2** hovor. nemotorník, ťarbák
trampen (*i.*) jazdiť autostopom, hovor. stopovať
r Tran ((*e*)*s, e*) rybí tuk
e Trance ['trã:s(ə)/'tra:ns] (*≈, n*) lek. hypnotický stav; tranz
tranchieren **<transchieren>** [trã'ši:rən] tranšírovať, porciovať, rozkrájať mäso
e Träne (*≈, n*) slza; *in ~n ausbrechen** rozplakať sa; **~n** o očiach slziť
s Tränengas (*es, e*) slzný plyn
tranig 1 podobný rybiemu tuku chuťou ap. **2** obraz. nudný, fádny, otravný o človeku
r Trank ((*e*)*s, ≈e*) kniž. nápoj
e Tränk|e (*≈, n*) napájadlo; **–en 1** napájať, napojiť dobytok ap. **2** napúšťať, impregnovať drevo, kožu ap.
e Trans|aktion (*≈, en*) transakcia
transatlantisch transatlantický, zámorský
r Trans|fer (*s, 0*) transfer, prevod; **r –formator** (*s, Transformatoren*) transformátor
e Transfusion (*≈, en*) lek. transfúzia
r Transit (*s, e*) tranzit, prejazd; **r ~verkehr** (*s, 0*) tranzitná doprava; **s ~visum** (*s, Transitvisa* al. *Transitvisen*) tranzitné vízum
e Trans|kription (*≈, en*) hud., lingv. transkripcia; **e –mission** (*≈, en*) transmisia, prevod
s Transparent ((*e*)*s, e*) transparent
transparent transparentný, priesvitný; **s ~papier** ((*e*)*s, 0*) priesvitný papier
e Transplantation (*≈, en*) transplantácia
r Transport ((*e*)*s, e*) transport, preprava; **~fähig** schopný prepravy; *der Kranke war ~* chorý bol schopný prepravy; **~ieren** transportovať, prepravovať; **e ~kosten** MNČ dopravné náklady; **s ~mittel** (*s, ≈*) dopravný prostriedok; **s ~|unternehmen** (*s, ≈*) dopravný podnik; **s ~wesen** (*s, 0*) doprava ako odvetvie
transversal transverzálny, priečny
s Trapez (*es, e*) **1** mat. lichobežník **2** šport. visutá hrazda
s Trara (*es, 0*): *ein großes ~ um etw machen* robiť okolo čoho veľké haló
e Trasse (*≈, n*) trasa
r Tratsch (*es, 0*) hovor. klebety, ohováranie; **e ~e** (*≈, n*) klebetnica; **~en** klebetiť; **e ~tante** (*≈, n*) klebetnica
e Tratte (*≈, n*) fin. trata, cudzia zmenka
r Trau|akt (*es, e*) sobášny obrad
e Traube (*≈, n*) hrozno
e Trauben|lese (*≈, n*) oberačka hrozna; **r –zucker** (*s, 0*) hroznový cukor, glukóza
trauen 1 veriť, dôverovať (*j-m/etw* komu/čomu) **2** sobášiť koho s kým; *sich ~ lassen** dať sa zosobášiť; **sich ~** odvážiť sa, trúfnuť si
e Trauer (*≈, 0*) **1** smútok, zármutok, žiaľ **2** smútok, smútočné šaty; **e ~|anzeige** (*≈, n*) smútočné oznámenie; **e ~binde** (*≈, n*) smútočná páska; **e ~kleidung** (*≈, en*) smútočné oblečenie; **r ~marsch** (*es, ≈e*) hud. smútočný pochod; **~n** smútiť, žialiť (*um* al. *über j-n/etw* za al. nad kým/čím); **e ~rede** (*≈, n*) smútočná reč
s Trauerspiel ((*e*)*s, e*) div. tragédia, trúchlohra
e Trauerweide (*≈, n*) smútočná vŕba
r Trauerzug ((*e*)*s, ≈e*) smútočný, po-

hrebný sprievod
e Traufe (≈, *n*) oskvap
traulich dôverný, útulný
r Traum (*(e)s*, *≈e*) **1** sen; *im ~ reden* rozprávať zo sna **2** túžba, prianie, sen
s Trauma (*s*, *Traumen* al. *Traumata*) lek. **1** rana, poranenie **2** duševný otras
traumatisch traumatický
s Traum|bild (*(e)s*, *er*) vidina, prelud, obraz vo sne; **s –buch** (*(e)s*, *≈er*) snár; **r –deuter** (*s*, ≈) vykladač snov
träum|en snívať sa, snívať, rojčiť; *das hätte ich mir nicht ~ lassen** to by ma ani vo sne nenapadlo; **r –er** (*s*, ≈) snívajúci človek, rojko; **e –erei** (≈, *en*) snenie, rojčenie; **–erisch** zasnený, snivý, rojčivý
traumhaft **1** snový, ako sen **2** čarokrásny
traurig **1** smutný, zarmútený **2** úbohý, žalostný o veciach; **e ~keit** (≈, *0*) zarmútenosť, trúchlivosť
r Trau|ring (*(e)s*, *e*) snubný prsteň; **r –schein** (*(e)s*, *e*) sobášny list; **e –ung** (≈, *en*) sobáš; **r –zeuge** (*n*, *n*) sobášny svedok
treffen* (*i; a, h. o*) **1** zasiahnuť, trafiť **2** stretnúť **3** uhádnuť, ulahodiť, vystihnúť; **sich ~*** **1** stretnúť sa **2** prihodiť sa, stať sa; *es traf sich, daß...* stalo sa, že...; **sich getroffen fühlen** cítiť sa dotknutý; **das trifft sich gut** to sa hodí
s Treff|en (*s*, ≈) **1** stretnutie **2** voj., šport. zápas, boj; **–end** výstižný, vhodný; **r –er** (*s*, ≈) **1** zásah, trafenie **2** výhra v lotérii ap. **3** obraz. šťastie; **–lich** znamenitý, výborný; **r –punkt** (*(e)s*, *e*) miesto stretnutia; **e –sicherheit** (≈, *0*) istota zásahu, presnosť v mierení
e Treib|arbeit (≈ *en*) tepaná práca, tepaný výrobok; **s –eis** (*es*, *0*) plávajúci ľad, ľadová triešť; **–en***[1] (*ie, h. ie*) **1** hnať, poháňať **2** zatĺkať, zarážať **3** vytepávať **4** bot. vyháňať, pučať; **–en***[2] (*ie, h./i. ie*) dať sa unášať vodou, vetrom, byť hnaný; **die Preise in die Höhe –en*** zvyšovať ceny; **Unsinn –en*** blázniť sa, vyvádzať
s Treibhaus (*es*, *≈er*) skleník, rýchliareň
e Treib|jagd (≈, *en*) nadhánka na poľovačke; **r –riemen** (*s*, ≈) tech. hnací remeň; **r –stoff** (*(e)s*, *e*) pohonná látka
r Trend (*s*, *s*) trend, smer vývoja
trenn|bar odlučiteľný, oddeliteľný; *~e Vorsilbe* odlučiteľná predpona; **e ~keit** (≈, *0*) odlučiteľnosť; **–en** **1** oddeliť, rozlúčiť, rozviesť **2** párať, odpárovať **3** chem. deliť, rozdeľovať; **sich –en** rozísť sa, rozviesť sa; **e –ung** (≈, *en*) **1** oddelenie, delenie **2** rozlúčenie, rozluka **3** odpojenie, prerušenie; **e –wand** (≈, *≈e*) deliaca stena, priečka
e Treppe (≈, *n*) **1** schod, stupeň, schody; *die ~ hinauf* al. *treppauf* po schodoch hore; *die ~ hinunter* al. *treppab* po schodoch dolu **2** hovor. poschodie; *drei ~n hoch wohnen* bývať na treťom poschodí
r Treppen|absatz (*es*, *≈e*) odpočívadlo, plošinka na schodišti; **–förmig** stupňovitý; **s –geländer** (*s*, ≈) zábradlie; **s –haus** (*es*, *≈er*) schodište, schodisko; **r –witz** (*es*, *e*) zlý vtip
r Tresor (*s*, *e*) trezor
e Tresse (≈, *n*) lemovka, ozdobný pásik, ozdobná šnúrka
tret|en* **1** (*i; a, i. e*) vkročiť, (v)stúpiť, pristúpiť; *näher ~* pristúpiť bližšie; *in das Zimmer ~* vstúpiť do miestnosti; *aus den Ufern ~* vystúpiť, vyliať sa z brehov; *außer Kraft ~* stratiť platnosť; *in Kraft ~* vstúpiť do platnosti **2** (*i; a, h. e*) šliapať, pošliapať, zašliapnuť i obraz.; **sich ~*** vpichnúť si šliapnutím; *sich einen Dorn in den Fuß ~* pichnúť si tŕň do nohy; **e –kurbel** (≈, *n*) pedál; **e –mühle** (≈, *n*) **1** šliapacie koleso **2** obraz., hovor. úmorná práca, drina
treu verný, oddaný, spoľahlivý; **r ~bruch** (*(e)s*, *≈e*) vierolomnosť, zrada; **~brüchig** vierolomný, zradný,

neverný; **e ~e** (≈, *0*) vernosť, oddanosť; **r ~händer** (*s*, ≈) dôverník, poručník; **e ~handschaft** (≈, *en*) poručníctvo; **~herzig** dobrosrdečný, dôverčivý; **~los** neverný, vierolomný, zradný; **e ~losigkeit** (≈, *0*) vierolomnosť, nevernosť
e Tribüne (≈, *n*) tribúna
e Trichine (≈, *n*) zool. svalovec špirálovitý
r Trichter (*s*, ≈) lievik; **~förmig** lievikovitý
r Trick (*s, s*) trik; **r ~film** (*s, e*) trikový film
r Trieb (*(e)s, e*) **1** pud, inštinkt **2** hnacia sila, pohon **3** bot. výhonok, ratolesť; **e ~feder** (≈, *n*) **1** tech. pružina **2** obraz. vzpruha, povzbudenie; **~haft** pudový, inštinktívny; **e ~kraft** (≈, *≈e*) hybná al. hnacia sila; **s ~werk** (*(e)s, e*) hnacie zariadenie
s Trief|auge (*s, n*) slzavé, slziace oko; **–en 1** tiecť, rinúť sa, kvapkať **2** slziť o očiach; **–naß** <...ss> celkom mokrý, premoknutý do nitky
e Trift (≈, *en*) **1** pastvina, pasienok **2** splavovanie dreva
triftig pádny, závažný; **e ~keit** (≈, *0*) pádnosť, závažnosť
trigonometrisch trigonometrický
r, s Trikot [tri'ko:] (*s, s*) **1** tielko, tričko **2** šport. trikot
r Triller (*s*, ≈) hud. trilok; **~n** trilkovať, štebotať
e Trillion (≈, *en*) trilión
e Trilogie (≈, *ien*) trilógia
trimmen 1 vyvážiť, rovnomerne zaťažiť loď, lietadlo **2** ostrihať psa **3** hovor. dostať sa do formy, udržiavať si formu, kondíciu sportom
trink|bar pitný; **r –brunnen** (*s*, ≈) studňa s pitnou vodou; **–en*** (*a, h. u*) **1** piť, napiť sa **2** opíjať sa; **r –er** (*s*, ≈) pijan, alkoholik; **s –gelage** (*s*, ≈) pijatika; **s –geld** (*(e)s, er*) prepitné, obslužné; **s –glas** (*es, ≈er*) pohár; **r –spruch** (*(e)s, ≈e*) prípitok; **s –wasser** (*s, 0*) pitná voda; *kein –wasser!* voda nie je pitná!
trippeln (*h./i.*) cupkať, bežkať o dieťati
r Tripper (*s*, ≈) lek. gonorea, kvapavka
r Tritt (*(e)s, e*) **1** krok **2** kopanec, kopnutie **3** stopa; **s ~brett** (*(e)s, er*) stúpadlo, stúpačka
r Triumph (*(e)s, e*) triumf; **r ~bogen** (*s*, ≈) víťazný oblúk; **~ieren** triumfovať
trivial triviálny **1** obyčajný, všedný **2** otrepaný, ošúchaný; **e ~ität** (≈, *en*) triviálnosť
r Trochä|us (≈, *Trochä|en*) lit. trochej, stopa vo verši
trocken 1 suchý, uschnutý, vysušený **2** obraz. suchý, nudný, nemastný-neslaný; **im ~en** <Trockenen> **sein*** byť v suchu, v bezpečí; **r ~boden** (*s*, ≈ al. ≈) povala na sušenie bielizne; **s ~element** (*(e)s, e*) elektrotech. suchý článok; **e ~haube** (≈, *n*) sušiaca kukla u kaderníka; **e ~heit** (≈, *0*) **1** sucho, suchosť **2** suché počasie; **e ~kammer** (≈, *n*) sušiareň; **~legen 1** vysušiť, odvodniť močarisko ap. **2** prebaliť dieťa; **e ~milch** (≈, *0*) sušené mlieko; **r ~rasierer** (*s*, ≈) elektrický holiaci strojček
trockn|en 1 (*h./i.*) schnúť, uschnúť **2** (*i.*) sušiť vlasy, huby ap.; **r –er** (*s*, ≈) sušič
e Troddel (≈, *n*) strapec
r Trödel (*s, 0*) starina, haraburdie; **e ~ei** (≈, *en*) povaľačstvo, ulievačstvo; **s ~geschäft** (*(e)s, e*), **r ~handel** (*s, 0*) starinárstvo, starinársky obchod; **r ~markt** (*(e)s, ≈e*) starinársky trh; **~n 1** obchodovať so starinou **2** povaľovať sa, postávať
r Trödler (*s*, ≈) starinár
r Trog (*(e)s, ≈e*) žľab, koryto
trojanisch trójsky
trollen klusať, behať o zvieratách; **sich ~** pratať sa, zmiznúť
e Trommel (≈, *n*) **1** hud. bubon **2** tech. bubon, bubienok; **e ~bremse** (≈, *n*) bubnová brzda; **s ~fell** (*s, e*) **1** koža

TUV

na bubon **2** anat. bubienok v uchu; **~n** bubnovať i obraz.; *der Regen trommelt auf das Dach* dážď bubnuje na strechu; **r ~schlag** (*(e)s, ≈e*) úder na bubon; **r ~schläger** (*s, ≈*) bubeník; **r ~schlegel** <**~schlägel**> (*s, ≈*), **r ~stock** (*(e)s, ≈e*) palička na bubon; **r ~wirbel** (*s, 0*) vírenie bubnov

r Trommler (*s, ≈*) bubeník

e Trompete (*≈, n*) trúbka; *die ~ blasen** trúbiť na trúbku; **~n** (*trompetete, trompetet*) (za)trúbiť i obraz.

r Trompeten|bläser (*s, ≈*) trubač; **r –stoß** (*es, ≈e*) zatrúbenie

r Trompeter (*s, ≈*) trubač

e Tropen MNČ trópy, tropické pásmo; **~fest** odolný voči tropickým vplyvom; **s ~fieber** (*s, ≈*) tropická horúčka; **r ~helm** (*(e)s, e*) tropická helma; **s ~klima** (*s, s* al. *te*) tropické podnebie

r Tropf (*(e)s, ≈e*) hlupák, hlupáčik; *armer Tropf* úbožiak

s Tröpf|chen (*s, ≈*) kvapka, kvapôčka; **e ~|infektion** (*≈, en*) lek. kvapôčková infekcia; **–eln** (na)kvapkať; *es tröpfelt* popŕcha

tropfen 1 (*i.*) kvapkať, stekať po kvapkách **2** (*h.*) nakvapkať

r Tropfen (*s, ≈*) **1** kvapka **2** lek. len MNČ kvapky; **e ~form** (*≈, en*) kvapkový tvar; **~förmig** kvapkovitý; **~weise** po kvapkách

r Tropfstein (*(e)s, e*) kvapeľ; **e ~höhle** (*≈, n*) kvapľová jaskyňa

e Trophäe (*≈, n*) trofej

tropisch tropický

e Trosse (*≈, n*) silné lano oceľové ap.

r Trost (*es, 0*) útecha, potecha; *das ist ein schwacher ~* to je slabá útecha; **du bist nicht ganz bei ~!** ty nie si celkom pri rozume!, ty si sa zbláznil!; **~bedürftig** potrebujúci útechu; **~bringend** <**Trost bringend**> potešiteľný, utešujúci

tröst|en utešiť, potešiť; **sich ~** utešovať sa (*mit etw* čím); **r –er** (*s, ≈*) tešiteľ, utešiteľ; **–lich** potešujúci, potešiteľný

trost|los 1 bezútešný, zúfalý **2** neutešený, žalostný, beznádejný o situácii ap.; **e –losigkeit** (*≈, 0*) bezútešnosť, zúfalosť, beznádejnosť; **r –preis** (*es, e*) šport. cena útechy; **–reich, –voll** plný útechy, veľmi potešiteľný

e Tröstung (*≈, en*) utešovanie, potešovanie

r Trott (*(e)s, e*) **1** pomalý, ťažkopádny klus koňa **2** obraz. pomalý chod; **im gleichen ~** v starých koľajách, v starom lajdáctve

r Trottel (*s, ≈*) hovor. hlupák, truľo; **~haft** hlúpy, idiotský

trotten (*h./i.*) pomaly, ťažkopádne kráčať

r Trotz (*es, 0*) **1** vzdor, odpor, priek, protiveň; *zum ~* navzdory, napriek; *aus ~* zo vzdoru **2** neústupnosť, spurnosť, svojhlavosť

trotz PREDL s G al. D napriek, aj za, aj pri, proti; *~ des Regens* al. *~ dem Regen* napriek dažďu; **~dem 1** SP hoci, i keď **2** PRÍSL predsa, jednako

trotz|en 1 byť vzdorovitý, hovor. trucovať **2** vzdorovať, odolávať (*j-m/etw* komu/čomu); **–ig** vzdorovitý, neústupný; **r –kopf** (*(e)s, ≈e*) tvrdohlavec; **–köpfig** tvrdohlavý

trüb 1 kalný, mútny o vode **2** zamračený, pochmúrny o počasí **3** smutný, zarmútený o nálade; **im ~en (Wasser) fischen** loviť v kalných vodách

r Trubel (*s, ≈*) ruch, zmätok

trüb|en (za)kaliť, skaliť, zahaliť; *keine Wolke trübte den Himmel* na oblohe nebolo ani mráčiku; **sich ~** zakaliť sa, zamračiť sa, zatiahnuť sa o nebi; **e –sal** (*≈, e*) smútok, zármutok; hovor. *–sal blasen** fňukať; **–selig** zarmútený, skľúčený, smutný; **e –seligkeit** (*≈, 0*) skľúčenosť; **r –sinn** (*s, 0*) zádumčivosť, ťažkomyseľnosť; **–sinnig** zádumčivý; **e –ung** (*≈, en*) zakalenie, zákal

trudeln letieť, rútiť sa k zemi vývrtkou o lietadle

e Trüffel (*≈, n*) **1** bot. hľuzovka huba

TUV

2 pralinka
r Trug (*(e)s, 0*) kniž. klam, klamanie, mámenie; **s ~bild** (*(e)s, er*) klam, prelud, prízrak
trüg|en* (*o, h. o*) podviesť, (o)klamať; **–erisch 1** klamný, falošný **2** klamlivý, zradný
r Trugschluß <...ss> (*schlusses, schlüsse*) klamný záver, úsudok
e Truhe (*≈, n*) truhla, truhlica
s Trumm (*(e)s, ≈̈er*) veľký kus, kusisko
e Trümmer MNČ trosky, rozvaliny, zrúcaniny; *in ~ liegen** ležať v troskách; **r ~haufen** (*s, ≈*) hŕba trosiek, zrúcaniny
r Trumpf (*(e)s, ≈̈e*) tromf v kartách i obraz.; **~en** tromfovať, prebiť tromfom v kartách
r Trunk (*(e)s, ≈̈e*) kniž. nápoj; *dem ~ ergeben* sein* oddávať sa pitiu; **~en 1** opitý **2** obraz. opojený, nadšený
r Trunken|bold (*(e)s, e*) pijan, opilec; **e –heit** (*≈, 0*) opilstvo
e Trunksucht (*≈, 0*) opilstvo
r Trupp (*s, s*) **1** zástup, skupina **2** voj. oddiel; **e ~e** (*≈, n*) **1** voj. oddiel **2** kočujúca spoločnosť umelcov
e Truppen|abteilung (*≈, en*) voj. oddiel vojska; **e –gattung** (*≈, en*) druh vojska; **e –parade** (*≈, n*), **e –schau** (*≈, 0*) vojenská prehliadka; **r –transport** (*(e)s, e*) doprava vojska; **r –transporter** (*s, ≈*) vojenský transportér loď ap.; **e –|übung** (*≈, en*) vojenské cvičenie; **e –verschiebung** (*≈, en*) presun vojska
truppweise v zástupoch, po skupinách, po oddieloch
r Trut|hahn (*(e)s, ≈̈e*) moriak, **e henne** (*≈, n*) morka
tschüs, tschüss hovor. ahoj, čao pri rozlúčke
s T-Shirt ['ti:šə:t] (*s, s*) tričko s krátkym rukávom
e Tu|ba (*≈, Tuben*) hud., anat. tuba; **e –be** (*≈, n*) tuba, rúrkovitý obal
tuberku|lọ̈s, rak. **–lọs** tuberkulózny; **e –lọse** (*≈, 0*) tuberkulóza
s Tuch[1] (*(e)s, ≈̈er*) šatka; v zloženinách *s Hand~* uterák; *s Geschirr~* utierka ap.
s Tuch[2] (*(e)s, ≈e* al. *Tucharten*) súkno; **r ~handel** (*s, 0*) obchod(ovanie) so súknom; **r ~macher** (*s, ≈*) súkenník
tüchtig 1 schopný, obratný, šikovný **2** poriadny, svedomitý **3** hovor. veľký, značný; **e ~keit** (*≈, 0*) **1** schopnosť, obratnosť **2** svedomitosť, poriadnosť
e Tück|e (*≈, n*) lesť, úskok; **–isch** ľstivý, zákerný, úskočný
e Tuerẹi (*≈, en*) hovor. afektovanosť, strojenosť, pretvárka
e Tüft|elẹi (*≈, en*) puntičkárstvo; **–eln** byť malicherný; **r –ler** (*s, ≈*) puntičkár
e Tugend (*≈, en*) cnosť; obraz. *aus der Not eine ~ machen* robiť z núdze cnosť; **r ~bold** (*s, e*) moralista, mravokárca; **~haft 1** cnostný **2** mravný, bezúhonný
r Tüll (*s, e*) tyl látka
e Tülle (*≈, n*) **1** hrdlo, pyštek na krčahu ap. **2** elektrotech. priechodka
e Tulpe (*≈, n*) tulipán
tummeln sich 1 pobiehať, preháňať sa o deťoch **2** hovor. ponáhľať sa
r Tumor (*s, Tumọre*) lek. tumor, nádor
r Tümpel (*s, ≈*) mláka, kaluž
r Tumụlt (*(e)s, e*) zhon, rozruch, hurhaj
tun* (*tat, h. getan*) **1** (u)robiť, (vy)konať; *nichts zu ~ haben* nemať čo robiť; *Buße ~* činiť pokánie **2** urobiť, spôsobiť, zapríčiniť; *j-m Schaden ~* urobiť komu škodu **3** robiť sa, predstierať; *~, als ob…* robiť, akoby…; *er tut nur so* on sa len tak tvári **4** súvisieť, mať spoločné; *ich will* mit ihm nichts zu ~ haben* nechcem s ním mať nič spoločné; **das tut nichts!** to nevadí!, to nič!; **der Kopf tut mir weh** bolí ma hlava
e Tünche (*≈, n*) **1** vápenný náter, vápenné mlieko **2** obraz. vonkajší vzhľad, zadanie; **~n** bieliť vápnom
e Tunke (*≈, n*) omáčka, prívarok; **~n**

namočiť, omočiť
tunlichst 1 čo možno, pokiaľ možno; ~ *bald* čo najskôr **2** radšej
r Tunnel (*s*, ≈ al. *s*) tunel
r, s Tüpfel (*s*, ≈), **s ~chen** (*s*, ≈) škvrna, bodka; **~n** bodkovať
tupf|en 1 stierať, utierať **2** natierať, nanášať; **r –er** (*s*, ≈) tampón
e Tür (≈, *en*) dvere; **mit der ~ ins Haus fallen*** povedať čo hneď z mosta doprosta; **j-n zwischen ~ und Angel abfertigen** vybaviť koho medzi dverami; **e ~|angel** (≈, *n*), **s ~band** (*(e)s*, *≈er*) dverný záves, pánt
e Turbine (≈, *n*) turbína; **r ~n|antrieb** (*(e)s*, *0*) turbínový pohon
s Turbo-Prop-Flugzeug (*(e)s*, *e*) turbovrtuľové lietadlo
turbulent turbulentný **1** fyz. vírivý **2** obraz. búrlivý, prudký
r Tür|flügel (*s*, ≈) krídlo dverí; **r –griff** (*(e)s*, *e*) kľučka dverí; **e –kette** (≈, *n*) retiazka na dverách; **e –klinke** (≈, *n*) kľučka dverí
türkis tyrkysový, modrozelený
r Turm (*(e)s*, *≈e*) **1** veža **2** veža figúrka v šachu **3** šport. skokanská veža
türmen[1] kopiť, navrstviť, navýšiť; **sich ~** kopiť sa, hromadiť sa
türmen[2] (*i.*) hovor. upláchnuť, ufujazdiť
r Turmfalke (*n*, *n*) sokol myšiar
turm|hoch vysoký ako veža; **etw ~ überragen** vyčnievať nad čím; **j-m ~ überlegen sein*** vynikať nad kým, prevyšovať koho; **s –springen** (*s*, *0*) šport. skoky z veže do vody; **e –|uhr** (≈, *en*) vežové hodiny; **astrologische –|-uhr** orloj
r Turn|anzug (*(e)s*, *≈e*) telocvičný úbor
turnen cvičiť
s Turn|en (*s*, *0*) cvičenie, hovor. telocvik; **r –er** (*s*, ≈) cvičenec; **s –gerät** (*(e)s*, *e*) telocvičné náradie; **e –halle** (≈, *n*) telocvičňa; **e –hose** (≈, *n*) trenírky
s Turnier (*s*, *e*) **1** rytiersky turnaj **2** šport. turnaj, súťaž
r Turn|platz (*es*, *≈e*) športové cvičisko; **r –schuh** (*(e)s*, *e*) cvička; **e –|-übung** (≈, *en*) cvičenie, cvik; **r –verein** (*(e)s*, *e*) telocvičný spolok
r Tür|pfosten (*s*, ≈) zárubňa, veraje dverí; **e –schwelle** (≈, *n*) prah dverí
turtel|n hrkútať, cukrovať o hrdličkách; **e –taube** (≈, *n*) hrdlička
r Tusch (*es*, *e* al. *s*) hud. tuš
e Tusche (≈, *n*) **1** tuš farba **2** farba na obočie, mihalnice
tuscheln šuškať, šepkať
e Tusch|malerei (≈, *en*) maľba tušom; **e –zeichnung** (≈, *n*) kresba tušom
e Tüte (≈, *n*) papierové vrecko
tuten trúbiť o autách
r Tutor (*s*, *Tutoren*) práv. tútor, poručník
r Typ (*s*, *en*) **1** prototyp, model **2** vzhľad, výzor, povaha človeka; *er ist ein seltsamer ~* je zvláštny typ, je čudák
e Type (≈, *n*) **1** polygr. typ písma **2** hovor. podivín o človeku
r Typhus (≈, *0*) lek. týfus
typ|isch typický, charakteristický, rázovitý; **–isieren** typizovať; **e –isierung** (≈, *en*) typizácia, normalizácia
r Typo|graph <...graf> (*en*, *en*) typograf; **e –graphie** <...grafie> (≈, *0*) typografia; **–graphisch** <...grafisch> typografický
r Typus (≈, *Typen*) typ
r Tyrann (*en*, *en*) tyran, krutovládca; **e ~ei** (≈, *en*) tyrania, krutovláda, útlak; **~isch** tyranský; **~isieren** tyranizovať, týrať, utláčať

U

u. skr. **und** a
u. a. skr. **1 unter anderem** okrem iného **2 und anderes (mehr)** a iné
e U-Bahn (≈, *en*) skr. **e Untergrund-**

bahn metro
s Übel (*s*, ≈) **1** zlo, nešťastie **2** choroba
übel zlý, nepríjemný, neradostný; *mir ist* ~ je mi zle; ~ *riechen** páchnuť, smrdieť; **wohl oder ~** chtiac-nechtiac; **~gelaunt <~ gelaunt>** mrzutý; **e ~keit** (≈, *en*) nevoľnosť, napínanie; *~keit empfinden* cítiť nevoľnosť, byť na vracanie; **~nehmen* <~ nehmen>** (*a, h. o*) mať za zle, zazlievať; *nehmen Sie es mir nicht übel* nemajte mi to za zlé, nehnevajte sa; **r ~stand** (*(e)s, ≈e*) nedostatok, neporiadok; **e ~tat** (≈, *en*) zločin, priestupok; **~wollen <Übel wollen>** nežičiť, nedopriať; **~wollend** neprajný, nežičlivý
üben 1 cvičiť; *(am) Klavier* ~ cvičiť na klavíri; *sich in etw* ~ cvičiť sa v čom **2** obraz. konať, robiť, uskutočňovať; *Kritik an j-m/etw* ~ kritizovať koho/čo
über 1 PREDL s D na otázku kde? nad; ~ *dem Tisch* nad stolom **2** PREDL s A na otázku kam?, ako dlho?, o čom? nad, cez, z, o; ~ *den Tisch* nad stôl; ~ *(die) Nacht* cez noc; ~ *die Ferien* cez prázdniny; ~ *die Mauer steigen** liezť cez múr; ~ *j-n/etw lachen* smiať sa z koho/čoho; ~ *etw sprechen* hovoriť o čom **3** PRÍSL navyše, veľmi veľa; *ich habe noch 100 Kronen* ~ zostalo mi ešte 100 korún; **~ und ~** úplne; **j-m in etw ~ sein** vynikať nad kým v čom, byť lepší
überall všade; **~her** zovšadiaľ; **~hin** všade, na všetky strany
überaltert prestarnutý; **s –angebot** (*(e)s, e*) ponuka prevyšujúca dopyt; **–anstrengen** príliš namáhať, preťažovať; **e –anstrengung** (≈, *en*) prílišná námaha, preťaženie; **–antworten** dať, vydať, odovzdať; *einen Verbrecher –antworten* vydať zločinca
überarbeiten prepracovať, prerobiť; **sich ~** prepracovať sa; **e –ung** (≈, *en*) **1** prepracovanie, nové spracovanie **2** len JČ prepracovanosť
überaus veľmi, nesmierne, mimoriadne
r Überbau[1] (*(e)s, e* al. *ten*) nadstavba, horná časť stavby
r Überbau[2] (*(e)s, e*) nadstavba politická, ideologická ap.
überbelasten preťažiť, preťažovať; **e –ung** (≈, *en*) preťaženie
überbelichten fot. preexponovať
überbieten* (*o, h. o*) **1** ponúkať viac než iní **2** prekonať, predstihnúť (*j-n/etw* koho/čo); *einen Rekord* ~ prekonať rekord
überbleiben* (*ie, i. ie*) zostať, zvýšiť; **s –bleibsel** (*s*, ≈) zostatok, zvyšok
r Überblick (*(e)s, e*) **1** výhľad (*über etw* po čom) **2** prehľad (*über etw* o čom, čoho); ~ *über die deutsche Literatur* prehľad nemeckej literatúry; **–blicken 1** mať výhľad **2** mať prehľad (*über etw* o čom), prehliadnuť, spoznať úmysel ap.
überbringen* (*überbrachte, h. überbracht*) priniesť, doručiť; **r –er** (*s*, ≈) doručovateľ, posol
überbrücken 1 premostiť, spojiť mostom **2** obraz. preklenúť; **e –ung** (≈, *en*) **1** premostenie **2** obraz. preklenutie
überdachen zastrešiť
überdauern 1 pretrvať, prečkať (*etw* čo) **2** prežiť (*j-n* koho)
überdecken[1] prikryť, prikrývať
überdecken[2] prekrývať, zakrývať
überdenken* (*überdachte, h. überdacht*) premyslieť (si), rozvážiť (*etw* čo), uvažovať (o čom)
überdies okrem toho
überdrehen pretočiť, prekrútiť pero v hodinkách; **–t** hovor. napnutý, preťažený o človeku
e Überdosis (≈, *en*) lek. predávkovanie
r Überdruck[1] (*s*, ≈*e*) tech. pretlak
r Überdruck[2] (*s, e*) pretlač
r Überdruß <...ss> (*drusses, 0*) presýtenosť, znechutenie; *bis zum* ~ až do omrzenia; **–drüssig** presýtený, znechutený; s G *j-s/etw –drüssig sein* mať koho/čoho po krk
überdurchschnittlich nadpriemer-

TUV

ný
r Über|eifer (*s, 0*) prílišná horlivosť; **–eifrig** príliš horlivý
über|ẹignen práv. dať, previesť do vlastníctva iného (*j-m etw* komu čo)
über|ẹilen konať unáhlene, neuvážene; **sich ~** unáhliť sa, prenáhliť sa; **–|ẹilig** unáhlený, neuvážený; **e –|ẹilung** (*≈, 0*) nerozvážnosť, unáhlenosť
über|ẹin|ander 1 jeden nad druhým, nad sebou **2** jeden cez druhého; **–|kommen*** (*kam überein, i. o*) dohodnúť sa (*mit j-m über etw* s kým na čom); **e –kunft** (*≈, ≈e*) dohoda, dohovor; **–|stimmen 1** súhlasiť, mať rovnaký názor (*mit j-m in etw* D, *mit j-m über etw* s kým v čom, o čom) **2** zhodovať sa; **–stimmend** zhodujúci sa, zhodný; **e –stimmung** (*≈, en*) zhoda, súhlas; *in –stimmung bringen** dosiahnuť dohodu
über|empfindlich precitlivený, lek. alergický; **e ~keit** (*≈, 0*) precitlivelosť, lek. alergia
über|erfüll|en prekročiť plán ap.; **e –ung** (*≈, 0*) prekročenie plánu ap.
über|essen sich[1] (*aß über, h. übergegessen*) prejesť sa čoho, zošklivиť si čo
über|ẹssen sich[2] (*überaß, h. übergessen*) prejesť sa, najesť sa príliš
über|fahren[1]* **1** (*u, i. a*) prejsť, precestovať **2** (*u, h. a*) previezť koho/čo kam
über|fạhren[2]* (*u, h. a*) **1** prejsť, zraziť autom **2** prejsť popri čom, obísť i obraz.; **e –fahrt** (*≈, en*) prechod, prevoz, preplávanie
r Über|fall (*(e)s, ≈e*) útok, prepad; **–fạllen*** (*ä; überfiel, h. a*) prepadnúť koho, zaútočiť
überfällig 1 meškajúci o lietadle **2** fin. dávno splatný
s Überfallkommando (*s, s*) prepadová jednotka
überfein príliš jemný, prejemnený
über|flịegen* (*o, h. o*) **1** preletieť napr. hranice **2** obraz. zbežne prezrieť, preletieť očami
über|fließen[1]* (*o <...ss>, i. übergeflossen*) pretekať, pretiecť
überflịeßen[2]* (*o <...ss>, h. überflossen*) zalievať, rozlievať
überflügeln obraz. prekonať, predstihnúť; *seinen Lehrmeister ~* prekonať svojho učiteľa
r Über|fluß **<...ss>** (*flusses, 0*) hojnosť, blahobyt (*an* al. *in etw* čoho); **zu allem ~** na dôvažok; **–flüssig** nepotrebný, zbytočný
überflụten zaplaviť, zaliať
e Überfọrderung (*≈, en*) preťaženie
e Überfrẹmdung (*≈, 0*) infiltrácia cudzím
überfrẹssen* sich (*überfraß, h. e*) vulg. prežrať sa
überführen[1] usvedčiť; *j-n seines Verbrechens ~* usvedčiť koho zo zločinu
über|führ|en[2] previezť, prepraviť; **e –ung** (*≈, en*) **1** prevoz, preprava, prevezenie **2** prevod, prevedenie **3** usvedčenie **4** nadjazd na ceste
e Überfülle (*≈, 0*) hojnosť, záplava
überfụll|en preplniť; **e –ung** (*≈, en*) preplnenie, preplnenosť
e Übergabe (*≈, n*) **1** voj. kapitulácia **2** odovzdanie, doručenie **3** šport. odovzdanie kolíka v štafetovom behu
r Übergang (*(e)s, ≈e*) **1** priechod **2** obraz. prechod, zmena, premena
e Übergangs|bestimmung (*≈, en*) prechodné ustanovenie; **e –|erscheinung** (*≈, en*) prechodný jav; **r –stand** (*(e)s, ≈e*) prechodný stav; **e –zeit** (*≈, en*) prechodná obdobie; **r –zustand** (*(e)s, ≈e*) prechodný stav, provizórium
übergẹben* (*i; a, h. e*) **1** odovzdať, doručiť, predať **2** vydať; **sich ~** vracať
über|gehen[1]* (*ging über, i. übergegangen*) **1** prejsť (*zu etw* D na čo); *zu einem anderen Thema ~* prejsť na inú tému **2** meniť sa, prechádzať (*in etw* A na čo/do čoho)

TUV

übergẹhen[2]* (*überging, h. übergangen*) nevšimnúť si, prehliadnuť, nedbať, ignorovať; *etw mit Schweigen ~* mlčky prejsť čo
übergenug viac ako dosť
übergeordnet 1 nadriadený **2** nadradený; *ein ~er Begriff* nadradený pojem
s Übergewicht (*(e)s, e*) **1** nadváha **2** obraz. prevaha
über|gießen[1]* (*o* <...*ss*>, *übergegossen*) preliať, prelievať
übergießen[2]* (*o* <...*ss*>, *übergossen*) zaliať
überglücklich prešťastný
über|greifen* (*griff über, h. übergegriffen*) **1** presiahnuť, prekročiť **2** obraz. zasahovať; *in j-s Kompetenz ~* zasahovať do koho kompetencie; **r –griff** (*(e)s, e*) zásah, zasahovanie, prechmat
e Übergröße (*≈, n*) nadmerná veľkosť
r Überguß <...**ss**> (*gusses, güsse*) poleva
über|haben 1 hovor. mať na sebe prehodené **2** mať nazvyš
überhạnd|nehmen* <**überhand nehmen**> (*a, h. überhandgenommen*) vzmáhať sa, rozširovať sa, nadobudnúť prevahu
über|hängen[1]* (*i, h. a*) prečnievať, presahovať
über|hängen[2] prehodiť, zavesiť cez plece
über|hạngen[3] pokryť, zastrieť čo čím
überhạ̈ufen zavaliť, zahrnúť; *j-n mit Spott ~* zahrnúť koho posmechom
überhạupt 1 všeobecne, vo všeobecnosti **2** vlastne **3** vôbec; *das ist ~ nicht wahr!* to vôbec nie je pravda!
überhẹblich pyšný, namyslený; **e ~keit** (*≈, 0*) namyslenosť, nadutosť
über|hịtzen prekúriť, prehnať; **–họ̈hen** zvýšiť
über|holen[1] **1** prepraviť, previezť **2** nakloniť sa na bok o lodi
über|hole͏n[2] **1** predísť, predbehnúť **2** prekontrolovať, opraviť **3** prekonať **4** prekročiť; **–hǫlt** prekonaný, zastaraný; **e –hǫlung** (*≈, en*) kontrola, prehliadka a oprava stroja ap.
überhọ̈ren prepočuť, nechcieť počuť
über|irdisch nadpozemský
überjährig starší ako jeden rok
überklẹben prelepiť
e Überkleidung (*≈, en*) vrchný odev
über|kochen[1] (*i.*) vykypieť
überkọchen[2] (*h.*) rak. prevariť
überkọmmen* (*überkam, h. o*) obraz. zmocniť sa, prepadnúť; *ihn überkam die Angst* zmocnil sa ho strach
überlạden* (*ä; u, h. a*) **1** preťažiť, preťažovať **2** prepchávať; *sich den Magen ~* prepchať si žalúdok
e Überlạdung (*≈, en*) **1** preťaženie **2** obraz. prílišné nahromadenie
e Überlandleitung (*≈, en*) elektrotech. diaľkové vedenie el. prúdu
über|lassen[1]* (*ließ über, h. a*) hovor. nechať zvyšok
überlạssen[2]* (*überließ, a*) **1** prenechať, zveriť, dať **2** dať do opatery; **sich ~*** oddať sa; *sich seinen Gedanken ~* oddať sa svojim myšlienkam; **sich selbst ~ sein** byť odkázaný sám na seba
überlạst|en preťažiť, príliš zaťažiť; **e –ung** (*≈, en*) preťaženosť
über|laufen[1]* (*äu; ie, i. au*) **1** pretiecť, vykypieť; *die Badewanne ist ~* vaňa pretiekla **2** prebehnúť k nepriateľovi
überlạufen[2]* (*äu; ie, h. au*) **1** byť preťažený, preplnený; *die Klinik ist ~* klinika má veľa pacientov, je preplnená **2** zachvátiť, prepadnúť; *es überläuft mich kalt* behá mi mráz po chrbte
r Überläufer (*s, ≈*) voj. zbeh, dezertér
überlẹben prežiť; *sich ~* zastarať, vyjsť z módy; **r ~de** (*n, n*) pozostalý
überlebensgroß v nadživotnej veľkosti
über|legen[1] preložiť, prehodiť, zakryť
überlẹgen[2] premyslieť, uvážiť; *überleg es dir gut!* dobre si to rozmysli!
überlẹgen[3] **1** múdry, rozvážny **2** sil-

nejší, majúci prevahu; *j-m an etw ~ sein* mať prevahu nad kým v čom; **e ~heit** (≈, *0*) prevaha, presila
e Überlegung (≈, *en*) uvažovanie, úvaha, premýšľanie; *mit ~* rozvážne, uvážene
überleiten odviesť, viesť, prejsť na inú tému
überlesen* (*a, h. e*) **1** zbežne prečítať **2** prehliadnuť, nevšimnúť si pri čítaní
überliefer|n 1 vydať, odovzdať zločinca ap. **2** zachovávať tradície, tradovať; **e –ung** (≈, *en*) tradícia, obyčaj
überlisten preľstiť, oklamať
e Über|macht (≈, *0*) prevaha, presila; **–mächtig** obrovský, nesmierny
s Übermangan (*s, 0*) hypermangán, manganistan draselný
übermannen o citoch zmocniť sa, zachvátiť
s Über|maß (*es, 0*) presila, veľké množstvo; **–mäßig 1** PR M nadmerný, prílišný **2** PRÍSL príliš, veľmi
r Übermensch (*en, en*) nadčlovek; **~lich** nadľudský
über|mitteln sprostredkovať, doručiť, odovzdať, dodať; **e –mittlung** (≈, *en*) sprostredkovanie, odovzdanie, doručenie
übermorgen pozajtra
e Übermüdung (≈, *0*) prílišná únava, ochabnutosť
r Über|mut (*(e)s, 0*) **1** prílišný zápal, samopašnosť **2** namyslenosť, nafúkanosť; **–mütig 1** bujný, samopašný **2** namyslený
übernacht|en prenocovať; **e –ung** (≈, *en*) prenocovanie
übernächtig nevyspatý, unavený
e Übernahme (≈, *n*) prebranie, prevzatie; **s ~protokoll** (*s, e*) zápisnica o prevzatí
übernatürlich nadprirodzený
über|nehmen[1]* (*i; a, h. übergenommen*) hovor. zobrať si na seba, prehodiť si
übernehmen[2]* (*i; a, h. übernommen*) prevziať, prebrať; **sich ~*** prepracovať sa, presiliť sa
über|ordnen nadradiť koho/čo komu/čomu
überpflanzen 1 presadiť kvet ap. **2** lek. transplantovať
e Überproduktion (≈, *0*) nadvýroba, nadmerná produkcia
überprüf|en preskúšať, prekontrolovať; **e –ung** (≈, *en*) preskúšanie, preverenie
über|quellen* (*i; o, i. o*) **1** pretiecť **2** obraz. prekypovať radosťou ap.
überqueren prechádzať, pretínať; *die Straße ~* prejsť cez cestu, ulicu
über|ragen[1] čnieť, vyčnievať
überragen[2] **1** prevyšovať **2** obraz. prekonať, vynikať nad kým
überrasch|en prekvapiť; **–end** prekvapivý; **e –ung** (≈, *en*) prekvapenie
überred|en prehovoriť, nahovoriť (*j-n zu etw* koho na čo); **e –ung** (≈, *en*) prehováranie, presviedčanie
überreich|en dať, odovzdať (*j-m etw* komu čo); **e –ung** (≈, *en*) odovzdanie aj slávnostné
überreif prezretý
überrennen* (*überrannte, h. überrannt*) **1** hovor. vyvaliť v behu (*j-n* koho) **2** voj. dobyť, rozdrviť
r Überrest (*es, e*) zvyšok, zostatok, pozostatok; *die sterblichen ~e* telesné pozostatky
überrumpeln prepadnúť, prekvapiť; *j-n mit dem Besuch ~* prekvapiť koho návštevou
überrunden šport. získať náskok o jedno kolo
übers = *über das*: *~ Jahr* o rok, za rok
übersättig|en presýtiť, veľmi nasýtiť; **e –ung** (≈, *0*) presýtenosť
s Überschall|flugzeug (*(e)s, e*) nadzvukové lietadlo; **e –geschwindigkeit** (≈, *en*) nadzvuková rýchlosť
überschätzen preceniť, preceňovať sily ap.
e Überschau (≈, *0*) prehľad
überschauen mať prehľad (*etw* o čom)

TUV

r Überschlag (*(e)s, ⸗e*) **1** rozpočet, približný výpočet **2** šport. premet

über|schlagen¹* (*u, i. a*) preskočiť o iskre

überschlạgen²* (*u, h. a*) **1** vynechať, preskočiť **2** približne vyrátať; **sich ~*** **1** prevrhnúť sa, prevrátiť sa **2** preskakovať o hlase

überschnappen (*i.*) **1** zaseknúť sa **2** hovor. byť pochabý, bláznivý; *er ist übergeschnappt* zbláznil sa, hovor. preskočilo mu

überschnẹiden sich* (*überschnitt, h. überschnitten*) **1** mat. pretínať sa **2** kolidovať

überschrẹiben* (*ie, h. ie*) **1** nadpísať, dať nadpis **2** prepísať, napísať ešte raz **3** prepísať; *das Haus auf j-n ~* prepísať dom na koho

über|schreiten* (*schritt über, i. übergeschritten*) **1** prejsť, prekročiť **2** obraz. prekročiť, porušiť zákon ap.

e Überschrift (*≈, en*) nadpis, titul

r Über|schuß <**...ss**> (*schusses, schüsse*) **1** ekon. čistý zisk **2** prebytok, nadbytok; **–schüssig** nadbytočný

überschụ̈tten **1** poliať, zaliať, zasypať, posypať **2** obraz. zasypať, zavaliť; *j-n mit Fragen ~* zavaliť koho otázkami

r Überschwang (*(e)s, 0*): *im ~ der Freude* v návale radosti

überschwẹmm|en zaplaviť, zatopiť i obraz.; **e –ung** (*≈, en*) povodeň, záplava

überschwenglich <**überschwänglich**> prílišný, prehnaný, nadmerný

Übersee bez člena (*≈, 0*) zámorie; **r ~dampfer** (*s, ≈*) zaoceánsky parník; **~isch** zámorský, zo zámoria

übersẹhen* (*ie; a, h. e*) **1** prehliadnuť, nespozorovať **2** prehliadnuť, obsiahnuť pohľadom **3** vidieť, postihnúť všetky súvislosti; *die Folgen lassen sich nicht ~* následky sú nedozerné

übersẹnden* (*übersendete* al. *übersandte, h. übersendet* al. *übersandt*) poslať, odoslať

über|setzen¹ **1** (*h.*) previezť, prevážať na druhý breh koho **2** (*i.*) dostať sa, preplaviť sa na druhý breh ap.

übersẹtz|en² preložiť z jazyka do jazyka; *aus dem Deutschen ins Slowakische ~* preložiť z nemčiny do slovenčiny; **r –er** (*s, ≈*) prekladateľ; **e –ung** (*≈, en*) **1** preklad **2** tech. prevod

e Übersicht (*≈, en*) prehľad; **~lich** prehľadný; **e ~lichkeit** (*≈, 0*) prehľadnosť

über|siedeln (*i.*) presťahovať sa, zmeniť bydlisko, sídlo; **e –siedlung** (*≈, en*) presťahovanie

übersinnlich nadprirodzený, nadzmyselný, zmyslami nepostihnuteľný

überspạnnen **1** potiahnuť látkou **2** prepínať, príliš napnúť **3** preklenúť napr. mostom

überspạnnt prepiatý, extrémny, výstredný; **e ~heit** (*≈, en*) výstrednosť

e Überspạnnung (*≈, en*) prílišné napätie

überspịelen **1** nahrať, prehrať platňu, CD ap. **2** šport. obohrať, prekonať

überspịtzt obraz. vyhrotený, ostrý

über|springen¹* (*a, i. u*) **1** preskočiť o ohni, iskre **2** obraz. prejsť, preskočiť; *auf ein anderes Thema ~* prejsť na inú tému

übersprịngen²* (*a, h. u*) **1** preskočiť prekážku **2** obraz. preskočiť, vynechať

über|stehen¹* (*stand über, h. übergestanden*) prečnievať, vyčnievať

überstẹhen²* (*überstand, überstanden*) prekonať, vydržať, prežiť

über|steigen¹* (*stieg über, i. übergestiegen*) prejsť, prestúpiť do iného člna ap.

überstẹigen²* (*ie, h. ie*) **1** prekročiť, prejsť **2** presahovať, byť väčší

überstịmmen prehlasovať

überstrẹichen* (*i, h. i*) natrieť, pretrieť farbou

e Überstunde (*≈, n*) nadčasová hodina; *~n machen* pracovať nad čas

überstụ̈rz|en (*h.*) prenáhliť sa, neuvážene konať; **sich ~** nasledovať

rýchlo za sebou; **–t** unáhlený; **e –ung** (≈, *en*) unáhlenosť
übertölpeln oklamať, podviesť
übertönen prehlušiť
r Übertrag (*(e)s, ≈e*) ekon. prenos
übertrag|en* (*ä; u, h. a*) **1** prenášať, preniesť **2** preložiť z jazyka do jazyka **3** vysielať v rozhlase, televízii **4** preniesť, infikovať **5** poveriť; *j-m die Aufgaben ~* poveriť koho úlohami; **–bar 1** prenosný **2** infekčný, prenosný o chorobe; **e –ung** (≈, *en*) **1** prenos, vysielanie; *direkte –ung* priamy prenos **2** lek. prenos choroby **3** preklad
übertreffen* (*i; übertraf, h. o*) prekonať, podať lepší výkon
übertreib|en* (*ie, h. ie*) prehnať, preháňať, zveličovať; **e –ung** (≈, *en*) preháňanie
über|treten[1]* (*a, i. e*) **1** šport. prešliapnuť **2** prestúpiť, prejsť
übertret|en[2]* (*a, h. e*) **1** prekročiť, porušiť zákon **2** vytknúť, podvrtnúť; *sich den Fuß ~* podvrtnúť si nohu; **e –ung** (≈, *en*) porušenie zákona, priestupok; *eine –ung begehen** dopustiť sa priestupku
übertrieben prehnaný, zveličený
r Übertritt (*(e)s, e*) **1** prestup, prestúpenie **2** prechod, prekročenie
übertrumpfen hovor. pretromfnúť, predstihnúť, prekonať
übervölker|t preľudnený; **e –ung** (≈, *0*) preľudnenosť
übervoll preplnený
übervorteil|en oklamať, podviesť; **e –ung** (≈, *0*) oklamanie, podvod
überwach|en kontrolovať, pozorovať; **e –ung** (≈, *en*) kontrola, dozor
überwältigen premôcť, zdolať i obraz.; **~d** veľkolepý, úchvatný
überweis|en* (*ie, h. ie*) **1** poukázať peniaze **2** poslať, postúpiť; *den Patienten zum Facharzt ~* poslať pacienta k odbornému lekárovi; **e –ung** (≈, *en*) **1** fin. poukázanie, poukázaná suma **2** poslanie, odoslanie k lekárovi ap.
über|werfen* (*i; a, h. o*) prehodiť (si), hodiť na seba; *einen Mantel ~* prehodiť si kabát; **sich ~*** pohádať sa, povadiť sa (*mit j-m* s kým)
überwiegen* (*überwog, h. überwogen*) prevážiť, prevažovať, prevládať; **~d** prevažne, najmä, hlavne
überwind|en (sich)* (*a, h. u*) premôcť (sa), prekonať (sa); **e –ung** (≈, *0*) **1** premáhanie, zdolávanie **2** sebazaprenie
e Über|zahl (≈, *0*) väčšina, prevaha; *in der ~ sein* byť v prevahe; **–zählig** nadpočetný, zvyšný
überzeug|en (sich) presvedčiť (sa); **~d** presvedčivý; **e –ung** (≈, *0*) presvedčenie
e Überzeugungs|kraft (≈, *0*) presvedčivosť; **e –mittel** MNČ presvedčujúce prostriedky
über|ziehen[1]* (*zog über, h. übergezogen*) **1** obliecť, vziať si na seba **2** obraz., hovor. pretiahnuť, udrieť; *j-m eins ~* pretiahnuť koho palicou, bičom, udrieť koho
über|ziehen[2]* (*überzog, h. überzogen*) **1** obliecť, navliecť perinu **2** potiahnuť, pokryť **3** prekročiť konto, úver; **r –zug** (*(e)s, ≈e*) **1** obliečka na periny **2** kuch. poleva, glazúra
üblich bežný, zvyčajný; *wie ~* ako zvyčajne
s U-Boot (*(e)s, e*) skr. **s Unterseeboot** ponorka
übrig zvyšný, zvyšujúci, ostaný; **für j-n/etwas ~ haben 1** mať rád koho/čo **2** mať zmysel pre koho/čo; **im ~en** ináč; **~|bleiben*** <**~ bleiben**> (*ie, i. ie*) zostať, zvýšiť
übrigens mimochodom
übrig|lassen* <**übrig lassen**> (*ließ übrig, h. a*) nechať, zanechať
e Übung (≈, *en*) **1** cvik **2** cvičenie, seminár v škole **3** voj. cvičenie **4** zručnosť, cvik
s Ufer (*s,* ≈) breh, pobrežie; **e ~schwalbe** (≈, *n*) zool. brehuľa obyčajná
e Uhr (≈, *en*) **1** hodiny, hodinky; *nach*

TUV

meiner ~ podľa mojich hodiniek **2** hodina; *wieviel ~ ist es?* koľko je hodín?; *es ist fünf* ~ je päť hodín; **e ~feder** (≈, *n*) pero v hodinkách; **e ~kette** (≈, *n*) retiazka na vreckové hodinky; **r ~macher** (*s*, ≈) hodinár; **r ~zeiger** (*s*, ≈) hodinová ručička; **r ~zeigersinn** (*s, 0*) smer pohybu hodinových ručičiek; *entgegen dem ~zeigersinn* proti smeru hodinových ručičiek

r Uhu (*s, s*) zool. výr

UKW skr. **die Ultrakurzwellen** veľmi krátke vlny

r Ulk (*(e)s, e*) žart, vtip; **~en** hovor. žartovať; **~ig** žartovný

e Ulme (≈, *n*) bot. brest

s Ultimatum (*s, s* al. *Ultimaten*) ultimátum; *j-m ein ~ stellen* dať komu ultimátum

ultimo obch. ultimo, koncom mesiaca, posledný deň mesiaca

ultraviolett fyz. ultrafialový

r Ultraschall (*(e)s, 0*) ultrazvuk

um[1] PREDL s A **1** miest. okolo, za; *~ die Sonne* okolo slnka; *~ die Ecke* za rohom **2** čas. o; *~ drei Uhr* o tretej **3** označuje rozdiel o; *~ drei Jahre älter* o tri roky starší; *~ so besser* tým lepšie **4** označuje účel o; *~ Hilfe bitten** prosiť o pomoc **5** za; *Auge ~ Auge* oko za oko; *etw ~ 100 Kronen kaufen* kúpiť čo za 100 korún; **rechts ~!** vpravo vbok!

um[2] SP aby v spojení s *zu* + INF; *sie ging in die Stadt ~ einzukaufen* šla do mesta nakúpiť

um[3] PRÍSL hovor. približne, okolo, asi; *es kostet ~ 100 Kronen* stojí to asi 100 korún; *um Weihnachten* okolo Vianoc

um|änder|n zmeniť, prepracovať, obmeniť; **e –ung** (≈, *en*) zmena

um|arbeit|en prepracovať čo; **e –ung** (≈, *en*) prepracovanie

um|arm|en objať, objímať; **e –ung** (≈, *en*) objatie

r Umbau (*(e)s, e* al. *ten*) prestavba, prebudovanie

um|bauen[1] prestavať, prebudovať

umbauen[2] obstavať, stavať okolo čoho

um|biegen* **1** (*o, h. o*) ohnúť čo **2** (*o, i. o*) zahnúť, zabočiť kam

um|bild|en pretvoriť, zmeniť, reorganizovať; **e –ung** (≈, *en*) zmena, premena, reorganizácia

um|binden[1]* (*a, h. u*) obviazať, opásať, uviazať; *einen Schal* ~ uviazať šál

umbinden[2]* (*a, h. u*) obviazať, previazať; *den verletzten Finger* ~ obviazať zranený prst

um|blättern obracať strany v knihe

um|blicken sich rozhliadnuť sa, poobzerať sa, obzrieť sa

um|bringen* (*brachte um, h. umgebracht*) zabiť, usmrtiť

r Umbruch (*(e)s, ≈e*) **1** polygr. lámanie do strán **2** obraz. prevrat, prenikavá zmena

um|buchen 1 fin. preúčtovať, preniesť na iný účet **2** prepísať, zmeniť objednávku

um|drehen (sich) otočiť (sa), obrátiť (sa); **e –drehung** (≈, *en*) **1** otočenie, obrat **2** tech. otáčka, obrátka

r Umdruck (*(e)s, e*) pretlač, obťah, rozmnožovanie; **~en** pretlačiť, rozmnožiť

um|einander okolo seba, jeden okolo druhého

um|erzieh|en* (*erzog um, h. umerzogen*) prevychovať; **e –ung** (≈, *0*) prevýchova

um|fahren[1]* **1** (*ä; u, h. a*) prejsť, zraziť dopravným prostriedkom **2** (*u, i. a*) ísť okľukou

umfahren[2]* (*u, h. a*) obísť dookola na dopravnom prostriedku

um|fallen* (*ä, fiel um, i. a*) **1** prevrátiť sa, prevrhnúť sa **2** hovor. odpadnúť od zmluvy ap.; *ich falle um!* ja odpadnem!

r Umfang (*(e)s, ≈e*) **1** obvod **2** objem, obsah **3** rozsah

umfangen* (*ä; i, h. a*) **1** objať **2** obraz. pojať

umfangreich objemný, rozsiahly

TUV

umfassen (*umfaßte, h. umfaßt*) **1** objať **2** zahrnovať, obsahovať; **~d** rozsiahly, obsiahly
um|form|en 1 premeniť, zmeniť, prepracovať **2** tech. meniť, transformovať el. prúd; **r –er** (*s,* ≈) tech. menič, konvertor; **e –ung** (≈, *en*) pretvorenie, premena
e Umfrage (≈, *n*) anketa
umfriedigen ohradiť, oplotiť
um|füllen preliať, naliať do inej nádoby
r Umgang (*(e)s,* ≈*e*) **1** cirk. procesia **2** spoločenský styk
umgänglich znášanlivý, priateľský, prívetivý; **e ~keit** (≈, *0*) prívetivosť
e Umgangs|formen MNČ spôsoby správania spoločenské; **e –sprache** (≈, *0*) hovorový jazyk
umgeb|en* (*i; umgab, h. umgeben*) obklopiť, zahrnúť; *j-n mit Liebe ~* zahrnúť koho láskou; **e –ung** (≈, *en*) **1** okolie; *die ~ von Wien* okolie Viedne **2** prostredie; *gesellschaftliche ~* spoločenské prostredie
um|gehen[1]* (*ging um, i. umgegangen*) **1** zaobchádzať, vychádzať (*mit j-m/etw* s kým/čím); *mit den Menschen gut ~ können** vedieť dobre vychádzať s ľuďmi **2** kolovať; *es gehen Gerüchte um* kolujú chýry, povráva sa
umgehen[2]* (*umging, h. umgangen*) obísť, obchádzať i obraz.; *es läßt* sich leider nicht ~* to sa žiaľ nedá obísť, tomu sa nedá vyhnúť
umgehend obratom, ihneď, bezodkladne
e Umgehung (≈, *en*) **1** obídenie, vyhnutie sa i obraz. **2** voj. obchvat
s Umgehungsmanöver [...manoö:ve] (*s,* ≈) voj. obchvatný manéver
umgekehrt 1 PR M opačný **2** PRÍSL naopak; *es ist gerade ~* je to práve naopak
um|gestalt|en zmeniť, pretvoriť; **e –ung** (≈, *en*) prestavba, prebudovanie, reorganizácia
um|gießen* (*o* <...ss>, *h. umgegossen*) preliať, prelievať
um|graben* (*ä; u, h. a*) prekopať, skypriť pôdu
umgrenz|en 1 ohraničiť **2** obraz. obmedziť, presne stanoviť; **e –ung** (≈, *en*) **1** ohraničenie **2** obraz. vymedzenie
um|haben* hovor. mať na sebe
r Umhang (*(e)s,* ≈*e*) pelerína, pláštenka
um|hängen prevesiť na iné miesto
umhängen zavesiť okolo čoho, obvešať
um|hauen* (*hieb um, h. umgehauen*) vytínať, zoťať
umher okolo, dookola; **~|gehen*** (*ging umher, i. umhergegangen*) chodiť sem a tam; **~|fahren*** (*fuhr umher, i. umhergefahren*) voziť sa sem a tam, prevážať sa; **~|ziehen*** (*zog umher, i. umhergezogen*) túlať sa, potulovať sa
umhin: *ich kann* nicht umhin* nemôžem ináč, nemôžem si pomôcť
um|hüll|en zahaliť, obaliť, ovinúť; **e –ung** (≈, *en*) obal, plášť
e Umkehr (*s, 0*) **1** návrat **2** kniž. polepšenie **3** šport. obrátka; **~en 1** (*h.*) obrátiť, otočiť čo **2** (*i.*) vrátiť sa, ísť späť; **sich ~en** (*h.*) obrátiť sa, otočiť sa; **e ~ung** (≈, *en*) obrátenie
um|kippen 1 (*h.*) prevrátiť, prevrhnúť **2** (*i.*) prevrátiť sa, prevrhnúť sa
umklammer|n 1 objať, zovrieť **2** voj. obkľúčiť; **e –ung** (≈, *en*) **1** zovretie **2** voj. obkľúčenie
um|klappen sklopiť, priklopiť
e Umkleidekabine (≈, *en*) prezliekareň na kúpalisku ap.
um|kleiden (sich)[1] preobliecť (sa)
umkleiden[2] zahaliť, zabaliť
um|kommen* (*kam um, i. umgekommen*) zahynúť, prísť o život; *im Kriege ~* zahynúť vo vojne
r Umkreis (*es, e*) **1** okruh, okolie; *im ~ von 5 Kilometern* v okruhu 5 kilometrov **2** okruh známych, priateľov **3** mat. opísaná kružnica; **~en** obiehať, krú-

žiť, obletovať

r **Umladebahnhof** ((*e*)*s*, *≈e*) prekládková stanica

um¦laden* (*ä; lud um* al. *ladete um, h. umgeladen*) preložiť, prekladať náklad

e **Umlage** (*≈, n*) daň, čiastka, podiel, dávka

um¦lagern[1] uskladniť na iné miesto

umlạgern[2] obkľúčiť, obliehať

r **Umlauf** ((*e*)*s*, *≈e*) **1** obeh, cirkulácia; *in ~ setzen* al. *bringen** dať do obehu; *im ~ sein* obiehať, kolovať **2** obežník; e **~bahn** (*≈, en*) obežná dráha

um¦laufen[1]* **1** (*lief um, h. umgelaufen*) zraziť, naraziť v behu **2** (*lief um, i. umgelaufen*) kolovať, byť v obehu, obiehať, rotovať

umlạufen[2]* (*umlief, h. umlaufen*) obehnúť, obiehať po určitej dráhe

r **Umlaut** ((*e*)*s, e*) lingv. prehláska

um¦legen **1** položiť, zložiť, hodiť na zem; *den Gegner ~* zložiť protivníka **2** expr. zabiť **3** preložiť, presunúť

umlẹgen obložiť čo čím

um¦leit¦en viesť inou cestou, odkloniť, urobiť obchádzku; e **–ung** (*≈, en*) obchádzka

umliegend okolitý, blízky; *die ~en Ortschaften* okolité dediny

ummodeln zmeniť, pretvoriť, premodelovať

um¦organisieren reorganizovať

um¦pflanzen[1] presadiť na iné miesto

umpflạnzen[2] zasadiť dookola, obsadiť; *mit Blumen ~* obsadiť kvetmi

um¦rahmen[1] prerámovať, dať do iného rámu

umrạhm¦en[2] zarámovať, dať do rámu; e **–ung** (*≈, en*) **1** len JČ rámovanie **2** rám, rámec

umrạnden urobiť okraj, ohradiť

um¦rechnen fin. prepočítať, prerátať čo na čo; *Euros in Kronen ~* prepočítať eurá na koruny

e **Umrechnung** (*≈, en*) fin. prepočítanie; r **~skurs** (*es, e*) fin. výmenný kurz

umrẹisen precestovať; *die Welt ~* precestovať svet

um¦reißen[1]* (*riß <...ss> um, h. umgerissen*) strhnúť, zvaliť

umrẹißen[2]* (*umriß <...ss>, umrissen*) naskicovať, načrtnúť i obraz.

um¦rennen[1]* (*rannte um, umgerannt*) zraziť v behu koho

umrẹnnen[2]* (*umrannte, h. umrannt*) obehnúť čo

umrịngen obklopiť

r **Umriß** <**...ss**> (*Umrisses, Umrisse*) obrys, kontúra, náčrt; **etw in ~en schildern** popísať čo niekoľkými slovami

um¦rühren miešať, zamiešať

ums = um das s A okolo čoho; *~ Haus* okolo domu; *ein Jahr ~ andere* rok za rokom

r **Umsatz** (*es, ≈e*) obch. obrat; e **~steuer** (*≈, n*) ekon. daň z obratu

um¦schalt¦en **1** prepnúť, prepojiť **2** preradiť rýchlosť v aute; r **–er** (*s, ≈*) tech. prepínač

e **Umschau** (*≈, 0*) rozhľad; *~ halten** rozhliadať sa; **sich ~en** pozerať okolo seba, obzerať sa

r **Umschlag** ((*e*)*s*, *≈e*) **1** prebal knihy **2** lek. obklad, zábal **3** obálka na list **4** manžeta nohavíc **5** len JČ náhly obrat, náhla zmena

um¦schlag¦en* **1** (*ä; u, h. a*) vyhrnúť, vysúkať golier, rukávy, otočiť stránku **2** (*ä; u, i. a*) zmeniť sa; *die Laune schlägt um* nálada sa mení; r **–platz** (*es, ≈e*) prekladisko

umschlịeßen* (*umschloß <...ss>, h. umschlossen*) **1** voj. obkľúčiť, obkolesiť **2** zahrňovať, obsahovať

umschmẹicheln lichotiť

um¦schmelzen* (*i; schmelzte um* al. *schmolz um, h. umgeschmelzt* al. *umgeschmolzen*) pretaviť

umschnallen pripnúť (si), opásať sa

umschreiben[1]* (*ie, h. ie*) **1** opísať **2** inak vyjadriť; *etw mit anderen Wörtern ~* opísať čo inými slovami

um¦schreib¦en[2]* (*ie, h. ie*) **1** prepísať, napísať znovu **2** práv. prepísať, previesť majetok; e **–ung** (*≈, en*) **1** len JČ

TUV

prepracovanie **2** práv. prepísanie, prevod majetku **3** opisovanie, opis **4** parafráza **5** opisný výraz
um|schul|en 1 preložiť na inú školu **2** preškoliť koho na iné povolanie; **sich ~** preškoliť sa, rekvalifikovať sa; **e –ung** (*≈, en*) preškolenie, rekvalifikácia
um|schütten 1 preliať, presypať **2** rozliať, rozsypať
umschwärmen obletovať koho
e Umschweife MNČ okolky, rozpaky; *etw ohne ~ sagen* povedať čo bez okolkov
r Umschwung (*(e)s, ≈e*) **1** otočenie, obrátka **2** šport. toč **3** obraz. prenikavá zmena, obrat
um|sehen* sich (*ie; a, h. e*) obzerať sa okolo seba, za kým ap., prezerať si
um|sein <**um sein**> (*war um, i. umgewesen*) uplynúť, vypršať lehota ap.
umseitig na druhej strane listu ap.
um|setzen 1 presadiť, premiestniť kvet, žiaka ap. **2** obch. predať, speňažiť **3** hud. transponovať **4** zmeniť, premeniť čo na čo, realizovať; *einen Plan (in die Tat) ~* uskutočniť plán
e Umsicht (*≈, 0*) uváženosť, rozvážnosť, obozretnosť; **~ig** uvážený, rozvážny, premyslený
umsied|eln 1 (*h.*) presťahovať koho **2** (*i.*) presťahovať sa, presídliť; **r –ler** (*s, ≈*) presťahovalec, prisťahovalec; **e –lung** (*≈, en*) presťahovanie, presídlenie
umsonst 1 nadarmo, zbytočne **2** hovor. zadarmo, zdarma
um|spannen[1] **1** prepriahnuť kone **2** fyz. meniť, transformovať
umspannen[2] obsiahnuť, postihnúť
r Umspanner (*s, ≈*) elektrotech. transformátor
um|springen[1]* (*a, i. u*) **1** bezohľadne zaobchádzať (*mit j-m* s kým) **2** obrátiť sa, otočiť sa o vetri
umspringen[2]* (*a, h. u*) obskakovať (*j-n/etw* koho/čo)
r Umstand ((e) *s, ≈e*) **1** okolnosť, skutočnosť; *unter ~n* podľa okolností; *unter allen ~n* za každých okolností; *unter keinen ~n* za žiadnych okolností, v žiadnom prípade; práv. *mildernde ~* poľahčujúce okolnosti **2** ťažkosť, nepríjemnosť **3** okolky; *~e machen* robiť okolky; *ohne ~e* bez okolkov; **in anderen ~en sein** byť v druhom stave, tehotná
umständlich ťažkopádny, pomalý, zdĺhavý, komplikovaný
s Umstandskleid (*(e)s, er*) tehotenské šaty
s Umstandswort (*(e)s, ≈er*) lingv. príslovka
umstehen* (*umstand, umstanden*) obstať, obklopiť (*j-n/etw* koho/čo); **~d 1** okolostojaci, blízko stojaci; *die Umstehenden* okolostojaci **2** napísaný na nasledujúcej strane
um|steigen* (*ie, i. ie*) presadnúť, prestúpiť
um|stellen[1] **1** prestaviť, premiestniť **2** zmeniť, prebudovať; **sich ~** prispôsobiť sa
umstellen[2] obstúpiť, obkolesiť, obkľúčiť
e Umstellung (*≈, en*) **1** prispôsobovanie sa **2** zmena, prestavba, reorganizácia
um|stimmen 1 preladiť hudobný nástroj **2** prehovoriť, získať
um|stoßen* (*ie, h. o*) **1** nárazom zvaliť, zhodiť **2** obraz. vyvrátiť; *eine Behauptung ~* vyvrátiť tvrdenie
um|stricken[1] nanovo upliesť, prepliesť
umstricken[2] očariť (*j-n* koho)
umstritten sporný, otázny, nevyjasnený
um|stülpen obrátiť, vyvrátiť
r Umsturz (*es, ≈e*) **1** politický prevrat **2** náhly obrat, zvrat
um|stürz|en 1 (*h.*) prevrátiť, obraz. zvrhnúť **2** (*i.*) prevrhnúť sa, prevrátiť sa; **r –ler** (*s, ≈*) hanl. burič, rozvratník; **–lerisch** hanl. buričský
r Umtausch (*es, 0*) výmena; **~en**

vymeniť (*etw für* al. *gegen* al. *um etw* čo za čo)
e Umtriebe MNČ machinácie
um|tun* (*tat um, h. umgetan*) hovor. dať si na seba, obliecť si; **sich ~** zháňať, hľadať (*nach etw* čo)
um|wälz|en 1 prevaliť, prevrátiť **2** obraz. spôsobiť prevrat, násilne zmeniť; **e –ung** (≈, *en*) prevrat, revolučná zmena
um|wand|eln premeniť, zmeniť (*etw in etw* čo na čo); **e –lung** (≈, *en*) zmena, premena
umweben (*o, h. o*) opriasť i obraz.; *von Sagen umwoben* opradený povesťami
um|wechseln vymeniť (*etw in* al. *gegen etw* čo za čo)
r Umweg ((*e*)*s, e*) obchádzka, okľuka; *auf ~en* okľukou i obraz.
e Umwelt (≈, *0*) okolitý svet, prostredie i životné; **~freundlich** priaznivý pre životné prostredie; **~feindlich** škodlivý životnému prostrediu; **r ~schutz** (*es, 0*) ochrana životného prostredia; **r ~schützer** (*s,* ≈) ochranca životného prostredia; **e ~verschmutzung** (≈, *0*) znečistenie životného prostredia
um|wenden* (*wandte um* al. *wendete um, h. umgewandt* al. *umgewendet*) obrátiť, otočiť; **sich ~** obrátiť sa, otočiť sa
um|werfen* (*a, h. o*) hovor. zhodiť, prevrhnúť **sich ~** prehodiť si plášť ap.
um|wert|en prehodnotiť; **e –ung** (≈, *en*) prehodnotenie
um|wickeln[1] **1** ovinúť, ovíjať čím **2** previnúť, znovu zavinúť
umwickeln[2] ovinúť, obaliť
um|wühlen 1 preryť, rozryť, rozhrabať **2** obraz. poprehadzovať
umzäun|en obohnať plotom, ohradiť; **e –ung** (≈, *en*) oplotenie, plot
um|ziehen* 1 (*zog um, i. umgezogen*) presťahovať sa **2** (*zog um, h. umgezogen*) prezliecť; **sich ~** prezliecť sa
umzingel|n voj. obkľúčiť; **e –ung** (≈, *en*) voj. obkľúčenie
r Umzug ((*e*)*s,* ≈*e*) **1** sťahovanie, presťahovanie **2** slávnostný sprievod; **e ~kosten** MNČ náklady na sťahovanie
un|ab|änderlich nezmeniteľný
un|ab|hängig nezávislý, samostatný; **e ~keit** (≈, *0*) nezávislosť; **e ~keitserklärung** (≈, *0*) vyhlásenie samostatnosti/nezávislosti
un|ab|kömmlich nenahraditeľný
un|ab|lässig neustály, ustavičný
un|ab|sehbar nedozerný, nesmierny
un|ab|sichtlich neúmyselný
un|ab|wendbar neodvratný
un|achtsam nepozorný, neopatrný; **e ~keit** (≈, *0*) nepozornosť, nedostatok pozornosti; *aus ~keit* z nepozornosti
un|angefochten 1 PR M nesporný **2** PRÍSL nerušene, bezpečne
un|an|gebracht nemiestny, nevhodný; **–gemessen** neprimeraný, nevhodný; **–genehm** nepríjemný; **e –nehmlichkeit** (≈, *en*) nepríjemnosť
un|an|sehnlich 1 nevzhľadný, nepekný **2** nepatrný, malý; **–ständig** neslušný
un|an|tastbar nedotknuteľný; **e –tastbarkeit** (≈, *0*) nedotknuteľnosť, neporušiteľnosť
un|appetitlich nechutný, odporný
e Un|art (≈, *en*) nevychovanosť, zlozvyk; *was ist das für eine ~!* čo sú to za spôsoby! **~ig** nevychovaný, neslušný
un|auf|fällig nenápadný; **–findbar** nevypátrateľný
un|aufgefordert spontánne, sám od seba, bez vyzvania
un|auf|haltsam nezadržateľný; **–hörlich** nepretržitý, ustavičný
un|aufmerksam nepozorný; **e ~keit** (≈, *0*) nepozornosť
un|aufrichtig neúprimný; **e ~keit** (≈, *0*) neúprimnosť
un|aufschiebbar neodkladný, naliehavý, nutný
un|ausbleiblich nevyhnutný, nutný
un|ausgeglichen nevyrovnaný, neharmonický

TUV

un|auslöslich nezmazateľný, nezabudnuteľný
un|aussprechlich 1 PR M nevysloviteľný, neopísateľný 2 PRÍSL veľmi, nesmierne
un|ausstehlich neznesiteľný, odporný
unbändig 1 PR M neskrotný, nesmierny; *~e Freude* nesmierna radosť 2 PRÍSL nesmierne, veľmi
unbarmherzig nemilosrdný, krutý; **e ~keit** (*≈, 0*) nemilosrdnosť, krutosť
unbe|absichtigt neúmyselný
unbe|achtet nepozorovaný, nepovšimnutý; **–|aufsichtigt** bez dozoru, nestrážený; *die Kinder unbeaufsichtigt lassen* nechať deti bez dozoru
unbe|baut 1 neobrobený, ležiaci úhorom o poli 2 nezastavaný o pozemku
unbe|dacht nerozvážny; **–denklich** 1 PR M nesporný, bezchybný 2 PRÍSL bez rozpakov, bez váhania
unbe|deutend bezvýznamný, nepodstatný, nepatrný
unbe|dingt 1 PR M bezvýhradný, bezpodmienečný trest, reflex ap. 2 PRÍSL bezpodmienečne, v každom prípade
unbe|einflußt <...ss...> neovplyvnený, nestranný; **–fangen** 1 nezaujatý, nepredpojatý, nestranný 2 otvorený, nenútený; **e –fangenheit** (*≈, 0*) 1 nezaujatosť, nepredpojatosť 2 nenútenosť, prirodzenosť
unbe|friedig|end neuspokojivý, nedostatočný; **–t** 1 neuspokojený 2 neukojený, nenasýtený o vášni ap.
unbe|fugt neoprávnený, nekompetentný
unbe|gabt nenadaný, netalentovaný
unbe|greiflich nepochopiteľný
unbe|grenzt neobmedzený, neohraničený
unbe|gründet neodôvodnený, nepodložený
s Unbe|hag|en (*s, 0*) nevoľnosť, stiesnenosť; **–lich** neútulný, stiesnený i obraz.; *sich –lich fühlen* necítiť sa dobre, nebyť vo svojej koži
unbe|hindert 1 voľný, bez prekážok; *~e Sicht haben* mať voľný výhľad 2 neobťažovaný
unbe|holfen nešikovný, nemotorný; **e ~heit** (*≈, 0*) nešikovnosť, nemotornosť
unbe|irr|bar neochvejný, sebaistý; **–t** odhodlaný, neotrasiteľný, neústupný
unbekannt neznámy; *das ist mir völlig ~* o tom vôbec nič neviem; *eine ~e Größe* mat. neznáma veličina; **r ~e** (*n, n*) neznámy človek; **~erweise**: *grüßen Sie ~erweise Ihre Frau* pozdravte manželku, aj keď sa nepoznáme
unbe|kümmert bezstarostný, nezaťažený; **–lastet** nezaťažený
unbe|lebt 1 neživý, mŕtvy 2 tichý, ľudoprázdny
unbe|lehrbar nepoučiteľný
unbe|lieb|t neobľúbený; **e –heit** (*≈, 0*) neobľúbenosť
unbe|mannt bez posádky; *ein ~es Raumschiff* kozmická loď bez posádky
unbe|merkt nepozorovaný, nebadaný
unbe|mittelt nemajetný, bez finančných prostriedkov
unbe|nannt neznámy, nepomenovaný
unbe|nommen: *~ sein/bleiben* byť na výber
unbe|nutzt nepoužitý, nepoužívaný
unbe|quem nepohodlný, nepríjemný; *~ Fragen* nepríjemné otázky
unbe|rechenbar 1 nepredvídateľný 2 nevypočítateľný o človeku
unbe|rechtigt neoprávnený; **–rufen** nepovolaný, neoprávnený
unbe|rührbar nedotknuteľný; **–rührt** nedotknutý, neporušený; **–schadet** PREDL s G bez ujmy; **–schädigt** nepoškodený; **–scholten** bezúhonný, čestný; **e –scholtenheit** (*≈, 0*) bezúhonnosť, čestnosť
unbe|scheiden neskromný
unbe|schrankt bez závor, nechránený prejazd; **–schränkt** neobmedze-

ný; *unbeschränkte Vollmacht* plná moc, splnomocnenie
unbe|schreiblich neopísateľný; **–schrieben** nepopísaný
unbe|setzt neobsadený, voľný
unbe|siegbar neporaziteľný, nepremožiteľný
unbe|sonnen nerozvážny, nepremyslený; **e ~heit** (≈, *en*) nerozvážnosť
unbe|sorgt bezstarostný
unbe|ständig **1** nestály, premenlivý o počasí **2** vrtkavý, náladový o človeku
unbe|stätigt nepotvrdený
unbe|stechlich nepodplatiteľný
unbe|stimmt **1** neurčený, nestanovený; *auf ~e Zeit* na čas neurčitý, na neurčito **2** gram. neurčitý
unbe|streitbar nepopierateľný, nesporný
unbe|teiligt nezúčastnený, ľahostajný
unbe|tont hud., lingv. neprízvučný; *~e Silbe* neprízvučná slabika
unbe|trächtlich nepatrný, zanedbateľný
unbeugsam **1** pevný, neohybný **2** tvrdošijný, neoblomný o človeku; **e ~keit** (≈, *0*) **1** nepoddajnosť **2** tvrdošijnosť, neoblomnosť
unbe|wacht nestrážený; **–waffnet** neozbrojený
unbe|weglich **1** nepohyblivý **2** nehnuteľný majetok
unbe|wohnbar neobývateľný; **–wohnt** neobývaný; *eine unbewohnte Insel* neobývaný ostrov
unbe|wußt <...ss...> **1** PR M neúmyselný, nevedomý **2** PRÍSL neúmyselne, nevedome
unbe|zahlbar nezaplatiteľný, príliš drahý; **–zahlt** **1** nezaplatený **2** neplatený, *unbezahlten Urlaub nehmen* zobrať si neplatenú dovolenku
unbe|zähmbar neskrotiteľný, neskrotný; **–zwingbar** nepremožiteľný, neprekonateľný
unbrauchbar nepotrebný

und a, i; *~ so weiter* a tak ďalej; **~ ob!** že či!; **na ~?** no a čo?
r Undank (*(e)s, 0*) nevďak, nevďačnosť; **~bar** nevďačný; **e ~barkeit** (≈, *0*) nevďačnosť
undefinierbar nedefinovateľný
undeklinierbar gram. nesklonný
undenk|bar nemysliteľný, nepredstaviteľný; **–lich**: *seit –lichen Zeiten* odnepamäti
undeutlich nezreteľný, nejasný; **e ~keit** (≈, *en*) nezreteľnosť, nejasnosť
undicht priepustný, netesný
s Unding (*(e)s, e*) hovor. nezmysel, absurdnosť
un|diszipliniert nedisciplinovaný; **–duldsam** neznášanlivý
undurch|dringlich nepreniknuteľný; **–lässig** nepriepustný; **–sichtig** nepriehľadný
un|eben **1** nerovný, hrboľatý **2** obraz., hovor. nevhodný, nepekný; **e ~heit** (≈, *en*) nerovnosť, hrboľatosť i obraz.
un|echt nepravý, falošný; **e ~heit** (≈, *0*) nepravosť
un|ehelich nemanželský
e Un|ehr|e (≈, *n*) kniž. hanba, potupa; **–enhaft** nečestný, hanebný; **–|erbietig** kniž. neúctivý; **–lich** nečestný, bezcharakterný; **e –lichkeit** (≈, *0*) nečestnosť, bezcharakternosť
un|eigennützig nezištný, nesebecký
un|eingeweiht nezasvätený
un|einig nejednotný, rozporný; **e ~keit** (≈, *0*) nezhoda, nejednotnosť
un|einnehmbar nedobytný; **–|eins** nejednotný
un|empfindlich necitlivý, odolný; **e ~keit** (≈, *0*) necitlivosť, odolnosť
un|endlich nekonečný; **s –|endliche** (*n, 0*) nekonečno; **e ~keit** (≈, *0*) nekonečnosť
un|entbehrlich nevyhnutný, nenahraditeľný
un|entgeltlich **1** PR M bezplatný **2** PRÍSL zadarmo
un|ent|schieden **1** nerozhodný, nerozhodnutý **2** šport. nerozhodný výsle-

dok; ~ *enden* skončiť nerozhodne; **–schlossen** nerozhodný, váhavý; **e –schlossenheit** (≈, *0*) nerozhodnosť, váhavosť

unentschuldbar neospravedlniteľný; **–schuldigt** neospravedlnený

unentwegt neochvejný, neoblomný; **–wickelt** nevyvinutý, nevyspelý

unerbittlich neúprosný, neoblomný, tvrdý

unerfahren neskúsený

unerfreulich neutešený, neradostný

unerfüllbar nesplniteľný

unergründlich nevyspytateľný, tajomný

unerheblich nepatrný, bezvýznamný

unerhört neslýchaný; *das ist* ~ to je neslýchané

unerklärbar, **–lich** nevysvetliteľný, záhadný

unerläßlich <...ss...> nevyhnutný, nutný

unerlaubt nedovolený

unermeßlich <...ss...> **1** PR M nesmierny **2** PRÍSL nesmierne, ohromne

unermüdlich neúnavný, neúmorný

unerreichbar nedosiahnuteľný, nedostižný; **–reicht** zatiaľ nedosiahnutý

unersättlich nenásytný

unerschöpflich nevyčerpateľný

unerschütterlich neochvejný

unerschwinglich nedostupný

unersetzlich nenahraditeľný

unerträglich neznesiteľný

unerwartet neočakávaný, nečakaný; *ein ~er Besuch* nečakaná návšteva

unerwidert neopätovaný; ~ *bleiben* zostať neopätovaný al. bez odpovede

unerwünscht nežiaduci, neželateľný

unerzogen nevychovaný, neslušný

unfähig neschopný, nespôsobilý; **e ~keit** (≈, *en*) neschopnosť

unfair ['unfeːɐ] nečestný, hovor. neférový

r Unfall (*(e)s, ≈e*) úraz, nehoda, nešťastie; **~frei** bez nehody; **e ~stelle** (≈, *n*) miesto nehody; **e ~versicherung** (≈, *0*) úrazové poistenie

unfaßbar <...ss...> nepochopiteľný, neuveriteľný

unfehlbar **1** neomylný **2** istý; **e ~keit** (≈, *0*) neomylnosť

unfein neslušný, hrubý, nevyberaný

unfern PREDL s G neďaleko, blízko

unfertig nehotový, nedokončený

unfolgsam neposlušný; **e ~keit** (≈, *0*) neposlušnosť

unförmig **1** neforemný **2** škaredý; **–förmlich** neformálny, nenútený

unfrei **1** neslobodný, závislý **2** nesmelý, majúci zábrany; **~willig** nedobrovoľný

unfreundlich nevľúdny, mrzutý; **e ~keit** (≈, *en*) nevľúdnosť, neprívetivosť, mrzutosť

r Unfriede (*ns, 0*), **r Unfrieden** (*s, 0*) nepriateľstvo, nezhoda, hádka; *~n stiften* vyvolávať nezhody, rozsievať nepokoj

unfruchtbar **1** neplodný, neúrodný **2** obraz. neplodný, neužitočný **3** lek. neplodný; **e ~keit** (≈, *0*) **1** neplodnosť, neúrodnosť **2** obraz. prázdnota **3** lek. neplodnosť

r Unfug (*(e)s, 0*) **1** nezmysel, hlúposť **2** neplecha, pestvo; ~ *treiben** vyvádzať

ungangbar neschodný; *ein ~er Weg* neschodná cesta

ungastlich nehostinný, neútulný

ungeachtet PREDL s G bez ohľadu na, nehľadiac na

ungeahnt netušený, nepredpokladaný

ungebeten nepozvaný, nepovolaný

ungebildet nevzdelaný, prostý

ungebräuchlich nepoužívaný, zriedkavý; **–braucht** nepoužitý, nový

ungebührlich **1** neslušný, nevhodný **2** prehnaný, prílišný; **etw ~ fordern** požadovať čo neprávom

ungebunden **1** neviazaný o knihe **2** obraz. voľný, slobodný, neviazaný; *die ~e Rede* próza

ungedeckt **1** nepokrytý, neprikrytý **2** fin. nekrytý, nezaplatený **3** šport. ne-

obsadený
e Ungeduld (≈, *0*) netrpezlivosť; **~ig** netrpezlivý, nedočkavý
unge|eignet nevhodný, neschopný, nespôsobilý
unge|fähr 1 PR M približný **2** PRÍSL asi, okolo, približne; *vor ~ einer Stunde* asi pred hodinou; **von ~** náhodou
unge|fährdet bezpečný, neohrozený; **–fährlich** neškodný, bezpečný
unge|fällig neochotný, neprívetivý, nevľúdny
unge|füge 1 neforemný, veľký **2** ťažkopádny, neohrabaný; **–fügig** nepoddajný, neústupčivý
unge|halten mrzutý, nevrlý
unge|hemmt voľný, bez zábran
ungeheuer obrovský, úžasný **s ~** (*s*, ≈) obluda, netvor, surovec; **~lich 1** neslýchaný **2** obrovský, strašný
ungehobelt 1 ne(o)hobľovaný **2** expr. kostrbatý, nevycibrený, neohrabaný
ungehörig neprístojný, nevhodný; **e ~keit** (≈, *0*) neprístojnosť, nevhodnosť
ungehorsam neposlušný
ungekünstelt prirodzený, nevyumelkovaný
ungeladen nepozvaný
ungelegen nevhodný, nemiestny; **e ~heiten** MNČ nepríjemnosti, ťažkosti
ungelernt hovor. nevyučený
ungelogen skutočne, naozaj
ungelöscht nehasený o vápne
ungelöst 1 nevyriešený **2** nerozpustený cukor ap.
ungemein neobyčajný, mimoriadny, ohromný
ungemütlich 1 nepríjemný, nevľúdny **2** neútulný
ungenau nepresný, neurčitý, približný; **e ~igkeit** (≈, *en*) nepresnosť, neurčitosť
ungeniert ['unženi:ɐt] nenútený, otvorený, neostýchavý
ungenießbar 1 nepoživateľný, pokazený o potravinách **2** obraz. neznesiteľný o človeku
ungenügend nedostatočný
unge|nutzt, **–nützt** nevyužitý, nepoužitý
ungeordnet neusporiadaný, rozhádzaný
ungerade mat. nepárny
ungerechnet nezapočítaný; *die Spesen ~* okrem útrat
ungerecht nespravodlivý; **~fertigt** neodôvodnený; **e ~igkeit** (≈, *en*) nespravodlivosť
ungereimt 1 nerýmovaný verš **2** obraz. nezmyselný; *~es Zeug reden* hovoriť nezmysly; **e ~heit** (≈, *en*) nezmysel, hlúposť
ungern nerád, s odporom; *gern oder ~* chtiac-nechtiac
ungesättigt nenasýtený, hladný
ungesäumt neobrúbený, neolemovaný
ungeschält neolúpaný
s Ungeschick (*(e)s, 0*), **e ~lichkeit** (≈, *en*) nešikovnosť, neobratnosť, nemotornosť; **~t** nešikovný, nemotorný
ungeschliffen 1 nebrúsený **2** obraz. neuhladený, neotesaný, nevychovaný
ungeschmälert neskrátený, nezmenšený, úplný
ungeschminkt 1 nenalíčený **2** obraz. neprikrášlený
ungeschoren neostrihaný, nestrihaný; obraz. **j-n ~ lassen** dať komu pokoj
ungeschrieben nepísaný
ungesehen nevídaný
ungesellig nespoločenský, samotársky
ungesetzlich nezákonný, protizákonný; **e ~keit** (≈, *en*) protizákonný čin
ungestört nerušený, pokojný
ungestüm nespútaný
ungesund nezdravý, škodlivý zdraviu
ungeteilt nerozdelený, celý
ungetrübt neskalený, jasný i obraz.
s Ungetüm (*(e)s, e*) netvor, príšera
ungewaschen 1 neumytý, špinavý **2** obraz. nehanebný, oplzlý
ungewiß <...ss> neistý, nejasný; **e**

~heit (≈, *en*) neistota, pochybnosť
unge|wöhnlich neobyčajný, nezvyčajný; **–wohnt 1** nezvyčajný **2** neznámy, cudzí; *eine ungewohnte Umgebung* cudzie prostredie
ungezählt nespočetný
ungezähmt neskrotený, divý
s Ungeziefer (*s*, ≈) **1** škodlivý hmyz **2** obraz. háveď
ungezogen nevychovaný, neposlušný; **e ~heit** (≈, *en*) nevychovanosť, neslušnosť
ungezwungen nenútený, prirodzený; **e ~heit** (≈, *0*) prirodzenosť, nenútenosť
r Unglaube (*ns, 0*), **r Unglauben** (*s, 0*) **1** neverectvo **2** nedôvera, pochybnosti
ungläubig 1 neveriaci **2** nedôverčivý, pochybovačný
unglaub|lich neuveriteľný, nepochopiteľný; **–würdig** nevierohodný
ungleich 1 PR M nerovnaký, rozličný **2** PRÍSL neporovnateľne; **~förmig** nepravidelný, nesúmerný; **e ~heit** (≈, *en*) nerovnosť, rozmanitosť; **~mäßig** nerovnomerný; **~seitig** mat. nerovnostranný
s Unglück (*(e)s, e*) nešťastie; *wie ein Häufchen ~ dasitzen* sedieť ako kôpka nešťastia; **~lich** nešťastný; **~licherweise** nešťastnou náhodou; **~selig** nešťastný
r Unglücks|fall (*(e)s, ⸚e*) nešťastie, úraz, nehoda; **r –vogel** (*s, ⸚*) hovor. smoliar
e Ungnade (≈, *0*) nemilosť, nepriazeň; *in ~ sein* byť v nemilosti
ungültig neplatný; **e ~keit** (≈, *0*) neplatnosť
ungünstig nepriaznivý, nevýhodný
ungut nedobrý, zlý; *nichts für ~* nič v zlom
unhaltbar nezadržateľný
unhandlich nepraktický, nešikovný o náradí
s Unheil (*s, 0*) nešťastie, pohroma; *~ anrichten* al. *(an)stiften* al. *bringen* privodiť nešťastie; **~bar 1** nevyliečiteľný **2** obraz. nepolepšiteľný; **~bringend** <**~ bringend**> prinášajúci nešťastie; **~voll** neblahý, zlovestný
unheimlich 1 hrozivý, strašný **2** hovor. obrovský, nesmierny
unhöflich nezdvorilý, neúctivý; **e ~keit** (≈, *en*) nezdvorilosť
r Unhold (*(e)s, e*) **1** zlý duch, čert v rozprávkach **2** zlosyn, zloduch, ničomník
e Uni (≈, *s*) hovor. univerzita
e Uniform (≈, *en*) uniforma, rovnošata; **~iert 1** uniformovaný **2** jednotvárny
s Unikum (*s, s* al. *Unika*) unikát, vzácnosť
un|interess|ant nezaujímavý, nudný; **–iert** nemajúci záujem (*an etw* D o čo)
e Union (≈, *en*) únia, zväz
universal univerzálny **1** všeobecný **2** všestranný; **r ~erbe** (*n, n*) univerzálny, jediný dedič
e Universität (≈, *en*) univerzita
e Universitäts|bibliothek (≈, *en*) univerzitná knižnica; **r –professor** (*s, en*) univerzitný profesor
s Universum (*s, 0*) univerzum, vesmír
e Unke (≈, *n*) **1** zool. kunec **2** hovor. kuvik **3** pren. pesimista
un|kenntlich nepoznateľný, nerozoznateľný; **e –kenntnis** (≈, *se*) neznalosť, nevedomosť; *~ schützt vor Strafe nicht* neznalosť neospravedlňuje
unklar 1 nejasný, nezrozumiteľný **2** zakalený, nečistý; *es ist mir ~* nie je mi to jasné; **j-n im ~en** <**Unklaren**> **lassen** nechať koho v neistote; **e ~heit** (≈, *en*) nejasnosť
unklug nemúdry, nerozumný
e Unkosten MNČ vedľajšie výdavky, náklady
s Unkraut (*(e)s, ⸚er*) burina; **~ vergeht nicht** zlá zelina nevyhynie
unkündbar nevypovedateľný o zmluve
unkundig nevedomý, neznalý (*etw* G

čoho)
unlängst nedávno, prednedávnom
unlauter kniž. nekalý, nečestný, nepoctivý
unleugbar nepopierateľný, nesporný
unliebsam nemilý, nepríjemný
unlogisch nelogický
unlös|bar, **–lich 1** neriešiteľný, nerozlúštiteľný **2** nerozlučiteľný **3** chem. nerozpustný
e Unlust (≈, *0*) nechuť, odpor; **~ig** neveselý, unudený
e Un|masse (≈, *en*) ohromné množstvo; **–mäßig** nesmierny, prílišný, nestriedmy
e Unmenge (≈, *n*) veľké množstvo
r Unmensch (*en, en*) krutý človek, surovec; **~lich** neľudský, surový; **e ~lichkeit** (≈, *0*) neľudskosť, krutosť, surovosť
unmerk|bar, **–lich** nepozorovateľný, nebadateľný
unmißverständlich <...ss...> zrozumiteľný, jasný
unmittelbar 1 PR M priamy, bezprostredný **2** PRÍSL hneď, priamo
unmöbliert bez nábytku, nezariadený
unmodern nemoderný, zastaraný
unmöglich 1 PR M neuskutočniteľný, nemožný i obraz. **2** PRÍSL nijako, v nijakom prípade; *j-n ~ machen* znemožniť koho; **e ~keit** (≈, *en*) nemožná vec, nemožnosť
unmoralisch nemorálny, nemravný
unmotiviert bez motivácie, nemotivovaný
unmündig neplnoletý, nedospelý; **e ~keit** (≈, *0*) neplnoletosť
r Unmut (*(e)s, 0*) nespokojnosť, nevrlosť; **~ig** nevrlý, mrzutý
unnach|ahmlich nenapodobiteľný, jedinečný
unnachgiebig nepoddajný, pevný, neústupný
unnahbar neprístupný, uzavretý o osobe
unnatürlich 1 neprirodzený, neobyčajný **2** strojený, škrobený; **e ~keit** (≈, *0*) **1** neprirodzenosť **2** strojenosť
unnennbar nevýslovný
un|nötig nepotrebný, zbytočný; **–nötigerweise** zbytočne, nadarmo; **–nütz 1** nepotrebný, bezcenný **2** zbytočný, márny; *–nütze Bemühungen* márna snaha
e UNO (≈, *0*) skr. **United Nations Organization** [ju'naitid 'neišənz organi'zeišn] Organizácia Spojených národov
un|ordentlich 1 neporiadny o osobe **2** neusporiadaný život **3** neuprataný, v neporiadku; **e ~keit** (≈, *0*) neporiadnosť; **e –|ordnung** (≈, *0*) neporiadok
r Unpaarhufer (*s,* ≈), **r Unpaarzeher** (*s,* ≈) zool. nepárnokopytník
unpartei|isch nestranný, neutrálny; **r ~e** (*n, n*) **1** nestraník **2** šport. rozhodca; **–lich 1** nestranícky **2** nestranný, neutrálny; **e –lichkeit** (≈, *0*) nestrannosť, neutrálnosť **1** nestraníckosť
unpassend nevhodný, nehodiaci sa
unpassierbar neschodný, nezjazdný, nesplavný
unpäßlich <...ss...> chorľavý, nezdravý; *er ist ~* je mu zle; **e ~keit** (≈, *0*) nevoľnosť, chorľavosť
unpersönlich neosobný, vecný, chladný
unpolitisch nepolitický
unpopulär nepopulárny
unpraktisch nepraktický, nešikovný
unproduktiv neproduktívny, neplodný
unpünktlich nepresný, nedochvíľny; **e ~keit** (≈, *0*) nepresnosť
r Unrat (*(e)s, 0*) **1** nečistota, špina **2** hovor neporiadok
unrationell neracionálny, nehospodárny
unrecht 1 nesprávny, chybný **2** nevhodný; *zur ~ Zeit kommen* prísť v nevhodnom čase
s Unrecht (*(e)s, 0*) nespravodlivosť, bezprávie; *zu ~* neprávom; *ein ~ begehen* dopustiť sa nespravodlivosti;

~mäßig bezprávny, protiprávny
unredlich nepoctivý, nečestný; **e ~keit** (≈, *0*) nepoctivosť, nečestnosť
unre|ell nereálny, neskutočný
unregelmäßig nepravidelný, nerovnomerný; **e ~keit** (≈, *en*) nepravidelnosť
unreif 1 nezrelý, nedozretý o ovocí **2** nedospelý o človeku
unrein nečistý, špinavý i obraz.; *ins ~e* na nečisto; **e ~heit** (≈, *0*) nečistota, špina; **~lich** nečistotný; **e ~lichkeit** (≈, *0*) nečistotnosť
unrentabel nerentabilný, nevýnosný
unrettbar nezachrániteľný
unrichtig nesprávny, chybný; **e ~keit** (≈, *en*) nesprávnosť, omyl, chyba
e Unruh|e (≈, *n*) **1** nepokoj, vzrušenie **2** len MČ nepokoje, vzbura; **r ~stifter** (*s*, ≈) burič, pôvodca vzbury; **–ig 1** nepokojný, netrpezlivý **2** rozbúrený, nepokojný
uns ZÁM **1** D nám **2** A nás
unsachgemäß neodborný, neprimeraný
un|sagbar, **–säglich** nevýslovný, nesmierny
unsanft nevľúdny, drsný, hrubý
unschädlich neškodný, nie nebezpečný; *j-n/etw ~ machen* zneškodniť koho/čo
unschätzbar neoceniteľný, veľmi vzácny
unscheinbar nenápadný
unschicklich nevhodný, nešikovný; **e ~keit** (≈, *0*) nevhodnosť, nešikovnosť
unschlagbar neporaziteľný
unschlüssig nerozhodný, váhavý; **e ~keit** (≈, *0*) nerozhodnosť, váhavosť
e Unschuld (≈, *0*) **1** nevina **2** bezúhonnosť, nevinnosť; **~ig 1** nevinný, bez viny **2** mravne čistý, bezúhonný
r Unsegen (*s*, *0*) kniž. kliatba
unselbständig <...stst...> nesamostatný; **e ~keit** (≈, *0*) nesamostatnosť
unselig nešťastný, neblahý, osudný
unser náš; *~e Tochter* naša dcéra; **~|einer**, **~|eins** našinec, náš človek; **~(er)seits** z našej strany, čo sa nás týka
unsert|halben, **–wegen**, **–willen** kvôli nám, vzhľadom na nás
unsicher 1 neistý, neurčitý **2** váhavý, nespoľahlivý; **e ~heit** (≈, *en*) **1** neistota **2** váhanie, nerozhodnosť
unsichtbar neviditeľný; **e ~keit** (≈, *0*) neviditeľnosť
r Unsinn (*(e)s*, *0*) nezmysel, hlúposť; *~ reden* tárať nezmysly; **~ig** nezmyselný, nerozumný
e Unsitt|e (≈, *n*) zlozvyk; **–lich** nemravný, nemorálny; **e –lichkeit** (≈, *en*) **1** nemravný čin **2** len JČ nemravnosť, nemorálnosť
unsozial nespoločenský, asociálny
unsportlich nešportový
unstatthaft kniž. neprípustný, nedovolený
unsterblich nesmrteľný; **e ~keit** (≈, *0*) nesmrteľnosť
unstet kniž. nestály, nepokojný; **e ~igkeit** (≈, *0*) nestálosť, nespokojnosť
e Unstimmigkeit (≈, *en*) rozpor, nesúhlas, rozdielnosť
unstreit|bar nesporný; **–tig** nepopierateľný, nepochybný, nesporný
e Unsumme (≈, *n*) veľká/obrovská suma
unsymmetrisch nesymetrický, nesúmerný
unsympathisch nesympatický
unsystematisch nesystematický
untadelig bezchybný, korektný
e Untat (≈, *en*) hanebný čin, zločin
untätig nečinný, lenivý; **e ~keit** (≈, *0*) nečinnosť
untauglich nepoužiteľný, neschopný, nespôsobilý; **e ~keit** (≈, *0*) neschopnosť, nespôsobilosť
unteilbar nedeliteľný, neoddeliteľný, nerozlučný; **e ~keit** (≈, *0*) nedeliteľnosť, nerozlučnosť
unten dolu; *nach ~* nadol; *von ~* zdola; *siehe ~* pozri ďalej odkaz v texte

unter[1] PREDL s D na otázku kde?, s A na otázku kam? **1** pod; ~ *dem Tisch* pod stolom; ~ *den Tisch* pod stôl **2** za; ~ *keinen Umständen* za nijakých okolností **3** medzi; ~ *uns* medzi nami; ~ *ander(e)m* medzi iným, okrem iného
unter[2] PR M **1** spodný, dolný **2** nižší; *die ~en Klassen* nižšie triedy
unter[3] PRÍSL menej; *er ist ~ 20 Jahre* má menej ako 20 rokov
r Unter|arm (*(e)s, e*) anat. predlaktie
e Unter|art (*≈, en*) bot., odroda, zool. druh
r Unterbau (*(e)s, ten*) základ, báza stavby i obraz.
unterbelichten fot. podexponovať
unterbewerten podceniť, nízko oceniť
unterbewußt <...ss...> podvedomý; **s ~sein** (*s, 0*) podvedomie
unterbieten* (*o, h. o*) **1** ponúkať pod cenu, predávať lacnejšie **2** šport. prekonať rekord
unterbinden* (*a, h. u*) **1** lek. podviazať žilu **2** obraz. prekaziť, znemožniť
unterbleiben* (*ie, i. ie*) nenastať, nekonať sa, byť vynechaný
unterbrech|en* (*i; a, h. o*) prerušiť, zastaviť na chvíľu; **e –ung** (*≈, en*) prerušenie
unter|bring|en* (*brachte unter, h. untergebracht*) **1** umiestniť **2** ubytovať; **e –ung** (*≈, en*) **1** umiestnenie **2** ubytovanie
unterderhand <**unter der Hand**> pod rukou, tajne, načierno; *etw ~ besorgen* zohnať čo pod rukou
unterdessen medzitým
r Unterdruck (*(e)s, ≈e*) fyz. podtlak
unterdrück|en **1** utláčať, podmaňovať si **2** potlačiť; *einen Aufstand ~* potlačiť povstanie **3** potlačiť, skryť; *das Lachen ~* potlačiť smiech; **r –er** (*s, ≈*) utláčateľ
unter|einander medzi sebou, navzájom
unter|entwickelt nevyvinutý, zaostalý
unter|ernährt podvyživený; **e –ernährung** (*≈, 0*) podvýživa
unterfangen* sich (*ä; h. a*) kniž. opovážiť sa, odvážiť sa (*etw* G čo)
unter|fassen hovor. chytiť pod pazuchu (*j-n* koho)
e Unterführung (*≈, en*) podchod
r Untergang (*(e)s, 0*) **1** západ slnka **2** len JČ pád, zánik, skaza, zničenie
untergeben zast. poddaný, podriadený
unter|gehen* (*ging unter, i. untergegangen*) **1** zapadať o slnku **2** potopiť sa o lodi **3** zaniknúť, zahynúť
unterge|ordnet **1** podriadený **2** vedľajší
s Untergeschoß <...ss> (*geschosses, geschosse*) suterén
s Untergestell (*s, e*) **1** podstavec, stojan **2** podvozok automobilu
unter|graben[1]* (*ä; u, h. a*) zakopať
untergrab|en[2]* (*ä; u, h. a*) podkopať, obraz. postupne zničiť zdravie ap.; **e –ung** (*≈, 0*) podrývanie, podkopanie
r Untergrund (*(e)s, 0*) **1** spodná pôda, podložie **2** základ, podklad napr. obrazu **3** ilegalita; **e ~bahn** (*≈, en*) podzemná železnica, metro; **e ~bewegung** (*≈, en*) obraz. podzemné hnutie, ilegálna činnosť
unterhalb PREDL s G pod; ~ *des Dorfes* poniže dediny
r Unterhalt (*(e)s, 0*) obživa, živobytie
unter|halten[1]* (ä; *ie, h. a*) držať pod čím, nastaviť; *die Hand ~* nastaviť ruku
unterhalt|en[2]* (*ä; ie, h. a*) **1** udržiavať objekty ap. **2** vydržiavať, podporovať **3** zabávať, baviť **sich ~ 1** rozprávať sa, debatovať **2** zabávať sa; **e –ung** (*≈, en*) **1** udržiavanie **2** rozhovor, zábava
e Unterhandlung (*≈, en*) vyjednávanie, rokovanie
e Unterhose (*≈, n*) spodky
unter|irdisch podzemný
r Unterkiefer (*s, ≈*) anat. sánka, dolná čeľusť

unter|kommen* (*a, i. o*) **1** ubytovať sa, nájsť prístrešie **2** nájsť si zamestnanie **3** stať sa, vyskytnúť sa; *so was ist mir noch nicht untergekommen** také niečo sa mi ešte nestalo
unter|kriegen hovor. zdolať, premôcť, skrotiť; *sich nicht ~ lassen** nedať sa zdolať
e Unterkunft (*≈, ≈e*) ubytovanie, nocľah
e Unterlage (*≈, n*) **1** podklad, podložka **2** odb. podklad, základ **3** MNČ podklady, dokumenty
unterlass|en* (*ä; ie, h. a*) zanedbať; **e –ung** (*≈, 0*) vynechanie, zanedbanie
unter|legen[1] podložiť, podsypať
unterlegen[2] podložiť, dať podklad
r Unterleib (*(e)s, e*) anat. podbrušie
unter|liegen[1]* (a, *h./i. e*) ležať naspodku, byť podložený
unterliegen[2]* (*a, i. e*) **1** podliehať; *dem Zoll ~* podliehať clu **2** podľahnúť, byť porazený
e Untermiete (*≈, n*) podnájom; *in/zur ~ wohnen* bývať v podnájme; **r ~r** (*s, ≈*) podnájomník
unternehm|en (*i; a, h. unternommen*) podniknúť, urobiť čo; **s ~** (*s, ≈*) podnik, podnikanie; **r –er** (*s, ≈*) podnikateľ; **r –ungsgeist** (e *s, 0*) podnikavosť; **–ungslustig** podnikavý
unter|ordn|en podriadiť, podriaďovať; **e –ung** (*≈, en*) **1** podriadenie, podrobenie **2** bot., zool. podčeľaď
s Unterpfand (*(e)s, ≈er*) záruka, záloha
unterred|en sich rozprávať sa; **e –ung** (*≈, en*) rozhovor, rokovanie
r Unter|richt (*(e)s, e*) vyučovanie; **–richten 1** vyučovať **2** informovať, dať vedieť
s Unterrichts|fach (*(e)s, ≈er*) vyučovací predmet; **e –stunde** (*≈, en*) vyučovacia hodina
r Unterrock (*(e)s, ≈e*) spodnička, spodnica
untersagen zakázať, nedovoliť
unterschätzen podceniť, nedoceniť
unterscheid|en* (*ie, h. ie*) rozlišovať, rozoznávať; **sich ~** líšiť sa; **e –ung** (*≈, en*) rozlišovanie, rozoznávanie
unter|schieben[1]* (*o, h. o*) podsunúť, podložiť
unterschieben[2]* (*o, h. o*) **1** podstrčiť, podvrhnúť **2** obraz. zvaliť (*j-m etw* čo na koho)
r Unterschied (*(e)s, e*) rozdiel; *im ~ zu* na rozdiel od; **~lich** rozdielny
r Unterschieds|betrag (*(e)s, ≈e*) rozdiel, diferencia; **–los** rovnaký, bez rozdielu
unter|schlagen[1]* (ä; *u, h. a*) založiť ruky, prekrížiť nohy
unterschlag|en[2]* (*ä; u, h. a*) spreneveriť, zatajiť; **e –ung** (*≈, en*) sprenevera
r Unterschlupf (*es, ≈e*) útulok, prístrešie, skrýša
unter|schreiben* (*ie, h. ie*) podpísať; **e –schrift** (*≈, en*) podpis; **e –schriftaktion** (*≈, en*) podpisová akcia
s Untersee|boot (*(e)s, e*) ponorka; **–isch** podmorský
r Untersetzer (*s, ≈*) podložka, podstavec
untersetzt územčistý, zavalitý
r Unterstand (*(e)s, ≈e*) **1** útulok, skrýša **2** voj. kryt, úkryt, bunker
unter|stehen[1]* (*unterstand, h./i. untergestanden*) stáť pod čím, ukryť sa
unterstehen[2]* (*unterstand, h. unterstanden*) byť podriadený, podliehať
unter|stellen[1] postaviť pod čo; **sich ~** schovať sa, postaviť sa pod čo
unterstellen[2] **1** podriadiť koho komu **2** obviňovať, podozrievať (*j-m etw* koho z čoho)
unterstreichen* (*i, h. i*) **1** podčiarknuť **2** obraz. zdôrazniť
e Unterstufe (*≈, n*) nižší stupeň
unter|stützen[1] podoprieť, podopierať
unterstütz|en[2] podporovať finančne ap.; **e –ung** (*≈, en*) podpora, pomoc
r Unterstützungs|anspruch (*(e)s, ≈e*) nárok na podporu; **r –empfän-**

TUV

ger (*s*, ≈) poberateľ podpory
untersuch|en 1 vyšetrovať, zisťovať **2** skúmať; **e –ung** (≈, *en*) **1** vyšetrovanie **2** skúmanie, výskum
r Untersuchungs|ausschuß <...ss> (*ansschusses, ansschüsse*) vyšetrovací výbor; **r –befund** ((*e*)*s*, *e*) lek. nález; **s –gefängnis** (*ses, se*) vyšetrovacie väzenie; **e –haft** (≈, *0*) vyšetrovacia väzba; **r –richter** (*s*, ≈) vyšetrujúci sudca
r Untertagebau ((*e*)*s*, *e*) ban. hlbinné dobývanie
r Unter|tan (*s* al. *en, en*) zast. poddaný, podriadený; **–tänig** poddaný, ponížený
e Untertasse (≈, *n*) tanierik pod šálkou; **eine fliegende ~** lietajúci tanier
unter|tauchen 1 (*h.*) ponoriť, potopiť **2** (*i.*) ponoriť sa **3** obraz. zmiznúť
r, s Unterteil ((*e*)*s*, *e*) spodok, spodná časť; **~en** rozdeliť
r Untertitel (*s*, ≈) podtitul
r Unterton (*s*, ≈̈*e*) hud. i obraz. podtón, spodný tón
e Unterwäsche (≈, *0*) spodná bielizeň
s Unterwasser (*s*, *0*) spodná voda
unterwegs cestou, po ceste, na ceste; *die Ware ist schon ~* tovar je už na ceste
unterweis|en (*ie, h. ie*) poúčať, poučovať (*j-n in etw* koho o čom); **e –ung** (≈, *en*) kniž. vyučovanie, učenie
e Unterwelt (≈, *0*) podsvetie i obraz.
unterwerf|en (*i; a, h. o*) podrobiť, podmaniť; *etw einer Analyse ~* podrobiť čo analýze; **e –ung** (≈, *0*) podrobenie, podmanenie; **–würfig** hanl. podlízavý, pätolizačský; **–würfigkeit** (≈, *0*) hanl. podlízavosť, pätolizačstvo
unterzeichn|en podpísať, potvrdiť, schváliť; **e –ung** (≈, *en*) podpísanie, schválenie
unter|ziehen[1]* (*unterzog, h. untergezogen*) **1** obliecť si naspodok **2** kuch. opatrne pridať; *Eischnee in Teig ~* pridať sneh do cesta
unterziehen[2]* (*unterzog, h. unterzogen*) podrobiť; *etw einer Kritik ~* podrobiť čo kritike; **sich ~** podrobiť sa
e Untiefe (≈, *n*) **1** plytčina **2** hovor. nesmierna hĺbka
s Untier ((*e*)*s*, *e*) netvor, obluda
untilgbar 1 nezničiteľný, nezmazateľný **2** nesplatiteľný o dlhu
untrennbar neoddeliteľný, nerozlučný i obraz.
untreu neverný; **e ~e** (≈, *0*) **1** nevera **2** práv. sprenevera
untröstlich neutíšiteľný, zúfalý; *ich bin ~* som veľmi zarmútený
untrüglich neklamný, neomylný
e Untugend (≈, *en*) necnosť, zlozvyk, nerest
un|überbrückbar neprekonateľný, nepreklenuteľný
un|überlegt nerozvážny, nepremyslený
un|übersehbar nedozerný, nedohľadný, nesmierny
un|übersetzbar nepreložiteľný
un|übersichtlich neprehľadný
un|übertragbar neprenosný; *die Monatskarte ist ~* mesačný lístok je neprenosný
un|über|trefflich nedostižný, vynikajúci; **–troffen** zatiaľ neprekonaný; **–windlich** neprekonateľný, nepremožiteľný
un|umgänglich nevyhnutný, nutný
un|umschränkt neobmedzený
un|umwunden otvorený, priamy, prostý
un|unterbrochen nepretržitý, súvislý, trvalý
unver|änderlich nemeniteľný, stály
unver|antwortlich nezodpovedný, ľahkomyseľný
unver|besserlich nenapraviteľný, nepolepšiteľný
unver|bindlich nezáväzný
unver|blümt neprikrášlený, prostý
unver|bürgt nezaručený, nepotvrdený
unver|daulich 1 nestráviteľný **2** obraz.

TUV

neznesiteľný, nezrozumiteľný
unver|dorben **1** neskazený, čerstvý **2** obraz. poriadny, neskazený o človeku
unver|einbar nezlučiteľný, rozporný
unver|fänglich nezákerný, neúskočný
unver|froren bezočivý, nehanebný
unver|geßlich <...ss...> nezabudnuteľný
unver|hältnismäßig nepomerný
unver|hofft neočakávaný, nečakaný, nepredvídaný
unver|käuflich nepredajný
unver|kennbar zjavný, zrejmý, jasne poznateľný
unver|letzlich nezraniteľný
unver|meidlich nevyhnutný, nutný
unver|mittelt bezprostredný, priamy
s Unvermögen (*s, 0*) neschopnosť, nemohúcnosť; **~d** **1** kniž. neschopný, nemohúci **2** nemajetný, chudobný
unver|mutet nečakaný, prekvapujúci
unver|nünftig nerozumný, hlúpy
unverrichtet|erdinge <**–er Dinge**>, **–ersache** <**–er Sache**>: ~ *zurückkommen* vrátiť sa naprázdno, nič nevybaviť
unverschämt nehanebný, bezočivý; **e ~heit** (≈, *0*) nehanebnosť, bezočivosť
unversehens odrazu, zrazu, prekvapivo
unversehrt **1** nezranený **2** neporušený, nedotknutý
unversiegbar nevysychajúci, nevyčerpateľný i obraz.
unversöhnlich nezmieriteľný, nekompromisný
unverständig nerozumný, nerozvážny; **e ~keit** (≈, *en*) nerozumnosť
unverständlich **1** nezrozumiteľný, nejasný **2** nepochopiteľný
unverträglich **1** neznášanlivý, konfliktný **2** tech. nekompatibilný
unverwandt upretý pohľad
unverwendbar neupotrebiteľný
unver|wüstlich nezničiteľný, nezdolný, nepremožiteľný; **–zagt** odhodlaný, statočný, udatný
unverzeihlich neodpustiteľný
unverzollt nepreclený, bez cla
unverzüglich neodkladný, naliehavý
unvoll|endet nedokončený; **–kommen** nedokonalý, chybný; **–ständig** neúplný, nekompletný
unvorbereitet nepripravený
unvor|eingenommen nezaujatý, objektívny, nestranný
unvorhergesehen nepredvídaný, neočakávaný
unvorsichtig neopatrný, nerozvážny
unvorstellbar nepredstaviteľný
unvorteilhaft nevýhodný, nepriaznivý
unwahr nepravdivý, lživý; **e ~heit** (≈, *en*) nepravda, lož, výmysel; **~scheinlich** nepravdepodobný; **e ~scheinlichkeit** (≈, *en*) nepravdepodobnosť
unweiblich neženský
unweigerlich nutný, nevyhnutný
unweit **1** PREDL s G neďaleko; ~ *des Gartens* neďaleko záhrady **2** PRÍSL neďaleko; ~ *von hier* neďaleko odtiaľto
s Unwesen (*s, 0*) výtržnosť, vyčíňanie; *sein ~ treiben* robiť výtržnosti, vyčíňať
unwesentlich nepodstatný, vedľajší
s Unwetter (*s, 0*) nečas, zlé počasie
unwichtig vedľajší, bezvýznamný
unwider|legbar, **–leglich** nevyvrátiteľný, nezvratný; **–ruflich** neodvolateľný
unwiderstehlich neodolateľný
r Unwill|en (*s, 0*) kniž. nevôľa, mrzutosť; **–ig** nahnevaný, nazlostený, nevľúdny
unwillkommen nevítaný, nemilý
unwillkürlich mimovoľný, neuvedomený, mechanický
unwirklich neskutočný, nereálny
unwirksam neúčinný, nepôsobivý
unwirsch mrzutý, nevrlý, nevľúdny
unwirtlich nehostinný
unwirtschaftlich nehospodárny, nešetrný

unwissen|d nevedomý, neinformovaný; **e –heit** (≈, *0*) nevedomosť, neznalosť
unwissenschaftlich nevedecký; *eine ~e Methode* nevedecká metóda
unwohl indisponovaný, nie celkom zdravý; *sich ~ fühlen* necítiť sa dobre; **s ~sein** (*s, 0*) nevoľnosť
unwürdig nehodný, neprimeraný, nedôstojný
unzählbar, **unzählig** nespočetný, nespočítateľný
unzähmbar neskrotiteľný
e Unzeit (≈, *0*): *zur ~ kommen* prísť v nevhodnú chvíľu; **~gemäß 1** nemoderný **2** nezvyčajný v tomto ročnom období
unzer|brechlich nerozbitný; **–störbar 1** nezničiteľný **2** obraz. nerozborný, trvalý; **–trennlich** nerozlučný, nerozlučiteľný
e Un|zucht (≈, *0*) zast. smilstvo; **–züchtig** smilný, obscénny
unzufrieden nespokojný; **e ~heit** (≈, *0*) nespokojnosť
unzugänglich neprístupný, uzavretý i obraz.
unzu|länglich nedostatočný, nevyhovujúci; **–lässig** nedovolený, neprípustný
unzurechnungsfähig nepríčetný, pomätený
unzusammenhängend nesúvislý, prerušovaný
unzu|ständig nepríslušný, nekompetentný; **–treffend** nevhodný, nehodiaci sa
unzuverlässig nespoľahlivý, nezodpovedný
unzweckmäßig neúčelný, nepraktický
un|zweideutig nedvojzmyselný, jednoznačný, jasný; **–zweifelhaft** neepochybný, jednoznačný
üppig 1 bujný, bohatý **2** okrúhly, tučný, zaoblený **3** živý, bujný; *~ gedeihen* bujnieť; **e ~keit** (≈, *0*) bujnosť, hojnosť

ur|alt prastarý, starodávny
e Ur|aufführung (≈, *en*) div. premiéra
r Ur|beginn (*(e)s, 0*) prvopočiatok; **r –|einwohner** (*s,* ≈) praobyvateľ, pôvodný obyvateľ; **e –|eltern** MNČ prarodičia, predkovia; **r –|enkel** (*s,* ≈) pravnuk; **e –form** (≈, *en*) pôvodná, prvotná forma; **s –gebirge** (*s,* ≈) prvohory, prahory; **e –großmutter** (≈, ≈̈) prababička
r Urheber (*s,* ≈) pôvodca, tvorca; **s ~recht** (*(e)s, e*) autorské právo; **e ~schaft** (≈, *0*) autorstvo
r Urịn (*s, e*) moč; **~ịeren** močiť
e Urkunde (≈, *n*) listina, dokument
r Urkunden|fälscher (*s,* ≈) falšovateľ listín; **e –sammlung** (≈, *en*) zbierka listín, archív
urkundlich dokumentárny, listinný
r Urlaub (*(e)s, e*) dovolenka; **r ~er** (*s,* ≈) hovor. dovolenkár
r Urlaubs|anspruch (*(e)s, ≈̈e*) nárok na dovolenku; **s –geld** (*(e)s, er*) finančný príspevok na dovolenku; **e –reise** (≈, *n*) cesta na dovolenku, dovolenka; **r –tag** (*(e)s, e*) deň dovolenky; **e –zeit** (≈, *en*) dovolenka, obdobie dovoleniek
r Ur|mensch (*en, en*) pračlovek; **e –mutter** (≈, ≈̈) pramatka
e Urne (≈, *n*) urna **1** schránka na hlasovacie lístky **2** popolnica
r Urnen|friedhof (*(e)s, ≈̈e*), **r –hain** (*(e)s, e*) urnový háj; **e –halle** (≈, *n*) kolumbárium
r Urquell (*s, e*) prazdroj, prameň i obraz.
e Ur|sache (≈, *n*) príčina, dôvod, **keine ~!** nemáš/nemáte za čo!, rado sa stalo! odpoveď na poďakovanie; **–sächlich** príčinný
e Urschrift (≈, *en*) prvopis, originál
e Ursprache (≈, *n*) prajazyk
r Ur|sprung (*(e)s, 0*) pôvod, vznik; **–sprünglich** pôvodný, prvotný
s Urteil (*s, e*) **1** názor, mienka; *meinem ~ nach* podľa môjho názoru **2** práv. rozsudok; **~en** posudzovať,

usudzovať, mať mienku
e Urteils|kraft (≈, *0*) schopnosť usudzovať; **r –spruch** (*(e)s, ≈e*) práv. rozsudok
r Urtext (*es, e*) pôvodný text, originál
s Urtier (*(e)s, e*) zool. prvok
r Ur|vater (*s, ≈*) praotec, predok; **r –vorfahr** (*en, en*) prapredok
r Urwald (*(e)s, ≈er*) prales
e Urzeit (≈, *0*) pravek
e USA skr. **United States of America** Spojené štáty americké
r Usurpator (*s, Usurpatoren*) uzurpátor, uchvatiteľ
r Usus (≈, *0*) úzus, zvyk, obyčaj; *das ist nicht ~* to nebýva zvykom al. vo zvyku
usw. skr. **und so weiter** a tak ďalej
e Utensilien MNČ pomôcky, náradie, nástroje
r Uterus (≈, *Uteri*) anat. maternica
e Utopie (≈, *i|en*) utópia
utopisch utopický
u. U. skr. **unter Umständen** podľa okolností, prípadne
u. v. a. skr. **und viele andere** a mnoho iných al. **und vieles andere** a mnoho iného
u. Z. skr. **unserer Zeitrechnung** nášho letopočtu
uzen hovor. podpichovať, doberať si

V

vag (e) [v...] vágny, neurčitý
r Vagabund [v...] (*en, en*) tulák, hovor. vagabund
e Vagina [v...] (≈, *en*) anat. vagína, pošva
vakan|t [v...] neobsadený, voľný; **e –z** (≈, *en*) neobsadené, voľné miesto
s Vakuum [v...] (*s, Vakua*) fyz. vákuum, vzduchoprázdno; **e ~pumpe** (≈, *n*) výveva
valorisieren [v...] ekon. valorizovať, zhodnotiť
e Valuta [v...] (≈, *en*) valuta **1** hodnota **2** cudzia mena
e Valuta|klausel [v...] (≈, *n*) ekon. valutová doložka; **s –|konto** (*s, en/Konti*) valutový účet, konto v cudzej mene; **r –|kurs** (*es, e*) valutový kurz
r Vampir [v...] (*s, e*) vampír, upír
e Vanille [va'niljə] (≈, *0*) vanilka
e Vari|ation [v...] (≈, *en*) variácia, obmena; **–|ieren** variovať, obmieňať, meniť
r Vasall [v...] (*en, en*) vazal
e Vase [v...] (≈, *n*) váza
s Vaselin [v...] (*s, 0*), **e Vaseline** (≈, *0*) vazelína
r Vater (*s, ≈*) otec; **s ~haus** (*es, ≈er*) otcovský dom, rodný dom; **s ~land** (*(e)s, ≈er*) vlasť, otčina, domovina; *der Prophet gilt nichts in seinem ~land* nikto nie je doma prorokom; **~ländisch** vlastenecký
väterlich otcovský, otcov; *die ~e Liebe* otcovská láska; **~erseits** z otcovej strany, po otcovi
vater|los bez otca, osirotený; **r –mord** (*(e)s, e*) otcovražda; **e –schaft** (≈, *0*) otcovstvo; *~ ablehnen/bestreiten* popierať otcovstvo
e Vaterschafts|anerkennung (≈, *en*) práv. uznanie otcovstva; **e –bestimmung** (≈, *en*) lek. určenie otcovstva; **e –klage** (≈, *n*) práv. žaloba o uznanie otcovstva
e Vaterstelle (≈, *0*): *bei j-m ~ vertreten* zastupovať komu otca
s Vater|unser (*s,* ≈) cirk. Otčenáš
v. Chr. skr. **vor Christus** al. **vor Christo** pred Kristom
v. Ch. G. skr. **vor Christi Geburt** pred narodením Krista
r Vegeta|ri|er [v...] (*s,* ≈), **r Vegetarianer** (*s,* ≈) vegetarián; **–risch** vegetariánsky
e Vegetation [v...] (≈, *en*) vegetácia **1** rast rastlinstva **2** rastlinstvo **3** lek. bujnenie
vegetativ [v...] vegetatívny
vegetieren [v...] vegetovať o rastlinách,

biedne žiť, živoriť o ľuďoch
s Vehịkel [v...] (*s,* ≈) hovor. vehikel, staré auto
s Veilchen (*s,* ≈) fialka; **~blau** fialovo modrý; **r ~duft** (*es, 0*) fialková vôňa
r Veits|tanz (*es, 0*) lek. tanec svätého Víta nervové ochorenie prejavujúce sa kŕčmi
e Vene [v...] (≈, *n*) anat. véna, žila
e Venen|blutung [v...] (≈, *en*) krvácanie zo žily; **e –|entzündung** (≈, *en*) zápal žíl
venẹrisch [v...] lek. venerický, pohlavný
venọ̈s [v...] lek. venózny, žilový
s Ventịl [v...] (*s, e*) ventil, záklopka; **e ~atiọn** (≈, *en*) ventilácia, vetranie
e Ventilations|anlage [v...] (≈, *n*), **e –|einrichtung** (≈, *en*), **e –vorrichtung** (≈, *en*) ventilačné al. vetracie zariadenie
r Venti|lator [v...] (*s, Ventilatọren*) ventilátor, vetrák; **–lịeren** ventilovať, vetrať
ver|ạbfolg|en vydať, odovzdať (*j-m etw* al. *an j-n etw* komu čo); **e –ung** (≈, *0*) vydanie, odovzdanie
ver|ạbred|en dohovoriť; **sich ~** dohovoriť sa, dohodnúť sa; *mit j-m ver|abredet sein* dohovoriť sa s kým; **e –ung** (≈, *en*) **1** dohovor, dohovorenie, dohodnutie **2** schôdzka
ver|ạbreichen dať, podať, poskytovať
ver|ạbscheuen (*j-n/etw*) sprotiviť si čo, opovrhovať čím; **~swert** opovrhnutia hodný
ver|ạbschied|en **1** slávnostne prepustiť zo služby ap. **2** schváliť zákon; **sich ~** rozlúčiť sa (*von j-m* s kým); **e –ung** (≈, *en*) **1** prepustenie zo služby **2** schválenie zákona **3** lúčenie, rozlúčka
ver|ạchten (*j-n/etw*) **1** opovrhovať, pohŕdať (kým/čím) **2** nebáť sa (koho/čoho), podceňovať (koho/čo); *den Tod ~* nebáť sa smrti; **~swert** opovrhnutia hodný
r Ver|ạ̈cht|er (*s,* ≈) pohŕdač, znevažovateľ; **–lich** **1** opovrhnutia hodný **2** opovržlivý, pohŕdavý; *j-n –lich ansehen* dívať sa na koho opovržlivo
e Ver|ạchtung (≈, *0*) opovrhnutie, pohŕdanie
ver|ạlbern (*j-n*) hovor. doberať si (koho), robiť si žarty (z koho)
ver|ạllgemeiner|n zovšeobecniť, generalizovať; **e –ung** (≈, *en*) zovšeobecnenie, generalizovanie
ver|ạlten (*i.*) zastarať **1** vyjsť z módy **2** opotrebovať sa o stroji ap.
e Verạnda [v...] (≈, *en*) veranda
ver|ạ̈nder|lich premenlivý, nestály; **e –lichkeit** (≈, *0*) premenlivosť, nestálosť; **–n** zmeniť, premeniť; **e –ung** (≈, *en*) zmena, premena
ver|ạnker|n **1** zakotviť loď i obraz.; *etw im Gesetz ~* zakotviť čo v zákone **2** zaistiť, upevniť; **e –ung** (≈, *en*) **1** zakotvenie lode i obraz. **2** upevnenie, zaistenie
ver|ạnlag|t nadaný, schopný, spôsobilý; **e –ung** (≈, *en*) nadanie, vlohy, schopnosti
ver|ạnlass|en **1** podnietiť, dať podnet **2** prinútiť, pohnúť (*j-n zu etw* koho k čomu) **3** zariadiť, vybaviť; **e –ung** (≈, *en*) podnet, popud
ver|ạnschaulichen znázorniť, názorne vysvetliť
ver|ạnschlagen **1** oceniť, odhadnúť dopredu **2** vopred rozpočítať, preliminovať
ver|ạnstalt|en usporiadať, zorganizovať; **r –er** (*s,* ≈) usporiadateľ; **e –ung** (≈, *en*) **1** usporiadanie, organizovanie **2** podujatie kultúrne ap.
ver|ạntwort|en zodpovedať (*etw* za čo); **sich ~** zodpovedať sa (*wegen etw* G al. *für etw vor j-m* z čoho komu); **–lich** zodpovedný; *j-n –lich machen* robiť zodpovedným koho; **e –ung** (≈, *en*) zodpovednosť; *auf eigene –ung* na vlastnú zodpovednosť
ver|ạntwortungs|bewußt <...ss...> vedomý si zodpovednosti, zodpovedný; **–los** nezodpovedný; **–voll** zodpovedný

verarbeit|en 1 spracovať, spracúvať (*etw zu etw* čo na čo) **2** obraz. spracovať, premyslieť, stráviť; **e –ung** (≈, *en*) spracovanie
verargen zazlievať, mať za zlé (*j-m etw* komu čo)
verärger|n rozhnevať, nahnevať (*j-n* koho); **e –ung** (≈, *0*) rozhnevanie, nahnevanie
verarmen (*i.*) schudobnieť
verarzten hovor. ošetriť
verätzen rozleptať, popáliť žieravinou
verausgaben 1 vydať, minúť peniaze **2** obraz. vyčerpať; **sich ~** hovor. minúť všetky peniaze
veräußerlich predajný, na predaj
veräußerlichen 1 (*h.*) spovrchnieť, urobiť povrchným **2** (*i.*) stať sa povrchným
veräußer|n predať, predávať (*etw* čo); **e –ung** (≈, *en*) predaj
s Verb (*s, en*) sloveso
verballhornen hovor. skomoliť
r Verband (*(e)s, ≈e*) **1** zväz, združenie, spolok **2** lek. obväz, bandáž **3** spojenie, väzba tehál; **r ~(s)kasten** (*s,* ≈ al. *≈*) skrinka na obväzy, lekárnička; **s ~material** (*s, 0*), **s ~zeug** (*s, 0*) obväzový materiál, obväzivo
verbann|en 1 vypovedať, vykázať (*j-n* koho) **2** vyhnať i obraz.; **r –te** (*n, n*) vyhnanec; **e –ung** (≈, *en*) vypovedanie, vyhostenie, vyhnanstvo, exil
ver|beißen* (*i* <...ss>, *h. verbissen*) potlačiť, zatajiť; *den Zorn ~* potlačiť hnev; **sich ~** zahryznúť sa i obraz. (*in etw* do čoho); **–bergen*** (*i; a, h. o*) skryť, schovať i obraz.; *das Lachen –bergen* skrývať smiech; **sich –bergen*** skrývať sa
verbesser|n 1 zlepšiť, zdokonaliť **2** opraviť, napraviť; **e –ung** (≈, *en*) **1** zlepšenie, zdokonalenie **2** oprava; **r –ungsvorschlag** (*(e)s, ≈e*) zlepšovací návrh; *einen –ungsvorschlag einbringen* podať zlepšovací návrh
verbeug|en sich pokloniť sa, ukloniť sa; **e –ung** (≈, *en*) poklona, úklon
verbiegen* (*o, h. o*) skriviť, ohnúť
verbieten* (*o, h. o*) zakázať, nedovoliť; *Eintritt verboten* vstup zakázaný
verbilligen zlacnieť, zlacňovať
verbinden* (*a, h. u*) **1** spojiť; *das Angenehme mit dem Nützlichen ~* spojiť príjemné s užitočným **2** chem. zlúčiť **3** lek. obviazať, zaviazať **4** obraz. zaviazať, zaväzovať vďakou ap.; *j-m sehr verbunden sein* byť veľmi zaviazaný komu
verbindlich 1 záväzný, zaväzujúci **2** úctivý, zdvorilý; **e ~keit** (≈, *en*) **1** záväznosť **2** záväzok, povinnosť **3** zdvorilosť
e Verbindung (≈, *en*) **1** spojenie, vzťah, zväzok; *eine eheliche ~ eingehen** vstúpiť do manželského zväzku **2** spojenie, dopravný spoj; *eine direkte ~ nach Bratislava* priamy spoj do Bratislavy **3** spolok, združenie **4** chem. zlučovanie i zlúčenina **5** telefonické spojenie
r Verbindungs|dienst (*es, e*) voj. spojovacia služba; **r –graben** (*s, ≈*) voj. spojovací zákop; **e –stelle** (≈, *n*) miesto spojenia; **s –stück** (*(e)s, e*) spojovacia časť, spojka
verbissen 1 zarytý, zaťatý, neústupný **2** húževnatý; **e ~heit** (≈, *0*) **1** zarytosť, zaťatosť **2** húževnatosť
verbitten* sich (*verbat, h. verbeten*) zakázať si, expr. vyprosiť si (*etw* čo); *ich verbitte mir solche Bemerkungen!* také poznámky si vyprosím!
verblassen* (*verblaßte, i. verblaßt*) **1** zblednúť, vyblednúť o farbe **2** obraz. blednúť, vypŕchať, strácať sa
r Verbleib (*(e)s, 0*) miesto pobytu; **~en*** (*ie, i. ie*) **1** zostať, zostávať **2** zostať, zvýšiť
verblend|en 1 obkladať, obložiť obkladačkami ap. **2** obraz. oslniť, zaslepiť; **e –ung** (≈, *0*) **1** oslnenie, zaslepenie **2** obloženie
verblöden (*i.*) ohlúpnuť, osprostieť; **~** (*h.*) ohlúpiť (*j-n* koho)
verblüff|en ohromiť, zaraziť, privá-

TUV

dzať do úžasu; **–end** zarážajúci, ohromujúci; **–t** ohromený, zarazený; **e –ung** (≈, *en*) ohromenie, zarazenie
verblüh|en (*i.*) odkvitať, odkvitnúť i obraz.; **–t** odkvitnutý, zvädnutý
verbluten (*i.*) vykrvácať; **sich ~** (*h.*) voj. vyčerpať sa, utrpieť ťažké straty
verborgen skrytý, utajený; **e ~heit** (≈, *0*) skrytosť, ústranie
s Verbot (*(e)s, e*) zákaz; **~en** zakázaný; *Rauchen ~en* fajčiť zakázané; **~s|widrig** proti zákazu, priečiaci sa zákazu
r Verbrauch (*(e)s, 0*) **1** spotreba **2** opotrebovanie; **~en 1** spotrebovať, skonzumovať **2** opotrebovať; **r ~er** (*s,* ≈) **1** spotrebiteľ, konzument **2** elektrotech. spotrebič
r Verbrauchs|artikel (*s,* ≈) spotrebný predmet; **e –güter** MNČ spotrebný tovar; **e –steuer** (≈, *n*) spotrebná daň
verbrechen* (*i; a, h. o*) (*etw*) dopustiť sa (čoho), previniť sa (čím), spáchať (čo)
s Verbrech|en (*s,* ≈) zločin; **r –er** (*s,* ≈) zločinec; **–erisch** zločinný, zločinecký
verbreiten šíriť, rozširovať; **sich ~ 1** rozšíriť sa **2** obraz. naširoko sa rozhovoriť, rozpísať (*über etw* o čom)
verbreiter|n rozšíriť, robiť širším; **e –ung** (≈, *en*) rozšírenie, rozširovanie cesty ap.
verbrennbar spaľovateľný
verbrennen[1]* (*verbrannte, i. verbrannt*) zhorieť, vyhorieť
verbrenn|en[2]* (*verbrannte, h. verbrannt*) **1** (s)páliť, spaľovať **2** prihorieť, pripáliť **3** ohorieť, opáliť; **sich ~** spáliť sa, popáliť sa; *sich an der Hand ~** popáliť si ruku; **e –ung** (≈, *en*) **1** zhorenie, spálenie **2** prihorenie, ohorenie **3** chem. spaľovanie **4** lek. popálenie
s Verbrennungs|erzeugnis (*ses, se*) chem. produkt horenia; **r –motor** (*s, en* al. *e*) spaľovací motor; **e –wärme** (≈, *0*) výhrevnosť, energetická hodnota tepla
verbringen* (*verbrachte, h. verbracht*) tráviť, stráviť prázdniny ap.
verbrühen obariť; **sich ~** obariť sa
verbuchen ekon. zaknihovať, zaúčtovať
s Verbum (*s, Verba*) sloveso
verbummeln 1 premrhať, premárniť **2** prepásť, premeškať
ver|bünden sich spojiť sa, spolčiť sa; **r –bündete** (*n, n*) spojenec
e Verbundenheit (≈, *0*) spolupatričnosť, súdržnosť, jednota
verbürgen zaručiť, zabezpečiť (*j-m etw* komu čo); **sich ~** zaručiť sa (*für j-n/etw* za koho/čo)
verbüßen odpykať(si); *eine Strafe ~* odpykať (si) trest
r Ver|dacht (*(e)s, 0*) podozrenie; *auf j-n ~ haben, gegen j-n ~ hegen* mať podozrenie na koho, podozrievať koho; **–dächtig** podozrivý; **–dächtigen** podozrievať; *j-n eines Verbrechens –dächtigen* podozrievať koho zo zločinu
verdamm|en 1 odsudzovať, odsúdiť **2** zatratiť, zavrhnúť; **–enswert** hodný odsúdenia; **e –nis** (≈, *0*) cirk. zatratenie; **–t** hovor. prekliaty, čertovský; **e –ung** (≈, *en*) odsúdenie, zatratenie
verdampf|en (*i.*) vypariť sa, odparovať sa; **r –er** (*s,* ≈) odparovač; **e –ung** (≈, *0*) odparovanie, vyparovanie
verdanken ďakovať, vďačiť, byť zaviazaný (*j-m etw* komu za čo); *das hat er sich selbst zu ~* za to si môže sám
verdattert hovor. zmätený, zarazený
verdau|en (s)tráviť potravu i obraz.; **–lich** stráviteľný; **e –ung** (≈, *0*) trávenie
r Verdauungs|apparat (*(e)s, e*) anat. tráviace ústroje; **e –beschwerden** MNČ tráviace ťažkosti
s Verdeck (*(e)s, e*) **1** kryt, strecha auta **2** paluba; **~en** zakryť, prikryť i obraz.; **~t** zakrytý, skrytý
verdenken* (*verdachte, h. verdacht*)

TUV

mať za zlé, zazlievať (*j-m etw* komu čo)
verdẹrben* **1** (*a, i. o*) skaziť sa, pokaziť sa i obraz.; *Unkraut verdirbt* nicht* zlá zelina nevyhynie **2** (*a, h. o*) pokaziť, poškodiť, znehodnotiť; *es sich mit j-m ~* pokaziť si to u koho, znepriateliť si koho
s Verdẹrb|en (*s, 0*) skaza, záhuba; *ins ~ laufen* al. *rennen* rútiť sa do záhuby; **–lich 1** kaziaci sa, podliehajúci skaze tovar ap. **2** zhubný, škodlivý vplyv ap.
verdẹutlichen objasniť, ozrejmiť
verdẹutschen 1 zast. preložiť do nemčiny **2** hovor. vysvetliť, povedať zrozumiteľne
verdịcht|en 1 zahustiť, zhustiť **2** utesniť; **sich ~ 1** hustnúť; *der Nebel –et sich immer mehr* hmla je čoraz hustejšia **2** obraz. hromadiť sa, zosilniť sa; **r –er** (*s, ≈*) tech. kompresor; **e –ung** (*≈, en*) zahustenie, stlačenie, kompresia
verdịenen 1 zarobiť peniaze **2** zaslúžiť si; *er hat es verdient* zaslúžil si to, tak mu treba
r Verdịenst¹ (*es, e*) zárobok, plat; **e ~möglichkeit** (*≈, en*) možnosť zárobku
s Verdịenst² (*es, e*) zásluha; **r ~orden** (*s, ≈*) rad za zásluhy; **~voll** záslužný
verdịent 1 zaslúžený **2** zaslúžilý; *sich um etw ~ machen* zaslúžiť sa o čo
verdọlmetschen (pre)tlmočiť
verdọppeln 1 zdvojnásobiť **2** obraz. zintenzívniť, zosilniť
verdọrben skazený, pokazený; **e ~heit** (*≈, 0*) skazenosť
verdọrren (*i.*) vysychať, vyschnúť
verdräng|en zahnať, vytlačiť, potlačiť; *verdrängte Triebe* potlačené pudy; **e –ung** (*≈, en*) **1** vytlačenie, vypudenie **2** potlačenie pudov **3** tech. výtlak lode
verdrẹh|en prekrútiť, pretočiť; *die Augen ~* prevrátiť oči; hovor. **j-m den Kopf ~** popliesť komu hlavu, obraz. prekrúcať, meniť zmysel; **e –ung** (*≈, en*) skrútenie, pootočenie
verdrịeß|en* (*o* <...ss>, *h. vedrossen*) mrzieť, namrzieť; *sich etw ~ lassen** dať si čo znechutiť; **–lich 1** mrzutý, namrzený **2** nepríjemný
verdrücken 1 stlačiť **2** hovor. veľa zjesť, spratať; **sich ~** hovor. zmiznúť, vypariť sa, zdúchnuť
r Verdrụß <...ss> (*Verdrusses, Verdrusse*) mrzutosť, zlosť, nechuť; *j-m ~ bereiten* robiť komu na zlosť
verduften (*i.*) vypáchnuť, vyprchať; **sich ~** (*h.*) hovor. zmiznúť, vypariť sa
verdụmmen 1 (*i.*) ohlúpnuť, osprostieť **2** (*h.*) ohlúpiť, ohlupovať (*j-n* koho)
verdụnkel|n zatemniť, zastrieť; **sich ~** zatmieť sa; **e –ung** (*≈, 0*) zatemnenie
verdünnen (roz)riediť
verdụnsten (*i.*) vypariť sa, odpariť sa
verdụrsten (*i.*) zomrieť od smädu
verdüstern zatemniť; **sich ~** zatemniť sa
verdụtzt zarazený, prekvapený
verẹdel|n 1 zušľachtiť, zdokonaliť **2** čistiť, rafinovať kovy **3** štepiť, vrúbľovať stromy; **e –ung** (*≈, en*) **1** zušľachtenie, zdokonalenie **2** rafinovanie kovov **3** štepenie stromov
ver|ẹhr|en ctiť, uctievať; hovor. *j-m etw ~* poctiť koho čím, darovať komu čo; **r –er** (*s, ≈*) ctiteľ; **e –ung** (*≈, en*) uctievanie, úcta
ver|ẹhrungs|voll úctivý; **–wert, –würdig** úctyhodný, vážený
ver|ẹid(ig)|en zaviazať prísahou (*j-n* koho); **e –ung** (*≈, en*) zloženie prísahy
r Ver|ẹin (*(e)s, e*) spolok; *einem ~ angehören* byť členom spolku
ver|ẹinbar zlučiteľný; **~en** dohodnúť, dohovoriť; **e ~ung** (*≈, en*) dohoda, dohovor; *eine ~ung treffen* dohodnúť sa
ver|ẹinfachen zjednodušiť

ver|einen, **–einheitlichen** zjednotiť, spojiť, zlúčiť
ver|einig|en zjednotiť, spojiť, zlúčiť; **sich ~** zjednotiť sa, spojiť sa; **e –ung** (≈, *en*) **1** spojenie, zlúčenie, zjednotenie **2** spolok, združenie; **–t** zjednotený, spojený
ver|einnahmen **1** vyberať peniaze **2** ekon. započítať do príjmov
ver|einsam|en (*i.*) osamieť, zostať sám; **–t** osamelý, osamotený
s Ver|eins|mitglied (*(e)s, er*) člen spolku; **r –obmann** (*(e)s, ¨er* al. *leute*) predseda spolku
ver|einzelt ojedinelý, zriedkavý
ver|eis|en **1** (*i.*) zľadovatieť **2** (*h.*) zmraziť; **–t** zľadovatený; **e –ung** (≈, *en*) zľadovatenie
ver|eiteln zmariť, prekaziť
ver|eiter|n (*i.*) lek. zhnisať; **–t** zhnisaný; **e –ung** (≈, *en*) zhnisanie
ver|ekeln zhnusiť, znechutiť
ver|elenden schudobnieť
ver|enden (*i.*) uhynúť o zveri
ver|engern zúžiť, zužovať
ver|erb|en **1** zanechať, poručiť dedičstvo **2** zdediť, preniesť dedičnosťou (*etw auf j-n* čo po kom); *er vererbte eine Krankheit, eine Eigenschaft auf sein Kind ~* hovor. preniesol dedičnosťou chorobu, vlastnosť na dieťa al. dieťa zdedilo po ňom chorobu, vlastnosť; **–lich** dedičný; **–t** zdedený; **e –ung** (≈, *en*) dedičnosť
e Ver|erbungs|lehre (≈, *0*) náuka o dedičnosti; **e –theorie** (≈, *n*) teória dedičnosti
ver|ewig|en zvečniť; **sich ~** hovor. zvečniť sa podpisom ap.; **–t** nebohý, mŕtvy; **e –ung** (≈, *en*) zvečnenie
verfahren[1]* (*ä; u, i. a*) **1** počínať si, konať **2** zaobchádzať (*mit j-m/etw* s kým/čím)
verfahren[2]* (*ä; u, h. a*) hovor. prejazdiť, jazdou spotrebovať; *viel Geld ~* prejazdiť veľa peňazí; **sich ~** zísť zo správnej cesty, poblúdiť
s Verfahren (*s,* ≈) **1** zachádzanie, počínanie **2** práv. súdne konanie **3** metóda, postup **4** zablúdenie
r Verfall (*(e)s, 0*) **1** rozpad, rozpadávanie **2** úpadok, rozklad, zánik **3** ekon. splatnosť, prepadnutie; **~en**[1]* (*ä; verfiel, i. a*) **1** rozpadávať sa **2** ochabovať, upadať **3** prepadnúť, podľahnúť (*j-m/etw* komu/čomu); *dem Alkohol ~en** prepadnúť alkoholu **4** prepadnúť, stratiť platnosť; **~en**[2] **1** rozpadnutý, zavalený **2** prepadnutý, vypršaný
s Verfalls|datum (*s, –daten*) ekon. dátum splatnosti; **r –tag** (*(e)s, e*) ekon. deň splatnosti
verfälschen sfalšovať; *eine Unterschrift ~* sfalšovať podpis
ver|fangen* (*ä; i, h. a*) zapôsobiť, zaúčinkovať; **sich ~** zapliesť sa, zamotať sa; **–fänglich** **1** háklivý, povážlivý **2** podozrivý
verfass|en (*verfaßte, h. verfaßt*) napísať, zložiť, skoncipovať; **r –er** (*s,* ≈) autor, pôvodca
e Verfassung (≈, *en*) **1** ústava; *die ~ tritt in Kraft* ústava nadobúda platnosť **2** stav, nálada; *die gesundheitliche ~* zdravotný stav
r Verfassungs|bruch (*(e)s, ¨e*) porušenie ústavy; **–mäßig** ústavný, podľa ústavy; **s –recht** (*es, 0*) ústavné právo; **–widrig** protiústavný
verfaulen (*i.*) zhniť
verfecht|en* (*o, h. o*) hájiť, obhajovať (*etw* čo); **r –er** (*s,* ≈) obhajca, zástanca
verfehl|en **1** pochybiť, pomýliť sa; *er hat seinen Beruf verfehlt* pomýlil si povolanie **2** zmeškať, premeškať; **e –ung** (≈, *en*) poklesok, pochybenie
verfeinern zjemniť, zlepšiť, zušľachtiť
verfertig|en zhotoviť, vyrobiť; **e –ung** (≈, *en*) zhotovenie, vyrobenie
verfilm|en sfilmovať; **e –ung** (≈, *en*) sfilmovanie
verfliegen* (*o, i. o*) **1** utiecť, uplynúť o čase **2** vyprchať, zmiznúť i obraz.; **sich ~** zablúdiť počas letu

TUV

verflixt hovor. **1** PR M čertovský, potvorský; *ein ~er Kerl* čertovský chlapík **2** PRÍSL strašne, hrozne
verfluchen prekliať, preklínať
verflüchtigen vypariť, vyparovať, premeniť na paru; **sich ~** vypariť sa, vyprchať
verfolg|en 1 prenasledovať **2** sledovať, pozorovať **3** práv. stíhať; **r –er** (*s, ≈*) prenasledovateľ; **e –ung** (*≈, en*) prenasledovanie, stíhanie; **r –ungswahn** (*(e)s, 0*) lek. stihomam
verformen pretvoriť, deformovať
verfrachten zasielať, dopravovať tovar ap.
verfressen hovor. pažravý, nenásytný
verfrüht predčasný, priskorý
verfüg|bar voľný, použiteľný; **–en 1** disponovať, zaobchádzať (*über j-n/etw* s kým/čím) **2** nariadiť, prikázať; **e –ung** (*≈, en*) **1** nariadenie, ustanovenie **2** len JČ voľné použitie, dispozícia; *zur –ung stehen* byť k dispozícii; *zur –ung stellen* dať k dispozícii
verführ|en zviesť, zvábiť, zlákať; **r –er** (*s, ≈*) zvodca; **–erisch** zvodný, vábivý; **e –ung** (*≈, en*) zvádzanie, vábenie, pokušenie
vergaffen sich hovor. zahľadieť sa, zaľúbiť sa, buchnúť sa (*in j-n* do koho)
vergällen 1 pokaziť, strpčiť život ap. **2** chem. denaturovať; *vergällter Spiritus* denaturovaný lieh
vergaloppieren sich hovor. prenáhliť sa, prestreliť
vergammeln hovor. pokaziť sa, zlajdáčiť sa
vergangen minulý, uplynulý; **e ~heit** (*≈, 0*) **1** minulosť, história **2** gram. minulý čas
vergänglich pominuteľný, nestály; **e ~keit** (*≈, 0*) pominuteľnosť
vergas|en 1 splynovať, premeniť na plyn **2** voj. zamoriť plynom **3** usmrtiť plynom; **r –er** (*s, ≈*) tech. karburátor; **e –ung** (*≈, en*) **1** splynovanie **2** voj. zamorenie plynom **3** usmrtenie v plynovej komore
vergeben[1]* (*i; a, h. e*) **1** odpustiť, prepáčiť; *vergib mir!* prepáč mi! **2** zad(áv)ať prácu ap.; **sich ~** mýliť sa pri rozdávaní kariet
vergeb|en[2] zadaný, nie voľný; **–ens** nadarmo, zbytočne; **–lich** márny, zbytočný; **e –ung** (*≈, en*) **1** zadanie **2** len JČ odpustenie, prepáčenie
vergehen* (*verging, i. vergangen*) ubehnúť, uplynúť, pominúť, prejsť; *der Appetit ist mir vergangen* prešla ma chuť; **vor Angst ~** umierať od strachu; **sich ~*** (*verging, h. vergangen*) **1** previniť sa, prehrešiť sa (*an j-m/etw* al. *gegen etw* proti komu/čomu) **2** zneužiť (*an j-m* koho)
s Vergehen (*s, ≈*) prečin
vergeistig|en oduševniť; **–t** oduševnený
vergelt|en* (*i; a, h. o*) odplatiť (sa); **e –ung** (*≈, en*) odplata, odveta
vergesellschaft|en zospoločenštiť, socializovať; **e –ung** (*≈, en*) zospoločenštenie, socializácia
vergessen[1]* (*i; vergaß, h. e*) **1** zabudnúť, nezapamätať si **2** prepáčiť
vergessen[2] zabudnutý; **e ~heit** (*≈, 0*) zabudnutie
vergeßlich <...ss...> zábudlivý; **e ~keit** (*≈, 0*) zábudlivosť
vergeud|en premárniť, premrhať (*etw* čo); **r –er** (*s, ≈*) márnotratník; **e –ung** (*≈, en*) (pre)mrhanie, plytvanie
vergewaltig|en 1 znásilniť **2** utláčať; **e –ung** (*≈, en*) znásilnenie
vergewissern sich presvedčiť sa, ubezpečiť sa (*etw* G al. *über* al. *von etw* o čom)
vergießen* (*o* <...ss>, *h. vergossen*) **1** rozliať, vyliať **2** preliať, prelievať krv, slzy ap.
vergift|en otráviť, usmrtiť jedom; **sich ~** otráviť sa; **e –ung** (*≈, en*) otrávenie, otrava; *Selbstmord durch –ung begehen* spáchať samovraždu otrávením
ver|gilben (*i.*) (zo)žltnúť vekom; **–gilbt**

zožltnutý, vyblednutý
vergipsen zasadrovať
s **Vergißmeinnicht** <**...ss...**> (*(e)s, e*) bot. nezábudka
vergittern zamrežovať
verglasen zaskliť
r **Vergleich** (*(e)s, e*) **1** porovnanie, prirovnanie; *im ~ zu* al. *mit etw* v porovnaní s čím **2** práv. zmier, zmierenie; **~bar** porovnateľný; **~en*** (*i, h. i*) porovnávať, prirovnávať; **sich ~en*** práv. zmieriť sa (*mit j-m* s kým); **~end** porovnávací
s **Vergleichs|verfahren** (*s, ≈*) práv. zmierovacie konanie; **–weise** na porovnanie, porovnaním
vergnügen sich baviť sa
s **Vergnüg|en** (*s, ≈*) zábava, radosť, potešenie; *mit ~* s radosťou; **–lich** veselý, radostný, zábavný; **e –ung** (*≈, en*) zábava, pobavenie
r **Vergnügungs|park** (*(e)s, s*) zábavný park; **e –steuer** (*≈, n*) daň zo zábavy; **–süchtig** túžiaci po zábavách, hýrivý
vergolden 1 pozlátiť **2** obraz. okrášliť, spríjemniť
vergönnen dožičiť, dopriať; *es war mir nicht vergönnt zu* + INF nebolo mi dopriate + INF
vergötter|n zbožňovať; **e –ung** (*≈, en*) zbožňovanie
vergraben* (*ä; u, h. a*) **1** zakopať, zahrabať **2** obraz. ukryť, skryť; **sich ~** zahrabať sa, pohrúžiť sa; *sich in die Arbeit ~* pohrúžiť sa do práce
vergreifen* sich (*vergriff, h. vergriffen*) **1** siahnuť vedľa, zmýliť sa; hud. *sich im Ton ~* pomýliť sa v tóne **2** dopustiť sa násilia, siahnuť (*an j-m/etw* na koho/čo)
vergriffen vypredaný, rozobratý o tovare
vergröbern urobiť hrubším; **sich ~** zhrubnúť
vergrößer|n zväčšiť; **e –ung** (*≈, en*) **1** zväčšenie **2** fot. zväčšenina; **s –ungsglas** (*es, ≈er*) zväčšovacie sklo, lupa
e **Vergünstigung** (*≈, en*) výhoda, výsada, zvýhodnenie
vergüt|en 1 nahradiť, uhradiť (*j-m etw* komu čo) **2** tech. zušľachtiť; **e –ung** (*≈, en*) **1** náhrada, úhrada **2** tech. zušľachtenie
verhaft|en zatknúť; **–et** zatknutý; **e –ung** (*≈, en*) zatknutie
verhallen (*i.*) doznievať, strácať sa o zvuku
verhalten[1]* (ä; *ie, h. a*) zadržať, zatajiť; **sich ~* 1** správať sa **2** mať sa, byť; *die Sache verhält sich so* vec sa má tak
verhalten[2] zadržaný, zatajený; *mit ~er Stimme sprechen* hovoriť zatajeným hlasom
s **Verhalten** (*s, 0*) **1** správanie **2** chem. reakcia
s **Verhältnis** (*ses, se*) **1** pomer, vzťah **2** ľúbostný pomer **3** len MNČ spoločenské pomery, okolnosti; *über seine ~se leben* žiť nad svoje pomery; **~mäßig** pomerný; **s ~wahlsystem** (*s, e*) systém pomerného zastúpenia vo voľbách; **~widrig** neúmerný, nepomerný; **s ~wort** (*es, ≈er*) gram. predložka
e **Verhaltungsmaßregeln** MNČ pravidlá správania
verhand|eln 1 vyjednávať, rokovať **2** práv. pojednávať; **e –lung** (*≈, en*) **1** rokovanie, vyjednávanie **2** práv. pojednávanie
r **Verhandlungspartner** (*s, ≈*) partner pri rokovaní
r **Verhandlungsweg**: *auf dem ~* cestou rokovaní, rokovaním
verhäng|en 1 zakryť, zastrieť **2** uvaliť, uložiť (*etw über j-n* komu čo); *eine Strafe über j-n ~* uvaliť na koho trest; **s –nis** (*ses, se*) zlý osud; *j-m zum –nis werden* stať sa komu osudným; **–nisvoll** osudný, nešťastný
verhärmt strápený, utrápený
verharren 1 (*i.*) zostať, zotrvať **2** (*h.*) trvať, zotrvať v/pri čom

verharschen (*i.*) **1** stvrdnúť, zľadovatieť o snehu **2** pokryť sa chrastou o rane
verhärt|en (*i.*) stvrdnúť, ~ (*h.*) urobiť tvrdým, obraz. zatvrdiť; **sich ~ 1** stvrdnúť **2** obraz. zatvrdiť sa (*gegen j-n/etw* voči komu/čomu); **e –ung** (*≈, en*) **1** stvrdnutie **2** obraz. zatvrdenie srdca ap. **3** lek. zatvrdlina na koži ap.
verhaßt <...ss...> znenávidený, odporný
verhätscheln rozmaznať
r, s Verhau (*(e)s, e*) **1** záruba, zátarasa **2** zásek, porub; **~en*** (*verhieb* al. *verhaute, h. verhauen*) hovor. **1** zbiť, zmlátiť **2** skaziť, zbabrať; **sich ~en*** hovor. poriadne sa zmýliť, expr. seknúť sa
verheben* sich (*o, h. o*) presiliť sa, dvíhaním niečoho sa zraniť
verheeren spustošiť, vyplieniť
ver|hehlen 1 skryť, skrývať **2** zamlčať, zatajiť; **–heimlichen** zatajiť, zamlčať
verheilen (*i.*) zahojiť, zaceliť sa o rane
verheirat|en oženiť, vydať; **sich ~en** zosobášiť sa, oženiť sa, vydať sa; **–et** zosobášený, ženatý, vydatá
verheiß|en* (*ie, h. ie*) (pri)sľúbiť, veštiť, predpovedať; **e –ung** (*≈, en*) prisľúbenie, zasľúbenie, predpoveď; cirk. **das Land der –ung** zasľúbená zem; **–ungsvoll** (mnoho)sľubný; *ein –ungsvoller Anfang* sľubný začiatok
verhelfen* (*i; a, h. o*) dopomôcť (*j-m zu etw* komu k čomu)
verherrlich|en oslavovať, velebiť; **e –ung** (*≈, en*) oslavovanie, velebenie
verhetzen popudzovať, expr. podpichovať
verhex|en začarovať; **–t** začarovaný
verhimmeln zvelebovať, vynášať do neba
verhinder|n zamedziť, prekaziť, zabrániť; **e –ung** (*≈, en*) zamedzenie, prekazenie, zabránenie; **verhindert sein** byť zaneprázdnený, nemôcť prísť
verhöhn|en zosmiešňovať (*j-n* koho), posmievať sa (*j-n* komu); **e –ung** (*≈, en*) posmievanie, vysmievanie, výsmech
s Verhör (*(e)s, e*) výsluch, vypočúvanie; *j-n einem ~ unterziehen** podrobiť koho výsluchu; **~en** vyslúchať, vypočúvať; **sich ~en** prepočuť, zle počuť
verhüllen zakryť, zastrieť, zahaliť i obraz.
verhungern (*i.*) zomrieť hladom
verhunzen hovor. skaziť, expr. sfušovať
verhüt|en zabrániť, predísť (*etw* čomu); **e –ung** (*≈, en*) ochrana, zabránenie, odvrátenie, prevencia; **s –ungsmittel** (*s, ≈*) antikoncepčný prostriedok
verhütten zhutniť, hutnícky spracovať
ver|irr|en sich (*h.*) zablúdiť, poblúdiť; **–t 1** zablúdený **2** obraz. zmätený; **e –ung** (*≈, en*) **1** zablúdenie, poblúdenie **2** obraz. pochybenie, poklesok
verjagen zahnať, odohnať
verjähr|en (*i.*) práv. premlčať; *die Forderung ist verjährt* pohľadávka je premlčaná; **e –ung** (*≈, en*) práv. premlčanie; **e –ungsfrist** (*≈, en*) práv. premlčacia lehota
verjubeln hovor. premárniť, premrhať
verjüng|en 1 omladiť, omladzovať, obraz. obnoviť **2** zúžiť, zmenšiť; **sich ~ 1** omladiť sa **2** zúžiť sa, zmenšiť sa; **e –ung** (*≈, en*) omladenie, omladzovanie
verkalk|en (*i.*) **1** lek. (z)vápenatieť, kalcifikovať **2** obraz. hovor. skostnatieť, zastarať; **e –ung** (*≈, en*) **1** lek. zvápenatenie, kalcifikácia **2** obraz. hovor. skostnatenie, zaostalosť
verkalkulieren sich prepočítať sa, prekalkulovať sa i obraz.
verkannt neuznaný; *ein ~es Genie* neuznaný, nedocenený génius
verkappen zamaskovať, prestrojiť
r Verkauf (*(e)s, ≈e*) predaj; *zum ~ anbieten* ponúkať na predaj; **~en 1** predať, predávať **2** obraz. zapredať,

TUV

zradiť
r Verkäufler (*s,* ≈) predavač; **–lich** **1** predajný, určený na predaj **2** idúci na odbyt
e Verkaufsbedingungen MNČ podmienky predaja; **e –genossenschaft** (≈, *en*) predajné družstvo; **–offen**: *–offener Sonntag* otvorené v nedeľu o predajni; **r –preis** (*es, e*) predajná cena; **e –stelle** (≈, *n*) obchod, predajňa; **r –wert** (*es, e*) predajná, trhová hodnota
r Verkehr ((*e*)*s, 0*) **1** doprava, preprava, premávka **2** styk, spojenie, kontakt spoločenský ap.; *im brieflichen ~ stehen* byť v písomnom styku, písať si **3** obeh; *dem ~ übergeben* dať do obehu; *aus dem ~ ziehen* stiahnuť z obehu; **~en** **1** pravidelne premávať **2** stýkať sa (*mit j-m* s kým) **3** obrátiť, zmeniť; *etw ins Gegenteil ~en* prekrútiť zmysel čoho
e Verkehrsampel (≈, *n*) semafor; **s –amt** (*es, ≈er*) dopravný inšpektorát; **s –delikt** ((*e*)*s, e*) dopravný priestupok; **r –knotenpunkt** ((*e*)*s, e*) dopravný uzol, križovatka; **s –mittel** (*s,* ≈) dopravný prostriedok; **s –netz** (*es, e*) dopravná sieť; **e –regelung** (≈, *0*) riadenie dopravy; **e –störung** (≈, *en*) dopravná porucha; **e –straße** (≈, *en*) cesta pre verejnú dopravu; **r –teilnehmer** (*s,* ≈) účastník dopravy/premávky; **r –unfall** ((*e*)*s, ≈e*) dopravná nehoda; **e –vorschrift** (≈, *en*) dopravný predpis; **s –wesen** (*s, 0*) doprava ako odvetvie; **s –zeichen** (*s,* ≈) dopravná značka
verkehrt **1** prevrátený, obrátený **2** obraz. nesprávny, zvrátený; **e ~heit** (≈, *0*) obraz. zvrátenosť
verkennen* (*verkannte, h. verkannt*) **1** nespoznať **2** neuznať, zaznávať, nedoceniť; **e –ung** (≈, *0*) zaznávanie, nedocenenie
verklagen práv. zažalovať, obžalovať (*j-n wegen etw* G koho pre čo al. z čoho)
verklammern spojiť al. pripevniť skobou
verklären zjasniť, vyjasniť, rozžiariť; **e –ung** (≈, *en*) vyjasnenie, rozžiarenie
verkleiden **1** odb. obkladať, obložiť stenu ap. **2** obraz. zahaliť, zastrieť; **sich ~** preobliecť sa, prestrojiť sa (*als etw* za čo); **e –ung** (≈, *en*) **1** odb. obklad **2** prestrojenie, preoblečenie
verkleinern **1** zmenšiť **2** obraz. zľahčovať, znevažovať; **e –ung** (≈, *en*) **1** zmenšenie **2** obraz. zľahčovanie, znevažovanie; **e –ungsform** (≈, *en*) gram. zdrobnenina
verkleistern zalepiť, prilepiť
verklemmen sich vzoprieť sa, vzpriečiť sa
verklingen* (*a, i. u*) doznievať
verkloppen hovor. zbiť, zmlátiť
verknacken hovor. **1** odsúdiť **2** zosmiešniť
verknacksen hovor. vytknúť, vykĺbiť
verknallen sich hovor. zaľúbiť sa, buchnúť sa (*in j-n* do koho)
verknappen zmenšiť, zredukovať; **e –ung** (≈, *0*) zmenšenie, zredukovanie
verkneifen* (*verkniff, h. verkniffen*) **1** potlačiť bolesť ap. **2** hovor. odriecť si (*etw* čo); *das wirst du dir ~ müssen* to si budeš musieť odriecť
verknöchern skostnatieť, obraz. zaostať
verknüpfen **1** zviazať uzlom **2** obraz. spojiť, zlúčiť (*etw mit etw* čo s čím); **e –ung** (≈, *en*) spojenie, zlúčenie
verkohlen[1] (*i.*) zuhoľnatieť, zhorieť na uhoľ
verkohlen[2] (*h.*) **1** páliť na uhlie **2** hovor. zosmiešňovať koho
verkommen[1]* (*a, i. o*) spustnúť, chátrať, upadať
verkommen[2] spustnutý, zanedbaný
verkoppeln **1** spojiť, združiť **2** sceliť pozemky
verkorken zazátkovať
verkorksen hovor. skaziť, pokaziť, expr.

TUV

zbabrať

verkörper|n stelesňovať, zosobňovať, predstavovať; **e –ung** (≈, *en*) stelesnenie, zosobnenie

verkrachen (*i.*) stroskotať, expr. skrachovať; **sich ~** (*h.*) hovor. pohádať sa, povadiť sa (*mit j-m* s kým)

verkraften 1 tech. elektrifikovať **2** hovor. zdolať, vyrovnať sa s čím

verkramen hovor. založiť, expr. zašantročiť

verkriechen* **sich** (*o, h. o*) zaliezť, schovať sa

verkrümeln rozdrobiť, rozmrviť; **sich ~** hovor. vytratiť sa, zmiznúť

verkrüppel|n 1 (*i.*) stať sa mrzákom **2** (*h.*) zmrzačiť; **–t** zmrzačený, zakrpatený; **e –ung** (≈, *en*) zmrzačenie, zakrpatenie

verkümmern 1 hynúť, chradnúť **2** zakrpatieť

verkünd|en oznámiť, vyhlásiť; **–igen** ohlasovať, zvestovať; **e –igung** (≈, *en*) zvestovanie; **e –ung** (≈, *en*) oznámenie, vyhlásenie

verkürz|en skrátiť, zmenšiť; **e –ung** (≈, *en*) **1** skrátenie **2** skratka

verlachen vysmiať sa, posmievať sa (*j-n* komu)

verlade|n* (*ä; u, h. a*) naložiť, nakladať; **r –platz** (*es, ≈e*) nákladisko

r Verlag (*(e)s, e*) **1** nakladateľstvo, vydavateľstvo **2** sklad

r Verlags|buchhändler (*s, ≈*) nakladateľ; **e –buchhandlung** (≈, *en*) vlastné kníhkupectvo nakladateľstva; **r –vertrag** (*(e)s, ≈e*) nakladateľská zmluva

verlangen 1 žiadať, vyžadovať, chcieť **2** túžiť (*nach j-m/etw* po kom/čom) **s ~** (*s, ≈*) **1** žiadosť, požiadanie **2** túžba, želanie; *auf ~* na požiadanie

verlänger|n predĺžiť šaty ap.; **e –ung** (≈, *en*) predĺženie; **e –ungsschnur** (≈, *≈e* al. *en*) elektrotech. predlžovacia šnúra

verlangsamen spomaliť

r Verlaß <...ss> (≈, *0*) spoľahnutie; *auf ihn ist kein ~* naňho sa nemožno spoľahnúť

verlassen[1]* (*ä; ie, h. a*) opustiť (*j-n/etw* koho/čo); **sich ~** spoľahnúť sa (*auf j-n/etw* na koho/čo)

verlassen[2] opustený; **e ~heit** (≈, *0*) opustenosť, osamelosť

verläßlich <...ss...> spoľahlivý, istý; **e ~keit** (≈, *0*) spoľahlivosť

r Verlaub: *mit ~* s dovolením

r Verlauf (*(e)s, ≈e*) **1** uplynutie **2** priebeh, vývoj; *im ~* + G v priebehu; **~en*** (*äu; ie, i. au*) **1** (u)plynúť, prebiehať **2** zmiznúť, rozplynúť sa **3** prebiehať, viesť; **sich ~** (*äu; ie, h. au*) **1** zablúdiť, poblúdiť **2** rozutekať sa

verlautbar|en vyhlásiť, uverejniť, oznámiť; **e –ung** (≈, *en*) oznámenie, vyhlásenie, uverejnenie

verlauten (*h.*) dozvedať sa; **~ lassen*** vyjadriť sa, vysloviť sa

verlegen[1] **1** preložiť, premiestiť **2** odložiť, odročiť **3** založiť, podieť, expr. zapatrošiť **4** vydať, vydávať knihy **5** tech. položiť vedenie ap. **6** zatarasiť, uzavrieť; **sich ~** venovať sa, oddávať sa (*auf etw* čomu)

verlegen[2] rozpačitý, zarazený; *um etw ~ sein* byť v rozpakoch pre čo; **e ~heit** (≈, *en*) **1** rozpačitosť, rozpaky; *in ~heit bringen** priviesť do rozpakov **2** ťažkosti, tieseň

r Verleg|er (*s, ≈*) nakladateľ, vydavateľ; **e –ung** (≈, *en*) **1** preloženie, premiestenie **2** odročenie, odloženie **3** tech. kladenie, položenie

verleiden pokaziť, sprotiviť (*j-m etw* komu čo); *j-m die Freude ~* pokaziť komu radosť

r Verleih (*(e)s, e*) požičovňa; **~en*** (*ie, h. ie*) **1** požičať **2** kniž. udeliť, prepožičať; **e ~ung** (≈, *en*) **1** požičanie **2** udelenie

verleiten zviesť, zvádzať (*j-n zu etw* koho na čo)

verlernen zabudnúť naučené; *das Schwimmen verlernt man nicht* plávať sa nedá zabudnúť

verles|en* (*ie; a, h. e*) **1** predčítať **2** vyberať, preberať hrach ap.; **sich ~** pomýliť sa pri čítaní; **e –ung** (*≈, en*) **1** čítanie, predčítanie **2** preberanie hrachu ap. **3** chyba pri čítaní
verletz|en 1 poškodiť, zraniť **2** uraziť, raniť; *j-s Ehre ~* uraziť koho česť **3** porušiť, previniť sa; *ein Gesetz ~* porušiť zákon; **–end** urážlivý, urážajúci; **–lich** zraniteľný; **e –ung** (*≈, en*) **1** zranenie, poranenie **2** urážka **3** porušenie
verleugn|en poprieť, zaprieť, zatajiť (*j-n/etw* koho/čo); *das läßt sich nicht ~* to sa nedá poprieť; **e –ung** (*≈, en*) zapretie, popretie
verleumd|en ohovárať, osočovať; **r –er** (*s, ≈*) ohovárač, nactiutŕhač; **e –ung** (*≈, en*) ohováranie, osočovanie
verlieben sich zaľúbiť sa (*in j-n/etw* do koho/čoho)
verlier|en* (*o, h. o*) **1** stratiť, strácať i obraz.; *an Ansehen ~* stratiť na vážnosti **2** prehrať; **ich will darüber kein Wort ~** nechcem o tom hovoriť; **sich ~ 1** stratiť sa **2** pohrúžiť sa, zahĺbiť sa (*in etw* do čoho); **r –er** (*s, ≈*) ten, čo stráca, poškodený stratou
s Verlies (*es, e*) podzemné väzenie, temnica
verlob|en zasnúbiť; **sich ~** zasnúbiť sa; **r –te** (*n, n*) snúbenec; **e –ung** (*≈, en*) zasnúbenie
e Verlobungs|anzeige (*≈, n*) oznámenie zasnúbenia; **e –feier** (*≈, n*) oslava zasnúbenia; **r –ring** (*(e)s, e*) snubný prsteň
verlock|en zlákať, zvábiť; **–end** vábny, lákavý; **e –ung** (*≈, en*) vábenie, lákanie
verlogen lživý, nepravdivý; **e ~heit** (*≈, en*) lživosť, nepravdivosť
verloren 1 stratený **2** prehratý **3** márny, zbytočný; **in Gedanken ~ sein** byť pohrúžený v myšlienkach; **~|gehen*** <**~ gehen**> (*ging verloren, i. verlorengegangen*) stratiť sa
verlos|en (vy)žrebovať; **e –ung** (*≈, en*) (vy)žrebovanie
verlöten tech. prispájkovať
verlotter|n (*i.*) hovor. spustnúť; **–t** spustnutý, zanedbaný
r Verlust (*(e)s, e*) **1** strata, úbytok **2** prehra; **~bringend** stratový, prinášajúci stratu; **~ig**: administratívne *etw* G *~ig gehen* stratiť čo; **e ~liste** (*≈, n*) voj. listina strát; **e ~preise** MNČ stratové ceny
ver|machen 1 poručiť, zanechať v testamente **2** upchať, zapchať; **s –mächtnis** (*ses, se*) **1** závet, posledná vôľa **2** odkaz, dedičstvo
vermähl|en zosobášiť, oženiť, vydať; **sich ~** zosobášiť sa, oženiť sa, vydať sa; **e –ung** (*≈, en*) sobáš, svadba
vermehr|en množiť, rozmnožiť, zväčšiť; **sich ~** rozmnožovať sa; **–ung** (*≈, en*) množenie, rozmnožovanie
vermeid|en* (*ie, h. ie*) vyhnúť sa čomu, vyvarovať sa čoho; *einen Fehler ~* vyhnúť sa chybe; **e –ung** (*≈, en*) vyhnutie sa, zabránenie čomu, vyvarovanie sa čoho
vermeintlich domnelý, zdanlivý
vermengen 1 zmiešať **2** obraz. popliesť, zameniť
vermenschlich|en 1 poľudštiť **2** bás. zosobniť, personifikovať; **e –ung** (*≈, en*) **1** poľudštenie **2** bás. zosobnenie, personifikácia
r Vermerk (*(e)s, e*) poznámka, záznam; **~en 1** (po)zaznamenať, zaznačiť **2** vziať na vedomie
vermessen[1]* (*i; a, h. e*) vymerať, premerať; **sich ~ 1** nesprávne zmerať, pomýliť sa pri meraní **2** opovážiť sa, trúfať si
vermessen[2] opovážlivý, trúfalý, odvážny; **e ~heit** (*≈, en*) opovážlivosť, trúfalosť, smelosť
r Vermess|er (*s, ≈*) merač, vymeriavač; **e –ung** (*≈, en*) vymeranie, premeranie
vermiet|en prenajať; **r –er** (*s, ≈*) prenajímateľ; **e –ung** (*≈, en*) prenájom, prenajatie

TU/

verminder|n zmenšiť, znížiť; *die Geschwindigkeit ~* znížiť rýchlosť; **sich ~** zmenšiť sa, klesať, zmierniť sa; **e –ung** (≈, *en*) zmenšenie, zníženie

vermisch|en zmiešať; **sich ~** zmiešať sa, spojiť sa; **e –ung** (≈, *en*) zmiešanie, spojenie

ver|missen nemať, chýbať; *ich vermisse dich* chýbaš mi; **r –mißte** <...ss...> (*en, en*) nezvestný

vermittl|eln **1** sprostredkovať, zaobstarať **2** zmieriť, urovnať; **–els(t)** PREDL s G prostredníctvom, pomocou; **r –ler** (*s,* ≈) sprostredkovateľ; **e –lung** (≈, *en*) **1** sprostredkovanie **2** telefónna centrála

r Vermittlungs|dienst (*es, e*) sprostredkovateľská služba; **e –stelle** (≈, *n*) sprostredkovateľňa

vermögen* (*vermag; vermochte, h. vermocht*) môcť, zmôcť, zvládnuť

vermögend majetný, zámožný

s Vermögen (*s,* ≈) **1** moc, sila, schopnosť **2** majetok

e Vermögens|erkärung (≈, *en*) priznanie majetku; **e –steuer** (≈, *n*) daň z majetku; **e –verhältnisse** MNČ majetkové pomery

vermorschen (*i.*) spráchnivieť

vermummen zahaliť, zakukliť; **sich ~** zakukliť sa, zahaliť sa

vermut|en domnievať sa, tušiť; **–lich** **1** PR M domnelý, pravdepodobný **2** PRÍSL zdanlivo, pravdepodobne; **e –ung** (≈, *en*) domnienka, tušenie

vernachlässig|en zanedbať, prestať dbať; **e –ung** (≈, *en*) zanedbávanie, nedbanlivosť

vernageln zaklincovať

vernarben (*i.*) zaceliť sa, zjazviť sa

vernarren sich zblázniť sa, veľmi sa zaľúbiť (*in j-n/etw* do koho/čoho)

vernaschen maškrtiť, zamaškrtiť si *aj pren.*

vernebeln *voj.* zahmliť, zadymiť

vernehmen* (*i; a, h. vernommen*) **1** počuť, začuť **2** dopočuť sa, dozvedieť sa **3** *práv.* vypočuť, vypočúvať

s Vernehm|en (*s, 0*) počutie, začutie; *dem ~ nach* podľa počutia, z počutia; **–lich** počuteľný, zrozumiteľný; **e –ung** (≈, *en*) *práv.* výsluch, vypočúvanie

vernehmungs|fähig *práv.* schopný vypočúvania; **s –protokoll** (*s, e*) protokol z výsluchu

verneig|en sich ukloniť sa, klaňať sa; **e –ung** (≈, *en*) poklona

vernein|en **1** poprieť, vyvrátiť **2** záporne odpovedať; **–end** záporný; **e –ung** (≈, *en*) **1** popretie **2** *gram.* zápor

vernicht|en zničiť, znivočiť; **–end** ničivý, zhubný, zdrvujúci; **e –ung** (≈, *en*) zničenie, záhuba, skaza; **r –ungskrieg** (*(e)s, e*) vyhladzovacia vojna

e Vernunft (≈, *0*) rozum, rozvaha; *zur ~ bringen* priviesť k rozumu; **e ~heirat** (≈, *en*) manželstvo z rozumu

vernünftig rozumný, rozvážny, múdry; *ein ~er Vorschlag* rozumný návrh; **~erweise** rozumne

ver|öffentlich|en uverejniť, vydať tlačou, publikovať; **e –ung** (≈, *en*) uverejnenie, publikovanie

ver|ordn|en **1** nariadiť, ustanoviť **2** *lek.* predpísať, naordinovať; **e –ung** (≈, *en*) **1** nariadenie, ustanovenie **2** *lek.* predpis, naordinovanie

s Ver|ordnungs|blatt (*(e)s, ≈er*) úradný vestník; **–gemäß** podľa nariadenia

verpacht|en prenajať, dať do prenájmu; **e –ung** (≈, *en*) prenajatie, prenájom

verpack|en zabaliť; **e –ung** (≈, *en*) **1** balenie, zabalenie **2** obal, baliaci materiál

verpassen* (*verpaßte, h. verpaßt*) premeškať, zmeškať; **j-m eine Ohrfeige ~** dať komu zaucho, vylepiť komu jednu *facku*

verpatzen *hovor.* pokaziť, zbabrať

verpesten zamoriť *zápachom ap.*

verpetzen *hovor.* žalovať *v škole ap.*

verpflanz|en **1** presadiť *rastlinu* **2** *lek.*

transplantovať; **e –ung** (≈, *en*) **1** presadenie **2** lek. transplantácia
verpfleg|en vyživovať, stravovať; **e –ung** (≈, *en*) stravovanie, strava
r Verpflegungs|satz (*(e)s*, ≈*e*) stravná jednotka; **e –stelle** (≈, *n*) voj. zásobovacia stanica
verpflicht|en 1 zaviazať (*j-n zu etw* koho k čomu); *j-m zu Dank verpflichtet sein* byť zaviazaný komu vďakou **2** angažovať do divadla ap.; **e –ung** (≈, *en*) záväzok, povinnosť; *seinen –ungen nachkommen* splniť si svoje záväzky
verpfuschen hovor. skaziť, sfušovať
verplappern sich hovor. prerieknuť sa
verplempern hovor. premárniť, rozhádzať majetok, peniaze
verpönt: *es ist ~* to je odsúdeniahodné, to sa nepatrí
verprassen prejesť a prepiť
verprügeln zbiť, zmlátiť
verpusten sich hovor. oddýchnuť si, vydýchnuť si
r Verputz (*es, 0*) odb. omietka; **~en 1** odb. omietnuť **2** hovor. zjesť, spratať
verqualmen zadymiť
verrammeln zatarasiť, zahradiť
verramschen hovor. streliť, predať pod cenu
r Verrat (*(e)s, 0*) zrada; *~ an j-m begehen* dopustiť sa zrady na kom; **~en*** (*ä; ie, h. a*) **1** zradiť **2** prezradiť; **sich ~** prezradiť sa
r Verräter (*s,* ≈) zradca; **~isch** zradný, vierolomný
verrechnen ekon. zúčtovať, vyúčtovať; **sich ~** prepočítať sa i obraz.
verrecken (*i.*) **1** uhynúť o zvierati **2** vulg. zdochnúť
verregnet daždivý; *ein ~er Sonntag* daždivá nedeľa
verreiben* (*ie, h. ie*) rozotrieť, roztierať
verreisen (*i.*) odcestovať
verrenk|en 1 lek. vykĺbiť **2** obraz. vykrútiť, vykrúcať; *sich den Hals ~* zvedavo vykrúcať hlavu (*nach j-m/etw* za kým/čím); **e –ung** (≈, *en*) vykĺbenie, vykĺbenina
verrennen sich* (*verrannte, h. verrant*) **1** zablúdiť **2** obraz. (*in etw*) zotrvať (pri čom), tvrdohlavo sa pridŕžať (čoho)
verricht|en vykonať, vybaviť; **e –ung** (≈, *en*) **1** konanie, vybavenie **2** úkon, práca, povinnosť
verriegeln uzavrieť závorou
verringer|n zmenšiť, znížiť; **sich ~** zmenšiť sa, znížiť sa; **e –ung** (≈, *en*) zmenšenie, zníženie
verrinnen* (*a, i. o*) **1** vsiaknuť **2** (u)plynúť, pominúť
verrohen (*i.*) zosurovieť, zdrsnieť o ľuďoch
verrosten (*i.*) zhrdzavieť
verrücken odsunúť, presunúť (*etw* čo)
verrückt 1 duševne chorý, pomätený **2** obraz. hovor. šialený, pochabý, nezmyselný; *ein ~es Mädchen* pochabé dievča; *eine ~e Idee* bláznivý nápad; *du bist wohl ~!* ty si sa asi zbláznil!; *er ist ganz ~ nach ihr* zbláznil sa do nej; **e ~heit** (≈, *en*) hovor. bláznovstvo, šialenstvo, pochabosť
r Verruf (*(e)s, 0*) zlá povesť, zlý chýr; *in ~ geraten* al. *kommen* získať zlú povesť; **~en** majúci zlú povesť, expr. vykričaný
r Vers (*es, e*) verš; *reimlose ~e* nerýmované verše; **darauf kann ich mir keinen ~ machen** tomu nerozumiem, z toho nie som múdry
versag|en 1 odoprieť, odriecť (*j-m etw* komu čo) **2** zlyhať, vypovedať službu; **r –er** (*s,* ≈) **1** neschopný človek **2** nepodarok; *das Buch war ein ~* kniha nemala úspech
versalzen* (*versalzte, h. versalzen*) **1** presoliť **2** obraz. pokaziť, zničiť; **ich werde es ihm ~** ja mu to osladím, ja mu ukážem
versamm|eln zhromaždiť; **sich ~** zhromaždiť sa, zísť sa; **e –lung** (≈,

TUV

en) 1 zhromaždenie, zhromažďovanie 2 schôdza, porada

e Versammlungs|freiheit (≈, *0*) sloboda zhromažďovania; **r –ort** (*(e)s, e*), **r –platz** (*es, ≈e*) zhromaždisko; **r –teilnehmer** (*s, ≈*) účastník zhromaždenia; **s –verbot** (*(e)s, e*) zákaz zhromažďovania

r Versand (*(e)s, 0*) odosielanie, zasielanie tovaru; **~bereit, ~fertig** pripravený na odoslanie; **s ~geschäft** (*(e)s, e*), **s ~haus** (*es, ≈er*) zásielkový obchod; **e ~kosten** MNČ výdavky na zaslanie

versauen vulg. zasviniť, skaziť

versauern (*i.*) 1 skysnúť o víne 2 obraz. zakrpatieť, otupieť, strácať záujem

versaufen* (*versoff, h. versoffen*) vulg. prepiť, preslopať

versäum|en zameškať, premeškať; **s –nis** (*ses, se*) premeškanie, zanedbanie

verschaffen zadovážiť, zaobstarať (*j-m etw* komu čo)

verschämt ostýchavý, hanblivý; **e ~heit** (≈, *0*) hanblivosť, ostýchavosť

verschanzen voj. opevniť, ohradiť; **sich ~ 1** opevniť sa 2 obraz. skrývať sa za výhovorky

verschärfen 1 zostriť, vystupňovať 2 sprísniť

verscharren zahrabať pod povrchom

verscheiden* (*ie, i. ie*) skonať, zomrieť

verschenken rozdať, dať, darovať

verscherzen stráviť žartovaním, prežartovať; **sich ~** premárniť si čo, ľahkomyseľne sa pripraviť o čo

verscheuchen zahnať, odohnať, odplašiť i obraz.

verschicken 1 rozoslať, poslať 2 odviesť deti na prázdniny ap.

verschiebbar posuvný, posúvateľný

r Verschiebebahnhof (*(e)s, ≈e*) zoraďovacie nádražie

verschieb|en* (*o, h. o*) 1 presunúť, posunúť 2 odložiť, odročiť 3 obraz., hovor. načierno predať; **r –er** (*s, ≈*) posunovač; **e –ung** (≈, *en*) 1 posunutie, posúvanie 2 odklad 3 voj. presun

verschieden 1 rozličný, rozmanitý, rozdielny 2 MNČ mnohí, niektorí; *~e Gründe haben* mať mnohé dôvody; **~artig** rozličný, rozmanitý; **~farbig** rôznofarebný; **e ~heit** (≈, *en*) rozdielnosť, odlišnosť

verschießen[1]* (*o* <...ss>, *i. verschossen*) vyblednúť, stratiť farbu

verschießen[2]* (*o* <...ss>, *h. verschossen*) vystrieľať muníciu; **sich ~** obraz. zaľúbiť sa

verschimmeln (*i.*) splesnivieť

verschlafen[1]* (ä; *ie, h. a*) 1 zaspať, pridlho spať 2 prespať čo

verschlafen[2] ospalý, ospanlivý, malátny

r Verschlag (*(e)s, ≈e*) 1 drevená priehradka, priečka 2 chlievik; **~en*** (*ä; u, h. a*) 1 doskami ohradiť, zatĺcť, zadebniť 2 zahnať; *das Schicksal hat mich hierher ~* osud ma sem zavial 3 obraz. zaraziť, vyraziť, zastaviť; *es verschlug mir den Atem* vyrazilo mi to dych

verschlechter|n zhoršiť, skaziť; **e –ung** (≈, *en*) zhoršenie, skazenie

r Verschleiß (*es, e*) 1 opotrebovanie, spotreba 2 predaj, odbyt v malom; **~en*** (i <... ss>, *i. verschlissen*) 1 opotrebovať sa 2 rak. predávať v malom

verschlepp|en 1 zavliecť, tajne odvliecť 2 prenášať, rozširovať nákazu 3 preťahovať, naťahovať súdny proces ap.; **e –ung** (≈, *en*) 1 násilné zavlečenie, odvlečenie 2 prenášanie, rozširovanie 3 preťahovanie

verschleudern 1 premárniť, rozhádzať majetok 2 predávať pod cenou

verschließ|bar zatvárací, zatvárateľný; **–en*** (*o* <...ss>, *h. verschlossen*) 1 zamknúť, zatvoriť na kľúč 2 obraz. zatvoriť oči ap.; **sich –en*** uzavrieť sa i obraz. (*vor j-m/etw* pred kým/čím)

verschlimmern zhoršiť

verschlingen* (*a, h. u*) 1 pozapletať, spliesť i obraz. 2 hltať, zhltnúť i obraz.;

TUV

j-n mit den Augen ~ hltať koho očami
verschlossen 1 zamknutý, uzavretý **2** obraz. uzavretý, neprístupný
verschlucken 1 zhltnúť, prehltnúť **2** obraz. zatajiť, potlačiť; **sich ~** vdýchnuť čo a rozkašľať sa, expr. zakuckať sa; *ich habe mich verschluckt* zabehlo mi
r Verschluß <...ss> (*schlusses, schlüsse*) záver, uzáver, uzavretie; *unter ~ halten* držať pod zámkou
verschüsseln zašifrovať, zakódovať
verschmähen pohŕdať, opovrhovať (*j-n/etw* kým/čím)
verschmerzen oželieť, prebolieť, zabudnúť na čo
verschmieren 1 rozotrieť, rozmazať **2** zašpiniť, umazať
verschmitzt prefíkaný, prešibaný
verschmutzen zašpiniť, znečistiť
verschnauf|en sich oddýchnuť si, vydýchnuť si; **e –pause** (*≈, n*) hovor. prestávka na oddych
verschneiden* (*verschnitt, h. verschnitten*) **1** ostrihať, orezať, prestrihať vlasy, stromy **2** zle strihať **3** vykastrovať
verschneien zasnežiť, zasypať snehom
r Verschnitt (*(e)s, 0*) **1** orezanie, prestrihanie **2** odrezky, odstrižky
verschnupf|en hovor. nahnevať, nazlostiť; **–t**: *verschnupft sein* byť prechladnutý, mať nádchu
verschollen nezvestný
verschonen ušetriť, uchrániť
verschöner|n skrášliť, ozdobiť; **e –ung** (*≈, en*) ozdobenie, skrášlenie
verschränken skrížiť ruky
verschreib|en* (*ie, h. ie*) **1** lek. predpísať **2** vypísať, spotrebovať písaním **3** práv. upísať (*j-m etw* komu čo); **sich ~ 1** zmýliť sa pri písaní **2** zaviazať sa písomne (*j-m/etw* komu/čomu); **e –ung** (*≈, en*) **1** lek. predpis, recept **2** práv. úpis
ver|schreien* (*ie, h. ie*) vykričať koho za čo; **–schrien** vykričaný; *ein verschrieenes Haus* vykričaný dom
verschroben čudácky, zvláštny
verschüchtern zastrašiť, vystrašiť
verschuld|en 1 zadlžiť sa **2** zaviniť, zapríčiniť; **s –en** (*≈, 0*) previnenie; **e –ung** (*≈, 0*) zadlženie
verschütten 1 rozsypať, zasypať **2** vyliať, rozliať
verschweigen* (*ie, h. ie*) zamlčať, zatajiť
verschwend|en premárniť; **r –er** (*s, ≈*) márnotratník; **–erisch** márnotratný; **e –ung** (*≈, en*) plytvanie, rozhadzovanie
verschwiegen 1 mlčanlivý **2** tichý, odľahlý; **e ~heit** (*≈, 0*) mlčanlivosť, diskrétnosť
verschwimmen* (*a, i. o*) splývať, splynúť, rozplynúť sa
verschwinden* (*a, i. u*) zmiznúť, stratiť sa, zaniknúť
verschwitzen 1 prepotiť **2** hovor. zabudnúť
verschwommen nejasný, neurčitý, splývavý; **e ~heit** (*≈, 0*) nejasnosť, neurčitosť, hmlistosť
verschwör|en* sich (*u* al. *o, h. o*) **1** sprisahať sa **2** obraz. oddať sa, venovať sa čomu; **r –er** (*s, ≈*) sprisahanec; **e –ung** (*≈, en*) sprisahanie; *eine –ung gegen j-n/etw anzetteln* al. *anstiften* zosnovať sprisahanie voči komu
versehen* (*ie; a, h. e*) **1** spravovať, viesť, vykonávať **2** zaopatriť, zásobiť (*j-n mit etw* koho čím); **sich ~** prehliadnuť, pomýliť sa; **ehe du dich versiehst...** ani sa nenazdáš a...
s Versehen (*s, ≈*) nedopatrenie, omyl; *aus ~* omylom, nedopatrením
versend|en* (*versendete* al. *versandte, h. versendet* al. *versandt*) rozoslať, poslať, odoslať; **r –er** (*s, ≈*) zasielateľ, odosielateľ; **e –ung** (*≈, en*) rozoslanie, odoslanie
versenk|bar ponoriteľný; **–en** ponoriť, potopiť; **sich –en** obraz. ponoriť sa, pohrúžiť sa (*in etw* do čoho); **e –ung**

TUV

(≈, *en*) **1** ponorenie, potopenie **2** div. prepadlisko; obraz. *in der –ung verschwinden* zmiznúť zo scény, upadnúť do zabudnutia
versẹssen posadnutý (*auf etw* čím); **e ~heit** (≈, *0*) posadnutosť
versẹtz|en **1** presadiť, premiestniť **2** preložiť, preradiť **3** zmiešať tekutiny **4** dať do zálohu, zastaviť **5** zasadiť, dať; *j-m einen Schlag* ~ zasadiť komu úder **6** odpovedať **7** uviesť, priviesť; *j-n in Erstaunen* ~ uviesť koho do úžasu; hovor. **j-n ~** neprísť na schôdzku, nechať koho čakať; **sich ~** vžiť sa (*in etw* do čoho); **e –ung** (≈, *en*) **1** presadenie, premiestnenie **2** preloženie, preradenie zamestnanca ap.; *die –ung der Schüler in die höhere Klasse* postup žiakov do vyššej triedy **3** založenie, záloh
versẹuchen nakaziť, zamoriť
r Versịcher|er (*s*, ≈) práv. poisťovateľ; **–n 1** uistiť, ubezpečiť **2** tvrdiť, dávať záruku **3** poistiť; **sich –n 1** uistiť sa **2** poistiť sa; **e –ung** (≈, *en*) **1** uistenie, ubezpečenie **2** poistenie, poistka
r Versịcherungs|agent (*en, en*) poisťovací agent; **e –anstalt** (≈, *en*) poisťovací ústav, poisťovňa; **e –gesellschaft** (≈, *en*) poisťovacia spoločnosť, poisťovňa; **r –nehmer** (*s*, ≈) poistenec, poistená osoba; **e –pflicht** (≈, *en*) poistná povinnosť; **r –vertrag** (*(e)s*, *≈e*) poistná zmluva; **s –wesen** (*s, 0*) poisťovníctvo
versịckern (*i.*) vsiaknuť, vpiť sa
versịegeln zapečatiť
versịegen (*i.*) vysychať, uschýnať i obraz.
versịnken* (*a, i. u*) **1** ponoriť sa, potopiť sa **2** prepadnúť, zapadnúť; *in Schlaf* ~ upadnúť do spánku
versịnnbildlichen znázorniť, obrazne vyjadriť
versklav|en zotročiť; **e –ung** (≈, *en*) zotročenie, otroctvo
versọhn|en zmieriť, uzmieriť, udobriť; **–lich** zmierlivý, pokojný; **e –ung** (≈, *en*) zmierenie, uzmierenie
versọnnen zamyslený, zasnený; **e ~heit** (≈, *0*) zamyslenosť, zasnenosť
versọrg|en zásobiť, zaopatriť (*j-n/etw mit etw* koho/čo čím); **e –ung** (≈, *en*) **1** zaopatrenie **2** zásobovanie
r Versọrgungs|beitrag (*(e)s*, *≈e*) zaopatrovací príspevok; **–berechtigt** majúci nárok na zaopatrenie; **s –netz** (*es, e*) tech. napájacia sieť; **e –schwierigkeiten** MNČ zásobovacie ťažkosti
verspät|en sich oneskoriť sa, omeškať sa; **e –ung** (≈, *en*) oneskorenie, meškanie
versperren **1** zavrieť, zamknúť **2** zatarasiť, uzavrieť
verspielen **1** stráviť hraním **2** prehrať
verspọtt|en vysmiať, posmievať sa; **e –ung** (≈, *en*) posmech, výsmech
versprẹchen* (*i; a, h. o*) **1** prisľúbiť, sľúbiť; *goldene Berge* ~ sľubovať hory-doly **2** sľubovať, vzbudzovať nádej; **sich ~** prerieknuť sa, urobiť chybu v reči
s Versprẹch|en (*s, 0*), **e –ung** (≈, *en*) sľub, prísľub
ver|sprẹngen **1** rozstriekať, vystriekať **2** voj. rozprášiť, rozohnať, rozptýliť; **–sprühen** rozstriekať, rozprášiť
verspüren cítiť, pociťovať
verstạatlichen zoštátniť, poštátniť
r Verstạnd (*(e)s, 0*) rozum; *ein nüchterner* ~ triezvy/zdravý rozum; *den ~ verlieren* stratiť rozum; *bei ~e sein* byť pri rozume, mať rozum; *das geht über meinen* ~ to presahuje môj rozum, tomu nerozumiem
verstạndes|mäßig rozumný, rozumový; **r –mensch** (*en, en*) rozumný, racionálny človek
verstạ̈ndig rozumný, múdry; **~en** (*j-n von* al. *über etw*) upovedomiť (koho o čom), oboznámiť (koho s čím); **sich ~en 1** dorozumieť sa (*mit j-m* s kým) **2** dohodnúť sa (*mit j-m über etw* s kým o čom); **e ~ung** (≈, *en*) **1** upovedomenie, oznámenie **2** dorozume-

nie, dohodnutie, dohoda
verständlich 1 zrozumiteľný, zreteľný, počuteľný **2** pochopiteľný, zrejmý; **j-m etw ~ machen** objasniť, vysvetliť komu čo; **e ~keit** (≈, *0*) **1** zrozumiteľnosť, zreteľnosť **2** zrejmosť, pochopiteľnosť
s Verständnis (*ses, se*) porozumenie, pochopenie; **~los** nechápavý, bez pochopenia; **~voll 1** PR M chápavý, s pochopením **2** PRÍSL s plným pochopením, chápavo
verstärk|en zosilniť, zväčšiť, zvýšiť; **r –er** (*s,* ≈) elektrotech. zosilňovač; **e –ung** (≈, *en*) zosilnenie, posila, zväčšenie, zvýšenie
ver|stauben (*i.*) zaprášiť sa, pokryť sa prachom; **–stäuben** (*i.*) rozprášiť sa
verstauch|en vykĺbiť, vytknúť; *ich habe mir den Fuß verstaucht* vykĺbil som si nohu; **e –ung** (≈, *en*) lek. vykĺbenie
verstauen dobre uložiť, umiestniť; *das Gepäck im Auto ~* uložiť batožinu v aute
s Versteck (*(e)s, e*) úkryt, skrýša; *~ spielen* hrať sa na schovávačku; **~en** schovať, ukryť; **sich ~** schovať sa; **s ~spiel** (*s, 0*) hra na schovávačku; **~t 1** schovaný, ukrytý **2** obraz. tajný, utajený
verstehen* (*verstand, h. verstanden*) **1** rozumieť, zreteľne počuť (*j-n/etw* koho/čo) **2** rozumieť, porozumieť (*j-n/etw* komu/čomu); *was verstehst du darunter?* čo si pod tým predstavuješ? **3** vedieť, ovládať čo, rozumieť čomu; *er versteht etwas von seinem Handwerk* rozumie svojmu remeslu; **sich ~ 1** rozumieť si (*mit j-m* s kým) **2** vyznať sa (*auf etw* v čom) **3** rozumieť sa, byť zrejmé; *das versteht sich von selbst* to je jasné
versteiger|n predať na dražbe, vydražiť; **r –er** (*s,* ≈) licitátor; **e –ung** (≈, *en*) dražba
verstell|bar tech. nastaviteľný, posúvateľný; **–en 1** tech. nastaviť, prestaviť **2** zatarasiť, zahradiť; **sich –en** pretvarovať sa; **e –ung** (≈, *en*) **1** tech. prestavenie **2** zatarasenie **3** pretvarovanie, pretvárka
versteuer|n zdaniť; **e –ung** (≈, *0*) zdanenie
verstimmen rozladiť i obraz.; **sich ~** rozladiť sa i obraz.
verstockt zarytý, tvrdošijný; **e ~heit** (≈, *0*) zarytosť, tvrdošijnosť, tvrdohlavosť
verstopf|en 1 zapchať, upchať **2** lek. spôsobiť zápchu; **sich ~** zapchať sa, upchať sa; **–t sein** lek. mať zápchu; **e –ung** (≈, *en*) **1** upchanie, zapchanie **2** lek. zápcha
verstorben zosnulý, nebohý, mŕtvy
verstört rozrušený, vystrašený, vydesený
r Verstoß (*es, ¨e*) previnenie, poklesok, prehrešok; **~en*** (*ie, h. o*) **1** previniť sa (*gegen etw* proti čomu) **2** zahnať, vyhnať
verstreichen* 1 (*i, i. i*) uplynúť, ubehnúť **2** (*i, h. i*) rozotrieť, zatrieť, natieraním minúť farbu ap.
verstreuen roztrúsiť, rozsypať
verstricken 1 spotrebovať pletením **2** obraz. zapliesť, zamotať (*j-n in etw* koho do čoho); **sich ~** obraz. zapliesť sa (*in etw* do čoho)
verstümmeln 1 zmrzačiť, dokaličiť **2** obraz. skomoliť, deformovať
verstummen (*i.*) zamĺknuť, zmĺknuť, onemieť
r Versuch (*(e)s, e*) pokus, skúška, experiment; **~en 1** skúsiť, vyskúšať **2** okúsiť, ochutnať **3** pokúšať, zvádzať, navádzať; **sich ~en** pokusiť sa (*in etw* o čo); **r ~er** (*s,* ≈) pokušiteľ, zvodca
e Versuchs|anstalt (≈, *en*) výskumný ústav; **s –kaninchen** (*s,* ≈) pokusný králik i obraz.; **e –methode** (≈, *n*) experimentálna metóda; **–weise** skusmo, na skúšku
e Versuchung (≈, *en*) pokušenie,

zvádzanie
versumpfen (*i.*) **1** stať sa bahnatým, zbahnatieť **2** obraz. morálne klesnúť
versüßen 1 osladiť **2** obraz. spríjemniť
vertaglen odročiť, odložiť; **e –ung** (≈, *en*) odročenie, odloženie
vertauschlen 1 vymeniť, zameniť (*etw für* al. *gegen etw* čo za čo) **2** zameniť si, spliesť si; **e –ung** (≈, *en*) **1** výmena, vymenenie **2** zámena, pomýlenie
verteidiglen 1 brániť, chrániť **2** práv. obhajovať **3** šport. brániť; **r –er** (*s,* ≈) **1** ochranca **2** práv. obhajca **3** šport. obranca; **e –ung** (≈, *en*) **1** ochrana **2** obhajoba **3** šport. obrana
e Verteidigungs|bereitschaft (≈, *0*) voj. obranyschopnosť; **r –krieg** (*(e)s, e*) obranná vojna; **e –maßnahmen** MNČ obranné opatrenia; **r –minister** (*s,* ≈) minister obrany; **e –rede** (≈, *n*) práv. obhajovacia reč; **e –waffe** (≈, *n*) obranná zbraň
verteillen 1 rozdeliť, porozdeľovať **2** rozmiestniť, rozložiť; **sich ~ 1** rozdeliť sa, podeliť sa **2** rozmiestniť sa; **r –er** (*s,* ≈) **1** rozdeľovač osoba **2** elektrotech. rozdeľovač, rozvádzač; **e –ung** (≈, *en*) **1** rozdelenie **2** rozmiestnenie
verteuerln zdražiť; **e –ung** (≈, *en*) zdraženie, zvýšenie ceny
verteufelt hovor. prekliaty, čertovský
vertieflen 1 prehĺbiť **2** obraz. prehĺbiť, zdokonaliť, zintenzívniť znalosti ap.; **sich ~** ponoriť sa, zahĺbiť sa (*in etw* do čoho); **e –ung** (≈, *en*) **1** prehĺbenie **2** preliačina, jama **3** obraz. zahĺbenie, ponorenie
vertikal vertikálny, zvislý
vertilglen 1 zničiť, vyhubiť **2** hovor. zhltať pokrm; **e –ung** (≈, *en*) zničenie, vyhubenie
vertonlen zhudobniť; **e –ung** (≈, *en*) zhudobnenie
r Vertrag (*(e)s, ⁼e*) zmluva, dohoda; **~lich** podľa zmluvy, zmluvný
vertragen* (*ä; u, h. a*) zniesť, znášať, vydržať, strpieť; **sich ~* 1** znášať sa (*mit j-m* s kým) **2** zmieriť sa, dohodnúť sa
verträglich 1 znášanlivý, zmierlivý **2** znesiteľný, stráviteľný o jedle; **e ~keit** (≈, *en*) **1** znášanlivosť **2** stráviteľnosť
r Vertrags|bruch (*(e)s, ⁼e*) porušenie zmluvy; **–gemäß, –mäßig** podľa zmluvy; **r –partner** (*s,* ≈) zmluvný partner; **–widrig** proti zmluve, priečiaci sa zmluve
vertrauen dôverovať (*j-m, in j-n/etw* komu/čomu), spoliehať sa (*auf j-n/ etw* na koho/čo)
s Vertrauen (*s, 0*) dôvera; *im ~* dôverne
e Vertrauens|frau (≈, *en*) dôverníčka; **r –mann** (*(e)s, ⁼er* al. *leute*) dôverník; **r –mißbrauch** (*(e)s, 0*) zneužitie dôvery; **–selig** dôverčivý; **–voll** dôvery plný, s dôverou; **s –votum** (*s, Vertrauensvoten* al. *Vertrauensvota*) hlasovanie o dôvere; **–wert, –würdig** dôveryhodný, spoľahlivý
vertraulich 1 dôverný, tajný **2** priateľský, intímny; **e ~keit** (≈, *en*) dôvernosť, diskrétnosť
vertraut 1 dôverný, priateľský **2** známy; *ein ~es Gesicht* známa tvár; *sich ~ machen* oboznámiť sa; **e ~heit** (≈, *en*) **1** dôvernosť, intímnosť **2** zručnosť v čom
vertreiblen* (*ie, h. ie*) **1** zahnať, vyhnať **2** obraz. zahnať, potlačiť, premôcť **3** predávať vo veľkom; **e –ung** (≈, *en*) **1** zahnanie, vyhnanie **2** predaj
vertretbar zastupiteľný, nahraditeľný
vertretlen* (*i; a, h. e*) **1** vykĺbiť, vytknúť; *sich den Fuß ~* vykĺbiť si nohu **2** zastúpiť, nahradiť **3** zahradiť, zastúpiť cestu **4** obhájiť, obhajovať; hovor. **sich die Beine ~** prejsť sa; **r –er** (*s,* ≈) zástupca; **e –ung** (≈, *en*) zastúpenie, zastupovanie; *in –ung* v zastúpení
r Vertrieb (*(e)s, e*) ekon. predaj, odbyt tovaru
r Vertriebene (*n, n*) vyhnanec
e Vertriebs|abteilung (≈, *en*) ekon.

odbytové oddelenie; **e –kosten** MNČ odbytové náklady; **e –stelle** (≈, *n*) predajňa
vertrịnken* (*a, h. u*) prepiť peniaze
vertrọcknen (*i.*) vyschnúť, uschnúť
vertrọ̈sten odkazovať, odkladať s prísľubom (*j-n auf etw* koho čím); *j-n auf morgen* ~ odkázať koho s prísľubom na zajtra
vertun* (*vertat, h. vertan*) premárniť, plytvať
vertụschen hovor. zakryť, zatajiť
ver|ụ̈beln mať za zlé, zazlievať (*j-m etw* komu čo)
ver|ụ̈ben dopustiť sa, spáchať
ver|ụlken hovor. posmievať sa (*j-n* komu)
ver|ụnglimpfen potupiť, pohaniť, uraziť
ver|ụnglücken (*i.*) **1** byť postihnutý nešťastím al. nehodou **2** nepodariť sa
ver|ụnreinigen znečistiť, zašpiniť
ver|ụnstalten znetvoriť, zohyzdiť
ver|ụntreu|en spreneveriť; **e –ung** (≈, *en*) sprenevera, spreneverenie
ver|ụrsachen spôsobiť, zapríčiniť
ver|ụrteil|en 1 neschvaľovať, odsudzovať **2** odsúdiť; *j-n wegen etw zu etw* koho za čo na čo; **e –ung** (≈, *en*) **1** odsudzovanie, odmietanie **2** práv. odsúdenie
verviel|fachen 1 mat. násobiť **2** obraz. zmnožiť, zmnohonásobiť; **–fältigen** rozmnožiť, rozmnožovať; **e –fältigung** (≈, *en*) rozmnožovanie; **r –fältigungsapparat** (*(e)s, e*) rozmnožovací (prí)stroj
vervọllkommn|en zdokonaliť, zlepšiť; **e –ung** (≈, *en*) zdokonalenie, zlepšenie
vervọllständigen doplniť
verwạchsen[1]* (ä; *u, i. a*) **1** zarásť, zrásť, zceliť sa; *ineinander* ~ zrásť **2** obraz. zrasť, splynúť **3** krivo narásť
verwạchsen[2] **1** zarastený o záhrade ap. **2** zrastený, spojený **3** rastom zdeformovaný
verwạhr|en uschovať, opatrovať; **sich** ~ ohradiť sa, ohradzovať sa (*gegen etw* proti čomu); **r –er** (*s,* ≈) **1** uschovávateľ **2** strážca
verwạhrlos|en (*i.*) spustnúť, stať sa zanedbaným; **e –ung** (≈, *0*) spustnutie, zanedbanie
e Verwạhrung (≈, *en*) **1** uschovanie, úschova; *in* ~ *geben* dať do úschovy **2** protest, námietka
verwạisen (*i.*) osirieť, stať sa sirotou
verwạlt|en spravovať, viesť, riadiť; **r –er** (*s,* ≈) správca; **e –ung** (≈, *en*) **1** spravovanie, vedenie **2** správa, správne orgány
r Verwạltungs|apparat (*(e)s, e*) správny/administratívny aparát; **e –behörde** (≈, *n*) správny úrad; **e –kosten** MNČ výdavky na administratívu; **r –rat** (*es,* ≈*e*) správna rada; **r –weg** (*es, 0*) správny postup
verwạnd|eln meniť, premeniť; **e –lung** (≈, *en*) premenenie, premena, zmena
verwạndt 1 príbuzný, patriaci do rodiny **2** príbuzný, podobný; **r, e ~e** (*n, n*) príbuzný/príbuzná; **e ~schaft** (≈, *en*) **1** príbuzenstvo, rodina **2** príbuznosť, podobnosť; **~schaftlich** príbuzenský
r Verwạndtschafts|grad (*es, e*) stupeň príbuzenstva; **s –verhältnis** (*ses, se*) príbuzenský pomer
verwạrn|en varovať, vystríhať; **e –ung** (≈, *en*) varovanie, výstraha
verwẹchs|eln zameniť, vymeniť; *sie sind zum* ~ *ähnlich* sú na nerozoznanie podobní; **e –lung** (≈, *en*) zamenenie, zámena
verwẹgen opovážlivý, odvážny; **e ~heit** (≈, *en*) opovážlivosť, odvážnosť
e Verwẹhung (≈, *en*) zaviatie, závej
verwẹichlich|en 1 (*i.*) stať sa chúlostivým, schúlostivieť **2** (*h.*) urobiť chúlostivým, rozmaznať; **e –ung** (≈, *en*) schúlostivenie
verwẹiger|n odoprieť, odmietnuť; *j-m den Gehorsam* ~ odoprieť poslušnosť komu; **e –ung** (≈, *en*) odopretie, od-

mietnutie

verwẹilen zostať, zotrvať, pobudnúť

r Verwẹis (*es, e*) **1** výčitka, pokarhanie **2** odkaz, poznámka v texte; **~en*** (*ie, h. ie*) **1** zast. vyčítať (*j-m etw* komu čo) **2** odkázať (*j-n auf etw* koho na čo) **3** vypovedať, vylúčiť; *j-n von der Schule ~en* vylúčiť koho zo školy; *j-n aus dem Lande* al. *des Landes ~en* vypovedať koho z krajiny

verwẹlken (*i.*) vädnúť, zvädnúť

verwẹnd|bar použiteľný, upotrebiteľný; **–en*** (*verwendete* al. *verwandte, h. verwendet* al. *verwandt*) použiť, upotrebiť; **sich –en*** prihovoriť sa (*für j-n/etw* za koho/čo); **e –ung** (*≈, en*) upotrebenie, použitie; *zur besonderen –ung* na zvláštne úlohy

verwẹrf|en* (*i; a, h. o*) **1** zahodiť a nenájsť **2** obraz. zavrhnúť, odmietnuť; **–lich** podlý, zvrhlý, hodný zavrhnutia

verwẹrt|en zužitkovať, využiť; **e –ung** (*≈, en*) využitie, zužitkovanie

verwẹs|en (*i.*) hniť, rozkladať sa; **e –ung** (*≈, 0*) hnitie, hnilobný rozklad; *in –ung übergehen* začať sa rozkladať

verwẹtten prehrať v stávke

verwịck|eln 1 zamotať, zapliesť **2** obraz. zapliesť (*j-n in etw* koho do čoho); **e –lung** (*≈, en*) **1** zamotanie, spletenie **2** obraz. zápletka

verwịldern (*i.*) **1** zdivieť, zdivočiť **2** spustnúť

verwịnden* (*a, h. u*) prekonať, premôcť

verwịrklich|en uskutočniť, realizovať; **e –ung** (*≈, en*) uskutočnenie, realizácia

verwịrr|en* (*verwirrte, h. verwirrt* al. *verworren*) **1** zamotať, pomotať **2** obraz. zmiasť, popliesť (*j-n* koho) **3** postrapatiť vlasy; **–t 1** zamotaný **2** obraz. popletený, zmätený; **e –theit** (*≈, 0*) zmätenosť, pomätenosť; **e –ung** (*≈, en*) **1** neporiadok, zmätok **2** zarazenosť, zmätenosť

verwịrtschaften prehajdákať, premárniť, expr. prešafáriť

verwịschen 1 rozotrieť, rozmazať **2** obraz. zastrieť, zahaliť

verwịttern (*i.*) zvetrať, rozpadať sa o hornine

verwịtwet ovdovený, ovdovená

verwọ̈hn|en rozmaznať; **–t** rozmaznaný; **e –ung** (*≈, en*) rozmaznanie

verwọrfen zvrhlý, zvrátený

verwọrren nejasný, zamotaný, popletený

verwụnd|bar 1 zraniteľný **2** citlivý, chúlostivý; **–en** zraniť, raniť

verwụnder|lich neobyčajný, úžasný, prekvapivý; **–n** prekvapiť, uviesť do údivu; **sich –n** diviť sa, čudovať sa; **e –ung** (*≈, en*) údiv, prekvapenie

e Verwụndung (*≈, en*) zranenie, poranenie

verwụ̈nsch|en 1 prekliať, preklínať **2** zakliať, začarovať v rozprávke; **e –ung** (*≈, en*) **1** prekliatie, kliatba **2** začarovanie

verwụ̈st|en spustošiť, zničiť; **e –ung** (*≈, en*) spustošenie, zničenie

verzạgen (*i.*) klesať na mysli, zúfať si

verzạ̈hlen sich prepočítať sa, prerátať sa

verzạpfen 1 tech. spojiť čapom **2** čapovať nápoje **3** hovor. tárať nezmysly

verzạubern začarovať; *j-n in ein Tier ~* začarovať koho na zviera

verzẹhren 1 zjesť, skonzumovať **2** spotrebovať, pohltiť; **sich ~** utrápiť sa, hynúť, expr. zožierať sa (*vor etw* čím)

ver|zẹichnen 1 poznamenať, zapísať **2** skresliť, zle zakresliť **3** obraz. získať, dosiahnuť; *einen Erfolg ~* mať/dosiahnuť úspech; **s –zẹichnis** (*ses, se*) zoznam, súpis, register

verzẹih|en* (*ie, h. ie*) prepáčiť, odpustiť; *~ Sie!* prepáčte!; **–lich** odpustiteľný, ospravedlniteľný; **e –ung** (*≈, 0*) prepáčenie, odpustenie; *um –ung bitten* prosiť o prepáčenie; *–ung!* prepáčte!

verzẹrr|en skresliť, skriviť, zdeformo-

TUV

vať; **sich ~** skriviť sa, deformovať sa; **–t** skreslene; *etw –t darstellen* podávať čo skreslene; **e –ung** (≈, *en*) skreslenie, skrivenie, zdeformovanie
r Verzicht ((*e*)*s*, *e*) zrieknutie sa, vzdanie sa čoho; **~en** zriecť sa, vzdať sa (*auf etw* čoho); *auf einen Anspruch ~en* zriecť sa nároku
verziehen* (*verzog, h. verzogen*) **1** zle vychovať deti **2** stiahnuť, zvraštiť; *das Gesicht ~* zvraštiť tvár, urobiť grimasu; **sich ~ 1** zmiznúť, stratiť sa, vytratiť sa **2** skriviť sa, skrútiť sa o dreve
verzier|en ozdobiť, skrášliť; **e –ung** (≈, *en*) ozdobenie, ozdoba, dekorácia
verzins|en zúročiť; **–lich** zúročiteľný; **e –ung** (≈, *en*) zúročenie
verzöger|n preťahovať, spomaliť, zdržiavať; **e –ung** (≈, *en*) spomalenie, zdržanie, oneskorenie
verzoll|en precliť, vycliť; *haben Sie etwas zu ~?* máte niečo na preclenie?; **e –ung** (≈, *en*) preclenie, vyclenie
verzück|en uchvátiť, nadchnúť; **e –ung** (≈, *en*) uchvátenie, nadšenie, vytrženie; *in –ung geraten* dostať sa do vytrženia
r Verzug ((*e*)*s*, *≈e*) odklad, prieťah; **im ~ sein** byť pozadu, meškať s prácou ap.
verzweif|eln (*h./i.*) zúfať si (*an etw* nad čím); **–elt** zúfalý; **e –lung** (≈, *0*) zúfalstvo, beznádejnosť; hovor. *j-n zur –lung bringen, treiben* dohnať koho do zúfalstva
verzwickt hovor. spletitý, zamotaný, ťažký
e Vesper (≈, *n*) **1** olovrant **2** cirk. nešpory
r Veteran [v...] (*en, en*) veterán, vyslúžilec
r Veterinär [v...] (*s, e*) veterinár, zverolekár
s Veto [v...] (*s, s*) veto; **s ~recht** ((*e*)*s*, *0*) právo veta
r Vetter (*s*, ≈ al. *n*) bratranec
vgl. skr. **vergleiche** porovnaj
v. H. skr. **vom Hundert** zo sto; *drei v. H.* tri percentá
vibrieren [v...] vibrovať, chvieť sa
s Video [v...] (*s, s*) hovor. video; **r ~recorder** [...rekordɐ] (*s*, ≈) videorekordér
s Vieh ((*e*)*s*, *0*) **1** dobytok **2** vulg. dobytok, hovädo; **e ~bremse** (≈, *n*) zool. ovad; **r ~händler** (*s*, ≈) obchodník s dobytkom; **e ~herde** (≈, *n*) stádo dobytka; **r ~wagen** (*s*, ≈) voz na prepravu dobytka; **e ~weide** (≈, *n*) pastvina; **e ~zucht** (≈, *0*) chov dobytka
viel 1 ČÍSL neurčitá mnohý **2** PRÍSL mnoho; *so ~* toľko; *~ mehr* oveľa viac
viel|bändig viaczväzkový; **–deutig** mnohoznačný; **s –eck** (*s, e*) mnohouholník
vielerlei rozličný, všelijaký
vieler|orts hocikde, na mnohých miestach
viel|fach 1 PR M mnohonásobný **2** PRÍSL často, mnohokrát; **e –falt** (≈, *0*) mnohotvárnosť, rozmanitosť; **–fältig** rozmanitý; **–gestaltig** mnohotvárny
e Vielgötterei (≈, *0*) mnohobožstvo, polyteizmus
vielköpfig mnohočlenný, početný; *eine ~e Familie* početná rodina
vielleicht možno, azda, vari
viel|mals mnohokrát, veľa ráz; **–mehr** skôr, dokonca
vielsagend <**viel sagend**> mnohovravný, veľavravný
vielseitig 1 mat. mnohostranný **2** všestranný; *ein ~er Mensch* všestranný človek
vielsprachig mnohojazyčný
vielteilig mnohodielny, viacdielny
e Vielweiberei (≈, *0*) mnohoženstvo
vielversprechend <**viel versprechend**> mnohosľubný, nádejný
e Vielzahl (≈, *0*) veľký počet, veľké množstvo
vier štyri; *auf allen ~en gehen* liezť po štyroch; *unter ~ Augen* medzi štyrmi očami; *halb ~* pol štvrtej; **~beinig**

štvornohý; **~blättrig** štvorlistý; *ein ~blättriges Kleeblatt* štvorlístok ďateliny; **~eckig** štvoruholníkový; **~fach** štvornásobný; **~füßig** štvornohý; **r ~füß(l)er** (*s*, ≈) štvornožec; **s ~gespann** (*(e)s*, *e*) štvorzáprah; **r ~kant** (*s*, *e*) štvorhran; **e ~linge** MNČ štvorčatá; **~malig** štvornásobný; **~seitig** štvorstranný; **r ~sitzer** (*s*, ≈) štvorsedadlové auto; **r ~taktmotor** (*s*, *Viertaktmotoren*) štvortaktový motor

s Viertel (*s*, ≈) štvrtina; **s ~jahr** (*(e)s*, *e*) štvrťrok; **s ~jahrhundert** (*(e)s*, *e*) štvrťstoročie; **s ~kilo** (*s*, ≈ al. *s*) štvrť kila; **r, s ~liter** (*s*, ≈) štvrť litra; **e ~note** (≈, *n*) hud. štvrťová nota; **e ~stunde** (≈, *n*) štvrťhodina; **~n** (roz)štvrtiť

e Vignette [vin'jetə] (≈, *n*) vineta

e Villa [v...] (≈, *en*) vila

violett [v...] fialový

e Violin|e [v...] (≈, *n*) husle; **s –konzert** (*es*, *e*) husľový koncert; **r –schlüssel** (*s*, ≈) husľový kľúč

e Viper [v...] (≈, *n*) vretenica, zmija

virtuos [v...] virtuózny, majstrovský, dokonalý; **r ~e** (*n*, *n*) virtuóz, vynikajúci umelec; **e ~ität** (≈, *0*) virtuozita, majstrovstvo

r Virus [v...] (≈, *en*) lek. vírus

e Visage [vi'za:žə] (≈, *n*) tvár, hanl. ksicht

vis-a-vis [viza'vi:] naproti, oproti

s Visier [v...] (*s*, *e*) cieľník, zameriavač zbrane; **etw ins ~ nehmen** vziať si čo na mušku

e Visite [v...] (≈, *n*) **1** návšteva **2** lekárska prehliadka, hovor. vizita

e Visitenkarte [v...] (≈, *n*) navštívenka, vizitka

visuell [v...] vizuálny, zrakový

s Visum [v...] (*s*, *Visa* al. *Visen*) vízum

vital [v...] vitálny, plný života; **e ~ität** (≈, *0*) vitalita, životná sila

s Vitamin [v...] (*s*, *e*) vitamín; **~arm** chudobný na vitamíny; **~reich** bohatý na vitamíny

r Vivat [vi:vat...] (*(e)s*, *e*) volanie na slávu

r Vize|admiral (*s*, *e*) viceadmirál; **r –präsident** (*en*, *en*) viceprezident

v. J. skr. **vorigen Jahres** minulý rok

v. M. skr. **vorigen Monats** v minulom mesiaci

r Vogel (*s*, ≈̈) vták; **ein lockerer ~** šibal, ľahtikár; hovor. **den ~ abschießen** dosiahnuť najlepší výkon; **er hat einen ~** preskakuje mu; **r, s ~bauer** (*s*, ≈) vtáčia klietka

r Vogelbeerbaum (*(e)s*, ≈̈*e*) bot. jarabina strom

r Vogel|fänger (*s*, ≈) vtáčnik; **s –futter** (*s*, *0*) krmivo pre vtáky

e Vogelgrippe (≈, *n*) vtáčia chrípka

s Vogelnest (*es*, *er*) vtáčie hniezdo

e Vogelperspektive (≈, *0*) vtáčia perspektíva

e Vogelschar (≈, *en*) kŕdeľ vtákov; **e ~scheuche** (≈, *n*) strašiak na vtáky obraz. i pre človeka; **e ~-Strauß-Politik** (≈, *0*) pštrosia politika; **e ~welt** (≈, *0*) vtáctvo; **r ~züchter** (*s*, ≈) chovateľ vtákov; **r ~zug** (*(e)s*, ≈̈*e*) sťahovanie vtákov

e Vokabel [v...] (≈, *n*) slovko, slovíčko

s Vokabular [v...] (*s*, *e*) slovník, slovníček

r Vokal [v...] (*s*, *e*) lingv. vokál, samohláska

r Volant [vo'lã:] (*s*, *s*) **1** volán na šatách **2** zast. volant auta

s Volk[1] (*(e)s*, *0*) **1** ľud **2** hovor. ľudia

s Volk[2] (*(e)s*, ≈̈*er*) **1** národ **2** odb. kŕdeľ, stádo

r Völker|bund (*es*, *0*) hist. Spoločnosť národov; **e –kunde** (≈, *0*) národopis, etnografia; **s –recht** (*(e)s*, *e*) medzinárodné právo; **–rechtlich** podľa medzinárodného práva; **e –verständigung** (≈, *0*) porozumenie medzi národmi; **e –wanderung** (≈, *0*) sťahovanie národov

e Volks|abstimmung (≈, *en*) hlasovanie ľudu, referendum; **e –befreiungsbewegung** (≈, *0*) národnooslo-

TUV

bodzovacie hnutie; **s –begehren** (*s,* ≈) vôľa ľudu, petícia o vypísaní referenda; **e –demokratie** (≈, *n*) ľudová demokracia; **–|eigen** národný, patriaci národu; **s –fest** (*es, e*) ľudová slávnosť, veselica; **e –hochschule** (≈, *n*) večerná škola pre pracujúcich; **s –lied** (*(e)s, er*) ľudová pieseň; **e –republik** (≈, *en*) ľudová republika; **e –schule** (≈, *n*) ľudová škola; **r –tanz** (*es,* ≈*e*) ľudový tanec; **e –tracht** (≈, *en*) ľudový kroj; **–tümlich** národný, osobitý, svojrázny; **e –wirtschaft** (≈, *0*) národné hospodárstvo; **e –zählung** (≈, *en*) sčítanie ľudu

voll 1 plný, naplnený **2** celý, úplný **3** obraz. oblý, okrúhly; **sich den Buckel ~ lachen** pukať od smiechu; **~|auf** naplno, úplne; **r ~bart** (*(e)s,* ≈*e*) plná brada

voll|brịngen* (*vollbrachte, h. vollbracht*) dokončiť, zavŕšiť; **–|ẹnden** dokončiť, skončiť; **–|ends** úplne, celkom; **e –|ẹndung** (≈, *en*) dokončenie, zavŕšenie

r Volleyball ['volibal] (*(e)s, 0*) šport. volejbal

völlig 1 PR M úplný **2** PRÍSL úplne, celkom

volljährig plnoletý

vollkọmmen 1 PR M dokonalý, úplný **2** PRÍSL úplne, celkom; **e Vollkọmmenheit** (≈, *0*) dokonalosť, úplnosť

s Vollkornbrot (*(e)s, e*) celozrnný chlieb

e Vollmacht (≈, *en*) plná moc

r Vollmond (*(e)s, 0*) spln

e Vollpension (≈, *en*) plná penzia

vollschlank plnoštíhly

vollständig 1 PR M úplný, kompletný **2** PRÍSL úplne, celkom

voll|strẹcken vykonať, uskutočniť; **–zịehen*** (*vollzog, h. vollzogen*) vykonať, uskutočniť; **sich ~zịehen*** stať sa, uskutočniť sa; **r –zụg** (*(e)s, 0*) vykonanie, uskutočnenie

s Volụmen [v...] (*s,* ≈ al. *Volumina*) objem, rozsah

vom = *von dem* od; ~ *Vater* od otca

von PREDL s D **1** miest. od; *weit ~ Berlin* ďaleko od Berlína; ~ *Stadt zu Stadt* od mesta k mestu **2** čas. od(o); ~ *zwei bis zehn* od druhej do desiatej; *vom ersten Januar an* od prvého januára; ~ *klein auf* odmalička **3** pôvod, pôvodca od; *ein Gedicht ~ Schiller* Schillerova báseň **4** o; ~ *j-m sprechen* hovoriť o kom **5** miest. z(o); ~ *links* zľava, ~ *nah und fern* zblízka i zďaleka; *die Straßen ~ Paris* parížske ulice; *der König ~ Böhmen* český kráľ; **eine Frage ~ großer Wichtigkeit** veľmi dôležitá otázka; **er ist Lehrer ~ Beruf** povolaním je učiteľ; **~ neuem** znova

von|einạnder od seba, jeden od druhého; **~|gehen*** <**~ gehen**> (*ging von|einander, i. von|einandergegangen*) rozísť sa

vonstạtten: ~ *gehen* **1** prebiehať, konať sa **2** dariť sa, dobre pokračovať

vor PREDL **1** s D miest. pred(o); ~ *der Tür stehen* stáť predo dvermi **2** s D čas. pred; ~ *der Abfahrt* pred odchodom; ~ *zwei Tagen* pred dvoma dňami **3** s A miest. pred; ~ *die Tür legen* položiť pred dvere **4** príčina od; ~ *Schmerz* od bolesti; **~ allem** predovšetkým; **nach wie ~** ešte stále

r Vor|abend (*s, e*) predvečer

e Vor|ahnung (≈, *en*) predtucha

vorạn 1 vpredu **2** hovor. vpred, napred; **~|gehen*** (*ging voran, i. vorangegangen*) ísť vpredu; *j-m mit gutem Beispiel ~gehen* ísť komu príkladom; **~gehend** predchádzajúci; **~|kommen*** (*a, i. o*) **1** postupovať napred **2** dostať sa ďalej, urobiť pokrok

r Vor|anschlag (*s,* ≈*e*) ekon. návrh rozpočtu

e Vor|anzeige (≈, *n*) predbežné oznámenie

e Vor|arbeit (≈, *en*) prípravná práca; **r ~er** (*s,* ≈) predák

vorạus 1 napred, vopred, vpred **2** vpredu na čele; *im ~* vopred; *vielen*

Dank im ~ vopred ďakujem; *j-m ~ sein* prekonať koho, byť pred kým; **e ~abteilung** (*≈, en*) voj. predvoj, predsunutý oddiel; **~bestellen** objednať dopredu; **~bestimmen** vopred určiť, predurčiť; **~haben** mať prednosť

e Voraus|sage (*≈, n*) **1** predpoveď, prognóza počasia ap. **2** veštba; **–sagen** predpovedať; **–sehen*** (*ie; a, h. e*) predvídať, tušiť

voraus|setz|en predpokladať; **e –ung** (*≈, en*) predpoklad

voraussichtlich pravdepodobný, predpokladaný

voraus|zahl|en platiť vopred, predplatiť; **e –ung** (*≈, en*) platenie vopred, predplatenie

r Vorbedacht (*(e)s, 0*): *etw mit ~ tun* robiť čo s rozvahou

e Vorbedeutung (*≈, en*) predzvesť, znamenie

r Vorbehalt (*(e)s, e*) výhrada, podmienka; **~en*** (*ä; ie, h. a*) vyhradiť, dopredu zaistiť (*j-m etw* komu čo); *alle Rechte ~en* všetky práva vyhradené; **~lich** PREDL s G s výhradou; **~los** bezvýhradný

vorbei 1 miest. popri, okolo, vedľa; *an j-m/etw ~* popri kom/čom **2** čas. preč, koniec; *das ist ~* to už je preč; *es ist fünf Uhr ~* je päť hodín preč; **~gehen*** (*ging vorbei, i. vorbeigegangen*) ísť okolo/popri; **bei j-m ~gehen** navštíviť koho; **~reden** hovor. hovoriť od veci; *aneinander ~reden* jeden o voze, druhý o koze; **~ziehen*** (*zog vorbei, i. vorbeigezogen*) tiahnuť popri/okolo

vor|bereit|en pripraviť, prichystať; **e –ung** (*≈, en*) príprava

vor|bestell|en predbežne al. vopred objednať; **e –ung** (*≈, en*) predbežná objednávka

vorbestraft už trestaný; *nicht ~* dosiaľ netrestaný

vor|beug|en 1 nakloniť, predkloniť **2** zabrániť, predísť (*etw* D čomu); *einer Krankheit ~* predísť chorobe; **–end** ochranný, preventívny; **e –ung** (*≈, en*) **1** naklonenie, predklonenie **2** lek. prevencia, profylaxia

e Vorbeugung (*≈, en*) **1** predchádzanie **2** lek. profylaxia, prevencia

e Vorbeugungs|maßnahme (*≈, n*) ochranné opatrenie; **s –mittel** (*s, ≈*) ochranný, prostriedok, profylaktiku

s Vorbild (*(e)s, er*) vzor, príklad; *sich j-n zum ~ nehmen** vziať si koho za vzor, vziať si z koho príklad; **~lich** vzorný, príkladný

e Vorbildung (*≈, 0*) príprava, predbežné vzdelanie

r Vorbote (*n, n*) **1** zvestovateľ, prvý posol **2** obraz. znamenie, predzvesť; *ein ~ des Frühlings* predzvesť jari

vor|bringen* (*brachte vor, h. vorgebracht*) predniesť, vysloviť

e Vorbühne (*≈, n*) div. predná časť javiska, proscénium

s Vordach (*(e)s, ≈er*) prístrešok, strieška

vor|datieren antedatovať, uviesť skorší dátum

e Vorder|achse (*≈, n*) predná náprava, predná os

r Vordergrund (*(e)s, 0*) popredie; *in den ~ stellen* dávať do popredia

vorderhand zatiaľ, predbežne, dočasne

r Vordermann (*(e)s, ≈er*) prvý v rade, predný; voj. **~ halten*!** zákryt!

e Vorder|seite (*≈, n*) predná strana, líce, priečelie; **r –teil** (*(e)s, e*) predná časť, predný diel; **r –zahn** (*es, ≈e*) predný zub

vor|drängen sich drať sa, tlačiť sa dopredu; **–dringen*** (*a, i. u*) prenikať, postupovať napred; **–dringlich** naliehavý, neodkladný, nutný

r Vordruck (*(e)s, e*) predtlač, blanketa, formulár

vor|ehelich predmanželský

vor|eilig prenáhlený, nerozvážny

vor|eingenommen predpojatý, zaujatý; **e ~heit** (*≈, 0*) predpojatosť, zaujatosť

vor|enthalten* (*ä; ie, h. a*) uprieť, zadržať (*j-m etw* komu čo)

e Vor|entscheidung (≈, *en*) predbežné rozhodnutie; **–|erst** predbežne, zatiaľ

r Vorfahr (*en, en*) predok, predchodca

vorfahr|en* (*ä; u, i. a*) ísť, podísť dopredu, prísť pred čo autom; **e –t** (≈, *0*) prednosť v jazde; *–t be|achten* dať prednosť v jazde

r Vorfall (*(e)s,* ≈̈*e*) udalosť, príhoda, prípad; **~en*** (*ä; fiel vor, i. a*) **1** stať sa, prihodiť sa **2** padať dopredu, padnúť pred čo

vor|finden* (*a, h. u*) nájsť, natrafiť na

vorfristig pred stanovenou lehotou, predčasný

r Vorfrühling (*s, e*) predjarie

e Vorführ|dame (≈, *n*) manekýnka; **–en** predviesť, predvádzať, ukázať kino, šaty i pred súd; **r –er** (*s,* ≈) premietač; **e –ung** (≈, *en*) predvedenie, predvádzanie

e Vorgabe (≈, *n*) šport. náskok, výhoda

r Vorgang (*(e)s,* ≈̈*e*) **1** udalosť, príhoda **2** priebeh

r Vorgänger (*s,* ≈) predchodca

r Vorgarten (*s,* ≈̈) záhradka pred domom

vor|geben* (*i; a, h. e*) **1** šport. dať náskok, výhodu **2** predstierať

vorgefaßt <...ss...> predpojatý, zaujatý

vor|gehen* (*ging vor, i. vorgegangen*) **1** ísť napred **2** voj. postupovať, útočiť **3** prihodiť sa, stať sa **4** postupovať, zakročiť (*gegen j-n* proti komu) **5** mať prednosť, byť dôležitejší; *die Arbeit geht dem Vergnügen vor* najprv práca, potom zábava

s Vorgehen (*s, 0*) postupovanie, postup, počínanie

vorgenannt vyššie uvedený, vyššie citovaný

e Vorgeschichte (≈, *n*) **1** len JČ prehistória, dejiny praveku **2** predchádzajúca udalosť

r Vorgeschmack (*(e)s, 0*): *einen ~ von etw bekommen* vychutnávať vopred čo

vorgeschoben predsunutý, vystrčený

vorgeschritten pokročilý

vorgesehen plánovaný, predvídaný

r Vorgesetzte (*n, n*) predstavený, nadriadený

vor|gestern predvčerom; **–gestrig** predvčerajší

vor|haben mať v úmysle, zamýšľať; **s Vorhaben** (*s,* ≈) plán, úmysel, zámer

vor|halt|en* (*ä; ie, h. a*) **1** držať čo pred čím; *beim Husten das Taschentuch ~* pri kašľaní držať vreckovku pred ústami **2** vytýkať, vyčítať; **e –ung** (≈, *en*) výčitka, napomenutie; *j-m –ungen machen* vyčítať, robiť výčitky komu

vorhanden: *~ sein* byť k dispozícii al. po ruke; **s ~sein** (*s, 0*) existencia, existovanie

r Vorhang (*(e)s,* ≈̈*e*) záclona, záves, opona; *der eiserne ~* železná opona

vor|hänge|n zavesiť dopredu, zavesiť pred čo; **s –schloß** <...ss> (*schlosses, schlösser*) visiaca zámka

vorher vopred, predtým, prv, skôr; **~|bestimmen** stanoviť vopred, predurčiť, predestinovať; **~gehend, ~ig** predchádzajúci

e Vorherr|schaft (≈, *0*) nadvláda, prevaha; **–schen** prevládať, prevažovať

e Vorher|sage (≈, *n*) predpoveď, prognóza počasia ap.; **–|sagen** predpovedať; *das Wetter –sagen* predpovedať počasie

vorher|sehen* (*ie; a, h. e*) predvídať, predpokladať

vorhin pred chvíľou, nedávno

vorig predchádzajúci, minulý, uplynulý

s Vor|jahr (*(e)s, e*) predchádzajúci rok; *im ~* vlani; **–jährig** vlaňajší, minuloročný

r Vorkämpfer (*s, ≈*) priekopník

r Vorkauf (*(e)s, ≈e*) predkúpa; **s ~srecht** (*es, 0*) práv. predkupné právo

e Vorkehrung (*≈, en*) opatrenie; *~en treffen** urobiť opatrenia

vor|kommen* (*kam vor, i. o*) **1** stať sa, prihodiť sa; *das kommt selten vor* to sa stáva zriedkavo **2** vyskytovať sa, byť **3** zdať sa, javiť sa; *das kommt mir bekannt vor* to sa mi zdá akési známe **4** hovor. prísť dopredu, ísť dopredu; **s Vorkommen** (*s, ≈*) výskyt, nálezisko; *ein reiches ~ von Kohle* bohaté nálezisko uhlia

Vorkriegs- predvojnový; *die Vorkriegszeit* predvojnové obdobie

vor|laden* (*ä; u, h. a*) písomne predvolať na súd ap.; **e –ladung** (*≈, en*) práv. predvolanie na súd; *j-m eine –ladung zustellen* predvolať koho

e Vorlage (*≈, n*) **1** predloha, vzor **2** práv. osnova, návrh zákona ap. **3** šport. prihrávka dopredu na gól **4** predložka, malý koberček

vor|lassen* (*ä; ließ vor, h. a*) **1** pustiť dopredu **2** dať prednosť **3** dovoliť vstúpiť

r Vorläuf|er (*s, ≈*) **1** predchodca **2** šport. predjazdec, predskokan; **–ig** predbežný, dočasný, provizórny

vorlaut prostoreký, bezočivo mnohovravný

vor|leg|en 1 predložiť doklad, spis ap. **2** predkladať, servírovať jedlá **3** položiť, založiť čo pred čo; *den Riegel ~* zasunúť závoru/haspru; **r –er** (*s, ≈*) predložka, malý koberček

vor|les|en* (*ie; a, h. e*) predčítať, čítať nahlas; **e –ung** (*≈, en*) prednáška; *zur –ung* al. *in die –ung gehen* ísť na prednášku

vorletzt predposledný

e Vorlieb|e (*≈, 0*) záľuba (*für etw* v čom); **–nehmen*** **<vorlieb nehmen>** (*i; a, h. vorliebgenommen*) uspokojiť sa (*mit etw* s čím); *mit wenig ~* uspokojiť sa s málom

vor|liegen* (*a, h. e*) byť poruke, naporúdzi, al. k dispozícii, byť existovať; *es liegt eine Beschwerde gegen ihn vor* je naňho podaná sťažnosť; **~d** tento, daný, prítomný, existujúci; *im ~den Fall(e)* v danom prípade

vor|lügen* (*o, h. o*) naklamať, naluhať (*j-m etw* komu čo)

vor|machen 1 predviesť, ukázať **2** obraz. predstierať, klamať; *wir wollen* uns nichts ~* nebudeme si nič predstierať

e Vormacht(stellung) (*≈, en*) nadvláda, mocenská prevaha

vor|malig bývalý, niekdajší; **–mals** skôr, kedysi, predtým

r Vormarsch (*es, ≈e*) voj. pochod vpred, postup

r Vormerk (*(e)s, e*) záznam, zápis; **~en** zaznamenať, zaznačiť, zapísať

vormittag predpoludním; **r Vormittag** (*(e)s, e*) predpoludnie; *den ganzen ~* celé predpoludnie; **~s** každé predpoludnie, vždy predpoludním; *vormittags habe ich Vorlesungen* vždy predpoludním mávam prednášky

r Vormund (*(e)s, e* al. *≈er*) práv. poručník; **e ~schaft** (*≈, en*) práv. poručníctvo

vorn(e) vpredu, na prednom mieste; *nach ~* dopredu; *von ~ beginnen** začať od začiatku, začať ešte raz

r Vorname (*ns, n*) rodné al. krstné meno

vornehm 1 vznešený, vyberaný **2** ušľachtilý; hovor. *~ tun** správať sa povýšenecky; **e ~heit** (*≈, 0*) vznešenosť, ušľachtilosť

vor|nehmen* (*i; a, h. vorgenommen*) urobiť, vykonať, uskutočniť; *eine genaue Kontrolle ~* vykonať presnú kontrolu; **sich ~en*** predsavziať si, zaumieniť si (*etw* čo)

vornehmlich hlavne, predovšetkým

vornherein: *von ~* vopred, od začiatku

r Vor|ort (*(e)s, e*) predmestie, periféria; **r ~verkehr** (*(e)s, 0*) prímestská doprava

r Vorposten (*s,* ≈) voj. predná stráž
r Vorrang (*(e)s, 0*) prednosť; *vor j-m den ~ haben* mať prednosť pred kým; **~ig** prednostný, uprednostnený
r Vorrat (*(e)s, ≈e*) zásoba
vorrätig v zásobe, na sklade; *eine Ware ~ haben* mať tovar na sklade
e Vorrats|kammer (≈, *n*) komora na zásoby, hovor. špajza; **r –schrank** (*(e)s, ≈e*) skriňa na zásoby
r Vorraum (*(e)s, ≈e*) predsieň
s Vorrecht (*(e)s, e*) prednostné právo, výsada, privilégium
e Vor|rede (≈, *n*) predhovor, úvod; **r –redner** (*s,* ≈) predrečník, predchádzajúci rečník
vor|richt|en pripraviť, prichystať; **e –ung** (≈, *en*) zariadenie, prístroj
vor|rücken 1 (*h.*) postrčiť, potisnúť, posunúť dopredu **2** (*i.*) voj. prenikať, postupovať dopredu, postúpiť
e Vorrunde (≈, *n*) šport. predkolo
vor|sagen 1 predriekať **2** našepkávať v škole
r Vor|satz (*es, ≈e*) úmysel, zámer; **–sätzlich** úmyselný, zámerný
r Vorschein (*(e)s, 0*): *zum ~ bringen** ukázať, vyniesť na svetlo; *zum ~ kommen** vyjsť najavo
vor|schießen* (*o* <...ss>, *h. vorgeschossen*): *j-m Geld ~* dať preddavok komu
r Vorschlag (*(e)s, ≈e*) návrh; *in ~ bringen** navrhnúť; **~en*** (*ä; u, h. a*) navrhnúť, navrhovať; **r ~hammer** (*s,* ≈) tech. dvojručné kladivo
e Vorschlußrunde <...ss...> (≈, *n*) semifinále, predposledné kolo
vor|schreiben* (*ie, h. ie*) **1** predpísať, napísať ako vzor **2** predpísať, nariadiť, rozkázať; **e –schrift** (≈, *en*) predpis, nariadenie
vorschrifts|gemäß, –mäßig podľa predpisu
vorschriftswidrig proti predpisu
r Vorschub (*(e)s, ≈e*) **1** pomoc, posila **2** tech. posuv, posun
e Vorschul|e (≈, *n*) **1** prípravná škola, prípravka **2** prípravný ročník na povinnú školskú dochádzku; **s –alter** (*s,* ≈) predškolský vek; **s –kind** (*(e)s, er*) dieťa predškolského veku
r Vorschuß <...ss> (*schusses, schüsse*) záloha, preddavok; **e ~lorbeeren** MNČ hovor. predčasné vavríny; **~weise** preddavkovo, ako preddavok
vor|schützen predstierať čo, vyhovárať sa na čo
vor|schwindeln (*j-m etw*) naklamať (komu čo), balamutiť (koho čím)
vor|seh|en* (*ie; a, h. e*) **1** vykúkať, vyčnievať **2** vykúkať, vyzerať **3** plánovať **4** predurčiť, stanoviť **5** pamätať na čo, mať na zreteli; **sich ~** mať sa na pozore; **e –ung** (≈, *0*) prozreteľnosť
e Vorsicht (≈, *0*) opatrnosť, obozretnosť, rozvážnosť; *~, Stufe!* pozor, schody!; **~ig** opatrný, obozretný
vorsichts|halber z opatrnosti, pre istotu; **e –maßnahme** (≈, *n*) preventívne opatrenie
e Vorsilbe (≈, *n*) gram. predpona
vor|singen* (*a, h. u*) **1** zaspievať na skúšku **2** predspevovať
vorsintflutlich predpotopný, zastaraný
r Vorsitz (*es, 0*) predsedníctvo; *den ~ führen* al. *haben* predsedať; *unter dem ~ von j-m* za predsedníctva koho; **r ~ende** (*n, n*) predseda, predsedajúci
e Vorsorge (≈, *0*) **1** opatrenie do budúcnosti; *~ treffen** urobiť opatrenia, postarať sa **2** starostlivosť; **~n** starať sa, postarať sa (*für etw* o čo)
vorsorglich 1 PR M prezieravý, starostlivý **2** PRÍSL prezieravo, z opatrnosti
e Vorspeise (≈, *n*) predjedlo
vor|spiegel|n (*j-m etw*) predstierať (komu čo), klamať (koho čím); **e –ung** (≈, *en*) predstieranie; *eine –ung falscher Tatsachen* predstieranie falošných skutočností
s Vorspiel (*(e)s, e*) predohra; **~en**

TUV

1 hud., div. hrať, zahrať 2 obraz. klamať
vor¦sprechen* (*i; a, h. o*) 1 prednášať, recitovať 2 predriekať
r **Vorsprung** (*(e)s, ≈e*) 1 šport. náskok; *einen ~ gewinnen** získať náskok 2 výbežok, výčnelok
e **Vorstadt** (≈, *≈e*) predmestie
r **Vorstand** (*(e)s, ≈e*) 1 prednosta 2 predstavenstvo, predsedníctvo
s **Vorstands¦mitglied** (*(e)s, er*) člen predstavenstva al. predsedníctva; e **–sitzung** (≈, *en*) zasadanie predstavenstva
vor¦steh¦en* (*stand vor, i. vorgestanden*) 1 vyčnievať, prečnievať 2 riadiť čo, byť na čele čoho; **–end** 1 vyčnievajúci, prečnievajúci 2 predchádzajúci, spomenutý, uvedený; r **–er** (*s,* ≈) predstavený, vedúci
e **Vorsteherdrüse** (≈, *n*) anat. prostata
vorstell¦bar predstaviteľný, mysliteľný; **–en** 1 postaviť dopredu, predložiť 2 predstaviť (*j-n* koho) 3 predstavovať, znázorňovať, znamenať; **sich –en** 1 D predstaviť si (*etw* čo) 2 A predstaviť sa
vorstellig: ~ *werden* obrátiť sa na koho, intervenovať
e **Vorstellung** (≈, *en*) 1 predstavenie, predstavovanie osoby 2 predstava 3 predstavenie div. ap.; e **~skraft** (≈, *0*) predstavivosť, obrazotvornosť
r **Vorstoß** (*es, ≈e*) 1 voj. útok, výpad 2 šport. útok; ~ *in den Weltraum* prenikanie do vesmíru
e **Vorstrafe** (≈, *n*) práv. predchádzajúci trest
e **Vorstufe** (≈, *n*) prípravný stupeň, prípravné štádium
vor¦stürmen (*i.*) hnať sa, rútiť sa
r **Vortänzer** (*s,* ≈) predtanečník
vor¦täuschen predstierať, simulovať
r **Vorteil** (*s, e*) 1 zisk, osoh, úžitok 2 výhoda; *im ~ sein* byť vo výhode, mať výhodu; **~haft** prospešný, výhodný
r **Vortrag** (*(e)s, ≈e*) 1 prednáška; *einen ~ halten** mať prednášku 2 prednes 3 ekon. prenos, prevedenie; **~en*** (*ä; u, h. a*) 1 prednášať, predniesť 2 zaniesť dopredu 3 previesť, prevádzať financie
e **Vortrags¦kunst** (≈, *≈e*) recitačné umenie, umenie prednášať; r **–künstler** (*s,* ≈) výborný recitátor, prednášateľ; e **–reihe** (≈, *n*) cyklus prednášok; r **–saal** (*(e)s, säle*) prednášková sieň
vortrefflich výborný, vynikajúci, znamenitý; e **~keit** (≈, *0*) znamenitosť
vor¦treten (*i; a, i. e*) predstúpiť, vystúpiť dopredu
r **Vortritt** (*(e)s, 0*) prednosť aj v jazde; *j-m den ~ lassen** dať komu prednosť
vorüber PRÍSL mimo, preč; *der Regen ist ~* je po daždi; *alles ist ~* je po všetkom; **~¦gehen*** (*ging vorüber, i. vorübergegangen*) 1 prejsť (*an j-m/etw* popri kom/čom) 2 prejsť, minúť sa, pominúť sa; *eine Gelegenheit ~gehen lassen* dať si ujsť príležitosť; **~gehend** dočasný, prechodný; **~¦ziehen*** (*zog vorüber, i. vorübergezogen*) tiahnuť, pochodovať (*an j-m/etw* popri kom/čom)
s **Vor¦urteil** (*(e)s, e*) predsudok, zaujatosť
vor¦urteils¦frei, –los nezaujatý, bez predsudkov; e **–losigkeit** (≈, *0*) nezaujatosť, nepredpojatosť
s **Vorverfahren** (*s,* ≈) práv. predbežné súdne konanie
r **Vorverkauf** (*(e)s, ≈e*) predpredaj; *sich Karten im ~ besorgen* zaobstarať si lístky v predpredaji
vorvorgestern pred predvčerom
e **Vorwahl** (≈, *en*) 1 predbežná voľba 2 telefonicky predvoľba, voľba smerového čísla; e **~nummer** (≈, *n*) smerové číslo; *Bratislava hat die ~nummer 02* Bratislava má smerové číslo 02
r **Vorwand** (*(e)s, ≈e*) zámienka, výhovorka; *unter dem ~* pod zámienkou
vorwärts vpred, napred, dopredu; **~¦gehen*** <**~ gehen**> (*ging vorwärts, i. vorwärtsgegangen*) napredovať, zlep-

TUV

šovať sa; **~kommen*** <**~ kommen**> (*kam vorwärts, i. o*) obraz. dostať sa dopredu, dosiahnuť čo, uplatniť sa
vorweg napred, vpred
e Vorweg|nahme (≈, *0*) **1** predvídanie, anticipácia **2** vykonanie v predstihu, predčasné vybavenie; **–nehmen*** (*i; a, h. vorweggenommen*) **1** predvídať, anticipovať **2** predčasne vybaviť, vykonať v predstihu
vor|weisen* (*ie, h. ie*) predložiť na kontrolu, preukázať sa
e Vorwelt (≈, *0*) pravený svet **~lich** praveký, dávnoveký
vor|werfen* (*i; a, h. o*) **1** hodiť dopredu **2** obraz. vyčítať (*j-m etw* komu čo)
vorwiegend prevažne, predovšetkým, zväčša
s Vorwissen (*s, 0*) hovor. **1** vedomie; *ohne mein ~* bez môjho vedomia **2** predchádzajúce vedomosti
r Vorwitz (*es, 0*) bezočivosť, trúfalosť, dotieravosť
s Vorwort (*(e)s, e*) predhovor, úvod v knihe
r Vorwurf (*(e)s, ≈e*) **1** výčitka; *Vorwürfe machen* vyčítať **2** námet
s Vorzeichen (*s, ≈*) **1** predzvesť, znamenie **2** mat. znamienko
vor|zeichnen **1** predkresliť, vyznačiť **2** obraz. naznačiť, ukázať; *im seinen Weg ~* ukázať komu cestu
vor|zeigen ukázať, predložiť
e Vorzeit (≈, *0*) pravek, dávnovek, prehistorická doba; **~lich** praveký, dávnoveký
vorzeitig predčasný
vor|ziehen* (*zog vor, h. vorgezogen*) **1** vytiahnuť al. potiahnuť dopredu; *den Vorhang ~* zatiahnuť záves **2** obraz. uprednostniť, dať prednosť komu
s Vorzimmer (*s, ≈*) predsieň
r Vor|zug (*(e)s, ≈e*) **1** prednosť, výhoda; *j-m/etw ~ geben** dávať prednosť komu/čomu **2** vynikajúca vlastnosť, prednosť **3** rak. vyznamenanie v školskom prospechu; **–züglich** výborný, vynikajúci, znamenitý
r Vorzugs|preis (*es, e*) mimoriadne výhodná cena, nízka cena; **e –stellung** (≈, *en*) prednostné al. privilegované postavenie; **–weise** najmä, predovšetkým; **s –zeugnis** (*ses, se*) rak. vysvedčenie s vyznamenaním; **r –zoll** (*s, ≈e*) preferenčné clo
votieren odhlasovať, hlasovaním schváliť
e Votiv|kirche (≈, *n*) votívny, pamätný kostol; **e –tafel** (≈, *n*) votívna, pamätná tabuľa
r, s Voucher ['vaočə] (*s, ≈* al. *s*) poukaz, cestovný šek
vulgär [v...] **1** vulgárny **2** povrchný, vulgarizujúci
r Vulkan [v...] (*s, e*) vulkán, sopka; **r ~ausbruch** (*(e)s, ≈e*) sopečný výbuch; **~isch** vulkanický, sopečný
vulkanisier|en [v...] tech. vulkanizovať; **e –ung** (≈, *en*) tech. vulkanizovanie
v. u. Z. skr. **vor unserer Zeitrechnung** pred naším letopočtom

W

W. skr. **der West(en)** západ
e Waage (≈, *n*) **1** váha, váhy **2** Váhy súhvezdie **3** obraz. rovnováha; *die ~ halten* udržať rovnováhu; **r ~balken** (*s, ≈*) rameno váh, vahadlo
waag(e)recht vodorovný, horizontálny
e Waagschale (≈, *n*) miska váh; **etw auf die ~ legen** uvážiť čo dôkladne; **die Autorität in die ~ werfen*** uplatniť svoju autoritu
e Wabe (≈, *n*) včelársky plást
wach bdiaci, bdelý; *~ sein* bdieť, nespať; *~ werden* prebudiť sa
r Wach|dienst (*es, e*) strážna služba, stráž; **e –e** (≈, *n*) **1** stráž, hliadka **2** strážna služba **3** strážnica; *–e haben* al. *halten, auf –e sein* držať stráž,

byť na stráži; **–en 1** bdieť, nespať **2** strážiť, mať stráž, bedliť (*über j-n/etw* nad kým/čím); **–halten*** (*ä; ie, h. a*) obraz. udržiavať sviežim, bdelým; **r –hund** (*(e)s, e*) strážny pes; **r –mann** (*(e)s, ≈er* al. *Wachleute*) strážnik

r Wachọlder (*s, ≈*) bot. borievka; **r ~schnaps** (*es, 0*) borovička

wach|rufen* (*ie, h. u*) zobudiť, oživiť, vzbudiť; *die Erinnerungen ~* oživiť spomienky

s Wachs (*es, e*) vosk; **r ~abdruck** (*(e)s, ≈e*) voskový odtlačok

wachsam bdelý, ostražitý, bedlivý; **e ~keit** (*≈, 0*) bdelosť, ostražitosť, bedlivosť

wachsen[1]* (*ä; u, i. a*) **1** rásť, narásť, vyrastať **2** pribúdať, narastať; **er ist mir ans Herz gewachsen** prirástol mi k srdcu; **j-m über den Kopf ~** prerásť komu cez hlavu

wachsen[2] (na)voskovať; *die Skier ~* voskovať lyže

wächsern voskový

e Wachs|figur (*≈, en*) vosková figúrka; **s –figurenkabinett** (*(e)s, e*) múzeum voskových figúr známych osobností; **e –kerze** (*≈, en*), **s –licht** (*(e)s, er*) vosková sviečka; **s –papier** (*s, e*) voskovaný papier

e Wach|stube (*≈, en*) strážnica

s Wachs|tum (*s, 0*) rast, rozvoj

e Wachstums|faktoren MNČ rastové faktory; **s –hormon** (*s, e*) anat. rastový hormón; **e –störung** (*≈, en*) rastová porucha

e Wächte <**Wechte**> (*≈, n*) snehový previs

e Wachtel (*≈, n*) zool. prepelica

r Wächter (*s, ≈*) strážca

r Wacht|meister (*s, ≈*) strážmajster; **r –turm** (*es, ≈e*) strážna veža

wack(e)lig 1 vratký, rozkývaný; *ein ~er Stuhl* rozkývaná stolička **2** tackavý

wackeln 1 (*h.*) kývať sa, triasť sa; *der Zahn wackelt* zub sa kýva **2** (*i.*) tackať sa, potácať sa

wacker 1 udatný, smelý odvážny **2** zast. statočný, čestný

e Wade (*≈, n*) anat. lýtko

r Waden|krampf (*es, ≈e*) lek. kŕč v lýtku; **r –strumpf** (*es, ≈e*) podkolienka

e Waffe (*≈, n*) zbraň aj obraz.; *atomare, nukleare ~n einsetzen* nasadiť atómové, nukleárne zbrane; *die ~n strecken* zložiť zbrane; *unter ~n stehen** byť v zbrani

e Waffel (*≈, n*) oblátka

r Waffen|besitz (*es, e*) práv. držba zbraní; **e –kammer** (*≈, n*) zbrojnica; **–los** neozbrojený, bez zbrane; **e –ruhe** (*≈, 0*), **r –stillstand** (*(e)s, 0*) prímerie, prestávka v boji; **e –übung** (*≈, en*) vojenské cvičenie

r Wag(e)hals (*es, ≈e*) odvážlivec, opovážlivec; **~ig** odvážny, trúfalý

r Wagemut (*(e)s, 0*) odvaha, smelosť; **~ig** odvážny, smelý

wagen odvážiť sa, osmeliť sa, opovážiť sa

r Wagen (*s, ≈*) **1** voz, vozidlo **2** vagón, vozeň **3** auto, automobil; *das fünfte Rad am ~* piate koleso na voze; *der Große ~* Veľký voz; *der Kleine ~* Malý voz; **r ~führer** (*s, ≈*) vodič električky ap.; **r ~heber** (*s, ≈*) zdvíhadlo vozidla; **r ~park** (*(e)s, s*) vozňový park; **e ~schmiere** (*≈, n*) kolomaž

r Waggon <**Wagon**> [va'gõ:] (*s, s*) vagón, vozeň; **~weise** <**wagon...**> po vagónoch, vagónmi

s Wagnis (*ses, se*) odvážny čin, riskantný podnik

e Wahl (*≈, en*) **1** voľba, výber **2** polit. voľby; *freie, direkte, geheime ~* slobodné, priame, tajné voľby **3** ekon. kvalita, akosť; *Waren erster ~* tovar prvej akostnej triedy; **r ~aufruf** (*(e)s, e*) polit. volebné vyhlásenie; **r ~ausgang** (*(e)s, 0*) volebný výsledok; **r ~ausschuß** <**...ss**> (*sses, ≈sse*) volebný výbor

wählbar voliteľný

WXYZ

wahlberechtigt oprávnený voliť
r Wahl|bezirk (*(e)s, e*) volebný obvod; **s –bündnis** (*ses, se*) volebný blok
wählen 1 vybrať, zvoliť (si) **2** (z)voliť; *zum Präsidenten ~* zvoliť za prezidenta
r Wahl|erfolg (*(e)s, e*) úspech vo voľbách; **s –ergebnis** (*ses, se*) volebný výsledok
r Wähler (*s, ≈*) volič
wählerisch vyberavý, prieberčivý
e Wähler|liste (*≈, n*) zoznam voličov; **e –schaft** (*≈, 0*) voličstvo, voliči
s Wahlfach (*(e)s, ≈er*) voliteľný predmet v škole
r Wahl|gang (*(e)s, ≈e*) voľba, hlasovanie; **e –kabine** (*≈, n*) volebná kabína; **r –kampf** (*es, ≈e*) volebný boj; **r –kreis** (*es, e*) volebný obvod; **s –lokal** (*s, e*) volebná miestnosť; **–los** bez voľby, bez výberu; **e –parole** (*≈, n*) volebné heslo; **s –recht** (*(e)s, 0*) volebné právo; *aktives, passives –recht* aktívne, pasívne volebné právo; **r –spruch** (*(e)s, ≈e*) volebné heslo; **e –urne** (*≈, n*) volebná urna; **r –zettel** (*s, ≈*) hlasovací lístok
r Wahn (*(e)s, 0*) klamná predstava, blud, sebaklam; **s ~bild** (*(e)s, er*) prelud, vidina; **r ~sinn** (*(e)s, 0*) šialenstvo, pomätenosť; **~sinnig** šialený, pomätený; *~sinnig werden* zošalieť; hovor. *~sinnig verliebt sein* byť šialene zaľúbený
wahr 1 pravdivý **2** skutočný, naozajstný **3** úprimný; **nicht ~?** však?; **das ist ~** to je pravda; **~ machen** uskutočniť
wahren 1 chrániť, brániť **2** zachovať; *ein Geheimnis ~* zachovať tajomstvo
während 1 PREDL s G za, počas; *~ des Krieges* počas vojny **2** SP medzitým čo, zatiaľ čo; **~dessen** medzitým, zatiaľ čo
wahrhaben: *etw nicht ~ wollen* nechcieť čo priznať al. pripustiť
wahrhaft skutočne, naozaj
wahrhaftig 1 PR M skutočný, opravdivý, pravý **2** PRÍSL vskutku, naozaj, skutočne; **e ~keit** (*≈, 0*) **1** úprimnosť **2** pravdivosť, hodnovernosť
e Wahrheit (*≈, en*) pravda; *die bittere, nackte ~* trpká, holá pravda; *um die ~ zu sagen* pravdupovediac; **in ~** v skutočnosti
wahrlich skutočne, vskutku, naozaj
wahr|nehmen* (*i; a, h. wahrgenommen*) **1** vnímať, spozorovať **2** využiť; **e –ung** (*≈, en*) **1** vnímanie, vnem **2** vybavenie, splnenie, uskutočnenie; *die –ung der Geschäfte* uskutočnenie obchodov
wahrsag|en predpovedať, veštiť; **r –er** (*s, ≈*) veštec
wahrscheinlich 1 PR M pravdepodobný **2** PRÍSL asi, pravdepodobne; **e ~keit** (*≈, 0*) pravdepodobnosť; *aller ~eit nach* pravdepodobne, podľa všetkého
e Wahrung (*≈, 0*) **1** chránenie, bránenie **2** zachovávanie
e Währung (*≈, en*) ekon. **1** mena **2** hodnota, valuta
e Währungs|einheit (*≈, en*) menová jednotka; **e –politik** (*≈, 0*) menová politika; **e –reform** (*≈, en*) menová reforma; **e –union** (*≈, en*) menová únia
s Wahrzeichen (*s, ≈*) charakteristický znak, symbol
e Waise (*≈, n*) sirota
s Waisen|haus (*es, ≈er*) sirotinec; **s –kind** (*es, er*) sirota; **e –rente** (*≈, n*) sirotský dôchodok
r Wal (*(e)s, e*) zool. veľryba
r Wald (*(e)s, ≈er*) les, hora; **r ~arbeiter** (*s, ≈*) lesný robotník; **r ~bestand** (*(e)s, ≈e*) lesný porast; **r ~brand** (*(e)s, ≈e*) lesný požiar; **r ~frevel** (*s, 0*) lesný priestupok, lesná krádež; **e ~lichtung** (*≈, en*) rúbanisko; **~reich** bohatý na lesy, lesnatý; **e ~ung** (*≈, en*) lesná oblasť; **r ~weg** (*(e)s, e*) lesná cesta
r Wal|fang (*(e)s, 0*) lov veľrýb; **r**

–**fänger** (*s*, ≈) lovec veľrýb; **r –fisch** (*es*, *e*) hovor. veľryba
r Wall ((*e*)*s*, ≈̈*e*) val, násyp, hrádza
r Wallach ((*e*)*s*, *e*) zool. valach
wallen 1 variť sa, vrieť **2** bás. vlniť sa
wall|fahren (*i.*) putovať; **r –fahrer** (*s*, ≈) pútnik; **e –fahrt** (≈, *en*) púť, cesta na pútnické miesto
e Walnuß <...ss> (≈, *Walnüsse*) vlašský orech plod; **r ~baum** ((*e*)*s*, ≈̈*e*) vlašský orech strom
r, s Walrat ((*e*)*s*, *0*) odb. spermacet, vorvaňovina
s Walroß <...ss> (*rosses*, *rosse*) mrož
walten 1 vládnuť, spravovať; *im Hause* ~ vládnuť v domácnosti **2** pôsobiť; **Gnade ~ lassen*** zľutovať sa, dať sa obmäkčiť
e Walze (≈, *n*) valec, valcovací stroj; **immer dieselbe ~!** stále tá stará pesnička!; **~n 1** (*h.*) valcovať, váľať **2** hovor. tancovať valčík
wälzen váľať, gúľať, kotúľať; **sich ~** váľať sa, gúľať sa; hovor. *sich vor Lachen* ~ váľať sa od smiechu
r Walzer (*s*, ≈) valčík
s Wälzlager (*s*, ≈) valivé ložisko
e Wamme (≈, *n*), **e Wampe** (≈, *n*) **1** lalok **2** hovor. tlsté brucho
e Wand (≈, ≈̈*e*) stena, múr; *eine schalldichte* ~ zvukotesná stena; **s ~brett** ((*e*)*s*, *er*) nástenná polička
r Wandel (*s*, *0*) zmena, premena, obrat; *ein tiefgreifender ~ schaffen** urobiť prenikavú zmenu; **~bar** nestály, premenlivý
r Wandelgang ((*e*)*s*, ≈̈*e*), **e ~halle** (≈, *n*) krytá promenáda, galéria
wandeln 1 (*h.*) zmeniť, meniť **2** (*i.*) kráčať, pochodiť
r Wander|er (*s*, ≈) pocestný, pútnik; **e –fahne** (≈, *n*) putovná zástava; **r –falke** (*n*, *n*) sokol sťahovavý; **e –karte** (≈, *n*) turistická mapa; **–n** (*i.*) **1** putovať, chodiť **2** sťahovať sa, tiahnuť; **e –ung** (≈, *en*) **1** putovanie, výlet peši **2** kočovanie, sťahovanie vtákov, národov; **r –zirkus** (≈, *se*) kočovný cirkus
e Wand|fliese (≈, *n*) obkladačka; **r –kalender** (*s*, ≈) nástenný kalendár; **e –leuchte** (≈, *n*) nástenná lampa
e Wandlung (≈, *en*) zmena, premena
r Wand|schirm ((*e*)*s*, *e*) španielska stena, paraván; **r –schrank** ((*e*)*s*, ≈̈*e*) skriňa v stene, vstavaná skriňa; **e –tafel** (≈, *n*) nástenná tabuľa; **e –|uhr** (≈, *en*) nástenné hodiny; **e –zeitung** (≈, *en*) nástenka v škole ap.
e Wange (≈, *n*) líce; *Grübchen in den ~n* jamky v lícach
r Wankel|mut ((*e*)*s*, *0*) nestálosť, kolísavosť mysle; **–mütig** kolísavý, vratký, nestály
wanken (*i.*) **1** tackať sa, kývať sa **2** obraz. kolísať, váhať, pochybovať
wann kedy; *seit wann?* odkedy?; *bis ~?* dokedy?; ~ *(auch) immer* kedykoľvek; **dann und ~** niekedy, občas
e Wanne (≈, *n*) vaňa
r Wanst (*es*, ≈̈*e*) **1** zool. bachor **2** hovor. veľké brucho, bachor
e Wanze (≈, *n*) zool. ploštica
s Wappen (*s*, ≈) erb, znak; **e ~kunde** (≈, *0*) náuka o erboch, heraldika
e Ware (≈, *n*) tovar
r Waren|absatz (*es*, *0*) odbyt tovaru; **s –haus** (*es*, ≈̈*er*) obchodný dom; **s –lager** (*s*, ≈) sklad tovaru; **e –preisliste** (≈, *n*) cenník tovaru; **e –probe** (≈, *n*) vzorka, ukážka tovaru; **e –sendung** (≈, *en*) zásielka tovaru; **r –umsatz** (*es*, *0*) obrat, odbyt tovaru; **s –zeichen** (*s*, ≈) ochranná značka tovaru
warm 1 teplý; *es ist* ~ je teplo; ~ *werden* otepliť sa; **2** obraz. vrelý, srdečný; *ein ~er Empfang* srdečné prijatie; **~blütig** zool. teplokrvný
e Wärme (≈, *0*) **1** teplo, teplota **2** obraz. vrelosť, srdečnosť; **~beständig** teplovzdorný; **r ~grad** ((*e*)*s*, *e*) stupeň teploty; **s ~kraftwerk** ((*e*)*s*, *e*) tepelná elektráreň; **r ~leiter** (*s*, ≈) fyz. vodič tepla; **~n** (o)hriať, zahriať; **e ~quelle**

(≈, *n*) zdroj tepla; **r ~verbrauch** (*s, 0*) spotreba tepla; **r ~verlust** (*es, e*) tepelná strata

warm|halten* (*ä; ie, h. a*) obraz., hovor. udržať si priazeň koho, udržať si čo

warmherzig dobrosrdečný

warm|laufen* <– **laufen**> (*äu; ie, i. warmgelaufen*) zahrievať chodom naprázdno motor ap.

e Warmluftheizung (≈, *en*) teplovzdušné kúrenie, kúrenie teplým vzduchom

s Warmwasser (*s, 0*) teplá voda; **e ~leitung** (≈, *en*) teplovodné potrubie; **e ~versorgung** (≈, *0*) zásobovanie teplou vodou

e Warn|anlage (≈, *n*) tech. výstražné zariadenie; **–en 1** varovať, vystríhať **2** upozorňovať, napomínať; **s –lichtsignal** (*s, e*) výstražná svetelná návesť; **r –ruf** (*(e)s, e*) výstražné zvolanie; **e –ung** (≈, *en*) výstraha, varovanie

s Warnungs|signal (*s, e*) výstražný signál; **e –tafel** (≈, *n*) výstražná tabuľka

s Warnzeichen (*s,* ≈) výstražné znamenie

e Warte|halle (≈, *n*) čakáreň na stanici; **–n 1** čakať, počkať; *auf sich –n lassen* dať na seba čakať; *warte nur!* len počkaj! **2** ošetrovať, opatrovať, starať sa; *eine Maschine –n* starať sa o stroj

r Wärter (*s,* ≈) **1** opatrovník, ošetrovateľ **2** obsluhovač stroja

r Warte|raum (*(e)s,* ≈̈*e*), **r –saal** (*(e)s, säle*) čakáreň; **e –zeit** (≈, *en*) čakacia lehota; **s –zimmer** (*s,* ≈) čakáreň u lekára

e Wartung (≈, *en*) **1** ošetrovanie, opatrovanie **2** obsluhovanie, údržba stroja

warum prečo; ~ *nicht?* prečo nie?

e Warze (≈, *n*) lek. bradavica

was 1 ZÁM opytovacie čo; ~ *ist?* čo je?; ~ *für ein?* aký? **2** ZÁM vzťažné čo; ~ *mich betrifft* čo sa mňa týka; ~ *auch immer geschehen mag* nech sa stane čokoľvek **3** ZÁM neurčité niečo, dačo, čosi; *das ist ~ ganz anderes* to je niečo celkom iné

e Wasch|anstalt (≈, *en*) práčovňa; **–bar** prací, ktorý možno prať

r Wasch|bär (*en, en*) medviedik čistotný; **s –becken** (*s,* ≈) umývadlo

e Wäsche (≈, *n*) **1** bielizeň **2** pranie; *große ~* veľké pranie; *zur ~* al. *in die ~ geben* dať do prania; **e ~klammer** (≈, *n*) kolík na bielizeň; **e ~leine** (≈, *n*) šnúra na vešanie bielizne

wasch|echt 1 stálofarebný **2** obraz. pravý, nefalšovaný; *ein ~er Wiener* typický Viedenčan

wasch|en* (*ä; u, h. a*) **1** umyť, umývať; *sich die Hände ~* umyť si ruky **2** prať **3** tech. prať, ryžovať; obraz. *j-m den Kopf ~* vyhrešiť koho; **e –küche** (≈, *n*) práčovňa; **r –lappen** (*s,* ≈) uteráčik na umývanie tela; **e –maschine** (≈, *n*) práčka; **s –mittel** (*s,* ≈) prací prostriedok; **s –pulver** (*s,* ≈) prací prášok; **r –raum** (*(e)s,* ≈̈*e*) umyváreň; **e –seide** (≈, *n*) prací hodváb

s Wasser (*s,* ≈ al. ≈̈*er*) voda; *unter ~ setzen* zatopiť vodou; *zu ~ und zu Lande* po vode a po zemi; *mir läuft das ~ im Munde zusammen* zbiehajú sa mi sliny v ústach; **mit allen ~n gewaschen*** všetkými masťmi mazaný; **das ist ins ~ gefallen*** zišlo z toho; **~|abweisend** <**Wasser abweisend**> odb. odpudzujúci vodu, hydrofóbny; **~|arm** chudobný na vodu; **r ~ball** (*s, 0*) šport. vodné pólo

e Wasserblase (≈, *n*) lek. pľuzgier

wasserdicht vodotesný, nepremokavý; **~durchlässig** prepúšťajúci vodu, premokavý; **r ~fall** (*(e)s,* ≈̈*e*) vodopád; **e ~farbe** (≈, *n*) vodová, akvarelová farba; **~fest** nepremokavý; **e ~fläche** (≈, *n*) vodná hladina; **s ~flugzeug** (*(e)s, e*) hydroplán; **r ~gehalt** (*(e)s, 0*) obsah vody, vlhkosť; **~gekühlt** vodou chladený; **r ~hahn** (*(e)s,* ≈̈*e*) tech. vodovodný kohútik; **e**

~heilkunde (≈, *0*) vodoliečba
wässerig 1 vodnatý **2** obraz. mdlý, nevýrazný
e **Wasserjungfer** (≈, *n*) zool. vážka
s **Wasserklosett** (*(e)s, e* al. *s*) splachovací záchod
s **Wasser|kraftwerk** (*(e)s, e*) vodná elektráreň; r **–lauf** (*(e)s, ≃e*) vodný tok; e **–leitung** (≈, *en*) **1** vodovod **2** vodovodné potrubie
wasserlöslich rozpustný vo vode
r **Wassermangel** (*s, 0*) nedostatok vody
r **Wassermann** (*(e)s, ≃er*) **1** vodník **2** len JČ Vodnár znamenie zverokruhu
e **Wassermühle** (≈, *n*) vodný mlyn
wässern 1 zaliať, poliať, zavlažiť **2** máčať, premývať
e **Wasser|nixe** (≈, *n*), e **–nymphe** (≈, *n*) vodná víla, rusalka
e **Wasserpumpe** (≈, *n*) vodné čerpadlo
e **Wasserratte** (≈, *n*) **1** zool. hraboš vodný **2** obraz. vášnivý plavec
wasser|reich bohatý na vodu, vodnatý; e **–scheide** (≈, *n*) geogr. rozvodie; **–scheu** bojaci sa vody; r **–speier** (*s*, ≈) vodný chrlič; r **–sport** (*(e)s, e*) vodný šport; r **–stand** (*(e)s, ≃e*) stav vody, výška vody
r **Wasserstoff** (*(e)s, 0*) chem. vodík; e **~stoffbombe** (≈, *n*) vodíková bomba
e **Wasser|straße** (≈, *n*) vodná cesta; r **–tropfen** (*s*, ≈) kvapka vody; e **–waage** (≈, *n*) vodováha, libela; s **–werk** (*(e)s, e*) **1** vodáreň **2** vodné dielo; e **–wirtschaft** (≈, *0*) vodné hospodárstvo
wäßrig <...ss...> **1** vodnatý **2** obraz. mdlý, nevýrazný
waten (*h./i.*) brodiť sa (*durch etw* čím)
watscheln (*h./i.*) čaptať, kolísavo chodiť
s **Watt**[1] (*(e)s, en*), s **Wattenmeer** (*(e)s, e*) plytčina v Severnom mori
s **Watt**[2] (*s*, ≈) tech. watt
e **Watte** (≈, *n*) vata; obraz. *j-n in ~ packen, wickeln* držať koho ako v bavlnke; r **~bausch** (*es, e* al. *≃e*) chumáčik vaty
s **WC** (≈ al. *s*, ≈ al. *s*) skr. **watercloset** splachovací záchod, WC
weben* **1** (*h.*) tkať **2** bás. (*wob, h. gewoben*) tkať, tvoriť, snovať
r **Weber** (*s*, ≈) tkáč; e **~ẹi** (≈, *en*) **1** tkanie **2** tkáčovňa **3** tkanina
r **Wechsel** (*s*, ≈) **1** zmena, premena **2** zmenka; *der ~ ist fällig* zmenka je splatná; e **~beziehung** (≈, *en*) vzájomný vzťah, vzájomnosť; e **~fälle** MNČ zmeny, osudy života; s **~geld** (*(e)s, er*) drobné peniaze; s **~getriebe** (*s*, ≈) tech. prevodovka, rýchlostná skriňa; **~haft** striedavý, premenlivý; r **~inhaber** (*s*, ≈) majiteľ zmenky; e **~jahre** MNČ lek. prechod, klimaktérium; r **~kurs** (*es, e*) devízový kurz
wechseln 1 (z)(vy)meniť **2** meniť sa, striedať sa; **~d** premenlivý, nestály, striedavý
r **Wechselreim** (*(e)s, e*) lit. striedavý rým
wechsel|seitig vzájomný, obojstranný; r **–strom** (*(e)s, ≃e*) tech. striedavý prúd
e **Wechselstube** (≈, *n*) zmenáreň
weck|en (zo)budiť, vzbudiť; r **–er** (*s*, ≈) budík; *den –er stellen* nastaviť budík
s **Weckglas** (*es, ≃er*) pohár na zaváranie
r **Wedel** (*s*, ≈) **1** vejár **2** metlička; **~n 1** vrtieť **2** kývať; *der Hund wedelt mit dem Schwanz* pes vrtí chvostom
weder: *~... noch...* ani... ani...; *~ Zeit noch Geld für etw haben* nemať ani peniaze ani čas na čo
r **Weg** (*(e)s, e*) **1** cesta, chodník i obraz.; *auf halbem ~e* na pol cesty; *sich auf den ~ machen* vydať sa na cestu; *vom ~e abkommen* zísť z cesty **2** spôsob, priebeh, metóda; *auf privatem ~* súkromnou cestou; *etw in die ~e leiten* iniciovať, zariadiť čo
weg preč; *er ist ~* je preč; *~ da!* preč odtiaľto!; hovor. *ganz ~ sein* byť celý

bez seba

weg|blasen* (*ä; ie, h. a*) odfúknuť; obraz. *der Schmerz war wie ~* bolesť zrazu ustúpila; **–|bleiben*** (*ie, i. ie*) neprísť, nezúčastniť sa, vynechať; **–|denken*** (*dachte weg, h. weggedacht*) odmyslieť si čo

r Wegelagerer (*s, ≈*) zbojník okrádajúci pocestných

wegen PREDL s G pre, kvôli; **von Amts ~** z úradnej moci

r Wegerich (*s, e*) bot. skorocel

weg|fahren* **1** (*ä; u, h. a*) odviezť **2** (*ä; u, i. a*) odísť, odcestovať; **–|gehen*** (*ging weg, i. weggegangen*) **1** odísť pešo **2** hovor. míňať sa; **–|kommen*** (*kam weg; i. weggekommen*) odísť, vzdialiť sa; *mach das du wegkommst!* strať sa!, zmizni!

weg|lassen* (*ä; ließ weg, h. a*) **1** pustiť, nechať odísť (*j-n* koho) **2** vynechať, vypustiť (*etw* čo); *die letzte Szene ~* vynechať poslednú scénu

weg|laufen* (*äu; ie, i. au*) utiecť, ujsť; *das läuft mir nicht weg* to mi neutečie, to počká

weg|legen **1** odložiť, dať bokom **2** odložiť, našetriť

weg|nehmen* (*i; a, h. weggenommen*) **1** vziať, zobrať **2** zaberať miesto

weg|räumen odstrániť, odpratať

weg|reisen (*i.*) odcestovať

weg|schmeißen* (*i <...ss...>, h. weggeschmissen*) hovor. vyhodiť, zahodiť

weg|schnappen hovor. uchytiť, uchmatnúť; *j-m etw vor der Nase ~* uchmatnúť čo komu spred nosa

weg|sehen* (*ie; a, h. e*) **1** pozerať bokom, odvrátiť pohľad **2** (*über j-n/etw* cez koho/čo) pozerať cez čo, nevšímať si

weg|stehlen* (*ie; a, h. o*) vziať, ukradnúť; **sich ~*** vykradnúť sa, vytratiť sa

weg|waschen* (*ä; u, h. a*) zmyť, vymyť

r Wegweiser (*s, ≈*) **1** smerovník, ukazovateľ cesty **2** sprievodca príručka

weg|werfen* (*i; a, h. o*) odhodiť, zahodiť, vyhodiť aj obraz.; **~d** opovržlivý, pohŕdavý

e Wegzehrung (*≈, en*) **1** zásoba, jedlo na cestu **2** cirk. posledné pomazanie

weh **1** PRÍSL: *weh tun* bolieť, spôsobiť bolesť; *j-m ~ tun* ublížiť komu; *die Hand tut mir weh* bolí ma ruka **2** CITOSL ach, jaj! ó, beda!; *weh(e) dir!* beda ti!

s Weh (*s, 0*) žiaľ, bôľ, bolesť, zármutok; **mit Ach und ~** s achkaním a stonaním, horko-ťažko

e Wehe[1] (*≈, n*) závej snehový ap.

e Wehe[2] (*≈, n*) obyčajne MNČ pôrodné bolesti

wehen **1** viať, fúkať **2** zaviať, zafúkať

wehleidig precitlivený, chúlostivý, nedotklivý

e Weh|mut (*s, 0*) žiaľ, bôľ, zármutok, ľútosť; **–mütig, –mutsvoll** žalostný, smutný

s Wehr[1] (*s, e*) hať

e Wehr[2] (*≈, 0*) zast. odpor, obrana; *sich zur ~ setzen* postaviť sa na odpor

r Wehrdienst (*es, e*) vojenská služba; *zum ~ einberufen werden* byť povolaný do vojenskej služby; **e ~verweigerung** (*≈, en*) odopretie vojenskej služby

wehren (za)brániť, zabraňovať; **sich ~** brániť sa

r Wehrersatzdienst (*es, 0*) náhradná vojenská služba

s Wehr|gesetz (*es, e*) branný zákon; **e –kraft** (*≈, 0*) branná sila

wehrlos bezbranný; **e ~igkeit** (*≈, 0*) bezbrannosť

e Wehrmacht (*≈, 0*) branná moc v nacistickom Nemecku

e Wehrpflicht (*≈, 0*) branná povinnosť; **~ig** podliehajúci povinnej vojenskej službe

s Wehwẹhchen (*s, ≈*) hovor. bolačka

s Weib (*(e)s, er*) **1** hovor., zast. žena

2 hanl. stará žena, baba; **s ~chen** (*s,* ≈) **1** hovor. ženuška, ženička **2** zool. samička; **~lich** ženský; **e ~lichkeit** (≈, *0*) ženskosť
s Weibsbild (*es, er*) hanl. ženština, ženská
weich 1 mäkký opak tvrdý; *ein ~es Ei* vajce na mäkko **2** jemný, nežný; *ein ~es Herz haben* mať mäkké srdce
s Weichbild (*(e)s, er*) obvod mesta
e Weiche[1] (≈, *n*) výhybka
e Weiche[2] (≈, *n*) anat. bok, slabina
weichen* (*i, i. i*) ustúpiť, povoliť
r Weichen|steller (*s,* ≈), **r –wärter** (*s,* ≈) výhybkár
e Weich|heit (≈, *en*) mäkkosť, jemnosť, citlivosť; **e –herzigkeit** (≈, *0*) dobrosrdečnosť; **–lich** mäkký, precitlivený; **r –ling** (*s, e*) slaboch, rozmaznanec
e Weichsel (≈, *n*), **e ~kirsche** (≈, *n*) višňa strom i plod
e Weichteile MNČ anat. mäkké časti tela, slabiny
s Weichtier (*es, e*) mäkkýš
e Weide (≈, *n*) **1** pastvina, paša **2** bot. vŕba; **~n** (na)pásť; **sich ~n** obraz. kochať sa, pásť sa očami (*an etw* na čom)
r Weiden|baum (*(e)s, ≈e*) vŕba; **s –kätzchen** (*s,* ≈) vŕbová jahňada
weid|gerecht podľa poľovníckych pravidiel; **–lich** obraz. poriadne, náležite; **r –mann** (*(e)s, ≈er*) poľovník, lovec; *Weidmannsheil!* lovu zdar!; **s –messer** (*s,* ≈) poľovnícky nôž
weiger|n odoprieť (*j-m etw* komu čo); **sich ~** zdráhať sa; **e –ung** (≈, *en*) zdráhanie, odmietnutie
e Weih|e posvätenie, vysvätenie; **–en 1** (po)svätiť **2** venovať, zasvätiť; *sein Leben der Kunst ~* zasvätiť život umeniu; *dem Tode geweiht* odsúdený na smrť
r Weiher (*s,* ≈) rybník
weihevoll posvätný, sviatočný
s, e Weihnacht|en (*s, 0*), **e ~** MNČ Vianoce; *fröhliche(s) ~!* veselé Vianoce!; **–lich** vianočný
r Weihnachts|abend (*(e)s, e*) Štedrý večer; **r –baum** (*(e)s, ≈e*) vianočný stromček; **e –bescherung** (≈, *en*) vianočná nádielka, darčeky; **s –lied** (*(e)s, er*) vianočná pieseň, koleda; **r –mann** (*(e)s, ≈er*) v Nemecku deduško, ktorý nosí darčeky, Santa Claus; **e –stolle** (≈, *n*) vianočka
r Weih|rauch (*(e)s, 0*) kadidlo; **s –wasser** (*s, 0*) svätená voda
weil keďže, pretože, lebo
e Weile (≈, *n*) chvíľa, okamih; **eile mit ~** pomaly ďalej zájdeš
r Wein (*(e)s, e*) **1** víno **2** vinič **3** len JČ hrozno; **r ~bau** (*(e)s, 0*) pestovanie viniča, vinohradníctvo; **e ~beere** (≈, *n*) hroznová bobuľa; **r ~berg** (*(e)s, e*) vinica, vinohrad; **r ~brand** (*(e)s, ≈e*) vínovica
weinen plakať; *vor Freude ~* plakať od radosti
e Wein|karte (≈, *n*) nápojový lístok, cenník vín; **r –keller** (*s,* ≈) **1** vínna pivnica **2** vináreň; **e –lese** (≈, *0*) oberačka hrozna, vinobranie; **e –rebe** (≈, *n*), **r –stock** (*(e)s, ≈e*) vinič; **e –stube** (≈, *n*) vinárnička, malá vináreň; **e –traube** (≈, *n*) hrozno
weise múdry, rozumný
r Weise[1] (*n, n*) mudrc, múdry človek
e Weise[2] (≈, *n*) **1** spôsob, metóda; *auf diese ~* týmto spôsobom, takto **2** hud. nápev, melódia
weisen* (*ie, h. ie*) **1** ukázať smer **2** vykázať, vyhnať, vyhodiť; *j-n aus dem Hause ~* vyhodiť koho z domu
e Weisheit (≈, *en*) múdrosť; **mit seiner ~ zu/am Ende sein** nevedieť si rady, byť na konci so svojou múdrosťou
weiß biely; *~ wie Schnee* biely ako sneh; **etw schwarz auf ~ haben** mať čo čierne na bielom
s Weißbrot (*(e)s, e*) biely chlieb
e Weißbuche (≈, *n*) bot. hrab
weißen (vy)bieliť, natierať vápnom
e Weißglut (≈, *0*) biely žiar v hutníctve;

WXYZ

j-n in ~ bringen al. **bis zur ~ reizen** dráždiť koho až do zúrivosti
r Weißkohl (*s, 0*), **s ~kraut** (*(e)s, 0*) biela hlávková kapusta
e Weißwaren MNČ bielizeň
r Weißwein (*(e)s, e*) biele víno
e Weisung (*≈, en*) pokyn, príkaz, nariadenie
weit[1] PR M **1** široký, šíry, rozsiahly **2** ďaleký, vzdialený **3** voľný, nepriliehavý o odeve
weit[2] PRÍSL **1** široko, naširoko **2** ďaleko **3** omnoho, oveľa; **~ und breit** široko ďaleko; **zu ~ gehen*** prekročiť hranice, zájsť príliš ďaleko; **~aus** ďaleko, omnoho; *~aus schneller* oveľa rýchlejšie; **~blickend <~ blickend>** prezieravý, predvídavý
e Weite[1] (*≈, n*) **1** diaľka, veľkosť, rozsiahlosť **2** vzdialenosť **3** objem, obvod
s Weite[2] (*≈, 0*) diaľka, diaľava; **das ~ suchen** utiecť; **~n (sich)** šíriť, rozširovať (sa)
weiter 1 (2. stupeň k *weit*) širší, vzdialenejší, ďalší **2** PRÍSL ďalej, naďalej, ináč, okrem toho; *und so ~* a tak ďalej; **ohne ~es** bez všetkého, bez okolkov; **bis auf ~es** zatiaľ, až do ďalšieho rozhodnutia
e Weiter|bildung (*≈, 0*) ďalšie vzdelávanie po skončení školy; **e –|entwicklung** (*≈, en*) ďalší rozvoj
weiter|fahren* (*ä; u, i. a*) ísť ďalej, pokračovať v jazde; **–|gehen* <– gehen*>** (*ging weiter, i. weitergegangen*) pokračovať v ceste, ísť ďalej
weiterhin 1 naďalej, ďalej **2** okrem toho, popri tom
weiter|leiten postúpiť, odovzdať ďalej; *eine Sache ans Gericht ~* postúpiť vec na súd
weit|gehend <– gehend> ďalekosiahly, rozsiahly
weither zďaleka
weit|läufig 1 podrobný, obšírny **2** rozsiahly, priestranný; **–schweifig** zdĺhavý, zbytočne obšírny, rozvláčny
weitsichtig 1 lek. ďalekozraký **2** obraz. prezieravý, predvídavý
r Weitsprung (*s, ≈e*) šport. skok do diaľky
weit|verbreitet <– verbreitet> veľmi rozšírený; **–verzweigt <– verzweigt>** veľmi rozkonárený, naširoko rozvetvený i obraz.
r Weizen (*s, 0*) pšenica
welch, welcher 1 ZÁM opytovacie ktorý, aký; *in welchem Jahr?* v ktorom roku?; *aus welchem Grunde?* z akého dôvodu? **2** ZÁM neurčité niektorý, nejaký, dajaký; *~ auch immer* niektorý, ktorýkoľvek **3** v zvolacích vetách aký; *welch ein schönes Bild!* aký krásny obraz!
welcher|art akého druhu, akým spôsobom; **–lei** akýkoľvek, hocktorý
welk zvädnutý, odkvitnutý i obraz.; **~en** (*i.*) (z)vädnúť
s Wellblech (*(e)s, e*) vlnitý plech
e Welle (*≈, n*) **1** vlna i fyz. **2** vlna, kučera vlasov **3** tech. hriadeľ **4** šport. toč; **~n** zvlniť vlasy; **sich ~n** vlniť sa
r Wellen|bereich (*(e)s, e*) tech. vlnový rozsah; **r –gang** (*(e)s, 0*) vlnenie; **e –länge** (*≈, n*) tech. vlnová dĺžka
r Wellensittich (*s, e*) zool. papagájec vlnkovaný, hovor. andulka
e Welt (*≈, en*) svet; *eine Reise um die ~* cesta okolo sveta; *aus der ~ schaffen* zniesť zo sveta; *zur ~ kommen* prísť na svet
s Welt|all (*s, 0*) vesmír, kozmos
e Welt|anschauung (*≈, en*) svetonázor
welt|bekannt, –berühmt svetoznámy
r Weltbürger (*s, ≈*) svetoobčan, kozmopolita
s Welt|ende (*s, 0*) koniec sveta
weltfremd nepoznajúci svet, neskúsený, nepraktický
r Weltfrieden (*≈, 0*) svetový mier; **e ~bewegung** (*≈, 0*) svetové mierové hnutie
e Weltgeschichte (*≈, 0*) svetové de-

jiny
e Welt|herrschaft (≈, *0*) svetovláda; **r –krieg** (*(e)s, e*) svetová vojna; **–lich** svetský **1** pozemský **2** necirkevný, laický; **e –macht** (≈, *≈e*) svetová veľmoc
r Weltmeister (*s,* ≈) šport. majster sveta; **e ~schaft** (≈, *en*) šport. majstrovstvá sveta
r Welt|raum (*(e)s, 0*) vesmír, kozmický priestor; **r –fahrer** (*s,* ≈) kozmonaut; **e ~forschung** (≈, *en*) výskum vesmíru; **s ~schiff** (*(e)s, e*) kozmická loď; **e ~station** (≈, *en*) kozmická stanica
e Weltreise (≈, *n*) cesta okolo sveta
r Weltruhm (*(e)s, 0*) svetová sláva, svetoznámosť
e Weltstadt (≈, *≈e*) veľkomesto, miliónové mesto
r Welt|untergang (*s, 0*) zánik sveta
e Weltwirtschaftskrise (≈, *n*) svetová hospodárska kríza
s Weltwunder (*s,* ≈) div sveta; *die Sieben ~* sedem divov sveta
wem D komu; ~ *auch immer* komukoľvek
wen A koho; ~ *auch immer* kohokoľvek
e Wende (≈, *n*) **1** obrat, zvrat, zmena **2** rozhranie; *um die ~ des 19. zum 20. Jahrhundert* na rozhraní 19. a 20. storočia
r Wendekreis (*es, e*) obratník; ~ *des Krebses* obratník Raka
e Wendel (≈, *n*) tech. skrutkovica; **r ~bohrer** (*s,* ≈) špirálovitý vrták; **e ~treppe** (≈, *n*) točité schody
wenden* (*wandte* al. *wendete, h. gewandt* al. *gewendet*) obrátiť, otočiť; *bitte ~!* obráťte prosím! na ďalšiu stranu; **sich ~ 1** obrátiť sa, otočiť sa **2** obrátiť sa so žiadosťou ap. (*an j-n* na koho)
r Wendepunkt (*es, e*) bod obratu, obrat
wendig 1 ľahko ovládateľný **2** obraz. obratný, pohotový
e Wendung (≈, *en*) **1** obrat, otočenie **2** obraz. zmena, obrat **3** lingv. slovný zvrat, slovné spojenie; *eine feste ~* ustálené slovné spojenie
wenig 1 málo; ~ *Zeit haben* mať málo času **2** trochu **3** zriedka; *wir sehen uns nur noch ~* vídame sa len zriedka; **~er 1** 2. stupeň k *wenig* **2** mat. bez, mínus; *vier ~ drei ist eins* štyri bez troch je jeden; **~stens** aspoň, prinajmenšom
wenn 1 keby; ~ *er zu Hause wäre* keby bol doma **2** keď, len čo **3** kedykoľvek, hocikedy, keď; **~ auch** aj keď; **~ nur** keby len
wer kto; ~ *auch immer* ktokoľvek
e Werbe|abteilung (≈, *en*) reklamné oddelenie; **e –kosten** MNČ výdavky na reklamu
werben* (*i; a, h. o*) **1** propagovať, robiť reklamu (*für j-n/etw* komu/čomu) **2** získavať pracovníkov ap. **3** uchádzať sa, usilovať sa (*um j-n/etw* o koho/čo)
e Werbetrommel (≈, *n*): *die ~ rühren* robiť reklamu, propagovať
e Werbung (≈, *en*) **1** reklama, propaganda **2** získavanie, nábor
r Werdegang (*(e)s, 0*) **1** priebeh vývoja **2** životná al. profesijná dráha
werden* (*wirst; wurde, i. geworden*) **1** stať sa, vyvíjať sa, meniť sa; *was will er ~?* čím sa chce stať?; *alt, taub, rot ~* zostarnúť, ohluchnúť, očervenieť **2** vznikať, vzniknúť **3** byť, uskutočniť sa; *daraus wird nichts* z toho nič nebude **4** pomocné sloveso: *ich werde lesen* budem čítať; *ich würde schlafen* spal(a) by som
werf|en* (*i; a, h. o*) **1** hodiť, hádzať, vrhnúť; *mit Geld um sich ~* rozhadzovať peniaze **2** vrhnúť, mať mladé o zvieratách; **sich ~** vrhnúť sa, hodiť sa; *sich j-m zu Füßen ~* hodiť sa komu k nohám; **r –er** (*s,* ≈) šport. vrhač
e Werft (≈, *en*) lodenica
s Werk (*(e)s, e*) **1** dielo, práca, činnosť; *ans ~ gehen* pustiť sa do práce **2** dielo, výtvor i obraz.; *das ist dein ~* to je tvoje dielo, to si zapríčinil ty **3** zá-

vod, podnik; **~en** pracovať, byť činný; **e ~statt** (≈, ≈*en*) dielňa, ateliér; **r ~tag** ((*e*)*s*, *e*) pracovný deň; **~tags** v pracovné dni; **~tätig** pracujúci, činný; **r ~tätige** (*n*, *n*) pracujúci; **r ~vertrag** ((*e*)*s*, ≈*e*) pracovná zmluva; **s ~zeug** ((*e*)*s*, *e*) nástroj, náradie

r Wermut (*s*, *0*) **1** bot. palina pravá **2** obraz. trpkosť, horkosť; **r ~wein** ((*e*)*s*, *e*) vermút

wert 1 drahý, cenný, hodnotný **2** drahý, milý **3** vzácny, ctený; *~e Herren!* vážení páni! **4** hodný, dôležitý; *das ist nicht der Rede ~* to nestojí za reč

r Wert ((*e*)*s*, *e*) **1** cena, hodnota; *im ~e von fünf Kronen* za päť korún **2** dôležitosť, význam; *großen ~ auf etw legen* klásť dôraz na čo; **~beständig** majúci stálu hodnotu; **~en** ceniť, oceňovať, hodnotiť; **r ~gegenstand** ((*e*)*s*, ≈*e*) cenný predmet

wertlos bezcenný, bezvýznamný

s Wertpapier ((*e*)*s*, *e*) práv. cenný papier

wertvoll cenný, hodnotný

s Wertzeichen (*s*, ≈) cenina

s Wesen (*s*, ≈) **1** podstata, základ, jadro **2** povaha, charakter **3** tvor, bytosť; *ein menschliches ~* ľudská bytosť; **~haft 1** jestvujúci, skutočný **2** podstatný, dôležitý **3** príznačný, charakteristický

wesenlos nepodstatný, bezvýznamný, bezobsažný

wesens|eigen charakteristický, svojský; **–gleich** totožný, identický; **s –merkmal** ((*e*)*s*, *e*), **r –zug** ((*e*)*s*, ≈*e*) povahová črta

wesentlich 1 podstatný, hlavný **2** značný; **s ~e** (*n*, *0*) podstata, podstatné črty

weshalb prečo

e Wespe (≈, *n*) osa

wessen G koho, čoho, čí

e Weste (≈, *n*) vesta; obraz. **eine reine ~ haben** mať čistý štít

r West|en (*s*, *0*) Západ; **(s) –|europa** (*s*, *0*) západná Európa; **–lich 1** PRÍM západný **2** PRÍSL západne, na západ od; *–lich von Berlin* na západ od Berlína; **e –mächte** MNČ západné veľmoci; **–wärts** smerom na západ; **r –wind** ((*e*)*s*, *e*) západný vietor

wett vyrovnaný, hovor. kvit; *~ werden* hovor. vyrovnať sa, byť si kvit

r Wettbewerb ((*e*)*s*, *e*) súťaž, súťaženie; *einen ~ ausschreiben* vypísať súťaž

e Wette (≈, *n*) stávka; *eine ~ abschließen* uzavrieť stávku; *was gilt die ~?* o čo sa stavíme?; **~n 1** staviť sa, uzavrieť stávku (*mit j-m um etw* s kým o čo) **2** staviť na čo, dať do stávky

wett|eifern pretekať sa, zápoliť

s Wetter (*s*, ≈) **1** počasie **2** búrka, nečas **3** len MNČ vetry, plyny v bani; **r ~bericht** ((*e*)*s*, *e*) správa o počasí; **r ~dienst** (*es*, *0*) poveternostná služba; **s ~glas** (*es*, ≈*er*) hovor. barometer; **e ~lage** (≈, *0*) poveternostná situácia; **e ~vorhersage** (≈, *n*) predpoveď počasia; **e ~warte** (≈, *n*) meteorologická stanica

r Wett|kampf (*es*, ≈*e*) preteky; **r –kämpfer** (*s*, ≈) pretekár; **r –lauf** ((*e*)*s*, ≈*e*) bežecké preteky

wett|machen (*machte wett, h. wettgemacht*) vyrovnať, nahradiť stratu ap.

s Wettrüsten (*s*, *0*) preteky v zbrojení, horúčkovité zbrojenie

r Wettstreit (*es*, *e*) zápas, súťaženie, súperenie

wetzen 1 (*h.*) ostriť, brúsiť **2** (*i.*) hovor. utekať, uháňať, upaľovať

WG skr. **e Wohnungsgemeinschaft** (≈, *en*) osoby bývajúce spolu v jednom byte

e Wichse (≈, *n*) **1** leštidlo na obuv **2** hovor. výprask; **~n 1** leštiť parkety, obuv **2** hovor. zbiť, stĺcť

s Wichtelmännchen (*s*, ≈) škriatok, trpaslík

wichtig dôležitý, závažný; *~ tun* robiť sa dôležitým; **e ~keit** (≈, *en*) dôležitosť, závažnosť; *von großer ~keit*

WXYZ

sein byť veľmi dôležitý
r Wickel (*s,* ≈) **1** klbko **2** zvitok, závitok **3** lek. obklad; **s ~kind** (*(e)s, er*) nemluvňa, dieťa v perinke; **~n 1** navinúť, navíjať **2** zavinúť, zabaliť dieťa
e Wicklung (≈, *en*) tech. vinutie, navíjanie
r Widder (*s,* ≈) baran
wider PREDL s A proti; ~ *Willen* proti vôli; ~ *den Strom* proti prúdu; **~borstig** hovor. nepoddajný, zježený
widerfahren* (*ä; u, i. a*) prihodiť sa, stať sa; *j-m Gerechtigkeit ~ lassen* urobiť komu čo podľa práva
r Widerhall (*(e)s, e*) **1** ozvena, echo **2** obraz. ozvena, ohlas
widerlẹgen vyvrátiť pochybnosti ap.
widerlich odporný, hnusný, protivný
widernatürlich neprirodzený
widerrechtlich protiprávny, protizákonný
e Widerrede (≈, *n*) odvrávanie
r Widerruf (*(e)s, e*) odvolanie, zrušenie; **~rụfen*** (*ie, h. u*) odvolať, poprieť, zrušiť
r Widersacher (*s,* ≈) súper, odporca, protivník
widersẹtzen sich vzpierať sa, odporovať
widersinnig nezmyselný, nerozumný; **~spenstig** neústupný, tvrdošijný
widerspiegeln odraziť, odzrkadliť; **sich ~** odzrkadliť sa
wider|sprẹchen* (*i; a, h. o*) **1** odvrávať, oponovať **2** protirečiť; **sich ~** odporovať si, protirečiť si; **r –spruch** (*(e)s, ≈e*) **1** protirečenie, námietka, odpor **2** protirečenie, protiklad; *in –spruch zu etw* v rozpore s čím
r Widerstand (*s, ≈e*) odpor i fyz.; ~ *leisten* odporovať
e Widerstands|bewegung (≈, *en*) hnutie odporu; **–fähig** schopný odporu, odolný; **e –kraft** (≈, ≈*e*) odolnosť; **–los** bez odporu, neodporujúci
widerstẹhen* (*widerstand, h. widerstanden*) odporovať, vzpierať sa
wider|wärtig 1 protivný, odporný **2** nepríjemný, mrzutý; **r –wille** (*ns, 0*) nechuť, odpor, nevôľa; **–willig** s nechuťou, s odporom
widm|en venovať; *j-m/etw Aufmerksamkeit ~* venovať pozornosť komu/čomu; **sich ~** venovať sa; **e –ung** (≈, *en*) venovanie; *j-m eine –ung in das Buch schreiben* napísať komu venovanie do knihy
widrig 1 nepríjemný **2** nepriaznivý
wie 1 PRÍSL ako; ~ *schnell?* ako rýchlo?; ~ *bitte?* ako, prosím?; ~ *zum Beispiel* ako napríklad **2** SP ako, ako aj; *er ist so groß wie du* je taký vysoký ako ty; ~ *dem auch sei* nech je ako chce; ~ *wäre es mit…?* čo takto…?
r Wiedehopf (*(e)s, e*) zool. dudok
wieder opäť, zase, znovu; **r ~|aufbau** (*(e)s, 0*) obnova, rekonštrukcia
wieder|beleben 1 lek. oživiť, priviesť k životu **2** obnoviť, prebudiť k životu
wieder|erkennen* <~ **erkennen**> (*erkannte wieder, h. wiedererkannt*) opäť poznať, spoznať; *einen Verbrecher ~* spoznať zločinca
e Wieder|er|öffnung (≈, *0*) opätovné otvorenie, znovu otvorenie
e Wieder|gabe (≈, *n*) **1** (na)vrátenie **2** reprodukcia, prednes, podanie diela, textu; **–|geben*** (*i; a, h. e*) **1** vrátiť **2** reprodukovať, podať, predniesť
wieder|gutmachen <– **gutmachen**> napraviť zlo, nahradiť; **e –gụtmachung** (≈, *en*) napravenie, náhrada
wiederhẹr|stellen 1 uviesť do pôvodného stavu, obnoviť, rekonštruovať **2** obraz. obnoviť, regenerovať
wieder|hol|en (z)opakovať; **e –ung** (≈, *en*) opakovanie
r Wiederholungs|fall (*(e)s, ≈e*) opätovný prípad; **e –prüfung** (≈, *en*) opravná skúška; **s –zeichen** (*s,* ≈) hud. opakovacie znamienko
s Wiederhören (*s, 0*): *auf ~!* dopočutia!
e Wieder|inbesitznahme (≈, *0*) opätovné prevzatie vlastníctva

r Wieder|käuer (*s,* ≈) zool. prežúvavec
e Wieder|kehr (≈, *0*) **1** návrat z cesty **2** opakovanie motívu ap.
wieder||sehen* <– **sehen**> (*ie; a, h. e*) znovu uvidieť, stretnúť; *wann sehen wir uns wieder?* kedy sa zase uvidíme?; **s Wiedersehen** (≈, *0*): *auf ~!* dovidenia!
wiederum 1 zase, opäť **2** naproti tomu
e Wieder|ver|einigung (≈, *en*) opätovné spojenie, zjednotenie
e Wieder|wahl (≈ *en*) opätovné zvolenie
e Wiege (≈, *n*) kolíska i obraz.
wiegen[1] **1** kolísať, hojdať **2** nadrobno posekať petržlen ap.
wiegen[2]* (*o, h. o*) **1** vážiť, zisťovať hmotnosť **2** vážiť, mať váhu
r Wiegendruck (*(e)s, e*) prvotlač
s Wiegenlied (*(e)s, er*) uspávanka
wiehern 1 erdžať o koňovi **2** obraz. hlučne sa smiať
e Wiese (≈, *n*) lúka
s Wiesel (*s,* ≈) zool. lasica
wieso hovor. ako to, akože, prečo
wieviel <**wie viel**> koľko; **~te** koľký v poradí; *den ~ten haben wir heute?* koľkého je dnes?
wiewohl i keď, hoci
wieweit pokiaľ
wild 1 divý, divoký **2** neupravený, nepestovaný **3** prudký, bujný **4** zúrivý **5** nespútaný, živý
s Wild (*es, 0*) **1** lovná zver **2** kuch. divina; **s ~bret** (*(e)s, 0*) kuch. divina
wildern pytliačiť
wildfremd hovor. úplne cudzí, celkom neznámy
e Wildheit (≈, *en*) divokosť, divosť
s Wildleder (*s, o*) semiš
r Wildling (*s, e*) **1** bot. výhonok **2** obraz. divoch, nezbedník
e Wildnis (≈, *se*) divá krajina, divočina
s Wildschwein (*(e)s, e*) diviak
r Wille (*ns, 0*), **r ~n** (*s, 0*) vôľa; *der Letzte ~* posledná vôľa, testament; *beim besten ~n* pri najlepšej vôli
willen PREDL *um... willen* s G kvôli, pre; *um des Friedens ~* pre pokoj, pre mier; *um Gottes willen!* preboha!
willenlos bez vôle
willens: *~ sein* mať v úmysle, hodlať
e Willens|freiheit (≈, *0*) sloboda vôle; **e –stärke** (≈, *0*) sila vôle, rozhodnosť
will|fahren (*willfahrte, h. willfahrt*) vyhovieť, urobiť po vôli; **–fährig** povoľný, poddajný, ústupčivý, ochotný
willig ochotný, úslužný; **~en** prejaviť súhlas, súhlasiť s čím (*in etw* s čím); *in den Vorschlag ~* súhlasiť s návrhom
willkommen vítaný, vhodný; **s, r Willkommen** (*s,* ≈) privítanie, zvítanie sa, pozdravenie; **r ~gruß** (*es, ≈ße*) pozdrav na privítanie
e Willkür (≈, *0*) **1** zlovôľa, násilie **2** svojvôľa, ľubovôľa; **~lich 1** svojvoľný, panovačný **2** zámerný, schválny
wimmeln hemžiť sa, hmýriť sa
wimmern fňukať, mrnčať, nariekať
r Wimpel (*s,* ≈) trojuholníková vlajka, zástavka
e Wimper (≈, *n*) mihalnica; **e ~n|tusche** (≈, *n*) tuš, farba na mihalnice
r Wind (*(e)s, e*) vietor; **etw in den ~ schlagen*** nedbať na čo; **in den ~ reden** hovoriť do vetra
r Windbeutel (*s,* ≈) **1** kuch. veterník **2** hovor. vetroplach, pochábeľ
e Winde (≈, *n*) **1** tech. navijak **2** bot. pupenec
e Windel (≈, *n*) plienka
winden[1]* (*a, h. u*) **1** viť, uviť, oviť **2** motať, krútiť; **sich ~** vinúť sa, krútiť sa (*um etw* okolo čoho)
winden[2]: *es windet* fúka vietor, je veterno
e Wind|fahne (≈, *n*) veterná smerovka; **r –hund** (*(e)s, e*) **1** chrt **2** hovor. vetroplach, pochábeľ; **–ig 1** veterný **2** ľahkomyseľný, vrtkavý, nespoľahlivý; **e –mühle** (≈, *n*) veterný mlyn

e Windpocken MNČ lek. varicella, ovčie kiahne

e Windschutzscheibe (≈, *n*) čelné sklo auta

e Wind|stille (≈, *0*) bezvetrie; **r –stoß** (*es*, *≈e*) náraz vetra; **–wärts** po vetre; **r –zug** (*(e)es*, *0*) prievan

r Wink (*(e)s*, *e*) pokynutie, pokyn, rada

r Winkel (*s*, ≈) **1** mat. uhol; *spitzer, rechter, stumpfer ~* ostrý, pravý, tupý uhol **2** obraz. kút, zákutie, tiché miesto; *im ~ des Herzens* v kútiku srdca; **~förmig** uhlový; **~ig** krivolaký, kľukatý; **r ~messer** (*s*, ≈) uhlomer

e Winkelzüge MNČ intrigy, úskoky, pletky

winken 1 kývať, zakývať **2** dávať znamenie, signalizovať

winseln kňučať, skučať o psovi i obraz.

r Winter (*s*, ≈) zima; *mitten im ~* uprostred zimy; **r ~garten** (*s*, *≈*) zimná záhrada; **~lich** zimný; **r ~mantel** (*s*, *≈*) zimný kabát, zimník; **r ~schlaf** (*(e)s*, *0*) zimný spánok; **r ~schlußverkauf** <...ss...> (*s*, *≈e*) zimný výpredaj; **r ~sport** (*(e)s*, *~sportarten*) zimný šport

r Winzer (*s*, ≈) vinohradník

winzig veľmi malý, drobný, nepatrný

r Wipfel (*s*, ≈) vrchol, vrcholec, koruna stromu

e Wippe (≈, *n*) **1** tech. dvojramenná páka **2** páková hojdačka; **~n 1** hojdať sa, kolísať sa **2** kývať, hojdať; *mit den Füßen ~* kývať nohami

wir my; *~ alle* my všetci

r Wirbel (*s*, ≈) **1** krútňava, vír, vírenie **2** obraz. zhon, náhlenie, chvat **3** anat. stavec **4** hviezdica z vlasov **5** hud. kolíček na strunových nástrojoch; **~los** zool. bezstavcový; **e ~lose** MNČ zool. bezstavovce; **~n 1** (*i.*) víriť, víriť sa **2** (*h.*) víriť, zvíriť; **e ~säule** (≈, *n*) anat. chrbtica; **s ~tier** (*(e)s*, *e*) zool. stavovec; **r ~wind** (*(e)s*, *e*) víchrica, veterná smršť

wirken[1] **1** pôsobiť, účinkovať **2** konať, robiť **3** účinkovať

wirken[2] **1** pliesť **2** kuch. miesiť cesto

wirklich 1 PR M skutočný, opravdivý, pravý **2** PRÍSL skutočne, naozaj, určite; **e ~keit** (≈, *en*) skutočnosť, realita

e Wirklichkeitsform (≈, *0*) lingv. oznamovací spôsob, indikatív

wirklichkeits|nah zodpovedajúci skutočnosti, realistický, reálny; **r –sinn** (*(e)s*, *0*) zmysel pre skutočnosť al. pre realitu

wirksam 1 činný, pôsobiaci **2** účinný, pôsobivý; **e ~keit** (≈, *0*) **1** pôsobnosť, pôsobenie **2** účinnosť, efektívnosť

e Wirkung (≈, *en*) **1** účinkovanie, činnosť **2** vplyv, účinok **3** dojem, efekt **4** platnosť, účinnosť

r Wirkungs|bereich (*(e)s*, *e*) okruh pôsobnosti; **e –kraft** (≈, *0*) pôsobivosť, účinnosť; **–los** neúčinný, nepôsobivý; **–reich, –voll** pôsobivý, účinný

wirr 1 pomätený, zamotaný, rozstrapatený **2** obraz. popletený, zmätený; **r ~kopf** (*es*, *≈e*) hovor. pomätenec, popletenec; **r ~warr** (*s*, *0*) veľký zmätok, chaos

r Wirsing (*s*, *e*), **r ~kohl** (*(e)s*, *e*) kel hlávkový

r Wirt (*(e)s*, *e*) **1** hostinský, krčmár **2** hospodár, gazda **3** zool. hostiteľ parazitov

e Wirtschaft (≈, *en*) **1** hospodárstvo, ekonomika **2** hospodárstvo, gazdovstvo **3** hostinec **4** obraz., hovor. neporiadok, zmätok; **~en** hospodáriť, gazdovať; **r ~ler** (*s*, ≈) hospodár, ekonóm; **~lich 1** hospodársky, ekonomický **2** hospodárny, úsporný, sporivý; **e ~lichkeit** (≈, *0*) úspornosť, hospodárnosť

s Wirtschafts|abkommen (*s*, ≈) hospodárska dohoda; **e –hilfe** (≈, *0*) hospodárska pomoc; **e –krise** (≈, *n*) hospodárska kríza; **e –lage** (≈, *0*) hospodárska situácia; **e –politik** (≈, *0*) hospodárska politika; **s –system** (*s*, *e*) hospodársky systém; **r –wis-**

senschaftler (*s,* ≈) ekonóm, národohospodár; **s –wunder** (*s,* ≈) hospodársky zázrak v NSR po vojne; **r –zweig** (*(e)s, e*) hospodárske odvetvie

s Wirtshaus (*es, ≈er*) hostinec

r Wisch (*(e)s, e*) **1** zdrap papiera **2** vecheť; **~en** utrieť, zotrieť; **r ~er** (*s,* ≈), **r ~lappen** (*s,* ≈), **s ~tuch** (*(e)s, ≈er*) utierka

wispern šeptať, hovoriť šeptom

wissen* (*weiß, wußte* <...ss...>, *h. gewußt* <...ss...>) **1** vedieť, poznať; *davon weiß ich nichts* o tom nič neviem **2** vedieť, môcť; *sich zu helfen ~* vedieť si pomôcť; **Bescheid ~** vedieť, byť informovaný; **~ lassen*** oznámiť, dať vedieť

s Wissen (*s, 0*) **1** vedomie **2** vedomosti, znalosti; *meines ~s nach* pokiaľ viem; *nach bestem ~ und Gewissen aussagen* vypovedať podľa najlepšieho vedomia a svedomia

e Wissenschaft (≈, *en*) veda; **r ~ler** (*s,* ≈) vedec; **~lich** vedecký

wissentlich vedomý, úmyselný

witter|n 1 vetriť **2** obraz. tušiť, predvídať; **e –ung** (≈, *en*) **1** zool. vetrenie, čuch o psovi **2** počasie

r Witterungs|einfluß <...ss> (*flusses, flüsse*) poveternostný vplyv; **r –|umschlag** (*s, ≈e*), **r –wechsel** (*s,* ≈) zmena počasia; **e –verhältnisse** MNČ poveternostná situácia

e Witwe (≈, *n*) vdova; **r ~r** (*s,* ≈) vdovec

e Witwen|rente (≈, *n*) vdovský dôchodok; **r –stand** (*(e)s, 0*) vdovstvo, vdovský stav

r Witz (*(e)s, e*) **1** vtip, žart; *fauler ~* nepodarený žart **2** len JČ dôvtip, vtipnosť; **r ~bold** (*(e)s, e*) vtipkár; **~ig** vtipný, žartovný, dôvtipný; **~los** bez vtipu, nedôvtipný

wo 1 ZÁM kde; *~ bist du?* kde si?; *~ auch immer* kdekoľvek **2** SP keď, ak; hovor **ach ~!** ale kdeže!

e Woche (≈, *n*) týždeň; *in einer ~* za týždeň

s Wochenbett (*(e)s, en*) lek. šestonedelie

s Wochen|ende (*s, n*) koniec týždňa, víkend; **–lang** trvajúci celé týždne; **r –lohn** (*(e)s, ≈e*) týždenná mzda; **r –tag** (*(e)s, e*) všedný deň

wöchentlich 1 týždenný **2** PRÍSL týždenne; *zweimal ~* dvakrát týždenne

wochenweise týždenne

wodurch čím

wofür za čo/koho, načo; *~ ist das gut?* načo je to dobré?

e Woge (≈, *n*) vlna; obraz. *die ~n der Begeisterung* vlny nadšenia

wogegen proti čomu

woher odkiaľ; *~ kommst du?* odkiaľ si?

wohin kam; *~ gehst du?* kam ideš?

wohl 1 dobre, príjemne; *sich nicht ~ fühlen* necítiť sa dobre **2** približne, asi; *sie ist ~ zu Hause* asi je doma **3** isto, zaiste; *du verstehst ~, ...* iste rozumieš, ...; **~ oder übel** chtiac-nechtiac

s Wohl (*(e)s, 0*) **1** blaho, šťastie **2** prospech, úžitok **3** zdravie; **~|auf 1** nože, teda **2** zdravo, dobre; *~ sein* cítiť sa dobre; **s ~behagen** (*s, 0*) blažený pocit, blaženosť, spokojnosť; **e ~fahrt** (≈, *0*) blahobyt, blaho ľudu

wohlfeil lacný

wohlhabend zámožný, majetný

wohl|ig blažený, príjemný; **–schmeckend** chutný, lahodný

r Wohlstand (*(e)s, 0*) blahobyt

e Wohl|tat (≈, *en*) dobrý skutok, dobrodenie; **r –täter** (*s,* ≈) dobrodinec; **–tätig** dobročinný, humánny; **–|tun*** (*tat wohl, h. wohlgetan*) robiť dobre, spôsobovať radosť, tešiť; *das Bad tut mir wohl* kúpeľ mi robí dobre

wohlverdient zaslúžený

wohlweislich opatrne, obozretne, uvážlivo

s Wohlwollen (*s, 0*) priazeň, láskavosť, žičlivosť; **~d** žičlivý, láskavý, priaznivý

wohn|en bývať; **–haft** bývajúci, bytom; **s –haus** (*es, ≈er*) obytný dom; **e –kultur** (≈, *0*) kultúra bývania; **–lich** pohodlný, útulný; **r –ort** (*(e)s, e*), **r –sitz** (*es, e*) bydlisko; **r –raum** (*(e)s, ≈er*) obytný priestor, obývacia miestnosť; **e –ung** (≈, *en*) byt

e Wohnungs|einrichtung (≈, *en*) bytové zariadenie; **r –inhaber** (*s,* ≈) majiteľ bytu; **r –mangel** (*s, 0*) nedostatok bytov; **r –tausch** (*es, e*) výmena bytov

s Wohn|viertel (*s,* ≈) obytná štvrť; **r –wagen** (*s,* ≈) obytný príves; **s –zimmer** (*s,* ≈) obývacia izba

wölb|en klenúť, preklenúť; **sich ~** klenúť sa; **e –ung** (≈, *en*) klenutie, klenba

r Wolf (*(e)s, ≈e*) **1** vlk **2** kuch. mlynček na mäso **3** lek. sparenina; hovor. *sich einen ~ laufen* chytiť vlka

r Wolfs|hund (*es, e*) vlčiak; **r –hunger** (*s, 0*) obraz., hovor. veľký hlad, hlad ako vlk

e Wolke (≈, *n*) mrak, oblak, mračno; hovor. **aus allen ~n fallen*** spadnúť z oblakov

r Wolken|bruch (*(e)s, ≈e*) prietrž mračien; **r –kratzer** (*s,* ≈) mrakodrap, výšková budova; **–los** bezoblačný, jasný i obraz.

wolkig oblačný, zamračený

e Wolle (≈, *Wollarten*) vlna; hovor. **in die ~ geraten*** rozzúriť sa

wollen[1] PR M vlnený, z vlny

wollen[2] (*i; wollte, h. gewollt*) chcieť, žiadať, potrebovať; *er will lesen* chce čítať; *sie will den Brief nicht geschrieben haben* tvrdí, že ten list nenapísala; **wir ~ sehen** uvidíme; **~ Sie bitte Platz nehmen** sadnite si prosím

e Wol|lust (≈, *≈e*) **1** zmyselná rozkoš **2** rozkoš, slasť; **–lüstig** zmyselný, rozkošnícky

e Wollwaren MNČ vlnený tovar

womit (s) čím

womöglich 1 pokiaľ možno, ak možno **2** možno ešte, azda, dokonca

wonach podľa čoho, po čom

e Wonne (≈, *n*) slasť, rozkoš; **~trunken** opojený slasťou

wor|an na čo, na čom; **–auf** na čo

woraus z čoho

worin v čom

s Wort (*(e)s, ≈er* al. *e*) slovo; *mit einem ~* jedným slovom; *in ~ und Schrift* slovom a písmom; *leere ~e* prázdne slová; *nicht zu ~e kommen lassen* nepustiť k slovu; *ein ~ ergab das andere* slovo dalo slovo; *aufs ~ gehorchen* poslúchať na slovo; **ein Mann, ein ~** slovo robí muža

e Wort|art (≈, *en*) lingv. slovný druh

r Wort|bruch (*(e)s, ≈e*) porušenie daného slova, vierolomnosť; **–brüchig** vierolomný

s Wörtchen (*s,* ≈) slovko, slovíčko

s Wörter|buch (*(e)s, ≈er*) slovník; **s –verzeichnis** (*ses, se*) heslár

wort|getreu doslovný preklad; **–karg** málovravný, nezhovorčivý, skúpy na slovo

r Wortklauber (*s,* ≈) puntičkár, pedant chytajúci za slovo

r Wortlaut (*(e)s, 0*) doslovné znenie, doslovný text

wörtlich doslovný, presný

wortlos 1 PRÍSL bez slov, mlčky **2** PR M nehovoriaci, mlčanlivý

wortreich 1 mnohovravný **2** rozvláčny

r Wort|schatz (*es, 0*) lingv. slovná zásoba; **s –spiel** (*(e)s, e*) lingv. slovná hračka

r Wortwechsel (*s,* ≈) slovná škriepka, spor

wortwörtlich doslova, od slova do slova

wor|über nad čím, nad čo, na čom, o čom; **–um** o čo, pre čo; *worum handelt es sich?* o čo ide?; **–unter** pod čím, pod čo

wo|von o čom; **–vor** pred čo, pred čím; **–zu** načo, na aký účel

s Wrack (*(e)s, s* al. *e*) vrak

wringen* (*a, h. u*) (vy)žmýkať

r Wucher (*s, 0*) úžera; **r ~er** (*s,* ≈)

úžerník; **~isch** úžernícky; **~n 1** bujnieť, mohutne sa rozrastať lek. i obraz. **2** uskutočňovať úžeru; **e ~ung** (*≈, en*) lek. bujnenie

r Wuchs (*es, ≈e*) **1** rast **2** vzrast, postava

e Wucht (*≈, en*) sila, nápor, rozmach; hovor. *das ist eine ~!* to je sila!; **~en** namáhavo pracovať, hrdlačiť; **~ig** masívny, ťažký, mohutný

wühl|en 1 ryť, rýpať, hrabať sa **2** obraz. štvať, búriť; **r –er** (*s, ≈*) **1** štváč, rozvratník, burič **2** hovor. horlivec, snaživec; **e –erei** (*≈, en*) **1** obraz. podvratná činnosť, záškodníctvo **2** hovor. horlivá práca

r Wulst (*es, ≈e*), **e Wulst** (*≈, ≈e*) **1** lek. opuchlina **2** vypchávka; **~ig 1** napuchnutý, opuchnutý, odutý

wund 1 boľavý; *eine ~e Stelle* boľavé miesto **2** odretý; *sich das Knie ~ reiben* odrieť si koleno **3** lek. preležaný; **e ~e** (*≈, n*) poranenie, rana; *aus der ~ bluten* krvácať z rany; *alte ~e wieder aufreißen* rozjatriť starú ranu; **die Zeit heilt alle ~en** čas všetko zahojí

s Wunder (*s, ≈*) zázrak, div; *kein ~* nie div; *wie durch ein ~* ako zázrakom; **~bar** zázračný, podivuhodný, pozoruhodný

e Wunderkerze (*≈, n*) prskavka

s Wunderkind (*(e)s, er*) zázračné dieťa, mimoriadne nadané dieťa

wunder|lich podivný, zvláštny, čudesný; **–n** prekvapiť, uviesť do úžasu; **sich –n** čudovať sa, žasnúť

wunder|schön prekrásny, čarokrásny; **–tätig** zázračný, divotvorný; **–voll** čarovný, okúzľujúci, nádherný

s Wund|mal (*s, e*) jazva; **r –starrkrampf** (*es, 0*) lek. úrazový tetanus

r Wunsch (*es, ≈e*) želanie, prianie, túžba; *nach ~* podľa želania; *dein ~ ist mir Befehl* tvoje prianie je pre mňa rozkazom

e Wünschel|rute (*≈, n*) **1** virgula **2** čarovný prútik; **r –rutengänger** (*s, ≈*) prútikár

wünschen 1 priať, želať **2** žiadať; *es ist zu ~, dass...* je žiaduce, aby...; **etw zu ~ übrig lassen** nespĺňať očakávania

wünschenswert žiaduci, želateľný

wunschgemäß podľa želania, priania

e Würde (*≈, n*) **1** dôstojnosť, vážnosť, úcta **2** hodnosť; *die akademische ~* akademická hodnosť; **~los** nedôstojný, neväžny; **~voll** dôstojný, s plnou vážnosťou

würdig 1 dôstojný, úctyhodný **2** hodný čoho, zasluhujúci čo; **~en 1** oceniť, hodnotiť, uznať význam čoho **2** pokladať, mať koho za hodného čoho; *j-n keines Blickes ~en* nepokladať koho za hodného pohľadu; **e ~ung** (*≈, en*) hodnotenie, ocenenie

r Wurf (*s, ≈e*) **1** hod, hodenie **2** zool. vrh mláďat

r Würfel (*s, ≈*) **1** kocka **2** kocka, káro na látke; *die ~ sind gefallen* kocky sú hodené; **~n 1** krájať na kocky **2** hrať kocky (*um etw* o čo); **s ~spiel** (*(e)s, e*) hra v kocky; **r ~zucker** (*s, 0*) kockový cukor

würgen škrtiť, hrdúsiť, dusiť

e Wurf|scheibe (*≈, n*) šport. disk; **r –speer** (*(e)s, e*), **r –spieß** (*es, e*) oštep

r Wurm[1] (*es, ≈er*) zool. červ, červík

s Wurm[2] (*es, ≈er*) hovor. slabý tvor, červíček o dieťati

wurmen hovor. trápiť, zožierať; *es wurmt mich, dass...* trápi ma, že...

r Wurm|fraß (*es, e*) červotoč; **–stichig** červotočivý, červivý

e Wurst (*≈, ≈e*) saláma, klobása; **das ist mir ~** hovor. to mi je jedno; **~ig** hovor. ľahostajný, nevšímavý

s Würstchen (*s, ≈*) párok

e Wurstelei (*≈, en*) nedbalosť, lajdáctvo

e Würze (*≈, n*) korenie

e Wurzel (*≈, n*) **1** koreň; *~n schlagen* zapustiť korene **2** mat. odmocnina, koreň; *die ~ ziehen* odmocňovať **3** obraz.

pôvod, základ, podstata; **s ~zeichen** (*s,* ≈) mat. radikál znak odmocňovania
würz|en (o)koreniť; **–ig** korenitý, koreništý; **s ~mittel** (*s,* ≈), **r ~stoff** (*(e)s, e*) korenie
r Wust (*es, 0*) neusporiadaná hromada, zmätok, neporiadok
wüst 1 chaotický, neusporiadaný **2** opustený, pustý, neobývaný **3** nemravný, zvrhlý, zhýralý; *~es Leben* zhýralý život; **e ~e** (≈, *n*) púšť, pustatina; **r ~ling** (*s, e*) zvrhlík
e Wut (≈, *0*) zúrivosť, zlosť; *in ~ bringen* rozzúriť; **r ~|anfall** (*s,* ≈*e*) záchvat zúrivosti
wüt|en zúriť, vyčíňať; **–end** zúrivý, rozzúrený; **r –erich** (*s, e*) zúrivec
wutschnaubend zúrivý, rozzúrený, rozbesnený
Wwe skr. **die Witwe** vdova
Wwr skr. **der Witwer** vdovec

X

e X-Bein|e MNČ nohy do X; **–ig** <**x-beinig**> s nohami do X
x-beliebig ľubovoľný, hocijaký
xerokopieren (o)xeroxovať, kopírovať
x-fach hovor. x-násobný, niekoľkonásobný
x-mal hovor. x-krát, mnohokrát
e X-Strahlen MNČ lúče X, röntgenové lúče
s Xylophon (*s, e*) hud. xylofón

Y

e Yacht (≈, *en*) jachta
r Yoga (*s, 0*) joga
r, s Yoghurt (*s, 0*) jogurt
s Ypsilon (*(s), (s)*) ypsilon

Z

e Zack|e (≈, *n*) **1** hrot skaly **2** zub vidličky **3** zárez, výrez, vrub; **–ig 1** zúbkovaný, vrúbkovaný **2** obraz. rázny, energický
zag|en váhať, nevedieť sa rozhodnúť; **–haft** váhavý, nerozhodný, nesmelý; **e –haftigkeit** (≈, *0*) nesmelosť, nerozhodnosť
zäh 1 tuhý, pevný **2** obraz. húževnatý, nepoddajný **3** vázky, lepkavý o tekutine; **~flüssig** hustý, vázky, viskózny med ap.
e Zahl (≈, *en*) **1** mat. číslo; *gerade, ungerade ~en* párne, nepárne číslo **2** číslica; *arabische, römische ~en* arabské, rímske číslice **3** počet, množstvo
zahlbar splatný
zählbar (s)počítateľný
zahlen (za)platiť; *durch/mit Scheck ~* platiť šekom
zählen 1 počítať, rátať **2** mať, vykazovať **3** rátať sa, platiť; *das zählt nicht* to neplatí **4** počítať sa, rátať sa, patriť **5** spoliehať sa, rátať s kým/čím; *ich zähle auf deine Hilfe* rátam s tvojou pomocou
zahlen|mäßig číselný; **e –reihe** (≈, *n*) číselný rad; **s –system** (*s, e*) číselná sústava; **r –wert** (*(e)s, e*) číselná hodnota
r Zahler (*s,* ≈) platiteľ
r Zähler (*s,* ≈) **1** mat. čitateľ **2** tech. elektromer
e Zahlkarte (≈, *n*) výplatný lístok
r Zahlkellner (*s,* ≈) hlavný čašník, vrchný
zahl|los nespočítateľný, nespočetný; **–reich** početný, mnohý
e Zahl|stelle (≈, *n*) výplatné miesto, miesto pre platby; **r –tag** (*(e)s, e*) **1** deň výplaty **2** deň splatnosti zmenky; **e –ung** (≈, *en*) platenie, platba, výplata

e Zählung (≈, *en*) počítanie, rátanie, sčítanie
r Zahlungs|aufschub (*s*, *≈e*) odklad platby; **r –auftrag** (*(e)s*, *≈e*) platobný príkaz; **s –bestätigung** (≈, *en*) potvrdenie o zaplatení; **e –bilanz** (≈, *en*) platobná bilancia; **e –fähigkeit** (≈, *0*) platobná schopnosť, solvencia; **e –schwierigkeiten** MNČ platobné ťažkosti; **–unfähig** neschopný platiť, insolventný; **r –verkehr** (*s*, *0*) platobný styk; **r –vermerk** (*(e)s*, *e*) záznam o platbe; **e –weise** (≈, *n*) spôsob platby
s Zählwerk (*(e)s*, *e*) tech. počítacie zariadenie, počítadlo
s Zahl|wort (*(e)s*, *≈er*) gram. číslovka; **s –zeichen** (*s*, ≈) mat. číslica, cifra
zahm 1 krotký, skrotený **2** obraz. mierny, pokojný, krotký
zähm|bar skrotiteľný; **–en 1** (s)krotiť **2** obraz. krotiť, mierniť, ovládať; **sich –en** ovládať sa, krotiť sa; **e –ung** (≈, *en*) (s)krotenie
r Zahn (*es*, *≈e*) zub i tech., obraz.; *der Zahn der Zeit* zub času; *bis an die Zähne bewaffnet* po zuby ozbrojený; **j-m auf den Zahn fühlen** pozrieť sa komu na zuby; **r ~arzt** (*es*, *≈e*) zubný lekár; **s ~bein** (*(e)s*, *0*) zubovina; **e ~bürste** (≈, *n*) zubná kefka
zähne|fletschend 1 ceriaci zuby **2** obraz. hrozivý; **s –klappern** (*s*, *0*) drkotanie zubami; **s –knirschen** (*s*, *0*) škrípanie zubami
zahnen: *das Kind zahnt* dieťaťu idú zúbky
s Zahn|fleisch (*es*, *0*) anat. ďasno; **e –krone** (≈, *n*) zubná korunka; **–los** bezzubý; **e –pflege** (≈, *0*) starostlivosť o chrup
s Zahn|rad (*(e)s*, *≈er*) ozubené koleso; **e –bahn** (≈, *en*) ozubená železnica, hovor. zubačka
r Zahn|schmelz (*es*, *0*) sklovina; **r –stein** (*(e)s*, *0*) zubný kameň; **s –weh** (*s*, *0*) bolesť zubov; **e –wurzel** (≈, *n*) zubný koreň
e Zähre (≈, *n*) bás. slza
r Zander (*s*, ≈) zool. zubáč
e Zange (≈, *n*) kliešte; obraz. *j-n in die ~ nehmen* dostať koho do kliešťí
r Zank (*(e)s*, *0*) spor, škriepka, hádka; **r ~apfel** (*s*, *≈*) obraz. jablko sváru; **~en (sich)** hádať sa, škriepiť sa (*mit j-m um etw* s kým o čo)
r Zänk|er (*s*, ≈) hašterivec, hádavý človek; **–isch** hašterivý, hádavý
s Zäpfchen (*s*, ≈) čapík i lek.
zapfen čapovať; *Bier, Wein ~* čapovať pivo, víno
r Zapfen (*s*, ≈) **1** tech. čap **2** bot. šiška **3** drevená zátka; **~förmig** šiškovitý
zappel|ig nepokojný, netrpezlivý, nedočkavý; **–n** zmietať sa, hádzať sa; *j-n –n lassen* nechať koho tápať v neistote
r Zar (*en*, *en*) cár
zart 1 mladý, mäkký, krehký **2** obraz. jemný, nežný; **~fühlend** jemnocitný, taktný; **s ~gefühl** (*(e)s*, *0*) jemnocitnosť, taktnosť
zärtlich nežný, milý, láskyplný; **e ~keit** (≈, *en*) nežnosť, láskavosť
r Zaster (*s*, *0*) hovor. prachy peniaze
r Zauber (*s*, ≈) **1** kúzlo, čaro **2** kúzlo, pôvab; hovor. *das ist fauler ~!* to je samý podvod!; **r ~er** (*s*, ≈) čarodejník, kúzelník; **e ~flöte** (≈, *n*) čarovná flauta; **e ~formel** (≈, *n*) zaklínadlo; **~haft, ~isch 1** čarovný, čarodejný, kúzelný **2** čarokrásny, pôvabný; **e ~kraft** (≈, *≈e*) čarodejná sila; **r ~künstler** (*s*, ≈) kúzelník umelec; **r ~lehrling** (*(e)s*, *e*) čarodejnícky učeň; **e ~rute** (≈, *n*) čarovný prútik; **r ~spruch** (*(e)s*, *≈e*) zaklínadlo, zaklínacia formula; **r ~stab** (*(e)s*, *≈e*) čarovná palička; **r ~trank** (*(e)s*, *≈e*) čarovný nápoj; **s ~wort** (*(e)s*, *e*) zaklínadlo
r Zaum (*(e)s*, *≈e*) uzda i obraz.; *die Zunge am ~e halten* držať jazyk za zubami
r Zaun (*(e)s*, *≈e*) plot, ohrada; **r ~gast** (*es*, *≈e*) divák za platom, bez vstu-

penky
r Zaunkönig (*(e)s, e*) zool. oriešok
zausen ťahať, trhať, strapatiť
z. B. skr. **zum Beispiel** napríklad
s Zebra (*s, s*) zebra; **r ~streifen** (*s, ≈*) uličný prechod, hovor. zebra
r Zechbruder (*s, ≈̈*) pijan, hovor. kamarát z mokrej štvrte
e Zeche (*≈, n*) **1** účet, útrata; *die ~ bezahlen müssen* musieť zaplatiť účet, pykať za čo; *die ~ prellen* odísť bez platenia **2** baňa, banský závod; **~n** piť, popíjať, vulg. chľastať; **r ~r** (*s, ≈*) pijan, opilec
e Zecke (*≈, n*) kliešť
e Zehe (*≈, n*) **1** prst na nohe; *die große ~* palec na nohe **2** strúčik cesnaku
zehn desať; *halb ~* pol desiatej; **die Zehn Gebote** Desatoro prikázaní
r Zehner (*s, ≈*) **1** mat. desiatka **2** hovor. desaťcentová minca, desaťeurová bankovka ap.; **e ~packung** (*≈, en*) balenie po desať kusov; **s ~system** (*s, 0*) mat. desiatková sústava
zehn|fach desaťnásobný; **e –jahrfeier** (*≈, n*) oslava desaťročia; **–jährig** desaťročný; **r –kampf** (*es, ≈̈e*) šport. desaťboj; **e –klassenschule** (*≈, n*) desaťročná škola; **–stellig** desaťmiestny
s Zehntel (*s, ≈*) desatina
zehren **1** tráviť, podporovať trávenie **2** obraz. oslabovať, zožierať; *das Fieber zehrt an ihm* horúčka ho vysiľuje
s Zeichen (*s, ≈*) **1** znamenie, znak **2** znak, náznak, predzvesť **3** ekon. znak, značka; *Ihr ~* Vaša značka v listoch **4** znamienko **5** znamenie zvieratníka; *im ~ des Krebses* v znamení Raka
s Zeichenbrett (*(e)s, er*) rysovacia doska
r Zeichen|film (*(e)s, e*) kreslený film; **e –kohle** (*≈, n*) kresliaci uhoľ
e Zeichensetzung (*≈, en*) gram. interpunkcia
zeichn|en **1** (na)kresliť **2** rysovať **3** zobraziť, znázorniť **4** zodpovedať; *für eine Aufgabe ~* zodpovedať za istú úlohu; **r –er** (*s, ≈*) kreslič, grafik; **e –ung** (*≈, en*) **1** kresba, výkres **2** zobrazenie, znázornenie **3** označenie, znak **4** úpis
r Zeige|finger (*s, ≈*) ukazovák, ukazováčik; **–n** ukázať, ukazovať; **r –r** (*s, ≈*) **1** ukazovateľ **2** ručička hodinová; **r –stab** (*(e)s, ≈̈e*), **r –stock** (*(e)s, ≈̈e*) palička na ukazovanie
e Zeile (*≈, n*) **1** riadok; *zwischen den ~n lesen* čítať medzi riadkami **2** rad
r Zeisig (*(e)s, e*) stehlík
e Zeit (*≈, en*) **1** čas; *von ~ zu ~* občas; *es ist höchste ~* je najvyšší čas; *es ist an der ~* je na čase; *alles hat seine ~* všetko má svoj čas; *zur ~* toho času **2** termín, lehota; *auf ~* na čas, do odvolania **3** doba, epocha, pomery; *seiner ~ vorauseilen* predbehnúť svoju dobu
r Zeit|abschnitt (*(e)s, e*) časový úsek, obdobie; **e –angabe** (*≈, n*) časový údaj; **–bedingt** podmienený časom, závisiaci od času; **e –einheit** (*≈, en*) časová jednotka; **e –folge** (*≈, n*) gram. súslednosť časov; **e –frage** (*≈, n*) aktuálna otázka; **–gemäß** časový, aktuálny; **r –genosse** (*n, n*) súčasník, rovesník; **–gerecht** včasný; **r –gewinn** (*s, e*) úspora času; **–ig** **1** PRM včasný, raný **2** PRÍSL včas, načas, skoro
e Zeit|karte (*≈, n*) časový lístok mesačný, týždenný ap.; **–lang** <**Zeit lang**>: *eine –lang* (po) istý čas; **–lich** **1** časový **2** dočasný, pominuteľný, pozemský
e Zeitlupen|aufnahme (*≈, n*) spomalený film al. záber
r Zeit|mangel (*s, 0*) nedostatok času; **r –messer** (*s, ≈*) časomer, chronometer; **r –punkt** (*es, e*) určitý okamih, moment, chvíľa
e Zeitraffer|aufnahme (*≈, n*) zrýchlený film al. záber
r Zeitraum (*(e)s, ≈̈e*) obdobie, časový úsek
e Zeitrechnung (*≈, en*) letopočet;

vor unserer ~ pred našim letopočtom
e Zeitschrift (≈, *en*) časopis
e Zeitung (≈, *en*) noviny; *in der ~ steht* v novinách sa píše
s Zeitungs|abonnement [...|abonəmã:] (*s, s*) predplatné novín; **r –|austräger** (*s,* ≈) roznášač novín, kolportér; **e –|ente** (≈, *n*) novinárska kačica; **r –korrespondent** (*en, en*) dopisovateľ, spravodajca; **e –nachricht** (≈, *en*) novinová správa; **s –papier** (*s, 0*) novinový papier; **r –stand** (*(e)s,* ≈*e*) novinový stánok; **r –träger** (*s,* ≈) kolportér; **r –verkäufer** (*s,* ≈) predavač novín, kamelot; **r –verlag** (*(e)s, e*) nakladateľstvo novín; **s –wesen** (*s, 0*) novinárstvo
e Zeit|vergeudung (≈, *0*), **e –verschwendung** (≈, *0*) mrhanie, plytvanie časom; **r –vertreib** (*(e)s, 0*) krátenie času, kratochvíľa
zeit|weilig 1 PR M dočasný, prechodný **2** PRÍSL niekedy, občas; **s –zeichen** (*s,* ≈) časový signál
zelebrieren celebrovať
e Zelle (≈, *n*) **1** cela, kobka **2** anat. bunka **3** tech. článok
s Zell|gewebe (*s,* ≈) lek. bunkové tkanivo; **r –kern** (*(e)s, e*) jadro bunky
e Zell|stoffwatte (≈, *n*) buničitá vata; **e –wolle** (≈, *0*) buničitá vlna
s Zelt (*es, e*) stan, šiator; **e ~bahn** (≈, *en*) stanový dielec, stanová plachta; **s ~lager** (*s,* ≈) stanový tábor; **r ~pflock** (*(e)s,* ≈*e*) stanový kolík
r Zement (*(e)s, 0*) cement; **e ~fabrik** (≈, *en*) cementáreň
r, s Zenit (*(e)s, 0*) zenit, vrchol
zensieren 1 cenzurovať **2** zhodnotiť, odhadnúť
e Zensur (≈, *en*) **1** cenzúra **2** známka v škole
r Zentaur (*en, en*) kentaurus
s Zenti|gramm (*s, e*) centigram; **r, s –liter** (*s,* ≈) centiliter; **r, s –meter** (*s,* ≈) centimeter
r Zentner (*s,* ≈) cent; **e ~last** (≈, *en*) **1** centová hmotnosť **2** obraz. nesmierne ťažké bremeno; **~weise** na centy, po centoch
zentral centrálny, stredový, ústredný; **e ~e** (≈, *n*) centrála, ústredňa; **e ~heizung** (≈, *en*) ústredné kúrenie; **s ~organ** (*(e)s, e*) ústredný orgán; **e ~verwaltung** (≈, *en*) ústredná správa
e Zentrifugalkraft (≈, *0*) odstredivá sila, odstredivosť
s Zentrum (*s, en*) centrum, stred
r Zeppelin (*s, e*) vzducholoď
r, s Zepter (*s,* ≈) **1** žezlo, berla **2** obraz. vláda, moc; *das ~ führen* vládnuť
zerbrech|en* 1 (*i; a, h. o*) rozlomiť, rozbiť; obraz. *sich den Kopf über etw ~* lámať si nad čím hlavu **2** (*i; a, i. o*) rozlomiť sa, rozbiť sa; **–lich** krehký, lámavý, rozbitný; **e –lichkeit** (≈, *0*) krehkosť, lámavosť
e Zeremonie (≈, *i|en*) ceremónia
zerfahren[1]* (*ä; u, h. a*) vyjazdiť, premávkou poškodiť
zerfahren[2] PR M **1** vyjazdený, premávkou poškodený **2** obraz. rozptýlený, roztržitý, nesústredený o človeku
r Zerfall (*s, 0*) rozpadnutie, rozklad, úpadok; **~en*** (*ä; zerfiel, i. a*) rozpadnúť sa
zer|fetzen roztrhnúť, roztrhať; **–flattern** (*i.*) rozplynúť sa; **–gehen*** (*zerging, i. zergangen*) rozplynúť sa, rozpustiť sa; *auf der Zunge –gehen* rozplývať sa na jazyku o jedle
zerglieder|n rozčleniť, rozložiť, rozobrať, rozpitvať i obraz.; **e –ung** (≈, *en*) **1** rozčlenenie, rozkladanie, analyzovanie
zer|hacken rozsekať sekerou; **–hauen*** (*zerhieb* al. *zerhaute, h. zerhauen*) roztĺcť
zer|kleinern rozdrobiť, rozkúskovať; **–klüftet** rozsekaný, rozpraskaný
zerknirscht zronený, skľúčený
zerkochen rozvariť
zerleg|bar rozložiteľný, rozkladací; **–en** rozobrať, rozmontovať, rozložiť; **e –ung** (≈, *en*) rozkladanie, rozoberanie, rozmontovanie

zerlumpt oblečený v otrhaných šatách; *ein ~er Mensch* otrhanec
zermalm|en drviť, rozmliaždiť; **–mürben 1** rozdrobiť, rozdrviť **2** obraz. zlomiť odpor, vysiliť; **e –ung** (≈, *0*) obraz. vysilenie, únava
zernagen rozhlodať, rozhrýzť
zer|pflücken otrhať, rozšklbať; **–quetschen** rozmliaždiť, rozgniaviť; **–raufen** rozstrapatiť
s Zerrbild (*es, er*) výsmešný obraz, karikatúra
zerreiben* (*ie, h. ie*) rozdrobiť, rozomlieť obilie ap.
zerreiß|bar roztrhateľný; **–en*** (*i* <...ss>, *h. zerrissen*) **1** roztrhnúť, pretrhnúť **2** obraz. rozorvať, rozrývať, drásať srdce ap.; **sich –en*** hovor. pretŕhať sa, roztrhnúť sa; *ich kann mich doch nicht –en* nemôžem sa predsa roztrhnúť; **e –probe** (≈, *n*) **1** fyz. skúška pevnosti ťahom **2** obraz. zaťažkávacia skúška
zerrissen roztrhaný, obraz. rozorvaný; **e ~heit** (≈, *0*) rozorvanosť, citová rozrušenosť
zerrütt|en rozvrátiť, zničiť, zruinovať; **e –ung** (≈, *0*) rozháranosť, rozvrat
zersägen rozpíliť
zer|schellen (*i.*) **1** rozbiť, roztrieštiť sa **2** obraz. stroskotať; **–schlagen*** (*ä; u, h. a*) rozbiť, roztĺcť; **sich –schlagen*** obraz. rozbiť sa, nesplniť sa, stroskotať
zerschmelzen* 1 (*i; o, i. o*) roztopiť sa, roztaviť sa **2** (*i; o, h. o*) roztopiť, roztaviť
zerschneiden* (*zerschnitt, h. zerschnitten*) rozstrihnúť, rozrezať, rozkrájať
zersetz|en 1 rozložiť, rozkladať **2** rozvrátiť; **e –ung** (≈, *en*) **1** rozloženie, rozklad **2** rozvrat, úpadok
zerspalten* (*zerspaltete, h. zerspaltet* al. *zerspalten*) **1** rozštiepiť, rozkálať **2** fyz. štiepiť; **sich ~** rozdeliť sa, rozštiepiť sa i obraz.
zersplitter|n 1 (*h.*) rozštiepiť, roztrieskať **2** (*i.*) rozbiť sa, roztĺcť sa; **sich ~** rozptýliť sa, rozptyľovať sa **e –ung** (≈, *0*) **1** rozbitie, roztlčenie **2** rozptýlenie, roztrieštenie
zer|sprengen rozraziť, rozbiť; **–springen*** (*a, i. u*) puknúť, prasknúť i obraz.; *der Kopf zerspringt mir vor Schmerzen* hlava mi puká od bolesti
zerstäub|en rozprášiť, rozstriekať; **r –er** (*s,* ≈) rozprašovač
zerstechen* (*i; a, h. o*) dopichať, dobodať; *von den Mücken zerstochen sein* byť doštípaný od komárov
zerstieben* (*o, i. o*) **1** rozprášiť sa, rozprsknúť sa **2** obraz. rozptýliť sa, rozutekať sa
zerstör|bar zničiteľný; **–en** zničiť; **r –er** (*s,* ≈) **1** ničiteľ **2** voj. torpédoborec; **–erisch** ničivý; **e –ung** (≈, *en*) poškodenie, zničenie, spustošenie
e Zerstörungs|kraft (≈, *≈e*) ničivá sila; **s –werk** (*(e)s, e*) dielo skazy
zerstreu|en roztrúsiť, rozptýliť i obraz.; **–t 1** rozptýlený, roztrúsený **2** nesústredený; **e –theit** (≈, *0*) roztržitosť, nesústredenosť; **e –ung** (≈, *en*) **1** rozptýlenie, rozptyl **2** obraz. rozptýlenie, rozveselenie, zábava
s Zertifikat (*(e)s, e*) certifikát, osvedčenie
zertreten* (*i; a, h. e*) rozšliapať, zašliapnuť
zertrümmer|n rozbiť, roztĺcť na kusy; **e –ung** (≈, *en*) rozbitie, roztlčenie
e Zervelatwurst <**Servelatwurst**> [cervə'la:t...] (≈, *≈e*) trvanlivá saláma
zer|wühlen rozryť, rozrýpať; **s –würfnis** (*ses, se*) roztržka, rozpor
zetern hanl. bedákať, horekovať
r Zettel (*s,* ≈) **1** lístok, hovor. ceduľa **2** formulár, blanketa; **e ~kartei** (≈, *en*) lístková kartotéka
s Zeug (*(e)s, e*) **1** haraburda, naničhodná vec, pletka; *dummes Zeug* hlúposť, nezmysel **2** náčinie, výstroj **3** zlé jedlo, zlý nápoj **4** schopnosti, nadanie; **sich (ordentlich) ins ~ legen** pustiť sa (poriadne) do roboty

r Zeug|e (*n, n*) svedok; **–en**[1] byť svedkom, svedčiť; *von etw –en* svedčiť o čom; **–en**[2] **1** plodiť, splodiť **2** obraz. vytvoriť čo, byť pôvodcom

e Zeugen|aussage (*≈, n*) svedecká výpoveď; **e –bank** (*≈, ≈̈e*) lavica svedkov; **e –vorladung** (*≈, en*) predvolanie svedkov

s Zeugnis (*ses, se*) **1** svedectvo, svedecká výpoveď **2** vysvedčenie v škole ap.

e Zeugung (*≈, en*) (s)plodenie

zeugungs|fähig plodný, schopný plodiť; **e –fähigkeit** (*≈, 0*) plodnosť; **–unfähig** neplodný; **e –unfähigkeit** (*≈, 0*) neplodnosť

z. H. skr. **zu Händen, zuhanden** do vlastných rúk

e Zichori|e (*≈, n*) **1** bot. čakanka **2** cigória

r Zickzack (*(e)s, e*) kľukatá čiara; **~förmig** kľukatý, krivolaký

e Ziege (*≈, n*) koza

r Ziegel (*s, ≈*) **1** tehla **2** škridla; **~dach** (*(e)s, ≈̈er*) škridlová strecha; **~rot** tehlovočervený, tehlový; **r ~stein** (*(e)s, e*) tehla

r Ziegen|bart (*es, ≈̈e*) kozia brada; **r –bock** (*es, ≈̈e*) cap

r Ziegenpeter (*s, 0*) lek. mumps

e Zieh|eltern MNČ nevlastní rodičia, adoptívni rodičia

ziehen[*1] (*o, h. o*) **1** ťahať, natiahnuť, potiahnuť; *j-n am Ärmel ~* ťahať koho za rukáv **2** pestovať, chovať **3** ťahať, prúdiť o vzduchu; *es zieht* je prievan, ťahá

ziehen[*2] (*o, i. o*) sťahovať sa, voj. tiahnuť; **nach sich ~** mať za následok; **Tee ~ lassen*** dať spariť čaj

e Ziehharmonika (*≈, s* al. *Ziehharmoniken*) ťahacia harmonika

s Zieh|kind (*(e)s, er*) adoptívne dieťa; **e –mutter** (*≈, ≈̈*) adoptívna matka; **r –vater** (*s, ≈̈*) adoptívny otec

e Ziehung (*≈, en*) ťah, žrebovanie

s Ziel (*(e)s, e*) cieľ; **s ~band** (*(e)s, ≈̈er*) cieľová páska; **e ~gerade** (*n, n*) cieľová rovinka; **~los** bezcieľny; **r ~punkt** (*(e)s, e*) cieľový bod, cieľ; **e ~setzung** (*≈, 0*) určenie, vytýčenie cieľa; **~strebig** cieľavedomý; **e ~strebigkeit** (*≈, 0*) cieľavedomosť

ziemlich 1 PR M značný, veľký, poriadny **2** PRÍSL pomerne, dosť, skoro, takmer; *es ist ~ kalt* je dosť chladno

e Zier (*≈, 0*) kniž., **r ~at** <...rr...> (*(e)s, e*), **e ~de** (*≈, n*) ozdoba, okrasa; **~en** zdobiť, krášliť (*etw mit etw* čo čím); **sich ~en** ostýchať sa, okúňať sa; **~lich 1** pôvabný **2** útly, drobný; **e ~pflanze** (*≈, n*) ozdobná rastlina; **e ~puppe** (*≈, n*) hovor. parádnica, fiflena; **e ~schrift** (*≈, en*) ozdobné písmo

r Ziesel (*s, ≈*) syseľ

e Ziffer (*≈, n*) cifra, číslica; **s ~blatt** (*(e)s, ≈̈er*) číselník, ciferník

e Zigarẹtte (*≈, n*) cigareta

s Zigarẹtten|etui (*s, s*) tabatierka, puzdro na cigarety; **r –rauch** (*s, 0*) cigaretový dym; **e –schachtel** (*≈, n*) cigaretová škatuľka; **r –stummel** (*s, ≈*) ohorok cigarety hovor. špak; **r –tabak** (*s, 0*) cigaretový tabak

e Zigạrre (*≈, n*) cigara

r Zigẹuner (*s, ≈*) Cigán

e Zikạde (*≈, n*) cikáda

e Zille (*≈, n*) riečna nákladná loď

e Zimbel (*≈, n*) hud. cimbal

s Zimmer (*s, ≈*) izba; **r ~arrest** (*(e)s, e*) domáce väzenie; **e ~decke** (*≈, n*) strop, povala; **e ~einrichtung** (*≈, en*) zariadenie izby; **e ~flucht** (*≈, 0*) rad izieb vedľa seba; **s ~mädchen** (*s, ≈*) chyžná; **r ~mann** (*s, Zimmerleute*) tesár

zimperlich chúlostivý, precitlivený

r Zimt (*(e)s, e*) škorica

s Zink (*(e)s, 0*) chem. zinok; **e ~salbe** (*≈, n*) zinková masť; **s ~weiß** (*es, 0*) zinková bieloba

s Zinn (*(e)s, 0*) chem. cín; **r ~soldat** (*en, en*) cínový vojačik

r Zins[1] (*es, e*) nájomné

r Zins[2] (*es, en*) **1** daň, poplatok **2** len MNČ úroky; **~frei** bezúročný; **r ~fuß**

(*es, 0*) **s ~satz** (*es, ≈e*) úroková miera, úroková sadzba
r Zipfel (*s,* ≈) hrot, roh, výbežok; **e ~mütze** (≈, *n*) čapica s cípom
zirka <circa> asi, okolo, približne
r Zirkel (*s,* ≈) **1** kružidlo **2** kruh, kružnica **3** obraz. krúžok, kruh priateľov ap.
s Zirku|lar (*s, e*) obežník; **e –lation** (≈, *0*) cirkulácia, obeh; **–lieren** cirkulovať, obiehať, prúdiť
r Zirkus (≈ *se*) cirkus; **r ~reiter** (*s,* ≈) cirkusový jazdec
e Zirpe (≈, *n*) zool. cikáda
zische(l)n syčať, sipieť; *die Schlange zischt* had sipí; *der Dampf zischt* para syčí
r Ziseleur [...'lo̱ö:ɐ] (*s, e*) cizelér, kovorytec
e Zisterne (≈, *n*) nádrž, vodojem
e Zitadelle (≈, *n*) citadela
s Zitat (*(e)s, e*) citát; **e ~en|sammlung** (≈, *en*) zbierka citátov
e Zither (≈, *n*) hud. citara
zitieren 1 citovať **2** predvolať
e Zitrone (≈, *n*) citrón
r Zitronenfalter (*s,* ≈) zool. žltáčik
zitronengelb citrónovožltý
r Zitter|aal (*(e)s, e*) zool. úhor elektrický; **–n** triasť sa, chvieť sa; **e –pappel** (≈, *n*) osika
e Zitze (≈, *n*) anat. prsná bradavka
zivil civilný, občiansky
s Zivil (*s, 0*) civil; **e ~|ehe** (≈, *n*) civilný sobáš; **s ~gericht** (*s, e*) civilný súd; **e ~isation** (≈, *en*) civilizácia; **~isieren** civilizovať; **r ~ist** (*en, en*) civil, nevojak
r Zobel (*s,* ≈) soboľ; **r ~pelz** (*es, e*) sobolí kožuch
e Zofe (≈, *n*) komorná
zöger|n váhať, otáľať; **e –ung** (≈, *en*) váhanie, otáľanie
r Zögling (*s, e*) chovanec
r, s Zölibat (*(e)s, 0*) celibát
r Zoll[1] (*(e)s,* ≈) cól, palec stará miera; *zwei ~ lang* dva palce dlhý
r Zoll[2] (*(e)s, ≈e*) **1** clo **2** colný úrad; **e ~|abfertigung** (≈, *en*) colné vybavenie; **s ~|amt** (*(e)s, ≈er*) colný úrad, colnica; **r ~be|amte** (*n, n*) colník, colný úradník; **e ~deklaration** (≈, *en*), **e ~|erklärung** (≈, *en*) colné vyhlásenie
zollen prejaviť, vysloviť, preukázať; *j-m Anerkennung ~* vysloviť komu uznanie
zoll|frei bez cla; **e –gebühr** (≈, *en*) clo, colný poplatok; **e ~kontrolle** (≈, *n*) colná kontrola; **–pflichtig** podliehajúci clu; **r –tarif** (*s, e*) colná tarifa, sadzba; **e –union** (≈, *en*) polit. colná únia
e Zone (≈, *n*) zóna, pásmo, oblasť
e Zonen|fahrkarte (≈, *n*), **r –fahrschein** (*(e)s, e*) pásmový cestovný lístok; **r –tarif** (*s, e*) pásmová sadzba
r Zoo (*(s), s*) skr. **zoologischer Garten** zoologická záhrada; **r ~loge** (*n, n*) zoológ; **e ~logie** (≈, *0*) zoológia; **~logisch** zoologický
r Zopf (*(e)s, ≈e*) **1** vrkoč **2** kuch. pletenka **3** obraz. prežitok, zaostalosť; **~ig** zaostalý
r Zorn (*(e)s, 0*) hnev, zlosť; *in ~ geraten* nahnevať sa; **r ~ausbruch** (*s, ≈e*) výbuch, nával hnevu; **~ig** nahnevaný, nazlostený
e Zot|e (≈, *n*) oplzlosť, nehanebnosť; **r –en|reißer** (*s,* ≈) nehanebník, oplzlý človek; **–ig** oplzlý, nehanebný
e Zottel (≈, *n*) hovor. chumáč vlasov; **r ~bär** (*en, en*) huňatý medveď
ZPO skr. **Zivilprozeß|ordnung** <...ss...> občianskoprávny poriadok
z. T. skr. **zum Teil** sčasti, čiastočne
zu[1] PREDL s D **1** miest. k, ku; *~ mir* ku mne **2** čas. k, na, v; *zu Mittag* na obed; *zur rechten Zeit* v pravý čas **3** účel k, na, pre; *zum Trinken* na pitie **4** v spojení s neurčitkom slovesa sa neprekladá *das ist nicht ~ verkaufen* to nie je na predaj; šport. *zwei ~ null* dva nula; *~ Schiff* loďou
zu[2] PRÍSL **1** zatvorené; *die Tür ist ~* dvere sú zatvorené **2** príliš; *~ viel* príliš veľa
zu|aller|erst predovšetkým, najsam-

prv; **–letzt** naposledy
s Zubehör (*(e)s, e*) **1** príslušenstvo **2** príprava
zu|beißen* (*i <...ss>, h. zugebissen*) pohrýzť, zahryznúť
zu|bekommen* (*bekam zu, h. o*) **1** dostať prídavok, na dôvažok **2** hovor. môcť zavrieť; *ich bekomme* den Koffer nicht zu* nemôžem zavrieť kufor
zu|bereit|en pripraviť; **e –ung** (*≈, en*) príprava, prichystanie
zu|billigen povoliť, priznať (*j-m etw* komu čo)
zu|blinzeln zažmurkať (*j-m* na koho)
zu|bring|en* (*brachte zu, h. zugebracht*) **1** priniesť, doniesť **2** stráviť, prežiť čas; **r –er** (*s, ≈*) **1** donášač, udavač **2** tech. podávač
e Zucht[1] (*≈, 0*) **1** výchova **2** disciplína, poslušnosť
e Zucht[2] (*≈, en*) **1** rasa, plemeno dobytka **2** pestovanie, chov
zücht|en 1 chovať, šľachtiť dobytok **2** pestovať rastliny; **r –er** (*s, ≈*) chovateľ, pestovateľ
s Zuchthaus (*es, ≈er*) výchovnonápravný ústav, hovor. polepšovňa
r Zuchthengst (*es, e*) plemenný žrebec
züchtig slušný, mravný
züchtig|en potrestať telesne; **e –ung** (*≈, en*) trestanie, telesný trest
zuchtlos nevychovaný; **e ~igkeit** (*≈, 0*) nevychovanosť
e Züchtung (*≈, en*) **1** pestovanie rastlín **2** chov zvierat
zucken trhnúť, myknúť; *die Achseln* al. *mit den Achseln ~* myknúť plecami
zücken vytasiť, rýchlo vytiahnuť
r Zucker (*s, Zuckersorten*) **1** cukor **2** hovor. cukrovka choroba; *er hat ~* má cukrovku; **r ~bäcker** (*s, ≈*) cukrár; **e ~dose** (*≈, n*) cukornička; **e ~fabrik** (*≈, en*) cukrovar; **r ~gehalt** (*(e)s, 0*) obsah cukru, cukornatosť; **e ~gewinnung** (*≈, 0*) výroba cukru; **~haltig** cukornatý, obsahujúci cukor
r Zucker|kranke (*n, n*) diabetik, chorý na cukrovku; **e –krankheit** (*≈, 0*) cukrovka, diabetes
s Zucker|rohr (*(e)s, 0*) cukrová trstina; **e –rübe** (*≈, n*) cukrová repa; **–süß** sladký ako cukor; **e –zange** (*≈, n*) kliešťky na cukor
e Zuckung (*≈, en*) **1** trhanie, myknutie, cuknutie **2** lek. zašklb
zu|decken prikryť, zakryť
zudem okrem toho, ešte k tomu
r Zudrang (*(e)s, 0*) nával, tlačenica
zudringlich dotieravý, dobiedzavý; **e ~keit** (*≈, en*) dotieravosť
zu|drücken pritlačiť, zatisnúť, zatlačiť; *einem Toten die Augen ~* zatlačiť mŕtvemu oči; obraz. **die Augen ~** zažmúriť oči, byť zhovievavý
zu|eign|en venovať, dať do vlastníctva; **e –ung** (*≈, en*) venovanie v knihe
zu|eilen (*i.*) náhliť sa v ústrety (*auf j-n/etw* komu/čomu); **dem Untergang ~** rútiť sa do záhuby
zu|einander k sebe, jeden k druhému
zu|erkenn|en (*erkannte zu, zuerkannt*) priznať, pririeknuť, udeliť (*j-m etw* komu čo); **e –ung** (*≈, en*) priznanie, pridelenie, udelenie
zuerst najprv, najskôr, sprvoti
zu|fahren* (*ä; u, i. a*) **1** ísť, prichádzať smerom ku **2** vrhnúť sa, vyrútiť sa (*auf j-n* na koho)
e Zufahrt (*≈, en*) príjazd; **e ~s|straße** (*≈, n*) príjazdová cesta
r Zufall (*(e)s, ≈e*) náhoda
zu|fallen* (*ä; fiel zu, i. a*) **1** zapadnúť, zatvoriť sa **2** obraz. pripadnúť, dostať
zufällig náhodný, nečakaný; **~erweise** náhodou, náhodne; **e ~keit** (*≈, en*) náhodnosť
zu|fließen* (*o <...ss>, i. zugeflossen*) tiecť smerom ku, pritekať i obraz.
e Zuflucht (*≈, 0*) útočište; *bei j-m ~ suchen* hľadať u koho útočište
r Zufluchts|ort (*(e)s, e*), **e –stätte** (*≈, n*) útočište, útulok
r Zufluß <...ss> (*Zuflusses, Zuflüsse*) **1** prítok, pritekanie **2** obraz. prílev, prírastok

zu|flüstern pošepkať
zufolge podľa; s G pred PODST M: ~ *des Befehls* podľa rozkazu; s D za PODST M: *dem Wunsch* ~ podľa želania
zufrieden spokojný; **~|geben*** <**~ geben**> **sich** (*i; a, h. e*) uspokojiť sa; **e ~heit** (≈, *0*) spokojnosť; **~|stellen** <**~ stellen**> uspokojiť
zu|fügen 1 pridať, pripojiť **2** zapríčiniť, spôsobiť
e Zufuhr (≈, *en*) dovoz, dovážanie, prísun, prílev
zu|führ|en doviesť, priviesť, zaviesť; **e –ung** (≈, *en*) dovedenie, prívod, zavedenie
r Zug (*(e)s,* ≈*e*) **1** vlak **2** ťah, sťahovanie **3** dúšok pri pití, vtiahnutie pri fajčení, hovor. šluk; *etw in vollen Zügen genießen* užívať si čo plnými dúškami **4** prievan **5** zástup, sprievod **6** kŕdeľ **7** vlastnosť, črta; **in einem ~** naraz, jedným ťahom
e Zugabe (≈, *n*) prídavok, dodatok
r Zu|gang (*(e)s,* ≈*e*) **1** vchod, príchod **2** prístup **3** prírastok; **–gänglich 1** prístupný, dostupný **2** obraz. prístupný, ochotný
zu|geben* (*a, e*) **1** pridať, dať viac **2** priznať, pripustiť
zugegen: ~ *sein* byť prítomný
zu|gehen* (*ging zu, i. zugegangen*) **1** podísť smerom, blížiť sa, priblížiť sa (*auf j-n/etw* ku komu/čomu) **2** stať sa, prihodiť sa **3** poslať, odoslať; *die Unterlagen ~ lassen** poslať podklady
zu|gehör|en bás. patriť, náležať; **–ig** prislúchajúci, náležitý; **e –igkeit** (≈, *0*) príslušnosť
r Zügel (*s,* ≈) uzda, oprata; obraz. *seiner Leidenschaft die ~ anlegen* nasadiť uzdu svojej vášni; **~los** bezuzdný, nespútaný; **e ~losigkeit** (≈, *0*) bezuzdnosť, nespútanosť; **~n 1** udržať na uzde **2** obraz. mierniť, krotiť
s Zu|geständnis (*ses, se*) ústupok; *~e machen* robiť ústupky; **–|gestehen*** (*gestand zu, zugestanden*) **1** pripustiť **2** priznať, privoliť
zugetan oddaný, naklonený
zugig prievanový, nachádzajúci sa v prievane
zügig 1 plynulý **2** rýchly a stály
zugleich zároveň, súčasne
zu|greifen* (*griff zu, h. zugegriffen*) **1** siahnuť, načiahnuť sa; *bitte greifen Sie zu!* prosím, vezmite si! **2** obraz. zasiahnuť, zakročiť; **r –griff** (*(e)s, e*) zákrok, zásah
zugrunde <**zu Grunde**>: **1** ~ *gehen* zahynúť, vyjsť nazmar **2** ~ *legen* brať za základ, vychádzať z **3** ~ *liegen* byť základom, podkladom **4** ~ *richten* zničiť
zu|gucken hovor. prizerať sa
zugunsten <**zu Gunsten**> na prospech, v prospech koho/čoho
zugute: **1** *j-m etw ~ halten* prepáčiť komu čo **2** *j-m ~ kommen* prospievať komu
r Zug|vogel (*s,* ≈) sťahovavý vták; **r –wind** (*es, e*) prievan
r Zuhälter (*s,* ≈) kupliar, vulg. pasák
s Zuhause (≈, *0*) domov
zu|hör|en počúvať, načúvať (*j-m* komu); **r –er** (*s,* ≈) poslucháč; **e –erschaft** (≈, *0*) poslucháči
zu|klappen 1 (*i.*) zachlopiť sa **2** (*h.*) zachlopiť, zabuchnúť
zu|kleben zalepiť, prilepiť
zu|kommen* (*kam zu, i. o*) **1** prísť, prichádzať (*auf j-n* ku komu) **2** patriť, prislúchať; *das kommt mir zu* to mi patrí, na to mám nárok; *j-m etw ~ lassen* poslať komu čo
e Zu|kunft (≈, *0*) **1** budúcnosť; *an die ~ denken* myslieť na budúcnosť **2** gram. budúci čas, futúrum; **–künftig** budúci, nastávajúci
zukunfts|freudig nádejný, plný nádeje; **e –musik** (≈, *0*) obraz. hudba budúcnosti; **–reich, –voll** sľubný, nádejný
e Zulage (≈, *n*) **1** prídavok **2** príplatok
zulänglich dostačujúci, vyhovujúci; **e ~keit** (≈, *0*) dostatočnosť
zu||lassen* (*ä; ließ zu, h. a*) **1** povoliť,

dovoliť **2** pripustiť, povoliť prístup; *den Schüler zu der Prüfung ~* pripustiť žiaka na skúšku **3** nechať zatvorené; **–lässig** prípustný, dovolený; **e –lassung** (*≈, 0*) povolenie, dovolenie, pripustenie

r Zulauf (*(e)s, 0*): *großen ~ haben* mať veľký nával, veľkú návštevnosť; **~en*** (*äu; ie, i. au*) **1** pribehnúť (*auf j-n* ku komu) **2** pritekať **3** obraz. vyúsťovať; *spitz ~en* vyúsťovať do hrotu

zulẹide <**zu Leide**>: *j-m etw ~ tun* ublížiť komu čím

zu¦leit¦en priviesť, privádzať vodu ap.; **e –ung** (*≈, en*) privedenie, prívod

r Zuleitungs¦kanal (*s, ≈e*) prívodný kanál; **s –rohr** (*s, e*) prívodná rúra

zulẹtzt **1** ako posledný **2** naposledy; *~ kommen* prísť ako posledný

zulịebe kvôli, po vôli, z lásky; *j-m ~* z lásky ku komu

zum = *zu dem*: *~ Trinken* na pitie

zu¦machen zavrieť, zapnúť

zumạl najmä, najmä keď, predovšetkým

zumẹist najviac, najväčšmi, väčšinou

zu¦messen* (*i; maß zu, h. e*) **1** namerať, odmerať, vymerať **2** obraz. prikladať, pripísať, prisúdiť; *einer Sache Wichtigkeit ~* prikladať dôležitosť čomu

zumịndest prinajmenšom, aspoň

zumụte <**zu Mute**>: *wie ist dir ~?* ako ti je?

zu¦mut¦en neoprávnene očakávať, požadovať (*j-m etw* čo od koho); **e –ung** (*≈, en*) prehnaná požiadavka; *das ist eine ~ung!* to je bezočivosť!

zunächst **1** najprv, najskôr, predovšetkým **2** zatiaľ, nateraz, predbežne

e Zunahme (*≈, n*) pribúdanie, priberanie

r Zuname (*ns, n*) priezvisko

e Zünd¦anlage (*≈, n*) tech. zapaľovacie zariadenie; **–en** **1** zapáliť sa **2** voj. odpáliť **3** obraz. nadchnúť, oduševniť (*j-n* koho)

r Zunder (*s, 0*) práchno

r Zünd¦er (*s, ≈*) **1** voj. roznecovač **2** zápalka; **s –holz** (*es, ≈er*), **s –hölzchen** (*s, ≈*) zápalka; **e –kerze** (*≈, n*) tech. zapaľovacia sviečka; **r –stoff** (*(e)s, e*) **1** zápalná látka **2** obraz. podnet, popud; **e –ung** (*≈, en*) zapálenie, zažíhanie, tech. zapaľovanie

zu¦nehmen* (*i; a, h. zugenommen*) **1** pribúdať, zväčšiť sa; *der Mond nimmt zu* mesiac narastá **2** pribrať, stučnieť; *an Gewicht ~* pribrať na váhe

zu¦neig¦en prikloniť sa, nakloniť sa; *sich dem Ende ~* chýliť sa ku koncu; **–t sein** byť naklonený; **e –ung** (*≈, 0*) náklonnosť, priazeň

e Zunft (*≈, ≈e*) cech

zünftig **1** cechový **2** odborný, špeciálny **3** hovor. poriadny, náležitý

e Zunge (*≈, n*) jazyk i obraz.; *mit der ~ anstoßen* šušlať

züngeln **1** mihať, kmitať jazykom o hadoch **2** šľahať, blčať o plameňoch

e Zungenfertigkeit (*≈, 0*) výrečnosť, jazyková obratnosť

zunịchte: **1** *~ machen* zničiť, zmariť **2** *~ werden* vyjsť nazmar

zunụtze <**zu Nutze**>: *sich etw ~ machen* využiť čo

zu¦ọberst celkom hore, najvyššie

zu¦packen **1** schytiť, zdrapiť **2** robiť, priložiť ruku k dielu; *tüchtig ~* poriadne zabrať

zupfen **1** ťahať, poťahovať (*j-n an etw* koho za čo) **2** brnkať na gitare ap.

zur = *zu der*: *~ Großmutter* k starej mame

zu¦rechnen **1** priznať, prisúdiť **2** obraz. priradiť, pričleniť

zurechnungsfähig práv. príčetný, plne zodpovedný; **e ~keit** (*≈, 0*) príčetnosť

zurẹcht riadne, poriadne, náležite

zurẹcht¦finden sich (*a, h. u*) vyznať sa, vedieť sa orientovať

zurẹcht¦kommen* (*kam zurecht, i. o*) **1** prísť načas **2** vyjsť, vychádzať (*mit*

j-n s kým)
zurecht|legen prichystať, pripraviť, usporiadať; **–|machen** hovor. prichystať, pripraviť
zurecht|weisen* (*ie, h. ie*) prísne napomenúť, pokarhať; **e –weisung** (≈, *en*) prísne napomenutie, pokarhanie
zu|reden dohovoriť, dohovárať (*j-m* komu)
zu|reichen 1 podávať **2** hovor. vystačiť; **~d** postačujúci
zu|richten 1 pripraviť, upraviť, spracovať **2** obraz., hovor. doriadiť; *j-n übel ~* hrozne doriadiť koho
e Zurschaustellung (≈, *en*) vystavenie na obdiv
zurück 1 späť, naspäť; *es gibt kein ~ mehr* naspäť sa už nedá **2** nazad, vzad **3** pozadu
zurück|behalten* (*ä; ie, h. a*) nechať si pre seba, nevrátiť
zurück|kommen* (*bekam zurück, h. o*) dostať späť, znovu nadobudnúť
zurück|bleiben* (*ie, i. ie*) **1** zaostať, meškať **2** obraz. zaostávať v škole ap.
zurück|bringen* (*brachte zurück, h. zurückgebracht*) priniesť späť, vrátiť
zurück|fahren* (*u, i. a*) **1** cestovať naspäť **2** strhnúť sa, myknúť sa; **~*** (*u, h. a*) priviezť, zaviezť späť
zurück|finden* (*a, h. u*) nájsť spiatočnú cestu, vrátiť sa
zurück|fordern žiadať späť
zurück|führen 1 (pri)viesť späť **2** obraz. odvodiť, vyvodzovať (*etw auf etw* čo z čoho)
zurück|geben* (*i; a, h. e*) **1** vrátiť **2** obraz. odpovedať, namietnuť
zurückgeblieben zaostalý
zurück|gehen* (*ging zurück, i. zurückgegangen*) **1** vrátiť sa, ísť späť **2** ustúpiť, ísť dozadu **3** obraz. ustúpiť, zmenšiť sa, klesať; *das Fieber ging zurück* horúčka klesla
zurückgezogen utiahnutý, osamotený; *~ leben* žiť v ústraní
zurück|halt|en* (*ä; ie, h. a*) **1** zadržať, zdržať **2** obraz. zdržať, ovládať; *seine Gefühle ~* ovládať svoje city **3** tajiť, skrývať (*mit etw* čo); *mit seiner Meinung ~* tajiť svoj názor; **sich –en*** zdržať sa, ovládať sa, správať sa rezervovane; **–end** zdržanlivý, rezervovaný; **e –ung** (≈, *0*) zdržanlivosť
zurück|kehren (*i.*) prísť späť, vrátiť sa; **–kommen*** (*kam zurück, i. o*) **1** vrátiť sa, prísť späť **2** obraz. vrátiť sa ku, opäť pripomenúť; *auf einen Vorschlag ~* vrátiť sa k návrhu
zurück|lassen* (*ä; ließ zurück, h. a*) **1** zanechať **2** obraz. nechať vzadu, predstihnúť
zurück|legen 1 položiť dozadu **2** odložiť, uložiť **3** odložiť, usporiť; *das Geld ~* usporiť peniaze **4** obraz. vzdať sa; *ein Amt ~* vzdať sa úradu
zurück|nehmen* (*i; a, h. zurückgenommen*) **1** vziať, prevziať späť **2** obraz. odvolať
zurück|schrecken (*vor etw* pred čím) **1** strhnúť sa od ľaku **2** zľaknúť sa, plašiť sa
zurück|setzen 1 posadiť dozadu **2** dať späť **3** znížiť ceny ap. **4** obraz. ponížiť, znevážiť; **–|stellen 1** postaviť späť **2** rezervovať, dať bokom **3** odsunúť, zatlačiť dozadu
zurück|treten* (*i; a, i. e*) **1** odstúpiť, ustúpiť **2** obraz. vzdať sa, odstúpiť
zurück|versetzen preložiť späť, vrátiť; *in den früheren Zustand ~* uviesť do pôvodného stavu; **sich ~** vracať sa v myšlienkach, spomínať
zurück|weisen* (*ie, h. ie*) odmietnuť, odkázať späť; *j-n in seine Grenzen ~* ukázať komu, pokiaľ siahajú jeho hranice
zurück|zahlen splatiť, odplatiť
zurück|ziehen* (*zog zurück, h. zurückgezogen*) **1** stiahnuť späť **2** odtiahnuť **3** obraz. obraz. odvolať; **sich ~*** **1** utiahnuť sa, odobrať sa **2** voj. stiahnuť sa, ustúpiť
r Zuruf (*(e)s, e*) **1** zvolanie, zavolanie **2** pokrik **3** aklamácia; *durch ~ ab-*

stimmen hlasovať aklamáciou

e Zusage (≈, *n*) (prí)sľub; **~n 1** sľúbiť **2** prijať pozvanie **3** páčiť sa, byť po vôli; *diese Wohnung sagt mir zu* tento byt sa mi páči

zusạmmen spolu, spoločne; **e ~|arbeit** (≈, *0*) spolupráca; **~|arbeiten** spolupracovať

zusạmmen|beißen* (*i* <...*ss*>, *h. zusammengebissen*) zaťať, zatínať; *die Zähne ~* zaťať zuby

zusạmmen|brauen hovor. (na)miešať; **sich ~** chystať sa, schyľovať sa i obraz.; *es braut sich ein Gewitter zusammen* chystá sa búrka

zusạmmen|brechen* (*a, i. o*) zrútiť sa, zvaliť sa i obraz.

zusạmmen||bringen* (*brachte zusammen, h. zusammengebracht*) **1** nazbierať, zhromaždiť **2** zoznámiť, hovor. dať dokopy; **r –bruch** (*(e)s, ≈̈e*) zrútenie, rozvrat, úpadok

zusạmmen||fassen (*faßte zusammen, h. zusammengefaßt*) stručne podať, zhrnúť; **e –fassung** (≈, *en*) zhrnutie, prehľad, stručný obsah

zusạmmen|finden* (*a, h. u*) nájsť a pozbierať; **sich ~** zísť sa, stretnúť sa

zusạmmen|gehören patriť k sebe; **e ~gehörigkeit** (≈, *en*) spolupatričnosť

r Zusạmmen|halt (*(e)s, 0*) súdržnosť, solidarita; **–|halten*** (*ä; ie, h. a*) držať pohromade i obraz.

r Zusạmmen|hang (*(e)s, ≈̈e*) súvislosť, spojitosť; *in ~ bringen* dávať do súvislosti; **–|hängen*** (*i, h. a*) súvisieť

zusạmmenheften zostehovať, zošiť, zopnúť

r Zusạmmenklang (*(e)s, ≈̈e*) **1** hud. súzvuk, akord **2** súlad

zusạmmen|klappbar sklápací; **–|klappen 1** (*h.*) sklapnúť, zložiť **2** (*i.*) hovor. odpadnúť, odkväcnúť, zložiť sa

zusạmmen||kommen* (*kam zusammen, i. o*) **1** stretnúť sa, zísť sa **2** stať sa, prihodiť sa súčasne **3** obraz. zhodovať sa; **e –kunft** (≈, *≈̈e*) stretnutie, schôdzka, zraz

r Zusạmmenlauf (*(e)s, ≈̈e*) sútok, stok; *der ~ zweier Flüsse* sútok dvoch riek

zusạmmen|legen skladať, zložiť; *das Tischtuch ~* zložiť obrus

zusạmmen|nehmen* (*i; a, h. zusammengenommen*) zbierať, pobrať, sústrediť; *die Kräfte ~* vynaložiť, napnúť všetky sily; *alles zusammengenommen* dovedna

zusạmmen|passen (*paßte zusammen, h. zusammengepaßt*) **1** hodiť sa k sebe, zhodovať sa **2** rozumieť si

zusạmmen||schließen* **sich** (*o* <...*ss*>, *h. zusammengeschlossen*) spojiť sa, zjednotiť sa; **r –schluß** <**...ss**> (*schlusses, schlüsse*) spojenie, zjednotenie

s Zusạmmensein <**~ sein**> (*s, 0*) spolužitie, spoločný život

zusạmmen|setzen zložiť, zostaviť; **sich ~** skladať sa; **e –setzung** (≈, *en*) **1** zloženie, skladanie **2** gram. zloženina, kompozitum

r Zusạmmen|stoß (*es, ≈̈e*) **1** zrážka **2** obraz. konflikt, hádka, spor; **–|stoßen*** (*ie, i. o*) **1** zraziť sa, naraziť **2** obraz. pohádať sa **3** susediť, hraničiť; **–|stürzen** (*i.*) zrútiť sa, spadnúť

zusạmmen||treffen* (*traf zusammen, i. o*) **1** stretnúť sa **2** zhodnúť sa, byť identický, padnúť na ten istý čas; **s –treffen** (*s,* ≈) stretnutie; *das –treffen der Umstände* zhoda okolností

zusạmmen|wirken spoluúčinkovať

zusạmmen|zählen spočítať, zrátať

zusạmmen|ziehen* (*zog zusammen, h. zusammengezogen*) **1** stiahnuť, sťahovať **2** voj. sústrediť, stiahnuť vojsko; **sich ~*** **1** stiahnuť sa **2** zraziť sa o látke

r Zusatz (*es, ≈̈e*) **1** dodatok, doložka **2** chem. prísada, prímes; **e ~|bestimmung** (≈, *en*) dodatočné ustanovenie; **e ~klausel** (≈, *n*) dodatočná klauzula

zusätzlich dodatočný, dodatkový

zu|schau|en dívať sa, prizerať sa; **r**

–er (*s, ≈*) divák
zu¦schicken poslať
zu¦schieben* (*o, h. o*) **1** zasunúť, prisunúť **2** obraz. zvaliť (*j-m etw* čo na koho); *im die Schuld ~* zvaliť vinu na koho
zu¦schießen* **1** (*o <...ss>, h. zugeschossen*) prispieť, pridať peniaze **2** (*o <...ss>, i. zugeschossen*) vrhnúť sa, vyrútiť sa (*auf j-n* na koho)
r Zuschlag (*(e)s, ≈e*) **1** príplatok, prirážka **2** príklop na dražbe **3** prísada; **~en*** (*ä; u, h. a*) **1** pribuchnúť, zabuchnúť **2** pririeknuť, priklepnúť na dražbe **3** zatĺcť **4** udrieť, buchnúť; **~frei** bez prirážky; **e ~karte** (*≈, en*) cestovný lístok s príplatkom na rýchlik ap.
zu¦schließen* (*o <...ss>, h. zugeschlossen*) zamknúť, zavrieť na zámku
zu¦schnallen zapnúť sponou al. prackou
zu¦schneiden* (*schnitt zu, h. zugeschnitten*) pristrihnúť, prirezať
zu¦schnüren **1** zašnurovať, zaviazať **2** stiahnuť, stlačiť, zovrieť; *die Angst schnürte ihr die Kehle zu* strach jej stiahol hrdlo
zu¦schreiben* (*ie, h. ie*) pripísať i obraz.; *j-m die Schuld ~* pripisovať komu vinu; **e –schrift** (*≈, en*) prípis, oznámenie, písomná správa
r Zuschub (*(e)s, ≈e*) prísun, dovoz
zuschulden <**zu Schulden**>: *sich etw ~ kommen lassen* dopustiť sa čoho, previniť sa čím
r Zuschuß <**...ss**> (*Zuschusses, Zuschüsse*) príspevok, príplatok, prídavok
zu¦schütten **1** zasypať, zasypávať **2** hovor. priliať, prilievať
zu¦sehen* (*ie; a, h. e*) **1** prizerať sa, pozerať sa **2** dbať, snažiť sa; *sieh zu!* dávaj pozor!
zu¦setzen **1** pridať, doložiť **2** dobiedzať, dotierať
zu¦sicher¦n uistiť, ubezpečiť, zaručiť; **e –ung** (*≈, en*) uistenie, ubezpečenie, prísľub
r Zuspätkommende (*n, n*) oneskorenec
zu¦sperren hovor. zamknúť, zavrieť na zámku
zu¦spielen **1** šport. prihrať **2** obraz. podstrčiť, potajomky dať
zu¦spitz¦en zaostriť, zahrotiť, priostriť i obraz.; **sich ~** priostriť sa; **e –ung** (*≈, en*) obraz. vyhrotenie, priostrenie
zu¦sprechen* (*i; a, h. o*) **1** dohovárať (*j-m* komu) **2** pririeknuť, prisúdiť **3** dožičiť si; *dem Alkohol ~* dožičiť si alkoholu, popíjať; **r –spruch** (*(e)s, 0*) **1** príhovor, prihováranie **2** obľuba, popularita; *großen –spruch finden* tešiť sa veľkej obľube
r Zustand (*(e)s, ≈e*) **1** stav, situácia **2** fyz. stav, skupenstvo
zustande: **1** *etw ~ bringen* vykonať, uskutočniť **2** *~ kommen* uskutočniť sa, podariť sa
zuständig príslušný, oprávnený, kompetentný; **e ~keit** (*≈, 0*) príslušnosť, oprávnenosť, kompetentnosť
zustatten: *~ kommen* byť na osoh, získ sa
zu¦stecken **1** zopnúť, prišpendliť **2** podstrčiť, podať potajomky
zu¦stehen* (*stand zu, h. zugestanden*) patriť, prislúchať; *das steht mir zu* to mi patrí
zu¦stell¦en **1** zastaviť, zahradiť **2** doručiť list; **r –er** (*s, ≈*) doručovateľ; **e –ung** (*≈, en*) doručenie, dodanie
zu¦stimm¦en súhlasiť, prisvedčiť; **e –ung** (*≈, en*) súhlas, schválenie
zu¦stopfen **1** zapchať, upchať **2** zašiť, zalátať
zu¦stoßen*[1] (*ie, h. o*) **1** zabuchnúť; *die Tür ~* zabuchnúť dvere **2** pichnúť, bodnúť
zu¦stoßen*[2] (*ie, i. o*) prihodiť sa, stať sa
zu¦streben spieť, smerovať, mieriť
zutage <**zu Tage**>: **1** *~ bringen* al. *fördern* odhaliť **2** *~ kommen* vyjsť najavo

e Zutaten MNČ kuch. prísady
zu|teil|en prideliť, udeliť; **e –ung** (≈, *en*) pridelenie
zutiefst nanajvýš, veľmi
zu|tragen* (*ä; u, h. a*) **1** priniesť, prinášať **2** obraz. donášať klebety; **sich ~** stať sa, prihodiť sa
zu|trau|en 1 dôverovať, veriť **2** čakať, očakávať (*j-m etw* čo od koho); *j-m nicht viel ~* neočakávať veľa od koho; **s –en** (*s, 0*) dôvera; **–lich** dôverčivý, prítulný; **e –lichkeit** (≈, *en*) prítulnosť, dôverčivosť
zu|treffen* (*i; traf zu, i. o*) **1** zhodovať sa, súhlasiť **2** vzťahovať sa, týkať sa; *das trifft für alle Studenten zu* to sa týka všetkých študentov; **~d** vhodný, výstižný; **s ~de** (*n, 0*) hodiace sa, vhodné; *das ~de bitte unterstreichen* hodiace sa podčiarknite
r Zutritt (*(e)s, 0*) vstup, prístup; *~ verboten!* vstup zakázaný!
s Zutun (*s, 0*) pričinenie, prispenie, pomoc
zuverlässig spoľahlivý; **e ~keit** (≈, *0*) spoľahlivosť
e Zuversicht (≈, *0*) dôvera, presvedčenie; **~lich** plný dôvery, nádejný
zuviel <**zu viel**> príliš, priveľa
zuvor najprv, predtým; **~|kommen*** (*kam zuvor, i. o*) predísť, predstihnúť (*j-m mit etw* koho v čom); **~kommend** ochotný, láskavý
r Zuwachs (*es, 0*) prírastok; **~en*** (*ä; u, i. a*) **1** zrásť, zaceliť sa **2** obraz. prirastať, pribúdať
r Zuwander|er (*s,* ≈) prisťahovalec; **–n** (*i.*) prisťahovať sa
zuweilen niekedy, občas
zu|weis|en* (*ie, h. ie*) prideliť, určiť; **e –ung** (≈, *en*) pridelenie
zu|wend|en* (*wandte* al. *wendete zu, h. zugewandt* al. *zugewendet*) **1** obrátiť sa (*j-m* ku komu) **2** poskytnúť, venovať; **sich ~** zaoberať sa, venovať sa; **e –ung** (≈, *en*) **1** finančná podpora, príspevok
zuwenig <**zu wenig**> primálo
zu|werfen* (*i; a, h. o*) **1** zahádzať, zasypať **2** zabuchnúť; *die Tür ~* zabuchnúť dvere **3** hodiť, prihodiť; *j-m den Ball ~* hodiť komu loptu; obraz. *j-m einen Blick ~* vrhnúť na koho pohľad
zuwider 1 PREDL s D proti čomu, v rozpore s čím **2** PR M nepríjemný, protivný; *~ werden* sprotiviť sa; **~|handeln** konať v rozpore s čím
zu|ziehen* (*zog zu, h. zugezogen*) **1** stiahnuť, zatiahnuť, pritiahnuť **2** obraz. privolať, povolať na pomoc koho; **sich etw ~** zaviniť si, zapríčiniť si
r Zuzug (*(e)s, ≈e*) **1** prílev, pribúdanie **2** voj. posila
r Zuzügler (*s,* ≈) prisťahovalec
r Zwang (*(e)s, ≈e*) **1** nútenie, nátlak; *auf j-n ~ ausüben* vyvíjať nátlak na koho **2** násilie; *sich keinen ~ antun* nenútiť sa, hovor. nerobiť si násilie; **ohne ~** nenútene, bez zábran; **unter ~** pod nátlakom
zwängen vtlačiť, vtesnať
zwanglos nenútený, prirodzený; **e ~igkeit** (≈, *0*) nenútenosť, prirodzenosť
e Zwangs|arbeit (≈, *en*) nútená práca; **e –jacke** (≈, *n*) zvieracia kazajka; **e –lage** (≈, *n*) ťažké položenie, tieseň; **e –maßnahme** (≈, *n*), **e –maßregel** (≈, *n*) donucovacie opatrenie; **s –mittel** (*s,* ≈) donucovací prostriedok; **r –verkauf** (*s, ≈e*) nútený, exekučný predaj
e Zwangs|vorstellung (≈, *en*) lek. utkvelá predstava, fixná idea
zwangs|weise nútene, z donútenia
zwanzig dvadsať
zwar síce; **und ~** a to
r Zweck (*(e)s, e*) účel, cieľ, zmysel; *zu dem ~* za tým účelom; *das hat keinen ~* to nemá zmysel; **~dienlich** účelný, osožný
e Zwecke (≈, *n*) cvoček, pripináčik
zwecklos neúčelný, zbytočný; **e ~igkeit** (≈, *0*) neúčelnosť, zbytočnosť
zweckmäßig účelný, vhodný; **e ~keit** (≈, *0*) účelnosť, vhodnosť

zwecks PREDL s G pre čo, za účelom čoho; ~ *besserer Ausnutzung* za účelom lepšieho využitia
zwei dvaja, dva, dve; *halb* ~ pol druhej; ~|**armig** dvojramenný; **~beinig** dvojnohý; **r ~decker** (*s,* ≈) **1** loď s dvojitou palubou **2** dvojplošník lietadlo; **~deutig** dvojzmyselný; **r ~er** (*s,* ≈) **1** dvojka, číslo dva **2** rak. dvojka známka **3** šport. dvojveslica; **~erlei** dvojaký; **~fach** dvojitý, dvojnásobný; **~farbig** dvojfarebný
r Zweifel (*s,* ≈) pochyba, pochybnosť; *ohne* ~ bez pochyby, určite; hovor. *j-n im* ~ *lassen* nechať koho na pochybách; *das steht außer* ~ to je isté, o tom niet pochýb; **~haft** pochybný, podozrivý; **~los** nepochybný; **~n** pochybovať (*an etw* D o čom)
r Zweig (*(e)s, e*) **1** vetva, konár **2** obraz. odbor, odvetvie; **auf keinen grünen ~ kommen** nemať úspech, nikam to nedotiahnuť; **s ~geschäft** (*(e)s, e*), **e ~niederlassung** (≈, *en*), **e ~stelle** (≈, *n*) obch. pobočka, filiálka
zwei|höckerig dvojhrbý; **–hundert** dvesto; **–jährig** dvojročný; **r –kampf** (*es,* ≈̈*e*) súboj, duel; **–mal** dvakrát, dva razy; **–sprachig** dvojjazyčný; **–spurig** dvojkoľajný; **–stellig** dvojmiestny; **–stimmig** dvojhlasný; **–stufig** dvojstupňový; **r –taktmotor** (*s, en*) dvojtaktný motor
zweit: *zu* ~ dvaja, po dvoch
zweiteilig dvojdielny
zweit|klassig druhoradý, druhotriedny; **–letzt**: *der ~letzte* predposledný; **–rangig** druhoradý
s Zwerchfell (*s, e*) anat. bránica
r Zwerg (*(e)s, e*) trpaslík
e Zwergkiefer (≈, *n*) kosodrevina
e Zwetschge (≈, *n*), **e Zwetschke** (≈, *n*) rak. slivka
r Zwetschgen|knödel (*s,* ≈) slivková knedľa; **s –mus** (*es, e*) slivkový lekvár; **r –schnaps** (*es, 0*) slivovica
zwick|en 1 štipnúť, štípať **2** predierkovať, označiť cestovný lístok; **r –er** (*s,* ≈) **1** štípacie kliešte **2** rak. cviker okuliare; **e –mühle** (≈, *en*) obraz. beznádejná situácia, hovor. kaša
r Zwieback (*(e)s, e* al. ≈̈*e*) suchár
e Zwiebel (≈, *n*) cibuľa, cibuľka; ~|**artig, ~förmig** cibuľovitý; **s ~gewächs** (*es, e*) cibuľovitá rastlina
s Zwiegespräch (*s, e*) rozhovor, dialóg
s Zwielicht (*(e)s, 0*) svetlo za súmraku; **ins ~ geraten** dostať sa do zlého svetla; **~tig** obraz. nepriehľadný, nejasný o človeku
r Zwie|spalt (*(e)s, e*) rozdvojenie, rozštiepenie, rozkol; **–spältig** rozštiepený, rozdvojený, rozorvaný i obraz.; **e –tracht** (≈, *0*) rozkol, nezhoda, nesvornosť
r Zwilling (*s, e*) dvojča; *eineiige, zweieiige ~e* jednovajíčkové, dvojvajíčkové dvojčatá
zwingen* (*a, h. u*) **1** (do)(pri)nútiť **2** hovor. zvládnuť, zmôcť; **~d** nútený, naliehavý
zwinkern žmurkať
r Zwirn (*(e)s, e*) niť
zwischen PREDL **1** miest. na otázku kde? s D medzi; ~ *dem Tisch und dem Schrank stehen* stáť medzi stolom a skriňou **2** miest. na otázku kam? s A medzi; ~ *den Tisch und den Schrank stellen* postaviť medzi stôl a skriňu **3** čas. medzi; *zwischen sechs und sieben Uhr* medzi šiestou a siedmou hodinou
e Zwischen|bemerkung (≈, *en*) vedľajšia poznámka, pripomienka
zwischendurch 1 medzitým **2** občas, tu a tam
s Zwischen|ergebnis (*ses, se*) predbežný výsledok
r Zwischen|fall (*(e)s,* ≈̈*e*) nepredvídaná udalosť, rušivý zásah
r Zwischenhandel (*s, 0*) sprostredkovací obchod, priekupníctvo
e Zwischen|landung (≈, *en*) medzipristátie
r Zwischen|raum (*(e)s,* ≈̈*e*) medzi priestor, odstup, medzera

s Zwischen|spiel (*(e)s, e*) hud., div. medzihra i obraz.
zwischen|staatlich medzištátny
e Zwischen|zeit (≈, *en*) medziobdobie, medzičas; *in der* ~ medzičasom, medzitým
r Zwist (*es, e*) spor, škriepka, roztržka
zwitschern čvirikať, štebotať i obraz.
r Zwitter (*s,* ≈) zool. obojpohlavný organizmus, hermafrodit
zwölf dvanásť; **r ~fingerdarm** (*(e)s, ≈e*) anat. dvanástnik; **e ~tonmusik** (≈, *0*) dvanásťstupňová hudba
s Zyankạli (*s, 0*) chem. kyanid draselný
s Zyklạmen (*s,* ≈) bot. cyklámen
zyklisch cyklický, pravidelne sa opakujúci
r Zyklus (≈, *Zyklen*) cyklus, kruh, obeh
r Zylịnder (*s,* ≈) **1** cylinder **2** tech., mat. valec
zylịndrisch cylindrický, valcovitý
r Zyniker (*s,* ≈) cynik
zynisch cynický
e Zyprẹsse (≈, *n*) bot. cyprus
e Zyste (≈, *n*) zool., lek. cysta
z. Z. skr. **zur Zeit** t. č., toho času

SLOVENSKO-
-NEMECKÁ
ČASŤ

A

a SP und; *ty ~ ja* du und ich; *~ tak ďalej*, skr. *atď.* und so weiter, skr. usw.; *~ teda* und zwar; *no ~?* na und?
a pod. skr. **a podobne** u. ä. <u. Ä.> skr. und ähnliche(s) <und Ä...>
abdikácia e Abdankung (≈, en), e Abdikatiọn (≈, en)
abdikovať abdanken, zurụ̈ck¦treten* (i.)
abeced|a 1 súhrn všetkých písmen s Alphabẹt ((e)s, e), s Abc [a:bẹ:'tsẹ:] (≈, ≈); *podľa –y* nach dem Alphabet/Abc **2** hovor. základné poznatky s Abc (≈, ≈)
abecedn|ý(e) alphabẹtisch; *v –om poradí* in alphabetischer Reihenfolge
abnormáln|y(e) abnọrm, abnormạl, anormạl
abonent predplatiteľ r Abonnẹnt (en, en)
abonentka[1] e Abonnẹntin (≈, en)
abonentka[2] hovor. lístok e Abonnemẹntskarte [abonə'mã:...] (≈, n), e Dauerkarte (≈, n)
abonentný Abonnemẹnt(s)- [abonə'mã(s)...]; *~ koncert* s Abonnement(s)konzert
absenc|ia e Abwesenheit (≈, en), e Absẹnz (≈, en); *počas mojej –ie* während al. in meiner Abwesenheit
absolútn|y(e) absolụt, vollkọmmen, völlig
absolvent r Absolvẹnt [apzol'vent] (en, en)
absolvovať absolvịeren [apzol'vi:rən]; *~ gymnázium* das Gymnasium absolvịeren
abstinent r Abstinẹnzler (s, ≈)
abstraktn|ý(e) abstrạkt
absurdn|ý(e) absụrd
aby SP **1** daß <...ss>; *bojí sa, ~ neochorel* er hat Angst, daß er krank wird **2** v účelovej vete damit, um zu + INF; *prišiel, ~ jej pomohol* er kam, um ihr zu helfen
adaptácia úprava e Adaptatiọn (≈, en), prispôsobenie e Anpassung (≈, en)
adaptér tech. r Adạpter (s, ≈)
adaptovať (sa) (sich) adaptịeren, (sich) an¦passen
adekvátn|y(e) adäquạt, angemessen
adjektívum gram. s Adjektịv (s, e)
administratíva e Administratiọn (≈, en), správa e Verwạltung (≈, en)
administratívn|y(e) administratịv, Verwạltungs-; *–i pracovníci* die Verwaltungsangestellten
admirál r Admirạl (s, e)
admiralita e Admiralitạ̈t (≈, en)
adopcia e Adoptiọn (≈, en)
adoptívn|y Adoptịv-; *–e dieťa* s Adoptivkind ((e)s, er)
adoptovať adoptịeren
adresa e Adrẹsse (≈, n), e Anschrift (≈, en); *moja ~ je...* meine Adresse ist...
adresár s Adrẹßbuch <...ss...> (es, ≈er)
adresát r Empfạ̈nger (s, ≈), r Adressạt (en, en)
adresovať adressịeren (*komu čo* etw an j-n)
advokát r Rechts¦anwalt ((e)s, ≈e)
aerodynamick|ý(y) aerodynạmisch
aerolínie letecká spoločnosť e Fluggesellschaft (≈, en)
afektovan|ý(e) affektịert, gekụ̈nstelt
aféra e Affạ̈re (≈, n)
agenda e Dokumentatiọn (≈, en), e Akte (≈, n)
agent 1 r Agẹnt (en, en) **2** obch. zástupca r Handelsvertreter (s, ≈)
agentúra 1 e Agentụr (≈, en) **2** obch. zastupiteľstvo e Handelsvertretung (≈, en)
agitovať agitịeren (*za koho/čo, proti komu/čomu* für, gegen j-n/etw s A)
agrárn|y agrạrisch, Agrạr-; *–a krajina* s Agrạrland ((e)s, ≈er)
agregát s Aggregạt ((e)s, e)
agresia e Aggressiọn (≈, en), r Angriff ((e)s, e)
agresivita e Aggressivitạ̈t [agresivi-

'te:t] (≈, 0)
agresívn|y(e) aggressiv
agresor r Aggressor (s, oren), r Angreifer (s, ≈)
agronóm r Agronom (en, en)
aha! ach so!, aha!
ahoj 1 pri privítaní hallo!, grüß dich! **2** pri rozlúčke tschüs! al. tschüss!
ach ach; ~, *aké pekné!* ach, wie schön!
aids (s) Aids [eidz] (≈, 0)
aj SP **1** zlučovacia auch, und (auch); *muži ~ ženy* Männer und (auch) Frauen **2** stupňovacia *nielen..., ale ~...* nicht nur..., sondern auch... **3** vo význame tiež auch; *~ on vraví* auch er sagt
ak SP podmienková wenn, falls; *~ by to bolo možné...* wenn es möglich wäre...
akadémia e Akademie (≈, ien); *Slovenská ~ vied* Slowakische Akademie der Wissenschaften
akademick|ý(y) akademisch
akcent r Akzent ((e)s, e), e Betonung (≈, en)
akceptovať akzeptieren
akc|ia[1] **1** čin e Aktion (≈, en), e Handlung (≈, en); *bojové –ie* die Kampfhandlungen **2** podujatie e Veranstaltung (≈, en); *kultúrna ~* eine kulturelle Veranstaltung
akc|ia[2] ekon. e Aktie ['aktsjə] (≈, n); *–ie klesajú, stúpajú* die Aktien fallen, steigen
akcionár r Aktionär [akcjo'ne:r] (s, e)
akciov|ý Aktien- ['akcjən...]; *–á spoločnosť* skr. *a. s.* e Aktiengesellschaft skr. AG
aklimatizovať sa sich akklimatisieren, sich eingewöhnen
akné e Akne (≈, n)
ako[1] ZÁM **1** wie; *~ to?* wieso?; *~ sa máš?* wie geht es dir? *~ sa to povie po...?* wie sagt man das auf...? **2** podľa toho je nachdem; *~ pre koho* je nachdem für wen; *kde* je nachdem wo; *~ kedy* je nachdem wann; **~ tak** im Großen und Ganzen; **~ ty mne, tak aj ja tebe** wie du mir, so ich dir
ako[2] SP **1** pri porovnaní wie s 1. stupňom, als s 2. stupňom; *taký starý ~ ja* so groß wie ich; *starší ~ ja* älter als ich **2** vo vedľajších vetách wie; *cítil, ~ slabne* er fühlte, wie er schwach wird **3** zlučovací vzťah; *... ~ aj...* sowohl... als auch...; *otcovia, ~ aj matky* sowohl Väter als auch Mütter
akoby als, als ob; *tvári sa, ~ ma nepočul* er tut so, als ob er mich nicht hörte
akokoľvek wie auch immer, wie immer; *nech je to ~* wie auch immer es sein mag
akord 1 hud. r Akkord ((e)s, e) **2** hovor. úkolová práca r Akkord ((e)s, e)
akordeón hud. s Akkordeon (s, s), e Ziehharmonika (≈, ken al. s)
akosi 1 nejako irgendwie **2** do určitej miery einigermaßen
akos|ť e Qualität (≈, en), e Güte (≈, en); *prvá, druhá ~* erste, zweite Qualität al. Wahl; *tovar prvej –ti* Waren erster Qualität
akostný 1 kvalitatívny qualitativ; *~ rozdiel* ein qualitativer Unterschied **2** kvalitný Qualitäts-; *~ tovar* die Qualitätsware
akreditovať akkreditieren, bevollmächtigen, beglaubigen
akrobat r Akrobat (en, en)
akrobatick|ý(y) akrobatisch
akt r Akt ((e)s, e)
aktivita e Aktivität [aktivi'te:t] (≈, en)
aktívn|y(e) aktiv
aktovka 1 diplomatka e Aktenmappe (≈, n), e Aktentasche (≈, n) **2** školská taška e Schultasche (≈, n), e Schulmappe (≈, n)
aktualita e Aktualität (≈, en), e Neuigkeit (≈, en)
aktuáln|y(e) aktuell; *–a téma* ein aktuelles Thema
akumulátor r Akkumulator (s, oren), skr. r Akku (s, s)
akustick|ý(y) akustisch
akútn|y(e) akut; lek. *~ zápal* eine aku-

te Entzündung
akuzatív gram. r Akkusativ (s, e)
akvarel s Aquarell (s, e)
akvárium s Aquarium (s, ien)
ak|ý ZÁM **1** opytovacie was für ein, wie; *–ú knihu čítaš?* was für ein Buch liest du?; *–é je počasie?* wie ist das Wetter? **2** vzťažné der, welcher **3** v zvolacích vetách welcher, welch (ein); *–á náhoda! –é šťastie!* welcher Zufall! welches Glück!; **aká práca, taká pláca** wie die Arbeit, so der Lohn
akýkoľvek jeder, jedweder
akýsi istý ein gewisser, nejaký irgendein
alarm r Alarm ((e)s, e)
album s Album (s, Alben al. hovor. s)
ale 1 SP aber, (je)doch, sondern; *nielen..., ale aj...* nicht nur..., sondern auch... **2** ČAST aber; *ty si ~ dobrý!* du bist aber gut! **3** CITOSL aber; *~ áno!* aber ja! *~ kdeže!* aber wo!
alebo SP oder; *... kávu ~ čaj?* ... Kaffee oder Tee?; *buď..., ~ ...* entweder..., oder...; *buď dom predá, ~ ho daruje dcére* entweder verkauft sie das Haus, oder schenkt es der Tochter
aleja e Allee (≈, een)
alergia e Allergie (≈, ien); *trpieť na –iu* an einer Allergie leiden*
alergick|ý(y) allergisch; *byť ~ na čo* auf etw allergisch sein*
alibi s Alibi (s, s)
alimenty len MNČ die Alimente
alkohol r Alkohol (s, e)
alkoholick|ý alkoholisch; *–é nápoje* alkoholische Getränke
alkoholik r Alkoholiker (s, ≈)
alobal e Alufolie (≈, n)
alpinista r Alpinist (en, en)
alternatíva e Alternative [alterna'ti:və] (≈, n)
alternatívn|y(e) alternativ
amatér r Amateur (s, e); **~sky** Amateur-; *~sky film* ein Amateurfilm
ambícia e Ambition (≈, en), r Ehrgeiz (es, 0)
ambulancia e Ambulanz (≈, en), s Ambulatorium (s, ien)
ambulantn|ý(e) ambulant; *–é ošetrenie* e ambulante Behandlung
amfiteáter s Amphitheater (s, ≈), e Freilichtbühne (≈, n)
amnest|ia e Amnestie (≈, ien); *udeliť –iu* Amnestie erlassen; **–ovať** amnestieren
amplión r Lautsprecher (s, ≈)
amplitúda e Schwingungsweite (≈, n), e Amplitude (≈, n)
amput|ácia e Amputation (≈, en); **–ovať** amputieren
analfabet r Analphabet al. r Analphabet (en, en)
analgetikum s Analgetikum (s, ka), schmerzstillendes Mittel (s, ≈)
analogick|ý(y) 1 podobný analog, ähnlich **2** zhodný gleichartig
analytick|ý(y) analytisch
analýza e Analyse (≈, n)
analyzovať analysieren
ananás e Ananas (≈, ≈ al. se)
anarchia e Anarchie (≈, ien)
anarchista r Anarchist (en, en)
anatómia e Anatomie (≈, 0)
anekdota e Anekdote (≈, n)
angažmán s Engagement [ãgažə'mã:] (s, s)
angažovať (sa) (sich) engagieren [ãga'ži:rən]
angína lek. e Angina (≈, nen)
anglick|ý(y) englisch; *hovoríte po ~?* sprechen Sie Englisch?
ani 1 SP: *~..., ~...* weder..., noch...; *nemá ~ otca, ~ matku* er hat weder Vater noch Mutter **2** ČAST nicht einmal, selbst, kein; *nevie ~ čítať* er kann nicht einmal lesen; *už ~ slovo!* kein Wort mehr!; **~ za nič!** um keinen Preis!
animovaný animiert; *~ film* r Zeichentrickfilm
aníz r Anis al. Anis ((es), e)
anjel r Engel (s, ≈); *strážny ~* r Schutzengel
anketa e Umfrage (≈, n)
áno 1 súhlas ja, jawohl, freilich, aller-

dings **2** kladná odpoveď na zápornú otázku doch; *dnes už neprídeš? ale ~!* kommst* du heute nicht mehr? doch!
anonymn|ý(e) anonỵm
anténa e Antẹnne (≈, n); *satelitná ~* e SAT-Antenne
antibiotikum s Antibiọtikum (s, ka)
antick|ý antịk; *–é umenie* die antike Kunst
antifašist|a r Antifaschịst (en, en); **–ický** antifaschịstisch
antika e Antịke (≈, 0)
antikoncepcia e Empfạngnisverhütung (≈, en)
antikoncepčn|ý empfạngnisverhütend; *–á pilulka* hovor. e Antibabypille
antikvariát s Antiquariạt ((e)s, e)
antilopa zool. e Antilọpe (≈, n)
aparát r Apparạt ((e)s, e), s Gerạ̈t ((e)s, e); *fotografický ~* r Foto|apparat
apatick|ý(y) apạthisch
apel r Appẹll (s, e); r Aufruf ((e)s, e); **~ovať** appellịeren
aperitív r Aperitịf (s, s al. e)
aplikovan|ý angewandt; *–é vedy* angewandte Wissenschaften
aplikovať applizịeren, an|wenden*
apoštol r Apọstel (s, ≈)
apríl r Aprịl (s, e)
aprobácia e Approbatiọn (≈, en)
arabsk|ý arạbisch; *–á číslica* eine arabische Ziffer
aranžér r Arrangẹur [arã'žö:ɐ] (s, e)
aranžmán s Arrangemẹnt [arãžə'mã:] (s, s)
aranžovať arrangịeren [arã'ži:rən]
arašid e Erdnuß <...ss> (≈, nüsse)
arcibiskup r Erzbischof (s, bischöfe)
areál s Areạl (s, e), s Gebịet ((e)s, e), s Gelạ̈nde (s, ≈); *veľtrhový ~* s Messegelände
aréna e Arẹna (≈, nen)
argot lingv. s Rotwelsch ((s), 0)
argument s Argumẹnt ((e)s, e); *presvedčivý ~* ein stịchhaltiges Argument
archeológ r Archäolọge (n, n); **~ia** e Archäologịe (≈, 0)
archeologický archäolọgisch
architekt r Architẹkt (en, en); *bytový ~* r Innenarchitekt; **~onický** architektọnisch
architektúra e Architektụr (≈, en)
archív s Archịv (s, e)
aristokracia e Aristokratịe (≈, i|en)
aristokrat r Aristokrạt (en, en); **~ický** aristokrạtisch
arkáda e Arkạde (≈, n), r Bogengang ((e)s, ≈̈e), r Laubengang (s, ≈̈e)
armáda e Armẹe (≈, e|en), s Heer (es, e); *profesionálna ~* s Berufsheer
arogancia e Arrogạnz (≈, 0)
arogantn|ý(e) arrogạnt
aromatický aromạtisch
artičoka e Artischọcke (≈, n)
artikul|ácia e Artikulatiọn (≈, en); **–ovať** artikulịeren
artista r Artịst (en, en)
asfalt r Asphalt al. Asphạlt (s, e)
asi 1 približne etwa, ungefähr, zirka; *má ~ dvadsať rokov* er ist etwa zwanzig Jahre alt **2** okolo gegen; *~ o šiestej hodine* gegen sechs Uhr **3** možno, azda viellẹicht **4** pravdepodobne wohl, wahrscheinlich; *~ príde* wahrscheinlich kommt er
asimilovať (sa) (sich) assimilịeren
asistent r Assistẹnt (en, en); *odborný ~* r Ober|assistent; *~ réžie* r Regie|assistent; **~ka** e Assistẹntin; *pôrodná ~ka* e Geburtshelferin
asociácia e Assoziatiọn (≈, en)
asociál hovor. ein asoziạler Mensch (en, en); **~ny, ~ne** asoziạl
aspekt r Aspẹkt ((e)s, e)
aspoň wenigstens, mindestens, zumịndest; *~ niečo* wenigstens etwas
astma lek. s Asthma (s, 0)
astra bot. e Aster (≈, n)
astrológ r Astrolọge (n, n); **~ia** e Astrologịe (≈, 0)
astronaut r Astronạut (en, en); **~ika** e Astronạutik (≈, 0)
astronóm r Astronọm (en, en); **~ia** e Astronomịe (≈, 0)
ašpirant uchádzač r Bewẹrber (s, ≈), r Aspirạnt (en, en)

atašé r Attachẹ́ [ata'šẹ:] (s, s); *kultúrny* ~ r Kulturattachẹ́
atď. skr. **a tak ďalej** usw. skr. und so weiter
ateist|a r Athe|ịst (en, en); **–ický** athe|ịstisch
ateizmus r Athe|ịsmus (≈, 0)
ateliér s Ateliẹr [ate'ljẹ:] (s, s); *filmový* ~ s Filmateliẹr
atentát s Attentạt (s, e), r Anschlag ((e)s, ≈e); *spáchať na koho* ~ ein Attentat al. einen Anschlag auf j-n ver|üben; **~nik** r Attentạ̈ter (s, ≈)
atlas[1] kniha r Atlạs (ses, Atlạnten al. se)
atlas[2] látka r Atlas (≈ al. ses, se)
atlét r Athlẹt (en, en)
atleti|cký athlẹtisch; **–ka** Athlẹtik (≈, 0); *ľahká –ka* e Leichtathletik
atmosféra ovzdušie i obraz. e Atmosphạ̈re (≈, en); *zemská* ~ e Erdatmosphäre
atóm s Atọm (s, e); *štiepenie ~ov* die Spaltung der Atome
atómov|ý Atọm-, atomạr, Kern-; *–á bomba* e Atọmbombe; *–á elektráreň* s Kernkraftwerk al. s Atomkraftwerk; *–á zbraň* e Atomwaffe
atrakcia e Attraktiọn (≈, en)
atraktívn|y(e) attraktịv, príťažlivý anziehend
atrament e Tinte (≈, n); **~ový** Tinten-, tintig; *~ová ceruza* r Tintenstift
atrapa e Attrạppe (≈, n)
atypick|ý(y) atypisch
august r August ((e)s, e); *koncom ~a* Ende August
aukcia e Auktiọn (≈, en), e Versteịgerung (≈, en)
aula e Aula (≈, Aulen al. s)
aut šport. s Aus (≈, 0)
aut|o s Auto (s, s), r (Kraft)wagen (s, ≈); *jazdiť –om* Auto fahren*; *nákladné* ~ r Last(kraft)wagen skr. r Lkw; *osobné* ~ r Personen(kraft)wagen skr. r Pkw
autobus r Autobus (ses, se), r Omnibus (ses, se), hovor. r Bus (ses, se); **~ový** (Auto)bus-; *~ová zastávka* e Bushaltestelle; *~ová stanica* r (Auto)-busbahnhof
autogram s Autogrạmm (s, e al. en)
autokar r Reisebus (ses, se)
autokemping s Autocamping [...'kempiŋ] (s, s)
automapa e Autokarte (≈, en), Straßenkarte (≈, en)
automat 1 prístroj r Automạt (en, en); ~ *na cestovné lístky* r Fahrkarten|automat; *telefónny* ~ r Fernsprecher **2** zbraň e Maschịnenpistole (≈, n); **~ický** automạtisch; **~izovať** automatisịeren
automechanik r Automechaniker (s, ≈)
automobil s Automobịl (s, s), s Auto (s, s); **~ový** Automobịl-, Auto-; *~ová doprava* r Autoverkehr
autonehoda r Auto|unfall ((e)s, unfälle)
autonómny autonọm
autoopravovňa e Autoreparaturwerkstatt (≈, stätten)
autoportrét s Autoporträt (s, s), s Selbstbildnis (ses, se)
autor r Autọr (s, en), lit. r Verfạsser (s, ≈)
autorita e Autoritạ̈t (≈, en)
autorsk|ý Autọren-, Autọr-; **–é právo** s Autorenrecht, s Urheberrecht, s Copyright
autoservis r Autoservice (s, s)
autostop r Autostopp (s, s), r Anhalter (s, 0); *chodiť ~om* trampen ['trampn] (i.); *cestovať ~om* per Autostopp al. per Anhalter fahren* (i.)
autoškola e Fahrschule (≈, n)
avšak aber, doch, jedọch
azalka e Azalẹe (≈, e|en)
azbuka die kyrillische Schrift (≈, 0)
azda vielleịcht, hoffentlich
azyl s Asỵl (s, e); *poskytnúť komu* ~ j-m Asyl gewähren
až 1 rozpätie bis; ~ *pred dom* bis vor das Haus; ~ *do konca* bis zum Schluß <...ss> **2** len, iba erst; ~ *zajtra* erst morgen; **až-až** hovor. mehr als ge-

nug

B

ba 1 SP dokonca ja, sogar; *miluje futbal, ~ je doň celý zbláznený* er liebt Fußball, ja er ist (sogar) ganz verrückt danach; **2** ČAST ja, doch; *už ma nepoznáš? ~!* kennst du mich nicht mehr? doch!
bab|a 1 expr. e Alte (≈, n), ein altes Weib ((e)s, er) **2** hanl. zbabelec s Hasenherz (ens, en), r Feigling (s, e); **hrať sa na slepú –u** Blindekuh spielen; **pôrodná ~** e Heb|amme (≈, n)
bábätko s Baby ['bẹ:bi/'beibi] (s, s)
babička e Großmutter (≈, ≛), hovor. e Oma (≈, s)
bábika e Puppe (≈, n)
babk|a: *kúpiť čo za –u* etw spottbillig al. für ein Spottgeld kaufen
bábka e Puppe (≈, n), e Marionẹtte (≈, n)
bábkov|ý Puppen-, Marionẹtten-; *–é divadlo* s Puppenthe|ater, s Marionettenthe|ater
bábovka r Napfkuchen (s, ≈), rak. r Gugelhupf ((e)s, e)
babylonsk|ý babylọnisch; *–á veža* der Turm zu Babel
bacil r Bazịllus (≈, llen); **~onosič** r Bazịllenträger (s, ≈)
báda|ť forschen; *~ v oblasti jadrovej fyziky* auf dem Gebiet der Kernphysik forschen; **–teľ** r Forscher (s, ≈)
bager r Bagger (s, ≈)
bagrista r Baggerführer (s, ≈)
bagrovať baggern
bahni(s)tý schlammig, sumpfig, morạstig
bahno r Schlamm ((e)s, 0), r Sumpf ((e)s, ≛e), s Moor (es, 0); *liečivé ~* e Heilerde
báj r Mythos (≈, then), e Sage (≈, n); *grécke ~e* griechische Sagen
bájk|a e Fabel (≈, n); *Ezopove –y* Äsopsche Fabeln
baklažán e Aubergine [ober'ʒi:nə] (≈, n), e Eierfrucht (≈, ≛e)
baktéria e Baktẹri|e (≈, n)
bakteriologický bakteriolọgisch, Baktẹri|en-
balada e Ballạde (≈, n)
balamutiť irre|führen, ein|wickeln, veralbern, vorlügen*, hovor. j-n an der Nase herụmführen
balenie e (Ver)pạckung (≈, en); *darčekové ~* e Geschenkpackung; *~ po desať* e Zehnerpackung
balet s Ballẹtt ((e)s, e) **~ka** e Ballẹttänzerin <...ttt...> (≈, nen)
baliaci Pack-, Verpạckungs-; *~ papier* s Packpapier (s, e)
balík 1 zabalený predmet r Packen (s, ≈), r Pack ((e)s, e) **2** poštová zásielka s Pakẹt ((e)s, e)
baliť packen, wickeln
balkón 1 r Balkọn [bal'kọŋ] (s, s al. e) **2** v divadle r Balkọn (s, s al. e), r Rang ((e)s, ≛e)
balón hračka i dopr. prostriedok r (Luft)ballọn [...ba'lọŋ/ba'lo:n] (s, s al. e)
balvan r Felsblock ((e)s, ≛e), r Steinblock ((e)s, ≛e)
bambus r Bambus (≈ al. ses, se); **~ový** Bambus-; *~ové výhonky* e Bambussprossen
baňa e Grube (≈, n), s Bergwerk ((e)s, e); **to je zlatá ~!** das ist eine Goldgrube!
banáln|y(e) banạl
banán e Banạne (≈, n)
banánik tech. r Banạnenstecker (s, ≈)
bandáž r Verbạnd ((e)s, ≛e)
baník r Bergmann ((e)s, leute), r Bergarbeiter (s, ≈)
bank e Bạnk (≈, 0), *rozbiť ~* die Bank sprengen
bank|a 1 inštitúcia e Bank (≈, en); *mať peniaze v –e* Geld auf der Bank haben **2** odb. banka dát e Datenbank **3** nádoba r Glaskolben (s, ≈)
bankár r Bankịer [baŋ'kjẹ:] (s, s)
banket s Bankẹtt ((e)s, e), s Festes-

sen (s, ≈); *usporiadať* ~ ein Bankett geben*
bankovka e Banknote (≈, n); r Geldschein ((e)s, e)
bankový Bank-; ~ *účet* s Bankkonto
bankrot 1 PODST M r Bankrott ((e)s, e), r Konkurs ((e)s, e), hovor. e Pleite (≈, n); *vyhlásiť* ~ Bankrott erklären/anmelden
bansk|ý Berg(bau)-, Montan-, Gruben-; ~ *inžinier* r Bergbauingenieur; *–é nešťastie* s Grubenunglück
bar e Bar (≈, s); *mliečny* ~ e Milchbar
baran 1 zviera r Schafbock ((e)s, ≈̈e), r Hammel (s, ≈), r Widder (s, ≈) **2** astrologicky r Widder (s, ≈); **~ina** Hammelfleisch ((e)s, 0), rak. s Schöpsenfleisch ((e)s, 0)
baran r Widder (s, ≈), r Schafbock (s, ≈̈e)
baranina mäso s Hammelfleisch (es, 0)
barbarský barbarisch
baret(ka) s Barett (s, e), e Baskenmütze (≈, n)
bariéra e Barriere (≈, n)
barikáda e Barrikade (≈, n)
barl|a e Krücke (≈, n); *chodiť o –ách* an Krücken gehen*
barman r Barmann ((e)s, ≈̈er), r Barkeeper ['ba:ɐki:pɐ] (s, ≈); **~ka** e Bardame (≈, n)
barok s, r Barock (s, 0); **~ový** barock, Barock-; *~ová stavba* r Barockbau
barometer s Barometer (s, ≈), r Luftdruckmesser (s, ≈)
barón r Baron (s, e)
barov|ý Bar-; ~ *pult* r Bartisch, e Bar; *–á stolička* r Barhocker
barytón hud. r Bariton (s, 0), e Baritonstimme (≈, 0)
bas hud. r Baß <...ss...> (sses, 0), e Baßstimme (≈, n)
bas|a hovor. **1** hud. nástroj e Baßgeige <...ss...> (≈, n) **2** hovor. väzenie s Loch (es, ≈̈er), r Knast (es, e); *sedieť v –e* im Loch/Knast sitzen
báseň s Gedicht ((e)s, e); *lyrická, epická* ~ ein lyrisches, episches Gedicht
basista 1 spevák r Bassist (en, en), r Baßsänger <...ss...> (s, ≈) **2** hráč na kontrabas r Baßgeiger <...ss...> (s, ≈)
basketbal r Basketball ((e)s, 0)
básnick|ý dichterisch, Dichter-; **–é črevo** dichterische Ader
básnik r Dichter (s, ≈)
báť sa 1 mať strach fürchten (*koho/čoho* j-n/etw), sich fürchten (*koho/čoho* vor j-m/etw D), Angst haben* (*koho/čoho* vor j-m/etw) **2** obávať sa fürchten (*o koho/čo* um j-n/etw)
batéria e Batterie (≈, ien); *vybitá* ~ eine verbrauchte Batterie
baterka hovor. e Taschenlampe (≈, n)
batoh r Rucksack ((e)s, ≈̈e)
batoľa s Kleinkind ((e)s, er), s Kleinstkind ((e)s, er)
batožin|a s Gepäck ((e)s, 0); *cestovná* ~ s Reisegepäck; *úschovňa –y* e Gepäckaufbewahrung; **–ový** Gepäck-; *–ový lístok* r Gepäckschein
baviť 1 rozveseľovať unterhalten*, amüsieren **2** tešiť Spaß <...ss> machen; *to ma nebaví* das macht mir keinen Spaß; **~ sa 1** rozprávať sa sich unterhalten* (*s kým* mit j-m, *o kom/čom* über j-n/etw) **2** zabávať sa sich unterhalten*, sich amüsieren; ~ *sa na cudzí účet* sich auf Kosten eines anderen amüsieren
bavln|a e Baumwolle (≈, 0); **–ený** Baumwoll-, baumwollen; **–ka** na vyšívanie s Stickgarn ((e)s, e)
baza r Holunder (s, 0)
báza e Basis (≈, Basen), e Grundlage (≈, n)
bazár trh r Basar (s, e), r Markt ((e)s, ≈̈e)
bazén s Bassin [ba'sẽ:] (s, s), s Schwimmbecken (s, ≈)
bažant 1 zool. r Fasan ((e)s, (e)n) **2** voj. slang r Neuling (es, e)
bdel|ý(o) 1 nespiaci, čulý wach, munter **2** ostražitý wachsam
bdieť 1 nespať auf/munter/wach sein*

(i.), wachen **2** dávať pozor wachen (*nad kým/čím* über j-n/etw); ~ *nad chorým* über den Kranken wachen
bečať bähen
beda weh, o weh!; ~ *ti, ak to povieš!* weh dir, wenn du es sagst!
bedákať jammern, klagen
bedliv|ý(o) wachsam, sorgfältig
bedrá e Lende (≈, n), e Hüfte (≈, n)
beh 1 r Lauf ((e)s, ≈e); *maratónsky* ~ r Marathonlauf **2** tech. r Lauf ((e)s, 0), r Gang ((e)s, 0)
behať laufen* (i.), rennen* (i.); *mráz mi behá po chrbte* es läuft mir kalt über den Rücken
behom PRÍSL bežiac im Lauf
behúň koberec r Läufer (s, ≈), r Laufteppich (s, e)
beletria e Belletristik (≈, 0)
belo|ch r Weiße (n, n); **–ška** e Weiße (≈, n) (eine ≈)
benefičný Benefiz-, Wohltätigkeits-
benzín s Benzin (s, e); **~ový** Benzin-; *~ová čerpacia stanica* e Tankstelle (≈, n)
beseda 1 debata s Gespräch ((e)s, e), hovor. e Plauderei (≈, en) **2** spoločenské stredisko s Kulturhaus (es, ≈er)
besiedka v záhrade e (Garten)laube (≈, n), r Altan ((e)s, e)
bes|nota 1 lek. e Tobsucht (≈, 0) e Tollwut (≈, 0) **2** obraz. e Wut (≈, 0), e Raserei (≈, 0); **–ný 1** chorý na besnotu tollwütig **2** zúrivý wütend, rasend
besn|ý(e) 1 wütend, rasend, jähzornig **2** chorý na besnotu tollwütig
beštia e Bestie (≈, en)
betón r Beton [be'toŋ/be'tõ:] (s, s)
bez 1 PREDL ohne s A, -los, -frei, un-; ~ *starostí* sorglos/sorgenfrei al. ohne Sorgen; ~ *chyby* fehlerlos/fehlerfrei al. ohne Fehler; ~ *stopy* spurlos; ~ *všetkého* ohne weiteres; ~ *prestania* ununterbrochen **2** mat. weniger, minus
bezbolestn|ý(e) schmerzlos
bezbrann|ý(e) wehrlos
bezcenný wertlos
bezcieľn|y(e) ziellos
bezcitn|ý(e) gefühllos, herzlos
bezdetný kinderlos
bezdomovec r Obdachlose (n, n)
bezdôvodn|ý(e) unbegründet, grundlos, ohne Grund
bezdrôtový drahtlos
bezduchý 1 bez života leblos **2** bez obsahu geistlos
bezfarebn|ý(e) farblos
bezhotovostný bargeldlos
bezcharaktern|ý(e) charakterlos, ehrlos
bezchybný|(e) fehlerfrei, makellos, hovor. tadellos
bezkofeínový koffeinfrei
bezkonkurenčn|ý(e) konkurrenzlos
bezmála beinahe, fast
bezmäsit|ý fleischlos; *–á strava* die fleischlose Kost
bezmenný namenlos
bezmocn|ý(e) machtlos, hilflos
bezmotorov|ý motorlos; *–é lietadlo* s Segelflugzeug
bezmyšlienkovit|ý(e) gedankenlos
beznádejn|ý(e) hoffnungslos, aussichtslos
bezoblačn|ý wolkenlos; *–á obloha* ein wolkenloser Himmel
bezoči|vosť e Frechheit (≈, 0), e Unverschämtheit (≈, en); **–vý, –vo** frech, unverschämt
bezodkladn|ý(e) unaufschiebbar, dringend
bezohľad|nosť e Rücksichtslosigkeit (≈, 0); **–ný, –ne** rücksichtslos
bezolovnatý bleifrei
bezpeč|ie e Sicherheit (≈, 0); *byť v –í* in Sicherheit sein*
bezpečnosť e Sicherheit (≈, 0); ~ *dopravy* e Verkehrssicherheit
bezpečnostn|ý Sicherheits-; *–é opatrenie* e Sicherheitsmaßnahme; *–é viazanie* e Sicherheitsbindung; *–á rada* r Sicherheitsrat; *štátna –á služba* r Staatssicherheitsdienst
bezpečn|ý(e) istý sicher, gefahrlos
bezplatn|ý(e) (kosten)frei, kostenlos, umsonst, unentgeltlich

bezpodmienečn|ý(e) bedịngungslos, unbedingt; *–á kapitulácia* eine bedingungslose Kapitulation
bezpochyby zweifellos, ohne Zweifel, bestimmt
bezporuchový störungsfrei, störungslos
bezpráv|ie s Unrecht ((e)s, 0), e Rechtlosigkeit (≈, 0); *bojovať proti –iu* gegen s Unrecht kämpfen
bezpredmetn|ý gegenstandslos, hinfällig; *–á požiadavka* eine gegenstandslose Forderung
bezprizorný aussichtslos, schutzlos, heimatlos, obdachlos
bezproblémový problẹmlos
bezprostredn|ý(e) **1** priamy unmittelbar, dịrękt **2** úprimný aufrichtig, offen
bezradn|ý(e) ratlos
bezsenný **1** bez spánku schlaflos **2** bez snov traumlos, ohne Traum
bezstarostn|ý(e) sorglos, sorgenfrei, unbekümmert
bezstavovec zool. MNČ die Wirbellosen
beztak hovor. ČAST sowieso, ohnehin; *~ to už vie* er weiß es sowieso schon
beztrestn|ý(e) straflos, straffrei
beztriedny klassenlos
beztvarý, beztvárny formlos, gestạltlos, amọrph
bezúčeln|ý(e) zwecklos
bezúhonný unbescholten, tadellos
bezúročn|ý(e) zinslos, zinsfrei, unverzinsbar, unverzinslich; *–á pôžička* ein zinsloses Darlehen
bezvedom|ie e Bewụßtlosigkeit <...ss...> (≈, 0), e Ohnmacht (≈, 0); *upadnúť do –ia* in Ohnmacht fallen*; *byť v –í* bewußtlos <...ss...> sein*
bezvetrie e Windstille (≈, 0)
bezvízový visafrei; *~ styk* visafreier Verkehr
bezvýhradný vorbehaltlos
bezvýznamn|ý(e) bedẹutungslos, unbedeutend
bežať **1** laufen* (i.), rennen* (i.) **2** expr. isť po koho j-n/etw holen; *bež po lekára* hole den Arzt **3** o stroji laufen* (i.), im Gang sein* (i.) **4** hnať sa eilen
bežec r Läufer (s, ≈); **~ký** Lauf-; *~ká trať* e Laufstrecke
bežka šport. MNČ die Langlaufskier [...ši:ɐ]
bežn|ý(e) **1** obyčajný üblich, gewöhnlich, gebräuchlich, gelạ̈ufig **2** prebiehajúci laufend; *~ rok* das laufende Jahr; *~ účet* s Kontokorrent
béžový beige, beigefarben ['be:š... al. 'be:žə...]
biblia e Bibel (≈, 0)
bibliograf|ia e Bibliographịe <Bibliografịe> (≈, ị|en); **–ický, –icky** bibliogrạphisch <bibliogrạfisch>; *–ické údaje* bibliographische Angaben
bic|í Schlag-; *–ie nástroje* s Schlagzeug, die Schlag|instrumente
bicykel s Fahrrad ((e)s, ≈er)
bicykl|ista r Radfahrer (s, ≈); **–ovať sa** radịfahren*
bič e Peitsche (≈, n)
bied|a e Not (≈, 0), s Elend ((e)s, 0); *trieť –u* Not leiden; **–ny, –ne** **1** chudobný arm, armselig **2** úbohý elend; *cítim sa –ne* ich fühle mich elend
bieliť **1** vápnom weißen **2** bielizeň bleichen
bielizeň e Wäsche (≈, 0); *spodná ~* e Unterwäsche; *posteľná ~* e Bettwäsche; *dámska ~* e Damenwäsche
bielizník r Wäscheschrank ((e)s, ≈e)
bielkovina s Eiweiß (es, ≈), r Eiweißstoff ((e)s, e)
bielok s Eiweiß (es, ≈), rak. r Eiklar (s, ≈); *ušľahať z bielkov sneh* Eiweiß zu Schnee schlagen*
biel|y(o) weiß; *~ chlieb* s Weißbrot; *–e víno* r Weißwein; *–a káva* r Milchkaffee; **čierne na –om** schwarz auf weiß
bifľovať sa hovor. büffeln, pauken
biftek s Beefsteak ['bi:fste:k] (s, s)
bikiny r Bikini (s, s)
bilancia e Bilạnz (≈, en)
biliard s Billard ['biljart] (s, e)
biochémia e Biochemịe (≈, 0)

bio|lóg r Biologe (n, n); **~ia** e Biologie (≈, 0); **–logick|ý(y)** biologisch

birmov|ka cirk. e Firmung (≈, en); **–ať** firmen, die Firmung erteilen

biskup cirk. r Bischof ((e)s, ≈e); **~ský** Bischofs-, bischöflisch; *~ský chlebíček* s Früchtebrot

bistro r Schnell|imbiß <...ss> (sses, sse), s Bistro (s, s)

biť 1 stĺcť schlagen*, prügeln **2** udierať schlagen*, hämmern; *hodiny bijú* die Uhr schlägt; *~ na poplach* Alarm schlagen; obraz. **~ do očí** in die Augen springen/fallen*; **~ sa 1** sich prügeln, sich schlagen* **2** obraz. sich reißen* (*o koho/čo* um j-n/etw)

bitka 1 ruvačka e Schlägerei (≈, en), s Handgemenge (s, ≈), e Prügelei (≈, en) **2** boj e Schlacht (≈, en)

bitúnok r Schlachthof ((e)s, ≈e), s Schlachthaus (es, ≈er)

bižutéria e Bijouterie [bižutə'ri:] (≈, n)

blaho s Heil ((e)s, 0), s Wohl ((e)s, 0), e Wohlfahrt (≈, 0); *všeobecné ~* das allgemeine Wohl

blahobyt r Wohlstand ((e)s, 0)

blahodarn|ý(e) wohltuend, wohltätig, heilbringend

blahoprajný Glückwunsch-; *~ telegram* s Glückwunschtelegramm

blahoželanie r Glückwunsch (es, ≈e), e Gratulation (≈, en); *srdečné ~!* meinen herzlichsten Glückwunsch!

blahoželať beglückwünschen (*komu* j-n), gratulieren (*komu* j-m); *blahoželám ti k narodeninám* ich gratuliere dir zum Geburtstag

blan|a 1 e Haut (≈, ≈e); *plávacie ~y* die Schwimmhäute; lek. *zápal mozgových blán* e Hirnhautentzündung **2** tech. e Membrane (≈, n)

blanketa s Formular (s, e), r Vordruck ((e)s, e)

blatník r Kotflügel (s, ≈)

blat|o r Kot ((e)s, 0), r Schlamm ((e)s, 0), expr. r Dreck ((e)s, 0); **dostať sa z –a do kaluže** vom Regen in die Traufe kommen

blázinec e Irren|anstalt (≈, en), s Narrenhaus (es, häuser) i obraz.

blázniť verrückt/närrisch sein* (i.) al. werden* (i.), expr. spinnen*

bláznív|ý(o) verrückt, wahnsinnig, irre, närrisch, toll

bláz|on r Irre (n, n), r Narr (en, en), r Verrückte (n, n); *hotový ~* ein ausgemachter Narr; **mať koho za –na** j-n zum Narren halten*

blednúť 1 o tvári bleich al. blaß <...ss> bleich werden* (i.); *~ od závisti* blaß werden vor Neid **2** o farbe verbleichen*, verschießen*

bledomodrý hellblau

bled|ý(o) bleich, blaß <...ss>; *~ ako stena/krieda* kreideweiß

blesk 1 r Blitz (es, e) **2** fot. s Blitzlicht ((e)s, 0); *rýchly ako ~* blitzschnell; **~ovo** blitzschnell; **~ový** Blitz-

blcha r Floh (es, ≈e)

blikať 1 blinken **2** expr. o svetle flimmern

blízko neďaleko nahe, in der Nähe, nicht weit von s D; *~ Mníchova* in der Nähe von München; **~sť** e Nähe (≈, 0); *v bezprostrednej ~sti* in unmittelbarer Nähe

blízky nahe; geogr. *Blízky východ* r Nahe Osten; *~ príbuzný* ein naher Verwandter

blížiť sa 1 približovať sa sich nähern (*ku komu/čomu* j-m/etw) **2** nastávať bevorstehen*

blížny r Nächste (n, n)

blok 1 zápisník r Block ((e)s, ≈e al. s); *poznámkový ~* r Notizblock **2** skupina r Block (s, s); *~ domov* r Häuserblock; *vojenský ~* r Militärblock **3** jednoliaty celok r Block ((e)s, ≈e); *betónový ~* r Betonblock **4** obch. r Kassenschein ((e)s, e), r Kassenzettel (s, ≈)

blokáda e Blockade (≈, n)

blond blond, hellhaarig

blondín r Blonde (n, n); **~ka** e Blondine (≈, n), e Blonde (n, n)

blší Floh-; *~ trh* r Flohmarkt ((e)s, ≈e)

blud 1 omyl r Irrtum ((e)s, er) **2** lek. e Wahnvorstellung (≈, en)

bludička s Irrlicht ((e)s, er)
bludisko s Labyrinth ((e)s, e), r Irrgarten (s, ≈̈)
blúdiť 1 ísť zlou cestou fehlgehen* (i.), irren (i.) **2** bezcieľne chodiť herumlaufen* (i.), bummeln
blúza, blúzka e Bluse (≈, n)
blúzniť 1 v horúčke phantasieren **2** rojčiť schwärmen (*o kom/čom* für j-n/etw, von j-m/etw)
blýskať sa 1 o blesku blitzen **2** ligotať sa glänzen, glitzern
blyšťať sa funkeln, glänzen, schimmern
bobkový Lorbeer-; ~ *list* s Lorbeerblatt
bobor r Biber (s, ≈)
bobuľa e Beere (≈, n)
boby šport. r Bob (s, s)
bocian r Storch ((e)s, ≈̈e)
bočn|ý 1 priestorovo Seiten-; *–á ulica* e Seitenstraße **2** vedľajší Neben-; *–é príjmy* Nebeneinnahmen
bod r Punkt ((e)s, e); ~ *mrazu, varu* r Gefrierpunkt, r Siedepunkt; *orientačný* ~ r Orientierungspunkt
bodk|a 1 r Punkt ((e)s, e); *dať –u* einen Punkt setzen **2** r Tupfen (s, ≈); **–ovaný** punktiert, gepunktet, getupft
bodkočiarka s Semikolon (s, s al. kola), r Strichpunkt
bodkovaný gepunktet, getupft
bodliak e Distel (≈, n)
bodnúť stechen* (*čím* mit etw); *bodlo ma pri srdci* es stach mir/mich ins Herz
bodn|ý Stich-, Stoß-; *–á rana* e Stichwunde; *–á zbraň* e Stoßwaffe
bodovať 1 punkten, Punkte zuerkennen, nach Punkten (be)werten (*koho/čo* j-n/etw) **2** pren. hovor. Pluspunkte sammeln
boh r Gott (es, ≈̈er); *veriť v ~a* an Gott glauben; *bože môj!* mein Gott!; *vďaka bohu!* Gott sei Dank!
boháč r Reiche (n, n)
bohatnúť reich werden* (i.)
bohatstvo r Reichtum (s, ≈̈er); *nerastné* ~ e Bodenschätze
bohat|ý(o) 1 zámožný reich **2** hojný reichhaltig, reich (*na čo* an etw); ~ *výber čoho* eine reiche Auswahl an etwas
bohoslovecký theologisch; ~ *seminár* s theologische Seminar
bohoslužba r Gottesdienst (es, e), e Messe (≈, n)
bohužiaľ leider, leider Gottes; ~ *nie* leider nicht
bohvie hovor. weiß Gott, wer weiß
bohyňa e Göttin (≈, nen)
bochník r Laib ((e)s, e); ~ *chleba* r Brotleib
boj 1 r Kampf ((e)s, ≈̈e); ~ *za slobodu* r Freiheitskampf, r Kampf für die Freiheit; *volebný* ~ r Wahlkampf; *dať sa do ~a* den Kampf aufnehmen* **2** proti čomu e Bekämpfung (≈, en); ~ *proti hluku* e Lärmbekämpfung
bója e Boje (≈, n)
bojazliv|ý(o) furchtsam, ängstlich
bojisko s Schlachtfeld ((e)s, er), r Kriegsschauplatz ((e)s, er)
bojkot r Boykott ((e)s, e); **~ovať** boykottieren
bojler r Boiler (s, ≈), r Heißwasserspeicher (s, ≈)
boj|ovať 1 biť sa kämpfen, streiten* (i, h. i); ~ *proti nepriateľovi* gegen den Feind kämpfen **2** vyvíjať úsilie kämpfen; ~ *za slobodu* für die Freiheit kämpfen **3** potláčať bekämpfen (etw), ankämpfen (gegen etw); ~ *proti škodcom* die Schädlinge bekämpfen; **–ovník** r Krieger (s, ≈), r Kämpfer (s, ≈)
bojovn|ý(e) kämpferisch; *mať –ého ducha* einen kämpferischen Geist haben
bojov|ý(o) Kampf-, kriegerisch; *–á technika* e Kampftechnik; *–á nálada* die kriegerische Stimmung
bok 1 časť tela e Hüfte (≈, n) **2** bočná strana e Seite (≈, n); *prevracať sa z ~u na* ~ sich von einer Seite auf die andere wälzen; **~ po ~u** Seite an Seite
bokom PRÍSL **1** šikmo schräg, schief

2 obďaleč beisęite, abseits; *držať sa ~* sich abseits halten; *stáť ~* beiseite stehen*; **žarty ~!** Spaß beiseite!; **nechať čo ~** etw unbeachtet lassen

boľav|ý(o) schmerzhaft, schmerzend, weh(e), wund; *–é koleno* ein wundes Knie; **to je jeho –á stránka** das ist seine wunde Stelle al. sein wunder Punkt

bolesť 1 r Schmerz (es, en); *~ brucha, hlavy, krku, zubov* e Bauchschmerzen, e Kopfschmerzen, e Halsschmerzen, e Zahnschmerzen MNČ **2** zármutok r Kummer (s, ≈), s Leid ((e)s, 0)

bolestiv|ý(o) schmerzhaft, wund; *–á operácia* eine schmerzhafte Operation

bolestné práv. s Schmerzensgeld ((e)s, er)

bolestn|ý(e) 1 pôsobiaci bolesť schmerzhaft **2** pôsobiaci žiaľ schmerzlich; *–á strata* ein schmerzlicher Verlust

bolieť 1 schmerzen, Schmerzen haben, weh tun*; *bolí ma brucho* der Bauch tut mir weh al. ich habe Bauchschmerzen **2** trápiť, mrzieť schmerzen, grämen, kränken

bomba e Bombe (≈, n); *atómová ~* e Atombombe

bombardovať bombardieren i obraz.; *~ koho otázkami* j-n mit Fragen bombardieren, überschütten

bombový Bomben-; *~ útok* r Bombenangriff ((e)s, e), r Bombenanschlag ((e)s, ≈e)

bon obch. r Bon (s, s), r Gutschein ((e)s, e)

bonbón r, s Bonbon [boŋ'boŋ/bõ'bõ:] (s, s)

bonboniéra e Bonbonnięre [boŋbo'nje:rə al. bõbo…] (≈, n)

bordel hovor. **1** vykričaný dom s Bordell (s, e), r, s Puff (s, s), s Freudenhaus (es, ≈er) **2** neporiadok e Schweineręi (≈, en), vulg. e Sauwirtschaft (≈, 0)

borievka r Wachǫlder (s, ≈)

boriť rúcať nieder|reißen*, ab|reißen*; *~ sa* **1** rúcať sa i obraz. ein|stürzen (i.), zusąmmen|brechen* (i.) **2** zabárať sa ein|sinken* (i.) versinken* (i.); *~ do snehu* im Schnee versinken

borovica e Kiefer (≈, n), e Föhre (≈, n)

borovička r Wachǫlderbranntwein ((e)s, 0), r Wachǫlderschnaps (es, 0)

bosorka e Hexe (≈, n)

bos|ý(o) barfuß, barfüßig; *chodí –ý* er geht barfuß; *na –o* ohne Strümpfe, auf bloßen Füßen

botanick|ý botanisch; *–á záhrada* der botanische Garten

box[1] oddelenie e Box (≈, en), s Abteil ((e)s, e)

box[2] šport. s Boxen (s, 0), r Boxsport ((e)s, 0); **~er** r Boxer (s, ≈); **~ovať (sa)** boxen

bozk r Kuß <…ss> (sses, ≈sse); **~ať, ~ávať (sa)** küssen (sich); rak. *ruky bozkávam!* küß die Hand!

bozkávať küssen

bož|í Gottes-; *~ dar* e Gottesgabe; *–ie slovo* das Wort Gottes; *Božie narodenie* die Geburt Christi

bôb plod e Bohne (≈, n); *sójové ~y* e Sojabohnen

bôčik s Bauchfleisch ((e)s, 0)

brad|a 1 časť tváre s Kinn ((e)s, e) **2** ochlpenie r Bart ((e)s, ≈e); *dať si narásť –u* sich einen Bart wachsen lassen; **ešte mu tečie mlieko po –e** er ist noch nicht trocken hinter den Ohren

bradavica e Warze (≈, n)

brak r Schund ((e)s, 0)

brán|a 1 s Tor ((e)s, e), e Pforte (≈, n); *Brandenburská ~* s Brandenburger Tor **2** šport. s Tor ((e)s, e); *vystreliť na –u* aufs Tor schießen

branec r Wehrpflichtige (n, n), r Rekrųt (en, en)

bránica anat. s Zwerchfell ((e)s, e)

brán|iť 1 chrániť, obhajovať verteidigen, (be)schützen (*koho/čo pred kým/čím* al. *proti komu/čomu* j-n/etw vor j-n/etw) **2** zabraňovať hindern (*komu v čom*

j-n an etw); *čo ti v tom –i?* was hindert dich daran?; **~ sa** (*proti komu/čomu*) sich wehren (gegen j-n/etw), sich widersetzen (j-m/etw)
bránka e Pforte (≈, n), s Pförtchen (s, ≈)
brankár r Torwart ((e)s, e), r Tormann ((e)s, ≈er al. leute), r Torhüter (s, ≈)
brann|ý Wehr-; *–á povinnosť* e Wehrpflicht
brat r Bruder (s, ≈); *vlastný* ~ r leibliche Bruder; *nevlastný* ~ r Stiefbruder
brať 1 uchopiť nehmen*, zu|greifen* **2** zobrať (ab)|nehmen*, weg|nehmen* **3** dostávať nehmen*; ~ *vysoký plat* ein hohes Gehalt nehmen **4** užívať ein|nehmen*; ~ *lieky* Medikamente einnehmen **5** so sebou mit|nehmen* **6** na seba an|nehmen*, über|nehmen*; ~ *na seba zodpovednosť* die Verantwortung übernehmen **7** o rybách an|beißen*; **~ sa 1** uzatvárať sobáš heiraten **2** ocitnúť sa niekde herkommen* (i.); *kde sa tu berieš?* wo kommst du her?; **~ si 1** obliekať si an|ziehen*; *čo si berieš na seba?* was ziehst* du dir an? **2** uzatvárať sobáš s kým heiraten (*koho* j-n) **3** zu|greifen*, nehmen*; *berte si!* greifen Sie zu!; ~ *si z koho príklad* sich an j-m ein Beispiel nehmen
bratranec r Cousin [ku'zẽ:] (s, s), r Vetter (s, n)
bratský brüderlich, Bruder-
bratstvo e Brüderschaft (≈, 0)
brav s Schwein ((e)s, e); **~čovina** s Schweinefleisch ((e)s, 0); **~čový** Schweine-, Schweins-; *~čový rezeň* s Schweineschnitzel; *~čové mäso* s Schweinefleisch; *~čová pečienka* s Schweinebraten
brázda e Furche (≈, n)
breh 1 rieky s Ufer (s, ≈); *na ~u* am Ufer **2** pobrežie mora e Küste (≈, n), r Strand ((e)s, e), s Gestade (s, 0)
bremeno e Last (≈, en)
brest bot. e Ulme (≈, n)
brez|a e Birke (≈, n); **–ový** Birken-; *–ová voda* s Birkenwasser
brieždiť sa tagen, dämmern i obraz.; *brieždi sa* es tagt/dämmert; *brieždi sa mu v hlave* jetzt dämmert's bei ihm
brigád|a 1 voj. e Brigade (≈, n) **2** pracovná skupina e Arbeitsgruppe (≈, n), e Einsatzgruppe (≈, n) **3** činnosť r Arbeits|einsatz (es, ≈e); *ísť na –u* zum Arbeits|einsatz gehen*
briketa e Preßkohle <...ss...> (≈, n), s Brikett ((e)s, s al. e)
briliant r Brillant [bril'jant] (en, en)
britva s Rasiermesser (s, ≈); **ostrý ako ~** messerscharf
brloh e Höhle (≈, n), s Wildlager (s, ≈)
brod e Furt (≈, en)
brodiť sa waten (*čím* in etw s D al. durch etw s A); ~ *v hlbokom snehu* durch den tiefen Schnee waten
brokovnica e Schrotflinte (≈, n)
bronz e Bronze (≈, 0); **~ový** Bronze-; *~ová medaila* e Bronzemedaille
broskyňa r Pfirsich ((e)s, e)
brošňa e Brosche (≈, n)
brožúra e Broschüre (≈, n)
bručať brummen
brucho r Bauch ((e)s, ≈e); *bolí ma* ~ ich habe* Bauchschmerzen al. der Bauch tut* mir weh
brunet r Brünette (≈, n); **~ka** e Brünette (≈, n)
brús|iť schleifen, schärfen; **–ený** geschliffen; *–ené sklo* geschliffenes Glas
brusnica e Preiselbeere (≈, n)
brušn|ý Bauch-, Leib-; *–á dutina* e Bauchhöhle; ~ *tanec* r Bauchtanz
brutalita e Brutalität (≈, 0)
brutáln|y(e) brutal, roh
brutto Brutto-, brutto; ~ *príjem* s Brutto|einkommen; ~ *váha* s Bruttogewicht
brvno r Balken (s, ≈)
bryndz|a r Schaf(s)käse (s, ≈), rak. r Brimsen (s, 0); *halušky s –ou* die Brimsennockerln
brzd|a e Bremse (≈, n); *ručná* ~ e Handbremse; *záchranná* ~ e Not-

bremse; **–iť 1** brzdou bremsen **2** prekážať hemmen, hindern; **–ový** Brems-; *–ové svetlo* s Bremslicht al. s Stopplicht; *–ový pedál* s Bremspedal
bubeník r Trommler (s, ≈)
bublanina kuch. r Obst|kuchen (s, ≈)
bublať sprudeln, murmeln, plätschern
bublina e Blase (≈, n)
bub|on e Trommel (≈, n); **–novať** trommeln, die Trommel schlagen*
bučať brüllen, muhen
buď SP vylučovacia entweder; *~ ty, alebo ja* entweder du, oder ich
búda e Hütte (≈, n), e Bude (≈, n), s Bretterhäuschen (s, ≈); *psia ~* e Hundehütte
budík r Wecker (s, ≈); *nastaviť ~* den Wecker stellen
budiť 1 zobúdzať wecken; *~ koho zo spánku* j-n aus dem Schlaf wecken **2** vzbudzovať erregen, (er)wecken; *~ záujem o čo* Interesse für etw wecken; *~ pohoršenie* Anstoß erregen; **~ sa** auf|wachen (i.), erwachen (i.)
búdka malá búda s Hüttchen (s, ≈); *telefónna ~* e Telefonzelle (≈, n)
budova s Gebäude (s, ≈); **~ť** (auf)|bauen
budúci 1 (zu)künftig, kommend, nächste; *~ rok* kommendes/nächstes Jahr **2** nastávajúci, začínajúci angehend; *~ lekár* der angehende Arzt
budúcnosť e Zukunft (≈, 0)
bufet s Büffet [bü'fe:] (s, s), Imbißstube <...ss...> (≈, n)
búchať 1 hrmotiť knallen, poltern **2** udierať schlagen* (ä; u, h. a), klopfen, pochen
buchnúť knallen (*čím* mit etw), schlagen* (ä; u, h. a); *~ čím o zem* etw auf den Boden knallen; **~ sa 1** sich an|stoßen* (ö; ie, h. o) **2** hovor. zaľúbiť sa sich verknallen
buchta s Hefegepäck (es, e), rak. e Buchtel (≈, n)
bujn|ý(e) 1 fantázia üppig, lebhaft **2** bohato narastený üppig, wuchernd; *–á vegetácia* wuchernde Vegetation **3** samopašný übermütig, mutwillig
bujón kuch. e Bouillon [bul'joŋ/bul'jõ:] (s, s), e Fleischbrühe (≈, n)
buk e Buche (≈, n); **~vica** e Buchecker (≈, n)
buldozér r Bulldozer (s, ≈)
bulvár r Boulevard [bulǝva:ɐ] (s, s); **~ny** Boulevard- [bulǝ'va:ɐ...]; *~na tlač* e Boulevardpresse
bunda e Jacke (≈, n), vetrovka e Windjacke (≈, n), s kapucňou r Anorak (s, s)
buničina r Zellstoff ((e)s, 0)
bunk|a e Zelle (≈, n); **má na to –y** er hat das Zeug dazu
bunker r Bunker (s, ≈)
burácať tosen, toben
búrať budovu nieder|reißen*, ab|reißen*, ab|tragen*
burčiak r Stürmer (s, s), r Federweiße (n, n)
burin|a s Unkraut (e)s, ≈er); *plieť –u* Unkraut jäten
búriť sa 1 o mori, citoch auf|brausen (i.), stürmisch werden* (i.), auf|wallen **2** robiť vzburu sich empören, revoltieren
búrk|a s Gewitter (s, ≈), r Sturm ((e)s, ≈e) i obraz.; *~ nadšenia* ein Sturm der Begeisterung; *ticho pred –ou* die Ruhe vor dem Sturm
búrliv|ý(o) stürmisch i obraz.; *~ potlesk* ein stürmischer Beifall
burza e Börse (≈, n)
busta e Büste (≈, n)
bydlisk|o r Wohn|ort ((e)s, e), r Wohnsitz (es, e); *trvalé, prechodné ~* ständiger, vorübergehender Wohn|ort; *zmena –a* r Wohnortwechsel
býk 1 r Stier ((e)s, e), r Bulle (n, n) **2** astrologický r Stier ((e)s, e)
bylin|a s Kraut ((e)s, ≈er); *liečivé –y* die Heilkräuter; **–ný, –ový** Kräuter-
bylinožravec r Pflanzenfresser (s, ≈)
byrokracia e Bürokratie (≈, 0)
byrokrat r Bürokrat (en, en)
byrokratick|ý(y) bürokratisch
bystr|ý(o) 1 rýchly schnell, flink **2** inteligentný scharfsinnig, klug
byt e Wohnung (≈, en); *dvojizbový ~*

eine Zweizimmerwohnung; *nasťahovať sa do ~u* die Wohnung beziehen; *výmena ~u* r Wohnungstausch
byť 1 jestvovať, existovať sein* (i.), da|sein, existieren; *čo je to?* was ist das? **2** je, sú neosobne es gibt; *čo je nové?* was gibt es neues? **3** pochádzať sein* (i.); *odkiaľ si?* woher bist du? **4** byť v určitom stave sein* (i.); *~ hladný* hungrig sein; *~ schopný* imstande sein **5** mať význam sein* (i.), bedeuten; *je moje všetko* er ist mein alles **6** stať sa sein* (i.), werden* (i; u, i. o); *čím chceš ~?* was willst du werden? **7** neosobne *čo ti je?* was ist los mit dir? was fehlt dir?; *tak je to* so ist es al. so liegen die Dinge; **do toho ťa nič nie je** das geht dich nichts an
bytosť s Wesen (s, ≈); *živá ~* s Lebewesen
bytov|ý Wohnungs-; *–á jednotka* e Wohn|einheit; *–á výstavba* r Wohnungsbau; *–é družstvo* e Wohnungsbaugenossenschaft
bývalý ehemalig, einstig, früher; *~ spolužiak* ein ehemaliger Mitschüler
bývať 1 mať bydlisko wohnen; *kde bývate?* wo wohnen Sie? **2** zvyčajne byť zu sein pflegen; *v nedeľu býva doma* sonntags pflegt er zu Hause zu sein
bzučať summen, surren, schwirren

C

cap r Bock, r Ziegenbock ((e)s, ≈e); *urobiť ~a záhradníkom* den Bock zum Gärtner machen
cár r Zar (en, en); **~sky** zaristisch
cédečko e CD-Platte [ce:'de:...] (≈, n), e CD (≈, ≈ al. s)
cédeprehrávač r CD-Player [ce:'de:-pleiə] (s, ≈)
cedidlo r Seiher (s, ≈)
cediť seihen, filtern
cech historicky e Zunft (≈, ≈e)
cela e Zelle (≈, n); *väzenská ~* e Gefängniszelle
celibát s, r Zölibat ((e)s, 0)
celkom 1 úplne ganz, total, völlig **2** dosť ganz, ziemlich; *ide to ~ dobre* es geht ziemlich gut
celkov|e(o) PRÍSL **1** dovedna insgesamt, allgemein, gesamt **2** zhruba im ganzen <G...>, im großen <G...> und ganzen <G...>
celkový PR M gesamt, Gesamt-, allgemein, Allgemein-; *~ (zdravotný) stav* s Allgemeinbefinden; *~ dojem* r Gesamt|eindruck
celodenný ganztägig, Tages-; *~ výlet* r Tagesausflug
celok s Ganze (n, n), e Ganzheit (≈, en); *tvoriť ~* eine Ganzheit bilden
celoročný ganzjährig, Jahres-; *~ príjem* s Jahres|einkommen
celosvetový Welt-, weltweit
celoštátny gesamtstaatlich
celovečerný abendfüllend, einen ganzen Abend dauernd; *~ film* ein abendfüllender Film
celozrnný Vollkorn-; *~ chlieb* s Vollkornbrot
celoživotn|ý Lebens-; *–é dielo* das Lebenswerk
cel|ý 1 všetok ganz, gesamt; *z –ého srdca* von ganzem Herzen; *po ~ deň* den ganzen Tag **2** neporušený ganz, voll; mat. *–é čísla* ganze Zahlen **3** hovor. dlho *čakať –é hodiny, –é dni, –ú večnosť* stundenlang, tagelang, eine (halbe) Ewigkeit warten; **je ~ otec** er ist ganz der Vater
cement r Zement ((e)s, e)
cen|a 1 peňažná hodnota r Preis (es, e); *najvyššia ~* r Höchstpreis; *znížená ~* ermäßigter Preis; *za výhodnú –u* preiswert; *pokles cien* e Preissenkung; *zvýšenie cien* e Preis|erhöhung **2** hodnota, význam r Wert ((e)s, e); *predať čo pod –u* etw unter (seinem) Wert verkaufen **3** ocenenie r Preis (es, e); *Nobelova ~* r Nobelpreis; *~ útechy* r Trostpreis; **za každú –u** um jeden Preis

cencúľ r Eiszapfen (s, ≈)

cenina s (Post)wertzeichen (s, ≈)

ceniť bewerten; **~ si** schätzen, achten; *veľmi (si) ho cením* ich schätze ihn sehr hoch

cenník e Preisliste (≈, n)

cenný wertvoll, Wert-; *~ papier* s Wertpapier

cenovka obch. s Preisschild ((e)s, er)

cent 1 100 kg r Zentner (s, ≈) **2** drobná minca v EÚ r Cent ((s), (s))

centimeter r, s Zentimeter (s, ≈)

centrál|a e Zentrale (≈, n); *telefónna ~* e Telefonzentrale; **–ny** zentral

centrum s Zentrum (s, ren), r Mittelpunkt ((e)s, e), e Mitte (≈, n); *v centre mesta* im Zentrum der Stadt al. im Stadtzentrum; *kultúrne ~* s Kulturzentrum

cenzúra e Zensur (≈, en); *~ tlače* Pressezensur

cenzurovať zensieren

ceremón|ia e Zeremonie al. Zeremoni|e (≈, i|en); hovor. *robiť –ie* Umstände machen

ceremoniálny zeremoniell

ceriť fletschen; *~ zuby* die Zähne fletschen; **~ sa** expr. grinsen

certifikát s Zertifikat ((e)s, e), s Zeugnis (ses, se)

ceruza, ceruzka r (Blei)stift ((e)s, e); *farebná ~* r Farbstift ((e)s, e)

cesnak r Knoblauch ((e)s, e); *strúčik ~u* e Knoblauchzehe

cest|a 1 komunikácia, chodník e Straße (≈, n), Weg ((e)s, e); *hlavná ~* e Hauptstraße; *poľná ~* r Feldweg **2** cestovanie e Reise (≈, n), e Fahrt (≈, en); *~ do zahraničia* e Auslandsreise, *služobná ~* e Dienstreise; *~ tam a späť* Hin- und Rückreise; *šťastnú –u!* gute/glückliche Reise! **3** spôsob r Weg ((e)s, e), e Weise (≈, en); *vyriešiť čo mierovou –ou* etw auf friedlichem Wege lösen; **–ou domov** unterwegs nach Hause; **~ do neznáma** eine Fahrt ins Blaue; **krížová ~** r Kreuzweg

cestička 1 chodník r Pfad ((e)s, e), r Steg ((e)s, e), r Weg ((e)s, e); *~ pre cyklistov* r Radweg **2** vo vlasoch r Scheitel (s, ≈)

cesto r Teig ((e)s, e); *kysnuté ~* r Hefeteig; *lístkové ~* r Blätterteig; *miesiť, miešať cesto* den Teig kneten, rühren; **~viny** e Teigwaren MNČ

cestopis e Reisebeschreibung (≈, en)

cestovanie s Reisen (s, 0)

cestovať reisen (i.); *~ autom, loďou, lietadlom, vlakom* mit dem Auto, mit dem Schiff, mit dem Flugzeug, mit dem Zug reisen; *~ do cudziny* ins Ausland reisen; *~ do Nemecka* nach Deutschland reisen; *~ po svete* durch die Welt reisen

cestovné s Fahrgeld ((e)s, er), s Reisegeld ((e)s, er), die Reisekosten MNČ

cestovn|ý Reise-; Fahr-; *~ pas* r Reisepaß <...ss>; *–á kancelária* s Reisebüro; *~ ruch* r Reiseverkehr, r Fremdenverkehr; *~ šek* r Reisescheck; *~ poriadok* r Fahrplan; *~ lístok* e Fahrkarte, r Fahrschein; **–á horúčka** s Reisefieber

cestujúci r Reisende (n, n), r Fahrgast ((e)s, ≈e), r Passagier [pasa'ži:ɐ] (s, e); *obchodný ~* r Geschäftsreisende

cez PREDL **1** miest. durch s A, über s A; *ísť ~ ulicu, ~ most* durch die Straße, über die Brücke gehen; *vlak ide/prechádza ~ Mníchov* der Zug fährt über München **2** čas. über s A, während s G; *~ noc* über die Nacht; *~ prázdniny* während der Ferien

cezpoľný I PODST M r Pendler **2** PR M auswärtig, Gelände-; *~ beh* r Geländelauf

cibuľa 1 zelenina e Zwiebel (≈, n) **2** rastliny e Blumenzwiebel (≈, n), e Knolle (≈, n)

cicavec s Säugetier ((e)s, e)

cieľ 1 koniec cesty s Ziel ((e)s, e); *~ cesty* s Reiseziel **2** účel r Zweck ((e)s, e); *ísť za svojím ~om* sein Ziel verfolgen; *~ života* s Lebensziel

cieľavedom|ý(e) zielbewußt <...ss...>, zielstrebig
cieľov|ý Ziel-; *–á rovinka* e Zielgerade
cieva anat. s Blutgefäß (es, e)
cievka tech. e Spule (≈, n)
ciferník s Zifferblatt ((e)s, ≈er)
cifra e Ziffer (≈, n)
Cigán r Zigeuner (s, ≈)
cigáň hovor. klamár r Lügner (s, ≈)
cigánsk|y Zigeuner-; kuch. *–a pečienka* r Braten nach Zigeunerart
cigara e Zigarre (≈, n)
cigaret|a e Zigarette (≈, n); *~ s filtrom* e Filterzigarette; *škatuľka cigariet* eine Schachtel Zigaretten; *zapáliť si –u* sich eine Zigarette an|zünden
cigaretový Zigaretten-; *~ tabak* r Zigarettentabak
cikáda e Zikade (≈, n), e Zirpe (≈, n)
cikať hovor. pinkeln, detský výraz Pipi machen, rak. Lulu machen
cimburie e Mauerzacke (≈, n), r Mauerzahn ((e)s, ≈e)
cín s Zinn (s, 0)
cinkať klingeln, sklo klirren
cintorín r Friedhof ((e)s, ≈e)
cíp r Zipfel (s, ≈); *~ košele* r Hemdzipfel
cirkev e Kirche (≈, n); **~ný** kirchlich, Kirchen-; *~ná obec* die Kirchengemeinde
cirkulácia e Zirkulation (≈, en), r Umlauf ((e)s, ≈e)
cirkus r Zirkus (≈, se)
cisár r Kaiser (s, ≈); **~sky** kaiserlich, Kaiser-; *~sky dvor* der kaiserliche Hof; lek. *~sky rez* r Kaiserschnitt; **~stvo** s Kaiserreich ((e)s, e), s Kaisertum (s, 0)
cistern|a r Tank ((e)s, s al. e), r Behälter (s, ≈); e Zis|terne (≈, n); **–ový** Zisternen-, Tank-; *–ová loď* s Tankschiff, r Tanker; *–ové auto* r Tankwagen, r Zisternenwagen
cit 1 emócia s Gefühl ((e)s, e); *opätovať čie ~y* j-s Gefühle erwidern **2** zmysel s Gefühl ((e)s, 0), r Sinn ((e)s, 0); *~ pre krásu* r Schönheitssinn
citát s Zitat ((e)s, e)
citeľn|ý(e) spürbar, fühlbar
cítiť 1 pociťovať fühlen, empfinden*, spüren; *~ bolesti* Schmerzen fühlen **2** tušiť fühlen, ahnen **3** vôňu, zápach riechen*; *~ vôňu kávy* es riecht nach Kaffee; **~ sa** sich fühlen; *~ dobre* sich wohl fühlen
citlivosť e Empfindlichkeit (≈, 0), e Empfindsamkeit (≈, 0), e Sensibilität (≈, 0)
citliv|ý(o) 1 vnímavý empfindlich, sensibel; *byť ~ na chlad* gegen Kälte empfindlich sein **2** bohatý na city gefühlvoll; *–á duša* eine empfindliche Natur
citoslovce gram. e Interjektion [inteјek'cjo:n] (≈, en)
citovať zitieren
citov|ý(o) Gefühls-; *~ život* s Gefühlsleben
citrón e Zitrone (≈, n); **~ový** Zitronen-; *~ová kôra* e Zitronenschale
citrusov|ý Zitrus-; *–é plody* e Zitrusfrüchte
civieť gaffen, starren, anstarren
civil r Zivil [ci'vi:l] (s, 0); **~ista** r Zivilist [...v...] (en, en)
civilizácia e Zivilisation [...v...] (≈, en)
civilizačn|ý Zivilisations- [...v...]; *–á choroba* e Zivilisationskrankheit
civilizovať zivilisieren [...v...]
civilný Zivil- [ci'vi:l...]; *~ oblek* e Zivilkleidung
clo r Zoll (s, ≈e); *dovozné, vývozné ~* r Einfuhrzoll, r Ausfuhrzoll; *podlieha to clu?* ist es zollpflichtig?; *nepodlieha to clu* es ist zollfrei
clona 1 r Schleier (s, ≈), e Hülle (≈, n); *dymová ~* ein Rauchschleier **2** fot. e Lichtblende (≈, n)
cloniť 1 beschatten **2** fot. ab|blenden
cmar e Buttermilch (≈, 0)
cmúľať lutschen, schnullen
cnieť sa sich sehnen (*za kým/čím* nach j-m/etw); *~ po domove* sich nach der Heimat sehnen al. Heimweh

haben
cnosť e Tugend (≈, en); *robiť z núdze* ~ aus der Not eine Tugend machen
cnos|ť e Tugend (≈, 0 al. en); **–tný** tugendhaft
coln|ica s Zoll|amt ((e)s, ≚er); **–ík** r Zöllner (s, ≈), r Zollbe|amte (n, n)
coln|ý Zoll-; *–á kontrola* e Zollkontrolle; ~ *poplatok* e Zollgebühr; *–é vyhlásenie* e Zoll|erklärung; ~ *úrad* s Zoll|amt
ctený ver|ehrt, ge|ehrt, geschätzt
ctiť (si) 1 vážiť si (ver|)ehren, achten; ~ *rodičov* seine Eltern achten **2** robiť česť ehren, Ehre machen; *to ťa nectí* das macht dir keine Ehre, das ehrt dich nicht
ctiteľ r Ver|ehrer (s, ≈), r Bewunderer (s, ≈)
ctižiados|ť r Ehrgeiz (es, 0); **–tivý** ehrgeizig
cudn|ý(e) keusch, prüde, züchtig
cudz|í 1 neznámy fremd, unbekannt; *to je mi –ie* das ist mir fremd **2** z cudziny fremd, Fremd-, ausländisch; ~ *jazyk* e Fremdsprache; *–ie slovo* s Fremdwort
cudzin|a s Ausland ((e)s, 0); *cestovať do –y* ins Ausland fahren; *v –e* im Ausland
cudzin|ec r Ausländer (s, ≈), r Fremde (n, n); *sprievodca –cov* r Fremdenführer; **~ký** Ausländer-, Fremden-; *~ká polícia* e Fremdenpolizei
cudzojazyčný fremdsprachig
cudzokrajný fremdländisch
cudzopas|ník r Schmarotzer (s, ≈), r Parasit (en, en); **–ný** schmarotzerhaft, parasitisch
cukor r Zucker (s, 0); *hroznový* ~ r Traubenzucker; *vanilkový* ~ r Vanillezucker; *kockový, práškový, kryštálový* ~ r Würfelzucker, r Puderzucker/Staubzucker, r Kristallzucker; **~natý** zuckerhaltig; **~nička** e Zuckerdose (≈, en)
cukrár r Zuckerbäcker (s, ≈), r Konditor (s, oren); **~eň** e Konditorei (≈, en), e Zuckerbäckerei (≈, en)
cukrík r, s Bonbon [boŋ'boŋ/bõ'bõ:] (s, s)
cukrovar e Zuckerfabrik (≈, en)
cukrov|ať zuckern, süßen; **–inky** e Süßwaren MNČ
cukrovka hovor. e Zuckerkrankheit (≈, en)
cukrov|ý Zucker-; *–á repa* e Zuckerrübe; *–á trstina* s Zuckerrohr; *–á vata* e Zuckerwatte
cumeľ r Schnuller (s, ≈)
cumľať schnullen, lutschen
cúvať zurück|weichen*, zurück|treten*, zurück|fahren*; *nemôže už* ~ er kann nicht mehr zurück
cvakať klappern, knacken
cval r Galopp (s, s al. e)
cvičebnica s Übungsbuch ((e)s, ≚er)
cvičenie 1 školské e Übung (≈, en) **2** telesné s Turnen (s, 0), e Turn|übung (≈, en)
cvičiť 1 üben **2** schulen, abrichten (*koho v čom* j-n in etw s D) **3** telesne turnen; **~ sa** sich üben (*v čom* in etw s D)
cvička r Turnschuh ((e)s, e)
cvik e Übung (≈, en); *vyjsť z ~u* aus der Übung kommen
cvok tech. e Zwecke (≈, n)
cvrček e Grille (≈, n)
cyankáli s Zyankali (s, 0)
cyklista r Radfahrer (s, ≈), hovor. r Radler (s, ≈)
cyklistick|ý Rad-; *–é preteky* s Radrennen; *–á dráha* e Radrennbahn
cyklistika r Radsport ((e)s, 0)
cyklus r Zyklus (≈, Zyklen)
cynick|ý(y) zynisch
cysta lek. e Zyste (≈, n)

Č

čadič r Basalt ((e)s, e)
čaj r Tee (s, s); *bylinkový* ~ r Kräutertee; *čierny* ~ schwarzer Tee; *piť* ~

Tee trinken*
čajka e Möwe (≈, n)
čajka e Möwe (≈, n)
čajník e Teekanne (≈, n)
čajovňa e Teestube (≈, n), s Teehaus ((e)s, ≈er)
čajov|ý Tee-; *–á kanvica* e Teekanne; *–á lyžička* r Teelöffel; *–é pečivo* s Teegebäck
čakac|í Warte-; *–ia lehota* e Wartezeit
čakanka bot. e Wegwarte (≈, n), e Zichorie [ci'cho:rjə] (≈, n)
čakáreň 1 r Wartesaal ((e)s, ≈e), r Warteraum ((e)s, ≈e) **2** u lekára s Wartezimmer (s, ≈)
čakať 1 warten (*na koho/čo* auf j-n/etw); *na koho čakáte?* auf wenn warten Sie? **2** očakávať erwarten (*koho/čo* j-n/etw); *to sa dalo ~* das war zu erwarten; *~ dieťa* ein Kind erwarten
čakateľ r Anwärter (s, ≈), r Kandidat (en, en)
čalú|nený Polster-, rak. tapeziert; *~ nábytok* e Polstermöbel MNČ; **–nnik** r Polsterer (s, ≈), rak. r Tapezierer (s, ≈)
čap r Zapfen (s, ≈), r Bolzen (s, ≈)
čapík 1 anat. s Zäpfchen (s, ≈), e Uvula (≈, lae) **2** lek. s Zäpfchen (s, ≈)
čapov|ať (aus)schenken; *–ané pivo* Bier vom Faß <...ss>
čarbať hovor. kritzeln, schmieren
čaro r Zauber (s, 0), r Reiz (es, e)
čarodejník r Zauberer (s, ≈)
čarokrásn|y(e) wunderschön, wunderhübsch
čarovať zaubern
čas 1 e Zeit (≈, 0); *letný ~* e Sommerzeit; *stredoeurópsky ~* e mitteleuropäische Zeit; *presný ~* genaue Zeit; *nemám ~* ich habe keine Zeit **2** gram. *minulý, prítomný, budúci ~* die Vergangenheit, die Gegenwart, die Zukunft; **z ~u na ~** von Zeit zu Zeit; **je najvyšší ~** es ist höchste Zeit
čas 1 e Zeit (≈, en); *pracovný ~* e Arbeitszeit **2** lehota e Frist (≈, en) **3** trvanie e Dauer (≈, 0); *v ~e dvoch rokov* für die Dauer von zwei Jahren
časom mit der Zeit, nach und nach
časopis e Zeitschrift (≈, en)
časov|anie gram. e Konjugation (≈, en); **–ať** gram. konjugieren
časov|ý Zeit-; *–á jednotka* e Zeiteinheit; *~ úsek* r Zeitabschnitt; **–o** zeitlich
čas|ť r Teil ((e)s, e); *predná ~* der vordere Teil; *hlavná ~* r Hauptteil; **z veľkej ~ti** größtenteils, zum größten Teil
častica gram. e Partikel (≈, n)
často oft (öfter, am häufigsten), oftmals, häufig
častý häufig; *~ hosť* ein häufiger Gast
čaša r Becher (s, ≈), r Pokal (s, e)
čašník r Kellner (s, ≈); *hlavný ~* r Oberkellner
čata e Truppe (≈, n), e Brigade (≈, n)
čelenka s Stirnband ((e)s, ≈er)
čeliť trotzen, standhalten*, die Stirn bieten*
čeln|ý 1 predný Front(al)-; *–á zrážka* r Frontalzusammenstoß **2** popredný führend; *–é postavenie* eine führende Stellung
čel|o[1] **1** časť hlavy e Stirn (≈, en); *zvraštiť ~* die Stirn runzeln **2** predná časť e Front (≈, en); *~ budovy* die Hausfront **3** vedúce miesto e Spitze (≈, n); *na –e štátu* an der Spitze des Staates
čelo[2] hud. nástroj s Cello [č...] (s, i)
čeľusť 1 anat. r Kiefer (s, ≈); *horná, dolná ~* r Oberkiefer, r Unterkiefer **2** tech. e Backe (≈, n); *brzdová ~* e Bremsbacke
čepeľ e Klinge (≈, n)
čepiec e Haube (≈, n); **dostať sa pod ~** unter die Haube kommen
čerešň|a 1 plod e Kirsche (≈, n) **2** strom r Kirschbaum ((e)s, ≈e); **–ový** Kirsch-; *–ový koláč* r Kirschkuchen
čerň s Schwarz (es, 0), e Schwärze (≈, n); *tlačiarenská ~* e Druckerschwärze
černica e Brombeere (≈, n)
černieť schwarz werden* (i.); **~ sa** schwarz erscheinen* (i.)
černoch r Farbige (n, n), hanl. r Neger

(s, ≈)
čerpac|í Tank-; *–ia stanica* Tankstelle (≈, n)
čerpadlo e Pumpe (≈, n); e Schöpfmaschine (≈, n)
čerpať schöpfen, pumpen, tanken; ~ *benzín* Benzin tanken
čerstv|ý(o) 1 opak starý frisch, Frisch-; *–ý chlieb* frisches Brot **2** svieži munter **3** neskazený frisch; ~ *vzduch* frische Luft
čert r Teufel (s, ≈); rak. r Krampus (ses, se); *do ~a!* zum Teufel!; **to nám bol ~ dlžný!** das fehlte uns noch!
červ r Wurm ((e)s, ≈er), e Made (≈, n); **~ivý** wurmig, wurmstichig, madig
červeň s Rot (s, 0), e Röte (s, 0)
červenať sa rot werden* (i.), erröten (i.); ~ *od hanby* vor Scham rot werden
červen|ý rot, Rot-; *–é víno* r Rotwein; *Červený kríž* Rotes Kreuz; *Červená čiapočka* s Rotkäppchen
červotoč r Holzwurm ((e)s, ≈er)
česať kämmen, frisieren; **~ sa** sich kämmen, sich frisieren
česť e Ehre (≈, 0); *všetka ~!* alle Achtung!; *urážka na cti* e Ehrenbeleidigung; *s kým mám tú ~?* mit wem habe ich die Ehre?; *to je vec cti* das ist eine Ehrensache; **komu ~, tomu ~** Ehre, wem Ehre gebührt
čestn|ý(e) ehrenhaft, ehrenvoll; Ehren-; ~ *hosť* r Ehrengast; **čestné slovo!** mein Ehrenwort!
či 1 SP ob; *neviem, ~ príde* ich weiß nicht, ob er kommt **2** ČAST denn, wie; ~ *som ti nevravel?* habe ich es dir denn nicht gesagt?; ~ *som rád!* wie froh bin ich!
čí wessen; ~ *je to kabát?* wessen Mantel ist das?
čiapka e Mütze (≈, n), e Kappe (≈, n); *kúpacia* ~ e Badekappe; ~ *so štítkom* e Schirmmütze
čiara e Lini|e (≈, n), r Strich ((e)s, e); *vzdušná* ~ e Luftlinie
čiarka 1 r Strich ((e)s, e) **2** gram. r Beistrich ((e)s, e), s Komma (s, s al. ta)
čiastka r Teil ((e)s, e) malá časť
čiastočn|ý teilweise, Teil-; **–e** zum Teil
čiernobiel|y schwarzweiß; *–a fotografia* s Schwarzweißfoto
čiernovlasý schwarzhaarig
čiern|y(o) schwarz, Schwarz-; ~ *chlieb* s Schwarzbrot; *–a káva* schwarzer Kaffee; *–e uhlie* e Steinkohle; ~ *obchod* r Schwarzhandel; ~ *pasažier* blinder Passagier; *jazdiť na –o* schwarz|fahren*; *práca na –o* die Schwarz|arbeit; **–e na bielom** schwarz auf weiß; **trafiť do –eho** ins Schwarze treffen*; **–a ovca** das schwarze Schaf
číhať lauern (*na koho/čo* auf j-n/etw)
čím 1 SP: *~..., tým...* je... desto...; *~ viac, tým lepšie* je mehr, desto besser **2** ZÁM wodurch, womit; ~ *môžem poslúžiť?* womit kann ich dienen?
čin e Tat (≈, en), e Handlung (≈, en); *hrdinský* ~ e Heldentat; *spáchať trestný* ~ eine Straftat begehen*; *miesto ~u* r Tat|ort; *pristihnúť pri čine koho* j-n auf frischer Tat ertappen/ergreifen*
činiteľ 1 r Faktor (s, oren) **2** osoba r Funktionär (s, e); *verejný* ~ ein öffentlich tätiger Mensch **3** mat. r Koeffizi|ent (en, en)
činnosť 1 e Tätigkeit (≈, en), e Betätigung (≈, en), e Aktivität [...v...] (≈, en); *zárobková* ~ e Erwerbstätigkeit **2** chod e Tätigkeit (≈, 0), r Gang ((e)s, 0)
činn|ý(e) tätig, aktiv; *zárobkovo* ~ erwerbstätig; *politicky* ~ politisch tätig
činohra 1 dráma s Schauspiel ((e)s, e) **2** budova s Schauspielhaus (es, ≈er)
činorodý kniž. tatkräftig
činžiak hovor. s Mietshaus (es, ≈er), s Zinshaus (es, ≈er)
čipka e Spitze (≈, n)
číselník 1 hodín r Zifferblatt ((e)s, ≈er) **2** telefónu e Nummernscheibe (≈, n), e Wählscheibe (≈, n)

ABC

číseln|ý(e) zahlenmäßig, numerisch, Zahlen-; ~ *údaj* e Zahlenangabe; *–á prevaha* zahlenmäßiges Übergewicht
číslic|a e Ziffer (≈, n), s Zahlenzeichnen (s, ≈); *arabské, rímske –e* arabische, römische Zahlen
číslo 1 e Zahl (≈, en), e Nummer (≈, n); *párne, nepárne* ~ gerade, ungerade Zahl; *poštové smerovacie* ~ e Postleitzahl; *telefónne* ~ e Telefonnummer; ~ *domu* e Hausnummer **2** veľkosť e Nummer (≈, n), e Größe (≈, n); ~ *topánok* e Schuhgröße **3** gram. *jednotné* ~ e Einzahl, r Singular; *množné* ~ e Mehrzahl, r Plural
číslovať numerieren
číslovka gram. s Zahlwort ((e)s, ≈er), s Numerale (s, i|en al. ia)
čistiaci Reinigungs-, Putz-; ~ *prostriedok* s Reinigungsmittel, s Putzmittel (s, ≈)
čistiareň e Reinigung (≈, en), e Reinigungsanstalt (≈, en), rak. e Putzerei (≈, en)
čistina e Lichtung (≈, en)
čistiť 1 reinigen, putzen, säubern (*čo čím od čoho* etw mit etw von etw); ~ *šaty* e Kleidung reinigen; ~ *topánky* die Schuhe putzen; ~ *si zuby* sich die Zähne putzen **2** kuch. schälen; ~ *zemiaky* Kartoffeln schälen
čistka polit. e Säuberung(s|aktion) (≈, en)
čistokrvný reinrassig, Rassen-; ~ *pes* r Rassehund
čistopis e Reinschrift (≈, en)
čistot|a e Reinheit (≈, 0), e Sauberkeit (≈, 0); **–ný** reinlich
čistý 1 opak špinavý rein, sauber **2** prázdny ~ *papier* ein leeres Papier **3** o príjme ap. Rein-, Netto-; ~ *príjem* s Netto|einkommen; ~ *zisk* r Reingewinn
čítanie 1 e Lektüre (≈, n) **2** v škole s Lesen (s, 0)
čítanka s Lesebuch ((e)s, ≈er)
čitáreň r Lesesaal ((e)s, säle)
čítať lesen*; ~ *myšlienky* Gedanken lesen; ~ *medzi riadkami* zwischen den Zeilen lesen
čitateľ 1 osoba r Leser (s, ≈) **2** mat. r Zähler (s, ≈)
čitateľn|ý(e) lesbar, leserlich; ~ *podpis* eine lesbare Unterschrift; *píšte –e!* schreiben Sie leserlich!
čiže das heißt
čižm|a r Stiefel (s, ≈); *gumové –y* e Gummistiefel
čk|anie r Schluck|auf (s, 0); **–ať** schlucksen, einen Schluck|auf haben
čkať schlucksen, Schluckauf haben
článok 1 časť celku s Glied ((e)s, er) **2** lit., práv. ap. r Artikel (s, ≈), r Aufsatz (es, ≈e)
člen 1 s Mitglied ((e)s, er); ~ *rodiny* s Familienmitglied **2** mat. s Glied ((e)s, er) **3** gram. r Artikel
člen|iť gliedern; **–itý** gegliedert
členok r (Fuß)knöchel (s, ≈); *vytknúť si* ~ sich den Fußknöchel verstauchen
členský Mitglieder-, Mitglieds-; ~ *preukaz* r Mitgliedsausweis
členstvo e Mitgliedschaft (≈, en)
čln s Boot ((e)s, e); *motorový* ~ s Motorboot; *záchranný* ~ s Rettungsboot
človek 1 r Mensch (en, en) **2** neurčito, niekto man; ~ *nikdy nevie* man weiß nie
čmárať schmieren, kritzeln
čmeliak e Hummel (≈, n)
čnieť (empor)|ragen, hoch|ragen, hervor|treten*
čo[1] ZÁM **1** opytovacie was; ~ *robíš?* was machst du?; ~ *ty na to?* was sagst du dazu?; ~ *sa toho týka* was das betrifft* **2** vzťažné der, die, das; *tí,* ~ *sú tu* diejenigen, die da sind
čo[2] SP seit; *uplynul rok,* ~ *som ho nevidel* seit einem Jahr habe ich ihn nicht gesehen
čo[3] ČAST **1** vyjadruje opakovanie für; *deň* ~ *deň* Tag für Tag **2** v spojení so superlatívom wie möglich, möglichst; ~ *najlepšie* so gut wie möglich al. möglichst gut
čokolád|a e Schokolade (≈, 0); *horká, mliečna* ~ e Bitterschokolade, e

Milchschokolade; **–ový** Schokoladen-
čokoľvek was immer, was auch immer; *nech sa stane* ~, was auch immer geschehen mag
čoraz immer; ~ *častejšie* immer häufiger
čosi etwas, irgendetwas
čoskoro bald, in kurzer Zeit
čože was denn; ~ *budeme robiť?* was werden wir denn machen?
čpavok s Ammoniak al. s Ammoniak (≈, 0)
črep, črepina e Scherbe (≈, n), r Splitter (s, ≈); **~y prinášajú šťastie** Scherben bringen Glück
črepník r Blumentopf ((e)s, ⸚e)
črevn|ý Darm-; ~ *katar* r Darmkatarrh; *–á kolika* e Darmkolik
čurev|o r Darm ((e)s, ⸚e); *hrubé, tenké* ~ r Dickdarm, r Dünndarm; *zápal slepého –a* e Blinddarmentzündung
črieda e Herde (≈, n)
črta 1 v tvári r Zug ((e)s, ⸚e) **2** vlastnosť r Charakterzug ((e)s, ⸚e) **3** lit. ap. e Skizze (≈, n)
črta|ť skizzieren; ~ **sa** hervor|treten*, erscheinen*; *–jú sa nové možnosti* neue Möglichkeiten erscheinen
čučoriedka e Heidelbeere (≈, n), e Blaubeere (≈, n)
čudácky kurios, sonderbar, merkwürdig
čud|ák r Sonderling (s, e), r Kauz (es, ⸚e); **–ný, –ne** sonderbar, sonderlich, merkwürdig, komisch
čudovať sa staunen, sich wundern (*čomu* über etw)
čuch 1 u ľudí r Geruchssinn ((e)s, 0) **2** u zvierat e Witterung (≈, 0)
čuchať riechen* (*čo* an etw s D)
čul|ý(o) rege, munter; ~ *ruch* reger Verkehr
čupieť hocken, kauern
čušať mlčať schweigen*, hanl. kuschen; *čuš!* kusch!
čvirikať zwitschern

D

dabing e Synchronisation [zünkro...] (≈, en)
dabovať synchronisieren [zünkro...]
dačo etwas, irgendwas
ďak|ovať (*komu za čo*) danken (j-m für etw), sich bedanken (bei j-m für etw); *–ujem pekne* danke schön, schönen Dank
ďakovný Dank-; ~ *list* s Dankschreiben
dakto jemand, irgendeiner, irgendwer
ďalej 1 PRÍSL weiter; *a tak* ~ skr. *atď.* und so weiter skr. usw.; *len tak* ~ nur so weiter; po zaklopaní *~!* herein! **2** ČAST ferner, weiter, außerdem; ~ *objednávame...* ferner bestellen wir...
ďaleko weit, fern; ~ *lepší* weit besser; *široko* ~ weit und breit
ďalekohľad s Fernglas (es, ⸚er); *divadelný* ~ s Opernglas
ďalekopis s Fernschreiben (s, ≈), s Telex (≈, (e))
ďalekosiahly weitreichend, weitgehend
ďalekozraký weitsichtig
ďalek|ý weit, fern; *–á cesta* ein weiter Weg; *Ďaleký východ* r Ferne Osten (s, 0)
ďalš|í weiter, folgend, nächste; *–ie požiadavky* weitere Forderungen; *bez –ieho odkladu* ohne weiteren Aufschub; *~, prosím!* der Nächste, bitte!
dáma 1 e Dame (≈, n) **2** hra s Damespiel ((e)s, e)
dámsk|y Damen-; *–e hodinky* e Damen|uhr; ~ *kaderník* r Damenfrisör al. Damenfriseur; *–e WC* e Damentoilette
da|ň e Steuer (≈, n); *dedičská* ~ e Erbschaft(s)steuer; ~ *zo mzdy* e Lohnsteuer; ~ *z obratu* e Umsatzsteuer; ~ *z pridanej hodnoty* e Mehrwertsteuer; *(ne)priama* ~ e (in)direkte Steuer; *nepodliehajúci –ni* steuerfrei;

DEF

podliehajúci –ni steuerpflichtig

daňov|ý Steuer-; ~ *poplatník* r Steuerzahler; *–é priznanie* e Steuer|erklärung; *–á reforma* e Steuerreform; ~ *systém* s Steuersystem

dan|ý gegẹben; *v –om prípade* gegebenenfalls

dar 1 s Geschẹnk ((e)s, e), e Gabe (≈, n); *svadobný ~* s Hochzeitsgeschenk ~ *k Vianociam* s Weihnachtsgeschenk **2** nadanie e Gabe (≈, n)

darca r Geber (s, ≈); r Spender (s, ≈); ~ *krvi* r Blutspender

darebák expr. r Lump (en, en), r Gauner (s, ≈), r Taugenichts (≈, e)

dariť sa 1 prospievať gelịngen* (i.), gedẹihen* (i.); *všetko sa mu darí* alles gelingt ihm **2** napredovať gehen* (i.), voran|kommen* (i.); *ako sa ti darí?* wie geht's dir?

darmo vergẹbens, vergẹblich, umsonst

darovať schenken, ein Geschẹnk machen, spenden

ďasno s Zahnfleisch (es, 0); *zápal ďasien* e Zahnfleisch|entzündung (≈, en)

dať 1 geben*, schenken; *daj to sem!* gib das her!; ~ *čo k narodeninám* etw zum Geburtstag schenken; *dať komu facku* j-m eine Ohrfeige geben **2** umožniť, nechať s INF lassen*; ~ *sa ostrihať* sich die Haare schneiden lassen; ~ *o sebe vedieť!* von sich hören lassen; ~ *komu prednosť* v jazde ap. j-m die Vorfahrt lassen **3** položiť stellen, legen; ~ *otázku* eine Frage stellen **4** podať reichen; ~ *komu ruku* j-n die Hand reichen

dať sa do čoho beginnen; ~ *do plaču* beginnen zu weinen; ~ *do práce* sich an die Arbeit machen; *nedá sa nič robiť* es läßt <...ss...> sich nichts machen al. da kann man nichts machen

dať si 1 dopriať si sich gönnen **2** rozkázať si sich lassen; ~ *ušiť šaty* sich Kleider nähen lassen; **daj si pozor!** paß auf!

dáta e Daten MNČ, e Angaben MNČ; *spracovanie dát* e Datenver|arbeitung

databanka e Datenbank (≈, en)

ďateľ r Specht ((e)s, e)

ďatelina r Klee (s, 0)

datľa e Dattel (≈, n)

datovať (sa) datịeren

dátum s Datum (s, Daten); *dnešný ~* s heutige Datum; ~ *narodenia* s Geburtsdatum

dav e (Menschen)menge (≈, n), e Masse (≈, n)

dáv|ať 1 pozri *dať* **2** hovor. v kine ap. spielen, laufen* (i.), auf|führen*; *čo –ajú v kine, v divadle, v televízii?* was läuft im Kino, im The|ater, im Fernsehen? **3** súkromne vyučovať Stunden geben; *–a hodiny klavíra* sie gibt Klavierstunden; **~ pozor** acht|geben* <Acht geben>, auf|passen

dáviť erbrechen*

dávka 1 množstvo e Menge (≈, n), e Dosis (≈, Dosen) **2** práv. poplatok e Abgabe (≈, n)

dávkov|anie e Dosịerung (≈, 0); **–ať** dosịeren

dávno lange (länger, am längsten), lange her, längst; *to už je ~* es ist schon lange her; *poznáme sa už ~* wir kennen uns schon lange

dávny 1 starý alt **2** minulý vergạngen

dážď r Regen (s, ≈); *schyľuje sa na ~* es sieht nach Regen aus; **dostať sa z dážďa pod odkvap** vom Regen in die Traufe kommen

daždiv|ý(o) regnerisch, Regen-; *–é počasie* s Regenwetter

dáždnik r Regenschirm ((e)s, e); *skladací ~* r Knirps, r Taschenschirm

dážďovka r Regenwurm ((e)s, ≈er)

dážďovník zool. e Turmschwalbe (≈, n)

dbať 1 starať sa (*o koho/čo*) achten (auf j-n/etw), sorgen (für j-n/etw) **2** dodržiavať be|achten (*na čo* etw s A); ~ *na predpisy* die Vorschriften be|achten

dcéra e Tochter (≈, ≈̈); *nevlastná ~* e Stieftochter

debakel s Debạkel (s, ≈)
debat|a e Debạtte (≈, n), e Diskussiọn (≈, en); **–ovať** debattịeren (*s kým o čom* mit j-m über etw)
debna e Kiste (≈, n)
debut s Debüt (s, s); **~ovať** debütịeren
december r Dezẹmber (≈ al. s, ≈)
decentný dezẹnt
deciliter skr. **dl** s Deziliịter (s, ≈) skr. dl
decimeter skr. **dm** s Dezimẹter (s, ≈) skr. dm
dedič r Erbe (n, n); *právoplatný ~* r rechtmäßige Erbe; *jediný ~* r einzige Erbe; *určiť koho ~om* j-n zum al. als Erben ein|setzen
dedičnosť e Erblichkeit (≈, 0), e Vererbung (≈, en)
dedičn|ý erblich, Erb-; *–á choroba* e Erbkrankheit
dedičstvo s Erbe (s, 0), e Erbschaft (≈, en)
dedin|a s Dorf ((e)s, ≈er), e Ortschaft (≈, en); *na –e* auf dem Dorf, im Dorf; *žiť na –e* auf dem Lande leben; **–ský** Dorf-; dörflich
dedinčan r Dorfbewohner (s, ≈), r Dörfler (s, ≈)
dediť erben (*čo po kom* von j-m etw)
dedo, dedko 1 r Großvater (s, ≈̈), hovor. r Opa (s, s) **2** starý muž r Alte (n, n)
deduk|cia e Deduktiọn (≈, en); **–ovať** deduzịeren
defekt r Defẹkt ((e)s, e), r Fehler (s, ≈), pri aute e Panne (≈, en)
deficit s Defizịt (s, e); *rozpočtový ~* s Haushaltsdefizit
definícia e Definitiọn (≈, en)
definitívn|y(e) definitịv, endgültig
definovať definịeren
deformov|aný deformịert; **–ať** deformịeren
degenerovať degenerịeren
degradovať degradịeren
dehydrovaný dehydrịert
decht r Teer ((e)s, e)
dej 1 proces r Vorgang ((e)s, ≈̈e), r Prozẹß <...ss> (sses, sse) **2** lit. e Handlung (≈, en)
dejepis e Geschịchte (≈, 0)
dejinný geschịchtlich, histọrisch
dejiny e Geschịchte (≈, 0)
dejisko r Schauplatz (es, ≈̈e)
dejstv|o r Akt ((e)s, e); *hra v troch –ách* ein Spiel in drei Akten
deka e Decke (≈, n); *prešívaná ~* e Steppdecke
dekáda e Dekạde (≈, n)
dekadencia e Dekadẹnz (≈, en)
dekadentný dekadẹnt
dekan r Dekạn (s, e); **~át** s Dekanạt (s, e)
deklarácia e Deklaratiọn (≈, en)
dekorácia e Dekoratiọn (≈, en), e Ausstattung (≈, en)
dekoračn|ý Dekoratiọns-; *–á látka* r Dekorationsstoff; **–e** dekoratịv
dekorovať dekorịeren, aus|schmücken
dekrét s Dekrẹt (s, e)
deľba e Teilung (≈, en)
deleg|ácia e Delegatiọn (≈, en), e Abordnung (≈, en); **–át** r Delegịerte (en, en)
delegovať delegịeren
delenie 1 členenie e Teilung (≈, en) **2** mat. s Dividịeren [...v...] (s, 0)
delfín r Delphịn (s, e)
delikátn|y(e) delikạt
delikt s Delịkt ((e)s e)
delikvent r Delinquẹnt (en, en)
delírium s Delịrium (s, ịen)
deliť 1 na časti teilen, trennen **2** triediť ein|teilen, gliedern; *~ do skupín* in Gruppen einteilen **3** mat. dividịeren [...v...]; **~ sa 1** na časti sich teilen, sich gliedern **2** oddeľovať sa sich trennen
deliteľný teilbar
delo s Geschütz (es, e), e Kanọne (≈, n)
delostrelectvo e Artillerịe (≈, n)
demagóg r Demagọge (n, n); **~ia** e Demagogịe (≈, ịen)
demagogick|ý(y) demagọgisch
dementný demẹnt
demis|ia e Demissiọn (≈, en), r Rück-

tritt ((e)s, e); *podať –iu* zurück|treten, abdanken, seinen Rücktritt erklären
demižón e Korbflasche (≈, n)
demokracia e Demokratie (≈, ien)
demokratick|ý(y) demokratisch
demol|ácia e Demolierung (≈, en); **–ovať** demolieren
demonštrácia e Demonstration (≈, en)
demonštr|ant r Demonstrant (en, en); **–ovať** demonstrieren
demontáž e Demontage [demon'ta:žə] (≈, n), s Auseinandernehmen (s, 0)
demoraliz|ácia e Demoralisation (≈, 0), e Demoralisierung (≈, en); **–ovať** demoralisieren
deň r Tag ((e)s, e); *celý ~* den ganzen Tag; *dobrý ~!* guten Tag!; *každý ~* jeden Tag; *všedný ~* r Alltag; *do štyroch dní* binnen vier Tagen; *o štyri dni* in vier Tagen; *Deň matiek* r Muttertag
denne täglich; *trikrát ~* dreimal täglich
denník 1 zápisník s Tagebuch ((e)s, ≈er) **2** noviny e Tageszeitung (≈, en), s Tageblatt ((e)s, ≈er)
dennodenne tagtäglich, Tag für Tag
denn|ý Tage(s)-; *–á mzda* r Tagelohn; *~ obrat* r Tages|umsatz; *–á tlač* e Tagespresse; *na –om poriadku* an der Tagesordnung
dentista r Dentist (en, en)
depilačný Enthaarungs-; *~ prostriedok* s Enthaarungsmittel
deponovať deponieren
depres|ia e Depression (≈, en); **–ívny** depressiv
deprim|ovať beklemmen, deprimieren; **–ovaný** deprimiert; **–ujúci** deprimierend
deravý löch(e)rig; *~ zub* ein hohler Zahn
des r Schreck ((e)s, e), r Schrecken (s, ≈), s Entsetzen (s, 0)
desať zehn
desaťboj r Zehnkampf ((e)s, 0); **~ár** r Zehnkämpfer (s, ≈)
desatina s Zehntel (s, ≈)
desatinný Dezimal-
desatoro zehnerlei, zehn; *Desatoro (Božích) prikázaní* die Zehn Gebote (Gottes)
desaťročie s Jahrzehnt ((e)s, e)
desaťročný zehnjährig
desiata e Zwischenmahlzeit (≈, en), s zweite Frühstück ((e)s, e)
desiatka e Zehn (≈, en)
desiatovať zweites Frühstück machen
deskriptívny deskriptiv, beschreibend
despotick|ý(y) despotisch
destilácia e Destillation (≈, en)
destilovan|ý destilliert; *–á voda* destilliertes Wasser
destilovať destillieren
dešifrovať dechiffrieren [deši'fri:rən]
deštrukcia e Destruktion (≈, en), e Zerstörung (≈, en)
detail s Detail [de'taj/de'ta:j] (s, s)
detektív r Detektiv (s, e)
detektívka 1 kniha r Kriminalroman (s, e) **2** film r Kriminalfilm ((e)s, e), r Krimi ((s), (s))
detektívn|y Detektiv-, Kriminal-; *–a literatúra* e Kriminalliteratur
detinsk|ý(y) kindisch
detsk|ý(y) 1 súvisiaci s deťmi kindlich **2** určený pre deti Kindes-, Kinder-; *~ kočiar* r Kinderwagen; *~ lekár* r Kinder|arzt; *–á choroba* e Kinderkrankheit
detstv|o e Kindheit (≈, 0); *od –a* von Kindheit an, von klein an/auf
devalv|ácia e Devalvation [devalva'cjo:n] (≈, en); **–ovať** devalvieren, ab|werten
deväť neun
deväťdesiat neunzig
devätnásť neunzehn
devíza e Devise [...v...] (≈, n)
devízov|ý Devisen- [...v...]; *–é predpisy* e Devisenbestimmungen; *~ kurz* r Devisenkurs
dezert s Dessert [de'se:ɐ/de'sert] (s, s), r Nachtisch ((e)s, e)
dezertn|ý Dessert- [de'se:ɐ/de'sert];

–á lyžička r Dessertlöffel; *–é víno* r Dessertwein
dezertovať desertieren (h./i.)
dezinfekcia e Desinfektion (≈, 0)
dezinfekčný Desinfektions-; ~ *prostriedok* s Desinfektionsmittel
dezodorant s Deodorant (s, e)
diabetick|ý diabetisch, Diabetiker-; *–á strava* e diabetische Kost
diabetik r Diabetiker (s, ≈)
diabol r Teufel (s, ≈)
diagnóz|a e Diagnose (≈, n); *určiť –u* Diagnose stellen
diagonála e Diagonale (≈, n)
diagram s Diagramm (s, e)
dialekt r Dialekt ((e)s, e), e Mund|art (≈, en)
dialektick|ý(y) dialektisch
dialektika e Dialektik (≈, 0)
diaľk|a e Weite (≈, n), e Ferne (≈, n); *dívať sa do –y* in die Ferne blicken; *z veľkej –y* aus weiter Ferne; *skok do –y* r Weitsprung
diaľkar šport. r Weitspringer (s, ≈)
diaľkov|ý(o) Fern-; *–á doprava* r Fernverkehr; ~ *let* r Fernflug; ~ *rozhovor* s Ferngespräch; *–é ovládanie* e Fernbedienung; *–é štúdium* s Fernstudium
diaľnica e Autobahn (≈, en)
dialóg r Dialog (s, e)
dialýza lek. e Dialyse (≈, n)
diamant r Diamant (en, en); **~ový** diamanten, Diamant(en)-
diapozitív s Diapositiv (s, e), hovor. s Dia (s, s)
diaprojektor r Diaprojektor (s, e)
diár s Vormerkbuch ((e)s, ≈er), s Tagebuch ((e)s, ≈er)
diať sa geschehen* (i.), vor?
didaktick|ý(y) didaktisch
diel 1 r, s Teil ((e)s, e); *náhradný* ~ s Ersatzteil **2** podiel r Anteil ((e)s, e)
dielec tech. r Bestandteil ((e)s, e); *stavebný* ~ r Bautoil, s Bauelement
dielňa e Werkstatt (≈, ≈en), e Werkstätte (≈, n)
diel|o s Werk ((e)s, e); *životné* ~ s Lebenswerk; *vytvoriť* ~ ein Werk schaffen*; **priložiť ruku k –u** die Hand an|legen al. die Hand ans Werk legen
dier|a i obraz. s Loch ((e)s ≈er); *ozónová* ~ s Ozonloch; **–ka** ein kleines Loch ((e)s, ≈er); *gombíková –ka* s Knopfloch; *nosná –ka* s Nasenloch
dierk|ovač r Locher (s, ≈); **–ovať** lochen, löchern, perforieren
dieselový Diesel-; ~ *motor* r Diesel(motor)
dieťa s Kind ((e)s, er); *vlastné, nevlastné* ~ das eigene Kind, s Stiefkind; *adoptované* ~ s Adoptivkind; *zázračné* ~ s Wunderkind
diét|a e Diät (≈, en); *držať prísnu –u* eine strenge Diät halten*
diétn|y diät, Diät-; *–a strava* e Diätkost
diéty finančný príspevok e Diäten MNČ, s Tagesgeld ((e)s, er)
dievča 1 s Mädchen (s, ≈) **2** milá e Freundin (≈, nen)
dievčensk|ý Mädchen-; *–á škola* e Mädchenschule
diferenc|ia e Differenz (≈, en), r Unterschied ((e)s, e); **–ovať** differenzieren, unterscheiden*
digitálny digital, Digital-; ~ *fotoaparát* e Digitalkamera (≈, s)
dikobraz s Stachelschwein ((e)s, e)
diktát s Diktat ((e)s, e)
dikt|átor r Diktator (s, oren); **–atúra** e Diktatur (≈, en)
diktovať diktieren
dilem|a s Dilemma (s, s al. ta); *stáť pred –ou* vor einem Dilemma stehen*
diletant r Dilettant (en, en)
dioptria e Dioptrie (≈, ien)
diplom s Diplom (s, e); *dostať* ~ ein Diplom erhalten*; *udeliť komu* ~ j-m ein Diplom über|reichen
diplomacia e Diplomatie (≈, ien)
diplomat r Diplomat (en, en); **~icky** diplomatisch; **~ický** Diplomaten-, diplomatisch; *~ický pas* r Diplomatenpaß <...ss>; *~ická štvrť* s Diplomatenviertel

DEF

diplomovaný Diplom-; ~ *inžinier* r Diplomingenieur skr. Dipl.-Ing.
diplomový Diplom-; *–á práca* e Diplomarbeit
dirigent r Dirigent (en, en); **–ovať** dirigieren, leiten
disciplína 1 poriadok e Disziplin (≈, 0) **2** odbor e Disziplin (≈, 0), s Teilgebiet (es, e)
disciplinovaný diszipliniert
disident r Dissident (en, en)
disk 1 r Diskus (≈ al. ses, ken al. se); *hod ~om* s Diskuswerfen **2** kompaktný disk e CD-Platte (≈, n), e CD (≈, ≈ al. s)
diskár šport. r Diskuswerfer (s, ≈)
disketa e Diskette (≈, n), e Floppydisk <Floppy Disk> (≈, s)
diskotéka e Diskothek (≈, en), e Disko (≈, s)
diskrétny(e) diskret
diskriminácia e Diskrimination (≈, en), e Diskriminierung (≈, en)
diskriminovať diskriminieren
diskusia e Diskussion (≈, en); *živá ~* eine lebhafte Diskussion; *prihlásiť sa do –ie* sich zur Diskussion melden
diskusný Diskussions-; ~ *príspevok* r Diskussionsbeitrag
diskutovať diskutieren (*o čom* über etw)
diskvalifikácia e Disqualifikation (≈, en), e Disqualifizierung (≈, en)
diskvalifikovať disqualifizieren
dispečer r Dispatcher [dis'petšɐ] (s, ≈)
displej s Display (s, s)
disponovať disponieren, verfügen (*čím* über etw)
dispozícia 1 voľné použitie e Verfügung (≈, en); *som ti k –ii* ich stehe dir zur Verfügung; *dať čo k –ii* etw zur Verfügung stellen **2** predpoklad, sklon e Disposition (≈, en), e Veranlagung (≈, en)
distribúcia e Distribution (≈, en)
dištancovať sa sich distanzieren, Abstand halten* von j-m/etw D
div[1] s Wunder (s, ≈); *niet ~u* kein Wunder; *robiť ~y* Wunder tun*
div[2] skoro fast, beinahe
divácky Zuschauer-; *–a tribúna* e Zuschauertribüne
divadelný Theater-, Bühnen-; *–é predstavenie* e Theatervorstellung; *–á hra* s Theaterstück, s Bühnenstück; ~ *program* s Theaterprogramm
divadlo s Theater (s, ≈); *bábkové ~* s Puppentheater, s Marionettentheater; *prírodné ~* e Freilichtbühne; *vstupenka do –a* e Theaterkarte; *hrať ~* Theater spielen
divák r Zuschauer (s, ≈); *televízny ~* r Fernsehzuschauer
dívať sa 1 schauen, sehen*; ~ *z okna* aus dem Fenster schauen **2** na koho/čo an|sehen*, an|schauen (j-n/etw); *nedívaj sa na mňa* schau mich nicht an
diviak s Wildschwein ((e)s, e), r Eber (s, ≈)
dividenda e Dividende [...v...] (≈, n)
divina 1 zver s Wild ((e)s, 0) **2** mäso s Wildbret ((e)s, 0)
diviť sa sich wundern (*čomu* über etw); *tomu sa –ím* ich wundere mich darüber, das wundert mich
divný(e) merkwürdig, seltsam, eigentümlich; ~ *človek* ein merkwürdiger Mensch; *bolo mi to –é* das hat mich gewundert
divočina e Wildnis (≈, 0)
divoch r Wilde (n, n)
divozel e Königskerze (≈, n)
divý wild; *–á zver* wilde Tiere
dizertácia e Dissertation (≈, en)
dlaha lek. e Schiene (≈, n)
dlaň e Handfläche (≈, n), r Handteller (s, ≈)
dláto r Meißel (s, ≈), s Stemmeisen (s, ≈)
dlažba s Pflaster (s, ≈); *vyhodiť koho na –u* j-n auf die Straße setzen
dlaždica 1 na ceste r Pflasterstein ((e)s, e) **2** v byte e Fliese (≈, n)
dláždiť 1 cestu pflastern **2** byt fliesen
dlážka r Fußboden (s, ≈̈)
dlh e Schuld (≈, en); *mať ~y* Schulden

haben*; *splatiť ~* seine Schuld begleichen*, tilgen, abzahlen; *bez ~ov* schuldenfrei; *topiť sa v ~och* über die Ohren in Schulden stecken

dlho lange (länger, am längsten), lange Zeit, seit langem; *na ako ~?* für wie lange?

dlhodob|ý(o) langfristig

dlh|ý (länger, am längsten); *~ rad* eine lange Schlange; *–é nohavice* lange Hose; **mať –ú chvíľu** sich langweilen, lange Weile haben*

dlžiť schulden (*komu čo* j-m etw)

dĺžka e Länge (≈, n), trvanie e Dauer (≈, n)

dlžník r Schuldner (s, ≈)

dlžný schuldig; *čo som ~?* was bin* ich schuldig?

dlžobný Schuld-; *~ úpis* e Schuldverschreibung, r Schuldschein

dna lek. e Gicht (≈, 0)

dnes heute; *~ ráno, večer, v noci* heute früh, abend <A...>, nacht <N...>; *od ~* ab heute

dnešn|ý heutig; *do –ého dňa* bis zum heutigen Tag; *–á akcia* e heutige Ver|anstaltung; *–é noviny* e heutige Zeitung; *v –ých časoch* heutzutage

dneš|ok 1 der heutige Tag ((e)s, e), heute; *odo –ka* ab heute, von heute an; *odo –ka o mesiac* von heute in einem Monat; *na ~ stačí* für heute genug **2** súčasnosť s Heute (≈, 0), e Gegenwart (≈, 0)

dn|o 1 nádoby r Boden (s, ≈ al. ≈̈) **2** rieky r Grund ((e)s, ≈̈e); *morské ~* r Meeresgrund; **byť na –e** auf den Hund kommen*

do 1 miest. in A, nach; *~ mesta* in die Stadt; *~ Berlína* nach Berlin **2** čas. in D, bis A; *do kedy?* bis wann?; *~ noci* bis in die Nacht; *raz ~ roka* einmal im Jahr; *~ konca* bis zum Ende **3** s číselnými údajmi bis A; *nevie narátať ~ troch* er kann nicht bis drei zahlen; *~ posledného muža* bis auf den letzten Mann; *~ haliera* bis auf den letzten Heller **4** účelovo zu, für; *chodiť ~ školy* zur Schule gehen; *lístok ~ divadla* e The|aterkarte

doba 1 obdobie e Periode (≈, n), e Zeit (≈, en), e Epoche (≈, en); *kamenná ~* e Steinzeit; *ľadová ~* e Eiszeit **2** hud. r Zeitwert ((e)s, e)

dobehnúť 1 do cieľa das Ziel passieren **2** pribehnúť einen Sprung machen **3** niekoho j-n ein|holen **4** hovor. oklamať j-n hereinlegen, j-n aufs Glatteis führen

doberať si necken (*koho* j-n), sich lustig machen (*koho* über j-n), hovor. uzen

dobierk|a e Nachnahme (≈, n); *na –u* gegen/mit Nachnahme

dobiť 1 prestať biť zu schlagen* auf|hören **2** usmrtiť tot|schlagen* **3** nabiť nach|laden*; *~ batériu* die Batterie nachladen

dobový zeitgemäß

dobre gut (besser, am besten), recht, wohl; *je mi ~* ich fühle mich gut; *mám sa ~* es geht* mir gut; *tak ~* also gut

dobro s Gute (n, 0), s Wohl ((e)s, 0)

dobročinn|ý(e) wohltätig, Wohltätigkeits-; *–ý koncert* s Wohltätigkeitskonzert; *na –é účely* für wohltätige Zwecke

dobrodruh r Abenteurer (s, ≈)

dobrodružn|ý(e) abenteuerlich

dobrodružstvo s Abenteuer (s, ≈)

dobromyseľn|ý(e) gutmütig

dobrosrdečn|ý(e) gutherzig

dobrota 1 láskavosť e Güte (≈, 0), e Gutherzigkeit (≈, 0) **2** lahôdka r Leckerbissen (s, ≈), e Näscherei (≈, en)

dobrotiv|ý(o) gnädig, gütig

dobrovoľník r Freiwillige (n, n)

dobrovoľn|ý(e) freiwillig

dobrozdanie s Gut|achten (s, ≈)

dobr|ý 1 gut, brav; *~ deň!* guten Tag!; *–é ráno!* guten Morgen!; *–ú noc!* gute Nacht!; *–ú chuť!* guten Appetit!; *~ skutok* e Wohltat; *buď taký ~* sei so gut, freundlich; *buď na ňu ~* sei gut, freundlich zu ihr **2** známka v škole befriedigend **3** chutný lecker, köstlich

dobyť 1 voj. ein|nehmen*, erobern

2 dosiahnuť erkämpfen, erringen*; ~ *víťazstvo* den Sieg erringen
dobytok s Vieh ((e)s, 0); *hovädzí* ~ s Rind ((e)s, er), s Rindvieh ((e)s, 0)
dobývať 1 ťažiť fördern, gewinnen **2** voj. erobern
dobyvateľ r Eroberer (s, ≈)
docent r Dozent (en, en)
dočasn|ý(e) zeitweilig, einstweilig, vorübergehend, vorläufig, provisorisch [...v...]; *–á vláda* e Übergangsregierung
dočiahnuť erreichen
dočítať zu Ende lesen*; ~ *knihu* das Buch zu Ende lesen; ~ **sa** beim Lesen erfahren* (*čo o kom/čom* etw über j-n/etw)
dočkať sa erwarten (*čoho* etw s A); *nemôže* ~ er kann* es kaum erwarten
dodac|í Liefer-; *–ia lehota* e Lieferfrist, r Liefertermin
dodať 1 doručiť zu|stellen, liefern **2** doložiť hinzu|fügen, hinzu|geben* **3** odvahu auf|muntern (*komu* j-n), Mut machen (*komu* j-m)
dodatočn|ý(e) nachträglich, zusätzlich, Zusatz-, Nach-; *–é vyhlásenie* e Zusatz|erklärung; *–á objednávka* e Nachbestellung
dodatok r Nachtrag ((e)s, ≈e), r Anhang ((e)s, ≈e), r Zusatz (es, ≈e); ~ *zmluvy* der Nachtrag eines Vertrages
dodáv|ateľ r Lieferant (en, en), r Lieferer (s, ≈); **–ka 1** doručenie e Lieferung (≈, en), e Zustellung (≈, en) **2** auto r Lieferwagen (s, ≈)
dodnes bis heute, bis zum heutigen Tag
dodržať (ein)|halten*; ~ *lehotu* den Termin einhalten; ~ *slovo* Wort halten
doga e Dogge (≈, n)
dogmatick|ý(y) dogmatisch
dohad e Vermutung (≈, en)
dohľad 1 dozor e Aufsicht (≈, 0) (*nad čím* über etw A); *pod ~om* unter (der) Aufsicht **2** možnosť dovidieť s Blickfeld ((e)s, er), e Sicht (≈, en), e Sichtweite (≈, n); *byť v ~e* in Sicht sein; *byť z ~u* außer Sichtweite sein
dohliadnuť beaufsichtigen, überwachen (*na koho/čo* j-n/etw)
dohnať 1 dobehnúť ein|holen (*koho* j-n), nach|holen (*čo* etw) **2** donútiť treiben*, zwingen* (*koho k čomu* j-n zu etw)
dohoda 1 dohovor e Ver|abredung (≈, en), e Abmachung (≈, en) **2** zmluva r Vertrag ((e)s, ≈e), e Vereinbarung (≈, en), r Pakt ((e)s, e)
dohodn|úť 1 ver|einbaren, ústne ver|abreden **2** uzavrieť ab|schließen*; ~ **sa** ab|machen (*čo s kým* etw mit j-m), ver|einbaren (*čo s kým* etw mit j-m), sich einigen, einig werden* (i.) (*na čom* auf al. über etw A); *–uté!* abgemacht!
dohodnutý abgemacht, vereinbart
dohola kahl; *ostrihať* ~ kahl scheren
dohorieť aus|brennen*
dohováranie e Zurede (≈, n)
dohovor s Abkommen (s, ≈), e Ver|abredung (≈, en)
dohovoriť 1 dopovedať zu Ende sprechen*, die Rede be|enden; *nedať komu* ~ j-n nicht zu Ende sprechen lassen **2** dohodnúť ver|abreden (*s kým čo* mit j-m etw); ~ *schôdzku* ein Treffen verabreden
dohovoriť sa 1 v cudzom jazyku sich verständigen **2** dohodnúť sa überein|kommen* (*s kým na čom* mit j-m über etw), sich ver|abreden (*s kým* mit j-m); ~ *na večer* sich für den Abend verabreden
dohrať zu Ende spielen
dohromady zusammen, insgesamt; ~ *to je 20 eur* es macht zusammen 20 Euro
dochádzať 1 pravidelne prichádzať kommen*, fahren* **2** ubúdať zu Ende gehen* **3** stávať sa, nastávať zu etw kommen*
dochádzka r Besuch (es, e); *školská* ~ r Schulbesuch
dochvíľn|y(e) pünktlich, genau
dochytiť ertappen, erwischen
doja|ť rühren, bewegen (*koho k čomu*

j-n zu etw D); ~ *koho k slzám* j-n zu Tränen rühren; **–tie** e Rührung (≈, 0)
dojat|ý(o) gerührt, ergriffenbewegt
dojča s Wickelkind ((e)s, er), s Baby ['be:bi/'beibi] (s, s), r Säugling (s, e)
dojem r Eindruck ((e)s, ≈e); *urobiť na koho dobrý* ~ auf j-n einen guten Eindruck machen; *celkový* ~ r Gesamt|eindruck
dojímať rühren, bewegen
dojímav|ý(o) rührend, ergreifend
dojiť 1 kravu melken* **2** dávať mlieko Milch geben*
dok s Dock (s, s al. e)
dokázať 1 dosvedčiť beweisen*, nach|weisen* **2** uskutočniť schaffen*, fertig bringen*, zustande bringen*, vollziehen*
dokázateľn|ý(e) nachweislich, beweisbar
dokedy bis wann, wie lange
doklad r Beleg ((e)s, e), s Dokument ((e)s, e); *cestovné ~y* die Reisedokumente
dokonal|ý(e) vollkommen, perfekt, vollendet, tadellos
dokonca sogar
dokončiť be|enden, voll|enden, ab|schließen*
doktor 1 titul r Doktor (s, oren) **2** hovor. lekár r Doktor (s, oren), r Arzt (es, ≈e)
doktorand r Doktorand (en, en); **~ský** Doktoranden-; *~ské štúdium* s Doktorandenstudium
doktorát r Doktortitel (s, ≈)
dokument s Dokument ((e)s, e), e Urkunde (≈, n); **~ácia** e Dokumentation (≈, en)
dokumentárn|y(e) dokumentar, Dokumentar-; ~ *film* r Dokumentarfilm
doľahnúť pozri *doliehať*
dolár r Dollar (s, s)
doľava (nach) links
doliať pozri *dolievať*
doliehať 1 dotýkať sa an|liegen* **2** prenikať dringen*
dolievať, doliať nach|gießen*, nach|füllen
dolina s Tal ((e)s, ≈er)
doln|ý unter, Unter-, Nieder-; *–á snemovňa* s Unterhaus, *–é Rakúsko* (s) Niederösterreich
dolovať fördern, graben*
doložiť 1 pridať zu|geben **2** pripomenúť hinzu|fügen **3** dokázať belegen, nachweisen*
doložka r Zusatz (es, ≈e), e Klausel (≈, n); ~ *najvyšších výhod* e Meistbegünstigungsklausel
dolu 1 opak hore unten; *vľavo, vpravo* ~ links, rechts unten; *na strane tri* ~ auf der dritten Seite unten **2** smerom dole herunter, hinunter; *poď ~!* komm herunter! *choďte ~!* gehen Sie hinunter!; ~ *kopcom* berg|ab, den Berg hinunter
dom s Haus (es, ≈er); *nájomný* ~ s Zinshaus, s Mietshaus; *obecný* ~ s Gemeindehaus; *obchodný* ~ s Warenhaus, s Kaufhaus; *číslo ~u* e Hausnummer; *kľúč od ~u* r Hausschlüssel
doma zu Hause, daheim; *cíťte sa ako ~!* fühlen Sie sich wie zu Hause!
domáca žena v domácnosti e Hausfrau (≈, en)
domác|i[1] PR M **1** häuslich, Haus-; ~ *oblek* r Haus|anzug; *–a práca* e Haus|arbeit; *–a úloha* e Haus|aufgabe; *–e zviera* s Haustier; *–e väzenie* r Haus|arrest al. r Stuben|arrest **2** tuzemský (ein)heimisch, inländisch **3** vyrobený doma hausgemacht, selbstgemacht; ~ *chlieb* hausgebackenes, selbstgebackenes Brot
domáci[2] PODST M r Hausherr (n, n)
domácnos|ť r Haushalt ((e)s, e); *viesť* ~ den Haushalt führen; *žena v –ti* e Hausfrau
domáhať sa be|anspruchen, fordern (*čo* etw A)
domček s Häus|chen (s, ≈), ein kleines Haus (es, ≈er)
dominantn|ý(e) dominant, dominieren
domino s Domino (s, s)
domnienka e Vermutung (≈, en), e

Annahme (≈, n)
domniev|ať sa vermuten, an|nehmen*, meinen; *–am sa, že je chorý* ich nehme an, daß <...ss> er krank ist al. er ist vermutlich krank
domorod|ec r Einheimische (n, n), r Eingeborene (n, n); **–kyňa** e Einheimische, e Eingeborene (≈, n)
domorod|ý einheimisch, eingeboren, ursprünglich; *–é obyvateľstvo* die ursprüngliche Bevölkerung
domov[1] PODST M **1** príbytok s Heim ((e)s, e), s Zuhause (s, 0); *nemá nijaký ~* er hat kein Zuhause; *smútok za ~om* s Heimweh **2** inštitúcia s Heim ((e)s, e); *detský ~* s Kinderheim; *~ dôchodcov* s Altersheim al. s Seniorenheim **3** vlasť e Heimat (≈, en), s Heimatland ((e)s, 0); *je bez ~a* er ist heimatlos
domov[2] PRÍSL heim, nach Hause, heimwärts; *idem ~* ich gehe nach Hause; *návrat ~* e Heimkehr; *vracať sa ~* heim|kehren
domovina e Heimat (≈, en), s Heimatland ((e)s, 0)
domovník r Hausmeister (s, ≈), r Hausbesorger (s, ≈)
domovsk|ý Heimat(s)-; *–é právo* s Heimatrecht
domov|ý Haus-; *~ poriadok* e Hausordnung; *–á správa* e Hausverwaltung; *–á prehliadka* e Hausdurchsuchung
domýšľavý eingebildet, eitel, hochmütig
donášať 1 prinášať bringen*, zu|stellen **2** udávať an|zeigen, an|geben*, denunzieren (*na koho* j-n)
donáška e Zustellung (≈, en)
donedávna bis vor kurzem, bis unlängst
doniesť bringen*, holen; **~ sa** hovor. zu Ohren kommen*; *donieslo sa mi, že...* es ist mir zu Ohren gekommen, daß <...ss>...
donútiť nötigen, zwingen* (*koho k čomu* j-n zu etw)
dookola rings|um, ringsherum, ringsumher; *obzerať sa ~* ringsherum blicken; *chodiť ~* im Kreise laufen, herum|laufen
dopad|núť 1 padnúť fallen* (i.) **2** o strele, lopte ap. auf|schlagen* **3** dolapiť ertappen, hovor. erwischen **4** skončiť aus|fallen* (i.), aus|gehen* (i.); *ako to –lo?* wie ist es ausgefallen?
dopísať 1 dokončiť zu Ende schreiben*, be|enden; *~ list* den Brief be|enden **2** pripísať hinzu|schreiben, hinzu|fügen
dopisovateľ r Korrespondent (en, en), r Berichterstatter (s, ≈)
dopiť aus|trinken*
doplácať pozri *doplatiť*
doplat|iť 1 priplatiť nach|zahlen **2** mať škodu, neúspech drauf|zahlen, zu kurz kommen* (i.), büßen, Schaden erleiden*; **–ok** e Nachzahlung (≈, en)
doplniť 1 skompletizovať ergänzen, vervollständigen, nach|tragen* **2** tekutiny nach|füllen, voll|füllen
doplnkový Ergänzungs-, Nachtrags-
doplnok 1 dodatok e Ergänzung (≈, en), r Nachtrag ((e)s, ⸚e) **2** k oblečeniu ap. die Accessoires [aksesoa:r(s)] MNČ; *módne doplnky* Modeartikel **3** gram. prädikatives [...ti:vəs] Attribut (es, e)
dopodrobna ausführlich, bis ins einzelne <...Einzelne>
dopoludňajš|í Vormittags-; *–ie predstavenie* e Vormittagsvorstellung, e Matinée
dopoludnia am Vormittag, opakovane vormittags
dopoludnie r Vormittag ((e)s, e)
doporučen|ý(e) eingeschrieben, Einschreibe-; *~ list* ein eingeschriebener Brief, r Einschreib(e)brief
doprava[1] PRÍSL (nach) rechts
doprava[2] PODST M r Verkehr (s, 0), e Beförderung (≈, 0), r Transport ((e)s, e); *diaľková ~* r Fernverkehr; *mestská ~* r Stadtverkehr; *železničná ~* r Eisenbahnverkehr; *cestná ~* r Straßen-

verkehr; *letecká* ~ r Flugverkehr; *lodná* ~ r Schiffsverkehr
dopraviť befördern, transportieren
dopravný Verkehrs-, Beförderungs-, Transport-; *–á nehoda* r Verkehrsunfall; ~ *prostriedok* s Beförderungsmittel, s Verkehrsmittel; *–é predpisy* e Verkehrsregeln; *–á polícia* e Verkehrspolizei; *–é spojenie* e Verkehrsverbindung; *–á špička* e r Stoßverkehr al. e Hauptverkehrszeit; *–á tepna* e Verkehrsader; *–á zápcha* r (Verkehrs)stau; *–á značka* s Verkehrszeichen
dopredu 1 smerom vpred nach vorn(e) **2** vopred im voraus, vorwärts; *zaplatiť* ~ im voraus bezahlen
dopriať (si) (sich D) (ver)gönnen (*komu čo* j-m etw A); ~ *komu radosť* j-m die Freude gönnen
doprostred in die Mitte
dopustiť 1 dovoliť gestatten, zulassen*; *to nedopustím!* das lasse ich nicht zu! **2** nedať dopustiť auf j-n/etw nichts kommen* lassen*; *nedá naňho* ~ sie läßt auf ihn nichts kommen; **~ sa** verüben, begehen* (*čoho* etw A); ~ *zločinu* ein Verbrechen begehen
dopyt obch. e Nachfrage
dopyt e Nachfrage (≈, n) (*po čom* nach etw); *ponuka a* ~ Angebot und Nachfrage
dorast r Nachwuchs (es, 0)
dorásť vyspieť heranwachsen*
dorastenec šport. r Nachwuchssportler (s, ≈), r Junior (s, en)
doraziť 1 prísť gelangen (i.), eintreffen* (i.), einkommen* **2** zabiť niederschlagen*; totschlagen* **3** obraz., hovor. den letzten Stoß al. den Rest geben*; *to ma dorazilo* das gab mir den Rest
dorobiť fertigmachen, die Arbeit beenden
dorozumenie e Verständigung (≈, 0)
dorozumieť sa 1 cudzou rečou sich verständigen (*s kým* mit j-m) **2** zhodnúť sa sich einigen (*s kým o čom* mit j-m über etw A)

doručiť zustellen, einhändigen, überbringen*
doručovateľ r Postzusteller (s, ≈), r Briefträger, hovor. r Postbote
dosah 1 e Reichweite (≈, 0), e Griffbreite (≈, 0); *na* ~ *ruky* in Reichweite **2** dôležitosť e Tragweite (≈, 0)
dosiahnuť erreichen, erlangen (*čo* etw A); ~ *víťazstvo* einen Sieg erreichen; ~ *svoj cieľ* sein Ziel erreichen; **–teľný** erreichbar
dosiaľ bisher, bis jetzt
doska s Brett ((e)s, er); *rysovacia* ~ s Reißbrett; ~ *na žehlenie* s Bügelbrett, kuch. na miesenie s Nudelbrett ((e)s, er)
doskočisko šport. e Sprunggrube (≈, n)
doslov s Nachwort ((e)s, e)
doslova 1 wörtlich, Wort für Wort **2** skutočne buchstäblich
doslovný(e) (wort)wörtlich; ~ *preklad* eine wörtliche al. wortgetreue Übersetzung
dospelosť e Reife (≈, 0), práv. e Mündigkeit (≈, 0)
dospelý[1] PR M reif, erwachsen
dospelý[2] PODST M r Erwachsene (n, n)
dospieť 1 dôjsť gelangen (i.) (*k čomu* zu etw D), erreichen (*k čomu* etw A), kommen; *dospelo to tak ďaleko, že...* es ist so weit gekommen, dass... **2** o veku heranwachsen* (i.), reif werden* (i.); **–vajúci** heranreifend
dosť 1 ČÍSL neurčitá genug; *mať* ~ *času* genug Zeit haben **2** PRÍSL genug, ziemlich; ~ *dobre* ziemlich gut; *už mám toho ~!* ich habe genug davon!, hovor. ich habe es satt!
dostať 1 bekommen*, erhalten*, hovor. kriegen; ~ *list* einen Brief bekommen; ~ *nádchu, strach, facku* Schnupfen, Angst, eine Ohrfeige bekommen **2** obraz. priviesť bringen*; *tam ma nikto nedostane!* dorthin wird mich niemand mehr bringen! **3** chytiť ergreifen*, hovor. erwischen **4** oklamať überlisten
dostať sa 1 dôjsť kommen* (i.), geraten* (i.); *ako sa –nem na stanicu?*

wie komme ich zum Bahnhof?; *ako sa sem –l?* wie ist er hierher geraten? **2** ujsť sa zuteil werden* (i.); *–lo sa mu veľkej cti* ihm ist eine große Ehre zuteil geworden

dostatočn|ý(e) **1** hinreichend, ausreichend, genügend **2** známka v škole genügend

DEF

dostatok e Fülle (≈, 0), e Genüge (≈, 0)

dostavi|ť sa sich ein|stellen, ein|treffen* (i.), kommen* (i.); *–li sa ťažkosti* es kam zu Schwierigkeiten

dostihnúť ein|holen, erreichen

dostihov|ý Renn-; *–á dráha* e Rennbahn; ~ *kôň* s Rennpferd

dostihy s Rennen (s, ≈); *konské ~* s Pferderennen

dostupn|ý zugänglich, erreichbar, finančne erschwinglich; *sotva –é ceny* kaum erschwingliche Preise

dosvedčiť bestätigen, bekräftigen, práv. bezeugen

dosýta satt; *najesť sa čoho ~* sich an etw satt essen

doškoľovať (sa) (sich) fort|bilden, (sich) weiter|bilden

dotácia e Dotation (≈, en)

dotazník r Fragebogen (s, ≈ al. bögen)

doterajší bisherig

doteraz bisher

doteraz bisher, bis jetzt

dotiaľ bis dahin, so lange

dotierav|ý(o) aufdringlich, zudringlich, lästig

dotk|núť sa **1** rukou berühren, an|rühren (*čoho* etw A); *nedotýkajte sa, prosím!* bitte nicht berühren! **2** spomenúť berühren **3** uraziť nahe|treten*, weh tun* (*koho* j-m); *veľmi sa ma to –lo* das hat mir sehr weh getan

dotknut|ý(o) berührt, urazený beleidigt

dotlač r Nachdruck ((e)s, e)

dotovať dotieren

dotyčnica mat. e Tangente (≈, n)

dotyk e Berührung (≈, en)

dotýkať sa berühren

doučov|anie r Nachhilfe|unterricht ((e)s, e), e Nachhilfestunde (≈, n), hovor. e Nachhilfe (≈, n); **–ať** Nachhilfestunden geben* (*koho* j-m)

dovážať zu|führen, zu|liefern, zo zahraničia importieren

doviesť **1** priviesť hin|führen, bringen*; *~ ho k lekárovi* zum Arzt bringen; *doveďte ho sem!* bringen Sie ihn her! **2** spôsobiť bringen* (*koho kam* al. *k čomu* j-n zu etw); *~ koho do zúfalstva* j-n zur Verzweiflung bringen

doviezť **1** vozidlom koho kam bringen*, fahren*; *doviezť koho na stanicu* j-n zum Bahnhof bringen **2** importovať ein|führen

dovnútra herein, hinein; *poď ~!* komm herein!; *choď ~!* geh hinein!

dovolať sa **1** privolať (herbei)|rufen* **2** telefonicky zastihnúť telefonisch erreichen, Verbindung bekommen*; *nemôžem sa tam ~* ich kann keine Verbindung bekommen **3** docieliť erreichen (*čo* etw A); *~ sa spravodlivosti* die Gerechtigkeit erreichen

dovolávať sa žiadať verlangen (*čo* etw A), fordern (*čo* etw A); *~ svojho práva* sein Recht verlangen, fordern

dovolenie e Erlaubnis (≈, se); *prosiť o ~* um Erlaubnis bitten

dovolenk|a r Urlaub ((e)s, e); *kam ideš na –u?* wohin fährst du in den Urlaub?; *vziať si –u* Urlaub nehmen; *nastúpiť na –u* den Urlaub antreten; **–ár** r Urlauber (s, ≈)

dovolenkár r Urlauber (s, ≈)

dovoliť erlauben, gestatten; *dovoľte, prosím* erlauben Sie bitte; *no dovoľte!* (na) erlauben Sie mal!; **~ si** **1** opovážiť sa sich erlauben, sich gestatten, sich heraus|nehmen* (*čo ku komu* etw j-m gegenüber); *príliš si dovoľuje* er nimmt sich zu viel heraus **2** dopriať si sich gönnen, sich leisten; *to si nemôžem ~* das kann ich mir nicht leisten

dovoz e Einfuhr (≈, 0), r Import ((e)s, e)

dovozca r Importeur (s, e)

dovozn|ý Einfuhr-; *–é clo* r Einfuhrzoll; *–é obmedzenie* e Einfuhrbeschränkung
dovŕšiť vollẹnden*; ~ *20. rok života* sein zwanzigstes Lebensjahr vollenden
dovtedy bis dann, bis dahin, bis zu dieser Zeit
dovtípiť sa errạten* (*čo* etw A), kommen* (*čo* auf etw A), hovor. kapịeren (*čo* etw A)
dozadu sa nach hinten, rückwärts
dozajtra bis morgen
dozor e Aufsicht (≈, en), e Beạufsichtigung (≈, 0); *bez ~u* unbe|aufsichtigt
dozorca r Aufseher (s, ≈), r Wächter (s, ≈)
dozrieť[1] dať pozor beạusichtigen (*na koho* j-n)
dozrieť[2] stať zrelým, i obraz. reif werden* (i.), aus|reifen (i.)
dozvedieť sa erfạhren*
dožadovať sa beạnspruchen, verlạngen, fordern (*čoho* etw A)
dožinky s Ernte(dank)fest (es, e)
dožiť sa 1 dosiahnuť errẹichen (*čoho* etw A); ~ *sa vysokého veku* ein hohes Alter erreichen **2** zažiť erlẹben (*čoho* etw A); ~ *úspechu* den Erfolg erleben
doživotie: *byť odsúdený na ~* lebenslängliche Freiheitsstrafe bekommen*, lebenslänglich verurteilt sein*
doživotný lebenslänglich, lebenslang
dôchodca r Rentner (s, ≈), rak. r Pensionịst (en, en)
dôchodkov|ý Renten-, rak. Pensiọns-; *–é poistenie* e Rentenversicherung, e Pensionsversicherung
dôchod|ok 1 penzia e Rente (≈, n), rak. e Pensiọn (≈, en); *invalidný ~* e Invalidenrente; *starobný ~* e Altersrente; *ísť do –ku* hovor. in Rente gehen; *poberať ~* eine Rente beziehen **2** ekon. s Einkommen (s, ≈); *národný ~* s National|einkommen
dôjsť 1 prísť kommen* (i.), an|kommen* (i.), ein|treffen* (i.); ~ *do cieľa* am Ziel ankommen **2** byť doručený an|kommen* (i.), ein|gehen* (i.); *list došiel* r Brief ist angekommen **3** minúť sa aus|gehen* (i.); *došli peniaze* das Geld ist ausgegangen, hovor. das Geld ist alle **4** kniž. dosiahnuť gelạngen (*k čomu* zu etw); ~ *k poznatku* zu einer Erkenntnis gelangen
dôkaz r Bewẹis (es, e)
dôkladn|ý(e) gründlich, sorgfältig, genạu
dôležitosť e Wichtigkeit (≈, en); *prikladať čomu ~* einer Sache große Wichtigkeit beimessen, auf etw viel Gewicht legen
dôležit|ý(o al. **e)** wichtig, bedẹutend, bedẹutungsvoll; *životne ~* lebenswichtig
dômyseln|ý(e) scharfsinnig
dôraz r Akzẹnt ((e)s, e), r Nachdruck ((e)s, 0); *klásť na čo ~* etw betonen, auf etw Gewicht al. Wert legen
dôrazn|ý(e) nachdrücklich
dôsledn|ý(e) konsequẹnt, gründlich
dôsledok e Folge (≈, n), e Konsequẹnz (≈, en)
dôstojník r Offizịer (s, e)
dôstojn|ý(e) würdig, ehrwürdig
dôver|a s Vertrạuen (s, 0); *získať si čiu –u* j-s Vertrauen gewinnen
dôverčiv|ý(o) vertrạuensvoll, zutraulich
dôverne vertrạulich, im Vertrạuen
dôverník 1 blízka osoba r Vertrạute (n, n) **2** poverenec r Vertrạuensmann (es, ≈er al. leute)
dôverný 1 tajný vertrạulich **2** blízky vertrạut, intịm; ~ *priateľ* ein vertrauter Freund
dôverovať trauen, vertrauen (*komu* j-m)
dôveryhodn|ý(e) vertrạuenswürdig
dôvod r Grund ((e)s, ≈e); *z osobných ~ov* aus privaten Gründen; *bez ~u* ohne Grund, grundlos; *z tohto ~u* aus diesem Grunde
dôvtip r Scharfsinn ((e)s, 0)
dôvtipn|ý(e) scharfsinnig
dráha 1 trať e Bahn (≈, en); *železničná*

~ e Eisenbahn; *podzemná* ~ e U-Bahn, e Untergrundbahn **2** šport. e Bahn (≈, en), e Strecke (≈, n); *preteкárska* ~ e Rennbahn, e Rennstrecke **3** životná e Laufbahn (≈, en), r Lebensweg ((e)s, e)

drahocenný kostbar, wertvoll

drahokam r Edelstein ((e)s, e)

drahot|a e Teuerung (≈, en); **robiť –y** Geschichten machen

drah|ý(o) 1 cenovo teuer **2** milý teuer, lieb **3** vzácny kostbar, edel, Edel-; *–é kovy* Edelmetalle

drak r Drache (n, n), papierový r Drachen (s, ≈)

dráma s Drama (s, men)

dramatick|ý(y) dramatisch

dramatik r Dramatiker (s, ≈)

dramaturg r Dramaturg (en, en)

draslík s Kalium (s, 0)

drastick|ý(y) drastisch

drať 1 obuv ap. ab|tragen* **2** kožu ab|ziehen* **3** biť schlagen*, prügeln; **~ sa 1** obuv ap. (sich) ab|tragen* **2** dopredu sich vor|drängen

dravec s Raubtier ((e)s, e), vták r Raubvogel (s, ≈̈)

dravo 1 krvilačne raubgierig **2** prudko reißend, wild **3** bezohľadne wild, rücksichtslos

dravý 1 zviera raubgierig, Raub- **2** živel reißend, wild **3** človek wild, rücksichtslos

dražba e Versteigerung (≈, en), e Auktion (≈, en)

dráždiť reizen, erregen

dráždiv|ý(o) reizbar, erregbar

dražiť 1 dať do dražby versteigern lassen* **2** zúčastniť sa na dražbe lizitieren

dreň anat. s Mark ((e)s, 0); *kostná* ~ r Knochenmark; *zubná* ~ e Pulpa (≈, e)

drep r Hockstand ((e)s, ≈̈e)

dres r Dreß <...ss> (sses, sse al. ssen)

dreváky MNČ die Holzschuhe, die Holzpantoffeln

drevársky Holz-; ~ *priemysel* e Holz|industrie

drevený hölzern i obraz.

drevo s Holz (es, ≈̈er); *stavebné* ~ s Bauholz; **spať ako ~** wie ein Murmeltier al. wie ein Klotz schlafen

drevorezba r Holzschnitt ((e)s, e)

drevorubač r Holzfäller (s, ≈), r Holzhauer (s, ≈)

drevospracujúci holzverarbeitend

drez s Spülbecken (s, ≈), e Spüle (≈, n)

drgnúť stoßen* (*do koho/čoho* j-n/etw)

drhnúť 1 čistiť reiben*, podlahu scheuern **2** trieť reiben*

driapať 1 škriabať kratzen, krallen **2** trhať zerreißen*; **~ sa** expr. liezť klettern, kraxeln

driek e Taille [talje] (≈, n)

driem|ať schlummern; **–oty** r Schlummer (s, 0)

drieť 1 šúchať reiben*, scheuern **2** hrdlačiť sich schinden*, sich ab|rackern; **~ sa 1** hrdlačiť sich schinden*, sich ab|rackern **2** expr. učiť sa büffeln, ochsen

drina expr. e Plackerei (≈, en) Rackerei (≈, en), e Schinderei (≈, en)

drobiť (sa) bröckeln, bröseln, krümeln

drobky s (Geflügel)klein (s, 0)

drobné peniaze s Kleingeld ((e)s, 0)

drobnosť e Kleinigkeit (≈, en)

drobný klein, winzig, Klein-

drog|a e Droge (≈, n), s Rauschgift ((e)s, e), s Rauschmittel (s, ≈); *tvrdé –y* harte Drogen; *závislý od drog* drogensüchtig, drogen|abhängig

drogéria e Drogerie (≈, i|en)

drozd e Drossel (≈, n), e Amsel (≈, n)

droždie e Hefe (≈, n)

drôt r Draht ((e)s, ≈̈e); *ostnatý* ~ r Stacheldraht

drôten|ý Draht-, aus Draht; *–á kefa* e Drahtbürste

drsn|ý(e) 1 opak hladký rauh <rau> **2** studený rauh; *–é podnebie* ein rauhes Klima **3** hrubý roh, grob

druh[1] **1** priateľ r Gefährte (n, n), r Freund ((e)s, e) **2** partner r Partner (s, ≈)

druh[2] sorta e Art (≈, en), e Gattung (≈, en), e Sorte (≈, n); *rovnakého ~u* gleich|artig; *každého ~u* aller Art; *~ vína* eine Sorte Wein
druhoradý zweitklassig, zweitrangig, unwesentlich, Neben-, sekundär
druhotný sekundär, Sekundär-
druh|ý 1 v poradí der zweite; *–á svetová vojna* der zweite Weltkrieg; *~ najväčší* der zweitgrößte; *po –é* zweitens **2** iný anderer; *na –om konci* am anderen Ende; *na –ej strane* auf der anderen Seite **3** nasledujúci nächste, folgend, kommend; *na ~ deň* am folgenden/nächsten Tag
druhýkrát 1 das zweite Mal, zum zweiten Mal **2** nabudúce das nächste Mal, nächstens
družba e Freundschaft (≈, en)
družica[1] r Satellit (en, en), r Trabant; *umelá ~* ein künstlicher Satellit; *televízna ~* r Fernsehsatellit
družica[2] e Brautjungfer (≈, n)
družina 1 sprievod s Gefolge (s, ≈), e Suite ['svi:tə al. sui:tə] (≈, n) **2** školská r (Schul)hort ((e)s, e), e Kindertagesstätte (≈, n) **3** skupina e Gruppe (≈, n)
družn|ý(e) gesellig
družobný Partner-, partnerschaftlich
družst|vo 1 e Genossenschaft (≈, en) **2** šport. e Mannschaft (≈, en), e Riege (≈, n); **–evný** genossenschaftlich, Genossenschafts-
drviť 1 brechen*, zerdrücken, zerkleinern, zermahlen **2** obraz. auf|reiben*; *~ nepriateľa* den Feind aufreiben
drzosť e Frechheit (≈, en), e Gemeinheit (≈, en)
drz|ý(o) frech, dreist, keck
držadlo r (Hand)griff ((e)s, e), r Halter (s, ≈)
držanie s Halten (s, 0), e Haltung (≈, en), *~ tela* e Körperhaltung
držať 1 halten*; *~ za ruku* bei/an der Hand halten; *~ diétu* Diät halten; *~ slovo* Wort halten*, *~ koho v šachu* j-n im Schach halten **2** spolu zusammen|halten* **3** lipnúť fest|halten*; *farba drží* die Farbe hält fest; **~ komu palce** j-m den Daumen halten*; **~ sa** sich halten* (*čoho* an etw D)
držiteľ r Besitzer (s, ≈)
držková polievka rak. e Kuttelfleck(en)-suppe
držky rak. e Kuttelflecke, e Kutteln MNČ
dub e Eiche (≈, n)
dubák r Steinpilz (es, e)
dúf|ať hoffen (*v čo* auf etw); *–ajme!* hoffentlich! wir wollen hoffen!
dúha r Regenbogen (s, ≈)
dúhovka anat. e Regenbogenhaut (≈, ≈e), e Iris (≈, ≈)
duch r Geist (es, er); *~om neprítomný, bez ~a* geistes|abwesend; *mať tvorivého ~a* einen schöpferischen Geist haben
duchapln|ý(e) geist|reich, geist|voll
duchaprítomn|ý(e) geist|esgegenwärtig
duchovenstvo e Geist|lichkeit (≈, 0), r Klerus (≈, 0)
duchovný[1] PR M **1** opak telesného geist|ig **2** cirk. geist|lich, kirchlich, Kirchen-
duchovný[2] PODST M kňaz r Geist|liche (n, n), r Priester (s, ≈)
ďumbier r Ingwer (s, 0)
dupať stampfen, trampeln
duplikát s Duplikat ((e)s, e), e Abschrift (≈, en)
dusený kuch. gedünstet, Schmor-
dusík chem. r Stickstoff ((e)s, 0)
dusiť 1 škrtiť würgen **2** kuch. dünsten, schoren, dämpfen **3** potláčať unterdrücken; *~ v sebe smiech* das Lachen unterdrücken; **~ sa 1** ersticken (i.) **2** kuch. dünsten, dämpfen
dusn|ý(o) schwül; *je ~* es ist schwül
duša 1 človeka i obraz. e Seele (≈, n), r Geist (es, er) **2** pneumatiky r Schlauch ((e)s, ≈e)
duševn|ý(e) seelisch, geist|ig, Geist|es-; *–á choroba* e Geisteskrankheit; *–á práca* e geistige Arbeit
Dušičky cirk. (s) Allerseelen (s, 0), r Allerseelentag ((e)s, e); *na ~* zu Allerseelen

dúška: *materina* ~ r Quendel (s, ≈)
dúšok r Zug ((e)s, ≃e), r Schluck ((e)s, e)
dutina e Höhle (≈, n), e Höhlung (≈, en); *nosná, ústna, brušná* ~ e Nasenhöhle, e Mundhöhle, e Bauchhöhle
dutý 1 prázdny hohl **2** o zvuku stumpf **3** hovor. nepripravený do školy leer
dužina s Fruchtfleisch (es, 0)
dužinatý fleischig
dva zwei; *prví ~ja* die ersten zwei; *po dvoch* zu zweit
dvakrát zweimal; ~ *toľko* doppelt soviel <so viel>
dvanásť zwölf
dvanástnik anat. r Zwölffingerdarm ((e)s, ≃e)
dver|e e Tür (≈, en); *otvoriť* ~ die Tür öffnen; ~ *sú otvorené* die Tür ist offen, auf; *zavrieť* ~ die Tür schließen; ~ *sú zatvorené* die Tür ist zu; *zaklopať na* ~ an die Tür klopfen; ~ *domu* die Haustür; *Vianoce sú pred –ami* Weihnachten steht vor der Tür; *deň otvorených –í* Tag der offenen Tür
dvesto zweihundert
dvetisíc zweitausend
dvíhať heben*, hoch|heben*
dvojak|ý(o) zweierlei nesklonné; *–é dôvody* zweierlei Gründe
dvojbodka r Doppelpunkt ((e)s, e)
dvojča r Zwilling ((e)s, e)
dvojčlenn|ý 1 zweigliederig; *–á rodina* eine zweiköpfige Familie **2** mat. binomisch
dvojdenný zweitägig
dvojdieln|y zweiteilig; *–e plavky* ein zweiteiliger Bade|anzug, r Bikini
dvojfarebný zweifarbig
dvojhláska lingv. r Doppellaut ((e)s, e), r Diphthong ((e)s, e)
dvojhodinový zweistündig
dvojhra šport. s Einzelspiel ((e)s, e), s Einzel (s, s)
dvojica s Paar ((e)s, e)
dvojitý zweifach, doppelt, Doppel-
dvojizbový Zweizimmer-; ~ *byt* eine Zweizimmerwohnung
dvojjazyčn|ý(e) zweisprachig
dvojk|a e Zwei (≈, en), rak. r Zweier (s, ≈); *má –u z matematiky* er hat eine Zwei in Mathematik
dvojmo doppelt, zweifach
dvojnásobn|ý(e) doppelt, zweifach
dvojník r Doppelgänger (s, ≈)
dvojposchodový zweigeschossig, zweistöckig
dvojposteľov|ý Zweibett-; *–á izba* s Zweibettzimmer
dvojprúdový zweispurig
dvojrad e Doppelreihe (≈, n)
dvojradový zweireihig; ~ *oblek* ein zweireihiger Anzug, r Zweireiher
dvojrozmerný zweidimensional
dvojsedadlový zweisitzig
dvojstrann|ý(e) zweiseitig, bilateral
dvojtaktný Zweitakt-; ~ *motor* r Zweitaktmotor
dvojzmyseln|ý(e) zweideutig, doppelsinnig, doppeldeutig; **–osť** e Zweideutigkeit (≈, en), e Doppeldeutigkeit (≈, en)
dvor r Hof ((e)s, ≃e)
dvorana e Halle (≈, n)
dyha s Furnier (s, e)
dych r Atem (s, 0), r Atemzug (es, ≃e); *byť bez ~u* außer Atem al. atemlos sein; *jedným ~om* in einem Atemzug; *do posledného ~u* bis zum letzten Atemzug; obraz. *vyraziť komu* ~ j-m den Atem verschlagen
dýchac|í Atem-, Atmungs-; *–ie cesty* die Atemwege
dýchanie s Atmen (s, 0), e Atmung (≈, 0); *umelé* ~ künstliche (Be)atmung
dýchať atmen; ~ *nosom* durch die Nase atmen; *dýchajte zhlboka!* atmen Sie tief!
dychčať expr. keuchen, schnaufen
dychovka 1 hudba e Blasmusik (≈, 0) **2** kapela e Blaskapelle (≈, n)
dychový Blas-; ~ *nástroj* s Blas|instrument
dychtiť trachten, streben (*po čom* nach etw D)

dychtiv|ý(o) gierig
dýka r Dolch ((e)s, e)
dym r Rauch ((e)s, 0), hustý r Qualm ((e)s, 0)
dymiť (sa) rauchen, qualmen
dyňa žltá e Zuckermelone (≈, n), červená e Wassermelone (≈, n)
dynamick|ý(y) dynamisch
dynamo r Dynamo (s, s)
dynastia e Dynastie (≈, i|en), s Herrschergeschlecht ((e)s, er)
dýza tech. dýza e Düse (≈, n)
džbán r Krug ((e)s, ≈e)
džem e Konfitüre (≈, n), s Jam [džem] (s, s); *jahodový* ~ e Erdbeerkonfitüre
džez r Jazz [džes] (≈, 0); **~ový** Jazz- [džes...]; *~ový orchester* e Jazzband
džínsov|ý Jeans- [dži:ns...]; *–á bunda* e Jeansjacke
džínsy e Jeans [dži:ns] (≈, ≈) len MNČ
džokej r Jockei al. Jockey ['džokę, 'džoki] (s, s)
džudo s Judo ['ju:do] (s, ≈)
džungľa r, s Dschungel (s, ≈)
džús r Saft (es, ≈e) r, s Juice [džu:s] (s, ≈); *ovocný* ~ r Fruchtsaft; *pomarančový* ~ e Orangensaft

E

edém lek. s Ödem (s, e)
edícia e Edition (≈, en)
efekt 1 účinok r Effekt ((e)s, e), e Wirkung (≈, en); *to nemá nijaký* ~ es hat keine Wirkung **2** vonkajší dojem r Effekt ((e)s, e), r Eindruck ((e)s, ≈e); *akustické ~y* akustische Effekte; *skleníkový* ~ r Treibhauseffekt; **~ívny** effektiv; **~ný** effektvoll
egoist|a r Egoist (en, en); **–ický** egoistisch
egreš e Stachelbeere (≈, n)
eidam syr r Edamer (s, ≈); r Edamer Käse (s, 0)
ekológ r Ökologe (n, n); **~ia** e Ökologie (≈, 0)
ekologick|ý(y) ökologisch
ekonóm r Ökonom (en, en); **~ia** e Ökonomie (≈, i|en)
ekonomick|ý(y) ökonomisch
ekonomika e Ökonomik (≈, en)
ekosystém s Ökosystem (s, e)
ekumenický ökumenisch
ekvivalent s Äquivalent [ekviva'lent] ((e)s, e); **~ný** äquivalent [ekviva'lent]
ekzém s Ekzem [ekcę:m] (s, e)
elán r Elan (s, 0); *s ~om* mit Elan
elastick|ý elastisch; *–ý obväz* eine elastische Binde
elegancia e Eleganz (≈, 0)
elegantn|ý(e) elegant; *byť –e oblečený* elegant angezogen sein; *–é riešenie* eine elegante Lösung
elektráreň s Kraftwerk ((e)s, e), s Elektrizitätswerk ((e)s, e); *atómová* ~ s Atomkraftwerk, s Kernkraftwerk; *tepelná* ~ s Heizkraftwerk, s Wärmekraftwerk; *vodná* ~ s Wasserkraftwerk
elektrick|ý elektrisch; ~ *prúd* der elektrische Strom; *–é vedenie* die elektrische Leitung; ~ *motor* r Elektromotor; *–é spotrebiče* die Elektrogeräte
električka e Straßenbahn (≈, en)
elektrina e Elektrizität (≈, 0), r Strom ((e)s, ≈e), e Elektro|energie (≈, 0)
elektrizovať elektrisieren
elektróda e Elektrode (≈, n)
elektroinžinier r Elektro|ingenieur [...inžę'njö:ɐ] (s, e)
elektromagnet r Elektromagnet ((e)s, e)
elektromer r Stromzähler (s, ≈)
elektromotor r Elektromotor (s, oren)
elektrón s Elektron (s, onen)
elektronick|ý elektronisch; *–é spracovanie údajov* elektronische Datenverarbeitung
elektrospotrebič s Elektrogerät ((e)s, e), r Stromverbraucher (s, ≈)
elektrotechnik r Elektrotechniker (s, ≈)
element s Element ((e)s, e); **~árny**

elementąr; *~árne znalosti* e Elementarkenntnisse MNČ
eliminovať eliminįeren
elipsa e Ellįpse (≈, n)
elit|a e Elįte (≈, 0); **–ný** elitąr
email s Emąil [e'mąe/e'ma:j] (s, s), e Emaille [e'maljə] (≈, n)
e-mail elektronická pošta e E-Mail ['i:meil] (≈, s); *posielať, dostávať e-maily* E--Mails, e E-Mail-Nachrichten verschicken, bekommen
emancip|ácia e Emanzipatiọn (≈, en); **–ovaný** emanzipįert
embargo s Embąrgo (s, s)
embryo r al. s Embryo (s, ọnen al. s)
ementál syr r Emmentaler (s, ≈), r Emmentaler Käse (s, ≈)
emigrác|ia e Emigratiọn (≈, 0); *žiť v –ii* in der Emigration leben
emigr|ant r Emigrąnt (en, en); **–ovať** emigrįeren (i.), in die Emigratiọn gehen*
emócia e Emotiọn (≈, en)
emocionáln|y(e) emotionąl [emocjo-'na:l]
encyklopédia e Enzyklopädįe (≈, i-en)
energet|ický energętisch; **–ika** e Energętik (≈, 0)
energ|ia e Energįe (≈, i|en); *atómová ~* e Atomenergie; *elektrická ~* e elektrische Energie; *spotreba –ie* r Energieverbrauch; *zdroj –ie* e Energiequelle
energick|ý(y) enęrgisch
enormn|ý(e) enọrm
entuziazmus r Enthusiąsmus (≈, 0), e Begęisterung (≈, 0)
enzým s Enzẏm [ency:m] (s, e)
epi|cký episch; **–ka** e Epik (≈)
epidémia e Epidemįe (≈, i|en); *chrípková ~* e Grippe|epidemie
epidemický epidęmisch
epilep|sia e Epilepsįe (≈, 0); **–tický** epilęptisch; *–tický záchvat* ein epilęptischer Anfall
epizóda e Episọde (≈, n)
epocha e Epọche (≈, n)
epocháln|y(e) epochąl, epọchemachend
epos s Epos (≈, Epen); *hrdinský ~* s Heldenepos
éra e Ära (≈, Ären)
erb s Wappen (s, ≈)
erdžať wiehern
eroti|cký erọtisch; **–ka** e Erọtik (≈, 0)
erózia e Erosiọn (≈, en)
erupcia e Eruptiọn (≈, en)
esej r al. s Essay [ese:] (s, s); **~ista** r Essayis|t (en, en)
esencia e Essęnz (≈, en)
eskalátor e Rolltreppe (≈, n)
eso s As <...ss> (ses, se)
espresso 1 káva r Esprẹsso (≈ al. s, s al. ssi) **2** kaviareň s Esprẹsso (≈ al. s, s)
estet|ický ästhẹtisch; **–ika** e Ästhẹtik (≈, en)
ešte 1 noch; *~ dnes* noch heute; hovor. *to ~ chýbalo!* das fehlte gerade noch! **2** okrem toho, navyše weiter, außerdem
etap|a e Etąppe (≈, n); *po –ách* etąppenweise; *víťaz –y* r Etappensieger
eti|cký ethisch; **–ka** e Ethik (≈, en)
etiketa 1 pravidlá správania e Etikẹtte (≈, n) **2** nálepka s Etikẹtt ((e)s, e al. s)
etnický ethnisch
etnografia e Ethnographįe (≈, i|en)
eufória e Euphorįe (≈, i|en)
euro jednotka meny r Euro (s, s)
európsky europąisch; *~ pohár* r Europacup; *Európska únia* skr. *EÚ* e Europäische Union skr. e EU; *Európske hospodárske spoločenstvo*, skr. *EHS* e Europäische Wirtschaftsgemeinschaft, skr. e EWG
evaku|ácia e Evakuatiọn [ẹvakua-'cjọ:n] (≈, en), e Evakuįerung [...v...] (≈, en); **–ovať** evakuįeren [...v...]
evanjelický evangẹlisch [...v...], protes|tąntisch; *~ kostol* evangelische Kirche
evanjelik r Protestąnt (en, en)
evanjelium s Evangẹlium [...v...] (s, i|en)
eventualita e Eventualitąt [...v...] (≈, en)

eventuáln|y(e) eventuell [...v...], unter Umständen, vielleicht
eviden|cia e Evidenz [...v...] (≈, 0); **–čný** Evidenz-
evidentn|ý(e) evident [...v...], augenscheinlich, offenkundig, einleuchtend
exaktn|ý(e) exakt, genau
exekúcia e Exekution (≈, en)
exemplár s Exemplar (s, e)
exhibícia e Exhibition (≈, en)
exil s Exil (s, e); *ísť do ~u* ins Exil gehen; *žiť v ~e* im Exil leben
existen|cia e Existenz (≈, 0); **–čný** Existenz-; *–čné minimum* s Existenzminimum
existovať existieren, sein*, vorhanden sein*, bestehen*
exkluzívny exklusiv
exkurzia e Exkursion (≈, en)
exotický exotisch
expanz|ia e Expansion (≈, en); **–ívny** expansiv
expedíc|ia 1 výprava e Expedition (≈, en); *vyslať –iu* eine Expedition entsenden **2** expedovanie r Versand ((e)s, 0), e Expedition (≈, en)
expedovať expedieren, ab|senden*, ab|fertigen
experiment s Experiment ((e)s, e), r Versuch ((e)s, e); **~álny** experimentell, Experimental-; **~ovať** experimentieren (*s čím* al. *na čom* an etw)
expert r Experte (n, n), r Sachverständige (n, n), r Fachmann ((e)s, leute al. ¨er)
explodovať explodieren
explózia e Explosion (≈, en)
exponát s Exponat ((e)s, e), s Ausstellungsstück ((e)s, e)
exponovať fot. exponieren, belichten
export r Export ((e)s, e), e Ausfuhr (≈, en); **~ný** Export-; *~ tovar* e Exportware; **~ovať** exportieren, ausführen
expozícia 1 výstava e Exposition (≈, en) **2** fot. e Belichtung (≈, en)
expozimeter fot. r Belichtungsmesser (s, ≈)
expres 1 list r Eilbrief ((e)s, e) **2** rýchlik r Schnellzug ((e)s, ¨e), r Express (es, e); **~ný** Express-, express, Eil-; *~ný list* r Eilbrief
extáza e Ekstase (≈, n)
externista r Externist (en, en)
extern|ý(e) extern; *–ý spolupracovník* ein externer Mit|arbeiter
extra hovor. extra; *zabaľte mi to ~* packen Sie es mir extra ein; *to zaplatím ~* das bezahle ich extra
extrakt r al. s Extrakt ((e)s, e); *rastlinný ~* r Pflanzen|extrakt
extrém s Extrem (s, e)
extrémn|y(e) extrem

F

fack|a hovor. e Ohrfeige (≈, n); *dať komu –u* j-m eine Ohrfeige geben; **kúpiť čo za –u** etw für einen Pappenstiel bekommen
fádn|y(e) langweilig, eintönig, fad(e)
fagot s Fagott ((e)s, e)
fajčenie s Rauchen (s, 0)
fajčiar r Raucher (s, ≈); **~sky** Raucher-; *~sky kútik* e Raucherecke, e Raucherinsel
fajčiť rauchen
fajk|a e Pfeife (≈, n); **–ový** Pfeifen-; *–ový tabak* r Pfeifentabak
fakľa e Fackel (≈, n)
fakt s al. r Fakt ((e)s, en), s Faktum (s, ten), e Tatsache (≈, n)
faktick|ý(y) faktisch, tatsächlich
faktúra e Rechnung (≈, en), r Lieferschein ((e)s, e), zast. e Faktur (≈, en)
fakulta e Fakultät (≈, en); *lekárska, právnická, filozofická ~* medizinische, juristische, philosophische Fakultät
fakultatívn|y(e) fakultativ; *~ predmet* v škole ein fakultatives Fach
fakultný Fakultäts-
falošn|ý(e) 1 neúprimný falsch, unaufrichtig **2** nepravý falsch, küns|tlich; *–é bankovky* falsche Banknoten; *–é zu-*

by künstliche Zähne, hovor. falsche Zähne **3** nesprávny, chybný falsch, unrichtig; *–e spievať* falsch singen
falšovan|ie e Fälschung (≈, en); **–ý** gefạ̈lscht, falsch
falšov|ať fälschen; ~ *bankovky* Banknoten fälschen; **–ateľ** r Fälscher (s, ≈)
falzifikát e Fälschung (≈, en), s Falsifikạt ((e)s, e)
fám|a e Fama (≈, 0), s Gerücht ((e)s, e); *šíriť –y* Gerüchte verbreiten
familiárn|y(e) familiạ̈r
fanatick|ý(y) fanạtisch
fanatik r Fanạtiker (s, ≈)
fanfára e Fanfạre (≈, n)
fantastick|ý(y) phantạstisch <fan...>
fantáz|ia e Phantasie <Fan...> (≈, i|en); *mať bohatú –iu* eine reiche Phantasịe haben; *popustiť uzdu svojej –ii* seiner Phantasie freien Lauf lassen
fantóm s Phantọm (s, e), s Trugbild (es, es)
fanúšik r Fan [fen] (s, s)
fara 1 farnosť e Pfarre (≈, n) **2** budova s Pfarrhaus (es, ¨er)
faraón r Pharao (≈ al. s, ọnen)
farár r Pfarrer (s, ≈)
farba e Farbe (≈, n); *svetlá, tmavá, krikľavá* ~ helle, dunkle, grelle Farbe
farbička hovor. r Bundstift ((e)s, e), r Farbstift ((e)s, e)
farbiť 1 färben; ~ *si vlasy* sich das Haar färben **2** púšťať farbu ab|färben; **~ sa** sich färben
farbivo r Farbstoff ((e)s, e)
farboslepý farbenblind
farebn|ý(e) farbig, Farb-; ~ *televízor* r Farbfernseher
farma e Farm (≈, en); *hydinárska* ~ e Geflügelfarm
farmaceutický pharmazẹutisch; ~ *priemysel* die pharmazeutische Industrie
farmácia e Pharmazịe (≈, 0)
farmár r Farmer (s, ≈)
farský Pfarr-; ~ *kostol* e Pfarrkirche; ~ *úrad* s Pfarr|amt
fasáda e Fassạde (≈, n)
fascinovať faszinịeren
fašiangy r Fasching (s, e al. s)
fašírk|a e Bulette (≈, n), e Frikadelle (≈, n), rak. s Fleischleibchen (s, ≈); *urobiť z koho –u* das Hackfleisch aus j-m machen
fašist|a r Faschịst (en, en); **–ický** faschịstisch
fašizmus r Faschịsmus (≈, 0)
fatáln|y(e) fatạl
fatamorgána e Fata Morgạna (≈, Fata Morganen)
faul šport. s Foul [faul] (s, s); **~ovať** foulen
favorit r Favorịt [...v...] (en, en)
fax prístroj i správa s (Tele)fax (≈, (e)); *poslať čo ~om* etw per Telefax schicken
fáza e Phase (≈, n)
fazuľ|a e Bohne (≈, n), rak. e Fisole (≈, n); **–ový** Bohnen; *–ová polievka* e Bohnensuppe
február r Februar (≈ al. s, e); *vo ~i* im Februar
feder|ácia e Föderatiọn (≈, en); **–álny** föderạl; **–atívny** föderatịv
fejtón s Feuilletọn [fõjə'tõ:] (s, s)
fén hovor. sušič vlasov r Fö(h)n ((e)s, e), r Haartrockner (s, ≈)
fenikel r Fenchel (s, 0)
fenomén s Phänomẹn (s, e)
fermež r Firnis (ses, se)
festival s Festival [...vəl/...val] (s, s), e Festspiele MNČ; *hudobný* ~ s Musikfestival, e Musikfestspiele MNČ
feťák hovor. r Fixer (s, ≈), r Junkie ['džaŋki] (s, s)
fetovať hovor. fixen, schnüffeln
feudalizmus r Feudalịsmus (≈, 0)
feudáln|y feudạl, Feudạl-; *–a spoločnosť* e Feudalgesellschaft
fialka s Veilchen (s, ≈)
fialový violẹtt [vjo'let], lila, veilchenblau
figa e Feige (≈, n)
figeľ r Trick (s, s), r Streich (es, e), r

Spaß (es, ≈e)
figliar r Spaßvogel (≈, ≈), r Schalk ((e)s, e)
figovník r Feigenbaum ((e)s, ≈e)
figúra e Figur (≈, en)
figurína e Figurine (≈, n), e Schaufens|terpuppe (≈, n)
figúrka e Figur (≈, en); *šachová* ~ e Schachfigur
fik|cia e Fiktion (≈, en); **–tívny** fiktiv, erdacht
filate|lia e Philatelie (≈, 0); **–lista** r Philatelist (en, en)
filé s Filet [fi'le:] (s, s), *hovädzie, rybacie* ~ s Rindsfilet, s Fischfilet
filharmónia e Philharmonie (≈, i|en)
filiálka e Filiale (≈, n), e Zweigstelle (≈, n)
film r Film ((e)s, e); *čiernobiely, farebný* ~ r Schwarzweißfilm, r Farbfilm; *hraný, kreslený* ~ r Spielfilm, r Zeichentrickfilm; **~ár** hovor. r Filmemacher (s, ≈)
filmovať filmen, einen Film drehen
filmov|ý Film-; ~ *herec* r Filmschauspieler; *–á hviezda* r Filmstar; ~ *režisér* r Filmregisseur
filológ r Philolog(e) ((e)n, (e)n); **~ia** e Philologie (≈, i|en)
filologický philologisch
filozof r Philosoph (en, en); **~ia** e Philosophie (≈, i|en)
filozofick|ý philosophisch; *–á fakulta* e philosophische Fakultät
filt|er r al. s Filter (s, ≈); ~ *na kávu* r Kaffeefilter; *cigarety s –rom* Filterzigaretten
filtračný Filter-; ~ *papier* s Filterpapier
finále s Finale (s, ≈ al. s)
financ|ie e Finanzen MNČ; *minister –ií* r Finanzminister; **–ovať** finanz|ieren
finančn|ý Finanz-, finanzi|ell; *–á situácia* finanzi|elle Situation; *–á podpora* finanzi|elle Unterstützung; ~ *úrad* s Finanz|amt; *z ~ch dôvodov* aus finanzi|ellen Gründen
fingovať fingieren, vortäuschen
finiš šport. s Finish ['finiš] (s, s), r (End)spurt ((e)s, s); **~ovať** spurten, zum Endspurt an|setzen
finta e Finte (≈, n), r Kniff ((e)s, e)
firm|a e Firma (≈, Firmen) skr. Fa.; *založiť –u* eine Firma gründen; *zástupca –y* r Firmenvertreter
firn sneh r Firn ((e)s, e al. en), r Firnschnee (s, 0)
fistula e Fistel (≈, n)
fitnes e Fitneß <...ss> (≈, 0); **~centrum** s Fitneßcenter <...ss...> ['fitnessente] (s, ≈)
fixka hovor. r Filzstift ((e)s, e)
fixný fix, fest; ~ *plat* ein fixes/festes Gehalt
fľak r Fleck ((e)s, e)
flám e Sause (≈, n), e Zecherei (≈, en), s Trinkgelage (s, ≈)
fľaš|a e Flasche (≈, n); ~ *mlieka, piva* eine Flasche Milch, Bier; *pivová* ~ e Bierflasche; *piť z –e* aus der Flasche trinken
fľaškov|ý Flaschen-; *–é pivo* s Flaschenbier
flauta e Flöte (≈, n)
flegmatick|ý(y) phlegmatisch
fliter r Flitter (s, ≈)
flóra e Flora (≈, ren)
fluór chem. s Fluor (s, 0)
fňukať hovor. raunzen, greinen
fóbia e Phobie (≈, i|en)
fólia e Foli|e (≈, n); *hliníková* ~ e Alu(minium)foli|e
folklór e Folklore (≈, 0)
fond r Fonds [fõ:] (≈, ≈)
fonetick|ý(y) phonetisch
fonetika e Phonetik (≈, 0)
fontána e Fontäne (≈, n), r Springbrunnen (s, ≈)
form|a 1 tvar e Form (≈, en); ~ *na pečenie* e Backform (≈, en) **2** kondícia e Form (≈, en), e Leis|tungsfähigkeit (≈, 0); *byť vo –e* in Form sein
formalit|a e Formalität (≈, en); *vybaviť všetky –y* alle Formalitäten erledigen
formáln|y(e) formal

formát s Formạt ((e)s, e); *vreckový ~* s Taschenformat
formovať (sa) (sich) formen, (sich) bilden, (sich) gestạlten
formula e Formel (≈, n); šport. *~ 1* e Formel 1 (eins); *preteky ~ 1* s Formel-1-Rennen
formulácia e Formulịerung (≈, en)
formulár s Formulạr (s, e); *vyplniť ~* ein Formulạr ausfüllen
formulovať formulịeren
fosfor chem. r Phosphor (s, e)
fotka hovor. s Photo <Foto> (s, s)
fotoaparát r Photo|apparạt <F...> ((e)s, e)
fotograf r Photogrạf <F...> (en, en); **~ovať** fotografịeren
fotografia e Photografịe <F...> (≈, i-en), s Photo <F...> (s, s)
fotografick|ý(y) photogrạfisch <f...>; *–á snímka* eine Photoaufnahme
fotokópia e Fotokopịe (≈, ien)
fotomodelka s Fotomodell (s, e)
foyer s Foyẹr [foa'jẹ:] (s, s)
fragment s Fragmẹnt ((e)s, e)
frajer 1 milý, milenec r Geliebte, r Liebhaber, r Freund **2** fičúr r Stutzer (s, ≈), r Geck (en, en)
frak r Frack ((e), ≈e al. hovor. s)
frakcia e Fraktịon (≈, en)
francovka r Franzbranntwein ((e)s, 0)
francúzsky franzọ̈sisch; *hovoriť po ~* französisch sprechen; odb. *~ kľúč* r Franzose
francúzština s Franzọ̈sisch(e) ((e)n, 0)
frankovať obch. frankịeren
fraška 1 div. e Posse (≈, n), r Schwank ((e)s, e) **2** hovor. hanl. e Komödịe (≈, n); *to bola ~!* das war eine Komödie!
fráz|a e Phrase (≈, n); *prázdne –y* leere/hohle Phrasen
frazeológia e Phraseologịe (≈, ien)
frekven|cia e Frequẹnz (≈, en); **–tovaný** frequentịert
freska s Fresko (s, ken), e Freske (≈, n)
fréza e Fräse (≈, n)
frflať expr. murren, brummen
frigidný frigịd
front voj. e Front (≈, en)
froté PODST M s, r Frottẹe ((s), s)
froté PR M Frottẹe-, Frottịer-; *~ uterák* s Frotteehandtuch
fúga hud. e Fuge (≈, n)
fuj pfui
fujavica r Schneesturm ((e)s, ≈e)
fujavica r Schneesturm ((e)s, ≈e)
fúkať blasen*, vietor wehen; *fúka studený vietor* es weht ein kalter Wind
fung|ovať funktionieren [fuŋkcjọ'ni:rən]; *ako to –uje?* wie funktionịert das?
funkc|ia e Funktịon (≈, en); **–ionár** r Funktionạ̈r [fuŋkcjọ'ne:ɐ] (s, e)
funkčn|ý(e) funktionẹll, funktionạl, Funktịon-
fúra 1 naložený voz e Fuhre (≈, n) **2** hovor. kopa, množstvo e Menge (≈, n); *mať fúru času* eine Menge Zeit haben
fúrik e Schubkarre (≈, n), r Schubkarren (s, ≈)
fuška hovor. **1** ťažká práca e Schwerarbeit (≈, n), e Schufterẹi (≈, n) **2** práca načierno e Schwarz|arbeit (≈, en)
futbal r Fußball ((e)s, 0), s Fußballspiel ((e)s, e); **~ista** r Fußballspieler (s, ≈)
futbalový Fußball-; *~ zápas* s Fußballspiel
futro hovor. podšívka s Futter (s, ≈), r Futterstoff (es, e)
fúz r Schnurrbart ((e)s, ≈e); *mať ~* einen Schnurrbart tragen
fúzatý bärtig, schnurrbärtig
fúzy r Schnurrbart ((e)s, ≈e)
fyzick|ý(y) physisch
fyzik r Physiker (s, ≈); **~a** e Physịk (≈, 0); **~álny** physịkalisch
fyziol|ógia e Physiologịe (≈, 0); **–ogický** physiolọgisch

G

gágať schnattern
gajdy r Dudelsack ((e)s, ⸗e)
galantéria 1 tovar e Galanteriewaren MNČ **2** obchod s Galanterie(waren)geschäft ((e)s, e); *textilná* ~ e Kurzwaren; *kožená* ~ e Lederwaren
galantn|ý(e) galant, höflich
galéria e Galerie (≈, i|en); *obrazová* ~ e Gemäldegalerie; *národná* ~ e Nationalgalerie
galoša e Galosche (≈, n)
garanc|ia e Garantie (≈, i|en), e Gewähr (≈, 0); *bez –ie* ohne Gewähr
garáž e Garage [ga'ra:žə] (≈, n); *vjazd do ~e* e Garagen|einfahrt; *podzemná* ~ e Tiefgarage
garsónka e Junggesellenwohnung (≈, en)
gaštan 1 plod e Kas|tani|e (≈, n), jedlý e Marone (≈, n) **2** strom r Kas|tani|enbaum ((e)s, ⸗e)
gauč e Couch ['kaoč] (≈, (e)s)
gáza e Gaze ['ga:zə] (≈, n)
gazd|a 1 roľník r Landwirt ((e)s, e), r Bauer (n al. s, n) **2** hospodár r Hauswirt ((e)s, e); **–iná 1** roľníčka e Bäuerin (≈, nen) **2** osoba vedúca domácnosť e Haushälterin (≈, nen)
gazdovať 1 obrábať pôdu bebauen, bewirtschaften **2** rozumne narábať wirtschaften
gazela e Gazelle (≈, n)
gáža hovor. e Gage ['ga:žə] (≈, n), s Gehalt ((e)s, ⸗er)
gejzír r Geysir (s, e), r Geiser (s, ≈)
gén s Gen (s, e)
generácia e Generation (≈, en)
generál r General (s, e al. ⸗e)
generalizovať generalisieren (≈, 0)
generálka 1 oprava e Generalreparatur (≈, en) **2** div. e Generalprobe (≈, n)
generálny General-; ~ *riaditeľ* r Generaldirektor
genet|ický genetisch; **–ika** e Genetik (≈, 0)
genéza e Genese (≈, n), e Genesis (≈, n)
geniáln|y(e) genial
genitálie e Genitali|en MNČ
genitív gram. r Genitiv (s, 0)
génius s Genie [ženi:] (s, s); kniž. r Genius (≈, i|en)
genocída r al. s Genozid ((e)s, e al. i|en)
geografia e Geographie (≈, 0)
geológ r Geologe (n, n); **~ia** e Geologie (≈, 0)
geologický geologisch
geometria e Geometrie (≈, 0)
georgína bot. e Georgine (≈, n)
germani|z|mus lingv. r Germanismus (≈, men); **–sta** r Germanist (en, en)
germánsky germanisch
gestikulovať gestikulieren
gesto e Geste (≈, n), e Gebärde (≈, n)
gigantický gigantisch
girlanda e Girlande (≈, n)
gitar|a e Gitarre (≈, n); *hrať na –e* Gitarre spielen; **–ista** r Gitarist (en, en)
gitar|a e Gitarre (≈, n); *hrať na –e* Gitarre spielen
gladiola e Gladiole (≈, n)
glazúra e Glasur (≈, en); kuch. *čokoládová* ~ e Schokoladenglasur
glej r Leim ((e)s, druhy e); **~ovať** (ver)leimen
glg r Schluck ((e)s, e)
globáln|y(e) global
glóbus r Globus (≈ al. ses, se al. ben)
glosa lit. e Glosse (≈, n)
glukóza e Glukose (≈, 0), r Traubenzucker (s, 0)
gobelín r Gobelin [gobə'lẽ:] (s, s)
gól šport. s Tor ((e)s, e)
golf 1 šport. s Golf ((e)s, 0), s Golfspiel (es, e); *hráč ~u* r Golfspieler **2** geogr. záliv r Golf ((e)s, e); **~ový** Golf-; *~ové ihrisko* r Golfplatz; *~ová loptička* r Golfball
golier r Kragen (s, ≈ al. ⸗); *číslo ~a* e Kragennummer, e Kragenweite; *chy-*

tiť koho za ~ j-n am Kragen fassen al. packen
gombík r Knopf ((e)s, ≈̈e)
gondola e Gondel (≈, n)
gorila r Gorịlla (s, s)
goti|cký gotisch; ~ *štýl* gotischer Stil; **–ka** e Gotik (≈, 0); *raná, vrcholná, neskorá –ka* e Frühgotik, e Hochgotik, e Spätgotik
graduovaný graduịert
graf r Graph (en, en), s Diagrạmm (s, e)
grafick|ý(y) grafisch, graphisch
grafik r Graphiker <...f...> (s, ≈); **~a** e Graphik <...f...> (≈, en)
gram skr. **g** s Gramm (s, e) skr. g
gramati|ka e Grammạtik (≈, en); **–cký** grammạtisch
gramofón r Plattenspieler (s, ≈)
gramo|tnosť die Kenntnis des Lesens und Schreibens; **–tný** lese- und schreibkundig
granát[1] minerál r Granạt ((e)s, e)
granát[2] voj. e Granạte (≈, n); *ručný* ~ e Handgranate
granátov|ý Granạt-; *–é jablko* r Granạt|apfel (s, äpfel)
grapefruit e Grapefruit ['grẹ:pfru:t al. 'grẹip...] (≈, s), e Pampelmụse (≈, n)
gratulácia e Gratulatịon (≈, en), r Glückwunsch (es, ≈̈e)
gratul|ovať gratulịeren (*komu k čomu* j-m zu etw), beglụckwünschen (*komu k čomu* j-n zu etw); ~ *komu k narodeninám* j-m zum Geburtstag gratulieren; *srdečne –ujem* meinen herzlichen Glückwunsch, ich gratuliere herzlich
gravitácia e Gravitatịon [...vita'cjọ:n] (≈, en)
grcať vulg. kotzen
grg|ať rülpsen, auf|stoßen*; *–á sa mi* es stößt mir auf
gril r Grill (s, s), s Grillgerät ((e)s, e); **~ovaný** gegrillt; *~ované kurča* gegrilltes Hähnchen; **~ovať** grillen
grimas|a e Grimạsse (≈, n), e Fratze (≈, n); *strúhať –y* Grimassen schneiden
gróf r Graf (en, en)
grog r Grog (s, s)
grotesk|a e Grotẹske (≈, n); **–ný, –ne** grotẹsk
guľ|a 1 e Kugel (≈, n); *snehová* ~ r Schneeball; šport. *vrch –ou* s Kugelstoßen **2** v kartách s Karo (s, s), die Schellen MNČ; *vyjsť –ou* Karo ausspielen
guláš r al. s Gulasch ((e)s, e al. s)
gúľať (sa) kugeln
guľat|ý(o) kugelig, (kugel)rund, kugelförmig
guľka 1 malá guľa s Kügelchen (s, ≈), s Küglein (s, ≈) **2** na hranie e Murmel (≈, n) **3** strela e Kugel (≈, n), s Geschọß (sses, sse)
guľomet s Maschinengewehr ((e)s, e)
guľovačka e Schneeballschlacht (≈, en)
guľovať sa sich gegenseitig mit Schneebällen bewẹrfen, Schneeballschlacht spịelen
guľôčkov|ý Kugel-; *–é pero* r Kugelschreiber, hovor. r Kuli
guma 1 r al. s Gummi (s, ≈ al. s) **2** na gumovanie r (Radịer)gummi (s, s) **3** text. s Gummiband ((e)s, ≈̈er), s Gummi (s, s) **4** hovor. pneumatika r (Gummi)reifen (s, ≈)
gumen|ý Gummi-; *–é medvedíky* cukríky e Gummibärchen MNČ; *–é čižmy* die Gummistiefel
gumovať radịeren
gunár r Gänserich (s, e)
gýč r Kitsch ((e)s, 0), hovor. hanl. r Schmarren (s, ≈), r Schund ((e)s, 0); **~ový** kitschig
gymnast|a r Turner (s, ≈), r Gymnạs|tiker (s, ≈); **–ický** gymnạs|tisch; **–ika** e Gymnạs|tik (≈, 0)
gymnazista r Gymnasiạs|t (en, en)
gymnázium s Gymnạsium (s, i|en); *chodiť na* ~ s Gymnasium besuchen
gynekológ r Gynäkolọge ((e)n, (e)n); **~ia** e Gynäkologịe (≈, 0)

gynekologick|ý gynäkologisch; *–é vyšetrenie* e gynäkologische Untersuchung

H

háčik 1 malý hák s Häkchen (s, ≈), r Haken (s, ≈); *rybársky ~* r Angelhaken **2** na odeve s Haftel (s, ≈), s Heftel (s, ≈) **3** na háčkovanie e Häkelnadel (≈, n) **4** obraz. problém r Haken (s, ≈); *má to jeden ~* es hat einen Haken

háčkovať häkeln

had e Schlange (≈, n)

hádam vielleicht, hoffentlich

hádank|a s Rätsel (s, ≈); *lúštiť –u* ein Rätsel lösen, raten*; *hovoriť v –ách* in Rätseln reden

hád|ať 1 raten*; *–aj!* rate mal! **2** veštiť wahr|sagen

hádať sa (sich) streiten* (*o čo* über etw A), (sich) zanken; *~ o peniaze* sich um Geld streiten

hadica r Schlauch ((e)s, ≈̈e)

hádka r Streit ((e)s, e), r Zank ((e)s, 0), r Zwist ((e)s, e)

hádzaná r Handball ((e)s, 0)

hádzať werfen*, hovor. schmeißen*

háj r Hain ((e)s, e); *brezový ~* r Birkenhain; **choď do ~a!** hau ab!, scher* dich zum Kuckuck!

hájiť 1 brániť verteidigen, verfechten; *~ svoje záujmy* seine Interessen verteidigen **2** strážiť bewachen, verteidigen

hájnik r Heger (s, ≈)

hák r Haken (s, ≈)

hákliv|ý 1 osoba empfindlich, zimperlich **2** vec heikel; *–á téma* ein heikles Thema

hala e Halle (≈, n); *športová ~* e Sporthalle

hald|a 1 ban. e Halde (≈, n) **2** hovor. veľké množstvo r Haufen (s, ≈); *stojí to –u peňazí* das kostet einen Haufen Geld

halier r Heller (s, ≈); *nemať ani ~* keinen Heller haben; *do ~a* auf Heller und Pfennig

haló 1 CITOSL hallo, hallo; *~, je tu niekto!* hallo, ist hier jemand? **2** rozruch s Hallo (s, s); *to bolo ~!* war das ein Hallo!

halucinácia e Halluzination (≈, en)

halušk|a rak. s Nockerl (s, n); *bryndzové –y* e Brimsennockerln

haluz r As|t (e(s), ≈̈e), r Zweig (e(s), e)

hanb|a[1] PODST M **1** potupa e Schande (≈, 0); *to je ale ~* das ist aber eine Schande; *(u)robiť komu –u* j-m Schande machen **2** stud e Scham (≈, 0); *červenať sa od –y* vor Scham rot werden

hanba[2] PRÍSL abscheulich, pfui; *je ~, že…* es ist abscheulich, daß <…ss>… al. es ist eine Schande, daß <…ss>…

hanbiť sa sich schämen; *nehanbíš sa?* schämst du dich nicht?

hanbliv|ý(o) schamhaft, scheu, schüchtern, neúprimne prüde

handra 1 r Lappen (s, ≈), r Fetzen (s, ≈); *~ na podlahu* r Scheuerlappen **2** hovor. roztrhané šaty, handry e Lumpen MNČ, e Fetzen MNČ **3** hovor. oblečenie e Klamotten MNČ

hanebn|ý(e) schändlich, niederträchtig, schimpflich

hangár e Flugzeughalle (≈, n), r Hangar (s, s)

haniť schmähen, tadeln

hanlivý Schmäh-, Spott-

haraburda r Kram (s, ≈̈e), hovor. hanl. r Schmarren (s, ≈), r Schund ((e)s, 0)

haraburdie r Krempel (s, 0)

harfa e Harfe (n, n)

haring r Hering ((e)s, e)

harmonick|ý(y) harmonisch

harmonika e Harmonika (≈, s al. ken); *ústna ~* e Mundharmonika; *ťahacia ~* s Akkordeon, e Ziehharmonika

hárok r Bogen (s, ≈̈); *~ papiera* r Papierbogen

harpúna e Harpune (≈, n)

hasiaci Lösch-; *~ prípravok* s Lösch-

mittel; ~ *prístroj* r Feuerlöscher
hasič r Feuerwehrmann ((e)s, ≈er al. leute)
hasiť 1 löschen; ~ *oheň* ein Feuer löschen **2** obraz. stillen, löschen; ~ *smäd* den Durst löschen, stillen
haspra r Riegel (s, ≈)
hať 1 na potoku r Damm (es, ≈e) **2** odb. s Wehr ((e)s, e)
havária r Unfall ((e)s, ≈e), e Havarie [...v...] (≈, ien)
havarijn|ý Unfall-, Havarie- [...v...]; *–é poistenie* e Unfallversicherung
havarovať einen Unfall al. eine Havarie haben, havarieren [...v...]
havran r Rabe (n, n)
hazard s Hasard (s, 0); **~ný** Hasard-; *~ný hráč* r Hasardspieler (s, ≈)
hebk|ý(o) geschmeidig, fein
hej 1 hovor. áno ja, jawohl **2** CITOSL he; *~, počkaj!* he, warte mal!
hektár skr. **ha** s al. r Hektar, Hektar (s, e) skr. ha
hektick|ý(y) hektisch
helikoptéra r Hubschrauber (s, ≈), r Helikopter (s, ≈)
helma r Helm ((e)s, e)
hemžiť sa wimmeln (*čím* von etw D)
hendikep s Handicap ['hendikep] (s, s), e Benachteiligung (≈, en)
herbár s Herbarium (s, Herbarien)
herec r Schauspieler (s, ≈); *filmový ~* r Filmschauspieler; **~ký** schauspielerisch, Schauspieler-; *~ký výkon* die schauspielerische Leistung
hermetick|ý(y) hermetisch
herňa 1 miestnosť s Spielzimmer (s, ≈) **2** budova e Spielbank (≈, en), s Spielkasino (s, s)
heslo 1 polit. e Losung (≈, en), r Spruch ((e)s, ≈e), e Parole (≈, n); *volebné ~* r Wahlspruch **2** dohovorené znamenie s Kennwort ((e)s, ≈er), s Erkennungswort ((e)s, ≈er) **3** v slovníku s Stichwort ((e)s, ≈er), s Schlagwort ((e)s, ≈er)
heslovit|ý(o) stichwortartig
hierarchia e Hierarchie (≈, ien)
história 1 dejepis e Geschichte (≈, 0) **2** príbeh, udalosť e Geschichte (≈, n)
historick|ý(y) historisch, geschichtlich; *–á udalosť* eine historische Begebenheit
historik r Historiker (s, ≈)
hlad 1 r Hunger (s, 0); *trpieť ~om* Hunger leiden*, hungern; *zahnať ~* den Hunger stillen **2** obraz. túžba r Hunger (s, 0), e Gier (≈, 0) (*po čom* nach etw D)
hľadáčik fot. r Sucher (s, ≈)
hľadať suchen (*koho/čo* j-n/etw al. nach j-m/etw); *~ huby* Pilze suchen; *~ miesto, byt* einen Job, eine Wohnung suchen; *~ výhovorku* nach einer Ausrede suchen; *polícia hľadá páchateľa* die Polizei sucht nach dem Täter
hľadieť 1 an|sehen* (*na koho* j-n/etw), schauen, blicken (*na koho* auf j-n/etw), uprene starren (*na koho/čo* auf j-n/etw A) **2** hodnotiť, posudzovať betrachten; *hľadeli na neho ako na cudzinca* sie betrachteten ihn als einen Fremden **3** mať na mysli bedacht sein* (*na čo* auf etw A); *~ len na peniaze* nur aufs Geld bedacht sein
hladina 1 vody r Wasserspiegel (s, ≈), e Wasserfläche (≈, n); *morská ~* r Meeresspiegel **2** úroveň s Niveau [ni'vo:] (s, s), e Ebene (≈, n); *cenová ~* s Preisniveau
hľadisk|o 1 stanovisko r Gesichtspunkt ((e)s, e), r Standpunkt ((e)s, e); *z tohto –a* von diesem Gesichtspunkt aus **2** div. r Zuschauerraum ((e)s, ≈e)
hladiť 1 hladkať streicheln, streichen*; *~ koho po vlasoch* j-m über s Haar streichen **2** vyrovnávať glätten, glatt|machen
hladk|ý(o) glatt; *–é vlasy* glattes Haar; *–á múka* glattes Mehl; *všetko išlo ~* alles ging glatt vonstatten; *pliesť ~, obrátene* rechts, links stricken
hladn|ý(o al. **e) 1** hungrig; *byť ~* hungrig sein*, Hunger haben* **2** žiadostivý

(be)gierig
hladomorňa r Hungerturm ((e)s, ¨e), s Verlies (es, e)
hladov|ať hungern, Hunger leiden*; **–ka** r Hungerstreik ((e)s, s al. e)
hlaholika e Glagoliza (≈, 0), die glagolische Schrift (≈, 0)
hlas e Stimme (≈, n); *poznať po ~e* nach der Stimme erkennen*; *dať komu svoj ~* vo voľbách j-m seine Stimme geben*
hlásateľ r Ansager (s, ≈), r Sprecher (s, ≈); *~ v rozhlase* r Rundfunksprecher; *~ v televízii* r Fernseh|ansager
hlásenie e Meldung (≈, en)
hlásiť 1 oznamovať melden, an|kündigen **2** v rozhlase ap. durch|sagen; **~ sa 1** ohlásiť sa, prihlásiť sa sich melden **2** dožadovať sa verlangen, fordern, beanspruchen (*o čo* etw A) **3** priznávať sa sich bekennen* (*k čomu* zu etw D)
hlasitosť e Lautstärke (≈, 0)
hlasivky e Stimmbänder MNČ
hlásk|a r Laut ((e)s, e); **–ovať** buchstabieren
hlasn|ý(o) laut
hlasovac|í Stimm-; *–ie právo* s Stimmrecht; *~ lístok* r Stimmzettel
hlasovan|ie e Abstimmung (≈, en); *zdržať sa –ia* sich der Abstimmung enthalten*; *tajné ~* eine geheime Abstimmung
hlasovať ab|stimmen (*o čom* über etw A), stimmen (*za koho/čo* für j-n/etw A; *proti komu/čomu* gegen j-n/etw A)
hlav|a r Kopf ((e)s, ¨e), kniž. s Haupt ((e)s, ¨er); *bolí ma ~* ich habe Kopfschmerzen; *byť o hlavu väčší* um einen Kopf größer sein; *vedieť čo z –y* etwas aus dem Kopf wissen; *–u hore!* Kopf hoch!; *od –y po päty* von Kopf bis Fuß; *vyhodiť si čo z –y* sich etw aus dem Kopf schlagen; *vziať si čo do –y* sich etw in den Kopf setzen
hlaveň zbrane r (Gewehr)lauf ((e)s, ¨e)
hlavička 1 malá hlava s Köpfchen (s, ≈) **2** r Kopf ((e)s, ¨e); *špendlíková ~* r Stecknagelkopf **3** na tlačivách r Kopf ((e)s, ¨e) **4** šport. r Kopfball ((e)s, ¨e)
hlávk|a r Kopf ((e)s, ¨e), rak. r Häuptel (s, ≈); *~ šalátu* ein Kopf/Häuptel Salat; **–ový** Kopf-; *–ový šalát* r Kopfsalat, r grüne Salat
hlavne hauptsächlich, vor allem, vorwiegend
hlavn|ý PR M Haupt-; *–é mesto* e Hauptstadt; *–á stanica* r Hauptbahnhof, skr. Hbf.; *–á cesta* e Hauptstraße; *–á veta* r Hauptsatz; *to je hlavné!* das ist die Hauptsache!
hlavný PODST M hovor. čašník r Ober (s, 0); *pán ~, prosím platiť!* Herr Ober, bitte zahlen!
hlavolam e Denk|aufgabe (≈, n)
hĺb|ať grübeln (*o čom, nad čím* über etw A); **–avý** nachdenklich, grüblerisch
hĺbka e Tiefe (≈, n)
hlbok|ý(o) tief; *~ hlas* eine tiefe Stimme; *~ tanier* r Suppenteller
hliadka 1 stráž e Wache (≈, n), r Wachposten (s, ≈) **2** mobilná hliadka e Streife (≈, n), r Streifenwagen (s, ≈)
hliadkovať patrouillieren [patrul'ji:rən], Wache halten*
hlien r Schleim ((e)s, e)
hlina r Lehm ((e)s, e), r Ton ((e)s, e)
hlinený lehmig, tönern, Ton-, Lehm-; *~ džbán* r Tonkrug
hliník chem. s Aluminium (s, 0)
hlísta r Spulwurm ((e)s, ¨er)
hlod|ať nagen; **–avec** s Nagetier (s, e)
hloh r Hagedorn ((e)s, e)
hlt r Schluck ((e)s, e), r Bissen (s, ≈)
hltan r Rachen (s, ≈), r Schlund ((e)s, ¨e)
hltať 1 hltavo jesť/piť verschlingen* **2** prehltať schlucken
hlučn|ý(e al. **o)** lärmig, laut
hluchonemý taubstumm
hluch|ý(o) taub; *robiť sa ~m* sich taub stellen
hluk r Lärm ((e)s, 0), s Geräusch ((e)s, 0), r Krach (s, 0)

hlupák r Dummkopf ((e)s, ⸚e), r Tölpel (s, 0), r Dussel (s, ≈)
hlupák hovor. r Trottel (s, ≈), r Tölpel (s, ≈), r Dussel (s, ≈), r Idiọt (en, en)
hlúpos|ť e Dummheit (≈, en), r Blödsinn ((e)s, 0), hovor. r Unsinn ((e)s, 0), r Quatsch (es, 0); *to je úplná ~* das ist* ein völliger/reiner Unsinn; *to bola od teba ~* das war eine Dummheit von dir; *nerob –ti!* mach keine Dummheiten!; *nerozprávaj –ti!* rede kein dummes Zeug!
hlúp|y(o) dumm, idiọtisch, stupịd, hovor. blöd(e), blödsinnig; *nebuď –y!* sei nicht dumm!; *~ žart* ein dummer Witz
hľuza e Knolle (≈, n), r Knollen (s, ≈)
hmat 1 zmysel r Tas|tsinn ((e)s, 0) **2** uchopenie r Griff ((e)s, e); **~ať** tasten
hmatateľn|ý(e) greifbar, tastbar, fühlbar
hmla r Nebel (s, ≈)
hmlist|ý(o) 1 zatiahnutý hmlou neb(e)lig, Nebel- **2** obraz. nejasný nebelhaft, dunkel, vag(e) ['va:gə]; *–é spomienky* nebelhafte Erinnerungen
hmota r Stoff ((e)s, e), e Matẹri|e (≈, ≈), e Masse (≈, n), e Substanz (≈, en); *umelá ~* r Kunststoff; *organická ~* organische Materie
hmotnosť e Masse (≈, 0), s Gewicht ((e)s, 0)
hmotn|ý(e) materiẹll; *–á škoda* r materi|elle Schaden
hmyz s Insẹkt (s, en), s Ungeziefer (s, 0); **~ožravec** r Insẹktenfresser (s, ≈)
hnac|í Trieb-, Treib-; *–ie koleso* s Triebrad, s Treibrad; *–ia sila* r Triebkraft
hnačka r Durchfall ((e)s, ⸚e)
hnať 1 treiben*, in Bewegung setzen **2** expr. uháňať jagen; **~ sa 1** rýchlo bežať rennen* (i.), rasen **2** za kým nach|jagen, nach|rennen (*za kým/čím* j-m/etw) **3** o daždi, búrke jagen; *ženie sa búrka* es kommt ein Gewitter
hneď 1 okamžite gleich, sofọrt; *prídem ~* ich komme gleich **2** o chvíľu bald *~ to bude* es wird bald sein/werden **3** blízko gleich; *~ za rohom* gleich um die Ecke **4** naraz, odrazu gleich; *kúpim si hneď dva kusy* ich kaufe (mir) gleich zwei Stück
hnedouhoľný Braunkohlen-; *~ revír* s Braunkohlenrevier
hned|ý(o) braun; *svetlo~* hellbraun; *–é uhlie* e Braunkohle
hnev r Zorn ((e)s, 0), r Ärger (s, 0)
hnevať ärgern; *hnevá ma, že...* es ärgert mich, daß... <...ss>; **~ sa** sich ärgeren (*na koho/čo* über j-n/etw), böse sein* (i.) (*na koho pre čo* j-m wegen etw G); *nehnevaj sa na mňa* sei mir nicht böse
hnevliv|ý(o) zornig
hniesť kneten
hniezdo 1 s Nest ((es), er); *osie ~* s Wespennest **2** obraz. ohnisko r Herd ((es), e); *~ nákazy* r Ansteckungsherd
hnilobn|ý(e) Faul-, Fäulnis-; *~ zápach* s Fäulnisgeruch
hnis r Eiter (s, 0); **~ať** eitern; *rana hnisá* e Wunde eitert; **~avý** eit(e)rig
hnisať eitern
hniť 1 faulen (h./i.), verfaulen; *ovocie hnije* s Obst fault **2** expr. zaháľať faulenzen
hnoj r Mis|t (es, 0), r Dung ((e)s, 0); **~iť** düngen; **~ivo** s Düngemittel (s, ≈), r Dünger (s, ≈)
hnus r Ekel (s, 0), r Abscheu ((e)s, 0)
hnusiť ver|ekeln (*komu čo* j-m etw); **~ sa** sich ekeln, sich an|ekeln; *to sa mi hnusí* das ekelt mich an
hnusn|ý(e) ekelhaft, ek(e)lig, abscheulich, widerlich
hnúť bewẹgen, rühren (*kým/čím* j-n/etw); *nehne ani prstom* er rührt keinen Finger; **ani ma nehne!** das läßt mich kalt!, das fällt mir gar nicht ein!; **~ sa** sich rühren, sich regen, sich bewegen
hnuteľný práv. bewẹglich, fahrend
hnutie e Bewẹgung (≈, en); *~ odporu* e Widerstandsbewegung
hobby s Hobby (s, s)
hob|lík r Hobel (s, ≈); **–lina** r Hobel-

span ((e)s, ≈̈e); **–ľovať** hobeln

hoboj e Obọe (≈, n)

hoci 1 SP obwọhl, obglẹich, obschọn, obzwar **2** ČAST wenn, auch, -wegen; *choď, ~ aj hneď* gehe, meinetwegen auch gleich

hod hádzanie r Wurf ((e)s, ≈̈e), s Werfen (s, 0); *~ diskom, kladivom, oštepom* s Diskuswerfen, s Hammerwerfen, s Speerwerfen

hodin|a 1 časová jednotka e Stunde (≈, n); *o –u* in einer Stunde; *o pol –y* in einer halben Stunde; *vyučovacia ~* e (Unterrichts)stunde; *ordinačné* al. *konzultačné –y* e Sprechstunden; *60 kilometrov za hodinu* 60 Kilometer pro Stunde **2** časový údaj e Uhr (≈, 0); *koľko je hodín?* Wie spät ist es?; *je päť hodín* es ist fünf Uhr; *o koľkej (hodine)?* um wieviel Uhr?; *o tretej* um drei Uhr; *okolo siedmej večer, ráno* gegen sieben Uhr abends, morgens; **prepustiť koho na –u** okamžite j-n fristlos entlassen*

hodinár r Uhrmacher (s, ≈); **~stvo** s Uhrengeschäft ((e)s, e)

hodinky e Uhr (≈, en); *náramkové ~* e Armband|uhr; *~ idú dopredu, pozadu* die Uhr geht vor, nach

hodinov|ý 1 trvajúci hodinu Stunden-; *–á mzda* r Stundenlohn **2** patriaci k hodinám Uhr-; *–á ručička* r Uhrzeiger

hodiny e Uhr (≈, en); *nástenné ~* e Wand|uhr; *slnečné ~* e Sonnen|uhr; *kukučkové ~* e Kuckuck|uhr; *natiahnuť ~* e Uhr auf|ziehen*; *~ stoja* e Uhr steht*

hodiť werfen*, schmeißen*

hodiť sa[1] sich werfen*; *~ komu okolo krku* sich j-m an den Hals werfen

hodiť sa[2] **1** byť vhodný passen, taugen, sich eignen, sich schicken; *to sa mi hodí* das passt mir **2** pristať passen, stehen

hodlať mať v úmysle vor|haben*, be|absichtigen

hodnosť r Grad ((e)s, e), voj. r Rang ((e)s, ≈̈e); *akademická ~* akademischer Grad

hodnot|a r Wert ((e)s, e); **–enie** e (Be)wẹrtung (≈, en), e Einschätzung (≈, en)

hodnotiť bewẹrten, ein|schätzen

hodnotn|ý(e) hochwertig, wertvoll

hodný 1 wert, -wert, würdig, -würdig; *byť ~ čoho* etw A wert sein; *~ dôvery* vertrauenswürdig **2** hovor. dosť veľký schön, hübsch, ordentlich

hodovať schmausen, tafeln

hodváb e Seide (≈, n); *umelý ~* e Kunstseide; **~ny** seidig, Seiden-; *~na šatka* s Seidentuch

hody e Kirmes (≈, sen), s Kirchweihfest (es, e), r Schmaus (es, ≈̈e)

hojdac|í Schaukel-; *–ie kreslo* r Schaukelstuhl

hojdačka e Schaukel (≈, n), dvojramenná e Wippe (≈, n)

hojdať (sa) (sich) schaukeln, (sich) wiegen

hojiť heilen; **~ sa** heilen; *rana sa dobre hojí* e Wunde heilt gut

hojivý Heil-; *~ prostriedok* s Heilmittel; *~ účinok* e Heilwirkung

hojnosť e Fülle (≈, n), r Überfluß <…ss> (sses, 0)

hojn|ý(e) reichlich, ergiebig, zahlreich; *–é dary* zahlreiche Geschenke

hokej pozemný s Hockey ['hoki] (s, 0); ľadový s Eishockey; **~ista** r (Eis)hockeyspieler ['hoki...] (s, ≈); **~ka** r (Eis)-hockeyschläger ['hoki...] (s, ≈); **~ový** (Eis)hockey- ['hoki...]; *~ zápas* s (Eis)hockeyspiel

hold e Huldigung (≈, en); *vzdať komu ~* j-n huldigen; **~ovať** huldigen (*čomu* etw D); *~ alkoholu* dem Alkohol ergeben sein

holeň s Schienbein ((e)s, e)

holen|ie s Rasịeren (s, 0); *pena na ~* r Rasierschaum; *krém na ~* e Rasiercreme; *voda po –í* s Rasierwasser

holiaci Rasịer-; *elektrický ~ strojček* elektrischer Rasier|apparat, hovor. r Trockenrasierer

holič r Frisọr al. Friseur [frizö:r] (s, e);

GHI

~stvo r Friseursalon al. Frisiersalon (s, s)
holiť (sa) (sich) rasieren
holohlavý kahlköpfig
holub 1 e Taube (≈, n); *poštový ~* e Brieftaube **2** samček r Tauber (s, ≈), r Tauberich ((e)s, e); **~ica** e Taube (≈, n); **~ník** r Taubenschlag ((e)s, ≈e), s Taubenhaus ((e)s, ≈er)
hol|ý 1 nahý nackt **2** nezarastený kahl; *–á hlava* ein kahler Kopf, Schädel **3** nepokrytý bloß, blank, nackt, *s ~mi rukami* mit bloßen Händen; **povedať –ú pravdu** reine Wahrheit sagen; **pod ~m nebom** unter freiem Himmel
homosexuál r Homosexuelle (n, n), hovor. r Schwule (n, n); **~ny** homosexuell, hovor. schwul
honba e Hetze (≈, n), e Jagd (≈, en); *~ za šťastím* die Jagd nach dem Glück
honiť nadháňať zver treiben*, hetzen, jagen
honorár s Honorar (s, e)
honosn|ý(e) prunkvoll
hopkať hopsen, hüpfen
hor|a 1 les r Wald ((e)s, ≈er) **2** vrch r Berg ((e)s, e) **3** hory, pohorie s Gebirge (s, ≈); *ísť do hôr* ins Gebirge fahren*; *v –ách* im Gebirge **4** hovor. veľké množstvo r Berg ((e)s, e), r Haufen (s, ≈); *~ kníh* ein Berg al. ein Haufen Bücher
horák r Brenner (s, ≈); *plynový ~* r Gasbrenner
horár r Förs|ter (s, ≈), r Fors|tmeister (s, ≈); **~eň** s Fors|thaus ((e)s, ≈er), e Förs|terei (≈, en)
horčica r Senf ((e)s, e)
horčík chem. s Magnesium (s, 0)
hore 1 vo výške oben; *~ na skrini* oben auf dem Schrank **2** smerom nahor hinauf, herauf, aufwärts; *pozerať ~* hinauf schauen; *ísť ~ kopcom* bergauf gehen; **byť ~** nespať wach sein; **ruky ~!** Hände hoch!; **hlavu ~!** Kopf hoch!
horieť brennen* i obraz.; *horí!* es brennt! *~ netrpezlivosťou, zvedavosťou* vor Ungeduld, Neugier brennen
horizont r Horizont ((e)s, e); **~áln|y(e)** horizontal, waag(e)recht
horko-ťažko expr. mit Ach und Krach, mit Mühe und Not
hork|ý(o) bitter; *–á čokoláda* e Bitterschokolade; *roniť –é slzy* bittere Tränen vergießen*
horľavina r Brennstoff ((e)s, e); **–avý** brennbar
horliv|ý(o) eifrig
horm|ón s Hormon (s, e); **–onálny** hormonal
hornatý gebirgig, bergig
hornina s Gestein ((e)s, e)
horn|ý obere, Ober-; *–á pera* e Oberlippe; *–é Rakúsko* (s) Oberösterreich; *~ odev* e Oberkleidung
horolezec r Bergsteiger (s, ≈), r Alpinist (en, en); **~ký** Bergsteiger-, Berg-, Kletter-; *~ký výstroj* Bergsteigerausrüstung; *~ké lano* s Kletterseil; *~ké topánky* r Bergschuhe; **~tvo** s Bergsteigen (s, 0), e Alpinistik (≈, 0)
horoskop s Horoskop (s, e)
horsk|ý Berg-, Gebirgs-; *–á cesta* e Bergstraße; *~ sprievodca* r Bergführer; *–á chata* e Berghütte; *–á služba* r Bergrettungsdienst; **–é slnko** e Höhensonne
horší schlechter, schlimmer
horúc|i(o) heiß; *–a voda* heißes Wasser; *je mi ~* mir ist heiß; *dnes je ~* heute ist es heiß
horúčav|a e Hitze (≈, n); *v tejto –e sa nedá pracovať* in dieser Hitze kann man nicht arbeiten
horúčka s Fieber (s, ≈); *cestovná ~* s Reisefieber; *svalová ~* r Muskelkater
horúčkovit|ý(o) 1 lek. fieberhaft, fiebrig **2** horlivý fieberhaft, eifrig
hospodár 1 správca r Verwalter (s, ≈) **2** kto dobre hospodári r Wirtschafter (s, ≈), r Sparmeister (s, ≈)
hospodáriť 1 wirtschaften **2** úsporne zaobchádzať haus|halten*, sparen, sparsam um|gehen*; *~ s vodou* mit dem Wasser haushalten
hospodárn|y(e) sparsam, wirtschaft-

lich
hospodársk|y Wirtschafts-, wirtschaftlich; *–a kríza* e Wirtschaftskrise; *–a pomoc* e Wirtschaftshilfe
hospodárstvo e Wirtschaft (≈, en); *trhové ~* e Marktwirtschaft
hosť r Gas|t ((e)s, ≈e); *byť u koho ~om* bei j-m zu Gast sein; *stály ~* r Stammgast
hosteska e Hostẹss al. Hosteß <...ss> (≈, tessen)
hostia cirk. e Hosti|e (≈, n)
hostina s Fest|essen (s, ≈), e Festmahl ((e)s, ≈er); *svadobná ~* s Hochzeitsmahl
hostin|ec s Gasthaus ((e)s, ≈er), e Gaststätte (≈, n); **–ský** krčmár r (Gast)wirt ((e)s, e)
hosti|ť bewịrten (*koho čím* j-n mit etw D); **–teľ** r Gastgeber (s, ≈)
hosťovať gastịeren
hotel s Hotẹl (s, s); *ubytovať koho v ~i* j-n im Hotel unterbringen*; *rezervovať si izbu v ~i* sich ein Hotelzimmer reservieren/buchen; **~ový** Hotel-; *~ová izba* s Hotelzimmer
hotovo ČAST fertig, basta
hotovos|ť peniaze s Bargeld ((e)s, er), e Barschaft (≈, en); *platiť v –ti* bar zahlen; *platba v –ti* e Barzahlung
hotov|ý **1** fertig; *–é jedlá* die Fertigspeisen; *–á vec* eine fertige Sache; *som s tým hneď ~* ich bin damit gleich fertig **2** pripravený berẹit; *je vždy ~ pomôcť* er ist immer bereit, zu helfen **3** hovor. skutočný wahr, bar; *to je ~ nezmysel!* das ist ein barer Unsinn!
hovädz|í Rind(s)-, Rinder-; *~ dobytok* s Rind, s Rindvieh; *~ jazyk* e Rinderzunge; *–ie mäso* s Rindfleisch; *–ia polievka* e Rind(fleisch)suppe; **–ina** s Rindfleisch (es, 0)
hovno vulg. e Scheiße (≈, n), r Dreck ((e)s, e)
hovor s Gespräch ((e)s, e); *diaľkový ~* s Ferngespräch; *miestny ~* s Ortsgespräch; *súkromný ~* s Privatgespräch
hovorca r Sprecher (s, ≈)
hovor|iť **1** sprechen*, reden (*s kým o čom* mit j-m über etw A al. von etw D); *chcem s tebou ~* ich möchte mit dir sprechen; *~ plynulo po nemecky* fließend deutsch sprechen; *~ k veci* zur Sache sprechen **2** nazývať nennen*; *tomu sa –í šťastie* das nennt man Glück
hovorový lingv. Umgangs-; *~ jazyk* e Umgangssprache
hr|a **1** s Spiel ((e)s, e); *hazardná ~* s Hasardspiel; *olympijské –y* die Olympischen Spiele **2** div. ap. s Spiel ((e)s, e), s Theaterstück ((e)s, e); *rozhlasová ~* s Hörspiel
hrab e Hagebuche (≈, n)
hrabať **1** rozrývať zem scharren **2** hrabľami harken, rechen **3** zhŕňať zusammen|scharren; **~ sa** expr. prehŕňať sa (herụm)|wühlen (*v čom* in etw D); *~ v kufri* im Koffer wühlen
hrab|ivosť e Habgier (≈, 0), e Habsucht (≈, 0); **–ivý** habgierig, habsüchtig
hrable e Harke (≈, n), r Rechen (s, ≈)
hraboš e Wühlmaus (≈, ≈e), e Feldmaus (≈, ≈e)
hrac|í Spiel-; *~ automat* r Spiel|automat; *–ie karty* e Spielkarten
hráč r Spieler (s, ≈); *futbalový ~* r Fußballspieler
hračk|a **1** s Spielzeug ((e)s, 0); *–y* tovar die Spielwaren **2** expr. maličkosť s Kinderspiel ((e)s, e), e Kleinigkeit (≈, en); *to je ~* das ist ein Kinderspiel; **–árstvo** e Spielwaren MNČ, s Spielwarengeschäft ((e)s, e)
hrad e Burg (≈, en); *Bratislavský hrad* die Bratislavaer Burg
hrada brvno r Balken (s, ≈)
hradb|a r Wall ((e)s, ≈e), e Mauer (≈, n); *mestské –y* Stadtmauern
hradiť[1] zahradzovať staunen, dämmen, sperren
hradiť[2] **1** výdavky decken; *~ cestovné* die Reisekosten decken **2** škodu ersẹtzen, entschạdigen

hradská zast. e Landstraße (≈, n)
hrádza r Damm ((e)s, ≈e), r Deich ((e)s, e); *prístavná* ~ r Hafendamm, e Mole (≈, n)
hrach e Erbse (≈, n); **~ový** Erbsen-
hrana e Kante (≈, n); ~ *stola* e Tischkante; **~tý** kantig, eckig i obraz.; *~té zátvorky* eckige Klammern
hranic|a 1 e Grenze (≈, n); *štátna* ~ e Staatsgrenze; *na –iach* an der Grenze **2** z dreva r Holzstapel (s, ≈), r Scheiterhaufen (s, ≈); *upáliť koho na –i* j-n auf dem Scheiterhaufen verbrennen*
hraničiť grenzen (*s čím* an etw A); *Slovenská republika –í s Rakúskom* die Slowakische Republik grenzt an Österreich
hraničn|ý Grenz-; *–á situácia* e Grenzsituation
hranol 1 mat. s Prisma (≈, men) **2** dreva s Kantholz (es, ≈er)
hranolček kuch. MNČ Pommes frites [pom frit], hovor. e Pommes
hraný gespielt, Spiel-; ~ *film* r Spielfilm
hrášok e Erbse (≈, n); *zelený* ~ grüne Erbsen MNČ
hrať 1 spielen; ~ *karty, šachy* Karten, Schach spielen; ~ *o peniaze* um Geld spielen; ~ *na klavíri* Klavier spielen **2** uvádzať spielen, vor|führen; *čo dnes hrajú?* was wird heute gespielt? **3** predstierať spielen, vor|täuschen; ~ *nevinného* den Unschuldigen spielen **4** jagať sa, blyšťať spielen, schillern; *jej vlasy hrajú dočervena* ihr Haar schillert ins Rötliche; **~ sa** spielen; ~ *sa na schovávačku, na slepú babu* Verstecken, blinde Kuh spielen; ~ *sa s dieťaťom* mit dem Kind spielen
hravý spielerisch, spiellustig, spielfreudig
hrazda s Reck ((e)s, e)
hrb r Buckel (s, ≈), r Höcker (s, ≈)
hŕba r Haufen (s, ≈); ~ *kníh* ein Haufen Bücher; ~ *peňazí* ein Haufen Geld
hrb|áč r Bucklige (n, n); **–atý 1** bucklig **2** zhrbený gebückt
hrbiť sa sich krümmen, einen krummen Rücken machen
hrboľat|ý knorrig, holp(e)rig, un|eben; *–á cesta* ein holpriger Weg
hrč|a 1 opuchlina e Beule (≈, n) **2** v dreve r Knorren (s, ≈); **–ovitý** knorrig
hrdin|a r Held (en, en); **–ský** Helden-, heldenhaft; **–stvo** s Heldentum ((e)s, 0)
hrdlička e Turteltaube (≈, n)
hrdlo 1 e Kehle (≈, n), r Hals ((es), ≈e) **2** fľaše r Flaschenhals ((e)s, ≈e)
hrdosť r Stolz (es, 0)
hrd|ý(o) stolz (*na koho/čo* auf j-n/etw A)
hrdza r Rost (es, 0); **~vý 1** Rost-, rostig **2** o vlasoch rothaarig; **~vieť** rosten
hrebeň r Kamm ((e)s, ≈e) i obraz.; *horský* ~ r Gebirgskamm; *kohútí* ~ r Hahnenkamm
hrešiť 1 páchať hriechy sündigen (*proti čomu* gegen etw A) **2** karhať tadeln, schelten* **3** nadávať schimpfen, fluchen
hriadeľ tech. e Welle (≈, n); *kľukový* ~ e Kurbelwelle
hriadka s Beet ((e)s, e); *kvetinová* ~ s Blumenbeet
hrianka s Röstbrot ((e)s, e), z bieleho chleba r Toast [to:st] ((e)s, s al. e)
hriať 1 dávať teplo wärmen **2** zohrievať auf|wärmen, warm machen; **~ sa** sich wärmen; ~ *sa na slnku, pri peci* sich in der Sonne, am Ofen wärmen
hríb 1 dubák r Steinpilz (es, e) **2** hovor. huba r Pilz (es, e)
hriech e Sünde (≈, n); *ťažký* ~ eine schwere Sünde; *pykať za svoje hriechy* seine Sünden ab|büßen
hriešnik r Sünder (s, ≈), r Missetäter (s, ≈)
hriešn|y(e) 1 sündig, sündhaft **2** expr. veľký Sünden-, Heiden-, sündhaft; *–e peniaze* s Heidengeld; *to je –e drahé* das ist sündhaft teuer
hriva i o vlasoch e Mähne (≈, n)
hrk|álka e Rassel (≈, n), e Klapper (≈, n); **–ať** rasseln, rascheln

GHI

hrkútať gurren

hrmieť donnern; *hrmí* es donnert

hrnček 1 malý hrniec s Töpfchen (s, ≈) **2** porcelánový e Tasse (≈, n)

hrnčiar r Töpfer (s, ≈); **~sky** Töpfer-; *~ kruh* e Töpferscheibe

hrniec r Topf ((e)s, ≈̈e); *tlakový ~* r Dampfkochtopf, r Schnellkochtopf

hrnúť zhŕňať na kopu (zusammen)scharren, häufeln

hrnúť sa stürzen (i.), strömen (i.), sich drängen; *~ k dverám* zur Tür stürzen; *ľudia sa hrnuli dovnútra* die Leute strömen hinein/herein

hrob s Grab ((e)s, ≈̈er), e Grabstätte (≈, n); *rodinný ~* s Familiengrab; *masový ~* s Massengrab; **priviesť koho do ~u** j-n ins Grab bringen

hrobka e Gruft (≈, ≈̈e)

hroch s Flußpferd ((e)s, e), Nilpferd ((e)s, e)

hrom r Donner (s, ≈)

hromada 1 hŕba r Haufen (s, ≈); *~ dreva* ein Haufen Holz **2** expr. množstvo e Masse (≈, n), e Menge (≈, n)

hromadiť häufen, sammeln; **~ sa** sich häufen

hromad|ne haufenweise, massenweise; **–ný** massenhaft, Massen-; *–né dopravné prostriedky* e Massenverkehrsmittel; *zbrane –ného ničenia* die Massenvernichtungswaffen

hromozvod r Blitz|ableiter (s, ≈)

hrot e Spitze (≈, n); *~ noža* e Messerspitze

hrozba e Drohung (≈, en); *zastrašiť koho ~mi* j-n mit Drohungen ein|schüchtern

hrozienko e Rosine (≈, n)

hroziť (an)|drohen (*komu čím* j-m mit etw D)

hroz|iť 1 komu drohen (*komu čím* j-m mit etw D) **2** drohen; *–í nebezpečenstvo, že…* es droht die Gefahr, daß <…ss>…; **~ sa** ľakať sa zurückschrecken (i.), sich scheuen, sich grauen (*čoho* vor etw D)

hroziv|ý(o) drohend

hrozno e Traube (≈, n), e Weintraube (≈, n); *oberať ~* e Trauben lesen*; **~vý** Trauben-; *~vý cukor* r Traubenzucker

hrozn|ý(e) schrecklich, furchtbar, entsetzlich; *–é počasie* ein schreckliches Wetter

hrôz|a r Schreck ((e)s, e), r Schrecken (s, ≈), s Grauen (s, ≈); *vzbudzovať v kom –u* j-m einen Schreck ein|jagen

hrs|ť 1 e (hohle) Hand (≈, ≈̈e); *mať/držať čo v –ti* etw in der Hand haben*/halten* **2** množstvo e Handvoll (≈, 0); *~ múky* eine Handvoll Mehl

hrtan anat. r Kehlkopf ((e)s, ≈̈e)

hrúbka 1 e Dicke (≈, n), e Stärke (≈, n) **2** priemer r Durchmesser (s, ≈)

hrub|o 1 opak tenko dick **2** opak jemne grob **3** nezdvorilo grob, derb, unartig; **–osť** e Grobheit (≈, en), e Roheit (≈, en)

hrubý 1 opak tenký dick, stark **2** opak jemný grob **3** o hlase tief, rauh **4** nezdvorilý grob **5** ekon. Brutto-; *~ príjem* s Brutto|einkommen

hruď e Brust (≈, ≈̈e)

hruda r Klumpen (s, ≈)

hrudník r Brustkorb ((e)s, ≈̈e)

hrudný Brust-; *~ kôš* r Brustkorb

hruška 1 plod e Birne (≈, n) **2** strom r Birnbaum ((e)s, ≈̈e)

hryzav|ý(o) Beiß-, beißend, bissig

hrýzť beißen*

hub|a[1] 1 r Pilz ((es), e); *jedlá ~* ein eßbarer <…ss…> Pilz; *jedovatá ~* ein giftiger Pilz; *ísť na –y* Pilze suchen gehen; *sušené –y* getrocknete Pilze **2** na umývanie r Schwamm ((e)s, ≈̈e)

hub|a[2] 1 papuľa zvieraťa s Maul ((e)s, ≈̈er) **2** hovor. ústa s Maul ((e)s, ≈̈er), e Schnauze (≈, n), e Klappe (≈, n); expr. *drž –u!* halt die Klappe!

hubár r Pilzsammler (s, ≈)

hučať brausen, sausen, tosen; *hučí mi v ušiach* es saust mir in den Ohren

hudba e Musik (≈, 0); *vážna ~* klassische Musik; *populárna ~* e Popmusik

hudobník r Musiker (s, ≈)

GHI

hudobnin|y e Musikalien MNČ; *obchod s –ami* e Musikalienhandlung
hudobn|ý(e) Musik-, musikalisch; ~ *festival* s Musikfestival, e Musikfestspiele MNČ; ~ *nástroj* s Musikinstrument; *–á škola* e Musikschule; ~ *skladateľ* r Komponist
húf r Haufen (s, ≈), e Schar (≈, en); **~ne** haufenweise, massenweise
húk|ačka hovor. e Hupe (≈, n); **–ať** **1** o aute hupen **2** sova heulen **3** expr. kričať brüllen
hulákať brüllen, lärmen, johlen, randalieren
hulvát hovor. r Rüpel (s, ≈), r Grobian (s, e)
humanit|a e Humanität (≈, 0); **–árny** humanitär; **–ný** Humanitäts-
humanizmus r Humanismus (≈, 0)
humánn|y(e) human, menschlich; *–a medicína* e Humanmedizin
humor r Humor (s, 0); **~istický** humoristisch
humorn|ý(e) humorvoll, humor
hurá hurra
hus e Gans (≈, ≈̈e); *divá* ~ e Wildgans; **~ací** Gänse-; *~acia masť* s Gänsefett
húsenica e Raupe (≈, n)
husl|e e Geige (≈, n), e Violine [v...] (≈, n); *hrať na –iach* Geige, Violine spielen
huslista r Geiger (s, ≈), r Violinist [v...] (en, en), r Geigenspieler (s, ≈)
husľový Geigen-, Violin- [v...]; ~ *koncert* s Violinkonzert; ~ *kľúč* r Violinschlüssel
huspenina s Gallert ((e)s, e), e Sülze (≈, n); rak. r, s Aspik (s, e)
hustiť **1** verdichten **2** pneumatiku aufpumpen
hustnúť dicht/dick werden* (i.)
hustomer r Dichtemesser (s, ≈)
hustota **1** e Dichte (≈, 0), e Dichtigkeit (≈, 0) **2** o tekutine e Dicke (≈, 0)
hust|ý(o) **1** dicht **2** o tekutine dick, dickflüssig
húština s Dickicht ((e)s, e), s Gebüsch ((e)s, e)
huta e Hütte (≈, n); *sklárska* ~ e Glashütte
hutníctvo e Metallurgie (≈, 0)
hutn|ý(e) kniž. tuhý dicht, fest, kompakt
húževnat|ý(o) zäh, standhaft
hvezdáreň e Sternwarte (≈, n)
hviezda **1** r Stern ((e)s, e) **2** filmová r Filmstar (s, s)
hvízdať pfeifen*
hýbať bewegen, rühren (*čo* etw A); **~ sa** sich bewegen, sich rühren, sich regen; *nehýb sa z miesta* rühre dich nicht von der Stelle
hybk|ý(o) flink, flott, gewandt
hybn|ý Beweg-, Treib-, bewegend; *–á sila* e Treibkraft
hydin|a s Geflügel (s, 0); *nožnice na –u* e Geflügelschere
hydináreň e Geflügelfarm (≈, en)
hydinový Geflügel-; ~ *šalát* r Geflügelsalat
hydrant r Hydrant (en, en)
hydraulick|ý hydraulisch; *–á brzda* hydraulische Bremse
hydroelektráreň s Wasserkraftwerk ((e)s, e)
hydroplán s Wasserflugzeug ((e)s, e)
hyena e Hyäne (≈, n)
hygiena e Hygiene (≈, 0)
hygienick|ý(y) hygienisch; *–y balený* hygienisch verpackt
hýľ r Gimpel (s, ≈)
hymna e Hymne (≈, n); *štátna* ~ e Staatshymne
hynúť **1** zugrunde gehen* (i.), untergehen* **2** rastliny eingehen*
hyperbola e Hyperbel (≈, n)
hypnot|ický hypnotisch; **–izovať** hypnotisieren
hypnóza e Hypnose (≈, n)
hypotéka e Hypothek (≈, en)
hypotéza e Hypothese (≈, n), e Annahme (≈, n)
hýriť **1** nemierne sa zabávať schlemmen, prassen **2** oplývať strotzen (*čím* von etw D)

hystéria e Hysterie (≈, ien)
hysterick|ý(y) hysterisch

Ch

chabý schwach, matt, flau, energielos
chalan r Junge (n, n), r Bursche (n, n), r Kerl ((e)s, e)
chaluha e (Meeres|)alge (≈, n), r Tang ((e)s, e)
chalupa 1 dedinský dom s Bauernhaus (es, ≈er), s Landhaus (es, ≈er) **2** víkendový dom s Wochen|endhaus (es, ≈er)
chamtivosť e Gier (≈, 0), e Habsucht (≈, 0)
chamtiv|ý(o) habgierig, geizig, habsüchtig
chaos s Chaos [k...] (≈, 0), r Wirrwarr (s, 0)
chaotick|ý(y) chaotisch [k...]
chápanie e Auffassung (≈, en)
chápať begreifen*, verstehen*, ein|sehen, hovor. kapieren; *to nechápem* das kann ich nicht verstehen; *chápeš?* verstehst/kapierst du?
chápavý 1 auffassungsfähig, gelehrig **2** úsmev verständnisvoll
charakter r Charakter [k...] (s, tere); *mať pevný ~* einen festen Charakter haben
charakteristick|ý(y) charakteristisch [k...]
charakterizovať charakterisieren [k...]
charaktern|ý(e) charakterfest [k...], charaktervoll [k...]
charitatívn|y karitativ, wohltätig; *–a činnosť* karitative Tätigkeit, e Wohltätigkeit
charta e Charta [k...] (≈, s)
chata 1 e Hütte (≈, n); *horská ~* e Berghütte **2** rekreačná s Ferienhaus (es, ≈er), s Wochen|endhaus (es, ≈er)
chátrať 1 o človeku verkommen* (i.), herunter|kommen* (i.) **2** o veciach verfallen* (i.)
chatrč e Bude (≈, n), e Hütte (≈, n)
chatrn|ý(e) erbärmlich, ärmlich, im schlechten Zustand
chcieť 1 wollen*; *nevie, čo chce* er weiß nicht, was er will **2** žiadať wollen, verlangen; *čo odo mňa chceš?* was willst du von mir? **3** priať si mögen*; *chcel by som ísť do kina* ich möchte ins Kino gehen; *chceš ešte čaj?* möchtest du noch Tee?; **~ sa** mögen*, wollen*, Lust haben*; *(ne)chce sa mi* ich habe (keine) Lust
chémia e Chemie (≈, 0)
chemick|ý(y) chemisch; *~ prvok* s chemische Element; *–é čistenie* chemische Reinigung; *~ priemysel* chemische Industrie
chemik r Chemiker (s, ≈)
chichotať sa, chichúňať sa kichern
chirurg r Chirurg (en, en); **~ia** e Chirurgie (≈, 0); **~ický** chirurgisch
chlad e Kälte (≈, 0), e Kühle (≈, 0); **~ený** gekühlt; *~ené nápoje* gekühlte Getränke
chladiac|i Kühl-; *–e zariadenie* e Kühl|anlage
chladič r Kühler (s, ≈)
chladiť (ab|)kühlen, kälten; **~ sa** sich ab|kühlen
chladiv|ý(o) kühlend
chladnička r Kühlschrank ((e)s, schränke)
chladno 1 PODST M e Kühle (≈, 0), e Kälte (≈, 0) **2** PRÍSL kühl, kalt
chladnokrvn|ý(e) kaltblütig
chladnúť kühl werden*, erkalten (i.)
chladn|ý(e) kühl, kalt; *~ rozum* r kalte Verstand; *byť ku komu ~* j-m gegenüber kühl sein; *zachovať si –ú hlavu* einen kühlen Kopf bewahren
chlád|ok r Schatten (s, ≈), e (angenehme) Kühle (≈, 0); *sadnúť si do –ku* sich in den Schatten setzen
chlácholiť besänftigen, beruhigen
chlap r Mann ((e)s, ≈er), hovor. r Kerl (s, e)
chlapčensk|ý(y) Jungen-, Knaben-,

jungenhaft, knabenhaft
chlapec 1 r Junge (n, n), r Bub (en, en), kniž. r Knabe (n, n) **2** milý r Freund ((e)s, e)
chlapsk|ý(y) Männer-, Mannes-, männlich
chľast hovor. hanl. r Suff ((e)s, 0); **~ať** hovor. saufen*
chlebíček s Brötchen (s, ≈); *obložený ~* ein belegtes Brötchen
chlieb s Brot ((e)s, e); *biely, čierny ~* weißes Brot al. s Weißbrot, schwarzes Brot al. s Schwarzbrot; *celozrnný ~* s Vollkornbrot; *bochník chleba* ein Laib Brot; *krajec chleba* eine Scheibe Brot; *~ s maslom* s Butterbrot; *~ so šunkou* s Schinkenbrot
chliev r Stall ((e)s, ≃e)
chlipn|ý(e) geil, lüstern, wollüstig
chlopňa anat. e Klappe (≈, n); *srdcová ~* e Herzklappe
chlór chem. s Chlor [klo:ɐ] (s, 0)
chlp s Haar ((e)s, e); **~y** e Behaarung (≈, 0); **~atý** haarig, behaart
chmeľ r Hopfen (s, ≈); *zber ~u* e Hopfenernte; **~nica** s Hopfenfeld ((e)s, er)
chobot r Rüssel (s, ≈)
chobotnica r Krake (n, n), r Tintenfisch (es, e)
chod 1 krok r Gang ((e)s, ≃e), r Schritt ((e)s, e) **2** fungovanie r Lauf ((e)s, ≃e), r Verlauf ((e)s, 0), e Bewegung (≈, en), r Gang ((e)s, ≃e); *uviesť stroj do ~u* eine Maschine in Bewegung al. in Gang setzen; *spätný ~* r Rücklauf **3** prevádzka r Betrieb ((e)s, e); *nepretržitý ~* r Dauerbetrieb **4** jedlo r Gang ((e)s, ≃e)
chodba r Gang ((e)s, ≃e), r Flur ((e), e)
chod|ec r Fußgänger (s, ≈), r Passant (en, en); *cesta pre –cov* r Fußgängerweg
chodidlo e Fußsohle (≈, n)
chodiť 1 pohybovať sa gehen*, laufen*; *~ pešo* zu Fuß gehen; *~ bosý* barfuß gehen **2** navštevovať gehen*, besuchen; *~ do školy, na univerzitu* zur Schule, an die Uni(versität) gehen **3** mať známosť gehen*; *~ s dievčaťom, chlapcom* mit einem Mädchen, einem Jungen gehen **4** premávať fahren*, verkehren; *autobus chodí každý deň* der Bus fährt jeden Tag **5** byť oblečený, obutý sich kleiden, gehen; *~ v čiernom* in Schwarz gehen, sich schwarz kleiden; **~ poza školu** die Schule schwänzen
chodník r Gehsteig ((e)s, e), r Bürgersteig ((e)s, e), r Fußweg ((e)s, e)
cholera e Cholera [k...] (≈, 0)
cholerický cholerisch [k...]
cholesterol s Cholesterin [k...] (s, 0)
chór hud. r Chor [ko:ɐ] ((e)s, ≃e)
chorál hud. r Choral [k...] (s, ≃e)
choreografia e Choreographie [k...] (≈, ien)
chorľav|ý(o) kränklich
choroba e Krankheit (≈, en); *infekčná ~* e Infektionskrankheit; *nákazlivá ~* eine ansteckende Krankheit; *detská ~* e Kinderkrankheit; *morská ~* e Seekrankheit
chorobn|ý(e) kränklich, krankhaft, pathologisch
chorobopis e Krankengeschichte (≈, en)
choromyseľn|ý(e) geisteskrank, irrsinnig, wahnsinnig; *ústav pre –ých* e Irren|anstalt
chorý PODST M r Kranke (n, n)
chor|ý(o) krank, leidend; *som ~* ich bin krank; *~ na srdce* herzkrank
chov e Zucht (≈, 0); *~ dobytka* e Viehzucht; **~ať 1** zvieratá halten*, züchten **2** živiť versorgen, ernähren **3** kniž. prechovávať bewahren, halten*; *~ať v srdci* im Herzen bewahren; **~ateľ** r Züchter (s, ≈), r Tierhalter (s, ≈)
chovateľ r Züchter (s, ≈)
chôdza 1 chodenie s Gehen (s, 0) **2** spôsob chodenia r Gang ((e)s, ≃e), e Gangart (≈, en)
chradnúť dahin|siechen, verfallen*
chrám 1 kresťanský r Dom ((e)s, e), e

Kirche (≈, n) **2** iný r Tempel (s, ≈); *antický ~* r antike Tempel
chránen|ý Schutz-, geschützt; *–é zvieratá, –é rastliny* geschützte Tiere, geschützte Pflanzen; *–á krajinná oblasť* s Naturschutzgebiet
chránič 1 tech. e Schutzeinrichtung (≈, en) **2** šport. r Schützer (s, ≈)
chrániť (be)hüten, bewahren, beschützen (*koho/čo pred kým/čím* j-n/etw vor j-m/etw D); *~ koho pred nebezpečenstvom* j-n vor einer Gefahr beschützen; *~ pred slnkom* vor der Sonne schützen
chrápať schnarchen
chrapľavosť e Heiserkeit (≈, 0); **–avý** heiser, rauh; *~ hlas* eine heisere Stimme
chrasta r Schorf ((e)s, e), hovor. r Grind ((e)s, e)
chrb|át r Rücken (s, ≈); *otočiť sa k niekomu –tom* j-m den Rücken zuwenden; *~ ruky* r Handrücken; *horský ~* r Bergrücken; *~ knihy* r Buchrücken
chrbtica s Rückgrat ((e)s, e), e Wirbelsäule (≈, n)
chren r Meerrettich ((e)s, e), rak. r Kren ((e)s, 0)
chripieť heiser sein*, heiser sprechen*
chrípk|a e Grippe (≈, n); *mať –u* Grippe haben*; **–ový** Grippe-, grippal
chrliť 1 auswerfen*, speien* **2** obraz. schnell hervorbringen*
chrobák r Käfer (s, ≈); **nasadiť komu ~a do hlavy** j-m einen Floh ins Ohr setzen
chrochtať grunzen
chróm chem. s Chrom [k...] (s, 0)
chrómovaný verchromt [feˈkro:mt]
chromý lahm, gelähmt, hinkend
chronick|ý(y) chronisch [k...]
chronologick|ý(y) chronologisch [k...]
chrt r Windhund ((e)s, e)
chrúmať 1 čo knabbern, knuspern **2** vydávať zvuk knirschen
chrumkavý knusp(e)rig
chrup s Gebiß <...ss> (sses, sse); *umelý ~* s künstliche Gebiß
chrupavka r Knorpel (s, ≈)
chrúst r Maikäfer (s, ≈)
chryzantéma e Chrysantheme [krüzanteːmə] (≈, n)
chudák r Arme (n, n), ein armer Schlucker, ein armer Mensch (en, en)
chudnúť abnehmen*, mager werden* (i.)
chudoba e Armut (≈, 0)
chudobn|ý(e) arm, -arm (*na čo* an etw D); *~ na vitamíny* vitaminenarm
chudý mager, schmächtig, dürr
chuligán r Rowdy [raudi] (s, s)
chúlostiv|ý(o) 1 precitlivený empfindlich, zimperlich **2** nepríjemný heikel, bedenklich
chumáč s Büschel (s, ≈), r Klumpen (s, ≈), e Zotte (≈, n)
chumelica s (Schnee)gestöber (s, ≈)
chumeliť (sa) schneien, stöbern; *vonku sa chumelí* es schneit draußen
chuť 1 vlastnosť látok r Geschmack ((e)s, ≈e); *bez chuti* geschmacklos; *osoliť podľa chuti* nach Geschmack salzen **2** do jedla r Appetit ((e)s, e); *dobrú ~!* guten Appetit!; *mať ~ na niečo* Appetit auf etw haben **3** chcenie e Lust (≈, ≈e); *~ do práce* Lust zur Arbeit; *~ do života* e Lebenslust; *nemá na to ~* er hat keine Lust dazu **4** jeden zo zmyslov r Geschmack ((e)s, ≈e), r Geschmacksinn ((e)s, 0); **s jedlom rastie ~** der Appetit kommt beim Essen
chutiť 1 o jedle schmecken; *chutí vám?* schmeckt es Ihnen?; *to mi nechutí* das schmeckt mir nicht **2** mať určitú príchuť schmecken (*čím* nach etw D); *víno chutí po sude* der Wein schmeckt nach Faß <...ss>
chúťka s Gelüst ((e)s, e)
chutnať kosten
chutn|ý(e) 1 dobre chutiaci schmackhaft, wohlschmeckend, lecker, köstlich **2** hovor. milý, pekný lieb, nett, reizend
chvála s Lob ((e)s, 0)
chvalabohu Gott sei Dank!, gottlob!

GHI

chváliť loben; ~ **sa** prahlen (*čím* mit etw D)
chválospev e Lob(es)hymne (≈, n), r Lobgesang ((e)s, ≈e)
chvályhodn|ý(e) lobenswert, lobenswürdig
chvastať sa prahlen (*čím* mit etw D), auf|schneiden*
chvat[1] náhlenie sa e Hast (≈, 0), e Hetze (≈, 0), e Eile (≈, 0); *robiť čo v ~e* etw in Hast tun
chvat[2] šport. r Griff ((e)s, e)
chvieť sa beben, zittern; ~ *od strachu* vor Angst zittern, beben; *hlas sa mu chveje* seine Stimme zittert
chvíľ|a e Weile (≈, n), r Moment ((e)s, e); *každú –u* jeden Augenblick/Moment; *na –u* für eine Weile al. für einen Augenblick; *na poslednú –u* im letzten Augenblick; *pred –ou* vor einer Weile; *počkaj –u* warte einen Augenblick al. einen Moment; *o –u* in einem Augenblick; **mať dlhú –u** Langeweile haben, sich langweilen; **–ka** r Augenblick ((e)s, e), s Weilchen (s, ≈)
chvojina s Reisig (s, 0)
chvost r Schwanz (es, ≈e)
chyb|a 1 omyl r Fehler (s, ≈); *hrubá ~* ein grober Fehler; *tlačová ~* r Druckfehler; *urobiť –u* einen Fehler machen; *bola to moja ~* das war mein Fehler **2** nedostatok r Mangel (s, ≈), r Fehler (s, ≈)
chýb|ať **1** nemať mangeln (*čo* an etw D), fehlen, ab|gehen*, vermissen; *chýbaš mi* du fehlst mir **2** byť neprítomný fehlen, abwesend sein*; *kto –a?* wer fehlt?
chybn|ý(e) **1** majúci chybu fehlerhaft, mangelhaft, defekt **2** nesprávny Fehl-, falsch; ~ *krok* r Fehltritt
chystať **1** vor|bereiten; ~ *oslavu* ein Fest vorbereiten **2** jedlo zu|bereiten; ~ *obed* s Mittagessen zubereiten; ~ **sa** sich vor|bereiten (*na čo* auf etw A), sich bereit machen (*na čo* für etw A); ~ *na cestu* sich auf die Reise vorbereiten
chyták hovor. e Fangfrage (≈, n)
chytať **1** pozri *chytiť* **2** loviť fangen*; ~ *ryby* Fische fangen, fischen, angeln **3** o farbe ap. halten*, haften; ~ **sa** pozri *chytiť sa*
chytiť **1** uchopiť greifen*, fassen, fangen*; ~ *koho za ruku* j-n bei der Hand fassen **2** uloviť, dolapiť fangen*, erwischen, ertappen **3** hovor. rozhlasovú stanicu empfangen* **4** hovor. dostať chorobu kriegen, bekommen* **5** začať horieť Feuer fangen*, an|brennen* (i.); ~ **sa** **1** pridržať sa sich fest|halten **2** dotknúť sa greifen, fassen (*čoho* an etw A) **3** lepiť sa haften, kleben (*na čo* an etw D)
chyžná s Zimmermädchen (s, ≈)

I

i[1] SP **1** zlučovacia und, wie auch; *ja ~ ona* ich und sie; *poznám ho ~ jeho brata* ich kenne ihn, wie auch seinen Bruder **2** stupňovacia auch; *nielen..., ale ~...* nicht nur..., sondern auch...; **~ keby, ~ keď** wenngleich, wenn auch
i[2] ČAST also; ~ *odišiel* also ging er weg
ibiš r Eibisch ((e)s, e); **~ový** Eibisch-; *~ový čaj* r Eibischtee
idea e Idee (≈, n), r Gedanke (ns, n)
ideál s Ideal (s, e)
idealist|a r Idealist (en, en); **–ický** idealistisch
idealizmus r Idealismus (≈, 0)
idealizovať idealisieren
ideáln|y(e) ideal
identick|ý(y) identisch
identifikovať identifizieren
identit|a e Identität (≈, 0); *strata –y* r Identitätsverlust
ideológ r Ideologe (n, n); **~ia** e Ideologie (≈, ien)
ideologick|ý(y) ideologisch
ideov|ý(o) ideell, Ideen-
idiot r Idiot (en, en); **~ský, ~sky** idiotisch

idol s Idọl (s, e); *stať sa ~om* zum Idol werden
igelit s Igelịt (s, 0)
ignorovať ignorịeren
ihl|a e Nadel (≈, n); *navliekať niť do –y* die Nadel ein|fädeln
ihlan mat. e Pyramịde (≈, n)
ihlica **1** e Nadel (≈, n) **2** na pletenie e Stricknadel **3** anat. s Wadenbein ((e)s, e)
ihlič|ie e Nadeln MNČ; **–natý** Nadel-; *~ strom* r Nadelbaum; *~ les* r Nadelwald
ihneď sofọrt, augenblicklich, gleich
ihrisko r Spielplatz (es, ≈̈e); *futbalové ~* r Fußballplatz; *tenisové ~* r Tennisplatz
ich **1** ZÁM osobné sie; *stretol som ~* ich traf sie **2** ZÁM privlastňovacie ihr; *~ syn* ihr Sohn
ikona e Ikọne (≈, n)
ikry r (Fisch)rogen (s, ≈)
íl r Lehm ((e)s, e), r Ton ((e)s, e)
ilegáln|y(e) illegal; *~ prechod hraníc* der illegale Grenzübertritt
ilustrácia e Illustratiọn (≈, en), e Abbildung (≈, en)
ilustrov|aný illustrịert; **–ať** illustrịeren
ilúz|ia e Illusiọn (≈, en), s Wahnbild (es, er); *robiť si –ie* sich Illusionen machen
imatrikul|ácia e Immatrikulatiọn (≈, en); **–ovať** immatrikulịeren
imelo e Mistel (≈, n)
imidž s Image ['imič] ((s), s)
imitovať imitịeren
imperialistick|ý(y) imperialịstisch
imperializmus r Imperialịsmus (≈, 0)
imponovať imponịeren, beeindrucken
import r Impọrt ((e)s, e), e Einfuhr (≈, en); **~ovať** importịeren, einführen
impotentný impotẹnt, zeugungsunfähig
impregnácia e Imprägnịerung (≈, en)
improviz|ácia e Improvisatiọn […v…] (≈, en); **–ovať** improvisịeren […v…]
impulz r Impụls (es, e); **~ívny, ~ívne** impulsịv
imunita e Immunität (≈, 0); *vrodená ~* angeborene Immunität; *získaná ~* erworbene Immunität; *oslabená ~* e Immunschwäche; *poslanecká ~* e Abge|ordneten|immunität
imúnn|y(e) immụn (*proti/čomu* gegen etw A); *byť ~ proti kritike* gegen die Kritik immun sein
ináč **1** PRÍSL inak, odlišne anders, hovor. anderswie; *povedz to ~* sage es anders **2** SP v opačnom prípade sonst; *potrebujú ho, ~ by ho nevolali* sie brauchen ihn, sonst würden sie ihn nicht rufen **3** ČAST sonst, übrigens; *~ je veľmi milý* er ist sonst sehr nett
inam anderswohin, sonstwohin
incident r Inzidẹnt (es, e), r Zwischenfall ((e)s, ≈̈e)
inde **1** na inom mieste anderswo, woạnders **2** na iné miesto anderswohin
index **1** r Index ((es), e al. Indizes), s Register (s, ≈), s Stichwortverzeichnis (ses, se) **2** na univerzite s Studi|enbuch ((e)s, ≈̈er) **3** čierna listina r Index ((es), e); *kniha je na ~e* das Buch steht auf dem Index
indiskrétn|y(e) indiskrẹt
indisponovaný indisponịert
indispozícia e Indispositiọn (≈, en)
individualistick|ý(y) individualịstisch […v…]
individualita e Individualität […v…] (≈, en)
individuáln|y(e) individuẹll […v…]
indivíduum s Indivịdu|um […v…] (s, duen)
industrializ|ácia e Industrialisịerung (≈, en); **–ovať** industrialisịeren
infarkt r Infạrkt ((e)s, e); *srdcový ~* r Herzinfarkt ((e)s, e), r Herz|anfall ((e)s, ≈̈e); *dostať ~* einen Infarkt bekommen; *zomrieť na ~* an einen Infarkt sterben
infekcia e Infektiọn (≈, en), e Ansteckung (≈, en)
infekčn|ý Infektiọns-, infektiọ̈s, ansteckend; *–á choroba* e Infektions-

krankheit al. eine ansteckende Krankheit; *–é oddelenie* e Infektions¦abteilung
infikovať (sa) (sich) infizieren, (sich) an¦stecken
infinitív gram. r Infinitiv (s, e)
infláci|a e Inflation (≈, en); *miera –ie* e Inflationsrate; *zastaviť –iu* eine Inflation stoppen
informáci|a 1 e Information (≈, en), e Auskunft (≈, ≈e); *poskytnúť –e komu* j-m Informationen al. Auskunft geben **2** MNČ kancelária s Informationsbüro (s, s), e Information
informačn|ý Informations-, Auskunfts-; *–á kancelária* s Informationsbüro; *–á služba* r Auskunftsdienst
informatika e Informatik (≈, 0)
informovaný informiert, unterrichtet, benachrichtigt
informovať informieren (*koho o čom* j-n über etw A), benachrichtigen (*koho o čom* j-n von etw D); **~ sa** sich informieren (*o kom/čom* über j-n/etw A), sich erkundigen (*o kom/čom* von j-m/etw D)
infúzi|a e Infusion (≈, en); *dostať –u* Infusion bekommen
inhalovať inhalieren
iniciál(k)a e Initiale [inicja:lə] (≈, n)
iniciatív|a e Initiative [inicja'ti:və] (≈, n); *z vlastnej –y* aus eigener Initiative; *chopiť sa –y* die Initiative ergreifen
iniciatívn|y(e) initiativ [inicja'ti:f]
injekci|a e Injektion (≈, en), e Spritze (≈, n); *dať komu –iu* j-m eine Injektion/Spritze geben; *vnútrožilová ~* eine intravenöse Injektion
inkasovať (ein)¦kassieren, inkassieren
inkognito 1 PRÍSL inkognito; *cestovať ~* inkognito reisen **2** PODST M s Inkognito (s, s)
inkubačn|ý Inkubations-; *–á lehota* e Inkubationszeit
inkubátor r Inkubator (s, oren)
inokedy 1 druhý raz andermal, ein anderes Mal **2** za iných okolností sonst; *viac než ~* mehr als sonst
inovácia e Innovation [...v...] (≈, en)
inovať srieň r Reif ((e)s, 0)
inscenácia e Inszenierung (≈, en), e Aufführung (≈, en)
instantn|ý instant, Instant-, löslich; *–á káva* Instantkaffee al. löslicher Kaffee
inšpek|cia e Inspektion (≈, en); **–tor** r Inspektor (s, oren)
inšpir|ácia e Inspiration (≈, en), e Eingebung (≈, en); **–ovať** inspirieren
inštal|ácia e Installation (≈, en), e Installierung (≈, en); **–atér** r Installateur (s, e)
inštalovať 1 montovať installieren, ein¦bauen **2** zostavovať installieren, ein¦richten
inštinkt r Instinkt ((e)s, e); *spoľahnúť sa na svoj ~* seinem Instinkt folgen
inštinktívn|y(e) instinktiv, Instinkt-; *~ pohyb* eine instinktive Bewegung
inštitúcia e Institution (≈, en)
inštitút s Institut ((e)s, e)
inštrukci|a e Instruktion (≈, en), e Anleitung (≈, en); *dať –ie* Instruktionen geben/erteilen; *dostať –ie* Instruktionen erhalten
inštruktáž e Instruktion (≈, en), Anleitung (≈, en), e Anweisung (≈, en)
inštruktor r Instrukteur (s, e), r Ausbilder (s, ≈)
inštruovať instru¦ieren, belehren, unterrichten, an¦weisen
integrál mat. s Integral (s, e)
intelekt r Intellekt ((e)s, 0)
intelektuál r Intellektu¦elle (n, n); **~ny, ~ne** intellektu¦ell
inteligen|cia e Intelligenz (≈, en); **–čný** Intelligenz-; *–čný test* r Intelligenztest; *–čný kvocient* r Intelligenzquoti¦ent, skr. IQ
inteligentn|ý(e) intelligent
intenzita e Intensität (≈, en)
intenzívn|y(e) intensiv
interiér 1 priestor s Interieur (s, s al. e),

r Innenraum ((e)s, ≈e) **2** zariadenie e Innenausstattung (≈, en)
internát s Internạt ((e)s, e), s Studenten(wohn)heim (es, e)
intern|ý(e) intẹrn, inner; *–á záležitosť* eine interne Angelegenheit; *–á medicína* die interne/innere Medizin
interpretácia e Interpretatiọn (≈, en), e Deutung (≈, en), e Auslegung (≈, en)
interpretovať interpretiẹren
interpunkcia e Interpunktiọn (≈, 0), e Zeichensetzung (≈, 0)
interrupcia e Abtreibung (≈, en), r Schwangerschafts|abbruch ((e)s, ≈e)
interval 1 časový s Intervạll […v…] (s, e), e Zeitspanne (≈, n), r Zeitabschnitt ((e)s, e) **2** hud. s Intervạll (s, e), r Ton|abstand ((e)s, ≈e)
intervencia e Interventiọn […v…] (≈, en), s Eingreifen (s, ≈)
interview s Interview [intɐ'vju:/-'intɐvju:] (s, s); *televízne* ~ s Fernsehinterview; *poskytnúť* ~ ein Interview geben
intímn|y(e) intịm, vertraut; ~ *priateľ* ein intimer Freund; *–e osvetlenie* intime Beleuchtung; *–a hygiena* e Intimhygiene
intonácia r Tonfall ((e)s, ≈e), e Intonatiọn (≈, 0)
intriga e Intrịge (≈, n)
introvert ein introvertiẹrter […v…] Mensch (en, en)
introvertn|ý(e) introvertiẹrt […v…]
intuíc|ia e Intuitiọn (≈, en); *spoliehať sa na svoju –iu* seiner Intuition folgen
invalid r Invalịde […v…] (n, n), r Behinderte (n, n); **~ný** invalịd(e) […v…], Invalịden- […v…]; ~ *dôchodok* e Invalidenrente; *~né poistenie* e Invalidenversicherung
invázia e Invasiọn […v…] (≈, en)
inventár s Inventạr […v…] (s, e), r Bestạnd ((e)s, ≈e)
inventúra e Inventụr […v…] (≈, en), e Bestạndsaufnahme (≈, n)
investícia e Investitiọn […v…] (≈, en), e Kapitạlanlage (≈, n); *dobrá* ~ eine gute Investition
investičn|ý Investitiọns- […v…]; *–á banka* e Investitionsbank
investovať investiẹren […v…], an|legen; ~ *kapitál* Kapital anlegen
iný 1 anderer; *niekto* ~ jemand anderer/anders; *a iné* und andere, skr. u. a.; *~mi slovami* mit anderen Worten; *má* ~ *názor ako ja* er ist anderer Meinung als ich **2** sonst, anders; *kto ~?* wer sonst, wer anders?
inzerát e Annọnce [a'nõsə] (≈, n), e Anzeige (≈, n), s Inserạt ((e)s, e); ~ *v novinách* eine Zeitungsanzeige; *dať si* ~ eine Annonce/Anzeige auf|geben, inserieren
inzerovať annonciẹren [anõ'si:rən], inseriẹren, eine Anzeige auf|geben
inzulín s Insulịn (s, 0)
inžinier skr. Ing. r Ingeniẹur [inžę-'njö:ɐ] (s, e)
iracionáln|y(e) irrationạl […cjọna:l]
irónia e Ironịe (≈, 0)
ironick|ý(y) irọnisch
ischias e Ischias ['išjas/'ischjas] (≈, 0)
iskra r Funken (s, ≈), r Funke (ns, n)
islam r Islam ((s), 0)
ísť 1 kráčať gehen* (i.) kommen* (i.); *choď tam* geh hin; *poď sem* komm her; *poďte* kommen Sie; *kadiaľ sa ide na stanicu?* wie kommt man zum Bahnhof? ~ *na prechádzku* spazieren gehen; ~ *spať* schlafen gehen; ~ *k lekárovi* zum Arzt gehen **2** viesť sa, cestovať fahren* (i.), reisen (i.); ~ *autom, autobusom, loďou, metrom, električkou, vlakom, stopom* mit dem Auto, mit dem Bus, mit dem Schiff, mit der U-Bạhn, mit der Straßenbahn, mit dem Zug, per Anhalter fahren **3** po koho j-n holen; ~ *po doktora* den Arzt holen **4** fungovať gehen* (i.), laufen* (i.); *hodiny idú presne, dopredu, pozadu* die Uhr geht genau, vor, nach **5** týkať sa (*o čo* um etw) gehen* (i.), handeln; *o čo ide?* worum geht es? **6** hovor. pristať passen*; *tieto farby idú*

GHI

k sebe diese Farben passen zueinander **7** hovor. dariť sa, byť možný *ide to* es geht; es ist möglich

isto, iste sicher(lich), bestimmt; *vieš to ~?* weißt du das sicher?

istot|a 1 nepochybná pravda e Gewißheit <...ss...> (≈, 0) **2** bezpečnosť e Sicherheit (≈, 0); *pre –u* zur Sicherheit, sicherheitshalber; **~ je ~** sicher ist sicher

ist|ý 1 majúci istotu sicher; *byť si ~* sich (seiner Sache) sicher sein **2** nesporný gewiß <...ss>, unbestritten **3** pevne presvedčený sicher, überzeugt **4** nejaký, ktorýsi ein gewisser; *~ pán Klein* ein gewisser Herr Klein; **ten ~, tá –á, to –é** derselbe, dieselbe, dasselbe; *je z toho istého mesta ako ja* sie kommt aus derselben Stadt wie ich; *je to jedno a to isté* das ist ein und dasselbe

izba s Zimmer (s, ≈); *hotelová ~* s Hotelzimmer

izolácia e Isolation (≈, en), e Isolierung (≈, en)

izolačný Isolier-, Isolierungs-, Isolations-; *~ materiál* s Isoliermaterial

izolovať isolieren

J

ja 1 ZÁM ich; *to som ~* das bin ich; *bezo mňa* ohne mich; *so mnou* mit mir **2** PODST M s Ich (≈ al. s, ≈ al. s); *moje druhé ~* mein zweites Ich

jabĺčko v kolene e Kniescheibe (≈, n)

jablčník r Apfelkuchen (s, ≈)

jablko r Apfel (s, ≈̈); **~ sporu** r Zank|apfel

jablkový Apfel-; *~ závin* r Apfelstrudel; *~ mušt* r Apfelmost

jabloň r Apfelbaum ((e)s, ≈̈e)

jačať plärren, kreischen, heulen, brüllen

jačmeň e Gerste (≈, n)

jadro r Kern ((e)s, e); *~ problému* r Kern des Problems

jadrov|ý Kern-, Nuklear-, nuklear; *–é zbrane* e Kernwaffen, nukleare Waffen; *–á elektráreň* s Kernkraftwerk, s Atomkraftwerk; *–á energie* e Kern|energie, e Nuklearenergie

jahňa s Lamm ((e)s, ≈̈er); **~cí** Lamm-; *~cie mäso* s Lammfleisch

jahod|a e Erdbeere (≈, n); *lesné, záhradné –y* e Wald|erdbeeren, e Garten|erdbeere; *zbierať –y* Erdbeeren pflücken; **–ový** Erdbeer-; *~ džem* e Erdbeerkonfitüre

jachta e Jacht (≈, en)

jachting r Segelsport ((e)s, 0), r Jachtsport ((e)s, 0)

jama e Grube (≈, n)

jamka na tvári s Grübchen (s, ≈)

jantár r Bernstein ((e)s, e)

január r Januar ((s), e), rak. r Jänner (s, ≈)

jar r Frühling (s, e), s Frühjahr ((e)s, e); *na jar* im Frühling, im Frühjahr; **~ný** Frühlings-, Frühjahrs-; *~né prázdniny* e Frühjahrsferien

jarabica s Rebhuhn ((e)s, ≈̈er)

jarabina 1 strom e Eberesche (≈, n), r Vogelbeerbaum ((e)s, ≈̈e) **2** plod e Vogelbeere (≈, n)

jas r Glanz (es, 0), e Helle (≈, 0), r Schein (es, 0)

jasať jauchzen, jubeln

jaseň e Esche (≈, n)

jaskyňa e Höhle (≈, n), Grotte (≈, n); *ľadová ~* e Tropfsteinhöhle

jasle 1 detské e (Kinder)krippe (≈, n) **2** žľab na krmivo e (Futter)krippe (≈, n)

jasličky cirk. e (Weihnachts)krippe (≈, n)

jasno e Klarheit (≈, 0); *vniesť ~ do čoho* Klarheit in etw bringen

jasn|ý(e al. **o) 1** svetlý hell, licht, klar **2** nepochybný klar, deutlich; *to je (úplne) jasné* das ist (ganz) klar; *jasné!* na klar! **3** o zvuku klar, rein **4** o farbe hell **5** bez mrakov heiter; *–é nebo* heiterer Himmel

jastrab r Habicht ((e)s, e)

jašterica e Eidechse (≈, n)

jaternica krvavnica kuch. e Blutwurst (≈, ≈̈e)

jav e Erscheinung (≈, en); *prírodný* ~ e Naturerscheinung

javisko 1 div. e Bühne (≈, n), e Szene (≈, n) **2** kniž. r Schauplatz (es, ≈̈e)

javor r Ahorn ((e)s, e)

jazd|a 1 e Fahrt (≈, en); *okružná* ~ e Rundfahrt; *prednosť v –e* e Vorfahrt; *za –y* während der Fahrt; ~ *na bicykli* e Radfahrt **2** voj. e Kavallerie [...v...] (≈, ien)

jazdec 1 r Fahrer (s, ≈) **2** na koni r Reiter (s, ≈) **3** v šachu r Springer (s, ≈); **~ký** Reit-; *~ký kôň* s Reitpferd

jazdiť 1 na koni reiten* (i.) **2** na dopr. prostriedku fahren* (i.); ~ *autom* (mit dem) Auto fahren; ~ *na bicykli* rad|fahren <Rad fahren>; ~ *na lyžiach* Ski fahren al. laufen; ~ *na saniach* Schlitten fahren

jazero r See (s, n)

jazmín r Jasmin (s, e)

jazva e Narbe (≈, n)

jazvec r Dachs (es, e)

jazvečík r Dackel (s, ≈), r Dachshund ((e)s, e)

jazyk 1 e Zunge (≈, n); *údený* ~ e geräucherte Zunge **2** reč e Sprache (≈, n); *cudzí* ~ e Fremdsprache; *materinský* ~ e Muttersprache; *spisovný* ~ e Schriftsprache; *hovorový* ~ e Umgangssprache; *programovací* ~ e Programmiersprache **3** na topánke e Lasche (≈, n)

jazykoved|a e Linguistik (≈, 0), e Sprachwissenschaft (≈, en); **–ec** r Linguist (en, en), Sprachwissenschaftler (s, ≈); **–ný** linguistisch, sprachwissenschaftlich

jazykov|ý 1 Zungen-; ~ *sval* r Zungenmuskel **2** týkajúci sa reči Sprach-, sprachlich; *–á škola* e Sprachschule; ~ *cit* s Sprachgefühl

jed s Gift ((e)s, e); *hadí* ~ s Schlangengift

jedáleň 1 v byte s Eßzimmer <...ss...> (s, ≈), s Speisezimmer (s, ≈) **2** v podniku ap. r Speiseraum ((e)s, ≈̈e), e Kantine (≈, n) **3** na univerzite e Mensa (≈, en)

jedálny Speise-, Eß- <...ss>; ~ *lístok* e Speisekarte; ~ *vozeň* r Speisewagen

jeden, jedna, jedno samostatne eins, so substantívom ein, eine, ein; *je pol jednej* es ist halb eins; *jeden, jedna, jedno z...* einer, eine, eines von...; *jeden ako druhý* der eine wie der andere; *jeden a pol* ein|einhalb, anderthalb; *po jednom* einzeln; *jedny topánky* ein Paar Schuhe; **to je jedno** es ist egal; **v jednom kuse** in einem fort

jedenásť elf

jedenástka 1 číslo e Elf (≈, en) **2** hovor. trestný kop r Elfer (s, ≈), s Elfmeterschießen (s, 0)

jedináčik s Einzelkind ((e)s, er)

jedine nur, bloß

jedinec s Individuum [...v...] (s, duen), r Einzelne (n, n)

jedinečn|ý(e) einzig, einzig|artig, einmalig

jediný 1 iba jeden einzig; *ani* ~ kein einziger <...E...> **2** sám, výlučne allein, nur; *on ~ o tom vedel* er allein wußte es

jedľa e Tanne (≈, n)

jedl|o pokrm e Speise (≈, n), s Gericht ((e)s, e), s Essen (s, ≈); *teplé, studené –á* warme, kalte Speisen; *diétne –á* e Diät, e Diätkost, e Schonkost

jedl|ý eßbar <...ss...>, genießbar; *–é huby* eßbare Pilze; *–é gaštany* e Eßkastanien <...ss...>, e Maronen

jednanie pri kúpe s Handeln (s, 0), s Feilchen (s, 0)

jednať sa pri kúpe handeln, feilschen

jedno PRÍSL. egal, gleichgültig; *mne je to* ~ es ist mir egal, gleichgültig, hovor. wurscht

jednočlenný einglied(e)rig

jednodenný eintägig, einen Tag dauernd

jednodielny einteilig

jednoduchosť e Einfachheit (≈, 0), e Schlichtheit

JKL

jednoduch|ý(o) **1** ľahký einfach, leicht, unkompliziert **2** obyčajný einfach, schlicht
jednofarebn|ý(e) einfarbig
jednomesačný einmonatig, Monats-
jednomiestny **1** einsitzig, Einsitz- **2** mat. einstellig
jednomyseľn|ý(e) einmütig, einstimmig
jednoposchodový einstöckig
jednoposteľov|ý Einbett-; *–á izba* s Einbettzimmer
jednorazov|ý(o) einmalig
jednoslabičn|ý(e) einsilbig
jednosmern|ý(e) **1** Einbahn-, einbahnig; *–á ulica* e Einbahnstraße **2** elektrotech. Gleich-; *~ prúd* r Gleichstrom
jednostopový einspurig
jednostrann|ý(e) einseitig; *posudzovať čo ~* etw einseitig beurteilen
jednota **1** celistvosť e Einheit (≈, en) **2** zhoda e Einigkeit (≈, 0), e Übereinstimmung (≈, 0) **3** spolok r Verein ((e)s, e); *telovýchovná ~* r Sportverein
jednotk|a **1** číslo e Eins (≈, en) **2** známka v škole e Eins (≈, en); *mať samé –y* lauter Einsen haben **3** veličina e Einheit (≈, en); *menová ~* e Währungseinheit; *~ miery* e Maßeinheit (≈, en) **4** útvar e Einheit, e Formation (≈, en)
jednotliv|ec r Einzelne (n, n), s Individuum [...v...] (s, duen); *súťaž –cov* r Einzelwettkampf
jednotliv|ý(o) einzeln, Einzel-
jednotn|ý(e) **1** einheitlich, Einheits-; *–á cena* r Einheitspreis **2** zhodný gleich **3** gram. *jednotné číslo* r Singular (s, 0), e Einzahl (≈, 0)
jednotvárn|y(e) einförmig, eintönig, monoton
jednovaječn|ý eineiig; *–é dvojčatá* eineiige Zwillinge
jednoznačn|ý(e) eindeutig
jednozväzkový einbändig, in einem Band
jedovatý giftig, Gift-; *~ had* e Giftschlange
jeho **1** ZÁM osobné ihn; *~ som nevidel* ihn sah ich nicht **2** ZÁM privlastňovacie sein; *~ otec, sestra* sein Vater, seine Schwester
jej **1** ZÁM osobné ihr; *povedal som ~* ich sagte ihr **2** ZÁM privlastňovacie ihr; *~ kniha* ihr Buch
jele|ň r Hirsch (es, e); **–nica**[1] laň e Hirschkuh (≈, ≈̈e)
jelenica[2] koža s Hirschleder (s, ≈)
jemn|ý(e) fein, weich, zart
jeseň r Herbst (es, e); *na ~* im Herbst
jesenný Herbst-, herbstlich
jeseter r Stör ((e)s, e)
jesť essen*
jež r Igel (s, ≈)
Ježiš cirk. r Jesus (≈, 0); *~ Kristus* Jesus Christus
Ježiš|ko **1** s Christkind [k...] ((e)s, 0) **2** obraz. Vianoce s Weihnachten (≈, 0), r Weihnachtsabend ((e)s, 0); *dostať čo na –ka* etw zu Weihnachten al. vom Christkind bekommen
jód s Jod ((e)s, 0)
jódlovať jodeln
joga r al. s Joga (s, 0)
jogurt r al. s Joghurt <aj Jogurt> ((s), 0)
jubilejn|ý Jubiläums-; *–á slávnosť* e Jubiläumsfeier
jubileum s Jubiläum (s, läen), r Jahrestag (es, e)
juh r Süden (s, 0); *na ~u* im Süden; *ísť na ~* nach Süden, in den Süden fahren; *na juh od* südlich von
juhovýchod r Südosten (s, 0); **~ný, ~ne** südöstlich
juhozápad r Südwesten (s, 0); **~ný, ~ne** südwestlich
júl r Juli ((s), s)
jún r Juni ((s), s)
junior r Junior (s, oren); **~ský** Junioren-
jury e Jury ['žü:ri/žü'ri:] (≈, s)
justícia e Justiz (≈, 0)
justičn|ý Justiz-; *–á vražda* r Justizmord
južn|ý(e) Süd-, südlich; *–á Európa*

(s)S

K

k, ku 1 smer zu D, an A; *poď ~ mne!* komm zu mir!; *sadnúť si ku stolu* sich an den Tisch setzen **2** čas., približne gegen A; *~ večeru* gegen Abend **3** účel zu D; *ísť ~ lekárovi* zum Arzt gehen; *byť ~ dispozícii* zur Verfügung stehen; *~ narodeninám* zum Geburtstag
kabaret s Kabarett [kaba'ret/kaba'rẹ:] (s, e al. s)
kabát r Mantel (s, ≈̈); *zimný ~* r Wintermantel
kábel s Kabel (s, ≈)
kabelka e (Damen)handtasche (≈, n)
kabína e Kabine (≈, n); na kúpalisku e Umkleidekabine, e Badekabine
kabinet s Kabinett ((e)s, e)
káblov|ý Kabel-; *–á televízia* s Kabelfernsehen
kabriolet s Kabriolett (s, e)
kacír r Ketzer (s, ≈)
kačica e Ente (≈, n); *novinárska ~* e Zeitungs|ente
kačka e Ente (≈, n); *divoká ~* e Wild|ente
kaďa e Tonne (≈, n), r Bottich (s, e)
kaderní|k r Friseur (s, e); **–čka** e Friseuse [fri'zözə], e Friseurin [fri'zörin] (≈, nen); **–ctvo** r Friseursalon [frizö:ɐsalõ:/...zaloŋ] (s, s)
kadiaľ 1 ZÁM opytovacie wohin, in welcher Richtung **2** ZÁM vzťažné wo, wohin
kadička chem. s Becherglas (es, ≈̈)
kadidlo r Weihrauch ((e)s, e)
kachlička na stenu e Fliese (≈, n), na stenu i podlahu e Kachel (≈, n)
kachľov|ý Kachel-; *–á pec* r Kachel|ofen
kajak r al. s Kajak (s, s al. e)
kajúcn|y(e) reuig, bußfertig
kajuta e Kajüte (≈, n)
kaka|o r Kakao (s, 0); *šálka –a* eine Tasse Kakao; *teplé ~* heißer Kakao
kakaov|ý 1 Kakao-; *–é maslo* e Kakaobutter **2** o farbe kakaobraun
kaktus r Kaktus (≈, Kakteen), e Kaktee (≈, e|en)
kal r Schlamm ((e)s, ≈̈e al. e)
kalamár zast. s Tintenfaß <...ss> (sses, ≈̈sser)
kalamita e Kalamität (≈, en)
kalcium chem. s Kalzium (s, 0)
kalendár r Kalender (s, ≈); *podľa ~a* kalendermäßig; *pozrieť sa do ~a* im Kalender nachschauen; **~ny** Kalender-; *~ny rok* s Kalenderjahr
kaleráb r Kohlrabi ((s), (s))
kaliber s Kaliber (s, ≈)
kalich r Kelch ((e)s, e)
kaliť 1 mútiť trüben i obraz. **2** tech. kov härten; **~ sa** sich trüben
kalkulačka r Taschenrechner (s, ≈)
kalkulovať kalkulieren, berechnen
kaln|ý(e) trüb(e)
kalória e Kalorie (≈, i|en)
kalorický kalorisch
kaluž e Pfütze (≈, n), e Lache (≈, n)
kam wohin; *~ ideš?* wohin gehst du?, wo gehst du hin?
kamarát r Freund ((e)s, e), r Kamerad (en, en), hovor. r Kumpel (s, ≈)
kamarátiť sa Freundschaft halten* (*s kým* mit j-m), befreundet sein* (*s kým* mit j-m)
kamelot r Zeitungsverkäufer (s, ≈)
kameň r Stein ((e)s, e); *drahý ~* r Edelstein; *zubný ~* r Zahnstein; *žlčový ~* r Gallenstein; *položiť základný ~* den Grundstein legen; **~ úrazu** der Stein des Anstoßes
kamenár r Steinmetz (en, en)
kamenie s Gestein (s, 0), e Steine MNČ
kamenin|a s Steingut ((e)s, e); **–ový** Steingut-; *–ový riad* s Steingutgeschirr
kameni(s)t|ý steinig, Stein-; *–á pôda* r Steinboden; *–á cesta* steiniger Weg
kamenn|ý steinern, Stein-; *–é uhlie* e Steinkohle; *–á doba* e Steinzeit
kameňolom r Steinbruch ((e)s, ≈̈e)

kamera e Kamera (≈, s); *video~* e Videokamera; *skrytá ~* versteckte Kamera; **~man** r Kameramann (s, ≈er al. leute)

kamión r Lastkraftwagen (s, ≈), Lieferwagen (s, ≈), hovor. r Fernlaster (s, ≈)

kamkoľvek wohịn (auch) immer; *~ sa pozrieš...* wohin auch immer du schaust...

kampaň e Kampạgne [kam'panjə] (≈, n); *volebná ~* e Wahlkampagne; *viesť ~ proti komu/čomu* eine Kampagne gegen j-n/etw führen

kamsi irgendwohin

kamufláž e Tarnung (≈, en)

kamzík e Gemse (≈, n)

kanál r Kanạl (s, ≈e); *odpadový ~* r Abwasserkanal; *televízny ~* r Fernsehkanal

kanalizácia e Kanalisatiọn (≈, en)

kanárik r Kanạri|envogel (s, ≈)

kancelár r Kanzler (s, ≈); *spolkový ~* r Bundeskanzler

kancelár|ia s Bürọ (s, s), rak. e Kanzlei (≈, en); *cestovná ~* s Reisebüro; *informačná ~* s Informationsbüro, s Auskunftsbüro; **–sky** Büro-; *–ske potreby* r Bürobedarf

kandeláber r Latẹrnenpfahl ((e)s, ≈e)

kandid|át r Kandidạt (en, en), r Bewerber (s, ≈), r Anwärter (s, ≈); **–átka** hovor. listina e Kandidạtenliste (≈, n); **–ovať** kandidịeren

kanec r Eber (s, ≈)

kanistra r Kanịster (s, ≈); *~ na benzín* r Benzinkanister

kanoe s Kanu al. Kanụ (s, s)

kanón e Kanọne (≈, n)

kantína e Kantịne (≈, n)

kanva e Kanne (≈, n); *~ na mlieko* e Milchkanne

kanvica e Kanne (≈, n); *čajová ~* e Teekanne; *~ na kávu* e Kaffeekanne

kapacita e Kapazitạ̈t (≈, en)

kapitál s Kapitạl (s, e/ien)

kapitalistick|ý(y) kapitalịstisch

kapital|izmus r Kapitalịsmus (≈, 0); **–ista** r Kapitalịst (en, en)

kapitán r Kapitạ̈n (s, e)

kapitola s Kapịtel (s, ≈)

kapitul|ácia e Kapitulatiọn (≈, en); **–ovať** kapitulịeren

kaplán cirk. r Kaplạn (s, ≈e)

kaplnka e Kapẹlle (≈, n)

kapor r Karpfen (s, ≈)

kapota e Motorhaube (≈, n)

kapucňa e Kapụze (≈, n)

kapusta r Kohl ((e)s, 0), juhonemecky a rak. s Kraut ((e)s, 0); *kyslá ~* s Sauerkraut; *čínska ~* r Chinakohl

kára r Karren (s, ≈), e Karre (≈, n)

karamel r al. s Karamẹl (s, 0); **~ka** e Karamẹlle (≈, n)

karanténa e Quarantạ̈ne [karan'te:nə] (≈, n)

karát s Karạt ((e)s, e)

karbonátka e Bulẹtte (≈, n), e Frikadelle (≈, n)

karburátor r Vergạser (s, ≈)

kardinál r Kardinạl (s, ≈e)

karfiol r Blumenkohl ((e)s, 0), rak. r Karfiọl (s, e)

karhať rügen, tadeln (*koho za čo* j-n wegen einer Sache G)

karí korenie r al. s Curry ['kari] (s, 0)

kariér|a e Karri|ẹre (≈, n); hovor. *robiť –u* Karri|ere machen

karik|atúra e Karikatụr (≈, en); **–ovať** karikịeren

karneval r Karneval (s, e al. s)

karoséria e Karosserịe (≈, n)

karotka e Karọtte (≈, n)

kart|a e (Spiel)karte (≈, n); *hrať –y* Karten spielen

kartel s Kartẹll (s, e)

kartotéka e Kartẹi (≈, en), e Karthẹk (≈, en)

kasáreň e Kasẹrne (≈, n)

kasíno s (Spiel)kasịno (s, s)

kastelán r Kastellạn (s, e)

kastról e Kasserọlle (≈, n)

kaša r Brei ((e)s, e), s Pürẹe (s, s); *krupičná ~* r Grießbrei; *zemiaková ~* s Kartoffelpüree

kašeľ r Husten (s, ≈)

kašľať husten; **kašlem na to** ich pfeife darauf
kaštieľ s Kas|tell (s, e)
kat r Henker (s, ≈)
katalóg r Katalọg (s, e)
katalyzátor r Katalysạtor (s, ọren)
katar r Katạrrh (s, e); *črevný* ~ r Darmkatarrh
katastrofa e Katastrọphe (≈, n)
katastrofáln|y(e) katastrophạl
katedra 1 pult s, r Kathẹder (s, ≈) **2** na vysokej škole s Institụt ((e)s, e), r Lehrstuhl ((e)s, ≈̈e); ~ *aplikovanej lingvistiky* r Lehrstuhl für angewandte Linguistik
katedrála e Kathedrạle (≈, n)
kategória e Kategorịe (≈, i|en)
katolíck|y kathọlisch; *–a cirkev* e katholische Kirche
katolík r Katholịk (en, en); *je* ~ er ist katholisch
kauc|ia e Kautiọn (≈, en); *zložiť za koho –iu* eine Kaution für j-n stellen, zahlen
kaučuk r Kautschuk (s, druhy e)
káva r Kaffẹe (s, ≈ al. s); *zrnková* ~ r Bohnenkaffee; *mletá* ~ gemahlener Kaffee; *čierna* ~ schwarzer Kaffee; ~ *s mliekom, so smotanou* Kaffee mit Milch, mit Sahne; *turecká* ~ türkischer Kaffee; *filtrovaná* ~ r Filterkaffee
kaviár r Kaviar (s, e)
kaviareň s Café [ka'fẹ:] (s, s), s Kaffeehaus (es, ≈̈er)
kavka zool. e Dohle (≈, n)
kávovar e Kaffeemaschine (≈, n)
kávov|ý Kaffee-; *–á lyžička* r Kaffeelöffel
kaz 1 r Defẹkt ((e)s, e), r Schaden (s, ≈̈) **2** chyba r Fehler (s, ≈) **3** zubný e (Zahn)karies [...'ka:riẹ:s] (≈, 0)
kázať mať kázeň predigen
kazateľ r Prediger (s, ≈); **~nica** e Kanzel (≈, n)
kazeta e Kassẹtte (≈, n); *video~* e Videokassette
kaziť 1 ničiť verdẹrben*, kapụtt machen **2** mravne verdẹrben* **3** mariť verẹiteln; **~ sa 1** verderben*, schlecht werden* (i.) **2** o počasí sich verschlẹchtern
kazový defẹkt, schadhaft, fehlerhaft; ~ *tovar* schadhafte Ware
každodenn|ý(e) (all)täglich
každoročn|ý(e) alljährlich
každ|ý jeder, jedermann; ~ *z nás* jeder von uns; ~ *deň* jeden Tag, täglich; *v –om prípade* in jedem Fall, jedenfalls; *za –ú cenu* um jeden Preis
kde wo; ~ *inde?* wo anders?, wo sonst?
kdekoľvek hocikde wo (auch) immer, všade an jeder beliebigen Stelle
kdesi irgendwo
kdeže wo denn, wohin denn, woher denn
keby 1 SP podmienková wenn, falls; ~ *mohol, prišiel by* wenn er könnte, käme er **2** ČAST uvádza želanie wenn; *keby už prišiel!* wenn er schon käme!
kečup s al. r Ketchup <Ketschup> ['kečap/'kečəp] ((s), s)
keď SP **1** v čas. vete wenn s prítomným časom, als, nachdem s minulým časom **2** v podmienkovej vete wenn, v prípustkovej *i* ~ wenn auch, wenn schon, v porovnávacej *ako* ~ wie wenn
kedy wann; *od ~?* seit wann?; *do kedy?* bis wann?; hovor. *nemám* ~ ich habe keine Zeit
kedykoľvek jederzeit, wann (auch) immer; *môže ~ prísť* er kann jederzeit kommen
kedysi einmal, einst
kefa, kefka e Bürste (≈, n), kefa na drhnutie e Scheuerbürste (≈, n); *kefka na zuby* e Zahnbürste; *kefa na vlasy* e Haarbürste; ~ *na šaty* e Kleiderbürste
kefovať bürsten
keks r al. s Keks (≈ al. es, ≈ al. e)
kel[1] **1** r Wirsing (s, 0), r Grünkohl ((e)s, 0) **2** ružičkový r Rosenkohl ((e)s, 0)
kel[2] u zvierat r Stoßzahn ((e)s, ≈̈e)
kemp|ing r Campingplatz [kempiŋ...] (es, ≈̈e), s Camping ['kempiŋ] (s, 0); **–ovať** campen

kengura s Känguruh <Känguru> (s, s)
ker r Strauch ((e)s, ¨≈er), r Stock ((e)s, ¨≈e); *egrešový* ~ r Stachelbeerstrauch; *ružový* ~ r Rosenstock
keram|ický keramisch; **–ika** e Keramik (≈, en)
kiahne lek. Blattern MNČ, Pocken MNČ
kiež, kiežby (wenn) doch; ~ *by mal pravdu* wenn er doch recht hätte
kil|o hovor. s Kilo (s, ≈ al. s); *štvrť –a* ein Viertel Kilo
kilogram skr. *kg* s Kilogramm (s, e); *dva kilogramy cukru* zwei Kilo(gramm) Zucker
kilometer skr. *km* s al. r Kilometer (s, ≈); *šesťdesiat kilometrov za hodinu* sechzig Kilometer pro Stunde al. sechzig Stundenkilometer
kin|o s Kino (s, s); *ísť do –a* ins Kino gehen; *lístky do –a* e Kinokarten
kiosk r Kiosk ((e)s, e), r Verkaufsstand ((e)s, ¨≈e)
kľačať knien
klad r Vorteil ((e)s, e), s Positive (n, 0); *~y a zápory* Vorteile und Nachteile; *tá vec má veľa ~ov* die Sache hat viel Positives (in sich)
klada r Holzblock ((e)s, ¨≈e), r Klotz ((e)s, ¨≈e)
kladina šport. r Schwebebalken (s, ≈)
kladivo r Hammer (s, ≈); šport. *hod ~m* s Hammerwerfen
kladka e Rolle (≈, n)
kladn|ý(e) positiv; *–á odpoveď* eine positive Antwort; ~ *výsledok* ein positives Ergebnis; **–ý pól** r Pluspol
kľaknúť (si) (sich) niederknien (h./i.), knien
klaksón e Hupe (≈, n)
klam 1 omyl e Täuschung (≈, en) **2** podvod r Betrug ((e), 0)
klamár r Lügner (s, ≈)
klamársky verlogen
klamať 1 luhať lügen* **2** mýliť, zavádzať täuschen, trügen* **3** podvádzať betrügen*
klamn|ý(e) falsch, täuschend, trügerisch; *oddávať sa –ým ilúziám* sich trügerischen Hoffnungen hingeben
klampiar r Klempner (s, ≈)
klamstvo e Lüge (≈, en)
klaňať sa sich verneigen, sich verbeugen
klapať hovor. fungovať klappen; *všetko klape* alles klappt
klapka 1 e Klappe (≈, n) **2** tlačidlo e Taste (≈, n)
klapn|úť 1 klapsen **2** hovor. podariť sa klappen; *hádam to –e* hoffentlich klappt es
klarinet e Klarinette (≈, n)
klas e Ähre (≈, n); *pšeničný* ~ e Weizenähre
klasick|ý(y) klassisch; *–á hudba* e klassische Musik
klasifikácia 1 zaraďovanie e Klassifikation (≈, en), e Klassifizierung (≈, en), e Einteilung (≈, 0) **2** v škole e Zensierung (≈, en), e Klassifizierung (≈, en)
klasifikovať 1 klassifizieren, einteilen **2** v škole zensieren
klasik r Klassiker (s, ≈); **~a** e Klassik (≈, 0)
klásť 1 položiť legen **2** postaviť stellen, legen i obraz.; ~ *otázky, podmienky* Fragen, Bedingungen stellen; ~ *dôraz na čo* Gewicht auf etw legen
kláštor s Kloster (s, ¨≈)
klát r Klotz (es, ¨≈e)
klaun r Clown [klaun] (s, s)
kláves e Taste (≈, n); **~nica** e Tastatur (≈, en), klavíra e Klaviatur (≈, en)
klavír s Klavier [...v...] (s, e), s Piano (s, s); *hrať na ~i* Klavier spielen
klavirista r Klavierspieler [...v...] (s, ≈), r Pianist (en, en)
kĺb s Gelenk ((e)s, e)
klbko r al. s Knäuel (s, ≈)
klebeta r Klatsch ((e)s, e), r Tratsch ((e)s, 0)
klebet|iť 1 robiť klebety klatschen, den Klatsch verbreiten **2** veľa rozprávať schwatzen, plappern; **–nica** e Klatschbase (≈, n), e Klatschtante (≈, n)
klenba s Gewölbe (s, ≈), e Wölbung

(≈, en); *krížová* ~ s Kreuzgewölbe
klenot r al. s Juwel (s, en), kniž. s Kleinod ((e)s, e al. ien); **~nica** e Schatzkammer (≈, n)
klenotn|íctvo s Juweliergeschäft ((e)s, e), r Juwelierladen (s, ≈n); **–ík** r Juwelier (s, e)
klepať 1 udierať klopfen; ~ *na dvere* an die/der Tür klopfen **2** na písacom stroji tippen, maschine|schreiben; **~ sa** zittern
klepet|o e Schere (≈, n); *račie –á* e Krebsschere
kles|ať, klesnúť sinken* (i.), fallen* (i.), ab|nehmen*, zurück|gehen*; *horúčka –á* s Fieber sinkt; *ceny –ajú* e Preise sinken/fallen; *záujem –á* s Interesse sinkt, nimmt ab
kliať nadávať fluchen, schimpfen
kliatba r Fluch ((e)s, ≈e), cirk. r Bann ((e)s, e)
klíč|ek rastliny r Keim ((e)s, e), r Keimling ((e)s, e); **–iť** keimen, auf|keimen, sprießen
klient r Klient (en, en)
kliešť e Zecke (≈, n)
kliešte e Zange (≈, n)
klietka r Käfig ((e)s, e)
klíma s Klima (s, s al. ate)
klimatick|ý(y) klimatisch
klimatizácia e Klima|anlage (≈, n), e Klimatisierung (≈, n)
klin r Keil ((e)s, e)
klinček 1 ein kleiner Nagel (s, ≈) **2** korenie e Nelke (≈, n), die Gewürznelken MNČ **3** kvet e Nelke (≈, n)
klinec r Nagel (s, ≈)
klinika e Klinik (≈, en)
kloaka e Kloake (≈, n)
klobása e (Brat)wurst (≈, ≈e)
klobúk r Hut ((e)s, ≈e); **~ dolu!** Hut ab!
kloktadlo s Gurgelmittel (s, ≈), s Gurgelwasser (s, ≈); **–ať** gurgeln
klopať klopfen, tippen; ~ *na dvere* an die Tür klopfen
klopiť 1 kippen **2** oči nieder|schlagen*, senken
klub r Klub (s, s); *športový* ~ r Sportklub, r Sportverein; **~ovňa** r Klubraum ((e)s, ≈e)
kľúč r Schlüssel (s, ≈); ~ *od domu, od bytu* r Hausschlüssel, r Wohnungsschlüssel; *zväzok ~ov* r Schlüsselbund; *francúzsky* ~ r Franzose; *husľový* ~ r Violinschlüssel
kľučka e Klinke (≈, n); ~ *na dverách* e Türklinke
kľúčn|y Schlüssel-; anat. *–a kosť* s Schlüsselbein
kľúčov|ý 1 týkajúci sa kľúča Schlüssel-; *–á dierka* s Schlüsselloch **2** majúci základný význam Schlüssel-, Schwerpunkt-; ~ *priemysel* e Schwerpunktindustrie; *–é slovo* s Schlüsselwort
kľuk|a e Kurbel (≈, n); *ručná* ~ e Handkurbel; *otáčať –ou* kurbeln
kľukat|ý(o) zickzackförmig, Zickzack-
klusať traben
kĺz|ačka e Rutschbahn (≈, en); **–ať (sa)** rutschen (i.), gleiten* (i.)
klzák r Gleiter (s, ≈); s Gleitflugzeug ((e)s, e), s Segelflugzeug ((e)s, e)
klzisko e Eisbahn (≈, en), r Eislaufplatz ((e)s, ≈e)
klzk|ý(o) glatt, rutschig
kmeň r Stamm ((e)s, ≈e) v rôznych významoch; ~ *stromu* r Baumstamm; lingv. ~ *slova* r Wortstamm
kmit|anie e Schwingung (≈, en), Oszillation (≈, en); **–ať** schwingen* (i.)
kmitočet e Schwingungszahl (≈, en), e Frequenz (≈, en)
kmotor r Pate (n, n)
kňaz r Priester (s, ≈), r Geist|liche (n, n)
kňažná e Fürstin (≈, nen)
knedľa r Kloß (es, ≈e), rak. r Knödel (s, ≈); *zemiaková* ~ r Kartoffelkloß, r Kartoffelknödel; *žemľová* ~ r Semmelknödel; *slivková* ~ r Pflaumenknödel, rak. r Zwetschkenknödel
knieža r Fürst (en, en); **~ctvo** s Fürstentum (s, ≈er)
kniha s Buch ((e)s, ≈er)
kníhkupectvo e Buchhandlung (≈,

en)
knižka 1 malá kniha s Büchlein (s, ≈) **2** s Buch ((e)s, ≈er); *vkladná ~* s Sparbuch
knižnica 1 inštitúcia e Bibliothẹk (≈, en), e Bücherẹi (≈, en) **2** časť nábytku r Bücherschrank ((e)s, ≈e)
knižn|ý(e) 1 Buch-, Bücher-; *~ veľtrh* e Buchmesse **2** lingv. gehọben; *~ štýl* r gehobene Stil
knôt r Docht ((e)s, e)
koalícia e Koalitiọn (≈, en); *vládna ~* e Regierungskoalition
koberec r Teppich (s, e); *prášiť ~* den Teppich klopfen
kobka e Zelle (≈, n)
kobyla e Stute (≈, n)
kobylka hmyz e Heuschrecke (≈, n)
kock|a 1 r Würfel (s, ≈), mat. r Kubus (≈, Kuben); *dve –y cukru* zwei Würfel Zucker **2** hracia s číslami r Würfel (s, ≈), r Stein ((e)s, e) **3** stavebnica die Bausteine MNČ **4** vzor s Würfelmuster (s, ≈)
kockovan|ý zošit, látka karịert, Karo-; *–é šaty* kariertes Kleid
kockový Würfel-; *~ cukor* r Würfelzucker
kocúr r Kater (s, ≈)
koč e Kutsche (≈, n)
kočík detský r Kinderwagen (s, ≈), pre bábiky r Puppenwagen (s, ≈)
kočiš r Kutscher (s, ≈)
kočovník r Nomạde (n, n)
kočovn|ý Wander-; *–é divadlo* e Wanderbühne; *~ cirkus* r Wanderzirkus
kód r Kode (s, s), Code (s, s)
kofeín s Koffeịn (s, 0)
kohút r Hahn ((e)s, ≈e)
kohútik 1 malý kohút s Hähnchen (s, ≈) **2** uzáver r Hahn ((e)s, ≈e); *vodovodný ~* r Wasserleitungshahn
koketovať kokettịeren, liebäugeln (*s kým/čím* mit j-m/etw)
kokos orech e Kokosnuß <...ss> (≈, nüsse)
koktail r Cocktail ['kokteil] (s, s)
koktať stottern, stammeln
koláč r Kuchen (s, ≈)
koľaj 1 pár koľajníc s Gleis (es, e) **2** stopa auta e (Wagen)spur (≈, en)
koľajnica e Schiene (≈, n)
kolaps r Kollạps (es, e)
koláž e Collage [ko'la:žə] (≈, n)
koleda s Weihnachtslied ((e)s, er)
kolega r Kollẹge (n, n)
kolekcia e Kollektiọn (≈, en)
kolektív s Kollektịv (s, e al. s), e Gemeinschaft (≈, en)
kolektívn|y(e) kollektịv, kollektịv-; *~ práca* e Kollektiv|arbeit
kolen|o s Knie (s, ≈); *padnúť na –á* auf die Knie fallen; *šaty po –á* ein kniefreies Kleid; *záveje po –á* kniehohe Schneewehen
koleso s Rad ((e)s, ≈er)
koliesk|o 1 malé koleso s Rädchen (s, ≈) **2** salámy, citróna ap. e Scheibe (≈, n); *krájať na –a* in Scheiben schneiden*
kolieskov|ý Roll-; *–é korčule* e Rollschuhe MNČ
kolík r Pflock ((e)s, ≈e), r Stift ((e)s, e)
kolís|ať 1 hojdať wiegen, schaukeln **2** byť nestály schwanken; *ceny kolíšu* die Preise schwanken; **–ka** e Wiege (≈, n)
kolkáreň e Kegelbahn (≈, en)
koľko wieviel, wievịel; *~ to stojí?* wieviel kostet es?; *~ je hodín?* wieviel Uhr ist es?, wie spät ist es?; *~ má rokov?* wie alt ist er?
koľkokrát wievielmal, wie viele Male
koľk|ý 1 der wievielte; *–ého je dnes?* der wievielte <W...> ist heute? al. den wievielten <W...> haben wir heute? **2** v zvolaniach was für ein, welch ein; *–é šťastie* was für ein Glück
kolmica e Senkrechte (n, n), e Vertikạle [v...] (≈, n)
kolm|ý(o) senkrecht, vertikạl, lotrecht
kolo 1 kruh r Kreis (es, e) **2** šport. e Runde (≈, n)
kolobežka r Roller (s, ≈)
kolok[1] cenina e Gebụhrenmarke (≈, n), e Stempelmarke (≈, n)
kol|ok[2] kuželovitá figúrka MNČ die Kegel, s

Kegelspiel (es, e); *hrať –ky* Kegel spielen
kolomaž e Wagenschmiere (≈, n), s Radfett ((e)s, e)
kolóna e Kolọnne (≈, n)
kolonáda e Kolonnạde (≈, n)
kolónia e Koloniẹ (≈, ịen)
kolonizácia e Besiẹdlung (≈, 0)
kolotoč s Karussẹll (s, s al. e)
kol|ovať **1** byť v obehu zirkuliẹren, kreisen, Runde machen; *pohár –uje* r Becher macht die Runde **2** šíriť sa gehen* (i.); *–ujú chýry* es gehen Gerüchte um
kolovrat s Spinnrad ((e)s, ¨er)
kóma s Koma (s, s)
komandovať kommandiẹren
komár e Mücke (≈, n), rak. e Gelse (≈, n); *~ štípe* e Mücke sticht*
kombajn e Kombịne [kom'bajn/kom'bi:nə] (≈, s); *obilný ~* r Mähdrescher
kombi hovor. auto r Kombiwagen (s, ≈)
kombinácia e Kombinatiọn (≈, en)
kombinačky hovor. kliešte e Kombizange (≈, n)
kombinát s Kombinạt ((e)s, e)
kombiné s Unterkleid ((e)s, er)
kombinéza r Overall ['ọuvəro:l] (s, s)
kombinovať kombiniẹren
komédia e Komọ̈diẹ (≈, n)
koment|ár r Kommentạr (s, e); **–átor** r Kommentạtor (s, ọren); **–ovať** kommentiẹren
komerčn|ý(e) kommerziẹll
kométa r Komẹt (en, en)
komfortn|ý(e) komfortạbel
komick|ý(y) komisch
komik r Komiker (s, ≈)
komín r Schornstein ((e)s, e), r Rauchfang ((e)s, ¨e), továrenský r Schlot ((e)s, e)
kominár r Schornsteinfeger (s, ≈), r Rauchfangkehrer (s, ≈)
komisia e Kommissiọn (≈, en); *volebná ~* e Wahlkommission
komora e Kammer (≈, n), e Speisekammer (≈, n); fot. *tmavá ~* e Dunkelkammer
komorn|ý hud. Kammer-; *–á hudba* e Kammermusik
kompa e Fähre (≈, n)
kompaktn|ý(e) kompạkt; **~ disk** e Compactdisc (≈, s), hovor. e CD (≈, s)
kompas r Kompaß <...ss> (sses, sse)
kompetentn|ý(e) kompetẹnt, zuständig
komplet **1** PODST M odev s Komplẹt [kom'plẹ:/kõ'plẹ:] ((s), s) **2** PR M komplẹtt, vollständig; *je to ~ hotové* es ist komplett fertig
kompletn|ý(e) komplẹtt, vollständig
komplex r Komplẹx (es, e); *~ opatrení* ein Komplex von Maßnahmen; *~ menejcennosti* r Minderwertigkeitskomplex
komplexn|ý(e) komplẹx, Komplẹx-
komplikácia e Komplikatiọn (≈, en)
komplikovan|ý(e) kompliziẹrt
kompliment s Komplimẹnt ((e)s, e)
komponovať komponiẹren
kompót s Kompọtt ((e)s, e)
kompozícia e Kompositiọn (≈, en)
kompromis r Kompromịß <...ss> (sses, sse); *uzavrieť ~ s kým* mit j-m einen Kompromiß schließen
komunáln|y kommunạl, Kommunạl-; *–e voľby* e Kommunalwahl
komunikácia e Kommunikatiọn (≈, en al. 0)
komunist|a r Kommunịst (en, en); **–ický** kommunịstisch
komunizmus r Kommunịsmus (≈, 0)
koňak r Kognak ['konjak] (s, s), r Weinbrand ((e)s, ¨e); *vaječný ~* r Eierlikör
konať handeln, tun*; *~ svoju povinnosť* seine Pflicht tun; *musíme rýchlo ~* wir müssen schnell handeln; **~ sa** statt|finden*; *predstavenie sa nekoná* die Vorstellung findet nicht statt
koncepcia e Konzeptiọn (≈, en)
koncept s Konzẹpt ((e)s, e); *vyviesť koho z ~u* j-n aus dem Konzept bringen
koncern r Konzẹrn (s, e)

koncert s Konzert ((e)s, e); *ísť na ~* ins Konzert gehen; *byť na ~e* im Konzert sein; *klavírny ~* s Klavierkonzert

koncom PREDL gegen A, Ende G; *~ roka* (am) Ende des Jahres al. gegen Jahres¦ende; *~ apríla* Ende April; *~ týždňa* Ende der Woche

koncovka lingv. e Endung (≈, en), s Suffix (es, e)

končatina MNČ die Gliedmaßen

končiť enden, endigen, beenden, schließen*; **~ sa 1** enden, endigen; *slovo sa končí na spoluhlásku* das Wort endet auf einen Konsonant **2** chýliť sa ku koncu zu Ende gehen **3** uplynúť ab¦laufen*; *zmluva sa končí v máji* der Vertrag läuft im Mai ab

kondenzovan|ý kondensiert, Kondens-; *–é mlieko* e Kondensmilch

kondolovať kondolieren

kondóm s al. r Kondom (s, e al. s), s Präservativ [...v...] (s, e)

konečne endlich, schließlich; *no ~!* na endlich!

konečník anat. r Mastdarm ((e)s, ≈e), s Rektum (s, ta)

konečn|ý 1 End-, endlich; *–á stanica* e Endstation **2** definitívny definitiv, endgültig

konfederácia e Konföderation (≈, en), r Staatenbund ((e)s, ≈e)

konfekcia e Konfektion (≈, (en)); *dámska ~* e Damenkonfektion al. e Damenbekleidung

konferencia e Konferenz (≈, en)

konfident r Konfident (en, en), (Polizei)spitzel (s, ≈)

konfiškovať konfiszieren, beschlagnahmen*

konflikt r Konflikt ((e)s, e); *dostať sa s kým do ~u* mit j-m in Konflikt geraten

konformn|ý(e) konform

konfront|ácia e Konfrontation (≈, en); **–ovať** konfrontieren

kongres r Kongreß <...ss> (sses, sse); *svetový ~* r Weltkongreß; *ísť na ~* zu einem Kongreß fahren

koníček 1 malý kôň s Pferdchen (s, ≈) **2** hovor. záľuba s Hobby (s, s), s Steckenpferd ((e)s, e)

kon|iec 1 opak začiatok s Ende (s, n); *na –ci* am Ende; *od začiatku do –ca* vom Anfang bis zum Ende; *bez –ca* endlos **2** záver r Schluß <...ss> (sses, ≈sse); *na ~* zum Schluß; **~ koncov** letzten Endes, schließlich, letzt¦endlich

konjunktúra e Konjunktur (≈, en)

konkrétn|y(e) konkret

konkurencia e Konkurrenz (≈, en), r Wettbewerb ((e)s, e)

konkurenčný Konkurrenz-; *~ boj* r Konkurrenzkampf

konkurz 1 e Ausschreibung (≈, en); *vypísať ~ na miesto sekretárky* die Stelle der Sekretärin aus¦schreiben **2** úpadok, bankrot podniku r Konkurs (es, e); *ohlásiť ~* den Konkurs an¦melden

konop|a r Hanf ((e)s, 0); **nevedieť, kam z –í** weder aus noch ein wissen

konsk|ý Pferde-; *–á hriva* e Pferdemähne; *–é dostihy* s Pferderennen; *–é kopyto* r Pferdehuf

konštatovať konstatieren, fest¦stellen

konštrukcia e Konstruktion (≈, en)

konštruktívn|y(e) konstruktiv

konštruovať konstruieren

kontajner r Container [kon'tę:nɐ] (s, ≈)

kontakt r Kontakt ((e)s, e)

kontaktn|ý Kontakt-; *–é šošovky* e Kontaktlinsen MNČ

kontext r Kontext (es, e)

kontinent r Kontinent ((e)s, e), r Erdteil ((e)s, e)

kont|o s Konto (s, s al. Konten); *číslo –a* e Kontonummer; *majiteľ –a* r Konto¦inhaber; *mať ~ v banke* in einer Bank ein Konto haben; *otvoriť ~* ein Konto er¦öffnen; *vybrať peniaze z –a* Geld von einem Konto abheben

kontraband e Konterbande (≈, n), tovar e Schmuggelware (≈, n)

kontrakt r Kontrakt ((e)s, e); *uzavrieť ~* einen Kontrakt (ab)¦schließen*; *pod-*

písať ~ einen Kontrakt unterschreiben*
kontrarevolúcia e Konterrevolution ['konterevolucjo:n] (≈, en)
kontrast r Kontrast (es, e)
kontrola e Kontrolle (≈, n); *colná, pasová* ~ e Zollkontrolle, Paßkontrolle <...ss...>
kontroln|ý Kontroll-; *–á komisia* e Kontrollkommission
kontrol|ór r Kontrolleur (s, e); **–ovať** kontrollieren
konvalinka s Maiglöckchen (s, ≈)
konvencia e Konvention [...v...] (≈, en); *Ženevská konvencia* die Genfer Konvention
konvenčn|ý(e) konventionell [konvencjo'nel]; *–é zbrane* konventionelle Waffen
konvertibiln|ý konvertierbar [konver'ti:ɐba:ɐ]; *–á mena* eine konvertierbare Währung
konverzácia e Konversation [...v...] (≈, en), rozhovor s Gespräch ((e)s, e)
konverzačn|ý Konversations- [...v...]; *–á príručka* s Gesprächsbuch
konverzovať konversieren [...v...], Gespräche führen
konzekventn|ý(e) konsequent
konzerv|a e Konserve [...v...] (≈, n), e Büchse (≈, n), e Dose (≈, n); *otvárač na –y* r Konservenöffner, r Dosenöffner
konzervatívn|y(e) konservativ [...v...]
konzervatórium s Konservatorium [...va'to:rjum] (s, rien)
konzervovať konservieren [...v...]
konzul r Konsul (s, n); **~át** s Konsulat ((e)s, e)
konzult|ácia e Konsultation (≈, en), pohovor e Besprechung (≈, en); **–ovať** konsultieren (*s kým* j-n)
konzum 1 spotreba r Konsum (s, 0), r Verbrauch ((e)s, 0) **2** spotrebné družstvo r Konsum (s, s), e Konsumgenossenschaft (≈, en); **~ent** r Konsument (en, en), r Verbraucher (s, ≈)
konzumn|ý Konsum-; *–á spoločnosť* e Konsumgesellschaft
konzumovať 1 spotrebovať konsumieren, verbrauchen **2** zjesť verzehren, aufessen
kooperovať kooperieren, zusammenarbeiten
koordinovať koordinieren
kop r Stoß (es, ≈e); *rohový* ~ r Eckstoß al. r Eckball
kopa množstvo r Haufen (s, ≈); expr. ~ *detí* ein Haufen Kinder; **sedieť ako ~ nešťastia** wie ein Häufchen Unglück dasitzen
kopačka r Fußballschuh ((e)s, e)
kopanec r (Fuß)tritt ((e)s, e); *dostať* ~ einen Tritt bekommen
kopať 1 vyhlbovať graben* **2** ťažiť fördern; ~ *uhlie* Kohle fördern **3** nohou mit dem Fuß stoßen*
kopec 1 hora r Hügel (s, ≈), r Berg ((e)s, e); *do kopca* bergauf; *z kopca* bergab **2** množstvo r Haufen (s, ≈)
kópia e Kopie (≈, ien)
kopija e Lanze (≈, n), r Speer ((e)s, e)
kopírov|ací Kopier-; ~ *prístroj* s Kopiergerät, hovor. r Kopierer; **–ať** kopieren
kopnúť treten* (*koho* j-n)
kopyto 1 zvieracie r Huf ((e)s, e) **2** obuvnícke r Leisten (s, ≈)
koral zool. e Koralle (≈, n)
korbáč e Knute (≈, n), e Peitsche (≈, n)
korčuľa r Schlittschuh ((e)s, e); *kolieskové* ~ e Rollschuhe MNČ
korčuliar r Schlittschuhläufer (s, ≈)
korčuľovať (sa) Schlittschuh laufen* (i.), eislaufen* <Eis laufen> (i.)
korektn|ý(e) korrekt; *–é správanie* korrektes Benehmen
koreň e Wurzel (≈, n)
korenička e Gewürzbüchse (≈, n), e Gewürzdose (≈, n)
koren|ie kuch. s Gewürz (es, e); *čierne* ~ r Pfeffer; **–istý** würzig, gewürzt; **–iť**

JKL

würzen

korešpondencia e Korrespondẹnz (≈, en), r Briefwechsel (s, 0), r Briefverkehr (s, 0); *obchodná* ~ e Handelskorrespondenz

korešpondenčný Korrespondẹnz-; ~ *lístok* e Postkarte, rak. e Korrespondenzkarte

korešpond|ent r Korrespondẹnt (en, en); **–ovať** korrespondịeren (*s kým* mit j-m), im Briefwechsel stehen* (*s kým* mit j-m)

korigovať korrigịeren

korisť e Beute (≈, n)

kormidelník r Steuermann ((e)s, ≈̈er al. leute)

kormidlo s Steuer (s, ≈), s Ruder (s, ≈)

kornút hovor. e Tüte (≈, n)

korok r Kork ((e)s, e)

koruna v rôznych významoch e Krone (≈, n); *slovenská* ~ slowakische Krone; ~ *stromu* e Baumkrone; *cisárska* ~ e Kaiserkrone

korunka zubná e Zahnkrone (≈, n)

korunovácia e Krönung (≈, en)

korunovačn|ý Krönungs-; *–é klenoty* e Krönungskleinodịen

korunovať krönen; ~ *koho za kráľa* j-n zum König krönen

korupcia e Korruptiọn (≈, en)

korytnačka e Schildkröte (≈, n)

koryto 1 nádoba r Trog ((e)s, ≈̈e) **2** rieky s (Fluß)bett <...ss...> ((e)s, e)

kosa e Sense (≈, n)

kosačka e Mähmaschine (≈, n)

kosák e Sichel (≈, n)

kosatec e Schwertlilie (≈, n)

kosiť mähen, schneiden*, kosákom sicheln

kosodrevina s Knieholz (es, 0), e Latsche (≈, n), e Zwergkiefer (≈, n)

kosoštvorec r Rhombus (≈, ben), e Raute (≈, n)

kosť 1 r Knochen (s, ≈), s Gebẹin ((e)s, e) **2** rybia e Gräte (≈, n)

kostnatý knochig

kostol e Kirche (≈, n)

kostolník r Küster (s, ≈), r Kirchendiener (s, ≈)

kostra 1 človeka ap. s Gerịppe (s, ≈), s Skelẹtt ((e)s, e) **2** tech. s Gerụ̈st (es, e) **3** náčrt r Grundriß <...ss> (sses, sse), s Gerippe (s, ≈)

kostrč anat. s Steißbein ((e)s, e)

kostým s Kostụ̈m (s, e)

kos|ý(o) schief, schräg

košeľa s Hemd ((e)s, e); *nočná* ~ s Nachthemd

košík 1 r Korb ((e)s, ≈̈e); *nákupný* ~ r Einkaufskorb **2** náhubok r Maulkorb ((e)s, körbe)

košikár r Korbflechter (s, ≈)

kotleta s Kotelett al. Kotelẹtt [kot(ə)-'let] ((e)s, s al. e)

kotlina r Talkessel (s, ≈)

kotol r Kessel (s, ≈)

kotrmelec r Purzelbaum ((e)s, ≈̈e)

kotúč 1 e Scheibe (≈, n) **2** zvitok e Rolle (≈, n)

kotv|a r Anker (s, ≈); *zdvihnúť –y* den Anker lichten; **–iť** ankern, vor Anker liegen*

kov s Metạll ((e)s, e)

kováč r Schmied ((e)s, e)

kovať 1 schmieden, hämmern **2** podkúvať beschlạgen*

kovov|ý(o) Metạll-, metạllen, metạllisch

koz|a 1 e Ziege (≈, n) **2** tech., šport. r Bock ((e)s, ≈̈e); *skákať cez –u* über den Bock springen

kozmetick|ý(y) kosmẹtisch; ~ *salón* r Kosmetiksalon

kozmetika e Kosmẹtik (≈, 0), e Schönheitspflege (≈, 0)

kozmick|ý kosmisch, (Welt)raum-; ~ *let* r (Welt)raumflug; *–á loď* s Raumschiff

kozmonaut r Astronạut (en, en)

kozmopolit|a r Kosmopolịt (en, en); **–ický** kosmopolịtisch, weltbürgerlich

kozorožec r Steinbock ((e)s, ≈̈e)

kozub r Kamịn (s, e)

koža 1 ľudská e Haut (≈, ≈̈e) **2** zvieraťa e Haut (≈, ≈̈e), s Fell ((e)s, e) **3** vypraco-

vaná s Leder (s, ≈)
kožen|ý Leder-, ledern; *–é rukavice* die Lederhandschuhe MNČ
kožn|ý Haut-; *–á choroba* e Hautkrankheit
kožuch r Pelz (es, e), r Pelzmantel (s, ≈̈)
kožušina r Pelz (es, e); *umelá ~* r Webpelz
kôl r Pfahl ((e)s, ≈̈e)
kôlňa r Schuppen (s, ≈)
kôň s Pferd ((e)s, e); *jazdiť na koni* (ein Pferd) reiten*
kôpor r Dill ((e)s, e)
kôra 1 e Rinde (≈, n); *brezová ~* e Birkenrinde; *zemská ~* e Erdrinde **2** na ovocí e Schale (≈, n)
kôrka chlebová ap. e Rinde (≈, n), e Kruste (≈, n)
kôrovec zool. s Krustentier ((e)s, e)
kôstka r Kern ((e)s, e)
kôš r Korb ((e)s, ≈̈e); *~ na bielizeň* r Wäschekorb; *~ na odpadky* r Abfallkorb al. r Abfalleimer (s, ≈), anat. *hrudný ~* r Brustkorb; **dostať, dať košom** einen Korb bekommen*, geben*
krab e Krabbe (≈, n)
kráčať schreiten* (i.), gehen* (i.)
krádež r Diebstahl ((e)s, ≈̈e); *dopustiť sa ~e* einen Diebstahl begehen*
kradnúť stehlen*, hovor. klauen
krach r Krach ((e)s, ≈̈e), r Zusammenbruch ((e)s, ≈̈e), r Bankrọtt ((e)s, e)
kraj 1 okraj r Rand ((e)s, ≈̈er) **2** krajina e Landschaft (≈, en), e Gegend (≈, en), s Gebiẹt ((e)s, e) **3** územný celok r Kreis (es, e), r Bezịrk ((e)s, e)
krajan r Landsmann ((e)s, leute); **~ka** e Landsmännin (≈, nen)
krájať schneiden*; *~ na kocky, kúsky, plátky* in Würfel, Stücke, Scheiben schneiden
krajčír r Schneider (s, ≈); **~stvo** e Schneiderẹi (≈, en)
krajec e Scheibe (≈, n), e Schnitte (≈, n); *~ chleba* e Brotscheibe
krajina 1 okolie e Gegend (≈, en), e Landschaft (≈, en), s Land (es, 0) **2** štát s Land ((e)s, ≈̈er)
krajnica r Randstreifen (s, ≈)
krajn|ý 1 okrajový Rand- **2** extrémny äußerst, extrẹm, radikạl; *v –om prípade* im äußersten Fall; *–á pravica* e extreme Rechte
krajský Kreis-, Bezịrks-
krákať krähen
kráľ r König ((e)s, e); **~ovná** e Königin (≈, nen)
králik 1 zool. s Kanịnchen (s, ≈) **2** bot. e Wucherblume (≈, n)
kráľovsk|ý(y) Königs-, königlich; *–á koruna* e Königskrone
kráľovstvo s Königtum (s, ≈̈er), s Königsreich (es, e)
krás|a e Schönheit (≈, en); *chyba –y* r Schönheitsfehler; *prírodné –y* e Naturschönheiten
kraslica s Osterẹi ((e)s, er)
krásn|y(e) schön
krasokorču|liar r Eiskunstläufer (s, ≈); **–ľovanie** r Eiskunstlauf ((e)s, 0)
krát mal; *dva ~ dva* zwei mal zwei
krátiť kürzen, verkürzen; **~ sa** kurz/kürzer werden* (i.)
krátkodob|ý(o) kurzfristig
krátkozraký kurzsichtig
krátk|y(o) kurz, Kurz-; *–e vlasy* kurzes Haar; odb. *–e spojenie, skrat* r Kurzschluß <...ss>; *–e vlny* e Kurzwellen
kraul s Kraul(schwimmen) ((s), 0); *plávať ~* kraulen
krava e Kuh (≈, ≈̈e)
kravata e Krawạtte (≈, n), r Schlips (es, e)
kŕč r Krampf ((e)s, ≈̈e); **~ovitý** krampfhaft
krčah r Krug ((e)s, ≈̈e)
krčiť 1 šaty knittern **2** skladať beugen **3** čelo runzeln **4** plecami die Achseln zucken; **~ sa** sich ducken, sich drücken
krčm|a s Gasthaus ((e)s, ≈̈er), e Gaststätte (≈, n), hovor. e Kneipe (≈, n); **–ár** hostinský r (Gast)wirt ((e)s, e)
krčn|ý Hals-; *–é stavce* e Halswirbel

kŕdeľ r Schwarm ((e)s, ≈e)
kredit r Kredit ((e)s, e); *poskytnúť ~ komu* j-m einen Kredit gewähren
kreditn|ý Kredit-; *–á banka* e Kreditbank al. e Kredit|anstalt; *–á karta* e Kreditkarte
krehký 1 lámavý brüchig, zerbrechlich **2** pečivo knusp(e)rig **3** zdravie gebrechlich
krém e Creme [krę:m] (≈, s); *~ na opaľovanie* e Sonnencreme; *~ na topánky* e Schuhcreme; *nočný ~* e Nachtcreme; *denný ~* e Tagescreme
krematórium s Krematorium (s, i|en)
krémový 1 Creme- [krę:m...], cremig **2** farba creme [krę:m], cremefarbig, cremefarben
kresba e Zeichnung (≈, en)
kreslenie s Zeichnen (s, 0)
kresl|ený gezeichnet, Zeichen-; *~ film* r Zeichentrickfilm; **–iť** zeichnen
kreslo 1 stolička r Lehnstuhl ((e)s, ≈e), r Sessel (s, ≈) **2** vo vláde r Sitz (es, e); *ministerské ~* r Ministersitz
kresťan r Christ ['k...] (en, en); **~ský** christlich ['k...]; **~stvo** s Christentum ((e)s, 0)
krhla e Gießkanne (≈, n)
kričať 1 schreien*; *~ o pomoc* um Hilfe schreien **2** na koho j-n an|schreien*
krídlo r Flügel (s, ≈) i obraz.; *~ dverí* r Türflügel
krieda e Kreide (≈, n)
kriesiť (wieder)beleben, zum Bewußtsein bringen*
krik s Geschrei ((e)s, 0), r Lärm ((e)s, 0); **veľa ~u pre nič** viel Lärm um nichts
krikľav|ý(o) schreiend, schrill, grell; *–á farba* eine grelle Farbe
kriminálny Kriminal-, kriminell
krištáľ r Kristall (s, e); **~ový** Kristall-; *~ová váza* e Kristallvase
kritérium s Kriterium (s, i|en)
kritick|ý(y) kritisch; *~ bod* r kritische Punkt
krit|ik r Kritiker (s, ≈); **–ika** e Kritik (≈, en); **–izovať** kritisieren
krívať hinken; *~ na pravú nohu* auf den rechten Fuß hinken
krivda s Unrecht ((e)s, 0)
krivka e Kurve (≈, n)
kriv|ý(o) 1 nerovný krumm **2** chromý lahm, krumm, hinkend **3** falošný falsch, unwahr; *–é svedectvo* ein falsches Zeugnis; *–á prísaha* r Mein|eid
kríza e Krise (≈, n); *hospodárska ~* e Wirtschaftskrise
kríž s Kreuz (es, e); **Červený ~** s Rote Kreuz
kríženec r Mischling (s, e)
krížik 1 malý kríž s Kreuzchen (s, ≈), s Kreuz ((e)s, e) **2** pri vyšívaní r Kreuzstich ((e)s, e)
krížiť bot., zool. kreuzen; *~ dva druhy raže* zwei Sorten des Roggens kreuzen
križovať kreuzen, überqueren
križovatka e Kreuzung (≈, en)
krížovka s Kreuzworträtsel (s, ≈)
krížov|ý Kreuz-; *~ výsluch* s Kreuzverhör; *–á cesta* r Kreuzweg
krk r Hals (es, ≈e); *naťahovať ~* den Hals recken; **mať čoho po ~** etw satt haben
kŕmiť 1 zviera füttern **2** dieťa nähren
krmivo s Futter (s, ≈)
kroj e Tracht (≈, en); *ľudový ~* e Volkstracht
krok r Schritt ((e)s, e); *tanečný ~* r Tanzschritt; **na každom ~u** auf Schritt und Tritt; **držať ~ s kým/čím** mit j-m/etw Schritt halten*
krokodíl s Krokodil (s, e)
krompáč s Spitzhacke (≈, n)
kronika e Chronik ['k...] (≈, en)
kropiť 1 ulice, trávnik bespritzen, besprengen **2** bielizeň ein|sprengen
krotiť zähmen, bändigen
krotk|ý(o) zahm; *~ ako baránok* zahm wie ein Lamm
krovie s Gebüsch (es, e)
krst e Taufe (≈, n)
krstiť taufen
krstný Tauf-; *~ list* r Taufschein
krt r Maulwurf ((e)s, ≈e); **~inec** r Ma-

ulwurfshügel (s, ≈)
kruh 1 r Kreis (es, e) **2** útvar podobný kruhu r Kreis (es, e), r Ring ((e)s, e), e Scheibe (≈, n); *polárny ~* r Polarkreis; *~y pod očami* Ringen um die Augen; *hrnčiarsky ~* e Töpferscheibe; **~ový** kreisförmig, Kreis-, Ring-
krúp|a ľadovec r Hagel (s, 0); *padajú –y* es hagelt
krupica r Grieß (es, 0)
krupicov|ý Grieß-; *–á kaša* r Grießbrei
krútiť drehen; **~ sa** sich drehen; **krúti sa mi hlava** mir ist schwindlig
krut|ý(o) 1 nemilosrdný grausam **2** expr. zima grimmig, streng, osud schwer
kružidlo r Zirkel (s, ≈)
kružnica e Kreislinie (≈, n), r Kreis (es, e); *opísať ~* den Kreis schlagen
krúžok záujmová skupina r Zirkel (s, ≈), e Gruppe (≈, n)
krv s Blut ((e)s, 0); *otrava ~i* e Blutvergiftung; *darovať ~* s Blut spenden; *tečie mi ~ z nosa* ich habe Nasenbluten
krvácať bluten
krvav|ý blutig, Blut-; *~ boj* ein blutiger Kampf; *–á škvrna* r Blutfleck
krvink|a s Blutkörperchen (s, ≈); *červené, biele –y* rote, weiße Blutkörperchen
krvn|ý Blut-; *–á skupina* e Blutgruppe; *~ tlak* r Blutdruck; *–á skúška* e Blutprobe
krysa e Ratte (≈, n)
kryštál r Kristall (s, e); **~ový** Kristall-; *~ový cukor* r Kristallzucker
kryt 1 úkryt e Deckung (≈, en), r Schutzraum ((e)s, ¨e); *protiletecký ~* r Luftschutzraum **2** tech. e Haube (≈, n); *~ motora* e Motorhaube
kto wer; *~ je to?* wer ist das?; *~ iný ako...?* wer anders als...?
ktokoľvek wer (auch) immer
ktorý 1 ZÁM opytovacie welcher; *~ z vás?* welcher von euch? **2** ZÁM vzťažné der; *človek, ~ pracuje* ein Mensch, der arbeitet
ktorýkoľvek welcher (auch) immer, jeder beliebige
ktosi (irgend)jemand
kubický Kubik-, kubisch; *~ meter* r, s Kubikmeter (s, ≈)
kučera e Locke (≈, n); **~vý** lockig, kraus(haarig)
kufor 1 r Koffer (s, ≈) **2** auta r Kofferraum ((e)s, ¨e)
kuchár r Koch ((e)s, ¨e); **~ka** e Köchin (≈, nen)
kuchársk|y Koch-; *–a kniha* s Kochbuch ((e)s, ¨er)
kuchyňa e Küche (≈, n)
kuchynský Küchen-; *~ stôl* r Küchentisch; *~ kút* e Kochnische
kukať (sa) hovor. gucken, schauen (*na koho/čo* auf j-n/etw)
kukla 1 ochrana hlavy e Haube (≈, n), e Kappe (≈, n) **2** hmyzu e Puppe (≈, n)
kukučk|a r Kuckuck ((e)s, e); **–ový** Kuckuck-; *–ové hodiny* e Kuckucks|uhr
kukurica r Mais (es, e); rak. r Kukuruz ((e)s, 0)
kulisa e Kulisse (≈, n)
kult r Kult ((e)s, e); *~ osobnosti* r Personenkult
kultivovan|ý(e) kultiviert [...v...]
kultúr|a e Kultur (≈, en); *ministerstvo –y* s Kulturministerium; **–ny** Kultur-, kulturell; *~ atašé* r Kultur|attaché; *~ dom* s Kulturhaus
kúpa r Kauf ((e)s, 0); *výhodná ~* ein günstiger Kauf; *~ na splátky* ein Kauf auf Raten
kúpac|í Bade-; *–ia čiapka* e Bademütze; *~ plášť* r Bademantel
kúp|alisko s Schwimmbad ((e)s, ¨er), s Freibad ((e)s, ¨er); **–ať (sa)** baden
kupé s Abteil ((e)s, e); *nefajčiarske ~* s Nichtraucher|abteil
kupec r Käufer (s, ≈)
kúpeľ s Bad ((e)s, ¨er); **~ňa** s Badezimmer (s, ≈), s Bad ((e)s, ¨er)
kúpel|e r Kur|ort ((e)s, e), r Bade|ort ((e)s, e), s Bad ((e)s, ¨er); *ísť do –ľov* ins Bad fahren

kúpiť kaufen
kúpn|y Kauf-; *–a cena* r Kaufpreis; *–a zmluva* r Kaufvertrag
kupola e Kuppel (≈, n)
kupón r Coupon [ku'põ:] (s, s), r Kupon (s, s)
kúra e Kur (≈, en); *odtučňovacia ~* e Abmagerungskur, e Schlankheitskur
kurča s Huhn ((e)s, ⁼er), s Hühnchen (s, ≈), s Hendl (s, ≈)
kúrenie e Heizung (≈, en); *ústredné ~* e Zentralheizung
kur|í Hühner-; *–ie oko* s Hühner|auge
kuriatko 1 malé kurča s Kücken (s, ≈) **2** huba r Pfifferling (s, e)
kurič r Heizer (s, ≈)
kurín r Hühnerstall ((e)s, ⁼e)
kúriť heizen
kurt tenisový r Tennisplatz (es, ⁼e)
kurz 1 školenie r Kurs (es, e), r Lehrgang ((e)s, ⁼e) **2** finančný r Kurs (es, e); *devízový ~ marky* r Devisenkurs **3** smer r Kurs (es, e), e Richtung (≈, en)
kus 1 s Stück ((e)s, e); *krájať na ~y* in die Stücke schneiden; *dve koruny za ~* zwei Kronen pro Stück **2** divadelná hra s Theaterstück ((e)s, e); **~ový** Stück-
kúsok s Stückchen (s, ≈), s Stück ((e)s, e)
kuť železo schmieden
kút(ik) e Ecke (≈, n), r Winkel (s, ≈); *sprchovací ~* e Duschecke; *ústny ~ik* r Mundwinkel
kuvik r Kauz (es, ⁼e)
kúzelník r Zauberer (s, ≈)
kúzeln|ý(e) Zauber-; *~ klobúk* Zauberhut
kúzliť zaubern
kužeľ r Kegel (s, ≈)
kváder r Quader (s, ≈)
kvalifikác|ia e Qualifikation (≈, en), e Befähigung (≈, en); *zvyšovať svoju –iu* seine Qualifikation erhöhen, verbessern
kvalifikovaný qualifiziert
kvalita e Qualität (≈, en), e Güte (≈, 0); *~ tovaru* e Warenqualität
kvalitný Qualitäts-, hochwertig
kvantita e Quantität (≈, en)
kvapal|ina e Flüssigkeit (≈, en); **–ný** flüssig
kvapavka lek. r Tripper (s, ≈)
kvapeľ r Tropfstein ((e)s, e)
kvapk|a r Tropfen (s, ≈); *~ vody* ein Tropfen Wasser; *po –ách* tropfenweise
kvapkať 1 stekať po kvapkách tropfen **2** liať po kvapkách tröpfeln
kvapôčkov|ý: *–á infekcia* e Tröpfchen|infektion
kvarta hud. interval e Quarte (≈, n)
kvartet hud. s Quartett ((e)s, e)
kvasiť gären*
kvasnice MNČ e Hefe (≈, 0)
kvet 1 e Blume (≈, n); *kytica ~ov* r Blumenstrauß **2** kvitnutie e Blüte (≈, n); *v plnom ~e* in voller Blüte
kvetináč r Blumentopf ((e)s, ⁼e)
kvetinárstvo s Blumengeschäft ((e)s, e)
kvetinový Blumen-; *~ záhon* s Blumenbeet
kvinta hud. interval e Quinte (≈, n)
kvintet hud. s Quintett ((e)s, e)
kvitnúť blühen
kvôli wegen G, halber G, zuliebe G; *~ mne* meinetwegen
kybernet|ický kybernetisch; **–ika** e Kybernetik (≈, 0)
kýchať niesen
kým solange, bis; *počkám, ~ neprídeš* ich warte, bis du kommst
kypieť 1 o tekutine überlaufen (i.) **2** búriť sa kochen, brodeln, sprudeln
kypriť (auf)|lockern
kypr|ý 1 locker; *–á pôda* lockerer Boden **2** o ceste mürbe **3** o tvaroch tela üppig
kyselina e Säure (≈, n); *~ sírová* e Schwefelsäure
kyslík r Sauerstoff ((e)s, 0); **~ový** Sauerstoff-
kysl|ý(o) sauer; *–é mlieko* saure Milch; *–é uhorky* saure Gurken; *–á kapusta* s Sauerkraut
kysnúť o ceste auf|gehen*, gären*

kysnut|ý Hefe-; *–é cesto* r Hefeteig; *–é knedle* Hefeknödel, Hefeklöße
kytica r (Blumen)strauß (es, ⸚e)
kyvadlo s Pendel (s, ≈); *hodinové* ~ s Uhrpendel
kyvadlov|ý Pendel-; *–á doprava* r Pendelverkehr
kývať 1 winken (*komu* j-m); ~ *na pozdrav* zum Gruß winken **2** pohybovať bewegen, schwingen **3** na súhlas nicken; ~ **sa** wackeln, schwingen, pendeln; ~ **sa** wackeln, wanken

L

laba e Pfote (≈, n), e Pranke (≈, n)
labiln|ý(e) labil
laborant r Laborant (en, en)
laboratórium s Laboratorium (s, i-en), s Labor (s, s al. e)
labuť r Schwan (es, ⸚e)
labužník r Feinschmecker (s, ≈)
lacn|ý(o) billig, preiswert
lačn|ý(e) 1 hladný nüchtern, hungrig **2** dychtivý hungrig, gierig (*po čom* nach etw D)
ľad s Eis (es, 0); *umelý* ~ s Kunsteis; **~ový 1** Eis-; ~ *hokej* s Eishockey **2** studený eiskalt, eisig
ladič r Stimmer (s, ≈); ~ *klavírov* r Klavierstimmer
ladička e Stimmgabel (≈, n)
ladiť 1 hud. stimmen **2** o farbách harmonieren **3** rádio ein|stellen
ľadoborec r Eisbrecher (s, ≈)
ľadovec 1 v horách r Gletscher (s, ≈) **2** v mori r Eisberg ((e)s, e)
lagúna e Lagune (≈, n)
ľahkomyseľn|ý(e) leichtsinnig, leichtfertig
ľahkovážn|y(e) leichtsinnig, leichtfertig
ľahk|ý(o) 1 leicht; *–á atletika* e Leicht|athletik; *–á strava* leichte Kost; *–é víno* leichter Wein **2** jednoduchý einfach
ľahnúť si sich (nieder)|legen, sich hin|legen
lahodn|ý(e) 1 jedlo köstlich, schmackhaft, lecker **2** hlas wohlklingend, sanft
ľahostajn|ý(e) gleichgültig, teilnahmslos; *to mi je úplne –é* das ist mir ganz gleichgültig/egal
lahôdka e Delikatesse (≈, n), r Leckerbissen (s, ≈)
lahôdkarstvo s Feinkostgeschäft ((e)s, e), s Delikatessengeschäft, e Delikatessenhandlung (≈, en)
lahôdkový Delikatess-; ~ *syr* r Delikatesskäse
laick|ý(y) Lai|en-, lai|enhaft
laik r Laie (n, n); *úplný* ~ ein blutiger Laie
lajdáck|y liederlich, schlampig; *–a práca* eine schlampige Arbeit
lajdák ein liederlicher, schlampiger Mensch (en, en)
lak r Lack ((e)s, e); ~ *na nechty* r Nagellack; ~ *na vlasy* r Haarlack
lák|ať locken, reizen; *to ma –a* das reizt mich
ľakať schrecken, j-m Angst an|jagen
lákav|ý(o) (ver)lockend; *–á ponuka* ein verlockendes Angebot
laket' r Ell(en)bogen (s, ≈)
lako|mec r Geizhals (es, ⸚e), r Geizkragen (s, ≈), r Knauser (s, ≈); **–mý** geizig
lakov|ať lackieren; ~ *si nechty* sich die Fingernägel lackieren; **–ač** r Lackierer (s, ≈)
lalok r Lappen (s, ≈); *pľúcny* ~ r Lungenlappen al. r Lungenflügel
láman|ý(e) gebrochen; *hovoriť –ou nemčinou* ein gebrochenes Deutsch sprechen
lámať brechen*; ~ **si hlavu** sich den Kopf zerbrechen*; ~ **sa** sich brechen*, brüchig werden* (i.)
lamela e Lamelle (≈, n)
lamp|a e Lampe (≈, n), e Laterne (≈, n); *petrolejová* ~ e Petrole|umlampe; *stolová* ~ e Tischlampe; *rozsvietiť –u* e Lampe an|zünden al. ein|schalten;

JKL

zhasnúť –u e Lampe löschen al. aus|schalten

laň e Hirschkuh (≈, ≈e)

lán e Hube (≈, n), ein großes Feld ((e)s, er)

ľan 1 r Flachs (es, 0), r Lein (es, 0) **2** tkanina r Leinen (s, 0)

langusta e Languste (≈, n)

lano s Tau ((e)s, e), s Seil ((e)s, e); *vlečné* ~ s Schleppseil

lanovka e (Draht)seilbahn (≈, en); *visutá* ~ e Schwebebahn; *ozubená* ~ e Zahnradbahn

larva e Larve (≈, n), motýľa e Puppe (≈, n)

lasica s Wiesel (s, ≈)

lásk|a e Liebe (≈, n); ~ *na prvý pohľad* Liebe auf den ersten Blick; *z –y k...* aus Liebe zu... D; *vyznať komu –u* j-n eine Liebeserklärung machen

láskať (sa) liebkosen

láskavosť r Gefallen (s, ≈), e Liebenswürdigkeit (≈, en), e Freundlichkeit (≈, en), e Gefälligkeit (≈, en); *preukázať komu* ~ j-m eine Gefälligkeit erweisen*; *požiadať koho o* ~ j-n um einen Gefallen bitten

láskav|ý(o) liebenswürdig, freundlich; *buďte taký –ý* seien Sie so freundlich

lastovička e Schwalbe (≈, n)

lastúra e Muschel (≈, n)

latentn|ý(e) latent, verborgen

laterna hovor. e Laterne (≈, n)

latinčina s Latein (s, 0)

latinka písmo e Lateinschrift (≈, 0)

latinsk|ý(y) lateinisch, latein-, Latein-; *Latinská Amerika* (s) Lateinamerika

latka e Latte (≈, n)

látka v rôznych významoch r Stoff ((e)s, e); *pohonná* ~ r Treibstoff; *vlnená* ~ r Wollstoff; *učebná* ~ r Lehrstoff

latrína e Latrine (≈, n)

láva e Lava ['la:va] (≈, Laven)

ľavák r Linkshänder (s, ≈)

lavica e Bank (≈, ≈e); *školská* ~ e Schulbank

ľavic|a 1 ruka e Linke (n, n), die linke Hand; *sedieť po –i* zur Linken sitzen **2** polit. e Linke (≈, 0), der linke Flügel; *extrémna* ~ e radikale, äußerste Linke

ľavicov|ý Links-; *–á strana* e Linkspartei, e linke Partei; *extrémne* ~ links|extremistisch

lavička 1 malá lavica s Bänkchen (s, ≈) **2** v parku e (Sitz)bank (≈, ≈e)

lavína e Lawine (≈, n); *nebezpečenstvo lavín* e Lawinengefahr

lávka r Steg ((e)s, e)

ľav|ý link; *–á ruka* e Linke, e linke Hand; *–á strana* e linke Seite

laxn|ý(e) lax, lässig

lebka r Schädel (s, ≈)

lebo 1 SP pretože weil, da **2** ČAST veď denn

lečo s al. r Letscho ((s), 0)

ledabolo nachlässig, oberflächlich, schlampig

ledva kaum, schwerlich

legalizovať legalisieren

legáln|y(e) legal, gesetzlich

legend|a e Legende (≈, n); **–árny** legendär, legendenhaft, sagenhaft

legislatíva e Legislative (≈, n)

legislatívn|y(e) legislativ, gesetzgebend

legitimácia r Ausweis (es, e), e Legitimation (≈, en)

legitimn|ý(e) legitim, rechtmäßig

legitimovať legitimieren; ~ **sa** sich legitimieren, sich aus|weisen

lehota e Frist (≈, en), r Termin (s, e)

lejak r Regenguß <...ss> (sses, ≈sse)

lekár r Arzt (es, ≈e); *odborný* ~ r Fach|arzt; *praktický* ~ praktischer Arzt; *zubný* ~ r Zahn|arzt

lekáreň e Apotheke (≈, n)

lekárnička domáca e Haus|apotheke (≈, n), s Arzneikästchen (s, ≈), cestovná e Reise|apotheke (≈, n)

lekárnik r Apotheker (s, ≈)

lekársk|y ärztlich, Arzt-, medizinisch; *–a fakulta* e medizinische Fakultät; *–a prehliadka* e ärztliche Untersuchung; ~ *predpis* e ärztliche Ver|ordnung

lekcia e Lektion (≈, en)
lekno e Seerose (≈, n)
lektor r Lektor (s, oren); **~ka** e Lektorin
lekvár s Mus (es, e); slivkový ~ s Pflaumenmus, rak. r Powidl
lem r Saum ((e)s, ≈e), e Bordüre (≈, n), e Fassung(≈, en), r Rand ((e)s, ≈er), kabáta r Aufschlag ((e)s, ≈e), vrecka e Patte (≈, n)
lemov|ať säumen, bordieren, ein|fassen; **–ka** e Borte (≈, n)
len 1 ČASŤ nur, bloß, lediglich; *myslí ~ na seba* er denkt nur an sich; *mám už ~ 10 eur* ich habe nur noch zehn Euro; *~ tak ďalej* nur so weiter **2** SP kaum, sobald, nur; *~ čo príde, poviem mu to* sobald er kommt, sage ich es ihm; *~ vtedy, keď...* nur dann, wenn...
lenivec r Faulenzer (s, ≈), hovor. r Faulpelz (es, e)
leniv|ý(o) faul
leňošiť faulenzen
lenže aber
leopard zool. r Panther <Panter> (s, ≈)
lepenka e Pappe (≈, n); *krytinová ~* e Dachpappe
lepiac|i Klebe-; *–a páska* s Klebeband
lepidlo r Klebstoff ((e)s, e)
lepiť (sa) kleben
lepkavý klebrig
lepra e Lepra (≈, 0)
lepš|í(ie) besser; *tým ~* um so besser
lepšiť sa sich bessern
les r Wald ((e)s, ≈er); *ihličnatý ~* r Nadelwald; *listnatý ~* r Laubwald; *zmiešaný ~* r Mischwald
lesbi|cký lesbisch; **–čka** e Lesbe (≈, n), e Lesbierin (≈, nen)
lesk r Glanz (es, 0); **~lý** glänzend, Glanz-; **~núť sa** glänzen
lesník r Förster (s, ≈)
lesn|ý Wald(es)-, Forst-; *–é hospodárstvo* e Forstwirtschaft; *–á cesta* r Waldweg; hud. *~ roh* s Waldhorn
lesť e List (≈, en)
lešenie s Gerüst ((e)s, e)
leštiť glänzen, polieren
let r Flug ((e)s, ≈e)
leták s Flugblatt ((e)s, ≈er)
letec r Flugzeugführer (s, ≈), r Pilot (en, en)
leteck|ý Flieger-, Flug-, Luft-; *–á doprava* r Flugverkehr; *–á linka* e Fluglini|e; *–á pošta* e Luftpost
letenka e Flugkarte (≈, n), r Flugschein ((e)s, e)
letieť 1 fliegen* (i.) **2** ponáhľať sa fliegen, rasen, rennen* (i.) **3** rýchlo plynúť vergehen; *čas letí* die Zeit vergeht
letisko r Flughafen (s, ≈)
letm|ý(o) flüchtig; *~ pohľad* ein flüchtiger Blick
letný Sommer-, sommerlich; *~ čas* e Sommerzeit; *~ semester* s Sommersemester; *~ výpredaj* r Sommerschlußverkauf <...ss...>
let|o r Sommer (s, ≈); *v –e* im Sommer; *babie ~* r Altweibersommer
letokruh r Jahresring ((e)s, e)
letopoč|et e Zeitrechnung (≈, en); *pred naším –tom* vor unserer Zeitrechnung skr. v. u. Z.; *nášho –tu* unserer Zeitrechnung skr. u. Z.
letovať den Sommer verbringen
letovisko 1 miesto e Sommerfrische (≈, n), r Ferien|ort ((e)s, e) **2** byt s Wochenendhaus ((e)s, ≈er), s Sommerhaus ((e)s, ≈er)
letový Flug-; *~ plán* r Flugplan
letuška e Stewardeß <...ss> ['stju:ɐdes] (≈, ssen)
leukémia e Leukämie (≈, 0)
leukoplast s Leukoplast ((e)s, e), s Pflaster (s, ≈)
lev r Löwe (n, n)
levanduľa r Lavendel [...v...] (s, ≈)
ležadlo e Liege (≈, n), r Liegestuhl ((e)s, ≈e); **~vý** Liege-; *~vý vozeň* r Liegewagen
lež|ať liegen*; *~ v nemocnici* im Krankenhaus liegen; *~ v posteli* im Bett liegen; *Bratislava –í na Dunaji* Bratislava liegt an der Donau

liať gießen*, schütten
liatina s Guß|eisen <...ss...> (s, 0)
liberáln|y(e) liberal
libra s Pfund ((e)s, e)
libreto s Libretto (s, s al. tti)
líce 1 e Wange (≈, n), e Backe (≈, n) **2** opak rube e Oberseite (≈, n), e Vorderseite (≈, n)
licencia e Lizenz (≈, en)
lícn|y Wangen-, Backen-; *–a kosť* r Backenknochen
líčidlo e Schminke (≈, n)
líčiť 1 opisovať schildern, beschreiben* **2** maskovať schminken; ~ **sa** sich schminken
liečba e Kur (≈, en), e Therapie (≈, i-en)
liečebňa e Heil|anstalt (≈, en), s Sanatorium (s, i|en)
liečebný Heil-, Kur-; ~ *ústav* e Heil|anstalt, s Sanatorium
liečiť heilen, (ärztlich) behandeln, kurieren; ~ **sa** sich kurieren, eine Kur machen, in ärztlicher Behandlung sein
liečivý Heil-, heilkräftig; ~ *prameň* e Heilquelle
lieh r Spiritus (≈, 0 al. se), r Alkohol (s, 0); **~oviny** e Spirituosen MNČ
liehový Spiritus-, Alkohol-; ~ *varič* r Spirituskocher
liek s Medikament ((e)s, e), s Arzneimittel (s, ≈); *predpísať* ~ ein Medikament ver|ordnen/verschreiben; *užívať* ~ ein Medikament ein|nehmen
lieň zool. e Schleie (≈, n)
lienka r Sonnenkäfer (s, ≈), hovor. r Mari|enkäfer (s, ≈)
liesk|a e Hasel (≈, n), r Haselstrauch ((e)s, ⸚er); **–ový** Hasel-; *–ový orech* e Haselnuß <...ss>
lietadlo s Flugzeug ((e)s, e)
lietať 1 fliegen* (i.) **2** rýchlo sa pohybovať fliegen, rasen
lievik r Trichter (s, ≈)
liezť 1 plaziť sa kriechen* (i.) **2** šplhať sa klettern (i.) **3** stále chodiť za kým, hovor. j-m nach|laufen* (i.)
liga e Liga (≈, Ligen); *futbalová* ~ e Fußballiga
ligotať sa schimmern, flimmern, glänzen
lichotiť schmeicheln
lichotiv|ý(o) schmeichelnd, schmeichelhaft
lichôtka s Kompliment ((e)s, e), e Schmeichelei (≈, en)
likér r Likör (s, e); *bylinkový* ~ r Kräuterlikör
likvidovať liquidieren, beseitigen
limonáda e Limonade (≈, n), hovor. e al. s Limo (≈, s)
lingvist|a r Linguist (en, en); **–ický** linguistisch; **–ika** e Linguistik (≈, 0)
línia e Lini|e (≈, n)
linka 1 čiara e Lini|e (≈, n) r Strich ((e)s, e) **2** spoj e Lini|e (≈, n); *autobusová* ~ e Buslini|e
linoleum s Linole|um (s, s)
lipa e Linde (≈, n); **~ový** Linden-; ~ *kvet* e Lindenblüte; ~ *čaj* r Lindenblütentee
lis e Presse (≈, n); **~ovať** pressen
list 1 s Blatt ((e)s, ⸚er); ~ *papiera* s Papierblatt **2** poštový r Brief ((e)s, e); *doporučený* ~ der eingeschriebene Brief; *známka na* ~ e Briefmarke **3** listina, doklad r Schein ((e)s, e); *krstný* ~ r Taufschein; *rodný* ~ e Geburtsurkunde **4** rastliny s Blatt ((e)s, ⸚er); *figový* ~ s Feigenblatt; **~ový** Brief-; *~ový papier* s Briefpapier
lístie s Laub ((e)s, e), e Blätter MNČ
listina e Urkunde (≈, n), s Dokument ((e)s, e)
listnatý blätt(e)rig, Laub-; ~ *les* r Laubwald; ~ *strom* r Laubbaum
líst|ok 1 malý list s Blättchen (s, ≈) **2** malý doklad, potvrdenka ap. r Zettel (s, ≈), e Karte (≈, n), r Schein ((e)s, e); *jedálny* ~ e Speisekarte; ~ *do divadla* e Theaterkarte; *korešpondenčný* ~ e Postkarte; *cestovný* ~ e Fahrkarte, r Fahrschein ((e)s, e); *automat na cestovné –ky* r Fahrkarten|automat; *mesačný* ~ e Monatskarte; *spiatočný* ~ e

Rückfahrkarte
listovať blättern; ~ *v knihe* in einem Buch blättern
lišajník e Flechte (≈, n)
líšiť sa sich unterschẹiden* (*čím od čoho* durch etw A von etw D)
líška r Fuchs (es, ⸚e)
lišta e Leiste (≈, n)
lit|er skr. l r al. s Liter (s, ≈); *pol –ra mlieka* ein halber Liter Milch
literárn|y(e) literạrisch, Literatụr-; *–e dielo* ein literarisches Werk; ~ *časopis* e Literaturzeitschrift
literatúra e Literatụr (≈, en); *krásna* ~ schöngeistige al. schöne Literatur; *odborná* ~ e Fachliteratur
litrov|ý Liter-; *–á fľaša* e Literflasche
liturgia cirk. e Liturgịe (≈, ịen)
líz|anka r Lutscher (s, ≈), r Schlecker (s, ≈); **–ať** lecken, schlecken
loď s Schiff ((e)s, e); *kozmická* ~ s Raumschiff; *chrámová* ~ s Kirchenschiff; *cestovať ~ou* mit dem Schiff fahren
lodenica 1 závod e (Schiffs)werft (≈, en) **2** úschovňa člnov s Bootshaus (es, ⸚er)
lodiar r Reeder (s, ≈)
lodička topánka MNČ die Pumps [pömps]
lodivod r Lotse (n, n)
loďka r Kahn ((e)s, ⸚e), s Boot ((e)s, e)
lodn|ý Schiff(s)-; *–á doprava* e Schiffahrt <...fff...>, r Schiffsverkehr; *–á skrutka* e Schiffsschraube
loďstvo e Flotte (≈, n), e Marịne (≈, n), e Seeflotte (≈, n)
logaritmus r Logarịthmus (≈, men)
logick|ý(y) logisch
logika e Logik (≈, 0)
loj r Talg ((e)s, e al. Talg|arten), s Fett ((e)s, e)
lojáln|y(e) loyạl [loa'ịa:l]
lokalizovať lokalisịeren
lokáln|y(e) lokạl, Lokạl-, örtlich; lek. *–a narkóza* örtliche Betäubung
lokomotíva e Lokomotịve [lọkọmọ-'ti:və] (≈, n), hovor. e Lok (≈, s)
lom 1 e Brechung (≈, en), r Bruch ((e)s, ⸚e); *kamenný* ~ r Steinbruch ((e)s, ⸚e) **2** miesto nalomenia e Bruchstelle (≈, n), r Bruch ((e)s, ⸚e)
lomiť 1 deliť na kusy brechen* **2** rukami e Hände ringen **3** mat. teilen, brechen; *štyri lomené dvoma* vier (gebrochen) durch zwei
lon|o r Schoß (es, ⸚e); *v –e prírody* im Schoß der Natur
lopár kuch. s Hackbrett ((e)s, er)
lopata e Schaufel (≈, n), e Schippe (≈, n)
lopatka 1 malá lopata s Schaufelchen (s, ≈) **2** anat. s Schulterblatt ((e)s, ⸚er)
lopt|a r Ball ((e)s, ⸚e); *hádzať –u* den Ball werfen
los zool. r Elch ((e)s, e)
lós s Los (es, e)
losos r Lachs (es, e); *údený* ~ geräucherter Lachs
losovať losen
lotéria e Lotterịe (≈, n), s Lotto (s, s)
lov e Jagd (≈, en), r Fang ((e)s, ⸚e); ~ *na medvede* e Bärenjagd; ~ *rýb* r Fischfang
lovec r Jäger (s, ≈); **~ký** Jagd-, Jäger-; *~ký pes* r Jagdhund
loviť 1 zver jagen **2** ryby fangen*, fischen, angeln
lož e Lüge (≈, n)
lóž|a e Loge ['lọ:žə] (≈, n); *miesto v –i* r Logensitz
ložisko 1 geol. e Lagerstätte (≈, n) **2** tech. s Lager (s, ≈); *guľkové* ~ s Kugellager
lôžko s Bett ((e)s, en); ~ *vo vlaku* ein Platz im Liegewagen
lôžkový Bett-; **~ vozeň** r Schlafwagen
ľstiv|ý(o) listig, schlau
ľúbostný Liebes-; ~ *list* r Liebesbrief
ľubovník s Johạnniskraut (s, 0)
ľubovoľn|ý(e) belịebig
lúč r Strahl ((e)s, en); *slnečný* ~ r Sonnenstrahl
lúčenie r Abschied ((e)s, e), s Schei-

JKL

den (s, 0), e Verabschiedung (≈, en)
lúčiť sa sich ver|abschieden, Abschied nehmen* (*s kým* von j-m)
ľud s Volk ((e)s, 0)
ľudia 1 die Leute MNČ, die Menschen MNČ **2** vo funkcii neurč. podmetu man; ~ *vravia* man sagt
ľudnatý (dicht)bevölkert
ľudomil kniž. r Menschenfreund ((e)s, e)
ľudoprázdny menschenleer
ľudov|ý Volks-, volkstümlich; *–é umenie* e Volkskunst; *–á pieseň* s Volkslied
ľudožrút r Menschenfresser (s, ≈), r Kannibale (n, n)
ľudsk|ý(y) 1 menschlich, Menschen-; *–á dôstojnosť* e Menschenwürde **2** humánny menschlich, human
ľudstvo e Menschheit (≈, 0), die Menschen MNČ; e Menschenmenge (≈, 0)
lúh e Lauge (≈, n)
luk r (Pfeil)bogen (s, ≈ al. ≈̈)
lúka e Wiese (≈, n)
lukostreľba s Bogenschießen (s, 0)
lukratívny lukrativ
lump r Lump (en, en), r Gauner (s, ≈); **~áctvo** e Lumperei (≈, en), e Gaunerei (≈, en)
lupa e Lupe (≈, n), s Vergrößerungsglas (es, ≈̈er)
lúpať schälen
lupeň s Blatt (es, ≈̈er); ~ *kvetu* s Blütenblatt
lúpež r Raub ((e)s, 0); **~ný** räuberisch, Raub-; *~ný prepad* r Raub|überfall
lupienky zemiakové e Kartoffelchips MNČ
lupiny e (Kopf)schuppen MNČ
lúpiť rauben, plündern
luskáč, luskáčik na orechy r Nußknacker <...ss...> (s, ≈)
lúskať knacken
luster r Kronleuchter (s, ≈), r Lüster (s, ≈)
lúštiť lösen; ~ *krížovku* ein Kreuzworträtsel lösen
lutna hud. e Laute (≈, n)
ľúto leid; *je mi to* ~ es tut* mir leid al. ich bedauere
ľútosť 1 e Reue (≈, 0), s Bedauern (s, 0); *pociťovať ~ nad čím* über etw A Reue empfinden **2** súcit s Mitleid ((e)s, 0)
ľutovať 1 súcitiť bedauern, leid tun*; *ľutujem ho* ich bedau(e)re ihn al. er tut mir leid **2** banovať bereuen; ~ *svoje činy* seine Taten bereuen
luxus r Luxus (≈, 0)
luxusn|ý(e) luxuriös, Luxus-; ~ *hotel* s Luxushotel
lýceum s Lyze|um (s, Lyze|en)
lyko r Bast ((e)s, e)
lyrick|ý(y) lyrisch; *–á báseň* ein lyrisches Gedicht
lysý 1 plešivý glatzig, kahlköpfig, glatzköpfig **2** holý kahl
lýtko e Wade (≈, n)
lyže r Ski [ši:] al. Schi (s, er); *vodné* ~ die Wasserschier
lyžiar r Skiläufer [ši:...] al. Schiläufer (s, ≈), r Skifahrer (s, ≈)
lyžiarsky Ski- [ši:...] al. Schi-; ~ *vlek* r Skilift; ~ *výcvik* r Skikurs
lyžic|a r Löffel (s, ≈); *jesť –ou* mit dem Löffel essen*; *polievková* ~ r Eßlöffel <...ss...>
lyžičk|a r (kleine) Löffel (s, ≈); *čajová* ~ r Teelöffel; *kávová* ~ r Kaffeelöffel; *po –ách* löffelweise
lyžovať (sa) Ski laufen*, Ski fahren*
lživý lügenhaft, lügnerisch

M

macocha e Stiefmutter (≈, ≈̈r)
mača, mačiatko s Kätzchen (s, ≈), s Kätzlein (s, ≈)
mačka e Katze (≈, n)
mafia e Maf(f)ia (≈, s)
mágia e Magie (≈, 0)
magick|ý(y) magisch

MNO

magister r Magister (s, ≈), skr. Mag.
magistrála e Magistrale (≈, n), e Hauptverkehrsstraße (≈, n)
magistrát r Magistrat ((e)s, e), s Stadtamt ((e)s, ≈er)
magnát r Magnat (en, en); *naftárski ~i* die Erdölmagnaten
magnet r Magnet ((e)s al. en, e al. en)
magnetick|ý(y) magnetisch, Magnet-; *–é pole* das magnetische Feld
magnetizmus r Magnetismus (≈, 0)
magnetofón s Tonbandgerät ((e)s, e); *kazetový ~* r Kassettenrecorder
magnetofónov|ý Tonband-; *–á kazeta* e Kassette
mahagón s Mahagoni (s, 0); **~ový** Mahagoni-; *~ový nábytok* Mahagonimöbel MNČ
mach s Moos (es, e)
machinácia e Machination (≈, en)
machuľa r Klecks (es, e), r Tintenfleck ((e)s, e)
máj r Mai ((e)s, e); *prvý ~* r erste Mai; *~, mesiac lásky* r Wonnemonat Mai
maják 1 na pobreží mora r Leuchtturm (es, ≈e) **2** výstražné modré svetlo na automobiloch s Blaulicht ((e)s, er)
majestátn|y(e) majestätisch
majetkov|ý Besitz-, Eigentums-, Vermögens-; *–é pomery* die Vermögensverhältnisse MNČ
majetný vermögend, reich, wohlhabend
majetok 1 vlastníctvo r Besitz (es, e), s Eigentum (s, ≈er), s Vermögen (s, ≈); *súkromný ~* privater Besitz, r Privatbesitz **2** poľnohospodárska organizácia s Gut ((e)s, ≈er)
majiteľ r Besitzer (s, ≈), r Inhaber (s, ≈), r Eigentümer (s, ≈); *~ domu* r Hausbesitzer; *~ firmy* r Firmeninhaber; *~ zmenky* r Wechselinhaber
majonéza e Mayonnaise [majo'ne:zə], e Majonäse (≈, n)
major r Major (s, e)
majorán r Majoran al. r Majoran (s, e)
majorita kniž. e Majorität (≈, en), e Mehrheit (≈, en)
majster r Meister (s, ≈)
majstrovsk|ý Meister-, meisterhaft; *–é dielo* s Meisterwerk; *~ kúsok* s Meisterstück
majstrovstv|o e Meisterschaft (≈, en); *–á sveta* e Weltmeisterschaft
mak r Mohn ((e)s, e); *vlčí ~* r Klatschmohn; *koláč s ~om* r Mohnkuchen
makarón MNČ e Makkaroni
maklér r Makler (s, ≈)
makovica 1 r Mohnkopf ((e)s, ≈e) **2** expr. hlava e Birne (≈, n)
makovník r Mohnkuchen (s, ≈)
makrela e Makrele (≈, n)
makroekonomika e Makroökonomie (≈, 0)
malária e Malaria (≈, 0), s Sumpffieber (s, 0)
malátn|y(e) matt, schlaff, schlapp
maľba 1 maľovanie s Malen (s, 0), e Malerei (≈, 0) **2** obraz s Gemälde (s, ≈) **3** maľovka e Wandbemalung (≈, en)
malebný malerisch
malér hovor. s Malheur [ma'lö:ɐ] (s, e al. s)
maliar r Maler (s, ≈); *~ izieb* r Zimmermaler; **~sky** Maler-, Mal-; *~sky ateliér* s Maleratelier; **~stvo** e Malerei (≈, 0), e Malkunst (≈, 0)
malíček na ruke der kleine Finger (s, ≈), na nohe die kleine Zehe (≈, n)
maličkosť e Kleinigkeit (≈, en); *to je pre mňa ~* das ist eine Kleinigkeit für mich
maličký sehr klein, winzig, winzig klein
malichern|ý(e) 1 o človeku kleinlich, pedantisch **2** bezvýznamný unbedeutend, belanglos
malina e Himbeere (≈, n)
malinovka r Himbeersaft ((e)s, ≈e), e Limonade (≈, n)
málo wenig; *mať ~ času* wenig Zeit haben*; *mať ~ peňazí* wenig Geld haben*
málokrv|nosť e Blutarmut (≈, 0); *–ný* blutarm
malomestsk|ý(y) kleinstädtisch

MNO

malomeštiacky kleinbürgerlich, spießbürgerlich
malomeštiak r Kleinbürger (s, ≈), r Spießbürger (s, ≈)
malomocenstvo e Lepra (≈, 0), r Aussatz (es, 0)
maloobchod r Kleinhandel (s, 0), r Einzelhandel (s, 0); **~ný** Kleinhandels-, Einzelhandels-; *~ná cena* r Einzelhandelspreis; **~ník** r Kleinhändler (s, ≈), r Einzelhändler (s, ≈)
maľovanie 1 remeslo s Malen (s, 0), s Anstreichen (s, 0) **2** školský predmet s Malen (s, 0)
maľovať malen; **~ sa** sich schminken
málovravný wortkarg, schweigsam, kleinlaut
malta r Mörtel (s, ≈)
mal|ý 1 rozmermi klein **2** nedospelý klein, jung **3** nepatrný gering, unbedeutend **4** tesný klein, eng; *topánky sú mi –é* die Schuhe sind mir zu eng
mama e Mutti (≈, s), e Mama (≈, s); *stará ~* e Großmutter, e Oma
mamičk|a e Mutti (≈, s), e Mama (≈, s); *–in synáčik* s Muttersöhnchen
mamut s Mammut (s, e al. s)
mamutí 1 Mammut-; *~ kel* r Mammutzahn **2** obraz. obrovský Mammut-, Riesen-; *~ podnik* s Mammutunternehmen, s Riesenunternehmen
manažér r Manager [menidže] (s, ≈)
mandarínka e Mandarine (≈, n)
mandát s Mandat ((e)s, e), r Abgeordnetensitz (es, e)
mandľa e Mandel (≈, n); *horké, sladké ~* bittere, süße Mandeln; *zápal mandlí* e Mandelentzündung
manekýn(ka) s al. r Mannequin, Mannequin ['manəkẽ/manə'kẽ] (s, s)
manéver s Manöver [ma'nö:vɐ] (s, ≈)
mango e Mango (≈, s)
mangold r Mangold ((e)s, druhy e)
mánia e Manie (≈, ien), e Sucht (≈, ⸚e), e Besessenheit (≈, 0)
manier expr. správanie die Manieren MNČ
manifest s Manifest (es, e)
manifestácia 1 e Manifestation (≈, en), e Kundgebung (≈, en), e Demonstration (≈, en) **2** prejavenie sa e Manifestation (≈, en), e Offenbarung (≈, en)
manifestovať manifestieren
manikúra e Maniküre (≈, n), e Handpflege (≈, n)
manipul|ácia e Manipulation (≈, en); **–ovať** manipulieren
manko s Manko (s, s), r Fehlbetrag (es, ⸚e)
manuáln|y(e) manuell, Hand-; *–a práca* manuelle Arbeit
manzard(k)a e Mansarde (≈, n)
manžel r Ehemann (es, ⸚er), kniž. r Gatte (n, n), hovor. r Mann ((e)s, ⸚er); **~ia** die Eheleute MNČ; s Ehepaar (es, e); **~ka** e Ehefrau (≈, en), kniž. e Gattin (≈, nen), hovor. e Frau (≈, en)
manželsk|ý ehelich, Ehe-; *–é dieťa* ein eheliches Kind
manželstvo e Ehe (≈, n); *uzavrieť ~* die Ehe schließen
manžeta e Manschette (≈, n); **~ový** Manschetten-; *~ový gombík* r Manschettenknopf
mapa 1 e (Land)karte (≈, n); *auto~* e Autokarte; *turistická ~* e Wanderkarte **2** na spisy e Mappe (≈, n)
maratón r Marathonlauf ((e)s, ⸚e); **~ec** r Marathonläufer (s, ≈)
marcipán r, s Marzipan ((e)s, e)
marec r März ((e)s, e); *3. marca* am dritten März; *v marci* im März
margarín e Margarine (≈, 0)
marhuľ|a 1 strom r Aprikosenbaum ((e)s, ⸚e), r Marillenbaum ((e)s, ⸚e) **2** plod e Aprikose (≈, n), rak. e Marille (≈, n); **–ový** Aprikosen-, rak. Marillen-; *–ový kompót* s Aprikosenkompott, s Marillenkompot
marin|áda kuch. e Marinade (≈, n); **–ovať** marinieren
maringotka r Wohnwagen (s, ≈)
mariť verhindern, durchkreuzen, verderben*, zunichte machen, vereiteln; *~ plány* e Pläne zunichte machen al. vereiteln

MNO

marka bývalá nemecká mena e (Deutsche) Mark (≈, ≈)
markantn|ý(e) markạnt, ausgeprägt
marketing s Marketing (≈ al. s, 0)
marmeláda e Marmelạde (≈, n), e Konfitụre (≈, n)
márne vergẹblich, vergẹbens, umsọnst
márnivý 1 eitel, eingebildet **2** verschwẹnderisch
márnotratn|ý(e) verschwẹnderisch
márny vergẹblich, aussichtslos, erfọlglos, unnötig, unnütz
marxi|zmus r Marxịsmus (≈, 0); **–sta** r Marxịst (en, en); **–stický** marxịstisch
masa e Masse (≈, n), e Menge (≈, n); *kašovitá ~* eine breiige Masse; *~ ľudí* e Menschenmenge
masakra s Massạker (s, ≈), s Blutbad ((e)s, ≈̈er)
masáž e Massạge [ma'sa:žə] (≈, n)
masér r Massẹur (s, e); **~ka** e Massẹurin (≈, en)
masírovať massịeren
masív s Massịv (s, e); *skalný ~* s Felsmassiv
masívn|y(e) massịv
maska e Maske (≈, n); *pleťová ~* e Gesichtsmaske
maskovať (sa) 1 (sich) maskịeren **2** voj. tarnen
masl|o e Butter (≈, 0); *chlieb s –om* s Butterbrot; **ide to ako po –e** es geht wie geschmiert
masovokomunikačn|ý Massenkommunikations-; *–é prostriedky* e Massenmedi|en MNČ, e Massenkommunikationsmittel MNČ
masový massenhaft, Massen-; *~ hrob* s Massengrab
masť 1 kuch. s Fett ((e)s, e), s Schmalz (es, 0); *bravčová ~* s Schweineschmalz **2** lek. e Salbe (≈, n) **3** tech. e Schmiere (≈, n)
mastenec r Talgstein ((e)s, e)
mastiť 1 jedlo fetten, schmalzen **2** ruky ap. ein¦fetten, salben **3** tech. schmieren; **~ sa** fett(ig) werden* (i.)
mastnota s Fett ((e)s, e), e Fettigkeit (≈, 0)
mastn|ý 1 obsahujúci mastnotu fett(ig), Fett-, fetthaltig **2** pokrytý mastnotou fettig; *–é vlasy* fettige Haare **3** hovor. drahý gepfẹffert; *–é ceny* gepfefferte Preise
maškarný Masken-; *~ sprievod* r Maskenzug; *~ ples* r Maskenball
maškrt|a r Leckerbissen (s, ≈), e Leckerei (≈, en); **–iť** naschen, schlecken
maškrtiť naschen, schlecken
maškrtn|ý(e) naschhaft
mašľa e Schleife (≈, n)
maštaľ r Stall ((e)s, ≈̈e)
mat v šachu s Matt (s, s), matt; *dať komu ~* j-n matt setzen; *dostať ~* matt sein
mať 1 haben*; *~ teplotu, nádchu* Fieber, Schnupfen haben; *čo z toho máš?* was hast du davon?; *nemám nič proti tomu* ich habe nichts dagegen **2** rád gern haben*, mögen* **3** mať povinnosť sollen*; *mám ťa pozdravovať* ich soll dich grüßen **4** mať platnosť gelten* **5** mať na sebe an¦haben*; *čo to máš na sebe?* was hast du an?
mať sa: *ako sa máš?* wie geht* es dir?; *mám sa dobre* es geht* mir gut; *mám sa zle* es geht* mir schlecht
matematick|ý(y) mathemạtisch
matemat|ik 1 vedec r Mathemạtiker (s, ≈) **2** učiteľ r Mathematịklehrer (s, ≈); **–ika** e Mathematịk (s, 0)
materiál s Materịal (s, i|en)
materialista r Materialịst (en, en)
materializmus r Materialịsmus (≈, 0)
materiáln|y(e) materiẹll
materinčina e Muttersprache (≈, 0)
materinsk|ý mütterlich, Mutter-; *~ jazyk* e Muttersprache; *–é znamienko* s Muttermal; *–á rada* mütterlicher Rat
maternica e Gebärmutter (≈, ≈̈)
matersk|ý mütterlich, Mutter-; *–é mlieko* e Muttermilch; *–á dovolenka* r Schwangerschaftsurlaub, rak. r Karenzurlaub; **–á škola** r Kindergarten
materstvo e Mutterschaft (≈, en)

MNO

matica tech. e (Schrauben)mutter (≈, n)
matiné e Matinẹe (≈, e|en)
matjes r Matjeshering (s, e)
matka e Mutter (≈, ≈̈); *slobodná ~* eine ledige Mutter; *nevlastná ~* e Stiefmutter
matn|ý(e) **1** opak lesklý matt, glanzlos **2** nejasný matt, unklar
matrac e Matrạtze (≈, n); *nafukovací ~* e Luftmatratze
matri|ka e Matrịkel (≈, n); **–čný** Matrịkel-; *–čný úrad* s Matrikel|amt
maturant r Abituriẹnt (en, en), rak. r Maturạnt (en, en)
maturita s Abitụr (s, e), e Reifeprüfung (≈, en), rak. e Matụra (≈, 0)
maturitn|ý Abitụr-, Reife-, Matura-; *–é vysvedčenie* s Abiturzeugnis; *–á skúška* e Reifeprüfung
mávať schwenken, schwingen*, winken, wedeln (*čím* etw A)
maximáln|y(e) maximạl, Maximạl-, Höchst-; *–a rýchlosť* e Höchstgeschwindigkeit
maximum s Maximum (s, ma)
maxisingel e Maxisingle (≈, (s))
maz e Schmiere (≈, n), r Talg ((e)s, e)
mazadlo r Schmierstoff ((e)s, e), s Schmiermittel (s, ≈)
mazať **1** schmieren, bestrẹichen*, masťou salben, olejom (ein)|ölen **2** zotierať löschen **3** expr. bežať rasen, sausen **4** špiniť beschmụtzen, schmutzig machen, besụdeln
maznáčik s Schoßkind ((e)s, er), s Nesthäkchen (s, ≈)
maznať hätscheln, verwöhnen; **~ sa** **1** afektovať affektịeren, sich zieren **2** s kým liebkosen (*s kým* j-n A), herzen; *~ sa s dieťaťom* das Kind liebkosen **3** zhovievavo zaobchádzať sanft um|gehen*; *život sa so mnou nemazná* das Leben geht mit mir nicht sanft um
mäkk|ý(o) **1** opak tvrdý weich; *~ chlieb* weiches Brot; anat. *–é podnebie* weicher Gaumen **2** jemný weich, fein, sanft; *~ hlas* eine sanfte Stimme **3** citlivý mild, weichherzig; *~ človek* ein weichherziger Mensch
mäkkýš s Weichtier ((e)s, e)
mäknúť aj obraz. weich werden* (i.), erweichen* (i.)
mäsiar r Fleischer (s, ≈), r Metzger (s, ≈); **~stvo** e Fleischerẹi (≈, en), e Metzgerẹi (≈, en)
mäsiarka mucha e Fleischfliege (≈, n), Aasfliege (≈, n)
mäsit|ý **1** z mäsa fleischig, Fleisch-; *–é jedlo* s Fleischgericht, e Fleischspeise **2** tučný, hrubý fleischig; *–é pery* fleischige Lippen
mäso s Fleisch (es, 0); *bravčové, hovädzie, teľacie ~* s Schweinefleisch, s Rindfleisch, s Kalbfleisch; **~v|ý** Fleisch-; *~vá konzerva* e Fleischbüchse
mäta e Minze (≈, n); *~ pieporná* e Pfefferminze
mdlob|a bezvedomie e Ohnmacht (≈, en), e Bewụßtlosigkeit <...ss...> (≈, 0); *upadnúť do –y* in Ohnmacht fallen*
mdl|ý(o) **1** nevýrazný matt, fade, ausdruckslos **2** unavený matt, müde, schlaff
mecenáš r Gönner (s, ≈), r Mäzẹn (s, e)
meč s Schwert ((e)s, er)
mečať meckern
med r Honig (s, 0)
meď s Kupfer (s, 0)
medaila e Medạille [mẹ'daljə] (≈, n)
medailón s Medaillọn [mẹdal'jõ:] (s, s)
medený kupfern, Kupfer-
medicína e Medizịn (≈, 0)
medik r Medizịnstudent (en, en)
medit|ácia e Meditatiọn (≈, en); **–ovať** meditịeren
medovka bot. e Melịsse (≈, n)
medov|ý Honig-; *–é rezy* e Honigschnitte; **–é týždne** e Flitterwochen MNČ
medúza e Medụse (≈, n), e Qualle (≈, n)

medveď r Bär (en, en)

medz|a 1 v poli r (Feld)rain ((e)s, e) **2** hranica e Grenze (≈, n), e Schranke (≈, n); *všetko má svoje –e* alles hat seine Grenzen

medzer|a 1 štrbina e Lücke (≈, n), r Zwischenraum (es, ≈e) **2** nedostatok e Lücke (≈, n), r Mangel (s, ≈); *mať –y vo vedomostiach* Wissenslücken haben

medzi 1 uprostred zwischen (*kde?* D, *kam?* A); *stáť ~ oknom a dverami* zwischen dem Fenster und der Tür stehen **2** začlenenie unter (*kde?* D, *kam?* A); *~ priateľmi* unter den Freunden; *zamiešať sa ~ divákov* sich unter die Zuschauer mischen; **~ štyrmi očami** unter vier Augen

medziľudsk|ý zwischenmenschlich; *–é vzťahy* zwischenmenschliche Beziehungen

medzimestsk|ý Fern-, Überland-; *~ telefonický hovor* s Ferngespräch; *–á doprava* r Fernverkehr

medzinárodn|ý(e) international; *–é vzťahy* internationale Beziehungen

medzipristátie e Zwischenlandung (≈, en)

medzištátny zwischenstaatlich

medzitým inzwischen, unterdessen, indessen, mittlerweile

medzník 1 hraničný kameň r Grenzstein ((e)s, e) **2** rozhranie r Meilenstein ((e)s, e), r Wendepunkt ((e)s, e)

megafón s Megaphon (s, e), s Sprachrohr ((e)s, e)

mechan|ický mechanisch; **–ik** r Mechaniker (s, ≈); **–ika** e Mechanik (≈, 0)

mechúr e Blase (≈, n); *močový ~* e Harnblase

mejkap s Make-up [me:k'ap] (s, s)

melanchólia e Melancholie [melaŋ-ko'li:] (≈, 0), e Schwermut (≈, 0)

melancholick|ý(y) melancholisch [melaŋ'ko:liš], schwermütig

melódia e Melodie (≈, n)

melodick|ý(y) melodisch

melón e Melone (≈, n); *červený ~* e Wassermelone, *žltý ~* e Zuckermelone

membrána e Membran(e) (≈, nen)

memoáre die Memoiren [me'moa:-rən] MNČ

mena e Währung (≈, en); *cudzia ~* ausländische Währung

menčester tkanina r Manchester ['manšeste] (s, 0); **~ový** Manchester-

menčestráky hovor. e Kordhose (≈, n), e Manchesterhose (≈, n)

menej weniger, minder

menejcenný minderwertig

meniny r Namenstag ((e)s, e); *oslavovať ~* den Namenstag feiern

men|iť 1 nahrádzať novým ändern, ver|ändern; *~ názor* seine Ansicht ändern **2** pretvárať verwandeln (*čo na čo* etw in etw A), um|wandeln; *~ jednosmerný prúd na striedavý* Gleichstrom in Wechselstrom umwandeln **3** zamieňať wechseln, (um)|tauschen (*čo za čo* etw in/gegen etw A); *~ byt (za väčší)* eine Wohnung (gegen eine größere) tauschen; *~ koruny na doláre* Kronen in/gegen Dollars wechseln **4** striedať tauschen, wechseln (*s kým* mit j-m); *rád by som s tebou –il* ich möchte* gerne mit dir tauschen; *~ šaty* die Kleider wechseln; **~ sa 1** sich (ver|)-ändern; *situácia sa mení* die Lage ändert sich **2** pretvárať sa sich verwandeln **3** hrať farbami schillern

men|o 1 r Name (ns, n), r Namen (s, ≈); *krstné ~ a priezvisko* r Vorname und r Familienname; *pod falošným –om* unter falschem Namen; *v –e koho* im Namen j-s **2** povesť r Name (ns, n), r Ruf ((e)s, 0); *kaziť komu dobré ~* j-s guten Name beflecken; *umelec svetového ~* ein Künstler von Weltruf

menovať nennen*

menovateľ mat. r Nenner (s, ≈); *spoločný ~* gemeinsamer Nenner

menovka s Namensschild ((e)s, er)

menov|ý Währungs-; *–á jednotka* e

Währungs|einheit; *–á reforma* e Währungsreform

menší kleiner; ~ *byt* eine kleinere Wohnung; *je o hlavu ~ ako ja* er ist einen Kopf kleiner als ich

menšina e Minderheit (≈, en), e Minorität (≈, en); *národnostná ~* e nationale Minderheit

menštruácia e Menstruation (≈, en), e Regel (≈, n)

mentalita e Mentalität (≈, en)

mentáln|y(e) mental, Mental-, geistig; *–e zostalý* geistig behindert

menu s Menü (s, s); *slávnostné ~* ein festliches Menü

menza e Mensa (≈, s al. sen)

merací tech. Meß- <...ss...>; *~ prístroj* s Meßgerät

meradl|o s Maß (es, e), r Maßstab ((e)s, ≈e); *vo svetovom –e* im Weltmaßstab

merať messen*; *~ teplotu* die Temperatur messen; *~ (krvný) tlak* den Blutdruck messen; *meria dva metre* er mißt <...ss...> zwei Meter; **~ sa** sich messen*, sich vergleichen (*s kým* mit j-m)

meravosť e Erstarrung (≈, 0), e Starre (≈, n); *~ šije* lek. e Genickstarre

merav|ý(é) steif, starr

mesačne monatlich

mesačník s Monatsheft ((e)s, e), e Monatsschrift (≈, en)

mesačn|ý **1** monatlich, Monats-; *~ plat* s Monatsgehalt, monatliches Gehalt; *~ lístok* e Monatskarte **2** Mond-; *–á krajina* e Mondlandschaft

mesiac **1** kalendárny r Monat ((e)s, e); *raz za ~* einmal im Monat; *každý ~* jeden Monat; *za tri ~e* in drei Monaten **2** astronom. r Mond ((e)s, e)

mesto e Stadt (≈, ≈e); *hlavné ~* e Hauptstadt; *rodné ~* e Geburtstadt

mestsk|ý städtisch, Stadt-; *–á štvrť* r Stadtteil, s Stadtviertel; *–á rada* r Stadtrat; *–á doprava* r Stadtverkehr; *~ obvod* r Stadtbezirk; *~ úrad* s Stadt|amt

mešita e Moschee (≈, n)

meštiansky bürgerlich, Bürger-; *~ dom* s Bürgerhaus

meteorit r Meteorit ((e)s, e al. en)

meteorologick|ý meteorologisch, Wetter-; *–á stanica* e Wetterwarte

meter **1** miera r, s Meter (s, ≈); *štvorcový ~* r Quadratmeter; *kubický ~* r Kubikmeter; *~ dlhý, široký, hlboký, vysoký* ein Meter lang, breit, tief, hoch **2** nástroj s Metermaß (es, e); *skladací ~* r Zollstock

metla r Besen (s, ≈)

metlička r Handfeger (s, ≈), r Handbesen (s, ≈)

metóda e Methode (≈, n); *liečebná ~* e Heilmethode

metodick|ý(y) methodisch

metro e Untergrundbahn (≈, en), e U-Bahn (≈, en), e Metro (≈, s)

metropola e Metropole (≈, n), e Hauptstadt (≈, ≈e)

miasť verwirren, irre|machen

miecha s Rückenmark ((e)s, 0)

mieniť **1** mať mienku meinen **2** mať v úmysle vor|haben*, beabsichtigen, gedenken*

mienk|a e Meinung (≈, en), e Ansicht (≈, en); *povedať svoju –u* seine Meinung sagen; *mať o kom dobrú, zlú –u* von j-m al. über j-m eine gute, schlechte Meinung haben; *podľa mojej –y* nach meiner Meinung al. meiner Meinung nach

mier r Frieden (s, ≈)

miera s Maß (es, e); *dĺžková ~* s Längenmaß

mier|iť **1** zielen (*na koho/čo* auf j-n/etw) **2** smerovať hin|steuern (i.) (*kam, k čomu* auf etw A) **3** mať na mysli hin|zielen, an|spielen (*kam* auf etw A); *kam tým –iš?* worauf zielst du damit hin?

miernit **1** oslabovať ab|schwächen, dämpfen, mäßigen; *~ svoje vyhlásenia* seine Äußerungen abschwächen **2** zmierňovať lindern, mildern; *~ bolesti* e Schmerzen lindern **3** koho j-n besänftigen, beruhigen; **~ sa** sich mäßi-

gen, sich behẹrrschen
miern|y(e) **1** mäßig, mild **2** povahovo sanft(mütig)
mierov|ý Friedens-, friedlich; *–é hnutie* e Friedensbewegung; *–á zmluva* r Friedensvertrag
mierumilovn|ý(e) friedliebend, friedlich
miestenk|a e Platzkarte (≈, n); **–ový** Platzkarten-; ~ *vozeň* r Platzkartenwagen; *povinne* ~ platzkartenpflichtig
miestnosť r Raum ((e)s, ⸚e)
miestn|y Orts-, örtlich, Lokạl-, lokạl; ~ *čas* e Ortszeit; *–a doprava* r Ortsverkehr
miesto PODST M **1** e Stelle (≈, n), r Platz (es, ⸚e), r Ort ((e)s, e al. ⸚er); ~ *činu* r Tatort; ~ *na sedenie, na státie* r Sitzplatz, r Stehplatz; *to je pekné* ~ das ist ein schöner Ort **2** umiestnenie r Platz (es, ⸚e), r Rang (es, ⸚e) **3** zamestnanie e Stelle (≈, n); *zmeniť, stratiť* ~ eine Stelle wechseln, verlieren*
miešačka stroj r Mischer (s, ≈), e Mischmaschine (≈, n); ~ *na betón* r Betonmischer
miešan|ý(e) gemịscht, Misch-; *–é manželstvo* e Mischehe
miešať **1** krúživým pohybom rühren; ~ *polievku* die Suppe rühren **2** utvárať zmes (ver)mischen, vermengen **3** meniť poradie mischen; ~ *karty* die Karten mischen; **~ sa** sich (ein)mischen (*do čoho* in etw A); ~ *do cudzích vecí* sich in fremde Angelegenheiten mischen
miešok anat. r Hodensack ((e)s, ⸚e)
migréna e Migräne (≈, n)
mihalnica e Wimper (≈, n)
mihnúť sa **1** rýchlo sa pohybovať huschen, zucken **2** hlavou durch den Kopf gehen* (i.)
mikrób e Mikrọbe (≈, n)
mikrobus r Kleinbus (ses, se)
mikrofilm r Mikrofilm ((e)s, e)
mikrofón s Mikrophọn <aj Mikrofọn> (s, e)
mikropočítač r Mikrocomputer [...kom'pju:tɐ] (s, ≈)
mikroprocesor r Mikroprozẹssor (s, ọren)
mikroskop s Mikroskọp (s, e); **~ický** mikroskọpisch
mikrovlnn|ý Mikrowellen-; *–á rúra* r Mikrowellenherd, hovor. e Mikrowelle
míľa e Meile (≈, n); *morská* ~ e Seemeile
miláčik r Liebling (s, e)
milen|ec r Gelịebte (n, n), r Liebhaber (s, ≈); **–ka** e Gelịebte (n, n)
mililiter r, s Millilịter (s, ≈)
milimeter r, s Millimẹter (s, ≈)
milión e Milliọn (≈, en); *pred ~mi rokov* vor Millionen von Jahren
milionár r Millionạ̈r (s, e)
militaristick|ý(y) militarịstisch
míľnik r Meilenstein ((e)s, e)
milo lieb, liebevoll, nett, angenehm, freundlich; ~ *sa usmievať* nett lächeln
milodar e Spende (≈, n)
milosrdenstvo e Barmhẹrzigkeit (≈, 0)
milosrdn|ý(e) barmhẹrzig
milos|ť e Gnade (≈, n), e Begnadigung (≈, en); *bez ~ti* gnadenlos; *udeliť komu* ~ j-m Gnade gewähren, j-n begnadigen
milovaný gelịebt
milovať lieben, gern haben; **~ sa** sich lieben
mil|ý PR M **1** milovaný, drahý lieb; ~ *priateľ!* lieber Freund! **2** príjemný angenehm, nett, freundlich; *to je od vás –é* das ist nett von Ihnen
mil|ý PODST M r Gelịebte (n, n), r Freund ((e)s, e); **–á** e Gelịebte (n, n), e Freundin (≈, nen)
mím r Mime (n, n)
mimi|cký mimisch; **–ka** e Mimik (≈, 0)
mimo[1] PRÍSL bokom danẹben, abseits, *stáť* ~ abseits stehen*
mimo[2] PREDL **1** außerhalb G; *bývať* ~ *mesta* außerhalb der Stadt wohnen **2** außer D; *byť* ~ *nebezpečenstva* außer Gefahr sein*; *byť* ~ *prevádzky* außer Betrieb sein*
mimochodom **1** PRÍSL nebenbei, bei-

läufig **2** ČAST übrigens
mimoriadn|y(e) außer|ordentlich, außergewöhnlich, Sonder-; *–e opatrenia* außer|ordentliche Maßnahmen; *~ vlak* r Sonderzug
mimovoľn|ý(e) unwillkürlich, instinktịv
mína e Mine (≈, n)
míňať 1 vergẹuden, verschwẹnden; *~ peniaze* Geld verschwenden **2** prechádzať popri vorbẹigehen* (*kom/čom* an j-m/etw); **~ sa** plynúť vergehen, verstreichen
minca e Münze (≈, n); *neplatná ~* eine ungültige Münze
minerálka hovor. s Minerạlwasser (s, ≈̈)
minerálny Minerạl-, minerạlisch
miniatúr|a e Miniatụr (≈, en); **–ny** Miniatụr-; *–ny obraz* s Miniaturbild
minimáln|y(e) minimạl, Minimạl-
minimum s Minimum (s, ma)
minister r Minịs|ter (s, ≈); *~ vnútra* r Innenminister; **~ský** Minịster-, ministeriạl; *~ predseda* r Premi|erminister, r Ministerpräsident
ministerstvo s Ministẹrium (s, ị|en); *~ zahraničných vecí* s Außenministerium
minisukňa r Minirock ((e)s, ≈̈e), hovor. r Mini (s, s)
minorita e Minorität (≈, en), e Minderheit (≈, en)
minule neulich, unlängst, vor kurzem
minulosť e Vergạngenheit (≈, 0)
minulý 1 opak budúci vergạngen **2** predošlý vorig; *~ týždeň* vorige Woche; **~ čas** gram. e Vergangenheit, s Perfekt, s Präteritum
mínus[1] mat. **1** SP minus, weniger; *tri ~ jeden* drei minus/weiger eins **2** PRÍSL minus; *~ tri stupne* minus drei Grad
mínus[2] **1** znak odčítania s Minuszeichen (s, ≈) **2** nedostatok s Minus (≈, ≈)
minúť 1 pozri *míňať* **2** netrafiť verfẹhlen; *~ cieľ* s Ziel verfehlen
minút|a e Minụte (≈, n); *je o tri –y sedem* es ist drei Minuten vor sieben; *prišiel o dve –y neskôr* er kam zwei Minuten zu spät; *o –u som späť* ich bin in einer Minute zurück
minútka kuch. s Schnellgericht ((e)s, e), s Pfannengericht ((e)s, e)
minútov|ý Minụten-; *–á ručička* r Minutenzeiger
misa nádoba e Schüssel (≈, n); *polievková ~* e Suppenschüssel; **studená ~** e kalte Platte (≈, n); **záchodová ~** s Klosẹttbecken (s, ≈)
misi|a e Missiọn (≈, en); **–onár** r Missionạr (s, e)
miska malá misa s Schüsselchen (s, ≈), e Schale (≈, n); *kompótová ~* die Kompottschale
mix|ér r Mixer (s, ≈); **–ovať** mixen
mizern|ý(e) elend, miserạbel
miznúť (ver)schwịnden*
mláďa s Junge (n, n); *psie ~* s Hundejunge
mládenec r Jüngling (s, e) r Bursche (n, n), junger Mann
mládež e Jugend (≈, 0), die Jugendlichen; **~nícky** Jugend-
mladícky jugendlich, jungenhaft
mladík r Jüngling (s, e), junger Mann ((e)s, ≈̈er)
mladistvý 1 PR M jung, jugendlich **2** PODST M práv. r Jugendliche (n, n)
mladosť e Jugend (≈, 0), vek s Jugend|alter (s, 0), e Jugendzeit (≈, 0)
mladší jünger
mlad|ý(o) jung; *–í ľudia* junge Leute
mláka e Pfütze (≈, n), e Lache (≈, n)
mľaskať schnalzen, schmatzen
mlátiť 1 obilie dreschen* **2** expr. biť prügeln, schlagen* **3** expr. tĺcť schlagen* (*čím do čoho* al. *na čo* mit etw D auf etw A)
mlčanie s Schweigen (s, 0)
mlčanliv|ý(o) schweigsam, verschweịgend
mlčať schweigen*
mlčky (still)schweigend, wortlos
mliečn|y 1 z mlieka Milch-; *–a čokoláda* e Milchschokolade; *~ výrobok* s Milchprodukt; *~ bar* e Milchbar **2** po-

dobný mlieku Milch-, milchig; *–e sklo* s Milchglas
mliekareň 1 podnik e Molkerei (≈, en) **2** predajňa s Milchgeschäft ((e)s, e)
mlieko e Milch (≈, 0); *plnotučné* ~ e Vollmilch; *nízkotučné* ~ fett|arme Milch; *kondenzované* ~ kondensierte Milch, e Kondensmilch; *pleťové* ~ e Hautmilch
mlieť 1 mahlen* **2** expr. tárať dumm reden, schwatzen, leiern
mlok r Molch ((e)s, e), r Salamander (s, ≈)
mlyn e Mühle (≈, n); *vodný, veterný* ~ e Wassermühle, ~ e Windmühle; **~ár** r Müller (s, ≈); **~ček** e Mühle (≈, n); ~ *na kávu* e Kaffeemühle; ~ *na korenie* e Gewürzmühle
mlynsk|ý Mühl-; ~ *kameň* r Mühlstein; *–é koleso* s Mühlrad
mňaukať miauen
mních r Mönch ((e)s, e); **–ška** e Nonne (≈, n)
mnoho viel; *príliš* ~ allzuviel <allzu viel>; ~ *šťastia!* viel Glück!
mnohokrát 1 vielmal(s); *ďakujem* ~ (ich) danke vielmals **2** často oft, häufig
mnohonásobn|ý(e) vielfach, vielfältig; ~ *majster sveta* ein vielfacher Weltmeister
mnohostrann|ý(e) vielseitig
mnohoznačn|ý(e) vieldeutig, mehrdeutig
mnohý 1 viacerý viel, zahlreich; *pred ~mi rokmi* vor vielen Jahren **2** niektorý mancher; *mnohí z nás* manche von uns
množina e Menge (≈, n)
množiť (sa) 1 pribúdať (sich) (ver)mehren **2** o živých tvoroch sich vermehren
množn|ý: *–é číslo* gram. r Plural (s, e), e Mehrzahl (≈, en)
množstvo e Anzahl (≈, 0), e Menge (≈, n) (*čoho* von etw D)
mobilizácia e Mobilisierung (≈, en), e Mobilisation (≈, en)
mobilizovať mobilisieren, mobil|machen
moc[1] PODST M **1** sila e Kraft (≈, ¨e) **2** vplyv e Macht (≈, ¨e), e Gewalt (≈, 0); *byť pri ~i* an der Macht sein
moc[2] PRÍSL hovor. viel
mocenský Gewalt-, Macht-
mocnina e Potenz (≈, en); *druhá, tretia* ~ e zweite, dritte Potenz
mocnosť 1 štát e Großmacht (≈, ¨e) **2** nadprirodzená sila e Macht (≈, ¨e)
mocn|ý(e) 1 majúci moc mächtig, gewaltig **2** silný kräftig, stark
moč r Harn ((e)s, 0), r Urin (s, e)
močiar r Sumpf ((e)s, ¨e), s Moor ((e)s, e), r Morast ((e)s, e al. ¨e)
močiť[1] urinieren, Harn/Wasser lassen*
močiť[2] **1** hrach ap. ein|weichen, quellen **2** namáčať naß <...ss> machen, befeuchten
močopudn|ý(e) harntreibend, diuretisch
močovka e Jauche (≈, n)
močový Harn-, Urin-; ~ *mechúr* e Harnblase
mód|a e Mode (≈, n); *byť v –e* (in) Mode sein; *vyjsť z –y* aus der Mode kommen
modáln|y gram. modal, Modal-; *–e sloveso* s Modalverb
model(ka) s Modell (s, e)
modelovať modellieren
moderniz|ácia e Modernisierung (≈, en); **–ovať** modernisieren
modern|ý(e) modern
modifikácia e Modifikation (≈, en), e Modifizierung (≈, en), e Veränderung (≈, en)
modliť sa beten (*za koho/čo* für j-n/etw)
modlitba s Gebet ((e)s, e)
módn|y modisch, modern, Mode(n)-; ~ *tovar* r Mode|artikel; *–a prehliadka* e Modenschau
modrina der blaue Fleck ((e)s, e)
modr|ý blau; *svetlo~* hellblau; *tmavo~* dunkelblau; **–é z neba** das Blaue vom Himmel
mohutn|ý(e) mächtig, stattlich

mokasína r Mokassin (s, s al. e)
mokka káva r Mokka (s, s)
mokr|ý(o) naß <...ss>; **byť ~ ako myš** pudelnaß sein
mokvať nässen
moľa e Motte (≈, n)
molekul|a s Molekül (s, e), e Molekel (≈, n); **–árny** molekular
mólo e Mole (≈, n)
moment r Moment ((e)s, e), r Augenblick ((e)s, e); *~, prosím!* einen Moment, bitte!
momentáln|y(e) momentan, augenblicklich, derzeitig; *–a situácia* die momentane Lage
momentka e Momentaufnahme (≈, n), hovor. r Schnappschuß <...ss> (sses, ≈sse)
monarchia e Monarchie (≈, n); *konštitučná ~* konstitutionelle Monarchie
monitor r Monitor (s, en al. e)
monočlánok e Monozelle (≈, n)
monológ r Monolog (s, e), s Selbstgespräch ((e)s, e)
monopol s Monopol (s, e); *mať na čo ~* ein Monopol auf etw haben
monotónn|y(e) monoton, eintönig
montáž e Montage [mon'ta:žə] (≈, n)
montér r Monteur (s, e)
montérky e Arbeitshose (≈, n), r Overall ['ọuvəra:l] (s, s)
montovať montieren, zusammen|bauen
monument s Monument ((e)s, e)
monumentáln|y(e) monumental
monzún r Monsun (s, e)
moped s Moped (s, s), s Mofa (s, s)
mor e Pest (≈, en), e Seuche (≈, n)
mora 1 zool. r Nachtfalter (s, ≈) **2** obraz. tieseň r Alp ((e)s, e), r Alptraum ((e)s, ≈e)
morálka 1 morálnosť e Moral (≈, 0), e Sittlichkeit (≈, 0) **2** mravouka e Ethik (≈, 0)
moráln|y(e) moralisch, sittlich, Moral-
moravský mährisch
morbídny morbid
morča s Meerschweinchen (s, ≈)
mor|e 1 s Meer ((e)s, e), e See (≈, n); *ísť k –u* an die See al. ans Meer fahren; *kúpať sa v –i* im Meer baden; *900 metrov nad –om* 900 m über dem Meeresspiegel **2** veľké množstvo e Menge (≈, n), e Fülle (≈, n)
morfológia e Morphologie (≈, 0)
morfologick|ý(y) morphologisch
moriak r Truthahn ((e)s, ≈e)
morka e Truthenne (≈, n), e Pute (≈, n)
morsk|ý Meer(es)-, See-; *–é pobrežie* e Meeresküste; *–é dno* r Meeresboden; *–á choroba* e Seekrankheit; *–á soľ* s Meersalz
moruša 1 strom r Maulbeerbaum ((e)s, ≈e) **2** plod e Maulbeere (≈, n)
morzeovka hovor. s Morse|alphabet ((e)s, 0)
mosadz s Messing (s, e); **~ný** Messing-, messingen
moskyt r Moskito (s, s)
moslim r Moslem (s, s); **~ský** moslemisch
most e Brücke (≈, n); *ísť cez ~* über die Brücke gehen; *padací ~* e Fallbrücke
mostík 1 e Brücke (≈, n) **2** lyžiarsky e Sprungschanze (≈, n) **3** lek. e Brücke (≈, n)
motať haspeln, winden*, auf|wickeln, auf|spulen, auf|rollen; **~ sa 1** tmoliť sa taumeln, wanken, herum|gehen* **2** zamotávať sa sich verwickeln
motel s Motel (s, s)
motív s Motiv (s, e), r Beweggrund ((e)s, ≈e)
motiv|ácia e Motivation [...v...] (≈, en); **–ovať** motivieren [...v...]
motocyk|el s Motorrad ((e)s, ≈er); **–lista** r Motorradfahrer (s, ≈)
motor r Motor (s, ore(n)); *spaľovací, prúdový ~* r Verbrennungsmotor, r Düsenmotor; *vypnúť ~* den Motor ab|stellen, aus|schalten
motorest s Rasthaus (es, ≈er), e Raststätte (≈, n)
motorka hovor. s Motorrad ((e)s, ≈er)

motorový Motor-; ~ *čln* s Motorboot; ~ *olej* s Motor(en)|öl
motto s Motto (s, s), r Leitspruch ((e)s, ⸚e)
motúz e Schnur (≈, ⸚e), r Bindfaden (s, ⸚)
motyka e Hacke (≈, n)
motýľ r Schmetterling (s, e), r Falter (s, ≈)
motýlik 1 doplnok k odevu e Fliege (≈, n) **2** plavecký štýl r Schmetterling
mozaika s Mosa|ik (s, e), e Mosa|ik (≈, en)
mozgový (Ge)hirn-; *zápal ~ch blán* e Gehirnhautentzündung
moz|og s Gehirn ((e)s, e), s Hirn ((e)s, e); *otras –gu* e Gehirn|erschütterung
mozoľ e Schwiele (≈, n); **~natý** schwielig
možno möglich, möglicherweise, vielleicht; ~ *príde* vielleicht kommt er; *pokiaľ ~* wenn möglich, möglichst, nach Möglichkeit; *čo ~ najskôr* möglichst schnell al. so schnell wie möglich
možnosť e Möglichkeit (≈, en); *mám ~* ich habe die Möglichkeit; *podľa ~í* nach Möglichkeit
možn|ý 1 opak nemožný möglich; *to nie je –é!* das ist nicht möglich!; *všetko –é* alles mögliche **2** prípadný eventuell […v…]
môcť 1 byť schopný, vedieť können*, imstande sein*; *to nemôžem urobiť* das kann ich nicht machen **2** smieť können*, dürfen*; *môžem odísť?* kann/darf ich weggehen? **3** zodpovedať können*; *ja za to nemôžem* ich kann nichts dafür **4** vyj. pravdepodobnosť mögen*; *môže byť!* mag sein!
môj mein; *to je môj otec, moja matka, moje dieťa* das ist mein Vater, meine Mutter, mein Kind
mračiť sa 1 obloha sich bewölken, sich verfinstern **2** tvár ein böses Gesicht machen, fins|ter drein|schauen
mračno, mrak e Wolke (≈, n); *pretrž mračien* r Wolkenbruch
mrakodrap r Wolkenkratzer (s, ≈)
mramor r Marmor (s, e); **~ový** marmorn, Marmor-
mrav e Sitte (≈, n); **iný kraj, iný ~** andere Länder, andere Sitten
mravec e Ameise (≈, n)
mravenisko r Ameisenhaufen (s, ≈)
mravnosť e Moral (≈, 0), e Sittlichkeit (≈, 0)
mravn|ý(e) moralisch, sittlich
mr|áz r Frost (es, ⸚e), e Kälte (≈, n); *nočný ~* r Nachtfrost; *bod –azu* r Gefrierpunkt
mrazený Gefrier-, tiefgefroren
mraziaci Gefrier-; ~ *priestor* v chladničke s Gefrierfach
mraziť 1 konzervovať einfrieren* **2** studeniť frösteln, frieren*
mraziv|ý(o) frostig, eiskalt, Frost-
mraznička e Tiefkühltruhe (≈, n), r Gefrierschrank ((e)s, ⸚e)
mrcina s Aas (es, e al. Äser), r Kadaver […v…] (s, ≈)
mreža s Gitter (s, ≈)
mrhať vergeuden, verschwenden (*čím* etw A); ~ *silami* seine Kräfte vergeuden
mrholiť nieseln
mrkať očami zwinkern, blinzeln
mrknúť 1 žmurknúť (zu)|zwinkern **2** hovor. rýchlo sa pozrieť einen Blick werfen*
mrkva e Möhre (≈, n), e Karotte (≈, n)
mrož s Walroß <…ss> (sses, rosse)
mŕtvica r Schlag|anfall ((e)s, ⸚e); *mozgová ~* r (Ge)hirnschlag
mŕtvola e Leiche (≈, n), r Leichnam ((e)s, e)
mŕtv|y tot; ~ *bod* toter Punkt; ~ *jazyk* eine tote Sprache; *–e rameno (rieky)* der tote Arm eines Flusses
mrzák r Krüppel (s, ≈)
mrz|ieť: *to ma –í* es tut mir leid
mrzk|ý(o) 1 nepekný häßlich <…ss…>, unschön **2** zlý elend, mies, garstig
mrzn|úť 1 zamŕzať (ge)frieren*; *von –e* es friert draußen **2** trpieť zimou frieren*; *–ú mi ruky* mich frieret an den Hände

mrzut|ý(o) **1** bez nálady verdrießlich, verdrossen **2** nepríjemný ärgerlich, un|angenehm; *–á záležitosť* eine ärgerliche, un|angenehme Angelegenheit
mučenie s Foltern (s, 0)
mučeník r Märtyrer (s, ≈)
mučidlo e Folter (≈, n), s Foltergerät ((e)s, e)
mučiť foltern, quälen, martern
múčnik e Mehlspeise (≈, n), e Süßspeise (≈, n)
múdrosť e Klugheit (≈, en), e Weisheit (≈, en)
múdr|y(o) weise, gescheit, klug; *~ človek* ein weiser, kluger Mensch
mucha e Fliege (≈, n)
mucholapka lepkavý papier r Fliegenfänger (s, ≈), lopárik e Fliegenklatsche (≈, n)
muchotrávka červená r Fliegenpilz (es, e)
múka s Mehl ((e)s, e)
mul[1] zviera r Maul|esel (s, ≈), s Maultier ((e)s, e)
mul[2] gáza r Mull ((e)s, e)
mulat r Mulatte (n, n); **~ka** e Mulattin (≈, nen)
múmia e Mumi|e (≈, n)
mumlať murmeln, brummen
mumps r Mumps (≈, 0), hovor. r Ziegenpeter (s, 0)
munícia e Munition (≈, 0)
múr e Mauer (≈, n)
murár r Maurer (s, ≈)
mus|ieť müssen*; *–í to byť* es muß <...ss> sein; *–ím ísť* ich muß gehen
muška **1** eine kleine Fliege (≈, n) **2** na puške s Korn ((e)s, e) **3** ryb. návnada r Blinker (s, ≈)
muškát **1** kvet e Pelargoni|e (≈, n) **2** korenie r Muskat ((e)s, 0); *~ový kvet* e Muskatblüte; *~ový orech* e Muskatnuß <...ss>
mušľa e Muschel (≈, n) i obraz.; *~ telefónu* e Sprechmuschel
mušt r Most ((e)s, e); *ovocný ~* r Obstmost
mutácia **1** zmena e Mutation (≈, en), e Änderung (≈, en) **2** hlasu r Stimmwechsel (s, ≈)
mutovať mutieren, ändern
múzeum s Museum (s, Muse|en); *národné ~* s Nationalmuseum
muzikál s Musical ['mju:zikl] (s, s)
muzikant r Musikant (en, en), r Musiker (s, ≈)
muž **1** chlap r Mann ((e)s, ≈̈er) **2** manžel r Mann ((e)s, ≈̈er), r Gatte (n, n); *vziať si koho za ~a* j-n heiraten
mužn|ý(e) männlich, Mannes-, Männer-
mužský männlich, Mannes-, Manns-, Männer-; *~ hlas* e Männerstimme; gram. *~ rod* männliches Geschlecht, s Maskulinum
mužstvo e Mannschaft (≈, en); *futbalové ~* e Fußballmannschaft
my wir
mydliť (ein)|seifen
mydlo e Seife (≈, n); *toaletné ~* e Toilettenseife; *~ na holenie* e Rasierseife
mydlov|ý Seifen-; *–á pena* r Seifenschaum
mýliť irre|führen, täuschen; **~ sa** sich irren, sich täuschen; *ak sa nemýlim,* ... wenn ich mich nicht irre; **~ si** verwechseln (*koho s kým* j-n mit j-m)
mýlka r Irrtum (s, ≈̈er)
myln|ý(e) irrtümlich, falsch
mys s Kap (s, s)
myseľ r Sinn ((e)s, 0), r Geist ((e)s, e); *mať na mysli* etw im Sinn haben
myslenie s Denken (s, 0)
mysl|ieť **1** uvažovať denken* (*na koho/čo* an j-n/etw); *na čo –íš?* woran denkst du?; *–i na to!* denk daran! **2** domnievať sa denken*, glauben; *–íš, že príde?* glaubst du, daß <...ss> er kommt? **3** mieniť meinen; *čo tým –íš?* was meinst du damit?; *–ím to vážne* ich meine es ernst; *nemyslel to tak* er hat es nicht so gemeint **4** mať na mysli denken* (*na koho/čo* an j-n/etw); *mysli na mňa!* denke an mich!; **~ si** **1** meinen, glauben, sich denken; *~ svoje* sich seinen Teil denken **2** o sebe

MNO

sich ein|bilden; *veľa si o sebe myslí* er bildet sich viel ein
mysliteľ r Denker (s, ≈)
mysliteľný denkbar
mystický mystisch
mystifik|ácia e Mystifikation (≈, en); **–ovať** mystifizieren
mystika e Mystik (≈, 0)
myš e Maus (≈, ≈̈e)
myšlienk|a r Gedanke (ns, n), e Ide|e (≈, n); *čítať –y* Gedanken lesen
mýto na diaľnici e Autobahngebühr (≈, en), rak. e Mautgebühr (≈, en), e Maut (≈, en)
mytologický mythologisch
mzda r Lohn ((e)s, ≈̈), s Gehalt ((e)s, ≈̈er); *mesačná ~* r Monatslohn; *hodinová ~* r Stundenlohn
mzdov|ý Lohn-, Gehalts-; *–á politika* e Lohnpolitik

N

na 1 miest. an (kde? D, kam? A), auf (kde? D, kam? A) nach D, in (kde? D, kam? A), zu D; *~ stole* auf dem Tisch; *~ stôl* auf den Tisch; *ísť ~ poštu* auf die al. zur Post gehen; *letieť ~ juh* nach Süden fliegen; *ísť ~ koncert* zum al. ins Konzert gehen **2** čas. auf A, für A, in D, zu D; *~ jar* im Frühling; *~ Vianoce* zu Weihnachten; *~ niekoľko dní* für ein paar Tage; *zo dňa ~ deň* von einem Tag zum anderen **3** spôsob auf A, gegen A, in A, zu D; *~ vlastné nebezpečenstvo* auf eigene Gefahr **4** podmienka, dôvod auf A, gegen A, an A; *~ čo čakáte?* worauf warten Sie? **5** cieľ, účel für A, in D, zu D; *~ čo to je?* wozu ist das?; *prísť ~ pomoc* zu Hilfe kommen
nabádať ermahnen, an|regen (*koho na čo* j-n zu etw D)
naberačka e (Schöpf)kelle (≈, n), r Schöpflöffel (s, ≈)
naberať pozri *nabrať*
nabíjať 1 zbraň laden* **2** elektrickým prúdom (auf)|laden
nabiť 1 pozri *nabíjať* **2** zbiť verprügeln
nabitý 1 geladen **2** preplnený vollgestopft <voll gestopft>, vollgepfropft <voll gepfropft>
nabodnúť auf|spießen, auf|stechen*
náboj e Ladung (≈, en), e Patrone (≈, n)
nábor s Anwerben (s, 0), e Werbung (≈, en)
naboso barfuß
náboženstvo e Religion (≈, en)
nabrať 1 vziať, naložiť nehmen* **2** z tekutiny schöpfen **3** nadobudnúť holen, schöpfen; *~ dych* Atem schöpfen/holen **4** očko pri pletení auf|nehmen*
nábrežie r Kai (s, s al. e), s Ufer (s, ≈)
nabrúsiť schärfen, wetzen, schleifen*
nabudúce das nächste Mal, nächstens, demnächst
nábytok s Möbel (s, ≈) väčšinou MNČ
nacionalist|a r Nationalist [nacjo...] (en, en); **–ický** nationalistisch [nacjo...]
nacionalizmus r Nationalismus [nacjo...] (≈, 0)
nacionálny National- [nacjo...], national [nacjo...]
nacist|a r Nationalsozialist [nacjo...] (en, en); **–ický** nationalsozialistisch, nazistisch
nacizmus r Nationalsozialismus [nacjo...] (≈, 0), r Nazismus (≈, 0)
nacvičiť ein|üben
nácvik e Ein|übung (≈, 0)
načas rechtzeitig, pünktlich
načať 1 an|fangen* **2** otvoriť an|brechen*; *~ škatuľku cigariet* eine Schachtel Zigaretten anbrechen **3** tému an|schneiden*, auf|werfen*
načat|ý angefangen, angebrochen; *~ večer* hovor. angebrochener Abend; *–á fľaša* angebrochene Flasche
náčelník 1 kmeňa r Häuptling ((e)s, e) **2** vedúci r Vorsteher (s, ≈); *~ stanice* r Stationsvorsteher
načerpať i obraz. (ein)|schöpfen, ein|pumpen; *~ sily* neue Kräfte schöpfen

načierno schwarz; *cestovať ~* schwarz fahren
načisto 1 hovor. úplne ganz, gänzlich **2** säuberlich, ins reine <R...>; *prepísať ~* ins reine schreiben*
náčrt 1 skica e Skizze (≈, n), r Entwurf ((e)s, ≈e) **2** stručný opis r Abriß <...ss> (sses, sse)
načrtnúť skizzieren, entwerfen*
nad 1 miest. über (kam? A, kde? D); *býva ~ nami* er wohnt über uns; *~ morom* über dem Meeresspiegel **2** miera über A; *to je ~ moje sily* das geht über meine Kräfte
nadác|ia e Stiftung (≈, en); *zriadiť –iu* eine Stiftung errichten
naďalej weiter(hin), nach wie vor
nadanie e Begabung (≈, en), s Talent ((e)s, e)
nadaný begabt, talentiert
nadarmo vergebens, umsonst, vergeblich
nadávať schimpfen (*na koho/čo* über j-n/etw al. auf j-n/etw), beschimpfen (*komu* j-n)
nadávka s Schimpfwort ((e)s, ≈er)
nadbytočn|ý(e) überflüssig, überschüssig
nadbytok r Überfluß <...ss> (sses, ≈sse), r Überschuß <...ss> (sses, ≈sse)
nadčas e Überstunde (≈, n)
nádej e Hoffnung (≈, en); *robiť si ~e na čo* sich auf etw Hoffnungen machen
nádejn|ý(e) hoffnungsvoll, vielversprechend, aussichtsvoll
nadeliť bescheren (*komu čo* j-n mit etw D)
nádenník r Tagelöhner (s, ≈)
nádhera e Herrlichkeit, e Pracht (≈, 0), r Prunk ((e)s, 0)
nádhern|ý(e) 1 krásny herrlich, wunderschön **2** prepychový prächtig, prunkvoll
nádch|a r Schnupfen (s, ≈); *mať –u* (einen) Schnupfen haben*
nadchádzajúci bevorstehend, kommend
nadchnúť (sa) (sich) begeistern (*pre čo* für etw A)
nádielka e Bescherung (≈, en)
nadiktovať diktieren
nadjazd e Überführung (≈, en)
nadľahčiť ein wenig heben*, leichter machen
nadlho für lange Zeit
nadľudsk|ý(y) übermenschlich
nadmern|ý(e) übermäßig; *–á veľkosť* eine übermäßige Größe
nadmieru über|aus, übermäßig
nadmorsk|ý See-; *–á výška* e Seehöhe
nádoba s Gefäß (es, e); *~ na smeti* r Müll|eimer, r Abfall|eimer (s, ≈)
nadobro hovor. ganz, gänzlich, total, völlig
nádor e Geschwulst (≈, ≈e); *zhubný, nezhubný ~* eine bös|artige, gut|artige Geschwulst
nadpis e Überschrift (≈, en), r Titel (s, ≈); v novinách e Schlagzeile (≈, n)
nadpísať überschreiben*, betiteln
nadpolovičn|ý über die Hälfte (zählend); *–á väčšina* die absolute Mehrheit
nadpriemerný überdurchschnittlich
nadprirodzený übernatürlich, übersinnlich
nadraden|ý überge|ordnet; **–osť** e Über|ordnung (≈, en)
nadriadený 1 PR M vorgesetzt, überge|ordnet **2** PODST M r Vorgesetzte (n, n)
nadrobiť ein|brocken, ein|bröckeln
nádrž r Behälter (s, ≈), s Becken (s, ≈), cisterna r Tank ((e)s, e)
nadržiavať begünstigen, bevorzugen (*komu* j-n)
nadšenec r Enthusiast (en, en)
nadšenie e Begeisterung (≈, en), r Enthusiasmus (≈, 0)
nadšen|ý(e) begeistert, verzückt, enthusiastisch; *–í diváci* begeisterte Zuschauer
naduť (sa) (sich) blähen, (sich) auf-

MNO

blähen, (sich) auf¦blasen*
nadváha s Übergewicht ((e)s, 0)
nadviazať 1 priviazať an¦binden* **2** začať an¦knüpfen; ~ *s kým priateľstvo* eine Freundschaft mit j-m anknüpfen; ~ *diplomatické styky* diplomatische Beziehungen anknüpfen **3** pokračovať an¦knüpfen; ~ *na tradície* an die Traditionen anknüpfen
nadvláda e Vorherrschaft (≈, 0)
nádvorie r Hof ((e)s, ≐e), r Hofplatz (es, ≐e)
nádych r (An)hauch ((e)s, 0), r Anflug ((e)s, ≐e); ~ *dozelena* ein Hauch von Grün
nadýchnuť sa Atem holen/schöpfen, ein¦atmen
nadzvukov|ý Überschall-; *–é lietadlo* s Überschallflugzeug
nafarbiť (an)¦färben, an¦streichen*
naft|a s Erd¦öl ((e)s, e); *ťažba –y* e Erd¦ölförderung, e Erd¦ölgewinnung
naftov|ý Erd¦öl-; *–é pole* s Erd¦ölfeld; ~ **motor** r Dieselmotor
nafúkaný aufgeblasen, hochnäsig, arrogant
nafúknuť (sa) (sich) auf¦blasen*, (sich) auf¦blähen
nafukovací Luft-, aufblasbar; ~ **čln** s Schlauchboot
nafukovačka e Luftmatratze (≈, n)
nahádzať (hinein)¦werfen*
naháňačk|a s Fangen (s, 0), s Haschen (s, 0); *hrať sa –u* Fangen/Haschen spielen
naháňať 1 prenasledovať jagen, hetzen, verfolgen **2** súriť treiben, drängen; *nenaháňaj ma tak!* dränge mich nicht so! **3** vzbudzovať ein¦jagen; ~ *komu strach* j-m Angst einjagen; ~ **sa** pri hre Fangen spielen
nahlas laut; *hovoriť* ~ laut sprechen*
nahliadnuť kniž. einen Blick in etw A werfen*, hinein¦schauen, ein¦sehen*
nahluchlý schwerhörig
náhl|y(e) plötzlich, jäh
nahmatať čo etw ertasten, durch Tasten finden*
nahnevaný böse, verärgert, zornig
nahnevať erbosen, ärgern, in Zorn bringen*; ~ **sa** sich ärgern, böse werden (*na koho/čo* über j-n/etw)
nahnúť sa 1 ohnúť sa sich neigen, sich beugen **2** vykloniť sa (z okna) sich (hinaus)¦lehnen
náhod|a r Zufall ((e)s, ≐e); *to je ale ~!* das ist aber ein Zufall!; **–ou** zufällig(erweise), durch Zufall
náhodný zufällig, príležitostný gelegentlich
náhon tech. r Antrieb ((e)s, e); *predný, zadný* ~ r Vorder¦antrieb, r Hinter¦antrieb
nahor aufwärts, hinauf, herauf; *stúpať* ~ aufwärts steigen
nahovoriť 1 naklamať ein¦reden, vorlügen* **2** naviesť verleiten, an¦stiften **3** veľa rozprávať viel reden; ~ **si 1** získať známosť an¦werben **2** predstierať si vor¦machen
náhrada 1 r Ersatz (es, 0) **2** odškodnenie e Entschädigung (≈, en)
nahradiť 1 vymeniť ersetzen (*čo čím* etw durch etw A) **2** odškodniť entschädigen (*komu čo* j-n für etw A)
náhradník r Ersatzmann ((e)s, ≐er al. Ersatzleute), hráč r Ersatzspieler (s, ≈)
náhradný Ersatz-; ~ *dielec* s Ersatzteil
nahrať 1 zvuk auf¦nehmen*, auf¦zeichnen; ~ *na kazetu* auf Kassette aufnehmen **2** šport. prihrať zu¦spielen
nahrávka 1 e Aufnahme (≈, n) **2** šport. r Paß <...ss> (sses, ≐sse), s Zuspiel ((e)s, 0)
náhrdelník e Halskette (≈, n)
náhrobn|ý Grab-; *–á tabuľa* e Grabplatte; ~ *nápis* e Grab¦inschrift
náhrobok r Grabstein ((e)s, e)
nahromadiť (sa) (sich) an¦häufen, an¦sammeln
náhubok r Maulkorb ((e)s, ≐e), r Beißkorb ((e)s, ≐e)
nahustiť odb. auf¦pumpen; ~ *pneumatiku* einen Reifen aufpumpen
nahý nackt, bloß
nachádzať (vor)¦finden*; ~ **sa** sich

MNO

befinden*, vorkommen* (i.)
nachladnúť sich erkälten, sich verkühlen
nachladnutý erkältet, verkühlt; *byť ~* erkältet sein
náchylný geneigt (*na čo* zu etw D), empfänglich (*na čo* für etw D)
naivita e Naivität [naivi'te:t] (≈, 0)
naivn|ý(e) naiv
najať pachten, mieten, in Pacht nehmen*; **~ sa** sich an|werben lassen*; **~ si** mieten; *~ si byt, auto* eine Wohnung, ein Auto mieten
najavo: **1** *dať ~* kund|geben*, offenbaren **2** *vyjsť ~* sich heraus|stellen, ans Tageslicht kommen*, zutage treten*
nájazd 1 prepad r Überfall ((e)s, ≈e) **2** šport. r Anlauf ((e)s, ≈e), e Anfahrt (≈, en)
najdôležitejší der wichtigste
najesť sa sich satt essen*, rak. sich an|essen; *dali mu ~* sie gaben ihm zu essen
najlepší der beste; *~ zo všetkých* der allerbeste
najlepšie am besten; *čo ~* möglichst gut
najmä besonders, vor allem, namentlich
najmenej am wenigsten, wenigstens
najmenší der kleinste/geringste
nájom e Miete (≈, n); **~né** e Miete (≈, n); **~ník** r Mieter (s, ≈)
nájomné 1 za byt e Miete (≈, n) **2** za pozemok e Pacht (≈, en)
najprv erst, zuers|t, zunächs|t
najskôr am ehesten, ehestens; *čo ~* so bald wie möglich
nájsť 1 finden* **2** vyhľadať auf|suchen **3** objaviť auf|finden
najviac am meisten, meistens; *čo ~* möglichst viel
najvyšší höchste, Höchst-, höchst-, Maximal-; **~ súd** s Oberste Gericht
nákaz|a e Ansteckung (≈, en), e Infektion (≈, en); *nebezpečenstvo –y* e Ansteckungsgefahr
nakaz|iť (sa) (sich) an|stecken, (sich) infizieren; **–ený** angesteckt, infiziert
nákazliv|ý ansteckend, Infektions-; *–á choroba* e Infektionskrankheit
náklad 1 naložené veci e Last (≈, en), e Fracht (≈, en) **2** len MNČ investície e Kosten MNČ, r Aufwand ((e)s, ≈e); *na vlastné ~y* auf eigene Kosten **3** počet výtlačkov e Auflage (≈, n); *v ~e sto výtlačkov* in einer Auflage von hundert Exemplaren
nakladačka hovor. uhorka MNČ Gewürzgurken, eingelegte Gurken
nakladať pozri *naložiť*
nakladateľ r Verleger (s, ≈); **~stvo** r Verlag ((e)s, e)
nákladn|ý[1] Last-, Fracht-, Güter-; *–é auto* s Last|auto, r Lastkraftwagen, skr. r Lkw.; *~ loď* r Frachter, s Frachtschiff; *~ vlak* r Güterzug
nákladný[2] drahý kostspielig, aufwendig
nakláňať (sa) pozri *nakloniť (sa)*
naklonen|ý 1 šikmý schief, schräg; *–á rovina* die schiefe Ebene **2** žičlivý geneigt; *je mi ~* er ist mir geneigt
nakloniť (sa) (sich) neigen, (sich) beugen
náklonnosť 1 priazeň e Zuneigung (≈, 0) **2** dedičná dispozícia e Neigung (≈, en), r Hang (es, 0)
nakoniec 1 PRÍSL zum Schluß <...ss>, schließlich **2** ČAST napokon übrigens
nakopiť an|häufen, auf|häufen, auf|stapeln
nákova r Amboß <...ss> (sses, sse)
nakrájať (auf)|schneiden*
nakrátko 1 čas. für/auf kurze Zeit **2** kurz; *ostrihať koho ~* j-m die Haare kurz schneiden
nákres e Skizze (≈, n), e Aufzeichnung (≈, en)
nakresliť (auf)|zeichnen
nakrivo schief
nakŕmiť 1 dieťa füttern, sättigen **2** dobytok ab|füttern, Futter geben
nakrútiť film (einen Film) drehen
nakuknúť hovor. einen Blick werfen*,

MNO

hinein|blicken
nákup r Einkauf ((e)s, ≈e), vo veľkom r Ankauf ((e)s, ≈e); *ísť na* ~ einkaufen gehen; ~ *cenných papierov* der Ankauf von Wertpapieren
nakúpiť ein|kaufen, Einkäufe machen; *ísť* ~ einkaufen gehen
nákupn|ý Einkaufs-; *–é stredisko* s Einkaufszentrum; *–á taška* e Einkaufstasche, r Einkaufsbeutel; ~ *košík, vozík* r Einkaufskorb, r Einkaufswagen
nákyp r Auflauf ((e)s, ≈e); *ryžový* ~ r Reisauflauf
nálad|a e Stimmung (≈, en), e Laune (≈, n); *mať dobrú –u* in/bei guter Laune sein, gut gelaunt sein, gute Laune haben
naladiť 1 hud. nástroj stimmen **2** rádio ein|stellen
náladový 1 vrtošivý launenhaft, launisch **2** vyvolávajúci náladu Stimmungs-, stimmungsvoll
naľavo 1 vľavo links **2** doľava nach links
nalepiť auf|kleben, an|kleben, auf|picken, an|picken
nálepka r Aufkleber (s, ≈), e Etikette (≈, n)
nálet voj. r Luft|angriff ((e)s, e)
naletieť hovor. sich herein|legen lassen*, auf den Leim gehen (i.), herein|fallen *naletel mi* er ist mir auf den Leim gegangen
nálev r Aufguß <...ss> (sses, ≈sse)
nález r Fund ((e)s, e), lek. r Befund ((e)s, e); *straty a ~y* s Fundbüro
nálezca r Finder (s, ≈)
nálezisko r Fund|ort ((e)s, e), e Fundstelle (≈, n)
náležať 1 patriť gehören, gebühren, zu|stehen* **2** byť povinnosťou obliegen*
náležitý gehörig, gebührlich, gebührend
naliať 1 liatím naplniť (ein)|gießen* **2** obslúžiť nápojom (ein)|schenken
nalíčiť tvár schminken, Schminke auf|tragen
naliehať dringen* (*na koho* in j-n), drängen (*na koho* j-n)
naliehav|ý(o) dringend, dringlich; *–á prosba* eine dringliche Bitte, ein Anliegen
nalievať pozri *naliať*
nalodiť (sa) (sich) ein|schiffen
nalomiť an|brechen*, knicken
naložený 1 aufgeladen, beladen **2** ovocie, zelenina eingekocht, eingemacht
naložiť 1 na dopr. prostriedok (auf)|laden*, ein|laden*, verfrachten **2** konzervovať ein|legen, ein|machen **3** zachádzať behandeln (*s kým* j-n), um|gehen* (*s kým/čím* mit j-m/etw)
namáčať 1 do tekutiny ein|tauchen, ein|tunken **2** bielizeň ein|weichen
námah|a e Mühe (≈, n), e Anstrengung (≈, en); *bez –y* ohne Mühe, ohne Anstrengung, mühelos
namáhať an|strengen; **~ sa** sich anstrengen, sich bemühen
namáhav|ý(o) anstrengend, mühsam
namaľovať (auf)|malen; **~ sa** sich schminken
namazať (ein)|schmieren, beschmieren, bestreichen, (ein)|salben
namäkko weich; *vajce* ~ weichgekochtes <weich gekochtes> Ei
námestie r Platz (es, ≈e)
námestník r Stellvertreter (s, ≈); ~ *riaditeľa* der Stellvertreter des Direktors, der stellvertretende Direktor
námet 1 téma s Thema (s, men al. ta) **2** návrh r Entwurf ((e)s, ≈e), r Vorschlag ((e)s, ≈e)
namiesto PREDL (an)statt A
namietať ein|wenden*, einen Einwand erheben* al. vorbringen*
námietka r Einwand ((e)s, ≈e), e Einwendung (≈, en), práv. r Einspruch ((e)s, ≈e)
namietnuť pozri *namietať*
namočiť pozri *namáčať*
námorník r Matrose (n, n), r Seemann ((e)s, leute)
námorn|ý See-, Marine-; *–é loďstvo* e Seeflotte
namot(áv)ať auf|wickeln, auf|rollen

námraza s Glatt|eis (es, 0), e Verẹi-sung (≈, en)
namrznúť an|frieren* (i.)
namydliť ein|seifen
namyslen|ý(e) hochmütig, eingebildet, hochnäsig
nanajvýš höchstens, höchst
nanebovzatie e Himmelfahrt (≈, en)
nanešťastie unglücklicherweise
naničhodník r Halunke (n, n), r Schurke (n, n), r Gauner (s, ≈), r Taugenichts (es, e), r Nichtsnutz (es, e)
naniesť na povrch auf|tragen*
nános e Ablagerung (≈, en), e Abschwemmung (≈, en)
nanuk s Eis (es, ≈) (am Stiel)
naobedovať sa zu Mittag essen*
naopak **1** PRÍSL opačne verkẹhrt; *robiť čo ~* etw verkehrt machen **2** ČAST im Gegenteil, umgekehrt; *práve ~* ganz im Gegenteil
naozaj wirklich, in der Tat, ernst, ernsthaft; *myslíš to ~?* meinst du das ernst?
nápad r Einfall ((e)s, ≈e), e Idẹe (≈, e|en); *to je dobrý ~!* das ist eine gute Idee!; **ani ~!** kein Gedanke!
nápadit|ý(o) idẹenreich, einfallsreich
napadnúť **1** prepadnúť j-n an|greifen*, überfạllen* **2** prísť na um ein|fallen* (i.); *to mi nenapadlo* das ist mir nicht eingefạllen* **3** sneh fallen* (i.)
nápadn|ý(e) auffällig, auffallend
napáchnuť čím einen Gerụch (von etw D) an|nehmen*/an|ziehen*
napáliť **1** pálením zhotoviť brennen*; *~ CD* eine CD brennen **2** expr. oklamať überlịsten, anschmieren; *dať sa ~* sich herẹinlegen lassen*
napätie e Spannung (≈, en); *vysoké ~* e Hochspannung
napät|ý(o) gespạnnt, gestrạfft
napchať voll|stopfen <voll stopfen>, voll|pfropfen <voll pfropfen> (*čo čím* etw mit etw D); **~ sa** **1** jedlom sich voll|-essen* <voll essen>, sich voll|stopfen <voll stopfen> **2** kam sich ein|drängen
napichnúť auf|spießen, an|stecken, an|stechen
napínať pozri *napnúť*
napínav|ý(o) spannend
nápis e Aufschrift (≈, en), vyrytý e Inschrift (≈, en)
napísať (auf)|schreiben*; *napíš mi svoje telefónne číslo, svoju adresu* schreib mir deine Telefonnummer, deine Adresse auf; *~ list* einen Brief schreiben
napiť sa (einen Schluck) trinken*
náplasť s Pflaster (s, ≈)
náplň **1** e Füllung (≈, en), e Fülle (≈, n) **2** do ceruzky e Mine (≈, n) **3** obsah r Gẹhalt ((e)s, e), r Inhalt ((e)s, e)
napĺňať, naplniť (ein)|füllen, (voll)|-füllen <voll füllen>; **~ sa** sich füllen
naplno voll, mit voller Kraft
napnúť (an)|spannen, straffen
napnut|ý(o) gespạnnt, straff
napodiv erstạunlicherweise
napodobenina e Nach|ahmung (≈, en), e Imitatiọn (≈, en), e Nachbildung (≈, en)
napodobniť nach|ahmen, nach|machen, imitịeren
nápoj s Getrạnk ((e)s, e); *alkoholické ~e* alkoholische Getränke; *nealkoholické ~e* alkoholfreie Getränke
napojiť[1] kone ap. tränken
napojiť[2] pripojiť an|schließen* (*čo na čo* etw an etw A)
napoly **1** na dve polovice entzwẹi-; *zlomiť čo ~* etw entzwei|brechen **2** čiastočne halb, zur Hälfte; *~ slepý* halb blind
napomenúť ermạhnen, mahnen
napomôcť (nach)helfen*, bei|stehen*, behịlflich sein*
naponáhlo eilig; *mám ~* ich habe es eilig
nápor r Andrang ((e)s, ≈e), r Ansturm ((e)s, ≈e)
naposledy zulẹtzt, zum letztenmal <letzten Mal>
napospol insgesạmt, durchwẹg
náprava[1] zlepšenie e Verbẹsserung (≈, en), e Besserung (≈, en)
náprava[2] tech. e Achse (≈, n); *predná,*

MNO

zadná ~ e Vorder|achse, e Hinter|achse
napraviť 1 odstrániť, zlepšiť verbẹssern **2** opraviť reparịeren, instạnd setzen **3** lek. ein|richten
napravo 1 vpravo rechts **2** smerom doprava nach rechts
naprázdno leer, unnütz; *bežať* ~ leer laufen*
napred 1 miest. vorạn, vorạus, vorwärts; *choď ~!* geh voran! **2** čas. vorạus, vorhẹr, im vorạus; *platiť* ~ im voraus <V...> zahlen **3** najprv zu|ẹrst
naprieč quer, Quer-, schräg, querüber
napriek 1 PRÍSL navzdory zum Trotz **2** PREDL s G trotz **3** SP trotzdem, dennoch
napríklad skr. **napr.** zum Beispiel, skr. z. B.
naproti[1] **1** PRÍSL v ústrety entgẹgen; *ísť komu* ~ j-m entgegen gehen **2** oproti gegenụ̈ber; *bývam* ~ ich wohne gegenüber
naproti[2] PREDL s D gegenüber; ~ *stanice* gegenüber dem Bahnhof
náprsn|ý Brust-; *–á taška* e Brusttasche
náprstok r Fingerhut ((e)s, ≈e)
napuch|núť (an)|schwellen*, an|laufen*; **–nutý** (an)geschwollen, angelaufen
napumpovať 1 načerpať (ein)|pumpen **2** pneumatiku auf|pumpen
napustiť ein|lassen*; ~ *vodu do vane* das Wasser in die Badewanne einlassen
náradie s Gerạ̈t ((e)s, e), s Werkzeug ((e)s, e)
náramkov|ý Armband-; *–é hodinky* e Armband|uhr
náramok s Armband ((e)s, er), e Armkette (≈, n)
naraňajkovať sa frühstücken
narásť (an)|wachsen*; *tráva narástla* das Gras ist gewachsẹn
narastať steigen, (an)|wachsen*
naraz 1 zrazu auf einmal; plötzlich **2** súčasne gleichzeitig, zugleich
náraz r Aufschlag ((e)s, ≈e), r Anschlag ((e)s, ≈e), r Anprall ((e)s, ≈e)
naraziť 1 (an)|stoßen*, (an)|prallen (i.) (*do čoho* gegen/an etw A) **2** natrafiť treffen*, stoßen* (*na čo* auf etw A); ~ *na odpor* auf Ablehnung stoßen **3** načať sud ap. an|zapfen
nárazník 1 na aute e Stoßstange **2** na vlaku r Puffer (s, ≈)
naráž|ať 1 pozri *naraziť* **2** robiť narážky an|spielen (*na čo* auf etw A); *na čo –ate?* worauf spielen Sie an?
narážk|a e Anspielung (≈, en), e Andeutung (≈, en); *dvojzmyselné –y* zweideutige Anspielungen
narcis e Narzịsse (≈, n)
nárečie e Mund|art (≈, en), r Dialẹkt ((e)s, e)
nárez kuch. r Aufschnitt ((e)s, e)
narezať 1 nakrájať schneiden*, auf|schneiden*, an|schneiden* **2** nakrojiť an|schneiden*
nariadenie e Ver|ọrdnung (≈, en), e An|ordnung (≈, en)
nariadiť befẹhlen*, an|ordnen, verordnen
nariekať jammern, wimmern, klagen
narkom|an r Drogen|abhängige (n, n), r Rauschgiftsüchtige (n, n); **–ánia** e Drogensucht (s, 0)
narkoti|cký narkọtisch; **–kum** s Narkọtikum (s, ka), s Betäubungsmittel (s, ≈)
narkóza e Narkọse (≈, n)
narobiť 1 urobiť machen; ~ *dlhy* Schulden machen **2** spôsobiť ~ *škody* Schäden ver|ursachen
náročn|ý(e) anspruchsvoll
národ s Volk ((e)s, ≈er), e Natiọn (≈, en); *Organizácia spojených ~ov* skr. *OSN* die Organisation der Ver|einten Nationen skr. e UNO
naroden|ie e Gebụrt (≈, n); *dátum, rok* –*ia* s Geburtsdatum, s Geburtsjahr
narodenin|y r Gebụrtstag ((e)s, e); *mať* ~ Geburtstag haben; *všetko naj-*

MNO

lepšie k –ám! alles Gute zum Geburtstag!

narodený gebọren

narodi|ť sa gebọren werden*, zur Welt kommen*; *kedy si sa –l?* wann bist du geboren?

národnosť e Nationalitạ̈t [nacjọ...] (≈, en)

národnostný Nationalitäten- [nacjọ...]; ~ *štát* r Nationalitätenstaat

národn|ý Volks-, Nationạl [nacjọ...], nationạl [nacjọ...]; *–á galéria* e Nationalgalerie; ~ *dôchodok* s National|einkommen, s Volks|einkommen; *–á rada* r Nationalrat

národopis e Völkerkunde (≈, 0), e Ethnographịe (≈, 0); **~ný** völkerkundlich, ethnogrạphisch

nárok r Anspruch ((e)s, ≈̈e) (*na čo* auf etw A), s Anrecht ((e)s, e); *mať veľké ~y* große Ansprüche haben; *robiť si ~ na čo* Anspruch auf etw erheben, etw be|anspruchen

narovnať 1 gerạde|biegen* <gerạde biegen>, hovor. gerạde|machen <gerạde machen> **2** dať na správne miesto zurẹcht|rücken; ~ *kravatu* die Krawatte zurechtrücken; **~ sa** sich auf|richten

naruby verkẹhrt, umgekehrt

náruč|(ie) 1 r Arm ((e)s, e) obyčajne MNČ; *padnúť do –ia* in die Arme fallen **2** množstvo r Armvoll (≈, 0); ~ *sena* ein Armvoll Heu

narukovať ein|rücken

narušiť stören, porušiť verlẹtzen

náruživosť e Leidenschaft (≈, en)

náruživ|ý(o) leidenschaftlich

nárys e Skizze (≈, n), r Aufriß <...ss> (sses, sse), r Entwụrf ((e)s, ≈̈e)

nasadiť 1 čiapku ap. auf|setzen **2** určiť an|geben*; ~ *rýchle tempo* ein hohes Tempo angeben **3** uviesť do činnosti ein|setzen

nasadnúť ein|steigen* (i.)

naschvál absichtlich, mit Absicht, zum Trotz

násilie e Gewạlt (≈, en)

násilne 1 gewạltsam **2** gezwụngen

násilný 1 násilnícky gewạlttätig, Gewạlt- **2** neprirodzený gezwụngen; ~ *úsmev* ein gezwungenes Lächeln

naskočiť 1 vyskočiť (auf)|springen* (i.) **2** expr. náhle sa objaviť an|schwellen*, an|laufen* **3** hovor. motor an|springen* (i.)

náskok r Vorsprung ((e)s, ≈̈e); *získať ~* einen Vorsprung gewinnen

naskytnúť sa sich (dar)bieten*

následkom infolge G; ~ *toho* infolge dessen

následník r Nachfolger (s, ≈)

následok e Folge (≈, n); *mať za ~* zur Folge haben

nasled|ovať 1 (nach)|folgen (*koho* j-m) **2** nastávať folgen; *–uje krátka prestávka* es folgt eine kurze Pause **3** napodobňovať j-s Beispiel folgen

nasledujúci folgend, nächste

naslepo blind, blindlings

násobilka s Einmal|ẹins (≈, 0)

násobiť multiplizịeren, vervịelfachen

násobok s Vielfache (n, n)

naspamäť auswendig; *naučiť sa čo ~* etw auswendig lernen

naspäť zurụck; *ísť ~* zurụck|gehen*

nasťahovať (sa) ein|ziehen* (i.); ~ *do nového bytu* in eine neue Wohnung einziehen

nastať an|fangen*, ein|treten*, erfọlgen

nastávajúc|i 1 PR M bevọrstehend, zukünftig, kommend **2** PODST M hovor. budúci manžel r Zukünftige (n, n); **–a** budúca manželka e Zukünftige (n, n)

nastaviť 1 ein|stellen, nach|stellen **2** hin|stellen, hin|halten

nástenka e Wandzeitung (≈, en)

nástenn|ý Wand-; *–á maľba* s Wandgemälde

nástraha e Nachstellung (≈, en), r Hinterhalt ((e)s, 0)

nástroj 1 pracovný s Werkzeug ((e)s, e), hudobný s Instrumẹnt ((e)s, e), s Musikinstrument ((e)s, e) **2** prostriedok s Mittel (s, ≈)

nástup 1 do vlaku ap. r Einstieg ((e)s, e), s Einsteigen (s, 0) **2** začatie, príchod r

MNO

Antritt ((e)s, e), r Eintritt ((e)s, 0), r Anbruch ((e)s, 0) **3** voj. r Aufmarsch (es, ≈e)
nástupca r Nachfolger (s, ≈)
nástupište r Bahnsteig ((e)s, e)
nastúpiť 1 do vlaku ap. ein|steigen* (i.); ~ *do vlaku* in den Zug einsteigen **2** začať činnosť an|treten*; ~ *na nové miesto* eine neue Stelle antreten
násyp r Wall ((e)s, ≈e), r Damm ((e)s, ≈e)
nasypať 1 nahromadiť sypaním (auf)|schütten **2** sypaním naplniť ein|schütten
nasýtiť sättigen, satt machen; **~ sa 1** najesť sa satt werden*, sich satt essen* **2** nabažiť sa satt haben* (*čoho* etw A)
náš unser; *naša rodina* unsere Familie
našepkávať 1 v škole ein|flüstern, ein|sagen **2** v divadle souffliєren [zu'fli:rən]
našťastie zum Glück, glücklicherweise
natáčka r Lockenwickler (s, ≈)
náter r Anstrich ((e)s, e)
natiahnuť 1 napnúť spannen, straffen **2** dať do chodu auf|ziehen*; ~ *hodiny* die Uhr aufziehen **3** predĺžiť dehnen **4** vystrieť (aus)|strecken, recken; **~ sa 1** napnúť sa sich spannen **2** predĺžiť sa sich dehnen, sich verlängern **3** nohy ap. sich (aus)|strecken **4** za čím sich nach etw strecken
natierať pozri *natrieť*
nátierka r (Brot)aufstrich ((e)s, e)
nátlak r Druck ((e)s, e), r Zwang ((e)s, e); *pod ~om* unter dem Druck
natočiť 1 namotať auf|wickeln **2** nahrať auf|nehmen*
natoľko insofern, insoweit
natrhať 1 pflücken; ~ *ovocie* Obst pflücken **2** na kúsky in Stücke reißen*
natrieť 1 farbou an|streichen* **2** krémom bestreichen*, ein|reiben*
natrvalo auf die Dauer, dauernd, für immer
naturáli|e die Naturalien MNČ; *v –ách* in Naturalien
naturalistick|ý(y) naturalistisch
natvrdo hart; *vajce* ~ hartgekochtes <hart gekochtes> Ei
naučiť lehren (*koho čo* j-n etw), bei|bringen* (*koho čo* j-m etw)
naučiť sa lernen, erlernen
náuka 1 vedný odbor e Kunde (≈, n) **2** teória e Lehre (≈, n)
náušnica r Ohrring ((e)s, e)
nával 1 tlačenica r Andrang ((e)s, 0), s Gedränge (s, ≈), r Auflauf ((e)s, ≈e) **2** veľké množstvo e Anhäufung (≈, en)
navečerať sa zu Abend essen*
návesť s Signal (s, e)
naviesť 1 an|stiften, an|leiten, verleiten (*koho na čo* j-n zu etw D) **2** nasmerovať richten, hin|zielen
navíjať auf|wickeln, auf|rollen
navlas haargenau
navlhčiť an|feuchten
navliecť 1 natiahnuť an|ziehen* **2** niť ap. ein|fädeln **3** nastoknúť an|stecken; ~ *prsteň* einen Ring anstecken
návnada r Köder (s, ≈), e Lockspeise (≈, n)
návod e Anleitung (≈, en), e Anweisung (≈, en); ~ *na použitie* e Gebrauchs|anweisung
navonok nach außen (hin)
návrat e Rückkehr (≈, en), domov e Heimkehr (≈, en)
návrh 1 myšlienka r Vorschlag ((e)s, ≈e), r Antrag ((e)s, ≈e) **2** projekt r Entwurf ((e)s, ≈e), e Vorlage (≈, n); *na ~...* auf Vorschlag von...; *predložiť ~ parlamentu* einen Antrag im Parlament ein|bringen; ~ *ústavy* der Entwurf der Verfassung; ~ *zákona* e Gesetz(es)vorlage
návrhár 1 r Designer [di'zaęnɐ] (s, ≈); *módny ~* r Modeschöpfer **2** projektant r Projektant (en, en)
navrhnúť 1 vor|schlagen* **2** projektovať entwerfen*, projektieren
návštev|a r Besuch ((e)s, e); *~ divadla* r Theaterbesuch; *ísť na –u* zu Besuch gehen; *byť u koho na –e* bei j-m zu Besuch sein

MNO

návštevník r Besucher (s, ≈)
návštevn|ý Besuchs-, Empfangs-; *–é hodiny* e Besuchszeit
navštevovať pozri *navštíviť*
navštívenka e Visitenkarte [vi'zi:tn...] (≈, n)
navštíviť besuchen (*koho* j-n), einen Besuch machen (*koho* bei j-m)
návyk e Gewohnheit (≈, en), e Angewohnheit (≈, en)
navzájom gegenseitig, einander
navzdory kniž. **1** PRÍSL zum Trotz **2** PREDL s G al. D trotz
navždy auf/für immer
nazbierať auf|sammeln, auf|lesen*
nazdar hallo
nazmar zunichte, zugrunde; *vyjsť ~* zunichte werden* al. sein*
naznačiť an|deuten, an|zeichnen
náznak e Andeutung (≈, en), s Anzeichen (s, ≈)
názor e Ansicht (≈, en), e Meinung (≈, en), e Anschauung (≈, en); *podľa môjho ~u* nach meiner Meinung/Ansicht al. meiner Meinung/Ansicht nach; *zmeniť svoj ~* seine Meinung ändern; *výmena ~ov* r Meinungsaustausch
názorn|ý(e) anschaulich, Anschauungs-
názov r Name (n, n), r Titel (s, ≈), e Benennung (≈, en); *~ knihy* r Titel des Buches
nazvať nennen*, benennen*, bezeichnen
názvoslovie e Terminologie (≈, n)
nazývať pozri *nazvať*
nazývať sa heißen*, sich nennen*
naživе am Leben; *je ešte ~* er lebt noch
nealkoholick|ý alkoholfrei; *–é nápoje* alkoholfreie Getränke
nebesk|ý Himmels-, himmlisch; *–é teleso* r Himmelskörper
nebezpečenstv|o e Gefahr (≈, en); *na vlastné ~* auf eigene Gefahr; *byť mimo –a* außer Gefahr sein
nebezpečn|ý(e) gefährlich
nebo r Himmel (s, ≈); *pod holým ~m* unter dem freien Himmel
nebohý PODST M r Selige (n, n), r Verstorbene (n, n)
nebojácn|y(e) furchtlos
nebývalý ungewöhnlich
necel|ý nicht ganz, knapp, weniger als; *trvalo to –ú hodinu* es dauerte eine knappe Stunde al. weniger als eine Stunde
necitliv|ý(o) un|empfindlich
nečakan|ý(e) un|erwartet, plötzlich
nečestn|ý(e) ehrlos
nečinnosť s Nichtstun (s, 0), e Untätigkeit (≈, en)
nečinn|ý(e) untätig, müßig
nečistota 1 e Unreinlichkeit (≈, 0), e Unsauberkeit (≈, 0) **2** špina r Schmutz (es, 0)
nečitateľn|ý(e) unleserlich; *~ rukopis* eine unleserliche Handschrift
neďaleko 1 PRÍSL unweit, unfern (*od čoho* von etw D) **2** PREDL unweit G, unfern G; *~ mesta* unweit der Stadt
neďaleký nahe, nicht weit
nedávno unlängst, vor kurzem, kürzlich, neulich; *pred ~m* vor kurzem
nedávn|y neulich, letzt, jüngst; *–e udalosti* die jüngsten Ereignisse
nedbalosť e Nachlässigkeit (≈, en), e Fahrlässigkeit (≈, en)
nedbal|ý(o) nachlässig, fahrlässig, unachtsam
nedbanliv|ý(o) saumselig, lässig
nedbať vernachlässigen (*na čo* etw A)
nedeľ|a r Sonntag ((e)s, e); *Veľkonočná ~* r Ostersonntag; **–ný** Sonntags-, sonntäglich
nedobrovoľn|ý(e) unfreiwillig
nedobytný 1 voj. un|einnehmbar **2** bezpečný einbruch(s)sicher
nedočkav|ý(o) ungeduldig
nedokonal|ý(o) 1 neúplný unvollkommen **2** nedostatočný mangelhaft
nedokončený unvollendet, unbeendet
nedomyslený unbedacht, undurch-

MNO

dacht, un|überlegt
nedopatren|ie s Versehen (s, ≈); *stalo sa to –ím* das geschah aus Versehen
nedoplatok r Rückstand ((e)s, ≈e)
nedorozumenie s Mißverständnis <...ss...> (ses, se)
nedosiahnuteľn|ý(e) un|erreichbar
nedoslýchavý schwerhörig
nedospelý unmündig, minderjährig, unreif
nedostatočná PODST M v škole ungenügend, e Fünf (≈, en)
nedostatočn|ý(e) mangelhaft, ungenügend, unzureichend
nedostatok v rôznych významoch r Mangel (s, ≈) (*čoho* an etw D)
nedostupn|ý(e) **1** neprístupný unzugänglich **2** príliš veľký un|erschwinglich; *–é ceny* unerschwingliche Preise
nedotkliv|ý(o) zimperlich, empfindlich
nedotknuteľn|ý(e) un|antastbar, unverletzbar, unverletzlich
nedotknut|ý(o) unberührt
nedovarený halbgekocht, halbgar
nedovolen|ý(e) un|erlaubt, unzulässig; *–ým spôsobom* auf unerlaubte/unzulässige Weise
nedôsledn|ý(e) inkonsequent
nedôstojn|ý(e) unwürdig
nedôver|a s Mißtrauen <...ss...> (s, 0); *mať –u ku komu* Mißtrauen gegen j-n haben
nedôverčiv|ý(o) mißtrauisch <...ss>
neekonomick|ý(y) unökonomisch
nefajčiar r Nichtraucher (s, ≈); **~sky** Nichtraucher-; *~ske oddelenie* s Nichtraucher|abteil
neformáln|y(e) zwanglos, ungezwungen, unförmlich
negatív s Negativ (s, e); **~ny** negativ, Negativ-
negramotn|ý(e) analphabetisch; *~ človek* r Analphabet (en, en); **–osť** r Analphabetismus (≈, 0)
neha e Zärtlichkeit (≈, 0)
nehanebn|ý(e) schamlos, unverschämt, skrupellos
nehlučn|ý(e) geräuschlos
nehnuteľnosť e Immobili|e (≈, n), e Liegenschaft (≈, n)
nehoda r Unfall ((e)s, ≈e); *dopravná ~* r Verkehrs|unfall
nehorázn|y(e) ungeheuer(lich), empörend
nehospodárn|y(e) unwirtschaftlich, un|ökonomisch
nehostinn|ý(e) ungastlich, unwirtlich
nehrdzavejúci rostfrei
nehybn|ý(e) bewegungslos, unbeweglich
nech[1] SP **1** v účelovej, želacej vete: aby damit, daß <...ss>; *ponáhľaj sa, ~ nečakajú* beeile dich, damit sie nicht warten müssen **2** v prípustkovej vete: mögen, sollen + INF; *~ to stojí čokoľvek* mag es kosten, was es wolle
nech[2] ČAST **1** vyjadruje rezignáciu *nech!* macht nichts! **2** vyjadruje želanie mögen*, sollen* konjunktív; *~ príde* er soll nur kommen*; **~ žije!** er lebe hoch!
nechápav|ý(o) begriffsstutzig, verständnislos; *~ pohľad* ein verständnisloser Blick
nechať **1** v rôznych významoch lassen*; *~ čakať koho* j-n warten lassen; *nechaj to!* laß <...ss> das (sein)! **2** zanechať auf|geben*, lassen* (*čo* etw A) **3** opustiť verlassen*
necht r Nagel (s, ≈)
nechuť e Unlust (≈, 0) (*k čomu* zu etw D), nevôľa r Widerwille(n) ((n)s, 0) (*k čomu* gegen etw A)
nechutn|ý(e) **1** jedlo un|appetitlich **2** odporný geschmacklos, widerlich, widerwärtig
neistota e Ungewißheit (≈, 0), e Unsicherheit (≈, 0)
neist|ý(o) ungewiß, unsicher
nejako irgendwie
nejaký **1** ein, irgend|ein, irgendwelch **2** približný počet etwas; *potrebujem ešte ~ čas* ich brauche noch etwas Zeit
nejasn|ý(e) **1** neostrý unklar, undeutlich **2** neurčitý, nezrozumiteľný unklar, un-

verständlich
nejedlý un|eßbar
nejednotn|ý(e) un|einheitlich, un|einig
neklamn|ý(e) untrüglich, untrügbar
nekompromisn|ý(e) kompromißlos <...ss...>
nekonečn|ý(e) un|endlich, endlos
nekorektn|ý(e) unkorrekt; ~ *správanie* unkorrektes Benehmen
nekrčivý knitterfrei
nekrológ r Nekrolog ((e)s, e), r Nachruf ((e)s, e)
nekvalifikovan|ý(e) unqualifiziert
nekvalitný von schlechter Qualität, mangelhaft
nelegáln|y(e) illegal
nelogick|ý(y) unlogisch
neľudsk|ý(y) **1** necitlivý unmenschlich **2** presahujúci ľudské možnosti übermenschlich
neľútostn|ý(e) unbarmherzig, mitleid(s)los
nemajetn|ý(e) mittellos, unvermögend
nemanželský un|ehelich, außer|ehelich
nemčin|a s Deutsch ((s), 0), s Deutsche (n, 0); *prekladať z –y do slovenčiny* aus dem Deutschen ins Slowakische übersetzen
nemiestn|y(e) ungehörig, unpassend, un|angebracht; *–e správanie* unpassendes Benehmen
nemilosrdn|ý(e) unbarmherzig, mitleid(s)los
nemil|ý(o) unlieb(sam), un|angenehm
nemocenské PODST M hovor. s Krankengeld ((e)s, er)
nemocensk|ý Kranken-; *–é poistenie* e Krankenversicherung
nemocnica s Krankenhaus (es, ≈er)
nemodern|ý(e) unmodern
nemoráln|y(e) unmoralisch, unsittlich
nemotorn|ý(e) unbeholfen, ungeschickt, plump
nemožný unmöglich
nemravn|ý(e) unsittlich, unmoralisch
nemý stumm; ~ *film* r Stummfilm
nenahraditeľný un|entbehrlich, un|ersetzlich
nenápadn|ý(e) un|auffällig
nenapraviteľn|ý(e) unverbesserlich
nenáročn|ý(e) anspruchslos, bescheiden
nenásytn|ý(e) un|ersättlich
nená|vidieť hassen
nenávisť r Haß <...ss> (sses, 0)
nenormáln|y(e) abnormal, unnormal
nenúten|ý(e) ungezwungen, zwanglos; *–é správanie* ungezwungenes Benehmen
neoblomn|ý(e) unerbittlich, unnachgiebig
neobľúbený unbeliebt
neobratn|ý(e) ungeschickt
neobyčajn|ý(e) **1** nezvyčajný ungewöhnlich **2** výnimočný außergewöhnlich, sonderbar
neočakávan|ý(e) un|erwartet
neodborn|ý(e) laienhaft, nicht fachgemäß
neodbytn|ý(e) zudringlich, lästig
neodkladn|ý(e) un|aufschiebbar, dringend
neodolateľn|ý(e) unwiderstehlich
neoficiálny nicht offiziell, in|offiziell
neohraban|ý(e) ungeschickt, unbeholfen
neohybn|ý(e) **1** unbiegsam, steif **2** gram. unbeugsam, unflektierbar, indeklinabel
neochota e Ungefälligkeit (≈, 0)
neochotn|ý(e) ungefällig, nicht bereit
neokrôchanec o človeku r Lümmel (s, ≈), r Flegel (s, ≈), r Bengel (s, ≈)
neomyln|ý(e) unfehlbar
neónov|ý Neon-; *–é osvetlenie* e Neonbeleuchtung
neopatrn|ý(e) unvorsichtig
neoprávnen|ý(e) unberechtigt, unbefugt
neosobn|ý(e) unpersönlich
nepárn|y **1** opak párny unpaarig **2** mat. ungerade; *–e číslo* eine ungerade Zahl
nepatrn|ý(e) **1** malý gering(fügig)

2 bezvýznamný unbedeutend

neplatný ungültig

neplavec r Nichtschwimmer (s, ≈)

neplnoletý unmündig, minderjährig

neplodný unfruchtbar, fruchtlos

nepodarený mißlụngen <...ss...>, mißrạten <...ss...>

nepodarok r Ausschuß <...ss> (sses, ≈sse), e Ausschußware <...ss...> (≈, n)

nepoddajn|ý(e) unnachgiebig, unbeugsam, zäh

nepodplatiteľný unbestechlich

nepodstatn|ý(e) unwesentlich, unbedeutend

nepohodln|ý(e) unbequem

nepohybliv|ý(o) unbeweglich

nepochopiteľn|ý(e) unbegrẹiflich

nepochybn|ý(e) unzweifelhaft, zweifellos

nepokoj e Unruhe (≈, n)

nepokojn|ý(e) unruhig, ruhelos

nepomer s Mißverhältnis <...ss...> (ses, se)

neporiadn|y(e) un|ordentlich, liederlich

neporiadok e Un|ordnung (≈, en)

neporovnateľn|ý(e) unvergleichlich

neposlušný ungehorsam, unfolgsam

nepotrebný unbrauchbar, unnötig

nepovinn|ý(e) fakultatịv, nicht obligatọrisch

nepozorn|ý(e) un|aufmerksam, un|achtsam

nepozorovan|ý(e) unbe|achtet, unbemerkt

nepoživateľný ungenießbar

nepraktick|ý(y) unpraktisch

nepravdiv|ý(o) unwahr, falsch

nepravideln|ý(e) unregelmäßig

neprávom zu Unrecht, unrechtmäßig

nepravý gefälscht, falsch, un|echt

nepredvídaný unvorsehbar

neprehľadn|ý(e) 1 rozsiahly un|übersehbar 2 nejasný un|übersichtlich

nepremokav|ý wasserdicht; *–é topánky* wasserdichte Schuhe

nepresn|ý(e) ungenau, unpünktlich

nepretržit|ý(e) un|unterbrochen, kontinu̯ierlich

nepriam|y(o) indirekt, mittelbar

nepriateľ r Feind ((e)s, e), protivník r Gegner (s, ≈); **~ský** feindlich, Feindes-; **~stvo** e Feindschaft (≈, en)

nepriazniv|ý(o) ungünstig, nachteilig, unvorteilhaft

nepríčetn|ý(e) unzurechnungsfähig

nepriedušn|ý(e) luftdicht

nepriehľadn|ý(e) undurchsichtig

nepríjemn|ý(e) un|angenehm; **–osť** e Un|annehmlichkeit (≈, en), s Ärgernis (ses, se)

neprimeran|ý(e) un|angemessen, unverhältnismäßig

neprípustn|ý(e) unzulässig

neprirodzen|ý(e) unnatürlich

neprístupn|ý(e) unzugänglich

neprítomn|ý(e) 1 PR M abwesend 2 PODST M r Abwesende (n, n)

nerád ungern, nicht gern; *robím to ~* ich mache es ungern

nerast s Minerạl (s, e al. i|en); **~ný** Minerạl-, minerạl; *~né suroviny* die Mineralrohstoffe; **~né bohatstvo** e Bodenschätze

neresť s Laster (s, ≈)

nerovnomern|ý(e) ungleich

nerovnosť e Ungleichheit (≈, en), povrchu e Un|ebenheit (≈, en)

nerovný 1 opak rovný un|eben 2 nevyvážený ungleich

nerozbitný unzerbrechlich

nerozhodn|ý(e) 1 váhavý un|entschlossen, unschlüssig 2 šport. un|entschieden

nerozpustný unlöslich, unlösbar

nerozumn|ý(e) unvernünftig

nerozvážn|y(e) unbedacht(sam), un|überlegt

nerušen|ý(e) ungestört

nerv r Nerv (s, en); **ísť na ~y** auf die Nerven gehen; **~ový** Nerven-, nerven-, nervlich; *~ová choroba* e Nervenkrankheit

nervózn|y(e) nervö̤s [...v...]

nesc̣hodn|ý(e) nicht begẹhbar, un-

passierbar, ungangbar
neschopn|ý(e) unfähig; **–osť** e Unfähigkeit (≈, en)
neskor|ý(o) spät, Spät-; ~ *leto* r Spätsommer; *prísť –o* spät kommen
neskôr später; *prídem* ~ ich komme später
neskúsen|ý(e) un|erfahren
neskutočn|ý(e) unwirklich, irreal
neslaný ungesalzen
neslušn|ý(e) un|anständig, un|artig
neslýchaný un|erhört, unglaublich
nesmel|ý(o) mutlos, plachý schüchtern
nesmrteľn|ý(e) unsterblich
nespavosť e Schlaflosigkeit (≈, 0); *trpieť ~ou* an Schlaflosigkeit leiden*
nespočetný unzählig, zahllos
nespokojn|ý(e) unzufrieden
nespoľahliv|ý(o) unzuverlässig
nesporn|ý(e) unstreitig
nespôsobi|losť e Unfähigkeit (≈, 0), e Untauglichkeit (≈, 0); **–lý** unfähig, untauglich, ungeeignet
nespratník r Frechdachs (es, e), r Spitzbube (n, n)
nesprávn|y(e) unrichtig, falsch
nespravodliv|ý(o) ungerecht
nestál|y unbeständig; *–e počasie* ein unbeständiges Wetter
nestrann|ý(e) unpartei|isch, objektiv
nestráviteľn|ý(e) unverträglich, nicht verdaulich
nesúhlas s Mißfallen <...ss...> (s, 0); *vyjadriť svoj* ~ sein Mißfallen äußern
nesvoj ver|ändert, außer sich; *byť celý* ~ ganz verändert al. außer sich sein
nesympatick|ý(y) unsympathisch
nešetrn|ý(e) **1** nehospodárny verschwenderisch **2** bezohľadný rücksichtslos, schonungslos
nešikovn|ý(e) ungeschickt, ungewandt, unbeholfen
neškodn|ý(e) arglos, unschädlich, harmlos, schadlos
nešťast|ie s Unglück ((e)s, e), s Unheil (s, 0); *priviesť do –ia* ins Unglück bringen
nešťastn|ý(e) unglücklich

netaktn|ý(e) taktlos
neter e Nichte (≈, n)
netopier e Fledermaus (≈, ≈e)
netrpezliv|ý(o) ungeduldig
netto netto, Netto-; ~ *príjem* s Nettoeinkommen
netvor s Ungeheuer (s, ≈)
neúctiv|ý(o) respektlos
neúčasť **1** neprítomnosť e Abwesenheit (≈, en) **2** nevšímavosť e Teilnahmslosigkeit (≈, 0)
neúmern|ý(e) unverhältnismäßig, unproportioniert
neúmyseln|ý(e) un|absichtlich
neúnavn|ý(e) un|ermüdlich, rastlos
neúnosn|ý(e) untragbar
neúpln|ý(e) unvollständig, lückenhaft
neupraven|ý(e) un|ordentlich, unge|ordnet
neúprimn|ý(e) un|aufrichtig, falsch
neurčit|ý(e) unbestimmt, undeutlich; gram. ~ *člen* der unbestimmte Artikel
neúroda e Miß|ernte <...ss...> (≈, n)
neúrodn|ý(e) unfruchtbar
neurotick|ý(y) neurotisch
neuróza e Neurose (≈, n)
neúspech r Miß|erfolg <...ss...> ((e)s, e)
neustál|y(e) ständig, un|unterbrochen
neústupn|ý(e) unnachgiebig, hartnäckig
neutralita e Neutralität (≈, 0)
neutráln|y(e) neutral
neuvážen|ý(e) unbedacht, un|überlegt, unklug
neuveriteľn|ý(e) unglaublich
neužitočn|ý(e) nutzlos, unnützig
nevädza e Kornblume (≈, n)
nevďačn|ý(e) undankbar
nevedomky unbewußt <...ss...>, unwissentlich
neveriaci **1** PR M ungläubig **2** PODST M r Ungläubige (n, n), ein ungläubiger Mensch
nevern|ý(e) untreu, treulos
nevesta **1** mladucha e Braut (≈, ≈e) **2** synova manželka e Schwiegertochter (≈, ≈)

nevhod ungelegen, unpassend; *prísť ~* ungelegen kommen
nevhodn|ý(e) ungelegen, unpassend, ungünstig
nevídaný nie dagewesen, nie gesehen
nevidiaci 1 PR M blind **2** PODST M r Blinde (n, n)
neviditeľný unsichtbar
nevinn|ý(e) 1 bez viny unschuldig, schuldlos **2** neškodný harmlos, arglos
nevítaný unwillkommen, ungebeten
nevkusn|ý(e) geschmacklos
nevlastný Stief-; *~ otec* r Stiefvater
nevľúdn|y(e) unfreundlich, unwirsch, mürrisch
nevoľno unwohl, übel; mir ist unwohl/übel; *je mi ~* ich fühle mich unwohl
nevoľnosť e Übelkeit (≈, 0), s Unwohlsein (s, 0), s Unbehagen (s, 0)
nevraživ|ý(o) gehässig, feindselig
nevrl|ý(o) verdrießlich, mißmutig <...ss...>, schlechtgelaunt
nevšedn|ý(e) ungewöhnlich, außergewöhnlich, selten
nevšímav|ý(o) un|achtsam, gleichgültig
nevyhnutn|ý(e) 1 neodvratný unvermeidlich, un|umgänglich **2** nutný nötig, notwendig
nevýhod|a r Nachteil ((e)s, e); *byť v –e* im Nachteil sein
nevýhodn|ý(e) nachteilig, unvorteilhaft; *niečo sa stane niekomu ~m* etwas gereicht j-m zum Nachteil
nevychovan|ý(e) ungezogen, unerzogen
nevyliečiteľn|ý(e) unheilbar
nevypočítateľn|ý(e) unberechenbar
nevyrovnaný 1 o ľuďoch un|ausgeglichen **2** účet, dlh ap. unbeglichen
nevyspat|ý(o) un|ausgeschlafen, übernächtig
nevyspytateľn|ý(e) un|erforschlich, un|ergründlich
nevzdelan|ý(e) ungebildet
nezábudka s Vergißmeinnicht <...ss...> ((e)s, (e))
nezabudnuteľný unvergeßlich <...ss...>
nezadržateľn|ý(e) un|aufhaltsam, unaufhaltbar
nezákonn|ý(e) ungesetzlich, gesetzwidrig
nezamestnan|ý 1 PR M arbeitslos **2** PODST M r Arbeitslose (n, n); **–osť** e Arbeitslosigkeit (≈, 0); *podpora v ~i* s Arbeitslosengeld
nezaopatren|ý unversorgt; *–é deti* unversorgte Kinder
nezaručený unverbürgt
nezaujat|ý(o) unbefangen, unvor|eingenommen
nezáujem e Interesselosigkeit (≈, 0)
nezáväzn|ý(e) unverbindlich; *–á odpoveď* eine unverbindliche Antwort
nezávisl|ý(e) un|abhängig; **–osť** e Un|abhängigkeit (≈, 0)
nezáživn|ý(e) langweilig, fad(e)
nezdanený unbesteuert, unversteuert
nezdar r Miß|erfolg <...ss...> ((e)s, e), s Mißlingen <...ss...> (s, 0)
nezdrav|ý(o) ungesund
nezdvoril|ý(o) unhöflich; **–osť** e Unhöflichkeit (≈, en)
nezištn|ý(e) un|eigennützig, selbstlos
nezjazdný nicht befahrbar, unpassierbar
nezmys|el r Unsinn ((e)s, 0), hovor. r Quatsch (es, 0); *to je úplný ~* das ist ein glatter Unsinn!, das ist alles Quatsch!; *netáraj ~ly!* rede keinen Unsinn!
nezmyseln|ý(e) unsinnig
neznalosť e Unkenntnis (≈, se); *~ zákona neospravedlňuje* Unkenntnis schützt nicht vor Strafe
neznámy 1 PR M unbekannt **2** PODST M r Unbekannte (n, n), r Fremde (n, n)
neznášanliv|ý(o) unduldsam, intolerant, unverträglich
neznesiteľn|ý(e) un|erträglich
nezodpovedn|ý(e) unver|antwortlich
nezrel|ý unreif; *–é ovocie* unreifes Obst; *~ mladík* ein unreifer Junge

nezrozumiteľný unverständlich
nezvestný 1 PR M verschollen, vermißt **2** PODST M r Verschollene (n, n), r Vermißte (n, n)
nezvyčajn|ý(e) ungewohnt, ungewöhnlich
než 1 SP skôr, prv ehe, bevor; ~ *odídeš*, ... bevor du weggehest, ... **2** pri porovnaní als; *starší ~ ja* älter als ich
nežiaduci un|erwünscht
nežn|ý(e) zart, zärtlich
nič nichts; *všetko alebo ~* alles oder nichts; *~ v zlom* nichts für ungut; *to ~!* macht nichts!; *do toho ťa ~ nie je* das geht dich nichts an
nič|í niemands, niemandes; *nepotrebujem –iu radu* ich brauche niemandes Rat
ničiť 1 kaziť vernichten, zerstören **2** hubiť vertilgen
ničivý zerstörend, vernichtend
nie nein, nicht; *~, ďakujem* nein, danke; *naozaj ~* wirklich nicht; *vôbec ~* gar nicht, überhaupt nicht; *to ~ je možné* das ist nicht möglich
nieči irgend jemandes
niečo etwas, irgend etwas; *~ úplne nové* etwas ganz Neues; *~ zjesť* etwas essen
niekam irgendwohin; *~ inam* anderswohin
niekde irgendwo, mancher|orts, hier und dort; *~ inde* anderswo
niekedy 1 občas manchmal, zuweilen, ab und zu **2** kedykoľvek irgendwann
niekoľko einige, ein paar, etliche; *o ~ dní* in einigen/ein paar Tagen
niekoľkodenný mehrtägig
niekoľkokrát mehrmals, einigemal
niekoľkonásobn|ý(e) mehrfach, vielfach
niekto jemand, irgendwer, mancher, irgend jemand; *je tu ~?* ist da jemand?
niektorý irgend|ein, irgendwelcher
nielen nicht nur; *~... ale aj* nicht nur... sondern auch
niesť 1 tragen*; *~ kufor* einen Koffer tragen; *~ následky* die Folgen tragen; *~ zodpovednosť za čo* die Verantwortung für etw tragen **2** mať ako označenie tragen*, führen; *~ čie meno* j-s Namen tragen **3** znášať vajcia Eier legen
nijako keineswegs, keinesfalls, auf keinen Fall
nikam nirgend(s)hin, nirgendwohin
nikde nirgend(s)wo, nirgends
nikdy nie, niemals, nimmer; *už ~* nie mehr
nikel chem. s Nickel (s, 0)
nikotín s Nikotin (s, 0)
nikto niemand, keiner, kein Mensch; *~ nie je doma* niemand ist zu Hause; *~ z nás* keiner/niemand von uns
niktoš hanl. r Niemand ((e)s, e)
niť r Faden (s, ≈̈), r Zwirn (s, 0)
nízk|y(o) niedrig, nieder-; *–é ceny* niedrige Preise; *Nízke Tatry* die Niedere Tatra
níž tlaková s Tief (s, ≈)
nížina e (Tief)ebene (≈, n), s Tiefland ((e)s, 0)
nižší niedriger
nóbl hovor. nobel
noc e Nacht (≈, ≈̈e); *dobrú ~!* gute Nacht!; *v ~i* in der Nacht, nachts; *na jednu ~* für eine Nacht; *v ~i z nedele na pondelok* in der Nacht von Sonntag auf Montag; *zostať cez ~* über Nacht bleiben; **Veľká ~** (s) Ostern (≈, ≈); *peknú Veľkú ~!* ein schönes al. schöne Ostern; *na Veľkú ~* zu Ostern
nocľah e Übernachtung (≈, en), e Unterkunft (≈, ≈̈e); **~áreň** e Herberge (≈, n); *mládežnícka ~áreň* e Jugendherberge
nočn|ý Nacht-, nächtlich; *–á košeľa* s Nachthemd; *~ bar* e Nachtbar; *~ stolík* r Nachttisch; *–á služba* r Nachtdienst
noh|a 1 končatina s Bein ((e)s, e) **2** chodidlo r Fuß (es, ≈̈e); *ploché –y* die Plattfüße **3** podpera s Bein ((e)s, e); *~ stola* s Tischbein; **stáť na vlastných –ách** auf eigenen Beinen stehen*
nohavice e Hose (≈, n); *krátke ~* kur-

ze Hose, die Shorts MNČ; *pančuchové* ~ e Strumpfhose
nohavičky spodná bielizeň s Höschen (s, ≈), r Slip (s, s)
nora s Erdloch ((e)s, ≈er); *líščia* ~ s Fuchsloch
norka 1 zviera r Nerz (es, e) **2** kožušina s Nerzfell ((e)s, e)
norma e Norm (≈, en)
normálny(e) normal, Normal-
nos e Nase (≈, n); *dýchať ~om* durch die Nase atmen; **pchať do všetkého** ~ seine Nase in alles stecken
nosič r Träger (s, ≈)
nosidlá e Trage (≈, n), e Bahre (≈, n)
nosiť 1 niesť tragen* **2** mať oblečené tragen*; ~ *smútok* Trauer tragen; ~ *okuliare* Brille tragen
nositeľ r Träger (s, ≈); ~ *Nobelovej ceny* r Nobelpreisträger
nosník tech. r Träger (s, ≈), r Tragbalken (s, ≈)
nosnosť e Tragfähigkeit (≈, en); **–ný** tech. Trag-; *–ná plocha* e Tragfläche
nosorožec s Nashorn ((e)s, ≈er)
nosový Nasen-; *–á dutina* e Nasenhöhle
nota e Note (≈, n), s Tonzeichnen (s, ≈)
nóta polit. e Note (≈, n)
notár r Notar (s, e); **~stvo** s Notariat ((e)s, e)
notes s Notizbuch ((e)s, ≈er)
notorický(y) notorisch
nováčik 1 začiatočník r Neuling (s, e) **2** voj. r Rekrut (en, en)
novela e Novelle [...v...] (≈, n)
november r November (s, ≈)
novinár r Journalist [ž...] (en, en); **~ka** e Journalistin (≈, nen)
novinársky journalistisch [ž...], Zeitungs-; *–a kačica* e Zeitungsente
novinka 1 správa e Neuigkeit (≈, en) **2** nová vec e Neuheit (≈, en)
novinový Zeitungs-; ~ *článok* s Zeitungsartikel
noviny e Zeitung (≈, en); *televízne* ~ die Fernsehnachrichten MNČ

novomanželia die Jungvermählten MNČ, das junge Ehepaar ((e)s, e)
novoročný Neujahrs-; ~ *pozdrav* r Neujahrsgruß
novorodenec s Neugeborene (n, n), ein neugeborenes Kind
novostavba r Neubau ((e)s, ten)
novota e Neuerung (≈, en), e Neuigkeit (≈, en)
nový neu, Neu-; *Nový rok* s Neujahr; *Nový zákon* s Neue Testament; *čo je –é?* was gibt es Neues?
nožnice e Schere (≈, n); ~ *na nechty* e Nagelschere
nôž s Messer (s, ≈); *vreckový* ~ s Taschenmesser; *kuchynský* ~ s Küchenmesser
nuda e Lang(e)weile (≈, n)
nudiť (sa) (sich) langweilen
nudný(e) langweilig
núdza 1 chudoba e Not (≈, ≈e) **2** nedostatok r Mangel (s, ≈) (*o čo* an etw D)
núdzový Not-; *–é pristátie* e Notlandung; ~ *východ* r Notausgang
ňufák psí e Schnauze (≈, n)
nukleárny nuklear, Nuklear-, Kern-; *–e zbrane* die Nuklearwaffen
nula e Null (≈, en)
nútený 1 neprirodzený gezwungen, unnatürlich **2** nedobrovoľný Zwangs-; *–é práce* e Zwangsarbeit
nútiť (sa) (sich) zwingen* (*do čoho* zu etw D)
nutkanie r Drang ((e)s, 0), r Zwang ((e)s, ≈e)
nutnosť e Notwendigkeit (≈, en); *v prípade ~i* nötigenfalls
nutný(e) notwendig, nötig, dringend

O

o 1 miest. an A; *oprieť sa* ~ *stôl* sich an den Tisch lehnen **2** čas. úsek nach, in D; ~ *chvíľu* nach einer Weile; ~ *dve hodiny* in zwei Stunden **3** čas. bod um A; ~ *desiatej* um zehn Uhr; ~ *polnoci* um Mitternacht **4** účel, príčina um; *prosiť ~ radu* um Rat bitten **5** miera, rozdiel um; *je ~ hlavu vyšší ako ja* er ist um einen Kopf größer als ich **6** slovesné väzby um A, von D, über A; *hrať ~ peniaze* um Geld spielen; *staviť sa ~ čo* um etw wetten; *snažiť sa ~ čo* sich um etw bemühen; *hovoriť ~ kom/čom* von j-m/etw D, über j-n/etw A sprechen; *vedieť čo o kom/čom* etw von j-m/etw D wissen

oáza e Oase (≈, n)

oba, obaja beide, die beiden, alle beide

obal 1 tovaru e Verpackung (≈, en) **2** obloženie e Hülle (≈, n) **3** knihy r Umschlag ((e)s, ≈e) **4** na spisy e Mappe (≈, n)

obaliť 1 zabaliť verpacken, ein¦packen **2** obložiť um¦hüllen, ein¦hüllen **3** kuch. panieren; *~ rezeň* ein Schnitzel panieren

obálka r (Brief)umschlag ((e)s, ≈e), s Kuvert [...v...] ((e)s/e)

obaľovať pozri *obaliť*

obav|a e Befürchtung (≈, en), e Besorgnis (≈, se), e Furcht (s, 0); *mať -u o koho* Furcht um j-n haben; *bez obáv* unbesorgt

obávať sa 1 (be)fürchten (*čoho* etw A); *~ najhoršieho* das Schlimmste befürchten **2** sich Sorgen machen, besorgt sein (*o koho/čo* um j-n/etw)

občan r (Staats)bürger (s, ≈)

občas zeitweise, von Zeit zu Zeit, ab und zu; **~ný** zeitweilig

občerstvenie e Erfrischung (≈, en)

občerstviť (sa) (sich) erfrischen

občiansk|y Bürger-, bürgerlich; *-e práva* die Bürgerrechte; *-a vojna* r Bürgerkrieg; *~ preukaz* r Personal¦ausweis

občianstvo e Bürgerschaft (≈, en); *štátne ~* e Staatsbürgerschaft

obdarovať beschenken, bescheren

obdiv e Bewunderung (≈, 0); *vzbudiť ~* Bewunderung erregen; **~ovať** bewundern

obdivuhodn|ý(e) bewundernswert, bewundernswürdig

obdĺžnik s Recht¦eck ((e)s, e); **~ový** recht¦eckig, Recht¦eck-

obdoba e Analogie (≈, ien), e Ähnlichkeit (≈, en)

obdobie r Zeit¦abschnitt ((e)s, e), e Periode (≈, n); *funkčné ~* e Amtsperiode; *volebné ~* e Wahlperiode; *ročné ~* e Jahreszeit

obdobn|ý(e) ähnlich, analog

obec e Gemeinde (≈, n), e Ortschaft (≈, en)

obecenstvo s Publikum (s, 0)

obecn|ý Gemeinde-; *~ úrad* s Gemeinde¦amt; *-á rada* r Gemeinderat

obed 1 jedlo s Mittag¦essen (s, ≈); *čo máme na ~?* was gibt es zum Mittag?; *po ~e* nach dem Mittag¦essen **2** čas e Mittagszeit (≈, 0); **~ovať** zu Mittag essen*

obeh r Umlauf ((e)s, 0), r Kreislauf ((e)s, 0), e Zirkulation (≈, en); *krvný ~* r (Blut)kreislauf; *~ peňazí* r Geld¦umlauf; *byť v ~u* in Umlauf sein; *dať čo do ~u* etw in Umlauf bringen; *stiahnuť čo z ~u* etw aus dem Umlauf ziehen

obehnúť um¦laufen*, um¦kreisen (*čo* etw A), herum¦laufen* (*čo* um etw A)

obesiť auf¦hängen, henken, koho erhängen; **~ sa** sich erhängen, sich auf¦hängen

obe|ť s Opfer (s, ≈); *-te vojny, zemetrasenia* die Opfer des Krieges, des Erdbebens; *padnúť za ~* zum Opfer fallen

obetavosť e Opferwilligkeit (≈, 0), e Opferbereitschaft (≈, 0)

obetav|ý(o) opferwillig, opferbereit

obetný Opfer-; *~ baránok* s Opferlamm

obetovať (sa) (sich) opfern

obézny korpulent, dick

obežník r Rundbrief ((e)s, e), s Rundschreiben (s, ≈)

obežn|ý Umlauf(s)-; *-á dráha* e Umlaufbahn

obhajca r Verteidiger (s, ≈); *~ titulu* r

MNO

Titelverteidiger

obhájiť (sa) (sich) vert|eidigen

obhajoba e Verteidigung (≈, en)

obchádzka e Umleitung (≈, en)

obchod 1 obchodovanie r Handel (s, 0); *vnútorný* ~ r Binnenhandel; *zahraničný* ~ r Außenhandel; *veľko*~ r Großhandel; *malo*~ r Einzelhandel **2** kúpa, predaj s Geschäft ((e)s, e); *urobiť dobrý* ~ ein gutes Geschäft machen **3** predajňa s Geschäft ((e)s, e), r Laden (s, ≈̈)

obchodn|ík r Geschäftsmann ((e)s, ≈̈er al. leute), r Händler (s, ≈); **–ička** e Händlerin (≈, nen), e Geschäftsfrau (≈, en)

obchodn|ý 1 ekon. Handels-; *–á zmluva* r Handelsvertrag; *–á komora* e Handelskammer; *–á sieť* s Handelsnetz; *–á spoločnosť* e Handelsgesellschaft; ~ *zástupca* r Handelsvertreter **2** týkajúci sa obchodu Geschäfts-, Kauf-, Waren-; ~ *partner* r Geschäftspartner; *–á štvrť* s Geschäftsviertel; *–é centrum* s Geschäftszentrum; *–é zastupiteľstvo* e Geschäftsstelle; ~ *dom* s Kaufhaus, s Warenhaus

obchodovať handeln (*s čím* mit etw D), Handel (be)treiben

obchôdzka r Rundgang ((e)s, ≈̈e), e Runde (≈, n)

obidva (alle) beide

obiehať 1 pozri *obehnúť* **2** byť v obehu um|laufen* (i.)

obilie s Getreide (s, ≈), s Korn ((e)s, 0); *pestovať* ~ s Getreide an|bauen

obilniny die Getreidepflanzen MNČ, die Halmfrüchte MNČ

obilný Getreide-, Korn-

obísť 1 dookola herum|gehen* (i.); ~ *ihrisko* um den Spielplatz herumgehen **2** vyhnúť sa um|gehen*; ~ *prekážku* ein Hindernis umgehen; ~ *predpis* eine Vorschrift umgehen **3** pochodiť, dopadnúť an|kommen*; *zle, dobre* ~ schlecht, gut ankommen **4** autom ap. herum|fahren* (i.), um|fahren* **5** ísť obchádzkou einen Umweg machen; **~ sa 1** minúť sa verfehlen **2** zaobísť sa aus|kommen*, sich behelfen* (*bez koho/čoho* ohne j-n/etw); ~ *sa bez peňazí* ohne Geld auskommen, sich ohne Geld behelfen

obi|ť (ab)|schlagen*; **–tý** abgeschlagen

objasniť erklären, erläutern

objať (sa) (sich) um|armen, (sich) in die Arme schließen

objatie e Um|armung (≈, en)

objav e Entdeckung (≈, en), e Erfindung (≈, en); **~iť** entdecken, erfinden*

objaviť sa erscheinen* (i.)

objednať bestellen; ~ *si taxík* sich ein Taxi bestellen; ~ *čo dopredu* etw vorbestellen, reservieren; **~ sa** sich an|melden (*u koho* bei j-m)

objednávk|a e Bestellung (≈, en), r Auftrag ((e)s, ≈̈e); *zhotoviť čo na –u* etw auf Bestellung an|fertigen, machen

objekt s Objekt ((e)s, e)

objektív s Objektiv (s, e)

objektívn|y(e) objektiv, unvoreingenommen

objem r Umfang ((e)s, ≈̈e), s Volumen [v...] (s, ≈ al. mina); **~ný** umfangreich

objímať pozri *objať*

objímka tech. e Fassung (≈, en); *kovová* ~ e Metallfassung

obklad 1 lek. r Umschlag ((e)s, ≈̈e); *studený* ~ ein kalter Umschlag **2** tech. e Verkleidung (≈, en)

obkladačka e Fliese (≈, n)

obklopiť 1 obkolesiť um|ringen, um|stellen **2** rozložiť okolo um|geben*

obkľúčenie voj. e Umzingelung (≈, en)

obkľúčiť um|stellen, um|ringen, voj. um|zingeln

obkresliť nach|zeichnen, ab|zeichnen

obkročmo rittlings

oblačn|ý(o) bewölkt, wolkig, trüb(e)

oblak e Wolke (≈, n); ~ *prachu* e Staubwolke

oblasť 1 s Gebiet ((e)s, e), e Region

(≈, en) **2** sféra r Bereich ((e)s, e), s Gebiet ((e)s, e); *v ~i vedy* im Bereich der Wissenschaft
oblastný Gebiets-, Regional-, regional
oblátka e Waffel (≈, n), e Oblate (≈, n)
oblečenie s Kleid ((e)s, er), e Kleidung (≈, 0)
oblečený angezogen, (an)gekleidet; *si už ~?* bist du schon angezogen?
oblek r Anzug ((e)s, ≈e)
obletieť (herum)fliegen* (i.), umfliegen* (i.)
obličaj kniž. s Antlitz (es, e)
oblička e Niere (≈, n)
obliecť (sa) (sich) anziehen*; *~ si šaty* das Kleid anziehen
obliečka r Überzug ((e)s, ≈e), r Bettbezug ((e)s, ≈e)
obliehať belagern
obliekať (sa) pozri *obliecť (sa)*
obligácia práv. e Obligation (≈, en), e Verpflichtung (≈, en); **–tný 1** povinný obligat **2** bežný üblich
obligatórny(e) obligatorisch
obloha r Himmel (s, 0); *hviezdna ~* r Sternenhimmel
obloženie e Verkleidung (≈, en), e Bekleidung (≈, en)
obložený kuch. belegt; *~ chlebíček* belegtes Brot/Brötchen
obložiť 1 položiť dookola umlegen, belegen **2** odb. verkleiden; *~ stenu drevom* die Wand mit Holz verkleiden **3** kuch. belegen, garnieren
obľuba 1 obľúbenosť e Beliebtheit (≈, 0); *byť v –e* sehr beliebt sein **2** záujem e Vorliebe (≈, n); *mať v –e detektívky* Vorliebe für Krimis haben
obľúbenec r Liebling (s, e), r Favorit [favo'ri:t] (en, en)
obľúbený beliebt, Lieblings-; *–é jedlo* e Lieblingsspeise; *~ spevák* r Lieblingssänger
obľúbiť si Gefallen finden* (*koho/čo* an j-m/etw), liebgewinnen* (*koho/čo* j-n/etw)
oblúk r Bogen (s, ≈ al. ≈); *víťazný ~* r Triumphbogen
oblý rundlich, Rund-
obmedzenie e Begrenzung (≈, en), e Einschränkung (≈, en); **–ný** begrenzt, beschränkt
obmedziť begrenzen, beschränken, einschränken; *~ výdavky* die Ausgaben einschränken; **~ sa 1** ohraničiť sa sich beschränken (*na čo* auf etw A) **2** uskromniť sa sich einschränken
obmena e Abänderung (≈, en), e Modifikation (≈, en); **–iť** abwandeln, abändern
obnažený entblößt, nackt
obnosený abgetragen, abgenützt
obnosiť abtragen*, abnützen; **–ený** abgetragen, abgenützt
obnova e Erneuerung (≈, en), e Renovierung [...v...] (≈, en), e Wiederherstellung (≈, en); **–iť 1** erneuern, wiederherstellen **2** polit. wiederaufnehmen*; *~ rokovania* e Verhandlungen wiederaufnehmen **3** renovovať renovieren [...v...]
obočie e Augenbraue (≈, n); *vytrhať ~* die Augenbrauen auszupfen
obohatiť (sa) (sich) bereichern
obohnať umgeben*, umschließen*
oboje beide, beides
obojok s Halsband ((e)s, ≈er)
obojstranný(é) beiderseitig
obojživelník e Amphibie (≈, n), r Lurch ((e)s, e)
oboplávať umschiffen, umsegeln, mit dem Schiff umfahren*
obor r Riese (n, n)
obozretný(é) vorsichtig, umsichtig
obrábací Werkzeug-; *~ stroj* e Werkzeugmaschine
obrábať bearbeiten, bestellen; *~ pôdu* den Boden bearbeiten/bestellen
obracať 1 wenden*; *obracať seno* s Heu wenden; *–iam sa na vás s prosbou* ich wende mich mit einer Bitte an Sie **2** listy v knihe (um)blättern
obrad e Zeremonie (≈, ien)
obrana 1 e Abwehr (≈, 0), e Verteidi-

gung (≈, en), r Schutz (es, 0); *protilietadlová* ~ e Luftabwehr; *hrať v –e* in der Verteidigung spielen; ~ *ľudských práv* der Schutz der Menschenrechte

obranca r Verteidiger (s, ≈)

obrann|ý Abwehr-, Verteidigungs-, Schutze-; *–á vojna* r Verteidigungskrieg

obrat 1 otočenie e Drehung (≈, en), e Wendung (≈, en) **2** premena e Wendung (≈, en), e Wende (≈, n) **3** obch. r Umsatz (es, ≈e); *daň z ~u* e Umsatzsteuer; *denný, ročný* ~ r Tages|umsatz, r Jahres|umsatz

obráten|ý(e) umgekehrt, verkehrt, gewendet

obrátiť 1 pozri *obracať* **2** zmeniť smer um|drehen, um|kehren **3** na vieru bekehren

obrátka tech. e Umdrehung (≈, en), e Wendung (≈, en), Tour [tu:ɐ] (≈, en)

obratník r Wendekreis (es, e); ~ *Raka, Kozorožca* r Wendekreis des Krebses, des Steinbocks

obratnosť e Gewandtheit (≈, 0), e Geschicklichkeit (≈, 0)

obratn|ý(e) geschickt, flink, beweglich, gewandt, schnell

obratom umgehend; *vybaviť čo* ~ etw umgehend erledigen

obraz s Bild ((e)s, er), s Gemälde (s, ≈); **~áreň** e Gemäldegalerie (≈, ien)

obrazec s Gebilde (s, ≈), s Schema (s, s al. ta)

obrázkov|ý Bilder-, illustriert; *–á kniha* s Bilderbuch

obrazn|ý(e) bildhaft, bildlich

obrázok 1 malý obraz s Bildchen (s, ≈), s Bild ((e)s, er) **2** ilustrácia e Illustration (≈, en), e Abbildung (≈, en)

obrazotvornosť e Vorstellungskraft (≈, 0), e Phantasie (≈, 0)

obrazovka r Bildschirm ((e)s, e)

obrazov|ý Bild-, Bilder-; *–á príloha* e Bilderbeilage

obrna e Lähmung (≈, en); *detská* ~ e Kinderlähmung

obrnený gepanzert, Panzer-; ~ *vlak* r Panzerzug

obrniť sa sich wappnen; ~ *trpezlivosťou* sich mit Geduld wappnen

obroda e Wiedergeburt (≈, 0), e Wiederbelebung (≈, en)

obrodenie e Wiedergeburt (≈, 0)

obrovský riesig, riesengroß, Riesen-

obruba 1 e Einfassung (≈, en) **2** text. e Bordüre (≈, n), ozdobná e Borte (≈, n)

obrúbiť ein|säumen, ein|fassen

obruč r Reifen (s, ≈)

obrúčka r Ehering ((e)s, e)

obrus s Tischtuch ((e)s, ≈er)

obrúsiť (sa) (sich) ab|schleifen*

obrys r Umriß <...ss> (sses, sse), e Kontur (≈, en)

obsadenie e Besetzung (≈, en)

obsadený besetzt; voj. okkupiert

obsadiť 1 besetzen; ~ *miesto, stoličku* einen Platz, einen Stuhl besetzen; *linka je obsadená* pri telefonovaní es ist besetzt **2** voj. okkupieren

obsah 1 r Inhalt ((e)s, e); ~ *prednášky* der Inhalt eines Vortrags; ~ *knihy* der Inhalt eines Buches **2** zoznam kapitol knihy s Inhaltsverzeichnis (ses, se)

obsahovať be|inhalten, enthalten*, um|fassen

obsažn|ý(e) inhaltsreich, inhaltsvoll

obscénn|y(e) obszön

observatórium s Observatorium (s, i|en), e Sternwarte (≈, n)

obsiahl|y(o) umfangreich, umfassend

obsiahnuť 1 rukou um|fassen **2** pochopiť erfassen, begreifen **3** zahrnúť auf|nehmen*

obsluha e Bedienung (≈, en)

obslúžiť bedienen; ~ *hostí* die Gäste bedienen

obstarať besorgen, beschaffen; ~ *lístky do divadla* Theaterkarten besorgen

obstáť 1 vydržať stáť stehen* können* **2** osvedčiť sa bestehen*, sich bewähren, stich|halten* **3** v škole bestehen*; ~ *pri skúške* eine Prüfung bestehen

obstojn|ý(e) leidlich, annehmbar, erträglich

obstúpiť um|stẹllen, um|rịngen
obšírn|y(e) ausführlich, weitläufig, weitschweifig
obťažn|ý(e) schwierig, mühsam
obťažovať 1 zaťažovať belạstigen **2** rušiť stören **3** byť dotieravý belästigen, lästig sein
obušok r Knüppel (s, ≈), r Prügel (s, ≈); *gumený* ~ r Gummiknüppel
obuť (sa) (sich) die Schuhe an|ziehen*
obuv 1 e Schuhe MNČ, s Schuhwerk ((e)s, e) **2** obchod s Schuhgeschäft ((e)s, e)
obuvák r Schuhlöffel (s, ≈)
obuvník r Schuhmacher (s, ≈), r Schuster (s, ≈)
obväz e Binde (≈, n), r Verbạnd ((e)s, ≈̈e); *sadrový* ~ r Gipsverband
obveseliť belụstigen, erhẹitern
obviazať 1 um|bịnden*, um|wịckeln **2** dať obväz verbịnden, einen Verband an|legen
obvinený 1 PR M beschụldigt (*z čoho* einer Sache G) **2** PODST M r Beschụldigte (n, n)
obviniť beschụldigen, an|schuldigen (*koho z čoho* j-n einer Sache G); ~ *koho z vraždy, z krádeže* j-n des Mordes, des Diebstahls beschuldigen
obvod 1 r Umfang ((e)s, ≈̈e), r Umkreis (es, e); ~ *kruhu* r Kreis|umfang **2** správna jednotka r Bezịrk ((e)s, e); *volebný* ~ r Wahlbezirk; **~ný** Bezịrks-; *~ný úrad* s Bezirks|amt
obyčaj e Sitte (≈, n), r Brauch ((e)s, ≈̈e); *pestovať staré ~e* alte Sitten/Bräuche pflegen
obyčajn|ý(e) gewọ̈hnlich, alltäglich; ~ *smrteľník* ein gewöhnlicher Sterblicher
obytn|ý Wohn-; *–á štvrť* s Wohnviertel; *–á plocha* e Wohnfläche; ~ *príves* r Wohnwagen
obývac|í Wohn-; *–ia izba* s Wohnzimmer
obýv|aný bewọhnt, bevọ̈lkert; **–ať** (be)wọhnen
obyvateľ 1 domu r Bewọhner (s, ≈) **2** štátu, mesta r Einwohner (s, ≈)
obývateľný bewọhnbar
obyvateľstv|o e Bevọ̈lkerung (≈, en); *prírastok –a* r Bevölkerungszuwachs
obzor r Horizọnt ((e)s, e)
obzrieť sa sich um|sehen*, sich um|schauen
obzvlášť besọnders, insbesondere
obžalo|ba e Anklage (≈, n); **–vaný** r Angeklagte (n, n)
obžalovať an|klagen (*koho z čoho* j-n einer Sache G); ~ *koho z vraždy, z krádeže* j-n des Mordes, des Diebstahls anklagen
obživa 1 potrava e Ernạ̈hrung (≈, 0) **2** prostriedky r Lebens|unterhalt ((e)s, 0)
oceán r Ozean (s, e); *Tichý* ~ Stiller Ozean
oceľ r Stahl ((e)s, ≈̈e/e); *nehrdzavejúca* ~ rostfreier Stahl
oceliareň s Stahlwerk ((e)s, e)
oceľový Stahl-, stählern
ocenenie 1 určenie ceny e (Ab)schätzung (≈, en), e Bewẹrtung (≈, en) **2** uznanie e Würdigung (≈, en), e Anerkennung (≈, en)
oceniť 1 určiť cenu (ab)schätzen, bewẹrten **2** ohodnotiť ein|schätzen **3** uznať zásluhy an|erkennen, würdigen
ocitnúť sa geraten* (i.)
ocko hypokoristikum r Papa (s, s), r Papi (s, s), r Vati (s, s)
ocot r Essig (s, e); *vínny* ~ r Wein|essig
očakávan|ie e Erwạrtung (≈, en), s Erwạrten (s, 0); *plný –ia* voller Erwartung; *splniť –ia* die Erwartungen erfüllen
očakávať erwạrten; *to sa dalo* ~ das war zu erwarten
očar|iť kniž. bezạubern (*čím* durch etw A); **–ujúci** bezạubernd
očarovať bezạubern
očierniť verlẹumden, hovor. an|schwärzen
očíslovať numerịeren <...mm...>, bezịffern

očistiť reinigen
očitý Augen-; ~ *svedok* r Augenzeuge
očividn|ý(e) augenscheinlich, offenbar, offensichtlich, klar
očkovanie e Impfung (≈, en)
očkovať impfen (*proti čomu* gegen etw A); ~ *deti proti osýpkam, kiahňam* Kinder gegen Masern, Pocken impfen
očn|ý Augen-; ~ *lekár* r Augen|arzt; *–é viečko* s Augenlid
od, odo 1 miest. von D; *neďaleko ~ nás* nicht weit von uns **2** čas. von D, seit D, ab A; *od teraz* von nun an; ~ *zajtra* ab morgen; ~ *pondelka do piatka* von Montag bis Freitag; *od kedy?* seit wann? **3** pôvod, príčina von D; *list ~ môjho priateľa* ein Brief von meinem Freund; *kniha ~ Thomasa Manna* ein Buch von Thomas Mann **4** účel gegen A; *liek ~ bolesti* ein Medikament gegen Schmerzen
odbavenie e Abfertigung (≈, en); *colné ~* e Zoll|abfertigung
odbaviť ab|fertigen, verrichten, erledigen
odber e Abnahme (≈, n), r Bezug ((e)s, ≈e); **~ateľ** r Abnehmer (s, ≈), r Abonnent (en, en)
odbiť 1 o hodinách schlagen*; *odbilo 12 hodín* es schlug zwölf **2** urobiť nedbanlivo flüchtig erledigen; ~ *prácu* die Arbeit flüchtig erledigen **3** odmietnuť ab|weisen*, ab|schlagen*, ab|fertigen, hovor. ab|speisen
odbočiť 1 zabočiť ab|biegen* (i.) **2** odchýliť sa ab|schweifen (i.); ~ *od témy* vom Thema abschweifen
odbočka 1 zo smeru e Abbiegung (≈, en), r Abstecher (s, ≈) **2** v reči ap. e Abschweifung (≈, en) **3** filiálka e Filiale (≈, n), e Zweigstelle (≈, n)
odboj r Aufruhr (s, e), r Widerstand ((e)s, ≈e)
odbor 1 oblasť s Fach (es, ≈er), r Zweig (es, e) **2** oddelenie e Abteilung (≈, en)
odborár r Gewerkschaftler (s, ≈)
odborne fachmännisch, sachverständig
odborník r Fachmann ((e)s, leute al. ≈er), r Spezialist (en, en)
odborný Fach-, fach-, fachlich, sachverständig; ~ *časopis* e Fachzeitschrift; ~ *lekár* r Fach|arzt; ~ *výraz* r Fach|ausdruck
odborov|ý Gewerkschafts-; *–á organizácia* e Gewerkschaft; ~ *zväz* r Gewerkschaftsbund
odbory die Gewerkschaften MNČ
odbyt r Absatz (es, ≈e); *ísť na ~* Absatz finden
odbytisko s Absatzgebiet ((e)s, e), r Absatzmarkt ((e)s, ≈e)
odcestovať ab|reisen (i.), verreisen (i.)
odcudziť 1 ukradnúť entwenden*, stehlen* **2** urobiť cudzím entfremden; **~ sa** sich entfremden, fremd werden; ~ *sa rodine* sich der Familie entfremden
odčerpať ab|schöpfen
odčiniť gut|machen, wiedergut|machen
odčít|anie mat. s Abziehen (s, 0), s Subtrahieren (s, 0); **–ať** ab|ziehen*, subtrahieren
oddanosť e Ergebenheit (≈, 0), e Anhänglichkeit (≈, 0), e Treue (≈, 0)
oddan|ý(e) ergeben, zugetan, treu
oddávna seit langem, seit langer Zeit, von jeher
oddelenie 1 e Abteilung (≈, en) **2** vo vlaku s Abteil ((e)s, e); ~ *pre (ne)fajčiarov* das (Nicht)raucher|abteil
oddelen|ý(e) getrennt, extra, separat; *bývať ~* getrennt wohnen
oddeliť ab|teilen, (ab)|trennen
oddialiť 1 vzdialiť entfernen, verschieben* **2** čas. auf|schieben*, verschieben*; ~ *rozhodnutie* e Entscheidung aufschieben
oddiel 1 časť r Abschnitt ((e)s, e), r Teil ((e)s, e) **2** skupina e Gruppe (≈, n) **3** voj. e Truppe (≈, n)
oddych e Rast (≈, en), e Erholung (≈, 0)
oddýchnuť si (sich) aus|ruhen, sich erholen, rasten

MNO

odev e (Be)kleidung (≈, en), s Kleid ((e)s, er), r Anzug ((e)s, ≈e)
odevný Textil-, Konfektions-
odfarbiť entfärben, bleichen, ab|färben
odhad e (Ab)schätzung (≈, en); *podľa môjho ~u* nach meiner Schätzung; **~om** schätzungsweise; **~ca** práv. r (Ab)schätzer (s, ≈)
odhadnúť (ab)|schätzen, ver|anschlagen*
odhalenie e Enthüllung (≈, en)
odhaliť **1** enthüllen; *~ pomník* ein Denkmal enthüllen **2** auf|decken; *~ sprisahanie* eine Verschwörung aufdecken
odhlásiť (sa) (sich) ab|melden
odhlasovať ab|stimmen
odhliadnuc abgesehen; *~ od toho* abgesehen davon
odhodiť ab|werfen*, weg|werfen*
odhodlanosť e Entschlossenheit (≈, 0), e Entschiedenheit (≈, 0)
odhodlan|ý(e) entschlossen, entschieden, bereit
odhodlať sa sich entschließen* (*k čomu* zu etw D)
odhrnúť weg|schieben*, zurück|schieben*, weg|räumen
odhryznúť ab|beißen*
odchádzať pozri *odísť*
odchod **1** odcestovanie e Abreise (≈, n) **2** vlaku e Abfahrt (≈, en) **3** opustenie r Abgang ((e)s, ≈e); *~ zo školy* r Abgang von der Schule
odchýliť sa ab|weichen*, od témy ab|schweifen
odchýlka e Abweichung (≈, en), e Abschweifung (≈, en)
odinakiaľ von einer anderen Seite, anderswoher
odísť ab|fahren* (i.); *vlak odchádza o piatej* der Zug fährt um fünf Uhr ab
odjakživa seit jeher, seit Menschendenken
odkašľať (si) sich räuspern
odkaz **1** e Nachricht (≈, en); *nechať komu ~* j-m eine Nachricht hinter|lassen **2** v knihe r Hinweis (es, e), r Verweis (es, e) **3** dedičstvo s Vermächtnis (ses, se)
odkázať **1** poslať odkaz benachrichtigen (*komu čo* j-n), ústne aus|richten; *~ pozdravy* Grüße ausrichten; *odkáž mu, že...* richte ihm aus, daß... **2** poukázať hin|weisen*, verweisen* (*na čo* auf etw A) **3** v testamente vermachen, hinter|lassen*
odkedy seit wann
odkiaľ woher; *~ si?* woher kommst du?; *~ to viete?* woher wissen Sie das?
odklad r Verzug ((e)s, ≈e), r Aufschub ((e)s, ≈e)
odkladať pozri *odložiť*
odkloniť **1** ab|lenken, ab|wenden* **2** dopravu ab|weichen, um|leiten
odkrojiť ab|schneiden*; *~ si kúsok chleba* ein Stück Brot abschneiden
odkryť **1** ab|decken, auf|decken **2** odhaliť auf|decken, enthüllen; *~ chyby* Fehler aufdecken; **~ sa** **1** sich auf|decken **2** ukázať sa sich er|öffnen
odkvap e (Dach)rinne (≈, n), e (Dach)traufe (≈, n)
odkvapov|ý Trauf-, Rinnen-; *–á rúra* e Dachrinne (≈, n)
odkvitnúť verblühen (i.), ab|blühen (h./i.)
odľahlý abgelegen, entfernt
odlakovač r Nagellack|entferner (s, ≈)
odlepiť (sa) (sich) ab|lösen, (sich) ab|kleben
odlesk i obraz. r Abglanz (es, 0)
odlet r Abflug ((e)s, ≈e); *čas ~u* e Abflugzeit
odletieť pozri *odlietať*
odliatok s Gußstück <...ss...> ((e)s, e), r Abgußstück <...ss...> (sses, ≈sse)
odlíčiť (sa) (sich) ab|schminken
odliet|ať ab|fliegen* (i.); *kedy –a vaše lietadlo?* wann fliegt Ihr Flugzeug ab?
odlíšiť (sa) (sich) unterscheiden*
odlišnosť e Verschiedenheit (≈, en)

odlišn|ý(e) verschieden, unterschiedlich, abweichend
odlišovať (sa) pozri *odlíšiť (sa)*
odliv 1 e Ebbe (≈, n); *príliv a ~* Flut und Ebbe **2** obraz. s Abfließen (s, 0), e Abnahme (≈, n); *~ obyvateľstva* die Abnahme der Bevölkerung
odlomiť ab|brechen*; **~ sa** ab|brechen* (i.)
odložiť 1 weg|legen, beiseite|legen; *~ knihu* das Buch beiseitelegen **2** čas. presunúť auf|schieben*, verschieben*, hinaus|schieben*; *~ cestu* die Reise verschieben
odlúčenie e Trennung (≈, 0), e Isolation (≈, 0)
odlučiteľn|ý trennbar; gram. *–á predpona* eine trennbare Vorsilbe
odlučné s Trennungsgeld ((e)s, er)
odlúpiť (sa) (sich) ab|lösen, (sich) ab|schälen
odmala, odmalička von klein auf
odmäk s Schmelzen (s, 0), s Tauen (s, 0), s Tauwetter (s, 0)
odmen|a e Belohnung (≈, en), r Lohn ((e)s, 0); **–iť** belohnen (*koho čím* j-n mit etw D, *za čo* für etw A)
odmeran|ý(e) gemessen, zurückhaltend
odmietav|ý(o) ablehnend, abweisend
odmietnu|ť 1 neprijať ab|lehnen; *~ pozvanie* die Einladung ablehnen **2** zamietnuť ab|weisen*, zurück|weisen; **–tie** e Ablehnung (≈, en), e Abweisung (≈, en)
odmlčať sa verstummen (i.), die Rede ab|brechen*, still werden
odmocnina e Wurzel (≈, n); *druhá, tretia ~* die Quadratwurzel, die Kubikwurzel
odmocniť mat. die Wurzel ziehen*
odmočiť ab|weichen; **~ sa** abweichen (i.)
odmraziť ent|eisen, entfrosten, auf|tauen
odmyslieť si (sich) weg|denken*
odnášať pozri *odniesť*
odňať vziať ab|nehmen*, weg|nehmen*
odnaučiť (sa) (sich) ab|gewöhnen (*koho čo* j-m etw)
odniekade, odniekiaľ irgendwoher
odniesť 1 preč fort|tragen*, weg|tragen* **2** doplatiť davon|tragen*, bezahlen; **~ si 1** vziať so sebou mit|nehmen* **2** utŕžiť davon|tragen*, hovor. drauf|zahlen
odnož r Ausläufer (s, ≈), r Schößling <...ss...> (s, e), r Ableger (s, ≈)
odoberať predplácať beziehen*, abonnieren; *~ časopis* eine Zeitschrift beziehen
odobrať ab|nehmen*, weg|nehmen*
odobrať sa sich begeben*
odobriť gutheißen*, billigen
odohr(áv)ať sa sich ab|spielen, vorgehen* (i.)
odolať widerstehen*, stand|halten*
odolnosť e Widerstandsfähigkeit (≈, 0), e Widerstandskraft (≈, ¨e)
odolný widerstandsfähig, beständig, -fest; *~ proti mrazu* frostbeständig, *~ proti ohňu* feuerfest
odomknúť auf|schließen*, auf|sperren
odopäť 1 gombík auf|knöpfen **2** sponu, pracku ab|schnallen **3** psa los|binden
odoprieť ab|schlagen*, ab|lehnen, verweigern; **~ si** sich versagen, verzichten (*čo* auf etw)
odosielať pozri *odoslať*
odosielateľ r Absender (s, ≈)
odoslať ab|schicken, ab|senden*
odovzd|ať 1 dať ab|geben*; übergeben*, überreichen; *–ám!* telefón ich übergebe! **2** pozdrav aus|richten, überbringen; **~ sa** sich ergeben*, sich hin|geben*
odôvodnenie e Begründung (≈, en)
odôvodniť begründen
odpad 1 pevný r Abfall ((e)s ¨e), r Müll (s, 0) **2** odtok r Abfluß <...ss> (sses, ¨sse), r Ablauf ((e)s, ¨e); **~ky** r Abfall ((e)s, ¨e), r Müll (s, 0)
odpadkový Abfall-, Müll-; *~ kôš* r Müll|eimer/Abfall|eimer; Abfall-, Müll

odpadnúť 1 ab¦fallen* (i.), weg¦fallen **2** hovor. nekonať sa entfạllen* (i.), weg¦fallen* (i.)
odpadov¦ý Abfall-, ab-; *–á rúra* s Abfallrohr; *–á voda* s Abwasser
odpárať ab¦trennen; **~ sa** sich los¦trennen, sich los¦lösen
odpariť (sa) verdạmpfen (i.), verdụnsten, ab¦dunsten
odpíliť ab¦sägen
odpísať 1 písomne odpovedať beạntworten, zurụ̈ck¦schreiben*, antworten **2** urobiť kópiu ab¦schreiben* **3** obch. odpísať z účtu ab¦schrẹiben*, ab¦rechnen
odpískať ab¦pfeifen*; *~ koniec zápasu* das Ende eines Spiels abpfeifen
odplat¦a e Vergẹltung (≈, en); *krvavá ~* eine blutige Vergeltung; **–iť (sa)** vergẹlten* (*za čo* für etw A)
odplatiť erwịdern, sich revanchịeren (*komu čo* bei j-m für etw A), heim¦zahlen; *~ návštevu* einen Besuch erwidern
odplávať 1 preč weg¦schwimmen* (i.), fort¦schwimmen* (i.), ab¦schwimmen* (i.) **2** loď z prístavu aus¦laufen*, in See stechen
odpočinok e Ruhe (≈, n), e Rast (≈, en)
odpočinúť si (aus)¦ruhen, sich erhọlen, aus¦rasten
odpočívadlo 1 na schodisku r Treppen¦absatz (es, ≈̈e) **2** na diaľnici e (Autobahn)raststätte (≈, n)
odpočívať ruhen, rasten, sich erhọlen
odpočúvať ab¦horchen, ab¦hören; *~ telefonické rozhovory* Telefongespräche abhören
odpojiť 1 elektrotech. ab¦schalten **2** vagón ab¦kuppeln
odpoludňajší nachmittäglich, nachmittägig, Nachmittags-
odpoludnia PRÍSL nachmittag(s), am Nachmittag; *dnes ~* heute nachmittag; *~ bývam (vždy) doma* nachmittags bin ich (immer) zu Hause
odpoludnie r Nachmittag ((e)s, e)
odpor 1 r Widerstand ((e)s, ≈̈e); *naraziť na ~ (u koho)* (bei j-m) auf Widerstand stoßen* **2** nechuť, hnus r Widerwille(n) ((n)s, 0), e Abneigung (≈, en), r Abscheu ((e)s, 0); *mať ~ ku komu/čomu ~* Widerwillen gegen j-n/etw haben; *vzbudzovať čí ~* j-s Widerwillen erregen/wecken
odporca r Gegner (s, ≈), r Widersacher (s, ≈)
odporn¦ý(e) widerlich, ekelhaft, abscheulich
odporovať 1 klásť odpor widerstẹhen*, Widerstand leisten **2** slovom widersprẹchen* (*komu/čomu* j-m/etw)
odporúčanie e Empfẹhlung (≈, en), e Referenz (≈, en); *napísať ~* eine Empfehlung schreiben*, ein Referenzschreiben verfassen
odporučiť empfẹhlen*
odpoveď e Antwort (≈, en); *čakať na ~* auf die Antwort warten
odpovedať antworten (*na čo* auf etw A), be¦ạntworten (*na čo* etw A)
odpracovať ab¦arbeiten
odpratať ab¦räumen, weg¦räumen; *~ zo stola* den Tisch ab¦decken
odprevadiť beglẹiten
odprevádzať beglẹiten
odprosiť ab¦bitten* (*koho za čo* j-m etw); *~ koho za urážku* j-m eine Beleidigung abbitten
odpudiv¦ý(o) abstoßend
odpudzovať ab¦stoßen*
odpust¦iť verzẹihen* (*komu čo* j-m etw A); **–enie** e Verzẹihung (≈, 0), e Vergẹbung (≈, 0); *prosiť koho o ~* j-n um Verzeihung bitten
odradiť ab¦raten*, entmụtigen, ab¦bringen*; *nedať sa ničím ~* sich durch nichts abraten lassen; *neúspech ho neodradil* der Miß¦erfolg <...ss...> entmutigte ihn nicht
odraz 1 r Abprall ((e)s, e), r Abschlag (es, ≈̈e) **2** odlesk r Widerschein ((e)s, e), r Reflẹx (es, e) **3** ohlas, ozvena r Widerhall ((e)s, e)
odraziť 1 ab¦stoßen*, ab¦schlagen*; ~

loptu einen Ball abschlagen **2** voj. ab¦schlagen*, ab¦wehren; ~ *útok* einen Angriff abschlagen; **~ sa 1** dostať iný smer ab¦prallen (i.) **2** o lúči sich widerspiegeln, reflektieren **3** o zvuku zurück¦schallen **4** ukázať sa sich zeigen, sich aus¦wirken

odrenina e Abschürfung (≈, en), e Schürfwunde (≈, n), e Haut¦abschürfung (≈, en)

odrezať 1 ab¦schneiden* **2** obraz. ab¦schneiden*, isolieren; ~ *nepriateľovi cestu* dem Feind den Weg abschneiden

odriecť, odrieknuť ab¦sagen; ~ *akciu* eine Ver¦anstaltung absagen; ~ *návštevu* einen Besuch absagen; **~ sa** verzichten (*čoho* auf etw A)

odrieknutie e Absage (≈, n)

odrieť 1 poraniť sich auf¦schinden, sich auf¦schürfen, sich auf¦reiben*; ~ *si koleno* sich das Knie abschürfen **2** používaním poškodiť ab¦wetzen, ab¦schürfen, ab¦nutzen

odroda e Ab¦art (≈, en), e Sorte (≈, n)

odsek r Absatz (es, ≈e), r Abschnitt ((e)s, e)

odseknúť ab¦hauen*, ab¦schlagen*

odsťahovať sa aus¦ziehen* (i.), um¦ziehen* (i.), um¦siedeln (i.)

odstrániť 1 zlikvidovať beseitigen, entfernen **2** odpratať weg¦räumen, weg¦schaffen

odstraš¦iť ab¦schrecken; *–ujúci príklad* ein abschreckendes Beispiel

odstrčiť weg¦schieben*, zurück¦stoßen*, weg¦schubsen

odstrihnúť (mit der Schere) ab¦schneiden*

odstup r Abstand ((e)s, ≈e), e Distanz (≈, en)

odstúpenie 1 z územia e Abtretung (≈, en) **2** z úradu r Rücktritt ((e)s, e), e Abdankung (≈, en), e Demission (≈, en)

odstúpiť 1 ustúpiť weichen* (i.) **2** vzdať sa zurück¦treten* (i.); *vláda odstúpila* die Regierung trat zurück **3** prenechať ab¦treten, abdanken; ~ *časť územia* einen Teil des Gebietes abtreten

odstupné e Abfindung (≈, en), e Abstandsumme (≈, n)

odsúdený 1 PR M ver¦urteilt **2** PODST M r Ver¦urteilte (n, n)

odsúdiť 1 na súde ver¦urteilen **2** ostro odmietnuť ver¦urteilen, ab¦lehnen

odsun 1 r Abschub ((e)s, 0), r Abtransport ((e)s, e) **2** vysťahovanie e Aussiedlung (≈, en); **~úť 1** miest. weg¦schieben*, beiseite schieben*, ab¦rücken **2** čas. auf¦schieben*, hinaus¦schieben* **3** vysťahovať aus¦siedeln; násilne vertreiben*

odškodné e Entschädigung (≈, en), e Entschädigungssumme (≈, n)

odškodniť entschädigen (*za čo* für etw A)

odštartovať starten

odštiknúť ab¦kneifen*, ab¦zwicken

odtekať pozri *odtiecť*

odtiahnuť 1 premiestniť weg¦ziehen*, fort¦ziehen* **2** voj. ab¦ziehen* (i.) **3** hovor. odísť ab¦ziehen* (i.), fort¦ziehen*

odtiaľ von dort, von daher

odtiaľto von hier, von da; *ste ~?* sind Sie von hier?; ~ *do mesta sú to ešte tri kilometre* von hier bis in die Stadt sind es noch drei Kilometer

odtiecť ab¦fließen* (i.), ab¦strömen (i.)

odtieň e Abtönung (≈, en), e Abstufung (≈, en), e Schattierung (≈, en)

odtlač¦ok r Abdruck ((e)s, e al. ≈e); *–ky prstov* die Finger¦abdrücke MNČ

odtok r Abfluß <...ss> (sses, ≈sse), r Ablauf ((e)s, ≈e)

odtrhnúť 1 ab¦reißen*, los¦reißen* **2** územia ab¦trennen **3** kvety pflücken; **~ sa** ab¦reißen* (i.), sich los¦reißen*, sich trennen

oduševnen¦ý(e) beseelt, begeis¦tert

odvádzať pozri *odviesť*

odvah¦a r Mut ((e)s, 0); *dodávať komu –u* j-m Mut machen

odvážať pozri *odviezť*

odvážiť ab¦wiegen*; ~ *čo na váhe* etw auf der Waage abwiegen

odvážiť sa odhodlať sa wagen, sich

trauen
odvážn|y(e) gewągt, kühn, mutig
odvďačiť sa vergelten* (*komu čím* j-m etw), sich dankbar erweisen*
odvetvie r Zweig ((e)s, e), s Gebiet ((e)s, e); *hospodárske* ~ r Wirtschaftszweig
odviazať ab|binden*, los|binden*; **~ sa** sich los|binden*, sich los|reißen*
odviesť 1 na iné miesto fort|führen, weg|führen, weg|bringen* **2** odvrátiť ab|lenken; ~ *čiu pozornosť* j-s Aufmerksamkeit ablenken **3** fin. ab|führen; ~ *dane* Steuern abführen
odviezť fahren*, bringen*; ~ *koho do nemocnice* j-n ins Krankenhaus fahren
odvliecť 1 fort|schleppen, weg|schleppen **2** násilne verschleppen
odvod 1 e Ableitung (≈, en) **2** voj. s Mustern (s, 0), e Musterung (≈, en); **~iť** ab|leiten, deduzieren (*čo z čoho* etw aus etw D)
odvolanie 1 zrušenie e (Zu)rücknahme (≈, n), r Widerruf ((e)s, e); *až do* ~ bis auf Widerruf **2** pozbavenie funkcie e Abberufung (≈, en) **3** práv. námietka r Einspruch ((e)s, ≈e), e Berufung (≈, en); *podať* ~ Berufung einlegen/erheben
odvolať 1 zrušiť zurück|nehmen*, zurück|ziehen*, widerrufen* **2** pozbaviť funkcie ab|berufen*; **~ sa 1** sich berufen* (*na koho/čo* auf j-n/etw) **2** podať námietku einen Einspruch einlegen/erheben (*proti čomu* gegen etw A)
odvoz e Abfuhr (≈, en), r Abtransport ((e)s, e); ~ *smetí* r Müllabfuhr
odvrátiť 1 iným smerom ab|wenden*, weg|wenden*, ab|lenken, ab|bringen* (*od koho/čoho* von j-m/etw D) **2** zabrániť čomu ab|wenden*; ~ *nebezpečenstvo* eine Gefahr abwenden; **~ sa** sich ab|kehren, sich ab|wenden* (*od koho/ čoho* von j-m/etw D)
odvšade, odvšadiaľ von allen Seiten
odvyknúť (si) (sich) ab|gewöhnen; ~ *od fajčenia* (sich) das Rauchen abgewöhnen
odzadu von hinten, von rückwärts, rücklings
odzátkovať entkorken, hovor. auf|stöpseln; ~ *fľašu* eine Flasche entkorken
odzbroj|enie e Abrüstung (≈, en); **–iť** ab|rüsten
odznak s Abzeichen (s, ≈)
ofenzíva e Offensive [...və] (≈, n), r Angriff ((e)s, e)
oficiáln|y(e) offiziell
ofin|a r Pony (s, s); *mala krátku –u* sie trug einen kurzen Pony
oháňať sa 1 rukami ap. fuchteln, herum|fuchteln, um sich schlagen* (*čím* mit etw D) **2** obraz. um sich werfen*, herum|fechten (*čím* mit etw D); ~ *argumentmi* mit Argumenten um sich werfen
ohavn|ý(e) scheußlich, gräßlich <...ss...>, abscheulich, greulich, grausam
oheň s Feuer (s, ≈); *zapáliť* ~ s Feuer an|zünden; *máš ~?* na zapálenie cigarety ap. hast du Feuer?
ohľad e Rücksicht (≈, en), e Berücksichtigung (≈, en), e Rücksichtnahme (≈, n); *brať na koho/čo* ~ Rücksicht auf j-n/etw nehmen; *bez ~u na čo* ohne Rücksicht auf etw; *s ~om na čo* mit Rücksicht auf etw
ohľadupln|ý(e) rücksichtsvoll; **–osť** e Rücksicht (≈, en)
ohlas r Widerhall ((e)s, e), s Echo (s, s), e Reaktion (≈, en); *mať* ~ Widerhall finden*
ohlásiť (an)|melden, an|zeigen; ~ *krádež na polícii* einen Diebstahl bei der Polizei anzeigen; *dať sa* ~ *u riaditeľa* sich beim Direktor anmelden lassen
ohluchnúť taub werden* (i.)
ohlúpnuť verblöden
ohlušujúc|i(o) betäubend
ohmatať betasten, befühlen
ohnisko 1 r Herd ((e)s, e), e Feuerstätte (≈, n) **2** stredobod r Herd ((e)s, e), s Zentrum (s, ≈); ~ *zemetrasenia* das

Zentrum des Erdbebens **3** fyz. r Brennpunkt ((e)s, e)
ohnivý feurig, Feuer-, feuer-
ohňostroj s Feuerwerk ((e)s, e)
ohňovzdorný feuerbeständig, feuerfest
ohnúť um|biegen*, biegen*, beugen; **~ sa** sich biegen*
ohodnotiť bewẹrten
oholený rasiert; *hladko ~* glatt rasiert
oholiť (sa) (sich) rasieren
ohorok r (Zigaretten)stummel (s, ≈)
ohovár|ať verleumden; **–anie** e Verleumdung (≈, en)
ohrad|a 1 plot r Zaun ((e)s, ≈e) **2** ohradený priestor s Gehege (s, ≈); **–iť 1** plotom um|zäunen **2** hradbami befes|tigen
ohradiť sa sich verwahren, Widerspruch erheben (*proti čomu* gegen etw A)
ohraničiť 1 ab|grenzen, um|grenzen, begrenzen **2** obmedziť beschränken
ohriať auf|wärmen, erwärmen, warm machen; **~ sa** sich wärmen, sich erwärmen
ohrievač r Wärmer (s, ≈), r Erhitzer (s, ≈); *prietokový ~* r Durchlauf|erhitzer
ohrom|enie e Bestürzung (≈, 0), e Verblüffung (≈, 0); **–iť** bestürzen, verblüffen
ohromn|ý(e) riesig, ungeheuer, enorm
ohroziť bedrohen, gefährden, in Gefahr bringen
ohryzok 1 r Griebs (es, e), s Kerngehäuse (s, ≈) **2** v hrdle r Adams|apfel (s, 0)
ohyb e Biegung (≈, en)
ohýbať 1 biegen*, beugen **2** gram. flektieren; **~ sa** sich biegen*, sich beugen
ohybn|ý(e) 1 biegsam, elastisch **2** gram. flexibel
ochabn|úť erschlaffen, schlaff werden* (i.); **–utý** schlaff, schlapp, matt
ochladiť (sa) (sich) ab|kühlen
ochorenie e Erkrankung (≈, en)
ochorieť krank werden* (i.), erkranken (i.)
ochota e Bereitwilligkeit (≈, 0), e Bereitschaft (≈, 0), s Entgegenkommen (s, 0)
ochotn|ý(e) bereitwillig, entgegenkommend
ochran|a r Schutz (es, 0); *~ životného prostredia* r Umweltschutz; *~ prírody* r Naturschutz; *vziať pod –u koho* j-n in Schutz nehmen
ochranár r Naturschützer (s, ≈)
ochranca r Beschützer (s, ≈)
ochrániť (be)schützen (*koho/čo pred kým/čím* j-n/etw vor j-m/etw D)
ochrann|ý Schutz-, schützend; *–é okuliare* e Schutzbrille; *~ prostriedok* s Schutzmittel; *–á známka* e Schutzmarke
ochraňovať pozri *ochrániť*
ochrn|úť lahm werden* (i.), erlahmen (i.); **–utý** gelähmt
ochromiť lähmen, lahm|legen; *~ dopravu* den Verkehr lahmlegen
ochutiť ab|schmecken, würzen; *jedlo ~ korením* das Gericht mit Gewürzen abschmecken
ochutnať kosten, schmecken
ojazden|ý abgefahren; *–é pneumatiky* abgefahrene Reifen
ojedinel|ý(e) vereinzelt, einzeln, selten
okamih r Augenblick ((e)s, e), r Moment ((e)s, e); *~, prosím!* einen Moment, bitte!; *v poslednom ~u* im letzten Augenblick/Moment
okamži|te augenblicklich, sofort; **–tý** augenblicklich, momentan, sofortig
okenica r Fensterladen (s, ≈n)
okenný Fenster-; *~ rám* r Fensterrahmen
oklamať belügen*, täuschen, betrügen*; *dať sa ľahko ~* sich leicht täuschen lassen
okľuk|a r Umweg ((e)s, e); *ísť –ou* einen Umweg machen
okno s Fenster (s, ≈); *otvoriť ~* s Fenster öffnen, hovor. auf|machen; *zavrieť*

~ s Fenster schließen*, hovor. zu¦machen

oko 1 s Auge (s, n); *šikmé oči* die Schlitzaugen; *kurie* ~ s Hühner¦auge **2** text. e Masche (≈, n) **3** pasca e Schlinge (≈, n); **medzi štyrmi očami** unter vier Augen

okolie 1 e Umgebung (≈, en) **2** prostredie e Umgebung (≈, en), s Milieu [mi'ljö:] (s, s), e Umwelt (≈, 0)

okolitý umliegend, benachbart

okolnosť r Umstand ((e)s, ≈e); *za týchto ~í* unter den vorliegenden Umständen; *za nijakých ~í* unter keinen Umständen; *podľa ~í* unter Umständen al. je nachdem

okolo[1] PRÍSL **1** zo všetkých strán rings, rings¦um, ringsherum **2** vedľa vorbei, vorüber; *ísť* ~ vorbei¦gehen

okolo[2] PREDL **1** dookola um A, um... herum A; *ísť ~ domu* um das Haus (herum) gehen **2** čas. gegen A, um A; *~ obeda* gegen Mittag; *~ Vianoc* um Weihnachten **3** popri an D; *prešiel ~ mne* er ging an mir vorbei

okolo[3] ČAST približne etwa, ungefähr; *~ 50 osôb* etwa 50 Personen

okoloidúci r Vorübergehende (n, n), r Passant (en, en)

okopať (um)¦hacken

okoreniť würzen

okradnúť bestehlen* (*koho o čo* j-n um etw A)

okraj r Rand ((e)s, ≈er); *na ~i mesta* am Rande der Stadt; *povedať čo len tak na ~* etw nur am Rande sagen; **~ový** Rand-; *~ová poznámka* e Randbemerkung

okras¦a e Zierde (≈, n), r Schmuck ((e)s, e); **–ný** Zier-, Schmuck-, dekorativ

okrem außer D, ausgenommen; *~ mňa* außer mir; *~ toho* außerdem

okres r Kreis (es, e), r Bezirk ((e)s, e); **~ný** Kreis-, Bezirks-

okruh 1 vzdialenosť r Umkreis (es, e); *v ~u 20 km* im Umkreis von zwanzig Kilometern **2** oblasť r Bereich ((e)s, e), r Kreis (es, e) **3** skupina ľudí r Kreis (es, e); *~ známych* r Bekanntenkreis

okruhliak r Kiesel (s, ≈), r Kieselstein (es, e)

okrúhl¦y(o) 1 tvarom rundlich, rund **2** o čísle aufgerundet, rund

okružn¦ý Rund-; *–á jazda* e Rundfahrt; *~ let* r Rundflug

oktáva 1 hud. e Oktave [...v...] (≈, Oktaven) **2** v škole e Oktava [...v...] (≈, Oktaven)

október r Oktober (s, 0)

okuliare e Brille (≈, n); *slnečné ~* e Sonnenbrille

okuliarnik zool. e Brillenschlange (≈, n), e Kobra (≈, s)

okup¦ácia e Okkupation (≈, en); **–ant** r Okkupant (en, en); **–ovať** okkupieren

olej s Öl ((e)s, e); *olivový ~* s Oliven¦öl; *~ na opaľovanie* s Sonnen¦öl

olejomaľba s Ölgemälde (s, ≈)

olej¦ovať ölen; **–ový** Öl-; *–ová farba* e Ölfarbe

oliva 1 plod e Olive [o'li:və] (≈, n) **2** strom r Olivenbaum ((e)s, ≈e), r Ölbaum ((e)s, ≈e)

oliznúť ab¦lecken, belecken

olovený Blei-, bleiern

olovnica tech. s Lot ((e)s, e), s Senkblei ((e)s, e)

olovo s Blei ((e)s, e)

oltár r Altar (s, ≈e)

olúpať (sa) (sich) (ab)¦schälen

olúpiť berauben, bestehlen

olympiáda e Olympiade (≈, n), die Olympischen Spiele MNČ; *letná, zimná ~* e Sommer¦olympiade, e Winter¦olympiade

olympijsk¦ý olympisch; *–é hry* die Olympischen Spiele MNČ; *~ oheň* die olympische Flamme

omáčka e Soße (≈, n), e Tunke (≈, n)

omaľovánka s Malbuch ((e)s, ≈er)

omámiť 1 betäuben **2** očariť betören, berauschen

omamn¦ý(e) betäubend, Betäubungs-, berauschend; *~ prostriedok* s

MNO

Betäubungsmittel, s Rauschmittel
omastiť fetten, schmalzen*
omastok kuch. s Fett ((e)s, e), s Schmalz (es, e)
omdlieť ohnmächtig werden* (i.), in Ohnmacht fallen* (i.)
omeleta s Omelett [om(ə)'let] ((e)s, e al. s), r Eier(pfann)kuchen (s, ≈)
omiet|ka odb. r (Ver)putz (es, 0); **–nuť** verputzen
omnoho viel, weit; ~ *lepšie* viel/weit besser
omráčiť betäuben
omrzieť verdrießen*, überdrüssig sein
omrzlina e Frostbeule (≈, n)
omrznúť erfrieren* (i.), ab|frieren* (i.); *omrzli mu uši* die Ohren sind ihm abgefroren
omša e Messe (≈, n), r Gottesdienst (es, e); *polnočná* ~ e Christmesse, e Mette
omyl r Irrtum (s, ≈̈er); *byť na ~e* im Irrtum sein; **~om** irrtümlich(erweise)
on, ona, ono[1] er, sie, es; *to je ~!* das ist es!
ondatra e Bisamratte (≈, en)
ondulácia e Ondulation (≈, en); *trvalá* ~ e Dauerwelle
onemieť 1 stumm werden* (i.) **2** obraz. zatíchnuť verstummen
onen, oná, ono[2] jener, jene, jenes; *oného dňa* an jenem Tag
oneskorenie e Verspätung (≈, en)
oneskor|iť sa 1 sich verspäten **2** zaostávať zurück|bleiben o hodinách; **–ený** verspätet
opačne umgekehrt, verkehrt
opačný Gegen-, entgegengesetzt, umgekehrt, verkehrt
opadnúť 1 ab|fallen* (i.) **2** klesnúť sinken* (i.), fallen* (i.)
opak s Gegenteil ((e)s, e), r Gegensatz (es, ≈̈e)
opakov|anie e Wiederholung (≈, en); **–ať** wiederholen
opálený braun, (sonnen)gebräunt, braungebrannt
opáliť sa braun werden* (i.)
opaľovací Sonnen-; ~ *krém* e Sonnencreme; ~ *olej* s Sonnen|öl
opaľovať 1 spáliť na povrchu ab|brennen **2** popáliť verbrennen **3** zhnednúť bräunen; **~ sa** sich sonnen, sich bräunen lassen
opar 1 jemná hmla r Dunst (es, ≈̈e) **2** lek. s Hitzebläschen (s, ≈)
opariť (sa) (sich) verbrühen
opasok r Gürtel (s, ≈)
opatrenie e Maßnahme (≈, n), e Maßregel (≈, n)
opatriť postarať sa versorgen
opatrnosť e Vorsicht (≈, 0)
opatrn|ý(e) vorsichtig, bedächtig, bedachtsam
opatrovať betreuen, pflegen
opátstvo e Abtei (≈, en)
opäť wieder, abermals, erneut
opätovať erwidern; ~ *pozdrav* den Gruß erwidern
opätovný wiederholt
opera 1 dielo e Oper (≈, n) **2** budova e Oper (≈, n), s Opernhaus (es, ≈̈er)
operácia e Operation (≈, en)
operačn|ý Operations-; *–á sála* r Operationssaal
operadlo e Lehne (≈, n)
operatér r Operateur (s, e)
operátor r Operator (s, oren)
operet|a e Operette (≈, n); **–ný** Operetten-
operný Opern-; ~ *spevák* r Opernsänger
operovať operieren
opevnenie e Befestigung (≈, en)
opic|a 1 samec r Affe (n, n) **2** samica e Äffin (≈, nen) **3** hovor. po požití alkoholu r Kater (s, ≈); *mať –u* einen Kater haben
opičiť sa hovor. nach|äffen (*po kom* j-m)
opiecť braten*, an|braten*; ~ *mäso na ražni* Fleisch am Spieß braten
opierať pozri *oprieť*
opilec r Alkoholiker (s, ≈), r Trinker (s, ≈), hanl. r Säufer (s, ≈)

opis e Beschreibung (≈, en), e Schilderung (≈, en)

opísať **1** beschreiben*, schildern; *to sa dá ťažko* ~ das ist schwer zu beschreiben **2** obšírne objasniť erläutern, erklären, um|schreiben

opiť (sa) (sich) betrinken*

opitosť e (Be)trunkenheit (≈, 0)

opitý betrunken, hovor. ožratý besoffen; *byť* ~ betrunken sein

opláchnuť (ab)|spülen

oplatiť sa sich lohnen, sich aus|zahlen

oplodniť befruchten

oplývať strotzen (*čím* von/vor etw D), Überfluß <...ss> an/in etw haben; ~ *zdravím* von/vor Gesundheit strotzen

oplzl|ý(o) obszön, schlüpfrig

opona r Vorhang ((e)s, ≈̈e)

opon|ent r Opponent (en, en); **–ovať** opponieren, widersprechen*

opora e Stütze (≈, n)

oporný Stütz-; ~ *bod* r Stützpunkt

opotrebovať sa sich ab|nutzen, sich ab|nützen

opovrhnutiahodný ver|achtenswert, ver|ächtlich

opovrh|ovať ver|achten, verabscheuen (*kým/čím* j-n/etw); **–nutie** e Ver|achtung (≈, 0), e Verabscheuung (≈, 0), e Verschmähung (≈, 0)

opovržliv|ý(o) ver|ächtlich, verachtungsvoll

opozícia e Opposition (≈, en)

opozičn|ý oppositionell, Oppositions-; *–á strana* e Oppositions|partei

oprava **1** e Reparatur (≈, en), e Wiederherstellung (≈, en), e Instandsetzung (≈, en) **2** chyby e Verbesserung (≈, en), e Korrektur (≈, en)

opravár r Reparateur (s, e); **~sky** Reparatur-; *~ska dielňa* e Reparaturwerkstatt

opraviť **1** tech. reparieren, aus|bessern **2** chybu verbessern, korrigieren

oprávnenie **1** právomoc e Befugnis (≈, se) **2** opodstatnenie e Berechtigung (≈, en)

oprávnen|ý(e) befugt, berechtigt, kompetent

oprieť lehnen (*o čo* an/gegen etw A), stützen (*o čo* auf etw A); **~ sa** sich (an)|lehnen (*o koho/čo* an/gegen j-n/etw A), sich stützen (*o koho/čo* auf j-n/etw A)

oproti **1** gegenüber D; *bývať* ~ *škole* gegenüber der Schule wohnen **2** v porovnaní s kým/čím gegenüber D; ~ *minulému roku* gegenüber dem vorigen Jahr, im Vergleich mit dem vorigen Jahr

optick|ý(y) optisch; ~ *klam* optische Täuschung

optik r Optiker (s, ≈); **~a** e Optik (≈, en)

optimáln|y(e) optimal

optimistick|ý(y) optimistisch

optimi|zmus r Optimismus (≈, 0); **–sta** r Optimist (en, en)

opuch e Schwellung (≈, en), s Geschwulst (≈, ≈̈e); **~núť** (an)|schwellen* (i.), an|laufen* (i.); **~nutý** (an)geschwollen

opustený verlassen, allein, einsam

opustiť verlassen*

opytovac|í Frage-, interrogativ; *–ia veta* r Fragesatz

oranžový orange [o'rã:žə], orangefarben, orangefarbig

orať pflügen

ordinácia s Sprechzimmer (s, ≈), e Ordination (≈, en)

ordinačn|ý Sprech-, Ordinations-; *–é hodiny* e Sprechstunde (≈, n)

ordinovať **1** mať ordinačné hodiny Sprechstunde halten* **2** predpísať lieky ver|ordnen

orech **1** plod e Nuß <...ss> (≈, ≈̈sse); *kokosový, lieskový, vlašský* ~ e Kokosnuß, e Haselnuß, e Walnuß **2** strom r Nußbaum <...ss...> ((e)s, ≈̈e)

orechov|ý Nuß- <...ss>; *–á škrupina* e Nußschale

organ e Orgel (≈, n)

orgán s Organ (s, e)

organický organisch

organizácia e Organisation (≈, en); *Organizácia Spojených národov*, skr. *OSN* e Organisation der Ver|einigten Nationen, skr. e UNO
organiz|ačný Organisations-, organisatorisch; **–átor** r Organisator (s, oren)
organizmus r Organismus (≈, men); *živý* ~ ein lebender Organismus
organizovať organisieren
organový Orgel-; ~ *koncert* s Orgelkonzert
orgie e Orgie (≈, n)
orgován r Flieder (s, ≈)
orchester s Orchester [or'kestɐ] (s, ≈)
orchidea e Orchidee (≈, e|en)
orient r Ori|ent ((e)s, 0)
orientác|ia e Ori|entierung (≈, en); *stratiť –iu* die Orientierung verlieren
orientálny ori|entalisch
orientovať (sa) (sich) ori|entieren
oriešok **1** malý orech s Nüßchen <...ss...> (s, ≈) **2** e Nuß <...ss...> (≈, ≈sse); *búrsky, muškátový* ~ e Erdnuß, e Muskatnuß **3** problém e Nuß <...ss...> (≈, ≈sse); *to je tvrdý* ~ das ist eine harte Nuß
originál s Original (s, e)
origináln|y(e) **1** pôvodný original, Original- **2** svojský originell
orloj eine astronomische Turmuhr (≈, en)
ornament s Ornament ((e)s, e)
orol r Adler (s, ≈); ~ *skalný* r Steinadler
ortodoxn|ý(e) orthodox
ortopédia e Orthopädie (≈, 0)
ortopedick|ý(y) orthopädisch
ortuť s Quecksilber (s, 0)
os e Achse (≈, n)
osa e Wespe (≈, n)
osada e Siedlung (≈, en), e Kolonie (≈, i|en), e Ortschaft (≈, en)
osadenstvo e Belegschaft (≈, en)
osamel|ý(o) einsam, allein, vereinsamt
osamostatniť sa selbständig werden* (i.), sich verselbständigen, sich selbständig machen
osedlať satteln; ~ *koňa* ein Pferd satteln
osekať ab|hacken, behauen*
osem acht; **~boj** r Achtkampf ((e)s, ≈e)
osemdesiat achtzig
osemsto achthundert
osiať **1** pole besäen, an|bauen **2** preosiať durch|sieben; ~ *múku* s Mehl durchsieben
osídl|enie e Besiedlung (≈, 0); **–iť** besiedeln, bevölkern
osirieť verwaisen, zur Waise werden* (i.)
oslabiť schwächen, ab|schwächen
oslabnúť erschlaffen, schwach werden
osladiť **1** süßen **2** obraz. versüßen; ~ *komu život* j-m das Leben versüßen
oslava e Feier (≈, n), s Fest (es, e)
oslávit feiern; ~ *výročie* einen Jahrestag feiern
oslavovať pozri *osláviť*
oslepiť **1** urobiť slepým blind machen **2** krátko oslniť blenden
oslepnúť blind werden* (i.), erblinden (i.)
oslniť blenden
oslobod|enie e Befreiung (≈, 0); **–ený** frei, befreit; ~ *od daní* steuerfrei
oslobod|iť (sa) (sich) befreien; **–iteľ** r Befre|ier (s, ≈)
oslov|enie e Anrede (≈, n); **–iť** an|reden, an|sprechen
osmeliť sa wagen, Mut fassen*
osnova **1** návrh, kostra r Entwurf ((e)s, ≈e) **2** tkaniny e Kette (≈, n) **3** hud. s Lini|ensystem (s, e) **4** podklad r Plan ((e)s, ≈e), e Grundlage (≈, n); *učebná* ~ r Lehrplan
osoba e Person (≈, en)
osobitný eigen(|artig), individuell
osobnos|ť e Persönlichkeit (≈, en); *kult –ti*
osobn|ý(e) Personen-, persönlich; ~ *vlak* r Personenzug; *poznám ho –e*

ich kenne ihn persönlich
osol r Esel (s, ≈)
ospanlivý schläfrig; *byť* ~ schläfrig sein
ospravedlnenie e Entschuldigung (≈, en), e Rechtfertigung (≈, en); *písomné* ~ schriftliche Entschuldigung
ospravedlniť (sa) (sich) entschuldigen, (sich) rechtfertigen; *ospravedlňte ma, prosím* entschuldigen Sie mich bitte
ostatn|ý 1 zvyšný restlich, übrig, *–í mlčali* die übrigen schwiegen **2** posledný letzt
ostnatý Stachel-, stachelig; ~ *drôt* r Stacheldraht
ostražit|ý(o) wachsam
ostreľovať beschießen*
ostrie e Schneide (≈, n); ~ *noža* e Messerschneide
ostrihať 1 vlasy (ab)schneiden* **2** ovce scheren*; **dať sa** ~ sich die Haare schneiden* lassen*
ostrov e Insel (≈, n)
ostružina e Brombeere (≈, n)
ostr|ý(o) scharf, spitz(ig)
ostýchať sa sich scheuen, sich schämen (*koho/čoho* al. *pred kým* vor j-m), sich zieren
ostýchav|ý(o) scheu, schüchtern
osud s Schicksal (s, e); *rana ~u* r Schicksalsschlag
osudn|ý(e) schicksalhaft, verhängnisvoll, fatal
osušiť (ab)trocknen
osuška s Badetuch ((e)s, ≈er)
osvedčenie e Bescheinigung (≈, en), s Zertifikat ((e)s, e), s Zeugnis (ses, se)
osvedčiť bescheinigen, beglaubigen; ~ **sa** sich bewähren
osvetl|enie e Beleuchtung (≈, en), e Belichtung (≈, en); **–iť** beleuchten
osviež|iť (sa) (sich) erfrischen; **–újúci** erfrischend
osvojiť si 1 sich aneignen; ~ *vedomosti* sich Kenntnisse aneignen **2** dieťa (ein Kind) adoptieren
osýpky e Masern MNČ
ošetr|enie e Behandlung (≈, en); *lekárske* ~ die ärztliche Behandlung; **–iť 1** lek. behandeln **2** postarať sa pflegen; **–ovateľ** r Pfleger (s, ≈); **–ovňa** e Ambulanz (≈, en)
ošípaná s Schwein ((e)s, e), e Sau (≈, en)
ošipáreň r Schweinestall ((e)s, ≈e)
oškrabať (ab)schaben, (ab)kratzen, schälen; ~ *zemiaky* Kartoffeln schälen
oškvarok e Griebe (≈, n) väčšinou MNČ, rak. e Grammel (≈, n) MNČ
oštep 1 zbraň r Spieß (es, e) **2** šport. r Speer ((e)s, e)
ošúchan|ý(e) 1 obdratý abgetragen, abgewetzt, schäbig **2** obraz. abgegriffen, abgedroschen
otáčanie s Drehen (s, 0), e Rotation (≈, en)
otáčať (sa) (sich) drehen, (sich) umdrehen, (sich) (um)wenden*
otázk|a e Frage (≈, n); *položiť komu –u* j-m eine Frage stellen; *to je len ~ času* das ist nur eine Frage der Zeit
otáznik s Fragezeichen (s, ≈)
otcovsk|ý väterlich, Vater-; *–á láska* väterliche Liebe
otcovstvo e Vaterschaft (≈, 0)
otec r Vater (s, ≈); *nevlastný* ~ r Stiefvater
otehotnieť schwanger werden* (i.)
otepliť sa warm werden* (i.)
otlačiť abdrücken
otlak e Schwiele (≈, n), s Hühnerauge (s, n)
otočiť (sa) pozri *otáčať (sa)*
otras e Erschütterung (≈, en), r Schock ((e)s, e al. s); ~ *mozgu* e Gehirnerschütterung; *nervový* ~ r Nervenschock; **~ený** erschüttert, gebrochen; *~ená autorita* erschütterte Autorität
otrasn|ý(e) erschütternd
otrava 1 e Vergiftung (≈, en); ~ *krvi* e Blutvergiftung **2** expr. nuda e Lang(e)weile (≈, 0)

MNO

otrávený **1** vergiftet **2** unudený gelangweilt, verdrießlich
otráviť **1** vergiften **2** nudiť langweilen; **~ sa** sich vergiften
otravný **1** giftig, Gift- **2** nudný langweilig
otravovať pozri *otráviť*
otrhaný abgerissen, zerlumpt, zerrissen
otrias|ť schütteln, erschüttern (*kým/ čím* j-n/etw); *tá správa ním hlboko –la* e Nachricht hat ihn tief erschüttert; **~ sa** sich schütteln, zittern, beben
otrieť (ab)wischen, abputzen, abstreichen
otroctvo e Sklaverei (≈, 0)
otrok r Sklave (n, n); *obchod s ~mi* r Sklavenhandel (s, 0); **~ár** r Sklavenhalter (s, ≈); **~árstvo** e Sklavenhalterordnung (≈, 0)
otupený apathisch, stumpf
otup|ieť **1** stať sa tupým stumpf werden, abstumpfen; *nožnice –eli* die Schere stumpfte ab al. wurde stumpf
otupi|ť **1** zbaviť ostrosti abstumpfen, stumpf machen **2** pren. stať sa psychicky otupeným abstumpfen; *udalosti ho –li* die Ereignisse haben ihn abgestumpft
otuž|ilý abgehärtet; **–ovať (sa)** (sich) abhärten
otvárací Einleitungs-, Öffnungs-, Eröffnungs-, einleitend, eröffnend; *~ čas* e Öffnungszeit; *~ prejav* e Eröffnungsrede
otvárač r Öffner (s, ≈); *~ na konzervy* r Dosenöffner
otvárať pozri *otvoriť*
otvor e Öffnung (≈, en)
otvorene offen, aufrichtig
otvorený **1** offen, geöffnet; *obchod je celý deň ~* das Geschäft ist den ganzen Tag geöffnet **2** úprimný offen, aufrichtig, offenherzig
otvoriť öffnen, aufmachen, einleiten; *~ okno, dvere, fľašu* ein Fenster, eine Tür, eine Flasche öffnen; **~ sa** sich öffnen
outsider r Outsider (s, ≈), r Außenseiter (s, ≈)
ovácie e Ovation [...v...] (≈, en)
ovál s Oval [...'va:l] (s, e); **~ny** oval [...'va:l]
ovca s Schaf ((e)s, e); *chov oviec* e Schafzucht; **čierna ~** das schwarze Schaf
ovč|í Schaf(s)-; *~ syr* r Schaf(s)käse; *–ia vlna* e Schafwolle
ovčinec r Schafstall ((e)s, ≈e)
ovdovieť verwitwen
oveľa viel mehr
overiť **1** práv. beglaubigen **2** preskúmať überprüfen
overiť beglaubigen
ovládanie **1** e Beherrschung (≈, 0) **2** obsluha e Bedienung (≈, 0); *diaľkové ~* e Fernbedienung
ovládať sa sich beherrschen
ovládnuť zmocniť sa beherrschen, sich bemächtigen (*čo* einer Sache G); **~ sa** sich beherrschen
ovocie s Obst (es, 0), e Frucht (≈, ≈e); *južné ~* die Südfrüchte MNČ
ovocinársk|y Obst-, Obst(an)bau-; *–a oblasť* e Obstanbaugebiet
ovocn|ý Obst-, Frucht-; *–á šťava* r Fruchtsaft, r Obstsaft; *–é víno* r Obstwein; *–á zmrzlina* s Fruchteis
ovoňať anriechen*, beriechen*
ovos r Hafer (s, ≈)
ovplyvniť beeinflussen
ovsen|ý Hafer-; *–á kaša* r Haferbrei; *–é vločky* e Haferflocken MNČ
ovzdušie e Atmosphäre (≈, n)
oxid s Oxid ((e)s, e); *~ uhličitý* s Kohlendioxid; *~ uhoľnatý* s Kohlenoxid
ozbroj|ený bewaffnet, ausgerüstet; **–iť** ausrüsten, bewaffnen
ozdob|a r Schmuck ((e)s, e), e Dekoration (≈, en), e Verzierung (≈, en); *vianočné –y* r Weihnachtsbaumschmuck
ozdob|iť schmücken, verzieren; *~ vianočný stromček* den Weihnachtsbaum schmücken; **–ný** Schmuck-, Zier-, Dekorations-, dekorativ
označ|enie e Bezeichnung (≈, en);

–iť bezeichnen
oznámenie e Mitteilung (≈, en), e Anzeige (≈, n), e Annonce (≈, n), e Bekanntmachung (≈, en); *svadobné* ~ e Heiratsanzeige; ~ *o úmrtí* e Todesanzeige
oznámiť 1 mitteilen, bekanntgeben, upovedomiť benachrichtigen **2** udať anzeigen; ~ *krádež na polícii* einen Diebstahl bei der Polizei anzeigen **3** (an)melden **4** vopred ankündigen; ~ *svoju návštevu (vopred) telefonicky* seinen Besuch telefonisch ankündigen
oznamovací Mitteilungs-; gram. ~ *spôsob* r Indikativ; *hromadné –ie prostriedky* die Massenmedien MNČ
ozón s Ozon (s, 0); **~ový** Ozon-; *~ová diera* s Ozonloch
ozubený Zahn-, gezahnt; *–é koleso* s Zahnrad
ozvať sa 1 vydať zvuk ertönen, erklingen* **2** prehovoriť sich melden, von sich hören lassen*; *ozvi sa skoro!* melde dich bald! **3** protestovať seine Stimme gegen etw erheben*, protestieren (*proti komu/čomu* gegen j-n/etw A)
ozvena s Echo (s, s), r Widerhall ((e)s, e)
ožarovanie lek. e Bestrahlung (≈, en)
oženiť verheiraten (*koho s kým* j-n mit j-m); **~ sa** sich verheiraten (*s kým* mit j-m), heiraten (*s kým* j-n)
oživenie e Belebung (≈, 0), e Auffrischung (≈, 0); **–iť 1** beleben **2** obnoviť auffrischen
ožltnúť gelb werden*
ožran hanl. r Säufer (s, ≈), r Trunkenbold ((e)s, e); **–ať sa** hanl. sich besaufen*

P

pacient r Patient [pa'cjent] (en, en)
pacifista r Pazifist (en, en); **–ický** pazifistisch
páčiť sa gefallen*; *ako sa ti to páči?* wie gefällt es dir?; *to sa mi páči* das gefällt mir
pád 1 klesanie na zem r Fall ((e)s, ≈e), r (Ab)Sturz (es, ≈e); *voľný* ~ freier Fall; ~ *lietadla* der Absturz des Flugzeuges **2** vlády ap. r Sturz (es, ≈e) **3** gram. r Fall ((e)s, ≈e)
padák r Fallschirm ((e)s, e); *zoskok ~om* r Fallschirmabsprung
padať 1 fallen* (i.), sinken* (i.), stürzen (i.); ~ *na zem* zu Boden fallen **2** vypadávať abfallen*, ausfallen*; *–ajú mi vlasy* die Haare fallen mir aus; **~ únavou** vor Müdigkeit umfallen*; **–á sneh** es schneit; **–ajú krúpy** es hagelt
pádlo s Paddel (s, ≈); **~vať** paddeln
padnúť 1 pozri *padať* **2** zomrieť fallen*; *–ol vo vojne* er ist im Krieg gefallen **3** hovor. pristať passen; *šaty –nú ako uliate* das Kleid paßt <...ss...> wie angegossen
pádny stichhaltig, triftig, ausschlaggebend; ~ *argument* ein stichhaltiges Argument
pahorkatina e Hügellandschaft (≈, en)
pahorok r Hügel (s, ≈)
pahýľ r Stumpf ((e)s, ≈e), r Stummel (s, ≈)
pach r Geruch ((e)s, ≈e), r Gestank ((e)s, 0)
páchateľ r Täter (s, ≈); *pátrať po ~ovi* nach dem Täter fahnden
páchnuť riechen* (*čím* nach etw D), stinken* (*čím* nach etw D)
pachuť r Nachgeschmack ((e)s, 0)
páka r Hebel (s, ≈); *rýchlostná* ~ r Schalthebel
pakľúč r Nachschlüssel (s, ≈)
pakt r Pakt ((e)s, e); ~ *o neútočení* r Nichtangriffspakt
palác r Palast (es, ≈e)
palacinka r Eierkuchen (s, ≈), r Pfannkuchen (s, ≈), rak. e Palatschinke (≈, n)
paľba s Feuer (s, 0); *delostrelecká* ~

s Geschützfeuer (s, 0)
palčiak r Fausthandschuh ((e)s, e), r Fäustling (s, e)
pálčiv|ý brennend; *–á bolesť* ein brennender/scharfer Schmerz; *–á otázka* eine brennende Frage
palec 1 na ruke r Daumen (s, ≈) **2** na nohe die große Zehe (≈, n); **držím ti palce** ich drücke dir die Daumen
pálenka r Branntwein ((e)s, e), r Schnaps ((e)s, ≈e)
paleta e Palette (≈, n)
palica r Stock ((e)s, ≈e), r Stab ((e)s, ≈e); *lyžiarska ~* r Skistock; *golfová ~* r Golfschläger
palička s Stöckchen (s, ≈), s Stäbchen (s, ≈), na bubon r Trommelschlegel (s, ≈), r Trommelstock ((e)s, ≈e)
paličkov|aný Klöppel-; *–aná čipka* e Klöppelspitze; **–ať** klöppeln
palina bot. r Wermut ((e)s, s)
pál|iť 1 brennen*; *slnko –i* e Sonne brennt; *–ia ma oči* mir brennen die Augen; *~ pálenku* Schnaps brennen* **2** spaľovať verbrennen* **3** strieľať feuern, schießen*
palivo r Brennstoff ((e)s, e)
palma e Palme (≈, n)
palub|a r Bord ((e)s, 0), s Deck ((e)s, e); *na –e* an Bord
pamä|ť 1 s Gedächtnis (ses, se) **2** kniž. e Erinnerung (≈, en) **3** počítača r Speicher (s, ≈); *uložiť súbor do –te* die Datei speichern al. in den Speicher eingeben
pamät|ať (sa) sich erinnern (*na koho/čo* an j-n/etw A), kniž. gedenken* (*na koho/čo* j-s/etw G); *–ám sa len hmlisto na brata* ich erinnere mich an der Bruder nur unklar; **~ si** sich merken; *to si budem ~* das werde ich mir merken
pamätihod|ný denkwürdig; **–nosť** e Denkwürdigkeit (≈, en), e Sehenswürdigkeit (≈, en)
pamätník 1 svedok r (Augen)zeuge (≈, n), r Zeitgenosse (n, n) **2** pomník s Denkmal ((e)s, ≈er al. e)
pamätn|ý Gedenk-; *–á tabuľa* e Gedenktafel; *–á minca* e Gedenkmünze
pamiatk|a 1 spomienka s Andenken (s, ≈), e Erinnerung (≈, en); *na –u* zum Andenken **2** stavebná s Denkmal (s, ≈er al. e), e Sehenswürdigkeit (≈, en), e Gedenkstätte (≈, n)
pán r Herr (n, en); *vážený ~* sehr geehrter Herr; *~ hlavný!* Herr Ober!
pancier r Panzer (s, ≈); **~ový** gepanzert, Panzer-
pančovať panschen; *~ víno* Wein panschen
pančuch|a r Strumpf ((e)s, ≈e); **–áče** hovor. e Strumpfhose (≈, n)
pančuchov|ý Strumpf-; *–é nohavice* e Strumpfhose
panel s Fertigbauteil ((e)s, e), e (Beton)platte (≈, n); **~ák** hovor. s Plattenhaus (es, ≈er), r Neubau ((e)s, ten)
panenský Jungfern-, jungfräulich
pani e Frau (≈, en); *~ Kapschová* Frau Kapsch; *to je moja ~* das ist meine Frau
panick|ý(y) panisch
panik|a e Panik (≈, en); *len nijakú –u!* nur keine Panik
pankreas anat. e Bauchspeicheldrüse (≈, n), s Pankreas (≈, 0)
panna e Jungfrau (≈, en), e Jungfer (≈, n); *stará ~* (alte) Jungfer
panoráma s Panorama (s, men)
panovačn|ý(e) herrisch, herrschsüchtig
panovať 1 vládnuť herrschen (*nad kým/čím* über j-n/etw), regieren (*nad čím* etw) **2** o javoch herrschen; *panuje veľká neistota* es herrscht große Unsicherheit
panovník r Herrscher (s, ≈)
panský Herrschafts-, herrschaftlich
pánsk|y Herren-; *–á košeľa* s Herrenhemd; *~ záchod* e Herrentoilette
panstvo e Herrschaft (≈, 0)
pánt 1 bidlo e Hühnerstange (≈, n) **2** dverí e Angel (≈, n)
panter r Panther (s, ≈)

PQRS

pantomíma e Pantomime (≈, n)
pantomimick|ý(y) pantomimisch
panva 1 anat. i **2** geogr. s Becken (s, ≈) **3** nálezisko s Lager (s, ≈)
panvica kuch. e Pfanne (≈, n)
papagáj r Papagei (en al. s, en al. e)
páperový 1 Staub-, Pulver-; ~ *sneh* r Pulverschnee **2** z peria Daunen-
pápež r Papst ((e)s, ≈e); **~ský** päpstlich
papier s Papier (s, e); *baliaci ~* s Packpapier; *listový ~* s Briefpapier; *toaletný ~* s Toilettenpapier; *cenné ~e* e Wertpapiere; **~eň** e Papierfabrik (≈, en)
papiernictvo s Papiergeschäft ((e)s, e)
papierov|ý Papier-; *–á vreckovka* s Papiertaschentuch
papradie r Farn ((e)s, e)
paprika r Paprika (s, ≈ al. s), e Paprikaschote (≈, n); *plnená ~* gefüllte Paprika
papuč|a r Hausschuh ((e)s, e), r Pantoffel (s, n); **byť pod –ou** unter dem Pantoffel stehen
papučka bot. e Pantoffelblume (≈, n)
pár[1] s Paar ((e)s, e); *manželský ~* s Ehepaar
pár[2] hovor. (ein) paar; *o ~ dní* in ein paar Tagen; *môžeš ~ minút počkať?* kannst du ein paar Minuten warten?
para 1 r Dampf ((e)s, ≈e) **2** hmla, opar r Dunst (es, 0)
parabola e Parabel (≈, n)
paradox s Paradox (es, e); **~ný** paradox
paragraf r Paragraph (en, en)
paraleln|ý(e) parallel
parameter r Parameter (s, ≈)
parapet s Fensterbrett (es, er), s Parapett (s, s), e Fensterbrüstung (≈, en)
parašutista r Fallschirmspringer (s, ≈)
párať (auf)trennen; **~ sa** sich auftrennen, aufgehen*
parazit r Parasit (en, en); **~ný** parasitär
parcela e Parzelle (≈, n); *stavebná ~* e Bauparzelle
pardon! Verzeihung!, Entschuldigung!, Pardon! [par'dõ:]
parfum s Parfüm (s, e al. s), s Parfum [par'fõ:] (s, s); **~éria** e Parfümerie (≈, n)
párik s Pärchen (s, ≈), s Paar ((e)s, e); *~ zaľúbených* s Liebespaar, s Liebespärchen
pariť brühen, dämpfen; **~ sa** brühen, dunsten
páriť sa sich paaren
park r Park ((e)s, s al. e), e Parkanlage (≈, n); *národný ~* r Nationalpark
parket 1 dlážka s Parkett ((e)s, e), r Parkettboden (s, ≈) **2** tanečný e Tanzfläche (≈, n)
parkovac|í Park-; *–ie hodiny* e Parkuhr
parkov|anie s Parken (s, 0); *poplatok za ~* e Parkgebühr; **–ať** parken; *–ať pred vchodom* vor dem Eingang parken; *–ať zakázané!* Parken verboten!
parkovisko r Parkplatz (es, ≈e)
parlament 1 s Parlament ((e)s, e); *člen ~u* s Parlamentsmitglied, r Parlamentarier (s, ≈) **2** budova s Parlamentsgebäude (s, ≈)
parník r Dampfer (s, ≈)
parný Dampf-; ~ *valec* e Dampfwalze
párn|y gerade; *–e čísla* gerade Zahlen
paródia e Parodie (≈, ien)
parohy s Geweih ((e)s, e)
parochň|a e Perücke (≈, n); *nosiť –u* eine Perücke tragen
párok s Würstchen (s, ≈); *teplý ~ s horčicou* ein warmes Würstchen mit Senf
parte e Todesanzeige (≈, n)
partia 1 e Partie (≈, ien); *šachová ~* e Schachpartie **2** hovor. e Gruppe (≈, n), e Clique (≈, n), **3** výhodný partner e Partie (≈, ien); *byť dobrá ~* eine gute Partie sein
partitúra e Partitur (≈, en)

PQRS

partizán r Partisan (s al. en, en)
partner r Partner (s, ≈); *životný* ~ r Lebenspartner; *obchodný* ~ r Geschäftspartner
pas 1 cestovný r (Reise)paß <...ss> (sses, ≈̈sse) **2** zbrojný r Waffeschein ((e)s, e)
pás 1 pruh r Streifen (s, ≈), s Band (es, ≈̈er); *bežiaci* ~ s Fließband **2** opasok r Gürtel (s, ≈), r Gurt ((e)s, e); *bezpečnostný* ~ r Sicherheitsgurt; *záchranný* ~ r Rettungsgürtel; **3** časť tela e Taille (≈, n)
pásavka zemiaková r Kartoffelkäfer (s, ≈)
pasáž e Passage [pa'sa:žə] (≈, n), r Durchgang ((e)s, ≈̈e)
pasažier r Passagier [pasa'ži:ɐ] (s, e), r Reisende (n, n); **čierny ~** ein blinder Passagier
pasc|a e Falle (≈, n), r Fallstrick ((e)s, e); *dostať sa do –e* in eine Falle geraten; ~ *na myši* e Mausfalle
pasivita e Passivität [...v...] (≈, 0)
pasívn|y(e) passiv; *–e volebné právo* passives Wahlrecht
páska e Binde (≈, n), s Band ((e)s, ≈̈er), r Streifen (s, ≈); *magnetofónová* ~ s Tonband ((e)s, ≈̈er) r Streifen (s, ≈); *lepiaca* ~ r Kleb(e)streifen
pásmo 1 oblasť e Zone (≈, n); *pohraničné* ~ e Grenzzone **2** tech. s Bandmaß (es, e), s Meßband <...ss...> ((e)s, ≈̈er) **3** súvislý celok e Folge (≈, n); *rozhlasové* ~ e Hörfolge
pásomnica zool. r Bandwurm (es, ≈̈er)
pásovec zool. s Gürteltier ((e)s, e)
pasov|ý Paß- <...ss...>; *–á kontrola* e Paßkontrolle
pásť (sa) weiden
pasta e Paste (≈, n), e Pasta (≈, ten); *zubná* ~ e Zahnpaste, e Zahnpasta
pastelka r Farbstift ((e)s, e)
pastelov|ý pastellfarben; *–á farba* e Pastellfarbe
pastier r Hirt (en, en)
pastor r Pastor (s, oren)
pastvina e Weide (≈, n)
pašerák r Schmuggler (s, ≈)
pašie cirk. e Passion (≈, 0), hra s Passionsspiel ((e)s, e)
pašovať schmuggeln
paštéta e Pastete (≈, n); *pečeňová* ~ e Leberpastete
patent s Patent ((e)s, e)
patentka hovor. r Druckknopf ((e)s, ≈̈e)
patentný Patent-; ~ *úrad* s Patentamt
páter cirk. r Pater (s, ≈ al. Patres)
paternoster tech. r Paternoster (s, ≈)
patetick|ý(y) pathetisch
patina e Patina (≈, 0), r Edelrost (es, 0)
patológ r Pathologe (n, n)
patologick|ý(y) pathologisch
pátranie e Nachforschung (≈, en), e Suche (≈, n), e Fahndung (≈, en); ~ *po nezvestných* die Suche nach den Vermißten <...ss...>
pátrať fahnden (*po kom/čom* nach j-m/etw), nach|forschen (*po kom/čom* j-m/etw)
patriot r Patriot (en, en)
patriť gehören; *to sem nepatrí* das gehört nicht hierher; **~ sa** sich gehören; *to sa nepatrí* das gehört sich nicht
patrón r Patron (s, e)
patronát e Patenschaft (≈, en)
paušál e Pauschale (≈, n); **~ny** pauschal, Pauschal-
pauz|a e Pause (≈, n); *urobiť –u* eine Pause machen
páv r Pfau ((e)s, en); **pyšný ako ~** stolz wie ein Pfau
pavilón r Pavillon ['paviljoŋ/paviljõ:] (s, s)
pavučina s Spinn(en)gewebe (s, ≈), s Spinnennetz (es, e)
pavúk e Spinne (≈, n)
pazúr e Kralle (≈, n)
paža r Arm ((e)s, e)
pažerák 1 anat. e Speiseröhre (≈, n) **2** sopky ap. r Schlund ((e)s, ≈̈e)
pažítka r Schnittlauch ((e)s, e)

päsť e Faust (≈, ≈̈e); *zovrieť ruku v ~* die Hand zur Faust ballen; **na vlastnú ~** auf eigene Faust

päť fünf

pät|a **1** nohy e Ferse (≈, n) **2** hory r Bergfuß (es, ≈̈e); **byť komu v –ách** j-m auf den Fersen sein

päťboj r Fünfkampf ((e)s, 0); **~ár** r Fünfkämpfer (s, ≈)

päťdesiathaliernik s Fünfzighellerstück ((e)s, e)

päťdesiatkorunáčka r Fünfzigkronenschein ((e)s, e)

päťkorunáčka s Fünfkronenstück ((e)s, e)

pätolizač hanl. r Kriecher (s, ≈), r Schleicher (s, ≈)

pec r (Back)ofen (s, ≈̈); *vysoká ~* r Hoch|ofen

peča|ť s Siegel (s, ≈); **–tiť** siegeln, mit Siegel versehen*

pečeň e Leber (≈, n); *cirhóza pečene* e Leberzirrhose; **~ový** Leber-; *~ová paštéta* Leberpastete; *~ové knedličky* e Leberknödel MNČ

pečen|ý **1** o pečive gebacken **2** o mäse gebraten, Brat-; *–é kurča* s Brathähnchen; *–é zemiaky* Bratkartoffeln; *–á hus* r Gänsebraten

pečiatka r Stempel (s, ≈)

pečienka r Braten (s, ≈); *bravčová ~* r Schweinebraten; *hovädzia ~* r Rinderbraten

pečiv|o **1** s Gebäck ((e)s, 0); *prášok do –a* das Backpulver **2** predajňa die Backwaren MNČ

pedagóg r Pädagoge (n, n)

pedagog|ický pädagogisch; **–ika** e Pädagogik (≈, 0)

pedál s Pedal (s, e); *brzdový ~* s Bremspedal; *plynový ~* s Gaspedal

pedant r Pedant (en, en); **~ný** pedantisch

pedikúr|a e Pediküre (≈, n), e Fußpflege (≈, 0); *ísť na –u* zur Pediküre gehen

peha e Sommersprosse (≈, n)

pekáč e Bratpfanne (≈, n)

pekár r Bäcker (s, ≈); **~eň** e Bäckerei (≈, en)

peklo e Hölle (≈, n); *robiť komu ~* j-m die Hölle heiß machen

pekne schön, hübsch, nett; *ďakujem ~!* danke schön!; *to je ~ drahé* das ist ganz schön teuer; *dnes je ~* heute ist schönes Wetter; *~ vítam* herzlich willkommen

pekn|ý **1** schön, hübsch, nett; *–é dievča* ein schönes/hübsches Mädchen; *to je od vás –é* das ist nett von Ihnen **2** hovor. veľký schön, hübsch; *to sú –é peniaze!* das ist eine schöne/hübsche Geldsumme

peľ r Blütenstaub ((e)s, e), r Pollen (s, ≈)

pelerína e Pelerine (≈, n), r Umhang ((e)s, ≈̈e), s Umschlagtuch ((e)s, ≈̈er)

pelikán r Pelikan (s, e)

peň r (Baum)stumpf ((e)s, ≈̈e)

pena r Schaum ((e)s, ≈̈e); *morská ~* r Meeresschaum; *~ do kúpeľa* s Schaumbad; *~ na holenie* r Rasierschaum

peňaženka s Portemonnaie [portmo'nę:] (s, s), e Geldbörse (≈, n)

peňažn|ý Geld-; *–á pokuta* e Geldstrafe

pendlovky hovor. e Pendel|uhr (≈, en)

peniaz e Münze (≈, n), s Geldstück ((e)s, e)

peniaze s Geld ((e)s, er); *drobné ~* das Kleingeld; *hotové ~* das Bargeld; *to stojí dosť peňazí* das kostet viel Geld; *meniť ~* Geld wechseln

penicilín s Penizillin (s, e)

penis r Penis (≈, se al. Penes)

peniť (sa) schäumen

penz|ia **1** dôchodok e Rente (≈, n), e Pension [pen'zjo:n] (≈, en); *ísť do –ie* in Rente gehen **2** poplatok e Pension [pen'zjo:n] (≈, en); *plná ~* e Vollpension; *pol~* e Halbpension

penzión e Pension [pen'zjo:n] (≈, en)

penzista hovor. r Rentner (s, ≈)

pera e Lippe (≈, n)

peračník e Federbüchse (≈, n)

PQRS

percento s Prozent ((e)s, e); *desať percent* zehn Prozent
percentuálny(e) prozentual
perfektný(e) perfekt
pergamen s Pergament ((e)s, e); **~ový** Pergament-; ~ *papier* s Pergamentpapier
perie s Gefieder (s, ≈), e Federn MNČ
periféria e Peripherie (≈, ien), mesta r Stadtrand ((e)s, ≈er)
periférny(e) peripher
perina s Federbett ((e)s, en), s Oberbett ((e)s, en), deka e Bettdecke (≈, n)
perióda e Periode (≈, n)
periodický(y) periodisch
perla e Perle (≈, n)
perleť e Perlmutter (≈ s, 0), s Perlmutt (s, 0)
perliť perlen
perlový perlen, Perlen-; ~ *náhrdelník* e Perlenkette
permanentka hovor. e Dauerkarte (≈, n)
permanentný(é) permanent
perník r Pfefferkuchen (s, ≈), r Lebkuchen (s, ≈)
pero e Feder (≈, n); *guľôčkové* ~ r Kugelschreiber (s, ≈), hovor. r Kuli (s, s); *plniace* ~ r Füllhalter
perón r Bahnsteig ((e)s, e)
perovať federn
personál s Personal (s, 0); *technický* ~ das technische Personal
perspektíva e Perspektive [...və] (≈, n), vyhliadka e Aussicht (≈, en)
perspektívny(e) perspektivisch [...viš]
perverzný(é) pervers [...v...]
perzekúcia e Verfolgung (≈, en); *rasová* ~ e Rassenverfolgung
perzekvovať (politisch) verfolgen
perzián kožušina r Persianer (s, ≈)
pes r Hund ((e)s, e); *čistokrvný* ~ ein reinrassiger Hund; **v tom je ~ zakopaný** da liegt der Hund begraben
pesimistický(y) pessimistisch
pesimizmus r Pessimismus (≈, 0); **–sta** r Pessimist (en, en)
pesnička pozri *pieseň*
pestovať 1 anbauen; ~ *ovocie, zeleninu* Obst, Gemüse anbauen **2** zaoberať sa treiben*; ~ *šport* Sport treiben **3** starať sa pflegen
pestovateľ r Bauer (n al. s, n)
pestrý bunt
pestún r Ziehvater (s, ≈̈), r Pflegevater (s, ≈̈)
peší Fuß-; *–ia túra* e (Fuß)wanderung
pešo zu Fuß; *ísť* ~ zu Fuß gehen
petícia e Petition (≈, en)
petrolej s Petroleum (s, 0)
petržlen e Petersilie (≈, 0)
pevnina s Festland ((e)s, 0), r Kontinent ((e)s, e)
pevnosť 1 stavba e Festung (≈, en) **2** odolnosť e Festigkeit (≈, 0)
pevný(é) 1 súdržný fest, kompakt, massiv **2** telesne i duševne fest, stark, kräftig **3** stabilný fest, stabil, fix; *–é ceny* feste Preise
pchať stopfen, stecken; **~ sa 1** tlačiť sa sich drängen **2** jedlom sich vollstopfen, hovor. sich füttern
pianíno s Pianino (s, s)
pianista r Pianist (en, en), Klavierspieler [kla'vi:ɐ...] (s, ≈)
piano s Piano (s, s), s Klavier [kla'vi:ɐ] (s, e)
piatok r Freitag (s, e)
piecť 1 pečivo backen* **2** mäso braten*
piesčina v mori e Sandbank (≈, ≈̈e), piesčitá pôda r Sandboden (s, ≈̈); **–itý** sandig
pieseň s Lied ((e)s, er); *ľudová* ~ s Volkslied
pieskovec r Sandstein ((e)s, e)
pieskovisko r Sandkasten (s, ≈̈)
pieskový Sand-, sandig
piesok r Sand ((e)s, e); *stavebný* ~ r Bausand
piest r Kolben (s, ≈)
pieta 1 úcta e Pietät (≈, 0) **2** súsošie e Pieta (≈, s); **–ny** pietätvoll
pichať stechen*
pichnúť 1 stechen*; *–la ma osa* eine

PQRS

Wespe hat mich gestochen; ~ *injekciu* eine Spritze geben
pijak s Löschpapier (s, e)
pijavý saufähig; ~ **papier** s Löschpapier
pikantn|ý(e) pikant, herzhaft, würzig
piknik s Picknick (s, e al. s)
píla e Säge (≈, n); *motorová* ~ e Motorsäge
pilier e Säule (≈, n) r Pfeiler (s, ≈)
pilina MNČ die Sägespäne
pilník e Feile (≈, n); ~ *na nechty* e Nagelfeile
pilot r Pilot (en, en)
pilulka e Pille (≈, n), e Tablette (≈, n); *antikoncepčná* ~ e Antibabypille
pingpong hovor. s Tischtennis (≈, 0), s Pingpong (s, 0)
pínia e Pinie (≈, n)
pinka r Fink (en, en)
pinzeta e Pinzette (≈, n)
pionier r Pionier (s, e), r Wegbereiter (s, ≈), r Bahnbrecher (s, ≈)
pirát r Pirat (en, en), r Seeräuber (s, ≈)
písac|í Schreib-; ~ *stroj* e Schreibmaschine; ~ *stôl* r Schreibtisch; *–ie potreby* r Schreibbedarf
pisár r Schreiber (s, ≈)
písať 1 schreiben* (*komu* j-m, an j-n); ~ *perom* mit einem Füll(feder)halter schreiben **2** na stroji auf einer Schreibmaschine schreiben* al. maschinenschreiben; ~ **si** schreiben*, in Briefwechsel stehen (*s kým* mit j-m)
pisateľ r Schreiber (s, ≈)
pískať pfeifen*
písmeno r Buchstabe (ns al. n, n); *malé, veľké* ~ kleine, große Buchstabe
písmo 1 sústava znakov e Schrift (≈, en); *paličkové* ~ e Blockschrift; *slepecké* ~ e Blindenschrift, *Sväté* ~ die Heilige Schrift **2** rukopis e (Hand)schrift (≈, en)
pisoár s Pissoir [pi'soa:ɐ] (s, e al. s)
písomka hovor. r Schulaufsatz (es, ≈e)
písomn|ý(e) schriftlich; *–á práca* e schriftliche Arbeit, sloh r Schulaufsatz; *–á skúška* eine schriftliche Prüfung
pistácia e Pistazie (≈, n)
piškóta s Biskuit [bis'kvi:t] ((e)s, s al. e), rak. e Biskotte (≈, n)
píšťala e Pfeife (≈, n)
pišťať piepen
pištoľ(a) e Pistole (≈, n)
piť trinken*; ~ *z fľaše, pohára* aus der Flasche, aus dem Glas trinken
pitevňa r Seziersaal ((e)s, säle)
pitie s Trinken (s, 0), hanl. e Trinkerei (≈, en)
pitn|ý trinkbar, Trink-; *–á voda* s Trinkwasser
pitv|a e Obduktion (≈, en), e Sezierung (≈, en); **–ať** sezieren
pivnica r Keller (s, ≈); *vinná* ~ r Weinkeller
pivo s Bier (s, e); *čierne, svetlé* ~ dunkles, helles Bier; *fľaškové* ~ s Flaschenbier; *čapované* ~ s Bier vom Faß <...ss>
pivónia e Pfingstrose (≈, n)
pivovar e Brauerei (≈, en)
placenta anat. e Plazenta (≈, s)
placka r Puffer (s, ≈); *zemiaková* ~ r Kartoffelpuffer
plač s Weinen (s, 0); *to je do ~u* es ist zum Weinen
plagát s Plakat ((e)s, e)
plahočiť sa sich placken, sich abrackern
plachetnica s Segelboot ((e)s, e), s Segelschiff ((e)s, e)
plachta 1 posteľná s (Bett)laken (s, ≈), s Bettuch ((e)s, ≈er) **2** lodná s Segel (s, ≈)
plachtiť segeln
plach|ý(o) 1 o človeku scheu, schüchtern **2** o zvierati scheu, ängstlich
plakať weinen
plákať bielizeň Wäsche spülen
plameň e Flamme (≈, n)
plameniak r Flamingo (s, s)
plán 1 r Plan ((e)s, ≈e); ~ *mesta* r Stadtplan; *presne podľa ~u* genau nach dem Plan; **2** projekt s Projekt ((e)s, e) **3** úmysel e Absicht (≈, en), s

PQRS

Vorhaben (s, ≈)
pláň e Ebene (≈, n), s Flachland ((e)s, ≈er)
planéta r Planet (en, en)
plánovací Planungs-, Plan-
plánov|aný(e) geplant; **–ať** planen; **–itý** planmäßig
plantáž e Plantage [plan'ta:žə] (≈, n)
plan|ý(o) **1** zlý schlecht, böse **2** o rastlinách wild **3** neužitočný leer; *–é reči* leere Worte
plast r Plas|t ((e)s, e)
plást e (Honig)wabe (≈, n)
plastick|ý(y) plastisch
plastika e Plastik (≈, en)
plašiť scheuchen, verscheuchen; **~ sa** scheu werden*
plášť **1** odev r Mantel (s, ≈); *kúpací ~* r Bademantel; *~ do dažďa* r Regenmantel, e Regenjacke **2** odb. r Mantel (s, ≈), pneumatiky r Reifen (s, ≈)
plat s Gehalt ((e)s, ≈er), r Lohn ((e)s, ≈e); *mesačný ~* s Monatsgehalt
platba e Zahlung (≈, en); *~ v hotovosti* e Barzahlung
platca r Zahler (s, ≈)
platen|ý bezahlt; *–á dovolenka* bezahlter Urlaub
plátený Leinen-
platina s Platin (s, 0)
platiť **1** zahlen; *~ v hotovosti, šekom* bar, mit einem Scheck zahlen **2** mať platnosť gelten*; *platí!* es gilt*!, abgemacht!
platňa **1** e Platte (≈, n); *dlhohrajúca ~* e Langspielplatte; *gramofónová ~* e Schallplatte **2** sporáku e Kochplatte (≈, e)
platnička **1** variča e Kochplatte (≈, n) **2** anat. e Bandscheibe (≈, n)
plátno **1** s Leinen (s, 0) **2** filmové e Leinwand (≈, 0)
platnosť e Gültigkeit (≈, 0), e Geltung (≈, 0); *mať ~* Geltung haben, gelten; *s konečnou ~ou* endgültig
platný **1** záväzný gültig, geltend **2** účinný wirksam, nützlich
plát|ok **1** e Scheibe (≈, n); *~ šunky* eine Scheibe Schinken; *nakrájať na –ky* in Scheiben schneiden **2** hanl. noviny s Revolverblatt [re'volve...] ((e)s, ≈er), s Boulevardblatt ((e)s, ≈er) al. e Boulevardzeitung (≈, en)
plávac|í Schwimm-; *–ia vesta* e Schwimmweste; *–ia blana* e Schwimmhaut
plavák r Schwimmer (s, ≈)
plávanie s Schwimmen (s, 0)
plaváreň krytá e Schwimmhalle (≈, n), otvorená s Freibad ((e)s, ≈er)
plávať schwimmen*; *~ znak* Rücken schwimmen, *~ kraulom* kraulen; *~ prsia* brustschwimmen, *~ motýlika* Schmetterlingsstil schwimmen
plavba e Schiffahrt (≈, 0)
plavčík **1** r Schwimmeister <...mmm...> (s, ≈) **2** na lodi r Schiffsjunge (n, n)
plavebný Schiffahrts- <...fff...>; *~ spoločnosť* e Schiffahrtsgesellschaft
plavec r Schwimmer (s, ≈); **~ký** Schwimm-; *~ký bazén* s Schwimmbecken
plaviť sa mit dem Schiff fahren* (i.)
plavky **1** pánske e Badehose (≈, n) **2** dámske r Bade|anzug ((e)s, ≈e); dvojdielne r Bikini
plavovlasý blond
plaz s Kriechtier (s, e), s Reptil (s, ien); **~iť sa** kriechen* (i.), schleichen* (i.)
pláž r (Bade)strand ((e)s, e); *morská ~* r Meeresstrand; **~ový** Strand-
plece e Schulter (≈, n)
plecniak r Rucksack ((e)s, ≈e)
pléd s Umschlagtuch ((e)s, ≈er)
plech **1** s Blech ((e)s, e) **2** na pečenie s (Kuchen)blech ((e)s, e); **~ovka** e Blechbüchse (≈, n), e Blechdose (≈, n); **~ový** blechern, Blech-
plemeno e Rasse (≈, n)
plénum s Plenum (s, nen)
ples r Ball ((e)s, ≈e); *ísť na ~* zum Ball gehen; *maškarný ~* r Maskenball
plesať jubeln
pleseň r Schimmel (s, ≈)

PQRS

plesni|vieť schimmeln, modern; **–vý** schimm(e)lig, mod(e)rig
pleš|ina e Glatze (≈, n); *mať ~* eine Glatze haben; **–atý** kahlköpfig
pleť e (Gesichts)haut (≈, ≈e), r Teint [tẽ:] (s, s)
pletac|í Strick-, Flecht-; *–ia ihlica* e Stricknadel; *~ stroj* e Strickmaschine
pletený **1** sveter ap. gestrickt, Strick-; *~ tovar* die Strickwaren MNČ **2** geflochten; *~ kôš* ein geflochtener Korb
pletivo **1** s Geflecht ((e), e) **2** biologický s Gewebe (s, ≈)
pletka MNČ r Klatsch (es, e), s Gerede (s, 0)
pleťový Haut-; *~ krém* e Hautcreme
plexisklo hovor. s Plexiglas (es, 0)
plieniť plündern, verwüsten
plienka e Windel (≈, n)
pliesť **1** viť flechten*, veniec winden* **2** sveter stricken **3** mýliť verwirren, irre|machen; **~ sa** **1** mýliť sa sich irren **2** hovor. miešať sa sich (ein)|mischen (*do čoho* in etw A); *~ sa komu do remesla* j-m ins Handwerk pfuschen; **~ si** verwechseln
plieť jäten
plniac|i *–e pero* r Füll(feder)halter, hovor. r Füller
plniť **1** füllen (*čo čím* etw mit etw D) **2** realizovať erfüllen **3** kuch. (an)|füllen; **~ sa** **1** sich füllen **2** uskutočňovať sa sich erfüllen
plnka e Fülle (≈, n)
plno **1** ČÍSL viel; *mať ~ práce* viel Arbeit haben **2** PRÍSL voll, völlig, restlos
plnoletý volljährig, mündig
plnoštíhly vollschlank
plnotučn|ý Voll(fett)-; *–é mlieko* e Vollmilch
pln|ý voll, Voll-; *autobus je ~* der Bus ist voll; *–á moc* e Vollmacht; *na ~ plyn* mit Vollgas; *–á penzia* e Vollpension
plod **1** e Frucht (≈, ≈e) **2** anat. e Frucht (≈, 0)
plodin|a e Pflanze (≈, n); e Frucht (≈, ≈e), s Produkt ((e)s, e); *priemyselné –y* e Nutzpflanzen
plodiť **1** o rastlinách tragen* **2** deti zeugen
plodný **1** fruchtbar **2** tvorivý fruchtbar, produktiv
plocha e Fläche (≈, n)
ploch|ý flach; **–é nohy** die Plattfüße MNČ
plomb|a **1** e Plombe (≈, n) **2** zubná e (Zahn)füllung (≈, en), e Plombe (≈, n); **–ovať** **1** plombieren **2** zub (einen Zahn) füllen
plošina e Plattform (≈, en)
plošn|ý Flächen-; *–á miera* s Flächenmaß
ploštica e Wanze (≈, n)
plot r Zaun ((e)s, ≈e); **živý ~** e Hecke
plť s Floß (es, ≈e)
pľúc|a e Lunge (≈, n); *zápal pľúc* e Lungen|entzündung; **–ny** Lungen-
pluh r Pflug ((e)s, ≈e)
pluk voj. s Regiment ((e)s, e); **~ovník** r Oberst (en al. s, en al. e)
plurál gram. r Plural (s, ≈), e Mehrzahl (≈, 0)
plus **1** SP plus; *2 ~ 3* zwei plus drei **2** PRÍSL *~ tri stupne* plus drei Grad **3** PODST M s Plus (≈, 0), r Vorteil ((e)s, e)
pľuť, pľuvať spucken, speien*
plutva e Flosse (≈, n); *potápačská ~* e Schwimmflosse
pľuzgier e Blase (≈, n), s Bläschen (s, ≈)
plyn s Gas (es, e); *zemný ~* s Erdgas; *kúriť ~om* mit Gas heizen; *na plný ~* mit Vollgas; **~áreň** s Gaswerk ((e)s, e); **~omer** r Gaszähler (s, ≈)
plynov|ý Gas-; *~ varič* r Gaskocher; *–á maska* e Gasmaske; *–á komora* e Gaskammer; *~ sporák* r Gasherd
plynul|ý(o) **1** súvislý un|unterbrochen, kontinuierlich **2** doprava reibungslos **3** o reči fließend, flüssig; *hovoriť ~ po nemecky* fließend deutsch sprechen
plyšový Plüsch-
plytčina e Sandbank (≈, ≈e), s Watt ((e)s, en)

PQRS

plytký seicht, flach; ~ *potok* ein seichter Bach; ~ *tanier* ein flacher Teller
plytvať verschwenden, vergeuden (*čím* etw A); ~ *časom* Zeit verschwenden
plzensk|ý Pilsner; *–é pivo* s Pils(e)ner (s, ≈), s Pils (≈, ≈)
pneumatick|ý(y) pneumatisch
pneumatika r (Auto)reifen (s, ≈), r Pneumatik (s, s), rak. e Pneumatik (≈, en)
po PREDL **1** čas. postupnosť nach D; ~ *roku* nach einem Jahr; ~ *chvíli* nach einer Weile; *jeden ~ druhom* einer nach dem anderen **2** trvanie über A, während G, hindurch A; ~ *celý deň* den ganzen Tag (über); ~ *celý rok* während des ganzen Jahres al. das ganze Jahr hindurch **3** priestorovo auf D, zu D, durch A; *ísť ~ ceste* auf dem Weg gehen; ~ *celom svete* durch die ganze Welt **4** spôsob auf A, in D, nach D; *urobiť čo ~ svojom* etw auf seine eigene Art tun/machen; ~ *dobrom alebo ~ zlom* im Guten oder im Bösen **5** pôvod nach D, von D; *zdediť čo ~ otcovi* etw von dem Vater erben; **~ ceste** unterwegs; **čo ťa ~ tom?** was geht's dich an?
pobádať an|spornen, auf|muntern, an|regen
pobaviť 1 unterhalten* **2** rozveseliť belustigen; **~ sa 1** sich unterhalten* (*s kým* mit j-m), sich amüsieren **2** na vtipe sich belustigen (*čím* über etw A)
pobiehať herum|laufen* (i.), hin und her laufen* (i.)
pobiť sa sich prügeln, sich schlagen
pobočka e Zweigstelle (≈, n), e Filiale (≈, n)
pobozkať küssen; **~ sa** sich küssen, j-n einen Kuß geben
pobožný fromm
pobrež|ie e Küste (≈, n), s Ufer (s, ≈), s Gestade (s, ≈); **–ný** Küsten-, Ufer-
pobudnúť sich auf|halten*, bleiben* (i.), verweilen
pobúrený empört entrüstet
pobúriť 1 znepokojiť empören, entrüsten **2** popudiť auf|hetzen, auf|wiegeln
pobyt r Aufenthalt ((e)s, e); *miesto ~u* r Aufenthaltsort; *prechodný ~* zeitweiliger Aufenthalt; *povolenie na ~* e Aufenthaltsgenehmigung
pocit 1 s Gefühl ((e)s, e); ~ *zodpovednosti* s Verantwortungsgefühl; ~ *menejcennosti* s Minderwertigkeitsgefühl; ~ *viny* s Schuldgefühl; *so zmiešanými ~mi* mit gemischten Gefühlen **2** telesný e Empfindung (≈, en), s Empfinden (s, 0); ~ *chladu, tepla* das Kälteempfinden, das Wärmeempfinden
pocítiť empfinden*, spüren, fühlen; ~ *bolesť, hlad, únavu* Schmerz, Hunger, Müdigkeit empfinden
pocta e Ehre (≈, n)
poctiť beehren (*koho čím* j-n mit etw D), die Ehre erweisen*
poctivosť e Ehrlichkeit (≈, 0)
poctiv|ý(o) 1 ehrlich, redlich, rechtschaffen **2** počestný keusch
počas während G, innerhalb G/D, binnen G; ~ *týždňa* innerhalb/binnen einer Woche
počas|ie s Wetter (s, ≈); *predpoveď –ia* e Wettervorhersage; *za každého ~* bei jedem Wetter
počať 1 kniž. začať an|fangen*, beginnen* **2** zast. dieťa (ein Kind) empfangen*
počatie e Empfängnis (≈, se)
počesť e Ehre (≈, n), e Ehrung (≈, en); *na jeho ~* ihm zu Ehren
počestn|ý(e) ehrenhaft
počet e (An)zahl (≈, 0)
početný zahlenmäßig, zahlreich
početný zahlreich, häufig
počiatok 1 začiatok r Anfang ((e)s, ≈e), r Beginn ((e)s, e) **2** prvopočiatok r Ursprung ((e)s, ≈e)
počínanie s Vorgehen (s, 0), e Handlungsweise (≈, n)
počínať si 1 konať handeln **2** správať sa sich gebärden
počítač r Rechner (s, ≈), e Rechenmaschine (≈, n), r Computer [kom'pju:tə] (s, ≈)

PQRS

počítadlo **1** e Rechenmaschine (≈, n), s Rechenbrett ((e)s, er) **2** prístroj na zaznamenávanie spotreby r Zähler (s, ≈)
počítať **1** riešiť počtový úkon rechnen **2** zisťovať počet zählen **3** s niekým rechnen (*s kým/čím* mit j-m/etw D)
počk|ať warten; *–aj na mňa!* warte auf mich!; *–aj s tým!* warte damit!; *–aj chvíľu, prosím!* (warte) einen Moment, bitte!
počuť hören
počuteľný hörbar
počúvať **1** hören (*koho/čo* j-n/etw), zu|hören (*koho/čo* j-m), an|hören (*koho/čo* j-n/etw) **2** poslúchať gehorchen, folgen (*koho* j-n)
pod **1** miest. unter (*kde?* D, *kam?* A) **2** spôsob, miera, dôvod unter; *teplota klesla ~ nulu* e Temperatur fiel unter Null; *kúpiť čo ~ cenu* etw unter dem Preis kaufen; *byť ~ dozorom* unter Aufsicht stehen
podací Aufgabe-, Einlieferungs-; *~ lístok* r Einlieferungsschein
poďakovanie r Dank (es, 0); *vysloviť komu ~* j-m Dank aussprechen
poďakovať (sa) sich bedanken (*komu za čo* bei j-m für etw A), danken (*komu za čo* j-m für etw A)
podanie v tenise r Aufschlag (es, ≈e), r Service [sə:'vis] (≈, s)
podariť sa **1** vydariť sa gelingen* (i.), (gut) geraten* (i.); *to sa musí podariť!* das muß gelingen! **2** pošťastiť sa glücken
podať **1** geben*, reichen; *~ komu ruku* j-m die Hand reichen/geben* **2** jedlo, nápoj ap. ver|abreichen, servieren [zer'vi:rən] **3** na pošte auf|geben*; *~ list, telegram* einen Brief, ein Telegram aufgeben; **~ návrh** einen Antrag ein|bringen*; **~ námietku** Einspruch al. Einwendung erheben*; **~ správu** berichten; **~ žiadosť** einen Antrag stellen, ein Gesuch einreichen
podbradník s Lätzchen (s, ≈), s Sabberlätzchen (s, ≈)
podceniť unterschätzen
podčiarknuť **1** unterstreichen*, an|streichen* **2** pren. zdôrazniť unterstreichen, betonen
poddajn|ý(e) schmiegsam, nachgiebig
poddaný r Untertan (s al. en, en)
poddôstojník r Unter|offizier (s, e)
podeliť teilen, verteilen, zerteilen; **~ sa** sich teilen (*s kým o čo* mit j-m in etw A)
podfuk hovor. r Schwindel (s, 0), r Bluff (s, s)
podchod e Unterführung (≈, en)
podiel **1** r Anteil ((e)s, e), e Quote (≈, n); *~ na zisku* r Gewinnanteil, e Dividende **2** účasť r Anteil ((e)s, e) (*na čom* an etw D) **3** mat. r Quoti|ent (en, en)
podieľať sa **1** mať podiel teil|haben* (*na čom* an etw D), einen Anteil haben* (*na čom* an etw D) **2** zúčastniť sa teil|nehmen* (*na čom* an etw D)
pod|ieť sa **1** zmiznúť wohin kommen*/geraten*, verloren|gehen*; *kam sa –el?* wo ist er hingekommen/hingeraten? **2** nájsť útočisko sich wenden, Zuflucht suchen*
podísť (ein Stück) vor|fahren* (i.)
pódium s Podium (s, i|en)
podivn|ý(e) sonderbar, seltsam, merkwürdig, eigen|artig
podivuhodn|ý(e) bewundernswert, bewundernswürdig
podjazd e Unterführung (≈, en)
podklad **1** e Unterlage (≈, n) **2** východisko e Grundlage (≈, n), e Basis (≈, sen)
podkolienka r Kniestrumpf ((e)s, ≈e)
podkop(áv)ať **1** pod čím untergraben* **2** obraz. autoritu ap. untergraben*, unterwühlen
podkova s Huf|eisen (s, ≈)
podkrov|ie r Dachboden (s, ≈), e Mansarde (≈, n); **–ný** Dach-, Mansarden-; *–ný byt* e Dachwohnung, e Mansardenwohnung
podľa nach D, gemäß D, entsprechend D, laut D; *~ môjho názoru* mei-

PQRS

ner Ansicht/Meinung nach; ~ *mapy* nach der Karte; ~ *zákona* nach dem Gesetz al. laut Gesetz; ~ *všetkého* allem Anschein nach; ~ *cestovného poriadku* fahrplanmäßig
podlaha r Fußboden (s, ≈̈)
podľahnúť 1 prehrať unterlịegen* **2** byť zničený erlịegen*
podlažie s Geschọß <…ss…> (sses, sse), e Etạge [ẹ'ta:žə] (≈, n)
podlhovastý länglich
podliak r Schuft ((e)s, e), r Schurke (n, n)
podliehať 1 pozri *podľahnúť* **2** byť podriadený unterstẹhen*, untergeordnet sein
podliez(a)ť 1 durch|krịechen* (i.) (*pod čím* durch etw) **2** hanl. kriechen* (i.) (*komu* vor j-m)
podlízav|ý(o) unterwụ̈rfig
podlizovač hanl. r Kriecher (s, ≈)
podložiť unter|legen, unter|setzen (*čo pod čo* etw unter etw)
podložka 1 tech. e Unterlage (≈, n), r Untersatz (es, ≈̈e) **2** pod pivo r Bierdeckel (s, ≈), r Untersetzer (s, ≈)
podl|ý(o) gemẹin, niederträchtig
podmaniť (si) 1 násilím unterwẹrfen*, unterjọchen **2** zaujať er|ọbern, gewịnnen*
podmienečn|ý(e) bedịngt; ~ *trest* die bedingte Strafe
podmienen|ý(e) bedịngt; ~ *reflex* ein bedingter Reflex
podmienk|a e Bedịngung (≈, en); *klásť –y* Bedingungen stellen; *pod –ou, že…* unter der Bedingung, daß…
podmorský unterseeisch, Untersee-
podnáj|om e Untermiete (≈, n); *bývať u niekoho v –me* zur Untermiete bei j-m wohnen; **~ník** r Untermieter (s, ≈)
podnapitý angetrunken, beschwịpst, angeheitert
podnebie s Klima (s, s al. mạte); *prímorské* ~ s Meeresklima
podnecovať 1 an|regen, an|spornen, verạnlassen; **2** k vzbure auf|hetzen, auf|stacheln **3** vyvolať entfạchen; ~ *hádku* einen Streit entfachen
podnet r Anlaß <…ss…> (sses, ≈̈sse), e Anregung (≈, en); *dať k čomu* ~ Anlaß zu etw geben*, etw anregen
podnetn|ý(e) anregend
podnietiť pozri *podnecovať*
podnik 1 r Betrịeb ((e)s, e), s Unternẹhmen (s, ≈) **2** reštaurácia s Lokạl (s, e); *nočný* ~ s Nachtlokal; **~anie** s Unternẹhmen (s, 0); **~ateľ** r Unternẹhmer (s, ≈)
podnikať unternẹhmen*
podnik|avosť e Unternẹhmungslust (≈, 0); **–avý** unternẹhmungslustig
podniknúť pozri *podnikať*; ~ *výlet* einen Ausflug unternehmen
podnos s Tablẹtt ((e)s, s al. e)
podoba 1 tvar e Form (≈, en), e Gestạlt (≈, en) **2** podobnosť e Ähnlichkeit (≈, en)
podob|ať sa ähnlich sein* (i.), ähneln, gleichen*; ~ *bratovi* dem Bruder ähnlich sein; *to sa na teba –á!* das sieht dir ähnlich!
podobizeň s Porträt [por'tre:] ((e)s, s al. e), s Bildnis (ses, se)
podobne ähnlich, ebenfalls, gleichfalls; *a* ~ skr. *ap.* und ähnlich skr. u. ä.
podob|nosť e Ähnlichkeit (≈, en); **–ný** ähnlich
podopierať 1 stützen **2** obraz. unterstützen
podoprieť 1 stützen **2** odôvodniť (unter)stützen, begründen
podotknúť bemẹrken, erwạ̈hnen, ein|wẹrfen*
podozrenie r Verdạcht (s, e); *mať* ~ *na koho* j-n in Verdacht haben
podozrievať verdạ̈chtigen (*koho z čoho* j-n einer Sache G)
podozrievav|ý(o) argwöhnisch, mißtrauisch <…ss…>
podozriv|ý(o) verdạ̈chtig; *správať sa –o* sich verdächtig benehmen
podpazušie e Achsel(höhle) (≈, n)
podpätok r (Schuh|)absatz (es, ≈̈e);

vysoký, nízky ~ hoher, niedriger Absatz

podpera e Stütze (≈, n)

podpis e Unterschrift (≈, en), e Unterzeichnung (≈, en); *vlastnoručný* ~ eigenhändige Unterschrift

podpísať (sa) unterschreiben*, unterzeichnen; ~ *zmluvu* einen Vertrag unterzeichnen

podplatiť bestechen*

podpora 1 pomoc e Unterstützung (≈, en); ~ *v nezamestnanosti* s Arbeitslosengeld, e Arbeitslosen|unterstützung **2** podpera e Stütze (≈, n)

podporiť unterstützen

podporný Unterstützungs-

podporovať pozri *podporiť*

podpriemerný unterdurchschnittlich

podprsenka r Büstenhalter (s, ≈), skr. r BH (≈ al. s, ≈ al. s)

podradný minderwertig

podraziť 1 um|stoßen* **2** podložiť nohu j-m ein Bein stellen **3** podbiť topánky besohlen

podráždený|ý(e) erregt, gereizt

podráždiť erregen, reizen

podrážka e Sohle (≈, n)

podriadený 1 PR M unterge|ordnet **2** PODST M r Untergeordnete (n, n)

podriadiť sa sich unter|ordnen, sich unterwerfen*; ~ *ostatným* sich den anderen unterordnen

podriapať 1 roztrhať zerreißen **2** poškriabať kratzen, zerkratzen

podrobiť (si) 1 podmaniť si unterjochen, unterwerfen* **2** čo čomu unterziehen*; ~ *čo kritike* etw der Kritik unterziehen; ~ **sa 1** sich unterziehen* (*čomu* einer Sache G); ~ *skúške/vyšetreniu* sich einer Prüfung/einer Untersuchung unterziehen **2** podriadiť sa sich unterwerfen*

podrobnosť s Detail (s, s), e Ausführlichkeit (≈, 0), e Einzelheit (≈, en)

podrobn|ý(e) ausführlich, eingehend, detailliert

podružný unwesentlich, Neben-, sekundär; ~ *význam* e Nebenbedeutung

podržať 1 halten* **2** hovor. byť oporou zu j-m halten*, j-m unter die Arme greifen*; ~ **si** ponechať si behalten* (*čo u seba* etw bei sich D)

podstat|a s Wesen (s, 0), s Wesentliche (n, 0), e Substanz (≈, en); *v* ~*e* im Wesentlichen al. im Grunde (genommen)

podstatn|ý(e) wesentlich, grundlegend, hauptsächlich; ~ *rozdiel* ein wesentlicher Unterschied; **–é meno** gram. s Substantiv(um), s Hauptwort

podstavec r Sockel (s, ≈), s Gestell ((e)s, e)

podstúpiť podrobiť sa sich unterziehen* (*čo* etw D); ~ *operácii* sich einer Operation unterziehen

podsvetie 1 veľkomesta ap. e Unterwelt (≈, 0) **2** mytologicky s Totenreich ((e)s, 0)

podšívka s Futter (s, ≈), r Futterstoff ((e)s, e)

podtitul r Untertitel (s, ≈)

podtlak r Unterdruck ((e)s, ≈e)

podvádzať betrügen*

podväzok dámsky r Strumpfhalter (s, ≈), pánsky r Sockenhalter (s, ≈)

podvečer gegen Abend

podvedomie s Unterbewußtsein <...ss...> (s, 0)

podvedom|ý(e) unterbewußt <...ss...>

podviesť betrügen*

podvod r Betrug ((e)s, ≈e), r Schwindel (s, 0); *dopustiť sa ~u* einen Betrug begehen*; **~ník** r Betrüger (s, ≈), r Schwindler (s, ≈)

podvodný[1] betrügerisch, schwindlerisch, Betrugs-

podvodn|ý[2] Unterwasser-; *–á masáž* e Unterwassermassage

podvozok s Fahrgestell ((e)s, e)

podvýživ|a e Unter|ernährung (≈, 0); *trpieť –ou* an Unter|ernährung leiden*

podvyživený unter|ernährt

podzemie 1 v dome r Keller (s, ≈), s, r Souterrain [zu'terɛ̃:] (s, s) **2** ilegalita r Untergrund ((e)s, 0), e Illegalität (≈, 0)

podzemnica bot. e Erdnuß <...ss> (≈, ≈̈sse)
podzemn|ý 1 pod povrchom zeme unterirdisch, Untergrund-; *–á železnica* e Untergrundbahn, skr. e U-Bahn **2** ilegálny Untergrund-; *–e hnutie* e Untergrundbewegung
poetick|ý(y) poetisch, dichterisch
poézia e Poesie (≈, 0)
pohádať sa sich zanken, (sich) streiten*
pohan r Heide (n, n)
pohana e Schimpf ((e)s, e), r Tadel (s, ≈), e Schmach (≈, 0)
poháňať an|treiben*
pohánka bot. r Buchweizen (s, 0)
pohanský heidnisch, Heiden-; *~ mýtus* r Heidenmythus
pohár 1 s Glas (es, ≈̈er), r Becher (s, ≈); *~ vody* ein Glas Wasser **2** šport. r Pokal (s, e); *putovný ~* r Wanderpokal
pohľad 1 r Blick ((e)s, e), r Anblick ((e)s, e); *na prvý ~* auf den ersten Blick **2** výhľad e Aussicht (≈, en), r Ausblick ((e)s, 0); *to bol ~ pre bohov* das war* ein Anblick für Götter **3** názor e Anschauung (≈, en)
pohladiť, pohladkať streicheln (*koho* j-n); *~ koho po vlasoch* j-m über das Haar streicheln, j-m das Haar streicheln
pohľadnica e Ansichtskarte (≈, n)
pohlavie s Geschlecht ((e)s, er); *mužské, ženské ~* das weibliche, männliche Geschlecht
pohlavn|ý(e) geschlechtlich, sexuell, Geschlechts-, Sexual-; *~ akt* s Geschlechts|akt; *–á choroba* e Geschlechtskrankheit; *~ orgán* s Geschlechts|organ
pohltiť auf|saugen*, ein|saugen*, absorbieren
pohnúť 1 bewegen, rühren (*čím* etw A) **2** dojať rühren, ergreifen **3** vyvolať aktivitu an|regen, bewegen (*koho k čomu* j-n zu etw D); **~ sa 1** sich bewegen, sich rühren; *nemohol sa ani pohnúť* er konnte kein Glied rühren **2** dať sa do pohybu sich in Bewegung setzen
pohnútka r Anlaß <...ss> (sses, ≈̈sse), s Motiv (s, e), r Beweggrund ((e)s, ≈̈e)
pohoda s Behagen (s, 0)
pohodlie e Bequemlichkeit (≈, en); *urobiť si ~* es sich bequem machen
pohodln|ý(e) bequem; *–é topánky* bequeme Schuhe
pohon r Antrieb ((e)s, e); **~ný** Treib-, Trieb-; *~ná látka* r Treibstoff
pohorie s Gebirge (s, ≈)
pohoršenie s Ärgernis (ses, se); *vzbudiť u koho ~* bei j-m Ärgernis erregen
pohoršovať Anstoß erregen (*koho/čo* bei j-m D); **~ sa** sich empören (*nad čím* über etw A)
pohostenie e Bewirtung (≈, en)
pohostin|nosť e Gast|freundlichkeit (≈, 0); **–ný** gast|freundlich, gast|lich
pohostiť bewirten
pohotovosť 1 pripravenosť e Bereitschaft (≈, 0) **2** lek. der ärztliche Notdienst **3** obratnosť e Schlagfertigkeit (≈, en)
pohotovostn|ý Bereitschafts-; *–á služba* r Bereitschaftsdienst
pohotový 1 obratný geschickt, gewandt **2** rečovo schlagfertig **3** pripravený bereit
pohov! voj. rührt euch!
pohovka s Sofa (s, s)
pohovor s Gespräch ((e)s, e), e Besprechung (≈, en), e Unterredung (≈, en); *prijímací ~* s Eignungsgespräch, s Aufnahmegespräch
pohovoriť (si) besprechen* (*s kým o čom* mit j-m etw A), plaudern, reden
pohraničie s Grenzgebiet ((e)s, e)
pohraničn|ý Grenz-; *–é pásmo* e Grenzzone; *~ styk* r Grenzverkehr
pohŕdať ver|achten (*kým/čím* j-n/etw)
pohŕdav|ý(e) ver|ächtlich
pohreb s Begräbnis (ses, se), e Be|erdigung (≈, en), e Bestattung (≈, en)
pohrebný Begräbnis-, Be|erdigungs-,

PQRS

Leichen-, Trauer-; ~ *ústav* s Bestattungsinstitut; ~ *voz* r Leichenwagen
pohroma e Katastrophe (≈, n); *živelná* ~ e Naturkatastrophe
pohroziť (an)drohen (*komu čím* j-m mit etw D)
pohrudnica s Rippenfell al. s Brustfell ((e)s, e)
pohrýzť 1 uhryznúť beißen* **2** rozžuť zerbeißen
pohyb e Bewegung (≈, en)
pohybliv\|ý(o) beweglich, mobil
pohybovať (sa) (sich) bewegen, (sich) rühren
pochabosť e Torheit (≈, en), e Albernheit (≈, en)
pochab\|ý(o) töricht, albern
pochádzať (ab)stammen, herkommen* (i.)
pochmúrn\|y(e) trüb(e), düster, finster
pochod 1 chôdza i hud. skladba r Marsch (es, ≈e) **2** postup, priebeh r Gang ((e)s, ≈e), r Prozeß <...ss> (sses, sse); *myšlienkový* ~ r Gedankengang; **~ovať** marschieren
pochopenie s Verständnis (ses, 0); *(ne)mať pre koho/čo* ~ für j-n/etw (kein) Verständnis haben
pochopiť 1 porozumieť begreifen*, erfassen, verstehen* **2** zaujať chápavý postoj verstehen*
pochopiteľne begreiflicherweise, selbstverständlich
pochopiteľný begreiflich, verständlich
pochovať 1 begraben*, beerdigen, bestatten **2** spopolnením einäschern
pochúťk\|a e Delikatesse (≈, n), r Leckerbissen (s, ≈); **–ový** lecker, Delikatessen-
pochutnať si sich gut schmecken lassen* (*na čom* etw A)
pochvala s Lob (es, 0), e Belobung (≈, en)
pochváliť loben; **~ sa** sich rühmen (*čím* einer Sache G), prahlen (*čím* mit etw D)
pochyb\|a r Zweifel (s, ≈); *byť na –ách* Zweifel hegen; *bez pochýb* ohne Zweifel, zweifellos, zweifelsohne
pochybenie e Verfehlung (≈, en)
pochybnosť r Zweifel (s, ≈); *mať ~i* Zweifel hegen
pochybn\|ý(e) zweifelhaft, fraglich
pochyb\|ovať zweifeln (*o čom* an etw D); *–ujem, že...* ich zweifle daran, daß...
poistenie e Versicherung (≈, en); *nemocenské* ~ e Krankenversicherung; *sociálne* ~ e Sozialversicherung
poistiť (sa) (sich) versichern; ~ *proti chorobe, úrazu* (sich) gegen Krankheit, Unfall versichern
poistk\|a e Versicherung (≈, en); *uzavrieť –u* eine Versicherung abschließen
poistné e Versicherungsgebühr (≈, n), e Versicherungsprämie (≈, n), r Versicherungsbeitrag ((e)s, ≈e)
poisťovací Versicherungs-; ~ *agent* r Versicherungsagent
poisťovňa e Versicherungsgesellschaft (≈, en), e Versicherungsanstalt (≈, en)
pojať 1 o kapacite aufnehmen*, (um)fassen **2** zahrnúť aufnehmen*
pojazdný fahrbar, Fahr-
pojednávanie práv. e Verhandlung (≈, en)
pojednávať práv. verhandeln
pojem 1 r Begriff ((e)s, e) **2** predstava e Vorstellung (≈, en), e Ahnung (≈, en); *to je pre neho neznámy* ~ er hat keine Ahnung davon
pokánie e Buße (≈, 0), e Reue (≈, 0); *činiť* ~ büßen, Buße tun
pokarhať tadeln, rügen
pokaziť verderben*, hovor. kaputtmachen; ~ *komu radosť z čoho* j-m die Freude an etw verderben; **~ sa 1** podľahnúť skaze verderben*, hovor. kaputtgehen* **2** o počasí sich verschlechtern
pokiaľ[1] ZÁM bis wohin, solange, bis
pokiaľ[2] SP **1** zreteľ was... betrifft, bezüglich; ~ *ide o mňa* was mich betrifft

PQRS

2 miera soweit, (in)sofern; ~ *možno* soweit möglich; ~ *viem* soviel ich weiß

poklad r Schatz (es, ≈e)

pokladať považovať halten (*koho/čo za koho/čo* j-n/etw für j-n/etw A); ~ *koho za priateľa* j-n für einen Freund halten

pokladni|ca 1 e Kasse (≈, n); *registračná* ~ e Registrierkasse **2** na želez. stanici ap. r Schalter (s, ≈); **–čný** Kassen-

pokladnička e Sparbüchse (≈, n)

pokladn|ík r Kassierer (s, ≈); **–íčka** e Kassiererin (≈, nen)

pokles r Rückgang ((e)s, 0), s Sinken (s, 0), e Abnahme (≈, n); ~ *obratu* r Umsatzrückgang; ~ *teploty* r Temperaturrückgang

poklesok s Vergehen (s, 0), r Verstoß (es, ≈e), e Verfehlung (≈, en)

poklona 1 e Verbeugung (≈, en) **2** lichôtka s Kompliment ((e)s, e)

pokloniť sa sich verbeugen (*komu* vor j-m)

poklus r Laufschritt ((e)s, 0)

pokoj e Ruhe (≈, 0)

pokojn|ý(e) ruhig, friedlich, ungestört

pokolenie 1 generácia e Generation (≈, en) **2** rod s Geschlecht ((e)s, er)

pokor|a e Demut (≈, 0); **–iť 1** potupiť demütigen, erniedrigen **2** podmaniť bezwingen*

pokorn|ý(e) demütig, ergeben

pokožka e Haut (≈, ≈e); *citlivá* ~ eine empfindliche Haut

pokračovanie e Fortsetzung (≈, en); ~ *nabudúce* e Fortsetzung folgt

pokračovať 1 fort|setzen (*v čom* etw A), fort|fahren* (h./i.) (*v čom* in etw D al. mit etw D) **2** napredovať fort|schreiten* (i.), voran|kommen* (i.); ~ *v ceste* weiter|gehen*, autom weiter|fahren*

pokrčený zerknittert, zerdrückt

pokrčiť 1 čelo (e Stirn) falten **2** nos (e Nase) rümpfen **3** šaty zerknittern; ~ *si šaty* das Kleid zerknittern **4** plecia (mit den Schultern) zucken

pokrievka r (Topf)deckel (s, ≈)

pokrikovať zu|rufen* (*na koho* j-m)

pokrm e Speise (≈, n), s Essen (s, ≈), s Gericht ((e)s, e)

pokročilý 1 PR M fortgeschritten, čas. vorgeschritten **2** PODST M r Fortgeschrittene (n, n) (ein ≈r)

pokrok r Fortschritt ((e)s, e); *robiť ~y* Fortschritte machen

pokrokový fortschrittlich

pokropiť besprengen, bespritzen

pokrstený getauft

pokrstiť taufen

pokrytec r Heuchler (s, ≈); **~ký** heuchlerisch, pharisäisch

pokrytectvo e Heuchelei (≈, 0)

pokrývač r Dachdecker (s, ≈)

pokus r Versuch ((e)s, e), s Experiment ((e)s, e)

pokús|iť sa versuchen (*o čo* etw), probieren; *–im sa jej pomôcť* ich versuche, ihr zu helfen

pokusný Versuchs-, Probe-, experimentell; ~ *králik* s Versuchskaninchen

pokúšať 1 hnevať, dráždiť reizen, necken **2** na zlé verführen, versuchen; ~ *šťastie* das Glück versuchen; ~ *osud* das Schicksal herausfordern

pokušenie e Versuchung (≈, en)

pokut|a e Strafe (≈, n); *peňažná* ~ e Geldstrafe; **–ovať** bestrafen (*koho* j-n), eine Strafe auf|erlegen (*koho* j-m)

pokyn 1 rukou r Wink ((e)s, e) **2** inštrukcia e Anweisung (≈, en)

pol halb; ~ *hodiny* eine halbe Stunde; *o ~ tretej* um halb drei; *hodinu a ~* anderthalb Stunden

pól r Pol (s, e); *južný* ~ r Südpol; *severný* ~ r Nordpol

poľadovica s Glatt|eis (es, 0)

polárny Polar-; ~ *kruh* r Polarkreis; ~ *žiara* s Polarlicht

poľavi|ť nach|lassen*, nach|geben*; *bolesti –li* e Schmerzen ließen nach

polčas e Halbzeit (≈, en)

pole s Feld ((e)s, er); *naftové* ~ s Ölfeld; *vysiať na* ~ *pšenicu* auf einem Feld Weizen anbauen

polem|ický polemisch; **–ika** e Polemik (≈, en); **–izovať** polemisieren, Polemik führen
poleno s (Holz)scheit ((e)s, e)
polepšiť (sa) (sich) bessern
poleva kuch. r Guß <...ss> (sses, ≈sse), e Glasur (≈, en)
poliať (sa) (sich) begießen*
polica s Regal ((e)s, e), s Gestell ((e)s, e)
policajn|ý polizeilich, Polizei-; *pod ~m dozorom* unter polizeilicher Aufsicht; *–á hliadka* e (Polizei)streife
policajt r Polizist (en, en)
polícі|a e Polizei (≈, 0); *dopravná ~* e Verkehrspolizei; *tajná ~* e Geheimpolizei; *zavolať na –u* e Polizei rufen
polievka e Suppe (≈, n); *hovädzia, slepačia ~* e Rindfleischsuppe, e Hühnersuppe
polievkov|ý Suppen-; *–é korenie* e Suppenwürze; *–á lyžica* r Suppenlöffel
poliklinika e Poliklinik (≈, en)
politick|ý(y) politisch
politik r Politiker (s, ≈); **~a** e Politik (≈, 0)
polka tanec e Polka (≈, s)
polkruh r Halbkreis (es, e)
polliter miera ein halbes al. halber Liter (s, ≈)
polmesiac r Halbmond ((e)s, e)
polnoc e Mitternacht (≈, ≈e); *o ~i* um Mitternacht
poľnohospodár roľník r Landwirt ((e)s, e), r Bauer (n al. s, n); **~sky** Agrar-, landwirtschaftlich, Landwirtschafts-; *~ske družstvo* e landwirtschaftliche Genossenschaft; **~stvo** e Landwirtschaft (≈, 0)
poľn|ý Feld-; *–á cesta* r Feldweg
pólo šport. s Polo (s, 0)
pologuľa e Halbkugel (≈, n); *severná, južná ~* e nördliche, südliche Halbkugel
poloha e Lage (≈, n), e Stellung (≈, en), e Position (≈, en); *základná ~* e Grundstellung
polomer r Halbmesser (s, ≈), r Radius (≈, ien)
polostrov e Halbinsel (≈, n)
polotovar 1 s Halbfabrikat (s, e) **2** o jedle s Fertiggericht ((e)s, e)
polotučn|ý(e) halbfett
polovica 1 e Hälfte (≈, n) **2** stred e Mitte (≈, n)
polovičný halb-, Halb-
poľovník r Jäger (s, ≈)
polovodič fyz. r Halbleiter (s, ≈)
položiť 1 (hin)legen **2** otázku (eine Frage) stellen; **~ sa** ľahnúť si sich legen
položka 1 suma e Summe (≈, n), r Betrag ((e)s, ≈e) **2** účtovnícka r Posten (s, ≈), e Eintragung (≈, en)
polpenzia e Halbpension [pã'zjõ:/pã'zjo:n/pen'zjo:n] (≈, en)
polročn|ý halbjährlich, Halbjahr(e)s-; *–é vysvedčenie* s Halbjahreszeugnis
polrok s Halbjahr ((e)s, e)
poltopánka r Halbschuh ((e)s, e)
poludňajš|í Mittags-; *–ia prestávka* e Mittagspause
poludnie r Mittag ((e)s, e); *na ~* zu Mittag; *každé ~* mittags
poludník r Meridian (s, e)
poľutovaniahodn|ý bedauernswert, zu bedauern; *to je –é* das ist bedauernswert al. das ist zu bedauern
polytechnický polytechnisch
pomáda e Pomade (≈, n)
pomáhať helfen*, behilflich sein* (i.) (*komu pri* al. *v čom* j-m bei etw)
pomaly 1 PRÍSL langsam **2** ČAST takmer fast, beinahe
pomalý PR M **1** opak rýchly langsam **2** postupný allmählich
pomaranč e Apfelsine (≈, n), e Orange (≈, n)
pomäten|ý(e) irrsinnig, irre, verworren
pomedzie kniž. s Grenzgebiet, e Grenze (≈, n)
pomenovať benennen*, einen Namen geben*, bezeichnen
pomer ku komu s Verhältnis (ses, se), e Beziehung (≈, en), k čomu e Einstel-

PQRS

lung (≈, en); *mať ku komu dobrý ~* eine gute Beziehung zu j-m haben; *mať k čomu dobrý ~* eine gute Einstellung zu etw haben; *pracovný ~* s Arbeitsverhältnis; *ľúbostný ~* s Liebesverhältnis; *v ~e 3:1* im Verhältnis von drei zu eins
pomerne verhältnismäßig, ziemlich, relativ; *je ~ zima* es ist ziemlich kalt
pomerný verhältnismäßig, relativ
pomery die Verhältnisse MNČ, die Zustände MNČ; *životné ~* die Lebensverhältnisse
pomiasť sa irre al. irrsinnig werden* (i.)
pominuteľný vergänglich
pomlčka r Bindestrich ((e)s, e), r Gedankenstrich ((e)s, e)
pomliaždenina e Quetschwunde (≈, n), e Quetschung (≈, en)
pomliaždiť quetschen, zerdrücken
pomník s Denkmal ((e)s, ≈er)
pomoc e Hilfe (≈, n); *lekárska ~* e ärztliche Hilfe; *poskytnúť komu prvú ~* j-m erste Hilfe leisten; *volať o ~* um Hilfe rufen*; **~ou** PREDL s G mittels, s D mit Hilfe von
pomocník r Helfer (s, ≈), r Gehilfe (n, n); **–čka** e Helferin (≈, nen), e Gehilfin (≈, nen); *~ v domácnosti* e Hausangestellte (n, n), e Hausgehilfin
pomocný hilfreich, Hilfs-; *–á sila* e Hilfskraft; *–á škola* e Hilfsschule
pomôcka s Hilfsmittel (s, ≈); *učebná ~* s Lehrmittel
pomôcť helfen*, Hilfe leisten; *môžem vám pomôcť?* kann ich Ihnen helfen?
pompézny(e) kniž. prunkhaft, pomphaft, pompös
pomsta e Rache (≈, 0)
pomstiť sa sich rächen (*komu za čo* an j-m D für etw A)
pomstivý(o) rachsüchtig, rachgierig
pomýliť sa sich versehen*
pomyselný imaginär, fiktiv
pomyslieť (si) 1 denken* (*na čo* an etw A) **2** predstaviť si sich D vorstellen; *len si –li!* stell dir nur vor!
pomýšľať beabsichtigen, vorhaben (*na čo* etw)
ponáhľať sa eilen, hasten, sich beeilen; *–a to!* es eilt!; *~ na stanicu* zum Bahnhof eilen al. hasten
ponáhľať sa eilen (i.), sich beeilen, in Eile sein
poňatie 1 ponímanie e Auffassung **2** predstava e Ahnung (≈, en); *nemám o tom ani –ia* ich habe keine Ahnung davon
ponaučenie e Belehrung (≈, en), e Lehre (≈, n)
pondelok r Montag ((e)s, e); *Veľkonočný ~* r Ostermontag; pozri *štvrtok*
ponechať lassen*; pozri *nechať*; **~ si** behalten*
ponevierať sa hovor. sich herumtreiben, herumstreichen*, hovor. trödeln, schlendern
poník s Pony (s, s)
ponímanie e Auffassung (≈, en), e Anschauung (≈, en)
ponížiť (sa) (sich) erniedrigen, (sich) demütigen; **–ujúci** erniedrigend
ponor odb. e Tauchweite (≈, n)
ponoriť (unter)tauchen, eintauchen; **~ sa** untertauchen (i.), versinken* (i.)
ponorka s Unterseeboot ((e)s, e), skr. s U-Boot
ponorný Tauch-; *~ varič* r Tauchsieder
ponožka e Socke (≈, n), s Söckchen (s, ≈)
pontón r Ponton [pō: tō] (s, s)
ponuka s Angebot ((e)s, e) (*čoho* an etw D); *~ a dopyt* Angebot und Nachfrage
ponúkať anbieten* (*komu čo* j-m etw A); **~ sa** sich anbieten*
popadnúť 1 fassen, ergreifen* **2** o strachu ap. befallen*
popálenina e Brandwunde (≈, n)
popáliť (sa) (sich) verbrennen*
popierať 1 neuznať absprechen*, leugnen **2** záporne odpovedať verneinen, negieren

PQRS

popínav|ý Kletter-; *–á rastlina* e Kletterpflanze
popísať písaním zaplniť voll|schreiben* <voll schreiben>
poplach r Alarm ((e)s, e); *požiarny ~* r Feuer|alarm; *vyhlásiť ~* Alarm geben
poplašný Alarm-; *~ signál* s Alarmsignal
poplatok e Gebühr (≈, en), e Taxe (≈, n); *colný ~* e Zollgebühr
popletený verwirrt, verworren
popliesť verwirren*, irre|machen; **~ sa** sich irren; **~ si** verwechseln
pop-music e Popmusik (≈, 0); *spevák ~* r Popsänger
popol e Asche (≈, n); **~ník** r Aschenbecher (s, ≈), hovor. r Ascher (s, ≈)
poprav|a e Hinrichtung (≈, en); **–iť** hinrichten
popred|ie r Vordergrund ((e)s, ≈e); *stáť v –í* im Vordergrund stehen; *dostať sa do –ia* in den Vordergrund treten
popŕch|ať tröpfeln; *vonku –a* es tröpfelt draußen
popriet' pozri *popierať*
poprosiť bitten* (*koho o čo* j-n um etw A)
poprsie r Busen (s, ≈)
popruh r Trag(e)gurt ((e)s, e), r Tragband ((e)s, ≈er)
popud e Anregung (≈, en), r Antrieb ((e)s, e), r Impuls (es, e); *z vlastného ~u* aus eigenem Antrieb
popudiť auf|bringen*, auf|reizen, empören
popudliv|ý(o) reizbar
populácia e Population (≈, en), e Bevölkerung (≈, en)
populačn|ý Populations-; Bevölkerungs-; *–á explózia* e Bevölkerungs|explosion
popularita e Popularität (≈, 0)
populárny **1** prístupný populär, allgemeinverständlich **2** obľúbený populär, beliebt
pór **1** anat. e Pore (≈, n), e Hautöffnung (≈, en) **2** bot. r Porree (s, s)
porada e Beratung (≈, en), e Sitzung (≈, en)
poradca r Berater (s, ≈)
poradie e (Reihen)folge (≈, n)
poradiť **1** dať radu raten* **2** odporučiť empfehlen*; **~ sa** sich beraten* (*s kým o čom* mit j-m über etw A); **~ si** sich zu helfen* wissen*, sich Rat wissen*
poradňa e Beratungsstelle (≈, n); *právna ~* e Rechtsberatungsstelle; *materská ~* e Mütterberatungsstelle
poraniť (sa) (sich) verletzen
porátať sa zúčtovať i obraz. ab|rechnen (*s kým* mit j-m)
porážka **1** voj. i šport. prehra e Niederlage (≈, n) **2** lek. r Schlaganfall ((e)s, ≈e)
porcelán s Porzellan (s, e); **~ový** Porzellan-
porcia e Portion (≈, en); *detská ~* e Kinderportion
porekadlo r Spruch ((e)s, ≈e)
porezať (sa) (sich) schneiden*
poriadn|y(e) **1** ordentlich, ordnungsliebend **2** hovor. vydatný tüchtig, gehörig; *–e sa najedol* er hat tüchtig gegessen
poriad|ok **1** stav e Ordnung (≈, en); *dať niečo do –ku* etw in Ordnung bringen; *to je v –ku* das ist in Ordnung **2** poradie e Reihenfolge (≈, n) **3** súhrn pravidiel r Plan ((e)s, ≈e), e Ordnung (≈, en); *cestovný ~* r Fahrplan; *domový ~* e Haus|ordnung; školský Schulordnung; *podľa školského –ku* laut Schulordnung
pornografi|a e Pornographie (≈, i|en); **–ický** pornographisch
porodiť gebären*, zur Welt bringen*
porota **1** súdna s Schwurgericht ((e)s, e) **2** súťažná e Jury [žü'ri:] (≈, s)
porovnať vergleichen* (*koho/čo s kým/čím* j-n/etw mit j-m/etw), einen Vergleich ziehen
porozumenie s Verständnis (ses, 0); *mať pre koho/čo ~* s Verständnis für j-n/etw haben
portál s Portal (s, e)
portrét s Porträt [por'tre:] (s, s), s Por-

PQRS

trạt [pǫr'tre:t] ((e)s, e)
poručík r Leutnant (s, e)
poručník práv. r Vormund ((e)s, e al. ≈er)
porucha 1 e Störung (≈, en); *duševná ~* e Geistesstörung **2** o aute e Panne (≈, n) **3** chyba r Mangel (s, ≈), r Fehler (s, ≈)
porušenie 1 porucha e Störung (≈, en) **2** nedodržanie e Verlẹtzung (≈, en), r Bruch ((e)s, ≈e); *~ ľudských práv* die Verletzung der Menschenrechte
porušiť 1 poškodiť beschạdigen, stören **2** nedodržať verlẹtzen, brechen*; *~ zákon* s Gesetz verletzen
posádka 1 e Besạtzung (≈, en) **2** voj. e Garnisọn (≈, en)
posadn|utosť e Besẹssenheit (≈, 0); **–utý** besẹssen (*čím* von etw)
poschod|ie r Stock ((e)s, ≈), s Stockwerk ((e)s, e), e Etage [ẹ'ta:žə] (≈, n); *bývame na prvom –í* wir wohnen im ersten Stock; *o ~ nižšie/vyššie* einen Stock tiefer/höher
poschodov|ý mehrstöckig, vielstöckig; *–á posteľ* s Doppelstockbett ((e)s, en)
posielať pozri *poslať*
posila 1 e Stärkung (≈, en) **2** voj. e Verstạrkung (≈, en)
posilniť 1 (be)stạrken, (be)krạftigen **2** upevniť festigen; **~ sa** sich stärken (*čím* durch etw)
posilňovňa r Fitneßraum <...ss...> ((e)s, ≈e)
poskytnúť gewạhren, leisten, bieten*; *~ pomoc* Hilfe gewähren al. leisten
poslanec r Abge|ordnete (n, n)
poslaneck|ý Abge|ordnẹten-; *-á snemovňa* s Abge|ordnetenhaus
poslať 1 schicken, senden*; *~ koho do nemocnice* j-n ins Krankenhaus schicken; *~ deti nakúpiť* die Kinder einkaufen schicken; *~ list* einen Brief schicken **2** po koho j-n holen lassen*; *~ po lekára* den Arzt holen lassen
posledn|ý letzt; *na –ú chvíľu* im letzten Moment; *v –om čase* in letzter Zeit; **–á vôľa** der letzte Wille, s Testament
poslucháč r (Zu)hörer (s, ≈)
posluch※reň r Hörsaal ((e)s, säle)
poslúchať gehọrchen, folgen (*koho* j-m)
poslúchnuť gehọrchen (*koho/čo* j-m), hören (*koho* auf j-n)
poslušn|ý(e) gehọrsam
posmech r Spott ((e)s, 0), s Gespọtt ((e)s, 0); *byť komu na ~* j-m zum Gespött dienen
posmešn|ý(e) spöttisch, höhnisch
posmievať sa verspọtten (*komu* j-n), verhọ̈hnen (*komu* j-n), sich lustig machen (*komu* über j-n)
posmrtn|ý nachgelassen, Tot(en)-; *–á maska* e Totenmaske
posol r Bote (n, n); **~stvo** e Botschaft (≈, en)
pospolitosť e Gemẹinschaft (≈, en)
postarší bejạhrt, betạgt
postava e Gestạlt (≈, en), e Figụr (≈, en)
postaven|ie 1 e Stellung (≈, en), e Positiọn (≈, en) **2** situácia e Lage (≈, n), e Situatiọn (≈, en); *byť v ťažkom –í* in einer schwierigen Lage al. Situation sein **3** v zamestnaní e Stellung (≈, en), r Posten (s, ≈)
postaviť 1 umiestniť stellen **2** vybudovať auf|bauen, auf|stellen, pomník errịchten; *~ stan* s Zelt auf|bauen al. auf|schlagen **3** dať variť auf|setzen; *~ vodu na kávu, čaj* Kaffeewasser, Teewasser aufsetzen; **~ sa 1** vzpriamiť sa sich auf|richten **2** stať si do radu sich an|stellen
poste restante postlagernd
posteľ s Bett ((e)s, en); *ustlať ~* s Bett machen; *ľahnúť si do ~e* sich ins Bett legen
posteľn|ý Bett-; *–á bielizeň* e Bettwäsche, hovor. s Bettzeug
postgraduáln|y postgraduạl; *–e štúdium* s postgraduale Studium
postihnúť o chorobe, nešťastí ap. befạllen*, betrẹffen*

PQRS

postiť sa fasten
postlať das Bett machen
postoj 1 e Stellung (≈, en), e Haltung (≈, en) **2** stanovisko e (Ein)stellung (≈, en)
postrann|ý 1 bočný Seiten-, Neben-, seitlich **2** nečestný unlauter, hinterhältig; *–é úmysly* unlautere Absichten
postreh e Wahrnehmung (≈, en), e Be|ọbachtung (≈, en), e Bemẹrkung (≈, en); **~núť** wahrnehmen*, be|ọbachten, bemẹrken
postriekať besprịtzen, besprẹngen
postup 1 pohyb dopredu s Vorrücken (s, 0), s Fortschreiten (s, 0), voj. r Vormarsch (es, ≈e) **2** priebeh r Fortgang ((e)s, ≈e), r Verlạuf ((e)s, ≈e), r Prozẹß <...ss> (sses, sse) **3** metóda s Verfạhren (s, ≈), e Methọde (≈, n)
postúpiť 1 podísť vor|rücken (i.), auf|rücken (i.) **2** dosiahnuť vyššie postavenie auf|steigen* (i.) **3** pokročiť fort|schreiten* (i.) **4** prenechať, odovzdať weiter|leiten, ab|treten*
postupne allmählich, stufenweise, schrittweise
postupnosť e (Reihen)folge (≈, n)
postupný fortschreitend, allmählich
postupovať fort|schreiten* (i.), vor|gehen* (i.), ver|fạhren* (i.)
posúdiť 1 beurteilen, bewerten **2** odb. begụtachten
posudok e Be|urteilung (≈, en), s Gut|achten (s, ≈), e Begụt|achtung (≈, en); *lekársky* ~ ein ärztliches Gut|achten
posudzovať pozri *posúdiť*
posunok e Gebạ̈rde (≈, n), e Geste (≈, n)
posunúť (ver)schịeben*; **~ sa** sich verschịeben*
posvätn|ý(e) heilig
posypať (be)strẹuen
posýpk|a r al. s Streusel (s, ≈) obyčajne MNČ; *koláč s –ou* r Streuselkuchen
poškod|iť 1 pokaziť beschạ̈digen, kaputt machen **2** ublížiť schädigen; *koho zdravotne* ~ j-n gesundheitlich beschạ̈digen; **~ sa** sich beschạ̈digen; **–ený 1** PR M beschạ̈digt, schadhaft **2** PODST M práv. r Geschạ̈digte (n, n)
poškrabať (sa) (sich) kratzen, (sich) ritzen, zerkratzen, schrammen
pošliapať nieder|treten*, zertrẹten*
pošmyknúť sa (aus)|rutschen (i.)
pošt|a e Post (≈, 0); *letecká* ~ e Luftpost; *poslať čo –ou* etw mit der Post schicken al. per Post schicken; *ísť na –u* zur Post gehen al. auf die Post gehen*
poštár r Briefträger (s, ≈)
poštípa|ť o hmyze stechen*; *–ný od komárov* von Mücken gestochen
poštovné s Porto (s, s al. Porti), e Postgebühr (≈, en); **~ paušalizované** frei durch Ablösung
poštov|ý Post-, Brief-; ~ *holub* e Brieftaube; *–á cenina* s Postwertzeichen; ~ *schránka* r Briefkasten; *–á poukážka* e Post|anweisung; *–á priehradka* r (Post)schalter; ~ *priečinok* s Postfach; *–é smerovacie číslo* e Postleitzahl; ~ *úrad* s Post|amt
pot r Schweiß (es, 0)
potácať sa 1 taumeln, schwanken **2** o opilcovi torkeln
potajomky heimlich, gehẹim
potápač r Taucher (s, ≈)
potápať sa 1 (unter)tauchen **2** o lodi untergehen* (i.), sinken* (i.)
potencia e Potẹnz (≈, en)
potenciál s Potentịal [pọten'cja:l] (s, e)
potenciáln|y(e) potentị|ẹll [pọten'cjel]
potešen|ie radosť s Vergnụ̈gen (s, ≈), e Freude (≈, n); *je mi –ím* es ist mir ein Vergnụ̈gen
potešiť erfrẹuen, Freude berẹiten (*koho* j-m); **~ sa** sich erfrẹuen, Freude haben* (*kým/čím* an j-m/etw)
potešiteľn|ý(e) erfrẹulich
potiahnuť 1 ziehen, zupfen **2** látkou ap. überzịehen*, belẹgen **3** hovor. ukradnúť klauen
potichu leise, still
potiť sa schwitzen

potkan e Ratte (≈, n)
potknúť sa stolpern (*o čo* über etw A)
potlačiť unterdrücken, ersticken
potlesk r Beifall ((e)s, 0), r Applaus (es, e)
potme im Finstern, im Dunkeln
potok r Bach ((e)s, ≈e)
potom dann, darauf, danach, nachher
potomok r Nachkomme (n, n), r Nachfahre (n, n)
potomstvo e Nachkommenschaft (≈, en)
potopa e Überschwemmung, e Flut (≈, en); *potopa sveta* e Sintflut (≈, n)
potopiť sa 1 ponoriť sa unter|tauchen **2** o lodi versinken*, unter|gehen*
potrat 1 e Fehlgeburt (≈, en) **2** lek. zákrok e Abtreibung
potratiť eine Fehlgeburt haben, fehl|gebären*
potrava e Nahrung (≈, 0)
potravin|a(y) s Nahrungsmittel (s, ≈), s Lebensmittel (s, ≈); *obchod s –ami* s Lebensmittelgeschäft, die Lebensmittel MNČ; **–árský** Lebensmittel-, Nahrungsmittel-; *–árský priemysel* e Nahrungsmittel|industrie
potreb|a 1 nutnosť e Notwendigkeit (≈, en), r Bedarf ((e)s, e); *pre osobnú –u* für den persönlichen Bedarf; *podľa –y* nach Bedarf **2** požiadavka s Bedürfnis (ses, se); *uspokojiť čie –y* j-s Bedürfnisse befriedigen **3** pomôcky r Bedarf ((e)s, e), r Artikel (s, ≈); *školské –y* r Schulbedarf; *športové –y* e Sport|artikel; *kancelárske –y* r Bürobedarf **4** fyziologický úkon e Notdurft
potrebn|ý notwendig, nötig; *považovať čo za –é* etw für notwendig halten
potreb|ovať 1 brauchen, benötigen **2** hovor. musieť müssen*; *–ujem ísť nakúpiť* ich muß <...ss> einkaufen gehen
potrestať (be)strafen
potrieť bestreichen* (*čo čím* etw mit etw)
potrpieť si Wert legen (*na koho/čo* auf j-n/etw A), auf/j-n etw halten (*na koho/čo* für j-n/etw A), Vorliebe haben* (*na koho/čo* für j-n/etw A)
potrubie e Rohrleitung (≈, en); *vodovodné, plynové* ~ e Wasserleitung, e Gasleitung
potrubn|ý Rohr-; *–á pošta* e Rohrpost
potuchnutý dumpfig, moderig, muffig, o masle ranzig
potulovať sa sich herum|treiben*, herum|bummeln
potup|a e Schmach (≈, 0), e Schmähung (≈, en); **–iť** ver|unglimpfen, schmähen
potupn|ý(e) schmachvoll
potvrdenie e Bescheinigung (≈, en), e Bestätigung (≈, en); *vystaviť komu* ~ j-m eine Bescheinigung ausstellen; *predložiť* ~ eine Bescheinigung vorlegen
potvrdenka 1 e Bestätigung (≈, en) **2** o príjme e Quittung (≈, en)
potvrdiť bestätigen, bekräftigen
potýčka slovný súboj e Plänkelei (≈, en)
poučenie e Belehrung (≈, en), e Lehre (≈, n)
poučiť belehren (*koho o čom* j-n über etw A), eine Belehrung erteilen (*koho* j-m); **~ sa** lernen, Lehre ziehen* (*z čoho* aus etw D); *dať sa* ~ sich belehren lassen
poučn|ý(e) belehrend, lehrreich, lehrhaft
poukaz 1 r Schein ((e)s, e), r Scheck (s, s); *odberný* ~ r Bezug(s)schein ((e)s, e) **2** upozornenie r Hinweis (es, e)
poukázať 1 upozorniť hin|weisen* (*na čo* auf etw) **2** peniaze über|weisen*, an|weisen*
poukážka e Anweisung (≈, en), r Schein ((e)s, e); *poštová* ~ e Postanweisung
pouličn|ý Straßen-; *–á premávka* r Straßenverkehr; *–é osvetlenie* e Straßenbeleuchtung
použiť benutzen, an|wenden*, ver-

PQRS

wẹnden*, gebrạuchen
použitie e Anwendung (≈, en), e Benụtzung (≈, en), r Gebrạuch ((e)s, 0); *návod na* ~ e Gebrauchs|anweisung
povaha 1 človeka e Natụr (≈, en), r Charạkter [k...] (s, e), e Wesensart (≈, en) **2** veci e Beschạffenheit (≈, en), e Natụr (≈, en), e Art (≈, en)
povahov|ý Charạkter- [k...]; *–á vlastnosť, črta* r Charakterzug
povaľovať sa 1 o ľuďoch faulenzen **2** o veciach herụm|liegen*
povážliv|ý(o) prekạ̈r, bedẹnklich
považovať halten* (*koho/čo za čo* j-n/etw für etw A); ~ *čo za samozrejmé* etw für selbstverständlich halten
pov|edať sagen; *čo na to –ieš?* was sagst du dazu?; ~ *čo otvorene, žartom* etw offen, im Scherz sagen
povedomý bekạnnt; *je mi* ~ er kommt mir bekannt vor
povel r Befẹhl ((e)s, e), s Kommạndo (s, s); *vydať* ~ einen Befehl erteilen
pover|a r Aberglaube (ns, 0); **–čivý** abergläubisch
poverenie e Be|ạuftragung (≈, en), e Bevọllmächtigung (≈, en)
poveriť be|ạuftragen*, betrạuen (*koho čím* j-n mit etw)
povesť 1 e Sage (≈, n) **2** fáma s Gerụ̈cht ((e)s, e) **3** verejná mienka r Ruf ((e)s, 0); *mať dobrú, zlú, pochybnú* ~ einen guten, schlechten, zweifelhaften Ruf haben
povestný 1 v dobrom bekannt, berühmt **2** v zlom berüchtigt
poveternostn|ý Wetter-, Witterungs-; *–á situácia*, e Wetterlage; *–á správa* r Wetterbericht
povetrie 1 vzduch e Luft (≈, ≈e) **2** podnebie s Wetter (s, 0), e Witterung (≈, 0)
poviedka e Erzạ̈hlung (≈, en)
povinne obligatọrisch, pflichtgemäß
povinnosť e Pflicht (≈, en); *pracovná* ~ e Arbeitspflicht; *zmysel pre* ~ s Pflichtgefühl
povinn|ý 1 o osobe verpflịchtet **2** o veci Pflicht-, obligatọrisch; *–á školská dochádzka* e Schulpflicht; *–é očkovanie* e Pflicht|impfung; *–é prednášky* obligatorische Vorlesungen; *–é ručenie* e Haftpflicht
povlak 1 r Überzug ((e)s, ≈e), r Bezụg ((e)s, ≈e) **2** na jazyku r Belạg
povliekať überzịehen*, bedecken*
povodeň s Hochwasser (s, ≈), e Überschwẹmmung (≈, en)
povojnov|ý Nachkriegs-; *–é roky* die Nachkriegsjahre
povolanie r Berụf ((e)s, e); *voľba, zmena* ~ e Berufswahl, r Berufswechsel
povolať 1 poveriť úlohou berụfen*, ernẹnnen **2** voj. ein|berufen*
povolávací voj. Einberufungs-; ~ *rozkaz* r Einberufungsbefehl
povolenie e Bewịlligung (≈, en), e Erlạubnis (≈, se), e Genehmigung (≈, en), e Einwilligung (≈, en); *dať komu ~ na čo* j-m seine Genehmigung al. Einwilligung zu etw geben*; ~ *vycestovať* e Ausreisegenehmigung al. e Ausreise|erlaubnis; *pracovné* ~ e Arbeits|erlaubnis; ~ *na pobyt* e Aufenthaltsbewilligung
povolený 1 bewịlligt, erlaubt **2** uvoľnený schlaff, locker
povoliť 1 uvoľniť nach|lassen*, lockern **2** dovoliť einwilligen, bewịlligen, genẹhmigen (*komu čo* j-m etw A) **3** zoslabnúť nach|lassen*
povoz s Fuhrwerk ((e)s, e), e Fuhre (≈, n)
povrávať sa heißen*; *povráva sa, že...* es heißt, daß...
povraz r Strick ((e)s, e), s Seil ((e)s, e); **~olezec** r Seiltänzer (s, ≈)
povrch e Oberfläche (≈, n)
povrchn|ý(e) oberflächlich
povrchov|ý Oberflächen-, Tage-; *–á ťažba* r Tagebau
povstanie r Aufstand ((e)s, ≈e)
povstať 1 vstať auf|stehen* (i.) **2** vzbúriť sa sich erhẹben* (*proti komu/čomu* gegen j-n/etw)
povýšiť voj. ap. befọ̈rdern

povzbudiť auf|muntern, ermuntern, an|regen
povzbudiv|ý(o) aufmunternd, anregend, ermutigend; ~ *úsmev* ein ermutigendes Lächeln
povzbudzovať pozri *povzbudiť*
povzdych r Seufzer (s, ≈)
povznášajúc|i(o) erbaulich, erhebend
póza e Pose (≈, n), e Haltung (≈, en)
pozadie r Hintergrund ((e)s, ≈̈e)
pozadu hinten, zurück; *zostávať* ~ zurück|bleiben*
pozajtra übermorgen; *stretneme sa* ~ wir treffen uns übermorgen
pozdĺž PREDL längs G, entlang G/D; ~ *rieky* längs des Flusses
pozdĺžn|y(e) länglich, Längs-, Längen-
pozdrav r Gruß (es, ≈̈e); *so srdečným ~om* mit herzlichem Gruß; *odovzdať komu* ~ j-m einen Gruß ausrichten al. überbringen
pozdraviť **1** (be)grüßen **2** odovzdať pozdrav grüßen lassen* (*koho* j-n), Grüße aus|richten (*koho* j-m); *mám ťa ~ od Helgy* ich soll dir Grüße von Helga ausrichten
pozemkov|ý Grund-, Boden-; *–á daň* e Grundsteuer; *–á kniha* s Grundbuch
pozemn|ý Erd-, Land-; *–é práce* die Erdarbeiten; šport. ~ *hokej* s Hockey
pozemok s Grundstück ((e)s, e), e Parzelle (≈, n); *stavebný* ~ e Bauparzelle
pozemsk|ý(y) irdisch
pozerať sa prizerať sa zu|sehen* (*na koho* j-m bei etw D)
pozíc|ia **1** poloha e Position (≈, en), e Lage (≈, en) **2** postavenie e Position (≈, en), e Stellung (≈, en); *mať dobrú –iu* eine gute Position haben
pozitív fot. s Positiv (s, e)
pozitívn|y(e) positiv
pozlát|iť vergolden; *–ený prsteň* ein vergoldeter Ring
pozlátka **1** z pravého zlata s Schlaggold ((e)s, 0) **2** z nepravého zlata s Flittergold (es, 0)
poznamenať **1** podotknúť bemerken, eine Bemerkung machen **2** zapísať si vermerken, notieren
poznámk|a **1** e Bemerkung (≈, en); *ironická* ~ eine ironische Bemerkung **2** písomná e Bemerkung (≈, en), e Notiz (≈, en); *robiť si –y* sich Notizen machen; **–ový** Notiz-, Anmerkungs-; ~ *blok* s Notizbuch
pozn|ať **1** mať znalosť kennen*; ~ *pravdu* e Wahrheit kennen **2** spoznať erkennen*, wieder|erkennen*; *odkiaľ sa –áme?* woher kennen wir uns?; ~ *koho podľa hlasu* j-n nach der Stimme erkennen **3** zoznámiť sa kennen|lernen <kennen lernen>; *teší ma, že vás –ávam* es freut mich, Sie kennenzulernen; **~ sa** **1** byť známy sich kennen*; ~ *sa z videnia* sich vom Sehen her kennen **2** zoznámiť sa sich kennen|lernen, bekannt werden* (*s kým* mit j-m)
poznávac|í Erkennungs-, Erkenntnis-; *štátna –ia značka* motor. vozidla s Kennzeichen
pozor **1** e Achtung (≈, 0), e Vorsicht (≈, 0); *~, schod!* Vorsicht, Stufe! **2** dávať pozor auf|passen, acht|geben* (*na koho/čo* auf j-n/etw) **3** voj. povel Achtung!
pozornosť **1** e Aufmerksamkeit (≈, 0); *vzbudiť ~iu* ~ j-s Aufmerksamkeit wecken **2** zdvorilosť e Aufmerksamkeit (≈, en)
pozorn|ý(e) aufmerksam, vorsichtig
pozorovanie e Beobachtung (≈, en), e Betrachtung (≈, en)
pozorov|ať **1** beobachten, betrachten **2** vnímať merken, wahr|nehmen*; ~ *rozdiel* den Unterschied merken; **–ateľ** r Beobachter (s, ≈)
pozoruhod|nosť e Sehenswürdigkeit (≈, en); **–ný** sehenswürdig, sehenswert, beachtenswert, bemerkenswert
pozosta|losť e Hinterlassenschaft (≈, en); **–lý** r Hinterbliebene (n, n)

PQRS

pozostat|ok r Überrest ((e)s, e), s Überbleibsel (s, ≈); *telesné –ky* die sterblichen Überreste
pozri sieh(e); ~ *dole!* siehe unten!, skr. s. u.; ~ *vyššie!* sieh(e) oben!, skr. s. o.
pozrieť sa 1 schauen, blicken; ~ *komu do očí* j-m in die Augen schauen **2** na koho/čo an|schauen, an|sehen* **3** pohľadať nach|schauen **4** hovor. navštíviť besuchen; ~ *tetu* die Tante besuchen
pozvanie e Einladung (≈, en)
pozvánka e Einladung (≈, en), e Einladungskarte (≈, n)
pozvať ein|laden*; ~ *koho na čaj, pohár vína* j-n zum Tee, zu einem Glas Wein einladen; ~ *koho do divadla* j-n ins The|ater einladen
požadovať fordern, be|anspruchen, verlangen; ~ *náhradu škody* Schaden|ersatz be|anspruchen
požehnanie r Segen (s, ≈)
požiadať bitten*, zdvorilo ersuchen (*koho o čo* j-n um etw A); *môžem ťa/vás o niečo ~?* kann ich dich/Sie um etwas bitten?
požiadav|ka e Anforderung (≈, en), r Anspruch ((e)s, ≈e), e Forderung (≈, en); *vaše –ky sú neprijateľné* Ihre Forderungen sind un|annehmbar; *finančná* ~ e Geldforderung
požiar r Brand ((e)s, ≈e), s Feuer (s, 0); *založiť* ~ einen Brand legen; *uhasiť* ~ einen Brand löschen; **~nik** r Feuerwehrmann ((e)s, ≈er al. leute)
požiarny Feuer-; ~ *automat* r Feuermelder; ~ *poplach* r Feuer|alarm; ~ *zbor* e Feuerwehr
požičať leihen*, borgen; **~ si** sich (aus)|leihen, sich borgen; ~ *si knihy z knižnice* die Bücher aus der Bibliothek ausleihen
požičovňa r Verleih (s, 0), s Ausleihe (≈, n), r Ausleihdienst (es, 0)
požívateľn|ý(e) ge|ießbar
požívatina s Genußmittel <...ss...> (s, ≈)
pôda r Boden (s, ≈̈), e Erde (≈, 0)
pôdorys r Grundriß <...ss> (sses, sse)
pôrod e Geburt (≈, en); *predčasný* ~ e Frühgeburt; **~nica** e Entbindungs|anstalt (≈, en), e Entbindungstation (≈, en)
pôrodnosť e Natalität (≈, 0), e Geburtenziffer (≈, n)
pôrodn|ý Geburts-; *–á asistentka* e Geburtshelferin; *–é bolesti* e Geburtswehen; *–á sála* r Kreißsaal
pôsobenie e Wirkung (≈, en)
pôsobisko r Wirkungsbereich ((e)s, e), r Wirkungsort ((e)s, e)
pôsobiť wirken (*na koho/čo* auf j-n/etw)
pôsobiv|ý(o) wirksam, wirkungsvoll
pôsobnosť s Wirken (s, 0)
pôst e Fastenzeit (≈, en), s Fasten (s, 0)
pôvab e Anmut (≈, 0), r Reiz (es, e)
pôvabn|ý(e) anmutig, reizvoll
pôvod e Herkunft (≈, 0), r Ursprung ((e)s, ≈e); *~om je Nór, z Nórska* seiner Herkunft nach ist er Norweger, er kommt aus Norwegen
pôvodn|ý(e) ursprünglich, originell
pôžička s Darlehen (s, ≈)
pôžitkár r Ge|ießer (s, ≈); **~sky** ge|ießerisch
pôžitok r Genuß (sses, ≈sse)
prababička e Urgroßmutter (≈, ≈̈), hovor. e Ur|oma (≈, s)
prác|a e Arbeit (≈, en); *telesná, duševná* ~ e körperliche, e geistige Arbeit; *domáca* ~ e Haus|arbeit; *ručná* ~ e Hand|arbeit; ~ *na zmeny* e Schicht|arbeit; *ísť do –e* zur Arbeit gehen; *mať veľa –e* viel Arbeit haben; *byť bez –e* ohne Arbeit al. arbeitslos sein; *úrad –e* s Arbeits|amt ~ *nadčas* e Überstundenarbeit, die Mehrarbeit
práceneschop|nosť e Arbeits|unfähigkeit (≈, 0); **–ný** arbeits|unfähig
práceschopn|osť e Arbeitsfähigkeit (≈, 0); **–ý** arbeitsfähig
prací Wasch-; ~ *prostriedok* s Waschmittel; ~ *prášok* s Waschpulver
praclík e Brezel (≈, n)

PQRS

prácn|y(e) mühsam, schwierig
pracovať arbeiten (*na čom* an etw D); ~ *telesne, duševne* körperlich, geistig arbeiten; ~ *ako učiteľ* als Lehrer arbeiten
pracovisko r Arbeitsplatz (es, ≈̈e), e Arbeitsstelle (≈, n)
pracovitý arbeitswillig, arbeitsam
pracovňa s Arbeitszimmer (s, ≈), r Arbeitsraum ((e)s, ≈̈e)
pracovník r (Mit|)arbeiter (s, ≈)
pracovn|ý Arbeits-; ~ *čas* e Arbeitszeit; ~ *pomer* s Arbeitsverhältnis; *–é povolenie* e Arbeits|erlaubnis, e Arbeitsgenehmigung; *–á sila* e Arbeitskraft; *–á zmluva* r Arbeitsvertrag
pracujúci 1 PR M arbeitend, berufstätig, werktätig **2** PODST M r Werktätige (n, n)
práčka e Waschmaschine (≈, n)
pračlovek r Urmensch (en, en)
práčovňa 1 podnik služieb e Wäscherei (≈, en) **2** miestnosť e Waschküche (≈, n)
pradedo r Urgroßvater (s, ≈̈), hovor. r Ur|opa (s, s)
prah e Schwelle (≈, n); *prekročiť* ~ über die Schwelle treten
prahnúť kniž. schmachten, dürsten, sich sehnen (*po kom/čom* nach j-m/ etw)
prach r Staub ((e)s, 0), s Pulver (s, ≈); *uhoľný* ~ r Kohlenstaub; *utierať* ~ Staub wischen; *strelný* ~ s Schießpulver
práchnivieť morsch werden* (i.)
prachovka s Staubtuch ((e)s, ≈̈er), r Staublappen (s, ≈)
prachy hovor. peniaze s Pulver (s, ≈), e Piepen MNČ, e Mäuse MNČ
prak e Schleuder (≈, n)
praktick|ý(y) praktisch; *–ý lekár* Facharzt für Allgemeinmedizin, hovor. praktischer Arzt
prales r Urwald ((e)s, ≈̈er)
pralinka e Praline (≈, n), e Trüffel (≈, n)
prameň 1 e Quelle (≈, n); *liečivý* ~ e Heilquelle; *termálny* ~ e Thermalquelle **2** vlasov e Strähne (≈, n)
pramen|iť entspringen* (i.), quellen* (i.); **–istý** Quell-
pramica e Fähre (≈, n), r Prahm ((e)s, e al. ≈̈e)
pranie e Wäsche (≈, n); *veľké* ~ große Wäsche
prarodičia e Ureltern MNČ, e Groß|eltern MNČ
prasa s Schwein ((e)s, e), s Ferkel (s, ≈); *morské* ~ s Meeresschweinchen
prasiatko s Ferkel (s, ≈)
praskať 1 bersten* (i.), zerspringen* (i.), platzen (i.) **2** vydávať zvuk krachen, knack(s)en, knis|tern
prasklina r Riß <...ss> (sses, sse)
prasknúť bersten* (i.), platzen (i.); ~ *od zlosti* vor Wut platzen; ~ *od smiechu* sich tot|lachen
praslica r Spinnrocken (s, ≈)
prastarý ur|alt
prášiť 1 stauben **2** koberce klopfen
práškový Pulver-, Staub-; Puder-, ~ *cukor* r Staubzucker, r Puderzucker
prášok 1 s Pulver (s, ≈); ~ *na pranie* s Waschpulver; ~ *do pečiva* s Backpulver **2** lek. e Tablette (≈, n), s Medikament ((e)s, e)
prať waschen*
pravák r Rechtshänder (s, ≈)
pravd|a e Wahrheit (≈, en); *hovoriť –u* e Wahrheit sagen; *to nie je* ~ das ist nicht wahr; *(ne)mať –u* recht (nicht) haben
pravdepodobne wahrscheinlich, höchstwahrscheinlich
pravdepodobnosť e Wahrscheinlichkeit (≈, en)
pravdepodobn|ý(e) wahrscheinlich, vermutlich
pravdiv|ý(o) wahr(haftig)
práve 1 eben, gerade, ausgerechnet, *to som chcel* ~ *povedať* das wollte ich eben sagen **2** priamo gleich, gerade; ~ *oproti nám* gerade uns gegenüber
pravek e Urzeit (≈, 0), e Vorzeit (≈, 0)
pravic|a 1 ruka e Rechte (n, n) **2** polit. e Rechte (n, 0); **–ový** rechts-, rechts-

PQRS

gerichtet

pravidelnosť e Regelmäßigkeit (≈, en)

pravideln|ý(e) regelmäßig; *vlak z Berlína s –ým príchodom...* der Zug aus Berlin, fahrplanmäßige Ankunftszeit...

pravidl|o e Regel (≈, n); *–á hry* die Spielregeln; *držať sa –a* sich an die Regel halten

pravítko s Lineal (s, e)

právnick|ý juristisch, rechtswissenschaftlich; *–á fakulta* die juristische Fakultät

právnik r Jurist (en, en)

pravnuk r Ur|enkel (s, ≈)

právny juristisch, Rechts-, rechtlich; *~ nárok* r Rechts|anspruch; *~ poradca* r Rechtsberater; *~ zástupca* r Rechts|anwalt

práv|o 1 nárok s Recht ((e)s, e) (*na čo* auf etw A); *~ na prácu* das Recht auf Arbeit; *mať ~ na čo* Recht auf etw haben; *ľudské –a* die Menschenrechte **2** súhrn noriem s Recht ((e)s, 0); *trestné ~* s Strafrecht

právom mit Recht

právomoc e Befugnis (≈, se), e Kompetenz (≈, en)

pravopis e Rechtschreibung (≈, en), e Orthographie <...fie> (≈, i|en)

pravopisn|ý Rechtsschreib-, rechtschreiblich, orthographisch <...fisch>; *–á chyba* r Rechtsschreibfehler

právoplatn|ý(e) rechtsgültig, rechtskräftig

pravouhlý rechtwink(e)lig

prav|ý 1 opak ľavý recht; *–á ruka* e rechte Hand; *–á strana* e rechte Seite **2** polit. rechts(ori|entiert) **3** skutočný echt, wahr; *–é zlato* echtes Gold; *–á príčina* r wahre Grund **4** správny richtig, wirklich, recht; *jeho –é meno* sein richtiger Name **5** mat. recht; *~ uhol* r rechte Winkel

prax 1 e Praxis (≈, 0) **2** počas štúdia s Praktikum (s, ken al. ka)

prázdninový Feri|en-; *~ pobyt* r Feri|enaufenthalt

prázdniny e Feri|en MNČ *letné, zimné ~* e Sommerferi|en, e Winterferi|en; *ísť na ~* in die Feri|en fahren; *cez ~* in den Feri|en

prázdny leer

praženica MNČ die Rühr|eier

pražený geröstet

prdieť vulg. furzen

pre PREDL **1** cieľ, účel für A, an A; *to je ~ teba* das ist für dich; *má to svoje ~ a proti* es hat sein Für und Wider **2** príčina, dôvod wegen G, infolge G; *~ chorobu* wegen Krankheit

prebaliť 1 znovu zabaliť um|packen **2** dieťa wickeln

prebeh|núť 1 priestorom überlaufen*, durch|laufen* (i.) **2** istú vzdialenosť durchlaufen, zurück|legen **3** zradiť über|laufen; *~ k nepriateľovi* zum Feind(e) überlaufen **4** mať priebeh vergehen* (i.), verlaufen* (i.); *všetko –lo bez následkov* alles verlief ohne Folgen

prebodnúť durchstechen*, durchbohren

preboha! mein Gott!, um Gottes Willen!

preboriť durchbrechen* (h.); **~ sa** durchbrechen* (i.), einbrechen* (i.)

prebrať 1 roztriediť aus|lesen*, sortieren **2** učivo durch|nehmen* **3** tému besprechen* **4** priviesť k vedomiu wieder|beleben; **~ sa** erwachen (i.), zu sich kommen* (i.)

prebudiť wecken; **~ sa** erwachen (i.), auf|wachen (i.), wach werden* (i.)

prebytočn|ý(e) überschüssig, überzählig, übrig

prebytok r Überschuß <...ss> (sses, ⸚sse)

precedens práv. r Präzedenzfall ((e)s, ⸚e)

preceniť überschätzen

precestov|ať 1 bez prestávky durch|fahren* (i.); *–ali sme celú noc* wir sind die ganze Nacht durchgefahren **2** prejsť krížom-krážom durch|reisen; *–al celý svet* er hat die ganze Welt durchreist

precitliven|ý(o) über|empfindlich

precízn|y(e) präzise

preclenie s Verzollen (s, 0); *máte niečo na ~* haben Sie etw zu verzollen

precliť verzollen

preč 1 fort, weg; *choď ~!* geh weg!; *byť ~* weg sein **2** čas. vorbei, vorüber; *je deväť hodín ~* es ist neun Uhr vorbei

prečítať (durch)|lesen*

prečnievať überragen, über|stehen

prečo warum, weshalb; *~ nie?* warum nicht?

prečože warum denn; *~ nie?* warum denn nicht?

pred vor D, A; *stáť ~ domom* vor dem Haus stehen; *ísť ~ dom* vor das Haus gehen; *postaviť koho ~ súd* j-n vor Gericht stellen; *~ chvíľou* vor einer Weile

predaj r Verkauf ((e)s, ≈e) (*čoho* von etw); pouličný ~ r Straßenverkauf; *mať čo na ~* etw zu verkaufen haben; *byť na ~* zum Verkauf stehen

predajňa e Verkaufsstelle (≈, n), s Geschäft ((e)s, e), r Laden (s, ≈)

predajn|ý 1 Verkaufs-, verkäuflich; *–á cena* r Verkaufspreis; *~ automat* r Verkaufs|automat **2** aj pren. käuflich; *~ človek* ein käuflicher Mensch

predák r Vor|arbeiter (s, ≈), r Vormann ((e)s, ≈er)

predať verkaufen; *výhodne ~* günstig verkaufen; *~ pod cenu* unter dem Wert verkaufen

predavač r Verkäufer (s, ≈)

predávať pozri *predať*

predávkovať überdosieren

predbehnúť 1 überholen **2** v čom übertreffen*

predbež|ný(e) vorläufig, Vor-, einstweilig; *to ~ stačí* das ist* einstweilen genug

predbiehať pozri *predbehnúť*

predčasn|ý(e) vorzeitig, Früh-

predhovor s Vorwort ((e)s, e)

predchádzajúci vorhergehend, Vor-

predchádzať pozri *predísť*

predchodca r Vorgänger (s, ≈)

prediskutovať bereden (*s kým čo* mit j-m D etw A)

predísť 1 predbehnúť überholen **2** zabrániť vor|beugen (*čomu* etw D)

predjedlo e Vorspeise (≈, n)

predlaktie anat. r Unter|arm ((e)s, e)

predloha 1 e Vorlage (≈, n) **2** práv. r Entwurf ((e)s, ≈e)

predložiť 1 vor|legen, unterbreiten **2** jedlo auf|tischen, servieren [zer'vi:-rən]

predložka 1 koberec r Vorleger (s, ≈) **2** gram. e Präposition (≈, en)

predĺžiť verlängern; **~ sa** länger werden* (i.), sich verlängern

predlžovac|í Verlängerungs-; *–ia šnúra* e Verlängerungsschnur (≈, ≈e)

predmest|ie e Vorstadt (≈, ≈e), r Vorort ((e)s, e); **–ský** vorstädtisch, Vorstadt-

predmet 1 r Gegenstand ((e)s, ≈e), s Objekt ((e)s, e) **2** školský s (Lehr)fach ((e)s, ≈er) **3** gram. s Objekt ((e)s, e)

prednášajú|ci muž r Vortragende (n, n); **–ca** e Vortragende (n, n)

prednášať 1 vor|tragen*, einen Vortrag halten* **2** vysloviť vor|bringen*

prednášk|a 1 r Vortrag ((e)s, ≈e); *mať –u* einen Vortrag halten **2** na univerzite e Vorlesung (≈, en); *chodiť na –y* in die Vorlesungen gehen, Vorlesungen besuchen

prednáškov|ý Vortrags-, Hör-; *–á sieň* r Hörsaal

predniesť reč vortragen, eine Rede halten*, ausbringen*; *~ prípitok* einen Trinkspruch ausbringen

prednosť 1 vlastnosť r Vorzug ((e)s, ≈e), r Vorteil ((e)s, e) **2** väčší nárok r Vorrang ((e)s, 0), s Vorrecht ((e)s, e) **3** v jazde e Vorfahrt (≈, 0)

prednosta r Vorsteher (s, ≈), r Vorstand (es, ≈e)

prednostne vorzugsweise

prednostný Vorzugs-

predný 1 vorder, Vor-, Vorder- **2** po-

_{predný} führend
predohra s Vorspiel ((e)s, e)
predok[1] r Ahn ((e)s al. en, en), r Vorfahr (en, en)
predok[2] predná časť e Vorderseite (≈, n), s al. r Vorderteil ((e)s, e)
predošlý vorig, vorhẹrig, vorạngegangen
predovšetkým vor allem, erstens
predpis 1 nariadenie e Vorschrift (≈, en) **2** návod e Verordnung (≈, n), Rezẹpt (≈, e)
predpísať 1 nariadiť vor¦schreiben* **2** lek. verschrẹiben*, ver¦ọrdnen
predpisovať pozri *predpísať*
predplat¦iť vorạus¦zahlen, abonnịeren; **–né** s Abonnemẹnt [abonə'mã:] (s, s)
predpoklad e Vorạussetzung (≈, en); *za ~u, že...* unter der Voraussetzung, daß...; **~ať** vorạus¦setzen, an¦nehmen*
predpona e Vorsilbe (≈, n), s Präfix (es, e)
predposledný vorletzt
predpoveď e Vorhẹrsage (≈, n), e Vorạussage (≈, n); *~ počasia* e Wettervorhersage
predpovedať vorhẹr¦sagen, vorạus¦sagen
predpredaj r Vorverkauf ((e)s, 0); *~ lístkov* r Kartenvorverkauf
predražiť übertẹuern
predsa 1 naozaj doch **2** jednako dennoch **3** SP napriek tomu trotzdẹm
predsavzatie s Vorhaben (s, ≈), r Vorsatz (es, ≈e)
predsavziať si sich vor¦nehmen*
predsed¦a r Vorsitzende; *~ vlády* r Ministerpräsident; **–ať** vor¦sitzen, den Vorsitz haben
predsední¦cky Vorstands-; **–ctvo** r Vorstand ((e)s, ≈e), s Präsịdium (s, di¦en)
predsieň 1 e Diele (≈, n), r Flur ((e)s, e) **2** na úrade s Vorzimmer (s, ≈)
predstava e Vorstellung (≈, en)
predstavenie e Vorstellung (≈, en); *divadelné ~* e Theatervorstellung
predstavenstvo r Vorstand ((e)s, ≈e)
predstavi¦ť 1 vor¦stellen; *dovoľte, aby som vám –l* gestatten Sie, daß ich Ihnen... vorstelle **2** ukázať dar¦stellen, präsentịeren; **~ sa** sich A vor¦stellen **~ si** sich D vorstellen; *to si neviem predstaviť* das kann ich mir nicht vorstellen
predstaviteľ 1 reprezentant r Repräsentạnt (en, en), r Vertrẹter (s, ≈) **2** div. r Darsteller (s, ≈)
predstavivosť s Vorstellungsvermögen (s, 0), e Phantasịe (≈, 0)
predstavovať si pozri *predstaviť si*
predstierať vort¦äuschen
predsudok s Vor¦urteil ((e)s, e)
predškolský vorschulisch, Vorschul-; *~ vek* s Vorschulalter
predtucha e Vor¦ahnung (≈, en)
predtým vordem, vorhẹr
predvádzať vorführen
predvčerom vorgestern
predvídať vorạus¦sehen*, vorạus¦ahnen; *to sa dalo ~* das war vorauszusehen
predvídavý vorạussehend, vorạusblickend
predviesť pozri *prevádzať*
predvoj e Vorhut (≈, en)
predvojnový Vorkriegs-
predvol¦anie e Vorladung (≈, en); **–ať** vor¦laden*
predvoľba telefónna e Vorwahl (≈, en)
predzvesť 1 s Vorzeichen (s, ≈) **2** obraz. r Vorbote (n, n), e Vorbedeutung (≈, en)
prefabrik¦át s Fertig(bau)teil ((e)s, e); **–ovať** vor¦fertigen
prefíkaný schlau, gerịssen, listig
preglejka s Furnịer (s, e)
preháňadlo s Abführmittel (s, ≈)
preháňať zveličovať übertrẹiben*
prehánka r Schauer (s, ≈), r Regenschauer (s, ≈), r Schneeschauer (s, ≈)
prehľad r Überblick ((e)s, e), e Über-

PQRS

sicht (≈, en) (*o čom* über etw A); *mať o čom dobrý* ~ einen guten Überblick über etw haben; **~ný** übersichtlich

prehľadať durch|suchen

prehláska lingv. r Umlaut ((e)s, e)

prehliadka 1 e Schau (≈, en), e Vorführung (≈, en); *módna* ~ e Modenschau **2** voj. e Parade (≈, n) **3** lek. e Untersuchung (≈, en) **4** e Besichtigung (≈, en); ~ *mesta* e Besichtigung einer Stadt, e Stadtbesichtigung **5** policajná e Durchsuchung (≈, en); *domová* ~ e Hausdurchsuchung; *colná* ~ e Zollkontrolle

prehliadnuť 1 zrakom obsiahnuť überblicken, übersehen* **2** nevšimnúť si übersehen*; ~ *chybu* einen Fehler übersehen* **3** ignorovať hinwegsehen*

prehltnúť schlucken, verschlucken, verschlingen*

prehnan|ý(e) übertrieben

prehnúť sa sich (ver)biegen*, sich beugen

prehodiť 1 hodením premiestniť hinüber|werfen* **2** cez seba über|werfen*, um|werfen* **3** zameniť um|tauschen, vertauschen

prehovoriť 1 sprechen* al. reden (*s kým o čom* mit j-m über etw A) **2** nahovoriť überreden(*koho na čo* j-n zu etw D)

prehra e Niederlage (≈, n)

prehradiť sperren, rieku ab|dämmen

prehrať 1 v hre verspielen **2** verlieren*; ~ *stávku* e Wette verlieren*

prechádzať 1 durch|gehen* (i.); ~ *dverami* durch die Tür durchgehen **2** prenikať durch|dringen*; **~ sa** spazieren, einen Spaziergang machen

prechádzk|a r Spaziergang ((e)s, ≈e), autom e Spazierfahrt (≈, en); *ísť na –u* einen Spaziergang machen

prechladnúť sich erkälten

prechladnutý erkältet, verkühlt

prechod r Durchgang ((e)s, ≈e); ~ *zakázaný!* Durchgang verboten!

prechodn|ý 1 krátky vorübergehend; ~ *pobyt* r vorübergehende Aufenthalt **2** Übergangs-; *–é obdobie* e Übergangsperiode

prejav 1 vyjadrenie e Äußerung (≈, en), r Ausdruck ((e)s, ≈e) **2** reč e Rede (≈, n), e Ansprache (≈, n); *mať* ~ eine Rede halten

prejaviť äußern, aus|drücken, zeigen; ~ *komu sústrasť* j-m sein Beileid ausdrücken; ~ *záujem o čo* Interesse für etw zeigen; **~ sa** sich zeigen

prejazd e Durchfahrt (≈, en); ~ *zakázaný* Durchfahrt verboten

prejsť[1] **1** über etw gehen* (i.), überqueren; ~ *cez ulicu* e Straße überqueren, über die Straße gehen **2** prekročiť überschreiten*, passieren; ~ *hranice* e Grenze überschreiten*, passieren **3** obraz. über|gehen* (i.); ~ *do jej vlastníctva* in ihr Besitz übergehen; ~ *k inej téme* zum anderen Thema übergehen **4** neakceptovať übergehen*; *prešiel naše námietky* er überging unsere Einwände

prejsť[2] vraziť vozidlom überfahren*; ~ *chodca* einen Fußgänger überfahren

prekáž|ať 1 zavadzať (be)hindern (*komu/čomu* j-n/etw), stören; *to mi –a* das stört mich **2** zabraňovať hindern (*komu v čom* j-n an etw D); **to neprekáža!** das macht nichts!; **–ka** s Hindernis (ses, se), šport. e Hürde (≈, n); šport. *beh cez –ky* r Hürdenlauf

preklad e Übersetzung (≈, en); ~ *z nemčiny do slovenčiny* eine Übersetzung aus dem Deutschen ins Slowakische; **~ať** pozri *preložiť*; **~ateľ** r Übersetzer (s, ≈)

prekladisko r Umladeplatz (es, ≈e)

preklep r Tippfehler (s, ≈)

prekliatie r Fluch ((e)s, ≈e), e Verwünschung (≈, en)

preklínať verfluchen, verwünschen

prekonať 1 überwinden, durch|machen, bewältigen; ~ *prekážky* Hindernisse überwinden; ~ *chorobu* eine Krankheit durchmachen **2** übertreffen* (*v čom* in etw D); ~ *všetky očakávania* alle Erwartungen übertreffen;

~ sa sich überwinden*

prekrásn|y(e) wunderschön, bildschön

prekročiť 1 überschreiten*; ~ *hranice* e Grenze überschreiten **2** nedodržať überschreiten*, übertreten*; ~ *zákon* ein Gesetz übertreten*; ~ *predpísanú rýchlosť* die vorgeschriebene Geschwindigkeit überschreiten

prekrývať sa sich überschneiden, sich überlappen

prekvap|enie e Überraschung (≈, en); **–ený** überrascht

prekvap|iť überraschen; **–ujúci** überraschend

prekvit|ať auf|blühen (i.); *obchod –á* der Handel blüht auf

prekypovať oplývať strotzen (*čím* von/vor etw D); ~ *zdravím* von/vor Gesundheit strotzen

preladiť hud. um|stimmen

prelepiť überkleben

preletieť 1 überfliegen*, durch|fliegen*, fliegend zurück|legen; ~ *Alpy* die Alpen überfliegen **2** obraz. pohľadom überfliegen*, flüchtig durch|sehen*

preliať 1 um|gießen* **2** preplniť über|gießen*

preliezť übersteigen*

preliv e Tönung (≈, en); *dať si urobiť* ~ sich die Haare tönen lassen

prelomiť (sa) 1 durch|brechen* (i.), ein|brechen* (i.) **2** pren. durch|brechen* (i.)

preložiť 1 premiestniť verlegen **2** čas. verlegen, verschieben*; ~ *na budúci týždeň* auf die nächste Woche verlegen al. verschieben* **3** na iné pracovisko versetzen **4** do iného jazyka übersetzen **5** tovar um|laden*

preľstiť überlisten

preľudnený übervölkert

premárniť 1 vergeuden, verschwenden; ~ *čas* e Zeit vergeuden **2** versäumen, verpassen; ~ *príležitosť* eine Gelegenheit versäumen; ~ *šancu* eine Chance verpassen

premávk|a cestná r Verkehr (s, 0); ~ *v oboch smeroch* Verkehr in beiden Richtungen; *ulica s jednosmernou –ou* e Einbahnstraße

premen|a e Umwandlung (≈, en), e Veränderung (≈, en); **–iť** verwandeln, umwandeln

premeniť 1 verwandeln, um|wandeln **2** ver|ändern

premenliv|ý(o) ver|änderlich, unbeständig

premenovať um|nennen*; ~ *ulicu* eine Straße umnennen

prémia e Prämi|e (≈, n)

premiér r Premi|erminister (s, ≈), r Ministerpräsident (en, en)

premiéra e Premi|ere (≈, n), e Erst|aufführung (≈, en), e Ur|aufführung (≈, en)

premiestniť verlegen, versetzen

premiet|ačka r Projektor (s, oren); **–ať** projizieren

premlčať práv. verjähren lassen*

premoč|iť durchnässen; *boli sme –ení až do nitky* wir waren bis auf die Haut durchnäßt <...ss...>

premoknúť naß <...ss> werden* (i.), durchnäßt <...ss...> werden* (i.)

premostenie e Überbrückung (≈, en)

premôcť 1 überwinden* **2** potlačiť unterdrücken **3** ovládnuť bewältigen, überwältigen; *premohol ho strach* Angst überwältigte ihn; **~ sa** sich beherrschen

premrhať pozri *premárniť*

premysl|ieť durchdenken*, bedenken*, überlegen; **–ený** durchdacht; *dobre ~ plán* ein gut durchdachter Plan

premýšľať nach|denken* (*o čom* über etw A), überlegen (*o čom* etw A)

prenáhliť sa sich über|eilen

prenajímať vermieten

prenájom e Vermietung (≈, 0)

prenasledovať verfolgen

prenášať übertragen*; ~ *chorobu* e Krankheit übertragen

prenechať überlassen*

preniesť 1 na iné miesto hinüber|tragen*,

verlạgern **2** čo na koho über|trạgen*
prenik|at' 1 dostat' sa kam durch|dringen* (i.) **2** čím durch|drịngen*; *svetlo –lo tmou* ein Licht durchdrang die Dunkelheit **3** šírit' sa sich durch|setzen
prenikav|ý(o) 1 o svetle grell **2** o pohľade, pachu durchdrịngend **3** o zvuku schrill **4** o bolesti schneidend
prenocovat' übernạchten
prenos e Übertrạgung (≈, en); *priamy ~* eine direkte Übertragung; **~ný** übertrạgbar
preoblečenie e Verklẹidung (≈, en)
preobliect' (sa) 1 preobliect' sa (sich) um|ziehen*, (sich) um|kleiden **2** prestrojit' sa (sich) verklẹiden (*za koho/čo* als); *~ za Indiána* sich als Indianer verkleiden
prepáčit' verzẹihen*, vergẹben*, entschụldigen; *prepáčte!* Verzeihung!, Entschuldigung!
prepad r Überfạll ((e)s, ≈e); *lúpežný ~* r Raubüberfall
prepad|nút' 1 čím durch|fallen* (i.) **2** stratit' platnost' verfạllen* (i.); *vstupenky –li* die Eintrittskarten sind verfallen **3** podľahnút' verfạllen* (i.); *~ alkoholu* dem Alkohol verfallen **4** neuspiet' na skúške durch|fallen* (i.), durch|fliegen (i.); *–ol na skúške* er ist bei/in der Prüfung durchgefallen **5** zaútočit' überfạllen*; **~ sa** versịnken* (i.), einstürzen (i.)
prepelica e Wachtel (≈, n)
prepiat|y(e) überspạnnt
prepichnút' 1 durch|stechen*, durchstẹchen* **2** cestovný lístok ap. lochen **3** obraz. prebodnút' durchbọhren; *~ koho pohľadom* j-n mit dem Blick durchbohren
prepínač r Umschalter (s, ≈)
prepínat' 1 um|schalten **2** príliš napnút' überspạnnen; *~ svoje sily* seine Kräfte überspannen
prepis e Umschrift (≈, en), e Überschrẹibung (≈, en), e Durchschrift (≈, en); **~ovat'** um|schreiben*
prepísat' 1 znovu napísat' um|schreiben* **2** práv. überschrẹiben* (*čo na koho* etw auf j-n)
prepit' vertrịnken*, vulg. versạufen*
prepitné hovor. s Trinkgeld ((e)s, er); *dat' ~* Trinkgeld geben
preplatok e Überzạhlung (≈, en)
preplávat' durch|schwimmen, hinüber|schwimmen* (i.); *~ rieku* über den Fluß <...ss> schwimmen
preplavit' (sa) überschịffen, übersẹgeln
preplnený überfụllt, übervoll
preplnit' 1 überfụllen **2** pret'ažit' überlạden*
prepnút' pozri *prepínat'*
prepočet die Umrechnung (≈, en)
prepočítat' 1 prerátat' nach|zählen, nach|rechnen; *~ si hned' peniaze* Geld sofort nachzählen **2** na inú menu um|rechnen; **~ sa** sich verrẹchnen
prepočut' nepočut' überhọren; **~ sa** zle počut' sich verhọren
prepojit' 1 um|schalten **2** telefón verbinden, durchstellen
prepracovaný 1 nanovo spracovaný umge|arbeitet, neu be|arbeitet **2** o človeku über|arbeitet
prepracovat' 1 znovu vypracovat' um|arbeiten, neu be|arbeiten, ab|ändern **2** dôkladne vypracovat' durch|arbeiten; **~ sa** sich über|arbeiten
preprava e Befọrderung (≈, en), r Transpọrt ((e)s, e)
prepravit' 1 befördern, transportịeren **2** do nemocnice überführen
prepúšt'at' 1 durch|lassen*; *~ svetlo* Licht durchlassen **2** z práce entlạssen* **3** z väzenia na slobodu frei|lassen*
prepych r Luxus (≈, 0), r Prunk ((e)s, 0)
prepychov|ý(o) Luxus-, luxuriọs, prunkvoll
prerást' hinạuswachsen* (i.), überwachsen* (i.); *~ komu cez hlavu* j-m über den Kopf wachsen
prerazit' 1 prelomit' durch|brechen*, durch|schlagen* **2** prebojovat' sa sich durch|schlagen*, durch|brẹchen*

PQRS

prerezať durch|schneiden*, zer-schnẹiden*
prerieknuť sa sich versprẹchen*, hovor. sich verplạppern
prerobiť 1 um|arbeiten, um|gestalten, um|ändern **2** stratiť ein|büßen, drauf|-zahlen
prerušenie e Unterbrechung (≈, en); *(umelé) ~ tehotenstva* e Schwanger-schafts|unterbrechung
preruš|iť 1 unterbrẹchen* **2** predčasne ukončiť ab|brechen; *~ štúdium* das Studium abbrechen; **–ovaný** unterbro-chen
presadiť[1] **(sa)** (sich) durch|setzen; *~ svoju vôľu* seinen Willen durchsetzen
presadiť[2] **1** rastlinu um|pflanzen **2** žiaka na iné miesto um|setzen
presahovať pozri *presiahnuť*
presakovať durch|sickern
preseknúť durch|hauen*, durch|-schlagen*, entzwei|hauen
presiahnuť 1 prevýšiť überrạgen **2** prekročiť überstẹigen*
presila e Übermacht (≈, 0), e Überle-genheit
preskakovať pozri *preskočiť*
preskočiť 1 z miesta na miesto über|-springen* (i.), skočiť ponad überspringen* **2** o hlase sich überschlạgen*
preskúmať untersụchen, durchfọr-schen
preskúšať nach|prüfen, überprụ̈fen
presláviť sa berụ̈hmt werden* (i.)
presnosť e Genạuigkeit (≈, 0), e Pünktlichkeit (≈, 0)
presn|ý(e) 1 genạu, exạkt; *~ čas* e genaue Zeit **2** čas. pünktlich; *príď –e!* komm pünktlich!
presoliť versạlzen*
prespať 1 spaním stráviť verschlạfen* (*čo* etw A); *~ celý deň* den ganzen Tag verschlafen **2** prenocovať über-nạchten
presťahovať um|siedeln, über|sie-deln; **~ sa** über|siedeln (i.), um|zie-hen* (i.), um|siedeln; *~ sa do väčšieho bytu* in eine größere Wohnung umziehen
prest|(áv)ať auf|hören; *prestalo pršať* es hat aufgehört zu regnen
prestavať budovu um|bauen
prestavba 1 budovy r Umbau ((e)s, 0) **2** premena e Umgestaltung (≈, en)
prestaviť um|stellen, versẹtzen
prestávk|a e Pause (≈, n); *urobiť –u* eine Pause machen; *bez –y* pausen-los
prestavovať pozri *prestavať*
prestieradlo 1 obrus s Tischtuch ((e)s, ≈er) **2** plachta s Bettuch ((e)s, ≈er)
prestieranie stola s Tischdecken (s, 0)
prestierať pozri *prestrieť*
prestíž s Prestige [pres'ti:žə] (s, 0); *získať ~* an Prestige gewinnen; **~ny** Prestige-
prestrelka e Schießerẹi (≈, en)
prestrieť stôl (auf)|decken, auf|tischen; *~ obrus* s Tischtuch aufdecken
prestrihnúť durch|schneiden*, durch-schnẹiden*, zerschnẹiden*
prestup 1 do dopravného prostriedku s Umsteigen (s, 0) **2** na iné miesto r Übertritt ((e)s, e)
prestúpiť 1 na iný dopravný prostriedok um|steigen* (i.) **2** na inú školu ap. über|-treten **3** do iného člna über|steigen **4** na inú vieru konvertieren **5** porušiť príkaz, predpis verletzen, übertreten
prestupn|ý PR M Umsteig(e)-; *–á stanica* r Umsteigebahnhof
presunúť (sa) (sich) verschịeben*, (sich) verlagern
presvedče|nie e Überzẹugung (≈, en); **–ný** überzẹugt
presvedčiť (sa) (sich) überzẹugen (*o čom* von etw D)
presvedčiv|ý(o) überzẹugend
prešiban|ý(e) schlau, pfiffig, geris-sen, durchtrieben
prešiť 1 um|nähen **2** prestehovať step-pen
preškoliť um|schulen
preškrtať durch|streichen*
preťažiť 1 nákladom überlạden*, über-

PQRS

lasten **2** fyzicky a psychicky überlasten, überfordern, strapazieren, überanstrengen; *nesmieš sa* ~ du darfst dich nicht überanstrengen **3** stroj. zariadenie überbeanspruchen, überstrapazieren
pretekár r Wettkämpfer (s, ≈); **~sky** Renn-, Wettkampf-; *~ska dráha* e Rennbahn
pretekat'[1] **1** čím durchfließen* (i.) **2** überlaufen*; *vaňa –á* die Badewanne läuft über
pretekat'[2] šport. súťažiť wetteifern, kämpfen
preteky šport. r Wettkampf ((e)s, ≈e), s Rennen (s, ≈); *vyhrať, prehrať* ~ den Wettkampf gewinnen, verlieren; **bežecké ~** r Wettlauf
pretiahnuť 1 o čase verlängern **2** čím durchziehen*; **~ sa 1** sich recken, sich strecken **2** kadiaľ sich durchzwängen **3** o čase sich hinziehen*
pretiecť 1 überlaufen* (i.), überfließen* (i.) **2** durchfließen
pretínať sa sich schneiden*, sich treffen*
pretlačiť 1 znovu vytlačiť umdrucken **2** vytlačiť na už vytlačenú stranu überdrucken
pretlak 1 tech. r Überdruck ((e)s, e) **2** z ovocia al. zeleniny s Püree (s, s), s Mark (es, 0), s Mus (es, e); *paradajkový* ~ s Tomatenmark
preto darum, daher, deshalb, deswegen
pretože weil, da
pretrhnúť 1 zerreißen*, durchreißen* (i.) **2** obraz. prerušiť unterbrechen; **~ sa 1** durchreißen*, abreißen* (i.) **2** expr. strhať sa v práci sich zerreißen*, sich überarbeiten
pretvárka e Verstellung (≈, 0)
pretvarovať sa sich verstellen
preukaz r Ausweis (es, e), r Schein ((e)s, e); *občiansky* ~ r Personalausweis; *vodičský* ~ r Führerschein, e Fahrerlaubnis
preukázať 1 dokázať beweisen*, nachweisen* **2** poskytnúť erweisen*
prevádzať pozri *previesť*
prevádzka 1 r Betrieb ((e)s, e); *byť v –e* in Betrieb sein; *byť mimo –y* außer Betrieb sein; *uviesť do –y* in Betrieb setzen **2** oddelenie podniku e Abteilung (≈, en)
prevaha 1 číselná e Überzahl (≈, 0) **2** psychická, fyzická e Überlegenheit (≈, 0); *duševná* ~ geistige Überlegenheit **3** mocenská e Übermacht (≈, 0), e Oberhand (≈, 0); *byť v –e* in der Übermacht sein al. die Oberhand bekommen
prevážať pozri *previezť*
prevažný(é) vorwiegend, überwiegend
prevažovať mať prevahu überwiegen*
prevencia e Prophylaxe (≈, n), e Vorbeugung (≈, en)
preventívny(e) präventiv [...v...], vorbeugend
preveriť überprüfen, kontrollieren
previazať 1 povrazom verschnüren **2** obväzom verbinden*
previerka e Überprüfung (≈, en)
previesť 1 na iné miesto überführen **2** majetok na koho übertragen*, überschreiben* **3** urobiť peňažný prevod überweisen **4** previesť ako sprievodca begleiten
previezť 1 überführen, überführen; ~ *koho do nemocnice* j-n ins Krankenhaus überführen **2** na druhý breh übersetzen
previnenie r Verstoß (es, ≈e), s Delikt ((e)s, e), s Vergehen (s, ≈), s Verschulden (s, 0)
previnilý(o) schuldbewußt
previniť sa 1 čím sich schuldig machen **2** proti komu sich vergehen*, verstoßen* (*proti komu/čomu* gegen j-n/etw A)
prevládať vorherrschen, überwiegen*; **–ajúci** vorherrschend, überwiegend
prevod 1 práv. e Übertragung (≈, en) **2** fin. e Überweisung (≈, en)
prevodovka tech. s Wechselgetriebe (s, ≈)
prevoz r Transport ((e)s, e), do nemoc-

PQRS

nice e Überführung (≈, en)
prevrat 1 veľká zmena e Umwälzung (≈, en) **2** polit. r Umsturz (es, ≈e), r Putsch (es, e)
prevrátiť 1 um¦stürzen, um¦stoßen*, um¦werfen* **2** obrátiť um¦schlagen*; **~ sa** um¦kippen (i.), um¦fallen* (i.)
prevratn|ý(e) umwälzend
prevŕtať durchbohren
prevýšiť 1 byť vyšší überragen **2** obraz. prekonať übertreffen*
prevza|tie e Übernahme (≈, n); **–tý** übernommen, lingv. Lehn-; *–té slovo* s Lehnwort
prevziať übernehmen*
prezencia e Präsenz (≈, 0), e Anwesenheit (≈, 0)
prezenčn|ý Präsenz-, Anwesenheits-; *–á listina* e Präsenzliste, e Anwesenheitsliste
prezerať pozri *prezrieť*
prezervatív s Präservativ [...v...] (s, e), s Kondom (s, e)
prezident r Präsident (en, en); **~ský** Präsidenten-
prezídium s Präsidium (s, i¦en)
prezierav|ý(o) umsichtig, voraussehend; **–osť** e Umsicht (≈, 0), e Voraussicht (≈, 0)
prezimovať überwintern
prezliecť (sa) 1 (sich) umziehen* **2** posteľ überziehen*
prezradiť (sa) (sich) verraten*
prezretý 1 prekontrolovaný durchgesehen, kontrolliert **2** o ovocí überreif
prezrieť 1 pozrieť si sich an¦sehen*, sich an¦schauen **2** skontrolovať durch¦-sehen* **3** chorého untersuchen **4** pren. odhaliť durchschauen
prezuť sa (sich) die Schuhe wechseln
prezuvka r Überschuh ((e)s, e)
prezývka r Spitzname (ns, n)
prežiť 1 prekonať überleben **2** precítiť erleben; *~ sklamanie* eine Enttäuschung erleben **3** stráviť verbringen*; *~ dovolenku pri mori* den Urlaub an der See al. am Meer verbringen
prchk|ý(o) zlostný jähzornig, cholerisch [k...]
pri 1 bei D; *~ obede* beim Mittagessen; *~ tejto príležitosti* bei dieser Gelegenheit; *~ najlepšej vôli* beim besten Willen; *byť ~ sile* bei Kräften sein **2** počas während G; *~ otvorenia* während der Eröffnung **3** miest. an D, neben D; *~ okne* am Fenster; *bývam ~ stanici* ich wohne neben dem Bahnhof; *stáť ~ kom* neben j-m stehen
priadza s Garn ((e)s, e); *pletacia ~* s Strickgarn
priamka e Gerade (n, n)
priamo 1 priamym smerom gerade, geradewegs, aufrecht **2** bezprostredne unmittelbar, direkt
priamy 1 rovný gerade **2** bezprostredný direkt, unmittelbar **3** úprimný frei, offen
prianie r Wunsch (es, ≈e); *~ k Novému roku* r Neujahrswunsch; *podľa ~* je nach Wunsch; *vysloviť ~* einen Wunsch äußern
priasť 1 spinnen* **2** o mačke schnurren
priať wünschen (*komu čo* j-m etw A); *~ veľa úspechov* viel Erfolg wünschen; *~ komu šťastnú cestu* j-m eine glückliche Reise wünschen; *~ komu všetko najlepšie* j-m alles Gute wünschen; **~ si** (sich) wünschen; *čo si prajete?* was wünschen Sie?
priateľ r Freund ((e)s, e); *~ z detstva* r Jugendfreund
priateliť sa befreundet sein* (i.), j-s Freund sein
priateľ|ský 1 freundschaftlich, Freundschafts- **2** srdečný freundlich; **–stvo** e Freundschaft (≈, en)
priazeň e Gunst (≈, 0); *získať ~iu ~* j-s Gunst gewinnen*
priazniv|ý(o) günstig, vorteilhaft
príbeh e Geschichte (≈, n), s Ereignis (es, e), e Begebenheit (≈, en)
pribehnúť zu¦laufen* (i.) (*ku komu/čomu* an j-n/etw)
pribiť an¦schlagen*, klincom an¦nageln
priblížiť sa sich nähern
približne ungefähr, annähernd, etwa,

zirka
približný ungefähr, annähernd
príboj e Brandung (≈, en)
príbor s Besteck ((e)s, e)
pribrať zu¦nehmen*; ~ *na váhe* an Gewicht zunehmen*
pribudnúť zu¦nehmen*, an¦wachsen* (i.)
príbuzen¦ský verwandtschaftlich, Verwandtschafts-; ~ *pomer* s Verwandtschaftsverhältnis; **–stvo** e Verwandtschaft (≈, 0)
príbuzný 1 PR M verwandt **2** PODST M r Verwandte (n, n)
pricestovať (an)¦kommen* (i.); ~ *do Berlína* nach Berlin kommen, in Berlin ankommen; ~ *autobusom, vlakom* mit dem Bus, mit dem Zug kommen
príčastie gram. s Partizip (s, i¦en)
príčesok s Haarteil ((e)s, e), s Toupet [tu'pe:] (s, s)
príčina 1 e Ursache (≈, n), r Grund ((e)s, ≈e) **2** pohnútka r Beweggrund ((e)s, ≈e)
príčinliv¦ý(o) emsig, strebsam, eifrig
pričlenený angegliedert
prid(áv)ať 1 zu¦geben*, nach¦geben*, nach¦tragen* **2** zvýšiť plat s Gehalt aufbessern **3** dodať hinzu¦fügen; **~ plyn** Gas geben*; **~ sa 1** bei¦treten (*ku komu/čomu* j-m/etw D), sich an¦schließen* (*ku komu/čomu* j-m/etw D) **2** mit¦marschieren
prídavok 1 e Zugabe (≈, n), e Beigabe (≈, n), hovor. e Draufgabe **2** príplatok r Zuschlag ((e)s, ≈e), r Zuschuß; ~ *na deti* s Kindergeld, r Kinderzuschlag
prídel 1 pridelenie e Zuteilung (≈, en) **2** pridelená vec e Ration (≈, en); *zvýšiť ~y* Rationen erhöhen
prideliť zu¦teilen
priebeh r Verlauf ((e)s, ≈e); *v ~u* im Verlauf
prieberčivý wählerisch
priebežný durchlaufend, durchgehend, kontinuierlich
priebojný tatkräftig, durchschlagend
priecestie r Übergang ((e)s, ≈e); *železničné* ~ r Bahn¦übergang
priečelie e Front (≈, en), e Stirnseite (≈, n), e Fassade (≈, n)
priečinok s Fach ((e)s, ≈er); *poštový* ~ s Postfach
priečka 1 e Querlatte (≈, n) **2** deliaca stena e Trennwand (≈, ≈e), e Scheidewand (≈, ≈e)
priečn¦y quer, Quer-; *–a flauta* e Querflöte
prieduch s Luftloch ((e)s, ≈er), r Luftkanal ((e)s, ≈e)
prieduš¦ka e Bronchi¦e (≈, n); *zápal –iek* e Bronchitis
priedušnica e Luftröhre (≈, n), e Trachea (≈, cheen)
priehľadný durchsichtig, transparent
priehlavok anat. r Spann ((e)s, e), r Fußrücken (s, ≈)
priehrada e Talsperre (≈, n)
priehradka r Schalter (s, ≈)
priehradn¦ý Stau-; *–á hrádza* r Staudamm; *–á nádrž* r Stausee
priechod r Übergang ((e)s, ≈e); *hraničný* ~ r Grenz¦übergang; ~ *pre chodcov* r Fußgänger¦übergang, Fußgänger¦überweg
prieklep r Durchschlag ((e)s, ≈e), e Kopie (≈, i¦en); **~ový** Durchschlag-; *~ový papier* s Durchschlagpapier
priekopa r Graben (s, ≈)
priekopn¦ícky bahnbrechend; **–ík** r Pionier (s, e), r Bahnbrecher (s, ≈)
prieliv e Meer¦enge (≈, n), e Meeresstraße (≈, n)
priemer 1 r Durchschnitt ((e)s, e) **2** geometrický r Durchmesser (s, ≈) **3** mat. r Mittelwert ((e)s, e)
priemerne durchschnittlich, im Durchschnitt
priemern¦ý durchschnittlich, Durchschnitts-; *–á rýchlosť* e Durchschnittsgeschwindigkeit
priemysel e Industrie (≈, i¦en); *ľahký, ťažký* ~ e Leicht¦industrie, e Schwer¦industrie; **~ník** r Industrielle (n, n)
priemyseln¦ý Industrie-, industri¦ell, Gewerbe-; ~ *podnik* r Gewerbebe-

PQRS

trieb; *–á škola* e Ingenieurschule
priepasť rokľa e Schlucht (≈, en), e Kluft (≈, ≈e), r Abgrund ((e)s, ≈e)
prieplav r Kanal (s, ≈e)
priepustka r Passierschein ((e)s, e)
priepustný durchlässig
prierez r Querschnitt ((e)s, e)
priesečník r Schnittpunkt ((e)s, e)
prieskum e Untersuchung (≈, en), e Erforschung (≈, en); ~ *verejnej mienky* e Meinungsumfrage
priesmyk r (Berg)paß <...ss> (sses, ≈sse)
priestor r Raum ((e)s, ≈e); batožinový ~ r Kofferraum; **~ný** geräumig
priestorový räumlich, Raum-
priestranný geräumig; **–stvo** r Raum ((e)s, ≈e), s Gelände (s, 0)
priestupný Schalt-; ~ *rok* s Schaltjahr
priestupok r Verstoß (es, ≈e), s Vergehen (s, ≈)
priesvitný durchsichtig, transparent
prieťah oneskorenie e Verzögerung (≈, en), r Verzug (s, ≈e), r Aufschub (s, ≈e)
pietrž r Bruch; ~ *mračien* r Wolkenbruch ((e)s, ≈e); lek. *slabinová* ~ r Leistenbruch
prievan r Luftzug ((e)s, 0), e Zugluft (≈, 0)
priezvisko r Familienname (ns, n), r Zuname (ns, n), r Nachname (ns, n)
prihlásiť (sa) (sich) (an)melden; ~ *sa na polícii* sich bei der Polizei anmelden
prihlasovací Anmelde-; *–ia povinnosť* e Anmeldepflicht
prihláška e Anmeldung (≈, en), s Anmeldeformular (s, e)
prihliadnuť zohľadniť berücksichtigen, beachten (*na čo* etw A)
prihodiť sa geschehen* (i.), passieren (i.), sich ereignen; *čo sa –lo?* was ist passiert/geschehen?
príhovor 1 e Ansprache (≈, n) **2** prihovorenie sa e Fürsprache (≈, n) (*za koho/čo* für j-n/etw), e Befürwortung (≈, en)
prihovoriť sa 1 anreden, ansprechen* **2** befürworten (*za čo* etw A), Fürsprache einlegen (*za koho* für j-n)
prihrať zuspielen; **–ávka** s Zuspiel ((e)s, e)
príchod e Ankunft (≈, ≈e)
príchuť r Beigeschmack ((e)s, 0)
prichystať (sa) (sich) vorbereiten
prijať 1 annehmen*; ~ *čiu pomoc* j-s Hilfe annehmen **2** do zamestnania ap. aufnehmen* **3** návštevu empfangen*
prijateľný(e) annehmbar, akzeptabel
príjem 1 prijatie r Empfang ((e)s, 0), e Annahme (≈, n) **2** finančný s Einkommen (s, ≈); *celkový, vedľajší* ~ s Gesamteinkommen, s Nebeneinkommen; *daň z –mu* e Einkommensteuer **3** televízneho signálu ap. r Empfang ((e)s, ≈e)
príjemca r Empfänger (s, ≈)
príjemný(e) angenehm
prijímací Empfangs-, Aufnahme-; *–ia skúška* e Aufnahmeprüfung; *–ia miestnosť* s Empfangszimmer
prijímač r Empfänger (s, ≈), s Empfangsgerät ((e)s, e)
prijímať pozri *prijať*
príkaz r Befehl ((e)s, e), e (An)weisung (≈, en)
prikázať befehlen*, anweisen* (*komu čo* j-n zu etw D)
príklad 1 s Beispiel ((e)s, e); *názorný* ~ ein anschauliches Beispiel; *vziať si ~ z koho/čoho* ein Beispiel an j-m/etw nehmen **2** mat. e Rechenaufgabe (≈, n)
prikladať 1 pripojiť beilegen; ~ *čomu veľkú dôležitosť* einer Sache viel Gewicht beilegen **2** do pece zulegen
príklop 1 r Deckel (s, ≈), e Klappe (≈, n) **2** sklenený e Glasglocke (≈, n)
príkry 1 steil, abschüssig; ~ *svah* ein steiler Abhang **2** o človeku hart, barsch
prikryť bedecken, zudecken; **~ sa** sich zudecken
prikrývka e Decke (≈, n); *prešívaná* ~ e Steppdecke
prikývnuť zunicken

priľahlý anliegend, benachbart
prilba r Helm ((e)s, e), e Haube (≈, n)
prilepiť auf¦kleben, an¦kleben; **~ sa** kleben bleiben*
prílet r Anflug ((e)s, ≈e), e Landung (≈, en)
priletieť an¦fliegen* (i.), pristáť landen (i.)
príležitosť e Gelegenheit (≈, en), r Anlaß <...ss> (sses, ≈sse); *pri tejto ~i* bei dieser Gelegenheit
príležitostne gelegentlich, bei Gelegenheit
príležitostn|ý gelegentlich, Gelegenheits-; *–á kúpa* r Gelegenheitskauf
priliať zu¦gießen*, nach¦gießen*
priliehajúci anliegend, aufliegend
priliehať 1 auf¦liegen* **2** o oblečení an¦liegen*
priliehav|ý(o) 1 anliegend, schmiegsam **2** výstižný passend, treffend
príliš (all)zu; *~ často* zu oft; *~ neskoro* zu spät
príliv e Flut (≈, 0); *~ a odliv* Flut und Ebbe
príloha e Beilage (≈, n)
príma PODST M **1** hud. e Prime (≈, n) **2** 1. trieda gymnázia e Prima (≈, men)
príma PR M hovor. prima, ausgezeichnet; *to je ~* das ist prima
primár r Chef¦arzt [šef...] (es, ≈e)
primárn|y(e) primär
primátor r Bürgermeister (s, ≈)
primeran|ý(e) angemessen, entsprechend
prímerie r Waffenstillstand ((e)s, 0)
prímes e Beimischung (≈, en), r Zusatz (es, ≈e)
primiešať bei¦mischen, zu¦mischen (*čo k čomu* etw zu etw D)
primitívn|y(e) primitiv
primontovať an¦montieren, an¦bringen*
prímorský See-, Küsten-
prinajmenšom wenigstens, mindestens, zumindest
princ r Prinz (en, en); **~ezná** e Prinzessin (≈, nen)
princíp s Prinzip (s, i¦en al. e); *mať svoje ~y* seine Prinzipien haben
principiáln|y(e) prinzipi¦ell, grundsätzlich
priniesť bringen*; *~ so sebou* mit¦bringen
prínos r Beitrag ((e)s, ≈e)
prinútiť (sa) (sich) zwingen* (*k čomu* zu etw D)
priorita e Priorität (≈, en)
prípad r Fall ((e)s, ≈e), r Vorfall ((e)s, ≈e); *sporný ~* r Streitfall; *v najhoršom ~e* im schlimmsten Fall; *v najlepšom ~e* im besten Fall, bestenfalls; *v každom ~e* jedenfalls, auf alle Fälle, auf jeden Fall
prípadne skr. príp. beziehungsweise skr. bzw., eventuell, gegebenenfalls
pripad|núť 1 komu čo zu¦fallen* (i.) **2** ako podiel entfallen* (i.) **3** čas. na určitý čas fallen* (i.); *~ na nedeľu* auf einen Sonntag fallen* **4** zdať sa vorkommen* (i.); *–á mi známy* er kommt mir bekannt vor
prípadn|ý(e) eventuell [...v...]
pripevniť befestigen, fest¦machen, an¦bringen*
pripináčik e Reißzwecke (≈, n), r Reißnagel (s, ≈l)
pripísať 1 pripojiť hinzu¦fügen, hinzu¦schreiben **2** prisúdiť zu¦schreiben*; *~ komu vinu na čom* j-m die Schuld an etw zuschreiben **3** pririeknuť bei¦legen; *~ veci príliš veľký význam* einer Sache zu großen Wert beilegen
pripiť an¦stoßen*, zutrinken*, toasten; *~ na čie zdravie* auf j-s Wohl anstoßen*
prípitok r Trinkspruch ((e)s, ≈e), r Toast [to:st] ((e)s, e al. s); *predniesť ~* einen Trinkspruch al. Toast ausbringen
príplatok r Zuschlag ((e)s, ≈e); *rýchlikový ~* r Schnellzugzuschlag
priplávať 1 o osobe heran¦schwimmen **2** loďou mit dem Schiff an¦kommen* (i.)
pripnúť an¦stecken, pračkou an¦schnallen

PQRS

pripočítať zu¦zählen
prípoj r Anschluß <...ss> (sses, ≈sse)
pripojiť 1 spojiť an¦schließen* **2** vagón ap. an¦hängen **3** priložiť bei¦fügen, bei¦legen; **~ sa**
prípojka tech. s Anschlußstück <...ss...> ((e)s, e)
pripomenúť 1 er¦innern (*komu čo* j-n an etw A) **2** zmieniť sa erwähnen (*komu čo* j-m etw A), bemerken
pripomienka 1 poznámka e Bemerkung (≈, en) **2** námietka r Einwand ((e)s, ≈e)
prípona gram. s Suffix (es, e)
príprava 1 chystanie e Vorbereitung (≈, en); *~ na cestu* e Reisevorbereitung **2** zhotovenie e Zubereitung (≈, en); *~ jedla* e Zubereitung eines Gerichts
pripravený 1 nachystaný vorbereitet, bereit **2** hotový fertig
pripraviť 1 vor¦bereiten **2** zhotoviť (zu)¦bereiten; *~ obed* s Mittag¦essen zubereiten **3** zbaviť bringen* (*koho o čo* j-n um etw A); *~ koho o peniaze* j-n ums Geld bringen; **~ sa** sich vorbereiten
prípravný Vorbereitungs-; *~ kurz* r Vorbereitungskurs
prípravok s Präparat ((e)s, e), prostriedok s Mittel (s, ≈)
pripustiť 1 pustiť, dovoliť zu¦lassen* **2** priznať zu¦geben*; *pripúšťam, že...* ich gebe zu, daß...
pripútaný angebunden, angekettet, angeschnallt; *~ na lôžko* bettlägerig
pripútať sa sich an¦schnallen
prírastok r Zuwachs (es, 0)
prirážka r Zuschlag ((e)s, ≈e), r Aufschlag ((e)s, ≈e)
prírod¦a e Natur (≈, 0); *ochrana –y* r Naturschutz; *vo voľnej –e* in freier Natur; *je od –y dobrák* er ist von Natur aus ein gutmütiger Mensch
prírodn¦ý 1 Natur-; *–é bohatstvo* r Naturreichtum; *–é vedy* e Naturwissenschaften **2** prirodzený Natur-, natürlich
prírodo¦pis e Naturkunde (≈, 0); **–vedec** r Naturwissenschaftler (s, ≈)
prirodzen¦ý(e) natürlich, nenútený ungezwungen; **–osť** e Natürlichkeit (≈, 0), nenútenosť e Ungezwungenheit (≈, 0)
prirovnanie r Vergleich ((e)s, e)
prirovnať vergleichen* (*čo k čomu* etw mit etw D)
príruč¦ka s Handbuch ((e)s, ≈er); **–ný** Hand-; *–ný slovník* s Handwörterbuch
prísada 1 r Zusatz (es, ≈e) **2** do jedla e Zutat (≈, en)
prísah¦a r Eid ((e)s, e), r Schwur ((e)s, ≈e); *zložiť –u* einen Eid ablegen al. leisten; *krivá ~* r Mein¦eid
prisahať schwören*
priskrutkovať an¦schrauben
príslovie s Sprichwort ((e)s, ≈er)
príslovka lingv. s Adverb [at'verp] (s, i-en)
prísľub s Versprechen (s, 0), e Zusage (≈, n); *dať ~* ein Versprechen al. eine Zusage geben
prisľúbiť versprechen*, zu¦sagen
prislúch¦ať gebühren; *–a mu uznanie* ihm gebührt An¦erkennung
príslušenstvo s Zubehör (s, e); *so všetkým ~m* mit allem Zubehör
príslušník r Angehörige (n, n); *štátny ~* r Staats¦angehörige; *rodinný ~* r Famili¦en¦angehörige
príslušnosť 1 e Angehörigkeit (≈, 0), e Zugehörigkeit (≈, 0); *štátna ~* e Staats¦angehörigkeit **2** práv. kompetencia e Zuständigkeit (≈, en), e Kompetenz (≈, en)
príslušný 1 kompetentný kompetent, zuständig **2** náležitý gehörig, gebührend **3** patriaci k čomu zugehörig
prísn¦y(e) 1 streng, hart **2** o kritike scharf
príspevok r Beitrag ((e)s, ≈e)
prispieť bei¦tragen*, einen Beitrag leisten
prispôsob¦iť (sa) (sich) an¦passen (*komu/čomu* etw D); **–ivý** anpassungsfähig
prísť 1 (an)¦kommen* (i.); *~ domov*

PQRS

nach Hause kommen; *prídem hneď* ich komme gleich; ~ *na návštevu* zu Besuch kommen; ~ *z práce, zo školy* von der Arbeit, aus der Schule kommen **2** získať kommen* (i.) (*k čomu* zu etw D); ~ *k peniazom* zu Geld kommen; ~ *do iného stavu* in andere Umstände kommen **3** stratiť kommen* (i.) (*o čo* um etw A); ~ *o život* ums Leben kommen **4** zistiť kommen* (i.) (*na čo* auf etw A); *ako si na to prišiel?* wie bist du darauf gekommen? **5** ocitnúť sa v istej situácii kommen* (i.), geraten* (i.); ~ *do pomykova* in die Verlegenheit geraten; ~ *k sebe* prebrať sa zu sich kommen

prisťahovalec r Einwanderer (s, ≈)

prista|ť passen, stehen*; *to ti –ne* das paßt <...ss...> al. steht dir gut

pristáť landen; *núdzovo* ~ not|landen

pristátie e Landung (≈, en); *núdzové* ~ e Notlandung

prístav r Hafen (s, ≒); **~ný** Hafen-; *~né mesto* e Hafenstadt

pristavať pozri *pristaviť* **1**

prístavisko r Landungsplatz, r Anlegeplatz (es, ≒e)

pristaviť 1 dodatočne postaviť an|bauen, hin|zubauen **2** postaviť bližšie an etw stellen, an|legen

pristihnúť ertappen, erwischen; ~ *koho pri čine* j-n auf frischer Tat ertappen

prístrešie s Obdach ((e)s, 0), e Unterkunft (≈, ≒e); *bez* ~ obdachlos

pristrihnúť zu|schneiden*

prístroj s Gerät ((e)s, e), r Apparat ((e)s, e); *hasiaci* ~ s Feuerlöschgerät, malý r Feuerlöscher; *fotografický* ~ r Photo|apparat <aj Foto...>, e Kamera (≈, s)

prístup 1 vstup r Zutritt ((e)s, 0), r Zugang ((e)s, 0), s Herangehen (s, ≈) (*k čomu* an etw A) **2** postoj e Einstellung (≈, en)

pristúpiť 1 priblížiť sa heran|treten* (i.) (*ku komu/k čomu* an j-n/etw) **2** do dopravného prostriedku zu|steigen* (i.) **3** začať heran|treten* (i.) **4** súhlasiť ein|gehen* (*na čo* auf etw A)

prístupný 1 dostupný zugänglich **2** zrozumiteľný verständlich **3** majúci pochopenie verständnisvoll; *mládeži ne~* jugendfrei

prisúdiť 1 zu|sprechen* **2** práv. zu|erkennen*

prísudok gram. s Prädikat ((e)s, e)

prísun e Zufuhr (≈, 0)

prisvedčiť zu|stimmen, bei|stimmen

príšerný schrecklich, unheimlich, graulich

prišiť an|nähen

prišpendliť mit einer Nadel an|heften, an|stecken, an|nadeln

pritakať zu|nicken, bejahen, ja sagen

príťaž e Belastung (≈, en), r Ballast ((e)s, e)

príťažlivosť e Anziehungskraft (≈, ≒e); *zemská* ~ e Anziehungskraft der Erde, e Gravitation

príťažliv|ý(o) anziehend

pritiahnuť 1 priblížiť heran|ziehen* **2** pevnejšie zatiahnuť an|ziehen*, fest|ziehen* <fest ziehen> **3** získať gewinnen*; **~ opasok** den Gürtel enger schnallen

pritlačiť an|drücken, zu|drücken; **~ sa** sich an|drücken (*ku komu/čomu* an j-n/etw A)

prítok o rieke r Zufluß, r Nebenfluß <...ss> (sses, ≒sse)

pritom dabei, dabei

prítomn|osť 1 e Gegenwart (≈, 0) **2** účasť e Anwesenheit (≈, en); *za čej ~i* in j-s Anwesenheit; **–ný 1** súčasný gegenwärtig, Gegenwarts- **2** zúčastňujúci sa anwesend **3** gram. ~ *čas* s Präsens, e Gegenwart

privádzať pozri *priviesť*

príval 1 vody e Wasserflut (≈, en) **2** ľudí r Ansturm ((e)s, ≒e)

privatiz|ácia e Privatisierung [...v...] (≈, en); **–ovať** privatisieren [...v...]

privátn|y(e) privat [...v...]

priveľa (all)zuviel

príves r Anhang ((e)s, ≒e), r Anhänger (s, ≈); *obytný* ~ r Wohnwagen;

~ný Anhänge-; *~ný vozík* r Anhänger, r Anhängewagen
príves r Anhänger (s, ≈)
prívesok s Anhängsel (s, ≈)
prívetiv|ý(o) freundlich
priviazať an|binden*, fest|binden*
priviesť 1 dopraviť führen, bringen*; ~ *koho do rozpakov* j-n in Verlegenheit bringen **2** naviesť bringen* (*koho na čo* j-n zu etw D) **3** pripraviť o čo bringen* (*koho o čo* j-n um etw A) **4** tech. vodu, plyn zu|leiten
priviezť bringen*, autom fahren* (*koho/čo* j-n/etw A); ~ *koho domov* j-n heim|fahren
privilégium s Privileg [...v...] ((e)s, gi|en al. e), s Sonderrecht ((e)s, e)
privilegovaný privilegiert [...v...]
privít|anie e Begrüßung (≈, en); *priateľské* ~ eine freundliche Begrüßung; **–ať** begrüßen, willkommen heißen*
privítať willkommen heißen*, begrüßen
privlastniť si sich an|eignen
privlastňovac|í gram. Possessiv-; *–ie zámeno* s Possessivpronomen
prívlastok gram. s Attribut ((e)s, e)
prívod e Zuleitung (≈, en), e Zufuhr (≈, 0)
privolať 1 herbei|rufen*, herbei|holen **2** spôsobiť hervor|rufen*
privoňať riechen* (k *čomu* an etw D)
prívrženec r Anhänger (s, ≈)
privyrábať si dazuverdienen, einen Nebenverdienst haben
prízem|ie 1 s Erdgeschoß <...ss> (sses, sse), s Parterre (s, s); *bývať na* ~ im Erdgeschoß al. Parterre wohnen **2** v divadle ap. s Parterre (s, s); **–ný 1** o dome Parterre-; *–ný byt* e Parterrewohnung **2** meteorologicky Boden-; *–ný mráz* r Bodenfrost **3** o človeku ap. geistlos, trivial
príznačný charakteristisch [k...], typisch, kennzeichnend
príznak s (An)zeichen (s, ≈), s Symptom (s, e)
priznanie s Geständnis (ses, se); *daňové* ~ e Steuer|erklärung
priznať 1 uznať zu|gestehen*, bekennen* **2** pririeknuť zu|erkennen*, zu|gestehen*; ~ **farbu** v kartách i obraz. Farbe bekennen*; ~ **sa** ein|gestehen* (*k čomu* etw A), sich bekennen (*ku komu/k čomu* zu j-m/etw D)
prízvučný betont, akzentu|iert
prízvuk e Betonung (≈, en), r Akzent ((e)s, e)
príživník r Schmarotzer (s, ≈), r Parasit (en, en)
problém s Problem ((e)s, e); *to nie je nijaký* ~ das ist kein Problem
problemat|ika e Problematik (≈, 0); **–ický** problematisch
proces r Prozeß <...ss> (sses, sse); **urobiť s kým/čím krátky** ~ mit j-m/etw einen kurzen Prozeß machen
producent r Produzent (en, en), r Hersteller (s, ≈)
produkcia e Produktion (≈, en), e Herstellung (≈, en), e Erzeugung (≈, en)
produkt s Produkt ((e)s, e), s Erzeugnis (ses, se)
produkt|ivita e Produktivität [...v...] (≈, 0); **–ívny** produktiv
profesia r Beruf ((e)s, e), e Profession (≈, en)
profesionál r Professional (s, e), hovor. r Profi (s, s); **~ny** professionell, beruflich, berufsmäßig
profesor r Professor (s, oren); *univerzitný* ~ r Universitätsprofessor
profil s Profil (s, e), e Seitenansicht (≈, en)
profit r Profit ((e)s, e), r Gewinn ((e)s, e)
prognóza e Prognose (≈, n), e Voraussage (≈, n)
program s Programm (s, e); *zmena ~u* e Programm|änderung; *vložiť ~ do počítača* dem Computer ein Programm eingeben; *podľa ~u* programmgemäß; *čo máš dnes na ~e?* was hast du heute vor?
programátor r Programmierer (s, ≈)

PQRS

programov|anie e Programmierung (≈, 0); **–ať** programmieren
progresívn|y(e) progressiv
prohibícia e Prohibition (≈, en)
projekt s Projekt ((e)s, e); **~ant** r Projektant (en, en)
projektovať projektieren, ein Projekt entwerfen*
proklam|ácia e Proklamation (≈, en); **–ovať** proklamieren
prokur|átor r Staats|anwalt ((e)s, ≈e); **–atúra** e Staats|anwaltschaft (≈, en)
proletár r Proletari|er (s, ≈); **~sky** proletarisch
proletariát s Proletariat ((e)s, e)
promenáda e Promenade (≈, n)
promile s Promille (s, ≈)
prominentný prominent
promócia e Promotion (≈, en)
promov|aný promoviert [...v...], **–ať** promovieren [...v...]
propagácia e Propagierung (≈, en)
propag|anda e Propaganda (≈, 0); **–átor** r Propagator (s, oren); **–ovať** propagieren
proporcia e Proportion (≈, en)
proroctvo e Prophezeiung (≈, en)
prorok r Prophet (en, en); **~ovať** prophezeien, vorhersagen
prosb|a e Bitte (≈, n); *obrátiť sa na koho s –ou* sich an j-n mit einer Bitte wenden
prosebn|ý(e) bittend
prosiť bitten* (*koho o čo* j-n um etw A); *prosím?* bitte?; *ďakujem – prosím* danke – bitte; *smiem ~?* darf ich bitten?
proso e Hirse (≈, n)
prospech **1** r Nutzen (s, 0), r Vorteil ((e)s, e); *v tvoj ~* zu deinem Gunst **2** v škole r Fortgang ((e)s, ≈e), r Erfolg ((e)s, e); **~ár** r Profitmacher (s, ≈), r Opportunist (en, en)
prospekt r Prospekt ((e)s, e)
prosper|ita e Prosperität (≈, 0), **–ovať** prosperieren; **–ujúci** prosperierend
prospešn|ý(e) nützlich, vorteilhaft; *byť komu ~* j-m nützlich sein*
prospiev|ať **1** byť užitočný nützen, nutzen, nützlich sein* (i.), wohltun* <wohl tun>; *to mu dobre –a* das tut ihm wohl **2** v škole bestehen, dobre gut vorankommen* (i.), Fortschritte machen
prostitú|cia e Prostitution (≈, 0); **–tka** e Prostitu|ierte (n, n), hovor. e Dirne (≈, n)
prostoreký vorlaut, hanl. schnippisch
prostredi|e aj životné e Umwelt (≈, 0), s Milieu [mi'ljö:] (s, s); *ochrana životného –a* r Umweltschutz; *sociálne ~* das soziale Milieu
prostredníctvom mittels G, durch A, mit Hilfe G
prostredný **1** mittler, mittel-, Mittel- **2** priemerný durchschnittlich, mittelgroß
prostried|ok **1** stred e Mitte (≈, n); *v –ku* in der Mitte **2** vec s Mittel (s, ≈); *čistiaci, prací ~* s Reinigungsmittel, s Waschmittel; *dopravné ~* s Verkehrsmittel **3** MNČ finančné prostriedky die Mittel MNČ; *byť bez –kov* ohne Mittel sein, mittellos sein
prost|ý(o) einfach, schlicht, simpel
protekcia e Protektion (≈, en)
protektorát s Protektorat ((e)s, e)
protest r Protest ((e)s, e)
protestant r Protestant (en, en)
protest|ný Protest-; *–ná akcia* e Protest|aktion; **–ovať** protestieren (*proti čomu* gegen etw A)
proti gegen A; *liek ~ kašľu* ein Medikament gegen Husten; *~ mojej vôli* gegen meinen Willen; *mať čo ~ komu/čomu* etw gegen j-n/etw haben; *kto je ~?* wer ist dagegen?; *~ prúdu* strom|aufwärts
protialkoholický anti|alkoholisch
protiatómový Atom-; *~ kryt* r Atombunker
protihodnota r Gegenwert ((e)s, e)
protihráč r Gegenspieler (s, ≈)
protijed s Gegengift ((e)s, e)
protiklad r Gegensatz (es, ≈e)
protiľahlý gegenüberliegend, entge-

PQRS

gengesetzt, Gegen-
protilátka r Gegenstoff ((e)s, e)
protiletecký Luftschutz-
protipožiarn|y Feuerschutz-, Feuerwehr-; *–e opatrenia* die Feuerschutzmaßnahmen MNČ
protiprávn|y(e) rechtswidrig, widerrechtlich
protirečiť widersprechen*
protismer e Gegenrichtung (≈, en)
protištátny staatsfeindlich
protiútok r Gegen|angriff ((e)s, e)
protiváha s Gegengewicht ((e)s, 0)
protiviť sa 1 odporovať sich widersetzen, widersprechen* (*komu/čomu* j-m/etw) **2** hnusiť sa anwidern, an|ekeln, zuwider sein* (i.) (*komu* j-n)
protivládny regierungsfeindlich
protivník r Gegner (s, ≈)
protivojnový Antikriegs-
protizákonný gesetzwidrig
protokol s Protokoll (s, e)
prototyp r Prototyp (s, en)
prova predná časť lode s Vorderteil ((e)s, e)
provinc|ia e Provinz [prọ'vinc] (≈, en); **–iálny** provinziell [provin'cjel]
provizórn|y(e) provisorisch [...v...]
provokácia e Provokation [...v...] (≈, en)
provok|atívn|y(e) provokativ [...v...], **–ovať** provozieren [...v...]
próza e Prosa (≈, 0)
proz|aick|ý(y) prosaisch; **–aik** r Prosaiker (s, ≈)
prozreteľnosť 1 e Voraussicht (≈, 0), e Vorsicht (≈, 0) **2** cirk. e Vorsehung (≈, 0)
prozreteľn|ý(e) vorausschauend, weitblickend <weit blickend>
prsia 1 hrudník e Brust (≈, 0) **2** prsníky e Brust (≈, ¨e), r Busen (s, ≈) **3** kuch. e Brust (≈, 0); *husacie ~* e Gänsebrust; **biť sa do pŕs** sich an die Brust schlagen
prskavka vianočná e Wunderkerze (≈, n)
prsn|ý Brust-; *–á bradavka* e Brustwarze
prst 1 na ruke r Finger (s, ≈) **2** na nohe e Zehe (≈, n) **3** na rukavici r Fingerling ((e)s, e); *nepohnúť ani ~om* keinen Finger krumm machen
prsteň r (Finger)ring ((e)s, e); *snubný ~* r Ehering, r Verlobungsring
prstenník r Ringfinger (s, ≈)
pršať regnen; *vonku prší* es regnet draußen
prúd 1 rieky i elektrický r Strom ((e)s, ¨e); *po ~e* strom|abwärts; *proti ~u* strom|aufwärts; *spotreba ~u* elektrického r Stromverbrauch **2** hnutie e Strömung (≈, en); *byť v plnom ~e* in Schwung sein; **~enie** e Strömung (≈, en); **~iť** strömen
prudk|ý(o) heftig; *~ reagovať* heftig re|agieren
prúdov|ý Düsen-; *–é lietadlo* s Düsenflugzeug; *~ motor* r Düsenmotor
pruh 1 r Streifen (s, ≈) **2** jazdný e Fahrspur (≈, en)
pruhovaný gestreift
prút 1 e Rute (≈, n), e Gerte (≈, n) **2** tech. zlatý r Goldbarren (s, ≈), železný r Eisenstab ((e)s, ¨e); **~ený** Ruten-, Flecht-; *~ kôš* r Flechtkorb, r Weidenkorb
prútik virguľa e Wünschelrute (≈, n); **~ár** r (Wünschel)rutengänger (s, ≈)
pružina e (Sprung)feder (s, ≈)
pružiť federn
prúžkovaný gestreift
pružnosť 1 e Elastizität (≈, 0) **2** ľudská vlastnosť e Bereitschaft
pružn|ý(e) 1 elastisch, biegsam, gewandt **2** pohotový schlagfertig
prúžok r Streifen (s, ≈)
prvenstvo r al. s Primat ((e)s, e)
prvok s Element ((e)s, e)
prvoradý erstrangig, vorrangig
prvosienka e Primel (≈, n), r Himmelschlüssel (s, ≈), e Schlüsselblume (≈, n)
prvotný 1 ursprünglich, Ur- **2** primárny primär
prvotriedn|y(e) erstklassig, erstran-

PQRS

gig

prv|ý der erste; *ako ~* als erster <E...>; *na ~ pohľad* auf den ersten Blick; *–á pomoc* Erste Hilfe <e...>; *–é vydanie* knihy e Erst|aufgabe; *v –om rade* vor allem, an erster Stelle

pseudonym s Pseudonym (s, e)

ps|í hündisch, Hunde-, Hunds-; *–ia búda* e Hundehütte

pstruh e Forelle (≈, n)

psychiater r Psychi|ater (s, ≈)

psychiatr|ia e Psychiatrie (≈, 0); **–ický** psychiatrisch; *–ická klinika* e psychiatrische Klinik

psychický psychisch

psychoanalýza e Psycho|analyse (≈, 0)

psychológ r Psychologe (n, n); **~ia** e Psychologie (≈, 0)

psychologický psychologisch

psychopat r Psychopath (en, en)

psychóza e Psychose (≈, n)

pšenic|a r Weizen (s, 0); *pestovať –u* Weizen anbauen

pšeničn|ý Weizen-; *–á múka* s Weizenmehl

pštros r Strauß (es, e)

pubert|a e Pubertät (≈, 0); **–álny** Pubertäts-; *–álny vek* s Pubertätsalter

publicist|a r Publizist (en, en); **–ika** e Publizistik (≈, 0)

publik|ácia e Publikation (≈, en); **–ovať** publizieren

publikum s Publikum (s, 0)

puč r Putsch (es, e); *pokus o ~* r Putschversuch

pučať sprießen* (i.), klíčiť keimen

pud r Trieb ((e)s, e), r Instinkt ((e)s, e); *~ sebazáchovy* r Selbst|erhaltungstrieb

púder r Puder (s, ≈)

puding r Pudding (s, e al. s)

pudlík r Pudel (s, ≈)

pudov|ý(o) instinktiv, triebhaft, Trieb-

pudrenka e Puderdose (≈, n)

pudrovať (sa) (sich) pudern, Puder auf|tragen

puk[1] hokejový e Scheibe (≈, n), r Puck (s, s)

puk[2] na nohaviciach e Bügelfalte (≈, n)

puk[3] bot. e Knospe (≈, n) r Trieb (es, e), r Sproß (sses, sse); *vyhnať ~y* Knospen ansetzen

puklina r Sprung ((e)s, ≈e), r Riß <...ss> (sses, sse), e Spalte (≈, n)

pulóver r Pullover [pu'lo:vɐ] (s, ≈), hovor. r Pulli (s, s)

pult **1** v obchode r Ladentisch (es, e) **2** stojan s Pult ((e)s, e); *rečnícky ~* r Rednerpult **3** v krčme e Theke (≈, n)

pulz r Puls (es, e); **~ovať** pulsieren

puma zool. r Puma (s, s)

pumpa e Pumpe (≈, n); *bicyklová ~* e Luftpumpe; hovor. *benzínová ~* e Tankstelle

pumpovať pumpen

punč r Punsch ((e)s, e al. ≈e)

puntičkársky pedantisch

púpava r Löwenzahn ((e)s, ≈e), hovor. die Butterblume (≈, n)

pupočn|ý Nabel-; *–á šnúra* e Nabelschnur

pupok **1** r Nabel (s, ≈) **2** hovor. brucho r Bauch ((e)s, ≈e)

puritán r Puritaner (s, ≈); **~sky** puritanisch

purpurový kniž. purpurrot, Purpur-

pustatina s Ödland ((e)s, ≈er)

pustiť **1** nechať padnúť fallen* lassen*; *~ čo na zem* etw auf den Boden fallen lassen **2** dovoliť odísť los|lassen*; *pusť ma!* laß mich los! **3** dovoliť ísť lassen*; *~ deti do kina* die Kinder ins Kino (gehen) lassen **4** zapnúť ein|schalten **5** kohútikom auf|drehen; *~ plyn, vodu* Gas, Wasser aufdrehen **6** farbu ab|färben; **~ sa** **1** prestať sa držať los|lassen* **2** začať čo robiť beginnen*; *~ do práce* an die Arbeit gehen*

pust|ý(o) öde, wüst

puška s Gewehr ((e)s, e)

púšť e Wüste (≈, n); *piesočnatá ~* e Sandwüste

púšťať **1** pozri *pustiť* **2** uvoľňovať sa locker werden*, sich lockern **3** šarkana den Drachen steigen* lassen*

púť 1 cirk. e Wallfahrt (≈, en), e Pilgerfahrt (≈, en) **2** cesta e Wanderung (≈, en)
pútav|ý(o) fesselnd, packend
pútko na kabáte ap. r Aufhänger (s, ≈)
puto obyčajne MNČ **putá 1** e Fessel (≈, n), e Kette (≈, n) **2** na ruky e Handschelle (≈, n) **3** pren. s Band ((e)s, e)
putovať wandern
putovn|ý Wander-; *–á výstava* e Wander|ausstellung; *~ pohár* r Wanderpokal
puzdro s Etui [et'vi:/e'tüi:] (s, s); *~ na okuliare* s Brillen|etui; *~ na cigarety* s Zigaretten|etui
pygmej r Pygmäe (n, n)
pýcha 1 hrdosť r Stolz (es, 0) **2** namyslenosť r Hochmut ((e)s, 0)
pykať büßen, Buße tun*
pyramída e Pyramide (≈, n)
pyré s Püree (s, s); *zemiakové ~* s Kartoffelpüree
pyšn|ý(e) 1 hrdý stolz; *byť ~ na čo* auf etw stolz sein **2** namyslený hochmütig
pýtať sa fragen (*na koho/čo* nach j-m/etw); *~ na cestu* nach dem Weg fragen
pyt|liačiť wildern; **–liak** r Wilderer (s, ≈)
pyžamo r Pyjama [pi(d)ža:ma] (s, s)

R

rabat ekon. r Rabatt ((e)s, e)
rabín r Rabbiner (s, ≈)
racionaliz|ácia e Rationalisierung [racjo...] (≈, 0); **–ovať** rationalisieren
racionáln|y(e) 1 rozumový rational **2** hospodárny rationell **3** mat. rational
rád rehoľa r Orden (s, ≈); **~ový** Ordens-; *~ové pravidlá* e Ordensregel
rád 1 s radosťou gern(e) **2** mať rád gern haben*, lieben, mögen*; *mať ~ koho* j-n mögen, gern haben; *to nemám ~* das mag ich nicht **3** mať radosť froh sein*, sich freuen; *to som ale ~!* da bin ich aber froh!
rad[1] vyznamenanie r Orden (s, ≈); *~ Zlatého rúna* r Orden des goldenen Vlieses
rad[2] **1** e Reihe (≈, n); *sedieť v druhom ~e* in der zweiten Reihe sitzen **2** poradie e Reihe (≈, n), hovor. e Schlange (≈, n); *byť na ~e* an der Reihe sein*; *prísť na ~* an die Reihe kommen*; *postaviť sa do ~u* sich (in die Schlange) an|stellen
rad|a 1 odporúčanie r Rat ((e)s, 0), r Ratschlag ((e)s, ≈e); *poprosiť koho o –u* j-n um Rat bitten* al. fragen; *(ne)vedieť si –y* sich (keinen) Rat wissen* **2** orgán r Rat ((e)s, ≈e); *mestská ~* r Stadtrat
radar r al. s Radar (s, e)
radca 1 r Ratgeber (s, ≈), r Berater (s, ≈) **2** zast. r Rat ((e)s, ≈e); *tajný ~* r Geheimrat
radiátor r Radiator (s, oren), r Heizkörper (s, ≈)
radikál r Radikale (en, en)
radikáln|y(e) radikal
rádio 1 rozhlasový prijímač s Radio (s, s), s Rundfunkgerät ((e)s, e) **2** hovor. rozhlas s Radio (s, 0), r Rundfunk (s, 0); *počúvať ~* Radio hören
rádioaktivita e Radio|aktivität [...v...] (≈, 0)
rádioaktívn|y(e) radio|aktiv; *–e žiarenie* radio|aktive Strahlung
rádioamatér r Funk|amateur (s, e)
radiť 1 dávať radu raten*, einen Rat geben*, beraten* (*komu* j-n) **2** odporúčať an|raten*, empfehlen*; **~ sa** sich beraten* (*s kým o čom* mit j-m D über etw A)
radnica s Rathaus (es, ≈er)
radosť e Freude (≈, n), s Vergnügen (s, ≈); *urobiť komu ~* j-m Freude machen; *mať z čoho ~* an etw Freude haben, sich über etw freuen
radostn|ý(e) freudig, froh, fröhlich
radovať sa sich freuen (*z čoho* über etw A)
radov|ý 1 Reihen-; *~ dom* s Reihen-

haus **2** lingv. Ordnungs-; *–á číslovka* e Ordnungszahl **3** obyčajný einfach; ~ *vojak* ein einfacher Soldat
radšej lieber; ~ *dnes ako zajtra* lieber heute als morgen
rafinovan|ý(e) 1 vypočítavý raffiniert, gerissen, gerieben **2** chem. raffiniert
ragby s Rugby ['rakbi] (s, 0)
raglánový Raglan-; ~ *rukáv* r Raglan|ärmel
rachot s Getöse (s, 0), r Krach ((e)s, 0), r Lärm ((e)s, 0); **~iť** krachen, rasseln, poltern
raj s Paradies (es, e)
raja zool. r Rochen (s, ≈)
rajčiak e Tomate (≈, n)
rajčiakov|ý Tomaten-; *–á polievka* e Tomatensuppe; ~ *pretlak* Tomatenmark
rajský súvisiaci s rajom paradiesisch, Paradies-
rak 1 riečny r Krebs (es, e) **2** morský r Hummer (s, ≈); **ani ryba ani ~** weder Fisch noch Fleisch
raketa šport. r Schläger (s, ≈); *tenisová* ~ r Tennisschläger (s, ≈)
raketa[1] e Rakete (≈, n); *kozmická* ~ eine kosmische Rakete
raketa[2] šport. r Schläger (s, ≈); *tenisová* ~ r Tennisschläger
raketov|ý Raketen-; *–á hlavica* r Raketenkopf
rakovin|a r Krebs (es, 0); *zomrieť na –u* an Krebs sterben
rakva r Sarg ((e)s, ≈e)
rám r Rahmen (s, ≈)
rámcový Rahmen-; ~ *program* s Rahmenprogramm
rám|ec r Rahmen (s, ≈); *v –ci možností* im Rahmen der Möglichkeiten
rameno 1 anat. r Arm ((e)s, e) **2** obraz. r Arm ((e)s, e); ~ *rieky* r Fluß|arm <...ss...>
rampa 1 e Rampe (≈, n); *štartovacia* ~ e Startrampe **2** hovor. závora e Schranke (≈, n)
rana 1 e Wunde (≈, n) **2** obraz. úder r Schlag ((e)s, ≈e)
raňajk|y s Frühstück ((e)s, e); **–ovať** frühstücken
ranený 1 PR M verletzt, verwundet **2** PODST M r Verletzte (n, n)
ran|iť verwunden, verletzen; *–ila ho mŕtvica* er erlitt* einen Schlag|anfall
rann|ý Früh-, Morgen-; *–á rozcvička* e Morgengymnastik
rán|o[1] PODST M r Morgen (s, ≈); *dobré ~!* guten Morgen!; *od –a do večera* von früh bis abends, von morgens bis abends
ráno[2] PRÍSL morgens, früh; *dnes* ~ heute morgen, heute früh; *skoro* ~ früh morgens; *včera* ~ gestern früh
ran|ý Früh-, früh; *–á gotika* e Frühgotik
rapídn|y(e) rapid, schnell
rapkáč e Klapper (≈, n)
rarita e Rarität (≈, en), e Seltenheit (≈, en)
rasa e Rasse (≈, n)
rasca r Kümmel (s, ≈)
ras|ista r Rassist (en, en); **–izmus** r Rassismus (≈, 0)
rasov|ý rassisch, Rassen-; *–á diskriminácia* e Rassendiskriminierung; *–á nenávisť* r Rassenhaß <...ss>
rast 1 s Wachstum (s, 0), r Wuchs (es, 0) **2** rozvoj r Anstieg ((e)s, e), s Wachsen (s, 0)
rásť 1 wachsen* (i.); *dať si ~ dlhé vlasy* sich die Haare lang wachsen* lassen* **2** rastom zväčšiť an|wachsen*, zu|nehmen*
rastlina e Pflanze (≈, n)
rastlinný Pflanzen-, pflanzlich; ~ *olej* s Pflanzen|öl; ~ *tuk* s Pflanzenfett
rašelina r Torf ((e)s, 0)
rašelinisko s Moor ((e)s, e)
ratifik|ácia e Ratifizierung (≈, en); **–ovať** ratifizieren
ráz charakter r Charakter [k...] (s, ere), e Art (≈, en)
raz[1] v číselných výrazoch -mal, Mal; *jeden raz* einmal; *druhý* ~ das zweite Mal
raz[2] PRÍSL kedysi einmal, eins|t; *bol ~ jeden kráľ* es war einmal ein König

PQRS

raz[3] ČAST (nun) einmal; *buď už ~ ticho!* sei doch mal stil!
razantn|ý(e) rasant
rázcestie e Weggab(e)lung (≈, en), r Scheideweg ((e)s, e)
razia e Razzia (≈, i|en)
raziť 1 mince ap. prägen, münzen **2** presadzovať prägen; ~ *heslo* ein Schlagwort prägen
rázn|y(e) energisch, tatkräftig
rázporok r Schlitz (es, e)
ražeň r Bratspieß (es, e)
ražn|ý Roggen-, Korn-; ~ *chlieb* s Roggenbrot; *–á múka* s Roggenmehl
reagovať reagieren
reakcia 1 e Reaktion (≈, en); *chemická ~* eine chemische Reaktion; *nečakaná ~* eine un|erwartete Reaktion **2** e Gegenwirkung (≈, en); *akcia a ~* e Wirkung und Gegenwirkung **3** polit. e Reaktion (≈, 0)
reakčný 1 Reaktions- **2** polit. reaktionär
reaktor r Reaktor (s, oren); *jadrový ~* r Kernreaktor
reálie e Realien MNČ, e Landeskunde (≈, 0)
realista r Realist (en, en)
realistick|ý(y) realistisch
realizmus r Realismus (≈, 0)
realizovať realisieren
reálka druh strednej školy v Nemecku e Realschule (≈, n)
reálne real
reálny real, wirklich, Real-; ~ *plat* r Reallohn
rebarbora r Rhabarber (s, ≈)
rebelant r Rebell (en, en)
rebierko kuch. s Kotelett [kotə'let] (s, s)
rebrík e Leiter (≈, n); *dvojitý ~* e Bockleiter
rebro e Rippe (≈, n)
rébus r al. s Rebus (≈, se)
recenz|ia e Rezension (≈, en); **–ovať** rezensieren
recepci|a 1 hotelová e Rezeption (≈, en); *pýtať sa na –i* an der Rezeption fragen; *hláste sa, prosím, na –i!* bitte bei der Rezeption melden! **2** slávnostné prijatie r Empfang ((e)s, ≈e)
recepčný[1] PR M Rezeptions-, Empfangs-
recepčný[2] PODST M r Rezeptionsangestellte (n, n), žena e Empfangsdame (≈, n), muž r Empfangschef […šef] (s, s)
recept s Rezept ((e)s, e); *napísať ~* ein Rezept schreiben
recipročný reziprok
recit|ácia e Rezitation (≈, en); **–átor** r Rezitator (s, oren); **–ovať** rezitieren
recyklácia s Recycling [ri'saeklin] (s, 0)
recyklov|aný Recycling- [ri'saeklin…]; ~ *papier* s Recyclingpapier; **–ať** recyceln
reč 1 jazyk e Sprache (≈, n); *cudzia ~* e Fremdsprache; *materinská ~* e Muttersprache **2** prejav e Rede (≈, n); *mať ~* eine Rede halten* **3** rozhovor s Gespräch ((e)s, e); *dať sa s kým do ~i* sich mit j-m in ein Gespräch einlassen* **4** reči e Reden MNČ, s Gerede (s, 0); *hlúpe ~i* dummes Gerede; *o čom je ~?* wovon ist die Rede?
rečn|ík r Redner (s, ≈); **–iť** eine Rede halten*
rečov|ý Sprech-; *–é orgány* e Sprech|organe MNČ
redak|cia e Redaktion (≈, en); **–čný** redaktionell, Redaktions-
redaktor 1 v novinách r Redakteur (s, e) **2** vo vydavateľstve r Lektor (s, oren)
reďkovka s Radies|chen (s, ≈), r Rettich (s, e)
reduk|cia e Reduktion (≈, en); **–ovať** reduzieren
referát 1 prednáška s Referat ((e)s, e) **2** správa r Bericht ((e)s, e)
referendum s Referendum (s, den al. da), e Volksabstimmung (≈, en), s Volksbegehren (s, ≈)
refer|ent r Referent (en, en); **–ovať** referieren, berichten
reflektor r Reflektor (s, oren), r

Scheinwerfer (s, ≈)
reflex r Reflẹx (es, e); *(ne)podmienený* ~ r (un)bedingte Reflex
reform|a e Refọrm (≈, en); **–ný** Refọrm-; **–ovať** reformịeren
refrén r Refrạin [rẹ'frẽ:/rə'frẽ:] (s, s)
regál s Regạl (s, e); *regál na knihy* r Bücherregal
regener|ácia e Regeneratiọn (≈, en); **–ovať** regenerịeren
register s Regịster (s, ≈), s Verzeichnis (ses, se); *menný* ~ s Namenverzeichnis, s Namenregister; *vecný* ~ s Sachverzeichnis, s Sachregister
registr|ácia e Registrịerung (≈, en); **–atúra** e Registratụr (≈, en)
registrovať registrịeren
regul|átor r Regulạtor (s, ọren); **–ovať** regulịeren
rehabilitácia **1** lek. e Rehabilitatiọn (≈, en) **2** práv. e Rehabilitịerung (≈, en)
rehabilitovať (sa) (sich) rehabilitịeren
rehoľa rád r Orden (s, ≈)
rehotať sa smiať sa wiehernd lachen, wiehern
reklama e Reklạme (≈, n), e Werbung (≈, 0)
reklamác|ia e Reklamatiọn (≈, en); *podať –iu* eine Reklamation vorbringen
reklamn|ý Werbe-; *–é oddelenie* e Werbe|abteilung
reklamovať reklamịeren
rekomando **1** PRÍSL eingeschrieben **2** hovor. doporučený list r Einschreib(e)brief ((e)s, e), der eingeschriebene Brief ((e)s, e)
rekonštrukcia e Rekonstruktiọn (≈, en), e Wiederher|stellung (≈, en)
rekonštruovať rekonstruịeren
rekord r Rekọrd ((e)s, e); *svetový* ~ r Weltrekord
rekordný Rekọrd-; ~ *výkon* e Rekordleistung
rekreác|ia e Erhọlung (≈, en); *ísť na –iu* zur Erholung fahren
rekreačn|ý Erhọlungs-, Urlaubs-, Ferịen-; *–á oblasť* s Erholungsgebiet
rekreovať sa sich erhọlen
rektor r Rektor (s, ọren); **~át** s Rektorạt ((e)s, e)
rekvizita s Requisịt ((e)s, en)
relácia e Sendung (≈, en), e Reihe(nfolge) (≈, n)
relatívne relatịv
relatívn|y relatịv, Relatịv-; *–e zlepšenie* eine relative Besserung
reliéf s Relịẹf (s, s)
relikvia e Relịquie (≈, n)
remeň r Riemen (s, ≈)
remesel|ník r Handwerker (s, ≈); **–ný** handwerklich, Handwerks-
remeslo s Handwerk ((e)s, e)
remienok na hodinky s Uhr(en)|armband ((e)s, ≈er)
remíza s Remis [rə'mi:(s)] (≈, ≈ al. en)
remizovať un|entschieden spielen
remorkér r Schleppdampfer (s, ≈)
renesan|cia e Renaissạnce [rənə'sã:s] (≈, 0); **–čný** Renaissance- [rəne'sã:s...]
renovácia e Renovịerung [...v...] (≈, en), e Ernẹuerung (≈, en)
renovovať renovịeren [...v...], ernẹuern
renta e Rente (≈, n)
reorganizácia e Re|organisatiọn (≈, en), r Umbau ((e)s, 0)
repa e Rübe (≈, n); *cukrová* ~ e Zuckerrübe; *červená* ~ e rote Rübe
repertoár s Repertọire [...'toa:ɐ] (s, s)
report|áž e Reportạge [...'ta:ʒə] (≈, n); **–ér** r Repọrter (s, ≈)
reprezent|ácia e Repräsentatiọn (≈, en); **–ačný** Repräsentatiọns-
reprezentant **1** zástupca r Repräsentạnt (en, en), r Vertrẹter (s, ≈) **2** šport. r Nationạlspieler (s, ≈)
reprezentatívn|y(e) repräsentatịv
reprezentovať repräsentịeren
repríza e Reprịse (≈, n), e Wiederhọlung (≈, en)
reproduk|cia e Reproduktiọn (≈, en); **–ovať** reproduzịeren

PQRS

reproduktor r Lautsprecher (s, ≈)
republika e Republịk (≈, en); *Slovenská ~* die Slowakische Republik; *Spolková ~ Nemecko* die Bundesrepublik Deutschland
republikán r Republikạner (s, ≈)
resumé s Resümẹe (s, s)
rešpekt r Respẹkt ((e)s, 0); *mať ~ pred kým/čím* vor j-m/etw Respekt haben
rešpektovať respektịeren
reštaurácia[1] s Restaurạnt [restọ'rã:] (s, s), e Gaststätte (≈, n)
reštaur|ácia[2] obnova e Restauratiọn (≈, 0), e Restaurịerung (≈, 0); **–ovať** restaurịeren
reštitúcia e Restitutiọn (≈, en)
reťaz e Kette (≈, n); *snehové ~e* die Schneeketten; *~ na bycikle* e Fahrradkette
reťazov|ý Ketten-; *~ most* e Kettenbrücke; chem. *–á reakcia* e Kettenreaktion
retiazka **1** na krk e (Hals)kette (≈, n) **2** na dverách e (Tür)kette (≈, n)
rétorika e Rhetọrik (≈, n)
reuma s Rheuma (s, 0); **~tický** rheumạtisch; **~tizmus** r Rheumatịsmus (≈, 0)
rev **1** zvierací s Gebrụ̈ll ((e)s, 0) **2** expr. krik s Geschrẹi ((e)s, 0); **~ať** **1** o zvieratách brüllen **2** expr. kričať schreien*
revanšistický revanchịstisch [rəvã-'šistiš]
revír s Revịer [rẹ'vi:ɐ] (s, e); *policajný ~* s Polizeirevier; *lesný ~* s Waldrevier
revízia **1** e Revisiọn [rẹvi'zjọ:n] (≈, en) **2** kontrola cestovných lístkov e Fahrkartenkontrolle (≈, n)
revízor r Revịsor [rẹ'vi:zọ:ɐ] (s, ọren), r Kontrollẹur (s, e)
revolta e Revọlte [...v...] (≈, n)
revol|úcia e Revolutiọn [...v...] (≈, en); **–učný** revolutionạ̈r, Revolutiọns- [...v...]
revolver r Revọlver [rẹ'volvɐ] (s, ≈)
revue e Revụe [rẹ'vü:] (≈, n)
rez r Schnitt ((e)s, e); lek. *cisársky ~* r Kaiserschnitt
rezák r Schneidezahn (s, ≈̈e)
rezanec MNČ die Nudeln
rezan|ý geschnịtten, Schnitt; *–é kvety* die Schnittblumen
rezať schneiden*
rezb|a e Schnitz|arbeit (≈, en), s Schnitzwerk ((e)s, e); **–ár** r Schnitzer (s, ≈)
rezeň s Schnitzel (s, ≈); *teľací, bravčový ~* s Kalbsschnitzel, s Schweineschnitzel; *viedenský ~* s Wiener Schnitzel
rezerva **1** e Resẹrve [...və] (≈, n) **2** hovor. náhradná pneumatika s Resẹrverad [...və...] ((e)s, ≈̈er)
rezervácia s Reservạt [...va:t] ((e)s, e), e Reservatiọn [...v...] (≈, en)
rezervný Resẹrve- [...və...]
rezervovaný **1** obsadený reservịert [rẹzer'vi:ɐt] **2** zdržanlivý zurụ̈ckhaltend
rezervovať (si) reservịeren [...v...], bestellen
rezidencia e Residẹnz (≈, en)
rezignovať resignịeren
rezk|ý(o) schmissig, flink
rezn|ý Schnitt-; *–á rana* e Schnittwunde
rezolúcia e Resolutiọn (≈, en), *~ Bezpečnostnej rady OSN* e Resolution des Sicherheitsrates der UNO
rezolutn|ý(e) resolụt, entschlọssen
rezonancia e Resonạnz (≈, en)
réži|a **1** div. ap. e Regịe [rẹ'ži:] (≈, 0) **2** náklady e Verwạltungskosten MNČ al. e Regịe [rẹ'ži:] (≈, 0); *vo vlastnej –i* in eigener Regie
režim s Regịme [rẹ'ži:m] (s, e al. s)
režisér r Regissẹur [rẹži'sö:ɐ] (s, e); *filmový ~* r Filmregisseur
riad s Geschịrr ((e)s, e)
riadenie **1** tech. e Steuerung (≈, en); *automatické ~* e automatische Steuerung **2** auta e Lenkung (≈, 0) **3** firmy e Führung (≈, 0), e Leitung (≈, 0)
riadiť **1** spravovať leiten **2** auto lenken **3** stroj ap. steuern; **~ sa** sich richten

(*čím* nach etw D), sich halten (*čím* an etw D)
riaditeľ r Direktor (s, oren); **~stvo** e Direktion (≈, en)
riadn|y(e) **1** regulär, ordnungsgemäß, ordentlich; ~ *profesor* ein ordentlicher Professor **2** usporiadaný ordentlich, anständig, brav; *viesť ~ život* ein ordentliches Leben führen **3** expr. veľký gehörig, tüchtig; *dostal –e zaucho* er bekam eine tüchtige Ohrfeige
riadok e Zeile (≈, n)
riasa morská e (Meeres|)alge (≈, n), r (See)tang ((e)s, e)
ríbezľa e Johannisbeere (≈, n)
ribstol šport. e Sprossenleiter (≈, n)
riečisko s Flußbett <...ss...> (es, en)
riečn|y Fluß- <...ss>; *–a doprava* e Flußschiffahrt
riediť **1** verdünnen **2** víno vodou panschen
riedky **1** dünn; ~ *vzduch* dünne Luft **2** o vlasoch spärlich
rieka r Fluß <...ss> (sses, ≈sse)
riešenie **1** e Lösung (≈, en) **2** o hádanke, krížovke e Auflösung (≈, en)
riešiť **1** lösen **2** o hádanke, krížovke auf|lösen
rímsa s (Ge)sims (es, e)
rímskokatolícky römisch-katholisch
rímsk|y römisch; *–e číslice* die römischen Ziffern
rinčať klirren, rasseln
ring r Ring ((e)s, e)
riskantn|ý(e) riskant, gewagt
riskovať riskieren
ríša s Reich ((e)s, e), s Imperium (s, i-en)
riť **1** anat. r After (s, ≈) **2** vulg. r Arsch ((e)s, ≈e); *byť v ~i* im Arsch sein
ritka detsky r Po (s, s), r Popo (s, s)
rituálny rituell
rival r Rivale [...v...] (n, n); **~ita** e Rivalität [...v...] (≈, en)
riziko s Risiko (s, s al. ken)
rizikov|ý Risiko-; *–é tehotenstvo* e Risikoschwangerschaft; **~ príplatok** e Gefahrenzulage
rizoto r Risotto (≈ al. s, s)
robiť **1** pracovať arbeiten **2** konať machen, tun*; *nedá sa nič ~* man kann* nichts machen; *~ radosť* Freude machen; *nič si z toho nerob!* mach dir nichts daraus!
robiť sa **1** diať sa vor|gehen*, geschehen*; *čo sa robí?* was geht hier vor? **2** vznikať sich bilden **3** tváriť sa sich machen, sich stellen, sich auf|spielen; *~ dôležitým* sich wichtig machen; **čo sa mu robí?** was ist mit ihm los?
robot r Roboter (s, ≈)
robotnícky Arbeiter-
robotník r Arbeiter (s, ≈); *kvalifikovaný ~* r Fach|arbeiter; *pomocný ~* r Hilfs|arbeiter; *stavebný ~* r Bau|arbeiter; *poľnohospodársky ~* r Land|arbeiter
robustn|ý(e) robust
ročne jährlich
ročník **1** časopisu, vekový ap. r Jahrgang ((e)s, ≈e) **2** školský s Schuljahr ((e)s, e), e Klasse (≈, n) **3** univerzitný s Studi|enjahr ((e)s, e)
ročn|ý Jahres-, -jährig; *–é obdobie* e Jahreszeit; *–é dieťa* ein einjähriges Kind
rod **1** pokolenie s Geschlecht ((e)s, e); *šľachtický ~* s Adelsgeschlecht **2** pôvod e Abkunft (≈, 0), e Herkunft (≈, 0), e Abstammung (≈, 0); *~om je Španiel* er ist ein gebürtiger Spanier **3** bot. e Gattung (≈, en) **4** lingv. s Genus (≈, Genera)
rodák r Landsmann ((e)s, leute); *je ~ Viedne* er ist ein gebürtiger Wiener
roden|ý geboren, gebürtig; *–á Müllerová* geborene Müllerová
rodič **1** otec al. matka r Elternteil ((e)s, 0) **2** obaja rodičia die Eltern MNČ
rodina e Familie (≈, n)
rodinný Famili|en-, familiär; *~ dom* s Einfamili|enhaus; *~ príslušník* r Famili|en|angehörige; *z ~ch dôvodov* aus familiären Gründen
rodisko r Geburts|ort ((e)s, e)
rod|iť **1** deti gebären* **2** prinášať plody tra-

gen*, hervọr|bringen*; *tento strom už ne–í* dieser Baum trägt keine Früchte mehr; **~ sa 1** pôrodom zur Welt kommen* (i.) **2** o rastlinách wachsen*, gedẹihen* (i.)

rodn|ý 1 Gebụrts-, heimatlich; *–é meno* r Geburtsname; *~ list* e Geburts|urkunde, r Geburtsschein **2** pokrvný leiblich; *~ brat* leiblicher Bruder; **~ jazyk** e Muttersprache; **~ dom** s Elternhaus

rodokmeň r Stammbaum ((e)s, ≈̈e)

roh 1 zvierací, aj hud. nástroj s Horn ((e)s, ≈̈er) **2** ulice, stola ap. e Ecke (≈, n); *na ~u* an der Ecke; *za ~om* um die Ecke

rohovka anat. e Hornhaut (≈, ≈̈e)

rohový 1 Horn- **2** Eck-; *~ dom* s Eckhaus

rohož e Matte (≈, n); *slamená ~* e Strohmatte; **~ka** e Fußmatte (≈, n)

roj r Schwarm ((e)s, ≈̈e); *~ včiel* r Bienenschwarm

rojiť sa schwärmen

rok s Jahr ((e)s, e); *minulý, budúci rok* das vorige, nächste Jahr; *školský ~* s Schuljahr; *Nový ~* s Neujahr; *priestupný ~* s Schaltjahr; *pol ~a* ein halbes Jahr, s Halbjahr; *~ čo ~* Jahr für Jahr; *za ~* in einem Jahr; *na päť ~ov* für fünf Jahre; *pred dvoma ~mi* vor zwei Jahren; *koľko má ~ov?* wie alt ist er?; *má 20 ~ov* er ist zwanzig Jahre alt; *deväťdesiate ~y* die neunziger Jahre

rokľa e Schlucht (≈, en)

rokoko s Rokoko (s, 0)

rokovanie e Verhạndlung (≈, en); *viesť ~ o čom* e Verhandlungen über etw führen

rokovať verhạndeln, die Verhạndlungen führen (*o čom s kým* mit j-m über etw A), besprẹchen* (*s kým o čom* mit j-m etw A)

rol|a e Rolle (≈, n); *hrať titulnú –u* die Titelrolle spielen

roláda e Roulạde [ru'la:də] (≈, n)

rolák hovor. r Rollkragenpullover [...pu'lọ:vɐ] (s, ≈)

roleta s Rollo (s, s), r Rolladen <...lll...> (s, ≈̈ al. ≈)

roľnícky landwirtschaftlich, Acker-bau-

roľník r Bauer (n al. s, n)

rolovať rollen

román r Rọman (s, e); **~opisec** r Romạnschriftsteller (s, ≈), r Romancier [roman'sje:] (s, ≈)

románsk|y romạnisch; *–e jazyky* romanische Sprachen

romantick|ý(y) romạntisch

romantik r Romạntiker (s, ≈); **~a** e Romạntik (≈, 0)

röntgen prístroj s Röntgengerät ((e)s, e); **~ovať** röntgen

röntgenový Röntgen-; *~ snímok* e Röntgen|aufnahme, s Röntgenbild

rop|a s Erd|öl (s, 0); **–ný** Erd|öl-

ropovod e Erd|ölleitung (≈, en), e Pipeline ['paeplaen] (≈, s)

ropucha e Kröte (≈, n)

rosa r Tau ((e)s, 0)

rosnička r Laubfrosch ((e)s, ≈̈e)

rošt r Rost ((e)s, e); *piecť na ~e* auf dem Rost braten*

roštenka r Rostbraten (s, ≈)

rota voj. e Kompanịe (≈, i|en)

rotač|ka e Rotatiọnsmaschine (≈, n); **–ný** Rotatiọns-, Dreh(ungs)-

rotovať rotịeren

rotunda e Rotụnde (≈, n)

rovesník r Zeitgenosse (n, n)

rovina 1 e Ebene (≈, n), s Flachland ((e)s, 0) **2** mat. e Ebene (≈, n)

rovnako gleichfalls, ebenfalls, genạuso, ebenso; *je ~ veľký ako ja* er ist genauso groß wie ich

rovnaký gleich; *~m spôsobom* auf die gleiche Weise; *v ~ čas* zur gleichen Zeit

rovnať 1 urovnávať ebnen, planịeren **2** zoraďovať ordnen, schichten, stapeln; *~ knihy* Bücher ordnen; *~ drevo* do vrstiev Holz schichten/stapeln; **~ sa 1** byť totožný gleichen*, gleich|kommen* (i.) **2** mat. gleich sein*; *dvakrát dva rovná sa štyri* zwei mal zwei ist gleich vier

PQRS

rovnica mat. e Gleichung (≈, en)

rovník r Äquator (s, 0); **~ový** äquatorial, Äquatorial-

rovno 1 vzpriamene aufrecht, gerade **2** vodorovne gerade **3** priamym smerom gerade|aus, direkt, gerade; *ísť ~* gerade|aus gehen* **4** bezprostredne direkt, unmittelbar; *piť ~ z fľaše* direkt aus der Flasche trinken* **5** otvorene offen, aufrichtig; *povedať komu čo ~ do očí* j-m etw offen ins Gesicht sagen **6** bez otáľania unverzüglich, sofort; *hovoriť ~ k veci* unverzüglich zur Sache sprechen*

rovnobežka 1 priamka e Parallele (≈, n) **2** geogr. r Breitenkreis (es, e)

rovnocenn|ý(e) 1 o veci gleichwertig **2** o človeku ebenbürtig

rovnodennosť e Tag|undnachtgleiche (≈, n)

rovnomern|ý(e) gleichmäßig

rovnoprávn|y(e) gleichberechtigt; **–osť** e Gleichberechtigung (≈, 0)

rovnosť e Gleichheit (≈, 0)

rovnováh|a s Gleichgewicht ((e)s, 0); *udržať –u* s Gleichgewicht halten*; *stratiť –u* s Gleichgewicht verlieren*

rovný 1 neohnutý gerade **2** nezvlnený eben, flach **3** rovnaký gleich; *~m dielom* zu gleichen Teilen

rozbaliť 1 zbaviť obalu aus|packen, aus|wickeln **2** otvoriť auf|machen

rozbehnúť sa 1 dať sa do behu zu laufen* beginnen*, Anlauf nehmen* **2** začať fungovať in Gang kommen* (i.), an|laufen*; *motor sa rozbehol* r Motor lief an **3** rôznymi smermi auseinander|laufen* <auseinander laufen> (i.)

rozbiť 1 zerschlagen*, zerbrechen*; *~ pohár* ein Glas zerbrechen **2** okno ein|schlagen*; **~ sa** zerbrechen* (i.), kaputt|gehen* (i.)

rozbitý zerbrochen, kaputt

rozbor e Analyse (≈, n)

rozbuška e Sprengkapsel (≈, n)

rozčleniť ein|teilen

rozčúlenie e Aufregung (≈, en), e Erregung (≈, en)

rozčúlen|ý(e) aufgeregt, erregt

rozčúliť auf|regen, erregen; **~ sa** sich auf|regen, in Aufregung geraten (i.) (*nad kým/čím* über j-n/etw)

rozdať 1 podarovať verschenken **2** rozdeliť verteilen, aus|teilen; *~ žiakom zošity* die Hefte an die Schüler austeilen; *~ karty* die Karten verteilen

rozdeliť 1 (zer)|teilen, auf|teilen; *~ čo na kusy* etw in Stücke teilen; *~ zisk medzi sebou* den Gewinn untereinander aufteilen **2** do skupín auf|teilen **3** rozdať verteilen **4** oddeliť trennen; *~ slovo* s Wort trennen; **~ sa** sich teilen (*s kým o čo* mit j-m D etw A)

rozdeľovač tech. r Verteiler (s, ≈)

rozdiel r Unterschied ((e)s, e); *bez ~u* ohne Unterschied; *na ~ od čoho* im Unterschied zu etw; *~ je v tom, že...* r Unterschied liegt* darin, daß...

rozdieln|y(e) verschieden, unterschiedlich

rozdrobiť zerbröckeln, zerkleinern; **~ sa** zerbröckeln (i.)

rozdrviť zerquetschen, zerschmettern

rozdvojiť spalten, entzwei|en, trennen; **~ sa** sich gabeln, sich spalten

rozdvojka tech. r Verteiler (s, ≈)

rozhadzovačný verschwenderisch

rozhadzovať 1 auseinander|werfen* <auseinander werfen>, verstreuen **2** obraz. vergeuden, verschwenden; *~ peniaze, čas* Geld, Zeit vergeuden

rozháraný zerrüttet

rozhľad 1 výhľad e Aussicht (≈, en); *mať pekný ~* eine schöne Aussicht haben* **2** obzor r Gesichtskreis (es, 0), r Horizont ((e)s, e); *rozšíriť svoj ~* seinen Horizont al. Gesichtskreis erweitern; **~ňa** r Aussichtsturm ((e)s, ≈e)

rozhlas r Rundfunk (s, 0), hovor. s Radio (s, 0)

rozhlasov|ý Rundfunk-, Radio-; *–á stanica* r Rundfunksender, r Radiosender

rozhliadnuť sa umher|blicken, um sich blicken

rozhnevan|ý(o) zornig, erzụrnt, böse
rozhnevať erzụrnen, verärgern, böse machen; ~ **sa** zornig al. böse werden* (i.), in Zorn gerạten* (i.)
rozhodca r Schiedsrichter (s, ≈)
rozhodne 1 PRÍSL energicky enẹrgisch, entschịeden **2** ČAST bestịmmt, gewịß <...ss>
rozhodnúť entscheiden* (*o čom* über etw A); ~ **sa 1** vybrať si sich entschẹiden* **2** odhodlať sa sich entschlịeßen*
rozhodnutie 1 e Entschẹidung (≈, en) **2** rozhodný krok r Entschlụß <...ss> (sses, ≈sse)
rozhodnutý entschịeden, entschlọssen
rozhodný 1 rozhodujúci entschẹidend; *urobiť ~ krok* einen entscheidenden Schritt tun* **2** energický enẹrgisch, entschlọssen, entschịeden; *~ človek* ein entschlossener Mensch **3** skutočný durchschlagend, entschịeden
rozhodovať pozri *rozhodnúť*
rozhodujúc|i 1 dôležitý entschẹidend, maßgebend, ausschlaggebend; *~ názor* eine maßgebende al. ausschlaggebende Meinung; *v –om okamihu* im entscheidenden Augenblick **2** prevažujúci überwịegend; *–a väčšina obyvateľstva* r überwiegende Teil der Bevölkerung
rozhorčenie e Empọ̈rung (≈, 0), e Entrụ̈stung (≈, 0)
rozhorčen|ý(e) entrụ̈s|tet, empọ̈rt
rozhorčiť sa sich erẹifern, sich entrụ̈s|ten
rozhovor 1 s Gesprạ̈ch ((e)s, e), e Unterrẹdung (≈, en); *telefonický ~* s Telefongespräch **2** pre noviny ap. s Interview ['intevju:] (s, s) **3** dialog r Dialọg ((e)s, e)
rozhranie 1 územná hranica e Grenze (≈, n) **2** časová hranica e Wende (≈, 0)
rozhrnúť auseinạnder|ziehen* <auseinạnder ziehen>; *~ záclony* die Vorhänge auseinanderziehen
rozhryznúť zerbẹißen*
rozchádzať sa pozri *rozísť sa*
rozchod 1 rozídenie s Auseinạndergehen (s, 0) **2** rozlúčka e Trennung (≈, en), r Abschied ((e)s, e) **3** tech. rozchod koľajníc e Spurweite (≈, n)
rozísť sa 1 rôznymi smermi auseinạnder|gehen* <auseinạnder gehen> (i.), sich trennen; *na rohu sa rozišli* sie trennten sich an der Ecke **2** prerušiť (partnerské) vzťahy sich trennen; *~ v dobrom* sich im Guten trennen **3** nezhodnúť sa auseinạnder|gehen* <auseinạnder gehen>, abweichen* (i.)
rozjaren|ý(e) erhẹitert, angeregt
rozkaz r Befẹhl ((e)s, e); *vydať (dať) ~* einen Befehl geben*; *na ~* auf Befehl
rozkázať befẹhlen*, einen Befẹhl geben*, an|ordnen
rozkazovací Befẹhls-; gram. *~ spôsob* r Imperativ, e Befehlsform
rozklad 1 mat., fyz. e Zerlẹgung (≈, en) **2** organizmu e Zersẹtzung (≈, 0), mŕtvoly e Verwẹsung (≈, 0)
rozkladac|í zerlẹgbar, Klapp-; *–ia posteľ* s Klappbett
rozklad|ať 1 rozoberať zerlẹgen **2** spôsobovať rozpad zersẹtzen; *pleseň –á organizmy* Fäulnis zersetzt die Organismen **3** rozmiestňovať aus|breiten; *~ tovar* e Waren ausbreiten **4** rukami gestikulịeren; ~ **sa 1** rozpadať sa na časti sich zersẹtzen, sich auf|lösen **2** rozprestierať sa sich aus|breiten, sich aus|dehnen
rozkol e Spaltung (≈, en), r Zwiespalt ((e)s, 0)
rozkoš e Wonne (≈, n)
rozkošn|ý(e) reizend, entzụ̈ckend
rozkrájať zerschnẹiden*, auf|schneiden*; *~ tortu* e Torte aufschneiden
rozkročený breitbeinig, mit gespreizten Beinen
rozkvet 1 e Blüte (≈, 0) **2** obraz. rozmach r Aufschwung ((e)s, e)
rozkvitnúť auf|blühen (i.)
rozladený verstịmmt
rozladiť verstịmmen; ~ **sa** sich verstịmmen

rozľahlý ausgedehnt, geräumig, -breit, weit
rozlámať zerbrechen*
rozlepiť obálku auf|machen, öffnen; ~ **sa** auseinander|gehen* <auseinander gehen> (i.)
rozliať vergießen*, verschütten
rozličn|ý(e) verschieden, vielerlei, vielfältig
rozlíšiť unterscheiden
rozloha e Fläche (≈, n); *celková* ~ e Gesamtfläche
rozlúčiť sa sich ver|abschieden*, Abschied nehmen* (*s kým* von j-m D)
rozlúčka r Abschied ((e)s, e)
rozlúštiť **1** hádanku (auf)|lösen **2** záhadu enträtseln **3** písmo entziffern
rozmach r Aufschwung ((e)s, ≈e)
rozmanit|ý(o) verschieden, mannigfaltig
rozmazať verwischen, verschmieren
rozmazn|aný verwöhnt; **–ať** verwöhnen, hovor. verhätscheln
rozmaznávať verwöhnen, verhätscheln
rozmeniť wechseln; ~ *komu* stoeurovku einen Hunderteuroschein wechseln
rozmer **1** s Maß (es, e), e Größe (≈, n), e Dimension (≈, en) **2** rozloha e Fläche (≈, n)
rozmerný geräumig, umfangreich, ausgedehnt
rozmiestniť verteilen
rozmliaždiť zerdrücken, zerquetschen
rozmnožiť **1** vermehren **2** tlačoviny vervielfältigen, kopieren; ~ **sa** **1** sich vermehren **2** o človeku, zvieratách sich fortpflanzen
rozmnožovanie e Vermehrung (≈, 0), e Vervielfältigung, e Fortpflanzung (≈, 0)
rozmnožovať pozri *rozmnožiť*
rozmotať auseinander|wickeln <auseinander wickeln>
rozmraziť auftauen lassen*
rozmrznúť auf|tauen
rozmyslieť si **1** uvážiť sich überlegen, bedenken*, erwägen; *dobre si to rozmysli!* überlege es dir gut! **2** rozhodnúť sa ináč sich überlegen; *rozmyslel som si to* ich habe es mir anders überlegt
roznášať **1** poštu ap. aus|tragen* **2** klebety ap. verbreiten; ~ *fámy* Gerüchte verbreiten
rozobr|ať **1** auseinander|nehmen* <auseinander nehmen>, zerlegen; ~ *motor* den Motor auseinandernehmen al. zerlegen **2** vypredať vergreifen*; *kniha je –atá* s Buch ist vergriffen **3** analysieren, interpretieren; ~ *báseň* ein Gedicht analysieren
rozohnať **1** auseinander|jagen <auseinander jagen>, auseinander|treiben* <auseinander treiben>; ~ *demonštrantov* Demonstranten auseinandertreiben **2** vyhnať vertreiben*
rozohriať **1** zahriať erwärmen **2** obraz. erhitzen
rozomlieť zermahlen*
rozopnúť **1** auf|knöpfen; ~ *kabát* den Mantel aufknöpfen **2** rozprestrieť aus|breiten
rozoslať verschicken, versenden*
rozosmiať zum Lachen bringen*; ~ **sa** auf|lachen
rozospat|ý(o) schlaftrunken, verschlafen
rozostaviť auf|stellen
rozostlať das Bett aufschlagen*, auf|betten
rozotrieť **1** zerreiben* **2** kuch. ausstreichen*
rozoznať rozlíšiť unterscheiden* (*čo od čoho* etw von etw D); *nemohol v tme nič* ~ er konnte in der Dunkelheit nichts unterscheiden
rozpačit|ý(o) verlegen
rozpad r Zerfall ((e)s, 0), r Verfall ((e)s, 0); ~ *štátu* r Verfall des Staates; *rádioaktívny* ~ r radio|aktive Zerfall
rozpadnúť sa zerfallen* (i.)
rozpak|y e Verlegenheit (≈, 0); *priviesť koho do –ov* j-n in Verlegenheit bringen*; *byť v –och* verlegen sein*

rozpárať (auf)|trennen
rozpätie e Spannweite (≈, n)
rozpínavý expansịv, ausdehnbar
rozplakať sa zu weinen begịnnen*, in Tränen ausbrechen* (i.)
rozplynúť sa 1 stratiť jasné obrysy sich verwischen, verschwịmmen* (i.) **2** rozpustiť sa zergẹhen* (i.)
rozpočet r (Kos|ten) -Vor|anschlag ((e)s, ⩳e), štátny r Etat [ẹ'ta:] (s, s), r Staatshaushalt ((e)s, e), s Budget [by'dže:] (s, s)
rozpoliť halbịeren
rozpor r Widerspruch ((e)s, ⩳e); *byť v ~e s čím* im Widerspruch zu etw stehen*
rozpoznať erkẹnnen*
rozprašovač r Zerstäuber (s, ≈)
rozprava vedecká e Abhandlung (≈, en), e Debạtte (≈, n)
rozprávač r Erzählər (s, ≈)
rozprávať 1 hovoriť sprechen*, reden, plaudern **2** príbehy ap. erzählen (*o kom/čom* über j-n/etw); **~ sa** reden, sprechen*, sich unterhạlten*
rozprávk|a s Märchen (s, ≈); **–ový** märchenhaft, Märchen-
rozpredať aus|verkaufen
rozprestierať (aus)|breiten; **~ sa** sich aus|breiten, sich erstrẹcken
rozprúdiť sa in Gang/Fluß <...ss> kommen* (i.); *zábava sa rozprúdila* e Unterhaltung kam in Fluß
rozptýlenie e Zerstrẹuung (≈, en), e Entspạnnung (≈, en)
rozptýliť zerstrẹuen; *~ podozrenie* einen Verdacht zerstreuen; **~ sa** sich zerstrẹuen (*čím* durch etw A)
rozpust|iť 1 auf|lösen; *~ tabletku vo vode* eine Tablette im Wasser auflösen **2** ukončiť auf|lösen, auf|heben*; *~ zhromaždenie* e Versammlung auflösen; **–ný** löslich
rozpúšťadlo s Lösungsmittel (s, ≈)
rozpúšťať pozri *rozpustiť*
rozrezať zerschnẹiden*, auf|schneiden*
rozriediť verdünnen; *~ farbu vodou* e Farbe verdünnen
rozruch s Aufsehen (s, 0); *vzbudiť ~* Aufsehen erregen
rozrušenie psychický stav e Verstọ̈rtheit (≈, 0), e Errẹgtheit (≈, 0)
rozrušen|ý(e) verstọ̈rt, errẹgt
rozrušiť psychicky verstọ̈ren, errẹgen
rozsah r Umfang ((e)s, ⩳e); *v plnom ~u* im vollen Umfang
rozsekať zerhạuen*, zerhạcken
rozsiahl|y(o) 1 rozľahlý ausgedehnt, weit **2** obšírny umfangreich, umfạssend
rozskrutkovať auf|schrauben
rozstrapat|ený zerzạust; **–iť** zerzạusen
rozstrihnúť zerschnẹiden*
rozsúdiť entschẹiden*, urteilen (*koho/čo* über j-n/etw)
rozsudok s Urteil ((e)s, e); *~ smrti* s Todes|urteil; *vyniesť ~* ein Urteil fällen
rozsvietiť Licht (an)|machen; **~ sa** auf|leuchten, zu leuchten beginnen*
rozsypať 1 verstrẹuen **2** neúmyselne verschụ̈tten, verstrẹuen
rozšíriť 1 do šírky verbrẹitern **2** počet, rozsah ap. erwẹitern, vergrọ̈ßern **3** medzi ľudí verbrẹiten; *~ správu* eine Nachricht verbreiten; **~ sa 1** zväčšiť objem sich erwẹitern **2** zväčšiť počet sich vergrọ̈ßern **3** o správe ap. sich verbrẹiten **4** o epidémii ap. sich aus|breiten
rozštiepať zerspạlten
roztaviť schmelzen* (i.)
roztiahnuť 1 do šírky aus|breiten **2** oddeliť auseinạnder|schieben* <auseinạnder schieben>, auseinạnder|ziehen* <auseinander ziehen> **3** (auseinạnder)|spreizen <auseinạnder spreizen>; *~ nohy* die Beine (auseinander)spreizen; **~ sa** hovor. expr. sich breit|machen <breit machen>; *nerozťahuj sa tak!* mach dich nicht so breit!
roztok e Lösung (≈, en)
roztomil|ý(o) niedlich, lieb(lich), goldig, herzig
roztopiť auf|tauen (i.)
roztrhaný zerrịssen, zerlụmpt
roztrhať zerrẹißen*; **~ sa** zerrẹißen*

(i.)
roztrh|núť **1** pozri *roztrhať* **2** poškodiť sprengen; *ľad –l skalu* Eis sprengte den Felsen; **~ sa** **1** na kusy zerreißen* (i.) **2** poškodiť sa (sich) ein Loch in etw reißen*; *roztrhli sa mu nohavice* er hat sich ein Loch in die Hose gerissen
roztriediť ordnen, sortieren, klassifizieren
roztrieštiť zersplittern (i.)
roztrpčený erbittert
roztržit|ý(o) zerstreut
roztržka r Zwist ((e)s, e), e Zwietracht (≈, 0)
rozum r Verstand ((e)s, 0), e Vernunft (≈, 0); *prísť k ~u* zur Vernunft kommen*; **zdravý ~** r gesunde Menschenverstand; **maj (predsa) ~!** sei* doch vernünftig!
rozum|ieť **1** verstehen* (*koho/čo* j-n/etw); *–iete po nemecky?* verstehen Sie Deutsch?; *nerozumel som vám* ich habe Sie nicht verstanden **2** chápať verstehen*, begreifen*; *–iem!* ich verstehe!; **~ sa** verstehen (*čomu* etw von etw D); **~ si** sich verstehen* (*s kým* mit j-m); *ako si s ňou rozumieš?* wie verstehst du dich mit ihr?
rozumn|ý(e) vernünftig, klug, verständig; *buď predsa ~!* sei* doch vernünftig!
rozumový rational [racjo'na:l], Vernunfts-
rozvah|a e Besonnenheit (≈, 0), r Bedacht ((e)s, 0), e Überlegung (≈, 0); *konať s –ou* mit Überlegung handeln
rozvariť zerkochen
rozvážať transportovať fahren*, bringen*, len o tovare liefern
rozvážn|y(e) besonnen, bedächtig
rozvedený geschieden
rozveseliť erheitern; **~ sa** heiter al. lustig werden* (i.)
rozviazať (auf)lösen; *~ pracovný pomer* das Arbeitsverhältnis lösen; **~ sa** sich auflösen
rozvidnie|ť sa Tag werden* (i.), tagen; *–va sa* es wird Tag
rozviesť sa sich scheiden* lassen* (*s kým* von j-m D)
rozvíjať (sa) (sich) entwickeln, (sich) entfalten
rozvinúť **1** niečo zavinuté aufrollen **2** vyvinúť úsilie entwickeln, entfalten **3** rozviesť do detailov entwickeln; *~ myšlienku* einen Gedanken entwickeln; **~ sa** **1** rozmotať sa sich aufrollen **2** puky kvetov aufbrechen (i.) **3** dosiahnuť vyšší stupeň sich entwickeln, sich entfalten
rozvíriť aufwirbeln; *~ prach* Staub aufwirbeln
rozvod **1** manželov e Scheidung (≈, en) **2** plynu ap. e Verteilung (≈, 0)
rozvodka tech. e Verteilerdose (≈, n)
rozvodniť sa überschwemmen, über die Ufer treten* (i.)
rozvoj e Entwicklung (≈, en), e Entfaltung (≈, 0)
rozvojov|ý Entwicklungs-, Entfaltungs-; *–é krajiny* die Entwicklungsländer
rozvrat r Zusammenbruch ((e)s, ≈e), r Zerfall ((e)s, 0)
rozvrátiť zerrütten, zerstören
rozvrh e Einteilung (≈, en), r Plan ((e)s, ≈e); *~ hodín* r Stundenplan
rozvrhnúť **1** čas einteilen **2** prácu ap. verteilen
rozzúren|ý(e) wütend, rasend
rozzúriť sa wütend werden* (i.), in Wut geraten* (i.)
rozžeravený glühend
rozžeraviť erhitzen, zum Glühen bringen*
rozžiariť sa aufleuchten (h./i.)
rožok s Hörnchen (s, ≈), rak. s Kipferl (s, ≈)
rôsol e Sülze (≈, n), s Gallert ((e)s, e), r Aspik (s, e)
rôznorod|ý(o) verschieden(artig), mannigfaltig
rôzn|y(e) verschieden(artig)
rub e Rückseite (≈, n), e Kehrseite (≈, n); **~ a líce čoho** die Licht- und Schattenseite von etw

rúbanisko e Waldlichtung (≈, en)
rúbať 1 ban. ab|bauen, fördern **2** sekerou hacken; ~ *drevo* Holz hacken **3** stínať stromy Bäume fällen
rubín r Rubin (s, e)
rubrika e Rubrik (≈, en)
ručička 1 malá ruka s Händchen (s, ≈) **2** na hodinách r Zeiger (s, ≈); *sekundová* ~ r Sekundenzeiger
ruč|iť haften, bürgen (*za koho/čo* für j-n/etw A); ~ *za správnosť údajov* für die Richtigkeit der Angaben bürgen; **–iteľ** r Bürge (n, n)
ručne hand-, mit der Hand; ~ *pletený* handgestrickt; ~ *vyrobený* handgemacht
ručn|ý Hand-, manuell; *–á práca* e Hand|arbeit; *–á brzda* e Handbremse
ruda s Erz (es, e); *železná* ~ s Eisen|erz
rudn|ý Erz-; *–á baňa* e Erzgrube
ruch r Verkehr (s, 0), s Treiben (s, 0), s Getriebe (s, 0); *cestovný* ~ r Reiseverkehr; *cudzinecký* ~ r Fremdenverkehr; ~ *veľkomesta* s Getriebe al. s Treiben in der Großstadt
ruina e Ruine (≈, n)
ruk|a 1 od prstov k zápästiu e Hand (≈, ≈e); *držať koho za –u* j-n an der Hand halten*; *podať komu –u* j-m die Hand reichen; *umyť si –y* sich die Hände waschen*; *–y v bok!* Hände an die Hüften!; *–y hore* Hände hoch!; obraz. *byť po –ke* zur Hand sein*; obraz. *byť v dobrých –ách* in guten Händen sein*; obraz. *–u na to!* Hand drauf!; *mať plné –y práce* beide Hände voll zu tun haben **2** r Arm ((e)s, e); *vziať dieťa na –y* das Kind auf die Arme nehmen; *mať plné –y* beide Arme voll haben*; *zdvihol –y* er hob die Arme; *držal ma oboma –ami* er hat mich mit beiden Armen festgehalten
rukáv r Ärmel (s, ≈); *košeľa s dlhými, krátkymi ~mi* s Hemd mit langen, kurzen Ärmeln
rukavica r Handschuh ((e)s, e); *prstová* ~ r Fingerhandschuh; *palcová* ~ r Fausthandschuh
rukojemník e Geisel (≈, n)
rukopis 1 e Handschrift (≈, en); (ne)čitateľný ~ eine (un)leserliche Handschrift **2** lit. pamiatka e Handschrift (≈, en) **3** nevytlačená verzia práce al. diela s Manuskript ((e)s, e)
rukoväť 1 r (Hand)griff ((e)s, e); noža r (Messer)griff ((e)s, e) **2** príručka s Handbuch ((e)s, ≈er)
rum r Rum (s, s al. e)
rumanček e Kamille (≈, n); **~ový** Kamillen-; *~ový čaj* r Kamillentee
rúra 1 s Rohr ((e)s, e) **2** anat. e Röhre (≈, n) **3** kuch. e (Back)röhre (≈, n)
rusalka e Nixe (≈, n)
ruš|iť 1 stören; *prepáčte, že –ím* entschuldigen Sie, daß ich störe **2** obch. stornovať stornieren, annullieren **3** odstrániť ab|schaffen, auf|heben*; ~ *nariadenie* eine Maßnahme aufheben **4** dohodu brechen*
rušn|ý(o) rege, lebhaft, betriebsam; *–á premávka* ein reger Verkehr; *–á zábava* eine lebhafte Unterhaltung; *bolo tam –o* dort herrschte ein reges Leben
rutina e Routine [ru'ti:nə] (≈, 0)
rúž r Lippenstift ((e)s, e)
ruža e Rose (≈, n)
ružičkov|ý Rosen-; *–ý kel* r Rosenkohl
ružov|ý 1 farba rosa, rosig; *–é šaty* ein rosa(farbenes) Kleid **2** z ruží Rosen-; ~ *olej* s Rosen|öl
ryb|a r Fisch (es, e); *chytať –y* angeln, fischen, Fische fangen*; *ísť na –y* fischen gehen*
rybár 1 r Fischer (s, ≈) **2** šport. r Angler (s, ≈); **~sky** Fisch(er)-, Angel-; *~sky prút* e Angelrute; *~ska sieť* s Fischnetz; *~ska reštaurácia* s Fischrestaurant
rybí Fisch-; *–ia kosť* e (Fisch)gräte; *–ia polievka* e Fischsuppe
rybník r Teich ((e)s, e)
rybolov r Fischfang ((e)s, 0)
rýdz|i 1 čistý echt; *–e zlato* echtes

Gold **2** pravý echt; *–a láska* echte Liebe **3** ušľachtilý gediegen
ryha e Rille (≈, n), e Rinne (≈, n), e Furche (≈, n)
rýchlik r D-Zug ((e)s, ≈̈e), r Schnellzug ((e)s, ≈̈e), r Intercity-Zug (s, s) skr. IC
rýchlikový Schnellzug-, D-Zug-, IC-; *~ príplatok* r Schnellzugzuschlag, IC--Zuschlag
rýchločistiareň e Schnellreinigung (≈, en)
rýchlodráha e Schnellbahn, e S-Bahn (≈, en)
rýchlokorčuliar r Eisschnelläufer <...ll...> (s, ≈)
rýchloopravovňa e Schnellreparatur (≈, en)
rýchlosť 1 e Schnelligkeit (≈, 0), e Geschwindigkeit (≈, 0); *najvyššia povolená ~* die zulässige Höchstgeschwindigkeit **2** tempo s Tempo (s, s al. Tempi) **3** rýchlostný stupeň r Gang ((e)s, ≈̈e); *zaradiť druhú ~* den zweiten Gang einlegen al. einschalten
rýchlostn|ý Geschwindigkeits-, Schnelligkeits-; *–á kontrola* e Geschwindigkeitskontrolle; hovor. **–á páka** r Schalthebel
rýchl|y(o) schnell; *–e občerstvenie* r Schnell|imbiß <...ss>
rýľ r Spaten (s, ≈)
rým r Reim ((e)s, e); **~ovať sa** sich reimen
rýpadlo r Bagger (s, ≈)
rypák e Schnauze (≈, n), r Rüssel (s, ≈)
rýpať 1 v zemi wühlen, bagrom baggern **2** vyrývať ritzen **3** expr. štuchať sticheln (*do koho/čoho* gegen j-n/etw)
rys[1] zool. r Luchs (es, e)
rys[2] r Zug ((e)s, ≈̈e); *povahový ~* r Charakterzug; *v hlavných ~och* in den Hauptzügen
rys[3] tech. narysovaný výkres e Zeichnung (≈, en)
ryska tech. r Strich ((e)s, e)
rysovac|í Reiß-; *–ie pero* e Reißfeder; *–ia doska* s Reißbrett
rysovanie das geometrische Zeichnen (s, 0)
rysovať zeichnen; **~ sa** sich (ab)|zeichnen
ryšavý o vlasoch rothaarig
ryť 1 rýľovať (um)|graben* **2** do kovu stechen*, gravieren [...v...], do dreva schneiden*
ryt|ec r Graveur [gra'vö:ɐ] (s, e), r Stecher (s, ≈); **–ina** r Stich ((e)s, e), e Gravierung [...v...] (≈, en)
rytier r Ritter (s, ≈)
rytmick|ý(y) rhythmisch
rytmus r Rhythmus (≈, men)
ryž|a r Reis (es, 0); **–ový** Reis-; *–ový nákyp* r Reis|auflauf

S

s, so mit D; *hovoriť ~ kým* mit j-m sprechen*; *~ radosťou* mit Freude al. mit Vergnügen; *čo je ~ tebou?* was ist los mit dir?; *pôjdeš ~ nami?* kommst* du mit?; *vziať čo ~ sebou* etw mitnehmen*; **chlieb ~ maslom** s Butterbrot
sa 1 zvratné ZÁM sich (mich, dich, sich, uns, euch, sich); *dobre ~ presadiť* sich gut durchsetzen; *umývať ~* sich waschen*; *teším ~ na to* ich freue mich darauf **2** neosobne s neosobným podmetom man; *tu ~ nesmie fajčiť* hier darf* man nicht rauchen **3** trpný rod *obchod ~ otvára o 10. hodine* das Geschäft wird* um zehn Uhr ge|öffnet
sabot|áž e Sabotage [zabo'ta:žə] (≈, n); **–ovať** sabotieren
sad 1 park r Park (s, s al. e), e Park|anlage (≈, n) **2** ovocný r Obstgarten (s, ≈̈)
sadba sadenie e Pflanzung (≈, 0)
sadenica r Steckling (s, e)
sad|ista r Sadist (en, en); **–istický** sadistisch; **–izmus** r Sadismus (≈, 0)
sadiť 1 rastliny setzen, (ein)|pflanzen **2** zemiaky legen

PQRS

sadnúť (hin)setzen; **~ si** sich (hin)setzen, Platz nehmen*; *sadnite si, prosím* setzen Sie sich, bitte al. nehmen Sie bitte Platz
sadr|a r Gips (es, 0); *mať nohu v –e* ein Bein in Gips(verband) haben*
sadza r Ruß (es, 0)
sadzač r (Schrift)setzer (s, ≈)
sadzb|a 1 tlačiarenský r Satz (es, ≈e) **2** peňažný r Tarif (s, e), e Taxe (≈, n); *podľa –y* tarifmäßig
sako r, s Sakko (s, s)
sála r Saal ((e)s, Säle)
saláma e Wurst (≈, ≈e)
salaš r e Almhütte
sálať glühen, strahlen
saldo r Saldo (s, den al. s al. di)
salón r Salon [za'lõ:/za'lo:ŋ] (s, s)
sám 1 len jeden allein **2** osobne selbst; *urobím to ~* ich mache das selbst **3** pri zdôraznení selbst; *to sa rozumie samo od seba* das versteht* sich von selbst
sam|ec s Männchen (s, ≈); **–ica** s Weibchen (s, ≈)
samočinn|ý(e) selbsttätig, automatisch
samohláska lingv. r Vokal [vo'ka:l] (s, e), r Selbstlaut ((e)s, e)
samolepka r Aufkleber (s, ≈)
samoľúb|y(o) eitel, selbstgefällig
samoobsluha e Selbstbedienung (≈, en)
samopal e Maschinenpistole (≈, n)
samopašn|ý(e) ausgelassen, übermütig
samospráv|a e Selbstverwaltung (≈, en); **–ny** selbstverwaltend, autonom
samospúšť fot. r Selbstauslöser (s, ≈)
samostatnosť 1 e Selbständigkeit (≈, 0) **2** nezávislosť e Unabhängigkeit (≈, 0)
samostatn|ý(e) 1 selbständig **2** nezávislý unabhängig
samota 1 osamelosť e Einsamkeit (≈, 0) **2** pustatina e Einöde (≈, n)
samotár r Einzelgänger (s, ≈); **~sky** einzelgängerisch, zurückgezogen
samotný allein, einsam
samoúčelný: *byť ~* Selbstzweck sein* (i.)
samouk r Autodidakt (en, en); *učebné materiály pre ~ov* Lehrmaterialien für das Selbststudium
samovrah r Selbstmörder (s, ≈)
samovražd|a r Selbstmord ((e)s, e); *pokus o –u* r Selbstmordversuch; *spáchať –u* Selbstmord begehen*
samozrejm|ý(e) selbstverständlich, klar, allerdings, freilich, natürlich; *–e!* na klar!
sam|ý 1 výlučne lauter; *–á lož* lauter Lügen **2** priamo na dicht, knapp, unmittelbar; *na –om okraji* dicht al. unmittelbar am Rand(e); **od –ého začiatku** von Anfang an
sanatórium s Sanatorium (s, rien)
sandál e Sandale (≈, n)
sane r Schlitten (s, ≈); *jazdiť/ísť na saniach* rodeln al. Schlitten fahren*
sanitár r Sanitäter (s, ≈)
sanitka r Krankenwagen (s, ≈), hovor. r Sanitätswagen (s, ≈)
sankcia e Sanktion (≈, en)
sánkovať sa rodeln (h./i.), Schlitten fahren* (i.)
sardinka e Sardine (≈, n)
sarkastick|ý(y) sarkastisch
sarkazmus r Sarkasmus (≈, men)
sasanka e Anemone (≈, n)
sať saugen*
satelit r Satellit (en, en); **~ný** Satelliten-; *~ná televízia* s Satellitenfernsehen
satir|a e Satire (≈, n); **–ik** r Satiriker (s, ≈)
satirick|ý(y) satirisch
saun|a e Sauna (s, s al. nen); *ísť do –y* in die Sauna gehen*
saxofón s Saxophon (s, e)
scéna 1 javisko e Bühne (≈, n), e Szene (≈, n) **2** výstup r Auftritt ((e)s, e), e Szene (≈, n)
scenár s Drehbuch, s Szenarium (s, rien), filmový s Drehbuch ((e)s, ≈er)
scénický szenisch

scvrknúť sa zusammen|schrumpfen <zusammen schrumpfen> (i.), schrumpfen
scvrknutý hutzelig
sčervenať erröten, rot werden* (i.)
sčervenieť erröten (i.), (puter)rot werden* (i.)
sčítanie e Additiọn (≈, 0), e Zählung (≈, 0); ~ *ľudu* e Volkszählung
sčítať addiẹren, zusạmmen|zählen, zusạmmen|rechnen
sebadôvera s Selbstvertrauen (s, 0)
sebaist|ý(o) selbstsicher
sebaklam e Selbsttäuschung (≈, 0)
sebakritick|ý(y) selbstkritisch
sebakritika e Selbstkritik (≈, en)
sebaobrana e Notwehr (≈, 0), obhajoba e Selbstverteidigung (≈, 0)
sebaúcta e Selbst|achtung (≈, 0)
sebaurčenie e Selbstbestimmung (≈, 0); *právo na* ~ s Selbstbestimmungsrecht
sebavedomie s Selbstbewußtsein <...ss...> (s, 0)
sebavedom|ý(e) selbstbewußt <...ss...>
sebazaprenie e Selbstverleugnung (≈, 0)
sebec r Ego|ist (en, en); **~ký** ego|istisch; **~tvo** r Ego|ismus (≈, 0)
sebestačný selbstgenügsam, un|abhängig
secesia r Jugendstil ((e)s, 0), rak. e Sezessiọn (≈, 0)
sedadlo r Sitz (es, e)
sedieť sitzen*
sedliacky Bauern-, bäuerlich
sedliak r Bauer (n al. s, n)
sedlo 1 r Sattel (s, ≈̈) **2** horské r Gebirgssattel
sedmokráska bot. s Tausendschön chen (s, ≈)
sejba e Saat (≈, 0)
sekať napr. sekerou hacken, hauen*
sekcia e Sektiọn (≈, en), e Abtẹilung (≈, en)
sekera e Axt (≈, ≈̈e)
sekret|ariát s Sekretariạt ((e)s, e); **–árka** e Sekretärin (≈, nen)
sekt r Sekt ((e)s, e)
sekta e Sekte (≈, n)
sektor r Sektor (s, ọren)
sekunda skr. **s 1** časová jednotka, hud. interval e Sekụnde (≈, n) skr. s **2** rak. 2. trieda gymnázia e Sekụnda (≈, den)
sem (hier)hẹr; *poď* ~ komm* her; ~ *a tam* hin und her
semafor e (Verkehrs|)ampel (≈, n)
semenník anat. r Hoden (s, ≈), e Samendrüse (≈, n)
semeno r Samen (s, ≈)
semester s Semẹster (s, ≈); *letný, zimný* ~ s Sommersemester, s Wintersemester
semifinále s Semifinale (s, ≈ al. s), s Halbfinale (s, ≈ al. s)
seminár s Seminạr (s, e); **~ny** Seminạr-
semiš s Velọurs [vəˈluːɐ] (≈, ≈), s Velọursleder [vəˈluːɐ...] (s, 0); **~ový** Velọur-
sen r Traum ((e)s, ≈̈e)
senát r Senạt ((e)s, e); **~or** r Senạtor (s, ọren)
sendvič r, s Sandwich [ˈzentvič] ((e)s al. ≈, es)
senilný senịl
senior r Senior (s, ọren)
seno s Heu ((e)s, 0)
sentimentáln|y(e) sentimentạl
senzácia e Sensatiọn (≈, en)
senzačn|ý(e) sensationẹll, Sensations-
separátny separạt
sépia r Tintenfisch (es, e)
september r Septẹmber (s, ≈)
septima 1 hud. e Septịme (≈, n) **2** 7. trieda gymnázia v Rakúsku e Septima (≈, men)
séria e Seri|e (≈, n)
seriál e Seri|e (≈, n); *televízny* ~ e TV-Seri|e al. e Fernsehseri|e
sériov|ý seri|enmäßig, Seri|en-; *–á výroba* e Seri|enherstellung
seriózn|y(e) seriọ̈s
sérum s Serum (s, Seren al. Sera)

PQRS

servilný(e) servil [zer'vi:l]
servírka e Kellnerin (≈, nen); **–ovať** servieren [zer'vi:rən]
servis 1 kuch. s Service [zer'vi:s] (≈ al. s, ≈); *čajový* ~ s Teeservice **2** služba r Service [sə:vis] (≈, 0) **3** autodielňa e Autowerkstatt (≈, stätten), r (Auto)service [...sə:vis] (≈, 0) **4** podanie v tenise r Service [sə:vis] (≈, s)
servítka e Serviette [zer'vjetə] (≈, n)
sesternica e Cousine [ku'zi:nə] (≈, n), e Kusine (≈, n)
sestra 1 e Schwester (≈, n); *nevlastná* ~ e Stiefschwester **2** zdravotná e Krankenschwester (≈, n)
set šport. r Satz (es, ≈e)
sever r Norden (s, 0) skr. N; *cestovať na* ~ nach Norden fahren*, in den Norden fahren*; **~ný** nördlich, Nord-; *~ný pól* r Nordpol
severovýchod r Nordosten (s, 0); **~ný** nordöstlich
severozápad r Nordwesten (s, 0); **~ný** nordwestlich
severský nordisch
sexta 1 hud. interval e Sexte (≈, n) **2** rak. 6. ročník gymnázia e Sexta (≈, ten)
sexuálny sexuell, Sexual-, Geschlechts-
sezóna e Saison [ze'zoŋ/ze'zõ:] (≈, s); *hlavná* ~ e Hauptsaison
sezónny Saison- [ze'zoŋ.../ze'zõ:...]
sféra e Sphäre (≈, n)
sfilmovať verfilmen
sfúknuť 1 z povrchu ab|blasen*, weg|blasen **2** zhasiť plameň aus|blasen*; ~ *sviečku* e Kerze ausblasen
schádzať dole herunter|gehen* (i.)
schádzať sa sich (zusammen)|treffen*
schéma s Schema (s, s al. ta)
schematický(y) schematisch
schnúť trocknen, trocken werden* (i.)
schod e Stufe (≈, n), e Treppe (≈, n); *pozor, ~!* Vorsicht, Stufe!; **~isko** e Treppe (≈, n), s Treppenhaus (es, ≈er)
schodný gangbar, begehbar
schodok 1 peňažný r Fehlbetrag ((e)s, ≈e), s Defizit (s, e), s Manko (s, s) **2** meškanie v platbe r Rückstand ((e)s, ≈e)
schopnosť e Fähigkeit (≈, en), s Vermögen (s, 0); **–ný** fähig, tüchtig
schovať (sa) (sich) verstecken, (sich) verbergen*
schovávačka s Versteckspiel ((e)s, e); *hrať sa na –u* i pren. Versteck(en) spielen
schôdza e Sitzung (≈, en), e Versammlung (≈, en)
schôdzka s Treffen (s, ≈), e Zusammenkunft (≈, ≈e)
schránka r Kasten (s, ≈), r Behälter (s, ≈); *poštová* ~ r Briefkasten
schudnúť ab|nehmen*, mager werden* (i.)
schudobnieť arm werden* (i.), verarmen
schváliť genehmigen, bewilligen
si 1 zvratné ZÁM sich (mir, dir, sich, uns, euch, sich); *umývať* ~ *ruky* sich die Hände waschen* **2** vzájomne sich, einander; *podali* ~ *ruky* sie reichten sich al. einander die Hand
siahať 1 naťahovať ruku greifen* (*za čím* nach etw D) **2** rozprestierať sa reichen, langen
siakať schneuzen <schnäuzen>, sich die Nase putzen
siať säen
síce zwar; *a* ~ und zwar
sídlisko e Siedlung (≈, en)
sídliť siedeln, wohnen, den Sitz haben
sídlo 1 územie s Siedlungsgebiet ((e)s, e) **2** r Sitz (es, e); ~ *vlády* der Regierungssitz
sieň r Saal ((e)s, Säle)
sieť s Netz (es, e); *tenisová* ~ s Tennisnetz; *elektrická* ~ s Stromleitungsnetz
sifón 1 odpad r Siphon ['zi:fõ, rak. zi'fo:n], r Geruchsverschluß <...ss> (sses, ≈sse) **2** sifónová fľaša r Siphon ['zi:fõ, rak. zi'fo:n] (s, s) **3** hovor. nápoj s

PQRS

Soda (s, s), s Selter(s)wasser (s, 0)
signál s Signal (s, e)
signalizovať signalisieren
sila **1** energia e Kraft (≈, ¨e) **2** moc e Krafte (≈, ¨e), Stärke (≈, n); *urobím, čo je v mojich silách* ich werde tun, was in meinen Kräften steht
siln|ý(e) stark, kräftig; ~ *muž* ein starker al. kräftiger Mann; ~ *výraz* ein starker Ausdruck; *–á vôľa* starker Wille
Silvest|er r, s Silvester [zil'veste] (s, ≈); *sláviť –ra* Silvester feiern
simul|ant r Simulant (en, en); **–ovať** simulieren, vortäuschen, vormachen
simultánn|y Simultan-; *–a partia* v šachu e Simultanpartie
síra r Schwefel (s, 0)
siréna e Sirene (≈, n)
sirot|a e Waise (≈, n); **–ský** Waisen-; ~ *dôchodok* e Waisenrente
sirôtka bot. s Stiefmütterchen (s, ≈)
sirup **1** r Sirup (s, druhy e) **2** šťava r Saft ((e)s, ¨e)
sito s Sieb ((e)s, e)
situácia e Situation (≈, en), e Lage (≈, n)
sivý grau
skafander potápačský r Taucheranzug ((e)s, ¨e)
skákať **1** springen* (i.) **2** obraz. do reči ins Wort fallen* (i.)
skal|a r Felsen (s, ≈), r Fels (en, en); **–natý** felsig, Felsen-
skalp r Skalp (s, e)
skalpel s Skalpell (s, e)
skandovať skandieren
skanzen s Freilichtmuseum (s, museen)
skaut r Pfadfinder (s, ≈)
skaz|a s Verderben (s, 0); **podliehať –e** verderben*
skazený verdorben
skaziť pokaziť verderben*; ~ *komu radosť (z čoho)* j-m e Freude (an etw) verderben; **~ sa** o potravinách verderben* (i.)
skeptick|ý(y) skeptisch
skeptik r Skeptiker (s, ≈)
skica e Skizze (≈, n)
sklad s Lager (s, ≈)
skladací zusammenlegbar, Klapp-; ~ *dáždnik* r Knirps
skladateľ r Komponist (en, en)
skladba **1** zloženie Zusammensetzung (≈, en), e Struktur (≈, en) **2** hud. e Komposition (≈, en) **3** lingv. e Satzlehre (≈, 0), e Syntax (≈, 0)
skladisko r Lagerraum ((e)s, ¨e)
skládka odpadu r Abladeplatz (es, ¨e), e Deponie (≈, n)
skladný **1** lagerfähig, lagerfest **2** nezaberajúci veľa miesta raum(er)sparend <Raum sparend>
skladovať lagern
sklamanie e Enttäuschung (≈, en)
sklaman|ý(e) enttäuscht
sklamať enttäuschen; **~ sa** sich täuschen (*v kom/čom* in j-m/etw D)
skláňať sa sich neigen, sich beugen (*nad kým/čím* über j-m/etw D)
sklár r Glasbläser (s, ≈); **~eň** e Glashütte (≈, n)
sklársky Glas-; ~ *priemysel* e Glasindustrie
sklenár r Glaser (s, ≈); **~stvo** e Glaserei (≈, en)
sklenený gläsern, Glas-
skleník s Gewächshaus (es, ¨er), s Treibhaus (es, ¨er)
skleróza e Sklerose (≈, n)
sklo s Glas (es, ¨er); *brúsené* ~ geschliffenes Glas
sklon e Neigung (≈, en) (*k čomu* zu etw D), e Tendenz (≈, en), r Hang ((e)s, 0)
skloňov|anie gram. e Deklination (≈, en), e Beugung (≈, en); **–ať** deklinieren, beugen
sklopiť **1** herunterklappen, kippen **2** oči, hlavu senken; ~ *oči* den Blick senken
sklovina zubná r Zahnschmelz (es, 0)
skľúčen|ý(e) beklommen, niedergeschlagen; **–osť** e Beklommenheit (≈, 0), e Beklemmung (≈, en)

PQRS

skľučujúc|i beklemmend, drückend, be|engend; *–e pomery* bedrückende Verhältnisse
skĺznica Lauffläche (≈, n), e Gleitfläche (≈, n)
skĺznuť (sa) gleiten* (i.), rutschen
skoba e Klammer (≈, n), r Haken (s, ≈)
skočiť springen* (i.); **~ do reči** ins Wort fallen*
skok r Sprung ((e)s, ≈e); *~ do diaľky, do výšky* r Weitsprung, r Hochsprung; *~y na lyžiach* s Skispringen; **prísť na ~** auf einen Sprung kommen
skokan r Springer (s, ≈); **~ský** Sprung-; *~ský mostík* lyžiarsky e Sprungschanze, plavecký s Sprungbrett
skoncovať be|enden (*s čím* etw A), ein Ende machen (*s čím* mit etw D)
skonči|ť 1 ukončiť be|enden, be|endigen, ab|schließen* **2** prestať auf|hören, Schluß <...ss> machen; *~ s fajčením* mit dem Rauchen aufhören; **~ sa** enden, beenden; *prednáška sa –la o štvrtej* der Vortrag endete um vier Uhr
skopírovať kopieren, eine Kopie machen
skóre s Spiel|ergebnis (ses, se), r al. s Skore
skoro fast, beinahe; *~ vždy* fast immer
skôr 1 príslovka früher, zeitiger; *čím ~, tým lepšie* je früher, desto besser **2** ČAST eher; *je ~ menší ako väčší* er ist eher klein als groß
skrat elektrotech. r Kurzschluß <...ss> (sses, ≈sse)
skrátiť 1 nohavice, dovolenku ap. verkürzen; *~ pracovný čas* e Arbeitszeit verkürzen **2** cestu, návštevu, meno ap. ab|kürzen
skratka e Abkürzung (≈, en)
skrátka kurz, kurzerhand, kurzweg; **~ a dobre** kurz und bündig
skrčiť 1 beugen; *~ kolená* die Knie beugen **2** pokrčiť knittern, zerdrücken; **~ sa** sich ducken, sich kauern
skresliť entstellen, falsch darstellen, verzerren
skriňa 1 r Schrank ((e)s, ≈e) **2** tech. r Kasten (s, ≈ al. ≈)
skriptá s Skript ((e)s, en al. s), rak. s Skriptum (s, ten al. ta)
skromn|ý(e) 1 o človeku bescheiden, anspruchslos **2** jednoduchý bescheiden, einfach
skrotiť zähmen
skrutk|a e Schraube (≈, n); **–ovač** r Schraubenzieher (s, ≈); **–ovať** schrauben
skrýša s Versteck ((e)s, e)
skryť (sa) (sich) verstecken, (sich) verbergen*
skryt|ý(e) 1 versteckt, verborgen **2** lek. latent
skúmať vedecky bádať erforschen, untersuchen
skúmavka s Reagenzglas (es, ≈er)
skupenstvo r (Aggregat)zustand ((e)s, ≈e); *pevné, kvapalné, plynné ~* fester, flüssiger, gasförmiger Aggregatzustand
skupina 1 e Gruppe (≈, n); *hudobná ~* e Musikgruppe; *krvná ~* e Blutgruppe **2** kategória e Stufe (≈, n); *cenová ~* e Preisstufe
skúpiť zusammen|kaufen, auf|kaufen
skúp|y(o) 1 lakomý geizig **2** malý, nevýdatný karg, spärlich; *~ na slovo* wortkarg
skúsenosť e Erfahrung (≈, en)
skúsen|ý(e) erfahren
skúsiť 1 pokúsiť sa, vyskúšať (aus)|probieren, versuchen; *~ čo znovu* etw nochmals versuchen **2** preskúšať erproben **3** vytrpieť erdulden, ertragen
skúšk|a 1 e Probe (≈, n); *generálna ~* e Generalprobe **2** v škole e Prüfung (≈, en); *zložiť –u* eine Prüfung ablegen al. bestehen*; *prijímacia ~* e Aufnahmeprüfung; *opravná ~* e Nachprüfung, e Wiederholungsprüfung **3** pokus r Versuch ((e)s, e) **4** šiat u krajčírky e Anprobe
skúšobn|ý 1 Prüf-, Versuchs-, Probe-; *–á lehota* e Probezeit **2** v škole

PQRS

Prüfungs-; *–á komisia* e Prüfungskommission
skúter r Motorroller (s, ≈)
skutočnosť e Wirklichkeit (≈, en), e Realität (≈, en); *v ~i* in Wirklichkeit
skutočn|ý(e) **1** reálny wirklich, wahr, tatsächlich **2** ozajstný echt
skutok e Tat (≈, en)
skvostn|ý(e) prächtig, prachtvoll
skysnúť o mlieku säuern
slabika e Silbe (≈, n)
slabina **1** anat. e Leiste (≈, n) **2** nedostatok e Schwäche (≈, n)
slabnúť schwach werden* (i.)
slaboch r Schwächling (s, e)
slabomyseľný **1** schwachsinnig **2** pejor. blödsinnig
slabosť e Schwäche (≈, n)
slabozraký schwachsichtig, sehschwach
slab|ý(o) schwach
sláčik r Bogen (s, ≈ al. ≈̈)
slad s Malz (es, 0)
slad|idlo r Süßstoff ((e)s, e); **–iť** süßen; **–kosť** e Süßigkeit (≈, en)
sladkovodn|ý Süßwasser-; *–á ryba* r Süßwasserfisch
sladk|ý(o) süß
slalom r Slalom (s, 0)
slam|a s Stroh ((e)s, 0); **–ený** Stroh-; *–ený klobúk* r Strohhut
slamen|ý Stroh-; *–á strecha* s Strohdach
slamník r Strohsack ((e)s, ≈̈e)
slang r Slang [sleŋ] (s, s)
slanina r Speck ((e)s, druhy e)
slan|ý **1** salzig, Salz-; *–á voda* s Salzwasser **2** gesalzen o jedle
slatina s Moor ((e)s, e)
sláva **1** uznanie, česť r Ruhm ((e)s, 0) **2** vynikajúca povesť e Berühmtheit (≈, 0)
slávik e Nachtigall (≈, en)
slavistika e Slawistik (≈, 0)
sláviť feiern; *~ narodeniny, Silvestra* Geburtstag, Silvester feiern
slávnosť e Feier (≈, n), s Fest (es, e)
slávnostne feierlich, festlich; *~ sa obliecť* sich festlich anziehen*
slávnostn|ý feierlich, festlich, Fest-, Feier-; *–á reč* e Festrede
slávn|y(e) **1** o človeku berühmt **2** významný ruhmvoll, ruhmreich
slečna s Fräulein (s, ≈)
sleď r Hering (s, e); nasolený *~* r Salzhering (s, e)
sledovať **1** folgen (*koho/čo* j-m/etw), verfolgen (*koho/čo* j-n/etw) **2** kontrolovať überwachen **3** počúvať folgen (*čo* j-m etw); *pozorne ~ referát profesora* dem Referat des Professors aufmerksam folgen **4** kniž. snažiť sa verfolgen; *~ cieľ* en Ziel verfolgen
slepec r Blinde (n, n); **~ký** Blinden-; *~ké písmo* e Blindenschrift
slepúch zool. e Blindschleiche (≈, n)
slep|ý(o) blind; anat. *–é črevo* r Blinddarm; **–á ulica** e Sackgasse
slezina anat. e Milz (≈, en)
sliepka e Henne (≈, n)
slimák e Schnecke (≈, n)
slina r Speichel (s, 0)
sliniť speicheln, o deťoch seibern
slipy MNČ r Slip (s, s)
slivk|a **1** strom r Pflaumenbaum ((e)s, ≈̈e), rak. r Zwetschkenbaum ((e)s, ≈̈e) **2** plod e Pflaume (≈, n), rak. e Zwetschke (≈, n); **–ový** Pflaumen-, Zwetscheken-; *–ové knedličky* e Zwetschkenknödel MNČ
slivovica r Sliwowitz, r Slibowitz ((es), e), r Pflaumenschnaps (es, ≈̈e)
sliz r Schleim ((e)s, 0); **~ký** schleimig, schlüpfrig; **~nica** anat. e Schleimhaut (≈, ≈̈e)
slnečnica e Sonnenblume (≈, n)
slnečník r Sonnenschirm ((e)s, e)
slnečn|ý sonnig, Sonnen-; *–é okuliare* e Sonnenbrille; *–é hodiny* e Sonnen|uhr; *–á energia* e Sonnen|energie, *~ úpal* r Sonnenbrand
slniť sa sich sonnen
slnko e Sonne (≈, n)
slobod|a e Freiheit (≈, en); *osobná ~* e persönliche Freiheit; *~ tlače* e Pressefreiheit; *prepustiť koho na –u* j-n frei|lassen*

PQRS

slobodne frei

slobodn|ý 1 voľný frei, Frei- **2** opak ženatý, vydatá ledig; *–á matka* eine ledige Mutter

sloh r Stil ((e)s, e); *gotický ~* r gotische Stil; *barokový ~* r Barockstil

sloha e Strophe (≈, n)

slon r Elefant (en, en); **~ovina** s Elfenbein (s, 0)

slonovina s Elfenbein ((e)s, e)

Slov|ák r Slowake (n, n); **–enka** e Slowakin (≈, nen)

Slovan r Slawe (n, n); **~ský** slawisch

slovenčina s Slowakisch ((s), 0), s Slowakische (n, 0)

Slovensko e Slowakei (≈, 0)

slovenský slowakisch

slovesný verbal [v...], Verb- [v...], Zeitwort-

sloveso s Verb [v...] (s, en), s Zeitwort ((e)s, ≈er); *silné, slabé ~* ein starkes, ein schwaches Verb; *nepravidelné ~* ein unregelmäßiges Verb

slovíčko 1 s Wörtchen (s, ≈); *na ~* auf ein Wörtchen **2** súčasť slovnej zásoby e Vokabel [v...] (≈, n)

Slovinsko s Slowenien (s, 0)

slovníček zošit s Vokabelheft ((e)s, e)

slovník 1 kniha s Wörterbuch ((e)s, ≈er), s Lexikon (s, ka al. ken); *vreckový ~* s Taschenwörterbuch **2** slovná zásoba r Wortschatz (es, 0); *mať bohatý ~* einen großen Wortschatz haben

slovn|ý wörtlich; Wort-; *–á zásoba* r Wortschatz; *–á hra* s Wortspiel; *~ druh* e Wortart

slov|o 1 jednotlivé s Wort ((e)s, ≈er); *cudzie –á* die Fremdwörter **2** v súvislej reči s Wort ((e)s, e); *inými –ami* mit anderen Worten; **čestné ~!** Ehrenwort!

slovosled e Wortfolge (≈, n)

sľubn|ý(e) versprechend

slučka e Schlinge (≈, n), e Schleife (≈, n)

sluha r Diener (s, ≈)

sluch s Gehör ((e)s, 0); *hudobný ~* s musikalische Gehör

slúchadlo 1 telefónne r Hörer (s, ≈); *zdvihnúť, položiť ~* den Hörer ab|nehmen*, auf|legen **2** na individuálne počúvanie z prehrávača (väčšinou MNČ) r Kopfhörer (s, ≈)

sluchový Hör-, Gehör-; *~ nerv* r Gehörnerv

sluka zool. e Schnepfe (≈, n)

slušnosť r Anstand ((e)s, 0)

slušn|ý(e) 1 anständig **2** uspokojivý gut, zufriedenstellend <zufrieden stellend>; *–á strava* gutes Essen **3** veľký, značný hübsch, auskömmlich; *žiť v –ých pomeroch* in auskömmlichen Verhältnissen leben

služba r Dienst (es, e); *nočná ~* r Nachtdienst; *vojenská ~* r Wehrdienst; *tajná ~* r Geheimdienst; *služby (obyvateľstvu)* die Dienstleistungen

slúž|iť 1 dienen (*komu* j-m), bedienen (*komu* j-n); *čím môžem ~? na čo to –i?* womit kann* ich dienen? wozu dient das? **2** osožiť dienen, nützen, nützlich sein

služobne dienstlich; *byť ~ v zahraničí* dienstlich im Ausland sein

služobn|ý dienstlich, Dienst-; *–á cesta* e Dienstreise

slza 1 e Träne (≈, n) **2** malé množstvo r Tropfen (s, ≈)

slz|iť tränen; *–ia mi oči* meine Augen tränen

slzný Tränen-; *~ plyn* s Tränengas

smalt e Emaille [e'maljə, e'maj] (≈, n), rak. s Email [e'maj] (s, s)

smaltovaný Emaille-, emailliert [emalji:ɐt], *~ riad* emailliertes Geschirr

smäd i pren. r Durst (es, 0); *mať ~* Durst haben, durstig sein

smeč šport. r Schmetterball ((e)s, ≈e)

smel|ý(o) 1 odvážny kühn, mutig, gewagt **2** drzý frech, dreist

smer e Richtung (≈, en); *ukázať komu ~* j-m e Richtung zeigen; *ísť iným ~om* in eine andere Richtung gehen*; *v ~e jazdy* in Fahrtrichtung

smernica e Richtlinie (≈, n), e Direk-

tive [direk'ti:və] (≈, n)
smerodajný maßgebend, maßgeblich
smerovka na aute r Blinker (s, ≈), e Blinkleuchte (≈, n)
smerovka e Blinkleuchte (≈, n), r Blinker (s, ≈)
smerovník tabuľa r Wegweiser (s, ≈)
smeti r Müll ((e)s, 0) r Mist (es, 0), r al. s Kehricht (s, 0); *kôš na ~* r Müll|eimer
smetiar r Müllwerker (s, ≈), hovor. r Müllmann ((e)s, ≈er)
smetisko 1 hromada smetí r Müllhaufen **2** miesto r Schutt|abladeplatz (es, ≈e), e Müllkippe (≈, n)
smetník e Mülltonne (≈, n)
smiať sa lachen
smiech s Lachen (s, 0)
smiešn|y(e) lächerlich, komisch
smieť dürfen*; *smie sa tu...?* darf* man hier...?; *smiem prosiť?* darf ich bitten?
smoking r Smoking (s, s)
smol|a s Pech ((e)s, e); **mať –u** Pech haben*
smotan|a e Sahne (≈, 0), r Rahm (es, 0), rak. s Obers (≈, 0); *sladká ~* süße Sahne; *kyslá ~* saure Sahne; *káva so –ou* Kaffee mit Sahne
smrad r Gestank ((e)s, 0); **~ľavý** stinkend, stinkig
smrdieť stinken*
smrek e Fichte (≈, n)
smrekovec e Lärche (≈, n)
smršť r Wirbelsturm ((e)s, ≈e)
smrť r Tod ((e)s, 0); *náhla ~* r plötzliche Tod; *trest ~i* e Todesstrafe; **byť na ~ unavený** todmüde sein
smrteľn|ý 1 podliehajúci smrti sterblich **2** smrtiaci tödlich; *–á choroba* eine tödliche Krankheit **3** súvisiaci so smrťou Tod(es)-; *~ hriech* e Todsünde
smutn|ý(e) 1 opak veselý traurig **2** spôsobujúci smútok schmerzlich, betrüblich
smútočn|ý Trauer-; *–é oznámenie* e Trauer|anzeige
smútok e Trauer (≈, 0); *nosiť ~* Trauer tragen*
snať ab|nehmen*, herunter|nehmen*
sneh 1 r Schnee (s, 0); *padá ~* es fällt* Schnee, es schneit **2** z vajcového bielka r Ei(er)schnee (s, 0)
snehov|ý Schnee-; *–á guľa* r Schneeball; *–á vločka* e Schneeflocke; *~ závej* e Schneeverwehung
snehuliak r Schneemann ((e)s, ≈er)
snem s Parlament ((e)s, e); **spolkový ~** v Nemecku r Bundestag
snemovňa 1 s Parlament ((e)s, e), e Kammer (≈, n) **2** budova s Parlamentsgebäude (s, ≈)
snežienka s Schneeglöckchen (s, ≈)
snež|iť schnei|en; *–í* es schneit
snímka e Aufnahme (≈, n); *röntgenová ~* e Röntgen|aufnahme
snívať träumen
snob r Snob (s, s); **~ský** snobistisch; **~izmus** r Snobismus (≈, men)
snoriť stöbern
snúbenci s Verlobtenpaar ((e)s, e), s Brautpaar ((e)s, e)
snúben|ec r Verlobte (n, n); **–ica** e Verlobte (n, n)
snubný Verlobungs-, Ehe-, Trau-; *~ prsteň* r Trauring, r Ehering
sob s Rentier ((e)s, e) aj s Renntier ((e)s, ≈)
sobáš e Trauung (≈, en), e Eheschließung (≈, en), e Heirat (≈, en)
sobášny Hochzeits-, Trauungs-; *~ list* r Trauschein
sobota r Sonn|abend (s, e), juhonemecký, rak. r Samstag ((e)s, e)
socialistický sozialistisch
socializmus r Sozialismus (≈, 0)
sociáln|y sozial, Sozial-; *–a politika* e Sozialpolitik
sociológia e Soziologie (≈, 0)
sóda 1 chem. e al. s Soda (≈, 0) **2** jedlá e Speisesoda (≈, 0) **3** hovor. sódovka s Soda (s, 0)
sodík s Natrium (s, 0)
sódovka s Sodawasser (s, ≈), s Soda (≈, ≈), s Selterswasser (s, ≈)
socha e Statue (≈, n)
sochár r Bildhauer (s, ≈); **~stvo** e

Bildhauerei (≈, 0), e Bildhauerkunst (≈, 0)
sój|a e Soja (≈, jen); **–ový** Soja-; *–ové bôby* e Sojabohnen MNČ; *–ové klíčky* e Sojasprossen MNČ; *–ová múka* s Sojamehl; *–ová omáčka* e Sojasoße
sojka r (Eichel)häher (s, ≈)
sok r Rival(e) [ri'va:l(e)] ((e)n, (e)n), r Nebenbuhler (s, ≈)
sokol zool. r Falke (n, n); ~ *myšiar* r Turmfalke (≈, n)
soľ s Salz (es, 0)
solidarita e Solidarität (≈, 0)
solidárn|y(e) solidarisch
solídn|y(e) solid(e)
sólista r Solist (en, en)
soliť salzen*
soľnička r Salzstreuer (s, ≈)
sólo s Solo (s, s al. Soli); **~vý** Solo-
solventný solvent [zol'vent], zahlungsfähig
sonáta e Sonate (≈, n)
sonda e Sonde (≈, n)
sonet s Sonett ((e)s, e)
sopečný vulkanisch [v...], Vulkan- [v...], ~ *výbuch* r Vulkanausbruch
sopka r Vulkan [v...] (s, e)
sortiment s Sortiment ((e)s, e)
sosna e Kiefer (≈, n), e Föhre (≈, n)
sotva kaum
sova e Eule (≈, n)
spací Schlaf-; ~ *vak* r Schlafsack
spád 1 sklon e Neigung (≈, en), s Gefälle (s, ≈) **2** priebeh r Verlauf ((e)s, ≈e)
spadnúť 1 na zem (hin)fallen* (i.), stürzen (i.) **2** morálne verkommen* (i.), hovor. herunter|kommen* (i.) **3** hospodársky herunter|kommen* **4** ocitnúť sa geraten* (i.), fallen* (i.); ~ *do bezvedomia* in Ohnmacht fallen; ~ *do zabudnutia* in Vergessenheit geraten **5** o lietadle ab|-stürzen (i.)
spáchať begehen*; ~ *samovraždu* Selbstmord begehen
spájk|a odb. s Lötmaterial (s, ien), s Lot ((e)s, e); **–ovať** löten
spájkovať odb. löten

spálňa s Schlafzimmer (s, ≈)
spaľovací Verbrennungs-; ~ *motor* r Verbrennungsmotor
spamätať sa sich erholen, sich fassen, sich auf|raffen
spamäti auswendig
spanie s Schlafen (s, 0), r Schlaf ((e)s, 0); *pred ~m* vor dem Schlafengehen
spánok 1 r Schlaf ((e)s, 0) **2** časť lebky e Schläfe (≈, n)
spar|no 1 PODST M e Schwüle (≈, 0) **2** PRÍSL schwül; **–ný** PR M schwül, heiß
spasiť 1 cirk. erlösen **2** zachrániť retten
spasiteľ cirk. r Erlöser (s, ≈)
spať schlafen*; *ísť* ~ schlafen gehen
späť zurück, zurück-; *tam a* ~ hin und zurück
spätn|ý rückwirkend, Rück-; *so –ou platnosťou* rückwirkend, mit Rückwirkung
sperma s Sperma (s, men al. ta)
spermia s Spermie (≈, ien)
spev r Gesang ((e)s, ≈e); **~ák** r Sänger (s, ≈)
spevácky Sänger-; ~ *zbor* r (Sänger)chor
spevniť befestigen, fest machen
spiatočka hovor. r Rückwärtsgang ((e)s, ≈e)
spiatočn|ý Rück-; ~ *cestovný lístok* e Rückfahrkarte; *–á cesta* e Rückfahrt
spievať singen*
spínací 1 Heft-, Druck- **2** elektrotech. Schalt-; **~ špendlík** e Sicherheitsnagel
spín|ač r Schalter (s, ≈); **–ať 1** elektrotech. schalten **2** papiere heften **3** pren. ruky falten
spis 1 s Schriftstück ((e)s, e), e Akte (≈, n) **2** lit. dielo s Werk ((e)s, e)
spisovateľ r Schriftsteller (s, ≈)
spisovn|ý(e) schriftsprachlich, Schrift-
splácať ab|zahlen
spláchnuť (ab)|spülen
splachovací Spül-; ~ *záchod* s Wasserklosett

PQRS

splašen|ý(e) prenáhlený überstürzt, über|eilt
splátk|a e Rate (≈, n), e Ratenzahlung (≈, en), e Teilzahlung (≈, en); *kúpiť čo na –y* etw auf Raten kaufen
splat|nosť e Fälligkeit (≈, en); **–ný** fällig, zahlbar
splav e Schleuse (≈, n), s Wehr (s, e); **~ný** schiffbar
spliesť[1] (ver)flechten*, zusammen|flechten
spliesť[2] pomýliť verwirren, irre|machen; **~ sa** sich irren; **~ si 1** zameniť verwechseln, vertauschen **2** cestu sich ver|irren, sich verlaufen
spln r Vollmond ((e)s, 0)
splnenie e Erfüllung (≈, en)
splniť (sa) (sich) erfüllen
splnomocnenie e Vollmacht (≈, en), e Bevollmächtigung (≈, 0)
splynúť zusammen|fließen* (i.), verschmelzen* (i.)
spočiatku anfangs, am Anfang
spočítať zusammen|zählen, zusammen|rechnen
spod: ~ *čoho* unter einer Sache D hervor; ~ *stola* unter dem Tisch hervor
spodky e Unterhose (≈, n)
spodnička r Unterrock ((e)s, ≈e)
spodn|ý unter, Unter-; *–á bielizeň* e Unterwäsche; *–á čeľusť* r Unterkiefer; *–á voda* s Grundwasser
spodok 1 s al. r Unterteil ((e)s, e), r Boden (s, ≈) **2** automobilu s Untergestell ((e)s, e)
spoj 1 e Verbindung (≈, en) **2** v doprave e Verbindung (≈, en), r Anschluß (sses, ≈e) **3** spoje s Kommunikationswesen (s, 0)
spojenec r Verbündete (n, n), r Alli|ierte (n, n); **~ký** verbündet, alli|iert
spojenie e Verbindung (≈, en); *telefonické ~* die telefonische Verbindung; *byť s kým v ~* in Verbindung mit j-m stehen; *krátke ~* elektrotech. r Kurzschluß <...ss>
spojen|ý ver|eint, verbunden, ver|einigt; *Organizácia –ých národov* skr. *OSN* e Ver|einten Nationen skr. UNO; *~mi silami* mit ver|einten Kräften
spojiť 1 do celku verbinden*, zusammen|fügen **2** združiť ver|einen, ver|einigen, verbinden* **3** vykonať súbežne verbinden*; ~ *príjemné s užitočným* das Angenehme mit dem Nützlichen verbinden
spojiv|ka e Bindehaut (≈, ≈e); *zápal –iek* e Bindehaut|entzündung
spojka 1 tech. s Verbindungsstück ((e)s, e), pri autách e Kupplung (≈, en) **2** gram. e Konjunktion (≈, en), s Bindewort ((e)s, ≈er) **3** osoba r Verbindungsmann ((e)s, ≈er al. leute)
spojovací Verbindungs-, Binde-
spojovník r Bindestrich (es, e)
spokojnosť e Zufriedenheit (≈, 0)
spokojn|ý(e) zufrieden; *si (konečne) spokojný?* bist* du (endlich) zufrieden?
spoľahliv|ý(o) verläßlich <...ss...>, zuverlässig
spoľahnúť sa sich verlassen* (*na koho/čo* auf j-n/etw); *na to sa môžeš spoľahnúť* darauf kannst du dich verlassen
spolkov|ý Bundes-; ~ *štát* r Bundesstaat; *–á liga* e Bundesliga; *–á republika* e Bundesrepublik; ~ *snem* r Bundestag; *–á krajina* s Bundesland
spoločenský 1 gesellschaftlich, Gesellschafts-; ~ *oblek* r Gesellschafts|anzug **2** o človeku gesellig; ~ *typ* ein geselliger Typ; ~ *večer* e Soiree
spoločenstvo e Gemeinschaft (≈, en)
spoločne gemeinsam, gemeinschaftlich, zusammen
spoločník 1 obch. r Partner (s, ≈), r Teilhaber (s, ≈) **2** druh r Partner (s, ≈) **3** pri zábave r Gesellschafter (s, ≈), r Partner (s, ≈)
spoločnosť e Gesellschaft (≈, 0); *akciová ~* e Akti|engesellschaft; ~ *s ručením obmedzeným* skr. *spol. s r. o.* Gesellschaft mit beschränkter Haf-

tung skr. GmbH; *letecká* ~ e Fluggesellschaft; *robiť komu* ~ j-m Gesellschaft leisten
spoločn|ý **1** gemeinsam, gemeinschaftlich, Gemeinschafts-; *–á anténa* e Gemeinschafts|antenne **2** zhodný gemeinsam, gleich; *mať –é záujmy* gemeinsame Interessen haben*
spolok r Verein ((e)s, e), r Bund ((e)s, ¨e); ~ *na ochranu zvierat* r Tierschutzverein
spolu **1** spoločne gemeinsam, zusammen; *držať* ~ zusammen|halten* **2** medzi sebou, navzájom (mit)einander, (unter)einander; *dobre si* ~ *rozumejú* sie verstehen einander al. sich gut
spoluautor r Mitautor (s, en), r Mitverfasser (s, ≈)
spolubývajú|ci r Mitbewohner (s, ≈); **–ca** e Mitbewohnerin (≈, nen)
spolucestujú|ci r Mitreisende (n, n); **–ca** e Mitreisende (n, n)
spoluhláska r Konsonant (en, en), r Mitlaut ((e)s, e); *znelá, neznelá* ~ ein stimmhafter, stimmloser Konsonant
spoluhráč r Mitspieler (s, ≈)
spolumajiteľ r Mitbesitzer (s, ≈), r Miteigentümer (s, ≈)
spoluobčan r Mitbürger (s, ≈)
spolupáchateľ r Mittäter (s, ≈)
spolupráca e Zusammen|arbeit (≈, 0), e Mit|arbeit (≈, 0)
spolupracov|ať zusammen|arbeiten, mit|arbeiten; **–ník** r Mitarbeiter (s, ≈), r Kollege (n, n)
spoluvinník r Mitschuldige (n, n)
spolužiak **1** r Mitschüler (s, ≈) **2** na univerzite r Kommilitone (n, n), r Studienkollege (n, n)
spolužitie s Zusammenleben (s, 0)
spomaliť verlangsamen
spomenúť erwähnen
spomenúť si sich erinnern, sich entsinnen* (*na koho/čo* j-s/einer Sache G, an j-n/etw A)
spomienka e Erinnerung (≈, en)
spon|a **1** e Spange (≈, n); ~ *do vlasov* e Haarspange **2** lingv. e Kopula (≈, s), s Kopulaverb (s, en); **–ka** e Spange (≈, n); ~ *do vlasov* e Haarspange
spontánn|y(e) spontan
sponzor r Sponsor ['šponzə] (s, oren)
spor e Streitigkeit (≈, en), r Streit ((e)s, e), r Konflikt ((e)s, e)
sporák r Herd ((e)s, e); *plynový* ~ r Gasherd; *elektrický* ~ r elektrische Herd
spori|ť sparen (*na čo* für etw); **–teľňa** e Sparkasse (≈, n); *poštová –teľňa* e Postsparkasse
sporný strittig, umstritten, Streit-; ~ *bod* ein strittiger Punkt
sporožíro s Giro [ži:ro] (s, s); **~vý** Giro- [ži:ro...]; *~vý účet* s Girokonto
spotený verschwitzt, durch(ge)schwitzt
spotreba r Verbrauch ((e)s, 0); ~ *elektriny* r Stromverbrauch al. r Energieverbrauch
spotrebič elektrický r Elektrobedarfs|artikel (s, ≈)
spotrebiteľ r Verbraucher (s, ≈), r Konsument (en, en)
spotreb|ný Verbrauchs-, Bedarfs-; Konsum-; ~ *tovar* r Bedarfs|artikel; **–ovať?chybí překlad**
spoveď cirk. e Beichte (≈, n)
spôsob **1** e Art (≈, en), e Weise (≈, n); *týmto ~om* auf diese Art al. Weise **2** lingv. r Modus (≈, Modi) **3** správanie s Benehmen (s, 0), s Verhalten (s, 0), die Manieren MNČ
spôsobiť **1** zapríčiniť ver|ursachen; ~ *nehodu* einen Unfall ver|ursachen **2** vyvolať bereiten; ~ *komu radosť* j-m Freude bereiten
spracovať **1** ver|arbeiten **2** opracovať be|arbeiten
sprava von rechts
správ|a[1] e Verwaltung (≈, en), e Leitung (≈, en), e Administrative (≈, 0); ~ *domu* e Hausverwaltung; **–ca** r Verwalter (s, ≈); *–ca domu* r Hausverwalter
správa[2] **1** r Bericht ((e)s, e), e Nachricht (≈, en); ~ *o počasí* r Wetterbe-

richt **2** rozhlasové, televízne správy e Nachrichten MNČ

správanie s Benẹhmen (s, 0), s Verhạlten (s, 0) s Auftreten (s, 0)

správať sa 1 sich benẹhmen*, sich verhạlten*; *nevie ~* er kann sich nicht benehmen **2** ku komu sich benehmen* (*ku komu* j-m gegenüber), behạndeln (*ku komu* j-n); *správa sa k nemu (ne)priateľsky* er behandelt ihn (un)freundlich

spravidla in der Regel

správn|y[1] týkajúci sa správy Verwạltungs-; *~ aparát* r Verwaltungs|apparat; *–a rada* r Verwaltungsrat

správn|y(e)[2] richtig, recht; *pokladať čo za –e* etw für richtig halten

spravodajca r Berịcht|erstatter (s, ≈), r Repọrter (s, ≈), r Korrespondent (en, en)

spravodliv|ý(o) gerẹcht (*ku komu* gegen j-n); **–osť** e Gerẹchtigkeit (≈, 0)

spravovať verwạlten, leiten

spredu von vorne

spreneveriť unterschlạgen*, prav. ver|ụntreuen; **~ sa** untreu werden* (i.) (*komu/čomu* j-m/einer Sache)

sprevádzanie e Beglẹitung (≈, 0)

sprch|a e Dusche (≈, n); **–ovať sa** (sich) duschen, eine Dusche nehmen

spriateliť sa sich befrẹunden, Freundschaft schließen* (*s kým* mit j-m)

sprievod 1 r Zug ((e)s, ≈̈e), r Umzug ((e)s, ≈̈e) **2** suita s Gelẹit ((e)s, 0) **3** sprevádzanie e Beglẹitung (≈, en)

sprievodca 1 osoba r Beglẹiter (s, ≈) **2** kniha r Reiseführer (s, ≈) **3** cudzincov r Fremdenführer **4** vo vlaku ap. r Schaffner (s, ≈)

sprievodka r Beglẹitschein ((e)s, e), na balík e Pakẹtkarte (≈, n)

sprievodný Beglẹit-; *~ list* s Begleitschreiben; *~ jav* e Begleit|erscheinung

spríjemniť angenehm machen

sprisah|anie e Verschwọ̈rung (≈, en), e Konspiratiọn (≈, en); **–ať sa** sich verschwọ̈ren*, konspirịeren (*proti komu/čomu* gegen j-n/etw)

sprostredkova|ť vermịtteln; **–teľ** r Vermịttler (s, ≈)

sprost|ý(o) 1 hlúpy dumm, blöde, doof **2** obmedzený dumm, blöde, albern

spurný störrisch, starr

spust|iť 1 dole herụnter|lassen*, her|ạb|lassen*; *~ rolety* e Rolläden <...III...> herunterlassen **2** dať do chodu an|lassen*, in Betrịeb al. Gang setzen; *~ motor* den Motor anlassen **3** zľaviť z ceny ab|lassen*; **~ sa 1** dole sich herụnter|lassen*, sinken* (i.); *~ na zem* auf den Boden sinken **2** začať padať nieder|gehen* (i.); *–il sa dážď* der Regen ging nieder **3** mravne verkọmmen* (i.)

spustnúť 1 ver|ọ̈den (i.), verwịldern **2** o človeku verkọmmen* (i.)

spustnut|ý(e) 1 ver|ödet **2** o človeku verkọmmen

spustošiť verwụ̈sten

spúšť[1] kniž. skaza e Verhẹerung (≈, en), e Verwụ̈stung (≈, en)

spúšť[2] **1** tech. r Abzug (es, ≈̈e) **2** fot. r Auslöser (s, ≈)

spútať fesseln, Fesseln an|legen (*koho* j-m)

spýtať sa fragen (*koho čo* al. *na čo* j-n nach etw D); *~ na cestu* nach dem Weg fragen

spýtav|ý(o) fragend

srať vulg. scheißen*

srdc|e s Herz (ens, en); *mať čo na –i* etw auf dem Herzen haben

srdcov|ý Herz-; *–á choroba* e Herzkrankheit

srdečn|ý(e) herzlich; *–ý pozdrav* einen herzlichen Gruß

sŕkať schlụ̈rfen

srn|a s Reh ((e)s, e); **–čí** Reh-; *–čie mäso* s Rehfleisch; **–ec** r Rehbock ((e)s, ≈̈e)

srsť s Fell ((e)s, e), r Pelz (es, e), s Haar ((e)s, e)

sršeň e Hornịsse (≈, n)

stabiln|ý(e) stabịl

stač|iť **1** genügen, reichen; *to –í* das genügt al. reicht **2** stihnúť schaffen **3** nezaostávať mit|kommen* (i.), mit|halten*
stádo e Herde (≈, n)
stagnácia e Stagnation (≈, en)
sťahovac|í Umzugs-, Übersiedlungs-; *–ie auto* r Möbelwagen
sťahovať um|siedeln, transportieren; **~ sa** umziehen* (i.), übersiedeln (i.)
stále ständig, immer, fortwährend
stály **1** ustavičný ständig, dauernd **2** trvalý andauernd, Dauer- **3** pravidelný Stamm-; *~ hosť* r Stammgast
stan s Zelt ((e)s, e); *postaviť ~* ein Zelt aufschlagen*; **~ovať** zelten
stanica **1** pracovisko e Station (≈, en); *meteorologická ~* e meteorologische Station **2** železničná r Bahnhof ((e)s, ≈e); *autobusová ~* r Busbahnhof ((e)s, ≈e); *hlavná ~* r Hauptbahnhof; *konečná ~* e Endstation **3** rozhlasová r Sender (s, ≈)
staniol s Stanniol (s, e)
stann|ý: *–é právo* s Standrecht ((e)s, 0)
stánok r Verkaufsstand ((e)s, ≈e), r Kiosk ((e)s, e); *novinový ~* r Zeitungskiosk
stanovisko r Standpunkt ((e)s, e), e (Ein)stellung (≈, en); *zaujať ~ k čomu* zu etw Stellung nehmen
stanovište r Stand|ort ((e)s, e); *~ taxíkov* r Taxistand
stanoviť fest|setzen, fest|legen, bestimmen
stanovy s Statut ((e)s, en)
stanový Zelt-; *~ tábor* s Zeltlager; *~ kolík* r Zeltpfahl al. r Zeltpflock
starať sa sorgen (*o koho/čo* für j-n/etw), sich kümmern (*o koho/čo* um j-n/etw), pflegen, betreuen (*o koho* j-n); *o to sa nestaraj!* kümmere dich nicht darum!
starec r Greis (es, e), r Alte (n, n)
starnúť alt werden* (i.), altern
staroba s Alter (s, 0), s Greisenalter (s, 0)
starobn|ý Alters-, Renten-; *–é poistenie* e Rentenversicherung, e Altersversicherung
starobyl|ý(o) altertümlich
starodávny ur|alt
staromódn|y(e) altmodisch
starosť e Sorge (≈, n); *nerob si ~i!* mach dir keine Sorgen!; *mať koho/čo na ~* für j-n/etw sorgen
starosta r Bürgermeister (s, ≈)
starostli|vosť e Pflege (≈, n), e Sorge (≈, n), e Betreuung (≈, 0); *lekárska ~* e ärztliche Betreuung; *~ o chorých* die Krankenpflege; **–vý** sorgfältig
starostliv|ý(o) fürsorglich, besorgt, sorgsam
starovek s Altertum (s, 0)
starožit|níctvo r Antiquitätenladen (s, ≈); **–nosť** e Antiquität (≈, en)
star|ý **1** opak nový alt, Alt-; *~ papier* s Altpapier **2** opak mladý alt, betagt; *–á panna* alte Jungfer; *~ mládenec* r Junggeselle **3** starobylý alt; *Starý zákon* das Alte Testament; *staré mesto* e Altstadt
stať článok r Aufsatz (es, ≈e), r Artikel (s, ≈)
stáť **1** stehen* (rak. i.); *~ v rade* Schlange stehen; *hodin(k)y stoja* e Uhr steht; *je to v novinách* es steht in der Zeitung **2** nehýbať sa stehen*, halten*; *ako dlho tu stojí ten vlak?* wie lange hält hier der Zug? **3** mať cenu kosten; *koľko to stojí?* wieviel kostet das? **4** vyplatiť sa sich lohnen; *stojí to za to?* lohnt es sich?; *zostať ~* stehen|bleiben* <stehen bleiben>
stať sa **1** čím werden* (i.); *~ učiteľom* Lehrer werden **2** udiať sa sich ereignen, passieren (i.), geschehen* (i.); *čo sa stalo?* was ist passiert al. geschehen?; *rado sa stalo* gern geschehen
statický statisch
státie s Stehen (s, 0); *miesto na ~* r Stehplatz
statív s Stativ (s, e)
statn|ý(e) stattlich, rüstig
statočn|ý(e) tapfer, mutig; **–osť** e

PQRS

Tapferkeit (≈, 0), r Mut ((e)s, 0)
statok 1 s Gut ((e)s, ≈er), r Grundbesitz (es, e) **2** ekon. statky e Güter MNČ
status r Status (≈, ≈)
stav 1 r Stand ((e)s, ≈e); *rodinný ~* r Familienstand **2** súhrn okolností r Zustand ((e)s, ≈e); *zdravotný ~* r Gesundheitszustand
stavať 1 budovať bauen; *~ dom* ein Haus bauen **2** klásť stellen; *~ komu čo do cesty* j-m etw in den Weg stellen
stavba 1 činnosť r Bau ((e)s, 0) **2** budova r Bau ((e)s, ten), s Gebäude (s, ≈) **3** štruktúra e Struktur (≈, en)
stavebnica r Baukasten (s, ≈)
stavebníctvo s Bauwesen (s, 0)
stavebný Bau-, baulich; *~ robotník* r Bauarbeiter; *~ inžinier* r Bauingenieur
stavec r Wirbel (s, ≈), r Wirbelknochen (s, ≈)
stavenisko r Bauplatz (es, ≈e), e Baustelle (≈, n)
stavidlo e Schleuse (≈, n), e Schütze (≈, n)
staviť uzavrieť stávku setzten (*na čo* auf etw A); *~ na koňa* auf ein Pferd setzen; **~ sa** wetten (*s kým o čo* mit j-m um etw A)
stávka e Wette (≈, n)
stavovec s Wirbeltier ((e)s, e)
sťažeň r Mast ((e)s, e(n))
sťažnosť 1 e Beschwerde (≈, n), e Klage (≈, n); *podať ~* (eine) Beschwerde einreichen
sťažovať sa sich beschweren* (*u koho na čo* bei j-m über etw A al. wegen etw G), sich beklagen (*na čo* über etw A)
steblo r Halm ((e)s, e)
steh r (Näh)stich ((e)s, e)
stehno r Schenkel (s, ≈); kuch. e Keule (≈, n)
stena e Wand (≈ ≈e)
stonať stohnen, ächzen
stenografia e Stenographie <aj ... fie> (≈, 0), e Kurzschrift (≈, 0); **–cký** stenographisch <aj ... fisch>
stenotypista r Stenotypist (en, en)
step[1] e Steppe (≈, n), severoamerická e Prärie (≈, n), juhoamerická e Pampa (≈, s)
step[2] tanečný krok r Step <...pp> (s, 0); **~ovať** steppen
stereo 1 PRÍD M, PRÍSL stereo; *nahrávať čo ~* etw in stereo aufnehmen **2** POD-ST M s Stereo (s, 0)
stereofónny Stereo-; *~ príjem* r Stereoempfang
stereotypn|ý(e) stereotyp
sterilizovať sterilisieren
steriln|ý(e) steril
stevard r Steward ['stju:ɐt] (s, s), r Flugbegleiter (s, ≈); **~ka** e Stewardeß <...ss> ['stu:ɐdes] (≈, ssen), e Flugbegleiterin (≈, nen)
stiahnuť 1 dole herunterziehen*, einziehen, einholen; *~ zástavu* die Fahne einholen **2** stiahnutím odstrániť abziehen*; *~ kožu* das Fell abziehen **3** o tvári zusammenziehen*, verziehen* **4** zviazať schnüren **5** späť einziehen*, zurückziehen*; *~ ruku* e Hand zurückziehen; *~ žiadosť* den Antrag zurückziehen **6** peniaze z obehu s Geld einziehen* **7** zrušiť absetzen; *~ hru z programu* ein Theaterstück vom Programm absetzen
stierač r Scheibenwischer (s, ≈)
stiesnen|ý(e) 1 v priestore zusammengedrängt, zusammengepreßt <...ss...> **2** duševne beklommen, bedrückt
stíhac|í: *–ie lietadlo* s Jagdflugzeug ((e)s, e); *~ letec* r Jagdflieger (s, ≈)
stíhačka hovor. s Jagdflugzeug ((e)s, e)
stíhať 1 sledovať verfolgen **2** súdne belangen (*koho za čo* j-n wegen einer Sache G); *~ koho pre krádež* j-n wegen Diebstahls belangen
stih|núť 1 schaffen; *neviem, či to –nem* ich weiß nicht, ob ich es schaffe **2** postihnúť treffen*; *–lo ho nešťastie* ein Unglück hat ihn getroffen
stíchnuť verstummen (i.), still wer-

PQRS

den* (i.)
stínať 1 stromy fällen **2** les ab|holzen
stisk r Druck ((e)s, 0); ~ *ruky* r Händedruck
stisnúť 1 drücken **2** zovrieť zusammen|drücken, zusammen|pressen; ~ *pery* e Lippen zusammenpressen
stĺp 1 v architektúre e Säule (≈, n), r Pfeiler (s, ≈) **2** tyč r Mast (es, e al. en) r Pfahl ((e)s, ≈e)
stĺpec 1 typografický e Spalte (≈, n), e Kolumne (≈, n) **2** fyz. e Säule (≈, n); *rtuťový* ~ e Quecksilbersäule **3** kolónka vo formulári e Kolonne (≈, n), e Spalte (≈, n)
stmavieť dunkel werden* (i.)
stmiev|ať sa dunkel werden* (i.), dämmern; *–a sa* es dämmert al. es wird dunkel
stočiť 1 skrútiť zusammen|drehen, zusammen|rollen; ~ *drôty* Drähte zusammendrehen **2** preliať ab|füllen, ab|ziehen*; ~ *víno do fliaš* Wein in die Flaschen abfüllen al. abziehen **3** odvrátiť i pren. lenken; ~ *rozhovor na inú tému* das Gespräch auf ein anderes Thema lenken
stodola e Scheune (≈, n)
stoh r Strohhaufen (s, ≈)
stojac|í Steh-, Stand-; *–ia lampa* e Stehlampe
stojan r Ständer (s, ≈); *maliarsky* ~ e Staffelei (≈, en)
stojka r Kopfstand ((e)s, ≈e)
stoka e Gosse (≈, n), r Kanal (s, ≈e)
stolár r Tischler (s, ≈), r Schreiner (s, ≈)
stolica 1 r Stuhl ((e)s, ≈e) **2** lek. r Stuhlgang ((e)s, 0), r Stuhl ((e)s, 0)
stolička 1 r Stuhl ((e)s, ≈e), r Hocker (s, ≈) **2** zub r Backenzahn ((e)s, ≈e)
stolík 1 malý stôl s Tischlein (s, ≈) **2** r Tisch (es, e); *nočný* ~ r Nachttisch
stolný Tisch-; ~ *tenis* s Tischtennis
stolov|ý Tisch-; *–á voda* s Tafelwasser; *–é víno* s Tafelwein; **–ať** tafeln
stonať vzdychať seufzen, stöhnen
stonka r Stengel (s, ≈), r Stiel ((e)s, e)
stonožka r Tausendfüß(l)er (s, ≈)
stopa 1 šľapaj e Spur (≈, en), e Fußspur (≈, en), r Tritt ((e)s, e) **2** angl. miera r Fuß (es, 0) **3** lit. r Versfuß (es, 0)
stopár 1 človek r Tramp [tremp] (s, s) **2** druh psa r Spürhund ((e)s, e)
stopercentn|ý(e) hundertprozentig
stopky e Stopp|uhr (≈, en)
stopnúť 1 čas stoppen **2** auto (ein Auto) an|halten*, stoppen
stopovať 1 prenasledovať koho j-s Spur verfolgen **2** autom cestovať trampen ['trampn] (i.), per Anhalter fahren
storno r al. s Storno (s, ni); **~vať** stornieren
storočie s Jahrhundert ((e)s, e), skr. Jh.
stovk|a 1 číslo e Hundert (≈, en) **2** stokorunáčka r Hunderter (s, ≈); *stojí to –u* es kostet einen Hunderter **3** veľké množstvo s Hundert (s, e); ~ *ľudí* Hunderte von Menschen **4** beh na sto metrov r Hundertmeterlauf ((e)s, ≈e)
stožiar r Mast (es, e(n))
stôl r Tisch (es, e); *pracovný* ~ r Arbeitstisch; *sedieť pri stole* am Tisch sitzen; *pozvať k stolu* zu Tisch einladen
strach e Angst (≈, ≈e), e Furcht (≈, 0) (*z čoho* vor etw D); *mať* ~ Angst haben, sich fürchten; *nijaké ~y!* keine Angst!
straka e Elster (≈, n)
strakat|ý(o) bunt, scheckig
stran|a 1 e Seite (≈, n); *na pravej –e* auf der rechten Seite **2** politická e Partei (≈, en); *člen –y* s Parteimitglied **3** pri rokovaní r Verhandlungspartner (s, ≈)
stran|ícky parteilich, Partei-; **–ík** s Parteimitglied ((e)s, er)
straniť kniž. **1** byť na koho strane auf j-s Seite stehen* **2** nadŕžať begünstigen, bevorzugen (*komu/čomu* j-n/etw)
stránk|a e Seite (≈, n); *svetlé a tienisté –y* die Licht- und Schattenseiten
strapec 1 o hrozne e Traube (≈, n), e

PQRS

Weintraube (≈, n) **2** na koberci e Franse (≈, n)
strapkať sa fransen, aus|fransen
strašideln|ý(e) gespẹnstig, gespẹnstisch, gruselig
strašidlo s Gespẹnst ((e)s, er)
strašiť 1 mátať spuken **2** ľakať schrecken, ängstigen
strašn|ý(e) schrecklich, furchtbar, entsẹtzlich, fürchterlich
strat|a r Verlụst ((e)s, e); **–y a nálezy** s Fundbüro
stratég r Stratẹge (n, n); **~ia** e Strategịe (≈, ị|en)
strategick|ý(y) stratẹgisch
stratiť verlịeren*; **~ sa 1** verlọren gehen* (i.) **2** zmiznúť verschwịnden* (i.), untertauchen (i.)
stratový Verlụst-; ~ obchod s Verlustgeschäft
strava 1 jedlo e Kost (≈, 0), e Nahrung (≈, 0) **2** stravovanie e Verpflẹgung (≈, 0)
strávit'[1] potravu verdạuen
strávi|ť[2] čas verbrịngen*; *kde si –l dovolenku?* wo hast du den Urlaub verbracht?
stráviteľný verdạulich; *ľahko ~* leichtverdaulich
stravník r Kostgänger (s, ≈)
stravov|anie e Verpflẹgung (≈, 0); **–ať sa** sich verkọ̈stigen
stráž e Wache (≈, 0 al. n); *stáť na ~i* auf Wache stehen; **~ca** r Wächter (s, ≈), r Wärter (s, ≈); **~nik** r Wachmann ((e)s, ≈̈er), hovor. r Schutzmann ((e)s, ≈̈er)
strážiť bewạchen, hüten, wachen; *~ hranice* Grenzen bewachen; *~ zajatca* den Gefangenen bewachen
strážnik r Wächter (s, ≈)
strážn|y Wach(t)-; *–a veža* r Wachtturm; *~ pes* r Wachhund
strčiť 1 vopchať (hinẹin)|stecken **2** sotiť stoßen*
stred 1 e Mitte (≈, n), s Zentrum (s, ren); *~ mesta* e Stadtmitte, s Stadtzentrum **2** stredobod r Mittelpunkt ((e)s, e); *byť ~om záujmu* im Mittelpunkt des Interesses stehen
streda r Mittwoch ((e)s, e); *Popolcová ~* r Aschermittwoch
stredisko s Zentrum (s, ren); *nákupné ~* s Einkaufszentrum; *rekreačné ~* s Erholungszentrum, r Erholungsort; *výpočtové ~* s Rechenzentrum
stredn|ý(e) 1 ktorý sa nachádza v strede mittler, Mittel-; *stredná Európa* (s) Mittel|europa **2** priemerný Mittel-, mittelmäßig, durchschnittlich *~ škola* e Mittelschule, e Oberschule; *človek –ého veku* ein Mensch mittleren Alters; *–e pokročilý* der mäßig Fortgeschrittene **1** gram. o rode sächlich
stredoeurópsky mittel|europäisch
stredoškol|ák r Rẹalschüler (s, ≈), r Oberschüler (s, ≈), zast. na gymnáziu r Gymnasịast (en, en); **–ský** Mittelschul-, Oberschul-
stredovek s Mittel|alter (s, 0); **~ý** mittel|alterlich
stredozemný mittelländisch, Mittelmeer-
strecha s Dach ((e)s, ≈̈er)
strela 1 zo zbrane s Geschọß <...ss> (sses, sse) **2** šport. r Schuß <...ss> (sses, ≈̈sse)
streľba s Schießen (s, 0)
strelec 1 r Schütze (n, n); *~ gólu* r Torschütze **2** v šachu r Läufer (s, ≈)
streliť 1 schießen*; *~ gól* ein Tor schießen **2** expr. dať zaucho eine Ohrfeige geben*
strelka magnetická e Magnẹtnadel (≈, n)
strelnica 1 r Schießplatz (es, ≈̈e) **2** na jarmoku e Schießbude (≈, n)
streln|ý Schieß-, Schuß- <...ss>; *~ prach* s Schießpulver; *–á zbraň* e Schußwaffe
strešn|ý Dach-; *–á anténa* e Dach|antenne
stretn|úť begẹgnen (i.) (*koho* j-m), treffen* (*koho* j-n); **~ sa 1** s osobou begẹgnen (i.) (*s kým* j-m), sich treffen* (*s kým* mit j-m); *–eme sa o piatej pred divadlom* wir treffen uns um fünf Uhr vor dem Theater **2** s niečím treffen

(*s čím* auf etw A)
stretnutie e Begegnung (≈, en), s Treffen (s, ≈)
strhnúť 1 dole herunter|reißen*, nieder|reißen* **2** budovu ein|reißen*, ab|reißen* **3** z platu ab|ziehen*
strieborn|ý silbern, Silber-; *–á svadba* e silberne Hochzeit, e Silberhochzeit
striebro s Silber (s, 0)
striedať 1 vymieňať ab|lösen; *~ kolegu v práci* einen Kollegen in der Arbeit ablösen **2** nahrádzať iným wechseln, tauschen; **~ sa** sich (ab)|wechseln (*s kým/čím* mit j-m/etw)
striedavo abwechselnd, wechselweise
striedavý (ab)wechselnd, Wechsel-; *~ prúd* r Wechselstrom
striedm|y(o) mäßig, enthaltsam; *jesť –o* im Essen enthaltsam sein
striek|ačka e Spritze (≈, n); **–ať** spritzen
strieľať schießen*
strih r Schnitt ((e)s, e); **~ať** schneiden*; *~ vlasy* e Haare schneiden
striktn|ý(e) strikt
strmhlav kopf|über
strm|ý(o) steil, abschüssig
strnisko 1 s Stoppelfeld ((e)s, er) **2** brada r Stoppelbart ((e)s, ⸚e)
strofa e Strophe (≈, n)
stroh|ý 1 prísny streng **2** neosobný steif; *–é prijatie* ein steifer Empfang
stroj e Maschine (≈, n); *šijací ~* e Nähmaschine; **~ár** r Maschinentechniker (s, ≈), študent r Maschinenbaustudent (en, en)
strojársky Maschinen-; *~ priemysel* e Maschinen|industrie
strojárstvo r Maschinenbau ((e)s, 0)
strojček e Maschine (≈, n), r Apparat ((e)s, e); *holiaci ~* r Rasier|apparat
strojen|ý(e) gekünstelt, affektiert, geziert
strojnícky Maschinen-, Maschinenbau-
strojný Maschinen-, Maschinenbau-; *~ inžinier* r Maschinenbau|ingenieur; *~ zámočník* r Maschinenschlosser
strojopis e Maschinenschrift (≈, en)
strojový Maschinen-, maschinell
strojvodca r Lokomotivführer (s, ≈)
strom r Baum ((e)s, Bäume); *ihličnatý ~* r Nadelbaum; *ovocný ~* r Obstbaum; **~ček 1** malý strom s Bäumchen (s, ≈) **2** vianočný r Weihnachtsbaum ((e)s, bäume); *vyzdobiť vianočný ~* den Weihnachtsbaum schmücken
strop e Decke (≈, n)
stroskotať 1 loď unter|gehen* (i.), Schiffbruch erleiden* **2** nevydariť sa scheitern (*na čom* an etw D)
strúčik e Zehe (≈, n); *~ cesnaku* e Knoblauchzehe
stručn|ý(e) bündig, knapp, kurz; *buď –ý!* fasse dich kurz!; *~ prehľad* eine kurze Zusammenfassung; **–e a jasne** kurz und bündig
strúhadlo 1 kuch. e Reibe (≈, n), s Schabemesser (s, ≈), e Raspel (≈, n), s Reib|eisen (s, ≈); *~ na uhorky* r Gurkenhobel **2** na ceruzky r (Bleistift)spitzer (s, ≈)
strúhanka die (Semmel)brösel MNČ
strúhať 1 na strúhadle reiben*, raspeln, schaben **2** ceruzu spitzen **3** vyrezávať schnitzen
struk e Schote (≈, n), e Hülse (≈, n); *paprikový ~* e Paprikaschote; **~oviny** die Hülsenfrüchte MNČ
strun|a e Saite (≈, n); **–ový** Saiten-; *–ový nástroj* s Saiten|instrument
strý|c(ko) r Onkel (s, ≈)
stučnieť zu|nehmen*, dick werden* (i.)
studen|ý kalt, kühl; *–á misa* e kalte Platte; *–á vojna* r kalte Krieg; *~ ako ľad* eiskalt
studňa r Brunnen (s, ≈)
stuha s Band ((e)s, ⸚er), e Schleife (≈, n)
stuhnúť 1 erstarren, starr werden* (i.) **2** zimou erstarren, steif werden* (i.)
stuhnutý steif, starr
stúpadlo r Tritt ((e)s, e), s Trittbrett

((e)s, er)

stúpanie e Steigung (≈, en), e Steigerung (≈, en)

stúp|ať 1 ísť hore steigen* (i.), hinauf|steigen* (i.) **2** zväčšovať sa (an)|steigen* (i.), wachsen* (i.), zu|nehmen*; *cena, kurz –a* r Preis, r Kurs steigt*

stup|eň 1 schod e Stufe (≈, n) **2** miera r Grad ((e)s, e), e Stufe (≈, n); *v tieni bolo 35 –ňov* es waren fünfunddreißig Grad im Schatten; *vysoký ~ znečistenia* ein hoher Grad von Verschmutzung; gram. *druhý ~* r Komparativ, e Höherstufe **3** hodnosť r Grad ((e)s, e), r Rang ((e)s, ≈e); **–ne víťazov** s Siegerpodest

stúpenec r Anhänger (s, ≈)

stupídn|y(e) stupid

stupnica 1 e Skala (≈, len al. s) **2** hud. e Tonleiter (≈, n)

stupňovanie gram. e Steigerung (≈, en), e Komparation (≈, en)

stupňovať 1 zvyšovať steigern, intensivieren [intenzi'vi:rən] **2** gram. steigern, komparieren; **~ sa** sich steigern

stupňovit|ý(o) stufen|artig

stvorenie 1 proces e Schöpfung (≈, 0) **2** výtvor s Geschöpf ((e)s, e)

stvori|ť (er)schaffen*; **~teľ** r Schöpfer (s, ≈)

stvrdnúť hart werden* (i.), sich verhärten

styk r Verkehr ((e)s, 0), r Umgang ((e)s, 0), r Kontakt ((e)s, e); *písomný ~* r Briefverkehr; *pohlavný ~* r Geschlechtsverkehr; *pohraničný ~* r Grenzverkehr; *mať dôverný ~ s kým* vertraulichen Umgang mit j-m haben; *nadviazať s kým ~* mit j-m Kontakt aufnehmen

stýkať sa 1 stretávať sa verkehren, Kontakt haben* (*s kým* mit j-m) **2** dotýkať sa sich berühren

subjekt s Subjekt ((e)s, e)

subjektívn|y(e) subjektiv

súbor 1 súhrn r Komplex (es, e) **2** umelecký s Ensemble [ã'sã:bl] (s, s), e Gruppe (≈, n); *tanečný ~* e Tanzgruppe

subtíln|y(e) subtil

subtropický subtropisch

subvenc|ia e Subvention (≈, en); **–ovať** subventionieren

súcit s Mitleid ((e)s, 0), s Mitgefühl ((e)s, 0); *mať s kým ~* mit j-m Mitleid haben

súcitn|ý(e) mitleid(s)voll, mitleidig

súčasne gleichzeitig

súčasn|ík r Zeitgenosse (n, n); **–osť** e Gegenwart (≈, 0); *v ~i* gegenwärtig

súčasný 1 terajší gegenwärtig, Gegenwarts- **2** paralelný gleichzeitig, zeitgenössisch

súčasť r Bestandteil ((e)s, e)

súčet e Summe (≈, n), e Gesamtzahl (≈, en)

súčiastka r Bestandteil ((e)s, e); *náhradná ~* r Ersatzteil((e)s, e)

súčin mat. s Produkt ((e)s, e)

sud s Faß <...ss> (sses, ≈sser)

súd 1 orgán s Gericht ((e)s, e) **2** proces r Prozeß <...ss> (sses, sse) **3** úsudok s Urteil ((e)s, e)

sudca 1 r Richter (s, ≈); **~ laik** ein ehrenamtlicher Richter, r Schöffe

súdiť 1 práv. richten (*koho* j-n), Gericht halten (*koho* über j-n) **2** usudzovať urteilen (*čo o kom/čom* etw über j-n/etw)

súdne 1 prostredníctvom súdu gerichtlich **2** uvážlivo vernünftig

súdn|y gerichtlich, Gerichts-; *–e konanie, pojednávanie* e Gerichtsverhandlung; *–a sieň* r Gerichtssaal; *~ znalec* r Gerichtssachverständige, *–e lekárstvo* e Gerichtsmedizin

súdruh r Genosse (n, n)

sugerovať suggerieren

sugestívn|y(e) suggestiv

súhlas 1 e Zustimmung (≈, en), s Einverständnis (ses, 0); *dať svoj ~ čomu* seine Zustimmung zu etw geben* **2** zhoda e Übereinstimmung (≈, 0), r Einklang ((e)s, 0)

súhlas|iť 1 einverstanden sein* (i.) (*s čím* mit etw D), zu|stimmen (*s čím* etw D); *–í so všetkým* er ist mit allem

einverstanden **2** zhodovať sa übereinstimmen
súhrn 1 r Komplex (es, e), e Gesamtheit (≈, 0) **2** lit. e Zusammenfassung (≈, en)
súhrnn|ý(e) zusammenfassend, komplex, resümierend
súhvezdie s Sternbild ((e)s, er)
suchár r Zwieback ((e)s, ≈e al. e)
sucho PODST M **1** e Trockenheit (≈, 0) **2** obdobie e Dürre (≈, 0)
such|ý(o) 1 trocken; *–é víno* ein trockener Wein **2** vysušený dürr **3** o človeku trocken, langweilig; *mať ~ humor* einen trockenen Humor haben*; **sedieť na –o** auf dem Trock(e)nen sitzen*
suka e Hündin (≈, nen)
sukňa r Rock ((e)s, ≈e)
súkrom|ie s Privatleben [pri'va:t...] (s, 0); *utiahnuť sa do –ia* sich ins Privatleben zurückziehen*
súkromn|ý privat [pri'va:t], Privat- [pri'va:t...]; *~ byt* e Privatwohnung; *to je moja –á záležitosť* das ist meine Privatangelegenheit
súlad e Harmonie (≈, 0), r Einklang ((e)s, 0)
súlož r Beischlaf (s, 0)
sultán r Sultan (s, e)
suma r Betrag ((e)s, ≈e), e Summe (≈, n), e (Geld)summe (≈, n)
sumec r Wels (es, e)
súmern|ý(e) symmetrisch, harmonický harmonisch
súmrak e Dämmerung (≈, en)
súostrovie e Inselgruppe (≈, n), r Archipel (s, e)
sup r Geier (s, ≈)
súper r Gegner (s, ≈); **~iť** wetteifern (*s kým o čo* mit j-m um etw A), rivalisieren [rivali'zi:rən]
súprava s al. r Set (≈ al. s, s), r Satz (es, ≈e), e Garnitur (≈, en)
surfing s Surfing [sö:fiŋ] (s, 0)
súrn|y(e) 1 eilig, hastig, schnell, Eil- **2** naliehavý dringend
súrodenci e Geschwister MNČ
surovina r Rohstoff ((e)s, e)
surov|ý 1 v prírodnom stave roh, Roh-; *–é mäso* rohes Fleisch **2** krutý roh, brutal; *~ človek* ein brutaler Mensch **3** hrubý grob; *–é slová* grobe Worte **4** o počasí naßkalt <...ss...>
sused r Nachbar (s al. n, n); **~iť** benachbart sein* (i.); **~ný** nachbarlich, benachbart, Nachbar-; *~ná dedina* s Nachbardorf
susedsk|ý(y) nachbarlich; *–á pomoc* nachbarliche Hilfe
susedstvo e Nachbarschaft (≈, 0)
súsošie e Statuengruppe (≈, n)
sústava s System (s, e); *nervová ~* s Nervensystem
sústavn|ý(e) systematisch, planmäßig
sústrasť s Beileid ((e)s, 0); *vysloviť (úprimnú) ~* sein (aufrichtiges) Beileid aussprechen*, ausdrücken
sústredenie e Konzentration (≈, 0)
sústreden|ý(e) konzentriert
sústrediť (sa) (sich) konzentrieren
sústr|uh e Drehbank (≈, ≈e), e Drehmaschine (≈, n); **–užník** r Dreher (s, ≈)
súš s Festland ((e)s, 0)
sušen|ý getrocknet, Trocken-, gedörrt, Dörr-; *–é mlieko* e Trockenmilch; *–é ovocie* s Dörrobst, s Backobst
sušiareň r Trockenraum ((e)s, räume)
sušič r Trockner (s, ≈); v kaderníctve e Trockenhaube (≈, n)
sušienka r Keks (≈ al. es, ≈ al. e)
sušiť 1 trocknen; *~ si vlasy fénom* die Haare mit einem Föhn trocknen **2** ovocie ap. dörren; *~ huby* Pilze dörren
súťaž 1 r Wettbewerb ((e)s, e) **2** šport. r Wettkampf ((e)s, ≈e); **~iť** wetteifern
suterén s Souterrain [su:terẽ] (s, s), s Kellergeschoß <...ss> (sses, sse)
sútok r Zusammenfluß <...ss> (sses, ≈sse)
suvenír s Souvenir [suvə'ni:ɐ] (s, s)
suverénn|y(e) souverän [suvə're:n]
súvetie lingv. **1** priraďovacie e Satzver-

PQRS

bindung (≈, en) **2** podraďovacie s Satzgefüge (s, ≈)
súvisieť zusammen|hängen* (*s čím* mit etw D)
súvislosť r Zusammenhang ((e)s, ≈e); *v ~i s...* im Zusammenhang mit...
súvisl|ý(e) zusammenhängend
sužovať sa sich grämen, sich kränken
svadba e Hochzeit (≈, en), e Vermählung (≈, en)
svadobn|ý Hochzeits-, hochzeitlich; *–á cesta* e Hochzeitsreise; *–é oznámenie* e Heirats|anzeige, e Heiratsannonce
svah r (Ab)hang ((e)s, ≈e)
sval r Muskel (s, n); **~natý** muskulös; **~ový** Muskel-
svalstvo e Muskulatur (≈, en)
svätec r Heilige (n, n)
sväten|ý geweiht, Weih-; *–á voda* s Weihwasser
svätiť weihen, heiligen
svätojánsk|y Johannis-; *–y chlieb* s Johannisbrot ((e)s, e); *–a muška* r Leuchtkäfer (s, ≈), hovor. s Glühwürmchen (s, ≈)
svätožiara e Gloriole (≈, n), r Strahlenkranz (es, ≈e), r Heiligenschein (s, 0)
svätý 1 PR M heilig, sankt; *~ Ján*, skr. *sv. Ján* der heilige Johann, Sankt Johann, skr. St. Johann **2** PODST M r Heilige (n, n)
svätyňa s Heiligtum (s, ≈er), r Tempel (s, ≈)
svedčiť 1 práv. zeugen; *krivo ~* einen Mein|eid leisten **2** nasvedčovať zeugen (*o čom* von etw D), beweisen* (*o čom* etw A)
svedectvo 1 práv. e Zeugen|aussage (≈, n) **2** kniž. dôkaz s Zeugnis (ses, se)
svedok r Zeuge (n, n); *očitý ~* r Augenzeuge; *korunný ~* r Kronzeuge
svedom|ie s Gewissen (s, 0); *mať nečisté ~* ein schlechtes Gewissen haben; *mať výčitky –ia* Gewissensbisse haben
svedomit|ý(o) gewissenhaft, pflichttreu
svet e Welt (≈, en); *na ~e* auf al. in der Welt; *na celom ~e* in aller Welt; *tretí ~* e dritte Welt; *majstrovstvá ~a* die Weltmeisterschaften
svetadiel r Erdteil ((e)s, e), r Kontinent ((e)s, e)
sveteln|ý Licht-, Leucht-; *~ rok* s Lichtjahr; *–á reklama* e Leuchtreklame
sveter r Pullover (s, ≈), hovor. r Pulli (s, s)
svetlo 1 s Licht ((e)s, er); *denné ~* s Tageslicht **2** osvetlenie s Licht ((e)s, er), e Beleuchtung (≈, en); *rozsvietiť ~* s Licht anmachen
svetlomet r Scheinwerfer (s, ≈), r Reflektor (≈, oren)
svetlovlasý blond(haarig), hellhaarig
svetl|ý 1 hell, licht; *–é pivo* helles Bier; *–o modrý* hellblau **2** dostatočne osvetlený hell; *–á izba* ein helles Zimmer
svetov|ý Welt-; *~ názor* e Welt|anschauung; *~ jazyk* e Weltsprache; *–á vojna* r Weltkrieg; *–á strana* e Himmelsrichtung
svetoznámy weltberühmt, weltbekannt
svetský weltlich, irdisch
sviatočn|ý 1 Feiertags-, Fest-; *–é šaty* s Festkleid **2** slávnostný feierlich, festlich
sviat|ok r Feiertag ((e)s, e), r Festtag ((e)s, e); *štátny ~* r Nationalfeiertag; *veľkonočné –ky* e Osterfeiertage; *vianočné –ky* e Weihnachtsfeiertage; *pekné –ky!* schöne Feiertage
svie|ca(čka) e Kerze (≈, n); *zapaľovacia ~* e (Zünd)kerze
sviečková r Lendenbraten (≈, 0), r Lungenbraten (s, ≈)
svietidlo r Leuchtkörper (s, ≈)
sviet|iť 1 o lampe ap. leuchten; *~ si na cestu* sich auf den Weg leuchten **2** o slnku scheinen*; *slnko –i* e Sonne

PQRS

scheint* **3** expr. blyšťať glänzen, schimmern
svietnik r (Kerzen)leuchter (s, ≈)
svieži|i(o) frisch
sviňa e Sau (≈, Säue al. en)
sviniar vulg. r Schweinehund ((e)s, e)
svin|ský hanl. schweinisch, Sau-; *–ská práca* e Sau|arbeit; **–stvo** e Schweinerei (≈, en), e Sauerei (≈, en)
svišť s Murmeltier (s, ≈)
svit|anie e (Morgen)dämmerung (≈, en), s Morgengrauen (s, 0), r Tages|anbruch ((e)s, ≈e); **–ať** dämmern, tagen
svižn|ý(e) gewandt, geschickt, hovor. flink, flott
svoj 1 ZÁM privlastňovacie mein, dein, sein, ihr, unser, euer, ihr, Ihr; *kde máš ~e veci?* wo hast du deine Sachen? **2** vlastný eigen; *má ~u hlavu* er hat seinen eigenen Kopf; *bývate vo ~om dome?* wohnen Sie in Ihrem eigenen Haus?; **myslieť si ~e** sich seinen Teil denken; **nebyť vo ~ej koži** sich in seiner Haut nicht wohl fühlen
svojhlav|ý(o) eigensinnig, starrköpfig, dickköpfig
svojpomoc e Selbsthilfe (≈, 0)
svojrázn|y(e) eigen|artig, originell
svojvoľn|ý(e) eigenwillig, willkürlich
svok|or r Schwiegervater (s, ≈); **–ra** e Schwiegermutter (≈, ≈)
svorka tech. e Klammer (≈, n)
svorka 1 zvierat s Rudel **2** e Meute (≈, n)
svorn|ý(e) einig, einmütig, einträchtig
svrbieť jucken, kribbeln
syčať zischen
sychrav|ý(o) naßkalt <...ss...>
sykavka r Zischlaut ((e)s, e)
sýkorka e Meise (≈, n)
symbol s Symbol (s, e)
symbolick|ý(y) symbolisch, sinnbildlich
symbolizovať symbolisieren
symetrick|ý(y) symmetrisch
symfónia e Sinfonie (≈, i|en), e Symphonie (≈, i|en)
symfonický sinfonisch, symphonisch; *~ orchester* s Sinfonie|orchester, s Symphonie|orchester
sympatick|ý(y) sympathisch
sympatizovať sympathisieren
symptóm s Symptom (s, e)
syn r Sohn ((e)s, ≈e); *nevlastný ~* r Stiefsohn
synagóga e Synagoge (≈, n)
synonym|ný synonym; **–um** s Synonym (s, e al. Synonyma)
synovec r Neffe (n, n)
syntax lingv. e Syntax (≈, 0)
syntetický synthetisch, Kunst-
syntéza e Synthese (≈, n)
sypať 1 na kopu schütten **2** rozsýpať streuen
sýpka r (Getreide)speicher (s, ≈)
sypký Schütt-, locker
syr r Käse (s, ≈); *plesňový ~* r Schimmelkäse; *topený ~* r Schmelzkäse
syseľ r Ziesel (s, ≈)
systém s System (s, e); *školský ~* s Schulsystem; *politický ~* s politische System
systematick|ý(y) systematisch
sýt|y(o) 1 satt; *byť –y* satt sein* **2** výdatný ergiebig

Š

šabľa r Säbel (s, ≈)
šablóna e Schablone (≈, n)
šafran r Safran (s, e)
šach s Schach (s, s); *hrať ~* Schach spielen; **~ista** r Schachspieler (s, ≈); **~ovnica** s Schachbrett ((e)s, er); **~ový** Schach-; *~ová figúrka* e Schachfigur
šachta r Schacht ((e)s, ≈e)
šakal r Schakal (s, e)
šál r Schal (s, s al. e)
šalát 1 zelenina r Salat ((e)s, e); *hlávkový ~* r Kopfsalat **2** príloha r Salat ((e)s, e); *zemiakový ~* r Kartoffelsalat
šalieť (sa) aj pren. wahnsinnig sein*

(i.), irrsinnig sein* (i.), verrückt sein* (i.)
šálka e Tasse (≈, n), e Schale (≈, n); ~ *kávy* eine Tasse Kaffee; ~ *na kávu* e Kaffeetasse
šalvia bot. r Salbei (s, 0), e Salbei (≈, 0)
šampanské r Champagner [šam'panjə] (s, ≈), sekt r Sekt ((e)s, e)
šampiňón r Champignon ['šampinjoŋ] (s, s)
šampión r Champion ['čempjən] (s, s)
šampón s Shampoo(n) [šam'pu:/šam'po:n] (s, s), s Schampon (s, s); *sprchovací* ~ s Duschbad
šanc|a e Chance ['ša:sə/šã:s] (≈, n); *dať komu –u* j-m eine Chance geben
šarlach r Scharlach (s, 0)
šarm r Charme [šarm] (s, 0)
šarmantn|ý(e) charmant [šar'mant]
šasi s Chassis [ša'si:] (≈, 0)
šašlík r al. s Schaschlik (s, s)
šaš|o 1 r Narr (en, en), r Possenreißer (s, ≈); *robiť zo seba –a* Possen reißen **2** cirkusový r Clown [klaun] (s, s) **3** expr. r Spaßmacher (s, ≈)
šatka s Tuch ((e), ≈er); ~ *na hlavu* s Kopftuch; ~ *na krk* s Halstuch
šatňa 1 v divadle e Garderobe (≈, n) **2** miestnosť na prezliekanie r Umkleideraum ((e)s, räume)
šatniarka e Garderobenfrau (≈, en)
šatník 1 skriňa r Kleiderschrank ((e)s, ≈e) **2** zásoba šiat e Garderobe (≈, 0)
šaty s Kleid ((e)s, er)
šedivieť grau werden* (i.), ergrauen
šedivý grauhaarig, grau
šéf r Chef [šef] (s, s); **~ka** e Chefin (≈, nen); **~kuchár** r Küchenchef [...šef] (s, s); **~redaktor** r Chefredakteur [šefredaktö:ɐ] (s, e)
šek r Scheck (s, e); *vystaviť* ~ einen Scheck ausstellen; *platiť ~om* mit Scheck zahlen; **~ový** Scheck-; *~ová knižka* s Scheckheft
šelma s Raubtier (s, e)
šepkať flüstern, lispeln
šeptom flüsternd
šeriť sa kniž. dämmern, dunkel werden* (i.); *šerí sa* es dämmert
šerm s Fechten (s, 0); **~ovať 1** šport. fechten* **2** expr. rukami fuchteln
šero e Dämmerung (≈, en), s Halbdunkel (s, 0)
šerpa e Schärpe (≈, n)
šestonedelie s Wochenbett ((e)s, 0)
šesťuholník s Sechseck ((e)s, e)
šetriť 1 peniaze sparen (*na čo* für al. auf etw A; *čím* etw A) **2** chrániť schonen; ~ *si oči* die Augen schonen
šetrn|ý(e) 1 sporivý sparsam **2** ohľaduplný schonend, rücksichtsvoll; *–é zaobchádzanie* eine schonende Behandlung **3** taktný rücksichtsvoll, taktvoll
šev e Naht (≈, ≈e)
šialene expr. veľmi schrecklich; ~ *sa báť čoho* sich schrecklich fürchten vor etw D
šialen|ec r Wahnsinnige (n, n), r Irrsinnige (n, n); **–stvo** r Wahnsinn (s, 0), r Irrsinn ((e)s, 0)
šialený 1 pomätený wahnsinnig, irrsinnig **2** expr. nerozumný ap. wahnsinnig, verrückt
šibenica r Galgen (s, ≈)
šička e Näherin (≈, nen)
šifra e Chiffre ['šifrə/'šifɐ] (≈, n)
šija r Nacken (s, ≈), s Genick ((e)s, e)
šijací Näh-; ~ *stroj* e Nähmaschine
šikanov|anie e Schikane (≈, n); **–ať** schikanieren
šikmooký schlitzäugig
šikm|ý(o) schief, schräg
šikovnosť e Geschicklichkeit (≈, en), e Gewandtheit
šikovn|ý(e) geschickt, gewandt
šimpanz r Schimpanse (n, n)
šíp r Pfeil ((e)s, e)
šípka 1 ukazovateľ smeru r Pfeil ((e)s, e) **2** plod ruže e Hagebutte (≈, n)
šírka 1 e Breite (≈, n); *dĺžka a* ~ Länge und Breite; *severná* ~ geograficky e nördliche Breite **2** rozsah e Weite (≈, n); ~ *otvoru* e Weite der Öffnung
široko-ďaleko weit und breit

PQRS

širok|ý(o) 1 breit; *–é plecia* breite Schultern; *–á verejnosť* e breite Öffentlichkeit **2** rozľahlý weit; *–é údolie* ein weites Tal
šišatý zapfenförmig, kegelförmig
šiška 1 plod r Zapfen (s, ≈) **2** r Krapfen (s, ≈), r Pfannkuchen (s, ≈), r (Eier)-pfannkuchen (s, ≈)
šiť odev ap. nähen
škála e Skala (≈, len al. s)
škandál r Skandal (s, e)
škára e Spalte (≈, n), e Ritze (≈, n)
škared|ý(o) häßlich <...ss...>, garstig, abscheulich
škatuľ|a 1 e Schachtel (≈, n) **2** papierová r Karton [kar'toŋ/karto:n] (s, s) **3** plechová e Dose (≈, n), e Büchse (≈, n); **–ka** e (kleine) Schachtel (≈, n); *~ cigariet* eine Schachtel Zigaretten
šklabiť sa grinsen
šklbať 1 mykať zucken **2** zbavovať peria rupfen
škod|a[1] PODST M r Schaden (s, ≈̈); *spôsobiť –u* einen Schaden ver|ursachen
škoda[2] PRÍSL schade; *to je (naozaj) ~!* das ist (wirklich) schade; *byť čia ~* um j-n/etw schade sein
škodca r Schädling (s, e)
škodiť schaden, Schaden zu|fügen
škodliv|ý(o) schädlich
škodoradostn|ý(e) schadenfroh
škol|a e Schule (≈, n); *základná ~* e Grundschule; *stredná ~* e Mittelschule; *vysoká ~* e Hochschule; *chodiť do –y* zur Schule al. in die Schule gehen, die Schule besuchen; *chodiť za –u* die Schule schwänzen; **materská ~** r Kindergarten
školá|k r Schüler (s, ≈); **–čka** e Schülerin (≈, nen)
školenie e Schulung (≈, en)
školiť (sa) (sich) schulen, (sich) aus|bilden
školné s Schulgeld ((e)s, er)
školník r Schulhausmeister (s, ≈)
školsk|ý Schul-, schulmäßig; *–á taška* e Schulmappe, e Schultasche, e Schulranzen; *povinná –á dochádzka* e Schulpflicht; *~ rok* s Schuljahr
školstvo s Schulwesen (s, 0)
škorec r Star ((e)s, e)
škorica r Zimt ((e)s, e)
škorpión r Skorpion (s, e)
škovránok e Lerche (≈, n)
škôlka 1 materská škola r Kindergarten (s, ≈̈) **2** stromová e Baumschule (≈, n)
škrabanec hovor. e Schramme (≈, n)
škrabať 1 pazúrmi, nechtami kratzen **2** expr. čarbať kritzeln; **~ sa** sich kratzen
škrabka 1 na zemiaky ap. r Schaber (s, ≈) **2** na stromy (Baum)kratzer (s, ≈)
škrečok r Hamster (s, ≈)
škriabať kratzen, krallen
škriabať sa mühsam steigen* (i.), klettern, hovor. kraxeln
škriatok r Elf (en, en), r Kobold ((e)s, e)
škrípať knarren, brzdy kreischen, quietschen
škrob e Stärke (≈, n); **~iť** stärken
škroben|ý(e) 1 stužený škrobom gestärkt, gesteift **2** expr. o človeku steif
škrtať 1 preškrtnúť streichen*, durch|-streichen*; *~ zo zoznamu* aus der Liste streichen **2** zápalkou an|streichen*
škrtiť würgen
škrupina e Schale (≈, n)
škuľavý schielend
škúliť schielen
škvara e Schlacke (≈, n)
škvariť 1 roztápať aus|lassen* **2** pražiť schmoren
škvrn|a r Fleck ((e)s, e), r (Schmutz)-fleck ((e)s, e); *odstrániť –u* den Fleck entfernen
šláger r Schlager (s, ≈)
šľahačka e Schlagsahne (≈, 0), rak. s Schlagobers (≈, 0)
šľahať 1 švihať peitschen **2** kuch. schlagen*; *~ šľahačku* Schlagsahne schlagen **3** plamene (empor)|lodern (i.)
šľach|a e Sehne (≈, n); **–ovitý** sehnig
šľachetn|ý(e) edel, edelmütig
šľacht|a r Adel (s, 0), e Aristokratie (≈, i|en); **–ic** r Adelige (n, n); **–ický**

adelig, Adel-
šľachtiť 1 biologicky veredeln, züchten **2** hovor. ošetrovať pflegen; ~ *pleť* e Haut pflegen
šliapať 1 treten* (h./i.) **2** ísť schreiten, stapfen, gehen* (i.); ~ *peši* zu Fuß gehen
šliapnuť 1 treten* (h./i.); ~ *do kaluže* in eine Pfütze treten; ~ *komu na nohu* j-m auf den Fuß treten **2** dať do chodu al. zastaviť treten* (h.); ~ *na plyn* auf das Gaspedal treten; ~ *na brzdu* auf die e Bremse treten
šmirgľ|ovať schmirgeln; **–ový** Schmirgel-; *–ový papier* s Schmirgelpapier
šmyk s Schleudern (s, 0), r Rutsch (es, e); *dostať* ~ ins Schleudern geraten*
šmýkačka e Rutsche (≈, n), e Rutschbahn (≈, en)
šnúra e Schnur (≈, ≈e), e Leine (≈, n); *pupočná* ~ e Nabelschnur; ~ *na bielizeň* e Wäscheleine
šnúrka do topánok r Schnürsenkel (s, ≈)
šnurovac|í Schnür; *–ie topánky* e Schnürschuhe MNČ
šnurovačka s Mieder (s, ≈), s Korsett ((e)s, e)
šofér r Autofahrer (s, ≈), r Chauffeur [šo'fö:ɐ] (s, e)
šok r Schock ((e)s, s); *nervový* ~ r Nervenschock; **~ovať** schockieren
šortky e Shorts [šo:ts] MNČ
šošovica e Linse (≈, n)
šošovk|a odb. e Linse (≈, n); *kontaktné –y* e Kontaktlinsen MNČ
španielsk|y spanisch; **to je pre mňa –a dedina** das sind für mich böhmische Dörfer
špáradlo r Zahnstocher (s, ≈)
špargľa r Spargel (s, ≈)
špecial|ista r Spezialist (en, en); **–ita** e Spezialität (≈, en)
špecializácia e Spezialisierung (≈, en)
špecializovať sa sich spezialisieren
špeciáln|y(e) speziell, Spezial-
špecifick|ý(y) spezifisch
špecifikovať spezifizieren
špeh r Späher (s, ≈); **~ovať** spähen
špekul|ácia e Spekulation (≈, en); **–ant** r Spekulant (en, en); **–ovať** spekulieren
špenát r Spinat ((e)s, e)
špendlík e Stecknadel (≈, n)
šperk r Schmuck ((e)s, e), s Schmuckstück ((e)s, e)
špicat|ý(o) spitz, spitzig
špičk|a e Spitze (≈, n); *dopravná* ~ e Verkehrsspitze; *postaviť sa na –y* sich auf die Zehenspitzen stellen
špičkov|ý Spitzen-; *–á kvalita* e Spitzenqualität
špina r Schmutz (es, 0)
špinav|ý(o) schmutzig, dreckig, unsauber
špiniť 1 znečisťovať beschmutzen, schmutzig machen **2** expr. ohovárať verleumden, schmähen; **~ sa 1** znečisťovať sa sich beschmutzen **2** schmutzig werden* (i.)
špión r Spion (s, e)
špirála e Spirale (≈, n)
šplhať (sa) klettern (i.)
špliechať 1 šplechotať plätschern **2** striekať planschen, (herum)spritzen
šponovky e Keilhose (≈, n)
šport r Sport ((e)s, 0); *pestovať* ~ Sport treiben; **~ovec** r Sportler (s, ≈)
športov|ý sportlich, Sport-; *–é potreby* e Sportartikel MNČ
šrot 1 obilný r al. s Schrot ((e)s, 0) **2** železný r Schrott ((e)s, e); pri havárii *rozbiť auto na* ~ ein Auto zu Schrott fahren*
štáb r Stab ((e)s, ≈e)
štadión s Stadion (s, ien)
štádium s Stadium (s, ien)
štafet|a e Stafette (≈, n), e Staffel (≈, n); **–ový** Staffel-; *–ový beh* r Staffellauf
štandard r Standard (s, s)
štart r Start ((e)s, e al. s); **~ér** r Starter (s, ≈); **~ovať** starten
štartovací Start-
šťast|ie s Glück ((e)s, 0); *veľa –ia!*

PQRS

viel Glück!; *mať* ~ Glück haben*
šťastne glücklich
šťastn|ý glücklich, Glücks-; *–á náhoda* ein glücklicher Zufall; *–ú cestu!* glückliche Reise!; *–é číslo* e Glückszahl
štát r Staat ((e)s, en)
štatistick|ý(y) statistisch
štatistika e Statistik (≈, en)
štátnik r Staatsmann ((e)s, ≈er)
štátn|y staatlich, Staats-; *–e občianstvo* e Staatsbürgerschaft; *–a hymna* e Staatshymne; ~ *sviatok* r Staatsfeiertag; *–a poznávacia značka* s Kennzeichen al. e Autonummer
štatút s Statut ((e)s, en)
šťav|a 1 nápoj r Saft ((e)s, ≈e); *citrónová, ovocná* ~ r Zitronensaft, r Obstsaft **2** kuch. r Saft ((e)s, ≈e), e Soße (≈, n); **–natý** saftig, Saft-
štedr|ý 1 veľkorysý freigebig; *byť* ~ *ku komu* freigebig gegen j-n sein **2** hojný reichlich; **Štedrý večer** r Heilige Abend, r Weihnachts|abend; **–o** reichlich
štekať bellen
šteklit' 1 kitzeln **2** dráždiť reizen
šteňa s Hündchen (s, ≈), r Welpe (n, n)
štetec r Pinsel (s, ≈)
štetina e Borste (≈, n)
štetka 1 maliarska e Streichbürste (≈, n) **2** hovor. hanl. prostitútka e Hure (≈, n)
štiepať (sa) (sich) spalten*
štiepať drevo ap. spalten*, hacken
štíhl|y(o) schlank
štíp|ať 1 prstami kneifen*, zwicken **2** o hmyze stechen* **3** páliť beißen*; *dym –e v očiach* r Rauch beißt* in die Augen
štipec na bielizeň e (Wäsche)klammer (≈, n)
štipend|ista r Stipendiat (en, en), rak. r Stipendist (en, en); **–ium** s Stipendium (s, i|en); *dostať* ~ ein Stipendium bekommen
štipka e Prise (≈, n); ~ *soli* eine Prise Salz
štipľav|ý brennend, scharf; *–á paprika* scharfer Paprika
štít 1 voj. r Schild ((e)s, e) **2** firemná tabuľa s Schild ((e)s, er) **3** domu r Giebel (s, ≈) **4** vrchol hory e (Berg)spitze (≈, n)
štítiť sa sich ekeln, Ekel empfinden* (*koho/čoho* vor j-m/etw)
štítn|y Schild-; *–a žľaza* e Schilddrüse
štítok 1 s Schild ((e)s, er), s Schildchen (s, ≈); ~ *s menom* s Namensschild; *cenový* ~ s Preisschild **2** dierny štítok e Lochkarte (≈, n)
štopkať stopfen, hovor. flicken
štrajk r Streik ((e)s, s al. e); ~ *za vyššiu mzdu* ein Streik für höhere Löhne; **~okaz** r Streikbrecher (s, ≈); **~ovať** streiken (*za čo* für etw A)
štrajkujúc|i r Streikende (n, n); **–a** e Streikende (n, n)
štrbina e Spalte (≈, n), e Ritze (≈, n)
štrk r Schotter (s, ≈), r Kies (es, e)
štrkáč e Klapperschlange (≈, n)
štrnásť vierzehn
štrngnúť si an|stoßen* (*s kým* mit j-m)
štrúdľa r Strudel (s, ≈)
štruktúra e Struktur (≈, en)
študent 1 na vysokej škole r Student (en, en) **2** na strednej škole r Schüler (s, ≈); **~ský** studentisch, Studenten-; *~ský domov, internát* s Studentenwohnheim
štúdia e Studi|e (≈, n)
študijn|ý Studi|en-; *–á cesta* e Studi|enreise; ~ *pobyt* r Studi|en|auf|enthalt; ~ *odbor* s Studi|enfach, r Studiengang
štúdio s Studio (s, s); *rozhlasové, televízne* ~ s Rundfunkstudio, s Fernsehstudio
štúdium s Studium (s, i|en); *diaľkové* ~ s Fernstudium
študovať studieren
študovňa r Lesesaal ((e)s, säle)
štuchať stoßen*, schubsen (*do koho/čoho* j-n/etw)
šťuka r Hecht ((e)s, e)
štukatúra e Stukkatur <...ck...> (≈, en)

štvať 1 zver hetzen, jagen **2** popudzovať, podpichovať (auf)hetzen (*proti komu/ čomu* gegen j-n/etw) **3** rozčuľovať ärgern, hovor. fuchsen; *neštvi ma!* ärgere mich nicht!
štvorcový quadratisch, Quadrat-; *~ meter* s Quadratmeter
štvorča r Vierling (es, e)
štvordňový viertägig
štvorec 1 s Quadrat ((e)s, e) **2** na látke s Karo (s, s)
štvorhra šport. s Doppelspiel ((e)s, e)
štvorhran r Vierkant ((e)s, e)
štvorhranný viereckig
štvorizbový Vierzimmer-
štvorka e Vier (≈, en); *ísť –ou* mit der Vier fahren*; *dostať –u* eine Vier bekommen*
štvormiestny vierstellig
štvorposchodový viergeschossig, vierstöckig
štvorprúdový cesta vierspurig
štvorručný(e) vierhändig
štvortakt r Viertakter (s, ≈)
štvoruholník s Viereck ((e)s, e); **~ový** viereckig
štvorvalcový Vierzylinder-; *~ motor* r Vierzylinder(motor)
štvrť 1 s Viertel (s, ≈); *~ kila* s Viertelkilo **2** časť mesta s Stadtviertel (s, ≈), t Stadtteil ((e)s, e)
štvrťhodina e Viertelstunde (≈, n)
štvrtina s Viertel (s, ≈)
štvrtok r Donnerstag ((e)s, e); *vo ~* am Donnerstag; *každý ~* jeden Donnerstag, donnerstags
štvrťový Viertel-; *–á nota* e Viertelnote
štvrťrok s Vierteljahr (es, e), s Quartal (s, e)
štýl r Stil ((e)s, e); *životný ~* r Lebensstil; *to nie je môj ~* das ist nicht mein Stil; *vo veľkom ~e* im großen Stil
štylistický(y) stilistisch
štylistika e Stilistik (≈, en)
štylizovať stilisieren
štýlový Stil-; *~ nábytok* die Stilmöbel MNČ
šuchotať rascheln, knistern
šumieť 1 o mori, lese ap. rauschen, brausen, sausen **2** o nápojoch schäumen
šunka r Schinken (s, ≈)
šup(k)a e Schale (≈, n), e Pelle (≈, n)
šupina e Schuppe (≈, n); **~tý** schuppig
šuškať 1 hovoriť šeptom flüstern **2** tajne sa zhovárať munkeln, zischeln
šušlať lispeln, mit der Zunge anstoßen*
šváb e Schabe (≈, n)
švagor r Schwager (s, ≈̈)
švagriná e Schwägerin (≈, nen)
švihadlo s Sprungseil ((e)s, e)
švindľovať schummeln, schwindeln

T

t. j. skr. **to jest** d. h. skr. das heißt
tabak r Tabak (s, e); *fajkový ~* r Pfeifentabak; *šnupací ~* r Schnupftabak
tablet(k)a e Tablette (≈, n); *šumivá ~* e Brausetablette
tábor s Lager (s, ≈); *prázdninový ~* s Ferienlager; *stanový ~* s Zeltlager; *koncentračný ~* s Konzentrationslager, skr. s KZ; **~ák** hovor. s Lagerfeuer (s, ≈); **~ový** Lager-; *~ový oheň* s Lagerfeuer; **~isko** r Lagerplatz (es, ≈̈e); **~iť** lagern, kampieren, zelten
tabu 1 PODST M s Tabu (s, s) **2** PR M tabu; *táto téma je ~* dieses Thema ist tabu
tabuľa 1 e Tafel (≈, n); *pamätná ~* e Gedenktafel; *školská ~* e (Schul)tafel (≈, n) **2** *(vývesná)* e Tafel (≈, n), s Brett ((e)s, er), s Schild ((e)s, er) **3** sklo e Scheibe (≈, n); *okenná ~* e Fensterscheibe
tabuľka grafická e Tabelle (≈, n), e Tafel (≈, n)
tadiaľ(to) hierdurch, hierdurch
ťah v rôznych významoch r Zug ((e)s, ≈̈e)
ťahať 1 v rôznych významoch ziehen*; *–á tu* es zieht* hier **2** za sebou ziehen*,

schleppen **3** lákať ziehen*, locken; **~ sa 1** vliecť sa sich ziehen*, sich schleppen **2** rozprestierať sa sich aus|dehnen
tachometer r al. s Tachometer (s, ≈), r Geschwindigkeitsmesser (s, ≈)
tajfún r Taifun (s, e)
tajiť verheimlichen, verschweigen*
tajne heimlich, geheim
tajn|ý 1 utajovaný heimlich, verborgen **2** opak verejný geheim, Geheim-; *–é hlasovanie* e geheime Abstimmung; *–á polícia* e Geheimpolizei
tajomník r Sekretär (s, e)
tajomn|ý(e) geheimnisvoll
tajomstvo s Geheimnis (ses, se)
tak[1] PRÍSL so; ~ *sa to nerobí* so macht man das nicht
tak[2] SP preto so, also; *sme hotoví, ~ môžeme ísť* wir sind fertig, also können wir gehen
tak[3] ČAST **1** also, so; *len* ~ nur so **2** asi ungefähr, etwa; ~ *dve hodiny* ungefähr zwei Stunden
takmer fast, beinahe
takt[1] hud., tech. r Takt ((e)s, e)
takt[2] jemnocit r Takt ((e)s, 0), s Feingefühl ((e)s, 0)
taktick|ý(y) taktisch
taktika e Taktik (≈, en)
taktn|ý(e) taktvoll
takto so, auf diese Art
taktovka r Taktstock ((e)s, ≈̈e)
tak|ý 1 solch, solcher, so ein; *–á smola!* so ein Pech! **2** so; *niečo –é* so (et)was **3** asi ungefähr, etwa; *príďte o ~ týždeň* kommen Sie in etwa einer Woche
takzvaný skr. **tzv.** sogenannter <so genannt> skr. sog.
takže 1 ČAST also **2** SP dôsledková so daß <...ss>; *prší, ~ musíme zostať doma* es regnet, so daß wir zu Hause bleiben müssen
talár r Talar (s, e)
talent s Talent ((e)s, e), e Begabung (≈, en)
talizman r Talisman (s, e)
tam 1 opak tu dort **2** opak sem (dort)hin; **sem-~** občas hier und da, ab und zu, hin und wieder
tamojší dortig
tampón r Tampon [tam'po:n/tã'põ:] (s, s)
tamten, tamtá, tamto[1] ZÁM der dort, die dort, das dort
tamto[2] PRÍSL dort, da drüben
tancovať tanzen
tandem s Tandem (s, s)
tanec r Tanz (es, ≈̈e); *hodina tanca* e Tanzstunde
tanečník r Tänzer (s, ≈)
tanečný PR M Tanz-; ~ *kurz* r Tanzkurs; ~ *súbor* e Tanzgruppe; ~ *parket* e Tanzfläche
tanier r Teller (s, ≈); *hlboký, plytký* ~ ein tiefer, flacher Teller
tanierik 1 malý tanier ein kleiner Teller (s, ≈) **2** pod šálkou e Untertasse (≈, n)
tank 1 voj. r Panzer (s, ≈), r Tank (s, s al. e) **2** cisterna r Tank (s, s al. e)
tankovať tanken; ~ *benzín* Benzin tanken
tápať (herum)|tappen
tapet|a e Tapete (≈, n); **–ovať** tapezieren
ťapnúť klapsen, einen Klaps geben*
táraj r Schwätzer (s, ≈)
táraniny s Geschwätz (es, ≈), r Quatsch ((e)s, 0), s Blabla (≈ al. s, 0)
tarantula e Tarantel (≈, n)
tárať quatschen, schwatzen, schwätzen, plappern; *netáraj!* red doch keinen Quatsch!
ťarch|a e Schwere (≈, 0), e Last (≈, en); *byť komu na –u* j-m zur Last fallen
tarifa r Tarif (s, e)
tašk|a e Tasche (≈, n); *školská* ~ e Schultasche, r Schulranzen; *dať do –y* in die Tasche geben
tatársk|y tatarisch, Tatar(en)-; ~ *biftek* s Tatarbeefsteak [...'bi:fste:k]; *–a omáčka* e Tatarensoße
ťava s Kamel ((e)s, e)
taviť schmelzen* (i.)
taxa e Taxe (≈, n)

TUV

taxík s al. r Taxi (s, s); *objednať, vziať si ~* ein Taxi bestellen, nehmen*
taxikár r Taxifahrer (s, ≈)
ťažba e Gewinnung* (≈, 0), e Förderung (≈, 0)
ťažisko r Schwerpunkt ((e)s, e)
ťažiť **1** nerasty gewinnen*, fördern **2** využiť ausnützen, ausnutzen **3** trápiť bedrücken, belasten, schwermachen <schwer machen>
ťažko schwer; *~ pracovať* schwer arbeiten; *~ zranený* schwer verletzt; *~ povedať* schwer zu sagen
ťažkopádn|y(e) schwerfällig
ťažkosť **1** e Schwierigkeit (≈, en) **2** lek. e Beschwerde (≈, n); *žalúdočné ~i* e Magenbeschwerden
ťažký **1** opak ľahký schwer, Schwer- **2** náročný schwer, schwierig, mühsam; *~ problém* ein schwieriges Problem
ťažný **1** Zug-; *~ kôň* s Zugpferd **2** tech. schopný predlžovať sa dehnbar, streckbar, ziehfähig
tečúc|i fließend, rinnend; *–a voda* fließendes Wasser
teda **1** ČAST so, also; *~ dobre!* also gut! **2** SP dôsledková daher, also, folglich
tehla r Ziegel (s, ≈), r Backstein ((e)s, e)
tehotenstvo e Schwangerschaft (≈, en)
tehotný schwanger
technick|ý(y) technisch; *vysoká škola –á* e technische Hochschule
technik r Techniker (s, ≈); **~a** **1** e Technik (≈, en) **2** hovor. škola eine technische Hochschule (≈, n)
technológia e Technologie (≈, ien)
teku|tina e Flüssigkeit (≈, en); **–tý** flüssig
tekvica r Kürbis (ses, se)
teľa s Kalb ((e)s, ¨er)
teľac|í Kalb(s)-; *–ie mäso* s Kalbfleisch; *~ rezeň* s Kalbsschnitzel
telefax s Fax (≈, ≈ al. 0), prístroj s Faxgerät ((e)s, e)
telefón **1** s Telefon (s, e), prístroj r (Telefon)apparat ((e)s, e) **2** mobilný s Handy (s, s)
telefonick|ý(y) telefonisch; *–é spojenie* e Telefonverbindung
telefonista r Telefonist (en, en)
telefónn|y Telefon-; *–a búdka* e Telefonzelle; *–e číslo* e Telefonnummer; *–a karta* e Telefonkarte; *~ zoznam* s Telefonbuch; *–a ústredňa* e Telefonzentrale
telefonovať **1** s kým telefonieren (*s kým* mit j-m) **2** komu an|rufen* (*komu* j-n)
telegraf r Telegraf (en, en)
telegrafick|ý(y) telegrafisch
telegrafovať telegrafieren
telegram s Telegramm (s, e)
telesne körperlich, physisch; *~ postihnutý* körperlich behindert
telesn|ý Körper-, Leib(es)-; *–á výchova* e Körpererziehung
teleso r Körper (s, ≈)
televízi|a s Fernsehen (s, 0); *farebná ~* s Farbfernsehen; *káblová ~* s Kabelfernsehen; *pozerať (na) –iu* fern|sehen*
televízn|y Fernseh-; *–a veža* r Fernsehturm
televízor r Fernseher (s, ≈)
teľný o krave trächtig
telo r Körper (s, ≈), r Leib ((e)s, er)
telocvičňa e Turnhalle (≈, n), Sporthalle (≈, n)
telocvik r Sport (s, 0), r Sportunterricht (s, 0); **~ár** r Sportlehrer (s, ≈)
telovýchova e Körpererziehung (≈, 0)
téma s Thema (s, men al. ta)
temeno **1** anat. r Scheitel (s, ≈) **2** hory r Gipfel (s, ≈)
temn|ý(o) **1** tmavý dunkel, finster **2** o zvuku dumpf
temperament s Temperament ((e)s, e); *mať ~* Temperament haben
temperamentn|ý(e) temperamentvoll, lebhaft
tempo s Tempo (s, s al. Tempi); *rýchlym ~m* in al. mit hohem Tempo
ten, tá, to der al. dieser, die al. diese,

das al. dieses; *to je ten dom* das ist das Haus; *ten muž tam* der Mann dort; *to je to* das ist das; **a to...** und zwar...; **čo na to hovoríš?** was sagst du dazu?; **to som ale zvedavý!** da bin ich aber neugierig!

tenden|cia e Tendẹnz (≈, en); **–čný** Tendẹnz-, tendenziọ̈s

tenis s Tennis (≈, 0); *stolný* ~ s Tischtennis

teniska r Tennisschuh ((e)s, e)

tenisov|ý Tennis-; ~ *dvorec* r Tennisplatz; *–á lopta* r Tennisball; *–á raketa* r Tennisschläger

tenista r Tennisspieler (s, ≈)

tenk|ý(o) **1** dünn, fein, Dünn-; *–é črevo* r Dünndarm **2** hlas dünn

tento, táto, toto dieser, diese, dieses; *tento rok* dieses Jahr; *za týchto okolností* unter diesen Umständen

tentoraz diesmal, dieses Mal

teoretick|ý(y) theorẹtisch

teória e Theorịe (≈, i|en)

tep r Puls (es, e), r Pulsschlag (es, ≈e)

tepať **1** kov hämmern **2** kniž. o srdci schlagen*, pulsieren

tepeln|ý Wärme-, Thermo-; *–á elektráreň* s Wärmekraftwerk; *–á strata* r Wärmeverlust

tepláky r Trainings|anzug ['tre:niŋ...] ((e)s, ≈e)

teplo **1** PODST M e Wärme (≈, n) **2** PRÍSL warm; *je mi* ~ mir ist warm; *je* ~ es ist warm

teplomer s al. r Thermomẹter (s, ≈)

teplot|a **1** e Temperatụr (≈, en) **2** hovor. horúčka s Fieber (s, ≈), e Temperatụr (≈, en); *mať zvýšenú –u* erhöhte Temperatur haben, leichtes Fieber haben*

tepl|ý **1** warm, Warm-; *–é jedlá* warme Speisen, warmes Essen **2** hovor. homosexuálny schwul

tepna v rôznych významoch e Ader (≈, n); *dopravná* ~ e Verkehrs|ader

terajší heutig, jetzig, gegenwärtig, derzeitig

terapeutický therapẹutisch

terapia e Therapịe (≈, i|en)

terasa e Terrạsse (≈, n)

teraz jetzt, nun; *čo ~?* was nun?

tercia **1** hud. e Terz (≈, en) **2** rak. 3. trieda gymnázia e Tertia [tercja] (≈, i|en)

terč e Zielscheibe (≈, n), e Schießscheibe (≈, n)

terén s Terrạin [te'rẽ:] (s, s), s Gelạ̈nde (s, ≈)

termáln|y thermạl, Thermạl-; *–e kúpele* s Thermalbad

termín[1] čas. r Termịn (s, e), e Frist (≈, en)

termín[2] odborný výraz r Terminus (≈, Termini)

terminál s Terminạl (s, s)

terminológia e Terminologịe (≈, i|en)

termit e Termịte (≈, n)

termoska e Thermosflasche (≈, n)

teror r Terror (s, 0); **~ista** r Terrorịst (en, en)

tesák **1** zub r Stoßzahn ((e)s, zähne) **2** poľovnícky nôž s Weidmesser (s, ≈), s Jagdmesser (s, ≈)

tes|ár r Zimmermann ((e)s, leute), r Zimmerer (s, ≈); **–ať** (be)hạuen*, zimmern

tesne eng, dicht, knapp

tesn|enie e Dichtung (≈, en); **–iť** (ab)|dichten

tesn|ý **1** eng, knapp; *tie topánky sú mi –é* die Schuhe sind* mir (zu) eng **2** blízky eng, nah(e) **3** s malým rozdielom knapp; *–é víťazstvo* ein knapper Sieg

test r Test ((e)s, s al. e); **~ovať** testen

tešiť sa **1** sich freuen (*z čoho* über etw A; *na čo* auf etw A) **2** požívať čo genießen* (*čomu* etw A), sich erfrẹuen (*čomu* einer Sache G); ~ *sa dobrému zdraviu* sich guter Gesundheit erfreuen; *teší ma, že vás poznávam* es freut mich, Sie kennenzulernen <kennen zu lernen>

teta e Tante (≈, n)

tetanus r Tetanus (≈, 0), r Wundstarrkrampf ((e)s, 0)

tetovať tätowieren

tetrov r Auerhahn ((e)s, ≈e)
texasky e Jeans [dži:nz] MNČ, e Jeanshose
text r Text (es, e); **~ár** r Texter (s, ≈), r Textdichter (s, ≈)
textil e Textilien MNČ; **~ný** textil, Textil-; *~ný priemysel* e Textilindustrie
tchor r Iltis (ses, se)
tiecť fließen* (i.), rinnen* (i.)
tielko 1 dámske s Hemdchen (s, ≈) **2** pánske s Unterhemd ((e)s, e)
tieň r Schatten (s, ≈); *očné ~e* r Lidschatten
tienidlo r Lampenschirm ((e)s, e)
tieniť beschatten, Schatten werfen*
tieňový schattig, Schatten-
tiež auch, ebenfalls, gleichfalls
tiger r Tiger (s, ≈)
ticho 1 PODST M e Stille (≈, 0), e Ruhe (≈, 0) **2** PRÍSL still; *buď ~!* sei* still!; **minúta –a** e Schweigeminute
tichý 1 opak hlasný leise **2** pokojný still, ruhig
tik hovor. r Tick ((e)s, e); *mať ~* einen Tick haben
tikať ticken; *budík –á, hodiny –ajú* der Wecker, die Uhr tickt
tiket r Tippschein ((e)s, e)
tím s Team [ti:m] (s, s); **~ový** Team- [ti:m...]; *~ová práca* e Teamarbeit
tip r Tip <...pp> (s, s); *dať komu dobrý ~* j-m einen guten Tip geben
tis e Eibe (≈, n)
tisícina s Promille ((s), ≈)
tisícročný tausendjährig
titul 1 hodnosť r Titel (s, ≈) **2** názov r Titel (s, ≈), e Überschrift (≈, en)
tkáč r Weber (s, ≈)
tkanina s Gewebe (s, ≈)
tkanivo s Gewebe (s, ≈)
tkať weben, spinnen*
tkvieť kniž. haften, liegen*, stecken
tlač 1 kníhtlač r Druck ((e)s, e) **2** noviny e Presse (≈, 0); *sloboda ~e* e Pressefreiheit
tlačenica s Gedränge (s, ≈)
tlačenka e Preßwurst <...ss...> (≈, ≈e)
tlačený gedruckt
tlačiar r Drucker (s, ≈); **~eň 1** inštitúcia e Druckerei (≈, en) **2** prístroj r Drucker (s, ≈)
tlačiarenský Druck-; *–á čerň* e Druckschwärze
tlačidlo r Druckknopf ((e)s, ≈e), r Drücker (s, ≈)
tlačiť 1 vyvíjať tlak drücken **2** tisnúť schieben* **3** lisovať pressen **4** omínať drücken; *tlačia ma topánky* die Schuhe drücken mich **5** knihy drucken; **~ sa** sich drücken, sich drängen
tlačivo e Drucksache (≈, n), e Akzidenz (≈, en), s Formular (s, e)
tlačový 1 Druck-; *–á chyba* r Druckfehler **2** Presse-; *–á agentúra* e Presseagentur; *–á beseda, konferencia* e Pressekonferenz; *~ zákon* s Pressegesetz
tlak r Druck ((e)s, ≈e); *krvný ~* r Blutdruck
tlakomer r Luftdruckmesser (s, ≈), s Barometer (s, ≈), lek. r Blutdruckmesser (s, ≈)
tlakový Druck-; **~ hrniec** r Schnellkochtopf
tlapa e Klaue (≈, n), e Pfote (≈, n), e Pranke (≈, n)
tĺcť udierať schlagen*, hauen*
tlieskať klatschen, applaudieren
tlieť glimmen*
tlmič r Dämpfer (s, ≈)
tlmiť 1 zoslabovať abschwächen, mildern, dämpfen **2** obraz. unterdrücken
tlmočiť 1 do iného jazyka dolmetschen **2** oznámiť übermitteln; **–ník 1** r Dolmetscher (s, ≈) **2** prostredník r Vermittler (s, ≈)
tma[1] PODST M s Dunkel (s, 0), e Dunkelheit (≈, 0), e Finsternis (≈, se)
tma[2] PRÍSL dunkel, finster
tmavomodrý dunkelblau
tmavovlasý dunkelhaarig
tmavý 1 opak svetlý dunkel, finster **2** o farbe dunkel
tmel r Kitt ((e)s, e)
to pozri *ten*

toalet|a úprava i miestnosť e Toilẹtte [toa'letə] (≈, n); **–ný** Toilẹtten- [toa'letn...]; *–ný papier* s Toilettenpapier
točiť drehen; ~ *film* einen Film drehen; **~ sa** sich drehen, rotịeren
točit|ý spiralförmig, Wendel-; *–é schody* e Wendeltreppe
tohtoročný diesjährig, rak. heurig
tok 1 prúd r Strom ((e)s, ≛e), e Strömung (≈, en) **2** úsek rieky r Lauf ((e)s, 0); *dolný, horný* ~ r Unterlauf, r Oberlauf
tolerancia e Tolerạnz (≈, en)
tolerantn|ý(e) tolerạnt
tolerovať tolerịeren
toľko sovịel <so vịel>, so viel; ~ *peňazí* so viel Geld
toľkokrát sovielmal, so|oft
tón r Ton ((e)s, ≛e)
tona e Tonne (≈, n)
tónina hud. e Ton|art (≈, en)
topánk|a r Schuh (es, e); *pár topánok* ein Paar Schuhe; *–y s vysokými opätkami* Schuhe mit hohen Absätzen, *tlačí ma* ~ der Schuh drückt mich; *horolezecké –y* die Bergschuhe MNČ; *čistiť –y* Schuhe putzen; **vyrásť z detských topánok** die Kinderschuhe ausgetreten haben al. den Kinderschuhen entwachsen sein
topený Schmelz-; ~ *syr* r Schmelzkäse
topiť sa 1 roztápať sa schmelzen*, tauen; *topí sa* es taut **2** hynúť vo vode ertrịnken* (i.) **3** pren. schwimmen* (i.); ~ *v dlhoch* bis an den Hals in Schulden schwimmen
topoľ e Pappel (≈, n)
torpédo r Torpẹdo (s, s)
torta e Torte (≈, n)
torzo r Torso (s, s al. si)
totalit|a e Totalitạ̈t (≈, en); **–ný** totalitär
totálny totạl, Totạl-
totiž nämlich
toto pozri *tento*
totožnosť 1 zhoda e Gleichheit (≈, 0) **2** identita e Identitạ̈t (≈, 0); *zistiť* ~ e Identität feststellen
totožn|ý(e) idẹntisch, gleich
tovar e Ware (≈, n), e Güter MNČ; *spotrebný* ~ e Konsumgüter MNČ
továreň e Fabrịk (≈, en)
toxický toxisch
tradícia e Traditiọn (≈, en), e Überlịeferung (≈, en)
tradičný traditionẹll
trafika r Tabakladen (s, ≛), rak. e Trafik (≈, en)
tragédia e Tragọ̈dịe (≈, n)
tragick|ý(y) tragisch
tragikomédia e Tragikomödi|e (≈, n)
trajekt s Fährschiff ((e)s, e), e Fähre (≈, n), r al. s Trajẹkt ((e)s, e)
trak MNČ e Hosenträger (0, ≈) väčšinou MNČ
traktor r Traktor (s, ọren)
transformátor r Transformạtor (s, ọren)
transfúzia e Transfusiọn (≈, en); ~ *krvi* e Bluttransfusion
transkripcia fonetická e Umschrift (≈, en), e Transkription (≈, en)
transparent s Transparẹnt ((e)s, e), s Spruchband ((e)s, ≛er)
transparentný transparẹnt, durchsichtig
transplantácia e Transplantatiọn (≈, en), e Verpflạnzung (≈, en)
tranzistor 1 r Transịstor (s, ọren) **2** rádio s Transịstorradio (s, s)
tranzit r Transịt (s, e); **~ný** transịt, Transịt-; *~né vízum* s Transitvisum, r Transit
trápenie e Qual (≈, en), s Quälen (s, 0), e Quälerẹi (≈, en)
trápiť (sa) (sich) quälen, bedrụ̈cken, be|ẹngen, beklẹmmen
trápn|y(e) peinlich
trasa e Trasse (≈, n)
trať 1 železničná e Strecke (≈, n), e Bahn (≈, en); *železničná* ~ e Eisenbahnstrecke **2** šport. e Strecke (≈, n)
tráva s Gras (es, ≛er)
trávenie e Verdạuung (≈, 0)

tráviac|i Verdauungs-; *–e ťažkosti* e Verdauungsbeschwerden MNČ
trávit'[1] potravu verdauen
trávit'[2] čas verbringen*
trávnik r Rasen (s, ≈)
trčať 1 smerom hore emporragen, hervorragen **2** expr. zdržiavať sa stecken
treba PRÍSL es ist nötig, es ist notwendig
tréma s Lampenfieber (s, 0)
trend r Trend (s, s)
tréner r Trainer ['tre:nɐ] (s, ≈)
tréning s Training ['tre:niŋ] (s, 0)
trenírky 1 pri športe e Turnhose (≈, n), e Trainingshose ['tre:niŋ...] (≈, n) **2** mužská spodná bielizeň e Unterhose (≈, n)
trénovať trainieren [tre'ni:rən]
treska r Dorsch (es, e), r Kabeljau (s, e al. s)
trest e Strafe (≈, n), e Bestrafung (≈, en)
trestanec r Strafgefangene (n, n), Sträfling (s, e)
trestať strafen, bestrafen (*koho za čo* j-n für etw A al. wegen etw G)
trestn|ý Straf-; *–é oznámenie* e Straf|anzeige; *~ čin* e Straftat
trezor r Tresor (s, e); r Safe [sejf] (s, s)
trh r Markt ((e)s, ≈e); *vianočný ~* r Weihnachtsmarkt
trhať 1 na viac častí reißen* **2** ovocie pflücken **3** zuby ziehen*; **~ sa 1** na viac častí sich reißen* (i.) **2** hmla sich auf|lösen
trhavina r Sprengstoff ((e)s, e)
trhlina r Riß <...ss> (sses, sse), e Spalte (≈, n)
trhnúť 1 myknúť zucken (*čím* mit etw D) **2** expr. získať profitieren
trhovisko r Marktplatz (es, ≈e)
trhov|ý Markt-; *–é hospodárstvo* e Marktwirtschaft
triasť rütteln, schütteln (*kým/čím* j-n/etw); **~ sa 1** chvieť sa zittern **2** o veciach beben
tribúna e Tribüne (≈, n)
tričko s T-Shirt [ti:šə:t] (s, s)
trieda 1 e Klasse (≈, n) **2** miestnosť s Klassenzimmer (s, ≈)
triediť sortieren, aus|lesen*, klassifizieren
triedn|y Klassen-; *~ učiteľ* r Klassenlehrer; *–a kniha* s Klassenbuch
trieska r Span ((e)s, ≈e), r Splitter (s, ≈)
trieskať napr. dverami schmettern, schmeißen*
trieštiť sa 1 splittern, zersplittern **2** záujmy spalten
trieť (sa) 1 (sich) reiben*, streichen*; *~ si ruky* sich die Hände reiben **2** ryby laichen
triezv|y(o) nüchtern
trik r Trick (s, s)
tŕň r Dorn ((e)s, en)
tŕnie e Dornen MNČ
trnka ker, plod e Schlehe (≈, n)
trofej e Trophäe (≈, n)
trocha, trochu ein wenig, ein bisschen <...ss...>, einigermaßen
trojboj r Dreikampf ((e)s, ≈e)
trojča r Drilling (s, e)
trojizbový Dreizimmer-; *~ byt* Dreizimmerwohnung
trojkolka s Dreirad (es, ≈er)
trojskok r Dreisprung ((e)s, ≈e)
trojuholník s Drei|eck ((e)s, e)
trolejbus r Oberleitungs|omnibus (ses, se), r Obus (ses, se)
tromf r Trumpf ((e)s, ≈e)
trón r Thron ((e)s, e)
tropick|ý tropisch, Tropen-; *–é podnebie* s Tropenklima
trópy e Tropen MNČ
troska e Ruine (≈, n), auta ap. s Wrack ((e)s, s al. e), trosky e Trümmer MNČ
trpaslík r Zwerg ((e)s, e)
trpezliv|ý(o) geduldig; **–osť** e Geduld (≈, 0)
trpieť 1 leiden* (*čím* an etw D) **2** znášať (er)dulden
trpk|ý(o) 1 o chuti bitter, herb **2** zatrpknutý bitter, verbittert; *–á pravda* bittere Wahrheit
trpný passiv; *~ rod* lingv. s Passiv (s,

-arten/-typen)
tŕstie s Schilf(rohr) ((e)s, e)
trstina s Rohr ((e)s, e); *cukrová ~* s Zuckerrohr
trúba 1 e Trompete (≈, n) **2** hovor. rúra na pečenie e Röhre (≈, n) **3** expr. o človeku r Tölpel (s, ≈), r Trottel (s, ≈)
trubica s Rohr ((e)s, e), e Röhre (≈, n)
trubička 1 malá trubica s Röhrchen (s, ≈) **2** múčnik e Schillerlocke (≈, n)
trúbiť 1 hrať na trúbku trompeten, Trompete blasen* **2** o aute hupen
trúbka 1 tech. s Rohr ((e)s, e), e Röhre (≈, n) **2** hud. e Trompete (≈, n)
trúfal|ý(o) 1 odvážny gewagt, kühn **2** drzý dreist, keck
trúfať si (sich) wagen, sich trauen
truhla e Truhe (≈, n)
trup r Rumpf ((e)s, ≈e)
trust r Trust [trast] ((e)s, e al. s)
trval|ý dauerhaft, Dauer-, ständig; *–á ondulácia* e Dauerwelle; *–é bydlisko* ständiger Wohnsitz
trvanlivosť o potravinách e Haltbarkeit (≈, 0), e Dauerhaftigkeit (≈, 0)
trvanliv|ý dauerhaft, haltbar; *–é potraviny* haltbare Lebensmittel
trvať 1 (an)dauern, an|halten*; *ako dlho to bude ~?* wie lange wird es dauern? **2** neustúpiť bestehen*, beharren (*na čom* auf etw D)
tržba e Einnahme (≈, n), r Erlös (es, e)
tržnica e Markthalle (≈, n)
tu 1 PRÍSL miest. da, hier **2** PRÍSL čas. da; *~ i tam* ab und zu; *~ začal hovoriť* da begann er zu sprechen **3** ČAST da
tuba 1 e Tube (≈, n) **2** hud. e Tuba (≈, ben)
tuberkulóza e Tuberkulose (≈, n)
tucet s Dutzend (s, e)
tuctový Dutzend-; *~ človek* r Dutzendmensch
tučniak zool. r Pinguin (s, e)
tučnieť dick werden* (i.), zu|nehmen*
tučnota e Dicke (≈, 0), e Beleibtheit (≈, 0)
tučn|ý(e) 1 v priereze dick, stark **2** o človeku dick, beleibt, korpulent **3** o potravinách fett **4** o písme fett; *tučne vytlačený* fettgedruckt
tuha minerál r Graphit <...fit> ((e)s, e)
tuhnúť erstarren, starr werden* (i.), fest werden* (i.)
tuh|ý(o) 1 pevný, tvrdý fest, stark, hart **2** nepoddajný steif, starr **3** odolný zäh; *~ život* ein zähes Leben **4** intenzívny hart, heiß; *~ boj* ein harter Kampf
tuk s Fett ((e)s, e); *rastlinný ~* s Pflanzenfett
tulák hovor. hanl. r Penner (s, ≈), r Strolch ((e)s, e)
túlať sa bummeln, streifen (i.), (sich) herumtreiben* (i.)
tuleň r Seehund ((e)s, e), e Robbe (≈, n)
tulipán e Tulpe (≈, n)
túliť sa sich (an)|schmiegen (*ku komu* an j-n)
tunajší hiesig, einheimisch; *ste ~?* sind Sie ein Hiesiger?, sind Sie von hier?
tunel r Tunnel (s, ≈ al. s); *ísť cez ~* durch einen Tunnel fahren
tuniak r Thunfisch <tiež Tun...> (es, e)
tup|ý(o) 1 stumpf **2** duševne stumpf(sinnig), stupid
túra e Tour [tu:ɐ] (≈, en)
turbína e Turbine (≈, n)
turist|a r Tourist [tu'rist] (en, en); **–ický** touristisch [tu'ristiš], Touristen- [tu'ristn...]
turizmus r Tourismus (ses, 0)
turnaj s Turnier (s, e), r Wettkampf ((e)s, ≈e)
turné e Tournee [tur'ne:] (≈, s al. n)
turnus r Turnus (≈, se)
tuš[1] hud. r Tusch ((e)s, e)
tuš[2] farba e Tusche (≈, n)
tušen|ie e Ahnung (≈, en); *nemať ani –ia* keine Ahnung haben
tuš|iť 1 ahnen, voraus|ahnen **2** predpokladať glauben, vermuten; *to je, –ím, správne* das ist, glaube ich, richtig

túž|ba e Sehnsucht (≈, ≈̈e) (*po kom/čom* nach j-m/etw); **–iť** sich sehnen (*po kom/čom* nach j-m/etw)

túžobn|ý(e) sehnsüchtig, sehnsuchtsvoll

tvar e Form (≈, en), e Gestạlt (≈, en)

tvár s Gesịcht ((e)s, er)

tváriť sa sich stellen, sich gebạ̈rden; **~ kyslo** ein saures Gesicht machen

tvárny formbar

tvaroh r Quark ((e)s, 0), rak. r Topfen (s, 0)

tvoj, tvoja, tvoje dein, deine, dein

tvor s Geschọ̈pf ((e)s, e), s Wesen (s, ≈)

tvorba 1 tvorenie e Bildung (≈, 0), e Gestạltung (≈, 0) **2** umelecká e Schöpfung (≈, 0), e Gestạltung (≈, 0), s Schaffen (s, 0)

tvorca r Schöpfer (s, ≈)

tvoriť 1 vytvárať bilden, gestạlten **2** umenie schaffen*, schöpfen **3** predstavovať bilden, darstellen; ~ *výnimku* eine Ausnahme bilden

tvorivosť e Schöpfungskraft (≈, 0)

tvoriv|ý(o) schöpferisch

tvrdiť behạupten, betẹuern

tvrdohl|avec r Dickkopf ((e)s, ≈̈e), r Starrkopf ((e)s, ≈̈e); **–avý** dickköpfig, starrsinnig

tvrdohlav|ý(o) hovor. dickköpfig, hanl. starrsinnig, hanl. starrköpfig

tvrd|ý(o) 1 hart, Hart- **2** o človeku hart, streng **3** ťažký hart, schwer **4** intenzívny hart, fest; ~ *spánok* fester Schlaf

ty du

tyč e Stange (≈, n), r Stab ((e)s, ≈̈e)

tyčink|a 1 malá tyč s Stäbchen (s, ≈) **2** e Stange (≈, n); *slané ~y* e Salzstangen MNČ **3** na pery r Lippenstift ((e)s, e)

týfus r Typhus (≈, 0)

tykať duzen (*komu* j-n); **~ si** sich duzen, per du sein* (i.) (*s kým* mit j-m)

týkať sa betrẹffen*, an|gehen* (i.) (*koho/čoho* j-n/etw A); *to sa ma netýka* das geht mich nichts an; *čo sa toho týka* was das betrifft; *čo sa mňa týka* was mich betrifft

tylo anat. s Genịck ((e)s, e), r Nacken (s, ≈)

tymian r Thymian (s, e)

tympan hud. nástroj e Pauke (≈, n)

typ r Typ (s, en); *nie je môj* ~ er ist* nicht mein Typ

typick|ý(y) typisch

tyran r Tyrạnn (en, en); **~ia** e Tyrannẹi (≈, en); **~ský** tyrạnnisch

týrať quälen, plagen, peinigen

týždeň e Woche (≈, n); *každý* ~ jede Woche; *minulý* ~ vorige Woche

týždenne wöchentlich; **raz ~** einmal wöchentlich, einmal in der Woche

týždenník 1 časopis s Wochenblatt ((e)s, er) **2** film e Wochenschau (≈, en)

týždenný wöchentlich, Wochen-

tzv. skr. **takzvaný** sog. skr. sogenannt <so genannt>

U

u bei D; ~ *nás* bei uns

ubehnúť 1 prejsť zurụ̈ck|legen **2** o čase vergẹhen* (i.), verstrẹichen* (i.)

ubezpečiť versịchern

ublížiť 1 spôsobiť ujmu schaden, Schaden zu|fügen **2** zraniť i ukrivdiť verlẹtzen (*komu* j-n), weh tun*, ein Leid an|tun* (*komu* j-m)

úbočie r (Berg)hang ((e)s, ≈̈e), r (Berg)abhang ((e)s, ≈̈e)

úboh|ý(o) 1 biedny arm(selig) **2** poľutovaniahodný elend, jämmerlich, kläglich

úbor r Anzug ((e)s, ≈̈e); *športový* ~ r Sport|anzug

úbožiak r Arme (n, n)

ubrániť 1 obhájiť mit Erfọlg vertẹidigen (*koho/čo proti komu/čomu* j-n/etw gegen j-n/etw) **2** ochrániť mit Erfọlg schützen (*koho/čo pred kým/čím* j-n/etw vor j-m/etw al. gegen j-n/etw)

ubrať ab|nehmen*, weg|nehmen*

ubúdať 1 zmenšovať sa gerịnger werden* (i.), sich vermịndern **2** miznúť

schwinden* (i.)
úbytok r Rückgang ((e)s, 0), e Abnahme (≈, 0), obch. r Schwund ((e)s, 0)
ubytovanie e Unterkunft (≈, ≈e), e Unterbringung (≈, en); *obstarať ~* eine Unterkunft besorgen
ubytovať unter|bringen*; **~ sa** unter|kommen* (i.), Unterkunft finden*; *~ sa v hoteli* im Hotel unterkommen
ubytovňa e Herberge (≈, n)
úcta e (Hoch|)achtung (≈, 0), r Respekt ((e)s, 0) (*ku komu/čomu* vor j-m/etw)
uctiť (si) ehren, j-m die Ehre al. Hoch|achtung erweisen*
úctiv|ý(o) achtungsvoll, respektvoll, höflich
účasť 1 prítomnosť e Teilnahme (≈, 0), s Teilnehmen (s, 0), e Beteiligung (≈, 0) **2** podiel e Beteiligung (≈, 0); *~ na zisku* die Beteiligung am Gewinn **3** súcit r Anteil ((e)s, 0), e (An)teilnahme (≈, 0); *vyjadriť svoju ~* seine Anteilnahme aussprechen
účastník r Teilnehmer (s, ≈)
učebňa e Klasse (≈, n), r Klassenraum ((e)s, räume)
učebnica s Lehrbuch ((e)s, ≈er)
učebný Lehr-, Unterrichts-
účel 1 cieľ r Zweck ((e)s, e), s Ziel ((e)s, e) **2** zmysel r Zweck ((e)s, e), r Sinn ((e)s, 0)
účeln|ý(e) zweckmäßig, zweck|entsprechend
učeň r Lehrling (s, e)
učenec r Gelehrte (n, n)
učenie 1 náuka e Lehre (≈, n) **2** príprava na remeslo e Lehre (≈, n)
učen|ý(e) vzdelaný gelehrt
účes e Frisur (≈, en)
učesať (sa) (sich) kämmen
účet 1 e Rechnung (≈, en), r Kassenbon [...bõ] (s, s); *na niečí ~* auf j-s Rechnung **2** bankový s Konto (s, s al. ten); *otvoriť si v banke ~* bei einer Bank ein Konto er|öffnen
učilište 1 učebné zariadenie e Lehr|anstalt (≈, en) **2** odborné učilište e Berufsschule (≈, n)
účinkovať 1 pôsobiť wirken **2** hrať spielen, mit|wirken
účinn|ý(e) wirksam, wirkungsvoll, tatkräftig
účinok e (Aus)wirkung (≈, en), r Effekt ((e)s, e)
uč|iť lehren, unterrichten; *–í matematiku* er unterrichtet Mathematik
učiť sa lernen; *~ niečo naspamäť* etw auswendig lernen; *~ po nemecky* Deutsch lernen
učiteľ r Lehrer (s, ≈); *triedny ~* r Klassenlehrer
učivo r Lehrstoff ((e)s, e)
učtáreň e Buchhaltung (≈, en), e Buchhaltungsabteilung (≈, en)
účtovať 1 berechnen, aufrechnen, verrechnen **2** vklady buchen
účtovník r Buchhalter (s, ≈)
účtovný PRÍD M Rechnungs-
úd s Glied ((e)s, er al. maßen)
údaj e Angabe (≈, n); **~e** die Daten MNČ; *osobné ~e* e Personaldaten
údajn|ý(e) vermutlich, angeblich, mutmaßlich
udalosť s Ereignis (ses, se), e Begebenheit (≈, en), e Geschichte (≈, n), nepríjemná r Vorfall ((e)s, ≈e)
udať 1 uviesť an|geben*, an|führen; *~ meno a adresu* Name und Adresse angeben; *~ cenu* den Preis angeben **2** oznámiť an|zeigen; *~ koho (na) políciі* j-n bei der Polizei anzeigen
udatn|ý(e) tapfer, kühn
udavač r Angeber (s, ≈), hanl. r Denunziant (en, en)
udeliť erteilen, verleihen*, gewähren
údenáč r Räucherfisch (es, e), r Räucherhering (s, e), r Bückling (s, e)
údenárstvo e Fleischerei (≈, en)
údenina s Rauchfleisch (es, 0), die Räucherwaren MNČ
údený geräuchert, Räucher-; *~ úhor* r Räucher|aal, v sev. Nemecku r Spick|aal; **~ sleď** r Bückling
úder 1 r Schlag ((e)s, ≈), r Hieb ((e)s,

TUV

e) **2** voj. r Anschlag ((e)s, ≈e)
udica e Angel (≈, n)
údiť räuchern
údiv e Verwụnderung (≈, 0), s Staunen (s, 0)
udiv|ovať (ver)wụndern, ins Staunen (ver)sętzen; *to ma –uje* das (ver)wundert mich
údolie s Tal ((e)s, ≈er)
udrieť **1** hauen*, schlagen*, einen Schlag versętzen **2** zaútočiť an|greifen* (*na koho* j-n); **~ sa** sich stoßen*, sich an|schlagen*, sich prellen
udržať **1** (fest)halten* **2** zachovať erhalten; **~ sa** **1** zachovať sa sich erhạlten* **2** ovládnuť sa sich zurụ̈ck|halten*
údržba e Instandhaltung (≈, 0)
udržiavať **1** zachovávať erhạlten*; *~ pokoj* Ruhe aufrecht|erhalten* **2** v prevádzke instạnd halten* **3** styky ap. unterhạlten* (*s kým* mit al. zu j-m)
udusiť **1** erstịcken; *~ oheň* das Feuer ersticken **2** kuch. dünsten; **~ sa** erstịcken (i.)
uhádnuť **1** prísť na čo errạten*; *to neuhádneš* das errätst du nicht **2** rozlúštiť enträtseln
uhasiť löschen
úhľadn|ý(e) ansehnlich, gut aussehend
uhlie e Kohle (≈, n); *čierne ~* e Steinkohle; lek. *živočíšne ~* e Kohletabletten MNČ
uhlík chem. r Kohlenstoff ((e)s, e)
uhlomer r Winkelmesser (s, ≈)
uhlopriečka e Diagonạle (≈, n)
uhlopriečn|y(e) diagonạl
uhnúť (sa) aus|weichen* (i.), aus dem Wege gehen* (i.) (*komu* j-m)
uhol r Winkel (s, ≈); *pravý ~* rechter Winkel
uhoľ na kreslenie e (Zeichen)kohlẹ (≈, n)
uhoľný Kohlen-; *~ revír* s Kohlengebiet
uhor r Mitesser (s, ≈), r Pickel (s, ≈)
úhor **1** zool. r Aal ((e)s, e) **2** neobrobené pole s Brachfeld (es, er), s Brachland (es, er); *ležať ~om* brach|liegen
uhorka e Gurke (≈, n); *kyslá ~* die sauere Gurke; *šalátová ~* e Salatgurke
úhrada e Deckung (≈, en), e Vergụ̈tung (≈, en)
uhradiť vergụ̈ten, bestrẹiten*, beglẹichen*; *~ účet* eine Rechnung begleichen
uchádzač r Bewẹrber (s, ≈), r Anwärter (s, ≈)
uchádzať sa sich bewẹrben* (*o čo* um etw A)
ucho **1** časť tela s Ohr ((e)s, en) **2** na nádobe r Henkel (s, ≈) **3** na taške r Griff ((e)s, e) **4** na ihle s Öhr ((e)s, e)
ucholak r Ohrwurm ((e)s, ≈er)
uchopiť ergrẹifen*
úchvatn|ý(e) entzụ̈ckend, hinreißend
úchylka e Abweichung (≈, en), e Abschweifung (≈, en), e Deviation (≈, en)
úchylný abnọrm, anomạl
uistiť versịchern (*koho o čom* j-n einer Sache G), betẹuern (*koho o čom* j-m etw A)
ujasniť (si) (sich D) klar|machen <klar machen>
ujať sa **1** o rastlinách an|wurzeln, Wurzeln schlagen* **2** vziať si na starosť sich an|nehmen* (*koho/čoho* j-s/einer Sache) **3** prevziať an|treten* (*čoho* etw A); *~ úradu, dedičstva* ein Amt, ein Erbe antreten **4** presadiť sa sich durch|setzen; *myšlienka sa ujala* die Idee hat sich durchgesetzt
ujma škoda r Schaden (s, ≈)
ujsť **1** odísť weg|laufen* (i.), davon|laufen* (i.), weg|fahren* (i.) **2** uniknúť entgehen* (i.) (*čomu* einer Sache D); *to si nesmieš dať ~!* das darfst du dir nicht entgehen lassen! **3** z väzenia ap. fliehen, flüchten; **ušiel nám vlak** wir haben* den Zug verpaßt <...ss...>
úkaz e Erschẹinung (≈, en)
ukázať **1** zeigen (*na koho/čo* auf j-n/etw; *komu koho/čo* j-m j-n/etw), weisen* (*na koho/čo* auf j-n/etw); *ukáž mi to!* zeig(e) es mir! **2** predložiť vor|zeigen,

vor|weisen*; ~ *pas, cestovný lístok* den Ausweis, e Fahrkarte vorzeigen al. vorweisen; **~ sa 1** objaviť sa sich zeigen, erscheinen* (i.) **2** vyjsť najavo sich erweisen*, sich heraus|stellen
ukazovadlo r Zeigestab ((e)s, ≈e)
ukazovák r Zeigefinger (s, ≈)
ukazovateľ 1 cesty r Wegweiser (s, ≈) **2** merací prístroj r Anzeiger (s, ≈) **3** údaj e Kennziffer (≈, n)
ukážka 1 vzor tovaru ap. s Muster (s, ≈), e Probe (≈, n) **2** úryvok z diela r Auszug ((e)s, ≈e), r Ausschnitt ((e)s, e)
úkolov|ý Akkord-; *–á práca* e Akkord|arbeit; **–á mzda** r Stücklohn
ukončiť be|enden, ab|schließen*
ukradnúť stehlen*, entfremden, hovor. klauen
ukryť (sa) (sich) verstecken, (sich) verbergen*
úkryt s Versteck ((e)s, e)
úľ r Bienenstock ((e)s, ≈e)
uľahčenie e Erleichterung (≈, en)
uľahčiť erleichtern, leichter machen
úľav|a e Erleichterung (≈, en); *pocítiť –u* eine Erleichterung spüren
uľav|iť sa 1 eine Erleichterung fühlen, erleichtern; *to sa mi –ilo* das hat* mich erleichtert **2** pri chorobe sich besser fühlen
uľaviť si sein Herz erleichtern, sich befreien
uletieť odletieť davon|fliegen* (i.), weg|-fliegen* (i.)
ulic|a e Straße (≈, n), e Gasse (≈, n); *hlavná* ~ e Hauptstraße; *slepá* ~ e Sackgasse; *ísť po –i* durch die Straße gehen*
ulička s Gäßchen <...ss...> (s, ≈), eine kleine Gasse (≈, n)
ulievač hovor., hanl. r Drückeberger (s, ≈), v škole r Schwänzer (s, ≈)
ulievať sa sich (vor der Arbeit) drücken, zo školy die Schule schwänzen
ulita s Schneckenhaus (s, ≈er)
úloha 1 e Aufgabe (≈, n); *domáca* ~ e Haus|aufgabe **2** rola e Rolle (≈, n); **písomná ~** e Schul|arbeit al. e Haus|arbeit
úlomok s Bruchstück ((e)s, e) r Splitter (s, ≈)
uloviť fangen*
úlovok r Fang ((e)s, 0)
uložiť 1 položiť legen, stellen, geben* **2** do postele zu Bett bringen*, betten **3** peniaze do banky ein|legen, ein|zahlen **4** dať úlohu auf|tragen*, auf|geben*
ultrazvuk r Ultraschall ((e)s, 0)
umelec r Künstler (s, ≈)
umeleckopriemyseln|ý Kunstgewerbe-; *–á škola* e Kunstgewerbeschule
umelecký 1 týkajúci sa umelca künstlerisch, Künstler- **2** týkajúci sa umenia Kunst-
umel|ý künstlich, Kunst-; *–á hmota* r Kunststoff; ~ *chrup* ein (künstliches) Gebiß <...ss>, e (Zahn)prothese
umenie e Kunst (≈, ≈e); *výtvarné* ~ e bildende Kunst
úmern|ý(e) proportional, verhältnisgleich, entsprechend
umierať sterben* (i.) (*na čo* an etw D)
umiernen|ý(e) gemäßigt
umiestniť 1 dať na miesto plazieren, stellen, setzen **2** nájsť miesto unterbringen*; ~ *dieťa v jasliach* das Kind in der Kinderkrippe unterbringen*
umožniť ermöglichen, möglich machen
umrieť sterben* (i.)
úmrtie r Tod ((e)s, 0), r Todesfall (es, ≈e)
úmrtnosť e Sterblichkeit (≈, 0)
úmrtn|ý Todes-, Toten-; ~ *list* r Totenschein; *–é oznámenie* e Todes|-anzeige
umŕtviť lek. **1** lokálne nerv ap. ab|töten **2** anästhesieren
umučiť zu Tode foltern al. quälen
úmysel e Absicht (≈, en); *mať v ~ne* e Absicht haben* al. vor|haben* al. be|-absichtigen
úmyseln|ý(e) absichtlich, mit Absicht, vorsätzlich
umyť (sa) (sich) (ab)|waschen*; ~ *ri-*

ad das Geschirr abwaschen al. spülen
umývací Wasch-
umývačka riadu hovor. e (Geschirr)-spülmaschine (≈, n)
umývadlo s Waschbecken (s, ≈)
umyváreň r Waschraum ((e)s, ≈e)
umývať waschen*, ab|waschen*, putzen, spülen, ab|spülen; ~ *riad* Geschirr abwaschen; ~ **sa** sich A waschen; *umývam sa* ich wasche mich; ~ **si** sich D waschen; *umývam si ruky* ich wasche mir die Hände
umývateľný (ab)waschbar
unáhlen|ý(e) übereilt, vorschnell, vor|eilig
únava e Müdigkeit (≈, 0), e Ermüdung (≈, en)
unaven|ý(e) müde, ermüdet
unaviť sa ermüden (i.), müde werden* (i.)
únavn|ý(e) ermüdend, erschöpfend
únia e Union (≈, en)
uniesť 1 byť schopný niesť tragen* (können*) **2** zniesť ertragen* **3** násilne entführen, kidnappen **4** pren. uchvátiť hin|reißen*; *dať sa ~ niečím* sich von etw hinreißen lassen
uniforma e Uniform (≈, en)
únik e Flucht (≈, en), s Fliehen (s, 0), s Entkommen (s, 0)
uniknúť 1 utiecť (ent)fliehen* (i.), flüchten (i.), entkommen (i.) **2** o plyne, vode ap. entweichen* (i.), aus|strömen **3** vyhnúť sa entgehen* (*čomu* einer Sache G) (i.); ~ *nebezpečenstvu* einer Gefahr entgehen **4** zostať bez povšimnutia entgehen* (i.); ~ *pozornosti* der Aufmerksamkeit entgehen
univerzálny universell [...ver'zel], universal [...ver'za:l], Universal-, vielseitig; ~ *dedič* r Universal|erbe
univerzit|a e Universität [...verzi'te:t] (≈, en), hovor. e Uni (≈, s); *študovať na* −*e* an der Universität al. Uni studieren
únos e Entführung (≈, en); ~ *lietadla* e Flugzeug|entführung
úpadok r Verfall ((e)s, 0), r Niedergang ((e)s, gänge)
úpal r Sonnenstich ((e)s, 0), r Hitzschlag ((e)s, 0)
upáliť verbrennen*
úpätie r Fuß (es, ≈e); ~ *hory* r Fuß des Berges
upät|ý(o) 1 neprístupný reserviert [rezer'vi:ɐt], steif, hovor. zugeknöpft **2** sústredený geheftet, konzentriert
upevniť 1 pripevniť befestigen, festmachen **2** posilniť (be)festigen, stärken
upchať zu|stopfen, verstopfen; ~ **sa** sich verstopfen
upiecť 1 mäso braten* **2** pečivo backen*
uplatniť geltend machen, durch|setzen; ~ *svoje požiadavky* seine Forderungen geltend machen al. durchsetzen; ~ **sa 1** presadiť sa sich durch|setzen, sich Geltung verschaffen **2** byť využitý zur Geltung kommen* (i.)
úplatok s Bestechungsgeld ((e)s, er), hovor. s Schmiergeld ((e)s, er); *dať niekomu* ~ j-n bestechen*
upliesť 1 vrkoč, kôš ap. flechten* **2** sveter ap. stricken
úpln|ý(e) 1 celý ganz, total, gänzlich; ~ *zoznam* ein vollständiges Verzeichnis **2** dokonalý vollkommen, völlig, vollständig; *to je* −*e jedno* das ist völlig gleichgültig; −*e som na to zabudla* ich habe* das ganz al. völlig al. total vergessen*; *to je* ~ *vylúčené* das ist völlig ausgeschlossen
uplynulý vergangen, verflossen, abgelaufen
uplynúť 1 o čase vergehen* (i.), verfließen*, vorbei al. um al. vorüber sein* **2** o lehote ab|laufen* (i.)
upokojiť (sa) (sich) beruhigen
upokojujúci beruhigend, Beruhigungs-; ~ *prostriedok* s Beruhigungsmittel
upomenúť úradne ap. mahnen (*koho na čo* j-n wegen einer Sache G)
upomienka r Mahnbrief ((e)s, e), e Mahnung (≈, en)
upotrebiť verwenden*, gebrauchen, benutzen
upozornenie r Hinweis (es, e)

upozorniť aufmerksam machen, hin|weisen* (*koho na čo* j-n auf etw A), einen Hinweis geben* (*koho na čo* j-m auf etw A)
upratať 1 auf|räumen; ~ *izbu* das Zimmer aufräumen **2** čistiť sauber|machen <sauber machen>; ~ *byt* e Wohnung saubermachen **3** odložiť weg|räumen, beiseite räumen
upratovačka e Putzfrau (≈, en), e Raumpflegerin (≈, nen)
úprava 1 regulácia e Regelung (≈, en), e Regulierung (≈, 0); ~ *cien* e Preisregelung **2** príprava e Zubereitung (≈, 0); ~ *jedál* e Zubereitung von Speisen **3** vonkajší vzhľad e Ausstattung (≈, en), e Ausführung (≈, 0) **4** oprava ap. e Herrichtung (≈, en), e Instandsetzung (≈, 0); ~ *domu* e Instandsetzung eines Hauses
upraviť 1 regulovať regulieren **2** pripraviť zu|bereiten, zu|richten; ~ *jedlo* s Essen zubereiten **3** vzhľad her|richten, aus|statten, zurecht|machen; ~ *si vlasy* sich das Haar herrichten, frisieren **1** spracovať auf|bereiten; ~ *uhlie* Kohle aufbereiten; ~ **do tlače** für den Druck einrichten
upre|tý(ně) geheftet
úprimnosť e Aufrichtigkeit (≈, 0), e Offenheit (≈, 0)
úprimn|ý(e) 1 aufrichtig, offen, freimütig **2** ozajstný echt, ehrlich
uprostred 1 PRÍSL mitten, in der Mitte **2** PREDL inmitten G, mitten G
upustiť vzdať sa ab|lassen* (*od čoho* von etw D), verzichten (*od čoho* auf etw A); ~ *od svojho predsavzatia* von seinem Vorhaben ablassen
upútať fesseln, packen; ~ *niečiu pozornosť* j-s Aufmerksamkeit fesseln
úrad 1 orgán e Behörde (≈, n), s Amt ((e)s, ≈er); *daňový* ~ s Steuer|amt, s Finanzamt **2** funkcia s Amt ((e)s, ≈er)
úradne amtlich
úradník r Beamte (n, n); *štátny* ~ r Staatsbe|amte
úradn|ý 1 amtlich, behördlich, Amts-; *–é hodiny* e Amtszeit **2** oficiálny offiziell
uragán r Orkan (s, e)
urán s Uran (s, 0); **~ový** Uran-; *~ová baňa* s Uranbergwerk
urastený stattlich, großgewachsen <groß gewachsen>
úraz r Unfall ((e)s, ≈e); *utrpieť ľahký, ťažký* ~ einen leichten, schweren Unfall erleiden*
uraziť 1 zdolať istú vzdialenosť zurück|legen **2** koho beleidigen, kränken; **~ sa** beleidigt sein* (i.), sich beleidigen
úrazov|ý Unfall-; *–á poisťovňa* e Unfallversicherungs|anstalt; *–é poistenie* e Unfallversicherung
urážka e Beleidigung (≈, en)
urážliv|ý(o) beleidigend
určiť bestimmen, fes|tsetzen, fest|legen
určit|ý(e) bestimmt, gewiß <...ss>; *prídem –e* ich komme bestimmt
urgovať an|mahnen, urgieren
urna e Urne (≈, n)
urob|iť 1 v rôznych významoch machen, tun*; ~ *chybu* einen Fehler machen; *môžem pre vás niečo ~?* kann ich etwas für Sie tun?; *kto to –il?* wer hat das getan? **2** vyrábať machen, herstellen **3** spôsobiť an|tun* (*komu čo* j-m etw A); **~ na koho dojem** j-n be|eindrucken, einen guten Eindruck auf j-n machen
úroda e Ernte (≈, n)
urodiť sa Ernte tragen*
úrod|nosť e Fruchtbarkeit (≈, 0); **–ný** fruchtbar, ertragreich
úrok r Zins (es, en)
úroveň s Niveau [ni'vo:] (s, s); *životná* ~ s Lebensniveau al. r Lebensstandard
urovnať 1 povrch ebnen, planieren **2** spor beilegen
urputn|ý(e) 1 neľútostný unbarmherzig, unerbittlich, erbittert **2** zaťatý schroff, starrköpfig
urýchliť beschleunigen, betreiben*
úryvok s Bruchstück ((e)s, e), r Ausschnitt ((e)s, e)

úsad hovor. r Hexenschuß <...ss> (sses, 0)
usadenina r (Boden)satz (es, ≈e), s Sediment ((e)s, e); *kávová* ~ r Kaffeesatz al. Kaffeegrund
usadiť sa 1 sadnúť si sich setzen **2** usídliť sa sich nieder|lassen*, sich an|siedeln
usadlý ansässig, seßhaft <...ss...>
úsečka geom. e Abszisse (≈, n)
úsečn|ý(e) kurz, bündig, lakonisch
úsek 1 časť r Abschnitt ((e)s, e); *časový* ~ r Zeit|abschnitt, e Zeitspanne **2** oddelenie e Abteilung (≈, en), s Gebiet ((e)s, e)
useň s Leder (s, ≈)
uschnúť trocken werden* (i.), (ver)trocknen (i.)
uschovať auf|bewahren, bergen*
úschovňa e Aufbewahrung (≈, en); ~ *batožiny* e Gepäck|aufbewahrung
usídliť sa sich niederlassen*
úsilie e Anstrengung (≈, en), s (Be)streben (s, 0), e Bestrebung (≈, en), e Bemühung (≈, en); *v úsilí pomôcť* im Bestreben zu helfen*
usilovať sa streben (*o čo* nach etw D), sich bemühen (*o čo* um etw A), sich ein|setzen (*o čo* für etw A)
usilovnosť r Fleiß (es, 0)
usilovn|ý(e) fleißig, eifrig, emsig, strebsam, intensiv
úskal|ie i pren. e Klippe (≈, n); *–ia života* die Klippen des Lebens
uskladniť (ein)|lagern, auf|bewahren
úskočn|ý(e) (hinter)listig, heimtückisch, arglistig
uskromniť sa sich ein|schränken, sich mäßigen
uskutočniť (sa) 1 (sich) verwirklichen, (sich) realisieren **2** akcia statt|finden*
usmerniť lenken, in eine bestimmte Richtung gehen* (i.)
úsmev s Lächeln (s, 0)
usmiať sa lächeln; ~ *na koho* j-n an|lächeln, j-m zu|lächeln
usmrtiť töten, um|bringen*
uspať ein|schläfern
uspávanka s Schlaflied ((e)s, er), s Wiegenlied ((e)s, er)
úspech r Erfolg ((e)s, e); *veľa ~ov!* viel Erfolg!
úspešn|ý(e) erfolgreich
uspokojiť befriedigen (*koho čím* j-n mit etw D), zufrieden|stellen <zufrieden stellen> (*koho čím* j-n mit etw D); ~ **sa** sich zufriedengeben* <zufrieden geben>, zufrieden sein; *s tým sa nemôžem uspokojiť* damit kann ich mich nicht zufriedengeben
uspokojiv|ý(o) befriedigend, zufriedenstellend <zuffrieden stellen>
úspora 1 e Einsparung (≈, en), e Ersparnis (≈, se) **2** úspory die Ersparnisse MNČ
usporiadateľ r Veranstalter (s, ≈), r Organisator (s, oren)
usporiadan|ý(e) geregelt, geordnet
usporiadať 1 dať do poriadku ordnen, in Ordnung bringen*; ~ *čo podľa abecedy* etw alphabetisch al. nach dem Alphabet ordnen **2** regulovať regeln, organisieren **3** zorganizovať ver|anstalten, organisieren
usporiť 1 nespotrebovať ein|sparen **2** peniaze ersparen (*na čo* für etw A)
úsporn|ý(e) Spar-, sparsam, wirtschaftlich; *–é opatrenia* die Sparmaßnahmen
ústa r Mund ((e)s, ≈er)
ustáliť sa sich stabilisieren, sich festigen, sich konsolidieren
ustaľovač fot. s Fixierbad ((e)s, ≈er)
ustanovenie 1 úradná vyhláška e Anordnung (≈, en), e Verordnung (≈, en), e Verfügung (≈, en) **2** vymenovanie e Ernennung (≈, en)
ustanoviť 1 úradne určiť bestimmen, fest|setzen, fest|legen **2** vymenovať ernennen*, bestimmen
ústav s Institut ((e)s, e), e Anstalt (≈, en); *výskumný* ~ s Forschungs|institut
ústava e Verfassung (≈, en), e Konstitution (≈, en)
ustavičn|ý(e) fortwährend, un|aufhör-

lich, ständig
ústavný[1] týkajúci sa ústavu Anstalts-, Instituts-
ústavný[2] týkajúci sa ústavy Verfassungs-, verfassungsmäßig
ústavodarný verfassunggebend
úst|ie e Mündung (≈, en); **–iť** münden
ustlať das Bett machen
ústne mündlich
ústn|y 1 týkajúci sa úst Mund-, oral; *–a voda* s Mundwasser **2** opak písomný mündlich; *–á dohoda* eine mündliche Ver|einbarung
ústredie s Zentrum (s, ren), e Zentrale (≈, n)
ústredňa e Zentrale (≈, n); *telefónna ~* e Telefonzentrale
ústredn|ý Zentral-, zentral; *–é kúrenie* e Zentralheizung
ustrica e Auster (≈, n)
ústrižok vstupenky ap. r Abschnitt ((e)s, e)
ústup r Rückzug ((e)s, ≈e); *dať sa na ~* den Rückzug antreten
ustúp|iť 1 smerom dozadu zurück|treten* (i.) **2** voj. sich zurück|ziehen* (*pred kým* vor j-m D) **3** vzdať sa ab|lassen* (*od čoho* von etw D), auf|geben* (*od čoho* etw), zurück|treten*; *~ od svojho nápadu* von seiner Idee ablassen*; *~ od zmluvy* von dem Vertrag zurücktreten **4** poklesnúť zurück|gehen* (i.); *horúčka –ila* s Fieber ging zurück
ústupok s Zugeständnis (ses, se)
usúdiť schließen*, folgern (*z čoho na koho/čo* aus etw D auf j-n/etw A)
úsudok s Urteil ((e)s, e), e Meinung (≈, en); *urobiť si o kom/čom ~* sich ein Urteil über j-n/etw bilden
usudzovať schließen* (*z čoho na čo* aus etw D auf etw A)
usušiť trocknen, dörren
usvedčiť überführen (*koho z čoho* j-n einer Sache G), nach|weisen* (*koho z čoho* j-m etw A)
ušetriť 1 materiál ap. ein|sparen **2** peniaze ersparen **3** mať ohľad verschonen (*koho/čoho* j-n mit etw D)
ušiť nähen
uškrtiť (sa) (sich) erwürgen
ušľachtil|ý(o) 1 človek edel, edelmütig **2** kov Edel-; *–é kovy* die Edelmetalle
ušný Ohren-, Ohr-
ušpiniť (sa) (sich) beschmutzen, (sich) beschmieren
uštipačn|ý(e) bissig, spöttisch
uštipnúť 1 o hadovi beißen* **2** o hmyze stechen* **3** prstami kneifen, zwicken
utáboriť sa ein Lager auf|schlagen*
uťahovať si necken, verspotten, foppen (*z koho* j-n); **~ z niekoho** j-n zum Narren halten
utajiť verheimlichen
utečenec r Flüchtling ((e)s, e); **~ký** Flüchtlings-; *~ký tábor* s Flüchtlingslager
útech|a r Trost (es, 0); *cena –y* r Trostpreis
útek e Flucht (≈, 0)
uteráčik na umývanie r Waschlappen (s, ≈)
uterák s Handtuch ((e)s, ≈er)
útes s (Felsen)riff ((e)s, e), e Klippe (≈, n)
utesniť ab|dichten
utešovať trösten
utiecť 1 tajne odísť entfliehen* (i.), entlaufen* (i.) **2** o čase vergehen* (i.), verfliegen* (i.)
utierka s Geschirrtuch ((e)s, ≈er)
utíšiť 1 upokojiť beruhigen, beschwichtigen **2** zmierniť stillen, lindern; *~ bolesti* die Schmerzen stillen al. lindern; **~ sa** sich beruhigen, ruhig werden* (i.)
utišujúci upokojujúci beruhigend, beschwichtigend 2 o lieku (schmerz)stillend, (schmerz)lindernd, Beruhigungs-; *~ prostriedok* schmerzstillendes Mittel
utláčať unterdrücken
útlak e Unterdrückung (≈, en)
útl|y(o) zierlich
útočisko e Zuflucht (≈, 0)
útočiť 1 voj. stürmen, an|greifen* (*na koho/čo* j-n/etw) **2** napádať an|greifen*, attackieren **3** šport. stürmen

útočník 1 voj. r Angreifer (s, ≈) **2** šport. r Stürmer (s, ≈); *stredný* ~ r Mittelstürmer
útok 1 voj. r Angriff ((e)s, e), e Offensive [ofen'zi:və] (≈, n) **2** napadnutie r Angriff ((e)s, e) **3** šport. r Angriff ((e)s, 0)
utopick|ý(y) utopisch
utopiť ertränken, ersäufen; **~ sa** ertrinken (i.)
utorok r Dienstag (es, e)
utrácať peniaze, čas verschwenden, vergeuden, aus|geben*
útrat|a die Ausgaben MNČ, die Kosten MNČ; *na vlastné –y* auf eigene Kosten
utrieť 1 (ab)|wischen; ~ *prach* Staub wischen **2** niečo mokré ab|trocknen, ab|wischen; ~ *riad* Geschirr abtrocknen
útroby s Innere (n, n), s Eingeweide (s, ≈)
utrpenie s Leiden (s, ≈)
utrpieť erleiden*; ~ *škodu* einen Schaden erleiden
útržok 1 papiera ap. r al. s Schnipsel (s, ≈), s Papierstückchen (s, ≈) **2** úryvok r Abschnitt ((e)s, e)
útuln|ý(e) gemütlich
útvar 1 tvar s Gebilde (s, ≈) **2** geol., voj. e Formation (≈, en) **3** oddelenie e Abteilung (≈, en)
utvoriť 1 vytvoriť bilden, schaffen* **2** zostaviť, založiť bilden, gründen; **~ sa** sich bilden, entstehen* (i.)
utvrdiť 1 posilniť bestärken **2** uistiť versichern
uvádzačka e Platz|anweiserin (≈, nen)
uvádzať pozri *uviesť*
úvah|a 1 uvažovanie e Erwägung (≈, en), e Überlegung (≈, en) **2** lit. e Abhandlung (≈, en); **to neprichádza do –y** das kommt* nicht in Betracht al. in Frage
uvariť kochen
uvážen|ie e Erwägung (≈, en), s Ermessen (s, 0); *podľa vlastného –ia* nach eigenem Ermessen
uvážiť erwägen, überlegen, bedenken*, in Erwägung ziehen*
uvažovať 1 premýšľať nachdenken* (*o kom/čom* über j-n/etw) **2** mať v úmysle vor|haben*, be|absichtigen (*o čom* etw A)
uväzniť ins Gefängnis bringen*, gefangensetzen <gefangen setzen>, in Haft nehmen*
úväzok e Verpflichtung (≈, en); *pracovať na polovičný* ~ halbtags arbeiten
uvedomel|ý(e) bewußt <...ss...>
uvedomiť si sich bewußt <...ss...> werden* (i.) (*čo* einer Sache G), sich klar werden* (i.) (*čo* über etw A)
úver r Kredit ((e)s, e); *kupovať čo na* ~ etw auf Kredit kaufen; **~ový** Kredit-; *~ová banka* e Kredit|anstalt, e Kreditbank
uverejniť ver|öffentlichen, publizieren
uveriť 1 glauben (*komu čo* j-m etw A) **2** v koho glauben (*v koho/čo* an j-n/etw)
uviaznuť stecken|bleiben* <stecken bleiben> (i.), hängen|bleiben* <hängen bleiben> (i.)
uvid|ieť erblicken, sehen*; *kedy sa –íme?* wann sehen wir uns?; *to sa ešte –í* das werden wir erst sehen
uviesť 1 zaviesť ein|führen **2** vymenovať an|führen; ~ *čo ako argument* etw als Argument an|führen; ~ *koho ako svedka* j-n als Zeugen anführen **3** do činnosti ap. bringen*, setzen; ~ *čo do pohybu* etw in Bewegung setzen; ~ *čo do poriadku* etw in Ordnung bringen **4** mať na programe auf|führen, vor|führen; ~ *novú hru* ein neues Stück aufführen; **~ čo do života** etwas ins Leben rufen*
uvítací Begrüßungs-
uvítanie e Begrüßung (≈, en), r Empfang ((e)s, ¨e)
úvod e Einleitung (≈, en), e Einführung (≈, en); **~ník** r Leit|artikel (s, ≈); **~ný** Einleitungs-, Einführungs-, einleitend
úvodník r Leitartikel (s, ≈)
úvodzov|ky die Anführungszeichen, die Anführungsstriche MNČ; *dať čo do*

–iek etw in Anführungszeichen setzen
uvoľniť 1 povoliť locker machen, lockern; ~ *uzol* einen Knoten locker machen; ~ *napätie* e Spannung lockern **2** dať voľno frei|geben* **3** prepustiť (zo zamestnania) entlassen*; ~ **sa 1** o človeku locker werden* (i.) **2** stať sa voľným frei werden* (i.); *miesto sa uvoľnilo* die Stelle wurde frei **3** zmierniť sa sich lockern **4** zo zamestnania sich (dienst)frei nehmen*, hovor. sich frei|machen **5** odreagovať sa sich entspannen
uzákoniť gesetzlich festlegen
uzáver r Verschluß <...ss> (sses, ≈sse)
uzávierka 1 vypršanie termínu r Abschluß <...ss> (sses, ≈sse) **2** ekon. e End|abrechnung (≈, en)
uzavret|ý 1 opak otvorený gesperrt, geschlossen, verschlossen; *–á spoločnosť* eine geschlossene Gesellschaft **2** o človeku verschlossen, zurückhaltend **3** vybavený erledigt, abgeschlossen
uzavrieť 1 opak otvoriť (ver)sperren, (ver)schließen*, prechod ab|sperren **2** ukončiť ab|schließen*, be|enden **3** zmluvu ap. (ab)|schließen*; ~ *zmluvu* einen Vertrag abschließen
uzda r Zaum ((e)s, ≈e), r Zügel (s, ≈)
uzdraviť heilen, gesund machen; ~ **sa** gesund werden* (i.)
územčistý untersetzt, stämmig
územie s Gebiet ((e)s, e)
uzemn|enie elektrotech. e Erdung (≈, en); **–iť** erden
územn|ý territorial, Territorial-, Gebiets-; *–é nároky* e Territorial|ansprüche
úzkoprsý engherzig, engbrüstig
úzkosť e Bangigkeit (≈, 0), e Bange (≈, 0), e Angst (≈, ≈e)
úzkostliv|ý(o) 1 pociťujúci úzkosť ängstlich, angstvoll **2** svedomitý pedantisch
úzk|y eng, schmal; *–e priateľstvo* eine enge Freundschaft
uzlina anat. r Knoten (s, ≈)
uznanie 1 ocenenie e An|erkennung (≈, 0) **2** pochopenie e Einsicht (≈, 0)
uznanliv|ý(o) 1 an|erkennend **2** einsichtsvoll, verständnisvoll
uznať 1 schváliť, potvrdiť an|erkennen* **2** pochopiť ein|sehen*; ~ *svoj omyl* seinen Irrtum einsehen **3** považovať er|achten, an|sehen*, halten*; ~ *čo za nutné* etw als al. für notwendig er|achten al. halten
uznesenie r Beschluß <...ss> (sses, ≈sse)
uzniesť sa beschließen* (*na čom* etw A)
uzol 1 r Knoten (s, ≈), r Bündel (s, ≈); *urobiť* ~ einen Knoten machen; *rozviazať* ~ einen Knoten lösen **2** dopravný r Knotenpunkt ((e)s, e)
úzus r Usus (≈, 0)
už ČAST schon, bereits; ~ *je neskoro* es ist* schon spät; ~ **nie** nicht mehr
úžas s (Er)staunen (s, 0), e Verwunderung (≈, 0)
úžasn|ý(e) 1 vynikajúci ausgezeichnet, hervorragend **2** obdivuhodný erstaunlich **3** expr. obrovský ungeheuer, gewaltig
úžer|a r Wucher (s, ≈); **–ník** r Wucherer (s, ≈)
úžina e Enge (≈, n)
užitočn|ý(e) nützlich, nutzbringend
úžitok r Nutzen (s, 0)
užívať lieky ein|nehmen*
užívateľ r Benutzer (s, ≈)
uživiť ernähren, unterhalten*
užovka e (Ringel)natter (≈, n)

V

v, vo 1 čas. an D, in D, zu D; ~ *nedeľu* am Sonntag; ~ *lete* im Sommer; ~ *noci* in der Nacht, nachts **2** miest. in D; ~ *škole* in der Schule; ~ *meste* in der Stadt; ~ *Prahe* in Prag **3** v rôznych významoch in D; *byť ~ ťažkej situácii* sich in einer schwierigen Lage befinden; ~ *rámci čoho* im Rahmen G; ~ *poriadku*

in Ordnung; ~ *prípade, že...* im Falle, daß...
vábiť locken, an|ziehen*
vagabund hovor. r Strolch ((e)s, e)
vagón r Waggon <...g...> [va'goŋ, va'gõ:] (s, s), r (Eisenbahn)wagen (s, ≈)
váh|a 1 hovor. hmotnosť s Gewicht ((e)s, e); *pribrať na ~e* an Gewicht zunehmen* **2** prístroj na váženie e Waage (≈, n) **3** dôležitosť s Gewicht ((e)s, 0), e Wichtigkeit (≈, 0), r Wert ((e)s, 0); *prikladať čomu veľkú –u* einer Sache großes Gewicht beimessen*
váhať 1 otáľať zögern, zaudern **2** kolísať schwanken, unschlüssig sein, un|entschlossen sein, Bedenken hegen
váhav|ý(o) unschlüssig, un|entschlossen, zögernd
vajce s Ei (es, er); ~ *namäkko, natvrdo* weichgekochtes <weich gekochtes>, hartgekochtes <hart gekochtes> Ei; *volské oko* ~ s Spiegel|ei al. s Setz|ei
vajcovit|ý(e) eirund, oval [o'va:l]
vaječník anat. r Eierstock ((e)s, ≈e)
vaječný Ei(er)-; ~ *koňak* r Eierlikör
vak r Beutel (s, ≈), r Sack ((e)s, ≈e)
vákuovan|ý Vakuum- ['va:kuum...]; *–é balenie* e Vakuumverpackung
val r Wall ((e)s, ≈e), r Damm ((e)s, ≈e)
váľať gúľať rollen, kugeln, wälzen; ~ **sa 1** gúľať sa rollen **2** expr. o veciach her|um|liegen* **3** leňošiť sich herum|wälzen; ~ *sa od smiechu* sich vor Lachen wälzen al. biegen
valcovať walzen
valček malý valec e (kleine) Walze (≈, n)
valčík r Walzer (s, ≈); *tancovať* ~ einen Walzer tanzen
valec 1 útvar r Zylinder (s, ≈), e Walze (≈, n) **2** stroj e Walze (≈, n); *parný* ~ e Dampfwalze
valiť sa 1 rútiť sa sich wälzen, rollen, fluten **2** o ľuďoch strömen **3** prenikať dringen*; *dym sa valí do miestnosti* der Rauch dringt ins Zimmer
vaľkať cesto aus|rollen
váľok na cesto s Nudelholz (es, ≈er)
valuta e Valuta [v...] (≈, ten), e ausländische Währung (≈, en)
vaňa e Wanne (≈, n); ~ *na kúpanie* e Badewanne
vanilk|a e Vanille [va'niljə] (≈, 0); **–ový** Vanille(n)- [va'niljə(n)...]; *–ový cukor* r Vanillezucker; *–ová zmrzlina* s Vanille|eis
vankúš s (Kopf)kissen (s, ≈), rak. r Polster (s, ≈)
vánok r Windhauch (s, e), ein leichter Wind ((e)s, 0), e Brise (≈, 0)
vápenec r Kalkstein ((e)s, e)
vápnik s Kalzium (s, 0)
vápno r Kalk (s, e); *hasené* ~ gelöschter Kalk
var s Sieden (s, 0), s Kochen (s, 0); *bod ~u* r Siedepunkt
varený gekocht
vareška r Kochlöffel (s, ≈)
vari vielleicht, hoffentlich
variácia e Variation [v...] (≈, en)
varič r Kocher (s, ≈); *plynový* ~ r Gaskocher
variť kochen
variť 1 kochen **2** pivo brauen
varovať warnen (*koho pred čím* j-n vor etw D)
varovný Warn-, Warnungs-; ~ *signál* s Warnsignal
váš 1 pri tykaní euer **2** pri vykaní Ihr
vášeň e Leidenschaft (≈, en)
vášniv|ý(o) leidenschaftlich
vata e Watte (≈, n)
vavrín r Lorbeer (s, en); **spať na ~och** auf seinen Lorbeeren ausruhen
váza e Vase ['v...] (≈, n)
vazal r Vasall [v...] (en, en)
vazelína e Vaseline [v...] (≈, 0), s Vaselin [v...] (s, 0)
vážený ge|ehrt, geschätzt; ~ *pán...!* *(Sehr)* Ge|ehrter Herr...!
váž|iť 1 mať hmotnosť wiegen*; *to –i 5 kíl* das wiegt* fünf Kilo **2** zisťovať hmotnosť (ab)|wiegen
vážiť si achten, ehren, schätzen

vážn|y(e) 1 dôstojný ernst, ernsthaft; *tváriť sa –e* eine ernste Miene machen al. aufsetzen **2** závažný ernsthaft; *–e nedostatky* ernsthafte Mängel **3** nebezpečný ernst, bedrohlich; *–a choroba* eine ernste Krankheit; *jeho stav je veľmi ~* sein Zustand ist sehr ernst; *je to niečo –e?* ist das etwas Ernstes? **4** skutočný ernst, ernsthaft; *myslí to –e* er meint das ernst

väčšin|a 1 e Mehrheit (≈, en), e Mehrzahl (≈, 0); *byť vo –e* in der Mehrzahl sein; *~ hlasov* e Stimmenmehrheit **2** mnohí die meisten; *~ ľudí* die meisten Leute; *~ z nás* die meisten von uns

väčšinou meist, meistens, größtenteils

vädnúť welken

väzb|a 1 spojenie e (Ver)bindung (≈, en), e Kopp(e)lung (≈, en); *spätná ~* e Rückkopp(e)lung **2** knihy r Einband ((e)s, bände); *dať knihu do –y* ein Buch binden* lassen* **1** väzenie e Haft (≈, 0); *vyšetrovacia ~* e Untersuchungshaft; *vziať koho do –y* j-n in Haft nehmen*

väzeň r Häftling (s, e), r Gefangene (n, n)

väzen|ie väznica s Gefängnis (ses, se); *byť vo –í* im Gefängnis sein

väzivo anat. s Zellgewebe (s, ≈), s Bindgewebe (s, ≈)

väzniť gefangen|halten* <gefangen halten>

vcelku 1 ČASŤ všeobecne im allgemeinen <A...>, im großen <G...> und ganzen <G...> **2** PRÍSL dovedna insgesamt, zusammen

včas rechtzeitig, zur rechten Zeit; *prísť (ešte) ~* (gerade noch) rechtzeitig kommen

včasn|ý(e) 1 zavčasu früh, zeitig **2** načas rechtzeitig

včela e Biene (≈, n)

včelár r Bienenzüchter (s, ≈), r Imker (s, ≈); **~stvo** e Bienenzucht (≈, 0), e Imkerei (≈, en)

včera gestern; *~ dopoludnia, popoludní, večer* gestern vormittag, nachmittag, abend

včerajší gestrig, von gestern

vďač|iť verdanken (*komu/čomu za čo* j-m/etw etw A); *–ím mu za veľa* ich verdanke ihm viel; **–nosť** e Dankbarkeit (≈, 0)

vďačn|ý(e) dankbar; *byť ~ za čo* für etw dankbar sein

vďaka r Dank ((e)s, 0), e Dankbarkeit (≈, 0); *~!* danke, vielen Dank, besten Dank

vdov|a e Witwe (≈, n); **–ec** r Witwer (s, ≈)

vdýchnuť 1 ein|atmen **2** pren. naplniť ein|hauchen; *~ komu nový život* j-m neues Leben einhauchen

vec 1 predmet e Sache (≈, n), s Ding ((e)s, e al. er); *to sú moje ~i* das sind meine Sachen **2** záležitosť e Sache (≈, n); *to je moja ~!* das ist meine Sache!; **to sú mi ale ~i!** das ist* ja ein Ding!

vecn|ý(e) sachlich

večer 1 PODST M r Abend ((e)s, e); *dobrý ~!* guten Abend!; *Štedrý ~* r Heilige Abend, r Weihnachts|abend; *od rána do ~a* vom Morgen bis zum Abend **2** PRÍSL abend, každý večer abends; *včera ~* gestern abend <A...>; *~ chodieva neskoro* abends kommt* er spät

večer|a ľahká s Abendbrot ((e)s, e); väčšia, spoločenská s Abend|essen (s, ≈); *pozvať koho na –u* j-n zum Abendessen einladen*; **–ať** das Abendbrot essen*, zu Abend essen*

večerník e Abendzeitung (≈, en), s Abendblatt ((e)s, ≈er)

večern|ý abendlich, Abend-; *–é šaty* s Abendkleid; *–é predstavenie* e Abendvorstellung

večierok e Party ['pa:eti] (≈, s al. Parties)

večnosť e Ewigkeit (≈, 0); *čakať celú ~* eine Ewigkeit warten

večn|ý(e) 1 trvalý ewig, zeitlos **2** stále sa

opakujúci ständig, stetig
ved|a e Wissenschaft (≈, en); *prírodné –y* e Naturwissenschaften; *akadémia vied* e Akademie der Wissenschaften
vedec r Wissenschaftler (s, ≈)
vedeck|ý(y) wissenschaftlich
vedenie 1 e Leitung (≈, en); *elektrické ~* e elektrische Leitung **2** skupina osôb vo vedúcom postavení e Leitung (≈, en), e Führung (≈, 0); *~ podniku* e Betriebsleitung
vedieť können*, verstehen*, wissen*; *odkiaľ to vieš?* woher weißt* du das?; *neviem o tom nič* ich weiß* nichts darüber al. davon; *pokiaľ viem* soweit ich weiß*; *kto vie?* wer weiß*?; *vieš po nemecky?* kannst du deutsch (sprechen)?; *neviem po anglicky* ich kann kein Englisch
vedľa[1] PRÍSL neben|ạn, danẹben; *býva ~* er wohnt neben|an
vedľa[2] PREDL **1** miest. neben kde? D, kam? A; *sedí ~ svojho brata* er sitzt neben seinem Bruder; *sadol si ~ svojho brata* er setzte sich neben seinen Bruder **2** okrem neben D, außer D
vedľajš|í 1 susedný danẹbenliegend <danẹben liegend>, Neben-; *–ia miestnosť* s Nebenzimmer; *–ie zamestnanie* e Nebenbeschäftigung **2** bezvýznamný nebensächlich, unwichtig, Neben-; *–ia vec* eine Nebensache; *to je teraz –ie* das ist jetzt unwichtig
vedomie 1 s Bewụßtsein <...ss...> (s, 0); *stratiť ~* s Bewußtsein verlieren **2** uvedomovanie si e Bewụßtheit <...ss...> (≈, 0), e Kenntnis (≈, 0); *dať komu čo na ~* j-m etw zur Kenntnis geben; *vziať čo na ~* etw zur Kenntnis nehmen
vedomos|ť e Kenntnis (≈, se); *mať slabé –ti* schwache Kenntnisse haben
vedom|ý(e) bewụßt <...ss...>, wissentlich; *urobiť čo –e* etw bewußt machen; *byť si plne vedomý čoho* sich einer Sache voll bewußt sein
vedro r Eimer (s, ≈)
vedúc|i 1 PR M führend, leitend; *–e osobnosti* führende Persönlichkeiten **2** PODST M r Leiter (s, ≈); *~ oddelenia* r Abteilungsleiter
vegetácia e Vegetatiọn [v...] (≈, 0)
vegetarián r Vegetạri|er [vege'ta:rje] (s, ≈); **~sky** vegetạrisch [v...]; *~ska strava* e vegetarische Kost
vegetatívn|y(e) vegetatịv [v...]
vegetovať vegetịeren [v...]
vehementn|ý(e) vehemẹnt [v...]
vehikel s Vehịkel [v...] (s, ≈)
vejár r Fächer (s, ≈)
vek 1 s Alter (s, 0); *predškolský ~* s Vorschul|alter; *je v mojom ~u* er ist in meinem Alter **2** epocha e Zeit (≈, 0), s Zeit|alter (s, 0); *atómový ~* s Atomzeit|alter
veko vrchnák r Deckel (s, ≈)
vekov|ý Alters-; *~ rozdiel* r Alters|unterschied; *–á hranica* e Altersgrenze
vekslák hovor. expr. r Geldhändler (s, ≈)
veľavravný vielsagend <viel sagend>
velebiť kniž. loben, preisen
velenie s Kommạndo (s, s); *hlavné ~* s Oberkommando
veľhory s Hochgebirge (s, ≈)
veličina odb. e Größe (≈, n)
velikášsky größenwahnsinnig
veliť 1 byť veliteľom befẹhligen **2** dávať rozkazy Befẹhle geben*, befẹhlen*
veliteľ r Kommandạnt (en, en)
veľkolep|ý(o) groß|artig, prächtig
veľkomesto e Großstadt (≈, ≈e)
veľkonočn|ý Oster-, österlich; *–é sviatky* s Osterfest; *~ baránok* s Osterlamm; *~ pondelok* r Ostermontag; *~ zajac* r Osterhase
veľkoobchod r Großhandel (s, 0); **~ný** Großhandels-; *~ná cena* r Großhandelspreis
veľkopredajňa r Supermarkt ((e)s, ≈e)
veľkorys|ý(o) großzügig
veľkosť e Größe (≈, n); *potrebuje topánky ~ 38* sie braucht Schuhe in

Größe achtunddreißig
veľkostatok r Großgrundbesitz (es, e)
veľk|ý groß; *–á prestávka* e große Pause; **Veľký piatok** r Karfreitag
veľmi sehr; ~ *skoro* sehr bald; ~ *málo* sehr wenig; ~ *sa na to teším* ich freue mich sehr darauf
veľmoc e Großmacht (≈, ≈̈e)
veľryba r Wal ((e)s, e), hovor. r Walfisch ((e)s, e)
veľtok r Strom ((e)s, ≈̈e)
veľtrh e Messe (≈, n); *knižný* ~ e Buchmesse
veľvyslanec r Botschafter (s, ≈); **~tvo** e Botschaft (≈, en)
vemeno s Euter (s, ≈)
venerický lek. venerisch [v...]
veniec r Kranz (es, ≈̈e)
veno e Mitgift (≈, en), zast. s Heiratsgut (es, 0)
venovanie e Widmung (≈, en)
venovať 1 darovať widmen, schenken **2** poskytnúť widmen; ~ *čomu pozornosť* etw D Aufmerksamkeit widmen; **~ sa** sich widmen
ventil s Ventil [v...] (s, e)
ventilá|cia e Ventilation [v...] (≈, en), e Belüftung (≈, 0); **–tor** r Ventilator [v...] (s, oren), r Lüfter (s, ≈)
veraje r Türflügel (s, ≈)
veranda e Veranda [v...] (≈, den)
verejnosť e Öffentlichkeit (≈, 0)
verejn|ý(e) öffentlich; *–á mienka* e öffentliche Meinung; **–é vyhlásenie** s Manifest
veria|ci 1 PR M gläubig **2** PODST M r Gläubige (n, n); **–ca** e Gläubige (n, n)
ver|iť 1 byť veriaci glauben (*v koho/čo* an j-n/etw); ~ *v Boha* an Gott glauben **2** dôverovať glauben, (ver)trauen (*komu/čomu* j-m/etw) **3** spoliehať sa glauben (*v koho/čo* an j-n/etw A); *–ím v jeho čestnosť* ich glaube an seine Ehrlichkeit
veriteľ r Gläubiger (s, ≈)
vernosť e Treue (≈, 0)
vern|ý(e) treu, getreu
verš r Vers (es, e)
vertikáln|y(e) vertikal, Vertikal- [v...], senkrecht
verzia e Version [v...] (≈, en)
veselohra e Komödie (≈, n), s Lustspiel ((e)s, e)
vesel|ý(o) lustig, fröhlich, heiter
veslár r Ruderer (s, ≈)
veslo s Ruder (s, ≈); **~vať** rudern
vesmír s Weltall (s, 0), r Weltraum ((e)s, 0), r Kosmos (≈, 0); *let do ~u* r Weltraumflug, ein Flug in den Kosmos
vesta e Weste (≈, n); *záchranná* ~ e Rettungsweste
vestibul s Vestibül [v...] (s, e), e Vorhalle (≈, n)
vešať 1 zavesiť hängen, auf|hängen **2** obesiť hängen, henken
vešiak ramienko r Kleiderhaken (s, ≈), stojan r Kleiderständer (s, ≈)
veštba e Voraussage (≈, n), e Prophezeiung (≈, en)
veštec r Hellseher (s, ≈), r Wahrsager (s, ≈)
veta r Satz (es, ≈̈e)
veterán r Veteran [v...] (en, en)
veterinár r Veterinär [v...] (s, e), r Tier|arzt ((e)s, ≈̈e)
veterník 1 zákusok r Windbeutel (s, ≈) **2** detská hračka s Windrädchen (s, ≈)
veterný windig, Wind-; ~ *mlyn* e Windmühle
vetchý 1 abgenutzt, hinfällig, schäbig **2** *o ľuďoch* altersschwach, gebrechlich
vet|o s Veto ['ve:to] (s, s); *právo –a* s Vetorecht
vetrať lüften
vetroň s Segelflugzeug ((e)s, e)
vetrovka e Windjacke (≈, n), s kapucňou r Anorak (s, s)
vetry MNČ hovor. e Blähung (≈, en); *mať* ~ Blähungen haben
vetva 1 konár na strome r Ast ((e)s, ≈̈e), malý konár r Zweig ((e)s, e) **2** odvetvie r Zweig ((e)s, e)
veverička s Eichhörnchen (s, ≈)

veža **1** r Turm ((e)s, ⁼e); *televízna* ~ r Fernsehturm **2** hovor. hudobná veža r Stereoturm ((e)s, ⁼e), e Stereoanlage (≈, en)
vhod recht, gelegen; *to mi príde veľmi* ~ das kommt mir sehr gelegen
vhodn|ý(e) gelegen, geeignet, angebracht, passend
vchádzať pozri *vojsť*
vchod r Eingang ((e)s, ⁼e)
viac(ej) mehr; *čím ~, tým lepšie* je mehr, desto besser; *~ menej* mehr oder weniger; o *mnoho* ~ viel mehr; *~ než* mehr als; *nikdy* ~ nie mehr
viackrát mehrmals
viadukt e Überführung (≈, en), r Viadukt [v...] ((e)s, e)
Vianoce s Weihnachten (≈, ≈); *na* ~ zu Weihnachten; *šťastné a veselé ~!* ein glückliches und fröhliches Weihnachtsfest! al. frohe Weihnachten! *darovať čo na* ~ etw zu Weihnachten schenken; *darček na* ~ s Weihnachtsgeschenk
vianočka r Stollen (s, ≈), e Weihnachtsstolle (≈, n), r Weihnachtsstollen (s, ≈)
vianočn|ý Weihnachts-, weihnachtlich; *sviatok* ~ r Weihnachtsfest, r Weihnachtsfeiertag; *–á koleda (pieseň)* s Weihnachtslied; *~ stromček* r Weihnachtsbaum; *–á ozdoba* r Weihnachtsschmuck; *–é pečivo* s Weihnachtsgebäck; *~ trh* r Weihnachtsmarkt
viať wehen, flattern
viazanie e Bindung (≈, en); *lyžiarske* ~ e Skibindung [ši:...] (≈, en)
viazan|ý(e) gebunden, koberec geknüpft; *–á kniha* ein gebundenes Buch
viazať **1** (zusammen)binden*; *~ kravatu* den Schlips binden; *~ kvety do kytice* Blumen zu einem Strauß binden; *~ knihu* ein Buch binden **2** koberec knüpfen; **~ sa** **1** sich binden* (*na koho/čo* an j-n/etw); *nechcem sa na nikoho viazať* ich will mich an niemanden binden **2** spájať sa sich knüpfen (*s čím* an etw A); *na to sa viažu pekné spomienky* daran knüpfen sich schöne Erinnerungen **3** odb. zlučovať sa sich verbinden*
viazn|uť **1** zostávať na mieste stecken, stecken|bleiben* <stecken bleiben> (i.) **2** nedariť sa stocken, ins Stocken geraten*; *rozhovor –e* s Gespräch stockt
vibrovať vibrieren [v...]
vid lingv. r Aspekt ((e)s, e)
video s Video ['vi:deo] (s, s)
videokamera e Videokamera ['vi:deo...] (≈, s)
videokazeta e Videokassette ['vi:deo...] (≈, n)
videorekordér r Videorecorder ['vi:deorekordɐ] (s, ≈)
vidiecky Land-, ländlich
vidiečan r Landbewohner (s, ≈)
vidiek s Land ((e)s, 0); *na ~u* auf dem Lande
vid|ieť **1** sehen*; *–el si už ten film?* hast du den Film schon gesehen? **2** badať (an)merken; *to je ~!* man merkt es! **3** pozorovať beobachten; **~ sa** **1** sich sehen* **2** stretávať sa sich treffen* (*s kým* mit j-m)
vidina e Sinnestäuschung (≈, en), s Trugbild ((e)s, er), s Wahnbild ((e)s, er)
viditeľnosť e Sicht (≈, 0); *pri dobrej ~i* bei guter Sicht
viditeľn|ý(e) sichtbar, merkbar
vidlička e Gabel (≈, n)
vidly e Gabel (≈, n)
viečko **1** vrchnák r (kleine) Deckel (s, ≈) **2** anat. na oku s Augenlid ((e)s, er)
viera r Glaube (ns, 0), r Glauben (s, 0) (*v koho/v čo* an j-n/etw A); *~ v boha* r Glauben an Gott
vierohodn|ý(e) glaubwürdig
viesť **1** führen, leiten; *~ koho za ruku* j-n an der Hand führen; *kam vedie táto cesta?* wohin führt dieser Weg? **2** vozidlo lenken, lietadlo, loď steuern **3** usmerňovať pohyb leiten; *~ vodu potru-*

TUV

bím s Wasser durch Rohre leiten **4** riadiť leiten, führen; ~ *podnik* einen Betrieb leiten; ~ *domácnosť* den Haushalt führen **5** šport. führen; *mužstvo vedie 3:2* e Mannschaft führt 3:2 **6** k istému cieľu an|leiten, an|halten*; ~ *deti k samostatnosti* Kinder zur Selbständigkeit anleiten **7** spôsobiť führen; *to viedlo k hádke* das führte zum Streit

viesť sa s kým Arm in Arm gehen* (i.)

vietor r Wind ((e)s, e); ~ *fúka* r Wind weht al. bläst*

viezť fahren*; ~ *koho na stanicu* j-n zum Bahnhof fahren

víchrica r Sturm ((e)s, ≈e); *snehová* ~ r Schneesturm

víkend s Wochen|ende (s, n); *cez* ~ am Wochen|ende

vila e Villa ['vila] (≈, Villen)

víla e Fee (≈, n)

vin|a e Schuld (≈, 0); *čia je to ~?* wessen Schuld ist es?; *to nie je moja* ~ das ist nicht meine Schuld; *dávať komu –u za čo* j-m die Schuld an etw D zuschreiben al. zuschieben

vinár r Weinbauer (s, ≈), r Winzer (s, ≈)

vináreň e Weinstube (≈, n)

vinica r Weinberg ((e)s, e)

vinič e Weinrebe

viniť beschụldigen (*koho z čoho* j-n einer Sache G)

vinník r Schuldige (n, n)

vinný schuld, schuldig; *byť za čo* ~ an etw schuld sein

vínn|y Wein-; *–a réva* e Weinrebe; *–a pivnica* r Weinkeller (s, ≈)

víno r Wein ((e)s, druhy e); *červené, biele* ~ r Rotwein, r Weißwein

vinobranie e Weinlese (≈, n), e Weinernte (≈, n)

vinohrad r Weinberg ((e)s, e)

vinúť sa 1 ovíjať sa sich winden*, sich schlingen* **2** túliť sa sich schmiegen (*ku komu* an j-n)

viola e Viọla ['vjọ:la] (≈, Violen), e Bratsche (≈, n)

violončelo s Violoncẹllo [vjọlon'čelo] (s, celli al. hovor. s)

vír r Wirbel (s, ≈)

virguľa e Wünschelrute (≈, n)

vírus s, r Virus ['v...] (≈, Viren); **~ový** Virus- ['v...]; *~ové ochorenie* e Virus|erkrankung

visac|í Hänge-; *–ia zámka* s Vorhängeschloß <...ss>, s Hängeschloß <...ss>

visačka 1 obch. e Hängekarte (≈, n) **2** skladová e Lagerkarte (≈, n)

visieť 1 byť zavesený hängen* **2** byť závislý hängen*, zugetan sein (*na kom/čom* an j-m/etw)

visut|ý Schwebe-, Hänge-; *–á lanovka* e Schwebebahn; ~ *most* e Hängebrücke

višňa e Sauerkirsche (≈, n)

viť winden*, flechten*

vitalita e Vitalitạ̈t [v...] (≈, 0), e Lebenskraft (≈, 0)

vitáln|y(e) vitạl [v...] lebenskräftig

vitamín s Vitamịn [v...] (s, e)

vítaný 1 vhodný willkọmmen, gelẹgen **2** milý lieb, gern gesẹhen; ~ *hosť* ein lieber al. gern gesehener Gast

vít|ať 1 begrụ̈ßen, willkọmmen heißen*; *srdečne –ajte!* herzlich willkommen!; ~ *každú pomoc* jede Hilfe begrüßen **2** prijať empfạngen*; *koho priateľsky* ~ j-n freundlich empfangen

víťaz r Sieger (s, ≈); **~iť** siegen (*nad kým/čím* über j-n/etw), besịegen (*nad kým/čím* j-n/etw); **~ný 1** týkajúci sa víťaza Sieger-, siegreich; *~né mužstvo* e Siegermannschaft, siegreiche Mannschaft **2** zakončený víťazstvom Sieges-, siegreich; *~ný gól* s Siegestor, r Siegestreffer **3** triumphịerend, Triụmph-; *~ný oblúk* r Triumphbogen; **~stvo** r Sieg ((e)s, e)

vizitka e Visịtenkarte [v...] (≈, n)

vizuáln|y(e) visuẹll [vi'zuel]

vízum s Visum ['v...] (s, Visa al. Visen); *vstupné* ~ s Einreisevisum; *tranzitné* ~ s Transitvisum, s Durchreisevisum

vjazd e Einfahrt (≈, en); *neparkovať pred ~om!* Einfahrt freihalten*!
vklad peňažný e Einlage (≈, en), e Einzahlung (≈, n); *bankový ~* e Bank|einlage; **~ná knižka** s Spar(kassen)buch
vkladn|ý Spar-; *–á knižka* s Sparbuch
vkročiť (ein)|treten* (i.), betreten*; *~ do izby* das Zimmer betreten, ins Zimmer (ein)treten
vkus r Geschmack ((e)s, 0); *to je vec ~u* das ist Geschmack(s)sache
vkusn|ý(e) geschmackvoll
vláčn|y(e) geschmeidig, biegsam
vlád|a 1 zbor ministrov e Regierung (≈, en), s Kabinett ((e)s, e); *predseda –y* r Ministerpräsident **2** moc e Herrschaft (≈, 0), e Macht (≈, 0), e Gewalt (≈, 0); *stratiť –u nad čím* e Gewalt al. e Herrschaft über etw verlieren
vládca r Herrscher (s, ≈)
vlád|nuť 1 panovať herrschen, regieren **2** ovládať Gewalt haben* (*nad čím* über etw A) **3** prevládať herrschen; *všade –lo ticho* über|all herrschte Ruhe
vládn|y Regierungs-; *–e uznesenie* e Regierungsverordnung
vlajka e Flagge (≈, n), e Fahne (≈, n)
vlak r Zug ((e)s, ≈e); *osobný ~* r Personenzug; *nákladný ~* r Güterzug; *ísť ~om* mit dem Zug fahren; *zmeškať ~* den Zug verpassen al. versäumen
vláknina r Faserstoff ((e)s, e)
vlákno e Faser (≈, n)
vláma|nie r Einbruch ((e)s, ≈e); **–ť sa** ein|brechen*
vlaňajší vorjährig, Vorjahr(e)s-; *~ výsledok* s Vorjahrsergebnis
vlani im vorigen Jahr, im Vorjahr
vlas s Haar ((e)s, e); *dať si odfarbiť ~y* sich die Haare färben lassen; *dať si ostrihať ~y* sich die Haare schneiden lassen
vlásie konské s Roßhaar <...ss...> ((e)s, 0)
vlasť s Vaterland ((e)s, ≈er), e Heimat (≈, en)
vlastenec r Patriot (en, en)
vlasteneck|ý(y) patriotisch, vaterländisch
vlastenectvo r Patriot|ismus (≈, 0)
vlastizrada r Landesverrat ((e)s, 0)
vlastne eigentlich, im Grunde genommen
vlastn|íctvo s Eigentum (s, 0); **–ík** r Eigentümer (s, ≈), r Besitzer (s, ≈), r Inhaber (s, ≈); **–iť** besitzen*
vlastnoručn|ý(e) eigenhändig
vlastnosť 1 človeka e Eigenschaft (≈, en) **2** veci e Beschaffenheit (≈, en)
vlastn|ý 1 opak cudzí eigen **2** príbuzný leiblich; *~ brat* leiblicher Bruder **3** týkajúci sa autora Selbst-, Auto-; *~ životopis* e Autobiographie **4** skutočný eigentlich; *~ význam slova* e eigentliche Bedeutung des Wortes **5** lingv. Eigen-; *–é meno* r Eigenname
vľavo 1 na ľavej strane links, an der linken Seite **2** doľava links, nach links; *~ bok!* links|um!
vlažn|ý(e) 1 mierne teplý lau(warm) **2** o človeku lau, halbherzig; *správať sa –e* sich lau verhalten
vlč|í: Wolfs-; *–ie zuby* Wolfszähne; *~ mak* r Klatschmohn
vlčiak r Schäferhund ((e)s, e), r Wolfshund ((e)s, e)
vlečka e Schleppe (≈, n)
vlečn|ý prívesný Schlepp-; *–é lano* s Schleppseil; *~ čln* r Schleppkahn
vlek lyžiarsky r Skilift [ši:...] ((e)s, e); **byť vo ~u koho, čoho** im j-s Schlepptau sein, im Schlepptau einer Sache G sein
vlhkosť e Nässe (≈, 0), e Feuchtigkeit (≈, 0); *chrániť pred ~ou* vor Nässe schützen; *~ vzduchu* e Luftfeuchtigkeit
vlhk|ý(o) feucht
vliecť 1 ťahať schleppen **2** s námahou schleifen, schleppen; *~ ťažký kufor* einen schweren Koffer schleppen; **~ sa** sich schleppen, langsam gehen*, (herum)schlendern
vliecť sa
vlievať sa (ein)|münden
vlk r Wolf ((e)s, ≈e)

vln|a[1] tech. e Welle (≈, n); *krátke, stredné, dlhé –y* e Kurzwellen, e Mittelwellen, e Langwellen; *veľmi krátke –y* e Ultrakurzwellen
vlna[2] vlákno e Wolle (≈, druhy Woll|arten); *ovčia ~* e Schafwolle
vlnený wollen, Woll-
vlniak s Umschlagtuch ((e)s, ≐er)
vlniť sa sich wellen
vlnit|ý(o) wellig, wellenförmig
vlnobitie r Seegang ((e)s, 0)
vlnovka e Schlangenlini|e (≈, n), e Wellenlini|e (≈, n)
vlnov|ý Wellen-; *–á dĺžka* e Wellenlänge
vločk|a e Flocke (≈, n); *snehová ~* e Schneeflocke; *ovsené, pšeničné –y* e Haferflocken, e Weizenflocken
vloha e Anlage (≈, n), e Ver|anlagung (≈, en), e Begabung (≈, en)
vložiť 1 položiť dovnútra hinein|legen, hinein|setzen **2** uložiť peniaze na konto ein|zahlen **3** investovať ein|setzen
vložka e Einlage (≈, n); **dámska ~** e Damenbinde, hovor. e Binde
vľúdn|y(e) freundlich
vnem e Wahrnehmung (≈, en)
vniknúť ein|dringen* (i.) (*do čoho* in etw A)
vníma|nie e Wahrnehmung (≈, 0); **–ť** wahr|nehmen*
vnímavý 1 prístupný dojmom empfänglich **2** chápavý auffassungsfähig
vnucovať (sa) pozri *vnútiť*
vnu|k r Enkel (s, ≈), s Enkelkind ((e)s, er); **–čka** e Enkelin (≈, nen)
vnútiť auf|nötigen, auf|zwingen*, auf|drängen; **~ sa** sich auf|drängen
vnútornosti die Eingeweide MNČ
vnútorn|ý(e) 1 inner, Innen-; *–é osvetlenie* e Innenbeleuchtung **2** inländisch, Innen-, Binnen-; *~ obchod* r Binnenhandel **3** duševný inner, innerlich, Innen-; *~ svet* e Innenwelt **4** interný intern; *–á záležitosť* eine interne Angelegenheit
vnútrajšok s Innere (n, 0)
vnútri 1 PRÍSL drinnen, im Inneren **2** PREDL lokálne innerhalb G; *~ mesta* innerhalb der Stadt
vnútr|o s Innere (n, 0); *ministerstvo –a* s Innenministerium
vnútrozem|ie s Inland ((e)s, 0), s Binnenland ((e)s, 0); **–ský** inländisch, Binnen-; *–ský prístav* r Binnenhafen
voči gegenüber D
voda 1 s Wasser (s, 0); *pitná ~* s Trinkwasser; *destilovaná ~* destilliertes Wasser **2** tekutý prípravok s Wasser (s, ≐); *ústna ~* s Mundwasser; *pleťová ~* s Gesichtswasser
vod|áctvo šport. r Wassersport ((e)s, 0); **~ák** r Wassersportler (s, ≈)
vodáreň s Wasser(kraft)werk ((e)s, e)
vodca r Führer (s, ≈)
vodič 1 r Fahrer (s, ≈), r Lenker (s, ≈), auta r Autofahrer (s, ≈) r Kraftfahrer (s, ≈) **2** fyz. vodivá látka r Leiter (s, ≈) **3** poľovnícky r Leithund (es, e); **~ský** Führer-; *~ský preukaz* r Führerschein
vodidlo 1 pre psa e Hundeleine (≈, n) **2** smernica e Richtlinie (≈, 0), e Richtschnur (≈, 0)
vodík r Wasserstoff ((e)s, 0)
vodivý leitfähig, leitend
vodné r Wasserzins (es, en al. e), e Wassergebühr
vodník r Wassermann ((e)s, ≐er)
vodn|ý Wasser-; *~ mlyn* e Wassermühle; *~* šport Wassersport (s, -arten); *–é pólo* r Wasserball (s, 0), s Wasserpolo (s, 0); **–á panna** e Nixe
vodojem s Staubecken (s, ≈), r Wasserbehälter (s, ≈)
vodomet r Springbrunnen (s, ≈), e Fontäne (≈, n)
vodopád r Wasserfall ((e)s, ≐e)
vodorovn|ý(e) waag(e)recht, horizontal
vodotesn|ý(e) wasserdicht, wasserfest
vodováha e Wasserwaage (≈, n)
vodovod e Wasserleitung (≈, en)
vodov|ý Wasser-; *–é farby* e Wasserfarben, e Aquarellfarben; *–á ondulácia* e Wasserwelle

vojak r Soldat (en, en)
vojensk|ý 1 týkajúci sa vojska Militär-, militärisch; *–á služba* r Militärdienst al. r Wehrdienst; *–á základňa* r Militärstützpunkt **2** týkajúci sa vojakov Soldaten-; *~ žargón* e Soldatensprache; **–é cvičenie** e Truppen|übung al. e Waffen|übung
vojna r Krieg ((e)s, e); *svetová ~* r Weltkrieg; *občianska ~* r Bürgerkrieg
vojnový Kriegs-; *~ stav* r Kriegszustand
vojsko s Heer ((e)s, e), e Armee (≈, n)
vojsť 1 vstúpiť ein|treten* (i.), hinein|gehen* (i.), betreten*; *~ do izby* in das Zimmer eintreten al. s Zimmer betreten **2** s dopravným prostriedkom ein|fahren* (i.), hinein|fahren* (i.) **3** zmestiť sa hinein|gehen* (i.), hinein|passen; *koľko vody tam vojde?* wieviel Wasser paßt <...ss...> al. geht dort hinein?
volant s Lenkrad ((e)s, ≈er), s Steuerrad ((e)s, ≈er)
volať 1 rufen*; *~ o pomoc* um Hilfe rufen **2** telefonovať an|rufen*
volať sa heißen*; *volám sa...* ich heiße...; *ako sa voláte?* wie heißen Sie?, wie ist* Ihr Name?
volavka zool. r Reiher (s, ≈)
voľba e Wahl (≈, en); *~ povolania* e Berufswahl
volebn|ý Wahl-; *~ boj* r Wahlkampf; *~ obvod* r Wahlkreis; *–é právo* s Wahlrecht; *–á urna* e Wahl|urne; *~ výsledok* s Wahl|ergebnis
volejbal r al. s Volleyball ['voli...] (≈, 0)
volejbal r Volleyball ['volibal] ((e)s, 0)
vol|ič r Wähler (s, ≈); **–iť 1** vyberať (aus)|wählen **2** vo voľbách wählen
voliéra e Voliere (≈, n) [...lie:rə]
voliteľný wahlfrei, fakultativ; *~ predmet* s Wahlfach
voľky-nevoľky PRÍSL wohl oder übel, willig oder unwillig
voľne 1 bez prekážky frei, unbehindert **2** uvoľnene locker, schlaff **3** zvoľna langsam **4** nie pevne locker, lose
voľno e Freizeit (≈, en), frei; *mať ~* frei haben*; *vziať si ~* sich einen Tag frei nehmen
voľn|ý 1 neobsadený frei; *je tu –é miesto?* ist hier ein Platz frei?; *~ čas* e Freizeit **2** bezplatný frei, kostenlos; *vstup ~* Eintritt frei **3** nie doslovný frei; *~ preklad* eine freie Übersetzung **4** uvoľnený, nepevný frei, locker, lose **5** o odeve ap. locker **6** nezávislý frei, un|abhängig; *~ národ* ein freies Volk **7** neobmedzený, spoločensky nenútený frei, un|eingeschränkt; *~ pád* r freie Fall
volsk|ý Ochsen-; *~ záprah* s Ochsengespann; **–é oko** das Spiegelei
von smerom sem heraus, smerom tam hinaus; *poď ~!* komm heraus!; *choď ~!* geh hinaus! **idem ~** ich gehe nach draußen al. ich gehe raus
voňať 1 vydávať vôňu duften, riechen* **2** vdychovať vôňu riechen*
voňavka s Parfüm (s, e al. s), s Parfum [par'fõ:] (s, s)
voňavý duftend, wohlriechend
vonkajší äußerlich, Außen-
vonku draußen; *~ pred domom* draußen vor dem Haus
vopred 1 čas. (im) voraus <im Voraus>, vorher; *zaplatiť ~* im voraus bezahlen **2** miest. voran
vosk s Wachs (es, e); *včelí ~* s Bienenwachs; *lyžiarsky ~* s Skiwachs
voskový wächsern, Wachs-
voš e Laus (≈, ≈e)
votrelec r Eindringling (s, e)
voz r Wagen (s, ≈)
vozeň r Wagen (s, ≈); *jedálny ~* r Speisewagen; *ležadlový ~* r Liegewagen; *lôžkový ~* r Schlafwagen
vozidlo s Fahrzeug ((e)s, e)
vozík r Wagen (s, ≈), r Karren (s, ≈); *nákupný ~* r Einkaufswagen
voziť 1 fahren* **2** privážať bringen*; **~ sa** prevážať sa fahren* (i.), herum|fahren* (i.); *~ v aute* mit al. in dem Auto fahren
vozovka e Fahrbahn (≈, en), r Fahr-

weg ((e)s, e)
vôbec überhaupt; ~ *nie* überhaupt nicht
vôkol 1 PREDL rings um A; ~ *liečebne* rings um das Sanatorium **2** PRÍSL naokolo, dookola ringsum, ringsherum, auf allen Seiten; ~ *sú len samé hory a lesy* ringsherum gibt es nur Berge und Wälder
vôl r Ochse (n, n)
vôľa r Willen (s, 0) al. r Wille (ns, 0); *urobiť čo z vlastnej –le* etw aus freiem Willen tun; *posledná* ~ r letzte Wille
vôňa r Duft ((e)s, ≈e), s Aroma (s, s al. men)
vpadnúť 1 kam hinein¦fallen* (i.) **2** násilne vtrhnúť ein¦brechen* (i.) **3** do reči ins Wort fallen* (i.)
vplyv r Einfluß <...ss> (sses, ≈sse); *mať na koho* al. *čo* ~ Einfluß auf j-n al. auf etw haben al. aus¦üben; **~ný** einflußreich <...ss...>
vpravo 1 na pravej strane rechts **2** doprava nach rechts; ~ *vbok!* rechts¦um!
vpred vorwärts, nach vorn
vpredu vorn(e)
vrabec r Sperling (es, e), r Spatz (en, en)
vracať 1 pozri *vrátiť* **2** dáviť (sich) erbrechen*, sich übergeben*, vulg. kotzen
vrah r Mörder (s, ≈)
vraj angeblich
vrak s Wrack ((e)s, e al. s)
vrana e Krähe (≈, n)
vraník r Rappe (n, n)
vráska e Runzel (≈, n), e Falte (≈, n); **~vý** runz(e)lig, faltig
vráta s Tor ((e)s, e)
vrátane 1 PRÍSL einschließlich, einbegriffen, (o cene) inbegriffen; *do strany 12* ~ bis Seite zwölf einschließlich **2** PREDL einschließlich G, mitsamt D; ~ *všetkých opráv* einschließlich aller Reparaturen al. mitsamt allen Reparaturen
vrátiť 1 zurück¦geben*, wieder¦geben* **2** peniaze zurück¦erstatten **3** odplácať heim¦zahlen, vergelten*, napr. návštevu erwidern; **~ sa 1** zurück¦kehren (i.), zurück¦kommen* (i.) **2** v reči zurück¦kommen* (*k čomu* auf etw A)
vratký wack(e)lig, labil
vrátnica e Pförtnerloge [...lo:žə] (≈, n), s Pförtnerhäuschen (s, ≈)
vrátnik r Pförtner (s, ≈), r Portier [por'tie:] (s, s)
vraziť 1 silou vniknúť (hinein)¦stoßen* **2** naraziť an¦stoßen* (*do koho/čoho* j-n/etw) **3** do miestnosti hinein¦stürzen (i.), hinein¦platzen (i.); *–l do miestnosti vedúceho bez zaklopania* er stürzte ins Zimmer des Chefs hinein, ohne zu klopfen; **niekomu jednu ~** j-m eine (he)runterhauen*
vražda r Mord ((e)s, e)
vŕba e Weide (≈, n), r Weidenbaum ((e)s, ≈e)
vrčať 1 knurren **2** o veciach brummen, schnurren
vrece r Sack ((e)s, ≈e)
vreckár hovor. r Taschendieb ((e)s, e)
vrecko 1 r Beutel (s, ≈), e Tüte (≈, n), s Säckchen (s, ≈) **2** na šatách e Tasche (≈, n)
vreckové s Taschengeld ((e)s, er)
vreckovka s Taschentuch ((e)s, ≈er)
vreckový Taschen-; ~ *nôž* s Taschenmesser; ~ *slovník* s Taschenwörterbuch; *–é hodinky* e Taschen¦uhr; *–é svietidlo* e Taschenlampe
vred s Geschwür ((e)s, e)
vrelý(o) 1 vrúcny innig, warm, herzlich **2** horúci heiß <...ss>
vres s Heidekraut (s, 0), e Erika (≈, s al. ken); **~ovisko** e Heide (≈, n)
vrh r Wurf ((e)s, ≈e); ~ *guľou* r Kugelstoßen
vrhať (sa) (sich) werfen*
vrhnúť sa 1 hodiť sa sich stürzen (i.), sich werfen* **2** do nešťastia ap. sich stürzen; ~ *do nešťastia* sich ins Unglück stürzen **3** ponáhľať sa zu¦eilen (i.) (*na koho/čo* auf j-n/etw)
vrch 1 hora r Berg ((e)s, e) **2** vrchol r Gipfel (s, ≈), e Spitze (≈, n)

TUV

vrchár r Gebirgsbewohner (s, ≈), r Gebirgler (s, ≈), r Bergbewohner (s, ≈)
vrchný PR M ober, Ober-
vrchol **1** r Gipfel (s, ≈), e Spitze (≈, n), stromu r Wipfel (s, ≈) **2** vyvrcholenie r Höhepunkt ((e)s, e) **3** trojuholníka ap. e Spitze (≈, n); **~iť** gipfeln, seinen Höhepunkt erreichen; **~ný** **1** Höchst-, Gipfel-, Spitzen-; *~ný výkon* e Höchstleistung, e Spitzenleistung **2** najvýznamnejší Haupt-, r, e, s bedeutendste; *~né dielo* das bedeutendste Werk
vriac|i siedend, kochend; *–a voda* kochendes Wasser
vrieskať kreischen
vrieť kochen, sieden*
vrkoč r Zopf ((e)s, ≈e)
vrodený angeboren
vrstva e Schicht (≈, en)
vŕtačka e Bohrmaschine (≈, n)
vrták r Bohrer (s, ≈)
vŕtať bohren, wühlen; **~ sa** stochern, bohren (*v čom* in etw D); *~ v jedle* im Essen herumstochern; *~ v nose* in der Nase bohren
vrtkavý unbeständig, nerozhodný wankelmütig
vrtoch e Laune (≈, n), e Kaprice [ka'pri:sə] (≈, n), e Marotte (≈, n), e Mucke (≈, n)
vrtošivý kapriziös, launisch
vrtuľa e Luftschraube (≈, n), r Propeller (s, ≈)
vrtuľník r Hubschrauber (s, ≈)
vrúbľovať štepiť ovocné stromy pfropfen
vrúcny innig, inbrünstig
vryť do tvrdého materiálu ein|ritzen
vryť sa utkvieť ein|prägen; *to sa mi vrylo do pamäti* das hat* sich mir eingeprägt
vŕzgať knarren, sneh knirschen
vsadiť pevne vložiť ein|setzen
vsiaknuť ein|sickern
vskutku tatsächlich, wirklich, in Wahrheit
vstať auf|stehen* (i.)
vstrebať auf|saugen*, ein|ziehen*, absorbieren
vstup **1** vchod r Eingang ((e)s, ≈e) **2** vkročenie r Eintritt ((e)s, e); *voľný ~* Eintritt frei
vstupenka e Eintrittskarte (≈, n)
vstúpi|ť **1** vojsť ein|treten* (i.), betreten*; *vstúpte!* treten Sie ein! al. herein!; *~ do miestnosti* in das Zimmer eintreten al. s Zimmer betreten **2** stať sa členom bei|treten* (i.), (*do čoho* etw D), ein|treten* (i.) (*do čoho* in etw A); *–l do liberálnej strany* er ist der liberalen Partei beigetreten al. er trat in die liberale Partei ein
vstupné r Eintritt ((e)s, e), s Eintrittsgeld ((e)s, er)
vstupn|ý **1** Eintritts- **2** úvodný Einleitungs-; **–é vízum** s Einreisevisum
vsuvka lingv. e Parenthese (≈, n), r Einschub (es, ≈e)
všade über|all
však ČAST **1** predsa ja, doch; *~ to má čas!* es hat ja al. doch Zeit! **2** všakže nicht wahr
však SP jedoch, allein
všedný alltäglich, Alltags-; **~ deň** r Alltag
všelijako verschiedentlich, auf verschiedene Art
všelijaký allerlei
všeobecn|ý(e) allgemein, Allgemein-, gemein, Gemein-; *–é vzdelanie* e Allgemeinbildung; *–é blaho* s Gemeinwohl; *~ prospešný* gemeinnützig; *~ platný* allgemeingültig
všestrann|ý(e) allseitig, vielseitig
všetk|o alles; *~ najlepšie!* alles Gute!; **bez –ého** ohne weiteres
všetok all, ganz; *~ majetok* s ganze Vermögen; *všetci ľudia* alle Menschen
všímavý aufmerksam, achtsam
všimnúť si be|achten (*koho/čo* j n/ etw), bemerken (*čo* etw A)
vtáč|í Vogel-; *~ zob* krmivo s Vogelfutter; *–ia búdka* r Nistkasten; *–ia perspektíva* e Vogelperspektive

TUV

vták r Vogel (s, ≛)
vtákopysk s Schnabeltier ((e)s, e)
vtedajší damalig
vtedy 1 damals **2** za predpokladu dann; *to platí len ~, keď...* das gilt nur dann, wenn...
vtekať ein¦fließen* (i.)
vtierať ein¦reiben*
vtieravý(o) aufdringlich
vtip r Witz (es, e); *~ je v tom, že...* der Witz ist nämlich, daß...
vtipn|ý(e) witzig
vtom plötzlich
vtrhnúť vpadnúť ein¦fallen* (i.), ein¦brechen* (i.)
vulgárny vulgär [v...]
vy 1 pri tykaní ihr **2** pri vykaní Sie
vybaliť aus¦packen
výbava 1 nevesty e Ausstattung (≈, en) **2** vybavenie aj tech. e Ausstattung (≈, en), e Ausrüstung (≈, en)
vybavenie e Ausstattung (≈, en), e Ausrüstung (≈, en)
vybaviť 1 vystrojiť aus¦statten, aus¦rüsten (*koho čím* j-n mit etw D) **2** zariadiť erledigen; *~ formality* die Formalitäten erledigen
vybehnúť 1 von hinaus¦laufen* (i.) **2** smerom hore hinauf¦laufen* (i.)
výber 1 e Auswahl (≈, 0) **2** výsledok výberu e Auslese (≈, n); **~ový** Auslese-, Wahl-
vyberan|ý(e) aus¦erlesen, erlesen
vyberať 1 zvoliť wählen, aus¦wählen, aus¦suchen **2** vytiahnuť heraus¦nehmen* **3** peniaze kassieren, ein¦kassieren, expr. ein¦treiben* **4** zbierku sammeln, ein¦sammeln **5** úrodu roden, aus¦heben*
výbežok r Ausläufer (s, ≈)
vybiť sa sich entladen*
vyblednutý verblaßt <...ss...>
výbojn|ý(e) eroberungssüchtig, aggressiv
výbor r Ausschuß <...ss> (sses, ≛sse), s Komitee (s, s)
výborný PODST M známka v škole ausgezeichnet al. sehr gut
výborn|ý(e) vorzüglich, vortrefflich, ausgezeichnet
vybrať 1 zvoliť aus¦wählen, aus¦suchen **2** vytiahnuť heraus¦nehmen* **3** vziať peniaze, poplatok (Geld) sammeln, ein¦kassieren **4** peniaze z banky ab¦heben*; *~ peniaze z účtu* s Geld vom Konto abheben; **~ si** sich (aus)¦wählen, sich aus¦suchen
vybudovať auf¦bauen, erbauen, errichten
výbuch 1 e Explosion (≈, en) **2** geol. sopky r Ausbruch ((e)s, ≛e), e Eruption (≈, en) **3** obraz. citový r Ausbruch ((e)s, ≛e)
vybuchnúť 1 explodieren **2** pren. aus¦brechen* (i.)
výbušnina r Sprengstoff ((e)s, e), r Explosivstoff ((e)s, e)
výbušný 1 explosiv, Spreng-, Explosiv- **2** pren. o človeku explosiv, aufbrausend, jähzornig
vycibrený verfeinert, fein ausgefeilt
výcvik e Ausbildung (≈, en)
výčap r (Aus)schank ((e)s, ≛e)
vyčerpan|ý(e) erschöpft
vyčerpať 1 vodu aus¦pumpen **2** spotrebovať erschöpfen, verbrauchen **3** unaviť erschöpfen, ermüden; **~ sa 1** minúť sa aus¦gehen* (i.) **2** unaviť sa sich erschöpfen, sich verausgaben
vyčerpávajúci 1 unavujúci aufreibend, anstrengend **2** podrobný erschöpfend, umfassend, gründlich
vyčiarknuť aus¦streichen*, weg¦streichen*, streichen*
vyčistiť putzen, reinigen; *~ si zuby* sich die Zähne putzen
vyčítať komu vor¦halten*, vor¦werfen*, aussetzen (*komu čo* an j-m etw A), Vorwürfe machen (*komu* j-m)
výčitk|a r Vorwurf ((e)s, ≛e), r Verweis (es, e), e Rüge (≈, n), e Vorhaltung (≈, en); **–y svedomia** die Gewissensbisse
vyčkať ab¦warten (*čo* etw A)
výdaj 1 lístkov, dokumentov e Ausgabe (≈, n) **2** tovaru, materiálu e Auslieferung, e Verabfolgung (≈, 0)

TUV

vydanie 1 finančných prostriedkov e Ausgabe (≈, n) **2** knihy e Auflage (≈, n) **3** novín, televízneho programu e Ausgabe (≈, n) **4** vystavenie a odovzdanie dokladu e Aushändigung (≈, en) **5** osoby e Auslieferung (≈, en)
vydať 1 utratiť peniaze aus|geben* **2** publikovať herạus|geben*, publizịeren **3** vystaviť a odovzdať doklad aus|händigen **4** rozkaz ap. erlạssen* **5** osobu aus|liefern **6** vrátiť výdavok herausgeben*, zurück|geben*; **~ koho na pospas** j-n preis|geben*
vydať verhẹiraten (*koho za koho* j-n mit j-m/an j-m)
vydať sa[1] vstúpiť do manželstva heiraten (*za koho* j-n), sich verhẹiraten (*za koho* mit j-m)
vydať sa[2] na cestu sich begẹben*, sich auf den Weg machen
vydatá verhẹiratet
výdatn|ý(e) ergịebig, ausgiebig, reichlich
vydavateľ r Verlẹger (s, ≈), r Herạusgeber (s, ≈)
výdavky finančné výdavky die Ausgaben MNČ, die Kosten MNČ
vydierač Erpresser (s, ≈)
vydieračský erprẹsserisch
vydier|anie e Erprẹssung (≈, 0); **–ať** erprẹssen
vydra r Fisch|otter (s, ≈)
vydržať 1 aus|halten*, aus|harren **2** znášať aus|halten*, ertrạgen*
výdych e Aus|atmung (≈, en)
vydýchnuť aus|atmen
vyfarbiť sa sich entpụppen
vyfotografovať fotografịeren
výfuk r Auspuff ((e)s, e); **~ový** Auspuff-; **~ové plyny** die Abgase MNČ
vygumovať aus|radieren
vyhasnúť verlọ̈schen* (i.), erlọ̈schen* (i.)
výhľad e Aussicht (≈, en), r Ausblick ((e)s, e)
vyhľadať 1 (aus)|suchen **2** človeka auf|suchen
vyhladiť 1 urobiť hladkým glätten **2** vyžehliť ausbügeln **3** vyhubiť hmyz, burinu vertịlgen, aus|rotten, ausmerzen **4** násilím odstrániť ľudí entvọ̈lkern, aus|rotten
vyhlásenie e Bekạnntmachung (≈, en), e Verkụ̈nd(ig)ung (≈, en), e Erklärung (≈, en)
vyhlásiť 1 oznámiť bekạnnt|machen <bekạnnt machen>, bekạnnt|geben* <bekạnnt geben> **2** erklạ̈ren; ~ *vojnu* den Krieg erklären; ~ *čo za neplatné* etw für ungültig erklären
vyhláška r Erlass (es, ≈e), e Bekạnntmachung (≈, en)
vyhliadk|a 1 výhľad e Aussicht (≈, en), r Ausblick ((e)s, e) **2** perspektíva e Aussicht (≈, en), e Perspektịve (≈, n); *mať dobré –y* gute Perspektiven al. Aussichten haben
vyhliadkov|ý Aussichts-; *–á veža* r Aussichtsturm; ~ *let* r Aussichtsflug
vyhnanstvo e Verbạnnung (≈, en)
vyhnať (hin)ạus|treiben*, vertreiben*, verjagen
vyh|núť sa 1 aus|weichen* (*komu/čomu* j-m/etw D), meiden* (*komu/čomu* j-n/etw A), **2** sich entziehen*; *–la sa jeho objatiu* sie entzog sich seiner Umarmung **3** prerušiť kontakt sich absondern (*komu/čomu* von j-m/etw D) **4** ustúpiť z cesty aus|weichen **5** vyhnúť sa z okna sich hinaus|lehnen
výhod|a r Vorteil ((e)s, e); *byť vo –e* im Vorteil sein
vyhodiť 1 do výšky hinauf|werfen* **2** výbuchom zničiť sprengen; ~ *do vzdụchu* in die Luft sprẹngen **3** von hinaus|werfen* **4** odpadky weg|werfen*, hovor. weg|schmeißen* **5** expr. prepustiť hinaus|smeißen, ab|sägen(≈, en)
výhodn|ý(e) günstig, vorteilhaft
výhonok r (Pflanzen)Trieb ((e)s, e), r Sproß <...ss> (sses, sse(n))
vyhorieť nieder|brennen* (i.), ab|brennen* (i.)
vyhostiť 1 z krajiny aus|weisen*, verweisen* **2** z miestnosti verwẹisen*
vyhov|ieť entsprẹchen*, entgẹgen|kommen* (i.); *radi vám –ieme* wir

TUV

kommen Ihnen gern entgegen; ~ *žiadosti* einem Antrag entsprechen al. entgegenkommen
vyhovoriť aus¦reden (*komu čo* j-m etw A); ~ **sa** sich aus¦reden (*na koho/čo* auf j-n/etw A)
výhovorka e Ausrede (≈, n)
vyhov¦ovať entsprechen*, zusagen; *táto práca mi –uje* diese Arbeit sagt mir zu
vyhovujúci 1 zodpovedajúci entsprechend, zusagend **2** dostatočný genügend
výhra r Gewinn ((e)s, e); *hlavná ~* r Hauptgewinn
vyhrabať aus¦scharren, aus¦graben
výhrada r Vorbehalt ((e)s, e)
vyhraden¦ý vorbehalten; *zmena programu –á* Programmänderung vorbehalten
vyhra¦diť (si) 1 vopred si zaistiť (sich) vor¦behalten*; *–dzujem si právo každú nedeľu...* ich behalte mir das Recht vor, sonntags... **2** rezervovať reservieren [rezer'vi:rən]
výhradne ausschließlich
výhradn¦ý ausschließlich, Allein-; *–é právo* s Alleinrecht, s Vorrecht
vyhranený ausgeprägt
vyhrať 1 získať cenu gewinnen* **2** zvíťaziť siegen
vyhrážať sa drohen (*komu čím* j-m mit etw D)
vyhrážka e Drohung (≈, en)
výhražný Droh-, drohend
výhrevnosť e Verbrennungswärme (≈, n), e Heizkraft (≈, 0)
vyhrnúť rukávy ap. auf¦krempeln, hoch¦streifen
vyhubiť kniž. aus¦rotten, aus¦merzen, vertilgen
vyhýbav¦ý(o) ausweichend; *–á odpoveď* eine ausweichende Antwort
výhybka e Weiche (≈, n)
vyhyn¦úť aus¦sterben* (i.); **–utý** ausgestorben
vychádzk¦a 1 prechádzka r Spaziergang ((e)s, ≈e); *ísť na –u* einen Spaziergang machen **2** autom e Spazierfahrt (≈, en), e Ausfahrt (≈, en) **3** voľno r Ausgang ((e)s, ≈e); *mať –u* Ausgang haben
vychladiť ab¦kühlen
vychladnúť kühl al. kalt werden* (i.), (sich) ab¦kühlen, erkalten (i.)
východ 1 r Ausgang ((e)s, ≈e); *núdzový ~* r Not¦ausgang **2** svetová strana r Osten (s, 0); *na ~e* im Osten; *na ~* nach Osten **3** slnka r Aufgang ((e)s, ≈e); *~ slnka* r Sonnen¦aufgang
východisk¦o 1 bod r Ausgangspunkt ((e)s, e) **2** riešenie r Ausweg ((e)s, e); *niet iného –a* es gibt keinen anderen Ausweg
východiskový Ausgangs-
východn¦ý(e) 1 östlich, Ost-; *–á Európa* Ost¦europa **2** orientálny ori¦entalisch
výchova e Erziehung (≈, en); **telesná ~** školský predmet r Sportunterricht, r Sport
vychovaný erzogen, artig; *dobre ~* wohl¦erzogen
vychovať 1 erziehen*; *~ dieťa* ein Kind erziehen* **2** vyškoliť aus¦bilden
vychovávateľ r Erzieher (s, ≈)
výchovn¦ý(e) erzieherisch, Erziehungs-
vychudnutý abgemagert, mager, ausgemergelt
vychutn(áv)ať aus¦kosten, genießen*
vychvaľovať sa sich rühmen (*čím* einer Sache G)
vychýliť sa 1 z rovnováhy aus¦schlagen* **2** zo smeru ab¦weichen* (i.)
výchylka r Ausschlag ((e)s, ≈e), e Ablenkung (≈, en), e Abweichung (≈, en)
vyjadriť aus¦drücken, äußern, zum Ausdruck bringen; *~ svoje poľutovanie* sein Bedauern ausdrücken; *~ svoj názor na čo* seine Meinung über etw äußern; **~ sa** sich aus¦drücken, sich äußern (*o čom* über etw A al. *k čomu* zu etw D)

TUV

vyjasn|iť 1 objasniť (auf)|klären **2** urobiť jasným auf|hellen, hell machen; **~ sa 1** stať sa jasným sich auf|hellen, sich auf|klären; *obloha sa –ila* der Himmel hat sich aufgeklärt **2** objasniť sa sich aufklären
vyjsť 1 von hinạus|gehen* (i.) **2** hore hinạuf|gehen* (i.) **3** o nebeských telesách auf|gehen* (i.) **4** tlačou erschẹinen* (i.) **5** prestať platiť kommen* (i.); ~ *z módy* aus der Mode kommen **6** vystačiť aus|kommen* (i.), aus|reichen; ~ *so zásobami* mit den Vorräten auskommen **7** podariť sa gelịngen* (i.) **8** znášať sa aus|kommen* (i.), sich vertrạgen* (*s kým* mit j-m) **9** počtový príklad ap. auf|gehen* (i.) **10** najavo hervọr|gehen* (i.) **11** dopravným prostriedkom aus|fahren* (i.), hinạus|fahren* (i.) **12** dopravným prostriedkom smerom hore hinạuf|fahren*
vyjsť si 1 na prechádzku spazịeren|gehen* <spazịeren gehen> (i.) **2** s priateľmi aus|gehen* (i.)
vykať siezen, mit Sie an|reden (*komu* j-n)
vykefovať aus|bürsten
výklad[1] obchodu s Schaufenster (s, ≈), e Auslage (≈, n)
výklad[2] **1** prednáška e Darlegung (≈, en), r Vortrag ((e)s, ⁼e) **2** interpretácia e Erklạ̈rung (≈, en), e Interpretatiọn (≈, en), e Deutung (≈, en)
vykladať pozri *vyložiť*
vykĺbený verrẹnkt, ausgerenkt, ausgekụgelt
vykĺbiť (sa) (sich) aus|renken, (sich) aus|kugeln, (sich) verrenken
vyklčovať les aus|roden
výklenok e Nische (≈, n)
vykloniť sa sich hinạus|lehnen
vyklopiť kippen
vykoľajiť (sa) entglẹisen
výkon 1 výsledok činnosti e Leistung (≈, en) **2** vykonanie e Aus|übung (≈, 0)
vykonať aus|führen, durch|führen, realisieren
vykonať machen, verrichten, durchführen
vykonávať 1 aus|führen, verrịchten **2** povolanie, prácu aus|üben
výkonnosť e Leistungsfähigkeit (≈, 0)
výkonný 1 orgán ap. ausführend, exekutịv **2** schopný výkonu leistungsfähig
výkop 1 zeme e Aushebung (≈, en), r Aushub ((e)s, ⁼e) **2** šport. r Anstoß (es, ⁼e)
vykopávky die Ausgrabungen MNČ
vykorisťovať aus|beuten
vykradnúť 1 čo aus|rauben, aus|plündern **2** ein|brechen* (i.) (*koho* bei j-m)
výkres e Zeichnung (≈, en)
výkričník s Ausrufezeichen (s, ≈)
výkrik r Aufschrei ((e)s, e), r Schrei ((e)s, e); *posledný ~ módy* der letzte Schrei
vykríknuť auf|schreien*, einen lauten Schrei aus|stoßen*
vykrvácať aus|bluten
výkup r Aufkauf ((e)s, käufe)
vykúpať (sa) (sich) baden
výkupné s Lösegeld ((e)s, er)
vykurovací Heiz-; ~ *olej* s Heiz|öl
vykurovanie e Behẹizung (≈, 0)
vykynožiť hmyz, burinu aus|rotten, aus|merzen, vertịlgen
vyladiť 1 hud. stimmen **2** rádio ap. ein|stellen
vyľakaný erschrọcken, verstọ̈rt, erschreckt
vylákať (heraus)locken (*čo od koho* etw aus j-n A), entlọcken (*čo z koho* j-m etw A)
vyľakať erschrẹcken (*koho* j-n); **~ sa** sich erschrẹcken* (i.)
vyleštiť polịeren, blank machen
výlet r Ausflug ((e)s, ⁼e); *ísť na ~* einen Ausflug machen
vyletieť 1 von hinạus|fliegen* (i.) **2** hore auf|fliegen* (i.) **3** explodovať explodịeren **4** expr. vybehnúť hinạus|schießen* (i.) **5** expr. prísť o zamestnanie hinạus|fliegen* (i.), entlassen werden*, hinausgeworfen werden*; ~ *z miesta* aus der Stelle hinausfliegen; **~ z kože** aus der Haut fahren*

výletník r Ausflügler (s, ≈)
výlevka r Ausguß <...ss> (sses, ⁼̈sse)
vyliahnuť sa aus¦schlüpfen* (i.)
vyliať aus¦gießen*, aus¦schütten, verschütten; ~ **sa 1** sich ergießen* **2** o rieke überfluten, aus den Ufern treten
vyliečiť 1 o chorobe aus¦heilen, hovor. aus¦kurieren, gesund machen; ~ **sa** genesen*, gesund werden* (i.)
vyliez(a)ť 1 hore hinauf¦klettern (i.), hinauf¦steigen* (i.), na rebríku hinauf¦steigen* (i.) **2** von hinaus¦kriechen* (i.), heraus¦kriechen* (i.)
vylisovať aus¦pressen
vylosovať aus¦losen, verlosen
výlov s Ausfischen (s, 0), s Abfischen (s, 0)
vyložiť[1] **1** tovar ap. aus¦laden* **2** obložiť aus¦kleiden, ozdobne aus¦legen, drevom verkleiden
vylož¦iť[2] podať výklad aus¦legen, deuten, erklären; *–il si to zle* er hat das falsch ausgelegt
vylúč¦iť 1 aus¦scheiden*, aus¦schließen* **2** o človeku aus¦weisen*, aus¦schließen*; ~ *žiaka zo školy* einen Schüler aus der Schule ausschließen **3** považovať za nemožné aus¦schließen*; *to je –ené* das ist ausgeschlossen
výluka e Aussperrung (≈, en)
vymáhať 1 erzwingen* (*čo od koho* etw A von j-m) **2** peniaze ein¦treiben, ein¦ziehen*
vymaľovať aus¦malen
vymaniť sa sich befreien, sich frei¦machen (*z čoho* von etw D)
vymedziť 1 begrenzen, beschränken **2** pren. ein¦grenzen, definieren
výmena r Austausch (es, e), tovaru r Umtausch ((e)s, e); *študentská* ~ r Studenten¦austausch
vymeniť 1 nahradiť novým aus¦tauschen, wechseln; ~ *olej* Öl wechseln; ~ *pneumatiku* den Reifen wechseln **2** vymeniť za iné um¦tauschen, wechseln **3** o mene um¦tauschen, wechseln; ~ *doláre za koruny* Dollars in Kronen umtauschen, Kronen gegen Dollars wechseln
vymenovať 1 ustanoviť nennen*, ernennen* (*koho za čo* j-n zu etw D) **2** uviesť nennen*, auf¦zählen
vymk¦núť sa Kontrolle verlieren; **vec sa mu –la z rúk** er verlor Kontrolle über die Angelegenheit
výmoľ s (Wasser)loch ((e)s, ⁼̈er), Wasserriß <...ss> (sses, sse)
vymoženosť e Errungenschaft (≈, en)
vymôcť (si) erwirken, erzwingen*
vymrieť aus¦sterben* (i.)
vymykať sa sich entziehen*, nicht entsprechen*; *to sa vymyká akejkoľvek kontrole* das entzieht sich jeder Kontrolle
vymyslieť 1 aus¦denken*, erfinden **2** niečo nepravdivé aus¦denken*, erdichten
vymýšľať si nehovoriť pravdu erdichten, erfinden
vynadať aus¦schelten*, aus¦schimpfen (*komu* j-n)
vynahradiť ersetzen, entschädigen
vynález e Erfindung (≈, en); **~ca** r Erfinder (s, ≈)
vynaliezav¦ý(o) erfinderisch, findig
vynaložiť auf¦wenden*, auf¦bieten; ~ *na čo veľa síl, času* viel Kraft, Zeit für etw aufwenden
vynásobiť multiplizieren, mal¦nehmen*
výňatok r Auszug ((e)s, ⁼̈e)
vynech¦(áv)ať 1 vypustiť aus¦lassen*, weg¦lassen* **2** nepracovať pravidelne aus¦setzen; *motor –áva* der Motor setzt aus
vyniesť 1 von hinaus¦tragen* **2** hore hinauf¦tragen* **3** úradne vyhlásiť fällen, sprechen*; ~ *rozsudok* ein Urteil fällen, sprechen **4** priniesť zisk ein¦tragen*, ein¦bringen*
vynikajúc¦i(o) ausgezeichnet, hervorragend, glänzend, vorzüglich
vynikať hervorragen, auf¦fallen* (i.)

vynímajúc ausgenommen s A, außer s D
výnimk¦a e Ausnahme (≈, n); *urobiť –u* eine Ausnahme machen
výnimočne ausnahmsweise
výnimočný außergewöhnlich, au-ßer¦ordentlich, Ausnahme-; ~ *stav* r Ausnahmezustand
výnos 1 finančný zisk r Gewịnn ((e)s, e), r Ertrạg ((e)s, ¨e) **2** úroda r Ertrạg ((e)s, ¨e) **3** vyhláška r Erlạß <...ss> (sses, sse), nariadenie e Verordnung
výnosn¦ý(e) einträglich, ergịebig, rentạbel
vypáčiť dvere auf¦brechen*, auf¦sprengen*
vypadať 1 aus¦fallen* (i.)
vypadnúť 1 von herạus¦fallen* (i.) **2** byť vyradený aus¦scheiden* (i.) (*z čoho* etw A) **3** vzdialiť sa verschwinden*, ab¦dampfen
výpadovka e Ausfallstraße (≈, n)
vypáliť 1 aus¦brennen* **2** zničiť ohňom nieder¦brennen* **3** vystreliť ab¦feuern
vypariť sa 1 verdạmpfen, aus¦dünsten **2** nenápadne zmiznúť sich verflụchtigen, ab¦dampfen, ab¦hauen*
vypátrať 1 ausfindig machen, finden **2** preskúmať aus¦forschen, erfọrschen
vypätie e Belạstung (≈, en); *duševné ~* psychische Belastung
vypestovať auf¦ziehen*, züchten
vypchať 1 aus¦stopfen **2** čalúniť nábytok aus¦polstern
vypchávka e Füllung (≈, en), čalúnenie nábytku e Auspolsterung (≈, en)
vypiecť auf¦backen*; ~ *buchty* Buchteln aufbacken
vypichnúť aus¦stechen*; ~ *komu oko* j-m ein Auge ausstechen
vypínač r Schalter (s, ≈)
výpis r Auszug ((e)s, ¨e); ~ *z účtu* r Rechnungs¦auszug, r Kontoauszug
vypísať 1 urobiť výpisky herạus¦schreiben* **2** vyplniť aus¦füllen **3** verejne oznámiť aus¦schreiben*
vypiť aus¦trinken*
vypláchnuť aus¦spülen; ~ *si ústa* sich den Mund ausspülen
výplata 1 e (Lohn¦)auszahlung (≈, en) **2** mzda r Lohn ((e)s, ¨e), s Gehalt (es, ¨er)
vyplatiť aus¦zahlen, ein¦lösen, bezạhlen; ~ *šek* einen Scheck einlösen; ~ **sa** sich lohnen, sich aus¦zahlen; *to sa (ne)vyplatí* das lohnt sich (nicht)
vyplávať 1 na povrch auf¦tauchen (i.) **2** na more aus¦laufen* (i.)
vyplaziť: ~ *jazyk* die Zunge aus¦strecken al. zeigen
vyplieniť aus¦rauben, verhẹeren, aus¦plündern
vyplniť aus¦füllen; ~ *dotazník, formulár* einen Fragebogen, ein Formular ausfüllen
vypľuť aus¦spucken
vyplýv¦ať sich ergẹben* (*z čoho* aus etw D), folgen (*z čoho* aus etw D); *z toho –a* daraus ergibt* sich, daraus folgt
vypnúť 1 aus¦schalten, ab¦stellen; ~ *rádio, motor* das Radio, den Motor ausschalten al. abstellen **2** napnúť straffen, aus¦spannen
výpočet e Aufzählung (≈, en), s Verzẹichnis (ses, se), e (Be)rẹchnung (≈, en), e Kalkulatiọn (≈, en), e Rechnung (≈, en), s Rechnen (s, 0); ~ *pravdepodobnosti* e Wahrscheinlichkeitsrechnung
vypočítať 1 aus¦rechnen, errẹchnen **2** vymenovať auf¦zählen, nennen*
vypočítav¦ý(o) berẹchnend
vypočuť nechtiac (mit) an¦hören; ~ *rozhovor pri vedľajšom stole* ein Gespräch am Nachbartisch (mit) anhören
vypočúvať podrobiť výsluchu verhọren, vernehmen*
vypomáhať (aus¦)helfen*
výpomoc e (Aus)hilfe (≈, n)
výpoveď 1 práv. e Aussage (≈, n); *krivá ~* falsche Aussage **2** zo zamestnania e Kündigung (≈, en); *dať ~* kündigen
vypovedať 1 vysloviť aus¦sprechen*, aus¦sagen **2** zmluvu ap. kündigen **3** z kra-

TUV

jiny aus|weisen*, verwẹisen* **4** vojnu erklạ̈ren **5** prestať fungovať versạgen
vypožičať si sich D aus|leihen*, hovor. sich D aus|borgen
vypracovať aus|arbeiten, entwerfen*; **~ sa** sich empọr|arbeiten, sich hinạus|arbeiten
vyprať (aus)|waschen*
vypratať (aus)|räumen, leeren
výprava 1 e Expeditiọn (≈, en), e Forschungsreise (≈, n) **2** div. e Ausstattung (≈, en)
vypraviť 1 ab|schicken, ab|senden, expedieren **2** ab|fertigen; *~ vlak* den Zug abfertigen **3** div. aus|statten; **~ sa** na cestu sich begẹben*, auf|brechen*, sich auf den Weg machen
vyprázdniť (sa) (sich) leeren, (sich) entlẹeren
výpredaj r Ausverkauf ((e)s, käufe), r Schlußverkauf <...ss...> ((e)s, ⸗̈e); *letný ~* r Sommerschlußverkauf
vypred|aný ausverkauft; **–ať** aus|verkaufen
vyprevádzať begleiten; *~ koho domov* j-n nach Hause begleiten
vyprchať sich verflụ̈chtigen
vyprovokovať provozieren [provo'ci:rən] (*koho k čomu* j-n zu etw D)
vyprša|ť ab|laufen* (i.), hovor. um|sein* (i.); *lehota už –la* e Frist ist schon abgelaufen al. ist schon um
vypuknúť aus|brechen* (i.)
vypustiť 1 tekutinu aus|lassen*, ab|lassen* **2** vynechať aus|lassen*, weg|lassen*
vypytovať sa aus|fragen
výr r Uhu (s, s)
vyradiť 1 triedením aus|sondern, aus|sortieren **2** z činnosti außer Betriẹb setzen
vyrásť 1 (auf)|wachsen* (i.), groß werden* (i.); *~ na dedine* auf dem Dorf aufwachsen; *~ o 2 cm* um zwei Zentimeter gewachsen sein **2** dospievať herạn|wachsen* (i.) **3** z oblečenia ap. aus|wachsen* (i.)
výrastok 1 lek. r Auswuchs (es, ⸗̈e) **2** bot. r Trieb (es, e), r Sproß <...ss> (sses, ⸗̈sse)
výraz r Ausdruck ((e)s, ⸗̈e)
vyraziť 1 násilím odstrániť aus|schlagen*, dvere auf|brechen* **2** vydať sa na cestu auf|brechen* (i.), sich auf den Weg machen
výrazn|ý(e) ausdrucksvoll, markạnt, auffallend
vyrážka r Ausschlag ((e)s, ⸗̈e), r Pickel (s, ≈)
výrečný berẹdt, redegewandt, eloquent
vyrezať aus|schneiden*, herạus|schneiden*
vyrezávaný geschnịtzt, Schnitz-
vyriešiť (auf)|lösen
výrob|a e Produktiọn (≈, 0), e Herstellung (≈, 0), e Erzeugung (≈, 0); **–ca** r Erzẹuger (s, ≈), r Produzẹnt (en, en)
vyrobiť erzẹugen, herstellen, produzieren
výrobn|ý Produktiọns-, Erzẹugungs-, Herstellungs-; *–é náklady* e Herstellungskosten
výrobok s Produ̥kt ((e)s, e), s Erzẹugnis (ses, se)
výroč|ie r Jahrestag ((e)s, e), s Jubilạ̈|um (s, en); **–ný** Jahr(es)-; *~ný trh* r Jahrmarkt
výrok 1 r Ausspruch ((e)s, ⸗̈e), e Äußerung (≈, en) **2** práv. r Spruch ((e)s, ⸗̈e), s Verdikt (s, e); *~ porotcov* der Geschworenenspruch
výron lek. r Ergụß <...ss> (sses, ⸗̈sse)
vyrovnaný 1 o človeku ausgeglichen, ruhig **2** rovnomerný gleichmäßig, unterschiedslos
vyrovnať 1 rozdiel aus|gleichen* **2** zarovnať aus|gleichen*, ebnen **3** zaplatiť bezạhlen, beglẹichen; **~ sa 1** stať sa roveň gleich|kommen* (i.) (*komu v čom* j-m an etw A); *nikto sa mu nevyrovná* niemand kommt ihm gleich **2** finančne sich aus|gleichen* **3** psychicky sich ab|finden*, sich zufriẹden|geben* <zu-friẹden geben>; sich auseinạndersetzen, fertig werden (*s kým/čím* mit j-m/

etw D)
vyrúbať les ab|holzen, aus|holzen
vyruš|ovať stören; *prepáčte, že –ujem* entschuldigen Sie, daß ich störe; *nedajte sa ~* lassen Sie sich nicht stören
výsada s Vorrecht ((e)s, e), s Privileg [privi'le:k] (s, ien)
vysadiť[1] **1** aus|setzen **2** z auta ab|setzen
vysadiť[2] pflanzen, aus|pflanzen, bepflanzen
vysať 1 tekutinu ap. aus|saugen* **2** prach staub|saugen* <Staub saugen>
vysáv|ač r Staubsauger (s, ≈); **–ať** (Staub) saugen*, staub|saugen*
vyschnúť trocknen, trocken werden* (i.)
vyschnúť 1 stratiť vlhkosť aus|trocknen (i.) **2** o pôde aus|dorren (i.), aus|dürren, dürr werden* **3** o vode versiegen
vysielac|í Sende-, Funk-, *–ia stanica* e Sendestation
vysielač(ka) r Sender (s, ≈)
vysiel|anie e Sendung (≈, en); **–ať** (aus)|senden*, übertragen*
vysiliť entkräften, erschöpfen
vyskočiť 1 smerom hore auf|springen* (i.) **2** smerom von heraus|springen* (i.)
výskum e (Er)forschung (≈, en); **~ník** r Forscher (s, ≈); **~ný** Forschungs-; *~ný ústav* s Forschungs|institut
vyskúšať 1 aus|probieren, versuchen, erproben **2** šaty an|probieren **3** žiaka prüfen
výskyt s Vorkommen (s, ≈)
vyskytovať sa 1 nachádzať sa vor|kommen* (i.) **2** objavovať sa auf|treten* (i.)
vyslanec r Gesandte (n, n); **~tvo** e Gesandtschaft (≈, en)
vyslať 1 senden*, schicken **2** delegáciu entsenden*, delegieren, ab|ordnen
výsledný Schluß-, End-, resultierend
výsledok s Ergebnis (ses, se)
vyslobodiť befreien
vyslov|iť 1 aus|sprechen*; *ako sa to –uje?* wie spricht man das aus? **2** vyjadriť aus|sprechen*, äußern, aus|drücken, zum Ausdruck bringen*
výslovnosť e Aussprache (≈, n)
výslovn|ý(e) ausdrücklich
výsluch s Verhör (s, e), e Vernehmung (≈, en)
výsmech r Hohn ((e), 0), r Spott ((e)s, 0)
vysmiať sa aus|lachen, verhöhnen, verspotten (*z koho* j-n)
vysmievať sa aus|lachen (*komu* j-n), sich lustig machen (*komu* über j-n)
vysmrkať sa sich die Nase putzen, sich aus|schnauben, sich aus|schneuzen
vysočina s Hochland ((e)s, 0)
vysoko hoch, hoch-; *~ postavený* hochgestellt
vysokohorský Hochgebirgs-
vysokoškol|ák r Student (en, en); **–ský** Hochschul-; *–ské vzdelanie* e Hochschulbildung
vysok|ý hoch, Hoch-; *–é napätie* e Hochspannung; *–á pec* r Hoch|ofen; *–á škola* e Hochschule; *–á zver* s Hochwild
vysoliť expr. zaplatiť blechen
vyspať sa 1 do sýtosti sich aus|schlafen*; *ako si sa vyspal?* wie hast du geschlafen? **2** hovor. s niekým schlafen*, ins Bett gehen* (i.) (*s kým* mit j-m)
vyspel|ý(o) 1 reif, gereift **2** entwickelt
vystač|iť aus|kommen* (i.), aus|langen; *~ s peniazmi* mit dem Geld auskommen; *s tým –íme až do zajtra* damit kommen wir bis morgen aus
vysťahovalec r Auswanderer (s, ≈)
vysťahovať sa 1 z bytu aus|ziehen* (i.) **2** z krajiny aus|wandern (i.)
výstava e Ausstellung (≈, en)
vystavať aus|bauen, erbauen
výstavba r Aufbau ((e)s, 0)
výstavisko s Ausstellungsgelände (s, ≈)
vystaviť 1 na výstave aus|stellen **2** písomne doložiť aus|stellen, aus|schreiben*; *~ účet na jeho meno* eine Rechnung auf seinen Namen ausstellen; **~ sa** sich aussetzen (*čomu* etw

TUV

D); ~ *nebezpečenstvu* sich der Gefahr aussetzen

výstavný Ausstellungs-; ~ *priestor* r Ausstellungsraum

vystihnúť 1 vyjadriť erfassen, erkennen* **2** výstižne zachytiť treffen*, aus|drücken

výstižn|ý(e) triftig, stichhaltig

výstraha e Warnung (≈, en)

vystrašen|ý(e) erschreckt, erschrocken, be|ängstigt

vystrašiť erschrecken (*koho čím* j-n durch etw A, j-n mit etw D)

výstražný Warn-, Warnungs-

vystrčiť hinaus|stecken, heraus|stecken*, heraus|strecken

výstredn|ý(e) überspannt, exzentrisch

výstrel r Schuß <…ss> (sses, ≈sse)

vystreliť 1 streliť (los)|schießen* **2** poraniť výstrelom aus|schießen*; ~ *komu oko* j-m ein Auge ausschießen

vystriedať ab|lösen; **~ sa** einander ab|wechseln

výstrih r Ausschnitt ((e)s, e)

vystrihnúť heraus|schneiden*

výstrižok r Ausschnitt ((e)s, e)

výstroj e Ausrüstung (≈, en), e Ausstattung (≈, en)

výstup 1 na vrch r Aufstieg ((e)s, e) **2** tech. r Ausgang ((e)s, ≈e) **3** div. r Auftritt ((e)s, e)

vystúpenie 1 z organizácie ap. r Austritt ((e)s, e); ~ *z cirkvi* r Austritt aus der Kirche **2** umelecké r Auftritt ((e)s, e)

vystúpiť 1 na vrch besteigen* (i.), hinauf|steigen* (i.) **2** z dopravného prostriedku aus|steigen* (i.) **3** z organizácie aus|treten* (i.); ~ *z cirkvi, zo strany* aus der Kirche, aus der Partei austreten **4** v programe auf|treten* (i.)

vysvedčenie s Zeugnis (ses, se), s Zertifikat ((e)s, e)

vysvetliť 1 objasniť, opísať erklären, erläutern **2** vyriešiť auf|klären; ~ *omyl* einen Irrtum aufklären; **~ si** sich D erklären

vysvetlivka e Erläuterung (≈, en)

vysypať 1 aus|schütten **2** rozsypať verschütten **3** posypať bestreuen

vyšetr|enie e Untersuchung (≈, en); **–iť 1** lek. untersuchen **2** objasniť untersuchen, erforschen; **–ovanie** e Untersuchung (≈, en)

vyšetriť untersuchen; ~ *pacienta* den Patienten untersuchen

vyšív|aný gestickt; **–ať** sticken

výšivka e Stickerei (≈, en)

výšk|a e Höhe (≈, n); *nadmorská* ~ e Höhe über dem Meeresspiegel; **skok do –y** r Hochsprung

výškov|ý Hoch-, Höhen-; *–á budova* s Hochhaus; ~ *rozdiel* r Höhen|unterschied

vyšmyknúť sa 1 z rúk entgleiten (i.) **2** zmiznúť sich weg|schleichen, verduften, sich aus dem Staub machen **3** o slovách entschlüpfen (i.)

vyť heulen

výťah r Fahrstuhl ((e)s, ≈e), r Aufzug ((e)s, ≈e), r Lift ((e)s, e al. s)

vyťahovať sa hanl. (sich) groß|tun*, hovor. sich auf|blasen*

vytapetovať aus|tapezieren

vyťažiť 1 peniaze Geld gewinnen*, heraus|holen **2** ban. gewinnen*, fördern **3** využiť aus|nutzen (*z čoho* etw A)

výťažok finančný r Ertrag ((e)s, ≈e)

vytiahnuť 1 heraus|ziehen*, heraus|nehmen* **2** smerom hore (hin)auf|ziehen* **3** vybrať heraus|nehmen*, ziehen* **4** do dĺžky aus|dehnen, do šírky aus|weiten **5** zvýrazniť tušom ap. aus|ziehen* **6** hovor. vyvolať v škole auf|rufen*; **~ sa 1** roztiahnuť sa sich aus|dehnen **2** expr. predviesť sa sich hervor|tun*

vytiecť heraus|fließen* (i.), aus|fließen* (i.)

vytlačiť 1 smerom von heraus|schieben*, tlakom heraus|drücken, aus|pressen **2** smerom dovnútra ein|drücken, ein|pressen **3** vyhotoviť tlačou aus|drucken **4** pren. verdrängen (*koho* j-n A)

výtlačok s Exemplar (s, e)

vytočiť 1 vykrútiť heraus|drehen **2** telefónne číslo (e Telefonnummer) wählen

TUV

výtok r Ausfluß <...ss> (sses, ≈sse)
vytratiť sa sich verziehen*
vytrhnúť 1 trhaním oddeliť aus|reißen*, heraus|reißen* **2** prudko vziať reißen*, weg|reißen*; ~ *komu čo z ruky* j-m etw aus der Hand reißen
vytriezvieť ernüchtern, nüchtern werden* (i.)
vytrvalosť e Ausdauer (≈, 0)
vytrval|ý(o) 1 neustávajúci ausdauernd, beharrlich **2** trvalý andauernd, un|aufhörlich; *–ý dážď* ein andauernder Regen al. Dauerregen
vytrvať aus|harren, aus|halten*
výtržnosť e Ausschreitung (≈, en), e Ruhestörung (≈, en), r Exzeß <...ss> (sses, sse)
výtvarník r bildende Künstler (s, ≈)
výtvarn|ý(e) bildend, darstellend; *–é umenie* e bildende Kunst
vytvoriť schaffen*, bilden; **~ sa** sich bilden, entstehen* (i.)
vytýčiť kniž. (fest)|legen, (fest)|setzen; ~ *si cieľ* sich ein Ziel setzen
výučba r Unterricht ((e)s, 0)
vyučený gelernt, ausgelernt
vyučiť sa erlernen (*čomu* al. *za čo* etw A)
vyučovac|í Unterrichts-, Lehr-; *–ia hodina* e Unterrichtsstunde
vyučov|anie r Unterricht ((e)s, 0); **–ať** unterrichten, lehren
vyúčtov|anie e Abrechnung (≈, en); **–ať** ab|rechnen, verrechnen
využiť (aus)|nutzen, (aus)|nützen, aus|werten; ~ *príležitosť* e Gelegenheit nutzen
vývar e Brühe (≈, n); *mäsový* ~ e Fleischbrühe
vyvariť 1 aus|kochen, vodu abkochen **2** lek. sterilisieren, aus|kochen
vyvarovať sa vermeiden (*čoho* etw A)
vyvážať do cudziny aus|führen, exportieren
vyvesiť aus|hängen
vývesk|a oznam r Aushang ((e)s, ≈e); *oznámiť čo na –e* per Aushang etwas bekanntgeben
vyviesť 1 smerom von heraus|führen, hinaus|führen **2** doviesť bringen*, führen i obraz.; ~ *koho z rovnováhy* j-n aus der Fassung bringen **3** hovor. vyparatiť treiben*, an|richten, an|stellen; ~ *neplechu* Unfug treiben
vyviezť sa von z mesta ap. aus|fahren* (i.), na prechádzku spazieren|fahren* <spazieren fahren> (i.); ~ *s rodinou* mit der Familie ausfahren
vyvíjať (sa) (sich) entwickeln
vyvinutý 1 o človeku reif, entwickelt **2** rozvinutý entwickelt
vyvlastniť enteignen
vývoj e Entwicklung (≈, en), Entfaltung (≈, 0)
vývojka fot. r Entwickler (s, ≈)
vývojov|ý Entwicklungs-, Evolutions-; *–á teória* e Evolutionstheorie
vyvol(áv)ať 1 heraus|rufen* **2** žiaka aus|rufen*, auf|rufen* **3** spôsobiť hervor|rufen*, erregen; ~ *hádku* einen Streit hervorrufen **4** fot. entwickeln
vývoz e Ausfuhr (≈, 0), r Export ((e)s, e); **~ca** r Exporteur (s, e), r Ausführer (s, ≈)
vývozn|ý Ausfuhr-, Export-; *–é povolenie* e Ausfuhrgenehmigung al. Ausfuhrbewilligung
vyvrátiť 1 silou um|stürzen **2** dokázať opak widerlegen, entkräften; ~ *tvrdenie* eine Behauptung widerlegen
vyvrcholiť seinen Höhepunkt erreichen, kulminieren
vývrtka r Korkenzieher (s, ≈)
vyvrtnúť verstauchen, verrenken; ~ *si nohu* sich den Fuß verstauchen
vyvrtnutie e Verstauchung (≈, en), e Verrenkung (≈, en)
výzbroj 1 voj. e Rüstung (≈, en) **2** výstroj e Ausrüstung (≈, en)
vyzbrojiť 1 voj. rüsten, bewaffnen **2** vybaviť ausrüsten, ausstatten
výzdoba e Ausschmückung (≈, en), e Verzierung (≈, en), e Dekoration (≈, en)
vyzdobiť aus|schmücken, dekorieren

vyzdvihnúť 1 do výšky auf¦heben* **2** peniaze ab¦heben*; ~ *peniaze z banky* Geld von der Bank abheben **3** pren. zdôrazniť hervor¦heben*
vyzer¦ať 1 mať istý vzhľad aus¦sehen, rak. aus¦schauen; *–á veľmi mlado* sie sieht sehr jung aus **2** očakávať aus¦schauen (*koho/čo* nach j-m/etw)
vyzliecť (sa) (sich) aus¦ziehen*, ab¦legen
vyznačiť markieren, bezeichnen
význačný 1 typický charakteristisch [k...], typisch **2** významný bedeutsam, bedeutend
vyznačovať sa sich kennzeichnen (*čím* durch etw A)
význam 1 zmysel e Bedeutung (≈, en), r Sinn ((e)s, e); *to nemá* ~ das hat keinen Sinn **2** váha e Bedeutung (≈, 0), s Gewicht ((e)s, 0); *mať (veľký)* ~ von (großer) Bedeutung sein
vyznamenanie e Auszeichnung (≈, en)
vyznamenať udeliť vyznamenanie aus¦zeichnen (*koho čím* j-n mit etw D al. *za čo* für etw A); ~ **sa** sich aus¦zeichnen (*čím* durch etw A)
významn¦ý(e) 1 dôležitý bedeutend, bedeutsam **2** rozsiahly bedeutend, beträchtlich **3** pohľad vielsagend <viel sagend>
vyznať 1 priznať bekennen*, gestehen* **2** vyjadriť erklären, gestehen*; ~ *komu lásku* j-m seine Liebe erklären; ~ **sa 1** orientovať sa sich aus¦kennen*; *tu sa nevyznám* ich kenne mich hier nicht aus **2** dobre ovládať sich verstehen (*v čom* auf etw A)
vyzuť sa sich D die Schuhe aus¦ziehen*
výzva 1 e Aufforderung (≈, en), r Aufruf ((e)s, e), e Proklamation (≈, en) **2** telefónna e Vor¦anmeldung (≈, en)
vyzváňať läuten, klingen
vyzvať auf¦fordern, auf¦rufen* (*koho na čo* j-n zu etw D)
vyzvedač r Späher (s, ≈), r Spitzel (s, ≈), r Spion (s, e)

TUV

vyzvedať spionieren, Spionage treiben*; ~ **sa** aus¦fragen
vyzývav¦ý(o) herausfordernd, provokativ [provoka'ti:f]
vyžadovať erfordern, naliehavo verlangen
vyžehliť aus¦bügeln
vyžiadať (si) 1 požiadať (sich) ausbitten*, (sich) erbitten* (*čo od koho* etw von j-m) **2** vynútiť (er)fordern; ~ *obete* Opfer fordern
výživa 1 potrava e Nahrung (≈, en) **2** stravovanie e Ernährung (≈, 0)
výživné r Unterhaltsbeitrag ((e)s, ≈̈e), die Alimente MNČ
výživný nahrhaft, Nähr-
vyžmýkať aus¦wringen*
vyžrebovať aus¦losen, verlosen
vzácnosť 1 cennosť e Kostbarkeit (≈, en) **2** jedinečnosť e Rarität (≈, en), e Seltenheit (≈, en), e Einmaligkeit (≈, en)
vzácn¦y(e) 1 cenný kostbar, wertvoll **2** ušľachtilý Edel-, edel; ~ *kov* s Edelmetall **3** zriedkavý selten, rar; *–y hosť* ein seltener Gast, ein ge¦ehrter Gast
vzadu hinten
vzájomn¦ý(e) gegenseitig, wechselseitig
vzbudiť vyvolať erwecken, hervor¦rufen*; ~ *pochybnosti* Zweifel erwecken
vzbura e Revolte [re'voltə] (≈, en), r Widerstand ((e)s, ≈̈e)
vzbúriť sa revoltieren [revol'ti:rən], sich erheben* (*proti komu/čomu* gegen j-n/etw)
vzdať 1 prejaviť bezeigen, erweisen*; ~ *česť* Ehre erweisen **2** šport. auf¦geben*; ~ **sa 1** auf¦geben* (*čoho* etw A), verzichten (*čoho* auf etw A) **2** kapitulovať sich ergeben*, kapitulieren; ~ **sa funkcie** eine Funktion niederlegen
vzdelanie e Bildung (≈, 0); *vysokoškolské* ~ e Hochschulbildung
vzdelanosť e Bildung (≈, 0)
vzdelaný gebildet
vzdel(áv)ať (aus)¦bilden, heran¦bilden; ~ **sa** sich (aus)¦bilden

vzdialenosť 1 e Entfernung (≈, en), e Distanz (≈, en) **2** časová r (Zeit)abstand ((e)s, ≈e)
vzdialený 1 ďaleký fern, entfernt **2** odľahlý fern, abgelegen **3** o príbuzných entfernt, weitläufig; ~ *príbuzný* ein entfernter Verwandte
vzdor r Trotz (es, 0); **~ovať** Widerstand leisten, trotzen, widerstehen*
vzduch e Luft (≈, ≈e); *čerstvý* ~ e frische Luft
vzducholoď s Luftschiff ((e)s, e)
vzduchoprázdno s Vakuum [v...] (s, kua al. kuen)
vzduchoprázdny luftleer
vzduchotesn|ý(e) luftdicht, hermetisch
vzduchovka s Luftgewehr ((e)s, e)
vzdušn|ý 1 Luft-; *–á čiara* e Luftlinie **2** luftig; *–é oblečenie* luftige Kleidung
vzdychať seufzen, ächzen, stöhnen
vzhľad s Aussehen (s, 0)
vzhľadom PREDL in bezug <B...> auf etw A, bezüglich G, hinsichtlich G, angesichts G, in Anbetracht
vzhliadnuť auf|blicken, hoch|schauen
vzchopiť sa sich auf|raffen
vziať 1 nehmen*; ~ *niečo do ruky* etw in e Hand nehmen; ~ *niekoho za ruku* j-n bei der Hand nehmen **2** odobrať ab|nehmen*, weg|nehmen* **3** prijať auf|nehmen*; *vzali ho na univerzitu* er wurde an die Universität aufgenommen **4** prevziať übernehmen*; ~ *si čo na starosť* die Sorge für etw übernehmen **5** zobrať so sebou mit|nehmen*
vziať sa 1 objaviť sa her|kommen* (i.); *kde si sa tu vzal?* wie bist du hergekommen? **2** zosobášiť sa heiraten, die Ehe schließen*
vziať si 1 nehmen*; ~ *dovolenku* Urlaub nehmen **2** o jedle zu|greifen*; *vezmite si!* greifen Sie zu! **3** zosobášiť sa heiraten; *vzala si ho za muža* sie hat ihn geheiratet
vzkriesiť auf|erwecken
vzkypieť hoch|gehen (i.), auf|wallen (i.), auf|brausen (i.)
vzletn|ý(e) schwungvoll
vzlietnuť auf|fliegen* (i.), hoch|fliegen* (i.)
vzlykať schluchzen
vzmáhať sa auf|schwingen*, wachsen* (i.)
vznášať sa 1 schweben **2** stúpať auf|steigen* (i.)
vznešený erhaben*, vornehm
vznetlivý 1 entzündbar, entzündlich **2** o človeku erregbar, reizbar
vzniesť sa empor|steigen* (i.), auf|steigen* (i.)
vznietiť sa sich entzünden, in Brand geraten* (i.)
vznik e Entstehung (≈, 0), r Ursprung ((e)s, ≈e)
vzniknúť entstehen* (i.), auf|kommen* (i.), vytvoriť sa sich bilden
vzoprieť šport. stemmen, heben*; **~ sa** sich auf|lehnen, sich sträuben (*proti čomu* gegen etw A), sich widersetzen (*proti čomu* einer Sache G)
vzor 1 príklad s Vorbild ((e)s, er) **2** r Typ (s, en), s Muster (s, ≈)
vzorec e Formel (≈, n)
vzorka 1 e Probe (≈, n), s Muster (s, ≈) **2** obrazec s Muster (s, ≈)
vzorn|ý(e) musterhaft, vorbildlich, Muster-; ~ *žiak* ein musterhafter Schüler
vzostup r Aufstieg ((e)s, e), r Anstieg ((e)s, e); **~ný** (auf)steigend
vzpieranie šport. s Gewichtheben (s, 0), s Stemmen (s, 0)
vzpierať sa sich widersetzen, sich sträuben (*komu/čomu* j-m/etw)
vzplanúť auf|lodern (i.), auf|flammen (i.)
vzpriamen|ý(e) aufrecht, aufgerichtet, gerade
vzpriamiť sa sich aufrichten
vzpružiť auf|muntern, auf|heitern
vzrast telesný r Wuchs (es, 0), e Gestalt (≈, en)
vzrastať steigen* (i.), sich erhöhen, an|wachsen (i.)
vzrušenie e Erregung (≈, en), e Auf-

regung (≈, en)
vzrušen|ý(e) erregt, aufgeregt
vzruš|iť erregen, aufregen; **–ujúci** aufregend, spannend
vzťah 1 e Beziehung (≈, en), s Verhältnis (ses, se) **2** k veci e Einstellung (≈, en); *mať dobrý ~ k práci* eine gute Einstellung zur Arbeit haben
vzťahovať sa sich beziehen (*na čo* auf etw A)
vzťažný lingv. relativ
vztýčiť 1 vzpriamiť auf|richten, erheben **2** vytiahnuť nahor auf|ziehen*, empor|ziehen*, vlajku hissen
vždy immer, stets
vžiť sa 1 sich ein|leben, sich hinein|finden* **2** stať sa bežným sich ein|bürgern

Z

z, zo 1 aus D, von D; *~ domu* aus dem Haus; *je ~ Viedne* er kommt* aus Wien; *~ dreva* aus Holz; *jeden ~ vás* einer von euch; *poznám ho ~ minulosti* ich kenne* ihn von früher **2** in D; *skladať skúšku ~ matematiky* eine Prüfung in Mathematik ablegen
za 1 miest. hinter kde? D, kam? A, an kde? D, kam? A, um A; *sedieť ~ kým* hinter j-m sitzen*; *tri kilometre ~ Mníchovom* drei Kilometer hinter München; *mať čo ~ sebou* etw hinter sich haben*; *sedieť ~ stolom* am Tisch sitzen*; *zahnúť ~ roh* um die Ecke biegen* **2** čas. v priebehu während G, bei D, zu D, an D, in D, unter D; *~ jej vlády* während ihrer Herrschaft al. unter ihrer Herrschaft; *~ svitu mesiaca* bei Mondschein; *~ čias Karola Veľkého* zu Zeiten des Karl des Großen; *~ bieleho dňa* am hellichten Tag; *~ tmy* in der Dunkelheit **3** za istý čas in D, nach D; *~ rok* in/nach einem Jahr; *~ chvíľu* nach einer Weile **4** namiesto koho statt G *~ brata* statt des Bruders, *~ Svena* statt Sven **5** slovesné väzby für A; *hanbiť sa ~ koho* sich für j-n schämen al. sich j-es schämen; *bojovať ~ spravodlivosť* für Gerechtigkeit kämpfen; *zaplatiť ~ čo/koho* für etwas/j-n bezahlen; *hovoriť ~ koho* für j-n sprechen* **6** pri slovesách s predponou nach-; *utekať ~ kým* j-m nach|laufen*, *pozerať sa ~ kým* j-m nach|sehen, *smútiť ~ kým/čím j-m/etw* D nach|trauern; **vziať si koho ~ muža** al. **ženu** j-n heiraten
zabaliť ein|packen, verpacken
zábav|a e Unterhaltung (≈, en), r Spaß (es, ⁼e), s Vergnügen (s, ≈); *dobrú, príjemnú –u!* gute, angenehme Unterhaltung! al. viel Vergnügen!
zábavn|ý(e) unterhaltsam, lustig, amüsant
záber fot. e Aufnahme (≈, n)
zabezpečenie e Sicherung (≈, 0), e Gewährleistung (≈, 0); *~ občianskych práv* e Gewährleistung der bürgerlichen Rechte
zabezpečiť sichern, gewährleisten
zabiť 1 človeka töten, um|bringen*, erschlagen* **2** dobytok schlachten, dravú zver erlegen **3** klinec ein|schlagen*; **~ sa 1** prísť o život um|kommen* (i.) **2** spáchať samovraždu sich töten, sich um|bringen*, Selbstmord begehen*
zablatený beschmutzt, von Kot bedeckt
zablúdiť sich ver|irren, sich verlaufen*
zabočiť ab|biegen* (i.); *~ doprava* nach rechts abbiegen
zabodnúť ein|stechen*
zaboriť sa ein|sinken* (i.); *~ až po kolená do blata* bis an die Knie in den Schlamm einsinken
zábradlie s Geländer (s, ≈)
zábrana 1 zariadenie e Schranke (≈, n) **2** psychická e Hemmung (≈, en)
zabrániť verhindern, ver|eiteln, ab|wenden* (*čomu* etw A); *~ katastrofe* eine Katastrophe abwenden al. verhindern
zabrať 1 obsadiť besetzen, okkupieren **2** miesto ein|nehmen* **3** hovor. aktívne rea-

govať reagieren, an|beißen* **4** zúžiť oblečenie enger machen, skrátiť oblečenie kürzer machen
zábudlivý vergeßlich <...ss...>, leicht vergessend
zabudnúť vergessen* (*na koho/čo* j-n/etw A); *nezabudni na to!* vergiß* <...ss> das nicht!
záclona e Gardine (≈, n)
zaclonit' 1 beschatten **2** fot. blenden
začiatkom PREDL s G am Anfang, anfangs, zu Beginn
začiatočn|ík r Anfänger (s, ≈); **–ý** Anfangs-, anfänglich
začiatočný anfänglich, Anfangs-
začiat|ok r Anfang ((e)s, ≈e), r Beginn ((e)s, e); *od –ku* von Anfang an; *na –ku* am Anfang; *~ koncertu* r Beginn des Konzerts
začí|nať beginnen*, an|fangen*; *–na pršať* es fängt an zu regnen
začuť hören, vernehmen*
zadarmo bezplatne umsonst, gratis, kostenlos, kostenfrei, unentgeltlich; **vstup ~** Eintritt frei
zad(áv)ať 1 prácu ap. vergeben* **2** domácu úlohu auf|geben*
zadn|ý hinter, Hinter-, Rück-; *–é sedadlo* r Rücksitz
zad|ok 1 opak predok s Hinterteil ((e)s, e), r hintere Teil ((e)s, e) **2** anat. r Hintern (s, ≈), s Gesäß (es, e), hovor. r Po (s, s); *dať komu po –ku* j-m ein paar auf den Hintern geben; *kopnúť koho do –ku* j-n in den Hintern treten
zadosťučinenie e Genugtuung (≈, en)
zadržať 1 zastaviť, zdržať an|halten*, zurück|halten; *~ dych* den Atem anhalten **2** zabrániť v odchode auf|halten*, zurück|halten* **3** zamlčať, potlačiť zurück|halten* **4** zlodeja ergreifen*
zadusiť usmrtiť ersticken, erwürgen
zadýchať sa außer Atem kommen* (i.)
záhada s Rätsel (s, ≈), s Geheimnis (ses, se)
záhadn|ý(e) rätselhaft, geheimnisvoll
zaháľať faulenzen
zahanbený beschämt, blamiert
zahanbiť beschämen, demütigen; **~ sa** sich blamieren, sich bloß|stellen
zahĺbiť (sa) (sich) vertiefen (*do čoho* in etw A)
zahnať 1 odohnať vertreiben*, verjagen **2** utíšiť stillen; *~ hlad, smäd* den Hunger, den Durst stillen
zahnúť 1 ohnúť ein|biegen* **2** odbočiť (ein)|biegen* (i.), ab|biegen* (i.)
zahojiť sa heilen (i.), verheilen (i.)
záhon s Beet ((e)s, e)
zahovoriť (si) bestellen, reservieren [...v...], buchen; *~ lístky do divadla, stôl (v reštaurácii)* Theaterkarten, einen Tisch (im Restaurant) bestellen al. reservieren; *~ let* einen Flug buchen
zahrabať ein|graben*, vergraben*
záhrad|a r Garten (s, ≈); *zoologická ~* r zoologische Garten, skr. r Zoo; **–ka 1** malá záhrada s Gärtchen (s, ≈) **2** hovor. na aute r Dachgepäckträger (s, ≈)
záhradka pred domom r Vorgarten (s, ≈)
záhradkár r Kleingärtner (s, ≈)
záhradníctvo 1 pestovanie r Gartenbau ((e)s, 0) **2** podnik e Gärtnerei (≈, en)
záhradník r Gärtner (s, ≈)
záhradn|ý Garten-; *–á reštaurácia* s Gartenrestaurant
zahraničie s Ausland ((e)s, 0); *cestovať do ~* ins Ausland reisen
zahraničný ausländisch, Auslands-, Außen-; *ministerstvo ~ch vecí* s Außenministerium, s Auswärtige Amt; *~ obchod* r Außenhandel
zahrať (si) spielen
zahriať (sa) (sich) erwärmen
zahrn|úť započítať ein|beziehen*, ein|schließen*, *raňajky sú –uté v cene* s Frühstück ist im Preis eingeschlossen al. einbegriffen
záhyb e Falte (≈, n), r Falz (es, e)
zahynúť um|kommen* (i.), ums Leben kommen* (i.)
zachádzať 1 za roh ap. (ein)|biegen* (i.) **2** o slnku unter|gehen* (i.) **3** preháňať trei-

ben*; ~ *do extrému* etw bis zum Extrem treiben **4** zaobchádzať um¦gehen* (i.), behandeln (*s kým/čím* j-n/etw); *nevie ~ s peniazmi* er kann nicht mit Geld umgehen

záchod e Toilette [toa'letə] (≈, n), s Klosett (s, s al. e), hovor. s Klo (s, s); *ísť na ~* auf die Toilette gehen, hovor. aufs Klo gehen

zachovan|ý(e) (gut) erhalten, wohlerhalten

zachovať **1** zachrániť pred zánikom erhalten* **2** dodržať bewahren, ein¦halten*; ~ *čo v pamäti* etw im Gedächtnis bewahren; **~ sa 1** udržať sa sich erhalten* **2** zaujať postoj sich verhalten*; ~ *sa správne* sich richtig verhalten

záchran|a e Rettung (≈, 0); **–ca** r Retter (s, ≈)

zachrániť (sa) (sich) retten; *zachrániť komu život* j-m s Leben retten

záchranka hovor. e Ambulanz (≈, en), r Sanitätswagen (s, ≈), r Rettungswagen (s, ≈)

záchrann|ý Rettungs-; *–á služba* r Rettungsdienst; ~ *čln* Rettungsboot; *–á vesta* e Rettungsweste, e Schwimmweste; **–á brzda** e Notbremse

zachrípnut|ý(o) heiser; ~ *hovoriť* heiser sprechen*

záchvat r Anfall ((e)s, ≈e); *srdcový ~* r Herz¦anfall

zachytiť **1** zadržať ergreifen*, (er)fassen **2** televízny signál ap. auf¦fangen* **3** náhodne počuť mit¦bekommen*, hovor. auf¦schnappen; ~ *čie slová* j-s Worte mitbekommen* **4** zaznamenať auf¦nehmen*; **~ sa 1** pridržať sa sich fest¦halten* **2** uviaznuť hängen¦bleiben* <hängen bleiben> (i.)

zaistiť **1** zabezpečiť sichern; ~ *nocľah* e Unterkunft sichern **2** zatknúť verhaften, fest¦nehmen*

zajac r Hase (n, n)

zajať gefangen¦nehmen* <gefangen nehmen>, fangen*

zajatec r Gefangene (n, n)

zajatie e Gefangenschaft (≈, 0)

zájazd e Gruppenreise (≈, n)

záj|sť **1** kam (irgendwohin) fahren* (i.), hin¦fahren* (i.) **2** zastaviť sa po niekoho/po niečo holen (*po koho/čo* j-n/etw); ~ *po lekára* den Arzt holen **3** na návštevu vorbei¦kommen* (*ku komu* bei j-m) (i.); *–di k nám niekedy!* komm mal bei uns vorbei! **4** krátko autom, hovor. vorbei¦fahren* (i.); *musíme ešte ~ do lekárne* wir müssen noch bei der Apotheke vorbeifahren

zajtra morgen; ~ *ráno* morgen früh

zajtraj|šok r morgige Tag, morgen; *od –ška* ab morgen; **–ší** morgig; *–ší dátum* das morgige Datum

zákal lek. r Star ((e)s, e); *šedý ~* r graue Star

zakáľačka **1** s (Schweine)schlachten (s, 0), e Schlachtung (≈, en), s (Ab)-schlachten (s, 0) **2** s Schlachtfest (es, e)

zákaz s Verbot ((e)s, e); ~ *zastavenia* s Halteverbot

zakázan|ý verboten, untersagt; *fajčenie –é* Rauchen verboten; *vstup ~* Zutritt verboten

zakázať verbieten*, untersagen (*komu čo* j-m etw A)

zákazka e Bestellung (≈, en), r Auftrag ((e)s, ≈e)

zákazník r Kunde (n, n)

zakaždým jedesmal

zákern|ý(e) hinterlistig, meuchlerisch, hinterhältig, (heim)tückisch

základ **1** e Grundlage (≈, n), e Basis (≈, Basen), s Fundament ((e)s, e) **2** stavebný s Fundament ((e)s, e), e Grundmauer (≈, n)

zakladateľ r (Be)gründer (s, ≈)

základňa **1** spodná plocha e Grundfläche (≈, n), e Basis (≈, Basen) **2** vojenská e Militärbasis (≈, Basen), r Stützpunkt ((e)s, e), r Militärstützpunkt ((e)s, e)

základn|ý Grund-, grundlegend, elementar; *–á škola* e Grundschule; ~ *kameň* r Grundstein; ~ *rozdiel* r grundlegende Unterschied

zaklopať (an)|klopfen; ~ *na dvere* an die Tür klopfen
záklopka e Klappe (≈, n)
zákon s Gesetz (es, e); *prekročiť* ~ das Gesetz überschreiten* al. gegen das Gesetz verstoßen*; cirk. **Starý, Nový ~** s Alte, s Neue Testament
zakončiť be|enden, (ab)|schließen*
zákonit|ý(e) gesetzmäßig, gesetzlich
zákonník s Gesetzbuch ((e)s, ≈er), e Gesetz(es)sammlung (≈, en); *občiansky* ~ s Bürgerliche Gesetzbuch
zákonný gesetzlich, gesetzmäßig, legal
zákonodarný gesetzgebend, legislativ
zakopať do zeme vergraben*, ein|graben*
zakopnúť stolpern (*o čo* über etw A)
zakročiť ein|schreiten* (i.), ein|greifen*
zákrok 1 s Eingreifen (s, 0), s Einschreiten (s, 0), e Intervention [inteven'cjo:n] (≈, en) **2** lek. r Eingriff ((e)s, e)
zakrý(va)ť 1 prikryť zu|decken, bedecken **2** zastrieť verdecken; ~ *výhľad* e Aussicht verdecken **3** utajiť verbergen*, verheimlichen
zákulis|ie 1 div. e Hinterbühne (≈, n), r Hintergrund ((e)s, ≈e) **2** obraz. pozadie r Hintergrund ((e)s, 0); **v –í** hinter den Kulissen
zakúriť ein|heizen
zákusok s Dessert [de'se:ɐ/de'sert] (s, s), r Nachtisch (es, 0)
zalepiť zu|kleben, verkleben; ~ *list* einen Brief zukleben
záleži|ať závisieť ab|hängen* (*na kom/čom* von j-m/etw), an|kommen* (i.) (*na kom/čom* auf j-n/etw), liegen* (*na kom/čom* an j-m/etw); *to –í iba na tebe* das liegt nur an al. das hängt nur von dir ab; **dať si na niečom ~** sich etw angelegen sein* lassen*, auf etw großen Wert legen
záležitosť e Angelegenheit (≈, en), e Sache (≈, n); *súkromná* ~ e Privatangelegenheit al. e Privatsache
zalievať 1 kvety ap. (be)gießen* **2** obliať übergießen*; ~ *čaj(ové lístky) vriacou vodou* e Teeblätter mit kochendem Wasser übergießen **3** tech. odstrániť škáry aus|gießen*
zaliezť sich verkriechen*
záliv e Bucht (≈, en), r Golf ((e)s, e)
záloha 1 rezerva e Reserve [...və] (≈, n) **2** šport. vo futbale e Läuferreihe (≈, n) **3** finančný preddavok r Vorschuß <...ss> (sses, ≈sse), e Anzahlung (≈, en) **4** na fľaše ap. s Pfand (es, ≈er)
založiť 1 umiestniť stellen, legen **2** skrátiť látku ein|schlagen* **3** nemôcť nájsť verlegen **4** vytvoriť gründen **5** vziať za základ auf|bauen (*na čom* auf etw D); ~ *žalobu na posudku* die Anklage auf einem Gut|achten aufbauen **6** dať ako záloh verpfänden
záložka do knihy s Lesezeichen (s, ≈)
záložňa s Leih|amt ((e)s, ≈r), s Leihhaus (es, ≈er)
záľub|a e Vorliebe (≈, 0), r Gefallen (s, 0); *mať –u v čom* Geschmack an etw D finden
zaľúbiť sa sich verlieben (*do koho* in j-n)
zamastiť fett(ig) machen, mit Fett beschmieren
zamat r Samt ((e)s, e)
zamazať 1 zašpiniť schmutzig machen, beschmutzen, beschmieren; ~ *si ruky* sich die Hände schmutzig machen **2** zatrieť verschmieren, vergipsen, verputzen; **~ sa** sich schmutzig machen, sich beschmutzen, sich beschmieren
zameniť verwechseln; ~ *krstné mená* die Vornamen verwechseln
zameniteľný o mene umtauschbar
zámeno s Pronomen (s, ≈), s Fürwort ((e)s, ≈er)
zámer e Absicht (≈, en), s Vorhaben (s, ≈)
zamerať sa sich konzentrieren (*na čo* auf etw A)
zámern|ý(e) absichtlich, vorsätzlich
zamestnanec r Angestellte (n, n)

zamestnanie **1** pracovný pomer r Berụf ((e)s, e), e Beschạ̈ftigung (≈, en), e Arbeit (≈, en); *aké je vaše ~?* was sind* Sie vom Beruf?; *hľadať ~* Arbeit suchen; *vedľajšie ~* r Nebenberuf **2** činnosť e Beschạ̈ftigung (≈, en), e Betạ̈tigung (≈, en)
zamestnaný **1** v pracovnom pomere berụfstätig, erwẹrbstätig, beschạ̈ftigt **2** zaneprázdnený beschạ̈ftigt, tätig
zamestnať **1** prijať do zamestnania an¦stellen, beschạ̈ftigen **2** poveriť prácou beschạ̈ftigen (*koho čím* j-n mit etw D)
zamestnávateľ r Arbeitgeber (s, ≈)
zametač r Feger (s, ≈), r Kehrer (s, ≈); *~ ulíc* r Straßenkehrer
zametať fegen, kehren
zámienk|a r Vorwand ((e)s, ≈e), r Scheingrund ((e)s, ≈e); *pod –ou* unter dem Vorwand
zamietnuť ab¦schlagen*, zurụ̈ck¦weisen*, ab¦lehnen
zamilovať sa sich verlịeben (*do koho* in j-n)
zámka s (Tür)schloß <...ss> (sses, ≈sser); *bezpečnostná ~* s Sicherheitsschloß; *visacia ~* s Vorhängeschloß
zamknúť ab¦schließen*, zu¦schließen*, zu¦sperren
zamknutý geschlọssen, verschlọssen
zamlčať verschwẹigen*, verhẹimlichen
zámočník r Schlosser (s, ≈)
zámok s Schloß <...ss> (sses, ≈sser)
zámorie e Übersee (≈, 0)
zamoriť nákazou versẹuchen, škodlivou látkou verpẹsten; *~ ovzdušie* e Luft verpesten
zámorský übersee¦isch, Übersee-
zamotať **1** zabaliť ein¦wickeln **2** zauzliť verwịckeln, verknọten **3** skomplikovať kompliziẹren; *~ sa* sich verwịckeln, sich verfạngen
zámožný wohlhabend, vermọ̈gend
zamračený **1** bewọ̈lkt **2** o človeku finster, düster
zamračiť sa **1** o oblohe sich bewọ̈lken **2** o tvári sich verfịnstern
zamrz|núť gefrieren* (i.), ein¦frieren* (i.), zu¦frieren* (i.); *zem –la* der Boden ist gefroren; *rieka –la* der Fluß <...ss> ist zugefroren; *vodovod –ol* e Wasserleitung ist eingefroren
zamrznutý eingefroren, zugefroren
zamyslen|ý(e) nachdenklich
zamyslieť sa nach¦denken*, nachdenklich werden* (i.)
zanedban|ý(e) vernạchlässigt
zanedb(áv)ať vernạchlässigen
zanechať **1** opustiť zurụ̈ck¦lassen* **2** odkázať v dedičstve hinterlạssen* **3** prestať lassen*, auf¦geben* (*čo* etw A); *~ fajčenie* s Rauchen aufgeben
zaneprázdnený beschạ̈ftigt
zan|iesť **1** doniesť (hin)¦tragen*, (hin)¦bringen* **2** upchať verstọpfen; *odpad je –esený* r Ausguß <...ss> ist verstopft **3** kniž. zaevidovať ein¦tragen*
zánik **1** r Untergang ((e)s, 0) **2** r Zusammenbruch (es, 0) **3** práv. s Erlöschen (s, 0)
zaniknúť **1** prestať existovať zugrụnde¦gehen* <aj zu Grụnde...> (i.), unter¦gehen* (i.) **2** stratiť sa sich verlịeren*, erlọ̈schen*
zaoberať sa sich beschạ̈ftigen, sich befassen (*čím* mit etw D)
zaobstara|ť (si) (sich) an¦schaffen, besọrgen; *–li sme si nový nábytok* wir haben uns neue Möbel angeschafft
zaokrúhliť **1** zaobliť (ab)¦runden **2** mat. hore auf¦runden, dole ab¦runden
zaopatriť versọrgen
zaostalý rückständig, zurụ̈ckgeblieben
západ **1** svetová strana r Westen (s, 0); *na ~* nach Westen **2** slnka ap. r Untergang ((e)s, 0) **3** západná civilizácia r Okzident (s, 0); **~ný** westlich, West-
zapad|núť **1** uviaznuť versịnken* (i.), ein¦sinken* (i.); *–li sme v snehu* wir sind* im Schnee eingesunken **2** o slnku unter¦gehen* (i.) **3** pokryť sa sich bedẹcken, snehom ein¦schneien **4** hlučne

WXYZ

zapadnúť, napr. dvere zu¦fallen **5** prispôsobiť sa sich ein¦ordnen, sich ein¦fügen; *rýchlo ~ (do mužstva)* sich rasch (in die Mannschaft) einfügen
zápach r Gestank ((e)s, 0), übler Geruch ((e)s, ≈e)
zapáchať stinken*
zápal 1 e Entzündung (≈, en); *~ pľúc* e Lungen¦entzündung; *~ priedušiek* e Bronchitis **2** nadšenie e Begeisterung (≈, 0), e Verzückung (≈, en)
zapáliť 1 oheň an¦zünden, an¦brennen*; *~ sviečku, cigaretu* eine Kerze, Zigarette anzünden **2** spôsobiť požiar in Brand setzen; **~ sa 1** vznietiť sa sich entzünden, in Feuer geraten* (i.) **2** nadchnúť sa sich begeistern (*pre čo* für etw A)
zápalka s Streichholz ((e)s, ≈er), s Zündholz (es, ≈er)
zapaľovač s Feuerzeug ((e)s, e)
zapamätať si sich merken, im Gedächtnis behalten*
zapárať necken (*do koho* j-n)
zápas 1 boj r Kampf ((e)s, ≈e) **2** šport. r Wettkampf ((e)s, ≈e), s Treffen (s, ≈) **3** šport. v loptových hrách s Spiel (s, e); **~iť 1** bojovať kämpfen **2** šport. ringen* **3** pretekať sa wett¦eifern; **~ník** šport. r Ringer (s, ≈)
zápästie s Handgelenk ((e)s, e), e Handwurzel (≈, n)
zapečatiť versiegeln
zápcha 1 zatarasenie e Verstopfung (≈, en), r Stau ((e)s, s); *dopravná ~* r Verkehrsstau **2** lek. e Verstopfung (≈, en)
zapchať verstopfen
zápis 1 e Einschreibung (≈, en), na univerzitu e Immatrikulation (≈, en) **2** úradný záznam r Eintrag ((e)s, ≈e), r Vermerk ((e)s, e); **~né** e Einschreib(e)gebühr (≈, en)
zapísať ein¦schreiben*, ein¦tragen*, immatrikulieren; **~ sa** sich ein¦schreiben*, sich ein¦tragen, sich immatrikulieren lassen; *~ sa na univerzitu* sich an einer Universität einschreiben od. immatrikulieren lassen
zápisník s Notizbuch ((e)s, ≈er)
záplata r Flicken (s, ≈), r Fleck ((e)s, e)
zaplat¦iť 1 bezahlen, zahlen; *~ čo šekom, v hotovosti* etw mit einem Scheck, (in) bar bezahlen; *–íme!* wir möchten* zahlen! **2** doplatiť büßen (*za čo* für etw A); *~ životom* mit dem Leben büßen
záplava e Überschwemmung (≈, en), s Hochwasser (s, 0)
zaplaviť überschwemmen, überfluten
zápletka e Verwicklung (≈, en)
zapnúť 1 prístroj ein¦schalten **2** gombíky zu¦knöpfen
zápočet s Testat ((e)s, e)
zapojiť 1 tech. ein¦schalten, pripojiť an¦schließen* **2** do kolektívu ap. ein¦gliedern; **~ sa** sich an¦schließen* (*do čoho* einer Sache D), sich ein¦fügen (*do čoho* in etw A), mit¦machen (*do čoho* etw A); *~ do spoločnosti* sich einer Gemeinschaft anschließen, sich in eine Gemeinschaft einfügen
zápor 1 nesúhlas e Verneinung (≈, en) **2** nedostatok r Nachteil ((e)s, e); *klady a ~y* Vor- und Nachteile **3** lingv. e Negation (≈, 0 al. en)
záporn¦ý(e) verneinend, ablehnend, negativ
zapôsobiť wirken, (eine) Wirkung haben* (*na koho/čo* auf j-n/etw)
zaprášený staubig, verstaubt
zápražka kuch. e Einbrenne (≈, n), e Mehlschwitze (≈, n)
zaprieť (ver)leugnen; *dať sa ~* sich verleugnen lassen*
zarábať verdienen; *~ si na živobytie* seinen Lebens¦unterhalt verdienen
zaradiť (sa) (sich) ein¦reihen, (sich) ein¦ordnen
zaradiť meniť rýchlosť schalten
zaraz¦iť 1 vraziť ein¦stoßen*, ein¦rammen **2** prudko zastaviť hovor. (an)¦halten*, ein¦stellen **3** nepríjemne prekvapiť befremden, stutzig machen; *jeho správanie ma –ilo* sein Benehmen befremdete

mich
zárez r Einschnitt ((e)s, e), e Kerbe (≈, n)
zariadenie 1 tech. prístroj e Anlage (≈, n) **2** bytu e Einrichtung (≈, en) **3** inštitúcia e Einrichtung (≈, en), e Institution (≈, en)
zariadiť 1 obstarať sorgen (*čo* für etw A), ein|richten, bewerkstelligen **2** byt ein|richten, möblieren; **~ sa 1** o byte sich ein|richten **2** prispôsobiť sa sich richten (*podľa koho/čoho* nach j-m/etw)
zarmútiť betrüben, bekümmern
zármutok r Kummer (s, 0), r Gram ((e)s, 0), e Trauer (≈, 0)
zárobok r Verdienst ((e)s, e)
zárodok r Keim ((e)s, e), ľudský s Embryo (s, s al. onen)
zároveň gleichzeitig, zugleich
zárubňa s Türfutter (s, ≈), e Türeinfassung (≈, en)
zaručiť bürgen (*čo* für etw A), garantieren
záručn|ý Garantie-; ~ *list* r Garantieschein; *–á lehota* e Garantiefrist al. Garantiezeit
záruka 1 na tovar e Garantie (≈, ien) **2** istota e Garantie (≈, ien), e Gewähr (≈, 0), e Bürgschaft (≈, en)
zasa wieder; *už* ~ schon wieder
zásad|a[1] r Grundsatz (es, ≈̈e), s Prinzip (s, ien); *zo –y* aus Prinzip, prinzipiell
zásad|a[2] chem. e Base (≈, n), s Alkali (s, Alkalien); **–itý** alkalisch
zasadac|í 1 Sitz-; ~ *poriadok* e Sitz|ordnung **2** vzťahujúci sa na zasadanie Sitzungs-; *–ia sála* r Sitzungssaal
zasadanie e Tagung (≈, en), e Sitzung (≈, en)
zasadať tagen, eine Tagung al. Sitzung ab|halten*
zasadiť 1 umiestniť ein|setzen **2** rastlinu ein|pflanzen, ein|setzen **3** spôsobiť ujmu versetzen
zasadiť sa sich ein|setzen, ein|treten (*za koho/za čo* al. *o čo* für j-n/für etw A)
zásadn|ý(e) grundsätzlich, prinzipiell
zásadový prinzipienfest, konsequent
zasiahnuť 1 trafiť treffen* **2** postihnúť treffen*, heim|suchen **3** zakročiť ein|greifen* (*do čoho* in etw A), ein|schreiten* (i.) (*proti komu/čomu* gegen j-n/etw)
zásielka e Sendung (≈, en)
zasklíť (neu) verglasen
zaskrutkovať zu|schrauben, ein|schrauben; ~ *žiarovku* eine Glühbirne einschrauben
zaslať (ein)|senden*, schicken
zásluha r Verdienst (es, e)
zaslúžiť (si) verdienen, wert sein; **~ sa** sich verdient machen (*o čo* um etw A)
zasnúb|enie e Verlobung (≈, en); **–iť sa** sich verloben
zásoba r Vorrat ((e)s, ≈̈e), r Bestand ((e)s, ≈̈e); **slovná ~** r Wortschatz
zásobiť (sa) (sich) versorgen (*koho čím* j-n mit etw D)
zaspať 1 začať spať ein|schlafen* (i.) **2** zmeškať verschlafen* (*čo* etw A)
zastaran|ý(o) ver|altet, altmodisch, überholt
zastať sa ein|treten* (i.) (*koho/čoho* für j-n/etw A)
zástava e Fahne (≈, n)
zastávať 1 miesto, funkciu aus|üben, versehen* **2** názor vertreten; ~ *názor* eine Meinung, Ansicht vertreten
zastaviť 1 dopravný prostriedok an|halten*, stoppen; ~ *auto* einen Wagen anhalten **2** chod ab|stellen, außer Betrieb setzen; **môžete mi tu ~?** können* Sie mich hier absetzen?
zastav|iť sa 1 zostať stáť stehen|bleiben* <stehen bleiben> (i.), halten* **2** vykonať krátku návštevu vorbei|kommen* (i.) (*u koho* bei j-m); *–te sa u nás* kommen Sie bei uns vorbei **3** prísť po ab|holen (*po koho/čo* j-n/etw A)
zastávka stanica e Haltestelle (≈, n), e Station (≈, en)
zastehovať zusammen|heften
zástera e Schürze (≈, n)

WXYZ

zastihnúť an|treffen*, erreichen; ~ *koho doma* j-n Hause antreffen
zástrčka 1 tech. r Stecker (s, ≈) **2** závora na bráne r Riegel (s, ≈)
zastreliť (sa) (sich) erschießen*
zástup 1 dav e Menge (≈, n) **2** rad e Reihe (≈, n)
zástupca v rôznych významoch r (Stell)-vertreter (s, ≈); **právny ~** r Rechts|-anwalt
zastúpiť v rôznych významoch vertreten*
zastupiteľstvo e Vertretung (≈, en)
zásuvka 1 časť nábytku e Schublade (≈, n) **2** tech. e Steckdose (≈, n)
zásyp r al. s Puder (s, ≈)
zasypať 1 zaplniť zuschütten, verschütten **2** rozsypať bestreuen (*čím* mit etw D) **3** pren. prosbami ap. überschütten, überhäufen
zašiť zu|nähen, vernähen, stopfen
záškrt e Diphtherie (≈, i|en)
zašliapnuť zertreten*
zašpiniť (sa) (sich) beschmutzen, (sich) beschmieren
zať r Schwiegersohn ((e)s, ≈e)
zatáčka e Kurve (≈, n), e Biegung (≈, en)
zatajiť 1 utajiť verheimlichen, verschweigen* **2** zadržať verhalten*, an|-halten*; ~ *dych* den Atem anhalten
zaťat|ý(o) eigensinnig, hartnäckig
zaťaženie e Belastung (≈, en), e Last (≈, en)
zaťažiť belasten (*koho/čo čím* j-n/etw mit etw D)
zatelefonovať an|rufen* (*komu* j-n), telefonieren
zatemniť aj pren. verdunkeln
zatiah|nuť 1 potiahnuť ziehen* (*za čo* an etw D) **2** ťahaním premiestniť schleppen; ~ *auto do servisu* einen Wagen in die Werkstatt schleppen **3** zapliesť verwickeln, hinein|ziehen* (*koho do čoho* j-n in etw A) **4** potiahnuť k sebe zu|-ziehen*; ~ *závesy* e Vorhänge zuziehen **5** pritiahnuť, utiahnuť napr. skrutku an|-ziehen*; **~ sa** o oblohe sich überziehen*; *–lo sa* r Himmel überzog sich mit Wolken
zatiaľ PRÍSL **1** medzitým inzwischen, unterdessen, einstweilen; ~ *to urobím* ich mache das inzwischen **2** predbežne vorläufig, vorderhand, einstweilen; *to je ~ všetko* das ist vorläufig alles **3** nateraz bis jetzt, bis zum heutigen Tag; ~ *som s ním nehovoril* bis jetzt habe ich mit ihm nicht gesprochen; **~ čo** SP čas. während
zátišie s Stilleben <...lll...> (s, 0)
zátka r Pfropfen, r Stöpsel (s, ≈), r Korken (s, ≈), juhonemecky r Kork (s, en)
zatknúť verhaften, fest|nehmen*
zatĺcť 1 pribiť klinec ein|schlagen*, vernageln **2** zabúchať an|pochen, schlagen*, klopfen (*na čo* an etw A) **3** hovor., expr. zaprieť verleugnen
zatmenie e Finsternis (≈, se)
zato dafür
zatočiť 1 zakrútiť drehen **2** hovor. odbočiť ein|biegen* (i.) **3** zvinúť (zusammen)|-rollen **4** hovor. zakročiť an|packen (*s kým* j-n); *poriadne ~ s kým* j-n hart anpacken
zátoka e Bucht (≈, en), r Golf ((e)s, e)
zatriasť schütteln, rütteln
zatrpknut|ý(o) o človeku verbittert
zátvor|ka e Klammer (≈, n); *dať čo do –ky* etw in Klammer(n) setzen
zatykač r Haftbefehl ((e)s, e), r Steckbrief ((e)s, e)
zaučiť an|lernen, ein|arbeiten
zaucho e Ohrfeige (≈, n); *dať komu ~* j-m eine Ohrfeige geben
zauj|ať 1 upútať fesseln, gefangen|nehmen* <gefangen nehmen>; *kniha ho –ala* s Buch fesselte ihn **2** miesto ap. ein|nehmen*; ~ *miesta* Plätze einnehmen **3** postavenie ap. inne|haben*, ein|nehmen*
záuj|em 1 pozornosť e Aufmerksamkeit (≈, 0), s Interesse (s, n al. 0); *vzbudiť u koho ~* j-s Interesse wecken, j-s Aufmerksamkeit erregen **2** sklon s Interesse (s, n), e Neigung (≈, en); *mať spoločné –my* gemeinsame Interes-

sen haben

zaujímať (sa) (sich) interessieren (*o koho/čo* für j-n/etw)

zaujímav|ý(o) interessant, pútavý fesselnd

zaumieniť si sich vornehmen*, einen Vorsatz fassen

zavaliť expr. zahrnúť überhäufen, überschütten (*koho čím* j-n mit etw D); ~ *koho otázkami* j-n mit Fragen überhäufen

zavalitý untersetzt, robust

záváranina s Kompott (es, e), e Konfitüre (≈, n), s Eingemachte (n, 0)

záváran|ý eingemacht, eingelegt; *–é ovocie, –á zelenina* eingemachtes, eingelegtes Obst, Gemüse

zavarený 1 kuch. eingekocht, eingemacht **2** tech. o motore ap. heißgelaufen

zavar|iť 1 ovocie ap. ein|kochen, ein|machen **2** tech. motor ap. heiß|laufen* (i.); *motor sa –il* r Motor ist heißgelaufen

závažie s Gewicht ((e)s, e)

závažný 1 presvedčivý triftig, schwerwiegend <schwer wiegend>; ~ *dôvod* ein triftiger Grund **2** dôležitý bedeutungsvoll, wichtig, belangvoll

záväzn|ý(e) verbindlich, verpflichtend

záväzok e Verpflichtung (≈, en)

závej e Schneeverwehung, e Schneewehe

záver 1 koniec r (Ab)schluß <...ss> (sses, ≈sse), s Ende (s, n); *na ~* zum Schluß **2** úsudok r Schluß <...ss> (sses, ≈sse), e Schlußfolgerung <...ss...> (≈, en); **~ečný** (Ab)schluß- <...ss>; *~ečný prejav* e Schlußrede

záves r Vorhang ((e)s, ≈e)

zavesiť 1 auf|hängen, an|hängen **2** hovor. položiť tel. slúchadlo auf|legen; **~ (telefónne) slúchadlo** den Hörer einhängen al. auflegen

závet s Testament ((e)s, e)

zaviazať 1 zu|binden*, zu|schnüren; ~ *si topánky* e Schuhe zuschnüren **2** obviazať verbinden **3** sľubom ap. verpflichten (*koho k čomu* j-n zu etw D); *to vás predsa k niečomu zaväzuje* das verpflichtet Sie doch zu etwas; **~ sa** sich verpflichten (*k čomu* zu etw D)

závidieť beneiden (*komu čo* j-n um etw A)

zaviesť 1 koho kam hin|führen, hin|bringen* **2** realizovať ein|führen; ~ *letný čas* e Sommerzeit einführen **3** usmerniť lenken, leiten, bringen*; ~ *rozhovor na inú tému* s Gespräch auf ein anderes Thema bringen **4** tech. inštalovať installieren, ein|leiten **5** oklamať irre|führen, täuschen, verleiten

zaviezť fahren*, bringen*; ~ *koho na stanicu* j-n zum Bahnhof bringen al. fahren

závin rak. r Strudel (s, ≈)

zavináč r Rollmops (es, e al. ≈e)

zaviniť verschulden, ver|ursachen

závisieť ab|hängen*, abhängig sein* (i.) (*od koho/čoho* von j-m/einer Sache)

závislý abhängig

závis|ť r Neid ((e)s), *prasknúť od –ti* vor Neid platzen

závistliv|ý(o) neidisch

závit e Windung (≈, en), s Gewinde (s, ≈)

zavlažovať bewässern

závod podnik r Betrieb ((e)s, e), e Firma (en); **~ný** Betriebs-, Werks-; *~ný lekár* r Werk(s)arzt

zavodniť bewässern

závoj r Schleier (s, ≈)

zavolať 1 rufen*, herbei|rufen* **2** zatelefonovať an|rufen* (*komu* j-n); **~ lekára** den Arzt holen (lassen*)

závora 1 e Schranke (≈, n) **2** na dverách r Riegel (s, ≈)

závrat r Schwindel (s, ≈), r Schwindelanfall (es, ≈e), r Taumel (s,0)

zavraždiť ermorden

zavrieť 1 schließen*, hovor. zu|machen; ~ *dvere* e Tür schließen al. zumachen **2** zamknúť verschließen* **3** pomocou uzáveru verschließen; ~ *pohár s lekvárom viečkom* ein Marmeladenglas mit einem Schraubdeckel

verschließen **4** otočením zu¦drehen; ~ *kúrenie* e Heizung zudrehen **5** do miestnosti ein¦schließen* **6** do väzenia ein¦sperren; **~ oči, uši pred čím** die Augen, Ohren vor etwas D verschließen
zázemie s Hinterland ((e)s, 0)
záznam 1 poznámka e Anmerkung (≈, en), e Notiz (≈, en) **2** obrazový e Aufzeichnung (≈, en) **3** zvukový e Aufnahme (≈, n), e Aufzeichnung (≈, en) **4** objednávky e Buchung (≈, en)
zaznamenať 1 poznamenať an¦merken, notieren, vermerken **2** dokumentovať pomocou techniky auf¦nehmen*, auf¦zeichnen **3** rezervovať buchen, vormerken
zázračný 1 konajúci zázraky Zauber- **2** neobyčajný wunderbar, Wunder-
zázrak s Wunder (s, ≈)
zažiť erleben
zážitok s Erlebnis (ses, se)
zbabelec r Feigling (s, e)
zbabel|ý(o) feig(e)
zbadať erblicken, sehen*, bemerken
zbaliť 1 zusammen¦packen, verpacken **2** kufor ein¦packen
zbavi|ť entheben* (*koho/čoho* j-n/etw G); ~ *koho viny* j-n frei¦sprechen*; **~ sa** sich entledigen (*koho/čoho* j-s/etw G), los¦werden (*koho/čoho* j-n/etw A); *takto ho –li všetkých starostí* dadurch hat man ihn aller Sorgen enthoben
zbeh r Überläufer (s, ≈)
zbehlý skúsený erfahren, bewandert
zbehnúť sa 1 zusammen¦laufen* (i.) **2** hovor. prihodiť sa passieren, geschehen; *zbehlo sa to tak rýchlo, že...* es passierte so schnell, dass...
zber s Sammeln (s, 0); ~ *starého papiera* Sammeln von Altpapier; **~ateľ** r Sammler (s, ≈)
zberňa e Sammelstelle (≈, n)
zbežn|ý(e) 1 letmý flüchtig **2** povrchný oberflächlich
zbierať 1 zhromažďovať sammeln **2** úrodu ernten **3** ovocie pflücken **4** hrozno lesen* **5** smotanu entrahmen
zbierka e Sammlung (≈, en)
zbiť 1 klincami zusammenschlagen* **2** ubiť verhauen, verprügeln
zblázniť sa 1 zošalieť verrückt werden* (i.), irre al. irrsinnig werden* (i.) **2** hovor. zaľúbiť sa sich verknallen
zblednúť bleich werden* (i.), blaß <...ss> werden* (i.), erbleichen* (i.), erblassen (i.)
zblízka aus al. von der Nähe
zblížiť sa näher¦kommen* <näher kommen> (i.), sich an¦nähern (*s kým* j-m)
zbohatnúť reich werden* (i.)
zbohom! lebe wohl!
zbor 1 r Körper (s, ≈), s Kollegium (s, ien) **2** umelecký e Gruppe (≈, n), e Ensemble [ã'sã:bl] (s, s) **3** spevácky s Chor [ko:ɐ] (s, ≈e) **4** voj. r Korps [ko:ɐ(s)] (≈, ≈)
zborník r Sammelband ((e)s, ≈e)
zborovňa s Lehrerzimmer (s, ≈), s Konferenzzimmer (s, ≈)
zbraň e Waffe (≈, n); *strelná* ~ e Schußwaffe <...ss...>
zbrojársky Rüstungs-; ~ *priemysel* e Rüstungsindustrie
zbrojiť (auf)rüsten
zbúrať nieder¦reißen*, ein¦reißen*
zbytočn|ý(e) 1 nepotrebný überflüssig, unnötig, nutzlos **2** márny zwecklos
zďaleka 1 z diaľky von weitem, von weit her **2** vôbec bei weitem; *ani* ~ bei weitem nicht
zdaniť 1 vyrubiť daň besteuern **2** platiť daň versteuern
zdanliv|ý(o) scheinbar, vermutlich, angeblich, anscheinend, Schein-
zdať sa budiť dojem scheinen*, vor¦kommen* (i.); *zdá sa (mi), že...* es scheint* (mir), daß...; *zdá sa mi to čudné* das kommt mir seltsam vor
zdatný rüstig, kräftig
zdediť erben (*čo po kom* etw von j-m)
zdesenie s Entsetzen (s, 0), r Schrecken (s, ≈)
zdĺhav|ý(o) kniž. langwierig, lek. schleichend
zdokonaliť (sa) (sich) vervollkommnen, (sich) verbessern

XYZ

zdola von unten
zdôrazniť betonen, unterstreichen*
zdravie e Gesundheit (≈, 0); *na vaše ~!* auf Ihre Gesundheit!, auf Ihr Wohl!
zdrav|iť (be)grüßen; *srdečne Ťa –ím* v liste ich grüße Dich herzlich
zdravotne gesundheitlich
zdravotnícky Gesundheits-, Sanitäts-; *~ personál* s Sanitätspersonal
zdravotníctvo s Gesundheitswesen (s, 0)
zdravotník r Sanitäter (s, ≈)
zdravotn|ý 1 týkajúci sa zdravia gesundheitlich, Gesundheits-; *~ stav* r Gesundheitszustand; *zo ~ch dôvodov* gesundheitshalber **2** týkajúci sa ošetrenia *–á sestra* e Krankenschwester; *–é poistenie* e Krankenversicherung
zdrav|ý(o) gesund
zdraž|ieť (sich) verteuern, teuer(er) werden* (i.); *potraviny –eli* die Lebensmittel haben sich verteuert al. sind teuerer geworden
zdraž|iť verteuern, teuer machen* (i.); *vysoká cena benzínu –í výrobu...* der hohe Benzinpreis verteuert die Produktion von...
zdriemnuť si ein (kleines) Nickerchen machen
zdrobnenina s Diminutiv al. Diminutiv (s, e)
zdroj e Quelle (≈, n)
združenie e Vereinigung (≈, en), r Verein ((e)s, e)
združovať (sa) (sich) vereinigen, (sich) vereinen
zdržanliv|ý(o) zurückhaltend
zdržať 1 vyrušiť auf|halten*; *nechcem vás dlho ~* ich möchte Sie nicht lange aufhalten **2** spôsobiť oneskorenie auf|halten* **3** zabrániť v zamýšľanom odchode hinaus|ziehen*, hinaus|zögern; *~ odjazd* e Abreise hinauszögern; **~ sa 1** pobudnúť sich auf|halten* (*s kým/čím* mit j-m/etw) **2** čas. oddialiť sich hinaus|ziehen*, sich hinaus|zögern **3** nezúčastniť sa sich enthalten*; *~ hlasovania* sich der Stimme enthalten **4** pren. ovládať sa sich beherrschen, sich erwehren können (*čoho* G etw G); *nemohol sa ~ síz* er konnte sich nicht der Tränen erwehren
zdržovať sa sich auf|halten*, verweilen; *~ doma* sich zu Hause aufhalten
zdvihnúť 1 (er)heben*, empor|heben*; *~ ruku* den Arm (er)heben **2** pren. náladu ap. erheben*, erbauen; **~ sa** sich erheben, vstať auf|stehen* (i.); *~ zo stoličky* sich vom Stuhl erheben*; **zdvihol sa mi žalúdok** mir drehte sich der Magen um
zdvojnásobiť verdoppeln
zdvorilos|ť e Höflichkeit (≈, en); *urobiť niečo (len) zo –ti* etw (nur) aus Höflichkeit tun*
zdvoril|ý(o) höflich
zebra s Zebra (s, s)
zelenin|a s Gemüse (s, 0); **–ový** Gemüse-
zeleninárstvo 1 r Gemüsebau (es, 0) **2** obchod so zeleninou r Gemüseladen (s, ≈̈)
zelený grün
zeler r Sellerie (s, 0)
zem 1 planéta Zem e Erde (≈, 0) **2** pôda e Erde (≈, 0), r Boden (s, ≈̈) **3** pevnina s (Fest)land ((e)s, ≈̈er)
zemeguľa 1 e Erdkugel (≈, n) **2** model r Globus (≈ al. ses, se al. ben)
zemepis e Geographie (≈, 0), e Erdkunde (≈, 0); **~ný** geographisch, erdkundlich; *~ná dĺžka, šírka* e geographische Länge, Breite
zemetrasenie s Erdbeben (s, ≈)
zemiak e Kartoffel (≈, n), rak. r Erdapfel (s, ≈̈); *varené ~y* e Salzkartoffeln
zemiakov|ý Kartoffel-; *–á kaša* r Kartoffelbrei, s Kartoffelpüree; *–é knedle* e Kartoffelklöße, rak. e Kartoffelknödel; *–á polievka* e Kartoffelsuppe; *~ šalát* r Kartoffelsalat; *–á placka* r Kartoffelpuffer (s, ≈)
zemný Erd-; *~ plyn* s Erdgas
zhabať skonfiškovať beschlagnahmen, ein|ziehen*
zháňať 1 dovedna zusammen|treiben*

2 hľadať suchen, auf|treiben*; ~ *prácu* Arbeit suchen

zhas|núť[1] prestať svietiť erlöschen* (i.), verlöschen* (i.); *sviečka –la* e Kerze verlosch

zhasnúť[2] **1** vypnúť svetlo ap. aus|schalten, aus|machen; ~ *svetlo* s Licht ausschalten, al. s Licht ausmachen **2** uhasiť oheň ap. (aus)|löschen; ~ *sviečku* e Kerze auslöschen

zhnisaný o rane ver|eitert

zhni|tý faul, moderig; **–ť** verfaulen (i.), vermodern (i.)

zhoda 1 súlad e Über|einstimmung (≈, en), s Einverständnis (ses, se), r Einklang ((e)s, 0), e Harmonie (≈, i|en) **2** náhoda r Zufall ((e)s, ≈̈e)

zhodiť 1 zraziť stoßen* **2** ab|werfen* **3** znemožniť koho unmöglich machen

zhodn|ý(e) über|einstimmend, in Über|einstimmung

zhodovať sa über|ein|stimmen (*v čom* in etw A; *s čím* mit etw D), einig sein* (i.) (*s kým/čím* mit j-m/et.)

zhon e Eile (≈, 0), e Hast (≈, 0); *robiť čo v ~e* etw mit Eile tun; *v ~e na niečo zabudnúť* etw in der Eile al. Hast vergessen*

zhora von oben

zhorieť nieder|brennen* (i.), zahynúť in den Flammen umkommen* (i.) al. verbrennen* (i.)

zhoršiť (sa) (sich) verschlechtern

zhovievavosť e Nachsicht (≈, 0), kniž. e Langmut (≈, 0)

zhovievav|ý(o) nachsichtig, geduldig

zhovorčivý mitteilsam

zhrben|ý(e) gebückt, krumm

zhrnúť 1 zhora herunter|schlagen*, herunter|schieben* **2** dovedna zusammen|häufen **3** uviesť v hlavných črtách zusammen|fassen

zhrnutie obsahu e Zusammenfassung (≈, en), s Resümee (s, s)

zhromaždenie e Versammlung (≈, en)

zhromaždiť (sa) (sich) (ver)sammeln

zhruba 1 čiastočne halbwegs **2** asi ungefähr, etwa

zhubn|ý(e) 1 negatívny, zlý verderblich, unheilvoll **2** lek. bös|artig, maligne

zim|a[1] PODST M **1** ročné obdobie r Winter (s, ≈); *v –e* im Winter **2** chlad e Kälte (≈, 0)

zima[2] PRÍSL kalt; *je mi* ~ mir ist kalt

zimnica r Schüttelfrost (es, 0)

zimník r Wintermantel (s, ≈̈)

zimný winterlich, Winter; ~ *výpredaj* r Winterschlußverkauf <...ss...>

zinok s Zink ((e)s, 0)

zips r Reißverschluß <...ss> (sses, ≈̈sse); *suchý* ~ r Klett(en)verschluß

zisk r Gewinn ((e)s, e), r Profit ((e)s, e)

získať gewinnen*, erwerben*, zu etw kommen* (i.)

zísť 1 dole herunter|kommen* (i.); ~ *zo schodov* e Treppe herunterkommen **2** odbočiť ab|kommen* (i.) (*z čoho* von etw D); ~ *z cesty* vom Weg abkommen **3** skĺznuť ab|rutschen **4** z cesty sich verfahren*

zistiť fest|stellen

zištn|ý(e) gewinnsüchtig, habgierig

zívať gähnen

zízať expr. hovor. starren, (an)|glotzen (*na koho/čo* j-n/etw), hanl. (an)|gaffen

zjav e Erscheinung (≈, en)

zjazd 1 jazda dolu e Abfahrt (≈, en) **2** strany e Tagung (≈, en) **3** šport. e Abfahrt (≈, en), r Abfahrtslauf ((e)s, ≈̈e); **~ný** befahrbar

zjazdovka 1 trať e Abfahrt(s)strecke (≈, n) **2** MNČ lyže e Abfahrt(s)skier MNČ [...ʃiːɐ]

zjednodušiť ver|einfachen

zjednote|nie e Ver|einigung (≈, en); **–ný** ver|einigt, ver|eint

zjednotiť (sa) (sich) ver|einigen

zjesť auf|essen*; *nemusíš ~ všetko* du mußt <...ss...> nicht alles auf|essen

zlacnenie e Preis|ermäßigung (≈, en), r Preisnachlaß <...ss> (sses, sse al. ≈̈sse)

WXYZ

zlacnieť verbilligen, billiger machen
zľadovatený ver|eist
zľahčovať 1 erleichtern, leichter machen **2** znížiť hodnotu herab|setzen; ~ *čie zásluhy* j-s Verdienste herabsetzen
zľaknúť sa erschrecken* (*koho/čoho* vor j-m/etw)
zlatník 1 remeselník r Goldschmied ((e)s, e) **2** klenotník r Juwelier (s, e)
zlato s Gold ((e)s, 0)
zlat|ý 1 golden, Gold-; *–á retiazka* eine goldene Kette **2** milý lieb, goldig **3** vzácny golden; *mať –é srdce* ein goldenes Herz haben
zľava e (Preis|)ermäßigung (≈, en), r (Preis|)nachlaß <...ss> (sses, ≈̈sse); ~ *cestovného* e Fahrpreis|ermäßigung; *študentská* ~ e Studenten|ermäßigung
zľava PRÍSL von links
zľaviť 1 poľaviť nach|lassen* **2** poskytnúť zľavu ermäßigen; ~ *z ceny* den Preis ermäßigen
zle 1 opak dobre schlecht; *znášať* ~ *zle* etw schlecht vertragen*; *vyzerať* ~ schlecht aussehen* **2** nepriaznivo schlecht, übel, schlimm; *je mi* ~ mir ist* schlecht al. übel; *má sa* ~ es geht* ihm schlecht
zlepiť zusammen|kleben
zlepšiť verbessern, besser machen; **~ sa** sich (ver)bessern
zliatina odb. e Legierung (≈, en)
zliezť zhora dole herunter|klettern (i.)
zlo s Böse (n, 0)
zločin s Verbrechen (s, ≈); *spáchať* ~ ein Verbrechen begehen; **~ec** r Verbrecher (s, ≈)
zločinec r Verbrecher (s, ≈), r Übeltäter (s, ≈); *vojnový* ~ r Kriegsverbrecher
zlodej r Dieb ((e)s, e); *vreckový* ~ r Taschendieb
zlom 1 r Bruch ((e)s, ≈̈e) **2** zásadná zmena e Wende (≈, n)
zlomenina r Bruch ((e)s, ≈̈e), e Fraktur (≈, en)
zlomiť 1 brechen*; ~ *si ruku* sich den Arm brechen **2** psychicky deprimieren, entmutigen, kaputt|machen; **~ sa 1** brechen* (i.) **2** psychicky zusammen|brechen* (i.)
zlomok 1 mat. e Bruchzahl (≈, en), r Bruch ((e)s, ≈̈e) **2** úlomok s Bruchstück ((e)s, e)
zlomyseľn|ý(e) boshaft, böswillig, bissig
zlosť r Zorn ((e)s, 0), e Wut (≈, 0)
zlostn|ý(e) zornig, wütend
zlozvyk e Un|art (≈, en), e Unsitte (≈, n)
zloženie e Zusammensetzung (≈, en), e Struktur (≈, en)
zloženina s Kompositum (s, ta), e Zusammensetzung (≈, n)
zložiť 1 zhora ab|nehmen*, herunter|nehmen*; ~ *klobúk* den Hut abnehmen* **2** zbaviť nákladu ab|laden* **3** odstrániť herunternehmen*; *môžeš si, prosím, ~ svoje veci zo stola?* kannst* du bitte deine Sachen vom Tisch herunternehmen*? **4** zobliecť si aus|ziehen*, ab|legen; ~ *(si) kabát* (sich) den Mantel ausziehen* **5** poskladať zusammen|legen, prehnúť do záhybov zusammen|falten, zusammen|legen; ~ *papier* s Papier zusammenfalten al. zusammenlegen **6** vykonať ab|legen; ~ *skúšku* eine Prüfung ablegen; ~ *prísahu* einen Eid ablegen **7** vzdať sa nieder|legen; ~ *funkciu* eine Funktion niederlegen **8** vytvoriť verfassen, schaffen*, hud. komponieren
zložit|ý(e) kompliziert
zložka súčasť celku r Bestandteil ((e)s, e)
zlúčenina e Verbindung (≈, en)
zlúčiť 1 spojiť zusammen|fügen, ver|einigen **2** chem. verbinden*; **~ sa** sich vereinigen, sich verbinden*
zľutovať sa sich erbarmen (*nad kým* j-s G); *zľutuj sa nad nami!* erbarme Dich unser!
zl|ý 1 opak dobrý schlecht, Schlecht-, übel, schlimm; ~ *vzduch* schlechte Luft; *–é počasie* schlechtes Wetter;

–é časy schlimme Zeiten; *to nie je –é!* das ist* nicht schlecht! **2** nepríjemný übel, schlecht; *–á nálada* üble Laune **3** charakterovo skazený, zlý schlecht, böse; *–í ľudia* schlechte, böse Menschen; *mať –ú povesť* einen schlechten Ruf haben*

zlyhať versagen

zmaturovať das Abitur ablegen/machen/bestehen

zmäknúť weich werden* (i.), erweichen (i.)

zmäten|ý(e) verwirrt, verworren, konfus

zmätok e Verwirrung (≈, en), chaos s Durcheinander (s, 0)

zmen|a 1 premena e Änderung (≈, en), e Veränderung (≈, en), e Verwandlung (≈, en), e Umwandlung (≈, en); *~ programu* e Programmänderung **2** striedanie, zámena r Wechsel (s, ≈), e Abwechslung (≈, en); *~ roka* r Jahreswechsel; *~ zamestnania* Berufswechsel; *pre –u* zur Abwechslung **3** výmena r Wechsel (s, ≈), r Tausch (es, e), r Umtausch (es, e); *~ peňazí* r Geldwechsel, r Geldumtausch **4** postupná zmena r Wandel (s, 0); *privodiť –u* einen Wandel herbeiführen **5** náhla, prenikavá zmena r Umschwung (es, ≈̈e); *klimatická ~* ein klimatischer Umschwung **6** pracovná e Schicht (≈, en); *denná, nočná ~* e Tagschicht, e Nachtschicht; *pracovať na (tri) –y* in (drei) Schichten arbeiten **7** zásadný obrat e Wende (≈, n), e Wendung (≈, en) **8** čiastočná premena e Abänderung (≈, en)

zmenáreň e Wechselstube (≈, n)

zmeniť 1 úplne ändern, verändern, verwandeln, umwandeln **2** čiastočne abändern, modifizieren **3** vymeniť tauschen, eintauschen, umtauschen (*čo za čo* etw gegen etw A) **4** zameniť wechseln; *eurá ~ na koruny* Euro in Kronen wechseln; *~ byt, zamestnanie* e Wohnung, e Stelle wechseln; **~ sa** sich (ver)ändern; *ty si sa ale zmenil!* du hast dich aber verändert

zmenka r Wechsel (s, ≈)

zmenšiť kleiner machen, verkleinern; **~ sa** kleiner werden* (i.), sich verkleinern

zmeraviet kniž. erstarren, starr al. steif werden* (i.)

zmes e Mischung (≈, en), s Gemisch (es, e)

zmeškať verpassen, versäumen

zmiasť verwirren, konfus machen

zmieniť sa erwähnen (*o kom/čom* j-n/etw)

zmienka e Erwähnung (≈, en)

zmieriť versöhnen, aussöhnen (*koho s kým* j-n mit j-m); **~ sa 1** udobriť sa sich versöhnen (*s kým* mit j-m) **2** rezignovať sich abfinden* (*s kým/čím* mit j-m/etw D)

zmierliv|ý(o) versöhnlich

zmierniť mildern, mäßigen, vermindern

zmiesť wegfegen, abfegen, wegkehren, abkehren

zmieš|anina e Mischung (≈, en), s Gemisch (es, e); **–aný** gemischt, Misch-; *–ané manželstvo* e Mischehe; **–ať** vermischen, vermengen

zmija e Kreuzotter (≈, n)

zmiznúť verschwinden* (i.)

zmĺknuť verstummen (i.)

zmluv|a r Vertrag ((e)s, ≈̈e), s Abkommen (s, ≈), e Vereinbarung (≈, en); *uzavrieť –u* einen Vertrag abschließen*; *podpísať –u* einen Vertrag unterzeichnen

zmluvne vertraglich, vertragsmäßig

zmluvn|ý Vertrags-, vertragsmäßig, vertraglich; *–á cena* r Vertragspreis

zmocn|iť sa 1 získať silou erobern (*čoho* etw A), sich bemächtigen (*čoho* einer Sache G) **2** zachvátiť ergreifen*, befallen*; *–il sa ho strach* die Angst befiel ihn

zmoknúť naß <...ss> werden* (i.)

zmraziť 1 potraviny tiefgefrieren*, tiefkühlen **2** ceny ap. stoppen

zmrzačiť verstümmeln, verkrüppeln

zmrzlin|a s Eis (es, 0); **–ový** Eis-; *–ový pohár* r Eisbecher
zmrznúť erfrieren* (i.)
zmrznutý erfroren
zmýliť sa sich irren (*v kom/čom* in j-m/etw D), sich täuschen (*v kom* in j-m D)
zmys|el r Sinn ((e)s, e); *nemá to* ~ es hat keinen Sinn; *nedáva to* ~ es ergibt* al. hovor. macht keinen Sinn; *v užšom/širšom –le* im engeren/weiteren Sinne; **~ pre povinnosť** s Pflichtgefühl
zmyseln|ý(e) sinnlich
zmyslový Sinnes-, Sinnen-; ~ *orgán* s Sinnes|organ (s, e)
zmyslupln|ý(e) sinnvoll
značka 1 s Zeichen (s, ≈); *dopravná* ~ s Verkehrszeichen; *poznávacia* ~ s Kennzeichen al. hovor. e Autonummer **2** obch. e Marke (≈, n) **3** turistická e Markierung (≈, en)
značn|ý(e) beträchtlich, bedeutend, erheblich
znak[1] **1** rys s Merkmal ((e)s, e) **2** značka s Zeichen (s, ≈); *písomný* ~ s Schriftzeichen **3** symbol s Symbol (s, e) **4** s Wappen (s, ≈); *štátny* ~ s Staatswappen
znak[2] šport. s Rückenschwimmen (s, 0)
znalec r Kenner (s, ≈), r Sachverständige (n, n), r Experte (n, n)
znalosť e Kenntnis (≈, se)
znamen|ať bedeuten, heißen*; *čo to –á?* was bedeutet das?
znamenie 1 s Zeichen (s, ≈) **2** vo zverokruhu s Tierkreiszeichen (s, ≈)
znamienko s Zeichen (s, ≈), s Mal ((e)s, e al. ≈er); *materské* ~ s Muttermal
známk|a 1 príznak s Anzeichen (s, ≈), s Symbol (s, e) **2** poštová e Briefmarke (≈, n) **3** v škole e Zensur (≈, en), e Note (≈, n); **–ovať** zensieren, klassifizieren
známos|ť e Bekanntschaft (≈, en); *nadviazať* ~ eine Bekanntschaft schließen* al. anknüpfen; **mať –ti** Beziehungen haben
známy 1 PR M bekannt, berühmt **2** PODST M r Bekannte (n, n)
znárodniť verstaatlichen
znásiln|enie e Vergewaltigung (≈, en); **–iť** vergewaltigen
znášanlivý verträglich, tolerant
znášať[1] **1** na kopu zusammen|tragen*, an|häufen **2** zhora dole herunter|tragen*, herunter|bringen* **3** vajcia Eier legen
znášať[2] strpieť **1** vertragen*, aus|halten*; *zle ~ dym* Rauch schlecht vertragen*; *ne~ alkohol* keinen Alkohol vertragen* **2** *koho* j-n aus|stehen*, ertragen*; **~ sa** sich vertragen*, aus|kommen* (*s kým* mit j-m)
znateľn|ý(e) merklich, spürbar, erkennbar
znázorniť ver|anschaulichen, darstellen
znečist|enie e Ver|unreinigung (≈, en), e Verschmutzung (≈, en); ~ *ovzdušia* e Luftverschmutzung; **–iť** ver|unreinigen, beschmutzen
znehodnotiť entwerten
znechuten|ý(e) überdrüssig, niedergeschlagen, angeekelt
znechutiť verleiden, ver|ekeln, verdrießen* (*komu čo* j-m etw A); *nedaj sa ~!* laß es dich nicht verdrießen!
znelka rozhlasová s Funksignal (s, e)
znemožniť prekaziť verhindern, ver|eiteln; ~ *niečí plán* j-s Plan ver|eiteln
znepokojiť (sa) (sich) be|unruhigen (*nad čím* über etw A)
znepriateliť sa sich verfeinden
znepriateliť si sich zum Feind machen (*koho čím* j-n durch etw A al. mit etw D)
znervóznieť nervös werden* (i.)
znervózniť nervös machen
znesiteľn|ý(e) 1 erträglich, passabel, leidlich **2** obstojný erduldbar
zneužiť mißbrauchen <...ss...>
zničiť vernichten, zerstören
zniesť pozri *znášať*
znieť 1 vydávať zvuk tönen, klingen*, schallen **2** o slove, texte lauten; *ako znie*

text? wie lautet der Text?
zníženie e Reduktịon (≈, en), e Ermạ̈ßigung (≈, en)
znížiť 1 erniẹdrigen, niedriger machen **2** ubrať reduziẹren, herạb|setzen; ~ *cenu* den Preis reduzieren al. herabsetzen
znov|a(u) nochmals, wieder
zobák r Schnabel (s, ≈̈)
zobať picken
zobrať 1 vziať nehmen* **2** ukradnúť klauen, stehlen* **3** verhạften **4** zhromaždiť sammeln **5** pozberať ab|schöpfen
zobraziť darstellen
zobudiť wecken, auf|wecken
zodpoved|ať 1 dať odpoveď be|ạntworten **2** byť v súlade, vyhovovať entsprẹchen **3** byť zodpovedný ver|ạntworten, ver|ạntwortlich sein (*za čo* für etw A); **–nosť** e Ver|ạntwortung (≈, 0); *na vlastnú ~* auf eigene Ver|antwortung
zodpovednosť e Ver|ạntwortung (≈, en); *prevziať za koho/čo ~* für j-n/etw e Ver|antwortung übernehmen*; *na vlastnú ~* in eigener al. auf eigene Ver|antwortung
zodpovedn|ý(e) 1 ver|ạntwortlich; *byť ~ za čo* für etw ver|antwortlich sein **2** vedomý si zodpovednosti ver|ạntwortungsbewußt <...ss...>; ~ *človek* ein ver|antwortungsbewußter Mensch **3** dôležitý ver|ạntwortungsvoll; *–á úloha* eine ver|antwortungsvolle Aufgabe
zohnať 1 dovedna zusạmmen|treiben* **2** zaobstarať beschạffen, hovor. auf|treiben*; ~ *prácu* Arbeit beschaffen
zohnúť sa sich bücken, sich beugen (*po čo* nach etw D)
zomlieť (ver)mạhlen*
zomrieť sterben* (i.) (*na čo* an etw D)
zóna e Zone (≈, n)
zoo hovor. r Zoo [cọ:] (s, s), r Tiergarten (o, ≈̈)
zoológia e Zoologiẹ (≈, 0), e Tierkunde (≈, 0)
zopakovať (si) wiederhọlen
zopnúť 1 prackou schnallen **2** sponou klammern **3** tech. schalten, kuppeln
zoradiť reihen, ordnen; ~ **sa** sich reihen
zoraďovač r Ordner (s, ≈)
zornička r Morgenstern ((e)s, 0)
zorný Gesịchts-, Seh-, Blick-; ~ *uhol* r Gesichtswinkel
zosadiť 1 z funkcie ab|setzen, enthẹben*; ~ *koho z úradu* j-n seines Amtes entheben **2** zložiť dolu ab|setzen, herụnter|setzen
zosilnieť 1 zintenzívniť verstạ̈rken **2** stať sa silnejším stärker werden* (i.), sich verstạ̈rken
zosilňovač tech. r Verstạ̈rker (s, ≈)
zoskočiť ab|springen* (i.), herụnter|springen* (i.); ~ *padákom* mit dem Fallschirm abspringen
zoskup|enie e Gruppiẹrung (≈, en); **–iť** gruppiẹren
zoslabiť schwächen, schwächer machen
zoslabnúť schwach werden* (i.)
zosmiešniť lächerlich machen
zostarnúť ver|ạlten, alt werden, sich überlẹben
zostať bleiben* (i.), zvýšiť übrig|bleiben* <übrig bleiben> (i.), verblẹiben* (i.); ~ *doma* zu Hause bleiben; *nezostáva nič iné ako...* es bleibt nichts anderes übrig als...
zostaviť 1 zoradiť zusạmmen|stellen; ~ *menu, program* ein Menü, ein Programm zusammenstellen **2** zostrojiť zusạmmen|setzen, konstruiẹren **3** písomne formulovať auf|setzen
zostrojiť konstruiẹren
zostup r Abstieg ((e)s, e)
zostúpiť ab|steigen* (i.), herụnter|steigen* (i.)
zosuv r Rutsch (es, e), e Abrutschung (≈, en); ~ *pôdy* r Erdrutsch
zosúvať sa ab|rutschen (i.), ein|stürzen* (i.)
zošit s Heft ((e)s, e)
zošiť zusạmmen|nähen, zusạmmen|heften
zošívačka kancelárska r Hefter (s, ≈)
zoštátniť verstạatlichen

zotaviť sa sich erholen
zotavovňa s Erholungsheim ((e)s, e)
zotmieť sa dunkel werden* (i.)
zotrieť weg|wischen, ab|wischen; ~ *tabuľu* e Tafel abwischen
zotrvačnosť 1 fyz. e Trägheit (≈, 0) **2** vytrvalosť e Beharrlichkeit (≈, 0)
zotrvať 1 v činnosti beharren, verharren **2** zdržať sa verweilen
zovňajšok s Äußere (n, 0), s Aussehen (s, 0)
zovrieť 1 objať, obkľúčiť, obkolesiť ap. um|schließen*, um|klammern **2** medzi niečo ein|klemmen **3** ruku ballen; ~ *ruku do päste* die Hand zur Faust ballen
zovšeobecniť ver|allgemeinern, generalisieren
zozadu von hinten
zoznam e Liste (≈, n), s Verzeichnis (ses, se); *telefónny* ~ s Telefonbuch
zoznámiť 1 bekannt|machen <bekannt machen>, vertraut machen (*koho s čím* mit etw D) **2** o ľuďoch bekannt machen (*koho s kým* j-n mit j-m), vorstellen (*koho komu* j-n j-m); **~ sa** kennen|lernen <kennen lernen> (*s kým/čím* j-n/etw), bekannt werden* (i.) (*s kým/čím* mit j-m/etw)
zožrať auf|fressen*
zrad|a r Verrat ((e)s, 0); **–ca** r Verräter (s, ≈); **–covský** verräterisch; **–iť** verraten*
zradný 1 súvisiaci so zradou verräterisch **2** falošný trügerisch, úskočný verfänglich
zrak 1 zmysel s Augenlicht ((e)s, 0), e Sehkraft (≈, 0) **2** pohľad r Blick ((e)s, e); **~ový** Seh-, optisch
zrane|nie e Verletzung (≈, en); *utrpieť* ~ eine Verletzung erleiden; **–ný** verletzt
zraniť (sa) (sich) verletzen
zrásť verwachsen* (i.), zusammen|wachsen* (i.)
zráz strmina r Absturz (es, ≈e), r Abhang ((e)s, ≈e)
zraziť 1 nadol nieder|werfen*, prudko nieder|schmettern **2** autom überfahren* **3** odrátať ab|ziehen*; **~ sa 1** naraziť do seba zusammen|stoßen*, zusammen|prallen **2** o látke ein|laufen* (i.) **3** o mlieku gerinnen* (i.), sauer werden*
zrážka 1 r Zusammenstoß (es, ≈e) **2** dažďová ap. r Niederschlag ((e)s, ≈e) **3** peňažná r Abzug ((e)s, ≈e), r Abschlag ((e)s, ≈e)
zrejme 1 očividne offenkundlich, offenbar, offensichtlich **2** pravdepodobne wahrscheinlich, vermutlich
zrejmý klar, (offen)sichtlich, sichtbar, evident […v…]
zrelý reif; hovor. *byť ~ na čo* für etw reif sein*
zrenica anat. e Pupille (≈, n)
zreteľ 1 ohľad e Rücksicht (≈, en) **2** hľadisko r Gesichtspunkt ((e)s, e); **so zreteľom na…** im Hinblick auf etw al. in Anbetracht einer Sache…
zreteľn|ý(e) deutlich, klar, evident
zriadenie e Ordnung (≈, 0); *spoločenské ~* e Gesellschafts|ordnung (≈, 0)
zriadiť 1 vytvoriť errichten, ein|richten **2** založiť gründen **3** otvoriť er|öffnen; ~ *si konto (v banke)* ein Konto (bei der Bank) er|öffnen
zriecť sa entsagen (*čoho* etw D), verzichten (*čoho* auf etw A); ~ *sa fajčenia* dem Rauchen entsagen al. auf das Rauchen verzichten
zriedkavo selten, rar
zrieť reifen (i.), reif werden* (i.)
zrkadlo r Spiegel (s, ≈); *spätné ~* r Rückspiegel
zrn(k)o s Korn ((e)s, ≈er)
zrnovina e Körner MNČ
zrolovať zusammenrollen, ein|rollen
zrozumiteľn|ý(e) verständlich, faßbar <…ss…>
zrub s Blockhaus (es, ≈er)
zrúcanina e Ruine (≈, n)
zručn|ý(e) geschickt, gewandt
zrušiť auf|heben*, ab|schaffen, auf|lösen; ~ *trest smrti* e Todesstrafe aufheben al. abschaffen
zrútiť sa 1 o veciach zusammen|stürzen (i.), zusammen|brechen* (i.); ab|-

stürzen (i.), um¦stürzen (i.); *lietadlo sa zrútilo* s Flugzeug stürzte ab **2** o človeku zusammen¦brechen* (i.), zusammen¦sinken* (i.) **3** zboriť sa ein¦stürzen (i.)
zrýchliť (sa) (sich) beschleunigen
zub r Zahn ((e)s, ≈e); *bolí ma* ~ ich habe Zahnschmerzen; *očný* ~ r Augenzahn ((e)s, ≈e), r Spitzzahn ((e)s, ≈e); **~ár** hovor. r Zahn¦arzt (es, ≈e); **~ný** Zahn-; *~ná pasta, kefka* e Zahnpaste, e Zahnbürste; *~ kaz* e Zahnkaries (≈, 0)
zubáč zool. r Zander (s, ≈)
zúčastniť sa teil¦nehmen* (*na čom* an etw D), sich beteiligen (*na čom* an etw D)
zúfal¦ý(o) verzweifelt, hoffnungslos
zúr¦iť 1 o človeku wüten **2** o prírodných živloch toben, rasen; **–ivosť** e Wut (≈, 0)
zúriv¦ý(o) wütend, rasend
zúrodniť urbar machen, kultivieren [...v...]
zúžiť enger machen, ver¦enge(r)n; **~ sa** enger werden* (i.), sich ver¦enge(r)n
zužitkovať verwerten; ~ *odpadky* Abfälle verwerten
zvádzať 1 dopraviť nadol hinunter¦leiten, hinunter¦führen; ~ *vodu do pivnice* Wasser in den Keller hinunterleiten **2** navádzať verleiten, verführen, verlocken **3** dievča verführen **4** boj aus¦fechten
zvárač r Schweißer (s, ≈)
zvárať tech. (zusammen)¦schweißen
zvážať 1 zhora sem herunterfahren* (h.), tam hinabfahren* (h.) **2** dohromady einbringen*; ~ *úrodu* e Ernte einbringen* **3** niekoho autom ap. mitnehmen*
zvážiť 1 na váhe ab¦wiegen* **2** posúdiť erwägen, bedenken*, in Erwägung ziehen*
zvažovať sa 1 o ceste sich neigen **2** klesať ab¦fallen* (i.)
zväčšiť (sa) (sich) vergrößern
zväčšovac¦í Vergrößerungs-; *–ie sklo* s Vergrößerungsglas
zvädnúť welk werden* (i.), verwelken (i.)
zvädnutý welk, verwelkt, abgewelkt
zväz 1 r Verband ((e)s, ≈e) **2** štátov r Bund (es, ≈e), e Union (≈, en)
zväz¦ok 1 s Bund ((e)s, e); ~ *kľúčov* s Schlüsselbund **2** kniha r Band ((e)s, ≈e); *kniha v troch –koch* ein Buch in drei Bänden **3** vzťah, puto s Band ((e)s, e), e Fessel (≈, n); *manželský* ~ r Ehebund (es, e) **4** polit. spojenectvo r Bund ((e)s, e), s Bündnis (ses, se)
zvedav¦ý(o) neugierig
zveličen¦ý(e) übertrieben
zveličov¦ať übertreiben*; **–anie** e Übertreibung (≈, en)
zver s Wild ((e)s, 0)
zverák r Schraubstock ((e)s, ≈e)
zverejniť ver¦öffentlichen, publizieren
zverenec dieťa v pestúnskej starostlivosti s Pflegekind ((e)s, er)
zveriť (sa) (sich) an¦vertrauen
zvernica r Wildpark ((e)s, e al. s)
zverokruh r Tierkreis (es, 0)
zverolekár r Tier¦arzt (es, ≈e)
zviazať binden*, schnüren
zviera s Tier ((e)s, e); *domáce* ~ s Haustier
zvierať um¦klammern, klemmen, fest halten*
zviesť pozri *zvádzať*
zviezť sa (mit)¦fahren* (i.) (*s kým* mit j-m)
zvinúť (zusammen)¦rollen, ein¦rollen; ~ *spací vak* einen Schlafsack zusammenrollen al. einrollen
zvisl¦ý(o) senkrecht, vertikal [v...]
zvíťaziť siegen* (*nad kým/čím* über j-n/etw)
zvládnuť bewältigen, meistern; ~ *prácu, problém* eine Arbeit, ein Problem bewältigen
zvlášť 1 osobitne getrennt, separat, extra; *bývať* ~ separat al. getrennt wohnen; *raňajky sa platia* ~ das Frühstück wird extra bezahlt **2** mimoriadne besonders, extra; *nie je to ~ pohodlné* es ist nicht besonders bequem

zvláštny 1 neobyčajný seltsam, ungewöhnlich, merkwürdig **2** osobitný separat, Extra-, Sonder-; ~ *vchod* separater Eingang
zvlhnúť feucht werden* (i.)
zvnútra 1 odkiaľ von innen **2** vnútri innen, innerlich
zvodidlo e Leitplanke (≈, n)
zvodn|ý(e) verführerisch, verlockend
zvolať 1 zhromaždiť zusammen|rufen* **2** skríknuť auf|schrei|en
zvon e Glocke (≈, n)
zvonček e Glocke (≈, n), e Klingel (≈, n), e Schelle (≈, n); *domový* ~ e Türklingel
zvon|iť 1 o zvone läuten **2** o zvončeku, budíku ap. klingeln; *–í telefón* s Telefon klingelt al. läutet
zvonku von außen, von draußen, äußerlich
zvraštený runzelig, zusammengeschrumpft
zvraštiť (sa) (sich) runzeln, (sich) falten; ~ *čelo* die Stirn runzeln
zvrat 1 prudký obrat e Wendung; e Wende (≈, n) **2** slovný e Redewendung (≈, en)
zvrhnúť 1 dole hinunter|werfen **2** vládu ap. stürzen
zvrchovanosť e Souveränität [suvəreni'te:t] (≈, 0), e Oberherrschaft (≈, 0); *štátna* ~ e Staatshoheit
zvrchu zhora von oben; **pozerať sa na koho** ~ auf j-n herab|sehen*
zvučn|ý(e) 1 jasný a hlasný laut, schallend **2** ľubozvučný wohlklingend, klingend
zvuk r Ton ((e)s, ≈e), r Klang ((e)s, ≈e)
zvukovo akustisch, klanglich
zvukový Ton-, Schall-
zvyčajn|ý(e) gewöhnlich, gebräuchlich, üblich; *ako –e* wie gewöhnlich
zvyk 1 e Gewohnheit (≈, en), e Angewohnheit **2** národný r Brauch ((e)s, Bräuche), e Sitte (≈, n)
zvyknúť gewöhnen; ~ **si** sich gewöhnen (*na koho/čo* an j-n/etw)
zvyknutý gewöhnt
zvysoka povýšenecky von oben herab; *zaobchádzať s kým* ~ j-n von oben herab behandeln
zvýšiť[1] **1** erhöhen; ~ *komu plat* j-m das Gehalt erhöhen **2** zlepšiť (an)|heben*; ~ *životnú úroveň* s Lebensniveau heben; ~ **sa 1** sich erhöhen, steigen* (i.) **2** zlepšiť sa sich steigern, sich bessern
zvýšiť[2] übrig bleiben*
zvyšný überschüssig, überzählig
zvyšok r Rest ((e)s, e)

Ž

žaba r Frosch (es, ≈e)
žalár r Kerker (s, ≈), s Gefängnis (ses, se)
žalm r Psalm ((e)s, e)
žalob|a práv. e (An)klage (≈, n); *podať –u* (An)klage erheben*; **–ca** r (An)kläger (s, ≈)
žalostn|ý(e) 1 plný žiaľu kläglich; ~ *pohľad* ein kläglicher Anblick **2** vzbudzujúci žiaľ erbärmlich
žalovať 1 práv. verklagen, eine Klage ein|bringen (*koho* gegen j-n A) **2** o deťoch petzen (*komu čo* j-m etw A), verpetzen (*na koho* j-n)
žaluď e Eichel (≈, n)
žalúdočn|ý Magen-; *–é ťažkosti* die Magenbeschwerden MNČ; ~ *vred* s Magengeschwür
žalúdok r Magen (s, ≈); *pokaziť si* ~ sich den Magen verderben
žalúzia e Jalousie [žalu'zi:] (≈, i|en)
žart r Scherz (es, e), r Spaß (es, ≈e), hovor. r Jux (es, e); *to bol len* ~ das war nur (ein) Spaß al. (ein) Scherz; *povedať čo zo ~u* etw im Spaß sagen; *robiť si ~y* Spaß machen
žartovať scherzen (*s kým* mit j-m), spaßen, hovor. juxen
žartovn|ý(e) spaßig, humorvoll, scherzhaft, spaßhaft, witzig

WXYZ

žasnúť staunen, sich wụndern (*nad kým/čím* über etw A)
žať kosiť schneiden*, mähen
žatva e Ernte (≈, n)
že SP daß <...ss>; *dúfam, ~ príde* ich hoffe, daß er kommt
žehl|iaci Bügel-; *–iaca doska* s Bügelbrett ((e)s, er)
žehlička s Bügel|eisen (s, ≈); *naparovacia ~* s Dampfbügel|eisen
žehliť bügeln, plätten
želé s Gelẹe [žẹ'lẹ:] (s, s)
železiareň s Eisenwerk ((e)s, e), e Eisenhütte (≈, n)
železiarstvo obchod e Eisenwaren MNČ
železni|ca e Eisenbahn (≈, en); **–čiar** r Eisenbahner (s, ≈)
železničn|ý (Eisen)bahn-; *–á stanica* r Bahnhof, e (Eisen)bahnstation
železn|ý 1 obsahujúci železo Eisen-; *–á ruda* s Eisen|erz **2** zo železa eisern, Eisen- **3** pevný eisern
železo s Eisen (s, 0); *staré ~* s Alt|eisen
žemľ|a e Semmel (≈, n), s Brötchen (s, ≈), severonem. e Schrippe (≈, n); **–ový** Semmel-; *–ová knedľa* r Semmelknödel
žemľovka kuch. r Scheiterhaufen (s, ≈)
žena 1 e Frau (≈, en) **2** manželka e (Ehe)frau (≈, en), e Gattin (≈, nen)
ženatý verhẹiratet
ženích r Bräutigam (s, e al. s); **~ a nevesta** s Brautpaar
ženiť verhẹiraten; **~ sa** heiraten (*s kým* j-n), sich verhẹiraten (*s kým* mit j-m)
ženská s Weib ((e)s, er)
ženskosť e Weiblichkeit (≈, 0)
ženský 1 týkajúci sa ženy Frauen-; *~ lekár* r Frauen|arzt al. r Gynäkologe **2** typický pre ženu Frauen-, weiblich; *~ hlas* eine weibliche Stimme, e Frauenstimme
žeraviet' 1 rozpaľovať sa orglühen **2** žiariť glühen, leuchten, brennen*
žeravý glühend, Glut-, heiß
žeriav 1 tech. r Kran (es, ≈e) **2** vták r Kranich ((e)s, e)
žeriavnik r Kranführer (s, ≈)
žerucha e Kresse (≈, n)
žetón r Jeton [žə'tõ:] (s, s), e Spielmarke (≈, n)
žgrloš r Knauser (s, ≈), r Pfennigfuchser (s, ≈), r Knicker (s, ≈), r Geizhals; **~iť** kargen, geizen, knausern
žiabre e Kieme (≈, n)
žiack|y Schüler-; *–a knižka* s Schülertagebuch
žiadaný erwụnscht, gesụcht
žiadať 1 prosiť ersụchen, bitten* (*o čo* um etw A) **2** požadovať verlạngen, fordern **3** vyžadovať verlạngen
žiadateľ r Antragsteller (s, ≈), r Bewẹrber (s, ≈)
žiad|en, žiad|ny kein; *~ strach!* keine Angst!; *za –nu cenu* um keinen Preis
žiadosť 1 úradná r Antrag ((e)s, ≈e) (*o čo* auf etw A), s Gesụch ((e)s, e) (*o čo* auf al. um etw A); *podať ~* einen Antrag stellen; *~ o miesto* s Stellengesuch **2** prosba e Bitte (≈, n)
žiadostiv|ý(o) (be)gịerig
žiaduci wünschenswert, begẹhrenswert
žiak r Schüler (s, ≈)
žiaľ s Leid ((e)s, 0), s Leiden (s, 0)
žiara e Hitze (≈, n), e Glut (≈, en)
žiarenie fyz. e Strahlung (≈, en)
žiariť 1 šíriť svetlo strahlen, leuchten, scheinen* **2** blyšťať sa glänzen, strahlen **3** radosťou ap. strahlen
žiarivka e Leuchtstoffröhre (≈, n)
žiarliť eifersüchtig sein* (i.) (*na koho/čo* auf j-n/etw)
žiarlivosť e Eierfrucht (≈, ≈e)
žiarliv|ý(o) eifersüchtig
žiarovka e Glühbirne (≈, n), e Glühlampẹ (≈, n)
žid, Žid r Jude (n, n); **~ovka** e Jüdin (≈, nen); **~ovský** jüdisch, Juden-
žieravina s Ätzmittel (s, 0)
žieravý ätzend
žihadlo r Stachel (s, n)

žihľava e Brennessel <...nnn...> (≈, n)
žihľavka lek. r Nesselausschlag ((e)s, ¨e)
žila 1 lek. e Ader (≈, n), e Vene ['v...] (≈, n) **2** ban. r Gang ((e)s, ¨e), e Ader (≈, n); *rudná* ~ e Erzader, r Erzgang
žiletka e Rasierklinge (≈, n)
žilový lek. venös [v...]
žinenka e Matte (≈, n), e Matratze (≈, n)
žirafa e Giraffe (≈, n)
žiť leben; ~ *na vidieku* auf dem Lande leben; *nech žije...!* es lebe...!
žito s Korn ((e)s, 0), r Roggen (s, 0)
živ|el 1 prírodný s Element ((e)s, e), e Naturgewalt (≈, en) **2** prostredie, človek s Element ((e)s, 0); *je vo svojom –le* er ist in seinem Element
živeln|ý 1 spôsobený živlami Elementar-, Natur-, elementar, naturhaft; *–á katastrofa* e Naturkatastrophe **2** nespútaný spontan; ~ *vývoj* eine spontane Entwicklung
živica s Harz (es, e)
živ|iť 1 kŕmiť nähren, verpflegen **2** zabezpečiť unterhalten*, ernähren; *–í celú rodinu* sie unterhält al. ernährt die ganze Familie; ~ **sa** sich ernähren (*čím* von etw D)
živnosť s Gewerbe (s, ≈)
živnostník r Gewerbetreibende (n, n), r Privatunternehmer [...v...] (s, ≈)
živo lebhaft
živobytie r Lebensunterhalt ((e)s, 0); *zarábať si na* ~ seinen Lebensunterhalt verdienen
živočích s Lebewesen (s, ≈), s Tier ((e)s, e)
živočíšny 1 týkajúci sa zvierat Tier- **2** pudový tierisch, animalisch
živoriť vegetieren [v...], kärglich leben
životaschopný lebensfähig
životne lebens-; ~ *dôležitý* lebenswichtig
životn|ý Lebens-; *–é poistenie* e Lebensversicherung; *–á úroveň* r Lebensstandard, s Lebensniveau; **–é prostredie** e Umwelt
životopis r Lebenslauf ((e)s, läufe); *(na)písať svoj* ~ seinen Lebenslauf schreiben
životospráva e Lebensweise (≈, n); *zdravá* ~ eine gesunde Lebensweise
živ|ý 1 lebend(ig) **2** trvajúci lebendig; ~ *jazyk* eine lebendige Sprache **3** plný života, aktívny lebhaft; ~ *človek* temperamentný ein lebhafter Mensch; *–á fantázia* eine lebhafte Phantasie <Fan...> **4** čulý rege, lebhaft; ~ *rozhovor* ein reges Gespräch; *–á ulica* eine lebhafte Straße; ~ **plot** e (Garten)-hecke
žľab 1 e Rinne (≈, n); *odkvapový* ~ e Dachrinne **2** na kŕmenie r (Futter)trog ((e)s, ¨e)
žľaza e Drüse (≈, n); *štítna* ~ e Schilddrüse
žlč e Galle (≈, 0)
žlčník e Gallenblase (≈, n); **~ový** Gallen-; *~ový kameň* r Gallenstein
žliabok 1 malý žľab eine kleine Rinne (≈, n) **2** podlhovastá ryha (v tvrdom materiáli) e Rille (≈, n)
žltačka e Gelbsucht (≈, 0)
žltok s Eigelb (s, e), r al. s (Ei)dotter (s, ≈)
žlt|ý(o) gelb
žmurkať blinzeln
žmýkačka e (Wäsche)schleuder (≈, n), e Wringmaschine (≈, n)
žmýkať wringen*, schleudern
žobrák r Bettler (s, ≈)
žobrať betteln
žold r Sold ((e)s, e); **~nier** r Söldner (s, ≈)
žolík r Joker (s, ≈)
žralok r Hai(fisch) (es, e)
žrať 1 o zvieratách fressen* **2** rozožierať zerfressen*, zerlegen
žrď e Stange (≈, n), r Stab ((e)s, ¨e); **na pol žrde** halbmast
žrebec r Hengst ((e)s, e)
žriebä s Fohlen (s, ≈)
žriedlo r Sprudel (s, ≈), e Quelle (≈,

n); *termálne* ~ e Thermalquelle; **~vý** Sprudel-, Thermal-

žula r Granit ((e)s, e)

žumpa e Senkgrube (≈, n)

župan r Morgenrock ((e)s, ≈e), r Bademantel (s, ≈)

žúr hovor. e Fete (≈, n), e Party (≈, s)

žurnalis|ta r Journalist [žurna'list] (en, en); **–tika** e Journalistik [žurna'listik] (≈, 0)

žuť kauen

žuvačka r al. s Kaugummi (s, s)

DOPLNKY

MIERY, ZNAČKY

Interpunkčné znamienka a ďalšie značky – *Interpunktionszeichen und weitere Symbole*

,	*s Komma*
;	*s Semikolon*
:	*r Doppelpunkt*
.	*r Punkt*
–	*1. r Gedankenstrich* pomlčka
	2. r Bindestrich spojovník
!	*s Ausrufezeichen*
?	*s Fragezeichen*
'	*r Apostroph*
()	*runde Klammern*
[]	*eckige Klammern*
{ }	*geschweifte Klammern*
'	*s Anführungszeichen*
_	*r Unterstrich*
^	*r Zirkumflex, r Dachakzent*
&	*s Et-Zeichen, s Und-Zeichen*
@	*r Affenschwanz* zavináč
%	*s Prozentzeichen*
©	*s Copyright, s Urheberrecht*
®	*e Trademark, s Warenzeichen*
§	*s Paragraphzeichen*

Matematické symboly – *Mathematische Symbole*

+	1. *s Plus, s Pluszeichen*
	2. *plus* al. *und* a
	3. *plus* kladný
–	1. *s Minus, s Minuszeichen*
	2. *minus, weniger* bez
	3. *minus* záporný
×	1. *s Multiplikationszeichen*
	2. *mal* krát
÷	1. *s Dividierungszeichen*
	2. *dividiert* delené
/	*r Bruchstrich* zlomková čiara
=	1. *s Gleichheitszeichen*
	2. *ist (gleich)* rovná sa
≠	*ist nicht gleich*
≡	*ist identisch*
~	*ist äquivalent*
>	*ist größer als*
<	*ist kleiner als*
∞	1. *s Unendliche* nekonečno
	2. *unendlich* nekonečný
√	*e Wurzel* odmocnina
∑	*e Summe*
∫	*s Integral*
∈	*ist als Element enthalten*
⊂	*ist als Teil anderer Meng*
e	*enthalten* je podmnožinou
||	*der absolute Wert* absolútna hodnota

ČÍSLOVKY

Základné číslovky – *Kardinalzahlen*

0	*null* al. *Null*	50	*fünfzig*	
1	*eins, ein, eine, ein*	60	*sechzig*	
2	*zwei*	70	*siebzig*	
3	*drei*	80	*achtzig*	
4	*vier*	90	*neunzig*	
5	*fünf*	100	*(ein) hundert*	
6	*sechs*	101	*hunderteins*	
7	*sieben*	102	*hundertzwei*	
8	*acht*	154	*hundertvierundfünfzig*	
9	*neun*	200	*zweihundert*	
10	*zehn*	300	*dreihundert*	
11	*elf*	400	*vierhundert*	
12	*zwölf*	900	*neunhundert*	
13	*dreizehn*	1 000		*(ein) tausend*
14	*vierzehn*	1 500		*(ein) tausend fünfhundert* al. *fünfzehnhundert*
15	*fünfzehn*			
16	*sechzehn*			
17	*siebzehn*	7 000		*siebentausend*
18	*achtzehn*	10 000		*zehntausend*
19	*neunzehn*	100 000		*hunderttausend*
20	*zwanzig*	1 000 000		*eine Million*
21	*einundzwanzig*	2 000 000		*zwei Millionen*
22	*zweiundzwanzig*	1 000 000 000		*eine Milliarde*
30	*dreißig*	4 000 000 000		*vier Milliarden*
40	*vierzig*			

Desatinné čísla – *Dezimalzahlen*

2,7	*zwei Komma sieben*
0,25	*null Komma fünfundzwanzig*

Zlomky – *Bruchzahlen*

polovica	*halb* al. *die Hälfte*	dvadsatina	*das Zwanzigstel*
tretina	*das Drittel*	stotina	*das Hundertstel*
štvrtina	*das Viertel*	jeden a pol	*anderthalb, eineinhalb*
dve tretiny	*zwei Drittel*		
tri pätiny	*drei Fünftel*	dva a pol	*zweieinhalb*
		tri a pol	*dreieinhalb*

Radové číslovky – *Ordinalzahlen*

prvý	*r, e, s* *erste*	dvadsiaty	*zwanzigste*
druhý	*zweite*	dvadsiaty druhý	*zweiundzwanzigste*
tretí	*dritte*	tridsiaty	*dreißigste*
štvrtý	*vierte*	deväťdesiaty	*neunzigste*
piaty	*fünfte*	stý	*hundertste*
šiesty	*sechste*	dvojstý	*zweihundertste*
siedmy	*siebte* al. *siebente*	tisíci	*tausendste*
ôsmy	*achte*	päťtisíci	*fünftausendste*
deviaty	*neunte*	milióntу	*millionste*
desiaty	*zehnte*	po prvé	*erstens*
jedenásty	*elfte*	po druhé	*zweitens*
dvanásty	*zwölfte*	po tretie	*drittens*
trinásty	*dreizehnte*	po štvrté	*viertens*
štrnásty	*vierzehnte*	po desiate	*zehntens*

Násobné číslovky – *Wiederholungszahlen*

jedenkrát	*einmal*
dvakrát	*zweimal*
trikrát	*dreimal*
dvadsaťkrát	*zwanzigmal*
stokrát	*hundertmal*

Násobné číslovky – *Vervielfältigungszahlwörter*

jednoduchý,	*einfach*	stonásobný	*hundertfach, 100fach*
dvojnásobný, dvojmo, dvojitý	*zweifach, 2fach*	dvojnásobok	*das Zweifache*
trojnásobný, trojmo, trojitý	*dreifach, 3fach*	trojnásobok	*das Dreifache*
štvornásobný, štvormo, štvoritý	*vierfach, 4fach*	päťnásobok	*das Fünffache*
šestnásťnásobný	*sechzehnfach, 16fach*	desaťnásobok	*das Zehnfache*
dvadsaťnásobný	*zwanzigfach, 20fach*	osemdesiatsedemnásobok	*das Siebenundachtzigfache*
		stonásobok	*das Hundertfache*

Podielové číslovky – *Verteilungszahlwörter*

po jednom	*je eins*	po troch, (v trojici)	*je drei, zu dritt*
po dvoch, (v dvojici)	*je zwei, zu zweit*	po desiatich	*je zehn, zu zehnt*
		po stovkách	*je hundert*

Druhové číslovky – *Gattungszahlwörter*

jednotne, rovnako	*einerlei*	šestorako	*sechserlei*
dvojako	*zweierlei*	desatorako	*zehnerlei*
trojako	*dreierlei*	jedenástorako	*elferlei*
štvorako	*viererlei*	storako	*hunderterlei*
pätorako	*fünferlei*	tisícorako	*tausenderlei*

Číslovky ako podstatné mená

jednotka	*die Eins*
dvojka	*die Zwei*
trojka	*die Drei*
Dostala som dvojku.	*Ich habe eine Zwei bekommen.*
Tu prichádza štvorka.	*Da kommt die Vier.*

Matematické úkony – *Rechnungsfunktionen*

8 + 6 = 14	*acht plus/und sechs ist vierzehn*
8 – 6 = 2	*acht minus/weniger sechs ist zwei*
8 × 6 = 48	*acht mal sechs ist achtundvierzig*
8: 2 = 4	*acht durch/geteilt/dividiert durch zwei ist vier*

GEOGRAFICKÉ NÁZVY

GEOGRAFICKÉ NÁZVY

Geografické názvy sú zoradené podľa štátov. Pri jednotlivých štátoch sú uvedené ďalšie súvisiace názvy:
Názov štátu* **1** prídavné meno **2** označenie pre obyvateľa/obyvateľku, neuvádzame člený *der/die* ten/tá **3** menová jednotka **4** hlavné mesto.
* – Názvy štátov sú v nemčine spravidla stredného rodu, preto člen *das* neuvádzame.

Afghanistan 1 *afghanisch* **2** *Afghane/Afghanin* **3** *Afghani = 100 Puls* **4** *Kabul*
Ägypten 1 *ägyptisch* **2** *Ägypter/Ägypterin* **3** *ägypt. Pfund = 100 Piaster = 1000 Millièmes* **4** *Kairo*
Albanien 1 *albanisch* **2** *Albaner/Albanerin* **3** *Lek = 100 Quind* **4** *Tirana*
Algerien 1 *algerisch* **2** *Algerier/Algerierin* **3** *alg. Dinar = 100 Centimes* **4** *Algier*
Andorra 1 *andorranisch* **2** *Andorraner/Andorranerin* **3*** *franz. Franc/span. Peseta = 100 Centimes* **4** *Andorra*
Angola 1 *angolanisch* **2** *Angolaner/Angolanerin* **3** *Kwanza = 100 Lwei* **4** *Luanda*
Argentinien 1 *argentinisch* **2** *Argentinier/Argentinierin* **3** *arg. Peso = 100 Centavos* **4** *Buenos Aires*
Armenien 1 *armenisch* **2** *Armenier/Armenierin* **3** *Dram = 100 Luma* **4** *Eriwan*
Aserbaidschan 1 *aserbaidschanisch* **2** *Aserbaidschaner/Aserbaidschanerin* **3** *Manat = 100 Gepik* **4** *Baku*
Australien 1 *australisch* **2** *Australier/Australierin* **3** *austr. Dollar = 100 Cent* **4** *Canberra*
Belgien 1 *belgisch* **2** *Belgier/Belgierin* **3*** *belg. Franc = 100 Centimes* **4** *Brüssel*
Bolivien 1 *bolivisch* **2** *Bolivier/Bolivierin* **3** *bol. Peso = 100 Centavos* **4** *La Paz*
Bosnien und Herzegowina 1 *bosnisch* **2** *Bosnier/Bosnierin* **3** *bosn. Dinar = 100 Para* **4** *Sarajevo*
Brasilien 1 *brasilianisch* **2** *Brasilianer/Brasilianerin* **3** *bras. Peso = 100 Centavos* **4** *Brasília*
Bulgarien 1 *bulgarisch* **2** *Bulgare/Bulgarin* **3** *Lew = 100 Stotinki* **4** *Sofia*
Chile 1 *chilenisch* **2** *Chilene/Chilenin* **3** *Escudo/chil. Peso = 100 Centavos* **4** *Santiago*
China 1 *chinesisch* **2** *Chinese/Chinesin* **3** *Yuan = 10 Ťiao = Fen* **4** *Peking*
Dänemark 1 *dänisch* **2** *Däne/Dänin* **3** *dän. Krone = 100 Öre* **4** *Kopenhagen*
Deutschland/die Bundesrepublik Deutschland 1 *deutsch* **2** *Deutsche(r)/Deutsche* **3*** *deutsche Mark = 100 Pfennig* **4** *Berlin*
Estland Estónsko **1** *estnisch, estländisch* **2** *Este/Estin* **3** *est. Krone = 100 Sent* **4** *Tallinn*
die **Europäische Union 1** *europäisch* **2** *Europäer/Europäerin* **3** *Euro*
Finnland 1 *finnisch* **2** *Finne/Finnin* **3*** *Finnmark = 100 Penni* **4** *Helsinki*

Frankreich 1 *französisch* 2 *Franzose/Französin* 3* *franz. Franc = 100 Centimes* 4 *Paris*

Georgien Gruzínsko 1 *georgisch* 2 *Georgier/Georgierin* 3 *Lari = 100 Tetri* 4 *Tbilissi*

Griechenland Grécko 1 *griechisch* 2 *Grieche/Griechin* 3* *Drachme = 100 Lepta* 4 *Athen*

Großbritannien 1 *britisch* 2 *Brite/Britin* 3 *Pfund Sterling = 100 new Pence* 4 *London*

Indien 1 *indisch* 2 *Inder/Inderin* 3 *ind. Rupie = 100 Naja Paise* 4 *Delhi*

Indonesien 1 *indonesisch* 2 *Indonesier/Indonesierin* 3 *indon. Rupie = 100 Cent* 4 *Djakarta*

Irak 1 *irakisch* 2 *Iraker/Irakerin* 3 *ir. Dinar = 20 Dirham = 1 000 Fils* 4 *Bagdad*

Iran 1 *iranisch* 2 *Iraner/Iranerin* 3 *iran. Rial = 100 Dinar* 4 *Teheran*

Irland 1 *irisch* 2 *Ire (Irländer)/Irin (Irländerin)* 3* *iris. Pfund = 100 Pence* 4 *Dublin*

Island 1 *isländisch* 2 *Isländer/Isländerin* 3 *isl. Krone = 100 Aurar* 4 *Reykjavik*

Israel 1 *israelisch* 2 *Israeli/Israeli* 3 *israel. Pfund = 100 Agor* 4 *Tel Aviv, Jerusalem*

Italien 1 *italienisch* 2 *Italiener/Italienerin* 3* *ital. Lira = 100 Centesimi* 4 *Rom*

Japan 1 *japanisch* 2 *Japaner/Japanerin* 3 *Yen = 100 Sen* 4 *Tokio*

Jugoslawien (ehemaliges) Juhoslávia (bývalá) 1 *jugoslawisch* 2 *Jugoslawe/Jugoslawin* 3 *Dinar = 100 Para* 4 *Belgrad*

Kambodscha, Kamputschea 1 *kambodschanisch, kamputscheanisch* 2 *Kambodschaner/Kambodschanerin* 3 *Riel = 100 Sen* 4 *PhnomPenh*

Kanada 1 *kanadisch* 2 *Kanadier/Kanadierin* 3 *kan. Dollar = 100 Cent* 4 *Ottawa*

Kasachstan 1 *kasachisch* 2 *Kasache/Kasachin* 3 *Tenge = 100 Tijin* 4 *Alma--Ata*

Kenia 1 *kenianisch* 2 *Kenianer/Kenianerin* 3 *Shilling = 100 Cent* 4 *Nairobi*

Kirgisistan 1 *kirgisisch* 2 *Kirgise/Kirgisin* 3 *Som = 100 Tyin* 4 *Frunse*

Kolumbien 1 *kolumbi(ani)sch* 2 *Kolumbi(an)er/Kolumbi(an)erin* 3 *kol. Peso = 100 Centavos* 4 *Bogotá*

Korea/Südkorea 1 *koreanisch* 2 *Koreaner/Koreanerin* 3 *Hvan/Von = 100 Cheun* 4 *Seoul*

Korea/Demokratische Volksrepublik Korea 3 *Dong = 100 Xu* 4 *Pjöngjang*

Kroatien Chorvátsko 1 *kroatisch* 2 *Kroate/Kroatin* 3 *Kuna = 100 Lipa* 4 *Zagreb*

Kuba 1 *kubanisch* 2 *Kubaner/Kubanerin* 3 *kub. Peso = 100 Centavos* 4 *Havanna*

Kuwait 1 *kuwaitisch* 2 *Kuwaiter/Kuwaiterin* 3 *kuw. Dinar = 100 Dirham = 1 000 Fils* 4 *Kuwait*

Laos 1 *laotisch* 2 *Laote/Laotin* 3 *Kip = 100 At* 4 *Vientiane*

Lettland Lotyšsko 1 *lettisch* 2 *Lette/Lottin* 3 *Lats = 100 Santims* 4 *Riga*

Libanon 1 *libanesisch* 2 *Libanese/Libanesin* 3 *lib. Pfund = 100 Piaster* 4 *Beirut*

Libyen 1 *libysch* 2 *Libyer/Libyerin* 3 *lib. Dinar = 1000 Dirham* 4 *Tripolis*

Liechtenstein 1 *liechtensteinisch* 2 *Liechtensteiner/Liechtensteinerin* 3 *schweiz. Franken/Franc = 100 Rappen* 4 *Vaduz*
Litauen Litva 1 *litauisch* 2 *Litauer/Litauerin* 3 *Litas = 100 Cent* 4 *Wilna*
Luxemburg 1 *luxemburgisch* 2 *Luxemburger/Luxemburgerin* 3* *lux. Franc = 100 Centimes* 4 *Luxemburg*
Malaysia 1 *malaysisch* 2 *Malaysier/Malaysierin* 3 *Ringgit = 100 Sen* 4 *Kuala Lumpur*
Malta 1 *maltesisch* 2 *Malteser/Malteserin* 3 *malt. Pfund = 100 Cent = 1 000 Mils* 4 *Valletta*
Marokko 1 *marokkanisch* 2 *Marokkaner/Marokkanerin* 3 *Dirham = 100 Centimes* 4 *Rabat*
Mexiko 1 *mexikanisch* 2 *Mexikaner/Mexikanerin* 3 *mex. Peso = 100 Centavos* 4 *Mexiko*
Moldawien 1 *moldawisch* 2 *Moldawier/Moldawierin* 3 *mold. Leu = 100 Bani* 4 *Kischinew*
Monaco 1 *monegassisch* 2 *Monegasse/Monegassin* 3 *franz. Franc = 100 Centimes* 4 *Monaco*
Mongolei/Mongolische Volksrepublik 1 *mongolisch* 2 *Mongole/Mongolin* 3 *Tugrik = 100 Munge* 4 *Ulan Bator*
Myanmar 1 *myanmarisch* 2 *Myarmare/Myarmarin* 3 *Kyat = 100 Pyas* 4 *Rangun*
Nepal 1 *nepalesisch* 2 *Nepalese, Nepaler/Nepalesin, Nepalerin* 3 *nepal. Rupie = 100 Paisa* 4 *Katmandu*
Neuseeland Nový Zéland 1 *neuseeländisch* 2 *Neuseeländer/Neuseeländerin* 3 *neus. Dollar = 100 Cent* 4 *Wellington*
Nicaragua 1 *nicaraguanisch* 2 *Nicaraguaner/Nicaraguanerin* 3 *Córdoba = 100 Centavos* 4 *Managua*
die Niederlande MNČ Holandsko 1 *niederländisch (holländisch)* 2 *Niederländer, Holländer/Niederländerin, Holländerin* 3* *Gulden = 100 Cent* 4 *Amsterdam*
Nigeria 1 *nigerianisch* 2 *Niegerianer/Nigerianerin* 3 *Naira = 100 Kobo* 4 *Lagos*
Norwegen Nórsko 1 *norwegisch* 2 *Norweger/Norwegerin* 3 *norw. Krone = 100 Öre* 4 *Oslo*
Österreich Rakúsko 1 *österreichisch* 2 *Österreicher/Österreicherin* 3* *Schilling = 100 Groschen* 4 *Wien*
Pakistan 1 *pakistanisch* 2 *Pakistani, Pakistaner/Pakistani, Pakistanerin* 3 *pakist. Rupie = 100 Paisa* 4 *Islamabad*
Panama 1 *panamaisch* 2 *Panamaer/Panamaerin* 3 *Baloboa = 100 Centesimos* 4 *Panama*
Peru 1 *peruanisch* 2 *Peruaner/Peruanerin* 3 *Sol = 100 Centavos* 4 *Lima*
die Philippinen MNČ Filipíny 1 *philippinisch* 2 *Philippiner/Philippinerin* 3 *phil. Peso = 100 Centavos* 4 *Manila*
Polen 1 *polnisch* 2 *Pole/Polin* 3 *Zloty = 100 Grosze* 4 *Warschau*
Portugal 1 *portugiesisch* 2 *Portugiese/Portugiesin* 3* *Escudo = 100 Centavos* 4 *Lissabon*

Rumänien 1 *rumänisch* **2** *Rumäne/Rumänin* **3** *Leu = 100 Bani* **4** *Bukarest*
Russland 1 *russisch* **2** *Russe/Russin* **3** *Rubel = 100 Kopeken* **4** *Moskau*
Saudi-Arabien 1 *saudi-arabisch* **2** *Saudiaraber/Saudiaraberin* **3** *saud. Rial = 20 Quirsh = 100 Halal* **4** *Er-Riad*
Schweden 1 *schwedisch* **2** *Schwede/Schwedin* **3** *schw. Krone = 100 Öre* **4** *Stockholm*
die Schweiz 1 *schweizerisch* **2** *Schweizer/Schweizerin* **3** *schweiz. Franken/Franc = 100 Rappen* **4** *Bern*
Senegal 1 *senegalesisch* **2** *Senegalese/Senegalesin* **3** *CFA-Franc = 100 Centimes* **4** *Dakar*
Serbien und Montenegro Srbsko a Čierna Hora **1** *serbisch* **2** *Serbe/Serbin* **3** *Neuer Dinar = 100 Para* **4** *Belgrad*
die Slowakische Republik, die Slowakei 1 *slowakisch* **2** *Slowake/Slowakin* **3** *slow. Krone = 100 Heller* **4** *Bratislava*
Slowenien Slovinsko **1** *slowenisch* **2** *Slowene, Slowenier/Slowenin, Slowenierin* **3** *slow. Tolar = 100 Stotin* **4** *Laibach (Ljubljana)*
Somalia 1 *somalisch* **2** *Somalier/Somalierin* **3** *som. Shilling = 100 Cent* **4** *Mogadischu*
die Sowjetunion predtým, teraz **Gemeinschaft unabhängiger Staaten** Spoločenstvo nezávislých štátov **1** *sowjetisch* **3** *Rubel = 100 Kopeken* **4** *Moskau*
Spanien 1 *spanisch* **2** *Spanier/Spanierin* **3*** *Peseta = 100 Centimos* **4** *Madrid*
Südafrika 1 *südafrikanisch* **2** *Südafrikaner/Südafrikanerin* **3** *Rand = 100 Cent* **4** *Pretoria*
Sudan 1 *sudan(es)isch* **2** *Sudaner, Sudanese/Sudanerin, Sudanesin* **3** *sud. Pfund = 100 Piaster = 1 000 Millièmes* **4** *Chartum*
Syrien 1 *syrisch* **2** *Syrier/Syrierin* **3** *syr. Pfund = 100 Piastros* **4** *Damaskus*
Tadschikistan 1 *tadschikisch* **2** *Tadschike/Tadschikin* **3** *Somoni = 100 Diram* **4** *Duschanbe*
Thailand Thajsko **1** *thailändisch* **2** *Thailänder/Thailänderin* **3** *Baht = 100 Santang* **4** *Bangkok*
die Tschechische Republik, Tschechien 1 *tschechisch, mährisch* **2** *Tscheche/Tschechin, Mährer/Mährerin* **3** *tschech. Krone = 100 Heller* **4** *Prag*
die Tschechoslowakei (ehemalige) Československo (bývalé) **1** *tschechoslowakisch* **3** *tschech. Krone = 100 Heller* **4** *Prag*
Tunesien 1 *tunesisch* **2** *Tunesier/Tunesierin* **3** *tun. Dinar = 1 000 Millimes* **4** *Tunis*
die Türkei 1 *türkisch* **2** *Türke/Türkin* **3** *tür. Pfund = 100 Kurus (Piastres)* **4** *Ankara*
Turkmenien, Turkmenistan 1 *turkmenisch* **2** *Turkmene/Turkmenin* **3** *Manat = 100 Tenge* **4** *Aschchabad*
Ukraine 1 *ukrainisch* **2** *Ukrainer/Ukrainerin* **3** *Griwna (Hryvnia) = 100 Kopeken* **4** *Kiew*

Ungarn Maďarsko **1** *ungarisch* **2** *Ungar/Ungarin* **3** *Forint = 100 Filler* **4** *Budapest*

die USA, Vereinigte Staaten von Amerika **1** *amerikanisch* **2** *Amerikaner/Amerikanerin* **3** *Dollar = 100 Cent* **4** *Washington*

Usbekistan **1** *usbekisch* **2** *Usbeke/Usbekin* **3** *Sum = 100 Tijin* **4** *Taschkent*

Vietnam **1** *vietnamesisch* **2** *Vietnamese/Vietnamesin* **3** *Dong = 10 Hao = 100 Xu* **4** *Hanoi*

Weißrussland Bielorusko **1** *weißrussisch* **2** *Weißrusse/Weißrussin, Belorusse/Belorussin* **3** *weißrus. Rubel = 100 Kopeken* **4** *Minsk*

Zypern Cyprus **1** *zypri(oti)sch* **2** *Zypr(i)er, Zypriot/Zypr(i)erin, Zypriotin* **3** *Zypern-Pfund = 100 Cent* **4** *Nikosia*

* = teraz *Euro = 100 Cent*

Svetadiely, pohoria, moria, oceány:

Afrika **1** *afrikanisch* **2** *Afrikaner/Afrikanerin*
Amerika **1** *amerikanisch* **2** *Amerikaner/Amerikanerin*
Asien **1** *asiatisch* **2** *Asiat/Asiatin*
Australien **1** *australisch* **2** *Australier/Australierin*
Europa **1** *europäisch* **2** *Europäer/Europäerin*

e **Alpen** MNČ Alpy
e **Anden** MNČ Andy
r **Himalaja** Himaláje
e **Karpaten** MNČ Karpaty
r **Kaukasus** Kaukaz
e **Kordilleren** MNČ Kordillery
e **Pyrenäen** MNČ Pyreneje

s **Adlergebirge** Orlické hory
r **Böhmerwald** Šumava
s **Erzgebirge** Krušné hory
e **Hohe Tatra** Vysoké Tatry
s **Isergebirge** Jizerské hory
e **Niedere Tatra** Nízke Tatry
s **Riesengebirge** Krkonoše

s **Adriatische Meer** Jadranské m.
s **Kaspische Meer** Kaspické more
s **Mittelmeer** Stredozemné more
e **Nordsee** Severné more
e **Ostsee** Baltské more
s **Rote Meer** Červené more

s **Schwarze Meer** Čierne more
r **Atlantische Ozean** Atlantický oceán
r **Indische Ozean** Indický oceán
r **Pazifische Ozean** Tichý oceán
s **Nordpolarmeer** Severný ľadový oceán

KONVERZAČNÉ FRÁZY

Konverzačné frázy — *Konversationswendungen*

Pozdravy — *Begrüßung/Verabschiedung*

Dobrý deň!	*Guten Tag!*
Dobré ráno!	*Guten Morgen!*
Dobrý večer!	*Guten Abend!*
Dobrú noc!	*Gute Nacht!*
Ako sa máte/máš?	*Wie geht es?, Wie geht's?*
Ďakujem, (veľmi) dobre.	*Danke, (sehr) gut.*
Ujde to.	*Es geht.*
Rád/rada vás/ťa vidím.	*Ich sehe Sie/dich gern.*
Ahoj! pri stretnutí	*Hallo!*
Ahoj! pri rozlúčke	*Tschüss! Tschüs!*
Dovidenia!	*Auf Wiedersehen!*
Dopočutia!	*Auf Wiederhören!*
Do skorého videnia!	*Bis bald!*

Predstavovanie — *Sich vorstellen*

Dovoľte, aby som sa predstavil.	*Gestatten Sie, dass ich mich vorstelle.*
Volám sa…	*Ich heiße…/Mein Name ist…*
Dovoľte, aby som vám predstavil…	*Gestatten Sie mir, Ihnen … vorzustellen.*
To je môj kolega, priateľ, manžel, otec/moja kolegyňa, priateľka, manželka, matka.	*Das ist mein Kollege, Freund, Mann, Vater/meine Kollegin, Freundin, Frau, Mutter.*
Teší ma.	*(Es) freut mich.*
Máte/máš tu ešte voľné (miesto)?	*Ist bei Ihnen/bei Dir noch frei?*
Odkiaľ ste/si?	*Woher kommen Sie/kommst du?*
Ako sa vám/ti tu páči?	*Wie gefällt es Ihnen/dir hier?*
Ste/si tu (už) dlho?	*Sind Sie/bist du hier (schon) lange?*
Kde ste/si ubytovaný/ubytovaná?	*Wo sind Sie/bist du untergebracht?*
Kedy odchádzate/odchádzaš?	*Wann fahren Sie/fährst du weg?*
Kde pracujete/pracuješ?	*Wo arbeiten Sie/arbeitest du?*
Čo/kde študujete/študuješ?	*Was/wo studieren Sie/studierst du?*
Ste/si slobodný(á)/ženatý (vydatá)?	*Sind Sie/bist du ledig/verheiratet?*

Dorozumievanie

Sich verständigen

Hovoríte/hovoríš po nemecky/anglicky/francúzsky/španielsky? — *Sprechen Sie/sprichst du Deutsch/ Englisch/Französisch/Spanisch?*
Len trochu. — *Nur etwas/ein bisschen/wenig.*
Rozumiete/rozumieš mi? — *Verstehen Sie/verstehst du mich?*
Nerozumiem. — *Ich verstehe nicht.*
Hovor(te), prosím, pomaly. — *Sprechen Sie/sprich bitte langsam.*
Ako sa to povie po nemecky? — *Wie sagt man das auf Deutsch?*
Čo znamená toto slovo? — *Was heißt/bedeutet dieses Wort?*
Môžete/môžeš mi to, prosím, ešte raz vysvetliť? — *Können Sie/kannst du es mir nochmals erklären?*
Ako sa to píše? — *Wie schreibt man das?*
Môžete/môžeš to zopakovať? — *Können Sie/kannst du das wiederholen?*

Prosby a žiadosti

Bitten und Anforderungen

Prepáčte./Ospravedlňujem sa. — *Entschuldigung./Ich entschuldige mich.*
Podajte/pomôžte/požičajte mi, prosím… — *Reichen/helfen/leihen Sie mir bitte …*
Môžete/môžeš mi, prosím vás/ťa, odporučiť…? — *Können Sie/kannst du mir bitte… empfehlen?*
Mohli, mohol/mohla by ste/si ma/nás vyfotografovať? — *Können Sie/kannst du von mir/uns ein Foto machen?*
Môžem vás/ťa o niečo požiadať? — *Kann ich Sie/dich um etwas bitten?*
Mohli, mohol/mohla by ste/si mi/nám pomôcť? — *Können Sie/kannst du mir/uns helfen?*
Vďaka za vašu/tvoju pomoc. — *Vielen Dank für Ihre/deine Hilfe.*
Rado sa stalo. — *Gern geschehen.*
Niet za čo. — *Nicht zu danken.*
Opatrne! Dávajte/dávaj pozor! — *Vorsicht! Passen Sie/pass auf!*
Počkajte/počkaj chvíľu, prosím. — *Warten Sie/warte bitte einen Moment!*
Mohli, mohol/mohla by ste/si, prosím, byť trochu tichšie? — *Könnten Sie/kannst Du bitte ein wenig leiser sein?*

Pozvanie

Einladung

Chcel(a) by som vás/ťa pozvať na obed/večeru/kávu. — *Ich möchte Sie/dich zum Mittagessen/Abendessen/Kaffee einladen.*
Ďakujem za pozvanie. — *Danke für die Einladung.*
Ľutujem, ale nemôžem vaše/tvoje pozvanie prijať. — *Ich kann leider Ihre/deine Einladung nicht annehmen.*

Bohužiaľ, som (veľmi) zaneprázdnený/zaneprázdnená./Mám veľa práce.	*Ich bin leider (sehr) beschäftigt./Ich habe viel Arbeit.*
Ďakujem, s radosťou.	*Danke, gern.*
To je dobrý nápad!	*Das ist eine gute Idee!*
Prepáčte/prepáč, že meškám.	*Entschuldigen Sie/entschuldige bitte meine Verspätung.*
Fajčíte/fajčíš?	*Rauchen Sie/rauchst du?*
Máte/máš oheň?	*Haben Sie/hast du Feuer?*
Súhlasím s vami/tebou.	*Ich stimme Ihnen/dir zu.*
Nesúhlasím s vami/tebou.	*Ich stimme Ihnen/dir nicht zu.*
Súhlasím s tým.	*Ich bin damit einverstanden.*
Rád/rada by som sa rozlúčil(a).	*Ich möchte mich verabschieden.*
Ďakujem za pekný večer.	*Danke für den schönen Abend.*
Maj sa!	*Mach's gut!*
Odprevadím, odveziem vás/ťa domov.	*Ich begleite, bringe Sie/dich nach Hause.*
Uvidíme sa zajtra/neskôr.	*Wir sehen uns morgen/später. Bis morgen/später.*

Blahoželanie, kondolencia / *Glückwünsche, Kondolenz*

Srdečne blahoželám!	*Herzlichen Glückwunsch!*
Všetko najlepšie k narodeninám!	*Herzlichen Glückwunsch zum Geburtstag!*
Všetko najlepšie k svadbe!	*Herzlichen Glückwunsch zur Hochzeit!*
Veľa šťastia!	*Viel Glück!*
Príjemné prežitie sviatkov!	*Schöne Feiertage!*
Veselé Vianoce a šťastný nový rok!	*Fröhliche Weihnachten und ein glückliches neues Jahr!*
Veselú Veľkú noc!	*Schöne/frohe Ostern!*
Úprimnú sústrasť!	*Mein aufrichtiges Beileid!*
To mi je ľúto.	*Es tut mir Leid.*
Cítim s vami/s tebou.	*Ich fühle Mitleid mit Ihnen/mit dir.*

Čas / *Zeitangaben*

Koľko je hodín?	*Wie spät ist es?/Wie viel Uhr ist es?*
Je jedna/jedna hodina/presne jedna.	*Es ist eins/ein Uhr/Punkt eins.*
Je jedna hodina päť minút/jedna nula päť.	*Es ist fünf (Minuten) nach eins.*
Sú dve hodiny pätnásť minút/dve pätnásť.	*Es ist fünfzehn Minuten nach zwei (Uhr)/es ist zwei Uhr fünfzehn (Minuten).*
Je štvrť na tri.	*Es ist Viertel nach zwei/Viertel drei.*
Sú tri hodiny tridsať minút/tri tridsať.	*Es ist drei Uhr dreißig (Minuten).*

Je pol štvrtej.	*Es ist halb vier.*
Sú štyri hodiny štyridsaťpäť minút/štyri štyridsaťpäť.	*Es ist fünfzehn Minuten vor fünf/es ist vier Uhr und fünfundvierzig (Minuten).*
Je trištvrte na päť.	*Es ist Viertel vor fünf.*
Je o päť minút šesť (hodín)/je päť hodín päťdesiatpäť minút/päť päťdesiatpäť.	*Es ist fünf vor sechs/es ist fünf Uhr und fünfundfünfzig Minuten.*
Je poludnie.	*Es ist Mittag.*
Je polnoc.	*Es ist Mitternacht.*
Po šiestej (hodine).	*Nach sechs (Uhr).*
O siedmej (hodine).	*Um sieben Uhr.*
O pol ôsmej.	*(Um) halb acht.*
O päť minút.	*In fünf Minuten.*
O hodinu.	*In einer Stunde.*
O týždeň.	*In einer Woche.*
O mesiac.	*In einem Monat.*
Okolo piatej/okolo obeda.	*Gegen fünf/gegen Mittag.*

Počasie / *Wetter*

Aké je dnes počasie?	*Wie ist das Wetter heute?*
Aká je predpoveď (počasia) na zajtra?	*Wie ist die Wetterprognose/Wettervorhersage für morgen?*
Dnes je pekne/škaredo/teplo/zima.	*Heute ist schönes/schlechtes/warmes/kaltes Wetter.*
Prší.	*Es regnet.*
Dnes ešte bude búrka.	*Heute gibt es noch Gewitter.*
Bude búrka.	*Es gibt Gewitter.*
Je zamračené.	*Es ist bewölkt.*
Fúka vietor.	*Es ist windig.*
Svieti slnko.	*Die Sonne scheint/es ist sonnig.*
Mrzne.	*Es friert.*
Padá sneh.	*Es schneit.*
Je hmla.	*Es ist nebelig.*
Koľko je (vonku) stupňov?	*Wie viel Grad sind (draußen)?*
Je plus/mínus desať stupňov.	*Es sind zehn Grad plus/minus.*
Je desať stupňov nad/pod nulou.	*Es sind zehn Grad plus/minus.*
Je tridsať stupňov na slnku/v tieni.	*Es sind dreißig Grad in der Sonne/im Schatten.*

Osobné údaje / *Persönliche Angaben*

Priezvisko	*Nachname/Familienname*
Rodné meno/rodený(á)	*Geburtsname*

Krstné meno	*Vorname*
Meno otca	*Name des Vaters*
Meno matky	*Name der Mutter*
Národnosť	*Nationalität*
Štátna príslušnosť	*Staatsangehörigkeit*
Pohlavie	*Geschlecht*
Muž/žena	*Männlich/weiblich*
Dátum narodenia	*Geburtsdatum*
Miesto narodenia	*Geburtsort*
Štát/krajina	*Staat/Land*
Vzdelanie/titul	*Bildung/akademischer Titel*
Povolanie	*Beruf*
Zamestnávateľ	*Arbeitgeber*
Rodinný stav	*Familienstand*
Ženatý/vydatá	*Verheiratet*
Slobodný(á)	*Ledig*
Rozvedený(á)	*Geschieden*
Vdovec/vdova	*Verwitwet*
Počet detí	*Anzahl der Kinder*
Vyznanie	*Religion*
Bez vyznania	*Ohne Religion/religionslos*
Protestantské	*Protestantisch*
Gréckokatolícke	*Griechisch-katholisch*
Rímskokatolícke	*Römisch-katholisch*
Židovské	*Jüdisch*
Bydlisko/miesto bydliska/bytom	*Wohnsitz/Wohnort/wohnhaft*
Trvalé bydlisko	*Ständiger Wohnsitz/*rak. *Hauptwohnsitz*
Prechodné bydlisko	*Vorübergehender Wohnsitz/*rak. *Nebenwohnsitz*
Poštové smerovacie číslo	*Postleitzahl*
Telefón	*Telefonnummer*
E-mail	*E-Mail*
Mobil	*Handynummer*
Občiansky preukaz	*Personalausweis*
Vodičský preukaz	*Führerschein*
Vydaný kým	*Ausgestellt von …*
Dátum vydania	*Ausstellungsdatum*
Platný do	*Gültig bis*
Predĺžený do	*Verlängert bis*
Podpis	*Unterschrift*

Na cestách / *Unterwegs*

Hromadná doprava, taxi / *Öffentliche Verkehrsmittel, Taxi*

Kedy ide vlak do...? Kedy letí lietadlo do...?	*Wann fährt der Zug nach ...? Wann geht das Flugzeug nach...?*
Kedy príde vlak z...?	*Wann kommt der Zug aus/von ...?*
Ide tento vlak/autobus na letisko/do centra?	*Fährt dieser Zug/Bus zum Flughafen/ins Zentrum?*
Kde je výdaj batožiny?	*Wo ist die Gepäckausgabe?*
Je tu niekde autobusová zastávka?	*Gibt es hier irgendwo eine Bushaltestelle?*
Je tu niekde metro?	*Fährt hier die U-Bahn?*
Jazdia tu nočné električky?	*Fährt hier eine Nachtstraßenbahn?*
Dajte mi, prosím, (cestovný) lístok do...	*Geben Sie mir bitte eine Fahrkarte nach...*
Dajte mi, prosím, spiatočný (cestovný) lístok.	*Geben Sie mir bitte eine Hin- und Rückfahrkarte.*
Máte (aj) viacdenné lístky?	*Haben Sie (auch) Mehrtagesfahrkarten/(Fahrkarten für mehrere Tage)?*
Máte aj zľavy/zľavnené lístky?	*Haben Sie auch Preisermäßigungen?*
Majú študenti/telesne postihnutí/dôchodcovia/skupiny/rodiny/deti zľavu?	*Erhalten Studenten/körperlich behinderte/Rentner/Gruppen/Familien/Kinder einen ermäßigten Preis/eine Ermäßigung?*
Idete prosím do...?	*Fahren Sie nach ...?*
Kedy budeme v...?	*Wann sind wir in ...?*
Koľko je to ešte zastávok?	*Wie viele Haltestellen/Stationen sind es noch?*
Musím prestupovať?	*Muss ich umsteigen?*
Prepáčte, mám na toto miesto miestenku.	*Entschuldigung, ich habe für diesen Platz eine Reservierung/ich habe diesen Platz reserviert.*
Môžete mi, prosím, zavolať taxík?	*Können Sie mir bitte ein Taxi rufen?*
Koľko to stojí do/k/na...?	*Was kostet es nach/zu...?/Wie viel bezahle ich nach/zu ...?*
Choďte rovno.	*Fahren Sie geradeaus.*
Odbočte doprava/doľava.	*Biegen Sie (nach) rechts/links ab.*
Tu zastavte prosím.	*Halten Sie hier bitte an.*
Mohli by ste na mňa počkať?	*Würden/können Sie auf mich warten?*

Cestujeme autom

Unterwegs mit dem Auto

Kde si môžem požičať auto?	*Wo kann ich ein Auto leihen?*
Koľko to stojí na hodinu/deň?	*Wie viel bezahle ich pro Stunde/pro Tag?*
Dokedy musím auto vrátiť?	*Bis wann muss ich das Auto zurückgeben?*
Natankujte mi, prosím, plnú nádrž.	*Tanken Sie bitte mein Auto voll.*
Dajte mi pätnásť litrov benzínu/nafty.	*Geben Sie mir fünfzehn Liter Benzin/Diesel.*
Je tu niekde blízko parkovisko?	*Gibt es hier in der Nähe einen Parkplatz?*
Sú tu niekde blízko garáže?	*Gibt es hier in der Nähe Garagen?*
Môžem/smiem tu (za)parkovať?	*Kann/darf ich hier parken?*
Kde je najbližšia čerpacia stanica/najbližší autoservis?/Je tu niekde blízko čerpacia stanica/autoservis?	*Wo ist die nächste Tankstelle/Autoreparaturwerkstatt?/Gibt es hier in der Nähe eine Tankstelle/Autoreparaturwerkstatt?*
Kúrenie nefunguje.	*Die Heizung funktioniert nicht.*
Brzdy nie sú v poriadku.	*Die Bremsen sind defekt.*
Pomôžete mi roztlačiť auto?	*Könnten Sie mich anschieben?*
Odtiahli mi auto.	*Mein Auto wurde abgeschleppt.*
Potrebujem motorový olej/chladiacu zmes/nemrznúcu kvapalinu do stieračov.	*Ich brauche Motoröl/Kühlflüssigkeit/Frostschutzflüssigkeit für die Scheibenwischer.*

Ako sa dostanem do/na...?

Wie komme ich nach/zu...?

Je to odtiaľto ďaleko?	*Ist es weit von hier?*
Ako sa tam dostanem/dostaneme?	*Wie komme ich/kommen wir dorthin?*
Idem správnym smerom do...?	*Fahre ich in die richtige Richtung nach ...?*
Ktorým smerom je...?	*In welcher Richtung liegt/gibt es ...?*
Ako ďaleko je to do...?	*Wie weit ist es nach ...?*
Nevyznám sa tu.	*Ich kenne mich hier nicht aus.*
Chcel(a) by som vidieť niečo zaujímavé.	*Ich möchte etwas Interessantes sehen.*
Nie je to tam nebezpečné?	*Ist es dort nicht gefährlich?*
Kde sa dá kúpiť...?	*Wo kann man ... kaufen?*
Kedy zatvárajú...?	*Wann macht ... zu?*
Môže sa tu fotografovať?	*Darf man hier fotografieren/Fotos machen?*
Mohli by ste mi, prosím, ukázať cestu do...?	*Können Sie mir bitte den Weg nach ... zeigen?*

Mohli by ste mi to ukázať na mape? *Könnten Sie es mir auf dem Stadtplan zeigen?*

Zablúdil(a) som. Môžete mi ukázať cestu na mape? *Ich habe mich verfahren* autom*/verlaufen* pešo. *Könnten Sie mir den Weg auf der Karte zeigen?*

Prepáčte, je to cesta do...? *Entschuldigung, führt diese Straße nach ...?*

Dopravné značky — *Verkehrszeichen*

Pozor!	*Achtung!*
Pozor, životu nebezpečné!	*Achtung, Lebensgefahr!*
Mimo prevádzky	*Außer Betrieb*
Výjazd	*Ausfahrt*
Únikový východ	*Notausgang*
Informácie	*Auskunft/Informationen*
Vyhliadková veža	*Aussichtsturm*
Diaľnica	*Autobahn*
Strážené parkovisko	*Bewachter Parkplatz*
Vjazd – zákaz parkovania!	*Einfahrt – parken verboten!*
Zákaz stanovania!	*Zelten verboten!*
Kemping	*Campingplatz*
Prejazd zakázaný!	*Durchfahrt verboten!*
Vjazd	*Einfahrt*
Vstup zakázaný!	*Eintritt verboten!*
(Štátna) hranica	*(Staats)grenze*
Hraničný prechod	*Grenzübergang*
Colnica	*Zoll*
Národný park	*Nationalpark*
Chránené prírodné územie	*Naturschutzgebiet*
Priesmyk/horský priesmyk	*Pass/Bergpass*
Polícia	*Polizei*
Metro	*U-Bahn*
Čerpacia stanica	*Tankstelle*
Podzemná garáž	*Tiefgarage*
Turistický chodník	*Wanderweg*
Nadjazd	*Überführung*
Podjazd	*Unterführung*
Priechod	*Übergang*
Obchádzka	*Umleitung*
Dopravná zápcha	*Stau*
Radarová kontrola	*Radarkontrolle*
Odstavené vozidlá budú odtiahnuté na vlastné náklady!	*Abgestellte Wagen werden auf eigene Kosten abgeschleppt!*

Cesta uzavretá	*Weg gesperrt*
Vojenský priestor	*Militärgebiet/Militärbereich*
Rozsvieť/Zhasni svetlá!	*Lichter an/aus!*
Nechajte vjazd/prejazd voľný!	*Einfahrt/Durchfahrt frei halten!*
Súkromný pozemok	*Privatgrundstück*
Diaľničný poplatok	*Autobahngebühr*
Diaľničná známka	*Autobahnmarke/*rak. *Autobahnvignette*
Mýto/diaľničný poplatok	*Maut(gebühr)/Autobahngebühr*
Automat na zaplatenie mýta	*Mautautomat*
Diaľnica/cesta s platením mýta	*Mautautobahn/Mautstraße*
Prievoz/kompa pre autá	*Autofähre*
Maximálne zaťaženie	*Höchstbelastung*
Nebezpečenstvo tvorenia závejov	*Achtung, Schneewehen!*

Ubytovanie — *Unterkunft*

Rezervácia — *Reservieren/Buchen*

Dvojlôžková/dvojposteľová izba/izba so sprchou/s prístelkou	*Doppelbettzimmer/2-Bett-Zimmer/ Zimmer mit Dusche/Zimmer mit Beibett*
Izba s klimatizáciou	*klimatisiertes Zimmer/Zimmer mit KA*
Máte voľnú jednoposteľovú/dvojposteľovú/trojposteľovú izbu?	*Haben Sie ein Einzelzimmer/2-Bett--Zimmer/3-Bett-Zimmer frei?*
Chcel(a) by som rezervovať izbu na jednu noc.	*Ich möchte ein Zimmer für eine Nacht reservieren.*
Koľko stojí jedna noc?	*Wie viel kostet eine Nacht?*
Koľko stojí nocľah s raňajkami?	*Wie viel kostet eine Übernachtung mit Frühstück?*
To je príliš drahé.	*Das ist zu teuer.*
Nemáte niečo lacnejšie?	*Haben Sie nicht etwas Billigeres?*
Sú v cene zahrnuté aj raňajky?	*Ist im Preis auch Frühstück inbegriffen?*
Mohli by sme tú izbu vidieť?	*Können wir das Zimmer sehen?*
Túto izbu si vezmeme.	*Dieses Zimmer nehmen wir.*
Túto izbu nechceme, je príliš tmavá/ malá/chladná…	*Dieses Zimmer wollen wir nicht, es ist zu dunkel/klein/kalt …*
Nefunguje kúrenie/sprcha/televízor/telefón.	*Die Heizung/die Dusche/der Fernseher/das Telefon funktioniert nicht.*
V mojej izbe nesvieti svetlo/netečie teplá voda.	*In meinem Zimmer brennt kein Licht/ fließt kein warmes Wasser.*
Môže sa tu parkovať?	*Kann/darf man hier parken?*
Máme nechať kľúč na recepcii?	*Sollen wir den Schlüssel in der Rezeption lassen?*

Dnes/zajtra odchádzame.	*Wir fahren heute/morgen weg.*
O koľkej máme uvoľniť/odovzdať izbu?	*Um wie viel Uhr sollen wir das Zimmer frei machen/übergeben?*
Mohli by sme si nechať batožinu na recepcii?	*Könnten wir das Gepäck in der Rezeption lassen?*
Môže sa tu kempovať?	*Kann man hier campen?*
Je v kempingu pitná voda/elektrina/reštaurácia/obchod s potravinami?	*Gibt es im Campingplatz Trinkwasser/Strom/ein Restaurant/ein Lebensmittelgeschäft?*
Je nutný spoločenský odev?	*Ist ein Abendkleid/eine Abendgarderobe notwendig?*
Dá sa odtiaľto telefonovať?	*Kann man von hier telefonieren?*
Akú má Trenčín predvoľbu?	*Wie ist die Vorwahl für Trenčín?*

Reštaurácia – jedlá / *Restaurant – Essen*

Kde nájdem dobrú reštauráciu?	*Wo finde ich ein gutes Restaurant?*
Môžete/môžeš mi odporučiť nejakú vegetariánsku reštauráciu?	*Könnten Sie/könntest du mir ein vegetarisches Restaurant empfehlen?*
Som hladný(á)/smädný(á).	*Ich bin hungrig/durstig.*
Môžem si tu rezervovať stôl pre… osôb, na… hodinu?	*Kann ich hier einen Tisch für… Personen, für… Uhr reservieren?*
Máte jedálny lístok v nemčine/angličtine?	*Haben Sie die Speisekarte auch in Deutsch/Englisch?*
Chceli by sme niečo typické/netypické/pikantné/s mäsom/bez mäsa…	*Wir möchten etwas Typisches/Untypisches/Pikantes* al. *Scharfes/mit Fleisch/ohne Fleisch…*
Priniesli by ste mi, prosím, jedálny/nápojový lístok?	*Könnten Sie mir bitte die Speisekarte/Getränkekarte bringen?*
Môžem si objednať?	*Kann ich bestellen?*
Máte aj jedlá pre vegetariánov/diabetikov?/Máte aj vegetariánske/diabetické jedlá?	*Haben Sie auch Gerichte für Vegetarier/Diabetiker?/Haben Sie auch vegetarische/diabetische Gerichte?*
Dám/e si…	*Ich nehme/Wir nehmen …*
Toto som si neobjednal(a)!	*Das habe ich nicht bestellt!*
Jedlo je príliš slané/pikantné…	*Das Essen ist zu gesalzen/scharf …*
Mám špinavý nôž/príbor/pohár/tanier.	*Das Messer/Besteck/Glas/der Teller ist schmutzig.*
Zaplatím!	*Ich möchte zahlen!/Ich bezahle!*
Budeme platiť zvlášť.	*Wir (be)zahlen getrennt.*
V účte je asi chyba.	*In der Rechnung ist wahrscheinlich ein Fehler.*

Jedálny lístok	*Speisekarte*
Aperitív	*Aperitif*
Predjedlá	*Vorspeisen*
Polievky	*Suppen*
Minútky	*Schnellgerichte*
Hlavné jedlá	*Hauptgerichte*
Hydina	*Geflügel*
Bravčovina	*Schweinefleisch*
Hovädzina	*Rindfleisch*
Jahňacina	*Lammfleisch*
Baranina	*Hammelfleisch*
Teľacina	*Kalbsfleisch*
Divina	*Wild*
Ryby	*Fisch*
Morské plody	*Meeresfrüchte*
Cestoviny	*Teigwaren*
Bezmäsité jedlá	*Fleischlose Gerichte*
Diétne jedlá	*Diätspeisen*
Detské jedlá/Jedlá pre deti	*Kindergerichte/Kinderspeisen*
Prílohy	*Beilagen*
Šaláty	*Salate*
Dezerty, zákusky	*Desserts, Nachspeisen*
Zmrzlina	*Eis*
Ovocie	*Obst*
Zelenina	*Gemüse*
Nápoje	*Getränke*

Otázky a odpovede v hoteli či reštaurácii	*Fragen und Antworten im Hotel oder Restaurant*
Áno./Nie.	*Ja./Nein.*
Ľutujem, máme všetko obsadené.	*Es tut mir leid, aber alle Tische/Plätze sind besetzt.*
Na ako dlho?	*Für wie lange?*
Parkovisko je…	*Der Parkplatz ist …*
Uvoľnite izbu do…	*Machen Sie das Zimmer bis … frei.*
Máte izbu číslo…	*Sie haben Zimmer Nummer …*
Z kreditných kariet prijímame len…	*Von Kreditkarten nehmen wir nur …*
Čo konkrétne nie je v poriadku?	*Was genau stimmt nicht?/Was genau ist nicht in Ordnung?*
Môžem vám odporučiť…	*Ich kann Ihnen… empfehlen.*
Máme už len dve voľné miesta.	*Wir haben nur noch zwei Plätze frei.*
Sadnite si, prosím.	*Bitte nehmen Sie Platz.*

Čo ste si vybrali?	*Was haben Sie gewählt?*
Čo si dáte na pitie?	*Was nehmen Sie zum Trinken?*
Chceli by ste/prajete si ešte niečo?	*Möchten/wünschen Sie noch etwas?*
Prajete si aperitív?	*Möchten Sie einen Aperitif?*
Dobrú chuť!	*Guten Appetit!*
Budete obedovať/večerať?	*Möchten Sie zu Mittag/Abend essen?*
Jedálny lístok máme aj v nemčine/angličtine...	*Die Speisekarte haben wir auch in Deutsch/Englisch ...*

Kde je...? / *Wo ist/wo gibt es ...?*

Kde je nákupné stredisko?	*Wo ist/gibt es das Einkaufszentrum?*
Kde je autoumyváreň?	*Wo ist/gibt es die Autowaschanlage?*
Kde je požičovňa áut/surfov/bicyklov/slnečníkov/ležadiel/lyží?	*Wo gibt es den Autoverleih/Surfboardverleih/Fahrradverleih/Sonnenschirmverleih/Liegenverleih/Skiverleih?*
Kde je pošta?	*Wo ist/gibt es die Post?*
Prepáčte, kde nájdem toalety?	*Entschuldigung, wo finde ich die Toiletten?*
Kde je kostol/múzeum/palác?	*Wo ist die Kirche/das Museum/das Palais* al. *der Palast?*

V obchode / *Im Geschäft*

Chcel(a) by som...	*Ich möchte/Ich hätte gerne...*
Dajte mi..., prosím.	*Geben Sie mir bitte ...*
Ukážte mi, prosím, ...	*Zeigen Sie mir bitte ...*
Mohol/mohla by som si to vyskúšať?	*Könnte ich es anprobieren?*
Je to príliš malé/veľké/drahé/úzke/široké.	*Es ist zu klein/groß/teuer/eng/breit.*
Koľko to stojí?	*Was kostet das?/Wie viel kostet das?*
To je lacné.	*Das ist billig.*
Nemáte niečo lepšie/lacnejšie?	*Haben Sie nicht etwas Besseres/Billigeres?*
(Ne)páči sa mi to.	*Das gefällt mir (nicht).*
Dávate/poskytujete na to záruku?	*Geben/gewähren Sie darauf Garantie?*
Vezmem si to.	*Ich nehme das/es.*
Bohužiaľ vám nemôžem pomôcť.	*Ich kann Ihnen leider nicht helfen.*

Zdravie – choroba / *Gesundheit – Krankheit*

Kde je ambulancia/nemocnica?	*Wo ist/gibt es eine Arztpraxis/ein Krankenhaus?*
Kde nájdem lekára?	*Wo finde ich einen Arzt?*

Kedy sú ordinačné hodiny?	*Wann sind (die) Sprechstunden?*
Lekár dnes neordinuje.	*Der Arzt hat heute keine Sprechstunden.*
Môžete ma objednať na zajtra?	*Können Sie mir für morgen einen Termin geben?*
Čo ti/vám je?/Čo ti/vám chýba?	*Was ist mit dir/Ihnen (los)?/Was fehlt dir/Ihnen?*
Mali by ste/Mal by si ísť k lekárovi.	*Sie sollten/Du solltest zum Arzt gehen.*
Nič mi nie je./Som v poriadku, to hneď prejde.	*Ich bin in Ordnung./Ich fühle mich in Ordnung, das hört gleich auf.*

U lekára / *Beim Arzt*

Choďte po lekára!	*Holen Sie einen Arzt!*
Potrebujem	*Ich brauche einen*
– (praktického) lekára.	*– (praktischen) Arzt.*
– detského lekára.	*– Kinderarzt.*
– očného lekára.	*– Augenarzt.*
– kožného lekára.	*– Hautarzt.*
– zubára.	*– Zahnarzt.*
– ženského lekára/gynekológa.	*– Frauenarzt/Gynäkologen.*
– ortopéda.	*– Orthopäden.*
Čo vám je?	*Was fehlt Ihnen?*
Cítim sa zle./Necítim sa dobre.	*Ich fühle mich schlecht/nicht wohl.*
Omdlel(a) som.	*Ich bin in Ohnmacht gefallen.*
Mám horúčku.	*Ich habe Fieber.*
Potím sa.	*Ich schwitze.*
Cítim sa unavený(á).	*Ich fühle mich schlapp/müde.*
Zle spím.	*Ich schlafe schlecht.*
Bolí ma žalúdok.	*Mir ist übel.*
Vracal(a) som.	*Ich habe gebrochen/mich erbrochen/übergeben.*
Nemám chuť do jedla.	*Ich habe keinen Appetit.*
Mám zápchu/hnačku.	*Ich habe Verstopfung/Durchfall.*
Točí sa mi hlava/Mám závrat.	*Mir ist schwindlig.*
Nemôžem dýchať.	*Ich kann nicht atmen.*
Som tehotná.	*Ich bin schwanger.*
Prechladol/prechladla som.	*Ich habe mich erkältet.*
Mám vyrážky.	*Ich habe Ausschlag.*
Zlomil(a) som si ruku.	*Ich habe mir den Arm gebrochen.*
Vytkol/vytkla som si členok.	*Ich habe mir den Fuß verstaucht.*
Spálil(a) som si chrbát na slnku.	*Ich habe mir den Rücken verbrannt (in der Sonne).*

Mám niečo v oku/niečo mi spadlo do oka.	*Ich habe etwas im Auge/Ich habe etwas ins Auge bekommen.*
Pohrýzol ma pes.	*Ein Hund hat mich gebissen.*
Uštipol ma nejaký hmyz.	*Ein Insekt hat mich gestochen.*
Porezal(a) som si ruku/nohu/brucho.	*Ich habe mich in die Hand/ins Bein/in den Bauch geschnitten.*
Opuchla/o mi ruka/rameno.	*Meine Hand/mein Arm ist (an)geschwollen.*
Poranil(a) som sa na hlave.	*Ich habe mich am Kopf verletzt.*
Bolí ma	*Ich habe*
– hlava.	*– Kopfschmerzen.*
– žalúdok.	*– Magenschmerzen.*
– v krku.	*– Halsschmerzen.*
– chrbát.	*– Rückenschmerzen.*
– v hrudníku.	*– Brustschmerzen.*
– pri srdci.	*– Herzschmerzen.*
Dusím sa.	*Ich bekomme keine Luft.*
Som alergický(á) na prach/peľ...	*Ich bin allergisch gegen/auf Staub/Blütenstaub...*
Môžete mi, prosím, predpísať	*Können Sie mir bitte*
– tabletky na spanie?	*– Schlafmittel/Schlafpillen*
– tabletky proti bolesti?	*– Schmerzmittel verschreiben?*

U zubára / *Beim Zahnarzt*

Bolí ma zub.	*Der Zahn tut mir weh.*
Vypadla mi plomba.	*Mir ist eine Plombe (he)rausgefallen.*
Krvácajú mi ďasná a bolia ma.	*Mein Zahnfleisch blutet und tut weh.*
Môžete mi dať niečo proti bolesti/injekciu?	*Können Sie mir ein Schmerzmittel/eine Spritze geben?*
Môžete mi opraviť zubnú protézu?	*Können Sie meine Zahnprothese reparieren?*

Obchodná korešpondencia

Handelskorrespondenz

Úvodné a záverečné frázy

Redewendungen am Anfang und am Schluss des Schreibens

Vážený(á) pán/pani — *Sehr geehrter Herr/Sehr geehrte Frau*

Vážení obchodní priatelia/partneri — *Sehr geehrte Geschäftsfreunde/Geschäftspartner*

Radi by sme nadviazali obchodnú spoluprácu s... — *Wir möchten Geschäftskontakte zu/mit ... aufnehmen.*

Ospravedlňujeme sa, že... — *Wir entschuldigen uns, dass ...*

Prosíme Vás o... — *Wir bitten Sie um ...*

S pozdravom — *Mit freundlichen Grüßen*

Tešíme sa na stretnutie. — *Wir freuen uns auf das Treffen mit Ihnen.*

Tešíme sa na Vašu objednávku, ktorú vybavíme čo najpozornejšie. — *Wir freuen uns auf Ihre Bestellung/Ihren Auftrag, die wir/den wir mit der größten Sorgfalt bearbeiten werden.*

Ponuka

Angebot

Na základe predbežného telefonického rozhovoru Vám posielame... — *Wie telefonisch besprochen, senden wir Ihnen ...*

Ďakujeme Vám za Váš záujem... — *Wir bedanken uns bei Ihnen für Ihre Nachfrage...*

Dovoľujeme si Vám týmto oznámiť/ponúknuť... — *Wir erlauben uns, Ihnen hiermit ... bekannt zu geben/anzubieten.*

Dovoľte, aby sme Vás oslovili s ponukou komplexných služieb v oblasti... — *Gestatten Sie uns, Sie mit unserem Angebot an komplexen Dienstleistungen im Bereich ... anzusprechen.*

V súčasnosti pripravujeme... — *Gegenwärtig/zur Zeit bereiten wir ... vor.*

S potešením Vám predstavujeme novinku. — *Wir freuen uns, Ihnen eine Innovation/Neuigkeit vorstellen zu können.*

Môžeme Vám odporučiť... — *Wir können Ihnen ... empfehlen.*

V prílohe Vám posielame náš katalóg/ponuku. — *In der Anlage senden wir Ihnen unseren Katalog/unser Angebot (zu).*

Na Vaše prípadné ďalšie otázky radi odpovieme na telefónnom čísle...	*Eventuelle weitere Fragen beantworten wir Ihnen gerne unter der Telefonnummer ...*
Ďakujeme za Váš záujem.	*Wir bedanken uns bei Ihnen für Ihr Interesse.*
Dúfame, že budete s kvalitou nášho tovaru spokojní.	*Wir hoffen, dass Sie mit der Qualität unserer Ware zufrieden sind.*

Dopyt / *Nachfrage*

Na základe Vašej ponuky z... objednávame:	*Auf Grund Ihres Angebots vom ... bestellen wir:*
Z Vášho katalógu objednávame nasledujúci tovar/výrobky:	*Aus Ihrem Katalog bestellen wir folgende Waren/Artikel/Produkte:*
Pošlite nám, prosím, obratom...	*Senden Sie uns bitte umgehend ...*
Tovar pošlite, prosím, na nasledujúcu adresu:	*Senden Sie bitte die Waren an folgende Adresse:*
Prosíme o oznámenie...	*Wir bitten um Mitteilung ...*
Chceli by sme sa informovať o...	*Wir möchten uns über... informieren.*
Máme záujem o...	*Wir interessieren uns für...*
Čakáme (na) Vašu ponuku...	*Wir erwarten Ihr Angebot...*

Prijatie objednávky / *Auftragsannahme/Bestellungsannahme*

Týmto potvrdzujeme prijatie Vašej objednávky zo dňa...	*Wir bestätigen hiermit die Annahme Ihrer Bestellung/Ihres Auftrags vom ...*
Vami objednaný tovar je pripravený na prevzatie.	*Die von Ihnen bestellte Ware ist abnahmebereit.*
Vami objednaný tovar bol odoslaný dňa...	*Die von Ihnen bestellte Ware wurde am ... versandt/abgeschickt.*
Poskytneme Vám rabat vo výške...%.	*Wir gewähren Ihnen Rabatt in Höhe von ... %.*
Pri odbere väčšieho množstva tovaru poskytujeme rabat vo výške...%.	*Bei Abnahme größerer Warenmengen gewähren wir einen Rabatt in Höhe von ... %.*
Číslo objednávky	*Bestellnummer/Auftragsnummer*
Cena predstavuje...	*Der Preis beträgt...*
Cena zahŕňa...	*Der Preis ist inklusive...*
Určiť cenu	*den Preis festlegen*
Znížiť cenu	*den Preis senken*
Zvýšiť cenu	*den Preis erhöhen*
Prikladáme faktúru č. ...	*Wir legen die Rechnung Nr. ... bei.*

Reklamácia / *Reklamation*

Na dodanom tovare boli zistené nedostatky.	*Bei der gelieferten Ware wurden Mängel/Schäden festgestellt.*
Upozorňujeme Vás, že budeme poškodený tovar reklamovať.	*Wir machen Sie darauf aufmerksam, dass wir die mangelhaften/beschädigten Waren reklamieren/beanstanden werden.*
Bohužiaľ, musíme konštatovať, že...	*Wir müssen leider feststellen, dass ...*
Žiadame o oznámenie termínu záručnej opravy.	*Wir bitten Sie um Information zum Termin für die Garantiereparatur.*
Žiadame o výmenu...	*Wir bitten Sie, ... umzutauschen.*
Uvedená cena je príliš vysoká.	*Der angegebene Preis ist zu hoch.*
Reklamáciu, bohužiaľ, nemôžeme uznať, pretože...	*Wir können die Reklamation leider nicht anerkennen, da ...*
Reklamácia bola uplatnená po záručnej lehote.	*Die Ware wurde nach der Garantiefrist reklamiert.*
Vašu reklamáciu uznávame v plnom rozsahu.	*Ihre Reklamation erkennen wir im vollen Umfang an.*

Rozličné / *Verschiedenes*

Domnievam sa, že ide o omyl.	*Ich nehme an, es handelt sich hierbei um einen Irrtum.*
Vaše podmienky nemôžeme akceptovať.	*Ihre Konditionen können wir nicht akzeptieren.*
Súhlasíme pod podmienkou, že...	*Wir stimmen unter der Bedingung zu, dass/wenn ...*
Zmluvné podmienky boli porušené.	*Die Vertragsbedingungen wurden verletzt.*
Za daných okolností Vám navrhujeme...	*Unter den gegebenen Umständen schlagen wir Ihnen ... vor.*
Za týchto okolností sme nútení...	*Unter diesen Umständen sehen wir uns gezwungen ...*
Dostali sme Vašu platbu...	*Wir haben Ihre Zahlung ... erhalten.*
Vzhľadom na oneskorené platby/omeškanie platieb...	*Infolge der verspäteten Zahlungen/des Zahlungsverzugs...*
Do dnešného dňa neboli uhradené nasledujúce faktúry:	*Bisher haben wir die Zahlung der folgenden Rechnungen nicht erhalten:*
Prosíme o úhradu tejto sumy na náš účet č...	*Wir bitten Sie um Überweisung dieses Betrags auf unser Konto mit der Kontonummer...*
Sumu vo výške... ihneď/obratom uhradíme.	*Den Betrag in Höhe von ... begleichen/bezahlen wir sofort/umgehend*

Upozornite nás, prosím, obratom na...	*Machen Sie uns bitte umgehend auf ... aufmerksam.*
Chceli by sme Vám pripomenúť, že sa v tomto roku zúčastníme na veľtrhu...	*Wir möchten Sie daran erinnern, dass wir in diesem Jahr an der Messe ... teilnehmen.*
Pozývame Vás na návštevu nášho stánku.	*Wir möchten Sie zum Besuch unseres Messestandes einladen.*
Konferencia pod záštitou... sa bude konať...	*Die Konferenz unter der Schirmherrschaft/dem Patronat ... findet ... statt.*
Konferencia je určená pre...	*Die Konferenz ist für ... bestimmt.*
Dovoľujeme si Vás upozorniť, že od... dôjde k zmene našich telefónnych čísel.	*Wir gestatten uns, Sie darauf aufmerksam zu machen, dass es ab ... zur Änderung unserer Telefonnummer kommt.*
Dovoľujeme si oznámiť ukončenie našej činnosti k dňu...	*Wir gestatten uns, die Beendigung unserer Tätigkeit zum ... bekannt zu geben.*

List – *Schreiben/Brief*

Príklady obchodných a súkromných listov

EXPORT – IMPORT, s. r. o.
Gondova 2
818 01 Bratislava

V Bratislave 12. apríla 2006

EXPORT - IMPORT GmbH
Schleißheimer Str. 295
80809 München

Vaša značka… Ihr Zeichen…
Vaša správa/Váš list zo dňa… Ihr Bericht/Ihr Schreiben vom…
Naša značka: … Unser Zeichen…
Vec: … Betreff: …

Vážené dámy, vážení páni,
pri návšteve Vašich internetových stránok sme zistili, že vyrábate/predávate… Chceli by sme s Vašou firmou nadviazať obchodnú spoluprácu. Máme záujem o dovoz…
Pošlite nám, prosím, obratom Vašu ponuku s cenníkmi a platobnými podmienkami.
Za skoré vybavenie našej žiadosti vopred ďakujeme.

S úctou
Ing. Ján Novák
Export – Import, s. r. o.

EXPORT – IMPORT, s. r. o.
Gondova 2
818 01 Bratislava

Bratislava, den 12. April 2006

EXPORT – IMPORT GmbH
Schleißheimer Str. 295
80809 München

Sehr geehrte Damen und Herren,

beim Besuch Ihrer Webseiten haben wir festgestellt, dass Sie sich mit der Produktion/dem Verkauf von … befassen.
Wir möchten gern mit Ihrer Firma zwecks Zusammenarbeit in Kontakt treten.
Wir haben Interesse, … zu importieren.
Senden Sie uns bitte umgehend Ihr Angebot, inkl. Preislisten und Zahlungsbedingungen.
Wir bedanken uns bei Ihnen im Voraus für eine schnelle Bearbeitung unserer Anfrage.

Hochachtungsvoll
Ing. Ján Novák
Export – Import, s. r. o.

Ing. Ján Novák
Export – Import, s. r. o.

do rúk pána Klausa Schneidera

Vážený pán riaditeľ,
dovoľujem si Vás upozorniť, že naša firma sa zúčastní na veľtrhu v…, ktorý sa koná v termíne 29. 11. – 3. 12. 2005 na výstavisku v…
Chcel by som Vás pozvať na návštevu nášho stánku č… a predstaviť Vám našu novú ponuku komplexných služieb v oblasti stavebníctva/farieb/kozmetiky…
V súčasnosti pripravujeme niekoľko noviniek, ktoré by mohli obohatiť našu obchodnú spoluprácu.
Teším sa na stretnutie.

S úctou
Ing. Ján Novák

Ing. Ján Novák
Export – Import, s. r. o.

z. Hd. Herrn Klaus Schneider

Sehr geehrter Herr Direktor,
ich erlaube mir, Sie darauf aufmerksam zu machen, dass unsere Firma an der Messe … teilnimmt, die vom 29.11. bis 3.12.2005 auf dem Messegelände (in) … stattfindet.
Ich möchte Sie zum Besuch unseres Messestandes Nr… einladen und Ihnen unser neues Angebot an komplexen Dienstleistungen im Bereich Bauwesen/Farben/Kosmetik … vorstellen. Gegenwärtig bereiten wir einige Neuigkeiten vor, die unsere Geschäftsbeziehungen bereichern könnten.

Ich freue mich auf unser Treffen.

Hochachtungsvoll
Ing. Ján Novák

V Bratislave 12. mája 2006
Milý Willi,
srdečne Ťa zdravím od nás z Bratislavy. Čo máte nové?
Ja mám nové zamestnanie. Pracujem ako lektor v jednej jazykovej agentúre. Som tu veľmi spokojný, mám sympatických kolegov. Práca s ľuďmi ma vždy bavila, veď vieš.
Veľmi sa teším na naše stretnutie v júni v Berlíne. Prídem 10. júna o 18. hodine na stanicu... Budem rád, ak ma tam budeš čakať. Dúfam, že podnikneme zopár výletov do okolia Berlína a že mi ukážeš aj známe berlínske kluby!
Maj sa a pozdravuj odo mňa Máriu.
Peter

Bratislava, den 12. Mai 2006
Lieber Willi,
ich grüße Dich herzlich aus Bratislava. Was gibt es Neues bei Euch?
Ich habe einen neuen Job/eine neue Stelle. Ich arbeite für eine Sprachagentur als Lehrer. Ich bin hier sehr zufrieden und habe sympathische Kollegen. Der Umgang mit Menschen hat mir immer Spaß gemacht, das weißt Du ja.
Ich freue mich sehr auf unser Treffen im Juni in Berlin. Ich komme am 10. Juni um 18 Uhr auf dem Bahnhof... an. Es würde mich freuen, wenn Du dort auf mich warten könntest. Ich hoffe, wir machen dann ein paar Ausflüge in die Umgebung von Berlin und Du zeigst mir die bekannten Berliner Klubs!

Mach's gut und grüße Maria von mir.

Peter

E-mail – *E-Mail*

Vážené dámy, vážení páni,

na základe nášho dohovoru Vám v prílohe posielam novú verziu dohody o spolupráci. Originál dohody sme odoslali dnes poštou.
S pozdravom
Alena Nováková

Sehr geehrte Damen und Herren,

wie mit Ihnen besprochen, sende/schicke ich Ihnen im Anhang/als Anlage die neue Version des Kooperationsabkommens. Das Original haben wir Ihnen heute per Post (zu)geschickt.

MfG (= mit freundlichen Grüßen)
Alena Nováková

Milí kolegovia,

srdečne Vás pozývam na oslavu mojich 25. narodenín v piatok o 15. hodine v zasadacej miestnosti.

S pozdravom
Klára

Liebe Mitarbeiter,

ich möchte Sie herzlich zu meinem 25. Geburtstag am Freitag um 15 Uhr in den Besprechungsraum/Sitzungsraum einladen.

Viele Grüße
Klára

Telefonovanie / *Telefonieren*

Telefónne číslo (pevná linka)	*Telefonnummer (Festnetz)*
Číslo mobilného telefónu	*Mobiltelefonnummer/Handynummer*
Dobrý deň, tu je Ján Holý z Čadce.	*Ján Holý, Čadca, guten Tag.*
Kto volá, prosím?	*Wer ist bitte am Apparat?*
Chcel by som hovoriť s pánom Hagenom.	*Ich möchte gern Herrn Hagen sprechen.*
Mohol by som hovoriť s pánom Hagenom?	*Könnte ich bitte (mit) Herrn Hagen sprechen?*
Mohol by som hovoriť s niekým z účtárne?	*Könnte ich mit jemandem aus der Buchhaltung sprechen?*
Pri telefóne.	*Am Apparat.*
Okamih, prosím. Prepojím (vás).	*Einen Moment, bitte. Ich verbinde (Sie).*
Práve telefonuje.	*Er/sie spricht gerade.*
Zostaňte, prosím, na linke.	*Bitte, bleiben Sie am Apparat/dran.*
Bohužiaľ, momentálne tu nie je.	*Er ist leider momentan nicht da.*
Bohužiaľ, nemôžem ho nájsť.	*Ich kann ihn leider nicht finden.*
Bohužiaľ, práve má dovolenku.	*Er ist leider momentan im Urlaub.*
Má vám neskôr zavolať?	*Soll er Sie später anrufen/zurückrufen?*
Mohli by ste zavolať neskôr?	*Könnten Sie später anrufen?*
Zavolám neskôr.	*Ich rufe später an.*
Môžem mu niečo odkázať?	*Kann ich etwas ausrichten?*
Mohli by ste ho poprosiť, aby mi zavolal?	*Könnten Sie ihn bitten, dass er mich anruft?*
Aké máte telefónne číslo, prosím?	*Wie ist Ihre Telefonnummer* pevná linka/ *Handynummer* mobil, *bitte?*
Volám ohľadom...	*Ich rufe wegen... an*
Mohli by ste to poslať e-mailom?	*Könnten Sie es per E-Mail schicken?*
Môžete mi poslať SMS?	*Könnten Sie mir eine SMS schicken?*
Ďakujem za pomoc.	*Ich danke für Ihre Hilfe.*
Ďakujem, že ste mi zavolali.	*Ich danke für Ihren Anruf.*
Teším sa na stretnutie.	*Ich freue mich auf unser Treffen.*
Dovidenia.	*Auf Wiedersehen.*
Dopočutia.	*Auf Wiederhören.*

GRAMATIKA

Prepis výslovnosti, výslovnosť

Prepis nemeckej výslovnosti v tomto slovníku bol principiálne prispôsobený slovenskému používateľovi. Hlásky, ktoré sa v slovenčine i nemčine vyslovujú rovnako, sú zapísané pomocou znakov slovenskej abecedy. Tie nemecké hlásky, pre ktoré nemá slovenský pravopis vhodné znaky, sú zapísané pomocou znakov medzinárodnej fonetickej transkripcie, ktorá sa bežne používa na prepis výslovnosti v moderných prekladových slovníkoch, učebniciach a pod.
Z dôvodu zjednodušenia nie sú v slovníku rozlíšené ani tie hlásky, ktoré neslúžia v nemčine na rozlíšenie významu (neuvádza sa napr. dvojitá výslovnosť písaného ch, teda predného a zadného variantu).

Prehľad znakov, spôsob ich grafického znázornenia, poznámky k výslovnosti

V prehľade uvádzame iba tie hlásky, ktoré buď nie sú zastúpené v slovenčine, alebo majú v nemčine odlišný pravopis. Dvojbodka označuje dĺžku samohlásky, ktorá sa nachádza pred ňou.

Samohlásky a dvojhlásky

fonetický prepis	výslovnosť	výskyt v slovách
[ɐ] (tzv. vokalizované r)	vyslovuje sa podobne ako slovenské a, je však o trochu temnejšie	*v**er**gessen, änd**er**n, bit**ter***
[ə] (redukované e)	hlásku vyslovíme napr. pri odriekaní jednotlivých spoluhlások slovenskej abecedy bez sprievodnej samohlásky (nie bé, cé, ale bə, cə...)	*beginn**e**n, Hilf**e***
[ɛ:] (dlhé otvorené e)	ako slovenské e	*sp**ä**t, n**ä**mlich, f**ä**llen*
[ẹ], [ẹ:] (krátke a dlhé zavreté e)	jazyk je viac vyklenutý smerom ku podnebiu, výslovnosť sa približuje slovenskému i	*S**ee**, W**e**g, Th**e**ma*
[i:] (dlhé i)	ako slovenské i	*w**i**r, fl**ie**gen*
[ọ], [ọ:] (krátke a dlhé zavreté o)	jazyk je viac vyklenutý smerom k podnebiu, výslovnosť sa približuje k slovenskému u	*M**oo**s, **oh**ne, **O**fen, Phil**o**-**lo**ge, Niv**eau***
[ö], [ö:] (krátke,	vyslovuje sa ako slovenské e,	***ö**ffnen, H**öh**e, Fris**eu**r*

dlhé zaokrúhlené e)	pery sú však zaokrúhlené ako pri vyslovovaní o	
[ü], [ü:] (krátke, dlhé zaokrúhlené i)	vyslovuje sa ako slovenské i, pery sú však zaokrúhlené ako pri vyslovovaní u	*m**ü**ssen, l**ü**gen, Rh**y**thmus, t**y**pisch*
[ae] (dvojhláska)	pri výslovnosti vychádzame z fonetického zápisu	*m**ei**nen, M**ai***
[ao]	podobne ako pri [ae]	*gl**au**ben, Cl**ow**n*
[oö]	podobne ako pri [ae]	***Heu**, S**äu**re*
[ã] (nosové a)	vyslovuje sa ako a, ale vzduch sa vypúšťa zároveň ústami i nosom	***En**gage**men**t, Ch**an**ce*
[ẽ]	podobne ako pri [ã]	*Refr**ain**, Bass**in***
[õ]	podobne ako pri [ã]	*B**on**b**on**, Sal**on***
[ő]	podobne ako pri [ã]	*Parf**um***

Spoluhlásky

[c]		***Z**imt, Ski**zz**e, Hi**tz**e, nich**ts***
[f]		***f**inden, **v**on, **Ph**ase*
[v]		***w**arten, **V**ase*
[k]		***Ch**ristus, **Ch**lor*
[-ks-]		*e**x**tra, se**chs***
[-kv-]		***Qu**elle, **Qu**arte*
[ŋ]	vyslovuje sa ako n v slove banka [baŋka]	*fa**ng**en, la**ng**, si**n**ken*
[s]		*mü**ss**en, gro**ß**, Chan**c**e*
[z]		***s**agen*
[š]		***sch**lecht, **Ch**ance*
[č]		***Tsch**eche, **Ch**ip*
[ž]		***J**alousie*
[dž]		***J**am*

Prízvuk je podobne ako v slovenčine zvyčajne na prvej kmeňovej samohláske. Ak je umiestnený na inej ako prvej slabike, je prízvučná samohláska v heslovej časti označená bodkou, v prepise výslovnosti apostrofom '.

Oddelená výslovnosť samohlások sa v texte vyznačuje v týchto prípadoch, keď sa:

a) samohláska, pred ktorou sa nachádza táto značka, nespája s predchádzajúcou hláskou do slabiky, ale nasadzuje sa nanovo, ako by bola na začiatku slova, ide o tzv. výslovnosť s rázom (napr. *r Brief|umschlag* [bri:fumšla:k]).

b) naznačuje oddelená výslovnosť dvoch hlások, ktorých grafické znázornenie inak označuje iba jednu hlásku (napr. *e Famịli|e* nie: [famili:], ale [fami:liə]).

Výslovnosť niektorých často sa opakujúcich koncoviek (v slovníku nie sú transkribované):

-tion (franc. pôvod): [-cjọ:n]

-eur (franc. pôvod): [-ö:ɐ]

-age (franc. pôvod): [a:žə]

Základné pravidlá výslovnosti platné pre domácu slovnú zásobu

Samohlásky v nemčine sa rozdeľujú na krátke a dlhé, otvorené a zatvorené a redukované.

Krátke samohlásky

Krátko sa vyslovujú samohlásky, za ktorými nasledujú dve a viac spoluhlások: *kommen* prísť, *wecken* budiť, *springen* skákať, *nichts* nič.

Dlhé samohlásky

Dlho sa vyslovujú samohlásky, za ktorými nasleduje jedna, resp. nenasleduje nijaká spoluhláska: *r Tag* deň, *er* on, *ja* áno, *du* ty; samohlásky zdvojené: *s Paar* pár, *wiegen* vážiť a samohlásky, za ktorými nasleduje *-h* (toto *h* sa potom nevyslovuje, je iba grafickým označením dĺžky samohlásky): *nehmen* brať.

Otvorené samohlásky

Všetky krátke samohlásky a dlhé otvorené e̲ (graficky označené *ä*) sa vyslovujú otvorene (zhodne so slovenčinou).

Zatvorené samohlásky

Všetky dlhé samohlásky okrem otvoreného e̲ (graficky označené *ä*) sa vyslovujú uzavreto, to znamená, že samohlásky sa vyslovujú viac napäto, intenzívnejšie a jazyk je pritom v porovnaní so slovenskými samohláskami viac vyklenutý smerom k hornému podnebiu. Najzreteľnejšie sa rozdiel medzi uzavretosťou a otvorenosťou prejavuje pri nemeckých samohláskach *e* a *o*; výslovnosť zavretého *e* sa blíži takmer k slovenskému i̲ a výslovnosť zavretého *o* k slovenskému u̲.

Redukované hlásky

V neprízvučných predponách *be- ge-* a neprízvučnej koncovke *-e* sa vyslovuje tzv. redukované *e* (fonetický prepis [ə], výslovnosť pozri Prehľad znakov str. 708).
V neprízvučných predponách *ver- zer-* a neprízvučnej koncovke *-er* sa vyslovuje redukovaná hláska, tzv. vokalizované *r* (fonetický prepis [ɐ] výslovnosť pozri Prehľad znakov str. 708). Týmto spôsobom sa vyslovuje aj *r,* pred ktorým sa v tejto slabike nachádza dlhá samohláska.

Výslovnosť prevzatých slov

Slová prevzaté do nemčiny z cudzích jazykov sa čiastočne riadia pravidlami výslovnosti slov v nemčine (s istými modifikáciami), príp. pravidlami výslovnosti jazykov, z ktorých boli tieto slová prevzaté. Výslovnosť týchto slov je väčšinou uvedená v rámci hesla.

Slovný prízvuk v nemčine

a) V nemčine býva slovný prízvuk väčšinou na prvej slabike: *sagen* povedať, *morgen* zajtra.

b) V slovách odvodených pomocou neodlučiteľných predpôn *be-, ge-, emp-, ent-, er-, ver-, zer-* je prízvuk na druhej slabike (napr. *bewẹisen* dokázať, *gefạllen* páčiť sa, *empfịnden* cítiť, *entdẹcken* odhaliť, *erfạhren* dozvedieť sa, *vergẹssen* zabudnúť, *zerschlạgen* rozbiť).
Predpony *ab-, an-, aus-, bei-, ein-, nach-, vor-, zu-* sú väčšinou prízvučné: *abstellen* odstaviť, *andeuten* naznačiť, *ausnehmen* vyňať, *r Beifall* potlesk.
Predpony *durch-, miss-, über-, um-, wieder-, unter-* môžu byť prízvučné i neprízvučné (spojené so zmenou významu: *dụrchgehen* prejsť (niekadiaľ, niečím), *durchgẹhen* (čo), *ụ̈bersetzen* previezť na druhý breh, *übersẹtzen* preložiť (do iného jazyka)).

c) Prípony *-ei* a *-ieren* sú prízvučné: *Brauerẹi* pivovar, *probịeren* vyskúšať.

d) Prízvuk zložených podstatných mien je vždy na prvej časti zloženého slova, to znamená väčšinou na prvej slabike: *s Dạmpfkraftwerk* parná elektráreň, *e Họlzniederlage* sklad dreva.

e) Skratky majú prízvuk väčšinou na poslednej slabike: *s Abc* [a:bẹ:'cẹ:], *r LKW* [elka:'vẹ:].

f) Pre prízvuk v slovách cudzieho pôvodu neplatia nijaké všeobecné pravidlá. Slová zakončené na: *-al, -ant, -at, -el, -eur/-ör, -ion, -ist, -og, -on, -tät, -ur* majú prízvuk na poslednej slabike: *sexuạl* sexuálny, *r Diplomạt* diplomat, *r Frisẹur* al. *r Frisọ̈r* kaderník, *r Dialọg* dialóg, *e Universitạ̈t* univerzita.

Slová zakončené na *-ismus, -isch* majú prízvuk na predposlednej slabike: *r Kapitalįsmus* kapitalizmus, *polįtisch* politický.

Člen

Podstatné mená sa používajú väčšinou s členom, a to buď s členom určitým, alebo neurčitým:

	člen určitý				člen neurčitý			
	m. r. JČ	ž. r. JČ	s. r. JČ	MNČ	m. r. JČ	ž. r. JČ	s. r JČ	nem á MNnČ
N	*der*	*die*	*das*	*die*	*ein*	*eine*	*ein*	
G	*des*	*der*	*des*	*der*	*eines*	*einer*	*eines*	
D	*dem*	*der*	*dem*	*den*	*einem*	*einer*	*einem*	
A	*den*	*die*	*das*	*die*	*einen*	*eine*	*ein*	

Neurčitý člen označuje neznáme, bližšie neurčené osoby a veci. V slovenčine mu zodpovedajú niekedy neurčité zámená nejaký, nejaká, nejaké, prípadne základné číslovky jeden, jedna, jedno.
Určitý člen označuje známe, bližšie určené osoby a veci. V slovenčine mu niekedy zodpovedajú zámená ten, tá, to.
Príklad:

člen neurčitý	člen určitý
Dort ist ein Herr.	*Der Herr ist schlank.*
Tam je (nejaký, jeden) pán.	(Ten) pán je štíhly.
Dort steht eine Frau.	*Die Frau ist schön.*
Tam stojí (nejaká, jedna) žena.	(Tá) žena je pekná.
Hier sitzt ein Kind.	*Das Kind weint.*
Tu sedí (nejaké, jedno) dieťa.	(To) dieťa plače.

Zemepisné názvy

Názvy miest a väčšina názvov krajín sú stredného rodu a používajú sa bez člena. Názvy krajín ženského rodu zakončené na *-ei, -ie,* názvy krajín, v ktorých základe je slovo *Republik, Union* (a ich skratky), ako aj niektoré iné, napr. *die Schweiz, die Niederlande, die Ukraine, die Elfenbeinküste*, sa používajú vždy s členom.

Wohin fährst du? Kam cestuješ?
Ich fahre nach Deutschland, in die Cestujem do Nemecka, na Slovensko,

Slowakei, in die Bundesrepublik Deutschland (in die BRD). do Spolkovej republiky Nemecko (do SRN).

Názvy pohorí, morí a riek používame vždy s členom: *die Alpen* Alpy, *das Mittelmeer* Stredozemné more, *die Hohe Tatra* Vysoké Tatry, *die Ostsee* Baltské more, *die Moldau* Vltava...

Člen sa nepoužíva:

a) pri vlastných podstatných menách – *Helga, Rudolf,* ale:

Hier ist die kleine Petra.	Tu je (tá) malá Petra.
Dort kommt der Paul.	Tam prichádza (ten) Pavol.

b) o výrazoch *Herr, Frau* v spojení s menom – *Herr Mayer* pán Mayer, *Frau Klein* pani Kleinová

c) v osloveniach a zvolaniach: *Mutti!* Mami!, *Vati!* Tati!, *Hilfe!* Pomoc!

d) v nápisoch a nadpisoch: *Einfahrt* Vjazd, *Akademie der Wissenschaften* Akadémia vied

e) pri látkových podstatných menách:

Ich kaufe Öl, Mehl und zwei Flaschen Milch.	Kúpim olej, múku a dve fľaše mlieka.

f) pri udaní množstva *(Kilo, Liter, Meter...)*

Sie kauft drei Meter Stoff.	Kupuje tri metre látky.
Dazu braucht man zwei Liter Milch.	Nato treba dva litre mlieka.

g) pri podstatných menách označujúcich zamestnanie alebo funkciu:

Ich bin Sekretärin.	(Ja) som sekretárka.
Mein Mann ist Bauingenieur.	Môj manžel je stavebný inžinier.

h) v ustálených spojeniach:

Ich habe Zeit (Glück).	Mám čas (šťastie).
Nehmen Sie Platz!	Sadnite si!

i) v tituloch a hodnostiach:

Das ist Doktor Müller.	To je doktor Müller.
Dort kommt General Horn.	Tam prichádza generál Horn.

j) ak bol v jednotnom čísle použitý neurčitý člen, je množné číslo bez člena:

Hier steht ein Auto.	Tu stojí (jedno) auto.
Hier stehen Autos.	Tu stoja autá.

Skloňovanie podstatných mien

Nemčina rozlišuje tri rody – mužský *das Maskulinum*, ženský *das Femininum*, stredný *das Neutrum* a dve čísla – jednotné *der Singular* a množné *der Plural*. Nemčina má iba štyri pády. Pred podstatným menom sa v nemčine väčšinou nachádza člen, ktorý označuje jeho rod, číslo a pád. Skloňovanie podstatných mien rozdeľujeme na silné, slabé a zmiešané.

Silné skloňovanie

1. typ – množné číslo, bez koncovky

a) **Jednotné číslo**

	mužský rod bez prehlásky	mužský rod s prehláskou	ženský rod	stredný rod
N	*der Lehrer* *ein*	*der Apfel* *ein*	*die Tochter* *eine*	*das Mädchen* *ein*
G	*des Lehrers* *eines*	*des Apfels* *eines*	*der Tochter* *einer*	*des Mädchens* *eines*
D	*dem Lehrer* *einem*	*dem Apfel* *einem*	*der Tochter* *einer*	*dem Mädchen* *einem*
A	*den Lehrer* *einen*	*den Apfel* *einen*	*die Tochter* *eine*	*das Mädchen* *ein*

b) **Množné číslo**

N	*die Lehrer*	*die Äpfel*	*die Töchter*	*die Mädchen*
G	*der Lehrer*	*der Äpfel*	*der Töchter*	*der Mädchen*
D	*den Lehrern*	*den Äpfeln*	*den Töchtern*	*den Mädchen*
A	*die Lehrer*	*die Äpfel*	*die Töchter*	*die Mädchen*

2. typ – množné číslo, koncovka -e

a) **Jednotné číslo**

	mužský rod bez prehlásky	mužský rod s prehláskou	ženský rod	stredný rod
N	*der Tag* *ein*	*der Baum* *ein*	*die Gans* *eine*	*das Papier* *ein*
G	*des Tag(e)s* *eines*	*des Baum(e)s* *eines*	*der Gans* *einer*	*des Papier(e)s* *eines*

D	*dem Tag* *einem*	*dem Baum* *einem*	*der Gans* *einer*	*dem Papier* *einem*
A	*den Tag* *einen*	*den Baum* *einen*	*die Gans* *eine*	*das Papier* *ein*

b) **Množné číslo**

N	*die Tage*	*die Bäume*	*die Gänse*	*die Papiere*
G	*der Tage*	*der Bäume*	*der Gänse*	*der Papiere*
D	*den Tagen*	*den Bäumen*	*den Gänsen*	*den Papieren*
A	*die Tage*	*die Bäume*	*die Gänse*	*die Papiere*

3. typ – množné číslo, koncovka *-er*

a) **Jednotné číslo**

	mužský rod	stredný rod
N	*der Mann* *ein*	*das Feld* *ein*
G	*des Mann(e)s* *eines*	*des Feld(e)s* *eines*
D	*dem Mann* *einem*	*dem Feld* *einem*
A	*den Mann* *einen*	*das Feld* *ein*

b) **Množné číslo**

N	*die Männer*	*die Felder*
G	*der Männer*	*der Felder*
D	*den Männern*	*den Feldern*
A	*die Männer*	*die Felder*

Poznámka:

G JČ mužského a stredného rodu – koncovka *-es*: všetky podstatné mená zakončené na *-s, -ß, -sl, -x, -(l)z -zt* a väčšina jednoslabičných podstatných mien zakončených na spoluhlásku.
G JČ mužského a stredného rodu – koncovka *-s*: podstatné mená zakončené na *-el, -em, -en, -er, -chen, -lein* a podstatné mená zakončené na samohlásku (+h).

Slabé skloňovanie

Pri slabom skloňovaní podstatných mien v nemčine je vo všetkých pádoch jednotného i množného čísla (G, D a A JČ a v N, G, D a A MNČ) s výnimkou N JČ vždy koncovka *-(e)n.*

	jednotné číslo	množné číslo	jednotné číslo	množné číslo
N	*der Mensch* *ein*	*die Menschen*	*der Hase* *ein*	*die Hasen*
G	*des Menschen* *eines*	*der Menschen*	*des Hasen* *eines*	*der Hasen*
D	*dem Menschen* *einem*	*den Menschen*	*dem Hasen* *einem*	*den Hasen*
A	*den Menschen* *einen*	*die Menschen*	*den Hasen* *einen*	*die Hasen*

Podobne sa skloňujú:

a) podstatné mená mužského rodu životné, napr. *r Junge* chlapec, *r Herr* pán, *r Student* študent, *r Assistent* asistent, a názvy obyvateľov okrem *r, e Deutsche* Nemec, Nemka (pozri str. 719).

b) názvy zvierat, napr. *r Affe* opica, *r Löwe* lev, *r Elefant* slon, *r Hase* zajac a pod.

c) niektoré iné, napr. *r Name* meno, *s Herz* srdce

Zmiešané skloňovanie

Pri zmiešanom skloňovaní sa podstatné meno skloňuje v jednotnom čísle silno, v množnom slabo.

a) **Jednotné číslo**

	mužský rod	stredný rod
N	*der Staat* *ein*	*das Bett* *ein*
G	*des Staates* *eines*	*des Bett(e)s* *eines*
D	*dem Staat* *einem*	*dem Bett* *einem*
A	*den Staat* *einen*	*das Bett* *ein*

b) **Množné číslo**

N	*die Staaten*	*die Betten*
G	*der Staaten*	*der Betten*
D	*den Staaten*	*den Betten*
A	*die Staaten*	*die Betten*

Skloňovanie vlastných podstatných mien

Vlastné podstatné mená sa používajú v jednotnom čísle bez koncovky, iba v genitíve všetkých rodov sa pripája koncovka *-s*: *Wagners Opern* Wágnerove opery, *Helgas Eltern* Helgini rodičia, *Frau Brauns Kollegen* kolegovia pani Braunovej. Opisný genitív s *von* sa používa pri vlastných podstatných menách, ktoré sú zakončené na sykavku: *der Walzer von Johann Strauss* valčík od Johana Straussa, *das Kind von Alois* Alojzovo dieťa.
V názvoch rodín sa pripája ku priezvisku koncovka *-s*:

Wir treffen uns mit Kohls. Stretneme sa s Kohlovcami.

Množné číslo podstatných mien cudzieho pôvodu

Pri podstatných menách cudzieho pôvodu sa v množnom čísle vyskytujú najčastejšie tieto koncovky:
-s: *s Auto/Autos, s Foto/Fotos, s Hotel/Hotels, s Restaurant/Restaurants, r Pulli/Pullis, e Bar/Bars* 1. bar, 2. barový pult, *r Park/Parks (Parke)*; táto koncovka je však bežná aj v množnom čísle podstatných mien nemeckého pôvodu zakončených na samohlásku: *r Vati/Vatis, e Oma/Omas*
-en: *s Drama/Dramen, s Konto/Konten, s Museum/Museen, s Thema/Themen*
– podstatné mená zakončené na ***-ant, -ent, -or***: *r Fabrikant/Fabrikanten, r Konkurrent/Konkurrenten, r Doktor/Doktoren*
– väčšina podstatných mien ženského rodu: *e Maschine/Maschinen, e Universität/Universitäten, e Familie/Familien*
-ien: *s Adverb/Adverbien, s Material/Materialien*
-e: *r Film/Filme, r Bus/Busse, r Frisör/Frisöre, s Problem/Probleme, s Konzert/Konzerte.*

Prídavné mená

Prídavné mená v zhodnom prívlastku sa zhodujú v rode, čísle a páde podstatného mena, s ktorým sa spájajú.

a) **jednotné číslo**

		slabé skloňovanie	zmiešané skloňovanie	silné skloňovanie
		s určitým členom	s neurčitým členom	bez člena
N	m. r.	*der alte Mann*	*ein alter Mann*	*alter Mann*
	ž. r.	*die schöne Frau*	*eine schöne Frau*	*schöne Frau*
	s. r.	*das kleine Kind*	*ein kleines Kind*	*kleines Kind*
G	m. r.	*des alten Mann(e)s*	*eines alten Mann(e)s*	*alten Mann(e)s*
	ž. r.	*der schönen Frau*	*einer schönen Frau*	*schöner Frau*
	s. r.	*des kleinen Kind(e)s*	*eines kleinen Kind(e)s*	*kleinen Kind(e)s*
D	m. r.	*dem alten Mann*	*einem alten Mann*	*altem Mann*
	ž. r.	*der schönen Frau*	*einer schönen Frau*	*schöner Frau*
	s. r.	*dem kleinen Kind*	*einem kleinen Kind*	*kleinem Kind*
A	m. r.	*den alten Mann*	*einen alten Mann*	*alten Mann*
	ž. r.	*die schöne Frau*	*eine schöne Frau*	*schöne Frau*
	s. r.	*das kleine Kind*	*ein kleines Kind*	*kleines Kind*

b) **množné číslo (zhodné pre všetky rody)**

	slabé skloňovanie	silné skloňovanie
	s členom	bez člena
N	*die alten Männer*	*alte Männer*
G	*der alten Männer*	*alter Männer*
D	*den alten Männern*	*alten Männern*
A	*die alten Männer*	*alte Männer*

V prídavných menách zakončených na *-el* vypadáva *-e* pred koncovkou.

Diese Bluse ist dunkel. Táto blúzka je tmavá.
Die dunkle Bluse. Tmavá blúzka.

V prídavnom mene *hoch* vysoký sa v skloňovaných tvaroch mení koncové *-ch* na *-h*.

Das Haus ist hoch. Ten dom je vysoký.
Das hohe Haus. Vysoký dom.

Ak vo vete nasledujú dve alebo viacero prídavných mien za sebou, skloňujú sa všetky rovnako.

Ich habe ein neues rotes Auto.	Mám nové červené auto.

Po zámenách *dieser, diese, dieses* tento, táto, toto a *jeder, jede, jedes* každý, každá, každé, rovnako aj po číslovkách *beide* oba, obe a *alle* všetci, všetky prídavné mená sa skloňujú ako po člene určitom.

dieser schöne Junge	tento pekný chlapec
beide jungen Mädchen	obe mladé dievčatá
alle guten Dinge	všetky dobré veci

Po zápore *kein* a po privlastňovacích zámenách sa skloňujú prídavné mená v jednotnom čísle ako po neurčitom člene, v množnom čísle ako po člene určitom.

kein schöner Tag	nijaký pekný deň
mein guter Freund	môj dobrý priateľ
keine schönen Tage	nijaké pekné dni
meine guten Freunde	moji dobrí priatelia

Po základných a neurčitých číslovkách *viele* mnoho, *wenige* málo, *mehrere,* mnohí, mnohé *manche* niektorí, niektoré sa skloňujú prídavné mená v množnom čísle, akoby boli bez člena.

zwei junge Frauen	dve mladé ženy
viele, wenige gute Freunde	mnoho, málo dobrých priateľov
manche, mehrere ausländische Touristen	niektorí, mnohí zahraniční turisti

Niektoré prídavné mená sú v nemčine neohybné a zachovávajú si vo všetkých pádoch oboch čísel nemenný tvar: *ein rosa/lila Kleid* ružové/fialové šaty, *das super/klasse Auto* super/skvelé auto.
Prídavné mená, ktoré sa odvodzujú od miestnych názvov, majú príponu *-er* a sú neohybné. V nemčine sa vždy píšu s veľkým začiatočným písmenom.

Pilsner Bier	plzenské pivo
Wiener Messe	viedenský veľtrh

Spodstatnené prídavné mená

Spodstatnené prídavné mená sa často používajú vo funkcii podstatného mena, skloňujú sa však ako prídavné mená. Vo väčšine prípadov sa píšu s veľkým začiatočným písmenom.

Sind das deine Verwandten?	Sú to tvoji príbuzní?
Der Nächste, bitte!	Ďalší, prosím.

Ich übersetze aus dem Deutschen ins Slowakische.	Prekladám z nemčiny do slovenčiny.

Rovnakým spôsobom sa skloňuje aj podstatné meno *r, e Deutsche* Nemec, Nemka. Ostatné obyvateľské mená sa však skloňujú ako podstatné mená s nepravidelným skloňovaním (pozri str. 716).

Ich bin Deutscher.	Som Nemec.
Er hat viele Deutsche(n) gesehen.	Videl veľa Nemcov.

ale:

Ich bin Slowake.	Som Slovák.
Er hat dort viele Slowaken gesehen.	Videl tam veľa Slovákov.

Stupňovanie prídavných mien

I. stupeň		II. stupeň		III. stupeň			
		prípona *-er*		prípona *-(e)ste*			
billig	lacný	*billiger*	lacnejší	*r, e, s billigste*	al.	*am billigsten*	najlacnejší
alt	starý	*älter*	starší	*r, e, s älteste*	al.	*am ältesten*	najstarší
dunkel	tmavý	*dunkler*	tmavší	*r, e, s dunkelste*	al.	*am dunkelsten*	najtmavší
teuer	drahý	*teurer*	drahší	*r, e, s teuerste*	al.	*am teuersten*	najdrahší

Poznámka: V II. a III. stupni sa môže často objaviť prehláska kmeňovej samohlásky (hlavne v jednoslabičných slovách ako *alt, jung, groß* a pod.) V II. stupni vypadáva v kmeni prídavných mien ako *teuer, sauer* a pod. hláska *-e*; to isté sa deje v prídavných menách zakončených na *-el* (napr. *dunkel*).
Ak sa nachádza prídavné meno vo funkcii zhodného prívlastku, používajú sa jeho ohybné tvary buď s určitým a neurčitým členom, s privlastňovacím zámenom, záporom *kein*, alebo bez člena; ak sa nachádza vo funkcii menného prísudku, používa sa tvar s predložkou *am* (teda vlastne tvar tretieho stupňa prísloviek).

das kälteste Wetter	najchladnejšie počasie
der kürzeste Weg	najkratšia cesta
Er ist immer am schnellsten.	Je vždy najrýchlejší.

Prípona *-este* sa používa v prídavných menách zakončených na *-t, -d* a sykavky.

Nepravidelné stupňovanie

gut	dobrý	*besser*	lepší	*r, e, s beste*	al. *am besten*	najlepší
nahe	blízky	*näher*	bližší	*r, e, s nächste*	al. *am nächsten*	najbližší
hoch	vysoký	*höher*	vyšší	*r, e, s höchste*	al. *am höchsten*	najvyšší

Porovnanie vlastností:

V I. stupni *so* – *wie* tak – ako

Sie ist so klein wie Hans. Je taká malá ako Hans.

V II. stupni *als* ako

Sie ist kleiner als du. Je menšia ako ty.

V III. stupni s predložkou *von*

Sie ist die kleinste von uns. Je najmenšia z nás.

V spojení ako jeden, jedna, jedno z najlepších a pod. sa v nemčine používa väzba *einer, eine, eines der besten.*

einer meiner größten Erfolge jeden z mojich najväčších úspechov
eine der schönsten Frauen jedna z najkrajších žien
eines ihrer nettesten Kinder jedno z jej najmilších detí
Er ist einer der besten Fachmänner, die ich kenne. Je jedným z najlepších odborníkov, akých poznám.

Zámená

Skloňovanie osobných zámen

	ja	ty	on	ona	ono	my	vy	oni	Vy (vykanie)
N	*ich*	*du*	*er*	*sie*	*es*	*wir*	*ihr*	*sie*	*Sie*
G	*meiner*	*deiner*	*seiner*	*ihrer*	*seiner*	*unser*	*euer*	*ihrer*	*Ihrer*
D	*mir*	*dir*	*ihm*	*ihr*	*ihm*	*uns*	*euch*	*ihnen*	*Ihnen*
A	*mich*	*dich*	*ihn*	*sie*	*es*	*uns*	*euch*	*sie*	*Sie*

Genitív sa používa už len zriedkavo. Nájdeme ho buď v staršej literatúre, alebo v náboženských kázňach. Pri vykaní používa nemčina tvar zámena *Sie*, ktoré sa píše s veľkým začiatočným písmenom. Sloveso, ktoré sa spája s týmto zámenom, má tvar 3. osoby množného čísla.

Zámeno es

V nemeckej vete musí byť na rozdiel od slovenčiny vždy vyjadrený podmet (osobným zámenom alebo podstatným menom). Neosobný alebo nevyjadrený podmet sa vyjadruje pomocou zámena **es** (väčšinou ide o jednočlenné vety).

Es ist kalt.	Je zima.
Es schneit.	Sneží.
Es freut mich.	Teší ma.
Es grüßt Sie Ihre Irene.	Pozdravuje Vás Vaša Irena (v liste).

Zvratné zámeno sa – *sich*

Na rozdiel od slovenského sa, si majú zvratné zámená v nemčine viacero tvarov. Vlastný tvar zvratného zámena *sich* sa nachádza iba v neurčitku a v tvare 3. os. JČ a MNČ V ostatných osobách používa nemčina príslušné tvary osobných zámen (v datíve alebo akuzatíve).

Časovanie zvratných slovies s akuzatívom

ich wasche mich	umývam sa
du wäschst dich	umývaš sa
er, sie, es wäscht sich	umýva sa
wir waschen uns	umývame sa
ihr wascht euch	umývate sa
sie, Sie waschen sich	umývajú sa, umývate sa

Časovanie zvratných slovies s datívom

ich putze mir...	čistím si...
du putzt dir	čistíš si
er, sie, es putzt sich	čistí si
wir putzen uns	čistíme si
ihr putzt euch	čistíte si
sie, Sie putzen sich	čistia si, čistíte si

Nie každé sloveso je v nemčine i slovenčine rovnako zvratné: *sich schämen* hanbiť sa, *sich wundern* čudovať sa, ale: *fragen* pýtať sa, *lernen* učiť sa, *lachen* smiať sa, *baden* kúpať sa, *sich sehnen* túžiť.
Na vyjadrenie vzájomnosti sa v nemčine používa tiež zámeno *einander*, ktoré sa zvyčajne spája s rôznymi predložkami.

Sie helfen einander al. *sich.*	Navzájom si pomáhajú.
Die Kinder spielen miteinander.	Deti sa hrajú spolu.
Sie kommen nacheinander.	Prichádzajú jeden za druhým.

Privlastňovacie zámená

1. Skloňovanie privlastňovacích zámen

mein	môj	*unser*	náš
dein	tvoj	*euer*	váš
sein	jeho	*ihr*	ich
ihr	jej	*Ihr* (vykanie)	váš
sein	jeho		

Privlastňovacie zámená sa v jednotnom čísle skloňujú ako člen neurčitý a v množnom čísle ako člen určitý. Ak sa pred podstatným menom nachádza privlastňovacie zámeno, člen sa nepoužíva.

N	*mein* môj	*meine* moja	*mein* moje	*meine* moji, moje
G	*meines*	*meiner*	*meines*	*meiner*
D	*meinem*	*meiner*	*meinem*	*meinen*
A	*meinen*	*meine*	*mein*	*meine*

2. Zvratné zámeno svoj

Slovenskému zámenu **svoj** zodpovedajú v nemčine privlastňovacie zámená príslušných osôb a rodov.

Ich lege meinen	*Hut auf den Tisch*	Položím svoj	klobúk na stôl
Du legst deinen		Položíš svoj	
Er legt seinen		Položí svoj	
Sie legt ihren		Položí svoj	
Wir legen uns(e)ren		Položíme svoj	
Ihr legt eu(e)ren		Položíte svoj	
Sie legen ihren		Položia svoj	
Sie legen Ihren		Položíte svoj (vyk.)	

Ukazovacie zámená

K ukazovacím zámenám patria:

der, die, das	ten, tá, to
dieser, diese, dieses	tento, táto, toto
jener, jene, jenes	onen, oná, oné
derselbe, dieselbe, dasselbe	ten istý, tá istá, to isté
der gleiche, die gleiche, das gleiche	ten istý, tá istá, to isté
solcher, solche, solches	taký, taká, také

Skloňovanie ukazovacích zámen:

	jednotné číslo			množné číslo
	mužský rod	ženský rod	stredný rod	
N	*dieser*	*diese*	*dies(es)*	*diese*
G	*dieses*	*dieser*	*dieses*	*dieser*
D	*diesem*	*dieser*	*diesem*	*diesen*
A	*diesen*	*diese*	*dieses*	*diese*
N	*derselbe*	*dieselbe*	*dasselbe*	*dieselben*
G	*desselben*	*derselben*	*desselben*	*derselben*
D	*demselben*	*derselben*	*demselben*	*denselben*
A	*denselben*	*dieselbe*	*dasselbe*	*dieselben*
N	*der*	*die*	*das*	*die*
G	*des*	*der*	*des*	*der*
D	*dem*	*der*	*dem*	*den*
A	*den*	*die*	*das*	*die*

Zámená *solcher a jener* sa skloňujú ako zámeno *dieser*. Zámeno *der gleiche* sa skloňuje ako zámeno *derselbe*.

Dieses Buch ist interessant.	Táto kniha je zaujímavá.
Er liest immer dieselbe/die gleiche Zeitung.	Číta stále tie isté noviny.
Zeig mir das!	Ukáž mi to!
Solche Sachen höre ich nicht gern.	Takéto veci nerada počúvam.

Opytovacie zámená

Najpoužívanejšie nemecké opytovacie zámená sú: *wer* kto, *was* čo, *was für ein* aký, *welcher* ktorý, *wie* ako, aký, aká, aké, *wo* kde, *wohin* kam, *woher* odkiaľ, *wann* kedy, *wie lange* ako dlho, *warum* prečo a *wieviel* koľko.
Skloňovanie

	jednotné číslo			množné číslo
	mužský rod	ženský rod	stredný rod	
N	*wer*		*was*	
G	*wessen*		–	
D	*wem*		–	
A	*wen*		*was*	
N	*welcher*	*welche*	*welches*	*welche*
G	*welches*	*welcher*	*welches*	*welcher*
D	*welchem*	*welcher*	*welchem*	*welchen*
A	*welchen*	*welche*	*welches*	*welche*

Pri zámene *was für ein* sa skloňuje len jeho posledná časť *ein,* a to ako neurčitý člen.

Wer ist das?	Kto je to?
Was ist das?	Čo je to?
Wessen Hemd ist das?	Čia košeľa je to?
Wem gehört das?	Komu to patrí?
Welches Kleid soll ich kaufen?	Ktoré šaty (si) mám kúpiť? (výber z určitého množstva)
Was für ein Kleid soll ich kaufen?	Aké šaty (si) mám kúpiť? (pýtame sa na vlastnosť osoby alebo veci v prívlastku)

Vzťažné zámená

Vzťažné zámená *der, die, das* ktorý, ktorá, ktoré sa skloňujú ako určitý člen, s výnimkou genitívu jednotného a genitívu a datívu množného čísla.
Skloňovanie

	jednotné číslo			množné číslo
	mužský rod	ženský rod	stredný rod	
N	*der*	*die*	*das*	*die*
G	*dessen*	*deren*	*dessen*	*deren*
D	*dem*	*der*	*dem*	*denen*
A	*den*	*die*	*das*	*die*

Zeig mir, bitte, die Hose, die du gestern gekauft hast. — Ukáž mi, prosím, tie nohavice, ktoré si si včera kúpil.
Das sind die Blumen, die ich meinte. — To sú tie kvety, ktoré som myslela.
Das ist der Film, über den wir gesprochen haben. — To je ten film, o ktorom sme hovorili.

Vzťažné zámená *welcher, welche, welches,* ktorý, ktorá, ktoré sa skloňujú ako člen určitý.

Die Geschenke, welche al. *die ich bekam.* — Darčeky, ktoré som dostal.

Záporné a neurčité zámená

K záporným zámenám patria zámená *niemand* nikto, *kein* žiadny, *nichts* nič, k najpoužívanejším neurčitým zámenám patria *jemand* niekto, *jeder* každý, *etwas* niečo, *alles* všetko, *alle* všetci a zámeno *man* sa, človek.
Zámená ***jemand, niemand*** niekto, nikto

N	*jemand*	*niemand*
G	*jemand(e)s*	*niemand(e)s*
D	*jemand(em)*	*niemand(em)*
A	*jemand(en)*	*niemand(en)*

Sagen wir es jemandem (jemand)? — Povieme to niekomu?
Nein, wir sagen es niemandem (niemand). — Nie, nepovieme to nikomu.

Neurčité zámeno ***jeder*** každý sa skloňuje ako zámeno *dieser* (pozri str. 724).

Ich kenne hier jeden Mann, jede Frau und jedes Kind.	Poznám tu každého muža, každú ženu a každé dieťa.

Zámená ***alles, alle*** všetko, všetci sa skloňujú ako prídavné mená.

Er ist mit allem zufrieden.	Je so všetkým spokojný.
Wir sagen das allen.	Povieme to všetkým.

Záporné zámeno *kein* nijaký

Záporné zámeno *kein* sa skloňuje v jednotnom čísle ako člen neurčitý *ein*, v množnom čísle ako zámeno *dieser*.

Ich habe keine Zeit.	Nemám (žiadny) čas.
Ich habe keine Freunde.	Nemám (žiadnych) priateľov.

Zámená ***etwas*** a ***nichts*** sa skloňujú iba v nominatíve a datíve. V ostatných pádoch sa nahrádzajú spojením *(k)einer Sache*.

Etwas ist geschehen.	Niečo sa stalo.
Daraus wird nichts.	Z toho nič nebude.

Neurčité zámeno ***man*** vyjadruje neurčitý podmet a vyskytuje sa iba v nominatíve. V ostatných pádoch sa dá nahradiť neurčitým zámenom *einer* niekto, ktoré sa skloňuje:

N	*man, einer*
G	*eines*
D	*einem*
A	*einen*

Zámeno ***man*** sa vždy spája so slovesom v 3. osobe jednotného čísla. Do slovenčiny ho prekladáme rozličnými spôsobmi:

a) zvratným slovesom sa
b) podmetom človek, ľudia
c) 3. osobou množného čísla

Wie sagt man das auf slowakisch?	Ako sa to povie po slovensky?
So etwas hört man nicht gern.	Niečo také človek počúva nerád.
Man sagt, ...	Vraví sa, ľudia vravia...
Man hat ihn gestern in einem Café gesehen.	Včera ho videli v jednej kaviarni.

Číslovky

– pozri zvláštnu kapitolu ČÍSLOVKY str. 669

Slovesá

Pri nemeckých slovesách rozlišujeme 3 osoby, 2 čísla, 1 prítomný čas, 2 budúce časy (1. budúci čas, 2. budúci čas), 3 minulé časy (préteritum, perfektum, plusquamperfektum), 3 spôsoby: oznamovací (indikatív), rozkazovací (imperatív) a podmieňovací (konjunktív) a 2 rody (činný a trpný).
Nemecké sloveso nie je schopné vyjadriť slovesný vid (vidieť – uvidieť). Táto slovesná gramatická kategória sa nahrádza iným spôsobom vyjadrenia, napríklad spojením slovesa a príslovky času:

Wir sehen uns oft.	Vídame sa často.
Wir sehen uns morgen.	Uvidíme sa zajtra.

Niekedy sa dá vyjadriť slovesný vid opisným spôsobom:

Das Haus ist/war verfallen.	Dom spustol.
Das Kind ist/war eingeschlafen.	Dieťa zaspalo.

Funkčné rozdelenie slovies

Podľa významu a spôsobu použitia rozdeľujeme slovesá na plnovýznamové, pomocné a spôsobové.
Podľa spôsobu časovanie delíme nemecké slovesá na pravidelné (slabé), nepravidelné (silné) a zmiešané.

Pri všetkých slovesách rozoznávame tvary jednoduché a zložené, určité a neurčité.

Určitými jednoduchými tvarmi sa vyjadruje prítomný čas (prézens), krátky minulý čas (préteritum), podmieňovací spôsob prítomný a minulý (konjunktív I a II) a rozkazovací spôsob (imperatív).
Určitými zloženými tvarmi sa vyjadruje zložený minulý čas (perfektum), predminulý čas (plusquamperfektum), budúci čas (futurum), trpný rod (pasívum) a konjunktív préterita a plusquamperfekta pravidelných a nepravidelných slovies (tzv. opisný konjunktív).
K neurčitým slovesným tvarom patria: neurčitok (infinitív), prechodník, príčastie prítomné a minulé.
Pri tvorení slovesných tvarov je dôležité, či ide o sloveso odvodené pomocou predpony, príp. zložené z dvoch alebo viacerých častí, alebo či ide o sloveso jednoduché.
Slovesné predpony *be-, ge-, ent-, emp-, er-, ver-, zer-* sú neprízvučné a neodlučiteľné.

Ich verstehe nicht.	Nerozumiem.
Du gefällst mir.	Páčiš sa mi.

Empfinden Sie keinen Schmerz?	Necítite žiadnu bolesť?

Prízvučné predpony: napr. *ab-, an-, aus-, mit-, nach-, zu-, zurück-* a pod. sa vo väčšine slovesných tvarov odlučujú a dávajú sa na posledné miesto vo vete. Predpona sa neodlučuje v infinitíve, v spojení predponového slovesa s modálnym slovesom a v určitom slovesnom tvare, ktorý sa nachádza na konci vedľajšej vety.

Ich rufe dich an.	Zavolám ti.
Kannst du mich morgen anrufen?	Môžeš mi zajtra zavolať?
Ich weiß nicht, ob ich dich anrufe.	Neviem, či ti zavolám.

Podobný jav vzniká aj pri slovesách, ktoré sú zložené z dvoch alebo viacerých častí. Prvá časť slovesa sa potom správa ako odlučiteľná predpona.

Ich lernte ihn vor zwei Jahren kennen.	Spoznal som ho pred dvoma rokmi.
Ich möchte ihn kennen lernen.	Chcel by som ho spoznať.

Slovesné predpony *durch-, um-, unter-, über-, wider- a wieder-* môžu byť odlučiteľné (a prízvučné) aj neodlučiteľné (a neprízvučné). Tento jav je zároveň spojený aj so zmenou významu slovesa.

Wir fahren unter einer Brücke durch.	Prechádzame popod most.
Wir durchfuhren die Gegend von Berlin.	Precestovali sme okolie Berlína.

Neurčité slovesné tvary

Neurčité slovesné tvary sú: infinitív (neurčitok), príčastie prítomné a príčastie minulé.

Infinitív (neurčitok)

1. **V nemčine má infinitív koncovku *-(e)n,* napr. (*mach-en* robiť, *klingel-n* zvoniť) a môže sa vyskytovať vo dvoch podobách:**

a) ako tzv. jednoduchý infinitív (*loben*)

b) ako infinitív závislý s časticou *zu* (*zu loben*).

2. **Jednoduchý infinitív bez *zu* sa musí vždy použiť po slovesách:**

a) spôsobových – *dürfen, können, mögen, müssen, sollen, wollen*

Ich darf den Kuchen nicht essen.	Tento koláč nesmiem jesť.

b) po slovese *werden* – budúci čas

Sie wird in Prag studieren.	Bude študovať v Prahe.

c) po slovesách označujúcich pohyb – *fahren, gehen, kommen...*

Wir gehen noch einkaufen.	Ideme ešte nakúpiť.
Sie kommen uns bald besuchen.	Prídu nás čoskoro navštíviť.

d) po slovesách zmyslového vnímania – *sehen, hören, fühlen...*

Ich sehe den Vater kommen.	Vidím prichádzať otca.
Wir hören sie schimpfen.	Počujeme ju hrešiť.

e) po niektorých iných slovesách – *bleiben, lassen, schicken, helfen, lehren, lernen.*

Er blieb sitzen.	Zostal sedieť.
Ich helfe dir packen.	Pomôžem ti baliť.

Infinitív s *zu* sa používa po všetkých ostatných slovesách a tento infinitív sa používa aj ako skrátená alternatíva niektorých typov vedľajších viet (pozri str. 764). Častica *zu* sa dáva bezprostredne pred infinitív a píše sa oddelene. Pri slovesách s odlučiteľnou predponou alebo pri zložených slovesách sa *zu* vkladá medzi odlučiteľnú predponu a slovesný kmeň a celý výraz sa píše spolu.

Er versprach uns zu kommen.	Sľúbil nám, že príde.
Er versprach uns wiederzukommen.	Sľúbil nám, že opäť príde.

Príčastie prítomné (Partizip I, Präsenspartizip)

Príčastie prítomné sa tvorí pomocou prípony *-(e)nd,* ktorá sa pripája k slovesnému kmeňu (*lach-end* smejúci sa, *lächel-nd* usmievajúci sa). Do slovenčiny sa prekladá pomocou slovesných prídavných mien alebo prechodníka a používa sa vo funkcii zhodného prívlastku alebo doplnku:

das weinende Kind	plačúce dieťa
Das Kind lief weinend zur Mutter.	Dieťa plačúc bežalo k mame.

Príčastie minulé (Partizip II, Perfektpartizip)

1. Pravidelné (slabé) slovesá

Príčastie minulé pravidelných (slabých) slovies sa tvorí pomocou predpony *ge-*, ktorá sa predsúva pred slovesný kmeň, a prípony *-(e)t.* Príponu -et použijeme vtedy, ak je kmeň slovesa zakončený na *-t*, *-d* alebo tri spoluhlásky.

lernen	učiť sa	*gelernt*
antworten	odpovedať	*geantwortet*
öffnen	otvoriť	*geöffnet*

V slovesách s odlučiteľnou predponou sa predpona *ge-* vkladá medzi odlučiteľnú predponu a slovesný kmeň:

abreisen	odcestovať	*abgereist*

Slovesá s neodlučiteľnou predponou a slovesá zakončené na *-ieren* tvoria príčastie minulé bez predpony *ge-*:

sich verlieben	zaľúbiť sa	*verliebt*
studieren	študovať	*studiert*

V zložených slovesách má prvá časť zloženého slovesa funkciu odlučiteľnej predpony:

kennen lernen	spoznať (niekoho)	*kennen gelernt*

2. **Nepravidelné (silné) slovesá**

Príčastie minulé nepravidelných (silných) slovies sa tvorí tiež pomocou predpony *ge-*, ale je zakončené na *-en*. Na rozdiel od pravidelných slovies pri nich prichádza aj k zmene kmeňovej samohlásky (pozri NEPRAVIDELNÉ SLOVESÁ,str. 780).

kommen	prísť	*gekommen*

Používanie predpony *ge-* sa riadi rovnakými pravidlami ako pri pravidelných slovesách.

3. **slovesá *haben, sein, werden***

haben	mať	*gehabt*
sein	byť	*gewesen*
werden	stať sa, byť	*geworden*

Príčastie minulé sa používa predovšetkým v spojení s pomocnými slovesami na tvorenie zložených slovesných tvarov. Môže sa však použiť aj vo funkcii prívlastku či doplnku.

ein erkältetes Kind	prechladnuté dieťa

Príčastia prítomné i minulé sa môžu stupňovať a preberajú pritom gramatické kategórie prídavných mien.

Jednoduché určité slovesné tvary

1. Prítomný čas (prézent)

a) Pravidelné (slabé) slovesá

Prítomný čas pravidelných (slabých) slovies tvoríme pridávaním koncoviek: *-e, -(e)st, -en, -(e)t, -en* k slovesnému kmeňu. V pravidelných slovesách sa väčšinou kmeň (až na niektoré výnimky ako *sammeln, handeln* a pod.) nemení.

jednotné číslo		množné číslo	
kaufen kúpiť			
ich kaufe	kúpim	*wir kaufen*	kúpime
du kaufst	kúpiš	*ihr kauft*	kúpite
er, sie, es kauft	kúpi	*sie, Sie kaufen*	kúpia, (Vy) kúpite
arbeiten pracovať			
ich arbeite	pracujem	*wir arbeiten*	pracujeme
du arbeitest	pracuješ	*ihr arbeitet*	pracujete
er, sie, es arbeitet	pracuje	*sie, Sie arbeiten*	pracujú, (Vy) pracujete

Podľa vzoru ***kaufen*** sa v nemčine časuje väčšina slovies. Ak je slovesný kmeň zakončený na *-t, -d* alebo tri spoluhlásky, vsúva sa pred koncovku v druhej a tretej osobe jednotného a v druhej osobe množného čísla hláska *-e*: *du arbeit--e-st, er arbeit-e-t, ihr arbeit-e-t*. Pri slovesách zakončených v 2. osobe jednotného čísla na *-ss, -s* už ďalšie *-s* nepripájame.

Súčasťou určitého slovesného tvaru je v nemčine osobné zámeno. Pri vykaní sa používa zámeno 3. osoby množného čísla *Sie* vy, ktoré v nemčine píšeme vždy s veľkým začiatočným písmenom.

b) Nepravidelné (silné) slovesá

Nepravidelné (silné) slovesá majú v prítomnom čase rovnaké koncovky ako pravidelné (slabé) slovesá, pri niektorých však prichádza v 2. a 3. os. JČ k zmene kmeňovej samohlásky (pozri NEPRAVIDELNÉ SLOVESÁ str. 780).

c) Pomocné slovesá *haben, sein, werden*

haben mať

jednotné číslo		množné číslo	
ich habe	mám	*wir haben*	máme
du hast	máš	*ihr habt*	máte
er, sie, es hat	má	*sie, Sie haben*	majú, (Vy) máte

sein byť

jednotné číslo		množné číslo	
ich bin	som	*wir sind*	sme
du bist	si	*ihr seid*	ste
er, sie, es ist	je	*sie, Sie sind*	sú, (Vy) ste

werden byť, stať sa

jednotné číslo		množné číslo	
ich werde	stanem sa	*wir werden*	staneme sa
du wirst	staneš sa	*ihr werdet*	stanete sa
er, sie, es wird	stane sa	*sie, Sie werden*	stanú sa, stanete sa (Vy)

2. Jednoduchý minulý čas (préteritum)

a) Pravidelné (slabé) slovesá

Pravidelné (slabé) slovesá tvoria tvary préterita vsunutím *-(e)t-* medzi kmeň a koncovku slovesa. Prvá a tretia osoba jednotného a prvá a tretia osoba množného čísla sú zhodné.

kauf-en kúpiť			
jednotné číslo		množné číslo	
ich kauf-te	kúpil som	*wir kauf-ten*	kúpili sme
du kauf-test	kúpil si	*ihr kauf-tet*	kúpili ste
er kauf-te	kúpil (a, o)	*sie, Sie kauf-ten*	kúpili

b) Nepravidelné (silné) slovesá

V préterite nepravidelných (silných) slovies sa mení kmeňová samohláska (pozri NEPRAVIDELNÉ SLOVESÁ str. 780). Prvá a tretia osoba jednotného čísla sú zhodné a bez koncovky (napr.: *kommen – ich kam, du kamst, er kam,* atď.).

c) Pomocné slovesá *haben, sein, werden*

Pomocné slovesá sa vyznačujú nepravidelným časovaním.

haben mať

jednotné číslo		množné číslo	
ich hatte	mal som	*wir hatten*	mali sme
du hattest	mal si	*ihr hattet*	mali ste
er, sie, es hatte	mal (a, o)	*sie, Sie hatten*	mali, mali ste

sein byť

jednotné číslo		množné číslo	
ich war	bol som	*wir waren*	boli sme
du warst	bol si	*ihr wart*	boli ste
er, sie, es war	bol (a, o)	*sie, Sie waren*	boli, boli ste

werden stať sa, byť

jednotné číslo		množné číslo	
ich wurde	stal som sa	*wir wurden*	stali sme sa
du wurdest	stal si sa	*ihr wurdet*	stali ste sa
er, sie, es wurde	stal (a, o) sa	*sie, Sie wurden*	stali sa, stali ste sa

3. **Podmieňovací spôsob (Konjunktiv)**

a) **Konjunktív prítomného času (Präsenskonjunktiv, Konjunktiv I)**

Pravidelné (slabé) a nepravidelné (silné) slovesá a pomocné slovesá *haben* **a** *werden*
Všetky tieto typy slovies tvoria konjunktív prítomného času rovnakým spôsobom.
kaufen kúpiť

jednotné číslo	množné číslo
ich kaufe	*wir kaufen*
du kaufest	*ihr kaufet*
er, sie, es kaufe	*sie, Sie kaufen*

Sloveso *sein*
sein byť

jednotné číslo	množné číslo
ich sei	*wir seien*
du sei(e)st	*ihr seiet*
er, sie, es sei	*sie, Sie seien*

b) **Konjunktív préterita (Konjunktiv II)**

Odvodzuje sa od tvarov jednoduchého minulého času – préterita.

Pravidelné (slabé) slovesá

Tvary konjunktívu préterita pravidelných slovies sú zhodné s tvarmi jednoduchého minulého času (préterita) v oznamovacom spôsobe (indikatíve). Sú zhodné s tvarmi jednoduchého minulého času (préterita) v oznamovacom spôsobe.

kaufen kúpiť

ich kaufte *du kauftest* *er, sie, es kaufte*	kúpil by som kúpil by si kúpil (a, o) by	*wir kauften* *ihr kauftet* *sie, Sie kauften*	kúpili by sme kúpili by ste kúpili by, kúpili by ste

Nepravidelné (silné) slovesá

Konjunktív préterita nepravidelných (silných) slovies má rovnaké koncovky ako konjunktív prítomného času, avšak kmeňová samohláska sa mení rovnako ako v jednoduchom minulom čase (préterite). Samohlásky, ktoré môžu tvoriť prehlásku (*a, o, u*), sa prehlasujú (napr. *ich gäbe, du gäbest, er gäbe* a pod., pozri NEPRAVIDELNÉ SLOVESÁ str. 780).

Pomocné slovesá *haben, sein, werden*

Tieto slovesá tvoria konjunktív préterita rovnakým spôsobom ako nepravidelné (silné) slovesá.

haben mať

jednotné číslo	množné číslo
ich hätte *du hättest* *er, sie, es hätte*	*wir hätten* *ihr hättet* *sie, Sie hätten*

sein byť

jednotné číslo	množné číslo
ich wäre *du wärest* *er, sie, es wäre*	*wir wären* *ihr wäret* *sie, Sie wären*

werden stať sa

jednotné číslo	množné číslo
ich würde	*wir würden*
du würdest	*ihr würdet*
er, sie, es würde	*sie, Sie würden*

Na vyjadrenie konjunktívu préterita sa v nemčine používa aj tzv. opisný tvar konjunktívu (kondicionál), ktorý sa tvorí podľa vzoru ich *würde* + infinitív plnovýznamového slovesa:

Ich würde dir helfen! Pomohol by som ti.

Tento spôsob vyjadrenia konjunktívu sa v nemčine používa oveľa častejšie ako tvary priameho konjunktívu.

Podmieňovací spôsob zložených slovesných tvarov sa vyjadruje pomocou príslušných tvarov konjunktívu pomocných (určitých) slovies a tvarov infinitívu plnovýznamového slovesa (pozri Zložené slovesné tvary str. 737).

4. Rozkazovací spôsob (imperatív)

a) Pravidelné (slabé) slovesá

Tvary rozkazovacieho spôsobu pravidelných (slabých) slovies:

2. osoba jedn. čísla	*Kauf(e)!*	*Arbeite!*
1. osoba množ. čísla	*Kaufen wir!*	*Arbeiten wir!*
2. osoba množ. čísla	*Kauft!*	*Arbeitet!*
3. os. mn. čísla – vykanie	*Kaufen Sie!*	*Arbeiten Sie!*

Koncovka *-e* v 2. os. JČ sa nemusí používať, povinná je len pri slovesách, ktoré majú kmeň zakončený na *-t, -d (antworte! bade!), -n, -m (lerne!), -er, -el (Förd(e)re! Samm(e)le!) alebo na -ier (studiere!).*

b) Nepravidelné (silné) slovesá

Nepravidelné (silné) slovesá tvoria rozkazovací spôsob podobne ako pravidelné slovesá, pri niektorých však prichádza v 2. os. JČ ku zmene kmeňovej samohlásky (pozri NEPRAVIDELNÉ SLOVESÁ str. 780).

c) sloveso *sein*

2. osoba jedn. čísla	*Sei!*
1. osoba množ. čísla	*Seien wir!*
2. osoba množ. čísla	*Seid!*
3. os. mn. čísla – vykanie	*Seien Sie!*

Zložené slovesné tvary

1. **Dlhý minulý čas (perfektum)**

Perfektum sa skladá z tvarov prítomného času pomocného slovesa *haben* (pri slovesách označujúcich zacielený pohyb, zmenu miesta alebo stavu z tvarov slovesa *sein)* a príčastia minulého plnovýznamového slovesa.

oznamovací spôsob	konjunktív
er hat gelacht *er ist gefahren*	*er habe gelacht* *er sei gefahren*

2. **Predminulý čas (plusquamperfektum)**

Predminulý čas sa skladá z préterita pomocného slovesa *haben* alebo *sein* a príčastia minulého plnovýznamového slovesa.

oznamovací spôsob	konjunktív
er hatte gelacht *er war gefahren*	*er hätte gelacht* *er wäre gefahren*

3. **Prvý a druhý budúci čas (futúrum I a futúrum II)**

Prvý budúci čas (futúrum I) sa skladá z tvarov prítomného času slovesa *werden* a neurčitku plnovýznamového slovesa.

oznamovací spôsob	konjunktív
er wird lachen	*er werde lachen*

Budúci čas slovesa *sein* byť je v nemčine takisto zložený.

oznamovací spôsob	konjunktív
er wird sein	*er werde sein*

Druhý budúci čas (futúrum II) sa tvorí pomocou slovesa *werden* a infinitívu minulého, t. j. príčastia minulého a neurčitku slovesa *haben* alebo *sein*.

oznamovací spôsob	konjunktív
er wird gelesen haben	*er wird gefahren sein*

4. **Trpný rod (pasívum)**

Trpný rod sa tvorí pomocou tvarov prítomného času slovies *werden* alebo *sein* a príčastia minulého plnovýznamového slovesa.

Tvar slovesa *werden* a príčastie minulé označuje prebiehajúci dej (priebehový trpný rod), tvar slovesa *sein* a príčastie minulé označujú výsledok tohto deja (stavový trpný rod).

Das Geschäft wird geschlossen.	Obchod sa zatvára.
Das Geschäft ist (schon) geschlossen.	Obchod je (už) zatvorený.

Trpný rod slovies sa v nemčine tvorí a používa oveľa častejšie ako v slovenčine, ktorá viac využíva tvary slovies v činnom rode.
Trpný rod netvoria spôsobové slovesá, sloveso *bekommen* dostať, *haben* mať, *erhalten* dostať, *kriegen* dostať, *enthalten* obsahovať, *besitzen* vlastniť, *kennen* poznať, *wissen* vedieť, ďalej slovesá *hören* počuť, *sehen* vidieť a *lassen* nechať v spojení s iným infinitívom slovesa, väzba *es gibt* atď.

Používanie činného a trpného rodu

Činný rod sa v slovenčine používa častejšie ako v nemčine, naopak tvary trpného rodu sú v nemčine oveľa frekventovanejšie ako v slovenčine.

Zvratný pasív

Trpný rod sa môže v nemčine vyjadriť i pomocou tzv. zvratného pasíva, ktorý sa v slovenčine vyjadruje činným rodom.

Dieser Roman liest sich gut.	Tento román sa dobre číta.
Das hört sich angenehm.	To sa príjemne počúva.

Ďalšou možnosťou na vyjadrenie trpného rodu v nemčine je použitie konštrukcie *man* v spojení so slovesom v 3. os. JČ (pozri str. 726).

Am Abend spielt man Schach.	Večer sa hrá šach.
Am Abend wird Schach gespielt.	Večer sa hrá šach.

Používanie slovesných časov v nemčine

1. **Prítomný čas**

Prítomný čas sa používa v nemčine podobne ako v slovenčine. V nemčine môžeme prítomný čas použiť aj na vyjadrenie budúceho času (ak pritom zároveň použijeme príslovku času, ktorá posúva dej do budúcnosti).

Ich lerne heute abend Deutsch.	Dnes večer sa učím (budem učiť) nemčinu.

2. Minulý čas

a) Jednoduchý minulý čas (préteritum)

Jednoduchým minulým časom sa v nemčine vyjadruje dej, ktorý sa odohral v minulosti a ktorý nezasahuje do súčasnosti. Tým sa odlišuje od zloženého minulého času (perfekta), o ktorom sa hovorí na str. 737.

Es war einmal ein König und der hatte drei Töchter.	Bol raz jeden kráľ a ten mal tri dcéry.

b) Zložený minulý čas (perfektum)

Perfektum slúži na vyjadrenie ukončeného deja alebo stavu, ktorý má začiatok v minulosti a zasahuje do súčasnosti.

Hast du das Buch gekauft?	Kúpil si tú knihu?
Sie sind gestern abgefahren.	Včera odcestovali.

c) Predminulý čas (plusquamperfektum)

Predminulý čas slúži na vyjadrenie deja, ktorý je ukončený. V spojení s préteritom alebo perfektom vyjadruje dej, ktorý sa udial ešte pred iným minulým dejom.

Ich hatte gespielt.	Hral som sa.
Als er kam, waren seine Freunde schon gegangen.	Keď prišiel, boli už jeho priatelia preč.

3. Budúci čas

a) Prvý budúci čas

Prvý budúci čas vyjadruje dej, ktorý sa ešte nezačal (začne sa neskôr), zodpovedá slovenskému budúcemu času.

b) Druhý budúci čas

Druhý budúci čas vyjadruje dej, ktorý sa začne a skončí v budúcnosti, alebo dej, ktorý už pravdepodobne prebehol a bol ukončený v minulosti (domnienka v minulosti).

Ich werde abgereist sein.	Odcestujem.
Es wird nicht so schlimm gewesen sein.	Snáď to nebolo také zlé.

Vyjadrenie a používanie slovesného spôsobu

1. Oznamovací spôsob (indikatív)

Oznamovací spôsob je základnou formou jazykového vyjadrovania. Zobrazuje uvedený dej ako skutočný.

Hans hat das Abitur bestanden und geht auf die Universität.	Hans zmaturoval a ide na univerzitu.

2. **Podmieňovací spôsob (konjunktív)**

a) **Konjunktív (podmieňovací spôsob) prítomného času (konjunktív I)**

Podmieňovací spôsob prítomného času sa v nemčine používa hlavne v ustálených spojeniach vyjadrujúcich želanie alebo príkaz.

Sie lebe hoch.	Nech žije!
Man vermische alle Zutaten…	Všetky prísady sa zmiešajú…

Ďalšou možnosťou použitia konjunktívu I je aj tzv. nepriama reč, v ktorej hovoríme o vyjadrení sa alebo prehovore niekoho iného.

Priama reč:	*Kann ich ins Kino gehen?*	Môžem ísť do kina?
Nepriama reč:	*Er fragt, ob er ins Kino gehen könne.*	Pýta sa, či by mohol ísť do kina.

b) **Konjunktív (podmieňovací spôsob) préterita (konjunktív II)**

Konjunktív préterita sa používa prevažne na vyjadrenie neskutočných dejov v podmienkových a spôsobových vedľajších vetách:

Wenn er Zeit hätte, käme er mit.	Keby mal čas, išiel by s nami.
Er tat, als wäre er krank.	Tváril sa, ako by bol chorý.

Konjunktív préterita sa môže použiť aj vo zdvorilostnej otázke alebo výzve:

Hätten Sie ein bisschen Zeit?	Nemali by ste trochu času?

Podobne ako konjunktív prítomného času sa používa aj konjunktív préterita v tzv. nepriamej reči, ale viac-menej len zriedkavo.

3. **Rozkazovací spôsob (imperatív)**

Rozkazovací spôsob sa používa na vyjadrenie príkazu alebo zákazu.

Steh auf!	Vstávaj!
Sprecht nicht!	Nerozprávajte!

Popri vlastnej forme rozkazovacieho spôsobu sa aj v nemčine používajú na vyjadrenie príkazu alebo zákazu iné jazykové alternatívy, ako napr. infinitív prítomného času, budúci čas a pod.

Aufstehen!	Vstávať!
Wir tun das nie wieder!	Už to nikdy neurobíme!
Wirst du still sein!	Budeš ticho!

Zmiešané slovesá

Skupina zmiešaných slovies má v préterite a perfekte rovnaké koncovky ako pravidelné slovesá, ale prichádza v nich k zmene kmeňovej samohlásky ako u nepravidelných slovies. Pri niektorých slovesách prichádza i k zmenám kmeňových spoluhlások.

a) **Zmiešané slovesá so zmenou kmeňovej samohlásky v préterite a perfekte.**

	2. os. JČ prít. čas	3. os. JČ préteritum	3. os. JČ perfektum
brennen horieť, svietiť	*du brennst*	*es brannte*	*es hat gebrannt*
kennen poznať	*du kennst*	*er kannte*	*er hat gekannt*
nennen menovať, nazývať	*du nennst*	*er nannte*	*er hat genannt*
rennen bežať, utekať	*du rennst*	*er rannte*	*er ist gerannt*
senden poslať, vysielať	*du sendest*	*er sandte* al. *sendete*	*er hat gesandt* al. *gesendet*
wenden obrátiť, otočiť	*du wendest*	*er wandte* al. *wendete*	*er hat gewandt* al. *gewendet*

b) **Zmiešané slovesá so zmenou kmeňovej spoluhlásky i samohlásky**

bringen priniesť	*du bringst*	*er brachte*	*er hat gebracht*
denken myslieť	*du denkst*	*er dachte*	*er hat gedacht*

Niektoré slovesá majú formy pravidelného (slabého) i nepravidelného (silného) časovania. Slabé i silné formy časovania niektorých slovies súvisia so zmenou významu slova.

Spôsobové (modálne) slovesá

Spôsobové slovesá v spojení s infinitívom plnovýznamového slovesa vyjadrujú možnosť, potrebu, povolenie, domnienku a ďalšie významové odtiene.

dürfen smieť
mögen chcieť, mať rád
sollen mať (vo význame povinnosť)
können môcť, vedieť
müssen musieť
wollen chcieť

Časovanie spôsobových slovies

	jednotné číslo	množné číslo
Oznamovací spôsob, prítomný čas		
1. os.	*ich darf (kann, mag, muss, will, soll)*	*wir dürfen (können, mögen, müssen, wollen, sollen)*
2. os.	*du darfst (kannst, magst, musst, willst, sollst)*	*ihr dürft (könnt, mög(e)t, müsst, wollt, sollt)*
3. os.	*er, sie, es darf (kann, mag, muss, will, soll)*	*sie, Sie dürfen (können, mögen, müssen, wollen, sollen)*
Oznamovací spôsob, préteritum		
ich durfte (konnte, mochte, musste, wollte, sollte), atď.		
Konjunktív I		
ich dürfe (könne, möge, müsse, wolle, solle), atď.		
Konjunktív II		
ich dürfte (könnte, möchte, müsste, wollte, sollte), atď.		
Príčastie minulé		
gedurft (gekonnt, gemocht, gemusst, gewollt, gesollt), atď.		
Futúrum I		
ich werde dürfen (können, mögen, müssen, wollen, sollen), atď.		

1. a 3. os. JČ modálnych slovies je zhodná: *ich darf – er darf, ich dürfe – er dürfe.*

Rovnako ako spôsobové (modálne) slovesá sa časuje aj sloveso *wissen* vedieť.

Prítomný čas, oznam. spôsob — *ich weiß*, atď., *wir wissen*, atď.
Préteritum: — *ich wusste* atď., *wir wussten*, atď.
Príčastie minulé: — *gewusst*

Významy spôsobových slovies:

dürfen

a) povolenie, oprávnenie

Darf ich heute nachmittag ins Kino gehen? — Smiem ísť dnes popoludní do kina?

b) želanie, prosba

Ihm darf nichts geschehen. — Nesmie sa mu nič stať.
Das darf doch nicht wahr sein! — To vari nie je pravda!

c) morálne právo

Du darfst die Tiere nicht quälen.	Nesmieš týrať zvieratá.

können

a) vedieť, byť schopný

Er kann Auto fahren.	Vie riadiť auto.

b) mať možnosť (podľa okolností)

Ich habe nicht kommen können.	Nemohol som prísť.
Kann ich Ihnen helfen?	Môžem vám pomôcť?

c) mať možnosť (na základe povolenia), podobne ako *dürfen* bod a,

Kann ich jetzt gehen?	Môžem teraz ísť?

mögen

a) pravdepodobnosť, domnienka

Kommt er? Das mag sein.	Príde? Možno.
Es mochten 30 Leute sein.	Bolo to asi 30 ľudí.

b) obmedzenie alebo súhlas

Er mag das ruhig tun.	Môže (smie) to pokojne urobiť.

c) konjunktív préterita (*möchte* atď.): želanie

Ich möchte gern kommen.	Rád by som prišiel.

d) chcieť, mať rád (používa sa najmä pri zápore)

Ich mag nicht (gern) weggehen.	Nechce sa mi odísť, ísť preč.

müssen

a) musieť

Wir mussten lachen.	Museli sme sa smiať.

b) nutnosť, povinnosť

Ich muss ihre Einladung annehmen.	Musím prijať ich pozvanie.
Er muss um 8 Uhr im Büro sein.	Musí byť o 8 hodine v kancelárii.

c) veľkú pravdepodobnosť, istotu

Er muss jeden Moment kommen.	Musí prísť každú chvíľu.

sollen

a) mať (povinnosť)

Wir sollen warten. Máme čakať.

b) želanie, úmysel

Sie sollen wissen, daß… Mali by ste vedieť, že…
Das sollte ein Witz sein. To mal byť vtip.

c) príkaz

Er soll sofort kommen! Má ihneď prísť!

d) bezradnosť

Was soll ich nur machen? Čo len mám robiť?

e) prevzaté tvrdenie, nezaručená mienka

Er soll dort gewesen sein. Vraj tam bol.
Sie soll im Lotto gewonnen haben Vraj vyhrala v lotérii.

f) konjunktív préterita: pokiaľ, v prípade, že…

Sollte es regnen, (dann) bleiben wir zu Hause. Pokiaľ bude pršať, zostaneme doma.

wollen

a) úmysel, želanie, vôľa

Er will uns morgen besuchen. Chce nás zajtra navštíviť.

b) préteritum: opis žiadosti, želania

Ich wollte Sie bitten. Chcel som vás poprosiť.

c) väčšinou zápor: vyjadruje, že niečo (ne)funguje

Die Wunde will nicht heilen. Rana sa nechce zahojiť.
Das will kein Ende haben. Nemá to konca kraja.

Príslovky

Príslovky vyjadrujú bližšie okolnosti deja. Patria do skupiny neohybných slov, ale niektoré z nich sa môžu podobne ako prídavné mená stupňovať.

Er trinkt gern Kaffee. Rád pije kávu.
Er kommt bald. Príde čoskoro.

Zámenné príslovky

Popri príslovkách miesta, času, spôsobu a príčiny, tak ako ich poznáme zo slovenčiny, existuje v nemčine ešte skupina tzv. zámenných prísloviek. Tieto príslovky sa skladajú z predpony *da(r)-* (v odpovedi) alebo *wo(r)-* (v otázke) a

predložky. Používajú sa namiesto predložky a zámena, ale vždy iba v spojení s vecou, nikdy nie s osobou!
Napr.:
vec: *mit dem Koffer* (s kufrom) – *damit* (s tým)
osoba: *mit dem Vater* (s otcom) – *mit ihm* (s ním)

V otázke		V odpovedi	
wobei?	pri čom?	*dabei*	pri tom, pritom
wodurch?	čím, cez čo?	*dadurch*	tým, cez to
wofür?	o čo, pre čo, za čo?	*dafür*	o to, preto, za to
wogegen?	proti čomu?	*dagegen*	proti tomu
womit?	s čím, čím?	*damit*	s tým, tým
wonach?	podľa čoho, po čom, načo?	*danach*	podľa toho, po tom, na to
wovon?	o čom, od čoho, z čoho?	*davon*	o tom, od toho, z toho
wovor?	pred čo, pred čím?	*davor*	pred tým, pred to
wozu?	na čo, na aký účel?	*dazu*	nato, k tomu

Ak sa začína predložka na samohlásku, vkladá sa medzi predponu *wo-* a *da-* hláska *r-*:

woran	na čo, na čom, pri čom?	*daran*	na to, na tom, pri tom
worauf?	na čom, na čo?	*darauf*	na tom, na to
woraus?	z čoho?	*daraus*	z toho
worin?	v čom, do čoho	*darin*	v tom, do toho
worüber?	nad čím, o čom	*darüber*	nad tým, o tom
worum?	o čo? okolo čoho?	*darum*	o to, okolo toho

Príklady na používanie zámenných prísloviek:

Wozu dient es? — Načo to slúži?
Bist du dafür? — Si za (to)?
Ich bin dagegen. — Som proti (tomu).
Woran denkst du? — Načo myslíš?
Worum handelt es sich? — O čo ide?
Sprich nicht darüber! — Nehovor o tom!

Ak hovoríme o osobách, používa sa spojenie predložky a osobného zámena v príslušnom páde.

Nach wem fragst du? — Na koho sa pýtaš?
Ich frage nach ihm. — Pýtam sa naňho.
Über wen redet er? — O kom hovorí?
Er redet über euch. — Hovorí o vás.

Stupňovanie prísloviek

Slová, ktoré v slovenčine zaraďujeme k príslovkám, sú v nemčine zároveň aj prídavnými menami. Tieto slová, napr. *billig, schnell, klein, jung, warm, hoch* a pod. majú v nemčine rovnaký tvar v prvom i druhom stupni prídavného mena aj príslovky.

schnell	rýchly, rýchla, rýchle	(Aký? – prídavné meno)
	rýchlo	(Ako? – príslovka)
schneller	rýchlejší, rýchlejšia, rýchlejšie	(Aký? – prídavné meno)
	rýchlejšie	(Ako? – príslovka)

Z „pôvodných" prísloviek sa môžu stupňovať len niektoré:

bald	skoro	*eher*	skôr	*am ehesten*	najskôr
gern	rád	*lieber*	radšej	*am liebsten*	najradšej
viel	veľa	*mehr*	viac	*am meisten*	najviac

Ich koche gern, meine Schwester noch lieber, unsere Mutter kocht am liebsten.	Varím rád, moja sestra o niečo radšej, naša mama varí najradšej.

Príslovky vyjadrujúce vysoký stupeň (mieru)

a) **prípona – *(e)stens***

bestens	čo najlepšie	*Ich danke dir bestens.*	Ďakujem ti pekne.
		Es ist bestens ausgefallen.	Dopadlo to výborne.
ehestens	najskôr	*Komm ehestens gegen Mittag.*	Príď najskôr okolo obeda.
frühestens	najskôr	*Erwarte mich frühestens nächste Woche.*	Očakávaj ma najskôr na budúci týždeň.
höchstens	nanajvýš	*Ich werde auf euch höchstens eine Stunde warten.*	Budem na vás čakať nanajvýš hodinu.
meistens	väčšinou	*Meistens bin ich abends zu Hause.*	Väčšinou som večer doma.
mindestens	najmenej, prinajmenšom	*Das kostet mindestens 3 EURO.*	To stojí najmenej 3 eurá.
spätestens	najneskôr	*Der Zug kommt spätestens um drei Uhr.*	Vlak príde najneskôr o tretej (hodine).

wenigstens	najmenej, prinajmenšom	*Das dauert wenigstens ein Jahr.* *Wenigstens etwas!*	Potrvá to najmenej rok. Aspoň niečo!

b) **prípona -*st***

herzlichst	čo najsrdečnejšie, srdečne	*Wir grüßen Sie herzlichst.*	Čo najsrdečnejšie (srdečne) vás pozdravujeme.
höchst	nanajvýš	*Dieser Roman ist höchst interessant.*	Tento román je nanajvýš zaujímavý.
möglichst	čo (možno) naj + príslovka	*Kommt möglichst bald.*	Príďte čo (možno) najskôr.

Vysokú mieru môžeme v nemčine vyjadriť aj pomocou častice *zu* (pri-, príliš).

Das finde ich teuer. To sa mi zdá drahé.
Das finde ich zu teuer. To sa mi zdá pridrahé, príliš drahé.

Predložky

Predložky sú neohybné slová, ktoré slúžia na vyjadrenie vzťahov vo vete.

Predložky s akuzatívom

durch	cez
für	pre, za, o
gegen	proti
ohne	bez
um	miestne okolo, za, s časovým údajom o

Predložky s datívom

aus	z, zo
außer	okrem, mimo
bei	u, pri
gegenüber	oproti
mit	s, so
nach	do, po, podľa
seit	od, už časovo
von	od, z, o
zu	k, ku, na s miestnym alebo časovým údajom

Predložky s datívom a akuzatívom

D – otázka kde? *wo?* vyjadruje polohu alebo pohyb bez udania smeru.
A – otázka kam? *wohin?* vyjadruje smer pohybu.

	Wo? Kde? – D	*Wohin?* Kam? – A
an	na (zvislá poloha), pri,	na, pri, k, ku
auf	na (vodorovná poloha)	na
hinter	za	za
in	v	do
neben	vedľa	vedľa
über	nad, cez	nad, cez, o
unter	pod, medzi viac ako dvoma objektmi	pod, medzi viac ako dva objekty
vor	pred	pred
zwischen	medzi dvoma objektmi	medzi dva objekty

Das Bild hängt an der Wand. Obraz visí na stene.
Hänge das Bild an die Wand! Zaves obraz na stenu!
Die Tasche liegt auf dem Tisch. Taška leží na stole.
Lege die Tasche auf den Tisch! Polož tašku na stôl!

Predložky s genitívom

außerhalb	mimo
dank	vďaka
infolge	v dôsledku, kvôli, pre
inmitten	uprostred
innerhalb	za, cez, počas, vnútri
statt	namiesto, miesto
während	počas, cez, za

Wir machen das innerhalb eines Monats. Urobíme to za mesiac al. o mesiac.

Predložky s genitívom I datívom – bez zmeny významu

binnen	o čase za, o	D
	zriedkavo	G
trotz	napriek, navzdory, nehľadiac na	G
	zriedkavo	D
wegen	kvôli	G
	zriedkavo	D

Splývanie predložky s členom
Niekedy splývajú predložky s členom do jedného slova:

spisovné tvary	hovorové (nespisovné) tvary
ans = an das	*hinters = hinter das*
am = an dem	*übers = über das*
aufs = auf das	*unters = unter das*
beim = bei dem	*vors = vor das*
fürs = für das	
ins = in das	
im = in dem	
vom = von dem	
zum = zu dem	
zur = zu der	

Predložkové slovesné väzby

Niektoré nemecké slovesá sa spájajú vždy s určitou predložkovou väzbou, niektoré aj s dvoma predložkovými väzbami (rekcia slovies). V prehľade uvádzame najbežnejšie používané slovesá s predložkovými väzbami.

Poznámka: *j-m = jemandem* D, *j-n = jemanden* A

an		
anschließen etwas an etwas	A	pripojiť čo k čomu
arbeiten an etwas	D	pracovať na čom
sich beteiligen an etwas	D	zúčastniť sa na čom
denken an j-n/etwas	A	myslieť na koho/čo
sich erfreuen an etwas	D	tešiť sa čomu, mať radosť z čoho
sich erinnern an etwas	A	spomenúť si na čo
erkranken an etwas	D	ochorieť na čo
festhalten an etwas	D	trvať na čom
sich festhalten an j-m/etwas	D	držať sa koho/čoho
fügen etwas an etwas	A	pripojiť čo k čomu
sich gewöhnen an j-n/etwas	A	zvyknúť si na koho/čo
glauben an j-n/etwas	A	veriť v koho/čo, čomu
grenzen an etwas	A	hraničiť s čím
sich heranmachen an j-n	A	pustiť sa, dať sa do čoho

hängen an j-m/etwas	D	visieť na kom/čom
hindern j-n an etwas	D	prekážať komu v čom
leiden an/unter etwas	D	trpieť na čo, čím
liefern an j-n etwas	A	dodávať komu čo
mahnen j-n an etwas	D	pripomínať komu čo
schreiben an j-n etwas	A	písať komu čo
sterben an etwas	D	zomrieť na čo
stoßen an j-n/etwas	A	naraziť na koho/čo
teilnehmen an etwas	D	zúčastniť sa na čom
verlieren an etwas	D	stratiť na čom
verraten etwas an j-n	A	prezradiť čo na koho
vorbeigehen an j-m/etwas	D	ísť okolo koho/čoho
vorbeigehen bei j-m	D	hovorovo zastaviť sa u koho
weisen j-n an etwas	A	upozorniť, odkázať koho na čo
sich wenden an j-n	A	obrátiť sa na koho
zweifeln an j-m/etwas	D	pochybovať o kom/čom

auf		
achten auf j-n/etwas	A	dávať pozor na koho/čo
ankommen auf etwas	A	záležať na čom
anspielen auf etwas	A	naznačiť čo, robiť narážky na čo
antworten auf etwas	A	odpovedať na čo
aufmerksam machen j-n auf etwas	A	upozorniť koho na čo
aufpassen auf j-n/etwas	A	dávať pozor na koho/čo
sich berufen auf j-n/etwas	A	odvolávať sa na koho/čo, dovolávať sa koho/čoho
sich einigen auf etwas	D	zhodnúť sa na čom
folgen auf etwas	A	nasledovať po čom
sich freuen auf j-n/etwas	A	tešiť sa na koho/čo
hoffen auf etwas	A	dúfať v čo
kommen auf etwas	A	prísť na čo
losfahren auf j-n/etwas	A	vyrútiť sa, osopiť sa na koho
sich orientieren auf etwas	A	orientovať sa na čo
stoßen auf etwas	A	narážať na čo
trinken auf etwas	A	piť na čo

verfallen auf etwas	A	prísť na čo
sich verlassen auf j-n/etwas	A	spoliehať sa na koho/čo
verzichten auf etwas	A	vzdať sa čoho
sich vorbereiten auf etwas	A	pripraviť/pripravovať sa na čo
warten auf j-n/etwas	A	čakať na koho/čo

aus	D	
folgen aus etwas		vyplývať z čoho
sich ergeben aus etwas		vyplývať z čoho
schließen aus etwas		usudzovať z čoho

bei	D	
helfen j-m bei etwas		pomáhať komu pri čom
sich entschuldigen bei j-m		ospravedlniť sa komu
verkehren bei j-m		navštevovať koho

durch	A	
abschrecken j-n durch etwas		odstrašiť koho čím
erfreuen j-n durch etwas		potešiť koho čím
sich unterscheiden durch etwas		odlišovať sa čím

für	A	
danken für etwas		ďakovať za čo
sich bedanken bei j-m für etwas		poďakovať komu za čo
sich begeistern für j-n/etwas		nadchnúť sa pre koho/čo
einstehen für j-n/etwas		ručiť za koho/čo
sich entscheiden für j-n/etwas		rozhodnúť sa pre koho/čo
sich entschließen für j-n/etwas		rozhodnúť sa pre koho/čo
sich interessieren für j-n/etwas		zaujímať sa o koho/čo
kämpfen für etwas		bojovať za čo
schwärmen für j-n/etwas		nadchýnať sa za koho/čo
sein für etwas		byť za čo
sich sorgen für j-n/etwas		starať sa o koho/čo
sparen für etwas		šetriť na čo
verkaufen etwas für etwas		predať čo za čo

gegen	A	
anlaufen gegen etwas		naraziť na čo, nabehnúť na čo
sich anlehnen gegen etwas		oprieť sa o čo
kämpfen gegen j-n/etwas		bojovať proti komu/čomu
schützen gegen j-n/etwas		chrániť pred kým/čím
verstoßen gegen etwas		previniť sa proti čomu

in		
sich auskennen in etwas	D	vyznať sa v čom
sich einmischen in etwas	A	zapliesť sa do čoho
eintreten in etwas	A	vstúpiť do čoho
liegen in etwas	D	spočívať v čom
sich verlieren in etwas	D/A	zahĺbiť sa, pohrúžiť sa do čoho

mit	D	
antworten mit etwas		odpovedať čím
bedrohen j-n mit etwas		ohroziť koho čím
sich befassen mit j-m/etwas		zaoberať sa kým/čím
beginnen mit etwas		začať čím
belegen mit etwas		obkladať/dokladovať čím
sich beschäftigen mit etwas		zaoberať sa čím
erfreuen j-n mit etwas		potešiť koho čím
helfen mit etwas		pomáhať s čím
konfrontieren mit j-m/etwas		konfrontovať s kým/čím
korrespondieren mit j-m/etwas		korešpondovať, súhlasiť s kým/čím
rechnen mit j-m/etwas		počítať/rátať s kým/čím
umgehen mit etwas		zaobchádzať s čím
umgehen mit j-m		zaobchádzať s kým
vergleichen etwas mit etwas		porovnávať čo s čím
sich vergleichen mit j-m		porovnávať sa s kým
verkehren mit j-m		stýkať sa s kým
versehen j-n mit etwas		zaopatriť/zásobiť koho čím
zu tun haben mit j-m/etwas		mať čo robiť s kým/čím
sich zufrieden geben mit etwas		uspokojiť sa s čím

nach	D	
benennen nach j-m		pomenovať po kom
forschen nach j-m/etwas		pátrať po kom/čom
fragen nach j-m/etwas		pýtať sa na koho/čo
gelüsten nach etwas		bažiť po čom
greifen nach etwas		siahať po čom
haschen nach j-m/etwas		siahnuť, načiahnuť sa za kým/čím
sich sehnen nach j-m/etwas		túžiť po kom/čom
schmecken nach etwas		chutiť po čom
suchen nach etwas		pátrať po čom, hľadať čo
sich richten nach etwas		riadiť sa podľa čoho, čím
verlangen nach j-m/etwas		túžiť po kom/čom

über	A	
berichten über j-n/etwas		podávať správu o kom/čom
debattieren über etwas		debatovať o čom
sich beklagen über j-n/etwas		sťažovať sa na koho/čo
sich beschweren über j-n/etwas		sťažovať sa na koho/čo
sich erkundigen über j-n/etwas		pýtať sa koho, na čo
erzählen über j-n/etwas		rozprávať o kom/čom
sich freuen über j-n/etwas		tešiť sa z koho/čoho
(sich) informieren über j-n/etwas		informovať (sa) o kom/čom
hinweggehen über j-n/etwas		opomenúť/nevšimnúť si koho/čo
lachen über j-n/etwas		smiať sa z koho/čoho
lesen über j-n/etwas		čítať o kom/čom
sich lustigmachen über j-n		doberať si koho
nachdenken über j-n/etwas		premýšľať o kom/čom
reden über j-n/etwas		hovoriť o kom/čom
sagen über j-n/etwas		povedať o kom/čom
schimpfen über j-n/etwas		nadávať na koho/čo
schreiben über j-n/etwas		písať o kom/čom
sprechen über j-n/etwas		hovoriť o kom/čom
sich streiten über etwas		hádať sa o čom
sich unterhalten über j-n/etwas		baviť sa o kom/čom
verfügen über etwas		disponovať čím

verhandeln über etwas		rokovať o čom
sich wundern über etwas		čudovať sa čomu

um	A	
sich bemühen um etwas		snažiť sa o čo
bitten um etwas		prosiť o čo
gehen um j-n/etwas		ísť o koho/čo
sich handeln um j-n/etwas		týkať sa koho/čoho
kämpfen für etwas		bojovať o/za čo
sich kümmern um j-n/etwas		starať sa o koho/čo
mahnen j-n um etwas		upozorňovať/vyzývať koho na čo, k čomu
sich sorgen um j-n/etwas		robiť si starosť o koho/čo
sich streiten um etwas		hádať sa o čo

von	D	
abhängen von j-m/etwas		závisieť od koho/čoho
ablassen von etwas		upustiť od čoho
sich ausruhen von j-m/etwas		oddýchnuť si od koho/čoho
berichten von j-m/etwas		podať správu o kom/čom
sich distanzieren von j-m/etwas		dištancovať sa od koho/čoho
erzählen von j-m/etwas		rozprávať o kom/čom
sich fernhalten von j-m/etwas		vyhýbať sa komu/čomu
handeln von etwas		ísť o niečo
hören von j-m/etwas		počuť o kom/čom
lesen von j-m/etwas		čítať o kom/čom
reden von j-m/etwas		hovoriť o kom/čom
schreiben von j-m/etwas		písať o kom/čom
sprechen von j-m/etwas		hovoriť o kom/čom
sich unterscheiden von j-m/etwas		líšiť sa od koho/čoho
sich verabschieden von j-m		rozlúčiť sa s kým
verständigen j-n von etwas		oboznámiť koho s čím

vor	D	
beschützen j-n vor etwas		chrániť koho pred čím
sich fürchten vor j-m/etwas		báť sa koho/čoho
sich hüten vor j-m/etwas		mať sa na pozore pred kým/čím
sich schützen vor j-m/etwas		chrániť sa pred kým/čím
warnen vor j-m/etwas		varovať pred kým/čím

zu	D	
anhalten j-n zu etwas		nabádať koho k čomu
dienen zu etwas		slúžiť na čo
ermahnen j-n zu etwas		upozorňovať/vyzývať koho na čo
ernennen zu etwas		vymenovať koho za čo
führen zu etwas		viesť ku čomu
gehören zu j-m/etwas		patriť ku komu, k čomu
gratulieren j-m zu etwas		blahoželať komu ku čomu
neigen zu etwas		mať sklon k čomu, mať dispozície na čo
sagen etwas zu etwas		povedať čo na čo
verlocken j-n, zu etwas		zlákať koho k čomu
verwenden zu etwas		používať na čo
zwingen zu etwas		nútiť k čomu

Niektorým nemeckým bezpredložkovým slovesným väzbám v nemčine zodpovedajú v slovenčine predložkové väzby a opačne.

Predložkové väzby prídavných mien

Niektoré prídavné mená sa podobne ako slovesá spájajú s určitou predložkovou väzbou:

arm an etwas	D	chudobný na čo
gewöhnt an j-n/etwas	A	zvyknutý na koho/čo
interessiert an j-m/etwas	D	mať záujem na kom/čom
reich an etwas	D	bohatý na čo
schuld an etwas	A	vinný čím
neugierig auf etwas	A	zvedavý na čo
bekannt durch etwas	A	známy čím
berühmt durch etwas	A	slávny čím

dankbar für etwas	A	vďačný za čo
empfänglich für etwas	A	prístupný čomu, vnímavý voči čomu
reif für etwas	A	zrelý na čo
verantwortlich für etwas	A	zodpovedný za čo
zuständig für etwas	A	kompetentný na čo
empfindlich gegen etwas	A	chúlostivý na čo
gleichgültig gegen j-n/etwas	A	ľahostajný voči komu, k čomu
mißtrauisch gegen j-n/etwas	A	nedôverčivý voči komu, k čomu
grob j-m gegenüber	D	hrubý ku komu
hart j-m gegenüber	D	tvrdý voči komu
streng j-m gegenüber	D	prísny na koho
erstaunt über j-n/etwas	A	udivený z koho/čoho
glücklich über j-n/etwas	A	šťastný z koho/čoho
traurig über j-n/etwas	A	smutný z koho/čoho
unglücklich über etwas/j-n	A	nešťastný z čoho/koho
abhängig von j-m/etwas	D	závislý od koho/čoho
begeistert von etwas/j-m	D	nadšený čím/kým
frei von etwas/j-m	D	oslobodený od čoho/koho
krank von etwas	D	chorý z čoho
müde von etwas	D	unavený z čoho, čím
nervös von etwas/j-m	D	nervózny z čoho/koho
überrascht von etwas/j-m	D	prekvapený čím/kým
voll von etwas	D	plný čoho
blaß vor etwas	A	bledý z čoho
bequem zu etwas	D	pohodlný na čo
fähig zu etwas	D	schopný čoho
frech zu j-m	D	drzý ku komu
grob zu j-m	D	hrubý ku komu
hart zu j-m	D	tvrdý ku komu
streng zu j-m	D	prísny ku komu

Spojky

Priraďovacie spojky

Priraďovacie spojky *und* a, *aber* ale, *denn* lebo, *oder* alebo a *sondern* ale nemajú vplyv na slovosled vo vete. Ak sa veta začína slovesom, po spojke *und* a často po *oder* a *sondern* sa opakovaný podmet vynecháva. Po spojkách *deshalb, darum* preto, *trotzdem* napriek tomu a *sonst* inak je vo vete nepriamy slovosled.

Petra lernt und schreibt Hausaufgaben.	Petra sa učí a píše úlohy.
Ich möchte Gulasch kochen, aber ich habe kein Fleisch.	Chcel/a by som navariť guláš, ale nemám mäso.
Wir müssen zurückfahren, denn es ist schon spät.	Musíme ísť naspäť, lebo už je neskoro.
Sie liest Romane, oder geht ins Café.	Číta romány alebo chodí do kaviarne.
Hugo ist nicht dumm, sondern (er ist) faul.	Hugo nie je hlúpy, ale (je) lenivý.
Das ist modern, darum möchte ich es haben.	Je to moderné, preto to chcem mať.
Oskar ist fleißig, deshalb bekommt er ein gutes Zeugnis.	Oskar je usilovný, preto bude mať dobré vysvedčenie.
Beeilen wir uns, sonst fährt der Zug ab.	Poponáhľajme sa, inak nám ujde vlak.
Sie ist müde, trotzdem räumt sie auf.	Je unavená, napriek tomu upratuje.

Spojka *nämlich* totiž stojí vždy za slovesom.

Sie braucht Ruhe, sie fühlt sich nämlich nicht wohl.	Potrebuje pokoj, necíti sa totiž dobre.

Po zdvojených spojkách *entweder – oder* buď – alebo je v prvej vete nepriamy, v druhej priamy slovosled, po spojkách *nicht nur – sondern auch* nielen – ale aj je v oboch vetách priamy slovosled, prípadne sa podmet aj prísudok vynechávajú.

Entweder lügt er, oder er will nicht kommen.	Buď klame, alebo nechce prísť.
Heidi ist nicht nur hübsch, sondern auch sehr gescheit.	Heidi je nielen pekná, ale aj veľmi rozumná.

Zdvojená spojka *sowohl – als auch* nielen, ale aj, aj – aj, spája jednotlivé slová alebo skupiny slov.

Er besitzt sowohl eine Villa, als auch einen großen Garten.	Má nielen vilu, ale aj záhradu. Má aj vilu, aj veľkú záhradu.

Sie ist sowohl hübsch, als auch gescheit.	Je aj pekná aj múdra. Je nielen pekná, ale aj múdra.

Po zdvojených spojkách *weder – noch* ani – ani je v prvej vete priamy, v druhej nepriamy slovosled. Keď použijeme tieto spojky, sú slovesá v oboch vetách bez záporu. Po spojkách *einerseits – anderseits* jednak – jednak je v oboch vetách nepriamy slovosled.

Sie hat weder Lust noch Zeit.	Nemá ani chuť, ani čas.
Einerseits gefällt er mir nicht, anderseits ist er schon vergeben	Jednak sa mi nepáči, jednak je už zadaný.

Podraďovacie spojky

a) **Spojky uvádzajúce vedľajšie vety príslovkové časové**

Vedľajšie vety príslovkové časové bývajú uvedené spojkami *bevor* skôr než, *bis* kým, až, *nachdem* potom čo, *seitdem* odvtedy, od toho času, *sobald* len čo, *solange* dokiaľ, kým, *sooft* kedykoľvek, hocikedy *während* zatiaľ čo, kým.

Frühstücke ordentlich, bevor du wegfährst!	Skôr než odídeš, poriadne sa naraňajkuj.
Warte auf ihn, bis er fertig ist!	Počkaj naňho, kým nebude hotový.
Er ist jetzt ohne Arbeit, nachdem er gekündigt hat.	Potom čo dal výpoveď, je teraz bez práce.
Seitdem sie turnt, sieht sie viel besser aus.	Odkedy cvičí, vyzerá omnoho lepšie.
Sobald du ihn triffst, richte ihm meinen Gruß aus.	Len čo ho stretneš, odovzdaj mu môj pozdrav.
Solange er ruht, störe ihn nicht.	Kým/Dokiaľ oddychuje, neruš ho.
Ich besuche Margit, sooft ich kann.	Kedykoľvek môžem, navštívim Margitu.
Während wir im Garten waren, verkochte mir das Wasser.	Kým/Zatiaľ čo sme boli v záhrade, vyvrela mi voda.

Spojka *als* keď uvádza jednorazový dej, ktorý sa odohral v minulosti.

Als ich erwachte, war es noch dunkel.	Keď som sa prebudil, bola ešte tma.
Als er den Brief gelesen hatte, wurde er nachdenklich.	Keď si prečítal list, zamyslel sa.

V prípade, že ide o prítomný, budúci alebo opakovaný minulý čas, používa sa v nemčine spojka *wenn*.

Immer wenn der Wecker klingelte, sprang er aus dem Bett.	Vždy keď zazvonil budík, vyskočil z postele.

Spojka *wenn* zodpovedá významovo slovenským spojkám keď, keby.

Wenn ich ihn sehe, sage ich ihm Bescheid.	Keď ho uvidím, poviem mu to.
Wenn ich viel Geld hätte, kaufte ich mir ein Auto.	Keby som mal veľa peňazí, kúpil by by som si auto.

b) **Spojky uvádzajúce vedľajšie vety príslovkové príčinné**

Spojky *weil, da* majú rovnaký význam pretože. Vedľajšia veta uvedená spojkou *da* sa nachádza v súvetí väčšinou na prvom mieste, vedľajšia veta uvedená spojkou *weil* väčšinou na druhom mieste.

Er kann nicht kommen, weil er krank ist.	Nemôže prísť, lebo je chorý.
Da er krank ist, kann er nicht kommen.	Keďže je chorý, nemôže prísť.

c) **Spojky uvádzajúce vedľajšie vety podmienkové**

Tieto vety sú uvedené spojkami *wenn, falls* ak, keby, len čo a *sofern* pokiaľ, kým, ak.

Wenn al. *falls er nicht rechtzeitig kommt, fangen wir ohne ihn an.*	Ak nepríde včas, začneme bez neho.
Sofern ich das richtig verstehe, will er von uns Geld haben.	Pokiaľ tomu dobre rozumiem, chce od nás peniaze.

d) **Spojky uvádzajúce vedľajšie vety prípustkové**

Najčastejšie spojky sú *obwohl, obgleich, obzwar* vo význame hoci, aj keď, i keď, napriek tomu.

Sie kam sofort, obwohl sie nicht viel Zeit hatte.	Prišla ihneď, hoci nemala veľa času.

e) **Spojky uvádzajúce vedľajšie vety účelové**

Vedľajšie vety účelové sú najčastejšie uvedené spojkami *damit,* ktoré prekladáme do slovenčiny slovom aby.

Ich sage es nur, damit es klar ist.	Hovorím to len preto, aby to bolo jasné.
Beeile dich, damit du nicht zu spät kommst.	Poponáhľaj sa, aby si neprišiel neskoro.

V tomto význame sa používa tiež konštrukcia *um zu* + infinitív, ale iba v tom prípade, ak sú podmety v hlavnej i vedľajšej vete zhodné.

Ich ging in die Stadt, um für den Sonntag einzukaufen.	Išla som do mesta, aby som nakúpila na nedeľu.

f) **Spojky uvádzajúce vedľajšie vety dôsledkové**

Tento typ viet uvádzajú spojky *so dass* takže, aby, *zu…als dass* príliš…(na to), než aby. Používajú sa spravidla s konjunktívom II.

Sein Zustand hat sich verbessert, so dass er aus dem Krankenhaus entlassen werden konnte. Jeho stav sa zlepšil, takže ho mohli prepustiť z nemocnice.

Er ist zu krank, als dass er Horst bessuchen könnte.. Je príliš chorý na to, aby mohol navštíviť Horsta.

g) **Spojky uvádzajúce vedľajšie vety príslovkové spôsobové**

Spojky *wie* ako, *als* ako vyjadrujú prirovnanie, spojka *als ob* akoby vyjadruje porovnanie s neskutočným dejom alebo situáciou. V tomto prípade sa vo vete používa sloveso väčšinou v podmieňovacom spôsobe (konjunktív II).

Sie sieht genau so aus, wie sie vor zehn Jahren ausgesehen hat. Vyzerá rovnako, ako vyzerala aj pred desiatimi rokmi.

Sie sieht heute besser aus, als sie vor zehn Jahren ausgesehen hat. Dnes vyzerá lepšie, ako vyzerala pred desiatimi rokmi.

Er tut, als ob er nicht wüßte, worum es geht. Tvári sa, ako keby nevedel, o čo ide.

Spojky *während* zatiaľ čo, medzitým čo a *(an)statt dass* namiesto toho vyjadrujú v súvetí kontrast.

(An)statt dass er kommt, bleibt er zu Hause. Namiesto toho, aby prišiel, zostal doma.

Während ich lernte, sah meine Schwester fern. Zatiaľ čo som sa učil, pozerala moja sestra televíziu.

h) **Spojky uvádzajúce vedľajšie vety podmetové, predmetové a prívlastkové**

Do tejto skupiny patria spojky *dass* že, *ob* či a *wie* ako.

Es scheint, dass er nicht so bald zurückkommt. Zdá sa, že sa tak skoro nevráti.

Ich weiß nicht, ob er kommt. Neviem, či príde.

Ich habe eine Idee, wie man das machen kann. Mám nápad, ako sa to dá urobiť.

Nemecká veta

Z **hľadiska obsahu** delíme vety na oznamovacie, opytovacie, rozkazovacie, zvolacie a želacie.

Oznamovacie vety

Das weiß ich nicht. To neviem.

Opytovacie vety

typ a:	*Muss ich es sagen?*	Musím to povedať?
typ b:	*Was wollen Sie damit sagen?*	Čo tým chcete povedať?

Nemecká opytovacia veta sa začína buď slovesom (typ a) alebo opytovacím zámenom (typ b). V jednoduchej oznamovacej vete a v otázke typu b sa nachádza časovaný tvar slovesa na druhom mieste. V nemeckej opytovacej vete je vždy prísudok pred podmetom!

Rozkazovacie vety

Sei doch vernünftig!	Buď predsa rozumný!
Nicht stören!	Nerušiť!
Jetzt wird geschlafen!	Teraz sa bude spať!
Er komme her!	Nech sem príde!

Zvolacie vety

Es lebe die Freiheit!	Nech žije sloboda!
Mögest du es nie bereuen!	Aby si to neľutoval!

Želacie vety

Hätte ich es nur gewusst!	Keby som to len bol vedel!
Wäre er zu Hause!	Kiež by tak bol doma!

Z hľadiska gramatického má nemecká veta podobné členenie a stavbu ako veta slovenská. Zhoduje sa v počte základných i rozvíjajúcich vetných členov a takisto v klasifikácii hlavných a vedľajších viet, jednoduchých viet i súvetí.

Slovosled v nemeckej vete

1. Oznamovacie vety

V oznamovacej vete sa sloveso nachádza vždy na druhom mieste, napr:

Ich bin hier allein.	Som tu sám.
Hier bin ich allein.	Tu som sám.

Oznamovacie vety s priamym slovosledom:

podmet	sloveso	ostatné vetné členy
Die Kirche	*steht*	*dort*
Kostol	stojí	tam
Marie	*ist*	*hier*
Mária	je	tu

Oznamovacie vety s nepriamym slovosledom

zdôraznené slovo (vetný člen)	sloveso	podmet	ostatné vetné členy
Dort	*steht*	*die Kirche*	
Tam	stojí	kostol	
Morgen früh	*geht*	*Albert*	*in die Schule*
Zajtra ráno	ide	Albert	do školy

2. **Opytovacie vety**

V opytovacej vete s opytovacím zámenom (tzv. **doplňovacia otázka,** typ b, str. 760) je opytovacie zámeno na prvom, sloveso na druhom a podmet na treťom mieste vo vete.

opytovacie zámeno	sloveso	podmet	ostatné vetné členy
Wo	*ist*	*Helga?*	
Kde	je	Helga?	
Wann	*kommt*	*Peter*	*nach Hause?*
Kedy	príde	Peter	domov?

V opytovacej vete, ktorá neobsahuje opytovacie zámeno (tzv. zisťovacia **otázka,** typ a, str. 760), je sloveso na prvom mieste.

sloveso	podmet	ostatné vetné členy
Ist	*Robert*	*dort?*
Je	Róbert	tam?
Hast	*du*	*noch Hunger?*
Si	(ty)	ešte hladný?

3. **Rozkazovacie vety**

V rozkazovacích vetách sa sloveso nachádza na prvom mieste.

sloveso	podmet	ostatné vetné členy
Kauf		*mir ein paar Zeitungen!*
Kúp		mi dajaké noviny.
Kaufen	*Sie*	*ein paar Zeitungen!*
Kúpte	(vy)	dajaké noviny!

Súvetie

Súvetie je spojenie dvoch alebo viacerých viet. Do súvetí sa môžu spájať dve hlavné, navzájom rovnocenné vety alebo vety hlavné a vedľajšie. Vedľajšia veta spravidla zastupuje niektorý vetný člen vety hlavnej.

1. Priraďovacie súvetie

V priraďovacom súvetí rozlišuje nemčina nasledujúce druhy vetných spojení:

a) **zlučovacie**

Er kam und setzte sich an den Tisch.	Prišiel a sadol si k stolu.

b) **odporovacie**

Sie ist sehr nett, aber ihr Bruder ist arrogant.	Je veľmi milá, ale jej brat je arogantný.

c) **stupňovacie**

Du musst nicht nur lernen, sondern auch Ordnung machen.	Musíš sa nielen učiť, ale aj urobiť poriadok.

d) **vylučovacie**

Entweder gehen wir ins Kino, oder wir bleiben zu Hause.	Buď pôjdeme do kina, alebo zostaneme doma.

e) **dôvodové (spojky *denn, nämlich*)**

f) **dôsledkové (spojky *daher, deshalb, deswegen*)**

g) **prípustkové (spojka *trotzdem*)**

V priraďovacom súvetí sa spojka často vynecháva:

Ich konnte dich nicht anrufen, die Telefonzelle war kaputt.	Nemohol som ti zavolať, telefónna búdka bola zničená.

2. Podraďovacie súvetie

Podraďovacie súvetie je spojenie hlavnej a vedľajších viet.

Ich wusste, dass er kommt.	Vedel som, že príde.

Typy vedľajších viet (príklady):

a) **podmetová**

Es war schon klar, dass er nicht mehr kommt.	Bolo jasné, že už viac nepríde.

b) **predmetová**

Niemand zweifelt daran, dass er die Prüfung besteht (ablegt).	Nikto nepochybuje, že urobí skúšku.

c) **prívlastková**

Das ist das Mädchen, das wir gestern kennen gelernt haben.	To je to dievča, s ktorým sme sa včera zoznámili.

d) **príslovkové – miesta, času, spôsobu a príčiny**

Príklady na tieto vety sú uvedené v kapitole o podraďovacích spojkách.

e) **doplnková**

Die Mutter sah die Jungen, wie sie spielen.	Mama videla chlapcov, ako sa hrajú.
Ich beobachtete ihn, wie er nach Hause kam.	Pozoroval som ho, ako išiel domov.

Skracovanie vedľajších viet infinitívom s *zu*

Nemeckú vedľajšiu vetu môžeme veľmi často plnohodnotne vyjadriť neurčitkovou (infinitívnou) väzbou. Prichádza k tomu spravidla vtedy, ak majú obidve vety (hlavná i vedľajšia) rovnaký podmet alebo ak je podmet hlavnej vety predmetom vedľajšej vety, alebo ak sú v hlavnej a vedľajšej vete podmety *es* a *man*.

Er bat uns, ihm zu helfen.	Prosil nás, aby sme mu pomohli.
Thomas hatte heute vor, ins Theater zu gehen.	Tomáš dnes plánoval, že pôjde do divadla al. ísť do divadla.
Es lohnt sich schon, dafür ein bisschen Zeit zu opfern.	Vyplatí sa, aby sme tomu obetovali trocha času al. obetovať tomu trocha času.
Es ist nötig, den Termin einzuhalten.	Je nutné, aby sa dodržal termín al. dodržať termín.

Slovosled v nemeckom súvetí

V priraďovacom **súvetí** nemajú spojky *und, aber, sondern, oder, denn* vplyv na slovosled vo vete.

Er hat viel zu tun, aber er kommt.	Má veľa práce, ale príde.

Po ostatných priraďovacích spojkách *deshalb* preto, *darum* preto, *trotzdem* napriek tomu a *sonst* ináč je vždy nepriamy slovosled.

Er hat viel zu tun, deshalb kommt er nicht.	Má veľa práce, preto nepríde.

V podraďovacom **súvetí** sa vo vedľajšej vete nachádza určitý slovesný tvar vždy na konci vety.

*Er hat erfahren, dass der Zug Verspätung **hat**.*	Zistil, že vlak má meškanie.
*Ich kann nicht kommen, weil ich viel zu tun **habe**.*	Nemôžem prísť, lebo mám veľa práce.

Vetný rámec nemeckej vety

Vzhľadom na to, že v nemčine je pevne určené postavenie vetných členov vo vete, tvoria časované sloveso, odlučiteľná predpona a ostatné vetné členy tzv. vetný rámec.

Vetný rámec hlavnej vety:

*Ich **kaufe** im Geschäft **ein**.*	Nakupujem v obchode.
*Ich **will** im Geschäft **einkaufen**.*	Chcem nakúpiť v obchode.
*Ich **habe** im Geschäft **eingekauft**.*	Nakupoval(a) som v obchode.

Vetný rámec vedľajšej vety

Vetný rámec vedľajšej vety tvoria spojka, vzťažné zámeno, opytovacie zámeno a určitý slovesný tvar, ktorý sa nachádza na konci vety. Odlučiteľná predpona sa vo vedľajšej vete neodlučuje.

*Erna weiß, **dass** ich im Geschäft **einkaufe**.*	Erna vie, že nakupujem v obchode.
*Erna weiß, **dass** ich im Geschäft einkaufen **werde**.*	Erna vie, že budem nakupovať v obchode.
*Erna weiß, **dass** ich im Geschäft einkaufen **will**.*	Erna vie, že chcem nakúpiť v obchode.
*Erna weiß, **dass** ich im Geschäft eingekauft **habe**.*	Erna vie, že som nakúpil(a) v obchode.

Porušenie vetného rámca

K porušeniu vetného rámca prichádza pri väzbe dvoch neurčitkov spôsobového a plnovýznamového slovesa vo vedľajšej vete. V tomto prípade sa určitý slovesný tvar predsúva pred oba neurčitky.

Er behauptet, dass ich es nicht habe sagen sollen.	Tvrdí, že som to nemal hovoriť.

Iným prípadom porušenia vetného rámca je použitie infinitívnej väzby s ***zu*** namiesto vedľajšej vety. Infinitív s *zu* sa potom nachádza na konci vety. Ak ide o sloveso s odlučiteľnou predponou alebo o zložené sloveso, vsúva sa častica *zu* medzi predponu a slovesný kmeň (pozri str. 730)

Ich glaube, dass es nicht nötig ist, heute einkaufen zu gehen.	Myslím, že dnes nie je potrebné ísť nakupovať.
Ich glaube, dass es nicht nötig ist, heute einzukaufen.	Myslím, že dnes nie je potrebné nakupovať.

Zápor v nemčine

V nemeckej vete (na rozdiel od slovenskej vety) môže byť iba jeden zápor:

Zápor *nein* popiera celú vetu a oddeľuje sa čiarkou.

Kommst du heute?	Prídeš dnes?
Nein, heute kann ich nicht kommen.	Nie, dnes nemôžem prísť.

Záporom *nicht* sa vyjadruje tzv. členský zápor. Zápor sa píše zvlášť, nachádza sa väčšinou za slovesom, na ktoré sa viaže, niekedy sa nachádza až na konci vety.
Príklady postavenia záporu *nicht* vo vete:

Sie können nicht schön schreiben.	Nevedia pekne písať.
Diese Schuhe sind nicht teuer.	Tieto topánky nie sú drahé.
Sie können es sicher nicht verstehen.	Určite tomu nebudú rozumieť.
Mich interessieren seine Ratschläge nicht.	Jeho rady ma nezaujímajú.
Nicht alle Frauen sind verheiratet.	Nie všetky ženy sú vydaté.
Alle Frauen sind nicht verheiratet.	Všetky ženy nie sú vydaté.

Zápor nachádzajúci sa bezprostredne pred podstatným menom sa vyjadruje pomocou zámen *kein, keine, kein* (nijaký, nijaká, nijaké).

Ich habe keine Zeit.	Nemám (nijaký) čas.
Es gibt hier keine Post.	Nie je tu (nijaká) pošta.

Rozlišujeme:

Ich trinke keinen Wein.	Nepijem víno (vôbec nijaké).
Diesen Wein trinke ich nicht.	Toto víno nepijem (iné áno).

Postavenie záporu v otázke

Kaufst du das nicht?	Nekúpiš to?
Habe ich das nicht gesagt?	Nevravel som to?
Will er nicht mitgehen?	Nechce ísť s nami?

Zápor *noch nicht, nicht mehr, kein mehr, nichts (mehr)*

noch nicht	ešte nie
nicht mehr	už nie, viac nie
keiner, keine, keins mehr	už nijaký/á/é, vôbec nijaký/á/é
nichts (mehr)	nič, už nič, vôbec nič

Geht Olga schon zur Schule?	Chodí už Oľga do školy?
Nein, sie geht noch nicht.	Nie, ešte nechodí.
Arbeitet Emil noch?	Pracuje ešte Emil?
Nein, er arbeitet nicht mehr.	Nie, už nepracuje.
Hat Gita noch einen Hund?	Má Gita ešte psa?
Nein, sie hat keinen Hund mehr.	Nie, už nemá (nijakého) psa.
Hier ist nichts.	Tu nie je nič.
Hier ist nichts mehr.	Viac už tu nič nie je.

Súhlas v nemčine

Súhlas sa v nemčine najčastejšie vyjadruje časticou *ja* áno. Ak však odpovedáme kladne na zápornú otázku, použijeme súhlas *doch* ale áno.

Ist Gustav hier?	Je tu Augustín?
Ja, er ist hier.	Áno, je tu.
Ist Gustav nicht hier? .	Nie je tu Augustín?
Doch, er ist hier.	Ale áno, je tu.

Zápor sa dá okrem toho vyjadriť aj použitím zdvojenej spojky *weder – noch* ani – ani. Zápor *nicht* sa už potom vo vete nepoužije.

Er hat weder angerufen noch etwas gesagt.	Ani nezavolal, ani nič nepovedal.

Nový nemecký pravopis

Táto kapitola o novom nemeckom pravopise nie je koncipovaná ako učebná pomôcka. Kladie si za cieľ čo najstručnejšie informovať o najdôležitejších zmenách, ktoré boli oficiálne zavedené v oblasti pravopisnej normy 1. 8. 1998. (Neobsahuje kapitolu o delení slov.)

Označovanie hlások písmenami

V tejto oblasti prišlo k výraznejšiemu posilneniu princípu jednotnej podoby kmeňa v príbuzných slovách (*Stammprinzip*), a to rovnako v prípade samohlások i spoluhlások.

1. **Zmena e na *ä***

Podľa tohto pravidla sa mení **e** na ***ä***, ak sa nachádza v kmeni základného slova samohláska ***a***.

pôvodný tvar	nový tvar
belemmert	*belämmert* (pretože je *s Lamm*)
Schlegel	*Schlägel* (pretože je *schlagen*)
Stengel	*Stängel* (pretože je *e Stange*)

V niektorých prípadoch sa v kmeni môže vyskytnúť takisto **e**, ako aj ***ä***.

pôvodný tvar	nový tvar
aufwendig	*aufwendig* (pretože je *aufwenden*) *aufwändig* (pretože je *r Aufwand*)

V slove *die Eltern* **sa pravopis nemení,** i keď sa píše *alt.*

2. Zmena *eu* na *äu*

Podľa tohto pravidla sa mení ***eu*** na ***äu*** tam, kde sa v základnom tvare nachádza ***au***.

pôvodný tvar	nový tvar
einbleuen	*einbläuen* (pretože je *blau*)
Greuel	*Gräuel* (pretože je *s Grauen*)
(sich) schneuzen	*(sich) schnäuzen* (pretože je *Schnauze*)

3. Písanie troch rovnakých samohlások vedľa seba

Ak sa stretnú vedľa seba na rozhraní dvoch slov v zloženine vedľa seba tri rovnaké samohlásky, netreba písať medzi jednotlivými slovami zloženého slova spojovník.

pôvodný tvar	nový tvar
Kaffee-Ernte	*Kaffeeernte* al. *Kaffee-Ernte*

4. Zmena *ß* na *ss*

K tejto zmene prichádza, ak sa pred ß nachádza **krátka** samohláska. Po dlhej samohláske, príp. po dvojhláske sa ***ß*** nemení (napr. *Straße, draußen*).

pôvodný tvar	nový tvar
müssen – ich muß, er mußte	*müssen – ich muss, er musste*
Faß – Fässer	*Fass – Fässer*
Pozor na striedanie *ß* a *ss!*	
reißen – er reißt, er riß	*reißen – er reißt, er riss*
essen – er ißt, er aß	*essen – er isst, er aß*

5. Zdvojenie spoluhlásky po krátkej samohláske

K zdvojeniu spoluhlásky prichádza:

a) ak niektorý zo skloňovaných tvarov už obsahoval zdvojenú spoluhlásku.

b) ktoré patria k slovám s rovnakým kmeňom a v ktorých sa už zdvojená spoluhláska vyskytuje.

pôvodný tvar	nový tvar
As	*Ass* (pretože genitív je *des Asses*)
Karamel	*Karamell* (pretože e *Karamelle*)

numerieren	*nummerieren* (pretože *e Nummer*)
Step	*Stepp* (pretože *steppen*)

K zdvojeniu spoluhlások neprichádza:

a) v niektorých jednoslabičných slovách, prevzatých väčšinou z angličtiny, napr.: *Bus, Chip, Grog, Klub, Pop, Slip*;

b) v slovách tvorených pomocou cudzej koncovky ***-ik*** a ***-it,*** napr.: *Kritik, Profit*;

c) v slovách, v ktorých je nejasný pôvod slovnej konštrukcie, alebo v ktorých sa jedna časť zloženiny samostatne nevyskytuje, napr.: *Brombeere, Himbeere, Damwild, Imker;*

d) v niektorých cudzích slovách, napr.: *Ananas, City, Hotel;*

e) v zámenách a predložkách, napr.: *ab, dran, bis, das, in, man, mit, was;*

f) v tvaroch pomocných slovies ***sein*** a ***haben,*** napr.: *ich bin, er hat* (ale *er hatte*);

g) takisto v slovách *Karosse(rie), Paket, Zigarette*;

Aby sa zachoval pôvodný slovesný kmeň, píšu sa v zloženom slove obidve spoluhlásky:

pôvodný tvar	nový tvar
Roheit	*Rohheit* (pretože je *roh*)
Zäheit	*Zähheit* (pretože je *zäh*)
Zierat	*Zierrat* (podľa *r Vorrat*)

Nové je písanie slova *selbständig* al. *selbstständig.*

V rámci tohto pravidla prichádza tiež k zmene skupiny hlások ***zz*** na ***tz*** a ***kk*** na ***ck***.

pôvodný tvar	nový tvar
plazieren	*platzieren* (pretože je *r Platz*)
Stukkateur	*Stuckateur* (pretože je *r Stuck*)

K zmene nedochádza v prevzatých slovách, napr.: *Mokka, Sakko, Pizza, Razzia, Skizze.*

6. Písanie troch rovnakých spoluhlások vedľa seba

Ak sa vyskytnú na rozhraní zloženého slova vedľa seba tri rovnaké spoluhlásky, píšu sa všetky tri!

pôvodný tvar	nový tvar
Bettuch	*Betttuch*
griffest	*grifffest*
Kennummer	*Kennnummer*
Schiffahrt	*Schifffahrt*

Imbißstand	*Imbissstand*
Wollappen	*Wolllappen*

K zmene neprichádza v slovách *dennoch, Drittel, Mittag* – nepovažujú sa už totiž za zloženiny.

7. **Pravidlo vypustenia *-h* na konci slova *rauh***

K tejto zmene prichádza analogicky podľa *blau, schlau.*

pôvodný tvar	nový tvar
rauh	*rau*
rauhhaarig	*rauhaarig*

8. **Zmeny v slovách prevzatých z cudzích jazykov**

Pravopis zdomácnených slov cudzieho pôvodu sa prispôsobuje nemeckému pravopisu. Ak sa prevzaté slovo prispôsobilo zásadám nemeckého pravopisu, možno použiť obidva varianty, pričom variant vytvorený podľa zásad nemeckého pravopisu sa pri niektorých slovách uprednostňuje.

pôvodný tvar	nový tvar
Drainage	*Drainage* al. *Dränage*
Club	*Club* al. *Klub*
Chickorée	*Chickorée* al. *Schikoree*

Pravopis slov prevzatých z gréčtiny, ktoré obsahujú skupinu hlások *ph, gh, rh,* alebo *th*.

pôvodný tvar	nový tvar
Delphin	*Delphin* al. *Delfin*
Graphik	*Graphik* al. *Grafik*
Joghurt	*Joghurt* al. *Jogurt*
Katarrh	*Katarrh* al. *Katarr*
*Panther**	*Panther* al. *Panter*

* Slová obsahujúce ***th*** sa až na *Pant(h)er* a *T(h)unfisch* nemenia.
K hláskoslovnej zmene však neprichádza v slovách ako *Philosophie, Metapher, Alphabet, Apostroph, Physik, Rhetorik, Apotheke, Mathematik* a pod.
Koncovka ***-tial*** a ***-tiell*** v slovách odvodených od podstatných mien na *-anz* a *-enz* (*Substanz, Essenz*) sa menia na ***-zial*** a ***-ziell***. Tieto zakončenia platia ako hlavný variant.

pôvodný tvar	nový tvar
essentiall	*essenzial* al. *essentiall*
potentiell	*potenziell* al. *potentiell*
substantiell	*substanziell* al. *substantiell*

Anglické slová zakončené v nominatíve jednotného čísla na *-y* tvoria množné číslo pridaním koncovky *-s*, napr.: *Baby – Babys, Hobby – Hobbys.*

Písanie slov osobitne a dovedna

Všeobecné pravidlo: Ak ide o slovné spojenia, píšu sa dve vedľa seba stojace (a vzájomným vzťahom spojené) slová **osobitne**, ak však ide o zložené slovo – píšu sa obidve slová **dovedna**. Pritom platí, že písanie slov osobitne sa považuje za pravidlo, písanie dovedna za výnimku, ktorú je potrebné upraviť pravidlami.

V nových pravidlách platí tolerančné pravidlo: Ak si nie je pisateľ istý, či ide o slovné spojenia alebo zloženiny, záleží iba na ňom, pre aký spôsob písania (osobitne/dovedna) sa rozhodne.

1. **Spojenie podstatného mena so slovesom**

Toto spojenie sa teraz píše spravidla **oddelene** (analogicky k *Auto fahren*).

pôvodný tvar	nový tvar
radfahren	*Rad fahren*
eislaufen	*Eis laufen*
maschine(n)nähen	*Maschine(n) nähen*

V niektorých prípadoch je možné písanie osobitne i dovedna, napr.: *Dank sagen – danksagen, Gewähr leisten – gewährleisten.*

V prípadoch spojenia slovesa s predponami *heim-, irre-, preis-, stand-, statt-, teil-, wett-, wunder-* sa obe časti v infinitíve, v príčastí a na konci vedľajšej vety píšu dovedna.

2. **Spojenie infinitívu so slovesom**

Toto spojenie sa píše zasadne **osobitne**.

pôvodný tvar	nový tvar
bestehenbleiben	*bestehen bleiben*
fahrenlassen	*fahren lassen*
fallenlassen	*fallen lassen*
kennenlernen	*kennen lernen*
spazierengehen	*spazieren gehen*

3. **Spojenie príčastia so slovesom**

Toto spojenie sa píše zásadne osobitne.

pôvodný tvar	nový tvar
gefangennehmen	*gefangen nehmen*
verlorengehen	*verloren gehen*

4. Spojenie prídavného mena alebo príslovky so slovesom

Osobitne sa píše spojenie:

a) **ak sa dá prídavné meno stupňovať alebo rozšíriť slovami *sehr* alebo *ganz***

pôvodný tvar	nový tvar
freisprechen	*frei sprechen* (hovoriť bez predlohy) ale *freisprechen* (oslobodiť koho)
gesundbleiben	*gesund bleiben*
langsamarbeiten	*langsam arbeiten*

b) **ak je prídavné meno odvodené koncovkou *-ig, -isch, -lich***

pôvodný tvar	nový tvar
übrigbleiben	*übrig bleiben*
spöttischreden	*spöttisch reden*

c) **ak je príslovka odvodená pomocou *-wärts***

pôvodný tvar	nový tvar
abwärtsgehen	*abwärts gehen*
vorwärtsblicken	*vorwärts blicken*

d) **príslovky a slovesa**

pôvodný tvar	nový tvar
abhandenkommen	*abhanden kommen*
gegeneinanderprallen	*gegeneinander prallen*
zustattenkommen	*zustatten kommen*

Dovedna sa však píše spojenie s prídavným menom, ktoré sa správa ako neodlučiteľná predpona, napr.: *frohlocken, langweilen, liebkosen, vollbringen*.

5. Spojenie so slovesom *sein* (písané už pôvodne osobitne)

Niektoré spojenia sa dajú písať dvomi spôsobmi, napr.:

pôvodný tvar	nový tvar
außerstande sein	*außer Stande* al. *außerstande sein*
imstande sein	*im Stande* al. *imstande sein*
zumute sein	*zu Mute* al. *zumute sein*

6. Spojenie dvoch prídavných mien alebo príčastí s prídavným menom

Tieto spojenia sa píšu osobitne, ak

a) sa dá prvé slovo spojenia stupňovať alebo rozšíriť (rozšíriteľné slovo), napr.: *eng befreundet, hart gekocht, fest gebunden, leicht verletzt.*

b) prvé slovo je odvodenina na *-ig, -isch, -lich*, napr.: *rosig weiß, winzig klein, seelisch krank, länglich rund.*

c) prvé slovo je príčastie, napr.: *abschreckend hässlich, glühend heiß, gestochen scharf, leuchtend blau.*

d) sa sloveso, od ktorého je príčastie vytvorené, nepíše v základnom tvare s prvým členom dovedna, napr.: *Gewinn bringend, gleich lautend, unten liegend, Vertrauen erweckend.*

7. Spojenie podstatných mien

Zmeny sa týkajú iba slov prevzatých z angličtiny. Ak sa píšu v pôvodnom jazyku obe slová osobitne, môžu sa tak písať aj v nemčine, napr.: *Happyend – Happy End.*

8. Spojenie ostatných slovných druhov

Tak ako horeuvedené slovné druhy môžu tvoriť zložené slová a ustálené spojenia aj príslovky, spojky, predložky a zámená. Ku zmenám, ktoré si je potrebné osvojiť, patria:

a) **dovedna sa píšu slovné spojenia:**

pôvodný tvar	nový tvar
irgend etwas	*irgendetwas*
irgend jemand	*irgendjemand*

(analogicky *irgendwann* a pod.)

b) **dovedna aj osobitne sa píšu spojenia:**

pôvodný tvar	nový tvar
anstelle	*an Stelle* al. *anstelle*
aufgrund	*auf Grund* al. *aufgrund*
hierzulande	*hier zu Lande* al. *hierzulande*
mithilfe	*mit Hilfe* al. *mithilfe sein*
zurate ziehen	*zu Rate* al. *zurate ziehen*

Používanie spojovníka

Spojovník pomáha najmä sprehľadniť vo viacčlenných zložených slovách (slovných spojeniach) ich stavbu, zdôrazniť jednotlivé slová, spojenia či spájať rôzne slová do jedného celku.

1. Povinné používanie spojovníka

Podľa nového pravopisu sa spojovník používa v spojení číslovky vyjadrenej číslicou s iným slovným druhom, napr.: *der 4-Achser, 10-jährig, 13-karätig, 3-mal, 4-monatig, 38-prozentig, 5-tägig.*

Podľa nového pravopisu sa spojovník používa v spojeniach typu: *ein 17-er Monitor, ein 13er-Schlüssel, die 68er-Generation, (in den) 80er-Jahre(n)* (tiež *in den 80er Jahren), ein 100stel-Sekunde.*

2. **Voliteľné používanie spojovníka**

Podľa nového pravopisu sa spojovník môže (ale nemusí) použiť pri zdôraznení jednotlivých súčastí zloženého slova, v prípade príliš dlhých a neprehľadných zloženín kvôli odstráneniu možného homonymného čítania, ďalej ak sa stretnú na rozhraní zloženého slova dve rovnaké písmená, alebo v slovách prevzatých z angličtiny, napr.: *Ichform – Ich-Form, Tagundnachtgleiche – Tag-und-Nacht--Gleiche, Druckerzeugnis – Drucker-Zeugnis, Druck-Erzeugnis, Kaffeeernte – Kaffee-Ernte, Abflussstelle – Abfluss-Stelle.*
Po novom sa dá písať spojovník taktiež v zložených tvaroch slov, v ktorých sa na prvom mieste nachádza vlastné podstatné meno, ktoré je potrebné zdôrazniť, napr.: *Schiller-ausgabe – Schiller-Ausgabe, Elbewasserkanal – Elbe-Wasserkanal,* alebo v spojeniach vlastného podstatného mena a podstatného mena, ktoré ho bližšie určuje, napr.: *Bratislava Flughafen – Bratislava-Flughafen, Köln Süd – Köln-Süd.*

Písanie slov s veľkým a malým začiatočným písmenom

Všeobecne platí: s veľkým začiatočným písmenom (a to nielen na začiatku vety) sa v texte píšu podstatné mená, ako aj slová, ktoré sú iným slovným druhom, pokiaľ vo vete plnia funkciu podstatného mena. Rozhodujúce sú pritom formálne kritériá.
S malým začiatočným písmenom sa píšu všetky slová, ktoré nie sú podstatným menom, alebo tie, ktoré stratili charakter podstatného mena (a začali plniť funkciu iného slovného druhu).

1. **Písanie podstatných mien s veľkým začiatočným písmenom**

a) **Podstatné meno v predložkových väzbách**

S veľkým začiatočným písmenom sa píšu (analogicky ku *im Grunde, an Hand*):

pôvodný tvar	nový tvar
in bezug auf	*in Bezug auf*
auf, von, zu seiten	*auf, von, zu Seiten*
in betreff	*in Betreff*

b) **Podstatné meno v spojení s predložkou a slovesom**

S veľkým začiatočným písmenom sa píšu predložkové spojenia s podstatným menom a slovesom (analogicky ku *in Betracht kommen, zu Hilfe eilen, in Kauf nehmen):*

pôvodný tvar	nový tvar
außer acht lassen	*außer Acht lassen*
sich in acht nehmen	*sich in Acht nehmen*

V niektorých prípadoch sa dajú tvary písať obidvoma spôsobmi, napr.: *zu Grunde gehen* al. *zugrunde gehen, mit Hilfe* al. *mithilfe.*

c) **Podstatné meno v spojení so slovesom**

S veľkým začiatočným písmenom sa píše podstatné meno, ak nevytvára v spojení so slovesom zložené slovo.

pôvodný tvar	nový tvar
radfahren	*Rad fahren*
eislaufen	*Eis laufen*
maschineschreiben	*Maschine schreiben*
pleite gehen	*Pleite gehen*
leid tun	*Leid tun*
recht behalten	*Recht behalten*

Výnimky:

a) slová *angst, bange, gram, leid, pleite, schuld* v spojení so slovesami *sein, bleiben* sa píšu s malým začiatočným písmenom – považujú sa za prídavné mená.

b) slová *heim-, irre-, preis-, stand-, statt-, teil-, wett-, wunder-* sa v spojení so slovesom píšu s malým začiatočným písmenom, napr.: *er nahm teil.*

d) **Označovanie častí dňa v spojení s príslovkami *gestern, heute, morgen***

Veľké začiatočné písmeno píšeme v prípadoch:

pôvodný tvar	nový tvar
heute mittag	*heute Mittag*
(vor)gestern abend	*(vor)gestern Abend*

e) **Zlomky na *-tel a -stel* v spojení s udaním miery**

V tomto prípade platí toleranččné pravidlo. Ak sa píše zlomok osobitne – potom s malým začiatočným písmenom, ak sa píše dovedna – potom s veľkým začiatočným písmenom, napr.: *ein achtel Liter – ein Achtelliter, ein viertel Kilogramm – ein Viertelkilogramm.*

2. Písanie ostatných slovných druhov s veľkým začiatočným písmenom

S veľkým začiatočným písmenom sa píšu ostatné slovné druhy vtedy, ak plnia funkciu podstatných mien.
Rozhodujúce kritériá pre túto úpravu pravopisu sú:

a) ak sa pred nimi nachádza člen

b) ak sa pred nimi nachádza zámeno alebo neurčitá číslovka

c) ak sa pred nimi nachádza prídavné meno v skloňovanom tvare

a) **Spodstatnené prídavné mená a príčastia**

Píšu sa s veľkým začiatočným písmenom (obzvlášť v spojení s *alles allerlei, etwas, genug, nichts, viel, wenig*), napr.: *alles Gute, das unten Geschriebene, bis ins Kleinste, es ist für Jung(e) und Alt(e), es ist auch in Gelb zu haben.*
Ale s malým začiatočným písmenom v iných spojeniach, napr.: *Er war der schnellste und stärkste von meinen Schülern.*

b) **Písanie slov označujúcich názvy jazykov**

S veľkým začiatočným písmenom sa píše slovo, ktoré označuje jazyk, v spojení s predložkou.

pôvodný tvar	nový tvar
auf deutsch	*auf Deutsch*

Ale: *Er spricht deutsch.* – odpoveď na otázku: *Wie spricht er?*
Ale: *Er spricht Deutsch.* – odpoveď na otázku: *Was für eine Sprache spricht er?*

c) **Písanie radových čísloviek**

S veľkým začiatočným písmenom sa píšu spodstatnené radové číslovky. Odpadli totiž rozdiely medzi *der, die, das erste* (*der Reihe nach*) a *der, die, das Erste* (*dem Range, der Tüchtigkeit nach*).

pôvodný tvar	nový tvar
der, die, das erste	*der, die, das Erste*
mein erstes war	*mein Erstes war*
wie kein zweiter	*wie kein Zweiter*

d) **Písanie neurčitých čísloviek**

Podľa nového pravopisu sa tieto číslovky píšu s veľkým začiatočným písmenom.

pôvodný tvar	nový tvar
der, die, das einzelne	*der, die, das Einzelne*
bis ins einzelne	*bis ins Einzelne*
im großen und ganzen	*im Großen und Ganzen*
das, alles übrige	*das, alles Übrige*

S malým začiatočným písmenom sa píšu: *viel, wenig, der, die, das, eine, andere, meiste* (v prípade zdôraznenia avšak: *Er sagte etwas ganz Anderes.*).

e) **Písanie vlastných podstatných mien**

Podľa starého pravopisu sa píšu vlastné podstatné mená stále s veľkým začiatočným písmenom.

Ak tvorí prídavné meno s vlastným podstatným menom ustálené spojenie, píše sa s veľkým začiatočným písmenom, napr.: *der Heilige Vater, der Amtierende Stellvertreter, die Schwarze Witwe, der Heilige Abend, der Prager Frühling, der Erste Weltkrieg.*

3. Písanie prídavných mien, príčastí a zámen s malým začiatočným písmenom

S malým začiatočným písmenom sa píšu niektoré prídavné mená, príčastia a zámená napriek tomu, že spĺňajú kritériá podstatného mena.

a) **Písanie tretieho stupňa v spojení s *„am"***

S malým začiatočným písmenom sa píšu príslovky v 3. stupni + *am,* ak sa na ne môžeme opýtať otázkou ***wie*** (ako), napr.: *Sie läuft am schnellsten. – Wie läuft sie?*
Ale: *Es fehlt ihr am Wichtigsten.* – **pretože:** *Woran fehlt es ihr?*
S malým i veľkým začiatočným písmenom sa píšu príslovkové väzby s *aufs* (*auf das*), napr.: *Sie erschrak aufs äußerste/Äußerste. – Wie erschrak sie?*
Niektoré sa ale píšu len s veľkým začiatočným písmenom, napr.: *Wir sind aufs Beste angewiesen.* – **pretože:** *Worauf sind wir angewiesen?*

b) **Písanie predložky a prídavného mena v rámci ustáleného spojenia**

S malým začiatočným písmenom sa píšu prídavné mená v nesklonnej podobe, napr.: *gegen bar, von (nah und) fern, durch dick und dünn zusammenhalten, etwas schwarz auf weiß sehen, seit langem.*
Ale napr.: *Es ist ein Auto für Arm und Reich.*

c) **Písanie základných čísloviek do milióna**

Tieto číslovky sa píšu s **malým** začiatočným písmenom.
Ale: ***Es kamen hunderte/Hunderte tausende/Tausende Menschen.***

d) **Písanie prídavných mien odvodených od vlastných podstatných mien na *-(i)sch***

Malé začiatočné písmeno sa píše vtedy, keď nepoužijeme apostrof, napr.: nie *die grimmschen Märchen,* ale *die Grimmschen Märchen.*

e) **Písanie zámen *du* a *ihr* v oslovení**

Po novom sa s **malým** začiatočným písmenom píšu *du, dir, dein, ihr, euer* a *euch* v dôvernom oslovení, napr.: *Ich will wissen, wann du zu uns kommst. Wir besuchen euch bald. Ich schicke dir eine Einladung.*

Pozor! *Sie* a *Ihr* píšeme naďalej s veľkým začiatočným písmenom:
Ich möchte wissen, ob Sie sich entschieden haben.

Používanie interpunkčných znamienok

Zmeny v tejto oblasti postihli hlavne písanie **čiarky, spojovníka a apostrofu** – pisateľovi je poskytnutá väčšia voľnosť. Ku najdôležitejším zmenám patria:

a) čiarka sa nepíše, ak sú vety, slovné spojenia alebo slová spojené priraďovacími spojkami *und, oder, beziehungsweise, sowie, wie, entweder... oder, nicht... noch, sowohl... als (auch), sowohl... wie (auch), weder... noch.* V prípade potreby zdôraznenia je však možné použiť čiarku.

b) písanie čiarky je voliteľné v infinitívnych a v participiálnych väzbách.

Das Kind versprach der Mutter nie zu lügen.
Das Kind versprach der Mutter, nie zu lügen.

c) písanie čiarky je voliteľné pri dopĺňaní, ako napr.:

Die Konferenz beginnt morgen den 1. 1. (,) in Prag.
Ale bez čiarky: *Paragraf 20 Absatz 3 Satz 1 des Gesetzbuches*

d) oddeľovanie priamej reči čiarkou

pôvodný tvar	nový tvar
„Warum hat er das getan?“ fragte sie.	*„Warum hat er das getan?“, fragte sie.*

e) apostrofom možno zdôrazniť základný tvar vlastného podstatného mena v genitíve, napr.: *die Pizzeria von Fritz – Fritz' Pizzeria.*

NEPRAVIDELNÉ SLOVESÁ

NEPRAVIDELNÉ SLOVESÁ

Infinitív prít. čas, 2. al. 3. os. JČ	rozkazovací spôsob	préteritum	konjunktív II	perfektum
backen	piecť (cesto)			
du bäckst, backst	*back(e)!*	*backte* al. *buk*	*backte*	*h. gebacken*
befehlen	rozkázať			
du befiehlst	*befiehl!*	*befahl*	*beföhle* al. *befähle*	*h. befohlen*
begehen	dopustiť sa			
du begehst	*begeh(e)*	*beging*	*beginge*	*h. begangen*
beginnen	začať			
du beginnst	*beginn(e)!*	*begann*	*begönne* al. *begänne*	*h. begonnen*
beißen	hrýzť			
du beißt	*beiß(e)!*	*biß <…ss>*	*bisse*	*h. gebissen*
bergen	skrývať			
du birgst	*birg!*	*barg*	*bärge*	*h. geborgen*
bersten	prasknúť			
du birst	*birst!*	*barst*	*bärste*	*h. geborsten*
besitzen	mať, vlastniť			
du besitzt	*besitz(e)!*	*besaß*	*besäße*	*h. besessen*
betreten	vstúpiť			
du betrittst	*betritt!*	*betrat*	*beträte*	*h. betreten*
betrügen	oklamať			
du betrügst	*betrüg(e)!*	*betrog*	*betröge*	*h. betrogen*
bewegen	hýbať, prinútiť (koho, k čomu)			
du bewegst	*beweg(e)!*	*bewog*	*bewöge*	*h. bewogen*
biegen	zohnúť			
du biegst	*bieg(e)!*	*bog*	*böge*	*h./i. gebogen*
bieten	ponúknuť			
du bietest	*biet(e)!*	*bot*	*böte*	*h. geboten*
binden	viazať			
du bindest	*bind(e)!*	*band*	*bände*	*h. gebunden*
bitten	prosiť			
du bittest	*bitt(e)!*	*bat*	*bäte*	*h. gebeten*

Infinitív prít. čas, 2. al. 3. os. JČ	rozkazovací spôsob	préteritum	konjunktív II	perfektum
blasen	fúkať, trúbiť			
du bläst	*blas(e)!*	*blies*	*bliese*	*h. geblasen*
bleiben	zostať			
du bleibst	*bleib(e)!*	*blieb*	*bliebe*	*i. geblieben*
braten	piecť (mäso)			
du brätst	*brat(e)!*	*briet*	*briete*	*h. gebraten*
brechen	zlomiť			
du brichst	*brich!*	*brach*	*bräche*	*h./i. gebrochen*
brennen	horieť, páliť			
du brennst	*brenn(e)!*	*brannte*	*brennte*	*h. gebrannt*
bringen	priniesť			
du bringst	*bring(e)!*	*brachte*	*brächte*	*h. gebracht*
denken	myslieť			
du denkst	*denk(e)!*	*dachte*	*dächte*	*h. gedacht*
dreschen	mlátiť (obilie)			
du drischst	*drisch!*	*drasch* al. *(drosch)*	*dräsche* al. *(drösche)*	*h. gedroschen*
dringen	vniknúť, naliehať			
du dringst	*dring(e)!*	*drang*	*dränge*	*h./i. gedrungen*
dürfen	smieť, môcť			
du darfst	–	*durfte*	*dürfte*	*h. gedurft*
empfangen	prijať			
du empfängst	*empfang(e)!*	*empfing*	*empfinge*	*h. empfangen*
empfehlen	odporučiť			
du empfiehlst	*empfiehl!*	*empfahl*	*empföhle* al. *empfähle*	*h. empfohlen*
empfinden	pociťovať			
du empfindest	*empfind(e)!*	*empfand*	*empfände*	*h. empfunden*
erschrecken	zľaknúť sa			
du erschrickst	*erschrecke!*	*erschrak*	*erschräke*	*i. erschrocken*
erwägen	uvážiť, premyslieť si			
du erwägst	*erwäg(e)!*	*erwog*	*erwöge*	*h. erwogen*
essen	jesť			
du ißt <…isst>	*iß! <…iss>*	*aß*	*äße*	*h. gegessen*
fahren	cestovať			
du fährst	*fahr(e)!*	*fuhr*	*führe*	*h./i. gefahren*

Infinitív prít. čas, 2. al. 3. os. JČ	rozkazovací spôsob	préteritum	konjunktív II	perfektum
fallen	padnúť			
du fällst	*fall(e)!*	*fiel*	*fiele*	*i. gefallen*
fangen	chytiť			
du fängst	*fang(e)!*	*fing*	*finge*	*h. gefangen*
fechten	šermovať			
du fichtst	*ficht!*	*focht*	*föchte*	*h. gefochten*
finden	nájsť			
du findest	*find(e)!*	*fand*	*fände*	*h. gefunden*
flechten	pliesť			
du flichtst	*flicht!*	*flocht*	*flöchte*	*h. geflochten*
fliegen	lietať			
du fliegst	*flieg(e)!*	*flog*	*flöge*	*h./i. geflogen*
fliehen	ujsť, uniknúť			
du fliehst	*flieh(e)!*	*floh*	*flöhe*	*i. geflohen*
fließen	tiecť			
es fließt	*fließ(e)!*	*floß <…ss>*	*flösse*	*i. geflossen*
fressen	žrať			
du frißt <…ss>	*friß! <…ss>*	*fraß*	*fräße*	*h. gefressen*
frieren	mrznúť			
du frierst	*friere!*	*fror*	*fröre*	*h. gefroren*
gären	kvasiť, kysnúť			
es gärt	*gär(e)!*	*gor* al.	*göre* al.	*h./i. gegoren* al.
gebären	rodiť			
du gebierst al.	*gebier!* al.	*gebar*	*gebäre*	*h. geboren*
geben	dať			
du gibst	*gib!*	*gab*	*gäbe*	*h. gegeben*
gebieten	prikázať			
du gebietest	*gebiet(e)!*	*gebot*	*geböte*	*h. geboten*
gedeihen	dariť sa			
es gedeiht	*gedeih(e)!*	*gedieh*	*gediehe*	*i. gediehen*
gefallen	páčiť sa			
du gefällst	*gefall(e)!*	*gefiel*	*gefiele*	*h. gefallen*
gehen	ísť			
du gehst	*geh(e)!*	*ging*	*ginge*	*i. gegangen*
gelingen	podariť sa			
es gelingt	*geling(e)!*	*gelang*	*gelänge*	*i. gelungen*

Infinitív prít. čas, 2. al. 3. os. JČ	rozkazovací spôsob	préteritum	konjunktív II	perfektum
gelten	mať platnosť			
es gilt	*gilt!*	*galt*	*gölte* al. *gälte*	*h. gegolten*
genesen	uzdraviť sa			
du genes(es)t	*genes(e)!*	*genas*	*genäse*	*i. genesen*
genießen	užívať			
du genieß(es)t	*genieß(e)!*	*genoß* <…ss>	*genösse*	*h. genossen*
geraten	ocitnúť sa, podariť sa			
du gerätst	*gerate!*	*geriet*	*geriete*	*i. geraten*
geschehen	stať sa, prihodiť sa			
es geschieht	*geschieh!*	*geschah*	*geschähe*	*i. geschehen*
gewinnen	získať, vyhrať			
du gewinnst	*gewinn(e)!*	*gewann*	*gewönne* al. *gewänne*	*h. gewonnen*
gießen	liať			
du gießt	*gieß(e)!*	*goß* <…ss>	*gösse*	*h. gegossen*
gleichen	rovnať sa			
du gleichst	*gleich(e)!*	*glich*	*gliche*	*h. geglichen*
gleiten	kĺzať sa			
du gleitest	*gleit(e)!*	*glitt*	*glitte*	*i. geglitten*
glimmen	tlieť			
es glimmt	*glimm(e)!*	*glomm* al. *glimmte*	*glömme* al. *glimmte*	*h. geglimmt* al. *geglommen*
graben	kopať			
du gräbst	*grab(e)!*	*grub*	*grübe*	*h. gegraben*
greifen	siahnuť, chytiť			
du greifst	*greif(e)!*	*griff*	*griffe*	*h. gegriffen*
haben	mať			
du hast	*hab(e)!*	*hatte*	*hätte*	*h. gehabt*
halten	držať			
du hältst	*halt(e)!*	*hielt*	*hielte*	*h. gehalten*
hängen	visieť			
du hängst	*häng(e)!*	*hing*	*hinge*	*h. gehangen*
hauen	sekať, ťať, biť			
du haust	*hau(e)!*	*hieb* al. *haute*	*hiebe* al. *haute*	*h. gehauen*
heben	zdvihnúť			
du hebst	*heb(e)!*	*hob*	*höbe*	*h. gehoben*

Infinitív prít. čas, 2. al. 3. os. JČ	rozkazovací spôsob	préteritum	konjunktív II	perfektum
heißen	volať sa			
du heißt	*haß!*	*hieß*	*hieße*	*h. geheißen*
helfen	pomôcť			
du hilfst	*hilf!*	*half*	*hälfe* al. *hülfe*	*h. geholfen*
kennen	poznať			
du kennst	–	*kannte*	*kennte*	*h. gekannt*
klingen	znieť			
es klingt	*kling(e)!*	*klang*	*klänge*	*h. geklungen*
kneifen	štipnúť			
du kneifst	*kneif(e)!*	*kniff*	*kniffe*	*h. gekniffen*
kommen	prísť			
du kommst	*komm!*	*kam*	*käme*	*i. gekommen*
können	môcť, vedieť			
du kannst	–	*konnte*	*könnte*	*h. gekonnt*
kriechen	liezť, plaziť sa			
du kriechst	*kriech(e)!*	*kroch*	*kröche*	*i. gekrochen*
laden	naložiť, pozvať, nabiť (zbraň)			
du lädst	*lad(e)!*	*lud*	*lüde*	*h. geladen*
lassen	nechať, dať			
du läßt	*lass!*	*ließ*	*ließe*	*h. gelassen*
<*…ss*>	al. lasse!			
laufen	bežať			
du läufst	*lauf(e)!*	*lief*	*liefe*	*i. gelaufen*
leiden	trpieť			
du leidest	*leid(e)!*	*litt*	*litte*	*h. gelitten*
leihen	požičať			
du liehst	*leih(e)!*	*lieh*	*liehe*	*h. geliehen*
lesen	čítať			
du liest	*lies!*	*las*	*läse*	*h. gelesen*
liegen	ležať			
du liegst	*lieg(e)!*	*lag*	*läge*	*i./h. gelegen*
lügen	klamať			
du lügst	*lüg(e)!*	*log*	*löge*	*h. gelogen*
mahlen	mlieť			
du mahlst	*mahl(e)!*	*mahlte*	*mahlte*	*h. gemahlen*
meiden	vyhýbať sa			
du meidest	*meid(e)!*	*mied*	*miede*	*h. gemieden*

Infinitív prít. čas, 2. al. 3. os. JČ	rozkazovací spôsob	préteritum	konjunktív II	perfektum
melken	dojiť			
du melkst	*melk(e)!* al. *milk!*	*molk* al. *melkte*	*mölke* al. *melkte*	*h. gemolken* al. *gemelkt*
messen	merať			
du mißt *<…ss>*	*miß!* *<…ss>*	*maß*	*mäße*	*h. gemessen*
mögen	chcieť, mať rád			
du magst	–	*mochte*	*möchte*	*h. gemocht*
müssen	musieť			
du mußt	–	*mußte* *<…ss>*	*müßte* *<…ss>*	*h. gemußt* *<…ss>*
nehmen	vziať			
du nimmst	*nimm!*	*nahm*	*nähme*	*h. genommen*
nennen	nazývať, pomenovať			
du nennst	*nenne!*	*nannte*	*nennte*	*h. genannt*
pfeifen	pískať			
du pfeifst	pfeif(e)!	*pfiff*	*pfiffe*	*h. gepfiffen*
pflegen	pestovať			
du pflegst	*pfleg(e)!*	*pflog*	*pflöge*	*h. gepflogen*
preisen	chváliť			
du preist	*preis(e)!*	*pries*	*priese*	*h. gepriesen*
quellen	prameniť			
es quillt	*quill!*	*quoll*	*quölle*	*i. gequollen*
raten	radiť; hádať			
du rätst	*rat(e)!*	*riet*	*riete*	*h. geraten*
reiben	trieť			
du reibst	*reib(e)!*	*rieb*	*riebe*	*h. gerieben*
reißen	trhať			
du reißt	*reiß(e)!*	*riß <…ss>*	*risse*	*h./i. gerissen*
reiten	jazdiť na koni			
du reitest	*reit(e)!*	*ritt*	*ritte*	*h./i. geritten*
rennen	bežať			
du rennst	*renne!*	*rannte*	*rennte*	*i. gerannt*
riechen	voňať			
du riechst	*riech(e)!*	*roch*	*röche*	*h. gerochen*

Infinitív prít. čas, 2. al. 3. os. JČ	rozkazovací spôsob	préteritum	konjunktív II	perfektum
ringen	zápasiť			
du ringst	*ring(e)!*	*rang*	*ränge*	*h. gerungen*
rinnen	tiecť, rinúť sa			
es rinnt	*rinn(e)!*	*rann*	*ränne/rönne*	*h./i. geronnen*
rufen	volať			
du rufst	*ruf(e)!*	*rief*	*riefe*	*h. gerufen*
salzen	soliť			
du salzt	*salze!*	*salzte*	*salzte*	*h. gesalzt* al. *gesalzen*
saufen	slopať			
du säufst	*sauf(e)!*	*soff*	*söffe*	*h. gesoffen*
saugen	sať			
du saugst	*saug(e)!*	*sog/saugte*	*söge*	*h. gesogen* al. *gesaugt*
schaffen	tvoriť			
du schaffst	*schaff(e)!*	*schuf*	*schüfe*	*h. geschaffen*
scheiden	oddeliť			
du scheidest	*scheid(e)!*	*schied*	*schiede*	*h./i. geschieden*
scheinen	svietiť, zdať sa			
du scheinst	*schein(e)!*	*schien*	*schiene*	*h. geschienen*
schelten	karhať			
du schiltst	*schilt!*	*schalt*	*schölte*	*h. gescholten*
schieben	posúvať			
du schiebst	*schieb(e)!*	*schob*	*schöbe*	*h. geschoben*
schießen	strieľať			
du schießt	*schieß(e)!*	*schoß* <*...ss*>	*schösse*	*h. geschossen*
schinden	drieť			
du schindest	*schind(e)!*	*schindete* al. *schund*	*schünde*	*h. geschunden*
schlafen	spať			
du schläfst	*schlaf(e)!*	*schlief*	*schliefe*	*h. geschlafen*
schlagen	biť, udierať			
du schlägst	*schlag(e)!*	*schlug*	*schlüge*	*h. geschlagen*
schleichen	prikrádať sa			
du schleichst	*schleich(e)!*	*schlich*	*schliche*	*i. geschlichen*
schleifen	brúsiť			
du schleifst	*schleif(e)!*	*schliff*	*schliffe*	*h. geschliffen*

Infinitív prít. čas, 2. al. 3. os. JČ	rozkazovací spôsob	préteritum	konjunktív II	perfektum
schließen	zatvoriť			
du schließt	*schließ(e)!*	*schloß <...ss>*	*schlösse*	*h. geschlossen*
schmeißen	hodiť, šmariť			
du schmeißt	*schmeiß(e)!*	*schmiß <...ss>*	*schmisse*	*h. geschmissen*
schmelzen	topiť sa			
du schmilzt	*schmilz!*	*schmolz*	*schmölze*	*i. geschmolzen*
schneiden	rezať, krájať			
du schneidest	*schneid(e)!*	*schnitt*	*schnitte*	*h. geschnitten*
schreiben	písať			
du schreibst	*schreib(e)!*	*schrieb*	*schriebe*	*h. geschrieben*
schreien	kričať			
du schreist	*schrei(e)!*	*schrie*	*schriee*	*h. geschrie(e)n*
schreiten	kráčať			
du schreitest	*schreite!*	*schritt*	*schritte*	*i. geschritten*
schweigen	mlčať			
du schweigst	*schweig(e)*	*schwieg*	*schwiege*	*h. geschwiegen*
schwellen	napuchnúť			
du schwillst	*schwill(e)!*	*schwoll*	*schwölle*	*i. geschwollen*
schwimmen	plávať			
du schwimmst	*schwimm(e)!*	*schwamm*	*schwömme* al. *schwämme*	*h./i. geschwom-men*
schwinden	zmiznúť			
du schwindest	*schwind(e)!*	*schwand*	*schwände*	*i. geschwunden*
schwören	prisahať			
du schwörst	*schwör(e)!*	*schwor*	*schwüre* al. *schwöre*	*h. geschworen*
sehen	vidieť			
du siehst	*sieh!*	*sah*	*sähe*	*h. gesehen*
sein	byť			
du bist	*sei!*	*war*	*wäre*	*i. gewesen*
senden	poslať			
du sendest	*sende!*	*sandte* al. *sendete*	*sendete*	*h. gesandt*
sieden	vrieť, variť sa			
es siedet	*sied(e)!*	*sott* al. *siedete*	*sötte* al. *siedete*	*h. gesotten* al. *gesiedet*

Infinitív prít. čas, 2. al. 3. os. JČ	rozkazovací spôsob	préteritum	konjunktív II	perfektum
singen	spievať			
du singst	*sing(e)!*	*sang*	*sänge*	*h. gesungen*
sinken	klesať			
du sinkst	*sink(e)!*	*sank*	*sänke*	*i. gesunken*
sinnen	premýšľať			
du sinnst	*sinne!*	*sann*	*sänne*	*h. gesonnen*
sitzen	sedieť			
du sitzt	*sitz(e)!*	*saß*	*säße*	*h. gesessen*
sollen	mať povinnosť			
du sollst	–	*sollte*	*sollte*	*h. gesollt*
spalten	rozštiepiť			
du spaltest	*spalte!*	*spaltete*	*spaltete*	*h. gespalten*
speien	pľuť, vracať			
du speist	*spei(e)!*	*spie*	*spiee*	*h. gespie(e)n*
spinnen	priasť			
du spinnst	*spinn(e)!*	*spann*	*spänne* al. *spönne*	*h. gesponnen*
sprechen	hovoriť			
du sprichst	*sprich!*	*sprach*	*spräche*	*h. gesprochen*
springen	skákať			
du springst	*spring(e)!*	*sprang*	*spränge*	*i. gesprungen*
stechen	bodnúť			
du stichst	*stich!*	*stach*	*stäche*	*h. gestochen*
stecken	väzieť, trčať			
du steckst	*steck(e)!*	*stak*	*stäke*	*h. gesteckt*
stehen	stáť			
du stehst	*steh(e)!*	*stand*	*stünde* al. *stände*	*h. gestanden*
stehlen	kradnúť			
du stiehlst	*stiehl!*	*stahl*	*stähle* al. *stöhle*	*h. gestohlen*
steigen	stúpať			
du steigst	*steig(e)!*	*stieg*	*stiege*	*i. gestiegen*
sterben	zomrieť			
du stirbst	*stirb!*	*starb*	*stürbe*	*i. gestorben*
stinken	smrdieť, zapáchať			
du stinkst	*stink(e)!*	*stank*	*stänke*	*h. gestunken*

Infinitív prít. čas, 2. al. 3. os. JČ	rozkazovací spôsob	préteritum	konjunktív II	perfektum
stoßen	strčiť			
du stößt	*stoß(e)!*	*stieß*	*stieße*	*h./i. gestoßen*
streichen	škrtnúť, natierať			
du streichst	*streiche!*	*strich*	*striche*	*h. gestrichen*
streiten	hádať sa			
du streitest	*streit(e)!*	*stritt*	*stritte*	*h. gestritten*
tragen	niesť			
du trägst	*trag(e)!*	*trug*	*trüge*	*h. getragen*
treffen	stretnúť			
du triffst	*triff!*	*traf*	*träfe*	*h. getroffen*
treiben	hnať, poháňať			
du treibst	*treib(e)!*	*trieb*	*triebe*	*h. getrieben*
treten	stúpiť, vkročiť			
du trittst	*tritt!*	*trat*	*träte*	*h./i. getreten*
trinken	piť			
du trinkst	*trink(e)!*	*trank*	*tränke*	*h. getrunken*
trügen	klamať, mýliť			
du trügst	*trüg(e)!*	*trog*	*tröge*	*h. getrogen*
tun	robiť, konať			
du tust	*tu(e)!*	*tat*	*täte*	*h. getan*
verbergen	skryť, schovať			
du verbirgst	*verbirg!*	*verbarg*	*verbärge*	*h. verborgen*
verbieten	zakázať			
du verbietest	*verbiet(e)!*	*verbot*	*verböte*	*h. verboten*
verderben	pokaziť			
du verdirbst	*verdirb!*	*verdarb*	*verdürbe*	*h./i. verdorben*
verdrießen	mrzieť			
du verdrießt	*verdrieß(e)!*	*verdroß* *<…ss>*	*verdrösse*	*h. verdrossen*
vergessen	zabudnúť			
du vergißt *<…ss>*	*vergiß!* *<…ss>*	*vergaß*	*vergäße*	*h. vergessen*
verlieren	stratiť, prehrať			
du verlierst	*verlier(e)!*	*verlor*	*verlöre*	*h. verloren*
verzeihen	odpustiť			
du verzeihst	*verzeih(e)!*	*verzieh*	*verziehe*	*h. verziehen*

Infinitív prít. čas, 2. al. 3. os. JČ	rozkazovací spôsob	préteritum	konjunktív II	perfektum
wachsen	rásť			
du wächst	–	*wuchs*	*wüchse*	*i. gewachsen*
waschen	umývať			
du wäschst	*wasch(e)!*	*wusch*	*wüsche*	*h. gewaschen*
weben	tkať			
du webst	*webe!*	*wob*	*wöbe*	*h. gewoben*
weichen	ustúpiť			
du weichst	*weich(e)!*	*wich*	*wiche*	*i. gewichen*
weisen	ukázať			
du weist	*weis(e)!*	*wies*	*wiese*	*h. gewiesen*
wenden	obrátiť			
du wendest	*wend(e)!*	*wendete* al. *wandte*	*wendete*	*h. gewandt* al. *gewendet*
werben	uchádzať sa			
du wirbst	*wirb!*	*warb*	*würbe*	*h. geworben*
werden	stať sa, byť			
du wirst	*werde!*	*wurde*	*würde*	*i. geworden*
werfen	hodiť, hádzať			
du wirfst	*wirf!*	*warf*	*würfe*	*h. geworfen*
wiegen	vážiť			
du wiegst	*wieg(e)!*	*wog*	*wöge*	*h. gewogen*
winden	vinúť			
du windest	*wind(e)!*	*wand*	*wände*	*h. gewunden*
wissen	vedieť			
du weißt	*wisse!*	*wußte* <*…ss*>	*wüßte* <*…ss*>	*h. gewußt* <*…ss*>
wollen	chcieť			
du willst	*wolle!*	*wollte*	*wollte*	*h. gewollt*
ziehen	ťahať			
du ziehst	*zieh(e)!*	*zog*	*zöge*	*h./i. gezogen*
zwingen	nútiť			
du zwingst	*zwing(e)!*	*zwang*	*zwänge*	*h. gezwungen*

OBSAH

≈̈	používa sa pri nepravidelnostiach a znamená, že posledné *a, o, u* sa zmení na *ä, ö, ü*	**r Nagel** *(s, ≈̈)*...
¦	rozdeľuje slovo na 2 časti s oddelenou výslovnosťou	**r Nagellack¦entferner** *(s, ≈)* odlakovač (na nechty)
< >	v šípkových zátvorkách sa uvádza tvar hesla podľa nového nemeckého pravopisu.	**einen Schuß <...ss> aufs Tor**
[...]	v hranatých zátvorkách sa uvádza výslovnosť (výslovnosť sa uvádza len v ojedinelých prípadoch pri problematických slovách)	**r Heimcomputer** [...kompju:te] *(s, ≈)* domáci počítač
:	oddeľuje heslo od prekladu vtedy, keď heslo nemá zodpovedajúci preklad	**heiratsfähig**: *im ~en Alter sein* byť dosť starý na ženenie al. vydaj
:	vo výslovnosti označuje predĺženú výslovnosť predchádzajúcej hlásky	**s Abc** [a:be:'ce:] *(≈, ≈)* **1** abeceda **2** obraz. abeceda, základy...
, ;	v preklade hesla oddeľujú blízke a vzdialenejšie významy hesla, odvodeniny, zloženiny, frázy	**ab¦drehen** *etw.* **1** hovor. vypnúť, odkrútiť, krútením odlomiť, zlomiť čo; *einen Knopf ~* odkrútiť gombík...
x[1]	označuje homonymá	**heiß¦en*[1]** *(ie, ei)* **1** volať sa... **heißen[2]** *etw.* vytiahnuť...
x*	označuje nepravidelné slovesá (okrem slovesa *haben*).	**helfen*** *(a, o) j-m* pomôcť, pomáhať...

Zoznam skratiek je uvedený na konci slovníka.

V heslovej časti neuvádzame **geografické názvy**. Tie sme podrobne rozpracovali v samostatnej kapitole. Nemecká časť hesiel zahŕňa len **základné číslovky**. O ostatných druhoch čísloviek prináša bližšie informácie kapitola Číslovky. **Predložky** opisujeme len stručne, podrobne sú rozobraté v kapitole Gramatika. Neuvádzame ani samozrejmé odvodeniny hesla.

Na znázornenie **výslovnosti** používame poslovenčené označenie v hranatých zátvorkách, a to len v tých nemeckých heslách alebo prekladoch, pri ktorých nie je výslovnosť jasná z vysvetlenia v kapitole Gramatika. Prízvuk v nemeckých slovách je vyznačený bodkou pod príslušnou samohláskou (okrem príkladov a fráz) vtedy, ak nie je na prvej slabike.

Frázy obsahujú ustálené výrazy z bežných konverzačných okruhov, ako sú napr. pozdravy a želania, počasie, voľný čas, vzhľad človeka, ale prinášajú aj tému obchodná korešpondencia, ktorá je potrebná v praxi.